ग्रामीण विकास

ग्रामीण विकास

सिद्धांत, नीतियाँ एवं प्रबन्ध

चतुर्थ संस्करण

कटार सिंह

पूर्व निदेशक ग्रामीण प्रबंधन संस्थान, आणन्द (आईआरएमए), गुजरात

अनिल शिशोदिया

सूचना एवं संदर्भ सेवा, कैलगरी पब्लिक लाइब्रेरी, कनाडा

SAGE | bhasha

Los Angeles | London | New Delhi
Singapore | Washington DC | Melbourne

Originally Published in 2016 in English by
SAGE Publications India Pvt Ltd as *Rural Development: Principles, Policies, and Management, 4e*

This edition published in 2018 by

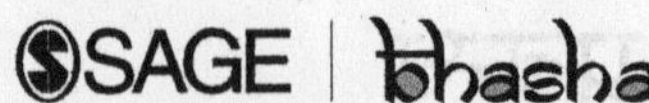

SAGE Publications India Pvt Ltd
B1/I-1 Mohan Cooperative Industrial Area
Mathura Road, New Delhi 110 044, India
www.sagepub.in

SAGE Publications Inc
2455 Teller Road
Thousand Oaks, California 91320, USA

SAGE Publications Ltd
1 Oliver's Yard, 55 City Road
London EC1Y 1SP, United Kingdom

SAGE Publications Asia-Pacific Pte Ltd
3 Church Street
#10-04 Samsung Hub
Singapore 049483

Published by Vivek Mehra for SAGE Publications India Pvt Ltd, typeset in 12/14 pt Kruti Dev 010 by AG Infographics, Delhi.

ISBN: 978-93-528-0634-8 (PB)

Translator: Professor Yatindra Singh Sisodia
SAGE Team: Syed Husain Naqvi and Avaneesh Kumar

संक्षिप्त विषय सूची

विषय सूची

तालिका सूची

चित्र सूची

बॉक्स सूची

चतुर्थ संस्करण की प्रस्तावना

पुस्तक के तीसरे संस्करण की भारी सफलता, जिसे सेज पब्लिकेशन्स ने 2009 में पाठ्यपुस्तक के रूप में प्रकाशित किया था, और तीसरे संस्करण में तालिकाओं में प्रस्तुत पुराने आंकड़ों को अद्यतन करने की आवश्यकता ने हमें पुस्तक को संशोधित करने के लिए मुख्य तर्क प्रदान किया। इसके अतिरिक्त तीसरे संस्करण के आने के पश्चात् भारत सरकार ने ग्रामीण विकास के कई नए कार्यक्रमों को आरम्भ किया और हमें इस संस्करण में इन्हें सम्मिलित करने की आवश्यकता महसूस हुई।

अपने पूर्व संस्करण की तरह, पुस्तक के इस संस्करण में भी 15 अध्याय सम्मिलित हैं, जो आधारभूत अवधारणाओं (अध्याय 1), भारत की ग्रामीण अर्थव्यवस्था और इसकी प्रमुख समस्याओं का विहंगावलोकन (अध्याय 2), विकास के मापक (अध्याय 3), विकास के सिद्धान्त/प्रतिमान (अध्याय 4), ग्रामीण विकास के निर्धारक (अध्याय 5), ग्रामीण विकास की नीतियाँ, रणनीतियाँ (अध्याय 6–11) एवं ग्रामीण विकास का प्रबंधन (अध्याय 12–15) से सम्बंधित हैं।

इस संस्करण में सम्मिलित प्रमुख परिवर्तन इस प्रकार हैं: (ए) पुस्तक के तीसरे संस्करण की 26 तालिकाओं में प्रस्तुत आंकड़ों और सूचनाओं को इंटरनेट संसाधनों सहित विभिन्न स्रोतों से उपलब्ध सूचनाओं से यथासंभव अद्यतन किया गया; (बी) नवीनतम उपलब्ध आंकड़ों के आधार पर 21 नई तालिकाएं सम्मिलित की गईं; (सी) अध्याय 3 में गरीबी पर लिखे गए खण्ड को, भारत और उसके राज्यों में गरीबी की व्यापकता के नवीनतम अनुमानों के साथ बेहतर रूप से संशोधित, विस्तारित और अद्यतन किया गया। रंगराजन विशेषज्ञ समूह की पद्धति सहित गरीबी के आकलन के विभिन्न तरीकों का अवलोकन करने के लिए दो नई तालिकाएं एवं एक नया खण्ड जोड़ा गया; (डी) अध्याय 6 में एक नया बॉक्स तथा तीन नए खण्ड जोड़े गए यथा– राष्ट्रीय जल नीति 2012, भूमि अधिग्रहण नीति और कृषि विपणन नीति को जोड़ा गया; (ई) अध्याय 9 में सतत कृषि के लिए राष्ट्रीय मिशन और राष्ट्रीय पशुधन मिशन की संक्षिप्त व्याख्या दी गई; (एफ) अध्याय 10 का आंशिक पुनर्गठन किया गया। छः तालिकाओं में प्रस्तुत गरीबी के नवीनतम अनुमानों को अध्याय 3 में स्थानांतरित कर दिया गया, राष्ट्रीय आजीविका मिशन या आजीविका पर एक नया खण्ड तथा दो नए बॉक्स जोड़े गये और सात नए कार्यक्रमों का संक्षिप्त विवरण दिया गया। (जी) ''भारत में नियोजन मशीनरी'' पर एक नया खण्ड अध्याय 12 में जोड़ा गया, साथ में नीति आयोग का संक्षिप्त विवरण दिया गया, जिसकी पूर्व के योजना आयोग की जगह स्थापना हुई है; (एच) अध्याय 14 की सभी पांच मूल तालिकाओं को अद्यतन किया गया तथा दो नई तालिकाओं को जोड़ा गया; तथा (आई) अध्याय 15 में ग्रामीण विकास मंत्रालय के अनुश्रवण और मूल्यांकन के कार्यक्रम को अद्यतन किया गया तथा ''ग्रामीण विकास में ज्ञान प्रबंधन'' नामक एक नया खण्ड जोड़ा गया।

डॉ अनिल शिशोदिया इस संस्करण के सह–लेखक के रूप में जुड़े हुए हैं। उन्होंने पुस्तक के तीसरे संस्करण की संशोधन प्रक्रिया में नई ऊर्जा और उत्साह का संचार किया। उन्होंने सभी 15 अध्यायों को सावधानीपूर्वक पढ़ा, संपादित और पुनर्गठित किया और तालिकाओं को अद्यतन करने में उपयोग किए गए आंकड़ों और सूचनाओं के साथ वेबसाइटों सहित प्रासंगिक आंकड़ों के नए स्रोतों की पहचान करने में सहायता की।

कटार सिंह
आणन्द, गुजरात

अनिल शिशोदिया
कैलगरी, कनाडा

प्रथम संस्करण की प्रस्तावना

यह पुस्तक कृषि एवं ग्रामीण विकास के क्षेत्र में मेरे दो दशकों के अध्यापन, प्रशिक्षण, शोध एवं विस्तार गतिविधियों का परिणाम है। जुलाई, 1961 से, जब मैंने अपनी व्यावसायिक जीवनयात्रा वरिष्ठ शोध सहायक के रूप में कृषि नियोजन पर एक शोध एवं विस्तार परियोजना के प्रभारी के रूप में आरम्भ की, मेरे विविध प्रकार के अनुभव रहे हैं, बहुत ही प्रारम्भिक कार्यों को सम्हालने से लेकर विकास के मात्रात्मक एवं अवधारणात्मक प्रतिमान के निर्माण तक के कार्य किये। पुस्तक में प्रस्तुत की गयी अधिकांश सामग्री मेरे अपने विचारों; अवलोकनों एवं अनुसन्धान पर आधारित है जिनका परीक्षण जी.बी. पन्त कृषि एवं प्रौद्योगिकी विश्वविद्यालय, पन्तनगर तथा ग्रामीण प्रबन्धन संस्थान आणन्द के मेरे स्नातक एवं स्नातकोत्तर की कक्षाओं तथा अल्पावधि प्रशिक्षण कार्यक्रमों में किन्ही एक अथवा अन्य रूप में किया गया है।

पुस्तक में 18 अध्याय हैं जो तीन भागों में वर्गीकृत हैं। प्रथम भाग में पाँच अध्याय हैं, जिनमें ग्रामीण विकास के अर्थ, उद्देश्यों, साधनों, उपकल्पनाओं एवं निर्धारकों का वर्णन है। द्वितीय भाग में आठ अध्याय हैं जो भारत में अनुसरित ग्रामीण विकास की नीतियों, नीति प्रतिमानो, नीति उपकरणों एवं कुछ चयनित ग्रामीण विकास कार्यक्रमों से सम्बन्धित हैं। तृतीय भाग में पाँच अध्याय हैं जिनमें ग्रामीण विकास के संगठनात्मक प्रबन्धकीय पक्षों जैसे नियोजन, आयोजन, वित्तपोषण, क्रियान्वयन, अनुश्रवण एवं मूल्यांकन का एक साथ विवरण है। इस प्रकार पुस्तक विषय के तीन महत्त्वपूर्ण पक्षों – सिद्धान्तों, नीतियों एवं प्रबन्धन को सम्मिलित करते हुए ग्रामीण विकास पर व्यापक प्रबन्ध है।

यह पुस्तक ग्रामीण विकास में योगदान देने एवं ज्ञान प्राप्त करने में विशेष रुचि रखने वाले सभी व्यक्तियों के लिए लिखी गयी है और स्पष्ट रूप से यह पुस्तक ग्रामीण विकास में रुचि रखने वाले शिक्षकों, प्रशिक्षकों, शोधकर्ताओं एवं संस्थाओं को सम्बोधित है। विशेष रूप से पुस्तक ग्रामीण विकास के अर्थ, उसकी गति एवं स्तर तथा भारत के विभिन्न ग्रामीण विकास कार्यक्रमों से सीखे गये सबकों एवं इन कार्यक्रमों का प्रबन्ध कैसे किया जाये, इसका परीक्षण करती है।

इस पुस्तक को लिखने एवं कृषि और ग्रामीण विकास के बारे में मेरे विचारों एवं चिन्तन के विकास में मैं, मेरे शिक्षकों, सहकर्मियों, विद्यार्थियों, ग्रामीण क्षेत्र के लोगों, नीतिनिर्माताओं, योजनाकारों एवं बैंकर्स से बातचीत एवं विभिन्न सिद्धान्तकारों के लेखन से लाभान्वित हुआ हूँ। उन सभी के नामों का उल्लेख करना असंभव होगा तथा कुछ का उल्लेख करना अनुचित होगा। मैं उन सभी का हार्दिक धन्यवाद करता हूँ। मेरे माता–पिता स्वर्गीय श्रीमती आनन्दी सिंह एवं स्वर्गीय श्री राजवीर सिंह, जिन्होंने मुझे अपने कार्य एवं व्यवहार से कृषि और परिवार विकास एवं प्रबन्धन की बुनियादी बातें सिखायीं, का ऋणी हूँ। मेरी औपचारिक शिक्षा से मैंने उनसे जो सीखा था उसको मैंने केवल पुष्ट एवं समृद्ध करने का कार्य किया। मैं अपनी पत्नी विमला सिंह को धन्यवाद देता हूँ जिन्होंने मुझे विभिन्न घरेलू जिम्मेदारियों से मुक्त रखा तथा कई शामें और छुट्टियाँ बिना शिकायत के अकेले व्यतीत कीं, जब मैं इस पुस्तक पर काम कर रहा था।

मैं श्री आर.एन. हल्दीपुर, निदेशक इरमा के प्रति अत्यन्त आभारी हूँ जिन्होंने मुझे अनुमति प्रदान की तथा पुस्तक को लिखने के लिए आवश्यक सुविधाएँ और सौहार्दपूर्ण वातावरण प्रदान किया, इस कार्य के दौरान उनकी सलाह एवं प्रोत्साहन अमूल्य था। मेरा धन्यवाद डॉ. जी.वी.के. राव, पूर्व सदस्य, योजना आयोग एवं इरमा के शासी निकाय के सदस्य के प्रति भी है, जिन्होंने इस पुस्तक को बेहतर बनाने के लिए मूल्यवान सलाह एवं सुझाव प्रदान किये।

अन्ततः, मैं अपनी सचिव श्रीमती लिसी वर्गीस को धन्यवाद देना चाहता हूँ जिन्होंने इस पुस्तक के पूर्व के एवं अन्तिम प्रारूप को इच्छा से एवं सावधानीपूर्वक टंकित किया। उनकी प्रफुल्लता, सूक्ष्म कार्य तथा धैर्य ने लेखन को आसान, त्वरित और ज्यादा खुशनुमा बनाया।

फरवरी, 1986
आणन्द, गुजरात

कटार सिंह

आभार

इस पुस्तक के विकास में तथा इसके प्रथम, द्वितीय एवं तृतीय संस्करणों के संशोधन में कई लोगों ने योगदान दिया है। विशेष तौर पर मैं श्रीमती विमला कटार सिंह का आभारी हूं जिन्होंने पुस्तक के प्रथम तीन संस्करणों के मामले में, समय पर कार्य को पूर्ण करने के लिए आवश्यक प्रेरणा और नैतिक समर्थन प्रदान किया। साथ ही मैं श्रीमती दीपाली अनिल शिशोदिया को भी धन्यवाद देना चाहूंगा जिन्होंने पुस्तक में सम्मिलित मूलपाठ और तालिकाओं के संरूपण में सहायता की।

कटार सिंह
आणन्द, गुजरात

अनिल शिशोदिया
कैलगरी, कनाडा

लेखक परिचय

कटार सिंह वर्तमान में भारत प्राकृतिक संसाधन अर्थशास्त्र और प्रबंधन फाउंडेशन, आणन्द, के मानद (संस्थापक) अध्यक्ष हैं। यह एक गैर सरकारी शैक्षणिक संगठन है जो प्राकृतिक संसाधन, अर्थशास्त्र और पर्यावरण प्रबंधन में शिक्षण, प्रशिक्षण और अनुसंधान को बढ़ावा देने और प्राकृतिक संसाधन प्रबंधन नीतियों और कार्यक्रमों में सुधार करने के लिए प्रतिबद्ध है। आपने यूनिवर्सिटी ऑफ इलिनोइस, अरबाना–शैम्पेन, संयुक्त राज्य अमेरिका से कृषि अर्थशास्त्र में पीएचडी प्राप्त की एवं कृषि और संसाधन अर्थशास्त्र विभाग, ओरेगन स्टेट यूनिवर्सिटी, कोर्वालिस, संयुक्त राज्य अमेरिका तथा इंडियाना यूनिवर्सिटी ब्लूमिंगटन, संयुक्त राज्य अमेरिका की पोलिटिकल थ्योरी एण्ड पॉलिसी एनालिसिस में कार्यशाला से प्राकृतिक संसाधन अर्थशास्त्र में पोस्ट–डॉक्टोरल शोध कार्य एवं उन्नत अध्ययन किया है।

आपके पास कृषि एवं ग्रामीण विकास, और प्राकृतिक संसाधन अर्थशास्त्र एवं प्रबंधन के क्षेत्रों में शिक्षण, प्रशिक्षण, अनुसंधान और परामर्श का 50 से अधिक वर्षों का अनुभव है। आप ग्रामीण प्रबंधन संस्थान, आणन्द (इरमा) भारत में निदेशक और भारतीय रिजर्व बैंक के चेयर प्रोफेसर भी रहे, और बैंकर्स इंस्टीट्यूट ऑफ रूरल डेवलपमेंट (बीआईआरडी), लखनऊ के निदेशक के रूप में भी थोड़े समय कार्य किया। आपने जी.बी. पंत कृषि एवं प्रौद्योगिकी विश्वविद्यालय, पंतनगर, भारत में भी अध्यापन किया है।

आपने राष्ट्रीय और अंतर्राष्ट्रीय अभिकरणों द्वारा वित्त पोषित कई अनुसंधान एवं परामर्श परियोजनाओं का समन्वय और उन्हें संपादित किया है। एक बेहतरीन लेखक के रूप में, आपके प्रतिष्ठित व्यावसायिक पत्रिकाओं में 120 से अधिक लेख और शोध–पत्र प्रकाशित हुए तथा आप नौ पुस्तकों के लेखक/सह–लेखक हैं जिसमें सह–लेखक डॉ. अनिल शिशोदिया के साथ पाठ्य पुस्तक *रूरल डेवलपमेंटः प्रिंसिपल्स, पॉलिसीज एंड मैनेजमेंट,* द्वितीय संस्करण (सेज, 1999) तथा *एनवायरनमेंटल इकोनॉमिक्सः थ्योरी एंड एप्लीकेशन्स* (सेज, 2007) सम्मिलित हैं। आपकी तीन सह–सम्पादित पुस्तकें हैं: *को–आपरेटिव मैनेजमेंट ऑफ नेचुरल रिसोर्सेज* (सेज, 1996), *नेचुरल रिसोर्स इकोनॉमिक्सः थ्योरी एण्ड एप्लीकेशन इन इण्डिया* (1997) तथा *डिजाइनिंग एण्ड मैनेजिंग रूरल डेवलपमेंट आर्गनाइजेशन्स* (2000)।

प्रोफेसर सिंह कई व्यावसायिक निकायों के आजीवन सदस्य हैं, जिसमें इण्डियन सोसाइटी ऑफ एग्रीकल्चरल इकोनॉमिक्स (आईएसएई), इंडियन सोसाइटी फॉर इकॉलॉजिकल इकोनॉमिक्स और इंटरनेशनल सोसाइटी फॉर इकॉलॉजिकल इकोनॉमिक्स सम्मिलित हैं। आपने कई पुरस्कार एवं सम्मान प्राप्त किए हैं जिनमें ग्रामीण विकास में शिक्षा में उनके महत्वपूर्ण योगदान को स्वीकारते हुए विश्वभारती विश्वविद्यालय, शांतिनिकेतन द्वारा रविन्द्र पुरस्कार, 2003 तथा कृषि और ग्रामीण विकास के क्षेत्र में उनके उत्कृष्ट अनुसंधान कार्यों को स्वीकारते हुए चौधरी चरण सिंह कृषि विश्वविद्यालय, हिसार द्वारा 1996–97 के लिए सर छोटू राम राष्ट्रीय पुरस्कार से सम्मानित किया गया।

अनिल शिशोदिया वर्तमान में कैलगरी पब्लिक लाइब्रेरी, कैलगरी, कनाडा में सूचना/संदर्भ सेवा विभाग में कार्यरत हैं। आप पूर्व में स्नातकोत्तर अर्थशास्त्र विभाग, सरदार पटेल विश्वविद्यालय (एसपीयू), वल्लभ विद्यानगर, गुजरात में वरिष्ठ व्याख्याता थे। आप अगस्त 1999 से मई 2000 तक कोलोराडो स्टेट यूनिवर्सिटी, फोर्ट कॉलिन्स, संयुक्त राज्य अमेरिका में पर्यावरणीय अर्थशास्त्र में विश्व बैंक पोस्ट–डॉक्टरल अनुसंधान फैलो थे, जहां आपने प्राकृतिक

संसाधनों और पर्यावरणीय अर्थशास्त्र में कई उन्नत पाठ्यक्रमों को आंकलित और संपरीक्षित किया, जिसमें पर्यावरणीय नैतिकता के पाठ्यक्रम भी सम्मिलित थे। सरदार पटेल विश्वविद्यालय में, आपने पर्यावरणीय अर्थशास्त्र में स्नातकोत्तर स्तर के पाठ्यक्रम को बनाने में महत्वपूर्ण भूमिका निभाई थी। आपका शिक्षण और अनुसंधान में 11 वर्षों का अनुभव है, और इस विषय पर आपके कई लेख प्रकाशित हुए हैं।

अध्याय 1

परिचय

अध्ययन परिणाम

इस अध्याय को पढ़ने के पश्चात् विद्यार्थी यह जानने में समर्थ होंगे –

- ग्रामीण विकास के आधारभूत सिद्धान्त एवं तत्वों को परिभाषित करने एवं विस्तारपूर्वक समझने में;
- विकास एवं आर्थिक वृद्धि तथा विकास एवं परिवर्तन के अन्तर को समझने में;
- भारत में ग्रामीण विकास के लिए तर्क को विस्तारपूर्वक प्रस्तुत करने में;
- मानव जाति की भूमिका को विकास के केन्द्र बिन्दु के रूप में व्याख्यायित करने; तथा
- ग्रामीण विकास के सिद्धान्त को स्पष्ट करने एवं उसका समाधान कैसे किया जाए।

'ग्रामीण विकास' व्यापक शब्द 'विकास' का ही एक उपवर्ग है। हम इसे किसी तरह से भी परिभाषित करें, विकास सम्पूर्ण विश्व के व्यक्तियों, परिवारों, समुदायों एवं राष्ट्रों द्वारा सार्वभौमिक रूप से पोषित लक्ष्यों को संजोये रखने का तरीका है। विकास इस अर्थ में भी स्वाभाविक है कि वह पृथ्वी पर उपस्थित प्राणिमात्र को नैसर्गिक रूप से बने रहने के लिए एवं विकास के लिए प्रेरित करता है। इसकी दो विशेषताओं को दृष्टिगत रखते हुए, जो कि, सार्वभौमिक सर्वोच्चता के उद्देश्य एवं इसकी प्राकृतिक उपस्थिति, विकास के वैज्ञानिक अध्ययन एवं विश्लेषण के लिए पात्र होती हैं। इसीलिए, विकास के विषय का अध्ययन सभी विश्वासों, विचारधाराओं एवं अनुशासनों के विद्वानों द्वारा किया जाना कोई आश्चर्य की बात नहीं है। ग्रामीण विकास के सन्दर्भ में इतना लिखा एवं कहा जा चुका है कि इस विषय पर किसी अन्य पुस्तक के लिखे जाने को किसी के द्वारा उचित ठहराना कठिन है। तब भी, मेरा यह विश्वास है कि ग्रामीण विकास पर एक ऐसी पाठ्यपुस्तक की आवश्यकता है, जो विषय पर उपलब्ध विशद् साहित्य से महत्त्वपूर्ण अन्तर्दृष्टि का विवेचन करे एवं व्यावहारिक सीख को निकाले एवं उन्हें सार्थक रूपों में संश्लेषित करे। यह पुस्तक इसी अभीष्ट उद्देश्य को पूरा करने के लिए है।

इस पुस्तक के तीन संस्करणों के तीन दशकों से अधिक के समय से उपस्थिति इसकी आवश्यकता एवं उपयोगिता को पर्याप्त रूप से व्यक्त करती है। इतना कहने के पश्चात्, अब हम सामान्य रूप से विकास एवं विशेषतः ग्रामीण विकास के लिए उपयोग में आने वाली परिभाषाओं एवं अर्थों का परीक्षण करेंगे। इसका उद्देश्य सामान्य रूप से स्वीकार्य परिभाषा को प्राप्त करना है, जो उपयोग एवं समझने की दृष्टि से सरल हो।

ग्रामीण विकास की अवधारणा, संकल्पना एवं संकेतार्थ

'विकास' एक व्यक्तिपरक एवं मूल्य आधारित अवधारणा है, इसी कारण से इसके अर्थ को लेकर सहमति नहीं बन पायी है। इस शब्द का प्रयोग विविध सन्दर्भों में अलग–अलग तरह से हुआ है। इसका मूलतः अर्थ 'फैलाना', 'उद्घाटित करना' अथवा 'प्रकट करना' से है जो कि अन्तर्निहित है। जब इसको मानव जाति के लिए प्रयुक्त

किया जाता है तो इसका तात्पर्य क्षमताओं को 'उद्‌घाटित करने' अथवा 'प्रकट करने' से होता है। सामान्य तौर पर कहने में, विकास शब्द का आशय एक अपेक्षित परिवर्तन से है। चूँकि किसी एक समय विशेष, स्थान अथवा संस्कृति विशेष के लिए जो अपेक्षित है, वह आवश्यक नहीं है कि अन्य स्थानों अथवा उसी स्थान के अन्य समयों एवं समान सांस्कृतिक वातावरण के मामलों में भी अपेक्षित हो, अतः विकास की सार्वभौम स्वीकृत परिभाषा के बारे में सोचा जाना असम्भव है। लेकिन, सामान्य तौर पर, विकास को अपेक्षित सामाजिक उद्देश्यों अथवा एक विकास संकेतक के समूह अथवा सदिश के रूप में अवधारणाबद्ध किया जा सकता है जो कि समय के साथ कम नहीं होता है (पीयर्स एवं टर्नर, 1990, 2–3)। कुछ उद्देश्य जिनको सामान्य तौर पर एक समूह में सम्मिलित किया जाता है वे निम्नानुसार हैं – 1. वास्तविक प्रति व्यक्ति आय में वृद्धि (आर्थिक वृद्धि), 2. आय के वितरण में बेहतरी (समानता), 3. राजनीतिक एवं आर्थिक स्वतन्त्रता, 4. संसाधनों, शिक्षा, स्वास्थ्य, रोजगार के अवसर एवं न्याय तक समान पहुँच, 5. जीवन एवं सम्पत्ति की सुरक्षा। 6. प्राकृतिक आपदाओं एवं मानव निर्मित विपत्तियों से बचाव। इस तरह से परिभाषित, यह अवधारणा व्यक्तियों, समुदायों एवं सम्पूर्ण विश्व के सभी स्तरों पर लागू होती है। संस्कृति, धर्म एवं स्थानिकी की परवाह किए बिना, विकास सभी व्यक्तियों, समुदायों एवं राष्ट्रों द्वारा पोषित किया गया है।

इन दिनों, 'सतत विकास' एक बहुत ही ज्यादा चलन में आया हुआ शब्द है। अतः हम यहाँ इस शब्द की व्यापक रूप से स्वीकृत परिभाषा को पुनः निर्मित करेंगे। पर्यावरण एवं विकास पर विश्व आयोग (डब्ल्यूसीईडी 1987, 43) के अनुसार, "सतत विकास एक ऐसा विकास है जिसका तात्पर्य वर्तमान की आवश्यकताओं की पूर्ति करना एवं भविष्य की पीढ़ियों की क्षमताओं के साथ कोई भी समझौता किये बगैर उनकी आवश्यकताओं की पूर्ति भी करना है।" उक्त परिभाषा इस आवश्यकता को रेखांकित करती है कि समाज अन्तर–पीढ़ीगत समानता को सुनिश्चित करे जिसमें वर्तमान पीढ़ी इतना उपभोग न करे कि वह आने वाली पीढ़ियों के लिए उपभोग के वर्तमान स्तर एवं कल्याण के विकल्प को वर्जित कर दे। सीधे शब्दों में, सतत विकास एक ऐसी प्रक्रिया है जिसमें अपेक्षित सामाजिक उद्देश्यों अथवा विकास सूचकांक में समय के साथ गिरावट नहीं आती है। प्राकृतिक पूँजी संग्रह में स्थिरता– जिसमें प्राकृतिक स्रोतों के साथ पर्यावरण सम्मिलित है, सतत विकास के लिए अनिवार्य शर्त है। सतत विकास नीति के राष्ट्रीय एवं अन्तर्राष्ट्रीय दोनों स्तरों पर क्रियान्वयन हेतु 'पर्याप्त दशाओं' के अन्तर्गत यथोचित सांस्थानिक ढाँचे एवं अभिशासन व्यवस्था को सम्मिलित किया जाता है।

'ग्रामीण विकास' शब्द ग्रामीण लोगों के जीवन स्तर को सुधारने के साथ ग्रामीण क्षेत्र[1] के समग्र विकास को प्रदर्शित करता है। इस अर्थ में, यह एक व्यापक एवं बहुआयामी अवधारणा है एवं इसमें कृषि और सहायक गतिविधियाँ, ग्रामीण एवं कुटीर उद्योग और शिल्पकारी, सामाजिक, आर्थिक अधोसंरचना, सामुदायिक सेवाएँ एवं सुविधाएँ और इन सभी से ऊपर ग्रामीण क्षेत्रों के मानव संसाधनों का विकास सम्मिलित है। 'ग्रामीण विकास' को एक प्रक्रिया, एक घटना, एक रणनीति एवं एक अनुशासन के रूप में अवधारणाबद्ध किया जा सकता है। एक प्रक्रिया के रूप में इसमें व्यक्तियों समुदायों एवं राष्ट्रों को लक्षित उद्देश्यों को प्राप्त करने में सहभागी होने से है। एक घटना के रूप में ग्रामीण विकास विविध भौतिक, तकनीकी, आर्थिक, सामाजिक–सांस्कृतिक एवं संस्थागत कारकों के मध्य अन्तर्सम्बन्धों का अन्तिम परिणाम है। एक रणनीति के रूप में इसकी संरचना वर्ग विशेष के लोगों – विशेषतः ग्रामीण गरीबों की आर्थिक एवं सामाजिक समृद्धि में सुधार हेतु की गयी है। एक अनुशासन के रूप में इसकी अन्तर–अनुशासनिक प्रकृति है जिसमें कृषिगत, सामाजिक, व्यावहारिक, अभियान्त्रिक एवं प्रबन्धकीय विज्ञानों का प्रतिनिधित्व है।[2]

चेम्बर्स के शब्दों में (1983, 147):

> ग्रामीण विकास एक ऐसी रणनीति है जो समूह विशेष के लोगों, ग्रामीण गरीब पुरुषों स्त्रियों एवं उनके बच्चों को उनकी इच्छाओं एवं आवश्यकताओं से अधिक अर्जित करने के योग्य बनाती है। इस समूह में लघु स्तर के कृषक, काश्तकार एवं भूमिहीन सम्मिलित होते है। यह ग्रामीण क्षेत्रों के अधिकतम गरीबों

में से आजीविका ढूँढने के लिए ग्रामीण विकास की माँगों एवं लाभ पर नियन्त्रण हेतु मदद करने में सम्मिलित होते हैं।

अतः 'ग्रामीण विकास' शब्द का उपयोग उपर्युक्त वर्णित किसी भी संकेतार्थ के लिए किया जा सकता है। असंख्य परिभाषाओं में से अप्रभावशाली छटपटाहट से बचने के लिए, हमें ग्रामीण विकास को इस तरह से परिभाषित करना चाहिएः "एक ऐसी प्रक्रिया जो ग्रामीण व्यक्तियों विशेषतः गरीबों के सतत उन्नयन की ओर प्रशस्त होती है।"

आर्थिक वृद्धि के अतिरिक्त, यह प्रक्रिया लोकप्रिय प्रवृत्तियों के स्थान पर विशिष्ट रूप से सम्मिलित होती है और कई मामलों में यह रिवाजों एवं मान्यताओं को भी सम्मिलित करती है। संक्षेप में, ग्रामीण विकास की प्रक्रिया में परिवर्तन के सम्पूर्ण विस्तार का प्रतिनिधित्व होना चाहिए जिससे कि सामाजिक व्यवस्था में असंतोषजनक जीवन दशा से भौतिक एवं आध्यात्मिक रूप से बेहतर जीवन की ओर का मार्ग प्रशस्त हो सके। ग्रामीण विकास की प्रक्रिया की तुलना एक रेल से की जा सकती है जिसमें प्रत्येक डिब्बा अपने से आगे वाले डिब्बे को धक्का देता है एवं इसी क्रम में स्वयं अपने से पीछे वाले से धकेला जाता है, लेकिन इसके लिए यह आवश्यक है कि सम्पूर्ण रेल को आगे बढ़ाने के लिए एक शक्तिशाली इंजन हो। ग्रामीण विकास की सफलता का रहस्य इस बात में है कि इस रेल के लिए उचित इंजन की पहचान की जाए एवं यदि आवश्यक हो तो ऐसे इंजन का विकास भी किया जाए। ग्रामीण विकास के उचित इंजन के लिए सार्वभौमिक रूप से कोई भी मान्य दिशा निर्देश उपलब्ध नहीं हैं। यह एक ऐसा विकल्प है जो समय, स्थान एवं संस्कृति से प्रभावित होता है।

ग्रामीण विकास के बुनियादी तत्त्व

किसी भी समाज की भौगोलिक प्रस्थिति, संस्कृति एवं विकास की ऐतिहासिक दशा में, वास्तविक अर्थ के लिए कम से कम तीन तत्त्वों पर विचार किया जाता है जो ग्रामीण विकास के वास्तविक अर्थ का निर्माण करते है। ये निम्नानुसार हैं (बॉक्स 1.1; टोडेरो 1995, 16–18):

बॉक्स 1.1

ग्रामीण विकास के बुनियादी तत्व

1. **जीवन की आधारभूत आवश्यकताएँः** लोगों की कुछ मूलभूत आवश्यकताएँ होती हैं, जिनके बिना उनका जीवित रहना असम्भव (अथवा अत्यधिक कठिन) हो जाता है। मूलभूत आवश्यकताओं में भोजन, जल सहित, कपड़ा, आवास को सम्मिलित किया गया। आरम्भिक शिक्षा, प्राथमिक स्वास्थ्य सुरक्षा एवं जीवन और सम्पदा की रक्षा को भी सम्मिलित किया जाता है। इसके अतिरिक्त इनमें से कोई एक अथवा सभी अनुपस्थित हों अथवा इनकी आपूर्ति में न्यूनतम स्तर तक गिरावट आ जाए तो हम कह सकते हैं कि यह एक ऐसी अवस्था है जिसमें 'निरपेक्ष निम्न विकास' विद्यमान है। सभी अर्थव्यवस्थाओं में चाहे वे पूँजीवादी हों, समाजवादी हों अथवा मिश्रित, उनमें सभी के जीवन की आधारभूत आवश्यकताओं हेतु प्रावधान होता है। इस अर्थ में, हम यह दावा कर सकते हैं कि आर्थिक वृद्धि (बढ़ी हुई प्रति व्यक्ति आधारभूत आवश्यकताओं की उपलब्धता) ग्रामीण लोगों के 'जीवन की गुणवत्ता' में सुधार की आवश्यक शर्त है, जो ग्रामीण विकास है।
2. **आत्मसम्मानः** प्रत्येक व्यक्ति एवं प्रत्येक राष्ट्र का अपना आत्मसम्मान, गरिमा अथवा आदर होता है। आत्मसम्मान की अनुपस्थिति अथवा नकारना विकास की कमी का द्योतक है।

3. **स्वतन्त्रताः** इस सन्दर्भ में, स्वतन्त्रता का आशय राजनीतिक एवं वैचारिक स्वतन्त्रता, आर्थिक स्वतन्त्रता एवं सामाजिक दासता से मुक्ति से है। जब तक एक समाज व्यक्ति, प्रकृति*, अनभिज्ञता, अन्य व्यक्तियों, संस्थाओं एवं कट्टर मान्यता की दासता से बँधा है, वह 'विकास' के लक्ष्यों को प्राप्त करने का दावा नहीं कर सकता। दासता का कोई भी स्वरूप अपर्याप्त विकास की स्थिति का द्योतक है।

* प्रकृति से दासता का आशय प्राकृतिक विपदाओं का लोगों पर अतिशय अतिसंवेदनशीलता से है जिसमें बाढ़, सूखा, ओलावृष्टि, सुनामी (सुनामी समुद्री लहरों की एक श्रृंखला है जो समुद्र तल, भूस्खलन अथवा ज्वालामुखी गतिविधि से उत्पन्न होता है), जंगल की आग, इत्यादि सम्मिलित होते है।

स्रोतः टोडेरो (1995, 16–18)

विकास के बारे में नवीन आर्थिक दृष्टिकोण के अन्तर्गत गरीबी के उन्मूलन अथवा कमी, असमानता एवं बेरोजगारी को विकास के महत्त्वपूर्ण संकेतकों के रूप में देखते हैं। सीयर्स (1969, 3) ने संक्षेप में विकास के अर्थ के प्रश्न को सम्बोधित किया है, वे लिखते हैं: देश के विकास के बारे में किये जाने वाले प्रश्नों मेंः – 1. गरीबी का क्या हो रहा है?, 2. बेरोजगारी के लिए क्या हो रहा है?, 3. असमानता के लिए क्या हो रहा है?
यदि ये तीनों उच्च स्तरों से कम हो रहे हैं, तब, बिना किसी संशय के यह समय किसी भी देश के विकास की अवधि वाला समय होता है। यदि इनमें से एक अथवा दो प्रमुख समस्याएँ विपरीत दिशा में बढ़ती हैं, विशेषतः यदि सभी तीनों, तब प्रति व्यक्ति आय दोगुनी होने के बावजूद इस परिणाम को 'विकास' कहना आश्चर्यजनक होगा।

इस पुस्तक के अध्याय 3 में विकास के कुछ चयनित मापकों को प्रस्तुत किया गया है।

वृद्धि बनाम विकास

आर्थिक वृद्धि, विकास का एक अनिवार्य अवयव है किन्तु यह केवल अकेला नहीं है, क्योंकि विकास एक विशुद्ध रूप से आर्थिक घटना नहीं है। निर्णायक अर्थ में, इसमें व्यक्ति के जीवन के भौतिक एवं वित्तीय पक्षों से भी आगे बढ़कर अन्य पक्षों को सम्मिलित करना चाहिए। अतएव विकास को बहुआयामी प्रक्रिया के रूप में देखा जाना चाहिए, जिसमें आर्थिक एवं सामाजिक व्यवस्थाओं का पुनर्संगठन एवं पुनर्अभिविन्यास सम्मिलित हो। आय एवं परिणामों के वितरण के स्तरों पर सुधार के साथ इसमें संस्थागत, सामाजिक एवं प्रशासकीय संरचनाओं में आमूलचूल परिवर्तन एवं व्यक्तियों तथा समुदायों के मूल्यों और लोकाचारों को सम्मिलित करते हैं। आर्थिक वृद्धि एवं विकास के बीच के अन्तर को स्पष्ट करने के लिए भारत में पंजाब एवं केरल के उदाहरणों पर गौर किया जा सकता है। केवल प्रति व्यक्ति आय के आधार पर आर्थिक वृद्धि के स्तर को मापने पर पंजाब, केरल से ऊपर है लेकिन केरल विकास की दृष्टि से पंजाब से बेहतर है जो प्रति व्यक्ति आय के अतिरिक्त – साक्षरता दर, शिशु मृत्यु दर, लिंग अनुपात तथा कानून एवं व्यवस्था की स्थिति में मापा जाता है। अन्त में, यद्यपि विकास को राष्ट्रीय सन्दर्भ में परिभाषित किया जाता है, किन्तु व्यापक रूप में इसको अन्तर्राष्ट्रीय आर्थिक, सामाजिक एवं राजनीतिक व्यवस्थाओं में भी आधारभूत परिवर्तनों के लिए आवश्यक माना जा सकता है।

वेदों में उल्लिखित 'सर्वे भवन्तु सुखिनः, सर्वे सन्तु निरामयाः' का तात्पर्य 'प्रत्येक व्यक्ति (इस ब्रह्माण्ड में) स्वस्थ एवं सुखी रहे' से है जो विकास के वैश्विक एवं बहुआयामी चरित्र को प्रतिपादित करता है।

ग्रामीण विकास क्यों

अनादिकाल से, भारत ग्रामीण समुदायों की भूमि रहा है, वर्तमान में भी है एवं भविष्य में भी रहेगा। तथ्यगत दृष्टि से, ग्राम वैदिककाल से ही प्रशासन की इकाई रहा है, भारतीय शास्त्रों में सबसे पुराने ग्रन्थ ऋग्वेद में ग्रामिणी

(ग्राम प्रमुख) का सन्दर्भ आता है। भारत की राष्ट्रीय अर्थव्यवस्था में ग्रामीण चरित्र की प्रमुखता का यहाँ के ग्रामीण क्षेत्रों में रहने वाली जनसंख्या के प्रतिशत से प्रतिबिम्बन होता रहा है। 1901 में यह 89 प्रतिशत थी, 1951 में 83 प्रतिशत, 1971 में 80 प्रतिशत, 1991 में 74 प्रतिशत, 2001 में 72 प्रतिशत एवं 2011 में 69 प्रतिशत है। 83.4 करोड़ लोगों के ग्रामीण क्षेत्रों में निवास एवं कृषि के साथ जिसमें वानिकी एवं मत्स्य सम्मिलित है – सकल घरेलू उत्पाद (जीडीपी) में लगभग 18 प्रतिशत योगदान करती है जो 2013–14 के वर्तमान मूल्यों पर आधारित है। ऐसे में भारत की सामाजिक–आर्थिक विकास की कोई भी रणनीति ग्रामीण लोगों एवं क्षेत्रों की अवहेलना करके सफल नहीं हो सकती है।

अर्थव्यवस्था के ग्रामीण चरित्र एवं ग्रामीण जीवन के पुनरुद्धार के लिए महात्मा गाँधी ने जोर दिया था उन्होंने हरिजन में 4 अप्रैल 1936 को लिखा था (अज्ञात 1978, 2, 31 में उद्धरित):

> भारत इसके कुछ शहरों में नहीं बल्कि इसके सात लाख गाँवों में पाया जाता है। लेकिन हम कस्बों/शहरों में रहने वाले लोगों का मानना है कि भारत कस्बों/शहरों में रहता है तथा गाँवों को हमारी आवश्यकताओं की पूर्ति के लिए बनाया गया है। हमने बमुश्किल ठहर कर यह जानने का प्रयास किया कि क्या इन गरीब ग्रामीणों के पास खाने के लिए पर्याप्त भोजन एवं पहनने को कपड़े हैं तथा क्या उनके पास धूप एवं बारिश से बचने के लिए उनकी अपनी छत है।

उन्होंने हरिजन, 29 अगस्त, 1936 (अज्ञात, 1978 से उद्धरित) में आगे लिखा है कि, "मैं कहना चाहूँगा कि यदि गाँव समाप्त होते हैं तो भारत भी समाप्त हो जायेगा। यह भारत के रूप में नहीं बचेगा। विश्व में भारत के जीवन का ध्येय ही गुम हो जायेगा। ग्रामीण विकास का पुनरुद्धार केवल तभी सम्भव है जब इसका और अधिक शोषण न हो।"

अतः ग्रामीण विकास भारत की एक निरपेक्ष एवं त्वरित आवश्यकता है एवं यह आने वाले समय में भी बनी रहेगी। भारत के विकास के लिए यह नितान्त आवश्यक है।

बढ़ती अपेक्षाएँ एवं विकास

भारत में आम व्यक्ति, अन्य विकासशील देशों की तरह, अपने लिए, अपने परिवार के लिए, अपने समाज के लिए एवं अपने राष्ट्र के लिए उच्च जीवन स्तर की अपेक्षा करता है। विशेषीकृत अपेक्षाएँ निःसन्देह व्यक्ति से व्यक्ति एवं क्षेत्र से क्षेत्र में भिन्न होती हैं लेकिन सारे विश्व में जीवन की भौतिक दशाओं में सुधार की अपेक्षाओं में समानता है। लोग यह चाहते एवं अपेक्षा रखते हैं कि उन्हें बेहतर भोजन, कपड़े, घर, शिक्षा, सुरक्षित जीवन एवं दासता से मुक्ति मिले। यही अपेक्षाओं का परिभ्रमण है जिसने तीसरी दुनिया के देशों को समेट रखा है।

इन तथ्यों की कई व्याख्याएँ हैं। प्रथम, जिसमें ग्रामीण अभिजनों, शहरी अमीरों एवं विदेशी सैलानियों द्वारा आकर्षक एवं विलासप्रिय साधनों के आडम्बरपूर्ण उपयोग को निरूपित करने का प्रभाव सम्मिलित है जिसमें गरीबों के उपभोग एवं आवश्यकता वाले क्रियाकलापों को विकृत किया गया है। द्वितीय, फिल्मों, रेडियो, टेलीविजन, ई कामर्स की वेबसाइट्स यथा–फ्लिपकार्ट, इण्डिया मार्ट, अमेजन और आक्रामक विज्ञापनों ने लोगों को नवीन गैजेट एवं आधुनिक जीवन शैली से परिचित कराया है एवं उनकी अपेक्षाओं को भड़काया है और वे भी उन चीजों को चाहते हैं। तृतीय, स्थानीय एवं राष्ट्रीय राजनेता ग्रामीण गरीबों को आधुनिक सुख–सुविधाएँ देने का आश्वासन देते हैं, यदि वे उन्हें वोट दें। चतुर्थ, केन्द्रीय सरकारों ने गरीबी उन्मूलन की बारम्बार घोषणाएँ अपने मुख्य नीतिगत लक्ष्यों के रूप में रखी हैं। उपर्युक्त कारकों के प्रभाव में, आम व्यक्ति सर्वप्रथम नये उत्पादों, साधनों एवं सेवाओं से भिज्ञ होता है और तब वह उन्हें प्राप्त करना चाहता है और उनकी माँग करता है।

अधिकांश विकासशील देशों (भारत सहित) की अर्थव्यवस्था निकट भविष्य में ऐसी अपेक्षाओं की पूर्ति नहीं कर सकती है एवं इसके कारण बढ़ती अपेक्षाओं एवं अर्थव्यवस्था की वास्तविकता के मध्य संघर्ष अवश्यम्भावी है। इसके परिणाम विभिन्न देशों के लिए अलग–अलग होगें, लेकिन इसकी परिणति निश्चित रूप से मोहभंग, उत्साहभंग,

आन्दोलन, तालाबंदी एवं राजनीतिक उथल–पुथल, हिंसा तथा कई अन्य असामाजिक गतिविधियाँ जैसे– चोरी, हत्या, तस्करी एवं मादक द्रव्यों के अवैध व्यापार के रूप में परिलक्षित होंगी। अतएव त्वरित कृषि एवं आर्थिक विकास भारत में एक राष्ट्रीय अनिवार्यता है जिससे बढ़ती अपेक्षाओं एवं आर्थिक वास्तविकता के बीच के अंतर को कम किया जा सके।

विकास एवं परिवर्तन

विकास परिवर्तन का कारण एवं परिणाम दोनो है। इनके मध्य दोतरफा सम्बन्ध हैं जिसमें विकास परिवर्तन को प्रभावित करता है एवं परिवर्तन से प्रभावित भी होता है। परिवर्तन में भौतिक, तकनीकी, आर्थिक, सामाजिक, सांस्कृतिक, व्यवहारिक, संगठनात्मक अथवा राजनीतिक परिवर्तन समाविष्ट होता है। जबकि विकास की सभी अभिवृत्तियों का कुछ परिवर्तनों के माध्यम से पता लगाया जा सकता है किन्तु सभी परिवर्तन विकास की ओर नहीं जाते। एक परिवर्तन या तो बेहतर (विकास) के लिए अथवा खराब (अवनति) के लिए हो सकता है।

ग्रामीण विकास के सन्दर्भ में किसी 'परिवर्तन' को एक साधन के रूप में मानना चाहिए जिसका उपयोग ग्रामीण विकास को बढ़ावा देने के लिए होता है। भारत में, साठ के दशक के मध्य में तकनीकी परिवर्तनों की शुरूआत (फसलों में नई एवं अधिक उपज देने वाली किस्में, परिवर्द्धित कृषि उपकरण एवं कीटनाशक) कृषि में तथाकथित हरित क्रान्ति के रूप में हुई। समान रूप से तकनीकी नवाचारों में, यथा – आधुनिक दुग्ध प्रसंस्करण, खाद्य प्रसंस्करण संयंत्र, दुधारू पशुओं में कृत्रिम गर्भाधान एवं आणन्द सहकारी दुग्ध संघ की तरह भारत में किये गये संस्थागत नवाचार जिससे वृहद स्तर पर सत्तर के दशक के प्रारम्भ में ऑपरेशन फ्लड प्रोग्राम ने देश में दुग्ध उद्योग के आधुनिकीकरण एवं विकास में एक महती भूमिका निभाई। अन्य स्थानों, ताईवान एवं चीन गणराज्य में कृषिगत विकास, संस्थागत सुधार विशेषकर भूमि सुधार एवं तकनीकी उन्नयन के परिणामस्वरूप था। कार्ल मार्क्स, क्रान्तिकारी (सामाजिक–आर्थिक) परिवर्तनों को विकास के लिए साधन मानने वालों में से एक महत्त्वपूर्ण प्रवक्ता थे।

एक परिवर्तन प्राकृतिक अथवा स्वायत्त रूप से अथवा प्रेरित रूप में घटित हो सकता है। एक विकास प्रबन्धक, विकास की गति को बढ़ाने का काम व्यवस्था में अपेक्षित परिवर्तन करके एवं स्वायत्त परिवर्तन को दिशा निर्देशित करके कर सकता है। यह महत्त्वपूर्ण है कि अवलोकित परिवर्तन के सम्भावित प्रभावों का समाज के विविध खण्डों पर पूर्वानुमानों के सन्दर्भ में सावधानीपूर्वक मूल्यांकन किया जाना चाहिए (परिवर्तन शुरू होने से पूर्व)।

विकास के कारण एवं परिणाम के रूप में मानव

मानव, विकास के कारण एवं परिणाम दोनों रूपों में होता हैं। हालांकि विकास की प्रक्रिया की धुरी मानवीय कारक ही होता है। अतः मानव के अध्ययन के आधार में विकास का अध्ययन होता है, यह मानव के एकाकीपन में नहीं हो सकता तथापि यह मानव के उनके सहयोगियों, अथवा मानव के समाज एवं उसके पर्यावरण के सम्बन्ध में होता है।

यह भौतिक एवं आध्यात्मिक दोनों परिस्थितियों का निर्माण है जो अपने श्रेष्ठ सन्दर्भों में मानव को व्यक्ति एवं मानव को प्रजाति के रूप में समर्थ बनाता है। जो मानव की आजीविका पर नियन्त्रण रखते हैं वे मानव पर भी नियन्त्रण रखते हैं। ऐसे में मानव की स्वतन्त्रता भ्रमित करने वाली होगी जिसमें उसे भोजन एवं काम करने के अधिकार के लिए अन्य पर आश्रित रहना पड़े। इसी प्रकार एक राष्ट्र स्वतन्त्र नहीं है यदि उसके आर्थिक संसाधनों पर किसी अन्य राष्ट्र का नियन्त्रण है। यदि एक राष्ट्र अपने नागरिकों के जीवन निर्वाह के साधनों पर नियन्त्रण नहीं कर पाता है तो उसकी राजनीतिक स्वतन्त्रता अर्थहीन है। दूसरे शब्दों में, मानव विकास आर्थिक विकास का केवल तभी अनुसरण करता है जब आर्थिक विकास को उसमें सम्मिलित मानवों की गरिमा एवं समानता से अर्जित किया जाए। किसी भी व्यक्ति को अन्य की दयालुता से मानवीय प्रतिष्ठा

प्रदान नहीं की जा सकती है। वास्तविकता में, यह दान के रूप में प्रकट होने से नष्ट हो सकती है। प्रतिष्ठा के लिए समानता, स्वतन्त्रता एवं मानवों में आपसी आदर का होना आवश्यक है। यह समाज के लोगों के जीवन एवं कार्य में उत्तरदायित्व एवं सचेतन सहभागिता पर निर्भर करता है। राष्ट्रीय समाजों एवं अन्तर्राष्ट्रीय समाज की सम्पूर्ण संरचना का सरोकार लोगों के विकास से है। कुछ ऐसे समाज हैं जो ऐसे प्रयोजनों के लिए कार्य करते हैं, कुछ ऐसे भी हैं जो सामाजिक न्याय को स्वीकार करते हैं तथा तदनुरूप संगठित होते हैं, इन्हें बढ़ती अपेक्षाओं की क्रान्ति के रूप में कहा जा सकता है।

सर्वश्रेष्ठ तकनीकी उन्नति एवं आर्थिक वृद्धि को पूँजीवाद के तहत प्राप्त किया गया है हालांकि कौन सा माल उत्पादित किया जाए, किस तरह से उत्पादित हो, इसका निर्णय थोड़े से लोगों के पास होता है जिनका नियन्त्रण भूमि एवं पूँजी पर है। उनके निर्णय निर्माण में निर्धारक कारक यह होता है कि भूमि अथवा पूँजी के मालिक के रूप में क्या यह गतिविधि लाभ, शक्ति अथवा प्रतिष्ठा को बढ़ाने में सहायक होगी। इसमें मानव आवश्यकताओं को यदि कहीं स्वीकार किया जाता है तो वे हमेशा द्वितीयक होती हैं।

सस्ते घरों को बनाने से कोई लाभ नहीं मिलता है इसलिए ये नहीं बनाये जाते हैं, विद्यालयों एवं अस्पतालों के लिए कोई पैसा नहीं है लेकिन पाँच सितारा होटलों एवं विलासितापूर्ण फ्लैट्स के लिए पर्याप्त पैसा है। परिणामतः कुछ लोग मानव सृजित धन से स्वयं के उत्कर्ष एवं शक्ति को अर्जित कर ऐश्वर्यपूर्ण जीवन व्यतीत कर रहे हैं। उसी समय में बहुसंख्यक पुरुष, महिलाएँ, बच्चे भुखमरी, गन्दगी एवं रोग ग्रसित स्थितियों तक सीमित हो गये हैं – जिसमें वे उस आत्मा को नष्ट करने वाली असुरक्षित बाध्यकारी गरीबी के शिकार हैं।

हमें इसके बारे में एकदम स्पष्ट होना चाहिए, यदि हम मानव को व्यक्ति के रूप में चाहते हैं तो हमें उस समाज जिसके कि ये व्यक्ति सदस्य हैं, में दृढ़ता से इस बारे में अपनी इच्छा को अभिव्यक्त करना चाहिए, मानव उन परिस्थितियों में आकार लेते हैं जिनमें वे रहते हैं। यदि उनके साथ पशुवत व्यवहार होगा तो उनके क्रियाकलाप पशु की तरह हो जाएँगे। यदि उनकी प्रतिष्ठा को नकारा जाता है, तो वे क्रोध से कार्य करेंगे। यदि उनके साथ केवल उत्पादन करने वाले साधन के रूप में व्यवहार होता है तो वे आत्माविहीन 'हाथ' बन जाएँगे, जिनके लिए जीवन एक कम से कम कार्य करने वाली स्थिति होगी एवं तब वे प्रसन्नता के भ्रम एवं अहंकार के शिकंजे से पलायन कर जाएँगे।

विकास में कुछ दुविधाएँ

विकास पर उपलब्ध साहित्य विविध दुविधाओं एवं मतों से भरपूर है, जैसे ग्रामीण बनाम शहरी विकास, कृषि बनाम औद्योगिक विकास, पूँजी बनाम श्रम की प्रमुखता एवं प्राकृतिक/स्वायत्त बनाम उत्पन्न/नियोजित विकास। इन दुविधाओं की एक संक्षिप्त समीक्षा कुछ मुद्दों के स्पष्टीकरण की दृष्टि से समीचीन प्रतीत होती है।

ग्रामीण बनाम शहरी विकास

विकसित देशों में बढ़ते शहरीकरण को आर्थिक विकास से जोड़कर देखा जाता है, जिसे शहरी आबादी के बढ़ते अनुपात में प्रदर्शित किया जाता है। इसलिए, अर्थशास्त्रियों में शहरीकरण को विकास के संकेतक के रूप में देखने की प्रवृत्ति होती है। शहरी केन्द्रों पर अधोसंरचनात्मक तन्त्र के बढ़ते घनत्व एवं पूँजी–आधारित औद्योगिक उद्यमों में वृद्धि का परिणाम बढ़ता शहरीकरण है। इस तरह के घनत्वीकरण के परिणामस्वरूप कई विकासशील देशों में विकास के अर्थशास्त्र के साहित्य में 'दोहरापन' अस्तित्व में आया अथवा अर्थव्यवस्था में दो पृथक् आर्थिक उप–समूहों का सह–अस्तित्व प्रकाश में आया। एक तरफ, जहाँ अर्थव्यवस्था में एक छोटा किन्तु अत्यधिक आधुनिक एवं विकसित शहरी उपखण्ड है जो कि अधिकांश भौतिक, वित्तीय, शिक्षित एवं प्रतिभाशाली मानव संसाधन को अवशोषित कर लेता है, वहीं दूसरी ओर, एक वृहद किन्तु पारम्परिक एवं अविकसित ग्रामीण उपखण्ड है जो कि व्यापक गरीबी, बेरोजगारी

एवं कम उत्पादकता चित्रित है। कई विकासशील देशों में, ये दोनों उपखण्ड सहअस्तित्व में हैं लेकिन उन दोनों के मध्य योजक कड़ियाँ विद्यमान नहीं हैं जिन्होंने आज के विकसित देशों के विकास में योगदान दिया है।

दूसरी तरफ, विकासशील देशों के मध्य यह मत तेजी से उभर रहा है कि ग्रामीण विकास समग्र विकास की पूर्व शर्त है, इसीलिए संसाधनों के आवंटन में ये सर्वोच्च प्राथमिकता की पात्रता रखते हैं। ग्रामीण विकास के उद्देश्य को बढ़ाने के उत्साह में, इस विचारधारा के प्रवर्तक अर्थव्यवस्था के ग्रामीण एवं शहरी उपखण्डों के संयोजन को उपेक्षित अथवा कमतर कार्य करने वाले के रूप में देखते हैं। इसके लिए आवश्यक है विकास के एक नये दृष्टिकोण की, जो कि सुस्पष्ट रूप से ग्रामीण एवं शहरी उपखण्डों के अन्तःसंयोजन एवं पूरकता को मान्यता प्रदान करे एवं पूर्णतः संघटित करे।

कृषिगत बनाम औद्योगिक विकास

ग्रामीण बनाम शहरी विकास की दुविधा के सदृश यह मत है कि औद्योगीकरण ही कृषि का आधुनिकीकरण कर सकता है एवं इससे कृषि उत्पादनों और मजदूरी दरों में बढ़ोतरी एवं कृषि के मशीनीकरण से विस्थापित मजदूरों को रोजगार उपलब्ध कराया जाता है। इसने कई विकास अर्थशास्त्रियों को औद्योगीकरण को विकास से जोड़ने के लिए प्रेरित किया है। इस मत का अनुसरण करते हुए विकसित देशों की तरह कई विकासशील देशों ने अत्यधिक पूँजी आधारित एवं परिष्कृत औद्योगिक उद्यम स्थापित किये। इस तरह के प्रयास यद्यपि प्रायः अपेक्षित परिणामों के प्राप्त न हो पाने के कारण घोर निराशा में बदले हैं। ऐसी परियोजनाएँ केवल प्रदर्शन–मंजुषाएँ होती हैं जो विकास को लगभग नगण्य योगदान प्रदान करती हैं एवं कई बार तो नकारात्मक भी होती हैं क्योंकि ये उद्यम लोगों की आधारभूत आवश्यकताओं की कीमत पर तैयार होते हैं। उच्च कृषि क्षमता वाले राष्ट्र कृषि आयात पर भारी संसाधनों पर खर्च करते हैं एवं आयातित प्रौद्योगिकी, पूँजी एवं प्रबन्धन पर बहुत अधिक निर्भर होते हैं। इसके साथ साथ, स्थानीय कृषि की स्थिरता एवं पोषण सम्बंधी मानक उन्नत देशों की तुलना में बहुत कम रहती है और आय के वितरण का झुकाव किसानों, कामगारों एवं उपभोक्ताओं के स्थान पर उद्योगपतियों की ओर होता है।

दूसरी ओर, कृषि क्षेत्र में यह रूढ़िवादी मान्यता है, जो कहती है कि विकास के आरम्भिक पायदानों में जब प्रति व्यक्ति आय कम है तब कृषि अकेली विकास के साधन के रूप में कार्य कर सकती है तथा इसमें आय एवं औद्योगीकरण के बढ़ने की पूर्व शर्त, बढ़ती कृषि उत्पादकता होती है। इस मत के मानने वालों का यह तर्क है कि कृषि पर उद्योगों से अधिक ध्यान देने एवं अधिक संसाधन आवंटित करने की आवश्यकता है। वे यह नहीं जानते हैं कि कृषि अकेले विकसित नहीं हो सकती और उद्योगों एवं सहायक अधोसंरचना का सहभागी विकास न केवल राष्ट्रीय अर्थव्यवस्था की वृद्धि के लिए आवश्यक है अपितु कृषि के अपने उन्नयन के लिए भी आवश्यक है। गैर–कृषिगत क्षेत्र का विकास उस सीमा तक किया जाना चाहिए, जहाँ तक यह कृषि क्षेत्र नये निवेश एवं सेवाओं को विकसित करने के लिए आवश्यक हो एवं साथ ही कृषि में अधिशेष श्रम उत्पादकता, अतिरिक्त मानव शक्ति को समाहित कर सके।

मुख्य रूप से कृषिगत एवं गैर–कृषिगत खण्डों के संयोजन में कमी एवं आंशिक रूप से लाभ का वितरण बड़े कृषकों की ओर झुकाव लिये होने के कारण कृषिगत रूढ़िवाद सामान्य तौर पर विकास के बगैर वृद्धि में प्रतिफलित हुआ है।

ग्रामीण क्षेत्रों में लघु एवं कम पूँजी आधारित उद्योगों की स्थापना के साथ कृषि में नयी तकनीक का प्रवेश कृषि एवं उद्योग के मध्य संयोजन स्थापित करने में सहायक रहा है। कृषि एवं उद्योग क्षेत्रों को समेकित करने की इज़रायली रणनीति अनुकरणीय है। इज़रायल में, अधिक प्रभावशाली कृषि उत्पादन प्रविधियों के साथ ग्रामीण क्षेत्रों में औद्योगिक उद्यम स्थापित किये गये। प्रारम्भ में, औद्योगिक उद्यमों ने कृषि से जुड़ी सेवाओं एवं उद्योगों को सम्मिलित किया जिसमें पोषण संयंत्र, कृषि उत्पाद का प्रसंस्करण एवं औजारों एवं सहायक उपकरणों का निर्माण सम्मिलित रहा। इनमें से अधिकांश उद्यमों पर मालिकाना हक पूर्णतः अथवा आंशिक रूप से कृषकों का होता था।

समय के साथ, औद्योगिक उद्यमों का क्षेत्र व्यापक हुआ एवं पूरी तरह से कृषि से असम्बन्धित गतिविधियों जैसे आभूषण एवं मृत्तिका को इसमें सम्मिलित किया गया (वेत्ज़ 1971, अध्याय 9)।

पूँजी बनाम श्रम सिद्धान्त

आज के विकास अर्थशास्त्री पूँजी को विकास का प्रमुख साधन मानते हैं इन्हें विकासशील देशों में यह धारणा अपने पूर्ववर्तियों से विरासत में मिली है। हेरोड–डोमर प्रतिमान इस मत को प्रदर्शित करने वाला प्रतिनिधिक उदाहरण है (टोडारो 1995, 70–72)। इस प्रतिमान में, वृद्धि की दर उत्पाद की बचत दर एवं पूँजी–निर्गत अनुपात में प्रदर्शित की जाती है। इस अनुमान के साथ की पूँजी एवं श्रम एक–दूसरे को प्रतिस्थापित नहीं कर सकते हैं एवं श्रम की आपूर्ति बहुतायत में है, ऐसे में पूँजी आर्थिक वृद्धि की अवहेलना करने वाली अतिव्यापी अवरोध बन जाती है। इस सिद्धान्त को अगला प्रोत्साहन तकनीक–अर्थशास्त्रियों से मिला जो पूँजी में नयी तकनीकी को सम्मिलित करते हैं।

पूँजीगत रूढ़िवाद को विकासशील देशों के विकास अर्थशास्त्रियों एवं योजनाकारों ने आँखें मूँदकर स्वीकार किया। इससे इन देशों की कई नीतियों को प्रवर्तित किया गया है, इन सभी का उद्देश्य बचत बढ़ाना, आय का श्रमिकों से पूँजीपतियों में पुनर्वितरण, राष्ट्रीय एवं बहुराष्ट्रीय कम्पनियों के एकाधिकार को स्वीकृति, संसाधनों का निजी से सार्वजनिक क्षेत्रों में हस्तान्तरण, विदेशी सहायता एवं कर्ज पर बढ़ती निर्भरता तथा विशेषतः विदेशी विनिमय के सन्दर्भ में पूँजी माल के लिए पूँजी की कीमत कम करना है। इसके परिणामतः इन राष्ट्रों की अर्थव्यवस्था प्रतिकूल रूप से प्रभावित हुई है। उदाहरणार्थ, पूँजीगत सामानों लिए विदेशी मुद्रा की कम कीमत ने श्रम–आधारित तकनीकों के प्रोत्साहन को समाप्त किया जो घरेलू आवश्यकताओं एवं परिस्थितियों के अनुकूल थी एवं कई क्षेत्रों में अपरिपक्व और अत्यधिक मशीनीकरण के परिणामस्वरूप श्रमिकों में बेरोजगारी एवं अन्य घरेलू संसाधनों का सीमित उपयोग हुआ है।

पूँजीगत रूढ़िवाद का फैलाव मानव पूँजी निर्माण को भी सम्मिलित करता है। उच्च शिक्षा को अधिकांश विकासशील देशों में अत्यधिक आर्थिक सहायता प्राप्त है, जिसके प्रतिफलन में प्रतिवर्ष कई लाख महाविद्यालयीन एवं विश्वविद्यालयीन स्नातक सफेदपोश सर्वहारा बेरोजगारों के संघ में जुड़ जाते हैं। भारत में, उच्च शिक्षा संस्थानों विशेषतः अभियान्त्रिकी, तकनीकी, कृषि, चिकित्सा एवं प्रबन्धन के क्षेत्रों में असाधारण निवेश किया गया है। इन संस्थानों के अधिकांश स्नातक देश के कार्य वातावरण एवं प्रचलित वेतन एवं अन्य सुविधाओं में कार्य नहीं करना चाहते एवं विदेशों में अपने लिये कार्य ढूँढते हैं। इस तरह से, देश में उनके शिक्षा एवं प्रशिक्षण पर व्यय किये गये दुर्लभ संसाधन बेकार चले जाते हैं। ऐसा लगता है कि इस समय भारत के आर्थिक एवं तकनीकी विकास के लिए हमें ऐसे संस्थान चाहिए यथा– व्यावसायिक विद्यालय जो कृषि एवं अन्य तकनीकी विशेषज्ञों, अभियान्त्रिकों, चिकित्सकों एवं ग्रामीण प्रबन्धकों को जमीनी प्रशिक्षण प्रदान करें बजाय इसके कि ऐसे संस्थान जो उच्च परिष्कृत प्रशिक्षण प्रदान करें। समान रूप से, किसी को भी यह आश्चर्य होता है कि हम क्यों कला, विज्ञान, वाणिज्य, कृषि, पशु विज्ञान में महाविद्यालयों एवं विश्वविद्यालयों से अपनी आवश्यकता से ज्यादा स्नातक बनाते हैं। उच्च शिक्षा की माँग को उपलब्ध नौकरियों के अवसरों से मिलाते हुए कम किया जाना चाहिए जिसमें उसकी कीमत को उस डिग्री पर होने वाले वास्तविक व्यय के आधार पर तय होना चाहिए।

अमेरिका एवं अन्य पश्चिमी देशों में बहुसंख्यक विद्यार्थी अपने अध्ययन को हाईस्कूल (10+2) स्तर तक करके समाप्त कर देते हैं तथा स्वरोजगार आरम्भ कर देते हैं जैसे– इलेक्ट्रिकल्स, प्लंबर, मोटर गैराज मैकेनिक। लेकिन उनका प्रशिक्षण विस्तृत आधार वाला एवं अत्यधिक प्रायोगिक और सन्दर्भ के साथ सरोकार रखने वाला होता है, परिणामतः हाईस्कूल तक शिक्षित लोग अपने स्वयं के छोटे व्यवसाय अथवा वेतन आधारित काम करने के लिए सक्षम एवं योग्य हो जाते हैं। हमें इन अनुभवों से सीखना चाहिए और हमारी शिक्षा पद्धति को कम पूँजी आधारित एवं अपनी आवश्यकताओं के ज्यादा प्रासंगिक बनाना चाहिए। आज आवश्यकता हमारी वर्तमान शिक्षा नीति की व्यापक जाँच की है जो कि पुरातन हो गयी है एवं बदले हुए वातावरण में अप्रासंगिक भी हो गयी है। आज आवश्यकता व्यावसायिक शिक्षा पर ज्यादा जोर देने की भी है।

स्वायत्त बनाम प्रेरित विकास

प्रत्येक देश में, समय के साथ कुछ विकास प्राकृतिक रूप से अथवा स्वायत्त रूप से होते हैं, लेकिन इसकी गति एवं स्तर सन्तुष्टिकारक जीवन स्तर की प्राप्ति के लिए पर्याप्त नहीं होते हैं। ऐसी परिस्थितियों में, स्वाभाविक विकास की गति को बढ़ाने के लिए कुछ हस्तक्षेप आवश्यक होते हैं। विकास नियोजन एक तरह का हस्तक्षेप है जो विश्व के कई विकासशील देशों में हस्तक्षेप की तरह है एवं इसे विकास के जादुई द्वार के रूप में लिया जाता है। वास्तव में, विकसित देशों में भी आर्थिक प्रक्रियाओं में कुछ नियोजन अथवा सरकारी हस्तक्षेप की आवश्यकता को महसूस किया जाने लगा है। ऐसा लगता है मानो इस जुमले पर सहमति बढ़ती जा रही है कि बिना नियोजन से तो कुछ नियोजन अच्छा ही है एवं विकेन्द्रीकृत नियोजन, केन्द्रीयकृत नियोजन से बेहतर ही होता है।

तथापि, हमें यह स्पष्ट होना चाहिए कि नियोजन केवल तभी सकारात्मक योगदान कर सकता है जब वह विकास उद्देश्यों की उपलब्धियों को अधिक तेजी एवं अधिक क्षमता से सुसाध्य बनाये बजाय इसके कि विकास प्राकृतिक शक्तियों का अनुसरण करे। अब यह ज्यादा स्पष्ट होता जा रहा है कि विकास के प्रयास अकेले सरकार पर नहीं छोड़े जा सकते हैं। इनको निजी, सहकारी, कार्पोरेट एवं अन्य गैर–सरकारी संस्थाओं एवं अभिकरणों के साथ एवं इसे सबसे अधिक लोगों के साथ बाँटा जाना चाहिए। सरकार द्वारा किये जा रहे नियोजन के प्रयासों को व्यक्तियों एवं गैर–सरकारी संस्थाओं द्वारा पूरक योगदान प्राप्त होना चाहिए।

नियोजन की प्रमुख भूमिका लोगों के लिए एक अनुकूल आर्थिक तथा राजनीतिक वातावरण प्रदान करने के लिए होना चाहिए जिससे वे अपेक्षित लक्ष्यों को अर्जित करने में सक्षम हो सकें तथा परिवेश के नियमों को बनाने एवं उनको सख्ती से लागू करने में सक्षम हो सकें।

प्रमुख बिन्दु

1. 'ग्रामीण विकास' विस्तृत शब्द 'विकास' का ही एक उपवर्ग है जिसका तात्पर्य ग्रामीण लोगों के जीवन की गुणवत्ता में समग्र सुधार से है। विकास सम्पूर्ण विश्व के व्यक्तियों, परिवारों, समुदायों एवं राष्ट्रों द्वारा सार्वभौमिक रूप से पोषित लक्ष्य है।
2. इन दिनों, सतत विकास एक अत्यन्त प्रचलित शब्द है। पर्यावरण एवं विकास पर विश्व आयोग के अनुसार, "सतत विकास इस तरह का विकास है जिसका तात्पर्य वर्तमान की आवश्यकताओं की पूर्ति करना एवं भविष्य की पीढ़ियों की क्षमताओं के साथ कोई भी समझौता किये बगैर उनकी आवश्यकताओं की पूर्ति भी करना है।" यह परिभाषा मानव आवश्यकताओं की पूर्ति के स्तर में अन्तरपीढ़ी समानता को बनाये रखने के सन्दर्भ में आवश्यकता को रेखांकित करती है। प्राकृतिक पूँजी संग्रह जिसमें प्राकृतिक स्रोतों के साथ पर्यावरण सम्मिलित है, सतत विकास की अनिवार्य शर्त है।
3. ग्रामीण विकास को एक प्रक्रिया, एक तथ्य, एक रणनीति एवं एक अनुशासन के रूप में देखा जा सकता है। एक प्रक्रिया के रूप में, यह गतिविधियों में व्यक्ति एवं समुदाय की सहभागिता पर लागू होती है जो कि समय के साथ उनके संजोये गये लक्ष्यों को अर्जित करने की ओर प्रवृत्त होता है। एक तथ्य के रूप में, यह जीवन की गुणवत्ता का पैमाना है जिसमें फलतः विभिन्न भौगोलिक, तकनीकी, आर्थिक, सामाजिक–सांस्कृतिक तथा संस्थागत तत्वों के मध्य अन्तःक्रिया करते हैं। एक रणनीति के रूप में इसकी संरचना वर्ग विशेष के लोगों की – विशेषतः ग्रामीण गरीबों की आर्थिक एवं सामाजिक समृद्धि में सुधार हेतु की गयी है। एक अनुशासन के रूप में, इसकी प्रकृति बहु–आनुशासनिक है जो कृषिगत सामाजिक, व्यावहारिक, अभियान्त्रिक एवं प्रबन्धकीय विज्ञान का प्रतिनिधित्व है।

4. जबकि आर्थिक वृद्धि, विकास का एक अनिवार्य अवयव है किन्तु यह केवल अकेला नहीं है, क्योंकि विकास विशुद्ध रूप से एक आर्थिक प्रक्रिया नहीं है। निर्णायक अर्थ में, इसको व्यक्ति के जीवन के भौतिक एवं वित्तीय पक्षों से भी आगे बढ़कर अन्य पक्षों को सम्मिलित करना चाहिए। अतएव, विकास को, बहुआयामी प्रक्रिया के रूप में देखा जाना चाहिए, जिसमें आर्थिक एवं सामाजिक व्यवस्थाओं का पुनर्गठन एवं पुनर्अभिविन्यास सम्मिलित हो।
5. ग्रामीण क्षेत्रों में निवासरत 83.3 करोड़ लोगों एवं कृषि के साथ जिसमें वानिकी एवं मत्स्य सम्मिलित है – सकल घरेलू उत्पाद (जीडीपी) में लगभग 18 प्रतिशत योगदान 2013–14 की वर्तमान कीमत पर होता है, ऐसे में भारत की सामाजिक–आर्थिक विकास की कोई भी रणनीति ग्रामीण लोगों एवं क्षेत्रों की अवहेलना करके सफल नहीं हो सकती है। ग्रामीण विकास यथार्थ में अपरिहार्य रूप से सम्पूर्ण विकास है।
6. भारत में आम व्यक्ति, अन्य विकासशील देशों की तरह, अपने लिए, अपने परिवार के लिए, अपने समाज के लिए एवं अपने राष्ट्र के लिए उच्च जीवन स्तर की अपेक्षा करता है। ये अपेक्षाएँ वर्तमान विकास के न्यून स्तर एवं उच्च स्तर की असमानता के साथ पूर्ण नहीं की जा सकती है। यह नैराश्य, भ्रम एवं कई असामाजिक गतिविधियों यथा – चोरी, हत्या, हिंसा तथा नशीली दवाओं के अवैध व्यापार की ओर प्रवृत्त होता है।
7. विकास परिवर्तन का कारण एवं परिणाम दोनो है। इनके मध्य दो तरफा सम्बन्ध है जिसमें विकास परिवर्तन को प्रभावित करता है एवं परिवर्तन से प्रभावित भी होता है। परिवर्तन में भौतिक, तकनीकी, आर्थिक, सामाजिक, सांस्कृतिक, संस्थागत अथवा राजनीतिक परिवर्तन समाविष्ट है। जबकि विकास की सभी अभिवृत्तियों को कुछ परिवर्तनों के माध्यम से पता लगाया जा सकता है, कभी–कभी सभी परिवर्तन विकास की ओर नहीं जाते। एक परिवर्तन या तो बेहतर (विकास) के लिए अथवा खराब (अवनति) के लिए हो सकता है।
8. मानव, विकास के कारण एवं परिणाम दोनों होते हैं। विकास की प्रक्रिया की धुरी मानवीय कारक ही होता है। लेकिन विश्व के अधिकांश देशों द्वारा इस आधारभूत सत्य को संज्ञान में नहीं लाया गया। उदाहरणार्थ, पूंजीवाद के तहत सर्वश्रेष्ठ तकनीकी उन्नति एवं आर्थिक वृद्धि को प्राप्त किया गया है, कौन सा माल उत्पादित किया जाये, किस तरह से उत्पादित हो, इसका निर्णय थोड़े से लोगों के पास होता है जिनका नियन्त्रण भूमि एवं पूंजी पर है। उनके निर्णय निर्माण में निर्धारक कारक यह होता है कि भूमि अथवा पूंजी के मालिक के रूप में क्या यह गतिविधि लाभ, शक्ति अथवा प्रतिष्ठा को बढ़ाने में सहायक होगी। इसमें मानव आवश्यकताओं को यदि कहीं स्वीकार किया जाता है तो हमेशा द्वितीयक होती है।
9. विकास पर उपलब्ध साहित्य विविध दुविधाओं एवं मतों से भरपूर है, जैसे ग्रामीण बनाम शहरी विकास, कृषि बनाम औद्योगिक विकास, पूँजी बनाम श्रम की प्रमुखता एवं प्राकृतिक/स्वायत्त बनाम प्रेरित/नियोजित विकास। ऐसे सभी मतों की निरर्थकता को जानने की आवश्यकता है एवं इसका एक व्यावहारिक और सन्तुलित दृष्टिकोण लिया जाये जिसमें ग्रामीण एवं शहरी, कृषि एवं उद्योग, पूंजी एवं श्रम तथा विकास के उत्प्रेरित एवं स्वायत्त आयामों के मध्य सम्पूरकता को पहचाना जाये।

चर्चा के लिए प्रश्न

1. क्या प्रत्येक परिवर्तन अथवा सब कुछ नया 'विकास' है? हाँ/नहीं। यदि हाँ, तो बताए क्यों तथा यदि नहीं तो क्यों नहीं? अपने उत्तर को उदाहरण सहित समझाएँ।

2. क्या आर्थिक वृद्धि खाद्यान्न, दुग्ध, वस्त्र, घर, सड़क, विद्यालय, वाहन, प्रति व्यक्ति आय में वृद्धि, क्रय शक्ति में वृद्धि एवं इसी तरह के मानकों में वृद्धि 'विकास' है? हाँ/नहीं। यदि हाँ, तो क्यों एवं यदि नहीं तो क्यों नहीं?
3. ग्रामीण विकास के सिद्धान्त को एक प्रक्रिया, एक तथ्य, एक रणनीति एवं एक अनुशासन के रूप में उदाहरण सहित समझाइये।
4. क्या भारत वास्तव में एक विकसित राष्ट्र बन सकता है जबकि ऐसी समस्याएँ यथा– औसत प्रति व्यक्ति आय में शहरी तथा ग्रामीण क्षेत्रों में बढ़ती असमानता, उपलब्ध आधारभूत अधोसंरचना तथा जीवन एवं सम्पत्ति की सुरक्षा और साक्षरता दर के सन्दर्भ में है? हाँ/नहीं। यदि हाँ तो क्यों तथा यदि नहीं तो क्यों नहीं?
5. भारत के मानव संसाधन विकास में विशेषतः समाज के गरीब एवं वंचित वर्गों के लिए विकास नीति एवं योजना के अन्तिम लक्ष्य एवं प्रमुख उपकरण क्यों होना चाहिए, विवरण दें।
6. वर्तमान भारतीय सन्दर्भ में, ग्रामीण विकास के लिए पूँजी–प्रधान बनाम श्रम–प्रधान दृष्टिकोणों के पक्ष एवं प्रतिपक्ष पर चर्चा करे।
7. ग्रामीण क्षेत्र तथा शहरी क्षेत्र दोनों अग्रानुक्रम में कैसे विकसित होंगे और शहरी–ग्रामीण असमानता कम होगी, चर्चा करें।

टिप्पणियाँ

1. नगरीय निकायों एव समितियों के प्रशासनिक क्षेत्राधिकार के बाहर के क्षेत्र तथा अधिसूचित शहर क्षेत्र समितियाँ, छावनी एवं जनगणना में शहरी क्षेत्रों में वर्गीकृत नहीं किए ग्रामीण क्षेत्र माने जाते हैं।
2. भारत एवं दुनिया के अन्य देशों में, ग्रामीण विकास के पाठ्यक्रम अब स्नातक और स्नातकोत्तर दोनों स्तरों पर उपलब्ध है। वास्तव में, सेज पब्लिकेशन्स इण्डिया ने 2009 में इस पुस्तक के तीसरे संस्करण को पाठ्य पुस्तक के रूप में प्रकाशित किया तथा इसका ग्रामीण विकास शिक्षकों एवं छात्रों दोनों के द्वारा बहुत अच्छे ढंग से स्वागत किया गया।

अध्याय 2

भारत की ग्रामीण अर्थव्यवस्था

अध्ययन परिणाम

इस अध्याय में पढ़ने के पश्चात् विद्यार्थी यह जानने में समर्थ होंगे –

- भारत की ग्रामीण अर्थव्यवस्था के आकार के प्रमुख अनुभागों एवं मापकों की पहचान करने;
- भारत की अर्थव्यवस्था में ग्रामीण क्षेत्र की विशेषताओं को सूचीबद्ध करने;
- भारत में विगत समय में कृषि क्षेत्र की भूमिका को चित्रित करने;
- सरकार द्वारा इसके तीव्र गति से विकास के लिए उठाये गये प्रमुख कदमों को सूचीबद्ध करने, एवं;
- ग्रामीण क्षेत्र को वर्तमान और निकट भविष्य में प्रमुख चुनौतियों तथा अवसरों का सामना करने विशेषतः वैश्वीकरण एवं उदारीकरण के सन्दर्भ में पहचानने में।

परिचय

भारत प्राचीनतम जीवित सभ्यताओं में से एक तथा विश्व का सबसे बड़ा लोकतन्त्र है। इसकी एक समृद्ध एवं विविध सांस्कृतिक विरासत है एवं विश्व के जैवविविधता के उल्लेखनीय 18 केन्द्रों में से दो यहाँ हैं। विश्व में जनसंख्या की दृष्टि से इसका स्थान चीन के बाद दूसरा, गाय एवं भैंसों की संख्या की दृष्टि से पहला एवं भौगोलिक क्षेत्रफल की दृष्टि से छठा स्थान है। यह तकनीकी कौशल प्राप्त मानवशक्ति की दृष्टि से विश्व का तीसरा सबसे बड़ा भण्डार है एवं विश्व के सात नाभिकीय अस्त्रों से सम्पन्न राष्ट्रों में से एक है। इसका मुख्य भू–भाग 32.9 लाख वर्ग किलोमीटर अथवा 3 करोड़ 29 लाख हैक्टेयर है, जो कि उत्तर से दक्षिण की ओर अक्षांशों में लगभग 3214 किलोमीटर एवं पूर्व से पश्चिम की ओर देशान्तर में 2933 किलोमीटर है। स्वतन्त्रता के लगभग 68 वर्षों में, भारत ने विज्ञान एवं तकनीकी के क्षेत्र में प्रभावशाली प्रगति अर्जित की है और अब यह खाद्यान्न एवं दुग्ध उत्पादन में आत्मनिर्भर हो गया है। नकारात्मक पक्ष को देखें तो भारत अभी भी स्वयं के मानव संसाधनों एवं प्राकृतिक संसाधनों को पूर्णतः विकसित करके, इनका लोककल्याण हेतु पूर्णतः दोहन नहीं कर पाया है एवं साथ ही निरक्षरता, गरीबी, असमानता, बेरोजगारी एवं प्राकृतिक आपदाओं से असुरक्षा जैसी समस्याओं का समाधान अभी भी नहीं कर पाया है।

भारत की अर्थव्यवस्था चारित्रिक रूप से ग्रामीण प्रधान है। इस तथ्य की पुष्टि इस बात से होती है कि 2011 की जनगणना के अनुसार लगभग 69 प्रतिशत जनसंख्या 6 लाख 40 हजार गाँवों में निवास करती है एवं इसमें से लगभग 63 प्रतिशत, कृषि एवं इसकी सहायक गतिविधियों यथा– काश्तकारी एवं कृषि श्रमिक के रूप में ग्रामीण क्षेत्रों में कार्यरत है। कृषि एवं सहायक गतिविधियों का भारत के सकल घरेलू उत्पाद में लगभग 18 प्रतिशत योगदान है जो 2013–14 के विद्यमान मूल्यों पर आधारित है तथा 2004–05 के मूल्यों पर इसका आकलन 14 प्रतिशत है (योजना आयोग, 2014अ, 44), लेकिन, इसके महत्त्व के बावजूद ग्रामीण अर्थव्यवस्था मंदी में है। यह

कई समस्याओं से ग्रसित है एवं अधिकांश ग्रामीणों की हालत दयनीय है। वर्ष दर वर्ष किसानों की आत्महत्या के बढ़ते आँकड़े इनकी दयनीय वित्तीय स्थिति के प्रमाण हैं। भारत जैसे कृषि प्रधान देश में समग्र विकास के लिए ग्रामीण विकास एक आवश्यक तत्त्व है एवं ग्रामीण विकास के लिए कृषि विकास एक पूर्वापेक्षा है। इसी कारण से, इस तरह के देश में, कृषि विकास को राष्ट्रीय विकास का आधार बनाया जाना चाहिए।

इस अध्याय में, हम सर्वप्रथम भारत की ग्रामीण अर्थव्यवस्था पर एक व्यापक दृष्टिकोण प्रस्तुत करेंगे, जिसमें भारत के राष्ट्रीय विकास में कृषि की भूमिका पर विशेष सन्दर्भ में बल दिया जाएगा, तत्पश्चात् कृषि की कुछ प्रमुख समस्याओं पर चर्चा करेंगे, इसके बाद, संक्षेप में गैर–कृषि उप–भाग की भूमिका का मूल्याँकन होगा एवं अंत में, ग्रामीण क्षेत्र की प्रगति के लिए कुछ व्यावहारिक तरीकों को सुझाएँगे। हम भारत की ग्रामीण अर्थव्यवस्था के आकार एवं संरचना तथा इसकी प्रमुख विशेषताओं के वर्णन से आरम्भ करते हैं।

ग्रामीण अर्थव्यवस्था का आकार एवं संरचना

एक अर्थव्यवस्था का सैद्धान्तीकरण, आर्थिक, सामाजिक, संस्थागत, विधि एवं तकनीकी व्यवस्था के संकलन से किया जा सकता है जिसको कि समाज में व्यक्ति उनकी भौतिक और आध्यात्मिक समृद्धि को बढ़ाने के लिए तलाश कर रहे हैं। एक अर्थव्यवस्था के दो प्रारम्भिक कार्य उपभोग तथा उत्पादन होता है। उपभोग को एक अर्थव्यवस्था के प्रमुख उठाव की तरह देखा जाता है। संस्थापित उक्ति 'उपभोक्ता प्रधान है' उपभोक्ता की शक्ति माँगों पर है जो कि किसी भी व्यापार उद्यम के अस्तित्व के लिए एक महत्त्वपूर्ण आवश्यकता होती है अथवा उत्पादन सहित किसी भी आर्थिक गतिविधि के लिए यह महत्त्वपूर्ण होती है।

भारत की अर्थव्यवस्था को दो क्षेत्रों से मिलकर बनी हुई मानी जा सकती है– ग्रामीण एवं गैर–ग्रामीण क्षेत्र। ग्रामीण क्षेत्र पुनः दो उपक्षेत्रों यथा कृषि उपक्षेत्र एवं गैर–कृषि उपक्षेत्र से मिलकर बना है। कृषि उपक्षेत्र में कृषि एवं इसकी सहायक आर्थिक गतिविधियाँ जैसे पशुपालन, दुग्धशाला, मत्स्य पालन, कुक्कुट पालन एवं वानिकी सम्मिलित हैं। गैर–कृषि उपक्षेत्र में ग्राम उद्योग, ग्रामीण शिल्प, व्यापार एवं सेवाओं से सम्बन्धित आर्थिक गतिविधियाँ सम्मिलित होती हैं। उद्योग से यहाँ तात्पर्य कुटीर एवं ग्रामीण उद्योग, खादी, हथकरघा, हस्तशिल्प आदि से है। व्यापार से तात्पर्य सूक्ष्म उद्यम, सामान्य वस्तुओं का लेनदेन, छोटी दुकानें, लघु व्यापारी, आदि से है। जबकि सेवाओं से तात्पर्य आवागमन, संचार, बैंक, आगत आपूर्ति, कृषि एवं गैर–कृषि उत्पादों का विपणन आदि से है। ग्रामीण क्षेत्र के प्रमुख हिस्सेदार काश्तकार, कृषि एवं गैर–कृषि मजदूर, शिल्पी, दुकानदार, साहूकार एवं वे लोग जो संचार, आवागमन, प्रक्रियाकरण, बैंक, शिक्षा एवं विस्तार की सेवाओं को प्रदान करने में संलग्न हैं।

ग्रामीण क्षेत्र के आकार का मापन ग्रामीण क्षेत्र की आबादी, पशुधन की संख्या, भूमि, जल, वन एवं मत्स्य संसाधन, उत्पादन में लगने वाली लागत एवं प्राप्त उत्पादन के आधार पर किया जा सकता है।

मानव जनसंख्या

जनगणना 2011 के अनुसार, भारत की कुल जनसंख्या 121 करोड़ थी जिसमें से ग्रामीण जनसंख्या 83.31 करोड़ थी, जो देश की कुल जनसंख्या का 68.84 प्रतिशत था। देश की कुल ग्रामीण जनसंख्या में से 11.87 करोड़ काश्तकार एवं 14.43 करोड़ कृषि मजदूर थे। जनसंख्या दर में वार्षिक अनुपातिक घातांक वृद्धि 1.22 प्रतिशत रही जो 1991–2001 के दशक में 1.7 प्रतिशत दर्ज की गई। विकास दर में कमी आंशिक रूप से जन्म दर में गिरावट और आंशिक रूप से ग्रामीण–शहरी प्रवजन में वृद्धि के कारण थी। मानव संसाधनों की गुणवत्ता कमोबेश साक्षरता, जीवन प्रत्याशा, तकनीकी ज्ञान एवं कौशल की दृष्टि से कमजोर ही रही है। 2011 में, भारत में औसत साक्षरता दर 74 प्रतिशत थी, लेकिन ग्रामीण जनसंख्या के लिए यह केवल 69 प्रतिशत थी। इसी प्रकार, भारत में जन्म के समय जीवन प्रत्याशा, जो कि सभी चरों तक पहुँच सहित जिसमें संतुलित पोषण और स्वास्थ्य देखभाल सम्मिलित हैं के साथ 2012 में 65 वर्ष थी वहीं इसकी तुलना में जापान में 83 वर्ष, चीन में 73 वर्ष और विश्व में

तालिका 2.1: *भारत में ग्रामीण एवं शहरी जनसंख्या की कुछ प्रमुख विशेषताएँ, 1951–2011*

	मानव जनसंख्या (दस लाख में)			*साक्षरता दर (%) में*			*जन्म के समय जीवन प्रत्याशा (वर्ष में)*		
वर्ष	*ग्रामीण*	*शहरी*	*कुल*	*ग्रामीण*	*शहरी*	*कुल*	*पुरुष*	*महिला*	*सभी*
1951	298.6 (82.70)	62.5 (17.30)	361.1 (100)	12.10	34.59	18.33	32.5	31.7	32.10
1961	360.3 (82.00)	78.9 (18.00)	439.2 (100)	22.50	54.40	28.30	41.9	40.6	41.30
1971	439.00 (80.10)	109.2 (19.90)	548.2 (100)	27.90	60.20	34.45	46.4	44.7	45.60
1981	525.6 (76.90)	157.7 (23.10)	683.3 (100)	36.00	67.20	43.57	50.9	50.0	50.90
1991	630.6 (74.50)	215.8 (25.50)	846.4 (100)	44.70	73.10	52.21	58.6	59.0	58.60
2001	742.6 (68.90)	286.4 (27.80)	1029.0 (100)	59.40	80.30	65.38	61.6	63.3	61.60
2011	833.7 (68.90)	377.3 (31.10)	1211.0 (100)	68.91	84.90	74.04	67.6	74.0	64.6

स्रोतः कृषि मंत्रालय (2014अ) 10–11) एवं वित्त मंत्रालय (2015)।
टिप्पणीः कोष्ठक में दिए गए आँकड़े कुल जनसंख्या का प्रतिशत है।

औसतन 70 वर्ष थी (योजना आयोग, 2014अ, 214)। परिणामतः वैश्विक मानव विकास प्रतिवेदन 2014 के अनुसार, भारत का विश्व के 185 देशों में से मध्यम मानव विकास के साथ 135वाँ स्थान है। यह भारत के विकास में एक गम्भीर अवरोध प्रस्तुत करता है। लोगों की पहुँच में सुधार के माध्यम से मानव संसाधनों की गुणवत्ता को बेहतर करने के लिए संगठित कार्यवाही, विशेषकर ग्रामीण गरीबों के लिए उचित शिक्षा, स्वास्थ्य देखभाल एवं कौशल आधारित व्यावसायिक प्रशिक्षण की आवश्यकता है। तालिका 2.1 में भारत के मानव संसाधन की गुणवत्ता की कुछ मुख्य विशेषताएँ प्रस्तुत की कई है।

पशुधन जनसंख्या

भारत उच्च आनुवंशिक विविधिता वाले पशुधन से भरा पड़ा है एवं विश्व में गाय एवं भैंस की संख्या की दृष्टि से प्रथम स्थान पर है। देश के सामाजिक–आर्थिक विकास में पशुधन क्षेत्र एक महत्त्वपूर्ण भूमिका निभाता है। 2012–13 की वर्तमान कीमतों पर इस क्षेत्र का भारतीय अर्थवस्था में योगदान सकल घरेलू उत्पाद का 4.1 प्रतिशत था। 2012 की पशुधन गणना के आधार पर देश में 19.99 करोड़ गाय, 10.87 करोड़ भैंस, 6.5 करोड़ भेड़, 13.5 करोड़ बकरे, 1.03 करोड़ सुअर, 72.92 करोड़ कुक्कुट पक्षी (कृषि मंत्रालय 2014ब, 65) थे। तथापि, भूमि की तरह, पशुधन में उत्पादकता का अनुपात दूध, माँस एवं ऊन प्रति पशु से अपेक्षाकृत कम है। उदाहरणार्थ, गायों का प्रतिदिन औसत दूध उत्पादन विदेशी गायों के लिए 6.8 किलो तथा देशी गायों के लिए 2.5 किलो है जबकि तुलनात्मक दृष्टि से यह आयरलैण्ड में 13 किलो प्रतिदिन एवं न्यूजीलैण्ड में 11 किलो प्रतिदिन है (कृषि मंत्रालय 2014ब, 146)। इसके अतिरिक्त, देश की चरागाह भूमि की क्षमता एवं पशुचारा संसाधन की तुलना में पशुधन की सघनता अधिक है।

पशुधन जनसंख्या का देश के सीमित जमीन एवं जल स्रोतों के ऊपर उच्च दबाव डालते हैं जिससे पहाड़ी, शुष्क तथा अर्द्धशुष्क क्षेत्रों जैसे कई पारिस्थितिकीय कमजोर क्षेत्रों में अपरदन की ओर प्रवृत्त होते हैं।

चयनात्मक प्रजनन, बेहतर पशु आहार, न्यूनीकरण एवं प्रभावी रोग नियंत्रण के माध्यम से पशुधन की उत्पादकता को बढ़ाने की आवश्यकता है। निम्न उत्पादन वाली गाय और भैंसों की आबादी को उच्च उत्पादन वाली प्रजातियों से बदलकर, देश के भूमि एवं जल संसाधनों पर पशुधन के दबाव को कम किया जा सकता है और कम पशुधन से पशुओं की उत्पादन क्षमता को बढ़ाया जा सकता है।

भूमि संसाधन

भूमि प्राकृतिक संसाधनों में से एक है जो सामान्यतः विकास को एवं विशेषतः कृषि विकास के स्तर एवं गति को प्रभावित करता है। भारत में लगभग 32 करोड़ 90 लाख हैक्टेयर के कुल भौगोलिक क्षेत्रफल में से 2010–11 में 12 करोड़ 04 लाख हैक्टेयर भूमि निम्न दर्जे की है जो देश के कुल भौगोलिक क्षेत्र का 27 प्रतिशत है। उक्त निम्न दर्जे की भूमि में से लगभग 9 करोड़ 48 लाख हैक्टेयर (79 प्रतिशत) जल अपरदन से, 1 करोड़ 79 लाख हैक्टेयर (15 प्रतिशत) अम्लीय मृदा, 37 लाख हैक्टेयर क्षारीय मृदा, 27.3 लाख हैक्टेयर (1.8 प्रतिशत) लवणयुक्त मृदा, 9.1 लाख हैक्टेयर (1 प्रतिशत) जलभराव तथा 2.6 लाख हैक्टेयर (0.2 प्रतिशत) खनन एवं औद्योगिक अपशिष्ट का होता है (कृषि मंत्रालय, तिथि नहीं)।

भारत के ऊसर भूमि एटलस 2011 के अनुसार, 2006 में भारत में ऊसर भूमि 4 करोड़ 72 लाख हैक्टेयर थी जो कुल क्षेत्र का लगभग 15 प्रतिशत है (ग्रामीण विकास मंत्रालय 2013, 11)। विभिन्न भूमि सुधार एवं वाटरशेड कार्यक्रमों के माध्यम से अब यह अच्छी तरह से स्थापित हो चुका है कि देश की अधिकांश ऊसर भूमि को उत्पादक उपयोग में लाया जा सकता है, विशेष रूप से पेड़ उगाने, घास लगाने एवं औषधीय जड़ी–बूटियों एवं झाड़ियों को लगाने में (सिंह एवं शिशोदिया 2007, 201–23)।

भारत में, 2011–12 में कुल सिंचित क्षेत्र 9 करोड़ 15 लाख हैक्टेयर तथा सकल सिंचित क्षेत्र 6 करोड़ 52 हैक्टेयर था (कृषि मंत्रालय 2014 ब, 304–305) एवं यह सिंचित क्षेत्र के मामले में विश्व में पहले स्थान पर था। देश की कुल बुवाई क्षेत्र का 47 प्रतिशत (1 करोड़ 40 लाख हैक्टेयर) सिंचित था एवं इसने देश के कुल कृषि उत्पादन में 55 प्रतिशत का योगदान किया। फसलीय सघनता 138 प्रतिशत थी। भारत में भूमि की कृषि उपज के सन्दर्भ में आनुपातिक उत्पादकता विश्व के कुछ विकसित देशों की तुलना में कम है। उदाहरणार्थ, 2012 में भारत में धान की अनुपात पैदावार इण्डोनेशिया में 5,136 किलो तथा चीन में 6775 किलो प्रति हैक्टेयर की तुलना में 3721 किलो थी। कमोबेश यही स्थिति अन्य प्रमुख फसलों यथा – गेहूँ, मक्का एवं मूँगफली की भी है (कृषि मंत्रालय 2014, तालिका 7.1 पृ. 237)। इस प्रकार, विभिन्न फसलों के प्रति हैक्टेयर में फसल की पैदावार को बढ़ाने की आवश्यकता है। यह सम्भव है जैसा कि देश के कई भागों में किसानों ने फसलों की उच्च उपज वाली किस्मों, संतुलित उर्वरक उपयोग एवं पानी के यथोचित उपयोग तथा एकीकृत कीट और रोग नियंत्रण उपायों के माध्यम से इसे प्रदर्शित किया है।

जल संसाधन

जल एक परिमित लेकिन अक्षय प्राकृतिक संसाधन है, अन्य प्राकृतिक स्रोतों की तरह यह पर्यावरण का एक अभिन्न भाग है। यह इस ग्रह पर जीव मात्र के बने रहने के लिए आवश्यक है एवं सम्पूर्ण विश्व के परिवारों, समुदायों, देशों के सामाजिक–आर्थिक विकास के लिए भी आवश्यक है। यह भी आवश्यक है कि पर्यावरण की गुणवत्ता के लिए जैव–विविधता को बनाये रखा एवं बढ़ाया जाये। भारत, अपेक्षाकृत शुद्ध जल संसाधनों के साथ पर्याप्त स्थिति में है। देश में औसत वार्षिक वर्षा अनुमानित 1,170 मिलीमीटर होती है। यहाँ वर्षा एवं बर्फबारी से लगभग 4,000 अरब घन मीटर ताजा जल प्रतिवर्ष प्राप्त होता है। अधिकांश वर्षा जून से सितम्बर के समय में 100 से

120 दिन के लिए होती है। इसके अतिरिक्त, क्षेत्र से क्षेत्र के बीच भी वार्षिक वर्षा के स्तर में भारी विभेद होता है: पश्चिमी राजस्थान में 100 मिमी से मेघालय के पूर्वी भाग चेरापूंजी में 11000 मिमी तक होती है। इस प्रकार से, जल का वितरण एवं उपलब्धता सभी जगह समान नहीं है। इसी तरह से, देश में वर्षा में वर्ष–दर–वर्ष एक विस्तृत उतार–चढ़ाव होता है।

यह अनुमान लगाया जाता है कि वर्षा से प्राप्त जल की कुल मात्रा में से 700 अरब घन मीटर पानी भूमि में रिस जाता है तथा 500 अरब घन मीटर वाष्पीकरण एवं वाष्पोत्सर्जन के कारण समाप्त हो जाता है। रिसे हुए पानी की कुल मात्रा में से लगभग 433 अरब घनमीटर जमीन के भीतर जलवाही को पुनर्भरण के माध्यम से पुनः पूर्ति करने योग्य जमीनी जल के रूप में प्राप्त होता है इसमें से 396 अरब घनमीटर पानी को आर्थिक दृष्टि से व्यवहार्य ढंग से प्रतिवर्ष निकाला जा सकता है। जमीन पर से बहता हुआ समुद्र में जाने वाले पानी का अनुमान 1869 अरब घनमीटर है जो कि कुल वार्षिक औसत वर्षा का लगभग आधा है। अब लगभग 690 अरब घन मीटर ताजा उपयोग योग्य जमीनी पानी बचता है जो कि लगभग 433 अरब घनमीटर निकाले जाने योग्य जमीनी पानी के साथ मिलकर उपयोग योग्य जल संसाधन 1,123 अरब घन मीटर हो जाता है। जहाँ तक कुल उपयोग योग्य जलस्रोतों का सवाल है, देश में लगभग 600 अरब घनमीटर जल को उपयोग में लाया जाता है (भारत सरकार 1999, 14–15)।

यह अनुमान लगाया जाता है कि विश्व के ताजा जल स्रोतों में से भारत के पास लगभग 4 प्रतिशत है। जबकि इसकी तुलना विश्व के कुल भूभाग में से भारत के 2.5 प्रतिशत हिस्से से की जाये तो यह पर्याप्त से अधिक प्रतीत होता है। तथापि, जब हम इस तथ्य को ध्यान में लाते हैं कि भारत में विश्व की कुल आबादी का लगभग 17.5 प्रतिशत है एवं विश्व की कुल पशु आबादी का 15 प्रतिशत है तो यह परिदृश्य आशावाद से नैराश्य में बदल जाता है। यह दृश्य धुंधला हो जाता है जब हम प्रति व्यक्ति ताजा जल की उपलब्धता को गिरते स्तर में देखते हैं।

देश में प्रति व्यक्ति पुनर्भरण योग्य ताजा जल की उपलब्धता 2014 में मात्र 1,526 घन मीटर प्राक्कलित थी जो तुलनात्मक दृष्टि से रूसी संघ में 31,561 घन मीटर, बांग्लादेश में 7,895 घन मीटर, चीन में 2,005 घन मीटर तथा पाकिस्तान में 1,355 घन मीटर थी (संयुक्त राष्ट्र का खाद्य एवं कृषि संगठन, एक्वास्टेट, 2015)। यह प्रक्रिया समय के साथ घटित हो रही है एवं भविष्य में भी जारी रहेगी। जबकि यह दृश्य राष्ट्रीय स्तर पर है, वही जल की उपलब्धता में महत्त्वपूर्ण क्षेत्रीय एवं सामयिक उतार–चढ़ाव है जिसका कारण स्थानिक एवं वर्ष–दर–वर्ष भारत को प्राप्त हो रही वार्षिक वर्षा में उतार–चढ़ाव है। यह क्षेत्रीय एवं मौसमीय कमी और अधिशेष की समस्याएँ उत्पन्न करती है।

सदियों से देश के कई भागों में सूखा एवं बाढ़, एक पुनरावृत्ति की तरह रहा है। इसके कारण राष्ट्र को बहुत बुरा आर्थिक नुकसान होता है एवं इससे पीड़ित लाखों लोगों के दुःख बढ़ जाते हैं। इन सभी को ध्यान में रखते हुए, देश के जल संसाधनों के विवेकपूर्ण विकास, उपयोग और प्रबंधन की महती आवश्यकता है। हमारे पास आवश्यक प्रौद्योगिकी एवं देश में वित्तीय और जनशक्ति संसाधन उपलब्ध है लेकिन न्यायसंगत जल एवं बिजली मूल्य नीति सहित एक व्यावहारिक राष्ट्रीय जल नीति की आवश्यकता है।

वन संसाधन

वन प्राकृतिक नवीनीकरण योग्य संसाधन है एवं अनादि काल से यह भारत की अर्थव्यवस्था एवं संस्कृति का सदैव अभिन्न हिस्सा रहा है। लोगों में इनका उच्च सम्मान है। प्राचीन धार्मिक, राजनीतिक और साहित्यिक लेखनी इस बात की पुष्टि करती है कि लोगों को प्रकृति का अभिन्न भाग माना गया एवं न कि इससे बेहतर।

भारत की अर्थव्यवस्था में सकल घरेलू उत्पाद में उनके योगदान, रोजगार एवं गरीब लोगों की आजीविका की दृष्टि से वनों का स्थान महत्त्वपूर्ण है। 2013–14 में, वनों ने भारत के सकल घरेलू उत्पाद में वर्तमान कीमतों पर रु. 14,90,405 करोड़ का योगदान दिया जो कुल सकल घरेलू उत्पाद का 1.43 प्रतिशत था (कृषि मंत्रालय 2014अ, तालिका 2.6ब एवं 2.6स)।

राज्य वन प्रतिवेदन, 2013 के अनुसार, भारत में कुल वन क्षेत्र 6,97,898 वर्ग किमी (लगभग 12 प्रतिशत) था जिसमें से 3,18,745 वर्ग किमी (लगभग 46 प्रतिशत) मध्यम सघन वन, 2,95,651 वर्ग किमी खुला वन क्षेत्र में वर्गीकृत था। देश के कुल भौगोलिक क्षेत्रफल का लगभग 21.23 प्रतिशत वन क्षेत्र में था (भारत का वन सर्वेक्षण 2013, अध्याय 2)। राष्ट्रीय वन नीति, 1988 यह प्रतिज्ञा करती है कि देश का उद्देश्य यह होना चाहिए कि सम्पूर्ण भौगोलिक क्षेत्र का एक तिहाई क्षेत्र वनाच्छादित हो। वनों पर लगातार बढ़ते जीवीय दबाव से इनके घटने की प्रक्रिया को वनीकरण के पुनर्बसाहट से ठीक किया जाना चाहिए। यह केवल पर्यावरणीय सरोकारों के लिए ही नहीं अपितु जलाऊ लकड़ी, छोटी इमारती लकड़ी, चारा, सैन्य एवं औद्योगिक जैसी अन्य आवश्यकताओं के लिए भी किया जाना चाहिए।

भारत में, देश की लगभग 40 प्रतिशत ऊर्जा आवश्यकताओं की प्राप्ति वनों से होती है जिसमें से 77 प्रतिशत से ज्यादा ग्रामीण क्षेत्रों में उपयोग होती है एवं पशु आबादी हेतु पशु आहार का लगभग 30 प्रतिशत यहाँ से प्राप्त होता है। वन उत्पाद ग्रामीण एवं आदिवासी अर्थव्यवस्था में महत्त्वपूर्ण भूमिका निभाते हैं, क्योंकि कई गैर–लकड़ी वन उत्पाद ग्रामीण गरीबों को आजीविका प्रदान करते हैं। भूमिहीन परिवारों और सीमान्त कृषकों के लिए वन सम्बन्धित गतिविधियाँ प्रायः आय के लिए प्राथमिक स्रोत का प्रतिनिधित्व करती है। उपर्युक्त वर्णित प्रत्यक्ष वास्तविक आर्थिक लाभों के अतिरिक्त, वन कई लाभ प्रदान करता है जिन्हें मनुष्य की नग्न आँखों से सीधे नहीं देखा जा सकता तथापि ये जीवन की गुणवत्ता को प्रभावित करने में महत्त्वपूर्ण प्रभाव रखते हैं। इन लाभों में से कुछ जलवायु में सुधार, मृदा के संरक्षण एवं बाढ़ नियन्त्रण सम्मिलित हैं।

मत्स्य संसाधन

भारत अब मछली उत्पादन में विश्व का तीसरा सबसे बड़ा उत्पादक है एवं देशी मछली का विश्व मे दूसरा सबसे बड़ा उत्पादक है। भारत के पास 12700 किमी की समुद्री तटरेखा, 4.52 लाख वर्ग किमी का समुद्रवर्ती क्षेत्र एवं 237 लाख वर्ग किमी का एक विशिष्ट आर्थिक क्षेत्र है। भारत के सामाजिक–आर्थिक विकास में मत्स्य क्षेत्र महत्त्वपूर्ण स्थान रखता है। 2012 में, भारत में मछुआरा प्रजाति की कुल संख्या 40.56 लाख थी एवं मछुआरों के परिवारों की संख्या 87.5 लाख थी (कृषि मंत्रालय 2014अ, तालिका 75, पृ. 175)।

2013–14 में, मत्स्य उपक्षेत्र ने भारत के सकल घरेलू उत्पाद में लगभग 1.35 प्रतिशत का योगदान किया तथा 2004–05 की कृषि के सकल घरेलू कीमतों में 0.80 प्रतिशत का योगदान किया (कृषि मंत्रालय 2014अ, तालिका 2.6ब एवं 2.6स)। यह एक सस्ते एवं पौष्टिक आहार का स्रोत है एवं विदेशी विनिमय को अर्जित करने का महत्त्वपूर्ण साधन है। 2013–14 में, भारत से निर्यात की गयी मछली एवं गछली उत्पाद की कीमत रु. 30,627 करोड़ (5062 मिलियन अमेरीकी डॉलर) थी (कृषि मंत्रालय 2014अ, तालिका 7.3 (अ), पृ. अ 94)। इसके अतिरिक्त, इसको देश के 40.56 लाख मछुआरों एवं महिलाओं के लिए प्रमुख आजीविका स्रोत की तरह माना जाता है जो आंशिक अथवा पूर्णतः इन गतिविधियों में संलग्न हैं अथवा इस क्षेत्र से सम्बन्धित सहायक गतिविधियों से सम्बद्ध हैं। भारत के कई तटीय क्षेत्रों में अत्यधिक मछली पकड़ना एक गम्भीर समस्या है एवं परिणामस्वरूप समय के साथ मछली की पैदावार में कमी आ रही है। इसे देखते हुए, स्थानीय मछुआरों के संगठनों को समुद्री समय आवंटित करने सहित मछली पकड़ने की कार्यवाही को उपर्युक्त नीति उपयों से विनियमित एवं समन्वित करने की आवश्यकता है (सिंह एवं शिशोदिया 2007, 302)।

आगतों एवं निर्गतों का उपयोग

कृषि में उपयोग होने वाले महत्त्वपूर्ण आगतों में बीज, जैविक खाद, रासायनिक उर्वरक, कीटनाशक, सिंचाई जल, मानव श्रम, पशु एवं मशीनी शक्ति, विद्युत, पशु आहार एवं साख सम्मिलित होते हैं। तालिका 2.2 भारतीय कृषि

तालिका 2.2: *भारत में प्रमुख कृषि आगतों का उपयोग: 2000–01 से 2013–14 तक*

आगत	*इकाई*	*2000–01*	*2005–06*	*2010–11*	*2012–13*	*2013–14*
संवर्धित बीजों का उत्पादन	हजार क्विंटल	42.69	68.64	118.85	110.20	82.89
आधार बीजों का उत्पादन	हजार क्विंटल	591	740	1,753	1,617	1,743
प्रमाणित बीजों का वितरण	मिलियन क्विंटल	8.627	12.675	27.734	31.344	30.139
नाइट्रोजन उर्वरक का उपभोग	हजार टन	10,920	12,723	16,558	16,821	16,750
फास्फोरस उर्वरक का उपभोग	हजार टन	4,215	5,204	8,050	6,653	5,633
पोटॉश उर्वरक का उपभोग	हजार टन	1,567	2,413	3,534	2,062	2,099
एन+पी+के का कुल उपभोग	हजार टन	16,702	20,340	28,122	25,536	24,482
प्रति हैक्टेयर एन+पी+के का कुल उपभोग	किलोग्राम	89.63	105.50	142.52	130.79	125.39
कीटनाशकों का उपभोग	हजार टन	42.58	39.77	55.54	45.62*	58.21*

स्रोतः कृषि मंत्रालय 2014अ, 321–22
टिप्पणीः 30, अप्रैल 2014 तक अद्यतन

में उपयोग किए जाने वाले बीज, रासायनिक उर्वरकों और कीटनाशकों की मात्रा का अनुमान प्रस्तुत करते हैं। भारत में नाइट्रोजन, फास्फोरस तथा पोटाश (एनपीके) का कुल उर्वरक उपयोग 1960–61 में 2.92 लाख टन था। यह 2000–01 बढ़कर में 167 लाख टन हुआ तथा 2013–14 में बढ़कर लगभग 2.45 करोड़ टन हो गया। एनपीके पोषकों का औसत प्रति हैक्टेयर आनुपातिक योग 1960–61 में मात्र 1.90 किलोग्राम से बढ़कर 2000–01 में 89.63 किलोग्राम तथा 2013–14 में 125.39 किलोग्राम हो गया। 1980–81 में प्रमाणित/गुणवत्ता वाले बीजों के वितरण की मात्रा 25 लाख क्विंटल से बढ़कर 2013–14 में 300 लाख क्विंटल हो गयी। 1960–61 में भारत में कीटनाशकों (तकनीकी श्रेणी) का उपयोग केवल 8,620 टन था। यह 2000–01 में बढ़कर 44,000 टन तथा 2013–14 में 56,000 टन हो गया (कृषि मंत्रालय 2014अ)।

खाद्यान्न सुरक्षा सुनिश्चित करने हेतु पर्याप्त खाद्यान्न पैदा करने के लिए उर्वरकों का व्यावहारिक उपयोग महत्त्वपूर्ण है। न्यूजीलैण्ड, उर्वरक उपयोग की दर में 1.4 टन प्रति हैक्टेयर के साथ एशिया एवं प्रशांत क्षेत्र में सबसे आगे है, इसके पश्चात् 450 किलोग्राम प्रति हैक्टेयर के साथ चीन आता है। अन्य शीर्ष उपयोगकर्ताओं में 293 किलोग्राम के साथ कोरिया गणराज्य, 282 किलोग्राम के साथ मलेशिया, 227 किलोग्राम के साथ बांग्लादेश, 243 किलोग्राम के साथ जापान, 194 किलोग्राम के साथ पाकिस्तान एवं केवल 164 किलोग्राम के साथ भारत आता है (संयुक्त राष्ट्र का खाद्य एवं कृषि संगठन 2014, 16)।

ग्रामीण विकास का एक महत्त्वपूर्ण निर्धारक ऊर्जा उपयोग का स्तर है। ग्रामीण परिवारों के पास अभी भी ऊर्जा की पहुँच सीमित ही है। लगभग 45 प्रतिशत ग्रामीण घरों में बिजली का अभाव है। ग्रामीण क्षेत्रों में प्रति व्यक्ति विद्युत खपत प्रतिमाह 8 किलोवॉट घण्टा है जो कि शहरी क्षेत्रों में 24 किलोवॉट घण्टे प्रतिमाह है (योजना आयोग 2012, आईडीएफसी 2013, 126 से उद्धरित)। 2011–12 में भारत में कृषि प्रयोजनों के लिए विद्युत खपत केवल 1,40,960 गीगावॉट घण्टे थी, जो भारत की कुल ऊर्जा खपत का 20.95 प्रतिशत थी (कृषि मंत्रालय 2014अ, 340)। यह कृषि क्षेत्र की संभावित माँग की आधी पूर्ति करने के लिए भी पर्याप्त नहीं थी। परिवारों, उद्योग, परिवहन, कृषि एवं व्यापार की ऊर्जा की बढ़ती मांग की पूर्ति करना एक चुनौतीपूर्ण कार्य होगा।

फसल उत्पादन, फसल कटाई एवं फसल कटाई के बाद की कार्यवाहियों के लिए कृषि यंत्रीकरण का उपयोग बढ़ रहा है। एक अध्ययन के अनुसार (सिंह एवं अन्य, कृषि मंत्रालय 2013, 64 से उद्धरित), कृषि श्रमिकों एवं मवेशियों की संख्या 1971–72 में 63.50 प्रतिशत थी जो घटकर 2009–10 में 13.67 प्रतिशत रह गई जबकि इसी समय में ट्रेक्टरों, शक्तिचालित हल (टीलर), डीजल इंजिन और बिजली पम्पों की संख्या 36.51 प्रतिशत से बढ़कर 86.33 प्रतिशत हो गई। भारत एवं जापान दोनों के पास एशिया एवं प्रशांत क्षेत्र में सबसे ज्यादा 20 लाख से अधिक ट्रैक्टर हैं (संयुक्त राष्ट्र का खाद्य एवं कृषि संगठन 2014, 16)।

1999–2000 में, देश में कृषि की संस्थागत साख रू. 46,268 करोड़ रुपये थी जो 2000–01 में बढ़कर रू. 4,62,680 करोड़ तथा 2013–14 में रू. 7,11,621 हो गई (कृषि मंत्रालय 2014अ, 343)। इसके अतिरिक्त, 31 मार्च, 2014 तक विस्तृत ग्रामीण बैंकों के नेटवर्क द्वारा जारी किए गए 101.2 करोड़ किसान साख कार्डों के माध्यम से किसानों की साख तक पहुंच बढ़ी है। लेकिन अभी भी, देश में साख की एक वृहद मांग अपूर्ण है।

कृषि उत्पादन

तालिका 2.3, 1950–51 से 2013–14 तक के चयनित वर्षों के लिए अनाज, दूध और मछली उत्पादन के अनुमान प्रस्तुत करती है। जैसा कि तालिका में दर्शाया गया है, अनाज का कुल उत्पादन 1950–51 में 510 लाख टन से बढ़कर 2013–14 में 2650 लाख टन, इसी अवधि में दूध का उत्पादन 1370 लाख टन एवं मछली उत्पादन 95.8 लाख टन तक बढ़ गया।

भारत अब अनाज एवं दूग्ध उत्पादन में आत्मनिर्भर है। देश में अनाज की औसत प्रति व्यक्ति उपलब्धता 2012–13 में 469 ग्राम प्रतिदिन एवं दूध 299 ग्राम प्रतिदिन था। हालांकि, औसत प्रति व्यक्ति अनाज एवं दूध की उपलब्धता यह नहीं बताती है कि यह उपलब्ध मात्रा किस तरह से विभिन्न आय वर्गों के मध्य वितरित होती है। वास्तव में, अधिकांश गरीब लोग किसी भी मात्रा में दूध का सेवन नहीं करते क्योंकि इसको खरीदने में ये समर्थ

तालिका 2.3: *1950–51 से 2013–14 तक भारत में खाद्यान्न, दुग्ध एवं मत्स्य का उत्पादन*

वर्ष	*खाद्यान्न (लाख टन)*	*दूध (लाख टन)*	*मछली (लाख टन)*
1950–51	508.2	170.0	7.52
1960–61	820.2	200.0	11.60
1970–71	1084.2	207.9	17.56
1980–81	1295.9	316.0	24.42
1990–91	1763.9	539.9	38.36
1999–2000	2131.9	783.0	52.00
2004–05	1983.6	925.0	63.00
2009–10	2180.0	1164.0	79.99
2010–11	2593.0	1279.0	87.0
2012–13	2571.0	1324.0	90.4
2013–14	2648.0*	1377.0	95.79 (पी)

स्रोतः वित्त मंत्रलाय (2015, तालिका 1.12 एवं 1.20)
टिप्पणीः * चतुर्थ अग्रिम अनुमान (पी): अनंतिम

नहीं होते हैं। इसी तरह से, हर गरीब व्यक्ति की अपनी दैनिक आवश्यकता को पूरा करने के लिए पर्याप्त अनाज तक पहुंच नहीं होती है। इसे देखते हुए, हम कह सकते हैं कि देश में हर कोई खाद्यान्न से सुरक्षित नहीं है।

देश में मत्स्य उत्पादन में पिछले एक दशक में भारी वृद्धि दर्ज की गई है, यह 2.91 प्रतिशत से लेकर 6.87 प्रतिशत है जो पूरे कृषि क्षेत्र से बहुत ज्यादा है। भारत में, 1950–51 में कुल मत्स्य उत्पादन 7.5 लाख टन था, जो 2013–14 में बढ़कर 95.8 लाख टन हो गया। यदि समुद्री और अन्तर्देशीय मत्स्य संसाधनों का व्यवाहारिक विकास, संरक्षण एवं एकत्रीकरण हेतु उपयुक्त वैज्ञानिक प्रौद्योगिकी एवं संरक्षण उपायों को किया जाए तो मत्स्य उत्पादन में अत्यधिक वृद्धि हो सकती है।

कृषिगत क्षेत्र की भूमिका

फिजियोक्रेट के समय से ही आर्थिक विकास में कृषि की भूमिका को पहचाना एवं चर्चा की गई है। फिजियोक्रेट के अनुसार[1], यह केवल कृषिगत क्षेत्र ही था, जो उत्पादन के कुल लागत पर आर्थिक अधिशेष पैदा करता था, इसलिए, यह आर्थिक विकास में सबसे महत्त्वपूर्ण भूमिका निभाती थी।

सकल घरेलू उत्पाद में योगदान

तालिका 2.4 वर्तमान मूल्यों एवं 2004–05 की स्थिर कीमत पर कारक लागत पर भारत के सकल घरेलू उत्पाद में कृषि एवं सहायक गतिविधियों की हिस्सेदारी की प्रतिशतता को प्रस्तुत करता है। 2004–05 के स्थिर मूल्य पर कृषि, वानिकी, एवं मत्स्य से सकल घरेलू उत्पाद 2005–06 में रू. 6377200 लाख से बढ़कर 2013–14 में रू. 80054800 लाख हो गया। 1960–61 में कृषि एवं सहायक गतिविधियों ने वर्तमान कीमतों पर सकल

तालिका 2.4: *भारत के सकल घरेलू उत्पाद में कृषि एवं सहायक गतिविधियों की हिस्सेदारी: 1960 से 2013–14 तक*

वर्ष	*फैक्टर लागत पर कुल सकल घरेलू उत्पाद (:- दस लाख में)*		*कृषि एवं सहायक गतिविधियों की हिस्सेदारी (प्रतिशत में)*	
	वर्तमान कीमतों पर	*2004–05 के स्थिर कीमतों पर*	*वर्तमान कीमतों पर*	*2004–05 के स्थिर कीमतों पर*
1960–61	1,70,490	41,02,790	44.26	47.65
1970–71	4,43,820	58,97,870	41.95	41.66
1980–81	13,68,380	79,85,060	35.39	35.69
1990–91	53,18,130	1,34,78,890	29.02	29.53
1995–96	1,11,85,860	1,73,77,410	26.26	25.73
2000–01	1,99,19,820	2,34,27,740	23.00	22.42
2005–06	3,39,05,030	3,25,30,730	18.81	18.27
2010–11	7,24,88,600	4,91,85,330	18.21	14.59
2013–14 (आर ई)	10,47,28,070	5,74,17,910	18.20	13.94

स्रोतः योजना आयोग (2014अ,44)

टिप्पणीः (आर ई): पुनरीक्षित अनुमान आंकड़ों के अनुसार

घरेलू उत्पाद में 44.26 प्रतिशत तथा 2004–05 की स्थिर कीमतों पर 47.65 प्रतिशत का योगदान दिया, लेकिन 2013–14 की वर्तमान कीमतों पर इसकी हिस्सेदारी घटकर 18.20 प्रतिशत रह गई। तथ्यगत दृष्टि से, 1950–51 में कृषि की हिस्सेदारी 56.46 प्रतिशत थी, जो लगातार कम होती जा रही है। सकल घरेलू उत्पाद में कृषि की घटती हिस्सेदारी का तात्पर्य कदापि कृषि की अवनति से नहीं है, इसका आशय केवल अर्थव्यवस्था के द्वितीयक एवं तृतीयक क्षेत्रों का उच्च दर पर विस्तारण है। और जब अर्थव्यवस्था के विकास की प्रक्रिया इस तरह से आगे बढ़ती है तब कोई भी इसी का पूर्वानुमान लगायेगा। यह विश्व भर के विकासशील देशों के साथ हुआ है (संयुक्त राष्ट्र का खाद्य एवं कृषि संगठन 2014, तालिका 3 पृ. 24)। सामान्य तौर पर, जितना अधिक एक देश विकसित होगा, उसकी राष्ट्रीय आय में कृषि की हिस्सेदारी उतनी ही कम होगी।

आजीविका एवं रोजगार के मुख्य आधार

जैसा कि हमने पहले कहा था कि, देश की जनसंख्या का एक बहुत बड़ा अनुपात (2011 में 69 प्रतिशत) ग्रामीण क्षेत्रों में निवास करता है, जो कि भारतीय अर्थव्यवस्था का एक विशेषीकृत लक्षण है। कृषि एवं सहायक गतिविधियों पर जनसंख्या की निर्भरता अधिक अथवा कम, अथवा बहुत धीमी दर पर गिरावट की रही है उसी प्रकार से, सकल घरेलू उत्पाद में कृषि की हिस्सेदारी भी लगातार कम हुई है। यह आकलित किया गया है कि कृषि क्षेत्र आजीविका का मुख्य स्रोत है तथा यह भारत के लगभग आधी जनसंख्या को रोजगार प्रदान करता है। इसके विपरीत, एशिया एवं प्रशांत क्षेत्र के विकसित देशों में, कृषि पर निर्भर जनसंख्या का अनुपात 2012 में केवल 4.1 प्रतिशत था। विशेषतः यह भारत की 47.4 प्रतिशत की तुलना में जापान में 3.9 प्रतिशत, आस्ट्रेलिया में 4.6 प्रतिशत एवं न्यूजीलैण्ड में 8.8 प्रतिशत थी (संयुक्त राष्ट्र का खाद्य एवं कृषि संगठन 2014, 22)। भारत में कृषि पर अधिकांश जनसंख्या की निर्भरता यह प्रदर्शित करती है कि बढ़ती ग्रामीण जनसंख्या को औद्योगिक एवं सेवा क्षेत्र अवशोषित करने में अक्षम है। इसका स्वाभाविक निदान यह है कि औद्योगिक एवं सेवा क्षेत्रों का विस्तार तीव्र गति से बढ़ाया जाए।

कच्चे माल के स्रोत

भारत के प्रमुख उद्योगों जैसे– चीनी, सूती कपड़ा, जूट, वस्त्र, चमड़ा, तम्बाकू, खाद्य तेलों के लिए कच्चे माल का मुख्य स्रोत कृषि है। इसके अतिरिक्त कई अन्य उद्योगों जैसे फल संरक्षण एवं प्रसंस्करण, दाल मिल, हथकरघा बुनाई, गुड़ निर्माण एवं तेल निकालने इत्यादि भी कच्चे माल के मुख्य स्रोत के रूप में कृषि पर निर्भर है। इसलिए, इन सभी उद्योगों की वृद्धि दर, कृषिगत क्षेत्र की वृद्धि दर पर निर्भर करती है तथा इनके विकास के लिए कृषि विकास की पूर्वापेक्षा है।

विदेशी विनिमय के स्रोत

विदेशी विनिमय को अर्जित करने के लिए कृषि एक महत्त्वपूर्ण स्रोत है जो कि औद्योगिक क्षेत्र के तीव्र गति से विस्तारित, पूँजीगत वस्तुओं के आयात के लिए आवश्यक है। कृषि विस्तारित निर्यात के माध्यम से वर्तमान एवं सम्भावित आयातों के विस्थापन के सकल विदेशी मुद्रा में योगदान करता है। वर्ष 1990–91 में, कृषिगत निर्यात का मूल्य रू. 60,12,760 करोड़ था जो उसी वर्ष में भारत के कुल निर्यात का लगभग 18.49 प्रतिशत था। उसी वर्ष में कृषि आयात का मूल्य रू. 12,05,86 करोड़ था जिसका भारत के कुल आयात का हिस्सा 2.79 प्रतिशत था (तालिका 2.5)। भारत के कुल निर्यात में कृषि जिंसों की हिस्सेदारी 10–19 मध्य स्थिर रही है; वास्तव में, यह 1995–96 में 19.18 से घटकर 2013–14 में 14.17 प्रतिशत रह गई। यह इस तथ्य के कारण है कि कृषि जिंसों के निर्यात की तुलना में गैर–कृषि माल की निर्यात की वृद्धि दर तेजी से बढ़ रही है।

तालिका 2.5: *भारत के कृषि जिंसों का आयात एवं निर्यात*

(दस लाख में)

वर्ष	*कुल कृषि आयात*	*कुल राष्ट्रीय आयात*	*कृषि आयात की हिस्सेदारी का प्रतिशत*	*कुल कृषि निर्यात*	*कुल राष्ट्रीय निर्यात*	*कृषि निर्यात की हिस्सेदारी का प्रतिशत*
1990–91	12,059	4,31,704	2.79	60,128	3,25,273	18.49
1995–96	58,901	12,26,781	4.80	2,03,978	10,63,534	19.18
2000–01	1,20,862	22,83,066	5.29	2,86,574	20,13,565	14.23
2005–06	21,44,992	66,04,089	3.26	4,92,170	45,64,179	10.78
2010–11	57,33,431	1,68,34,670	3.41	11,74,836	1,14,29,219	10.28
2013–14 (पी)	1,05,149	2,71,41,815	3.87	26,84,691	1,89,41,820	14.17

स्रोतः कृषि मंत्रालय (2014अ, तालिका 12.1, पृ. 283)

औद्योगिक वस्तुओं एवं सेवाओं के लिए बाजार

कृषि क्षेत्र द्वितीयक एवं तृतीयक क्षेत्रों द्वारा निर्मित बहुत सी वस्तुओं एवं सेवा प्रदान करने वालों के लिए एक तैयार एवं बड़ा बाजार प्रदान करता है। ऐसी वस्तुओं में कीटनाशक, रोगनाशक, कृषि उपकरण, पंपिंग सेट, पशुओं एवं कुक्कुट के भोजन, मत्स्य खाद्यान्न, नलिका तन्त्र, बाड़ लगाने की सामग्री, पशु दवाइयाँ एवं वाहनें सम्मिलित होती हैं। औद्योगिक क्षेत्रों द्वारा निर्मित उपभोक्ता वस्तुओं की खरीदारी भी ग्रामीण लोग ही करते हैं। वास्तव में, कई बड़ी कम्पनियों की नजर अपने उत्पादों एवं सेवाओं के लिए ग्रामीण बाजारों पर है।

सस्ते खाद्यान्न के स्रोत

खाद्यान्न की माँग में उल्लेखनीय वृद्धि आर्थिक विकास की विशिष्टता है। माँग में स्वायत्त बदलावों से अलग, खाद्यान्न की माँग (D) की वार्षिक दर में वृद्धि को $D = p + ng$ में बताया गया, जहाँ p और g क्रमशः जनसंख्या वृद्धि एवं प्रति व्यक्ति आय की दरें हैं एवं n खाद्यान्न की माँग में मूल्य–सापेक्षता है। भारत में 2010–11 के दशक के दौरान औसत घातांक जनसंख्या वृद्धि 1.64 प्रतिशत प्रतिवर्ष दर्ज की गयी तथा भारत में वर्तमान मूल्यों पर प्रति व्यक्ति शुद्ध राष्ट्रीय आय में प्रति वर्ष वार्षिक वृद्धि लगभग 10 प्रतिशत एवं खाद्यान्न माँग की वार्षिक वृद्धि दर लगभग 8 प्रतिशत रही है (यह मानते हुए भी कि खाद्यान्न माँग में मूल्य–सापेक्षता 0.6 होगी)। यदि मांग में वृद्धि की तुलना में खाद्य आपूर्ति विफल रहती है तो इसका परिणाम खाद्य मूल्यों में उल्लेखनीय वृद्धि होगी, जिससे राजनीतिक असन्तोष बढ़ेगा एवं मजदूरी दरों पर दबाव पड़ेगा जिसका अन्ततोगत्वा प्रतिकूल प्रभाव औद्योगिक लाभ, निवेश एवं आर्थिक वृद्धि पर होगा। उच्च आय अर्थव्यवस्था की अपेक्षा भारत जैसे विकासशील देशों में खाद्य मूल्यों में की गयी प्रतिशत वृद्धि का मुद्रा स्फीतीय प्रभाव कहीं अधिक तीव्र होता है। यह निम्न आय वाले देशों में खाद्यान्न की वस्तु विनिमय के रूप में प्रभावशाली स्थिति की सामान्य परिणति है, जहाँ कुल उपभोग खर्च का विकसित अर्थव्यवस्थाओं में 20 से 25 प्रतिशत की तुलना में निम्न आय वाले देशों में 40 से 50 प्रतिशत खाद्यान्न पर खर्च होता है। इसी कारण विकासशील देशों में पर्याप्त खाद्यान्न उत्पादन की विफलता से कई गम्भीर दण्ड जुड़े हुए हैं।

कृषि क्षेत्र की प्रमुख समस्याएँ

भारत का कृषि क्षेत्र कई समस्याओं से ग्रसित है। कुछ प्रमुख समस्ययाओं को बॉक्स 2.1 में प्रस्तुत किया गया है।

प्राकृतिक आपदाओं एवं सहवर्ती उच्च जोखिम के लिए उच्च अनावरणता एवं अनिश्चितता

कृषि उत्पादन जो कि प्रकृति में जैविक होता है गैर–कृषि उत्पादन की अपेक्षा मौसम एवं जलवायु कारकों पर ज्यादा निर्भर करता है। उदाहरणार्थ, भारत में कुल बुआई का 60 प्रतिशत क्षेत्र वर्षा आधारित सिंचित कृषि क्षेत्र है, जहाँ फसल का उत्पादन उस अवधि में होने वाली वर्षा की मात्रा एवं उसके वितरण पर निर्भर करता है। भारत में वर्षा के वर्ष दर वर्ष एवं क्षेत्र दर क्षेत्र में घटते–बढ़ते रहने के कारण कृषि उत्पादन एवं उसके परिणामस्वरूप कृषि आय में भारी बदलाव आते रहते हैं। संक्षेप में, भारतीय कृषि प्राकृतिक आपदाओं यथा – सूखा, बाढ़, ओलावृष्टि एवं चक्रवात के कारण असुरक्षित रहती है। उदाहरण के लिए, भारतीय भू–समूह का लगभग 60 प्रतिशत भूकम्प की दृष्टि से असुरक्षित है, लगभग 68 प्रतिशत क्षेत्र सूखे क्षेत्र के लिए अंसवेदनशील है, 4 करोड़ हैक्टेयर भूमि बाढ़ से प्रभावित होती है तथा कुल भाग का 8 प्रतिशत चक्रवात प्रवण/सम्भावित क्षेत्र है (सिंह एवं शिशौदिया 2007, 345)। इसका तात्पर्य यह है कि कृषि में प्राकृतिक जोखिम एवं अनिश्चितता का स्तर गैर–कृषि की तुलना में बहुत ज्यादा है और इसी कारण से ऐसी जोखिमों के खिलाफ बीमा किये जाने की आवश्यकता है।

छोटी गैर लाभकारी जमीन एवं पशुधन की प्रधानता

1970–71 में, भारत में 7.1 करोड़ से ज्यादा भूमि स्वामित्व प्रचलन में था जो 2010–11 में बढ़कर 13.83 करोड़ से ऊपर हो गया। भारत में औसतन कार्यशील जोत का आकार घटता जा रहा है, यह गिरावट 1970–71 में 2.28 हैक्टेयर, 1990–91 में 1.55 एवं 2010–11 में 1.15 हैक्टेयर तक पहुँच गई (कृषि मंत्रालय 2014ब, 135)। 2010–11 के कुल भूमि स्वामित्व के लगभग 67 प्रतिशत सीमान्त काश्तकार एक हैक्टेयर से कम भूमि तथा 17.9 प्रतिशत छोटे काश्तकार एक से दो हैक्टेयर कृषि पर खेती करते थे (तालिका 2.6)। अतः, कुल भू–स्वामियों का 85 प्रतिशत सीमान्त एवं छोटे काश्तकार के रूप में गिने जाते हैं।

बॉक्स 2.1

भारत के कृषि क्षेत्र की कुछ प्रमुख समस्याएँ

1. प्राकृतिक आपदाओं एवं सहवर्ती उच्च जोखिम के लिए उच्च अनावरणता एवं अनिश्चितता
2. छोटी गैर–लाभकारी जमीन एवं पशुधन की प्रधानता
3. निम्न पूंजी–श्रम अनुपात
4. निम्न उत्पादकता कारक
5. दीर्घ आवधिक एवं सालाना बिक्री की निम्न दर
6. गरीबी, असमानता एवं ऋणग्रस्तता की बढ़ती समस्याएँ
7. अशिक्षित एवं अकुशल कार्यशक्ति की प्रधानता
8. फसल उत्पादनों एवं फसल कटाई पश्चात् अधोसंरचना के कम लाभकारी मूल्य
9. आधारभूत संरचना एवं आधुनिक सुविधाओं की कमी

स्रोतः लेखक

तालिका 2.6: *भारत में उपयोग में लायी जा रही भू–स्वामित्व का वितरण*

वर्ष	*कुल*		*औसत आकार (हैक्टेयर)*	*स्वामित्व का वितरण (प्रतिशत में)*				
	स्वामित्व की संख्या (10 लाख में)	*क्षेत्रफल दस लाख हैक्टेयर*		*1 हैक्टेयर से कम*	*1–2 हैक्टेयर*	*2–4 हैक्टेयर*	*4–10 हैक्टेयर*	*10 हैक्टेयर से अधिक*
1970–71	71.01	162.18	2.30	51.00	18.90	15.00	11.20	3.90
1980–81	88.88	163.80	1.80	56.40	18.10	14.00	9.10	2.40
1990–91	106.63	165.51	1.60	59.40	18.80	13.10	7.10	1.60
2000–01	119.93	159.44	1.30	62.90	18.90	11.70	5.50	1.00
2005–06	129.22	158.32	1.20	64.80	18.50	10.90	4.90	0.80
2010–11	137.76	159.18	1.20	67.00	17.90	10.00	4.30	0.70

स्रोतः आईडीएफसी, (2013, 28 तालिका 2.3, पृ. 21)

इसी तरह से, यह आकलित किया गया है कि भारत में दुधारु पशु रखने वाले सात करोड़ लोगों के पास एक अथवा दो पशु ही होते हैं। भूमि एवं पशुधन का आकार न केवल छोटा है अपितु देहात में यह वृहद् स्तर पर बिखरा हुआ है। जोत का आकार उन राज्यों में अभी भी भागों में बँटा हुआ है जहाँ भूमि को सम्मिलित करने के प्रयास नहीं हुए हैं। कृषि मजदूर एवं मशीनरी के उपयोग में छोटी एवं बँटी हुई जोत का आकार एक बहुत बड़ा अवरोध है।

2003 में राष्ट्रीय प्रतिदर्श सर्वेक्षण संगठन (एनएसएसओ) द्वारा किए गए किसानों की प्रस्थिति के आकलन सर्वेक्षण ने यह दर्शाया है कि 94 प्रतिशत किसान जिनकी जोत का आकार चार हैक्टेयर से कम का है, उनकी मासिक आय उनके मासिक उपभोग खर्च से भी कम है, जो कृषि को जारी रखना उनके लिए मुश्किल बनाते हैं। यह भी बताया गया है कि 40 प्रतिशत किसानों को यदि उन्हें कोई विकल्प दिया जाता है तो वे कृषि छोड़ देंगे। लेकिन वैकल्पिक अवसरों की कमी उन्हें खेती जारी रखने के लिए मजबूर करती है (एनएसएसओ, 2005, आईडीएफसी 2013, 28 से उद्धरित)

निम्न पूँजी–श्रम अनुपात

कृषि में, सतत वृद्धि को बनाए रखने के लिए कृषि में पूंजी निर्माण के रूप में निवेश आवश्यक है। यह कृषि विकास की गति एवं स्तर का एक महत्त्वपूर्ण निर्धारक है। भारत का ग्रामीण क्षेत्र मानव श्रम की दृष्टि से अति भीड़ वाला एवं पूँजी की कमी वाला क्षेत्र है। परिणामतः, प्रति कामगार उपलब्ध पूँजी की मात्रा का जो पूँजी–श्रम अनुपात है, वह निम्न है एवं यह इस क्षेत्र की उत्पादकता के कम होने के प्रमुख कारणों में से एक है। उदाहरणार्थ, 2007 में, भारतीय कृषि में कुल कृषि पूंजीगत भण्डारण रू. 36,91,270 लाख था एवं 2011 में कुल काश्तकारों एवं कृषि श्रमिकों (कृषि जनसंख्या) की संख्या 26.3 करोड़ थी। इस तरह से, कृषि जनसंख्या का प्रति व्यक्ति कुल कृषि पूंजीगत भण्डारण रू. 14035.2 लाख था जो कि तुलनात्मक दृष्टि से आस्ट्रेलिया में रू. 1322885.1 लाख, न्यूजीलैण्ड में रू. 1728000 लाख एवं जापान में रू. 1218341.7 लाख था। इसका तात्पर्य यह है कि भारतीय कृषि में प्रति व्यक्ति काम करने वाले की पूंजी बहुत कम थी इसलिए कृषि उत्पादकता भी कम थी (संयुक्त राष्ट्र का खाद्य एवं कृषि संगठन 2014, पृ. 22)।

2011 में, 26.3 करोड़ कृषि जनसंख्या जिसमें 11.9 करोड़ काश्तकार तथा 14.4 करोड़ कृषि श्रमिक सम्मिलित थे जिनकी वर्तमान मूल्यों पर कृषि एवं सहायक क्षेत्रों में कुल सार्वजनिक एवं निजी पूंजी रू. 105640 थी।

तालिका 2.7: *वर्तमान मूल्यों पर भारत में कृषि और सहायक क्षेत्रों में सकल पूंजी निर्माण*

(रू. करोड़ में)

वर्ष	सार्वजनिक क्षेत्र	निजी क्षेत्र	कुल	भारत में कुल सकल पूंजी निर्माण में कृषि एवं सहायक क्षेत्रों की हिस्सेदारी (प्रतिशत में)		
				सार्वजनिक क्षेत्र	निजी क्षेत्र	कुल
2004–05	16,187	59,909	76,096	6.7	7.8	7.5
2005–06	20,739	69,204	89,943	7.1	7.4	7.3
2006–07	25,606	75,496	1,01,102	7.2	6.7	6.8
2007–08	27,638	95,679	1,23,317	6.3	6.8	6.7
2008–09	26,692	1,33,655	1,60,347	5.0	9.6	8.3
2009–10	33,201	1,51,325	1,84,526	5.6	9.2	8.3
2010–11	31,968	1,65,396	1,97,364	4.9	8.2	7.4
2011–12	36,887	2,14,818	2,51,705	5.3	9.2	8.3
2012–13	45,511	2,32,328	2,77,839	5.5	9.6	8.6

स्रोत: कृषि मंत्रालय (2014अ, तालिका 3.6 (अ) पृ. 54)

इस अनुपात को ठीक करने के लिए, ऐसे आवश्यक कदम उठाये जाएँ जिससे कि इस क्षेत्र में सार्वजनिक एवं निजी दोनों निवेश आएँ एवं ऐसी उपयुक्त नीतियों के माध्यम से अतिरिक्त श्रमिकों का गैर–कृषिगत क्षेत्रों में समावेशन हो सके। कुछ वर्षों की अवनति प्रवृत्ति के पश्चात् अब कृषि में दोनों निजी एवं सार्वजनिक निवेश में वृद्धि हुई। उदाहरणार्थ, कृषि एवं इसकी सहायक गतिविधियों में सार्वजनिक निवेश 2004–05 की कीमतों पर 2004–05 में रू. 16187 करोड़ से बढ़कर 2012–13 में रू. 23886 करोड़ हो गया एवं निजी निवेश इसी समय में रू. 59909 करोड़ से रू. 138197 करोड़ हो गया (विवरण के लिए तालिका 8.1 देखें), इस उछाल को 2015–16 के केन्द्रीय बजट में परिकल्पित कृषि क्षेत्र में 4 प्रतिशत प्रतिवर्ष की दर से लक्ष्य वृद्धि दर अर्जित करने के लिए बनाये रखना होगा।

तालिका 2.7 भारत में कृषि एवं सहायक क्षेत्रों की वर्तमान कीमतों पर सकल पूंजी निर्माण एवं कुल सकल पूंजी निर्माण में हिस्सेदारी के अनुमानों को प्रस्तुत करती है। जैसा कि तालिका में दर्शाया गया है कि कृषि एवं सहायक क्षेत्रों में 2004–05 के रू. 16187 करोड़ बढ़कर 2012–13 में रू. 45511 करोड़ हो गया, लेकिन कुल सकल पूंजी निर्माण में इसकी हिस्सेदारी इस अवधि में 7–8 प्रतिशत पर स्थिर रही।

निम्न उत्पादकता कारक

भारत के ग्रामीण क्षेत्रों में निम्न पैदावार वाली फसलों को बहुत पहले से और अभी भी अभिशाप माना जाता रहा है। उदाहरण के लिए, जैसा कि तालिका 2.8 में दर्शाया गया है, 2012 में भारत में धान की औसत उपज 3,721 किलोग्राम/हैक्टेयर थी, जबकि इण्डोनेशिया में 5,136 किलोग्राम/हैक्टेयर एवं चीन में 6,775 किलोग्राम/हैक्टेयर थी। इसी तरह से यह स्थिति अन्य प्रमुख फसलों जैसे गेहूं, मक्का और मूंगफली के लिए भी थी (कृषि मंत्रालय 2014, तालिका 7.1, पृ. 237)। जैसा कि पूर्व में उल्लिखित किया गया है, निम्न उत्पादकता कारक

तालिका 2.8: *2012 में, भारत तथा विश्व के कुछ देशों में चयनित प्रमुख फसलों की औसत उपज दर*

(किग्रा / हैक्टेयर में)

देश	*धान*	*गेहूँ*	*मक्का*	*गन्ना*	*मूंगफली*
भारत	3721	3177	2556	70931	984
विश्व	4558	3090	4888	70599	1646
चीन	6775	4987	5870	68806	3572
इण्डोनेशिया	5136	उपलब्ध नहीं	4899	70000	2236
रूसी संघ	5490	1773	4239	उपलब्ध नहीं	उपलब्ध नहीं
फ़िलीपीन्स	3845	उपलब्ध नहीं	2856	73852	उपलब्ध नहीं
पाकिस्तान	4068	2709	4268	55829	उपलब्ध नहीं
बांग्लादेश	4421	उपलब्ध नहीं	उपलब्ध नहीं	42770	उपलब्ध नहीं
संयुक्त राज्य अमेरिका	8349	3115	7744	80057	4699
कनाडा	उपलब्ध नहीं	2865	9211	उपलब्ध नहीं	उपलब्ध नहीं

स्रोत: कृषि मंत्रालय 2014अ (तालिका 7.1, पृ. 237)

प्रमुखतः उत्पादन, आगत, कच्चा माल, उन्नत मशीनरी एवं उद्यम के लिए प्रति श्रमिक / इकाई उपकरणों की उपलब्धता के लिए अपर्याप्त पूँजी का होना है।

भारत में अन्य देशों यथा न्यूजीलैण्ड, चीन एवं जापान के मुकाबले फसल की उपज में कमी का कारण उर्वरक एवं पौध संरक्षण रसायन का कम उपयोग होना है। उदाहरण के लिए, 2011 में, न्यूजीलैण्ड में उर्वरक का औसत उपयोग 1400 किलोग्राम / हैक्टेयर, जापन में 243 किलोग्राम / हैक्टेयर जबकि भारत में यह 164 किलोग्राम / हैक्टेयर था (संयुक्त राष्ट्र का खाद्य एवं कृषि संगठन 2014, 16)। इसी तरह से, भारत में दुधारू पशुओं का प्रति पशु कम दूध उत्पादन का मुख्य कारण जानवरों को निम्न गुणवत्ता वाला खाद्यान्न एवं निम्न गुणवत्ता का चारा दिया जाना है। भारत के ग्रामीण क्षेत्रों में संसाधन उत्पादकता को बढ़ाये जाने की दृष्टि से आवश्यक है कि तकनीकी अन्तर को पाटा जाए एवं व्यर्थ की श्रम शक्ति को कम किया जाए।

गरीबी, ऋणग्रस्तता एवं आत्महत्या की बढ़ती घटनाएँ

भारत में, शहरी क्षेत्रों की तुलना में ग्रामीण क्षेत्रों में गरीबी का अनुपात अधिक होता है। उदाहरणार्थ, 2011–12 में 26 प्रतिशत ग्रामीण जनसंख्या गरीबी की रेखा के नीचे थी जबकि इसकी तुलना में शहरी क्षेत्र में यह प्रतिशत 14 था (तालिका 2.9)। परिशुद्ध सन्दर्भ में, देश की 26.97 करोड़ जनसंख्या 2011–12 में गरीबी की रेखा के नीचे थी, ग्रामीण क्षेत्र में यह संख्या 21.66 करोड़ (80 प्रतिशत) थी।

तेंदुलकर विशेषज्ञ समूह द्वारा गरीबी रेखा के आधार पर प्रविधि के मुकाबले रंगराजन विशेषज्ञ द्वारा प्राक्कलित गरीबी रेखा ग्रामीण एवं शहरी क्षेत्रों में क्रमशः 19 प्रतिशत एवं 41 प्रतिशत है। रंगराजन विशेषज्ञ समूह द्वारा संशोधित मिश्रित स्मरण अवधि (एमएमआरपी) का एनएसएसओ द्वारा प्रदत्त उपभोग व्यय आंकड़ों का उपयोग किया जिसको मिश्रित स्मरण अवधि (एमआरपी) की तुलना में जिसका उपयोग तेंदुलकर विशेषज्ञ समूह ने किया तथा समरूप स्मरण अवधि (यूआरपी) जिसका उपयोग पूर्ववर्ती अनुमानों में किया गया से ज्यादा सटीक माना गया। ग्रामीण गरीबी रेखा में लगभग 67 प्रतिशत की वृद्धि तथा शहरी गरीबी रेखा में लगभग 28 प्रतिशत की वृद्धि का

तालिका 2.9: *भारत में गरीबी, असमानता, एवं मासिक प्रतिव्यक्ति उपभोग व्यय*

वर्ष	गरीबी (प्रतिशत में)			असमानता (गिनी इंडेक्स)		मासिक प्रति–व्यक्ति उपभोग व्यय (रू.) (2004–05 के मूल्य पर)	
	ग्रामीण	शहरी	कुल	ग्रामीण	शहरी	ग्रामीण	शहरी
2004–05	41.8	25.7	37.2	27.36	35.57	579.2	1104.6
2009–10	33.8	20.9	29.8	27.58	37.06	632.7	1249.7
2011–12	25.7	13.7	13.7	24.89	35.17	704.6	1433.7

कारण एमआरपी से एमएमआरपी में बदलाव की वजह से है (योजना आयोग 2014ब, 4)। रंगराजन विशेषज्ञ समूह के प्रतिवेदन के अनुसारः 2011–12 में ग्रामीण क्षेत्रों में गरीबी अनुपात 39.9 तथा शहरी क्षेत्रों में 26.4 प्रतिशत था एवं गरीबी के नीचे के लोगों की संख्या ग्रामीण क्षेत्रों में 26.05 करोड़ तथा शहरी क्षेत्रों में 10.25 करोड़ थी। यह तेंदुलकर विशेषज्ञ समूह के प्रतिवेदन के विपरीत जिसमें तद्नुरूप अनुमान ग्रामीण एवं शहरी क्षेत्रों के लिए क्रमशः 21.67 करोड़ एवं 5.31 करोड़ था (योजना आयोग, तालिका 4.7, पृ. 69)।

गरीबी में ग्रामीण एवं शहरी अन्तर को औसत मासिक प्रति व्यक्ति उपभोग व्यय (एमपीसीई) के अन्तराल से पुष्टि की गई है। राष्ट्रीय प्रतिदर्श सर्वेक्षण 2011–12 के आँकड़े यह प्रदर्शित करते हैं कि शहरी एवं ग्रामीण प्रति व्यक्ति उपभोग के अनुपात में 1999–2000 के 1.76 से 2011–2012 में 2.00 तक वृद्धि हुई, जो यह संकेत करती है कि शहरी एवं ग्रामीण विभाजन में वृद्धि हो रही है। यदि इस तुलना को अन्य आवश्यक सेवाओं की उपलब्धता के स्तर तक विस्तारित किया जाता है तो दरार और गहरी हो जाती है। हालांकि, गिनी अनुपात के सन्दर्भ में, जो आय वितरण में असमानता का मापक है, शहरी क्षेत्रों की अपेक्षा ग्रामीण क्षेत्रों ने सभी तीन सन्दर्भ अवधि, 2004–05, 2009–10 और 2011–12 में बेहतर प्रदर्शन किया है (तालिका 2.9)। इससे पता चलता है कि शहरी क्षेत्रों की तुलना में ग्रामीण क्षेत्रों में औसत प्रति व्यक्ति से यह सतत आय ज्यादा समान रूप से वितरित की गई थी। यह सामान्य अवलोकन लगता है कि ग्रामीण अमीर एवं ग्रामीण गरीब से शहरी क्षेत्रों में पलायन होता है, इसमें पहले वाले आरामदेह स्थान के लिए तो बाद वाले काम की तलाश में आते है। इससे ग्रामीण क्षेत्रों में आय असमानता कम होती है और शहरी क्षेत्रों में यह बढ़ती है।

अनादि काल से, ग्रामीण गरीबों के बीच ऋणग्रस्तता की घटनाएँ ग्रामीण अर्थव्यवस्था के लिए अभिशप्त रही है। यह स्थिति यदि अभी तक और बदतर नहीं हुई है तो भी यह अपवर्तित ही रही है। एनएसएसओ द्वारा हाल में किए गए किसानों की स्थिति मूल्याँकन सर्वे के अनुसार, 2011–12 भारत में कृषक परिवारों की कुल संख्या 9.02 करोड़ का अनुमान लगाया गया। इनमें से 4.68 करोड़ परिवार (51.9 प्रतिशत) ऋणग्रस्त थे तथा प्रति परिवार बकाया ऋण रू. 47,000 था। ऋणग्रस्तता की उच्चतम घटनाएँ 0.41–1.00 हैक्टेयर (34.90 प्रतिशत) जोत के आकार वर्ग में थी। उत्तर प्रदेश में सबसे अधिक कर्ज वाले किसान थे जिनकी संख्या प्रदेश के कुल परिवारों का 16.90 प्रतिशत था (कृषि मंत्रालय 2014अ, तालिका 16.2 एवं 16.3 पृ. 373–76)। यह कहना अतिरंजित नहीं होगा कि अधिकांश सीमान्त एवं लघु कृषक कर्ज में पैदा होते हैं, कर्ज में जिंदा रहते है तथा कर्ज में मर जाते हैं।

फसल बीमा योजनाओं की सीमित व्याप्ति को देखते हुए, अधिकांश किसानों के फसल खराब होने के कारण होने वाले नुकसान को स्वयं उठाना पड़ता है और इसके कारण स्वयं को एवं परिवार को बनाए रखने के लिए साहूकार एवं अन्य संसाधनों का सहारा लेना पड़ता है। कम एवं अस्थिर कृषि आय के कारण, वे अपने कर्ज का

तालिका 2.10: *विभिन्न फसलों का अपव्यय*

फसल	*अपव्यय की संचयी सीमा (प्रतिशत में)**
अनाज	3.9–6
दालें	4.3–6.1
तिलहन	6.0
फल एवं सब्जियाँ	5.8–18
दूध	0.8
मछली	2.9
मांस	2.3
मुर्गी	3.7

स्रोतः कृषि मंत्रालय (2013–14)

भुगतान करने में असमर्थ होते है एवं इस प्रक्रिया में टूट जाते हैं। परिणामतः पारिस्थितिकीय दृष्टि से कमजोर राज्यों यथा महाराष्ट्र, आन्ध्र प्रदेश, कर्नाटक, मध्य प्रदेश, छत्तीसगढ़, गुजरात और ओडीशा में कई कृषकों ने आत्महत्या की है। अनुमान है कि 2011–12 की अवधि में 1,98,000 कृषकों ने भारत में आत्महत्या कर ली थी। आत्महत्या के मुख्य कारणों में ऋणग्रस्तता और उधार देने वालों द्वारा जमीन एवं अन्य परिसम्पत्तियों यथा ट्रैक्टर की जब्ती होते थे (आईडीएफसी 2013, 6)।

कृषि उत्पादन एवं फसल कटाई के पश्चात् अधोसंरचना के लाभकारी मूल्य का अभाव

किसान विशेषतः सीमान्त एवं लघु कृषकों को अपने उत्पाद का लाभकारी मूल्य नहीं मिलता है। उनमें से ज्यादातर गरीबी के कारण कम मात्रा में बाजार योग्य अधिशेष तथा उनके रोके रखने की क्षमता रखते हैं। परिणामतः उन्हें अपने उत्पाद को स्थानीय बाजार में अपनी फसल की कटाई के तत्काल बाद (मजबूरन बिक्री) बहुत कम कीमतों पर अधिकांशतः साहूकार और व्यापारियों को जिनसे उन्होंने पैसा उधार लिया था को बेचने के लिए बाध्य होता पड़ता है। अधिकांश मामलों में जो मूल्य उन्हें प्राप्त होता है वह उत्पादन लागत को पूर्ण करने के लिए पर्याप्त नहीं होता है। सरकार ने नियामक एवं खरीददार दोनों के रूप में कृषकों को लाभकारी कीमतों को सुनिश्चित करने हेतु हस्तक्षेप किया है लेकिन सफलता सीमित ही रही है। यह विडम्बना है कि यह केवल किसान ही है जो अपने उत्पाद की कीमत तय नहीं कर सकता जिस तरह से अन्य सभी उत्पादक एवं निर्माता करते हैं, उन्हें अपने उत्पाद को अन्य लोगों द्वारा निर्धारित कीमतों पर बेचना पड़ता है।

इसके अतिरिक्त, भंडारण एवं फसल कटाई के पश्चात् यथा प्रक्रमण एवं श्रेणीकरण की अपर्याप्त विकेन्द्रीकृत सुविधाएँ है। परिणामतः कृषि उपज के बहुत सारे अपव्यय है, सब्जियों एवं फसलों के मामलों में यह नुकसान 18 प्रतिशत तक है (कृषि मंत्रालय 2013, 213–14)। ऐसे कई उदाहरण है, जब किसानों ने अपने उत्पाद को सड़कों पर फेंक दिया अथवा खेतों में जला दिया। इसमें आगे का मार्ग यही है कि सार्वजनिक एवं निजी भागीदारी से पर्याप्त भंडारण एवं प्रक्रमण सहित फसल कटाई के पश्चात् की अधोसंरचना को पर्याप्त रूप से विकसित किया जाए। सेन्ट्रल इंस्टिट्यूट ऑफ पोस्ट–हार्वेस्ट इंजिनियरिंग एण्ड टेक्नोलॉजी, लुधियाना, पंजाब ने एक अध्ययन के

माध्यम से कृषि उत्पादों के विभिन्न प्रकार के अपव्ययों का अनुमान लगाया है (तालिका 2.10)। उत्पादन से लेकर विपणन तक खाद्य श्रृंखला के सभी चरणों में नुकसान होता है।

आधारभूत संरचना का अभाव

भारतीय गाँवों में आधारभूत अधोसंरचनाओं यथा – विद्यालय, स्वास्थ्य केन्द्र (चिकित्सालय के अतिरिक्त), सभी मौसम में वाहन चलाने योग्य सड़कें, घरेलू एवं कृषि उपयोग की विद्युत का अत्यधिक अभाव है। इन्द्रियानुभविक अध्ययनों द्वारा यह स्थापित किया जा चुका है कि आधारभूत अधोसंरचना, विकास का एक महत्त्वपूर्ण निर्धारक है। तथ्य की महत्ता की दृष्टि से, विकास का 'ग्रोथ सेंटर' सिद्धान्त इसी अवधारणा पर आधारित है। यद्यपि, पिछले कुछ समय में, कई राज्यों ने न्यूनतम आवश्यकता कार्यक्रम के अन्तर्गत भारत निर्माण कार्यक्रम, सर्व शिक्षा अभियान, राष्ट्रीय ग्रामीण स्वास्थ्य मिशन, ग्रामीण क्षेत्रों में शहरी सुविधाओं के प्रावधान (पूरा) एवं अन्य कार्यक्रमों के माध्यम से अत्यावश्यक अधोसंरचना प्रदान करने में अच्छी प्रगति दिखायी है, परन्तु अभी भी दूरस्थ जनजातीय एवं पहाड़ी क्षेत्रों में करोड़ों लोग निवास करते हैं जहाँ अधिक कुछ नहीं किया गया है।

ग्रामीण परिवारों का चिंतनीय 20 प्रतिशत हिस्से के पास तीन आधारभूत सुविधाओं– परिसर में पेयजल, स्वच्छता एवं विद्युत का अभाव है एवं केवल 18 प्रतिशत ही ऐसे है जिनके पास यह तीनों उपलब्ध है (आईडीएफसी 2013, 118)। एन एस एस ओ के 69वें दौर के सर्वे के अनुसार (जुलाई–दिसम्बर 2012 की अवधि) पेयजल, स्वच्छता, आरोग्य एवं आवास की स्थिति निम्नानुसार थी–

2012 में पीने के पानी के बेहतर स्रोत की स्थिति में 11.5 प्रतिशत ग्रामीण परिवारों की कोई पहुंच नहीं थी, 62.3 प्रतिशत के पास स्नानगृह की पहुँच नहीं थी, 59.4 प्रतिशत के पास शौचालय सुविधा नहीं थी, 20 प्रतिशत के पास घरेलू उपयोग के लिए बिजली नहीं थी, और 49.9 प्रतिशत के पास नाली की व्यवस्था नहीं थी (एनएसएसओ 2014, विशिष्ट i–iii)।

गैर कृषिगत उपक्षेत्र की भूमिका

निम्नलिखित पृष्ठों में, हम संक्षेप में भारत की वृद्धि एवं विकास में गैर–कृषिगत उपक्षेत्र की भूमिका पर चर्चा करेंगे।

उपक्षेत्र की महत्ता

भारत सहित अधिकांश विकासशील देशों में, ग्रामीण श्रम शक्ति तेज गति से बढ़ रही है, लेकिन रोजगार के अवसर क्षीण हो रहे हैं। कृषि के विस्तारण के लिए उपलब्ध भूमि में लगातार कमी आ रही है, यदि ऐसे में गहराती ग्रामीण गरीबी से बचना है तो गैर–कृषिगत रोजगार के अवसरों का विस्तार होना ही चाहिए। प्रत्याशित वृद्धि एवं वृहद शहरी उद्योगों के संयोजन को देखते हुए यह प्रतीत होता है कि देहात से शहरों की ओर आने वाले प्रव्रजित श्रमिकों के बढ़ते प्रवाह को आत्मसात करने में यह असमर्थ रहेगा। इक्कीसवीं सदी की ओर बढ़ते हुए हमें उच्च सामाजिक एवं पर्यावरणीय कीमत को देखते हुए शहरी विस्तारण की प्रक्रिया को धीमा करना चाहिए जिसमें भीड़भाड़, प्रदूषण, आसमान छूती जमीन की कीमतें, बढ़ती हिंसा एवं यौन संक्रमित बीमारी एड्स की बढ़ती संख्या सम्मिलित हैं। ग्रामीण गैर–कृषिगत क्षेत्र के विस्तारण से जिसमें श्रम आधारित एवं छोटे उद्यमों पर जोर हो जिससे गरीबों सहित छोटे कृषक, भूमिहीन, महिलाओं के आय के अवसरों को बढ़ावा मिले जो आय के अति बदलावों को समान करने हेतु सक्षम बना सके।

भारत में, कुटीर एवं ग्रामोद्योग सदियों से गाँवों में भूमिहीन एवं कमजोर लोगों के लिए महत्त्वपूर्ण व्यवसाय रहा है। यह उनके लिए आय एवं रोजगार के अवसर का महत्त्वपूर्ण स्रोत रहा है। यथार्थ में, कृषि एवं ग्रामोद्योग एक–दूसरे के

पूरक हैं। इस क्षेत्र का कृषि के पश्चात् दूसरा सबसे बड़ा हिस्सा रोजगार में है। यह समाज के कमजोर एवं असंगठित क्षेत्र जिसमें आधे से ज्यादा महिलाएँ, अल्पसंख्यक तथा कमजोर लोग होते हैं, को प्रभावित करती है। 57 प्रतिशत सूक्ष्म एवं छोटे उद्यमों की इकाइयाँ एक व्यक्ति के स्वामित्व के उद्यम हैं। इसका हिस्सा 32 प्रतिशत कार्यशक्ति के रूप में होता है तथा 29 प्रतिशत गैर–कृषि निजी असम्मिलित उद्यमों में मूल्य भारित होता है।

ग्रामीण गैर–कृषिगत उपक्षेत्र की सापेक्षिक महत्ता एवं इस क्षेत्र में सम्मिलित विविध आर्थिक गतिविधियों का संयोजन भारत के विभिन्न क्षेत्रों में व्यापक रूप से भिन्न है। विस्तृत रूप से विश्लेषित करने पर, इस उपक्षेत्र की आर्थिक गतिविधियाँ कृषि से बाहर के क्षेत्र से सम्मिलित होती हैं जो कि गाँवों में परिवार से लगाकर छोटे कारखाने तक विविध स्तर पर होती हैं। इस तरह की गतिविधियों के कुछ उदाहरण जैसे कुटीर, बहुत छोटे, ग्रामीण एवं लघुस्तरीय उत्पादन एवं प्रक्रियाकरण उद्योग, व्यापार, परिवहन, निर्माण कार्य एवं विभिन्न प्रकार की सेवाओं के रूप में है। घरेलू उद्योग में समय के साथ गिरावट आई है, जबकि लघु स्तरीय और गैर घरेलू उद्योगों का फैलाव हुआ है। कुटीर उद्यम जो कि अंशकालिक ग्रामीण उद्योग में विशिष्टता प्राप्त उद्यम से कम कार्यकुशल होते हैं, जब श्रम की कीमत बढ़ती है, तब वे उद्यम जहाँ श्रम के विभाजन अवसर नहीं हैं अपनी कीमत के फायदे को खोना आरम्भ कर देते हैं। ग्रामीण कस्बे जो शहरी एवं कृषि सामग्री दोनों के लिए व्यापार एवं वितरण केन्द्रों के रूप में कार्य करते हैं परिणामतः उत्पादन गतिविधियों को आकर्षित करते हैं।

ग्रामीण विकास के लिए ग्रामीण गैर–कृषिगत उपक्षेत्र एवं कृषिगत उपक्षेत्र के मध्य अन्तर्सम्बन्ध का होना आवश्यक है। कृषि आय में वृद्धि, गैर–कृषिगत उपक्षेत्र से निर्मित उपभोग सामग्री एवं कृषिगत आगत के लिए एक विस्तारित बाजार प्रदान करती है जबकि कृषिगत कच्चे माल का प्रक्रियाकरण ग्रामीण गैर–कृषिगत उपक्षेत्र में किया जाता है। उपभोग एवं उत्पादन के अन्तर्सम्बन्धों की सापेक्षिक शक्ति कृषि आय में वृद्धि की गति व तरीके एवं कृषि में उपयोग की गयी उत्पादन तकनीकी पर निर्भर करती है। यदि प्रति व्यक्ति आय में वृद्धि उच्च होती है तब ग्रामीण व्यय में गैर–खाद्यान्न उपभोग का प्रतिशत भी बढ़ता है इसीलिए यह ग्रामीण गैर–कृषिगत क्षेत्र की वृद्धि को और अधिक प्रेरित करता है। स्थानीय स्तर पर उत्पादित उपभोग की वस्तुओं (शहरी क्षेत्रों अथवा विदेशों से आयातित के स्थान पर) का उपभोग खर्च में हिस्सा कृषि की आय के वितरण पर निर्भर करता है। यह धनवानों की अपेक्षा मध्यम एवं छोटे कृषकों के मध्य अधिक होता है।

विशेषकर, यह उपक्षेत्र भारत की ग्रामीण अर्थव्यवस्था की वृद्धि एवं विकास में निम्नलिखित तरीकों से योगदान करता है।

रोजगार वृद्धि में योगदान

चूंकि कृषि ग्रामीण श्रमशक्ति में वृद्धि को पूर्णतः अवशोषित नहीं कर सकती है, इसलिए, बेरोजगार ग्रामीण श्रमशक्ति को रोजगार प्रदान करने के लिए गैर–कृषि क्षेत्र की महत्त्वपूर्ण भूमिका है। पिछले दो दशकों में, गैर–कृषि में वृद्धि में तेजी आई है तथा अब ग्रामीण परिवारों का 43 प्रतिशत गैर–कृषि कार्यों में संलग्न है (आईडीएफसी, तालिका 2.6, पृ. 33–34; एनएसएसओ 2010)। 1993–94 से 2009–10 की अवधि के दौरान, ग्रामीण रोजगार 4.4 करोड़ से बढ़कर 33.7 करोड़ वयस्क श्रमिकों तक पहुंच गई (15 वर्ष और उससे अधिक) तथा ये सभी रोजगार गैर–कृषि क्षेत्र में थे (तालिका 2.11)। गैर–कृषि क्षेत्र रोजगार का कुल ग्रामीण रोजगार में योगदान 1993–94 के 22 प्रतिशत से बढ़कर 2009–10 में 32 प्रतिशत हो गया। गैर–कृषि क्षेत्र की लगभग इस दो तिहाई बढ़ोतरी दिहाड़ी मजदूरी एवं एक पंचमांश स्व–रोजगार में थी।

गैर–कृषि रोजगार की उल्लेखनीय विशेषता आकस्मिक श्रम की उपलब्धता से है। अब, नए ग्रामीण गैर–कृषि रोजगार में तीन में से दो अनियत श्रमिक है जो कि अकुशल दैनिक मजदूरी का कार्य करते हैं।

लेकिन अनियत मजदूरी नियमित वेतनभोगी नौकरियों के प्रतिकूल, कोई नौकरी की सुरक्षा अथवा लाभ नहीं देती, लेकिन, कृषि श्रमिकों से मजदूरी दर अवश्य ज्यादा होती है। इसके अतिरिक्त, यह सामाजिक संजाल

तालिका 2.11: *भारत में कृषि एवं गैर–कृषि क्षेत्र में कार्यरत ग्रामीण श्रमिक*

	कृषि			*गैर–कृषि*			*कुल रोजगार*		
(करोड़) वर्ष	*पुरूष*	*महिला*	*सभी*	*पुरूष*	*महिला*	*सभी*	*पुरूष*	*महिला*	*सभी*
1993–94	13.9 (74)*	9.0 (86)	22.9 (78)	4.9 (26)	1.4 (14)	6.3 (22)	18.8 (100)	10.4 (100)	29.2 (100)
1999–2000	14.2 (71)	9.0 (85)	23.2 (76)	5.7 (29)	1.5 (14)	7.2 (24)	19.9 (100)	10.5 (100)	30.4 (100)
2004–05	14.6 (6)	10.3 (83)	24.9 (73)	7.3 (33)	2.1 (17)	9.4 (27)	21.9 (100)	12.4 (100)	34.3 (100)
2009–10	14.6 (63)	8.3 (79)	22.9 (68)	8.6 (37)	2.2 (21)	10.8 (32)	23.2 (100)	10.5 (100)	33.7 (100)

स्रोतः आईडीएफसी (2013, तालिका 2.6, पृ.34)

टिप्पणीः * कोष्टकों में दिए गये आंकड़ें कुल कार्यरत का प्रतिशत है।

का अवसर प्रदान करती है। इसी कारण से, अनियत मजदूरी की ओर जाने वाला कदम सामान्य तौर पर कृषि मजदूरी के संकट के कारण लिया गया कदम नहीं होता है, बल्कि यह एक जानबूझ कर लिया गया कदम है। समय के साथ, धीरे–धीरे, अनियत गैर–कृषि मजदूरी एवं कृषि मजदूरी की दरों में अन्तर को कम कर दिया है। परिणामतः, समय के साथ सामाजिक पदसोपान एवं परम्परागत उत्पादन प्रणाली में विघटन हो रहा है (आईडीएफसी 2013, 38-39)।

ग्रामीण भारत में पिछले सात वर्षों (2004–05 से 2011–12) में अनियत श्रमिकों की मजदूरी में सभी श्रमिक श्रेणियों में से सबसे तेज गति से वृद्धि हुई है। एनएसएसओ के अनुसार, 2004–05 से 2011–12 के दौरान औसत ग्रामीण अनियत मजदूरी की दरों में लगभग तीन गुना वृद्धि हुई है। कुल मिलाकर, तीन कारक जो कि बढ़ती निर्माण गतिविधियाँ, कृषि उत्पादों के लिए उच्च समर्थन मूल्य जो कि कृषि मजदूरों तक पहुंच रहा है तथा महात्मा गांधी राष्ट्रीय रोजगार अधिनियम (मनरेगा) ग्रामीण अनियत मजदूरी को आगे की तरफ बढ़ा रही है (नाबार्ड 2014, 4–5)। जो एक वांछनीय बदलाव है।

सकल घरेलू उत्पाद एवं ग्रामीण शुद्ध घरेलू उत्पाद में योगदान

अभी भारत में, 3.61 करोड़ सूक्ष्म, लघु और मध्यम उद्यम है जो देश के सकल घरेलू उत्पाद में 37.5 प्रतिशत का योगदान करते हैं। गैर–कृषि उपक्षेत्र की बढ़ती महत्ता इस तथ्य से स्पष्ट होती है कि ग्रामीण शुद्ध घरेलू उत्पाद का योगदान 1993–94 में 43 प्रतिशत था जो 2004–05 में बढ़कर 61.1 प्रतिशत हो गया, जबकि इसी अवधि में कृषि, वानिकी और मछली पकड़ने का योगदान 57 प्रतिशत से घटकर 39 प्रतिशत रह गया (आईडीएफसी 2013, तालिका 2.7, पृ. 35)। गैर–कृषि उपक्षेत्र में तीव्र वृद्धि दोनों 'खिंचाव' एवं 'धक्का' दोनों बलों से संचालित होती है। कृषि संकट ग्रामीण गरीब परिवारों को अपनी घरेलू आय बढ़ाने एवं/अथवा फसल बर्बाद होने के जोखिम को कम करने के लिए गैर–कृषि क्षेत्र की गतिविधियों की विविधता की ओर धकेलता है। 'खिंचाव' बल, विशेषतः शहरीकरण में, 1990 से गैर–कृषि क्षेत्र के लिए एक प्रमुख प्रेरक के रूप में पहचाना गया है। पिछले एक दशक से भी ज्यादा समय में, व्यापार, निर्माण, परिवहन गतिविधियों ने गैर–कृषि नौकरी में वृद्धि को प्रेरित किया है (आईडीएफसी 2013, 55)।

यह क्षेत्र कुल व्यवसाय का 40 प्रतिशत से अधिक, विनिर्माण निर्यात का लगभग 45 प्रतिशत और कुल निर्यात का लगभग 35 प्रतिशत का योगदान करता है। औद्योगिक विकास को बढ़ावा देने तथा 'मेक इन इण्डिया' कार्यक्रम की सफलता को सुनिश्चित करने में इनकी एक महत्त्वपूर्ण भूमिका है।

सरकार द्वारा उठाए गए नीतिगत उपाय

ग्रामीण श्रमशक्ति के अतिशेष को अवशोषित करने के साधन के रूप में गैर–कृषि उप क्षेत्र की बढ़ती भूमिका को देखते हुए, इस उपक्षेत्र की वृद्धि को प्रोत्साहित करने के लिए समय–समय पर भारत सरकार द्वारा पहल की गई है। पहली बड़ी पहल संसद के एक अधिनियम ''खादी एवं ग्राम उद्योग अधिनियम 1956'' द्वारा 1956 में खादी एवं ग्राम उद्योग आयोग की स्थापना थी। यह आयोग भारत सरकार स्थापित एक संवैधानिक निकाय है। यह सूक्ष्म, लघु और मध्यम उद्यम मंत्रालय के तहत एक शीर्ष संगठन है। यह अनिवार्य किया गया है कि ''ग्रामीण विकास में अन्य अभिकरणों के समन्वय के साथ ग्रामीण क्षेत्रों में खादी एवं ग्राम उद्योगों के नियोजन, प्रचार, प्रोत्साहन, संगठन एवं सहायता जहां आवश्यक हो उन्हें स्थापित एवं विकसित करने में करें।'' इस आयोग ने सरकारी समर्थन के लिए 95 ग्रामीण उद्योगों की पहचान की है। इन उद्योगों को सात श्रेणियों में बांटा गया है: 1. खनिज आधारित उद्योग, 2. वन आधारित उद्योग, 3. कृषि आधारित उद्योग, 4. बहुलक एवं रसायन आधारित उद्योग, 5. अभियान्त्रिक एवं गैर–परम्परागत ऊर्जा आधारित उद्योग, 6. खादी के अतिरिक्त वस्त्र उद्योग, 7. सेवा उद्योग।

इस क्षेत्र को और अधिक बढ़ावा देने के लिए, भारत सरकार ने कई नीतियों का सूत्रपात किया है जिसमें एकीकृत अधोसंरचनात्मक विकास योजना, गैर–पंजीकृत इकाइयों के लिए रियायती दरों पर उत्पाद शुल्क, आईएसओ–9000 प्राप्त करने के लिए गुणवत्ता प्रमाणीकरण योजना, एकल खिड़की प्रणाली से परियोजना लागत की सीमा रु. 30 लाख से बढ़ाकर रु. 50 लाख एवं नायक समिति की अनुशंसा के अनुरूप पर्याप्त एवं समय पर ऋण आपूर्ति करना सम्मिलित है। इसके अतिरिक्त, लघु उद्योग इकाइयों में निवेश की सीमा रु. 60 लाख से बढ़ाकर रु. 3 करोड़, बहुत छोटे क्षेत्र के लिए रु. 5 लाख से रु. 25 लाख एवं लघु उद्योग इकाइयों के संयुक्त कर्ज की सीमा रु. 50000 से रु. 2 लाख की गयी।

नायक समिति (1992) लघु उद्योग क्षेत्र के संस्थागत ऋण की पर्याप्तता एवं अन्य सम्बन्धित आयामों का परीक्षण करने के लिए बनायी गयी थी। समिति ने अवलोकन किया कि ग्रामीण माँग के लघु उद्योग क्षेत्र की अधिकांश वित्तीय आवश्यकताओं के बारे में यह अनुमान लगाना सर्वथा सुरक्षित है कि यह निजी स्रोतों से प्राप्त किये जाते हैं जिसमें साहूकार सम्मिलित हैं। लघु उद्योग क्षेत्र के समग्र सन्दर्भ में यह अवलोकन किया गया कि – 1. लघु उद्योग की इकाइयों का महानगरों एवं बड़े शहरों की बाहरी सीमाओं में फैलाव हुआ है; 2. ऋण के बढ़ते प्रवाह के बावजूद बहुत छोटे एवं ग्रामीण उद्योगों की हिस्सेदारी निराशाजनक रूप से निम्न रही है; एवं 3. उद्यमों की सफलता को सुनिश्चित करने के लिए अग्रगामी एवं पश्चगामी संयोजन की स्थापना ऋण के बढ़ते प्रवाह के साथ तादात्म्य स्थापित नहीं कर पायी है।

औद्योगिकीकरण के लिए ऋण महत्त्वपूर्ण आगतों में से एक है एवं यदि अन्य सहयोगी सुविधाएँ जिनमें कच्चे माल की पर्याप्त एवं समय पर उपलब्धता, कुशल श्रमिक एवं बाजार के सहयोग को यदि निश्चित आधार प्रदान किया जाए तब उद्यमी व्यवहार्य प्रस्ताव बनाकर संस्थागत वित्त प्राप्त कर सकते हैं। नायक समिति ने अन्य के साथ यह संस्तुति भी प्रदान की कि एक ऐसे पृथक् कोष का निर्माण हो जो आधुनिकीकरण, अनुसन्धान एवं विपणन, तकनीकी विशेषज्ञता वाले उद्यमियों की व्यावहारिक परियोजनाओं के लिए व्यापारिक जोखिम की पूँजी सहायता एवं ग्रामीण और बहुत छोटे उद्योग के लिए विस्तृत तथ्य संकलन का कार्य किया जाना चाहिए।

यथोचित तकनीकी का समावेश, संरचना कौशल, आधुनिक विपणन क्षमता निर्माण एवं साख तक आसान पहुँच स्व–पोषकीय रोजगार एवं पूंजी निर्माण के बढ़ते आधार को बना सकती है एवं एक सर्जनात्मक एवं प्रतिद्वन्द्वी संस्कृति को भी बढ़ा सकती है। कृषि खाद्यान्न प्रसंस्करण, रेशम उत्पादन एवं अन्य ग्रामीण उद्यम द्वारा गाँव में

लोगों को लाभकारी रोजगार के माध्यम से ग्रामीण–शहरी प्रव्रजन को रोक सकते हैं। सूक्ष्म एवं छोटे उद्यमों का क्षेत्र अवसरों की खिड़की को उत्तरपूर्व जैसे क्षेत्रों में खोल सकती है जहाँ अधोसंरचनात्मक दूरी एवं पर्यावरणीय सरोकारों के कारण बड़े उद्योग नहीं लगाये जा सकते हैं। इस उपक्षेत्र की विभिन्न गतिविधियों से सृजित आय, वृहद–स्तरीय निर्माण उपक्षेत्र की सृजित आय से अधिक समान रूप से वितरित होती है। इसके अतिरिक्त, प्रति कामगार कम पूंजी की आवश्यकता के कारण, यह उपक्षेत्र वृहद स्तरीय कारखाने उद्योग की अपेक्षा दी गयी पूंजी से ज्यादा रोजगार सृजित कर सकता है।

ग्रामीण क्षेत्रों में औद्योगिक विकास के मार्ग की सबसे बड़ी रुकावट पर्याप्त अधोसंरचना का अभाव है। औद्योगिक विकास के लिए विद्युत, परिवहन, संचार एवं सहायक और समवर्गी सेवाओं यथा – कच्चे माल की आपूर्ति एवं अन्य आगत, मशीनरी की समस्याओं को देखने के लिए अर्द्ध–कुशल एवं कुशल श्रमिक, विपणन और ऋण समर्थन अभिकरण आदि का होना आवश्यक है। इनके अभाव में बहुत छोटी इकाइयों की उत्पादन गतिविधियाँ शहरी केन्द्रों के बाह्य क्षेत्रों के इर्दगिर्द अग्रसर होकर संकेन्द्रित हो जायेंगी। शिवरमन समिति (1981) ने यह सुझाव दिया कि ग्रामीण क्षेत्रों में औद्योगिक विकास के लिए अधोसंरचनात्मक एवं विस्तार सुविधाओं (कच्चे माल की आपूर्ति सहित) की जिम्मेदारी राज्य सरकारों को सौंपी जानी चाहिए। जिम्मेदार एवं वचनबद्ध अभिकरणों की अनुपस्थिति में ग्रामीण उद्योगों के विकास के लिए सहायता करना, आवश्यक सेवाओं को प्रदान करना, बैंकों के लिए निराशाजनक प्रतीत होता है।

सूक्ष्म, लघु एवं मध्यम उद्यम क्षेत्र में आने वाली गतिविधियों को कई मन्त्रालय, विभाग एवं संस्थान देखते हैं तथा इन उद्यमों की सहायता के लिए विभिन्न प्रकार की योजनाएँ भी हैं। भारतीय संसद के एक अधिनियम के तहत 2 अप्रैल 1990 में भारतीय लघु उद्योग विकास बैंक की स्थापना की गई, जो कि इन उद्यमों और इसी तरह की गतिविधियों में लगे संस्थानों के कार्यों के संवर्धन, वित्त पोषण एवं विकास के लिए प्रमुख वित्तीय संस्थान है, तथापि, इन उद्यमों के बहुत छोटे प्रतिशत को ही इनका लाभ प्राप्त होता है, क्योंकि ये केवल 13 प्रतिशत ही पंजीकृत है। अब हमें यह सुनिश्चित करने के लिए दोहरी रणनीति अपनाने की जरूरत है कि गैर–पंजीकृत उद्यमों एवं इकाईयों जो सहकारी आवरण से बाहर है पंजीकृत करने के लिए प्रोत्साहित किया जाए एवं जिससे वे सरकारी योजनाओं, लंबित पंजीकरण से लाभ उठाने में सक्षम हो सकें। यथार्थ में, नए सूक्ष्म, लघु और मध्यम उद्यम विकास अधिनियम 2006 द्वारा उद्यमों के ज्ञापन को स्वैच्छिक भरने का प्रावधान इस दिशा में एक कदम है और इसे ऊर्जावान रूप से कार्यान्वित किया जाना चाहिए।

एक दृष्टिकोण जिसमें शिथिलतः लक्षित अनुदान पर जोर को बदलते हुए एक समर्थ वातावरण का निर्माण करने की आवश्यकता है। एक समूह दृष्टिकोण व्यवहार्यता बढ़ाने में मदद कर सकती है जिसमें इन इकाइयों को अधोसंरचना, सूचना, साख एवं कम कीमत पर बेहतर गुणवत्ता की सहायक सेवाएँ प्रदान करके एवं साथ ही उनके अपने संग्रहों की क्षमता के लिए प्रभावशाली प्रबन्धन को बढ़ावा देने के लिए होता है। इससे आगे, इन सूक्ष्म, लघु एवं मध्यम उद्यमों की प्रतिद्वन्द्विता को बेहतर करने के लिए, छोटे यन्त्रकक्ष की स्थापना के लिए योजना, संरचित निदानगृहों की स्थापना, विपणन सहायता का प्रदाय, बौद्धिक सम्पदा अधिकार की आवश्यकता और यन्त्र का सुग्रहीकरण, खाली समय में निर्माण व्यवहार का अंगीकरण, सूचना तकनीकी यन्त्रों का व्यापक प्रयोग एवं इसी तरह से अन्य को सार्वजनिक–निजी सहयोग के आधार पर उपयोग में लाया जाना चाहिए। राष्ट्रीय एवं अन्तर्राष्ट्रीय बाजारों में इनके उत्पादों के प्रोत्साहन के लिए एक प्रभावशाली रणनीति के रूप में किस्म निर्माण का उपयोग किया जा सकता है। 2008–09 के संघीय बजट की एक घोषणा के बाद अनुसार 2008–09 में रु. 5000 करोड़ की एक निधि नाबार्ड द्वारा बनायी जायेगी जो इन सूक्ष्म, लघु एवं मध्यम उद्यमों की पुनर्वित्त की क्षमता को बढ़ायेगा। इसी तरह से, भारत के लघु उद्योग विकास बैंक में दो निधियाँ जिनमें से प्रत्येक रु. 2000 करोड की है का सृजन किया गया; एक जोखिम पूंजी वित्त पोषण के लिए तथा दूसरा, इस उद्यम क्षेत्र की पुनर्वित्त क्षमता को बढ़ाने के लिए। सिडबी वेंचर कैपिटल लिमिटेड, को सिडबी की सहायक कम्पनी के रूप में जुलाई 1999 में स्थापित किया गया, जो कि एक परिसम्पत्ति प्रबंधन कम्पनी है, जो वर्तमान में दो उद्यम पूंजी निधियों का प्रबंधन

करती है, इसमें राष्ट्रीय उद्यम निधि के तहत सॉफ्टवेयर और सूचना प्रौद्योगिकी उद्योग तथा लघु और मध्यम उद्योग वृद्धि निधि बनाई गई। ज्ञान आधारित उद्यमों को उद्यम पूंजी सहायता प्रदान करने के लिए है। विशेष रूप से, वाहन घटक, वस्त्रों, जीव विज्ञानों, स्वच्छ प्रौद्योगिकियों, खुदरा बिक्री, हल्की अभियांत्रिकी, सूचना प्रौद्योगिकी एवं सेवा आदि क्षेत्रों में है।

नए उद्यमों की स्थापना के लिए तथा विद्यमान उद्यमों की वृद्धि एवं विकास को बढ़ावा देने के लिए कई नई योजनाएँ लागू की जा रही है। इसमें सम्मिलित हैः (अ) प्रधानमंत्री रोजगार सृजन कार्यक्रम, (ब) सूक्ष्म एवं लघु उद्योग समूह विकास कार्यक्रम, (स) सूक्ष्म एवं लघु उद्योगों के लिए साख गारंटी निधि (द) प्रदर्शन एवं साख श्रेणीकरण कार्यक्रम, (इ) प्रशिक्षण संस्थानों के लिए सहायता, एवं (फ) पारम्परिक उद्योगों के पुनर्निमाण के लिए योजना (वित्त मंत्रालय, 95–96)। ये सभी उपाय यदि चिन्हित समूहों पर लक्षित किए जाए तो अधिक प्रभावी होंगे। यह भी आवश्यक है कि इन उद्यमों को उच्च स्तर की ओर सतत बढ़ने हेतु सुविधा प्रदान की जाए विशेषतः लघु को मध्यम की ओर अग्रसर होने के लिए। अच्छी तरह से अंशशोधित वित्तीय एवं गैर–वित्तीय उपयों के माध्यम से उद्यमों की मध्यम एवं वृहद इकाइयों को प्रोत्साहन प्रदान करने की आवश्यकता है।

बाधाएँ एवं आगे के तरीके

इन उद्यमों के विकास एवं वृद्धि में कई बाधाएँ है। हम यहां प्रमुख बाधाओं तथा उन बाधाओं को कम करने के तरीकों पर संक्षेप में चर्चा करेंगे।

पूँजी तक पहुँच में सुधार

सूक्ष्म एवं लघु उद्यम कृषि के साथ गैर–कृषि गतिविधियों के लिए प्राथमिकता वाले क्षेत्र के तहत कम दरों पर ऋण की योजनाओं के पात्र होते हैं। भारतीय रिजर्व बैंक ने 2006 में किसान क्रेडिट कार्ड योजना की तर्ज पर ग्रामीण एवं अर्ध–शहरी क्षेत्रों में गैर–कृषि ग्राहकों की साख तक पहुंच प्रदान करने के लिए एक सामान्य क्रेडिट कार्ड योजना भी आरम्भ की। यद्यपि, जनसंख्या का एक बड़ा हिस्सा, विशेष रूप से कमजोर वर्गों और कम आय वाले समूहों जैसे असुरक्षित समूह, वित्तीय क्षेत्र द्वारा उपलब्ध कराए गए बुनियादी अवसरों एवं सेवाओं से भी बाहर रह जाते हैं। वित्तीय समावेशन के इन मुद्दों को हल करने के लिए, भारत सरकार ने डॉ. सी. रंगराजन की अध्यक्षता में 'वित्तीय समावेश की समिति' का गठन किया। समिति ने अपनी अंतिम रिपोर्ट केन्द्रीय वित मंत्री को 4 जनवरी 2008 को प्रस्तुत की।

वित्तीय समावेश की समिति ने वित्तीय समावेश को परिभाषित किया है ''कमजोर वर्गों एवं कम आय वाले समूहों जैसे असुरक्षित समूहों तक सस्ती कीमत पर पर्याप्त एवं समय पर वित्तीय सेवाओं की पहुंच सुनिश्चित करने की प्रक्रिया है।'' अन्यों में, इस समिति ने दो निधियों की स्थापना की सिफारिश की है– वित्तीय समावेशन निधि एवं वित्तीय समावेशन तकनीकी निधि।

रंगराजन समिति (2008) की सिफारिशों के आधार पर, भारत सरकार ने दो निधियों वित्तीय समावेशन निधि को वित्तीय समावेश के लिए विकास एवं प्रोत्साहन के हस्तक्षेपों की लागत को पूरा करने के लिए तथा वित्तीय तकनीकी समावेशन निधि को वित्तीय समावेश के लिए तकनीकी हस्तक्षेप की लागत को पूरा करने के लिए गठन किया गया। प्रत्येक निधि हेतु रू. 500 करोड़ की राशि का संग्रह किया गया जिसमें भारत सरकार, भारतीय रिजर्व बैंक एवं नाबार्ड का योगदान 40:40:20 रखा गया। निधि के उपयोग के आधार पर, अधिकतम पांच वर्षों की अवधि में चरणबद्ध तरीके से योगदान किया जाना था।

इसके अलावा, इस समस्या से उबरने के लिए, बैंकों द्वारा भी कई उपायों को लिया गया, जैसे शून्य अथवा न्यूनतम शेष के साथ 'नो फ्रिल खाते', 'अपने ग्राहक को जानना', निधियों का इलेक्ट्रानिक हस्तांतरण एवं व्यापार संवाददाता प्रतिमान सम्मिलित है। इन उपायों के फलस्वरूप, मार्च 2010 से मार्च 2012 तक बैंक के कवरेज में

लगभग चार गुना वृद्धि हुई है। बैंक खातों के बगैर वाले गरीबों को ऋण सुविधा प्रदान करने के लिए, स्वयं सहायता समूह–बैंक संयोजन और सूक्ष्म वित संस्थाओं की भी महत्त्वपूर्ण भूमिका रही है (आईडीएफसी, 40–41)।

बाजार अधोसंरचना एवं बाजार तक पहुँच को सुधारना

भारत सरकार द्वारा ग्रामीण उत्पादकों के विपणन के लिए बुनियादी ढांचे में सुधार हेतु सूक्ष्म, लघु एवं मध्यम उद्यम के माध्यम से समय–समय पर हस्तक्षेप किया गया है। पहला नीतिगत हस्तक्षेप 1952 के आरम्भ में अखिल भारतीय हस्तशिल्प बोर्ड की स्थापना के साथ हुआ। परन्तु ध्यान औद्योगिकीकरण पर केन्द्रित किया गया, कारीगरों के लिए नीतियाँ विकास उन्मुख होने के बजाय कल्याण उन्मुख बन गई। यद्यपि, 2000 के बाद से, इस दृष्टिकोण में बदलाव आया एवं सरकार ने नए बाजार के बुनियादी ढांचे तथा मौजूदा व्यवस्था को बेहतर बनाने के लिए कई कदमों को उठाया है। कुछ उपायों में सम्मिलित हैः (अ) स्वयं सहायता समूहों द्वारा उत्पादित उत्पादों की बिक्री के लिए ग्रामीण विकास मंत्रालय द्वारा सरस मेलों का आयोजन; (ब) गांव, जिला एवं राज्य स्तर पर स्थायी विपणन केन्द्र प्रदान करने के लिए ग्रामीण हाटों की स्थापना; (स) आईटीसी आधारित विपणन के लिए आईटीसी की ई–चौपालों के अनुरूप ग्रामीण बाजारों की स्थापना; (द) बाजार की जानकारी की असमानता को सम्बोधित करते हुए मांग आधारित उत्पादन को बढ़ावा देना। यह उत्पादक प्रतिरूप और विपणन आगतों, उत्पादन और गुणवत्ता नियंत्रण के समन्वय के प्रावधान के माध्यम से किया जाता है एवं गरीब हथकरघा कारीगरों, फैशन के प्रति जागरूक उपभोक्ताओं एवं संगठित खुदरा क्षेत्र और अन्य आपूर्ति श्रृंखला जैसे झारखण्ड एवं बिहार में प्रधान की रेशम उत्पादन पहल ने गुणवत्ता और उत्पादकता में सुधार के लिए तुसार रेशम की मूल्य श्रृंखला में नए बिन्दु जोड़े (आईडीएफसी 2013, 42)।

स्थापन आधारित कौशल

ग्रामीण गरीबों में कौशल के पर्याप्त रूप से विकसित करने में विफलता उनकी आजीविका में सुधार के लिए एक बड़ी बाधा है। कई गैर–कृषि कार्यों में तकनीकी कौशल की आवश्यकता होती है जो स्कूलों में नहीं दी जाती है। नलसाजी से बिजली तो नर्सिंग से शिक्षण के व्यवसायों में कुशलताओं को लेकर बहुत बड़ा अंतर है। भारत में व्यावसायिक रूप से कुशल श्रमशक्ति केवल 10 प्रतिशत तक सीमित है – औपचारिक रूप से प्रशिक्षित (2 प्रतिशत) या अनौपचारिक रूप से (8 प्रतिशत)। प्रशिक्षण क्षमता काफी अपर्याप्त है। सभी सरकारी और गैर–सरकारी व्यावसायिक प्रशिक्षण संस्थानों को एक साथ लिया जाए तो ये प्रतिवर्ष 31 लाख लोगों को प्रशिक्षित कर सकते हैं, जबकि प्रतिवर्ष 1.28 लाख लोग कार्यबल में प्रवेश करते हैं। इन चिंताओं को दूर करने के लिए सरकार ने 2009 में राष्ट्रीय कौशल विकास नीति का शुभारम्भ किया। इस नीति का उद्देश्य गैर–सरकारी संगठनों और निजी कंपनियों को अपने व्यावसायिक प्रशिक्षण संस्थानों में आवश्यक कौशल प्रदान करने के लिए उभरे रोजगार बाजार की जरूरतों को पूरा करना है। जनवरी 2010 में राष्ट्रीय कौशल विकास निगम की स्थापना से इस नीति को मजबूती मिली है, जो सार्वजनिक–निजी भागीदारी (पीपीपी) मॉडल के बाद निजी व्यावसायिक लाभकारी संस्थानों के निर्माण को उत्पेरित करता है। निगम स्वयं प्रशिक्षण प्रदान करने के बजाए ऐसे संगठनों को अनुदान प्रदान करता है जो ऋण, इक्विटी और टैक्स ब्रेक्स के माध्यम से नौकरी उन्मुख कौशल विकास प्रशिक्षण प्रदान करते हैं। निगम ने वर्ष 2022 तक कौशल / कौशल वृद्धि का लक्ष्य 15 करोड़ व्यक्तियों तक रखा है और 2015 तक, अगले 10 वर्षों में 10,39,000 लोगों को प्रशिक्षित करने के तीन प्रस्ताव स्वीकृत किए गए है। यह निगम ''राष्ट्रीय कौशल विकास निधि'' द्वारा वित्त पोषित किया जाता है जिसके लिए भारत सरकार द्वारा रू. 995.1 करोड़ की राशि का योगदान किया गया है। निगम से यह अपेक्षा है कि अन्य सरकारों, सार्वजनिक क्षेत्र की संस्थाओं, निजी क्षेत्र और द्विपक्षीय तथा बहुपक्षीय स्रोतों से करीब रू. 15, 000 करोड़ जुटाए जाएँगे। निगम से असंगठित क्षेत्र सहित श्रम बाजार की कौशल प्रशिक्षण आवश्यकताओं को पूरा करने की अपेक्षा है।

इसके अतिरिक्त, राष्ट्रीय व्यावसायिक प्रशिक्षण परिषद् भी औद्योगिक प्रशिक्षण संस्थानों (आईटीआई) और औद्योगिक प्रशिक्षण केन्द्रों (आईटीसी) के कौशल विकास प्रशिक्षण पाठ्यक्रमों को सुधारने में सम्मिलित है। लेकिन

इन सभी आपूर्ति समर्थित पहलों के बावजूद, आवश्यक संख्या में आवश्यक कौशल प्रदान करने की चुनौती अधूरी ही रही है और विडम्बना यह है कि, व्यावसायिक प्रशिक्षण के मांग कम ही बनी हुई है, जिसका कारण प्रशिक्षण की निम्न गुणवत्ता और व्यावसायिक प्रशिक्षण को वित्तपोषित करने की उच्च लागत है (आईडीएफसी 2013,43)।

चुनौतियाँ एवं सम्भावनाएँ

ग्रामीण भारत कई वर्षों से कई चुनौतियों का सामना कर रहा है तथा आज भी करना पड़ रहा है। इसी तरह से, सरकार द्वारा कई तरह की पहल की गई हैं एवं उभरती हुई चुनौतियों के लिए कई और पहलों की आवश्यकता है, तथा जो प्रयास किए गये है, उन अवसरों का दोहन हो सकें। हम आगामी पृष्ठों में संक्षेप में कुछ प्रमुख चुनौतियों तथा उनके लिए आवश्यक पहल का वर्णन करेंगे।

खाद्य सुरक्षा को अर्जित करना एवं बनाए रखना

1960 के दशक के अन्त में तथा 1970 के दशक के आरम्भ में उच्च उत्पादन वाली किस्मों के बीजों की शुरूआत तथा तेजी से फैलाव और इसकी अधोसंरचना, अनुसन्धान एवं विस्तार में बढ़ते सार्वजनिक निवेश के कारण भारत आज न केवल पर्याप्त अन्न पैदा करता है, बल्कि यह निर्यात भी करता है। 1960–61 खाद्यान्न उत्पादन 820 लाख टन था, जो 2013–14 में बढ़कर 2650 लाख टन हो गया। इसके बावजूद, भारत में बड़ी संख्या में गरीबों की अब भी पर्याप्त भोजन तक पहुँच नहीं है।

भारत में विश्व का अनाज भण्डार बनने की क्षमता है, यह वह देश है जिसकी ओर विश्व को बढ़ती जनसंख्या के भरण–पोषण के लिए देखना चाहिए। यद्यपि, भारत की वर्तमान फसल पैदावार विकसित देशों की तुलना में बहुत कम है। उदाहरण के लिए, इस अध्याय में पहले बताया गया है, 2012 में धान की औसत पैदावार 3,721 किलोग्राम/हैक्टेयर थी, जो कि इण्डोनेशिया में 5,136 किलोग्राम/हैक्टेयर तथा चीन में 6,775 किलोग्राम/हैक्टेयर थी और इसी तरह के मामलें गेहूं, मक्का और मूंगफली जैसी अन्य प्रमुख फसलों में भी है (कृषि मंत्रालय 2014, तालिका 7.1, पृ. 237)। कृषि में सार्वजनिक एवं निजी निवेश, बड़े पैमाने पर पर्यावरण अनुकूल एवं उपयुक्त नई तकनीकी के उपयोग, उत्पादक–उन्मुख मूल्य नीति तथा व्यावसायिक प्रबन्धन कार्यक्रमों को बढ़ाकर पैदावार के इस अन्तर को मिटाया जा सकता है। यदि भारत में औसत पैदावार को विश्व की औसत पैदावार तक बढ़ाया जाता है तो भारत खाद्यान्न उत्पाद की दृष्टि से विश्व का सबसे अग्रणी देश बन सकता है। इसीलिए, भारत के सम्मुख सबसे बड़ी चुनौती यह है कि किस तरह से फसल पैदावार को बढ़ाकर विश्व स्तर तक सतत आधार पर ले जाया जाए, बावजूद प्राकृतिक आपदा यथा सूखा एवं बाढ़ के जो कि भारत के लिए अभी भी संकटापन्न कारण है।

सभी लोगों, विशेषकर गरीबों की खाद्य सुरक्षा सुनिश्चित करने के लिए भारतीय संसद ने 12 सितम्बर, 2013 को एक कानून बनाया जिसका नाम राष्ट्रीय खाद्य सुरक्षा अधिनियम रखा गया। इस कानून का उद्देश्य भारत के 120 करोड़ लोगों को अनुदान वाला अनाज प्रदत्त करना है। अधिनियम के प्रावधानों के तहत, पात्र लाभार्थी प्रति व्यक्ति प्रति माह 5 किलोग्राम अनाज निम्न कीमत पर खरीदने का हकदार हैः चावल रू. 3 प्रति किग्रा, गेहूं रू. 2 प्रति किग्रा एवं मोटा अनाज (बाजरा) रू. 1 प्रति किग्रा। यह अधिनियम, यदि सभी राज्यों द्वारा ईमानदारी से लागू किया जाता है तो गरीब लोगों की खाद्य सुरक्षा को सुनिश्चित किया जा सकता है।

किसानों की ऋणग्रस्तता एवं आत्महत्या की बढ़ती घटनाओं पर रोकथाम

हाल में, कृषि में वर्ष–दर–वर्ष हुए भारी नुकसान तथा बढ़ती ऋणग्रस्तता के कारण किसानों द्वारा आत्महत्याओं की घटनाएँ बढ़ी है। भारत में किसानों द्वारा की गई आत्महत्याओं की संख्या का कोई विश्वसनीय अनुमान नहीं है। राष्ट्रीय अपराध रिकार्ड ब्यूरो, गृह मंत्रालय, भारत सरकार[4] के प्रतिवेदनों के आधार पर, भारत में 2011–12

की अवधि के दौरान, करीब 1,98,000 किसानों ने आत्महत्या की। अधिकांश आत्महत्याएँ पारिस्थिकीय रूप से संवेदनशील राज्यों जैसे महाराष्ट्र, आन्ध्र प्रदेश, कर्नाटक, मध्यप्रदेश, छत्तीसगढ़, केरल एवं ओडीशा में हुई।

इसे देखते हुए, भारत सरकार ने आन्ध्र प्रदेश, महाराष्ट्र, कर्नाटक एवं केरल के आत्मघाती प्रदत्त जिलों के लिए रू. 16,978.7 करोड़ के पुनर्वास पैकेज की स्वीकृत प्रदान की। इस पैकेज को 2007–08 से 2009–10 के मध्य में तीन वर्षों में लागू किया गया था। इसमें दोनों तत्काल एवं मध्यम अवधि के उपाय सम्मिलित थे। पुनर्वास पैकेज का उद्देश्य सतत एवं व्यवहार्य कृषि की स्थापना एवं किसानों को ऋण राहत, संस्थागत ऋण की बेहतर आपूर्ति, कृषि के लिए फसल–केन्द्रित दृष्टिकोण, सुनिश्चित सिंचाई सुविधा, जलग्रहण प्रबन्धन, बेहतर विस्तार एवं कृषि सहायता सेवाएँ तथा आय अवसरों में सहायक उद्यानिकी, पशुपालन, डेयरी, मत्स्य एवं अन्य गतिविधियों के माध्यम से आजीविका समर्थन प्रणाली को स्थापित करना है (भारत सरकार 2008)। लेकिन इन सभी उपायों के बावजूद, किसान अभी भी आत्महत्या कर रहे हैं। हम किसानों को आत्महत्या करने से रोकने के लिए निम्नलिखित उपाय सुझाते हैं।

सभी गरीब किसानों के लिए अनिवार्य रूप से अनुदानित फसल एवं पशुधन बीमा प्रदान किया जाना चाहिए, जिसे किसान सामान्य फसल वर्ष में नाम मात्र के प्रीमियम भुगतान पर प्राप्त कर सकें। कृषि बीमा पॉलिसियों का व्यापक दायरा होना चाहिए और परिवार बीमा पॉलिसी के तहत परिकल्पित स्वास्थ्य बीमा भी सम्मिलित होना चाहिए।

स्वामीनाथन समिति (2006) के प्रतिवेदन के अनुसार फसल उत्पादों को यथोचित संतोषजनक न्यूनतम समर्थन मूल्य की सिफारिश की गई है। न्यूनतम समर्थन मूल्य को उत्पादन की कुल वास्तविक लागत को सुरक्षित करना तथा उत्पादन की लागत के ऊपर 50 प्रतिशत से अधिक का अन्तर प्रदान करना।

गरीब किसानों से फसल ऋण पर अनुदान के साथ 4 प्रतिशत वार्षिक ब्याज से ज्यादा नहीं लिया जाना चाहिए जिसमें पाँच वर्ष की पुनर्भुगतान शर्तें एवं नियम लचीले होने चाहिए।

चूँकि अधिकांश गरीब एवं छोटे किसान अधिक मूल्य वाली खराब हो जाने वाली फसलें उत्पादित करते हैं, न्यूनतम समर्थन मूल्य योजना का फैलाव खराब हो जाने वाली फसलों तक भी होना चाहिए तथा उनको खरीदने, भण्डारण तथा संसाधित करने के आवश्यक प्रबंध करे जब बाजार कीमतें न्यूनतम समर्थन मूल्य से नीचे गिर जाए।

फसलों के नुकसान के लिए मुआवजें की दर इतनी अधिक होनी चाहिए ताकि अनुमानित नुकसान/क्षति से कम से कम 50 प्रतिशत को सम्मिलित किया जा सके। उदाहरणार्थ, यदि अनुमानित नुकसान रू. 20,000 प्रति हैक्टेयर है तो मुआवजें की राशि रू. 10,000 होगी। वर्तमान की दरें हास्यापद रूप से कम है।

गरीब सीमान्त एवं लघु किसानों को कृषि से बाहर निकलने के लिए मदद करना

भारत में जोत का आकार न केवल छोटा है अपितु यह ग्रामों के रूप में सभी ओर फैला हुआ है। भूमि स्वामित्व ऐसे राज्यों में ज्यादा भागों में बँटा हुआ है जहाँ भूमि एकत्रीकरण नहीं किया गया है। उपभाग एवं बँटवारे की प्रक्रिया विद्यमान भूमि उत्तराधिकार कानून में पीढ़ी दर पीढ़ी जमीन स्वामित्व के सन्दर्भ में अक्षुण्ण रूप से जारी रही है। परिणामतः समय के साथ जमीन के आकार का औसत घट रहा है, अर्थात् 1970–71 में 2.3 हैक्टेयर से घटकर 2010–11 में 1.2 हैक्टेयर रह गई। कृषि श्रमिकों एवं मशीनरी के आर्थिक दृष्टि से उपयोग में छोटी एवं बँटी हुई जोत का आकार एक बड़ी बाधा है। इसके अतिरिक्त, एक हैक्टेयर से कम के आकार की जमीन आर्थिक रूप से व्यवहार्य नहीं है तथा इसीलिए, जल्द से जल्द लघु किसानों को कृषि से बाहर निकालने की जरूरत है। और, उचित कानूनी प्रक्रिया के माध्यम से जमीनों के उपभाग तथा बँटवारे को रोके जाने की आवश्यकता है जिससे कि आर्थिक रूप से व्यवहार्य स्तर से नीचे स्थिति भूमि के उपभाग करने की अनुमति नहीं हो। नीति निर्माता एवं सत्तारूढ़ राजनीतिक दलों के लिए जमीनों की संरचना में ऐसे सुधार लाना एक बड़ी चुनौती है। इसके अतिरिक्त, काश्तकार सुधार की अत्यधिक आवश्यकता है, जो पट्टा भूमि के प्रचनल को हतोत्साहित किए बिना काश्तकारी अधिकारों की रक्षा करती है।

ग्रामीण एवं शहरी क्षेत्रों के मध्य की विस्तारित दूरी पर सेतु बनाना

ग्रामीण एवं शहरी क्षेत्रों के मध्य की विस्तारित दूरी पर सेतु बनाने हेतु वास्तविक प्रति व्यक्ति आय, आधारभूत ढांचा एवं नागरिक सुविधाओं की उपलब्धता जैसे शिक्षा, पेयजल, स्वच्छता और स्वास्थ्य देखभाल करना जिससे ग्रामीण–शहरी प्रवासन की वर्तमान प्रवृत्ति को पलटना और निकट भविष्य में बनाए रखना, विकास नीति निर्माताओं, योजनाकारों और प्रबंधकों के लिए एक बड़ी चुनौती है। ग्रामीण–शहरी विभाजन को कम करने के लिए एमएनपी (मिलेनियम नीड्स प्रोग्राम), बीएनपी (भारत निर्माण कार्यक्रम), सर्व शिक्षा अभियान और राष्ट्रीय स्वास्थ्य मिशन जैसे कार्यक्रम सहायक हो सकते हैं यदि इन्हें कड़ाई से लागू किया जाए।

उदारीकरण की नीति से किसानों को लाभान्वित करने हेतु सक्षम बनाना

उदारीकरण ने भारतीय कृषकों के लिए अपने उत्पादों के उच्च वैश्विक कीमतों का लाभ एवं कुछ निवेश पर कम कीमत लेने के अवसर खोल दिये हैं। निर्यात अभिविन्यास ने उच्च तकनीकी परियोजनाओं की आवश्यकता एवं निर्यात योग्य वस्तुओं के लिए अन्तर्राष्ट्रीय बाजार को खोजने का काम किया है। उच्च तकनीकी परियोजनाओं के लिए ऋण माँग, मूल्य निर्धारण एवं वित्तीय मूल्याँकन सभी कठिन कार्य हैं। उभरते निर्यात आधारित उच्च तकनीकी क्षेत्र के लिए ऋण आवश्यकताओं की पूर्ति के लिए सहवर्ती संस्थागत नवाचार अपेक्षित होते हैं जिसके लिए कृषि विकास वित्त कम्पनी की स्थापना के माध्यम से एक शुरुआत की जा चुकी है। नाबार्ड को भूमिका निभाना होगी जो कि इस समय वह निभा भी रही है।

कृषि क्षेत्र में अग्रगामी एवं पार्श्व संयोजनों को सुनिश्चित करना

वैश्विक बाजारों में अनिश्चितताओं के साथ एवं खाद्यान्न, तेल और खाद्यान्न तेल की अन्तर्राष्ट्रीय कीमतों, घरेलू कीमतों की स्थिरता एवं खाद्यान्न सुरक्षा इस क्षेत्र की वृद्धि पर निर्भर करता है। यह अग्रगामी एवं पश्चगामी संयोजकों को कार्यरत करने के लिए विवश करते हैं जिससे उत्पादकता सन्तुलित आवण्टन बढ़ाने एवं क्रियान्वयन के सभी स्तरों के उपलब्ध स्रोतों के बेहतर उपयोग और उपयोग किये गये संसाधनों के प्रति इकाई संख्यात्मक निर्गत होते हैं। उत्पादकता और संसाधन उपयोग के मुद्दे महत्त्व रखते हैं क्योंकि कृषि का कुल आबादी के आधे से अधिक को सहायता करना जारी है।

कौशल आधारित प्रशिक्षण के माध्यम से मानव संसाधन विकसित करना

कृषि में लगे व्यक्तियों का मानव संसाधन विकास न केवल बेहतर तकनीक के अधिकतम प्रवेश के लिए हो वरन् इसके लिए भी हो कि नई तकनीकी श्रेणियों की आवश्यकता इस क्षेत्र में अल्परोजगार वाले श्रमिक को नए तेजी से बढ़ते क्षेत्रों में अवशोषित करने के लिए सक्षम करना होगा। इसका सरकार की 'मेक इन इण्डिया' नीति के सन्दर्भ में अधिक महत्त्व है। अल्परोजगार वाले ग्रामीण युवाओं को कौशल आधारित प्रशिक्षण देने के लिए सरकार द्वारा उठाए गए कई उपायों के बावजूद, कुशल श्रम बल की आवश्यकता और उपलब्धता के मध्य अभी भी एक वृहद अन्तर है।

पर्यावरण–अनुकूल तकनीकी को बढ़ावा देना

हाल में, आर्थिक वृद्धि और विकास के प्रतिकूल पर्यावरणीय प्रभावों के बारे में लोगों की जागरूकता में जबरदस्त वृद्धि हुई है। यह बढ़ते हुए वायु एवं जल प्रदूषण, मिट्टी का क्षरण, भूजल के जलवाही स्तर में कमी, वनों की कमी एवं अनाच्छादन और नहरों के कमान क्षेत्र में बढ़ते जल–भराव और मिट्टी की लवणता से आई है। इसे

देखते हुए, सतत विकास का एक नया प्रतिमान उभर रहा है। यह प्रतिमान पर्यावरणीय गिरावट की कीमत पर किसी भी अंधे अनुसरण का पक्षधर नहीं है। आज कृषि विकास नीति निर्माताओं के सामन एक गंभीर चुनौती यह है कि प्राकृतिक संसाधनों और पर्यावरण की गुणवत्ता को बरकरार रखते हुए विकास की तीव्र दर को कैसे हासिल की जाए।

गैर–कृषि क्षेत्र को उच्च गति पर विस्तारित करने के लिए सुविधाजनक बनाना

ग्रामीण गैर–कृषि उपक्षेत्र को अधिशेष ग्रामीण लोगों विशेषतः गरीब, सीमांत और छोटे किसानों के लिए आय एवं रोजगार के अवसर प्रदान करने के लिए तेज गति से विस्तार किया जाए। यह सम्भव है यदि ग्रामीण गैर–कृषि क्षेत्र के विकास के लिए दीर्घकालिक राष्ट्रीय नीति तैयार की जाए और इसे प्रभावी ढंग से लागू किया जाए। सूक्ष्म, लघु एवं मध्यम उद्यमों को संस्थागत ऋण और बेहतर विपणन सुविधाओं तक पहुँच में सुधार करने की आवश्यकता है।

प्रमुख बिन्दु

1. भारत की अर्थव्यवस्था को दो क्षेत्रों से मिलकर बनी हुई माना जा सकता है – ग्रामीण क्षेत्र एवं गैर–ग्रामीण क्षेत्र। ग्रामीण क्षेत्र भारत की आबादी का 72 प्रतिशत है। ग्रामीण क्षेत्र पुनः दो उपक्षेत्रों से मिलकर बना है जिसमें कृषि उपक्षेत्र एवं गैर कृषि उपक्षेत्र सम्मिलित हैं।
2. ग्रामीण क्षेत्र में कृषि उपक्षेत्र सर्वाधिक महत्त्वपूर्ण है। इस तथ्य की पुष्टि इस बात से होती है कि आजीविका के लिए देश की आधी से अधिक आबादी कृषि एवं इसकी सहायक गतिविधियों पर निर्भर करती है। 2013–14 में वर्तमान कीमतों पर भारत के कुल सकल घरेलू उत्पाद का 18 प्रतिशत और 2004–05 की कीमतों पर लगभग 14 प्रतिशत – कृषि एवं सहायक गतिविधियों की हिस्सेदारी थी तथा जिसने देश की कुल श्रम शक्ति का 52 प्रतिशत रोजगार प्रदान किया। यह विदेशी विनिमय का एक महत्त्वपूर्ण स्रोत भी है एवं भारत के प्रमुख कृषि उद्योगों के लिए कच्चे माल का प्रदाता है एवं औद्योगिक उत्पादों के लिए एक विस्तृत बाजार प्रदान करता है। भारत में कोई भी विकास कार्यक्रम ग्रामीण क्षेत्र की उपेक्षा के साथ सफल नहीं हो सकता है।
3. गैर–कृषि उपक्षेत्र में उद्योग, व्यापार एवं सेवाओं से सम्बन्धित आर्थिक गतिविधियाँ सम्मिलित होती हैं। उद्योग से यहाँ तात्पर्य कुटीर एवं ग्रामीण उद्योग, खादी, हथकरघा, हस्तशिल्प आदि से है, व्यापार से यहाँ तात्पर्य सूक्ष्म उद्यम, सामान्य वस्तुओं का लेनदेन, छोटी दुकानें, लघु व्यापारी, आदि से है। जबकि सेवाओं से यहाँ तात्पर्य आवागमन, संचार, बैंक, आगत आपूर्ति, कृषि एवं गैर–कृषि उत्पादों का विपणन आदि से है। ग्रामीण क्षेत्र के प्रमुख हिस्सेदार कृषक, कृषि एवं गैर–कृषि मजदूर, शिल्पी, दुकानदार, साहूकार एवं वे लोग जो संचार, आवागमन, प्रक्रियाकरण, बैंक, शिक्षा एवं विस्तार की सेवाओं को प्रदान करने में संलग्न है। गैर–कृषि क्षेत्र की प्रगति कृषि क्षेत्र की अपेक्षा कहीं ज्यादा है तथा यह कई नये रोजगार के अवसर प्रदान कर रही है।
4. विज्ञान एवं तकनीकी के क्षेत्र में भारत द्वारा स्वतन्त्रता के पश्चात् की गई प्रभावशाली प्रगति के बावजूद, ग्रामीण क्षेत्र एवं ग्रामीण लोग लगभग 27 करोड़ लोग अल्पविकसित (भारत की ग्रामीण जनसंख्या का लगभग 26 प्रतिशत) 2011–12 में ग्रामीण गरीबी रेखा के नीचे थे एवं 2011 में 31 प्रतिशत अशिक्षित थे।
5. ग्रामीण क्षेत्र की विशेषताएँ, अन्य की तरह, छोटे एवं बिखरे हुए ग्रामीण उद्यमों की प्रधानता, आधारभूत अधोसंरचना का अभाव, निम्न उत्पादकता, गरीबी एवं बेराजगारी की उच्च दर, एवं मौसम तथा जलवायु

पर अति निर्भरता, और परिणामतः उच्च स्तर की जोखिम और अनिश्चितता। इस दृष्टि से, इस बात की आवश्यकता है कि यथोचित फसल बीमा के माध्यम से कृषि में जोखिम को कम किया जाए। यह भी आवश्यक है कि बिखरे एवं छितरे भू–स्वामित्व को एकत्र करके उचित कानूनी तरीके से इसके आगे विभाजन से रोका जाए जिससे कि कृषि मजदूर एवं मशीनरी का बेहतर किफायती ढंग से उपयोग हो सके।

6. हाल में, किसानों द्वारा आत्महत्या की घटनाएँ कृषि में वर्ष–दर–वर्ष हुए भारी नुकसान के कारण एवं परिणामतः आन्ध्रप्रदेश, महाराष्ट्र, कर्नाटक एवं केरल ने बढ़ती ऋणग्रस्तता के कारण बढ़ी है। इसे ध्यान में रखते हुए, भारत सरकार को तत्काल आवश्यक उपाय करने की आवश्यकता है जिसमें अनुदान वाला फसल और पशुधन बीमा तथा फसलों के नुकसान पर उचित मुआवजा सम्मिलित हो।
7. चूंकि ग्रामीण श्रमशक्ति के कुल श्रमशक्ति में कुल वृद्धि को कृषि अवशोषित नहीं कर सकती है, गैर–कृषि क्षेत्र की बेरोजगार ग्रामीण श्रमशक्ति के लिए रोजगार के स्रोत के रूप में महत्त्वपूर्ण भूमिका है।
8. अभी भारत में, 3.61 करोड़ सूक्ष्म, लघु एवं मध्यम उद्यम है जो देश के सकल घरेलू उत्पाद में 37.5 प्रतिशत का योगदान करते हैं। गैर–कृषि उपक्षेत्र का बढ़ता महत्त्व इस तथ्य से स्पष्ट है कि ग्रामीण सकल घरेलू उत्पाद में इसका योगदान 1993–94 में 43 प्रतिशत से बढ़कर 2004–05 में 61.1 प्रतिशत हो गया।
9. 1993–94 से 2009–10 की अवधि के दौरान, ग्रामीण रोजगार 4.4 करोड़ अधिक हो गया और कुल 33.7 करोड़ वयस्क श्रमिकों (15 वर्ष अथवा उससे अधिक) तक पहुंच गया और सभी नई नौकरियाँ गैर–कृषि क्षेत्र में थी।
10. उचित प्रौद्योगिकी के सम्मिश्रण, अभिकल्पन कौशल, आधुनिक विपणन क्षमता निर्माण और साख तक आसान पहुँच इस क्षेत्र को आत्म निर्भर रोजगार तथा धन सृजन का एक विस्तारित आधार प्रदान कर सकता है।
11. गैर–कृषि उपक्षेत्र की विभिन्न गतिविधियों के माध्यम से सृजित आय का वितरण वृहद् स्तरीय निर्माण उपक्षेत्र से सृजित आय से ज्यादा समान रूप से वितरित होती है। इसके अतिरिक्त, प्रति कार्मिक निम्न पूँजी की आवश्यकता के कारण, यह उपक्षेत्र दी गई पूँजी से इसी रूप में वृहद् स्तरीय फैक्ट्री उद्योगों से कही ज्यादा रोजगार सृजित करते हैं।
12. ग्रामीण गैर–कृषि एवं कृषि उपक्षेत्र के बीच अन्तर्सम्बन्ध ग्रामीण विकास के लिए महत्त्वपर्ण है। कृषि उपक्षेत्र में वृद्धि गैर–कृषि उपक्षेत्र द्वारा उत्पादित उपभोग वस्तुओं तथा कृषि आगतों के लिए एक विस्तारित बाजार प्रदान करता है जबकि कृषि का कच्चा माल ग्रामीण गैर–कृषि उपक्षेत्र द्वारा प्रसंस्करण किया जाता है।
13. भारत सरकार द्वारा गैर–कृषि उपक्षेत्र की वृद्धि को बढ़ावा देने के लिए समय–समय पर कई उपाय किए गए हैं। जिसमें अन्य बातों के अतिरिक्त, 1956 का खादी एवं ग्रामीण उद्योग आयोग तथा 2010 का राष्ट्रीय कौशल विकास निगम की स्थापना और सूक्ष्म, लघु एवं मध्यम उद्यमों को साख, विपणन सुविधाएँ एवं कौशल विकास के अवसर की पहुंच में सुधार के उपायों को सम्मिलित किया गया है।
14. अर्थव्यवस्था में उदारीकरण एवं भूमण्डलीकरण के बढ़ने के अवसर पर भारत कई अवसरों से लाभ प्राप्त करने की कई चुनौतियों का सामना कर रहा है। कुछ चुनौतियों में खाद्यान्न सुरक्षा एवं पर्यावरणीय अखण्डता को बनाये रखना, कृषि एवं सहायक गतिविधियों में संसाधन उत्पादकता बढ़ाना सम्मिलित है जिससे कि यह कम से कम विश्व अनुपात से मिल सके, ग्रामीण एवं शहरी क्षेत्र में आधारभूत अधोसंरचना और नागरिक सुविधाओं के बीच के अन्त को कम करना तथा कृषि आय को बढ़ाकर एवं मौसम जनित जोखिम और अनिश्चितताओं को कम करके कृषि क्षेत्र में वित्तीय व्यवहार्यता को सुनिश्चित करना।

15. वैश्वीकरण के माध्यम से खुली प्रमुख उपलब्धियों में विश्व बाजार तक बढ़ती पहुँच तथा कृषि उत्पादन के लिए उच्च मूल्य अर्जित करने के परिणाम की सम्भावना तथा ग्रामीण उत्पादकों द्वारा इस्तेमाल की गई प्रविष्टियों का उपयोग कीमतें कम करने के लिए होगा। निर्यात उन्मुखीकरण ने उच्च तकनीकी परियोजनाओं की आवश्यकता को आगे बढ़ाया तथा निर्यात वस्तुओं के लिए अन्तर्राष्ट्रीय बाजार की खोज की। इस उभरते निर्यातोन्मुख उच्च तकनीकी क्षेत्र की खास आवश्यकताओं को प्राप्त करने के लिए सहवर्ती संस्थागत नवाचार की आवश्यकता होती है जिसके लिए शुरुआत कृषि विकास वित्त कम्पनियों की स्थापना के साथ की गयी। नाबार्ड इस चुनौती को हल करने में एक महत्त्वपूर्ण भूमिका निभा रहा है।

चर्चा के लिए प्रश्न

1. भारत में, अमीर (देश की कुल आबादी का लगभग 20 प्रतिशत) एक आधुनिक एवं पाश्चात्यीकृत भारत में रहते हैं, इनकी पहुँच उन सभी चीजों तक होती है जिनको वह चाहते हैं एवं एक आरामदेह जीवन का आनन्द लेते हैं, जबकि लगभग 80 प्रतिशत जो गरीब हैं वे अविकसित एवं परम्परागत भारत में रहते हैं, जहाँ वे जीवन की मूलभूत आवश्यकताओं से भी वंचित हैं तथा मानव निर्मित और प्राकृतिक आपदाओं से अत्यन्त असुरक्षित होते हैं। क्या भारत वास्तव में कभी भी विकसित देश बन सकता है, जहाँ तक यह दोहरापन विद्यमान है एवं जब तक यह गरीब एवं अमीर के बीच का विशाल अन्तर कम नहीं किया जाता है? हाँ/नहीं। यदि हाँ तो क्यों; एवं यदि नहीं तो क्यों नहीं?
2. भारत के सकल घरेलू उत्पाद में कृषि क्षेत्र की हिस्सेदारी वर्ष दर वर्ष घट रही है। क्या इस क्षेत्र को पुनर्गठित करने की आवश्कता है?
3. भारत के ग्रामीण क्षेत्र की कौन सी विशेषताएँ हैं जो कि ग्रामीण विकास की बाधाएँ हैं? इन बाधाओं को कैसे दूर किया जा सकता है?
4. भारत का ग्रामीण गैर–कृषि क्षेत्र किस तरह से तीव्र गति से बढ़े जिससे कि ग्रामीण गरीबी, असमानता और बेरोजगारी की समस्याओ का समाधान किया जा सके।
5. कौन सी ऐसी प्रमुख चुनौतियाँ हैं जिनका भारत वर्तमान में सामना कर रहा है, एवं निकट भविष्य में सामना करेगा और भारत इन चुनौतियों का किस तरह से सामना कर सकता है?
6. एक ऐसी रणनीति की रुपरेखा बनाइये जो वैश्वीकरण और उदारीकरण के द्वारा दर्शायी गयी विशेषताओं के नये युग में उभरते अवसरों में भारत को सक्षम बना सके।

टिप्पणियाँ

1. 'भू–आकृति विशेषज्ञ' शब्द 1760 के दशक में फ्रांसीसी आर्थिक विचारों के विद्यालय से संदर्भित है जो यह विश्वास करता है कि कृषि उत्पाद ही आर्थिक अतिशेष अथवा सकल उत्पाद होते हैं। यद्यपि, इस विचार को अब किसी के द्वारा स्वीकार नहीं किया जाता है।
2. www.PlanningCommission.nic.in/data/datatable/data_2312/comp_data2312pdf. (Accesed on May 24, 2015)
3. https://www.nabard.org/English/FinancialInclusion2.aspx (Accesed on June 28, 2015)
4. https://www.ncrb.gov.in/adsi/main.htm (Accesed on July 24, 2015).

अध्याय 3

विकास के मापक

अध्ययन परिणाम

इस अध्याय को पढ़ने के पश्चात् विद्यार्थी यह जानने में समर्थ होंगे

- ग्रामीण विकास नीति निर्माताओं एवं प्रबन्धकों के लिए ग्रामीण विकास मापकों की आवश्यकता की व्याख्या करने में;
- ग्रामीण विकास के स्तरों के मापकों की परिभाषा तथा उनका उपयोग करना;
- विकास के लाभों के वितरण के विभिन्न मापकों को परिभाषित एवं उनका उपयोग करना;
- प्रश्नों की माध्यम से विश्लेषण करना कि क्या एक विशिष्ट क्षेत्र, प्रदेश अथवा राष्ट्र, विकास के पथ अथवा प्रतिगमन के पथ पर अग्रसर है; एवं
- गरीबी की विभिन्न अवधारणाओं का वर्णन करना तथा ग्रामीण गरीबी के प्राक्कलन में प्राविधीय समस्याओं की पहचान करना।

परिचय

ग्रामीण विकास के स्तर एवं गति के सांख्यिकीय मापदण्ड कई कारणों से महत्त्वपूर्ण होते हैं। ग्रामीण विकास की मात्रात्मक माप आवश्यक है क्योंकि यह:

1. ग्रामीण लोगों के आर्थिक एवं सामाजिक कल्याण की सीमा को अंकित करती है;
2. भविष्य की आयोजना बनाने के लिए एक दिशा निर्देश का कार्य करती है;
3. प्रचलित कार्यक्रमों की निगरानी, मूल्यांकन एवं नियन्त्रण के उपकरण के रूप में कार्य करता है;
4. विकास की स्थानिक और अस्थायी तुलना में मदद करता है; एवं
5. अग्रिम ऋण के लिए मानदण्ड के रूप में कार्य करता है।

यदि मापक सार्थक हों तो, यह जोर देने की आवश्यकता नहीं है कि वे ग्रामीण विकास के उद्देश्यों के अनुरूप होंगे।

आर्थिक, राजनीतिक एवं सामाजिक–सांस्कृतिक व्यवस्थाओं के बावजूद, सभी समाजों में ग्रामीण विकास का मुख्य उद्देश्य है:

1. सतत जीवन की सामग्री यथा – खाद्यान्न, कपड़े, मकान, स्वास्थ्य एवं सुरक्षा की उपलब्धता को बढ़ाना एवं वितरण को बेहतर करना;

2. प्रति व्यक्ति क्रय क्षमता को बढ़ाना एवं बेहतर शिक्षा, उत्पादक एवं लाभकारी काम एवं सांस्कृतिक सुख–सुविधाओं को प्रदान कर इसके वितरण को बेहतर बनाना;
3. व्यक्तियों के लिए आर्थिक एवं सामाजिक रुचि के क्षेत्र विस्तारित करना जिससे उनकी दासता एवं निर्भरता से मुक्ति हो सके।

इसीलिए ग्रामीण विकास के एक मापक को कम से कम प्रति व्यक्ति जीवन निर्वाह की सामग्री की उपलब्धता का निर्देश अथवा ग्रामीण क्षेत्रों में प्रति व्यक्ति आय के साथ ही साथ आय, सम्पत्ति एवं अन्य सामाजिक–आर्थिक कल्याण के साधन के वितरण का विचार प्रदान करना चाहिए।

वर्तमान में ग्रामीण विकास का कोई भी ऐसा संकेतक नहीं है जो ग्रामीण विकास की बहुविध प्रकृति को पर्याप्त तरीके से देख सके। अर्थशास्त्रियों द्वारा ग्रामीण विकास की विशिष्टता के बहुतायत लक्ष्यों को प्रतिबिम्बित करने के लिए विविध प्रकार के संकेतक प्रयोग में लाये गये हैं। क्रमानुसार प्रस्तुति के लिए, हम संकेतकों को दो भागों में बाँटते हैं, अर्थात्, ग्रामीण विकास के स्तर के मापक एवं आय के वितरण के मापक। इनमें से कुछ संकेतकों की समीक्षा अग्रभागों में की गयी है।

ग्रामीण विकास के स्तर के मापक

ग्रामीण विकास के स्तर को मापने के लिए एक विशेष स्थान पर समय के साथ–साथ एवं सम्पूर्ण स्थानों पर सामान्यतया उपयोग में लाये जाने वाले (अथवा लाये जा सकने वाले) मापक निम्नलिखित हैं।

प्रति व्यक्ति वास्तविक सकल राष्ट्रीय उत्पाद

सकल राष्ट्रीय उत्पाद अथवा सकल राष्ट्रीय आय एक वर्ष में उत्पादित अन्तिम वस्तुओं एवं सेवाओं का बाजार मूल्य है एवं संबंधित देश के सामान्य नागरिकों द्वारा उत्पादन के कारकों की विशिष्टता की आपूर्ति है। सकल राष्ट्रीय उत्पाद की गणना, वर्तमान कीमतों पर सन्दर्भ वर्ष के दौरान प्रचलित कीमतों पर गणना की जाती है। जब सकल राष्ट्रीय उत्पाद की कई वर्षों में गणना की जाती है तो सकल राष्ट्रीय उत्पाद में बदलाव निःसंदेह न केवल उत्पादन में होने वाले परिवर्तनों के प्रभाव पर वरन् कीमतों में बदलाव भी सम्मिलित होंगे। इस अनुमान के अनुसार समय के साथ तुलना नहीं की जाएगी, इसलिए, देश के उत्पादन में कुल वास्तविक वृद्धि, अथवा लोगों के आर्थिक कल्याण या अर्थव्यवस्था में वृद्धि का सही उपाय देना होगा। इसलिए, कीमतों के प्रभाव को समाप्त करना होगा या दूसरे शब्दों में, एक विशेष (आधार) वर्ष की कीमतों पर पूरी श्रृंखला को दोबारा जोड़ना होगा। सकल राष्ट्रीय उत्पाद की गणना इस प्रकार की जाती है कि स्थिर कीमतों पर अथवा वास्तविक अर्थों में सकल राष्ट्रीय उत्पाद कहा जाता है। केन्द्रीय सांख्यिकीय कार्यालय, सांख्यिकी और योजना कार्यान्वयन मंत्रालय, भारत सरकार, सकल घरेलू उत्पाद, शुद्ध राष्ट्रीय आय[1] एवं प्रति व्यक्ति शुद्ध राष्ट्रीय आय के अनुमान एकत्रित और प्रकाशित करता है। तालिका 3.1 में 1950–51 से 2014–15 के चयनित वर्षों के लिए दोनों वर्तमान एवं स्थिर कीमतों पर केन्द्रीय सांख्यिकीय कार्यालय के शुद्ध राष्ट्रीय आय, प्रति व्यक्ति शुद्ध राष्ट्रीय आय एवं प्रति व्यक्ति शुद्ध राष्ट्रीय आय का सूचकांक संख्या अनुमान प्रस्तुत किया गया है। जैसा कि तालिका में दिखाया गया है कि वास्तविक शुद्ध राष्ट्रीय आय 1950–51 से 2014–15 की अवधि के दौरान लगभग 17.27 गुना बढ़ गयी थी।

लोगों के आर्थिक कल्याण के मापन के लिए प्रति व्यक्ति वास्तविक सकल राष्ट्रीय उत्पाद सबसे ज्यादा उपयोग में लाया जाता है। यदि यह ग्रामीण लोगों के लिए पृथक् से आकलित किया जाता है तो यह ग्रामीण विकास के आर्थिक अवयव के मापक के रूप में उपयोग में लाया जा सकता है। यदि अन्य बातें पूर्ववत रहे तो, वास्तविक प्रति

तालिका 3.1: *शुद्ध राष्ट्रीय आय एवं वार्षिक प्रति व्यक्ति शुद्ध राष्ट्रीय आय तथा प्रति व्यक्ति शुद्ध राष्ट्रीय आय की सूचकांक संख्या*

वर्ष	बाजार मूल्य पर शुद्ध राष्ट्रीय आय (करोड़ रू. में)		बाजार मूल्य पर प्रति व्यक्ति शुद्ध राष्ट्रीय आय (रूपये में)		प्रति व्यक्ति शुद्ध राष्ट्रीय आय की सूचकांक संख्या	
	वर्तमान मूल्य	स्थिर मूल्य	वर्तमान मूल्य	स्थिर मूल्य	वर्तमान मूल्य	स्थिर मूल्य
2004–05 श्रेणी						
1950–51	9,829	2,69,724	274	7,513	100.00	100.00
1960–61	17,062	4,11,419	393	9,482	173.60	152.60
1970–71	44,550	5,96,470	823	11,025	453.30	221.10
1980–81	1,38,565	7,95,193	2,041	11,711	1409.80	294.80
1990–91	5,26,017	13,42,031	6,270	15,996	5,351.90	497.60
2000–01	19,47,788	22,91,765	19,115	22,491	19,817.50	849.70
2010–11	69,42,089	46,57,438	58,534	39,270	70,631.20	1,726.70
2011–12 श्रेणी						
2011–12	78,46,531	78,46,531	64,316	64,316	100.00	100.00
2013–14	1,00,56,523	87,51,834	80,388	69,959	128.20	111.50
2014–15	1,12,17,079	9,40,02,660.7	88,533	74,193	143.00	119.80

स्रोतः वित्त मंत्रालय (2015, सांख्यिकीय परिशिष्ट, तालिका 1.1: ए1–ए2)

व्यक्ति सकल राष्ट्रीय उत्पाद में वृद्धि का तात्पर्य औसतन आर्थिक दृष्टि से बेहतर होने से है। लेकिन वास्तविकता में, आर्थिक कल्याण के मापन की दृष्टि से सकल राष्ट्रीय उत्पाद में निम्न कमजोरियाँ हैं:

1. यह व्यक्तियों द्वारा अवकाश के समय प्राप्त की गयी शारीरिक एवं मानसिक सन्तुष्टि के मूल्य को इसमें सम्मिलित नहीं करता है।
2. यह अवैतनिक गृहिणियों की सेवाओं के मूल्य एवं घरेलू श्रम जिसमें बागवानी, रंगाई एवं घरेलू और छोटे जानवरों की देखभाल को सम्मिलित नहीं करता है। यदि एक अविवाहित घरेलू कामकाज करने वाली महिला से विवाह करता है तो सकल राष्ट्रीय उत्पाद घट जाता है क्योंकि वह उसकी सेवाओं के लिए भुगतान बन्द कर देता है।
3. यह ऐसी आर्थिक गतिविधियों के बाहरी प्रभाव को जो सम्पूर्ण सन्तुष्टि को उन गतिविधियों के निर्गत के दौरान कम करती है, कोई भी नकारात्मक मूल्य प्रदान नहीं करती है। ऐसे बाहरी प्रभावों के उदाहरण – वायु प्रदूषण, जल प्रदूषण, शोरगुल एवं अन्य प्रतिकूल स्थितियाँ जो औद्योगीकरण की सहगामी होती हैं।
4. यह असौम्य स्थितियाँ जिसमें स्वच्छ, खुले एवं सुखद वातावरण की अपेक्षा गन्दगी में रहना, शोरगुल एवं भीड़भाड़ वाले शहर एवं झुग्गी–झोपड़ियों की स्थितियों को कोई भी नकारात्मक बल प्रदान नहीं करता है। न ही यह पर्यावरणीय सौम्यता जैसे स्वच्छ हवा एवं पानी और एक प्रदूषण मुक्त वातावरण को कोई सकारात्मक बल प्रदान करता है।

5. यह ग्रामीण लोगों के प्रति व्यक्ति आय के निर्धारण की दृष्टि से न केवल कठिन है वरन् समय खर्च करने वाला एवं महँगा होता है जिसमें से अधिकांश स्व–रोजगारी, अशिक्षित, अपनी आय एवं व्यय का लिखित हिसाब–किताब रखने वाले नहीं होते हैं। इसके लिए बहुत ही अनुभवी एवं सु–प्रशिक्षित ग्रामीण शोधकर्ता/अन्वेषक होने चाहिए जो ग्रामीण लोगों की वास्तविक प्रति व्यक्ति आय का पता लगा सकें।

स्पष्टतः सकल राष्ट्रीय उत्पाद उन सभी वस्तुओं को सम्मिलित नहीं करता है जो मानव सुख शान्ति में योगदान करते हैं एवं उनको अलग भी नहीं करते हैं जो इसको कम करते हैं। लेकिन, इसकी तमाम कमजोरियों के बावजूद, परस्पर राष्ट्रीय एवं अन्तर्राष्ट्रीय तुलनाओं में पिछले लम्बे समय एवं स्थान पर ग्रामीण विकास के आर्थिक अवयव के मात्रात्मक मापन के लिए प्रति व्यक्ति वास्तविक सकल राष्ट्रीय उत्पाद ही उपलब्ध संकेतक है।

प्रति व्यक्ति उपभोग खर्च

ग्रामीण विकास के मापक के रूप में प्रति व्यक्ति आय की तमाम कमजोरियों के सन्दर्भ में कई कारणों से ग्रामीण लोगों का प्रति व्यक्ति उपभोग खर्च एक बेहतर मापक माना जाता है, जिसमें उत्तरदाताओं द्वारा किये गये खर्च को स्मरण करने में सापेक्षिक सहायता रहती है एवं ग्रामीण लोगों की सामान्य तौर पर यह मनोवृत्ति होती है कि आय की अपेक्षा अपने खर्च को नहीं छिपाते हैं। प्रति व्यक्ति आय के लिए प्रति व्यक्ति खपत यथोचित उत्तम प्रतिनिधिक चर है। शहरी एवं ग्रामीण दोनों जगह के लोगों के लिए उपभोग व्यय का अनुमान लगाने के लिए एनएसएसओ नियमित अन्तराल से भारत भर में प्रतिदर्श सर्वेक्षण कराता है। 2011–12 में इसका नवीनतम अनुमान दौर (68वाँ) संचालित किया गया। एनएसएसओ के अनुमानों को समुचित रूप से विश्वसनीय माना जाता है। इसके अतिरिक्त संस्थानों एवं विद्वानों के शोध प्रतिवेदनों के माध्यम से चयनित क्षेत्रों के उपभोग खर्च के अनुमान उपलब्ध हैं। उदाहरण के लिए नाममात्र आय, नाममात्र उपभोग खर्च को भी सामान्य कीमत संकेतक में समय एवं स्थान के साथ हो रहे परिवर्तनों के साथ समायोजित करना चाहिए जिससे कि इन्हें तुलनात्मक उद्देश्यों के लिए उपयोगी बनाया जा सकें। तालिका 3.2 में बताए अनुसार एक चयनित आधार वर्ष के निरंतर मूल्य पर प्रति व्यक्ति खपत व्यय का आकलन किया जाता है। जैसा कि तालिका में दिखाया गया है, प्रति व्यक्ति खपत 1973–74 में रू. 220 से 2004–05 में 1993–94 के स्थिर मूल्यों पर रू. 335 हो गई।

तालिका 3.2: *भारत में वर्तमान एवं स्थिर मूल्यों पर ग्रामीण एवं शहरी क्षेत्रों में प्रति व्यक्ति उपभोग व्यय*

	ग्रामीण		*शहरी*	
वर्ष	*वर्तमान मूल्यों पर*	*1993–94 के स्थिर मूल्यों पर*	*वर्तमान मूल्यों पर*	*1993–94 के स्थिर मूल्यों पर*
1997–74	53.01	219.86	70.77	350.80
1977–78	68.89	249.48	96.15	384.64
1983	112.45	258.62	164.03	399.05
1993–94	281.40	281.40	458.05	458.04
1999–2000	486.16	305.50	854.92	529.34
2004–05 (यूआरपी)	558.80	322.83	1,052.40	549.75
2004–05 (एमआरपी)	579.20	334.61	1,104.60	577.01

स्रोतः योजना आयोग (2014ए, 108–09)

सामुदायिक सुविधाओं एवं सेवाओं पर प्रति व्यक्ति सार्वजनिक खर्च

किसी भी देश में ग्रामीण विकास के स्तर का कार्य ग्रामीण जनसंख्या द्वारा एक विशिष्ट सन्दर्भ काल में प्रति व्यक्ति उपभोग की गयी विभिन्न वस्तुओं एवं सेवाओं की मात्रा से होता है। इसमें यह मायने नहीं रखता है कि वे वस्तुएँ एवं सेवाएँ जो किसी व्यक्ति द्वारा उपभोग की गयी हैं उस व्यक्ति की व्यक्तिगत आय से अर्जित हैं अथवा वह उन्हें अपने लिये बिना किसी विशेषीकृत खर्च से प्राप्त करता है। कुछ सेवाएँ, सुविधाएँ एवं नागरिक सुविधाएँ जैसे विद्यालय, अस्पताल, सड़कें, बगीचे, पुलिस सुरक्षा, सड़क पर प्रकाश, सरकार अपने लोगों को लगभग निःशुल्क अथवा बहुत थोड़े शुल्क पर उपलब्ध करवाती है। उदाहरणार्थ, इनमें से केवल दो सेवाओं– शिक्षा एवं स्वास्थ्य पर 2011–12 में 2004–05 की स्थिर कीमतों पर प्रति व्यक्ति व्यय क्रमशः रू. 157 और रू. 58 था (योजना आयोग, 2014, 47)। इन तमाम सुविधाओं एवं सेवाओं की उपलब्धता 'वास्तविक आय' का प्रतिनिधित्व करती है एवं इसीलिए ये जीवन स्तर का हिस्सा निर्मित करती है। ऐसी सुविधाओं एवं सेवाओं पर प्रति व्यक्ति उपभोग खर्च सामाजिक–आर्थिक कल्याण का एक अच्छा मापक है। समय एवं स्थान के साथ तुलना के लिए इस मापक को सामान्य कीमत संकेतक के परिवर्तनों के साथ समायोजित करना चाहिए। यह मापक, प्रति व्यक्ति आय अथवा व्यय के संयोजन में उपयोग होता है, ग्रामीण विकास के यथोचित सन्तोषजनक मापन को संस्थापित करता है। तथापि, भारत में इस चर/मापक के लिए अनुमान किसी भी संगठन/अभिकरण ने नहीं बनाये हैं। अतएव, आवश्यक जानकारियों का संकलन ग्राम पंचायत के कार्यालयीन दस्तावेजों एवं अन्य ग्राम/विकासखण्ड स्तर की संस्थाओं से इन अनुमानों को मापने एवं उपयोग के लिए प्राप्त करना होता है।

जीवन की भौतिक गुणवत्ता का सूचकांक

इस मापक का विकास मॉरिश एवं मेकएल्पिन (1982: 1–30) ने विकास परियोजनाओं के लक्ष्य समूहों पर पड़ने वाले प्रभाव को निर्धारित करने के लिए किया था। इस मापक को **जीवन की भौतिक गुणवत्ता का सूचकांक** कहा जाता है। यह प्रति व्यक्ति वास्तविक सकल राष्ट्रीय उत्पाद के लिए सम्पूरक का कार्य करती है जो कि आर्थिक वृद्धि का सर्वाधिक उपयोग में आने वाला मापक है। इसके तीन अवयव हैं – शिशु मृत्युदर, एक वर्ष की उम्र पर जीवन प्रत्याशा एवं आधारभूत साक्षरता। ये तीन अवयव संकेतक परस्पर राष्ट्रों एवं अन्तर्राष्ट्रीय तुलनाओं के लिए आधार का कार्य करते हैं जो गणना एवं समझने की दृष्टि से सामान्य होते हैं, जो विकास के लाभों के वितरण में परिवर्तनों के लिए स्पष्ट तौर पर संवेदनशील होते हैं और किसी भी संस्कृति विशेष के मूल्यों का प्रतिबिम्बन नहीं करते हैं एवं आगतों को नहीं परिणामों को प्रतिबिम्बित करते हैं।

सकल राष्ट्रीय उत्पाद की गणना में एक सामान्य घटक बाजार मूल्य के माध्यम से विभिन्न वस्तुओं एवं सेवाओं को जोड़ा जा सकता है। लेकिन जीवन की भौतिक गुणवत्ता का सूचकांक के तीनों अवयव संकेतकों में ऐसा कोई भी सामान्य घटक नहीं होता है जो सभी को महत्त्व प्रदान कर सके। इसके स्थान पर एक साधारण अनुक्रमण प्रणाली का उपयोग एक सूचकांक से जीवन की भौतिक गुणवत्ता का सूचकांक में जोड़ने के लिए किया जाता है। प्रत्येक संकेतक के लिए, व्यक्तिगत राज्य/देश के प्रदर्शन का मूल्यांकन शून्य से 100 के पैमाने पर किया जाता है जहाँ शून्य सबसे अधिक 'खराब' प्रदर्शन का द्योतक है एवं 100 'सर्वश्रेष्ठ' प्रदर्शन का। एक बार जब प्रदर्शन को संयुक्त मापक के पैमाने पर प्रत्येक संकेतक के लिए मापा जाता है तब इन तीनों संकेतकों के औसत के आधार पर एक संयुक्त सूचकांक की गणना की जाती है जिसमें प्रत्येक समाज को महत्त्व प्रदान किया जाता है। परिणामस्वरूप जीवन की भौतिक गुणवत्ता का सूचकांक को भी शून्य से 100 के पैमाने पर मापा जाता है।

मॉरिश एवं मेकएल्पिन ने 150 देशों के लिए **जीवन की भौतिक गुणवत्ता का सूचकांक** की गणना की है। प्रत्येक अवयव सूचकांक की श्रेणी देश विशेष के ऐतिहासिक अनुभव के मूल्यांकन पर आधारित थी। 15 वर्ष एवं इससे अधिक की जनसंख्या के लिए साक्षरता सूचकांक शून्य साक्षरता से शत प्रतिशत साक्षरता में श्रेणीबद्ध थी, शिशु मृत्यु दर 229 से लेकर सात प्रति हजार जन्म थी एवं जीवन प्रत्याशा 38 से लेकर 77 वर्ष तक थी। इन श्रेणियों

तालिका 3.3: *एक वर्ष की उम्र में जीवन प्रत्याशा, शिशु मृत्यु दर एवं साक्षरता: वास्तविक आँकड़े एवं संकेतक संख्या (1970 के आरम्भ में)*

देश	*एक वर्ष की आयु में जीवन प्रत्याशा*[1]		*शिशु मृत्यु दर*[2]		*साक्षरता*[3]		*जीवन की भौतिक गुणवत्ता का सूचकांक*[4]
	वर्ष	*संकेतक संख्या*	*प्रति 1000 जन्म*	*संकेतक संख्या*	*प्रतिशत*	*संकेतक संख्या*	
नाईजीरिया	49	28	180	22	25	25	25
भारत	56	46	122	48	34	34	43
अमेरिका	72	87	16	96	99	99	94

स्रोत: मॉरिश, डेविड मॉरिश एण्ड मेकएल्पिन (1982: 18)

टिप्पणी: 1. जीवन प्रत्याशा के वर्षों को सूत्र के अनुसार संकेतक संख्या में बदला गया (जीवन प्रत्याशा उम्र 1–38) 0.39।
2. शिशु मृत्यु दर को सूत्र के अनुसार संकेतक संख्या में बदला गया (229 प्रति हजार पर शिशु मृत्यु दर) 2.22।
3. साक्षरता संकेतक संख्या के वास्तविक आँकड़े के अनुरूप।
4. एक वर्ष की उम्र पर औसत जीवन प्रत्याशा, शिशु मृत्यु दर एवं साक्षरता संकेतक (समान भारित)।

एवं वास्तविक आँकड़ों के आधार पर नाईजीरिया, भारत एवं अमेरिका के जीवन की भौतिक गुणवत्ता का सूचकांक को आकलित किया गया है जिसे तालिका क्र. 3.3 में दर्शाया गया है। वे यह तर्क प्रस्तुत करते हैं कि जीवन की भौतिक गुणवत्ता का सूचकांक पोषण स्तर, सार्वजनिक स्वास्थ्य सुविधाओं, परिवार की आय एवं सामाजिक सम्बन्धों के संयुक्त प्रभाव का मापन करती है।

ग्रामीण विकास का संयुक्त सूचकांक

ग्रामीण विकास की बहुआयामी प्रकृति को पूर्णतः पहचानते हुए माथुर (2005: 159–90) द्वारा ग्रामीण विकास संयुक्त सूचकांक को विकसित किया गया। ग्रामीण विकास के विभिन्न प्रमुख आयामों को चित्रित करते हुए 25 संकेतक पहचाने गये एवं इन्हें नौ प्रमुख घटकों में बाँटा गया, इसे तालिका 3.4 में दर्शाया गया है।

राज्य स्तरीय ग्रामीण विकास के सभी 25 संकेतकों को 100 के बराबर अखिल भारतीय मूल्यों के संकेतकों के साथ एक संकेतक में परिवर्तित किये गये। 25 संकेतकों पर आधारित समग्र राज्य स्तरीय ग्रामीण विकास संकेतक प्राप्त करने के लिए, एक द्वि–सोपान प्रक्रिया का अनुसरण किया गया। प्रथम सोपान में ग्रामीण विकास के नौ पृथक् समूह स्तरीय संयुक्त संकेतक आकलित किये गये। इस उद्देश्य के लिए, उन सभी छः समूहों के लिए जिनके पास एक से अधिक संकेतक थे। समूह स्तरीय संकेतक की गणना के लिए प्रत्येक सम्बन्धित समूह जो ग्रामीण विकास से सन्दर्भित थे, एक सामान्य औसत पर आकलित किये गये। अतः नौ संयुक्त संकेतकों को भारत में ग्रामीण विकास के राज्य स्तरीय संयुक्त संकेतक के विविध आयामों को प्रदर्शित करने के लिए आकलित किया गया। द्वितीय सोपान में, सभी नौ समूह स्तरीय संयुक्त संकेतकों को एक में राज्य स्तरीय ग्रामीण विकास के संयुक्त सूचकांक में समाकलित किया गया। इस उद्देश्य के लिए दो वैकल्पिक प्रविधियाँ अपनायी गयीं। प्रथम विकल्प में, सामान्य प्रक्रिया के प्रकार का उपयोग समूहवार संयुक्त संकेतक के गणन हेतु प्रयोग में लाया गया। इस तरह से प्राक्कलित संयुक्त ग्रामीण विकास सूचकांक को सामान्य सूचकांक कहा गया। इसके विकल्प में, नौ संकेतकों को जोड़ते हुए भारित अनुपातिक गणन किया गया। भार को प्रथम प्रमुख अवयव विधि (कुण्डू 1980) के रूपान्तर से प्राप्त किया गया। इस सूचकांक को भारित सूचकांक कहा जा सकता है।

तालिका 3.4: *समूह के आधार पर ग्रामीण विकास के संकेतक*

समूह संख्या	*समूह नाम*		*संकेतक क्रमांक एवं संकेतक का विवरण*
1	कृषि उत्पाद क्षमता	1.	प्रति हेक्टेयर उत्पादकता
		2.	प्रति मजदूर उत्पादकता
		3.	विद्युतीकृत गाँवों का प्रतिशत
2.	कार्यशक्ति विविधता	4.	गैर–कृषि कार्यशक्ति का प्रतिशत
3.	ग्रामीण शैक्षणिक अधोसंरचना	5.	प्राथमिक एवं माध्यमिक स्तर पर नामांकन का प्रतिशत
		6.	प्रतिधारण दर
		7.	ग्रामीण क्षेत्रों में प्राथमिक एवं माध्यमिक विद्यालयों की सघनता
		8.	प्राथमिक एवं माध्यमिक विद्यालयों में शिक्षकों की प्रति व्यक्ति संख्या
4.	ग्रामीण स्वास्थ्य अधोसंरचना	9.	प्राथमिक स्वास्थ्य केन्द्रों की प्रति व्यक्ति संख्या
		10.	ग्रामीण चिकित्सकों की प्रति व्यक्ति संख्या
		11.	नर्स / दाई / ग्राम स्तरीय कार्यकर्ता की प्रति व्यक्ति संख्या
		12.	ग्रामीण शिशु मृत्यु दर
		13.	ग्रामीण बालिका शिशु मृत्यु दर
5.	ग्रामीण सुविधाएँ	14.	पेयजल सुविधा के साथ ग्रामीण परिवारों का प्रतिशत
		15.	विद्युतीकृत ग्रामीण परिवारों का प्रतिशत
		16.	शौचालय के साथ ग्रामीण परिवारों का प्रतिशत
		17.	ग्रामीण पक्के मकानों का प्रतिशत
6.	परिवहन अधोसंरचना	18.	ऊपरी भाग की सड़कों के गाँवों का प्रतिशत
7.	कार्य शक्ति के मानव पूंजी की मात्रा	19.	शिक्षित (प्राथमिक एवं माध्यमिक स्तर) ग्रामीण कार्यशक्ति का प्रतिशत
8.	ग्रामीण वित्तीय अधोसंरचना	20.	प्रति व्यक्ति वाणिज्यिक बैंकों की संख्या
		21.	प्रति व्यक्ति वाणिज्यिक बैंक की ग्रामीण साख
		22.	प्रति व्यक्ति की वाणिज्यिक बैंकों में ग्रामीण जमा
		23.	प्रति व्यक्ति सहकारी संस्थाओं की संख्या
9.	ग्रामीण जीवन का स्तर	24.	प्रति व्यक्ति उपभोग खर्च
		25.	प्रति व्यक्ति ग्रामीण खाद्यान्न खर्च

स्रोतः राष्ट्रीय ग्रामीण विकास संस्थान (2005, 160–161)

तालिका 3.5 राज्यवार 1981, 1991 एवं 2001 के वर्षों के लिए सामान्य एवं भारित सूचकांक प्रस्तुत करती है। जैसा कि तालिका में प्रदर्शित किया गया है, केरल तीनों सन्दर्भ वर्षों में सामान्य एवं भारित सूचकांकों दोनों में भारत में सर्वाधिक विकसित राज्य के रूप में उभरा है एवं केरल के पश्चात् नजदीक ही पंजाब रहा है। वहीं अन्य छोर पर मध्यप्रदेश 1981 एवं 1991 तथा बिहार 2001 में सर्वाधिक पिछड़ा राज्य था।

तालिका 3.5: *1981, 1991 एवं 2001 वर्षों के लिए राज्यों के ग्रामीण विकास के सामान्य एवं भारित सूचकांक*

	1981		*1991*		*2001*		*2001 में स्थान*	
राज्य	*सामान्य सूचकांक*	*भारित सूचकांक*	*सामान्य सूचकांक*	*भारित सूचकांक*	*सामान्य सूचकांक*	*भारित सूचकांक*	*सामान्य सूचकांक*	*भारित सूचकांक*
आन्ध्र प्रदेश	91.2	233.7	83.7	231.9	99.3	209.8	11	11
आसाम	106.1	272.5	93.6	259.9	81.5	174.0	16	16
बिहार	81.1	209.5	74.2	205.8	70.1	149.4	17	17
गुजरात	106.0	271.5	108.4	297.1	121.9	258.1	6	6
हरियाणा	136.0	347.5	129.0	351.5	118.3	251.6	7	7
हिमाचल प्रदेश	177.5	443.8	131.3	359.3	156.1	325.7	3	3
जम्मू एवं कश्मीर	134.6	343.9	106.4	295.7	110.2	232.9	9	9
कर्नाटक	111.6	284.8	101.7	279.1	117.8	248.0	8	8
केरल	190.8	487.7	194.8	536.3	185.6	391.3	1	1
मध्य प्रदेश	70.8	183.3	71.5	201.0	86.8	183.2	14	14
महाराष्ट्र	112.1	287.2	110.9	303.9	133.6	282.5	5	5
उड़ीसा	82.1	212.2	75.3	210.6	93.3	196.2	12	12
पंजाब	190.0	479.3	172.7	467.5	165.8	349.8	2	2
राजस्थान	80.8	208.4	83.7	231.6	86.2	182.0	15	15
तमिलनाडु	135.9	342.5	124.8	341.2	151.0	321.0	4	4
उत्तर प्रदेश	85.0	219.2	86.5	237.9	87.2	186.0	13	13
पश्चिम बंगाल	104.2	267.9	103.7	286.5	103.2	219.7	10	10
भारत	100.0	100.0	100.0	100.0	100.0	100.0	100.0	–

स्रोतः राष्ट्रीय ग्रामीण विकास संस्थान (2005, 160–61)

मानव विकास सूचकांक

इस सत्य का पुनर्आविष्कार करते हुए कि किसी भी तरह के विकास के केन्द्र में व्यक्ति होना चाहिए, संयुक्त राष्ट्र विकास कार्यक्रम ने 1990 से आरम्भ करते हुए प्रतिवर्ष विकास के मानवीय आयामों पर एक प्रतिवेदन निकालना आरम्भ किया। मानव विकास प्रतिवेदन, 1990 इस प्रकार का पहला प्रतिवेदन था। यह प्रतिवेदन इस प्रश्न को सम्बोधित करता है कि किस तरह से आर्थिक वृद्धि मानव विकास को प्रोत्साहित करती है अथवा नहीं। यह मानव विकास के अर्थ एवं मापक पर विचार–विमर्श करती है, मानव विकास का नया संयुक्त सूचकांक प्रस्तावित करती है, पिछले तीन दशकों के मानव विकास के विवरण का संक्षेपण करती है एवं 1990 के समय के मानव विकास के लिए आगामी रणनीतियों को निर्धारित करती है (यूएनडीपी 1990)।

मानव विकास प्रतिवेदन 1990 ने मानव विकास की व्याख्या मानवों के सम्मुख विकल्पों की वृद्धि की प्रक्रिया के रूप में की है। इसमें जोर दिया गया कि लोगों को दीर्घ एवं स्वस्थ जीवन में शामिल विकल्पों की जानकारी होनी चाहिए तथा एक सभ्य जीवन के लिए सम्पत्ति, रोजगार एवं आय तक पहुँच उपलब्ध हो।

इस प्रकार, परिभाषित विकास केवल आय के द्वारा पर्याप्त रूप से नहीं मापा जा सकता। इसलिए, इस प्रतिवेदन में विकास के नए मापकों को प्रस्तावित किया गया है, वह मानव विकास सूचकांक है जो तीन संकेतकों से मिलकर बना हैः जीवन प्रत्याशा, प्रौढ़ साक्षरता एवं अभिलेख में दर्शायी गयी आय। मानव विकास प्रतिवेदन के अनुवर्ती संस्करणों ने मानव विकास सूचकांक के अवयव संकेतक एवं गणना की प्रक्रिया परिभाषा में कुछ संशोधन किये हैं। इन संशोधनों में क्रय क्षमता के विभेदों के लिए आय में समायोजन एवं आय वितरण में विषमता, प्रौढ़ साक्षरता एवं विद्यालय जाने के औसत वर्षों में शैक्षिक उपलब्धि के सूचकांक एवं महिलाओं और पुरुषों के विभिन्न जनसंख्या समूहों के लिए मानव विकास सूचकांक के अपूर्ण योग की गणना सम्मिलित है। इसके अतिरिक्त, मानव विकास सूचकांक के लिए मानव स्वतन्त्रता सूचकांक एवं मानव सुरक्षा के संकेतक जिनके लिए चयनित देशों के आँकड़े उपलब्ध हैं, पूरक का कार्य करते हैं।

1994 के लिए मानव विकास सूचकांक की गणना पिछले वर्षों से भिन्न आधार पर की गई थी। चार मौलिक चरों के लिए अधिकतम एवं न्यूनतम मूल्य निश्चित किए गए थेः जीवन प्रत्याशा (85 एवं 25 वर्ष), प्रौढ़ साक्षरता (100 प्रतिशत एवं शून्य प्रतिशत), विद्यालय जाने के औसत वर्ष (15 एवं शून्य वर्ष) एवं क्रय शक्ति में अन्तर के लिए समायोजित आय और क्रय शक्ति समानता (40,000 डॉलर एवं 200 डॉलर) के सन्दर्भ में व्यक्त की गई थी। आय के लिए, आरम्भिक मूल्य 5,120 डॉलर की क्रय शक्ति समानता, प्रति व्यक्ति वैश्विक औसत वास्तविक सकल घरेलू उत्पाद पर लिया गया था। आय के आरम्भिक मूल्य के गुणज को बढ़ती उच्च दरों का उपयोग करते हुए कटौती की गयी थी (यूएनडीपी 1994, 92)।

अवयव चरों के अधिकतम एवं न्यूनतम मूल्यों को किसी भी देश विशेष के सन्दर्भ के बगैर जो भी मानक के मूल्य थे, पर निश्चित किया गया था। न्यूनतम वे जो ऐतिहासिक दृष्टि से 30 वर्ष पीछे जाकर अवलोकित किये गये एवं अधिकतम वे जिन्हें आगामी 30 वर्षों के लिए भविष्य दृष्टि के रूप में देखा जा सके। इसने देशों एवं समय के सापेक्ष अधिक अर्थपूर्ण तुलना को स्वीकृति प्रदान की है।

मानव विकास प्रतिवेदन के प्रत्येक अवयव चर के लिए निम्नलिखित सूत्र के आधार पर एक सूचकांक तैयार किया गयाः

$$\text{अवयव सूचकांक} = \frac{\text{वास्तविक मूल्य} - \text{न्यूनतम मूल्य}}{\text{अधिकतम मूल्य} - \text{न्यूनतम मूल्य}}$$

मानव विकास सूचकांक के गणन की प्रक्रिया का वर्णन

वर्णन के लिए, हम दो देशों, एक औद्योगिक देश (ग्रीस) एवं एक विकासशील देश (भारत) को लेते हैं। इनके आधारभूत चरों को तालिका 3.6 में प्रस्तुत किया गया है।

जीवन प्रत्याशा सूचकांक

$$\text{ग्रीस} = \frac{77.3 - 25.0}{85.0 - 25.0} = \frac{52.3}{60.0} = 0.872$$

$$\text{भारत} = \frac{59.7 - 25.0}{85.0 - 25.0} = \frac{37.7}{60.0} = 0.578$$

वयस्क साक्षरता सूचकांक

$$\text{ग्रीस} = \frac{93.8 - 0.0}{100.0 - 0.0} = \frac{93.8}{100} = 0.938$$

$$\text{भारत} = \frac{49.8 - 0.0}{100.0 - 0.0} = \frac{49.8}{100} = 0.498$$

विद्यालयीन माध्य वर्ष सूचकांक

$$\text{ग्रीस} = \frac{7.0 - 0.0}{15.0 - 0.0} = \frac{7.0}{15.0} = 0.467$$

$$\text{भारत} = \frac{2.4 - 0.0}{15.0 - 0.0} = \frac{2.4}{15.0} = 0.160$$

शैक्षिक योग्यता सूचकांक

$$\text{ग्रीस} = 2(0.938) + 0.467 = 2.343 / 3 = 0.781$$

$$\text{भारत} = 2(0.498) + 0.160 = 1.156 / 3 = 0.385$$

समायोजित आय

ग्रीस की आय सीमा रेखा से ऊपर है, लेकिन सीमा रेखा के दुगने से कम है। अतः ग्रीस की समायोजित आय की गणना निम्नानुसार की गयी थी –

$$\text{ग्रीस} = 5{,}120 + 2(7{,}680 - 5{,}120)^{1/2}$$

$$= 5{,}120 + 101$$

$$= 5{,}221$$

ग्रीस के लिए अनुक्रमित समायोजित आय इस प्रकार थी –

$$\text{ग्रीस} = \frac{5{,}221 - 200}{5{,}385 - 200} = \frac{5{,}021}{5{,}185} = 0.968$$

भारत की आय सीमा रेखा के नीचे है अतः इसमें समायोजन की आवश्यकता है। आय में अन्तर की गणना के लिए, हमने अधिकतम समायोजित आय (5,385) तथा न्यूनतम (200) का उपयोग किया। भारत के लिए अनुक्रमित समायोजित आय इस प्रकार थी –

$$\text{भारत} = \frac{1{,}150 - 200}{5{,}385 - 200} = \frac{950}{5{,}185} = 0.183$$

ग्रीस और भारत के लिए गणना किए गए, तीन अवयव चरों तथा मानव विकास सूचकांक को तालिका 3.7 में प्रस्तुत किया गया है।

ऐसे देश जिनका मानव विकास सूचकांक 0.5 से कम है उन्हें मानव विकास की दृष्टि से निचले स्तर का माना जाता है, जिनका स्तर 0.5 एवं 0.8 के मध्य है उन्हें मध्मय स्तर का एवं जिनका स्तर 0.8 से ऊपर है उन्हें उच्च स्तर का माना जाता है (यूएनडीपी 1994, 92)।

निकट भविष्य में मानव विकास सूचकांक की गणना की परिधि में किसी भी तरह का बदलाव/परिवर्तन अपेक्षित नहीं है। लेकिन ज्यादा जोर मानव विकास सांख्यिकी के उन्नयन को दिया जाएगा। मानव विकास

तालिका 3.6: *ग्रीस एवं भारत के लिए मानव विकास सूचकांक के गणन के लिए आधारभूत चर*

देश	जीवन प्रत्याशा (वर्ष)	वयस्क साक्षरता	विद्यालयीन माध्य वर्ष	आय (क्रय शक्ति समानता डालर में)
ग्रीस	77.3	93.8	7.2	7,680
भारत	59.7	49.8	2.4	1,150

स्रोत: यूएनडीपी (1994, 92–93)

तालिका 3.7: *ग्रीस एवं भारत के लिए जीवन प्रत्याशा, शैक्षिक योग्यता, समायोजित आय एवं मानव विकास सूचकांक के संकेतक*

देश	*जीवन प्रत्याशा*	*शैक्षिक योग्यता/प्राप्ति*	*समायोजित आय*	*सभी तीन*	*मानव विकास सूचकांक*
ग्रीस	0.872	0.781	0.968	2.621	0.874
भारत	0.578	0.385	0.183	1.146	0.382

स्रोत: यूएनडीपी (1994, 95)

सूचकांक, मानव विकास (और विकास की कमी अथवा गरीबी) का सर्वाधिक स्वीकृत संकेतक है। 2013 में, भारत का मानव विकास सूचकांक 0.586 था एवं इसका क्रम विश्व के 187 देशों में 135वाँ था। भारत के मानव विकास सूचकांक में 1990 में मूल्यांकित 0.334 से उल्लेखनीय वृद्धि हुई है। 2013 में नार्वे का मानव विकास सूचकांक सर्वाधिक (0.944) था एवं नाईजर का सबसे कम (0.337) था (यूएनडीपी 1994)।[2]

विकास सूचकांक का उपयोग: – 1. राष्ट्रीय राजनीतिक वाद–विवाद को उद्दीप्त करने के लिए; 2. मानव विकास को प्राथमिकता देने के लिए; 3. देशों के बीच के विभेद को रेखांकित करने के लिए; एवं 4. विश्लेषण के लिए नए मार्ग खोलने हेतु किया जाता है।

यद्यपि, मानव विकास सूचकांक, मानव विकास को मापने के लिए सम्पूर्ण मानक नहीं है। यह कई महत्त्वपूर्ण संकेतकों को सम्मिलित नहीं करता है यथा लिंग अथवा आय असमानता, मानवाधिकारों का सम्मान एवं स्वतंत्रता।

आय वितरण के मापक

प्रति व्यक्ति वास्तविक सकल राष्ट्रीय उत्पाद का स्तर एवं इसका वितरण दोनों का सम्पूर्ण आर्थिक कल्याण की दृष्टि से समान महत्त्व है। सामान्य तौर पर, उच्च प्रति व्यक्ति वास्तविक सकल राष्ट्रीय उत्पाद एवं इसके अधिक समान रूप से वितरण का तात्पर्य आर्थिक कल्याण के उच्च स्तर से है। एक देश उच्च प्रति व्यक्ति वास्तविक सकल राष्ट्रीय उत्पाद के साथ यदि आय के वितरण की दृष्टि से कम समान है तो वह पूर्ण आर्थिक कल्याण के सन्दर्भ में उससे अपेक्षाकृत निचले स्थान पर रहेगा जिसका प्रति व्यक्ति वास्तविक सकल राष्ट्रीय उत्पाद तो समान है, लेकिन आय का वितरण ज्यादा समान रूप से हो।

अर्थशास्त्रियों ने आय के वितरण के मापन के लिए बड़े विविध मापकों का उपयोग किया है। उन्होंने अन्य के साथ पेरेटो सूचकांक, औसत आय के लिए परिवारों की ऊपरी 20 प्रतिशत एवं निचले 20 प्रतिशत भाग, आय के लघुगणक का मानक विचलन, लॉरेंज वक्र एवं गिनी संकेन्द्रण अनुपात को इसमें सम्मिलित किया है। आय

के वितरण के एक अच्छे मापक की दो विशेषताएँ होनी चाहिए। प्रथम, यह सभी आय में समानुपातिक वृद्धि से अप्रभावित रहना चाहिए जिससे कि यदि वर्ष X के लिए आय का वितरण, वर्ष Y के लिए ऊपरी पैमाने में रूपान्तरित होता है तब हमें इन्हें समान दर्जे की असमानता के रूप में देखना चाहिए। द्वितीय यह आय के सभी स्तरों पर गैर आनुपातिक परिवर्त्यों के लिए संवेदनशील होना चाहिए, अतः यदि वर्ष X से वर्ष Y में निम्न आय वाले परिवारों की आय में उच्च आय वाले परिवारों के अनुपात से अधिक वृद्धि होती है, यह असमानता के सूचकांक में सख्ती से सकारात्मक कटौती की ओर प्रवृत्त होना चाहिए एवं केवल अपरिवर्तित नहीं छूटना चाहिए (एटकिन्सन 1970, 253–54)।

आय असमानता के मापन के लिए सामान्य तौर पर उपयोग में आने वाली गणना की प्रक्रिया का संक्षिप्त विवरण अग्रानुसार है।

लॉरेंज वक्र

यह आय के वितरण एवं आय असमानता के लिए रेखा चित्रीय मापक है। लॉरेंज वक्र को बनाने के लिए आवश्यक जानकारी में आवृत्ति तालिका हो जिसमें परिवारों के दशमक समूहों की आय के वितरण को प्रदर्शित किया गया हो। सरल शब्दों में, तालिका प्रत्येक दशमक समूह के लिए पूर्ण आय में इसके हिस्से को दर्शायेगी जैसा कि तालिका क्र. 3.8 में किया गया है। लॉरेंज वक्र को बनाने के लिए परिवार द्वारा प्राप्त की गयी आय के संचयी प्रतिशत को क्षितिज अक्ष, कुल आय के संचयी प्रतिशत को ऊर्ध्व अक्ष में प्रदर्शित करते हैं तथा यह वक्र संचयी प्रतिशत के सभी संयोजनों के बिन्दुपथ को प्रदर्शित करता है। चित्र 3.1 में दर्शाये गये लॉरेंज वक्र को तालिका 3.8 के आँकड़ों के आधार पर निर्मित किया गया है। विकर्ण रेखा आय के श्रेष्ठ समान वितरण को दर्शाती है एवं इसे समानता की रेखा के रूप में जाना जाता है। सामान्य तौर पर, समानता की रेखा की लॉरेंज वक्र से दूरी आय में असमानता के उच्च प्रतिशत को दर्शाती है।

तालिका 3.8: *अलीगढ़ जिले में 1963–64 एवं 1968–69 में परिवारों के विभिन्न दशमक समूहों द्वारा अर्जित समग्र आय के सापेक्ष अंश*

	समग्र आय का प्रतिशत			
	1963–64		*1968–69*	
दशमक समूह	*सरल*	*संचयी*	*सरल*	*संचयी*
निम्न 10 प्रतिशत	–0.42	–0.42	0.77	0.77
दूसरा 10 प्रतिशत	1.04	0.62	2.37	3.14
तीसरा 10 प्रतिशत	2.29	2.91	3.57	6.71
चौथा 10 प्रतिशत	4.06	6.97	5.12	11.83
पाँचवा 10 प्रतिशत	6.10	13.07	6.71	18.54
छठा 10 प्रतिशत	8.00	21.07	8.89	27.43
सातवाँ 10 प्रतिशत	10.31	31.38	11.55	38.98
आठवाँ 10 प्रतिशत	13.94	45.32	13.86	52.84
नवाँ 10 प्रतिशत	18.39	63.71	17.56	70.40
उच्च 10 प्रतिशत	36.29	100.00	29.60	100.00

स्रोतः सिंह (1973, 4)

लॉरेंज वक्र, आय असमानता को मापने का एक सामान्य एवं सरल तरीका है। इसका उपयोग समय एवं स्थान पर आय वितरण की तुलना के लिए किया जा सकता है। इसकी सीमा यह है कि यह आय की असमानता को प्रदर्शित तो करता है, लेकिन यह इसे मात्रात्मक रूप में नहीं बता सकता। उदाहरणार्थ – चित्र 3.1 में, 1963–64 के लिए बनाया गया लॉरेंज वक्र 1968–69 की अपेक्षा ऊपर है, अतः हम कह सकते हैं कि 1963–64 में 1968–69 की अपेक्षा आय में असमानता ज्यादा थी, लेकिन हम उस अन्तर को मात्रात्मक रूप में नहीं बता सकते।

गिनी गुणांक अनुपात (जीसीआर)

इस अनुपात की खोज 1913 में कॉरेडो गिनी ने की थी। यह वर्तमान में आय की असमानता के लिए सर्वाधिक उपयोग में आने वाला मापक है। इस अनुपात को लॉरेंज वक्र अथवा माध्य अन्तर के सन्निकट माना जा सकता है।

जब इसे लॉरेंज वक्र के लगभग रखा जाता है तो यह विकर्ण के कुल क्षेत्र से लॉरेंज वक्र एवं विकर्ण के बीच के क्षेत्र के अनुपात का प्रतिनिधित्व करता है। यदि हम लॉरेंज वक्र में भीतर के क्षेत्र को 'ए' एवं बाहरी क्षेत्र को 'बी' मानते हैं तो अनुपात ए/ए+बी होता है (देखें चित्र क्र. 3.1)। अतः अनुपात की श्रेणी शून्य से एक तक होती है; जिसमें शून्य परिपूर्ण समानता एवं एक परिपूर्ण असमानता है।

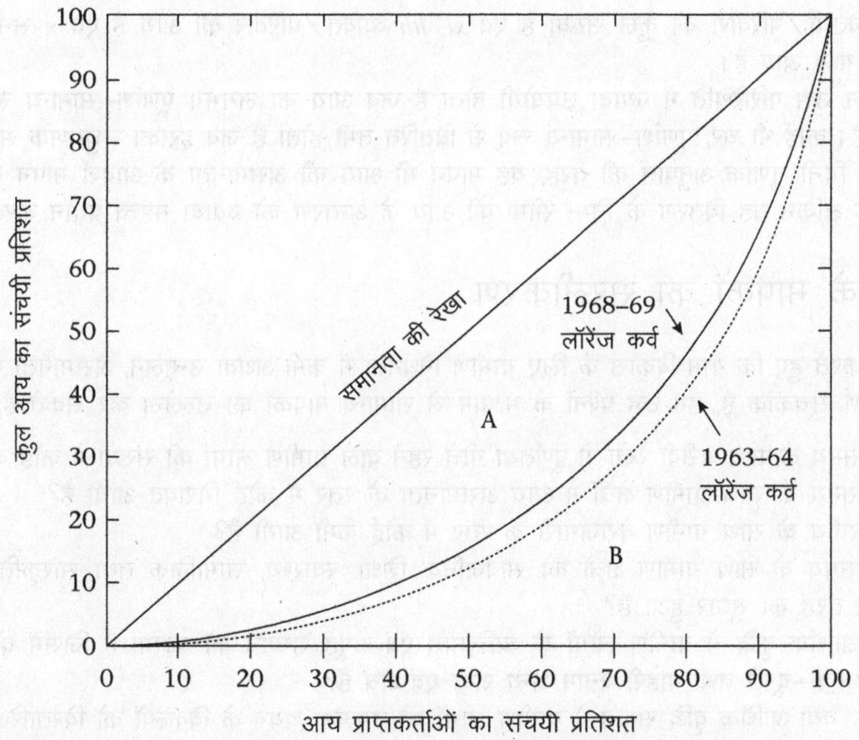

चित्र 3.1 *1963–64 एवं 1968–69 में अलीगढ़ जिले में कृषि परिवार की आय का विभाजन*

स्रोत: सिंह (1973)

जब इसकी माध्य अन्तर से गणना की जाती है, तब गिनी संकेन्द्रण अनुपात को इस तरह से परिभाषित किया जा सकता है:

$$\text{GCR} = \sum_{i=1}^{n}\sum_{j=1}^{n} \frac{f_i f_i / x_i - x_j}{2\bar{x}\text{N}}$$

जहाँ n आय वर्गों की संख्या, f_i एवं f_j, *ith* एवं *jth* वर्गों की आवृत्ति है, X_i एवं X_j, *ith* एवं *jth* वर्गों की मध्य आय है, N कुल आय अर्जित करने वालों की संख्या है एवं X कुल मध्य आय है। इसलिए, सभी सम्भावित आय के जोड़ों के मध्य सभी निरपेक्ष अन्तरों का भारांकित माध्य का अनुपात आधा होता है।

गिनी गुणांक अनुपात पूर्व में वर्णित आय में असमानता के आदर्श मापक के दोनों गुणों को रखता है।

आय के लघुगणक का प्रमाप विचलन

यह आय की असमानता का एक दूसरा सर्वाधिक सामान्य रूप में उपयोग में आने वाला मापक है। इसको इस तरह से परिभाषित किया जाता है:

$$\text{S.D.} = \left[\frac{1}{N}\sum_{i=1}^{n}(\log x_i - \log x)^2\right]^{1/2}$$

जहाँ N व्यक्तियों/परिवारों की कुल संख्या है एवं *xi, ith* व्यक्ति/परिवार की आय है एवं x सभी व्यक्तियों/परिवारों की मध्य आय है।

यह मापन उस परिस्थिति में ज्यादा उपयोगी होता है जब आय का लगभग पूर्णांश–सामान्य रूप में वितरण किया गया है। कोई भी चर, पूर्णांश–सामान्य रूप से वितरित तभी होता है जब इसका लघुगणक सामान्य रूप से वितरित हो। गिनी गुणांक अनुपात की तरह, यह मापन भी आय की असमानता के आदर्श मापन के दोनों गुणों को रखता है लेकिन यह वितरण के निम्न सीमा की आय के अन्तरण को ज्यादा महत्त्व प्रदान करता है।

विकास के मापकों का सरलीकरण

यह अनुभव करते हुए कि ग्राम विकास के लिए ग्रामीण निर्धनता में कमी अथवा उन्मूलन, असमानता एवं बेरोजगारी एक महत्त्वपूर्ण सूचकांक है, हम छह प्रश्नों के माध्यम से सामान्य मापकों का उल्लेख कर सकते हैं:

1. क्या समय के साथ गरीबी रेखा से पूर्णतया नीचे रहने वाले ग्रामीण लोगों की संख्या में कोई कमी आयी है?
2. क्या समय के साथ ग्रामीण क्षेत्रों में आय असमानता के स्तर में कोई गिरावट आयी है?
3. क्या समय के साथ ग्रामीण बेरोजगारी के स्तर में कोई कमी आयी है?
4. क्या समय के साथ ग्रामीण क्षेत्रों की सार्वजनिक शिक्षा, स्वास्थ्य, सामाजिक तथा सांस्कृतिक सेवाओं में किसी तरह का सुधार हुआ है?
5. क्या आर्थिक वृद्धि ने ग्रामीण लोगों के व्यक्तिगत एवं समूह सम्मान को बढ़ाया है जिसमें दोनों आन्तरिक बनाम एक–दूसरे तथा बाहरी बनाम अन्य राष्ट्र एवं क्षेत्र हैं?
6. अंततः, क्या आर्थिक वृद्धि संकेत ने ग्रामीण लोगों को उपलब्ध चयन के विकल्पों को विस्तारित किया है एवं उनको अन्य व्यक्तियों एवं संस्थाओं की बाहरी निर्भरता एवं आन्तरिक दासता से मुक्त किया है?

यदि इन सभी प्रश्नों का उत्तर 'हाँ' है तो यह परिस्थिति स्पष्ट रूप से वास्तविक ग्रामीण विकास के दृश्य का निर्माण करती है एवं एक राष्ट्र जिसमें कि यह प्रत्यक्षतः हो रहा है वह बगैर किसी प्रश्न के 'विकसित' कहा जा सकता है।

ग्रामीण निर्धनता की अवधारणा एवं मापक

गरीबी का आशय विकास की कमी अथवा अल्पविकास/पिछड़ापन से है अतः इसका मापन भी ग्रामीण विकास के विद्यार्थियों के लिए उसी तरह से महत्त्वपूर्ण है जिस तरह से ग्रामीण विकास का मापन। इस भाग में, हम ग्रामीण निर्धनता के सामान्य तौर पर प्रयोग में लाये जाने वाले मापकों को प्रस्तुत करेंगे।

ग्रामीण निर्धनता एक विश्वव्यापी समस्या है; यह विश्व के विकासशील एवं विकसित दोनों देशों में पायी जाती है। मानव विकास प्रतिवेदन 2014 के अनुसार, विश्व के 15 प्रतिशत से अधिक लोग बहुआयामी गरीबी से असुरक्षित होते हैं। गरीबी की घटनाएँ विश्व के क्षेत्रों, क्षेत्रों के देशों एवं देशों के स्थानों पर बड़ी ही असमान रूप से विद्यमान हैं। दक्षिण एशिया में सबसे बड़ी बहुआयामी गरीब जनसंख्या है, जिसमें 80 करोड़ से अधिक लोग गरीब एवं 27 करोड़ के लगभग गरीब थे, जो कि जनसंख्या का 71 प्रतिशत से अधिक है। विश्व की गरीब जनसंख्या का पचास प्रतिशत दक्षिणी एशिया में निवास करता है, जो कि विश्व की जनसंख्या का लगभग 30 प्रतिशत है। भारत में 2011–12 में विश्व के सर्वाधिक करीब 27 करोड़ लोग गरीब है, जो कि भारत की जनसंख्या का लगभग 22 प्रतिशत था। भारत सहित सम्पूर्ण विश्व में विकास की सभी नीतियों एवं कार्यक्रमों का उद्देश्य गरीबी उन्मूलन रहा है।

गरीबी के सम्पृक्त्तार्थ एवं परिभाषा

गरीबी की सार्वभौमिक स्वीकार्य कोई भी परिभाषा नहीं है, यद्यपि कई सम्पृक्त्तार्थ एवं परिभाषाएँ प्रचलन में हैं। गरीबी से तात्पर्य ऐसी जीवन दशा से है जिसमें किसी न किसी रूप में वंचना है एवं जिसे सन्दर्भित व्यक्ति एवं अन्यों द्वारा अनपेक्षित रूप में देखा जाता है। यह एक बहुआयामी प्रत्यय एवं प्रतिभासिक है जिसमें, आर्थिक, सामाजिक, सांस्कृतिक एवं राजनीतिक तत्व सम्मिलित होते हैं। सामान्य तौर पर, विद्वानों में इस बात को लेकर मतैक्य है कि गरीबी को निरपेक्ष अथवा सापेक्ष रूप में सोचा एवं परिभाषित किया जाये। निरपेक्ष गरीबी में एक व्यक्ति की वस्तुगत निर्धारण तक पहुँच में कमी, वस्तुओं एवं सेवाओं की यथोचित रूप में पर्याप्तता जिससे कि वह अपनी भौतिक एवं गैर–भौतिक मूल आवश्यकताओं को सन्तुष्ट कर सके, समाविष्ट होते हैं। सापेक्ष गरीबी का आशय दूसरी तरफ एक व्यक्ति के जीवन की आधारभूत आवश्यकताओं तक पहुँच अपेक्षाकृत निम्न होना है। दो परिवारों अथवा दो व्यक्तियों में से एक को गरीब माना जा सकता है, जबकि दूसरा अन्यों की तुलना में गरीब न हो एवं दोनों अपने जीवन की मूलभूत भौतिक आवश्यकताओं की पूर्ति करने में सक्षम हों।

गरीबी को मापने की कसौटी

गरीबी के मापन में विविध अवधारणात्मक, प्रविधिगत आनुभविक समस्याओं का घेराव है। अवधारणात्मक स्तर पर गरीबी की व्यावहारिक सन्दर्भो में सार्वभौमिक स्वीकार्य व्याख्या कठिन प्रतीत होती है। प्रविधिगत तौर पर विद्वानों में गरीबी के मापन के श्रेष्ठ सम्पृक्त्तार्थों को लेकर मतैक्य नहीं है एवं आनुभविक स्तर पर गरीबी के विशिष्ट मापन के लिए दिये गये विकल्प में यह बहुत ही मुश्किल है कि चुने हुए संकेतक/मापक के मूल्य की गणना के लिए आवश्यक विश्वसनीय आँकड़ों को एकत्र किया जा सके। ये समस्याएँ होते हुए भी योजनाकारों, नीति नियोजकों एवं विद्वानों ने गरीबी को मापने के प्रयास किये हैं एवं गरीबी के मापकों का उपयोग गरीबी के स्तर/घटना के परिवर्तन के प्रबोधन एवं अन्य उद्देश्यों के लिए किया है।

किसी भी समय विशेष पर गरीबी का परिमाण इस बात पर निर्भर करता है कि गरीबी को परिभाषित करने एवं गरीबी रेखा के निर्धारण के लिए कौन सी कसौटी अथवा मानक उपयोग में लाये गये। सामान्य तौर पर गरीबी रेखा को परिभाषित करने के दो मानक अथवा कसौटी नियोजित किये गये हैं:

1. मानक जो पर्याप्त पोषक आहार की अवधारणा पर आधारित हैं; और
2. मानक जो न्यूनतम जीवन स्तर की अवधारणा पर आधारित हैं।

कई शोध अध्येताओं ने पर्याप्त पोषक आहार को प्राप्त करने में लगने वाली कीमत का अनुमान लगाने का प्रयास किया है। उदाहरणार्थ, दाण्डेकर एवं रथ (1971, 8–9) ने, औसत प्रतिदिन 2,250 कैलोरी के उपभोग के आधार पर 1960–61 की कीमतों पर ग्रामीण परिवारों के लिए रु. 15 एवं शहरी परिवारों के लिए रु. 22.50 प्रति व्यक्ति प्रतिमाह के उपभोक्ता खर्च को गरीबी रेखा के अनुमान के लिए निर्धारित किया।

दूसरे मानक, जीवन के न्यूनतम स्तर तक की अवधारणा के आधार पर मूल्यांकन के लिए योजना आयोग, भारत सरकार द्वारा जुलाई 1962 में एक प्रतिष्ठित अध्ययन समूह[2] का गठित किया गया जिसने इस प्रश्न पर विचार–विमर्श किया कि राष्ट्रीय स्तर पर वांछनीय उपभोक्ता खर्च का न्यूनतम स्तर क्या होना चाहिए। इस समूह ने यह अनुशंसा की कि 1960–61 की कीमतों पर प्रति व्यक्ति प्रतिमाह रु. 20 ग्रामीण क्षेत्रों के लिए तथा रु. 25 शहरी क्षेत्रों के लिए उपभोक्ता खर्च होना चाहिए। इसमें स्वास्थ्य एवं शिक्षा पर होने वाले खर्च सम्मिलित नहीं होंगे जो कि राज्य द्वारा प्रदत्त किये जाने अपेक्षित हैं, शहरी क्षेत्रों के लिए 'न्यूनतम' को शहरी आवास के लिए अनुदान का घटक माना गया।

योजना आयोग द्वारा 1979 में डॉ. वाय.के. अलघ की अध्यक्षता में न्यूनतम आवश्यकताएँ एवं प्रभावशाली उपभोक्ता माँग के प्रक्षेपण पर एक कार्यदल का गठन किया गया। इसने गरीबी की रेखा का निर्धारण प्रति व्यक्ति खर्च पर किया जिसमें ग्रामीण जनसंख्या के लिए 2400 कैलोरी एवं शहरी जनसंख्या के लिए 2100 कैलोरी औसत प्रति व्यक्ति प्रतिदिन ग्रहण करना होना चाहिए। अनुशंसित गरीबी रेखा के अनुसार, 1973–74 की कीमतों पर अखिल भारतीय उपभोग समूह के आधार पर गरीबी की रेखा का निर्धारण ग्रामीण एवं शहरी क्षेत्रों के लिए क्रमशः रु. 49.09 एवं रु. 56.64 प्रति व्यक्ति प्रतिमाह अनुमानित किया गया। इस समायोजन की अनुशंसा राष्ट्रीय निदर्शन सर्वेक्षण आँकड़ों के आधार पर अनुमानित 'परिवार उपभोग के योग' एवं राष्ट्रीय लेखा सांख्यिकी के अनुसार 'राष्ट्रीय निजी उपभोग खर्च' के आधार पर अनुमानित होते हैं जो कि ज्यादा होते है। यह कारक आरम्भ में छोटा था लेकिन समय के साथ यह बढ़ता चला गया।

1989 में योजना आयोग द्वारा बनाये गये विशेषज्ञ समूह ने कार्यदल द्वारा अनुशंसित गरीबी रेखा की अनुशंसा की। 1973–74 की कीमतों पर ग्रामीण क्षेत्रों के लिए रु. 49.09 एवं शहरी क्षेत्रों के लिए रु. 56.64 है जो गरीब के गैर–गरीब से अलग करने का स्तर को बनाए रखा। विशेषज्ञ समूह ने विशेषतः बने हुए राज्यवार संकेतकों को कीमतों में परिवर्तन को अद्यतन करने के लिए अनुशंसा की। उसने यह भी अनुशंसा की कि राष्ट्रीय लेखा सांख्यिकी के उपभोग खर्च के साथ राष्ट्रीय निदर्शन सर्वेक्षण आधारित उपभोग खर्च में समायोजन बन्द किया जाए, चूँकि दोनों के बीच अन्तर के कारण भिन्न हैं एवं राष्ट्रीय निदर्शन सर्वेक्षण ने उपभोग पर प्रत्यक्ष जानकारी एकत्र की थी एवं इसी कारण से वह ज्यादा विश्वसनीय थी। विशेषज्ञ समूह की अनुशंसा का अनुसरण करते हुए योजना आयोग ने 1973–74 के पश्चात् गरीबी शृंखला को सुधारा। तब से सरकारी गरीबी के अनुमान की प्रविधि, विशेषज्ञ समूह की अनुशंसा पर आधारित है। विशेषज्ञ समूह द्वारा अनुशंसित प्रविधि निम्नानुसार है (राधाकृष्णा एवं राय 2005)।

गरीबी रेखाओं को एक निश्चित आवश्यक वस्तु समूह के स्थिरक कार्य दल द्वारा अनुशंसित गरीबी रेखा के सदृश रखी गई है (1973–74 की कीमतों पर रु. 49.09 प्रति व्यक्ति प्रतिमाह ग्रामीण क्षेत्र के लिए एवं रु. 56.64 शहरी क्षेत्र के लिए जैसा की पूर्व में उल्लेख किया गया है)। विशेषज्ञ समूह द्वारा अनुशंसित ग्रामीण आवश्यक खाद्यान्न वस्तु समूह में प्रतिदिन 2400 कैलोरी होना चाहिए तथा शहरी क्षेत्र में यह 2100 कैलोरी होना चाहिए। कैलोरी मानक का उपयोग एक स्वीकार्य न्यूनतम आवश्यकता के निकट पहुँचने के सदृश माना जा सकता है। यह उपभोग वस्तु समूह सभी राज्यों के लिए समान है। स्वाद एवं पसंदगी में बदलाव के मद्देनजर, विशेषज्ञ समूह ने यह अनुशंसा की कि उपभोग वस्तु समूह में प्रति पाँच वर्ष में परिवर्तन किया जाए। इसमें न्यूनतम आवश्यकता का ध्यान रखा जाना था जो चयनित पोषक गुणों से प्राप्त हो एवं वह उपभोक्ता के व्यवहार तरीके से प्रदर्शित हों।

इस तरह से विश्लेषित उपभोग वस्तु समूह को ग्रामीण एवं शहरी क्षेत्रों के लिए पृथक् से चिह्नित किया गया एवं 1973–74 के आधार वर्ष पर राज्य विशेष में कीमतों का मूल्यांकन करते हुए राज्य विशेषीकृत गरीबी रेखा को निर्धारित किया गया। राज्यवार गरीबी रेखा जिसको कि 1973–74 के आधार वर्ष पर गणना की गयी, को आने

वाले वर्षों की कीमतों के साथ समायोजित किया गया। किसी भी वर्ष के लिए, गरीबी स्तरों का प्राक्कलन प्रत्येक राज्य के लिए राज्य स्तरीय उपभोक्ता खर्च वितरण का उपयोग करते हुए किया जाता है। राज्यवार गरीबी अनुपातों को जोड़ते हुए, अखिल भारतीय गरीबी अनुपात को प्राक्कलित किया जाता है। अखिल भारतीय गरीबी अनुपात के अनुसार, उस वर्ष के लिए उपभोक्ता खर्च वितरण का उपयोग करते हुए प्राक्कलित होती है।

गरीबी के कुछ सामान्य मापक एवं संकेतक

यद्यपि व्यक्ति गणना सर्वाधिक लोकप्रिय उपयोग में आने वाला मापक है, तीन अन्य मापक, जो कि, गरीबी अन्तर, वर्ग गरीबी अन्तर एवं सेन का सूचकांक भी उनके गुणों के कारण महत्त्वपूर्ण है। प्रथम तीन मापक एक योगात्मक माप की श्रेणी का प्रतिनिधित्व करते हैं। गरीबी के मापन के कई अच्छे सर्वेक्षण उपलब्ध हैं (एट्कीन्सन 1987, फॉस्टर 1984)। हम यहाँ संक्षेप में नीति विश्लेषण को ध्यान में रखने वाले प्रमुख मुद्दों की चर्चा करेंगे। *y* प्रति व्यक्ति उपभोग खर्च को प्रदर्शित करता है एवं z गरीबी रेखा को प्रदर्शित करता है। *f(y)* को गन्तव्य कार्य एवं *f(y)* को संचयी वितरण कार्य कहते हैं। एक कार्य *f(y,z)* में *y* न बढ़ते हुए तथा *z* न घटते हुए, यह गरीबी का एक मापक है। कार्य के लिए एक अपेक्षित सम्पत्ति में समांगता होती है। अन्य शब्दों में, मापक माप तटस्थ होता है। साहित्य में p(y,z)'s को जोड़ने के विभिन्न तरीके प्रस्तावित किये गये हैं। यद्यपि योगात्मक मापक उप–समूह की संगति को सन्तुष्ट करते हैं, जिसका तात्पर्य यह है कि जब किसी भी उप–समूह की जनसंख्या में गरीबी बढ़ती है (कहने के लिए कृषि श्रमिक) अन्य कहीं पर भी किसी भी कमी के बावजूद तब कुल गरीबी में भी वृद्धि होना चाहिए।

एक उप–समूह का असंगत माप नीति विश्लेषण में गलत की ओर प्रवृत्त हो सकता है, जैसा कि माप राष्ट्रीय गरीबी में न प्रदर्शित हो तब भी जब एक विशेषीकृत क्षेत्र में गिरावट हो। योगात्मक गरीबी मापक का वर्ग दिया गया है:

$$P(z) = \int p(y,z)\, f(y)\, dy \tag{3.1}$$

एकीकरण की सीमाएँ 0 एवं q हैं। गरीबी के तीनों मापक जो कि, HC, PG एवं SPG हैं को $p(y/z)$ के लिए $(1-y/z)^{\alpha}$ से प्राप्त किया गया एवं 0,1 एवं 2 को α दिया गया:

$$P(z) = \int (1-y/z)^{\alpha}\, f(y)\, dy \tag{3.2}$$

एकीकरण की सीमाएँ *0* एवं *q* हैं।

व्यक्ति गणना सूचकांक

इन दिनों इस सूचकांक का बहुतायत में प्रयोग होता है। यह सिर्फ जनसंख्या का समानुपात होता है जहाँ कि उपभोग (y) गरीबी रेखा (z) से कम होता है। यह केवल P(z) का मूल्य होता है जबकि $\alpha = 0$ समीकरण (3.2) में है। यह मापक समझने एवं सूचना देने में आसान होता है, लेकिन इसमें दो गम्भीर कमियाँ हैं जो नीति विश्लेषण को प्रभावित करती हैं। प्रथम, यह कल्याण के स्वयंसिद्ध रुख का अतिक्रमण करता है, जो कि यह बतलाता है कि कुछ लोगों की आय में बेहतरी, अन्य लोगों की आय को दखते हुए, गरीबी को कम करने के लिए होना चाहिए। व्यक्ति गणना का अनुपात, आय में परिवर्तन को लेकर संवेदनशील नहीं है, जहाँ तक ये परिवर्तन एक व्यक्ति को गरीबी रेखा के एक तरफ से दूसरी तरफ नहीं बढ़ाते हैं। यह माप कल्याण के स्वयंसिद्ध हस्तान्तरण का भी अतिक्रमण करता है। द्वितीय, यह उपाय भी कल्याण के हस्तांतरण के सिद्धान्त का उल्लंघन करता है, जो यह बताता है कि एक अमीर से गरीब व्यक्ति तक स्थानांतरित करने से गरीबी कम होनी चाहिए। इस अतिक्रम का गम्भीर निहितार्थ यह है कि नीतिगत हस्तक्षेपों के माध्यम से आय में की गयी बेहतरी के उच्च प्रभाव होंगे यदि गरीबी की रेखा के नजदीक वाले इसमें चयनित होते हैं।

गरीबी अन्तराल सूचकांक

इसको प्राप्त करने के लिए समीकरण (3.2) में संयोजन $\infty = 1$ करना होता है। यह गरीबी की गहराई का मापन करती है क्योंकि यह गरीबी रेखा से दूरी एवं गरीबी की संख्या पर निर्भर करती है। गरीबी अन्तराल अनुपात के लिए सर्वाधिक उपयोग में आने वाला $I=1-\mu^{p}/z=PG/H$, जहाँ, μ^p गरीब के लिए y के मूल्य का माध्य है। यह गरीबी रेखा के नीचे औसत आनुपातिक कमी को नापता है। यह एक भ्रमकारी माप है क्योंकि यदि एक गरीब व्यक्ति μ^p से ऊपर जीवन स्तर के साथ गरीबी से बचता है, इससे गरीबी अन्तराल बढ़ेगा, यद्यपि कोई भी बुरा नहीं है एवं एक गरीब भी यथार्थ में बेहतर है। अतएव, गरीबी अन्तराल, गरीबी अन्तराल अनुपात से बेहतर होता है। हांलाकि यह एक स्वयंसिद्ध को सन्तुष्ट करते हैं, यह असंवेदनशील होगा कि बेहतर गरीबों से अन्य गरीब लोगों को हस्तान्तरित किया जाए, क्योंकि अन्तर वही बना रहेगा, यदि दोनों गरीब बने रहते हैं। जबकि यह गरीबी को गहराई प्रदान करता है, यह गरीबी की गम्भीरता का संकेत प्रदान नहीं करता है, क्योंकि यह गरीबी रेखा से अन्तराल के लिए किसी भी भार का प्रयोग नहीं करता है।

वर्ग गरीबी अन्तराल सूचकांक

फॉस्टर एवं अन्य (1984) द्वारा प्रस्तावित यह मापक गरीबी की गम्भीरता को इंगित करता है तथा इसको $\alpha = 2$ से प्राप्त किया जाता है। यह एक कल्याण कार्य का कड़ाई से उभरता हुआ गुणधर्म है।

सेन का सूचकांक

सेन (1976) ने गरीबी का एक सूचकांक प्रस्तावित किया जो गरीबों की संख्या, गरीबी की गहराई एवं एक समूह के भीतर गरीबों के वितरण को जोड़ता है। इसके लिए दिया समीकरणः

$$P_s = 2/(q+1)n\sum(1-yi/z)(q+i+1) \tag{3.3}$$

जहाँ q गरीबों की संख्या एवं $q + i + 1$ प्रदत्त भार है जो *ith* गरीब व्यक्ति को गरीबी रेखा से प्रदान किया गया है। इस सूत्र को HC (P_0) एवं PG (P_1) के औसत के तौर पर अभिव्यक्त किया जा सकता है जिसमें गरीबों में असमानता को $(G^{च})$ गिनी गुणांक से मापक भारित किया जाता है।

$$P_s = P_0 G_p + P_1(1-G^p) \tag{3.4}$$

गृह संकेतक

गिब्बॉन्स (1997) ने इस संकेतक को मूल्य प्रभावकारी मापक/गरीब को पहचानने के उपकरण के रूप में प्रस्तावित किया। उनका निश्चयपूर्वक कहना है कि यह संकेतक कई देशों में उपयोगी एवं मान्य पाया गया जिसमें चीन, वियतनाम, फिलीपींस, इण्डोनेशिया, भारत एवं बांग्लादेश सम्मिलित हैं एवं यह संकेतक 80 प्रतिशत के लगभग गरीबों की पहचान करने में बहुत ही त्वरित मदद करता है। इस संकेतक के सही ढंग से उपयोग करने में एक अनुभवी क्षेत्रीय अन्वेषक को पाँच मिनट के लगभग समय लगता है।

गृह संकेतक में तीन अवयव होते हैं जिसमें, (अ) गृह का आकार; (ब) गृह की भौतिक दशा, निर्माण में प्रयुक्त की गयी सामग्री के आधार, एवं (स) गृह की छत को बनाने के लिए उपयोग की गयी सामग्री। संकेतक के ये तीनों आयाम देखे जा सकते हैं और गाँव में गली/सड़क पर ऊपर से नीचे जाकर इसका मूल्यांकन किया जा सकता है। इसके लिए किसी को भी एक प्रश्नावली अथवा साक्षात्कार अनुसूची का प्रयोग करते हुए साक्षात्कार करने की आवश्यकता नहीं होती। गिब्बॉन्स के अनुसार, छत की सामग्री सामान्य होते हुए भी एशिया के अधिकांश देशों में यह एक शक्तिशाली संकेतक के रूप में होती है। इन देशों के गरीबों के मकानों की छतों पर छप्पर होते हैं, अथवा बाँस की टहनियों को बुनकर बनाया जाता है अथवा छिद्रयुक्त प्लास्टिक की चादरें जिनमें से पानी

टपकता है जो स्वास्थ्य सम्बन्धी समस्याएँ उत्पन्न करता है। कोई भी व्यक्ति ऐसे मकान में नहीं रहना चाहता जब तक कि यह अपरिहार्य न हो। इसीलिए ऐसे मकानों में निवास करने वाले लोग वाकई वास्तविक गरीब होते हैं। यदि छोटे आकार का मकान एवं इसमें बहुत ही सामान्य निर्माण सामग्री यथा मिट्टी, जूट एवं अन्य समान सामग्री का प्रयोग होता है तो हम अत्यन्त गरीब को चिन्हित करने के बहुत ही करीब होते हैं। गिब्बॉन्स ने इस संकेतक की दो सीमाएँ स्वीकार की हैं। प्रथम, कुछ गरीब व्यक्ति बड़े एवं बेहतर मकानों में निवास करते हैं क्योंकि वह उत्तराधिकार में प्राप्त होता है, लेकिन अब उनके पास कोई भी आय नहीं है। द्वितीय, कई देशों में (भारत सहित) सरकार द्वारा मुफ्त में यथोचित रूप से अच्छा मकान गरीबों को प्रदान किया जाता है। इसीलिए ऐसे क्षेत्रों में यह संकेतक गरीबों की पहचान नहीं कर सकता है। ऐसी एवं अन्य समान सीमाओं से बाहर आने के लिए, एक पुनरावेदन प्रक्रिया होती है। ऐसे गरीब लोग जो अच्छे मकानों में निवास करते हैं क्षेत्रीय सहायक को पुनरावेदन करके सन्तुष्ट कर सकते हैं कि वह धनी नहीं है। एक वरिष्ठ अधिकारी बाद में ऐसे व्यक्तियों से साक्षात्कार कर ऐसे मसलों पर अन्तिम निर्णय ले सकते हैं। ऐसे मामलों में, सहभागी ग्रामीण मूल्यांकन (पीआरए) प्रविधि की सम्पत्ति श्रेणी अभ्यास को बहुत ही उपयोगी पाया गया है। पीआरए प्रविधि में, सभी ग्रामीणों को यह पता लगाने के लिए कि अत्यधिक गरीब, गरीब, अधिक गरीब नहीं एवं बिल्कुल भी गरीब नहीं को साथ लाया जाता है। दो प्रविधियों, गृह संकेतक एवं पीआरए को किफायती एवं समय व्यय के सन्दर्भ में तुलनीय माना गया है। ग्रामीण विकास में संलग्न सरकारी एवं गैर सरकारी संगठनों द्वारा परियोजनाओं के लिए गरीबों का चयन करने के लिए इनका उपयोग किया जा सकता है। गृह संकेतक में एक गम्भीर सीमा इस अर्थ में है कि इसका उपयोग अन्तर्राष्ट्रीय अथवा परस्पर राष्ट्रों की तुलना हेतु नहीं किया जा सकता क्योंकि एक देश से दूसरे देश के मकानों में व्यापक रूप से अन्तर पाया जाता है अथवा एक ही देश के राज्य से राज्य के बीच भी यह अन्तर होता है, लेकिन प्राथमिक रूप से इस संकेतक का उद्देश्य एक क्षेत्र विशेष के गरीबों की पहचान करने की होती है, जिससे कि उन्हें कोई लाभ अथवा सेवा प्राप्त हो सके। ऐसे उद्देश्यों के लिए यह संकेतक उचित प्रतीत होता है। एक अन्य सीमा यह है कि ऐसा कोई भी तरीका नहीं है जिससे इन तीनों अवयवों को एक अकेले संकेतक में जोड़ा जा सके। इसी कारण से गृह संकेतक भ्रामक है।

भारत में गरीबी का अनुमान

भारत में गरीबी के मापन के अध्ययनों का लम्बा इतिहास रहा है। वास्तव में, विभिन्न विद्वानों द्वारा गरीबी को मापने के कई दृष्टिकोण प्रदान किए गए हैं। भारत में गरीबी पर किया गया प्रथम एवं सबसे महत्त्वपूर्ण अध्ययन दंडेकर एवं रथ (1971) का था। उन्होंने उभोक्ता व्यय के लिए एक निश्चित न्यूनतम स्तर के प्रति व्यक्ति प्रति माह के मानदंड का उपयोग किया, उपभोक्ता व्यय के उस स्तर को अर्जित करने में विफल रहने वाले किसी भी परिवार को गरीब परिवार के रूप में माना गया। प्रतिदिन प्रति व्यक्ति 2250 कैलोरी के उपभोग के आधार पर गरीबी रेखा का अनुमान 1960–61 की कीमतों पर ग्रामीण परिवारों के लिए रू. 15 प्रति व्यक्ति प्रति माह एवं शहरी परिवारों के लिए रू. 22.5 प्रति व्यक्ति प्रति माह तय किया गया था (दंडेकर एवं रथ 1971, 8–9)। इसके बाद, समय–समय पर भारत सरकार द्वारा गठित विभिन्न समितियों एवं विभिन्न विद्वानों द्वारा कई दृष्टिकोणों एवं प्रविधियों का उपयोग किया गया। योजना आयोग द्वारा 1962 से लेकर सितम्बर 2012 तक समय–समय पर गठित विभिन्न कार्यदलों/विशेषज्ञ समूहों/विशेषज्ञ समितियों का कालक्रम प्रस्तुत किया गया है (योजना आयोग 2014, 7):

1962: गरीबी के आकलन की प्रविधि पर कार्यकारी दल; 1962 में रिपोर्ट प्रस्तुत एवं उसी वर्ष स्वीकार किया गया।

1977: डॉ. वाय.के. अलघ की अध्यक्षता में कार्य दल; 1979 में रिपोर्ट प्रस्तुत एवं उसी वर्ष स्वीकार किया गया।

1989: प्रोफेसर डी.टी. लकड़ावाला की अध्यक्षता में विशेषज्ञ समूह; 1993 में रिपोर्ट प्रस्तुत एवं 1997 में स्वीकार किया गया।

2005: प्रोफेसर सुरेश डी तेन्दुलकर की अध्यक्षता में विशेषज्ञ समूह; नवम्बर 2009 में रिपोर्ट प्रस्तुत और जनवरी 2011 में स्वीकार किया गया।

2012: डॉ. सी. रंगराजन की अध्यक्षता में विशेषज्ञ समूह; 2014 में रिपोर्ट प्रस्तुत।

तेन्दुलकर विशेषज्ञ समूह द्वारा अपनाई गई प्रविधि सामान्य तौर पर अपने पूर्ववर्तियों से ही सम्बन्धित है, अर्थात् 1962 का कार्यकारी दल, 1977 का कार्यदल और 1989 का विशेषज्ञ समूह। यह प्रविधि प्रतिमाह प्रति व्यक्ति उपभोग व्यय एवं राष्ट्रीय प्रतिदर्श सर्वेक्षण कार्यालय के राष्ट्रीय प्रतिदर्श सर्वेक्षण के उपभोग व्यय के आँकड़ों के वर्ग वितरण की बहिर्जात रूप से निर्धारित गरीबी रेखा पर आधारित है। गरीबी अनुपात (गरीबी रेखा से नीचे रहने वाले लोगों के प्रतिशत) व्यक्तियों की श्रेणी के वितरण से गरीबी रेखा के नीचे रहने वालों की गणना से प्राप्त किया गया था।

योजना आयोग द्वारा प्रयुक्त गरीबी के आकलन के लिए प्रविधि में कार्यकारी समूह/कार्यदल/विशेषज्ञ समूह द्वारा की गई सिफारिशों पर आधारित है, जिसमें इस क्षेत्र के प्रसिद्ध विशेषज्ञ सम्मिलित हैं[3]। योजना आयोग ने समय–समय पर इन समूहों का गठन गरीबी के मापन से सम्बन्धित प्रविधि सम्बन्धी मुद्दों को पुनः प्राप्त करने के लिए किया है जिससे समकालीन आर्थिक स्थिति के अनुमानों को अधिक प्रासंगिक बनाया जा सकें। योजना आयोग द्वारा वर्तमान में (जनवरी 2011 से) गरीबी का अनुमान लगाने के लिए उपयोग की जाने वाली प्रविधि प्रोफेसर सुरेश डी. तेन्दुलकर की अध्यक्षता में विशेषज्ञों की अनुसंशाओं पर आधारित है।

मार्च 1997 में, भारत सरकार ने गरीबी के आधिकारिक अनुमानों की गणना के आधार के रूप में गरीबी के अनुमान के लिए लकड़ावाला विशेषज्ञ समूह की प्रविधि को अपनाया और इस प्रविधि का प्रयोग करते हुए योजना आयोग ने विभिन्न राज्यों/केन्द्र शासित प्रदेशों के ग्रामीण एवं शहरी क्षेत्रों में वर्ष 1973–74 (राष्ट्रीय प्रतिदर्श सर्वेक्षण के 28वें दौर के उपभोक्ता व्यय के आँकड़ों का उपयोग कार्यदल द्वारा गरीबी के अनुमान लगाने के लिए उपयोग किया गया था) में गरीबी अनुपात का अनुमान लगाया था, और 1977–78, 1983, 1987–88 और 1993–94 के वर्षों के लिए जिनमें उपभोक्ता व्यय के वृहद प्रतिदर्श सर्वेक्षण के आँकड़ें उपलब्ध थे। इसके बाद, इसी प्रविधि का उपयोग करते हुए योजना आयोग ने राष्ट्रीय प्रतिदर्श सर्वेक्षण के वृहद प्रतिदर्श सर्वेक्षण में उपभोक्ता व्यय का उपयोग करते हुए 1999–2000 और 2004–05 के वर्षों के लिए राष्ट्रीय एवं राज्य स्तरों पर गरीबी अनुपात का अनुमान क्रमशः 55वें एवं 61वें दौर में आकलित किया गया।

गरीबी का आधिकारिक अनुमान योजना आयोग द्वारा लकड़ावाला विशेषज्ञ समूह की प्रविधि का उपयोग करके लिया गया था और इसका उपयोग जनवरी 2011 तक किया गया था। लकड़ावाला विशेषज्ञ समूह की प्रविधि का उपयोग करके गरीबी अनुपात (अर्थात्, गरीबी रेखा के नीचे रहने वाले लोगों का प्रतिशत) और राष्ट्रीय स्तर पर विभिन्न वर्षों के लिए गरीबों की संख्या तालिका 3.9 में दी गई है। योजना आयोग ने 1993–94 और 2004–05 के लिए गरीबी के अनुमान जारी किए, जो जनवरी 2011 में तेन्दुलकर विशेषज्ञ समूह प्रविधि से प्राप्त हुए थे। इसके बाद, इसी प्रविधि के आधार पर, 2009–10 और 2011–12 के लिए गरीबी अनुमान क्रमशः मार्च 2012 और जुलाई 2013 में योजना आयोग द्वारा प्राप्त किया गया था। 1993–94, 2004, 2009–10 और 2011–12 के लिए तेन्दुलकर विशेषज्ञ समूह की प्रविधि से प्राप्त गरीबी अनुपात और राष्ट्रीय स्तर पर गरीबों की संख्या तालिका 3.10 में प्रस्तुत की गई है।

जैसा कि तालिका में दिखाया गया है कि 1993–94 के बाद से गरीबी अनुपात में निरंतर गिरावट आई है। 1993–94 से 2004–05 की अवधि के दौरान गरीबी अनुपात की गिरावट की दर, ग्रामीण क्षेत्रों के लिए 0.75 प्रतिशत प्रतिवर्ष, शहरी क्षेत्रों के लिए 0.55 प्रतिशत प्रतिवर्ष एवं पूरे देश के लिए 0.74 प्रतिशत प्रतिवर्ष थी। 2004–05 से 2011–12 की अवधि के लिए सम्बन्धित आँकड़े 2.32 प्रतिशत, 1.69 प्रतिशत और 2.18 प्रतिशत थे और 1993–94 से 2011–12 की अवधि के लिए 1.36 प्रतिशत, 1.01 प्रतिशत और 1.3 प्रतिशत क्रमशः ग्रामीण क्षेत्रों, शहरी क्षेत्रों और सम्पूर्ण भारत के लिए थे। इस प्रकार, गरीबी अनुपात में 2004–05 से 2011–12 की अवधि के

तालिका 3.9: *गरीबी अनुपात एवं गरीबों की संख्याः लकड़ावाला विशेषज्ञ समूह प्रविधि*

	गरीबी अनुपात (प्रतिशत में)			*गरीबों की संख्या (करोड़ में)*		
वर्ष	*ग्रामीण*	*शहरी*	*कुल*	*ग्रामीण*	*शहरी*	*कुल*
1973–74	56.4	49.0	54.9	26.13	6.00	32.13
1977–78	53.1	45.2	51.3	26.43	6.46	32.89
1983	45.7	40.8	44.5	25.20	7.09	32.29
1987–88	39.1	38.2	38.9	23.19	7.52	30.71
1993–94	37.3	32.4	36.0	24.40	7.63	32.03
2004–05 (यूआरपी)	28.3	25.7	27.5	22.09	8.08	30.17

स्रोतः योजना आयोग (2014बीः तालिका 2.1, पृ. 14)

टिप्पणीः यूआरपीः समरूप स्मरण अवधि उपभोग जिसमें सभी वस्तुओं के उपभोक्ता व्यय आँकड़ें 30 दिनों के स्मरण के आधार पर एकत्र किया जाता है।

तालिका 3.10: *तेन्दुलकर विशेषज्ञ समूह प्रविधि से प्राप्त गरीबों के प्रतिशत एवं संख्या का आकलन*

	गरीबी अनुपात (प्रतिशत में)			*गरीबों की संख्या (करोड़ में)*		
वर्ष	*ग्रामीण*	*शहरी*	*कुल*	*ग्रामीण*	*शहरी*	*कुल*
1993–94	50.1	31.8	45.3	32.86	7.45	40.37
2004–05	41.8	25.7	37.2	32.63	8.08	40.71
2009–10	33.8	20.9	29.8	27.82	7.65	35.47
2011–12	25.7	13.7	21.9	21.67	5.31	26.98

स्रोतः योजना आयोग (2014बीः तालिका 2.2, पृ. 18)

दौरान सम्पूर्ण देश के लिए और साथ ही ग्रामीण एवं शहरी क्षेत्रों में उच्च दर से कमी आई है। तेन्दुलकर प्रविधि का उपयोग करते हुए अनुमान लगाने वाली राज्य–विशिष्ट गरीबी रेखाएँ तालिका 3.11 में प्रस्तुत की गई है और तालिका 3.12 में राज्य द्वारा गरीबी रेखा से नीचे की जनसंख्या की संख्या एवं प्रतिशत दिया गया है।

गरीबी के मापन में सम्मिलित विभिन्न प्रविधि सम्बंधी मुद्दों को व्यवस्थित करने की तत्काल आवश्यकता को महसूस करते हुए, गरीबी के मापन के लिए एक प्रविधि के सुझाव हेतु योजना आयोग द्वारा जून 2012 में सी. रंगराजन की अध्यक्षता में एक विशेषज्ञ समूह का गठन किया गया। 2014 में विशेषज्ञ समूह द्वारा रिपोर्ट को प्रस्तुत किया गया था, लेकिन दिसम्बर 2015 तक यह पता नहीं चल सका कि योजना आयोग के नए अवतार नीति आयोग द्वारा इसे स्वीकार किया गया। लेकिन हमारे विचार से, रंगराजन विशेषज्ञ समूह द्वारा अपनाई गई प्रविधि गरीबी की सीमा को आकलित करने के उद्देश्य से सबसे उपयुक्त है। इसे ध्यान में रखते हुए, हमने 2011–12 में राज्य विशेष की गरीबी रेखाओं के साथ–साथ राज्यों द्वारा गरीबी रेखा के नीचे की जनसंख्या एवं प्रतिशत को तालिका 3.13 एवं 3.14 में प्रस्तुत करने का निर्णय लिया।

तालिका 3.11: *राज्यवार गरीबी रेखा (तेन्दुलकर प्रविधि)*

रू. प्रति व्यक्ति प्रतिमाह

		ग्रामीण			*शहरी*		
क्र.	*राज्य*	*2004–05*	*2009–10*	*2011–12*	*2004–05*	*2009–10*	*2011–12*
1.	आन्ध्र प्रदेश	433	694	860	563	926	1,009
2.	अरूणाचल प्रदेश	547	774	930	618	925	1,060
3.	आसाम	478	692	828	600	871	1,008
4.	बिहार	433	656	778	526	775	923
5.	छत्तीसगढ़	399	617	738	514	807	849
6.	दिल्ली	541	748	1,145	642	1,040	1,134
7.	गोवा	609	931	1,090	671	1,025	1,134
8.	गुजरात	502	726	932	659	951	1,152
9.	हरियाणा	529	792	1,015	626	975	1,169
10.	हिमाचल प्रदेश	520	708	913	606	888	1,064
11.	जम्मू एवं कश्मीर	522	723	891	603	845	988
12.	झारखण्ड	405	616	748	531	831	974
13.	कर्नाटक	418	629	902	588	908	1,089
14.	केरल	537	775	1,018	585	831	987
15.	मध्यप्रदेश	408	632	771	532	772	897
16.	महाराष्ट्र	485	744	967	632	961	1,126
17.	मणिपुर	578	871	1,118	641	955	1,170
18.	मेघालय	503	687	888	746	990	1,154
19.	मिजोरम	639	850	1,066	700	939	1,155
20.	नगालैण्ड	687	1,017	1,270	783	1,148	1,302
21.	ओडिशा	408	567	695	497	736	861
22.	पंजाब	544	830	1,054	643	961	1,155
23.	राजस्थान	478	755	905	568	846	1,002
24.	सिक्किम	532	729	930	742	1,035	1,226
25.	तमिलनाडु	442	639	880	560	801	937
26.	त्रिपुरा	450	663	798	556	783	920
27.	उत्तरप्रदेश	435	664	768	532	800	941
28.	उत्तराखण्ड	486	720	880	602	899	1,082

(तालिका 3.11 जारी)

(तालिका 3.11 जारी)

		ग्रामीण			*शहरी*		
क्र.	*राज्य*	*2004–05*	*2009–10*	*2011–12*	*2004–05*	*2009–10*	*2011–12*
29.	पश्चिम बंगाल	445	643	783	573	831	981
30.	पुड्डुचेरी	385	641	1,301	506	778	1,309
	भारत	447	673	816	579	860	1,000

स्रोतः योजना आयोग (2014बीः तालिका बी 1, पृ. 28)

तालिका 3.12: *2011–12 में राज्यों में गरीबी की रेखा के नीचे की संख्या एवं प्रतिशत (तेन्दुलकर प्रविधि)*

		ग्रामीण		*शहरी*		*कुल*	
क्र.	*राज्य*	*व्यक्तियों का प्रतिशत*	*व्यक्तियों की संख्या (लाख में)*	*व्यक्तियों का प्रतिशत*	*व्यक्तियों की संख्या (लाख में)*	*व्यक्तियों का प्रतिशत*	*व्यक्तियों की संख्या (लाख में)*
1.	आन्ध्र प्रदेश	11.0	61.8	5.8	17.0	9.2	78.8
2.	अरूणाचल प्रदेश	38.9	4.2	20.3	0.7	34.7	4.9
3.	आसाम	33.9	92.1	20.5	9.2	32.0	101.3
4.	बिहार	34.1	320.4	31.2	37.8	33.7	358.2
5.	छत्तीसगढ़	44.6	88.9	24.8	15.2	39.9	104.1
6.	दिल्ली	12.9	0.5	9.8	16.5	9.9	17.0
7.	गोवा	6.8	0.4	4.1	0.4	5.1	0.8
8.	गुजरात	21.5	75.4	10.1	26.9	16.6	102.2
9.	हरियाणा	11.6	19.4	10.3	9.4	11.2	28.8
10.	हिमाचल प्रदेश	8.5	5.3	4.3	0.3	8.1	5.6
11.	जम्मू एवं कश्मीर	11.5	10.7	7.2	2.5	10.3	13.3
12.	झारखण्ड	40.8	104.1	24.8	20.2	37.0	124.3
13.	कर्नाटक	24.5	92.8	15.3	37.0	20.9	129.8
14.	केरल	9.1	15.5	5.0	08.5	7.1	23.9
15.	मध्यप्रदेश	35.7	191.0	21.0	43.1	31.6	234.1
16.	महाराष्ट्र	24.2	150.6	9.1	47.4	17.4	197.9
17.	मणिपुर	38.8	7.4	32.6	2.8	36.9	10.2
18.	मेघालय	12.5	3.0	9.3	0.6	11.9	3.6
19.	मिजोरम	35.4	1.9	6.4	0.4	20.4	2.3
20.	नगालैण्ड	19.9	2.8	16.5	1.0	18.9	3.8

(तालिका 3.12 जारी)

(तालिका 3.12 जारी)

क्र.	राज्य	ग्रामीण		शहरी		कुल	
		व्यक्तियों का प्रतिशत	व्यक्तियों की संख्या (लाख में)	व्यक्तियों का प्रतिशत	व्यक्तियों की संख्या (लाख में)	व्यक्तियों का प्रतिशत	व्यक्तियों की संख्या (लाख में)
21.	ओडिशा	35.7	126.1	17.3	12.4	32.6	138.5
22.	पंजाब	7.7	13.4	9.2	9.8	8.3	23.2
23.	राजस्थान	16.1	84.2	10.7	18.7	14.7	102.9
24.	सिक्किम	9.9	0.4	3.7	0.1	8.2	0.5
25.	तमिलनाडु	15.8	59.2	6.5	23.4	11.3	82.6
26.	त्रिपुरा	16.5	4.5	7.4	0.8	14.0	05.2
27.	उत्तर प्रदेश	30.4	479.4	26.1	118.8	29.4	598.2
28.	उत्तराखण्ड	11.6	8.2	10.5	3.4	11.3	11.6
29.	पश्चिम बंगाल	22.5	141.1	14.7	43.8	20.0	185.0
30.	पुड्डुचेरी	17.1	0.7	6.3	0.6	9.7	1.2
31.	अंडमान एवं निकोबार द्वीपसमूह	1.6	0.04	0.0	0.0	1.0	0.04
32.	चण्डीगढ़	1.6	0.004	22.3	2.3	21.8	2.3
33.	दादरा एवं नागर हवेली	62.6	1.2	15.4	0.3	39.3	01.4
34.	दमन एवं दीव	0.0	0.0	12.6	0.3	9.9	0.3
35.	लक्षद्वीप	0.0	0.0	3.4	0.02	2.8	0.02
	भारत	25.7	2166.6	13.7	531.2	21.9	2697.8

स्रोतः योजना आयोग (2014बीः तालिका बी4, पृ. 31)

रंगराजन विशेषज्ञ समूह प्रविधि और तेन्दुलकर प्रविधि द्वारा प्राप्त वर्ष 2009–10 और 2011–12 के लिए गरीबी अनुपात का अनुमान तालिका 3.15 में संक्षेपित किया गया है।

जैसा कि तालिका 3.10–3.15 में दिखाया गया है, रंगराजन विशेषज्ञ समूह द्वारा अनुमानित गरीबी रेखाएँ ग्रामीण और शहरी क्षेत्रों के लिए क्रमशः 19 प्रतिशत और 41 प्रतिशत से अधिक है। विशेषज्ञ समूह द्वारा राष्ट्रीय प्रतिदर्श सर्वेक्षण के संशोधित मिश्रित सन्दर्भ अवधि के उपभोग व्यय आँकड़ों का उपयोग किया गया है क्योंकि इन्हें मिश्रित सन्दर्भ अवधि की तुलना में ज्यादा सटीक माना जाता है जिसका उपयोग तेन्दुलकर विशेषज्ञ समूह द्वारा किया गया था एवं समान सन्दर्भ अवधि जिसका उपयोग पूर्व के अनुमानों में किया गया। ग्रामीण गरीबी रेखा में 67 प्रतिशत और शहरी गरीबी रेखा में 28 प्रतिशत की वृद्धि का कारण मिश्रित सन्दर्भ अवधि से संशोधित मिश्रित अवधि में बदलाव की वजह से है (योजना आयोग 2014बी, 4)। रंगराजन विशेषज्ञ समूह की रिपोर्ट के अनुसार 2011–12 में, ग्रामीण क्षेत्रों में 39.9 प्रतिशत तथा शहरी क्षेत्रों में 26.4 प्रतिशत गरीबी अनुपात था एवं गरीबी रेखा के नीचे के लोगों की संख्या ग्रामीण क्षेत्रों में 26.05 करोड़ एवं शहरी क्षेत्रों में 5.31 करोड़ के इसी अनुमान के विपरीत है (योजना आयोग 2014बी, तालिका 4.7, पृ. 69)।

तालिका 3.13: *2011–12 के लिए राज्यवार गरीबी रेखा*

(रू. प्रति व्यक्ति प्रति माह)

क्र.	*राज्य*	*गरीबी रेखा*	
		ग्रामीण	*शहरी*
1.	आन्ध्र प्रदेश	1,031.74	1,370.84
2.	अरूणाचल प्रदेश	1,151.01	1,482.94
3.	आसाम	1,006.66	1,420.12
4.	बिहार	971.28	1,229.30
5.	छत्तीसगढ़	911.80	1,229.72
6.	दिल्ली	1,492.46	1,538.09
7.	गोवा	1,200.60	1,470.07
8.	गुजरात	1,102.83	1507.06
9.	हरियाणा	1,127.82	1,528.31
10.	हिमाचल प्रदेश	1,066.60	1,411.59
11.	जम्मू एवं कश्मीर	1,044.48	1,403.25
12.	झारखण्ड	904.02	1,272.06
13.	कर्नाटक	975.43	1,373.28
14.	केरल	1,054.03	1,353.68
15.	मध्यप्रदेश	941.70	1,340.28
16.	महाराष्ट्र	1,078.34	1560.38
17.	मणिपुर	1,185.19	1,561.77
18.	मेघालय	1,110.67	1,524.37
19.	मिजोरम	1,231.03	1,703.93
20.	नगालैण्ड	1,229.83	1,615.78
21.	ओडिशा	876.42	1,205.37
22.	पंजाब	1,127.48	1,479.27
23.	राजस्थान	1,035.97	1,406.15
24.	सिक्किम	1,126.25	1,542.67
25.	तमिलनाडु	1,081.94	1,380.36
26.	त्रिपुरा	935.52	1,376.55
27.	उत्तर प्रदेश	889.82	1,329.55
28.	उत्तराखण्ड	1,014.95	1,408.12

(तालिका 3.13 जारी)

(तालिका 3.13 जारी)

क्र.	राज्य	गरीबी रेखा	
29.	पश्चिम बंगाल	934.10	1372.68
30.	पुड्डुचेरी#	1,130.10	1,382.31
31.	अंडमान एवं निकोबार द्वीपसमूह#	1,314.98	1,797.69
32.	चण्डीगढ़#	1,303.17	1,481.21
33.	दादरा एवं नागर हवेली#	1,008.39	1,540.81
34.	दमन एवं दीव#	1,200.60	1,434.93
35.	लक्षद्वीप#	1,327.77	1,458.69
	भारत	972	1,407

स्रोतः योजना आयोग (2014बीः तालिका 4.3, पृ. 64)
नोटः #: संघ शासित क्षेत्र

तालिका 3.14: *2011–12 में राज्यों में गरीबी रेखा के नीचे की संख्या एवं प्रतिशत (रंगराजन विशेषज्ञ समूह की प्रविधि)*

		ग्रामीण		शहरी		कुल	
क्र.	राज्य	व्यक्तियों का प्रतिशत	व्यक्तियों की संख्या (लाख में)	व्यक्तियों का प्रतिशत	व्यक्तियों की संख्या (लाख में)	व्यक्तियों का प्रतिशत	व्यक्तियों की संख्या (लाख में)
1.	आन्ध्र प्रदेश	12.7	71.5	15.6	45.7	13.7	117.3
2.	अरूणांचल प्रदेश	39.3	04.3	30.9	01.0	37.4	05.3
3.	आसाम	42.0	114.1	34.2	15.4	40.9	129.5
4.	बिहार	40.1	376.8	50.8	61.4	41.3	438.1
5.	छत्तीसगढ़	49.2	97.9	43.7	26.9	47.9	124.8
6.	दिल्ली	11.9	00.5	15.7	26.3	15.6	26.7
7.	गोवा	1.4	00.1	9.1	00.8	6.3	00.9
8.	गुजरात	31.4	109.8	22.2	58.9	27.4	168.8
9.	हरियाणा	11.0	18.4	15.3	140	12.5	32.4
10.	हिमाचल प्रदेश	11.1	06.9	8.8	00.6	10.9	07.5
11.	जम्मू एवं कश्मीर	12.6	11.7	21.6	07.6	15.1	19.3
12.	झारखण्ड	45.9	117.0	31.3	25.5	42.4	142.5
13.	कर्नाटक	19.8	74.8	25.1	60.9	21.9	135.7
14.	केरल	7.3	12.3	15.3	26.0	11.3	38.3
15.	मध्यप्रदेश	45.2	241.4	42.1	86.3	44.3	327.8
16.	महाराष्ट्र	22.5	139.9	17.0	88.4	20.0	228.3

(तालिका 3.14 जारी)

(तालिका 3.14 जारी)

क्र.	राज्य	ग्रामीण		शहरी		कुल	
		व्यक्तियों का प्रतिशत	व्यक्तियों की संख्या (लाख में)	व्यक्तियों का प्रतिशत	व्यक्तियों की संख्या (लाख में)	व्यक्तियों का प्रतिशत	व्यक्तियों की संख्या (लाख में)
17.	मणिपुर	34.9	06.7	73.4	06.3	46.7	12.9
18.	मेघालय	26.3	06.4	16.7	01.0	24.4	74.0
19.	मिजोरम	33.7	01.8	21..5	01.2	27.4	31.0
20.	नगालैण्ड	6.1	00.8	32.1	01.9	14.0	28.0
21.	ओडिशा	47.8	169.0	36.3	26.0	45.9	195.0
22.	पंजाब	7.4	12.9	17.6	187.0	11.3	31.6
23.	राजस्थान	21.4	112.0	22.5	39.5	21.7	151.5
24.	सिक्किम	20.0	0.9	11.7	00.2	17.8	01.1
25.	तमिलनाडु	24.3	91.1	20.3	72.8	22.4	163.9
26.	त्रिपुरा	22.5	06.1	31.3	03.2	24.9	93.0
27.	उत्तर प्रदेश	38.1	600.9	45.7	208.2	39.8	809.1
28.	उत्तराखण्ड	12.6	08.9	29.5	09.4	17.8	18.4
29.	पश्चिम बंगाल	30.1	188.6	29.0	86.8	29.7	275.4
30.	पुड्डुचेरी#	5.9	00.2	8.6	00.7	7.7	01.0
31.	अंडमान एवं निकोबार द्वीपसमूह#	6.6	00.2	4.9	00.1	6.0	00.2
32.	चण्डीगढ़#	12.0	0.0	21.5	02.3	21.3	02.3
33.	दादरा एवं नागर हवेली	55.2	01.0	15.3	00.3	35.6	01.3
34.	दमन एवं दीव#-	0.0	0.0	17.6	00.4	13.7	00.4
35.	लक्षद्वीप#	0.6	0.0	7.9	0.0	6.5	0.0
	भारत	2605.2	26.4	1024.7	2095	3629.9	2605.2

स्रोत: योजना आयोग (2014बी: तालिका 4.4, पृ. 66)
नोट: #: संघ शासित क्षेत्र

गरीबी के आकलन के कुछ प्रविधिगत मुद्दे

गरीबी रेखा के आकलन के प्रमुख मुद्दे निम्नानुसार है: (योजना आयोग 2014बी, 30–47)

1. **सम्पूर्ण भारत के लिए एकल गरीबी रेखा की गरीबी रेखा टोकरी का प्रयोग**
   भारत के विशाल आकार को मद्देनजर रखते हुए यह प्रश्नाधीन है कि जीवित परिवेश में, आहार के तरीके एवं प्राथमिकताओं में तथा राज्यों के मध्य वस्तु और सेवाओं की कीमतों में और यहाँ तक कि एक राज्य के भीतर ग्रामीण और शहरी क्षेत्रों के मध्य महत्त्वपूर्ण परिवर्तनशीलता दिखाई देती है लेकिन, सादगी, समय और स्थान के सन्दर्भ में तुलनात्मकता और तुलनीयता के मामलों में कोई अन्य बेहतर विकल्प नहीं है।

तालिका 3.15: *रंगराजन एवं तेन्दुलकर विशेषज्ञ समूहों के अनुसार 2009–10 एवं 2011–12 के लिए गरीबी अनुमान*

वर्ष	*गरीबी अनुपात (प्रतिशत में)*			*गरीबों की संख्या (करोड़ में)*		
	ग्रामीण	*शहरी*	*कुल*	*ग्रामीण*	*शहरी*	*कुल*
			रंगराजन विशेषज्ञ समूह			
2009–10	39.6	35.1	38.2	32.59	12.87	45.46
2011–12	30.9	26.4	29.5	26.05	10.25	36.30
कमी (प्रतिशत में)	8.7	8.7	8.7	6.54	2.62	9.16
			तेन्दुलकर विशेषज्ञ समूह			
2009–10	33.8	20.9	29.8	27.82	7.65	35.47
2011–12	25.7	13.7	21.9	21.67	5.31	26.98
कमी (प्रतिशत में)	8.1	7.2	7.9	6.15	2.34	8.49

2. **उपभोग व्यय का आय के प्रतिनिधि के रूप में प्रयोग**

इस अभ्यास को यायावर परिवारों के प्रतिदर्श का सर्वेक्षण करने में आने वाली महत्त्वपूर्ण कठिनाइयों को दृष्टिगत रखते हुए परिवारों की आय को स्मरण–आधारित (आमतौर पर 30 दिवसीय सन्दर्भ अवधि) सर्वे के माध्यम से अपनाया जाता है। आय के प्रमुख स्रोत के रूप में स्व–रोजगार वाले परिवारों के मामलों में ये कठिनाइयां विशेष रूप से महत्त्वपूर्ण है। राष्ट्रीय प्रतिदर्श सर्वेक्षण के 68वें दौर के सर्वे के अनुसार, सभी परिवारों में से ग्रामीण भारत में 49.8 प्रतिशत एवं शहरी परिवारों में 35.3 प्रतिशत स्व–नियोजित परिवार है। उपभोग व्यय का उपयोग करने में एक और मुद्दा यह है कि कुल व्यय में से भोजन पर होने वाले व्यय के हिस्से में समय के साथ उल्लेखनीय कमी के साथ उपभोग व्यय के तरीकों में भी काफी बदलाव आया है एवं भोजन के भीतर ही कैलोरी–युक्त अनाजों के हिस्से में महत्त्वपूर्ण कमी आई है। उपभोग के तरीकों में बदलाव, कम कैलोरी आवश्यकताओं के कारण प्रतिबिम्बित हो सकता है जिसमें एक अधिक निष्क्रिय जीवन शैली वाले व्यवसायिक तरीकें की ओर बदलाव, बेहतर साफ–सफाई और स्वच्छता तक पहुंच में सुधार, और स्वास्थ्य की स्थिति में सामान्य सुधार जो खाने से प्राप्त होने वाली कैलोरीयुक्त और अन्य पोषक तत्वों को बेहतर बनाए रखने के लिए प्रवृत्त होती है। इस समस्या को समाप्त करने के लिए, रंगराजन विशेषज्ञ समूह ने 2010 के आईसीएमआर के मानदंडों के आधार पर कैलोरी, वसा और प्रोटीन की औसत आवश्यकताओं; 2011 की जनगणना के अनुसार ग्रामीण और शहरी जनसंख्या की उम्र एवं लिंग के आधार पर वितरण तथा 2011–12 के रोजगार–बेरोजगार सर्वेक्षण के अनुसार व्यापक कार्य स्तर की पुनः गणना की है। संशोधित कैलोरी मानदंड वास्तव में विशेषतः ग्रामीण भारत के लिए कम है।

3. **राष्ट्रीय लेखा प्रणाली के समुच्चय से उत्पन्न और राष्ट्रीय प्रतिदर्श सर्वेक्षण पद्धति पर आधारित उपभोग अनुमानों के मध्य अन्तर**

भारतीय सांख्यिकीय प्रणाली निजी खपत के दो समानांतर अनुमान तैयार करती है। ये हैं: (अ) राष्ट्रीय प्रतिदर्श सर्वेक्षण का अनुमान, जो घरेलू उपभोक्ता व्यय सर्वेक्षण और क्षेत्रों (ग्रामीण और शहरी) और खण्डों (राज्यों और उप राज्य स्तर जैसे राष्ट्रीय प्रतिदर्श सर्वेक्षण क्षेत्र जो कि जनसंख्या के घनत्व एवं फसलीय पद्धति के आधार पर समानता रखने वाले संगत जिलों के समूह को जोड़कर गठित किया जाता है) द्वारा उपभोग की प्राप्ति वर्ग वितरण पर आधारित होता है; एवं (ब) राष्ट्रीय लेखा प्रणाली के

अनुमान, जो कि राष्ट्रीय सांख्यिकी संगठन से जनित होते है, जो सम्पूर्ण देश के लिए उपभोग के एक अदिश मूल्य का उपयोग करता है, जिसमें क्षेत्र अथवा वर्ग (व्यापक वस्तु समूह को छोड़कर) द्वारा कोई असंगतता नहीं है। उपभोग के ये दो अनुमान (एनएसएस और एनएएस) किसी भी देश में मेल नहीं खाते है; भारत भी इनका अपवाद नहीं है। भारत में खतरनाक यह है कि एनएसएस और एनएएस के उपभोग के बीच का अंतर समय के साथ बढ़ता जा रहा है। उदाहरणार्थ, 1970 के दशक के अंत में यह अंतर 10 प्रतिशत से कम था; यह 2004–05 में 50 प्रतिशत तक बढ़ गया। समेकित स्तर पर, एनएएस उपभोग सदैव एनएसएस उपभोग से अधिक रहा है। अनुमान के इन दो समूहों के अंतर को सुलझाने में कई असंगत समस्याएँ है।

इन समस्याओं को ध्यान रखते हुए, रंगराजन विशेषज्ञ समूह वर्तमान परिपाटी को जारी रखेंगे जो लकड़ावाला विशेषज्ञ समूह द्वारा आरम्भ की गई तथा तेन्दुलकर विशेषज्ञ समूह द्वारा जारी रखा गया जिसमें राष्ट्रीय प्रतिदर्श सर्वेक्षण संगठन प्रविधि के आधार पर निजी उपभोक्ता व्यय के आकार वितरण के सन्दर्भ में भारत में गरीबी का अनुमान लगाया जाएगा।

4. **कीमतों को स्थानिक और अंतर-अस्थायी रूपांतरों के लिए गरीबी रेखा को समायोजित करना**

1979 के कार्यदल (अलघ) की सिफारिशों को लागू करते समय, योजना आयोग ने सभी राज्यों के लिए एक समान सामान्य अखिल भारतीय गरीबी रेखा का उपयोग किया था– यद्यपि, इसे ग्रामीण और शहरी जनसंख्या के लिए अलग–अलग रखा गया। समय–समय पर कीमत–मुद्रास्फीति के लिए अखिल भारतीय गरीबी रेखा का समायोजन, थोक मूल्य सूचकांक का उपयोग ग्रामीण और शहरी गरीबी रेखा दोनों को समायोजित करने के लिए किया गया था। इससे प्रत्यक्ष समस्या यह उत्पन्न हुई कि थोक मूल्य सूचकांक के पास उन वस्तुओं के लिए पर्याप्त महत्त्व था जो घरों की उपभोग टोकरी का हिस्सा नहीं थे। तदन्तर, योजना आयोग ने राष्ट्रीय लेखाओं के निजी अंतिम उपभोग व्यय के वर्तमान और स्थायी कीमत मूल्यों के अन्तर्निहित अव्यक्त विक्षेपक का उपयोग किया। यह भी, ग्रामीण एवं शहरी जनसंख्या के लिए अलग संकेतक प्रदान नहीं करता है। इसके पश्चात् लकड़ावाला विशेषज्ञ समूह ने उक्त प्रविधि में कुछ महत्त्वपूर्ण बदलाव किए, लेकिन फिर भी समय और स्थान पर उपभोग के तरीके को बदलकर रखने की समस्या अनसुलझी बनी रही। इसके बाद, तेन्दुलकर विशेषज्ञ समूह ने इस समस्या का संज्ञान लिया एवं फ़िशर के मूल्य सूचकांकों के साथ कार्य करने का निर्णय लिया, विशेषकर राज्य विशेष की गरीबी रेखाएँ प्राप्त करने के लिए, अखिल भारतीय (शहरी) गरीबी रेखा को देखते हुए और समय के साथ अद्यतन करने के लिए अनुमान लगाया गया।

रंगराजन विशेषज्ञ समूह (योजना आयोग 2014बी, 69–70) ने सुझाव दिया है कि उपभोग के तरीके में बदलाव के लेखांकन के लिए 'आदर्श सूचकांक' जैसे 'फ़िशर सूचकांक' के उपयोग की आवश्यकता है ताकि जनसंख्या का सामना करने वाली 'वास्तविक' मुद्रास्फीति को पकड़ा जा सके। इस सन्दर्भ में यह ध्यान दिया जा सकता है कि सार्वजनिक वितरण प्रणाली से परिवारों द्वारा मांगे जाने वाले अनाज के हिस्से में वृद्धि– जो कि राष्ट्रीय खाद्य सुरक्षा कानून से गति प्राप्त कर सकता है– निजी उपभोग व्यय के बदलते ढांचे का एक महत्त्वपूर्ण तत्व होगा।

फ़िशर सूचकांक के उपयोग के आधार वर्ष और अंतिम वर्ष दोनों के लिए भार आरेख की आवश्यकता होगी, एवं इसे वर्तमान में राष्ट्रीय प्रतिदर्श सर्वेक्षण के उपभोक्ता व्यय सर्वेक्षणों के लिए वृहद् निदर्शन से तैयार किया जा सकता है। फ़िशर सूचकांक के निर्माण के लिए अगली आवश्कता मूल्य–सम्बन्धों का एक समूह है जो कम से कम उपभोग टोकरी में मुख्य मद–समूहों के लिए तो है। हाल ही में, केन्द्रीय सांख्यिकीय संगठन द्वारा ग्रामीण और शहरी क्षेत्रों के लिए राज्य स्तर पर उपभोक्ता मूल्य सूचकांक तैयार करना प्रारम्भ किया जा चुका है। ये राज्यवार मूल्य सूचकांक वस्तु समूह जैसे खाद्यान्न, पेय पदार्थ और तम्बाकू, ईंधन तथा प्रकाश, आवास

(केवल शहरी क्षेत्रों के लिए), कपड़े, बिस्तर और जूते तथा 2011 से विविध वस्तुओं के गैर–समेकित स्तर पर उपलब्ध है। हम फ़िशर सूचकांक के निर्माण के लिए सूचीबद्ध वस्तु समूहों के लिए प्रकाशित मूल्य–सूचकों का उपयोग कर सकते हैं। हालांकि, यह ध्यान देने योग्य है कि इस तरह के उच्च समेकित वस्तु समूहों के साथ, वयय के संयोजन में समूह परिवर्तनों के प्रभाव का अधिग्रहण नहीं किया जाएगा। यह वर्तमान में उपलब्ध केन्द्रीय सांख्यिकीय संगठन के उपभोक्ता मूल्य सूचकांक के अन्तर्गत भारित आरेख के बाद 2004–05 में एक वस्तु के रूप में भोजन के लिए मूल्य सूचकांक के लिए विशेष रूप से समस्याग्रस्त है। इसलिए, खाद्य समूह के लिए, रंगराजन विशेषज्ञ समूह ने सिफारिश की है कि राष्ट्रीय प्रतिदर्श सर्वेक्षण संगठन के उपभोक्ता व्यय सर्वेक्षणों से व्युत्पन्न इकाई मूल्यों पर निर्भर रहने की विद्यमान प्रक्रिया उस समय तक जारी रहनी चाहिए, जब तक कि नया उपभोक्ता मूल्य सूचकांक के भारित आरेख के साथ 2011–12 के तरीके के आधार पर उपभोग उपलब्ध हो जाता है। गैर–खाद्य वस्तुओं के सम्बन्ध में, विद्यमान केन्द्रीय सांख्यिकीय संगठन के उपलब्ध मूल्य सूचकांक का उपयोग फ़िशर सूचकांक के निर्माण के लिए किया जा सकता है।

एक बार उपभोक्ता मूल्य सूचकांक की संख्या (आधार वर्ष 2011–12 के साथ) उपलब्ध हो जाए, इन मूल्य सूचकांकों को उपयोग करने की परिचालन सुविधा के बीच आदान–प्रदान होगा क्योंकि वे आसानी से उपलब्ध है और सही मुद्रा स्फीति को अभिग्रहित करने के लिए 'आदर्श मूल्य सूचकांक' का उपयोग करना वांछनीय है। इस आदान–प्रदान का संकल्प इस बात पर निर्भर करता है कि 2011–12 के उपभोग ढांचे के मुकाबले उस समय खपत की संरचना में परिवर्तन की सीमा के आकलन पर अवलम्बित होगा। उपर्युक्त प्रक्रिया को अगले वर्ष 2011–12 के लिए राज्यवार गरीबी रेखा को संशोधित करने और इसके पश्चात्, बाद के कुछ वर्षों के लिए राज्य स्तर के गरीबी अनुपात की गणना के लिए किया जा सकता है।

5. सामाजिक सेवाओं के लिए सार्वजनिक व्यय के लिए लेखांकन

2004–05 से 2011–12 की सात वर्ष की अवधि में, 2004–05 के स्थिर मूल्यों पर प्रति व्यक्ति शिक्षा और स्वास्थ्य पर सार्वजनिक व्यय लगभग 10 प्रतिशत प्रतिवर्ष की एक निहित मिश्रित वार्षिक वृद्धि दर के साथ दोगुना हो गया है। यह देखते हुए कि आमतौर पर ये सेवाएँ, बहुत अधिक अनुदान वाले मूल्यों पर उपलब्ध कराई जाती है, इन पर राष्ट्रीय प्रतिदर्श सर्वेक्षण में लिए गए निजी व्यय उनके वास्तविक मूल्य से कम होंगे। पीएलबी के इस घटक को परिवार के लिए सेवाओं के सही मूल्य के सापेक्ष उस सीमा तक, जिस सीमा तक एक कम मौद्रिक मूल्य होगा। तथापि, निजी उपभोग व्यय के आकार–वर्ग द्वारा इन सामाजिक सेवाओं पर सार्वजनिक व्यय के वितरण के आँकड़ों के अभाव में, वे गरीबी रेखा के निर्माण अथवा मापी गई गरीबी पर उनके प्रभाव के आकलन में कारगर नहीं हो सकते।

रंगराजन विशेषज्ञ समूह की सिफारिश के अनुसार, ग्रामीण क्षेत्रों में रू. 972 और शहरी क्षेत्रों में रू. 1407 मासिक प्रति व्यक्ति उपभोग व्यय अखिल भारतीय स्तर पर नई गरीबी रेखा का निर्माण करते हैं। प्रत्येक मामलें में पांच सदस्यों का परिवार मानते हुए ग्रामीण भारत में रू. 4860 और शहरी भारत में रू. 7035 प्रतिमाह प्रति परिवार के व्यय में यह परिवर्तित होता है।

अभी, भारत सरकार, तेन्दुलकर विशेषज्ञ समूह द्वारा अनुशंसित गरीबी और राज्य विशिष्ट गरीबी रेखा के अनुमानों का उपयोग करती है। तेन्दुलकर विशेषज्ञ समूह द्वारा अपनाई जाने वाली प्रविधि आमतौर पर अपने पूर्ववर्तियों यथा– 1962 का कार्यकारी समूह, 1977 का कार्यदल, 1989 का विशेषज्ञ समूह से सम्बन्धित है। यह प्रविधि एक बहिर्जात रूप से निर्धारित गरीबी रेखा पर आधारित है जो एक महीने में प्रति व्यक्ति उपभोग व्यय और राष्ट्रीय प्रतिदर्श सर्वेक्षण संगठन के राष्ट्रीय प्रतिदर्श सर्वेक्षण के उपभोक्ता व्यय आँकडों के वर्ग वितरण के सन्दर्भ में व्यक्त की गई है। गरीबी अनुपात (गरीबी रेखा से नीचे रहने वाले लोगों का प्रतिशत) व्यक्तियों के श्रेणी वितरण से गरीबी रेखा के नीचे रहने वाले लोगों की गिनती करके प्राप्त किया गया था।

मानव गरीबी सूचकांक

मानव विकास प्रतिवेदन 1997 (यूएनडीपी 1997) ने मानव गरीबी सूचकांक को प्रस्तुत किया है एवं 78 गरीब देशों को श्रेणीबद्ध किया है। यह प्रतिवेदन निश्चयपूर्वक प्रस्तुत करता है कि गरीबी बहुआयामी होती है तथा गरीबी का आय की कसौटी के आधार पर मापन कई तरह की कमियों को सम्मिलित नहीं करता है। मानव गरीबी सूचकांक निम्नांकित तीन भिन्न प्रकार की कमियों पर आधारित होता है (यूएनडीपी 1997: 17–23)

1. उत्तरजीविता कमी, लोगों का प्रतिशत (देश में निर्धारित किये अनुसार) जो 40 वर्ष की उम्र तक जीवित रहने की प्रत्याशा नहीं रखते (पी$_1$)।
2. शिक्षा एवं ज्ञान में कमी, प्रौढ़ साक्षरता दर के आधार पर मूल्यांकित (पी$_2$)।
3. आर्थिक प्रावधान (पी$_3$) में कमी, जिसकी गणना तीनों चरों के मध्य से आकलित होती हैः जनसंख्या शुद्ध जल की पहुँच से बाहर (पी$_{31}$), जनसंख्या स्वास्थ्य सेवाओं की पहुँच से बाहर (पी$_{32}$), एवं 5 वर्ष से कम उम्र के बच्चों का निम्न वजन (पी$_{33}$) – ये तीनों प्रतिशत में प्रदर्शित हों।

मानव गरीबी सूचकांक तब उपरोक्त तीनों कमियों के अवयवों के घनों के औसत के घनमूल से प्राप्त किया जाता है। यह तीनों क्रमों का शक्ति माध्य होता है। क्रम एक का शक्ति माध्य मूल्यों के अनुपात का सामान्य माध्य होता है। 78 विकासशील देशों में से, त्रिनिदाद एवं टोबेगो मानव गरीबी सूचकांक की दृष्टि से सर्वाधिक निम्न 4.1 पर थे एवं नाईजर 66.00 के साथ सर्वोच्च स्थिति में था। भारत 36.7 मानव गरीबी संकेतक के साथ 47वें स्थान पर था।

यह प्रतिवेदन कहता है कि मानव गरीबी सूचकांक को तीन तरह से उपयोग में लाया जा सकता हैः समर्थन के लिए उपकरण के तौर पर, एक ही देश के भीतर संकेन्द्रित गरीबी के क्षेत्रों की पहचान के लिए एक नियोजन उपकरण के रूप में; एवं शोध उपकरण के रूप में। उदाहरणार्थ, मानव गरीबी संकेतक विविध दिशाओं में गरीबी के स्तर, तय की जाने वाली दूरी एवं की गयी प्रगति के परिमाण के संक्षेपण में मदद कर सकता है।

इस सूचकांक में कुछ कमियाँ हैं एवं इस कारण से इसे विद्वानों एवं योजनाकारों ने स्वीकार नहीं किया है (कृष्णाजी 1997: 2202–05)। मानव गरीबी सूचकांक मानव गरीबी के कुछ महत्त्वपूर्ण आयामों को सम्मिलित नहीं करता है, जैसे कम आय, राजनीतिक स्वतन्त्रता में कमी, निर्णय निर्माण की भागीदारी में असमर्थता, व्यक्तिगत सुरक्षा का अभाव एवं पोषकीयता को चुनौती और अन्तर–पीढ़ीय समानता। इसके साथ, मानव गरीबी सूचकांक के गणन में उपयोग किये गये आँकड़ों की गुणवत्ता एवं विश्वसनीयता भी कई मामलों में प्रश्नाधीन होती है।

प्रमुख बिन्दु

1. ग्रामीण विकास के स्तर एवं गति के सांख्यिकीय मापदण्ड कई कारणों से महत्त्वपूर्ण होते हैं। ग्रामीण विकास के मात्रात्मक माप की आवश्यकता होती है – ग्रामीण लोगों का आर्थिक एवं सामाजिक कल्याण किस सीमा तक हुआ है यह जानने हेतु भविष्य की योजना बनाने के लिए निर्देश चिह्न के रूप में अनुश्रवण, मूल्यांकन एवं प्रवर्तित कार्यक्रमों के नियन्त्रण के लिए उपकरण का कार्य करते हैं; विकास की स्थानिक और अस्थायी तुलना में मदद करता है।
2. अर्थपूर्ण होने के लिए ग्रामीण विकास के मापक को ग्रामीण विकास के उद्देश्यों के अनुरूप होना चाहिए। इसीलिए ग्रामीण विकास के एक मापक को कम से कम प्रति व्यक्ति जीवन निर्वाह की सामग्री की

उपलब्धता का निर्देश अथवा ग्रामीण क्षेत्रों में प्रति व्यक्ति आय के साथ ही साथ आय, सम्पत्ति एवं अन्य सामाजिक आर्थिक कल्याण के साधन के वितरण का विचार प्रदान करना चाहिए।

3. ग्रामीण विकास को मापने का कोई भी सार्वभौमिक स्वीकार्य माप नहीं है जो इसकी बहुविध प्रकृति को अधिगृहीत कर सके। मापन की पसन्दगी, मापन के उद्देश्य एवं आवश्यक तथ्य/सूचना की उपलब्धता पर निर्भर करता है। ग्रामीण विकास के सामान्य तौर पर उपयोग होने वाले मापों को दो वर्गों में बाँटा जा सकता है, अर्थात् ग्रामीण विकास के मापक स्तर तथा ग्रामीण विकास के वितरण के माप।
4. ग्रामीण विकास के कुछ मापकों में प्रति व्यक्ति वास्तविक सकल राष्ट्रीय आय, प्रति व्यक्ति उपभोग खर्च, प्रति व्यक्ति सामुदायिक सुविधाओं एवं सेवाओं पर खर्च, जीवन संकेतक की भौतिक गुणवत्ता, ग्रामीण विकास का संयुक्त संकेतक एवं मानव विकास संकेतक सम्मिलित होते हैं।
5. सभी मानकों के स्तरों पर, ग्रामीण विकास का संयुक्त संकेतक एवं मानव विकास संकेतक, जब ग्रामीण विकास के लिए पृथक् से आकलित होते हैं, ग्रामीण विकास के लिए सबसे उपयुक्त संकेतक हो सकते हैं।
6. लॉरेन्ज वक्र एव गिनी गुणांक अनुपात आय वितरण के मापन के लिए दो सबसे लोकप्रिय मापक हैं। इनका उपयोग ग्रामीण विकास कार्यक्रमों से प्राप्त लाभों के वितरण का मापन करने के लिए भी किया जा सकता है।
7. मानव गणना अनुपात अथवा संकेतक, गरीबी विभेद संकेतक, चौतरफा गरीबी विभेद संकेतक, सेन का संकेतक तथा मानव गरीबी संकेतक ग्रामीण गरीबी के लिए सामान्य तौर पर उपयोग में आने वाले संकेतक हैं। गरीबी का अनुमान कई सैद्धान्तिक प्रविधीय, इन्द्रियानुभविक समस्याओं जिसमें गरीबी की परिभाषा को लेकर सहमति का अभाव, गरीबी रेखा के निर्धारण की प्रक्रिया एवं ग्रामीण परिवारों की आय के विश्वसनीय आँकड़ों के संग्रहण में समस्याएँ जैसी परिस्थितियों से घिरी रहती है।
8. योजना आयोग द्वारा समय–समय पर गठित विभिन्न समितियों/विशेषज्ञ समूहों द्वारा बताए अनुसार गरीबी रेखा और भारत में गरीबी के पैमाने के कई अनुमान है। योजना आयोग अब तेन्दुलकर विशेषज्ञ समूह प्रविधि से प्राप्त गरीबी के अनुमान का उपयोग करता है, यद्यपि, रंगराजन विशेषज्ञ समूह द्वारा प्रदत्त अनुमान नवीनतम है, लेकिन, योजना आयोग द्वारा अभी तक इन्हें स्वीकार नहीं किया गया है।
9. ग्रामीण विकास के सामान्य मापकों में से कुछ निम्नलिखित प्रश्नों के रूप में दिखाये जा सकते हैं: (अ) क्या समय के साथ पूर्ण गरीबी रेखा के नीचे के ग्रामीण लोगों की संख्या में कमी आ रही है? (ब) क्या समय के साथ ग्रामीण क्षेत्रों में आय में असमानता में कमी आ रही है? (स) क्या समय के साथ ग्रामीण बेरोजगारी के स्तर में कमी आ रही है? ऐसे प्रश्नों के उत्तर इस बात की ओर संकेत देंगे कि क्या कोई क्षेत्र अथवा देश विकसित हो रहा है अथवा नहीं।

चर्चा के लिए प्रश्न

1. हमें ग्रामीण विकास को मापने की आवश्यकता क्यों है?
2. ग्रामीण विकास को मापने में किस तरह की समस्याएँ हैं?
3. विकास का सर्वाधिक उपयुक्त मापक क्या है एवं क्यों?
4. भारत में, पंजाब की प्रति व्यक्ति आय केरल से ज्यादा है। क्या इसका तात्पर्य यह है कि सम्पूर्ण विकास के स्तर अथवा जीवन की गुणवत्ता में पंजाब केरल से बेहतर है? हाँ/नहीं। यदि हाँ, तो क्यों; एवं नहीं तो, क्यों नहीं?

5. निम्नलिखित तीन में से कौन सी एक अर्थव्यवस्था के लिए बेहतर वैकल्पिक व्यवस्था है एवं क्यों?
   (अ) प्रति व्यक्ति आय में तीव्र गति से वृद्धि, आय वितरण में असमानता की वृद्धि के जुड़ाव के साथ।
   (ब) प्रति व्यक्ति आय में धीमी गति से वृद्धि, आय वितरण में असमानता में कमी के जुड़ाव के साथ।
   (स) प्रति व्यक्ति आय में बिना किसी बदलाव के साथ आय वितरण में असमानता में कमी।
6. विकास के मापक के रूप में मानव विकास संकेतक पर आलोचनात्मक टिप्पणी लिखिए।
7. ग्रामीण गरीबी के आकलन की प्रमुख समस्याएँ क्या हैं एवं इन्हें किस तरह से कम किया जा सकता है?
8. पूँजी श्रेणीबद्धता के लाभ एवं सीमाएँ क्या हैं जिसमें इसका निर्धारण परम्परागत निदर्शन सर्वेक्षण प्रविधि की अपेक्षा सहभागी ग्रामीण मूल्यांकन की तकनीकी का उपयोग करते हुए किया जाता है?

टिप्पणियाँ

1. NNI = निश्चित पूँजी के बाजार मूल्य उपभोग पर GNI
2. http://hdr.undp.org/content/human-development-index-hdi-table (Accessed on October, 2015)
3. इस कार्यदल में प्रोफेसर डी.आर. गाडगिल, डॉ. एस. लोकनाथन, एम.आर. मसानी, अशोक मेहता, श्रीमन नारायण, पीताम्बर पन्त, डा. वी.के.आर.वी. राव एवं अन्ना साहब सहस्रबुद्धे थे।

अध्याय 4

ग्रामीण विकास के कुछ प्रतिमान

अध्ययन परिणाम

इस अध्याय को पढ़ने के पश्चात् विद्यार्थी यह जानने में समर्थ होंगे –

- विकास के आधुनिकीकरण सिद्धान्त की प्रमुख विशेषताओं को सूचीबद्ध करना;
- मार्क्सवादी स्कूल के निर्भरता सिद्धान्त की उत्पत्ति तथा भारतीय सन्दर्भ में इसकी उपादेयता को चित्रित करना;
- रोजस्टेन-रोडान के 'विशाल दबाव' सिद्धान्त तथा लैबेन्स्टेन के 'महत्वूपर्ण न्यूनतम प्रयास' की अवधारणा के विरोधाभासों एवं समानताओं को देखना तथा यह निर्धारित करना कि भारत के लिए ज्यादा उपयुक्त कौन सा है;
- लेविस के आर्थिक विकास के प्रतिमान की मुख्य मान्यताओं का समालोचनात्मक परीक्षण एवं वर्तमान भारतीय परिस्थितियों में इसकी वैधता देखना;
- गुन्नार मिर्डल के 'फैलाव एवं प्रक्रिया प्रभाव' सिद्धान्त का वर्तमान भारतीय सन्दर्भ में मूल्यांकन करना;
- विकास के मानव पूंजी प्रतिमान की प्रमुख विशेषताओं तथा इसकी भारत के सन्दर्भ में ग्रामीण विकास के गांधीवादी प्रतिमान की प्रासंगिकता की व्याख्या करना; एवं
- 'द्वैतवाद' एवं 'उपलब्धि के लिए आवश्यकता' के आधारभूत सिद्धान्त एवं उनकी विकास में भूमिका का चित्रण करना।

परिचय

वर्तमान में विकास के कई प्रतिमान एवं प्रतिदर्श प्रचलन में हैं तथा इसी के साथ कई परिप्रेक्ष्य एवं दृष्टिकोण भी हैं। एक सिद्धान्त से यह अपेक्षा की जाती है कि वह दो बड़े कार्य करे, जो कि परिस्थिति की व्याख्या एवं भविष्यवाणी है। ग्रामीण विकास का कोई भी सार्वभौमिक स्वीकार्य सिद्धान्त नहीं है जो ग्रामीण विकास की विद्यमान परिस्थिति को व्याख्यायित कर सके एवं भविष्य की दिशा पर कोई भविष्यवाणी कर सके। हमारे पास उपकल्पनाओं एवं प्रस्तावों का एक समूह है जो कि विकास के क्षेत्र में उच्च स्तर के सामान्यीकरण को संस्थापित करता है। जहाँ तक ग्रामीण विकास, विकास के उपसमूह के रूप में है, विकास की उपकल्पनाएँ ग्रामीण विकास पर भी लागू होती हैं। ऐसी कई उपकल्पनाएँ हैं जो विकास के आर्थिक एवं गैर–आर्थिक विचारों पर जोर देती हैं, अर्थात् वे निश्चय ही सर्वग्राही होती हैं। कुछ उपकल्पनाओं की अन्य विशेषताएँ जो कि विकास सिद्धान्तकारों ने प्रस्तुत की हैं वे पूर्णतः कार्यकारी नहीं हैं, इस अर्थ में कि उनका परीक्षण बहुत ही कठिन है, जैसे, वे अपवर्तक हैं। यह अध्याय विकास के कुछ समकालीन प्रतिमानों की आलोचनात्मक समीक्षा को समर्पित है एवं भारतीय सन्दर्भ में ग्रामीण विकास हेतु उनकी प्रासंगिकता का मूल्यांकन करता है। हम पूर्व के महान विचारकों के अवलोकन से आरम्भ करते हैं, विशेषतः शास्त्रीय अर्थशास्त्रियों से, जिन्होंने इस विषय में योगदान दिया है। इसके पश्चात् हम यह निर्धारित करने के लिए उत्तरगामी अनुभवों पर प्रकाश डालेंगे कि किन सन्दर्भों में वे सही अथवा गलत थे। इस तरह से हम अपने आपको

समय की सीमाओं से स्वतन्त्र (कम से कम आंशिक रूप से ही सही) कर सकेंगे तथा अपने आपको विकास की जटिल प्रक्रिया के वस्तुगत विश्लेषण हेतु समर्थ बना सकेंगे।

अठारहवीं शताब्दी के अन्त और उन्नीसवीं शताब्दी के प्रारम्भ के अर्थशास्त्रियों का प्राथमिक रूप से सरोकार आर्थिक वृद्धि की परिस्थितियों के साथ था। यह काल यूरोप में औद्योगिक क्रान्ति का था। शास्त्रीय अर्थशास्त्री जिनमें एडम स्मिथ, डेविड रिकार्डो, थॉमस रॉबर्ट मॉल्थस, जॉन स्टुअर्ट मिल एवं कार्ल मार्क्स सम्मिलित हैं– जो सतत वृद्धि के प्रस्थान की अवधि के दौरान रहते थे। इसलिए, इन अर्थशास्त्रियों का प्रकृति एवं आर्थिक वृद्धि के कारणों के बारे में मूल्यांकन महत्त्वपूर्ण रुचि का है। अब हमें चिंतन के शास्त्रीय स्कूल के कुछ आधारभूत विचारों को भी प्रस्तुत करना चाहिये, जो आज भी प्रासंगिक हो सकते हैं। शास्त्रीय अर्थशास्त्रियों के तर्क का रुचिकर विषय तकनीकी, निवेश एवं लाभ के अन्तर्सम्बन्धों के बीच की विशेषताओं की वर्तुल अवधारणा थी। वर्तुलता उनके अभिकथन में निहित थी, जिसमें तकनीकी का स्तर, निवेश के स्तर पर निर्भर करता है, निवेश लाभ पर निर्भर करता है एवं लाभ आंशिक तौर पर तकनीकी के स्तर पर निर्भर करता है। यह वर्तुलता न तो दुर्घटना थी और न ही असावधानी। यह ठीक तौर पर वही था, जो शास्त्रीय विचारक जोर देना चाहते थे, जैसे कि, आर्थिक विकास में, कोई भी सफलता की तरह सफल नहीं होता और न ही कोई असफलता की तरह असफल। वर्तुलता विचार में हमारे पास पहले से एक संकेतक है जो विकसित एवं विकासशील देशों की कार्यक्षमता में भिन्नता को स्पष्ट कर सके।

शास्त्रीय अर्थशास्त्रियों ने अपना ध्यान विकास पर, अथवा कहने के लिए ग्रामीण विकास पर केन्द्रित नहीं किया। वे शायद यह मानते थे कि आर्थिक संवृद्धि, स्वाभाविक रूप से विकास की ओर प्रवृत्त होगी। द्वितीय विश्वयुद्ध के अन्त के समय, लगभग 1945 में, विकास, अध्ययन का एक महत्त्वपूर्ण क्षेत्र बना तथा इसने कई विद्वानों को इस ओर आकर्षित किया। इस विषय के अधिकांश आरम्भिक लेखन विकास के अर्थ को स्पष्ट करने, विकास को प्रभावित करने वाले कारकों की पहचान तथा ऐसे कारकों के अन्तर्सम्बन्धों को खोजने पर केन्द्रित था। पचास के दशक में चिंतन के दो पृथक् स्कूल – पूँजीवादी स्कूल एवं मार्क्सवादी स्कूल उभरकर आए, तथा उनके अनुरूप दो पृथक् सिद्धान्त, पूँजीवादी स्कूल का 'आधुनिकीकरण सिद्धान्त' एवं मार्क्सवादी स्कूल का 'निर्भरता सिद्धान्त' प्रसिद्ध हुआ।

आधुनिकीकरण सिद्धान्त

पूँजीवादी स्कूल में आधुनिकीकरण सिद्धान्त अथवा विकास के "मुक्त विश्व" प्रतिमान जैसे प्रबल विचारों को सन्निहित किया गया है। आधुनिकीकरण सिद्धान्त शीतयुद्ध के सन्दर्भ में अमेरिकी प्रभुत्व को सिद्ध करने के लिए था। इस सिद्धान्त की वृद्धि एवं विकास में अर्थशास्त्रियों, समाजशास्त्रियों, इतिहासविदों एवं मानवशास्त्रियों की पृष्ठभूमि के विद्वानों ने योगदान दिया, तथा विकास के निर्धारकों की पहचान करने के लिए आर्थिक और गैर–आर्थिक दोनों कारकों को सम्मिलित किया। इस सिद्धान्त का सार विकास के साधन के तौर पर वर्ग संरचना में बिना कोई बदलाव किए पाश्चात्य तकनीकी एवं तार्किकता का हस्तान्तरण और ऐसी प्रक्रिया में सभी सामाजिक एवं वैचारिक बाधाओं को हटाना था (अलवी एवं शनीन 1982, 2)। आधुनिकीकरण सिद्धान्त कई अनुमानों पर आधारित था, जिनमें से कुछ की यहाँ संक्षेप में चर्चा की जा रही है (बर्नेट 1988, 26; मैके 1990, 55):

1. विकास को प्राप्त करने के लिए उत्पादन बढ़ाने में पाश्चात्य विज्ञान एवं तकनीकी का अनुप्रयोग आवश्यक है।
2. विकास की प्रक्रिया को कई चरणों के अनुक्रम में निरूपित किया जा सकता है और सभी समाज इन चरणों से होकर गुजरते हैं।
3. विकास की प्रक्रिया में परम्परागत सामाजिक एवं राजनीतिक संस्थाओं का प्रतिस्थापन आधुनिक संस्थाओं द्वारा किया जाता है।
4. राजनीतिक शक्तियों के परम्परागत सामन्ती स्वरूप का प्रतिस्थापन लोकतान्त्रिक स्परूप वाले अभिशासन द्वारा किया जाएगा।

संक्षेप में, आधुनिकीकरण सिद्धान्त ने अमेरिकी जीवन पद्धति को आधुनिकता के सारांश के रूप में प्रस्तुत किया। इनके अनुसार विकास को केवल औद्योगिकीकरण एवं शहरीकरण से ही प्राप्त किया जा सकता है, साथ ही कृषि के तकनीकी रूपान्तरण द्वारा एक अन्तर्दृष्टि जो कि पूर्वी एशिया एवं दक्षिण–पूर्वी एशिया के नवीन औद्योगिकीकृत देशों के अनुभवों द्वारा प्रमाणित हो।

ग्रामीण विकास के सन्दर्भ में, आधुनिकीकरण सिद्धान्त कुछ उपयोगी अन्तर्दृष्टि प्रदान करता है जैसे, कृषि उत्पादन की वृद्धि के लिए आधुनिक तकनीकी के उपयोग की अपरिहार्यता एवं परम्परागत सामन्ती संस्थाओं के स्थान पर लोकतान्त्रिक संस्थाओं के प्रतिस्थापन की आवश्यकता, जिससे कि अधिक वैज्ञानिक नजरिए तथा धर्मनिरपेक्ष मूल्यों एवं मान्यताओं की ओर बढ़ा जा सके। तब भी इस सिद्धान्त ने अपने आग्रह को बहुत हद तक खोया क्योंकि यह कई आर्थिक परिस्थितियों की भविष्यवाणी एवं व्याख्या करने में असफल रहा है, जैसे 1960 में द्वितीय विश्व युद्ध के उत्तरार्द्ध की अस्थिरता, 1970 की विश्वव्यापी मन्दी तथा अन्तर्राष्ट्रीय व्यापार के निबंधनों का विकसित देशों के पक्ष में होना। विकास के पूँजीवादी/मुक्त बाजार प्रतिमान के सिद्धान्त ने प्रतिकूल आय असमानता और पर्यावरणीय प्रभावों एवं अपोषणीयता का पूर्वानुमान नहीं लगा पाया। इन कमियों एवं आलोचनाओं के प्रकाश में, इस सिद्धान्त ने कुछ नयी दिशाएँ प्राप्त की, जैसे अन्तर्राष्ट्रीय कैनेसियेनिज्म, साथ ही नयी अन्तर्राष्ट्रीय अर्थ व्यवस्था की स्थापना पर बल तथा आधारभूत आवश्यकताओं एवं संरचनात्मक समायोजन कार्यक्रमों की सुनिश्चिता। यद्यपि, ये नई पहलें ग्रामीण विकास की समस्याओं से प्रत्यक्ष रूप से जुड़े नहीं हैं तथा काफी हद तक, प्रासंगिक भी नहीं है।

पूर्वी एशियाई देशों में ताजा वित्तीय (मुद्रा एवं शेयर बाजार) हलचल ने प्रमाणित किया कि मुक्त बाजार अर्थव्यवस्था प्रतिमान अथवा पूँजीवादी मार्ग – स्थिर एवं सतत आर्थिक विकास, जिसकी विशेषता तेजी से सुधरता जीवन स्तर है, की सुनिश्चितता नहीं दे सकती। जापान और दक्षिणी कोरिया से लेकर मलेशिया और इण्डोनेशिया में बढ़ता दिवालियापन, बढ़ती बेरोजगारी एवं मुद्रास्फीति ने न केवल आर्थिक स्व–विश्वास के नुकसान को जन्म दिया वरन् इस क्षेत्र की राजनीतिक एवं सैन्य स्थिरता को भी सशंकित किया। आधुनिकीकरण सिद्धान्त के असफल होने का एक अन्य कारण भी है, जो कि विकासशील देशों जैसे भारत के सन्दर्भ में प्रासंगिक भी है, और वह निजी कम्पनियों अथवा समूहों को घरेलू बाजारों पर प्रभुत्व जमाने से रोकने हेतु लक्षित नियमों एवं नियन्त्रणों का अस्तित्व में नहीं होना तथा प्रभावी अनुपालन का नहीं होना है। मुक्त बाजार–अभिविन्यासित पाश्चात्य लोकतन्त्रों में, ऐसे नियमों एवं नियन्त्रणों का प्रभावशाली तरीके से क्रियान्वयन होता है एवं इसीलिए, वे आय और सम्पत्ति वितरण से बाहर है। भारत सहित विकासशील देशों में निजी उद्यमों की गतिविधियों पर कठोर नियन्त्रण एवं नियमन के अभाव में मुक्त बाजार के अपेक्षित लाभ समाज तक नहीं पहुँचते हैं।

मार्क्सवादी स्कूल का निर्भरता सिद्धान्त

आधुनिकीकरण सिद्धान्त से बढ़ते मोहभंग ने, जो कि अफ्रीका एवं एशिया के नव स्वतन्त्र देशों में बढ़ती असमानता, गरीबी, हिंसा और सैन्य विद्रोह की व्याख्या करने में असफल रहा, विकास विषयक विद्वानों को नए प्रश्न पूछने एवं वैकल्पिक प्रतिमान के उपयोग द्वारा उनके उत्तर ढूँढने के लिए मजबूर किया। नए प्रतिमान के बौद्धिक आधार की जड़ें कार्ल मार्क्स, फ्रेडरिक एंजिल्स एवं अन्य मार्क्सवादी विचारकों के विचारों पर आधारित थीं। मार्क्स (1818–83) एवं एंजिल्स (1820–95), आधुनिकीकरण सिद्धान्त को प्रस्तुत करने वाले विशेष रूप से दुर्खीम (1858–1917) एवं वेबर (1864–1924) के समकालीन थे। मार्क्स एवं एंजिल्स का यह विश्वास था कि सामाजिक परिवर्तन की प्रक्रिया क्रमिक एवं विकासात्मक नहीं थी, जैसा कि आधुनिकीकरण सिद्धान्त द्वारा कल्पित किया गया था। इसके अलावा, इसकी विशेषता समाज में वर्गों के बीच हितों का संघर्ष अथवा वर्ग संघर्ष था। मार्क्सवादी, वर्ग संघर्ष को सामाजिक परिवर्तन एवं विकास के इंजन के रूप में देखते हैं।

मार्क्सवादी तर्क देते है कि साम्राज्यवाद, यूरोपीय सभ्यता (आधुनिकीकरण सिद्धान्तकारों के अनुसार) के एक सौम्य राजनीतिक परिणाम होने के बजाय आर्थिक, सामाजिक एवं राजनीतिक सम्बन्धों की एक शोषणकारी व्यवस्था

थी। इस व्यवस्था ने उपनिवेशवादी राष्ट्रों को पूँजीवादी राष्ट्रों के लिए उत्पादन के सस्ते निवेश के संसाधनों एवं साथ में उनके उत्पादनों के लिए बाजार के रूप में परिवर्तित कर दिया। इस व्यवस्था ने हमेशा साम्राज्यवादी शक्तियों के लाभ के लिए कार्य किया। पूँजीवादी व्यवस्था के कार्य करने की गतिशीलता के इस दृष्टिकोण का तात्पर्य दरिद्रता के लिए विकास के वादे से आधुनिकीकरण का तर्क पूर्ण रूप से उल्टा है। यह चिंतन के मार्क्सवादी स्कूल का आधारभूत विचार था जो निर्भरता सिद्धान्त के रूप में जाना गया।

निर्भरता सिद्धान्त को आरम्भिक सहयोग लेटिन अमेरिका से प्राप्त हुआ, विशेष रूप से लेटिन अमेरिका के आर्थिक आयोग (ईसीएलए) में रॉल प्रेबिच एवं उनके साथियों के कार्य से। यद्यपि, इस सिद्धान्त के मुख्य प्रवक्ता आंद्रे गुण्डर फ्रैंक थे, जिन्होंने आधुनिकीकरण सिद्धान्त को खारिज करते हुए इसे नीति परिप्रेक्ष्य हेतु अनुपयोगी बताया। फ्रैंक ने निश्चयपूर्वक कहा कि अमीर एवं गरीब देशों के सम्बन्ध न केवल गरीब देशों के लिए अलाभकारी होते हैं वरन् सकारात्मक रूप से उनके विकास के लिए विनाशक, बाधक एवं विकृत करने वाले होते हैं। उनके विचारों में, विकास एवं अल्पविकास, समाजों की पारस्परिक क्रियाओं के परिणाम थे। उन्होंने अपने दावे के समर्थन में चिली एवं ब्राजील के विस्तृत ऐतिहासिक वैयक्तिक अध्ययन प्रस्तुत किये। निर्भरता सिद्धान्त के मुख्य विचार निम्नानुसार हैं (मैके 1990, 55–56):

1. विकसित देश (प्रथम विश्व) विकासशील देशों (तृतीय विश्व) के क्रमानुसार/यथाक्रम शोषण के बिना विकास के उस स्तर को नहीं प्राप्त कर सकते जो उन्हें प्राप्त है।
2. यह एक भ्रम है कि विकास की प्रक्रिया कई पायदानों से होकर गुजरती है, जब तक शोषणकारी विश्व व्यवस्था विद्यमान है विकासशील देश, विकास को विकसित देशों द्वारा अपनाये गये मार्ग से नहीं प्राप्त कर सकते।
3. जो देश आज गरीब हैं वे आरम्भ में इतने गरीब नहीं थेः बल्कि, पूँजीवादी शोषण की वैश्विक व्यवस्था ने इन्हें अल्पविकास की अवस्था में बने रहने के लिए बाध्य किया है।
4. विकासशील देश, विकसित देशों से अपने सम्पर्कों को तोड़कर ही विकसित हो सकते हैं।

1970 के दशक में निर्भरता सिद्धान्त बहुत ही लोकप्रिय था, जैसा कि इसने विकासशील देशों में उन्हें हल करने के ठोस प्रयासों के बावजूद गरीबी एवं स्थिरता की समस्याओं को उल्लेखनीय रूप से स्पष्ट व्याख्या प्रदान की। विकास अध्येताओं ने गरीब एवं धनी देशों के वर्तमान सम्बन्धों के आलोचनात्मक मूल्यांकन की आवश्यकता को महसूस किया जिससे यह पता लगाया जा सके कि वे गरीब राष्ट्रों के लिए सौम्य अथवा लाभकारी थे अथवा नुकसानदायक। तथापि, 1980 में इस सिद्धान्त ने अपनी आरम्भिक लोकप्रियता को खोया एवं इसकी इस आधार पर आलोचना की गयी कि यह ''बहुत ज्यादा निर्धारक'' एवं ''बहुत ज्यादा साधारण'' थी। इस सिद्धान्त का आधारभूत विचार यह है कि विकासशील देशों (परिधि में) में अल्पविकास, विकसित देशों (केन्द्र में) के विकास का परिणाम है, जो पूर्वी एशियाई चीतों के अनुभव से गलत साबित हुआ। ये चीते आरम्भ में विकसित देशों पर निर्भर थे (तात्पर्य, ये परिधि पर थे), लेकिन समय के साथ ये बहुत ही विकसित एवं प्रतिस्पर्धी हो गए, जिससे ये परिधि से हटकर केन्द्र में आ गये। इसके अतिरिक्त इस सिद्धान्त ने कई आंतरिक कारकों जैसे अल्प विकास के अस्तित्व की व्याख्या में अत्यधिक जनसंख्या वृद्धि, अल्प–विकसित मानव संसाधनों, प्राकृतिक संसाधनों की कमी एवं वर्ग संघर्ष की भूमिका को ध्यान में नहीं रखा गया।

ग्रामीण विकास के सन्दर्भ में, हम यह कह सकते हैं कि यह सिद्धान्त एक उपयोगी चेतावनी प्रदान करता है कि ग्रामीण विकास के निर्धारकों की पहचान करते समय हमें विभिन्न अन्तर्खण्डीय सम्बन्धों (दोनों अग्रगामी एवं पश्चगामी) एवं पारस्परिक क्रियाओं को आलोचनात्मक ढंग से विश्लेषित करना चाहिये तथा यह निर्धारित किया जाना चाहिये कि वे ग्रामीण लोगों के लिए लाभदायक है अथवा नहीं। यदि लाभदायक नहीं है तो ऐसे आवश्यक नीति मापक लिए जाने चाहिए, जो सम्बन्धों एवं पारस्परिक क्रियाओं को ग्रामीण लोगों के लिए लाभदायक बना सकें। इसी तरह का एक प्रयोग राष्ट्रीय स्तर पर किया जाना चाहिए जो यह पता लगा सके कि सामान्य तौर पर आर्थिक विकास एवं विशेष रूप से ग्रामीण विकास के लिए कौन से अन्तर्राष्ट्रीय आर्थिक एवं राष्ट्रीय सम्बन्ध

लाभदायक है और कौन सा हानिकारक। यह अफसोस की बात है कि, इस तरह का कोई भी तथ्यात्मक प्रयोग दुनिया में विशेषकर भारत में नहीं किया गया, परिणामस्वरूप हम पूँजीवादी अथवा मार्क्सवादी प्रतिमानों में से किसी एक की तरफ आकर्षित हो गए।

रोजन्स्टेन–रोडान का ''विशाल दबाव'' का सिद्धान्त

इस सिद्धान्त के अनुसार, यदि किसी भी तरह की सफलता को पाना है तो संसाधनों की एक न्यूनतम निश्चित मात्रा को निश्चय ही विकास कार्यक्रमों को दिया जाना चाहिए। एक देश में आत्मनिर्भर वृद्धि को शुरू करना, जमीन से जहाज को उड़ाने जैसा है। इसके लिए यह आवश्यक है कि वह एक ऐसी गति प्राप्त करे जिससे कि जहाज को उड़ाया जा सके (एमआईटी 1957, 70)। इस सिद्धान्त का यह सार है कि ''थोड़ा–थोड़ा'' चलने से एक अंश के कुल संख्या में कुछ भी नहीं जुड़ेगा। इसके लिए न्यूनतम निवेश की मात्रा–पर्याप्त न भी हो–सफलता की दशाओं के लिए आवश्यक होता है।

रोजन्स्टेन–रोडान (1970) ने तीन विभिन्न प्रकार के अविभाज्यों को चिह्नित किया जो कि विकासशील देशों के विकास में महत्त्वपूर्ण बाधाएँ मानी जा सकती हैं। वे यह है, अतिरिक्त सामाजिक पूँजी (पूँजी में अपवृद्धि) की आपूर्ति में अविभाज्यता, माँग (माँग की सम्पूरकता) की अविभाज्यता एवं बचत की आपूर्ति में अविभाज्यता (बल)। वह तर्क देते हैं कि इन तीन अविभाज्यताओं द्वारा निर्मित विकास के अवरोधों एवं इनके द्वारा उदित बाहरी अर्थव्यवस्थाओं के मापन के लिए बड़ी मात्रा में निवेश के रूप में अधिक प्रयासों की आवश्यकता है। इसमें यह अन्तर्निहित है कि विकास की प्रक्रिया एक अनियमित 'छलांगों' की श्रृंखला है तथा प्रत्येक छलांग को एक 'विशाल बल' की आवश्यकता होती है। इसके अतिरिक्त, अंततः बल एवं गति में अविभाज्यता की घटना सफल विकास नीति के लिए आवश्यक हो सकती है। अलगाव एवं छोटे प्रयास, संवृद्धि पर पर्याप्त प्रभाव को नहीं ला सकते हैं। महत्त्वपूर्ण न्यूनतम निवेश के स्तर को प्राप्त करने के पश्चात् ही विकास के वातावरण को प्राप्त किया जा सकता है।

रोजन्स्टेन–रोडान ने कोई भी विशिष्ट एवं व्यावहारिक सुझाव प्रस्तुत नहीं किया जिससे कि अविभाज्यता के प्रतिकूल प्रभावों से बाहर निकला जा सके, लेकिन उन्होंने यह सुझाव दिया कि, अन्तर्राष्ट्रीय व्यापार, आवश्यक रूप से न्यूनतम बल के आकार को कम कर, अविभाज्यता (सम्पूरकता) की माँग के प्रभाव को समाप्त कर सकता है। आवश्यक 'विशाल बल' को प्राप्त करने के लिए पर्याप्त संसाधनों को गतिशीलता प्रदान करना सबसे बड़ी बाधा होती है जिससे विकासशील देश स्वयं से इससे बाहर नहीं निकल सकते हैं। रोजन्स्टेन–रोडान यह अनुशंसा इस विश्वास के साथ करते हैं कि बाहर से पूँजी का निवेश एक साथ सम्पूर्ण क्षेत्र के आयोजना एवं वित्त को निर्मित करता है। इस सिद्धान्त की सबसे बड़ी आलोचना यह है कि 'विशाल बल' को देने के लिए संसाधनों की अत्यधिक आवश्यकता होती है जिसे प्राप्त करने में भारत जैसे विकासशील देश असमर्थ होते हैं। वास्तव में, एक देश जो संसाधनों की अपेक्षित मात्रा को गतिशीलता प्रदान करने में समर्थ है, वह देश गरीब नहीं रहेगा। यद्यपि, सैद्धान्तिक रूप से, यह प्रतिमान योजनाकारों एवं विद्वानों को लगातार आकर्षित करता रहा है।

लैबेन्स्टेन का 'महत्त्वपूर्ण न्यूनतम प्रयास की अवधारणा'

हार्वे लैबेन्स्टेन (1957) की अवधारणा का केन्द्रीय विचार यह है कि सतत निरपेक्ष वृद्धि को प्राप्त करने के लिए यह जरूरी है कि विकास के लिए प्रारंभिक उत्प्रेरक एक निश्चित महत्त्वपूर्ण न्यूनतम आकार का हो। लैबेन्स्टेन के अनुसार, आर्थिक पिछड़ेपन को अन्तर्सम्बन्धित कारकों के समुच्चयों द्वारा प्रदर्शित किया जाता है, जो उनके लघु साम्य मूल्यों पर स्थिरता के परिमाण निश्चित करता है। वास्तविक मूल्य, साम्य मूल्यों से अलग होता है क्योंकि अर्थव्यवस्था हमेशा उत्प्रेरकों अथवा आघातों के आीन होती है। उत्प्रेरकों में प्रति व्यक्ति आय को साम्य स्तर से ऊपर उठाने की प्रवृत्ति होती है। लेकिन पिछड़ी अर्थव्यवस्थाओं में, दीर्घकालिक आर्थिक विकास अपना

स्थान नहीं ले पाते हैं, क्योंकि उत्प्रेरकों का परिमाण बहुत ही छोटा होता है। दूसरे शब्दों में, आर्थिक पिछड़ेपन से बचने के प्रयास, चाहे वह सहज अथवा मजबूरी में, महत्वपूर्ण न्यूनतम से कम होने के बाद भी ातत वृद्धि के लिए आवश्यक होता है।

लम्बी अवधि में, उत्प्रेरक की कम मूल्यों के लिए, आय–मन्दी उत्पन्न करने वाले कारक, आय बढ़ाने वाले कारकों की तुलना में अधिक महत्त्वपूर्ण होते हैं, लेकिन उत्प्रेरकों की उच्च मूल्यों के मामलों में स्थिति इसके विपरीत होती है। इस घटना के लिए जनसंख्या वृद्धि को एक उदाहरण के रूप में प्रस्तुत किया जा सकता है। आय में वृद्धि के माध्यम से पूँजी में थोड़ी सी बढ़ोतरी जनसंख्या में एक समान वृद्धि की तुलना में अधिक उत्प्रेरित करेगी तथा प्रति व्यक्ति आय में एक आनुपातिक कमी आएगी। यह, निश्चित ही, जैविकीय रूप से अधिकतम जनसंख्या वृद्धि दर तीन से चार प्रतिशत के बीच निर्धारित होगी। इस प्रकार, लगातार एक निश्चित न्यूनतम दर से ऊपर पूँजी संचय अंततः विकास की अनुमति देगा। आय–आघातों की बाधाओं को दूर करने के लिए परिमाण के आंतरिक एवं बाहरी अपमितव्ययिताओं से बाहर आने के प्रयास की आवश्यकता है, जो वृद्धि के लिए उत्प्रेरितों द्वारा निर्मित हो सकती है, तथा इस प्रणाली में पर्याप्त गति उत्पन्न करेगी जिससे कि कारकों द्वारा उत्प्रेरित वृद्धि इस भाग में अपनी भूमिका को निभा सकें।

लैबेन्स्टेन की यह अवधारणा रोजेन्स्टेन–रोडान के ''विशाल दबाव'' सिद्धान्त की तुलना में अधिक यथार्थवादी है। अल्पविकसित देशों में औद्योगिकीकरण कार्यक्रम के लिए विशाल दबाव सिद्धान्त को देना एकदम से संभव नहीं है, जबकि महत्त्वपूर्ण न्यूनतम प्रयास से सही समय पर तथा छोटे–छोटे प्रयासों की शृंखला में तोड़कर अर्थव्यवस्था को सतत विकास के मार्ग पर लाया जा सकता है। यह सिद्धान्त विकेन्द्रीकृत लोकतान्त्रिक आयोजना की अवधारणा के लिए भी अनुकूल है जिसके लिए भारत एवं अत्यधिक विकासशील देश भी प्रतिबद्ध हैं। इसीलिए, यह प्रतिमान निवेश की मात्रा के रूप में अच्छा संकेत प्रदान करता है जो कार्यक्रम को आगे बढ़ाने के लिए बहुत ही आवश्यक है।

लेविस का आर्थिक विकास प्रतिमान

डब्ल्यू. आर्थर लेविस (1954, 139–92) का प्रतिमान इस तथ्य पर आधारित है कि बहुत से विकासशील देशों में श्रमिकों की विशाल संख्या है जिनकी सीमान्त उत्पादकता नगण्य, शून्य अथवा नकारात्मक भी है। यह श्रम जीवन–निर्वाह स्तर के समान मजदूरी पर असीमित मात्रा में उपलब्ध है, जो पूँजीवादी क्षेत्र से आजीविका क्षेत्र में जाने के उपरांत होने वाले टकराव से पर्याप्त अतिरिक्त लाभ उत्पन्न करता है, जिसे आजीविका अधिशेष मजदूरी भी कहा जाता है। जैसा कि श्रम की आपूर्ति असीमित है, तो नये उद्योगों की स्थापना की जा सकती है, तथा प्रचलित मजदूरी दरों पर भी मौजूदा उद्योगों को बिना किसी सीमा के विस्तारित किया जा सकता है। पूँजीवादी क्षेत्र को कुशल श्रमिकों की आवश्यकता होती है। लेकिन लेविस की धारणा है कि कुशल श्रमिक केवल एक अस्थायी बाधक है तथा जिसे अकुशल श्रमिकों को प्रशिक्षण सुविधाएं प्रदान करके दूर किया जा सकता है।

जब से पूँजीवादी क्षेत्र में श्रम की सीमान्त उत्पादकता प्रचलित मजदूरी दर से अधिक हुई, जिसका परिणाम पूँजीवादी अधिशेष के रूप में सामने आया। इस अधिशेष का उपयोग पूँजी निर्माण के लिए होता है जो आजीविका क्षेत्र से अधिक लोगों के रोजगार को सम्भव बनाती है। पूँजीपतियों द्वारा निवेश में बढ़ोतरी से श्रम की सीमान्त उत्पादकता बढ़ती है, जिसमें पूँजीवादी नियोक्ता अपनी श्रम शक्ति को इस हद तक बढ़ाने के लिए प्रेरित हो, जब तक श्रम की सीमान्त उत्पादकता प्रचलित मजदूरी मूल्य के समतुल्य स्तर तक ना जाए। यह प्रक्रिया पूँजी एवं श्रमिक अनुपात के बढ़ने के उस स्तर तक जारी रहती है, जहाँ से श्रम की आपूर्ति मूल्य निरपेक्ष हो जाती है। कुछ आलोचकों का मानना है कि लेविस का विकास के विषय में कृषि से प्रच्छन्न बेरोजगारी के अवशोषण का आशावाद निराधार है क्योंकि कृषि उत्पादन में गिरावट के बिना स्थायी रूप से बड़ी संख्या में श्रमिकों को कृषि से उद्योग की ओर स्थानांतरित करना संभव नहीं है, जैसा कि कृषि में श्रम की सीमान्त उत्पादकता शून्य नहीं है।

जहाँ अधिशेष श्रम उपलब्ध है, पूँजीवादी क्षेत्र में तकनीकी प्रगति से राष्ट्रीय आय में लाभ की हिस्सेदारी बढ़ सकती है। लाभ की हिस्सेदारी में बढ़ोतरी होती है क्योंकि दिये गये आकार के पूँजीवादी क्षेत्र में लाभ अनुपात नवाचार के माध्यम से बढ़ाया जा सकता है और क्योंकि पूँजीवादी क्षेत्र स्वयं वृद्धि करता है। लेविस के अनुसार, यह एक प्रमुख उपाय है जिससे राष्ट्रीय आय में पूँजी निर्माण को 4 अथवा 5 प्रतिशत से लगभग 12 से 15 प्रतिशत तक में बढ़ाया जा सकता है।

पूँजी का निर्माण न केवल लाभ से होता है बल्कि बैंक साख द्वारा भी होता है। बेरोजगार संसाधनों एवं पूँजी की कमी की विशेषताओं वाले विकासशील देशों में, साख निर्माण निर्गत एवं रोजगार विस्तारित करेगा, जैसा कि लाभ द्वारा किया जाता है। तथापि, साख वित्त पोषित पूँजी निर्माण के परिणामतः कीमतों में अस्थाई बढ़ोतरी होती है। मुद्रा स्फीति की प्रक्रिया का अन्त होता है जबकि बढ़े हुए लाभ से स्वैच्छिक बचत नये निवेश की वित्तीय आवश्यकताओं की पूर्ति बिना बैंक ऋण के करने में पर्याप्त होती है।

लेविस के अनुसार, वृद्धि की प्रक्रिया अनिश्चित रूप से नहीं चल सकती है एवं इसे कहीं न कहीं कई कारकों के कारण समाप्त होना ही होता है। जब ऐसा होता है तब ऐसे देशों में आव्रजन अथवा पूँजी निर्यात को प्रोत्साहित करके, पूँजी निर्माण की प्रक्रिया बनायी रखी जा सकती है जो आजीविका मजदूरी दरों पर श्रम की प्रचुर आपूर्ति द्वारा होती है। चूंकि पूर्व उपायों पर व्यापार संघों का सशक्त विरोध है, जो बाद में अधिक व्यवाहारिक लगता है।

भारत जैसे अधिशेष श्रम वाले विकासशील देशों में लेविस प्रतिमान आर्थिक विकास की प्रक्रियाओं को समझने में एक अच्छा सिद्धान्त प्रदान करता है। इसका आधारभूत सिद्धान्त यह है कि गैर–कृषि क्षेत्रों के विकास के लिए खाद्यान्न का उपयोग अधिशेष उत्पन्न करने के लिए कृषि में श्रम उत्पादकता में काफी हद तक बढ़ोतरी होनी चाहिए तथा गैर–कृषि क्षेत्र की बढ़ती जरूरतों को पूरा करने के लिए कृषि से अधिशेष श्रम को छोड़ना चाहिए। यद्यपि, इस प्रतिमान की प्रासंगिकता कई कारकों से बाधित है। प्रथम, श्रम संघ मजदूरी दर को श्रम उत्पादकता के रूप में बढ़ा सकती है तथा लाभ की दर एवं पूँजी निर्माण की दर को अपेक्षा से नीचे रख सकती है। द्वितीय, पूँजीवादी नियोक्ता अधिशेष का उपयोग विकास प्रयोजनों में पुनर्निवेश के बजाय अव्यवहार्य अथवा गैर–उत्पादकीय उद्देश्यों के लिए कर सकते हैं। जैसा कि, वास्तव में, इन दिनों भारत तथा अन्य विकासशील देशों में हो रहा है। तृतीय, इस प्रतिमान की भविष्यवाणी की तुलना में ग्रामीण लोग अपनी बढ़ती अपेक्षाओं को पूरा करने के लिए अधिक उपभोग तथा बचत कम कर सकते हैं और इस तरह विकास की गति धीमा कर देते हैं।

लेविस प्रतिमान कृषि क्षेत्र का सन्तोषजनक विश्लेषण प्रस्तुत नहीं करता है, इस अर्थ में कि यह कृषि में उत्पादकता परिवर्तन की सम्भावना हेतु विचार करने में असफल रहा है। लेविस प्रतिमान के आधार पर, रेनीस एवं फेई (1970) ने आर्थिक वृद्धि का एक सिद्धान्त पेश किया, जिसमें सर्वप्रथम स्थैतिक अर्थ में ''उपेक्षित'' कृषि क्षेत्र की भूमिका का विश्लेषण एवं तत्पश्चात् कृषि उत्पादकता में वृद्धि की सम्भावना के प्रस्तुतीकरण द्वारा स्थैतिक विश्लेषण का सामान्यीकरण किया गया (हिगीन्स 1966, अध्याय 5)। कॉक्रेन (1969, अध्याय 11) ने लेविस एवं रेनीस और फेई के प्रतिमानों की आलोचनात्मक समीक्षा करते हुए यह निष्कर्ष निकाला कि इन प्रतिमानों में कृषि क्षेत्र से निकले अधिशेष श्रमिकों को रोजगार के लिए आवश्यक पूँजी निवेश के निर्माण जैसा महत्त्वपूर्ण तत्त्व अनुपस्थित है। इसके पश्चात् वे यह सुझाव देते हैं कि कृषि आधुनिकीकरण की खर्चीली प्रक्रिया के लिए वित्त हेतु संसाधन निम्न में से किसी एक अथवा तीन आधारभूत तरीकों के संयोजन के माध्यम से प्राप्त किया जा सकता हैः – 1. कृषि अधिशेष को संकुचित कर। 2. गैर–कृषि क्षेत्र एवं आधारभूत अधोसंरचना में निवेश की दर को धीमा करके। 3. विदेशी ऋण एवं अनुदान प्राप्त करके।

उनके अनुसार, इन तीनों संसाधनों में विदेशी ऋण एवं अनुदान, अत्यधिक लाभदायी एवं न्यूनतम खर्च वाला होगा। वे आगे बताते हैं कि विकासशील देशों में प्रारम्भिक चरणों में कृषि उत्पादन की वृद्धि दर इतनी अधिक बढ़ानी चाहिए कि वह बढ़ती खाद्य आवश्यकताओं की पूर्ति कर सके। ऐसा होने के लिए, वह तर्क देते हैं कि उच्च बाजार कीमतों के माध्यम से कृषि को खींचना पर्याप्त नहीं होगा; अपितु, कृषि को तीव्र और तेजी से आगे

की ओर बढ़ाना चाहिए, जिसमें आधुनिक तकनीकी एवं सहायक अधोसंरचना और सेवाओं के उपयोग की रणनीति पर जोर होना चाहिए।

हमारे विचार से, क्रॉकेन का प्रतिमान कृषि विकास की प्रक्रिया एवं संपूर्ण राष्ट्रीय विकास के लिए उत्प्रेरक के रूप में कृषि विकास की सम्भावनाओं और सीमाओं का एक अच्छा विवरण है। हम यहाँ क्रॉकेन के प्रतिमान में दो घटकों (अ) जनसंख्या नियन्त्रण उपाय; और (ब) अन्तर्राष्ट्रीय आर्थिक एवं राजनीतिक पर्यावरण को जोड़ना चाहते हैं। उचित जनसंख्या नियन्त्रण उपाय एवं अनुकूल अन्तर्राष्ट्रीय आर्थिक और राजनीतिक पर्यावरण की अनुपस्थिति में कोई भी कृषि और राष्ट्रीय विकास की रणनीति सफल नहीं होगी। जबकि एक विकासशील देश बढ़ती जनसंख्या को नियन्त्रित करने के लिए हमेशा कुछ न कुछ कर सकता है, जबकि अन्तर्राष्ट्रीय पर्यावरण के निर्माण का उत्तरदायित्व विश्व समुदाय तथा इनके संगठनों का है।

गुन्नार मिर्डल का 'फैलाव एवं प्रतिक्रिया' प्रभाव सिद्धान्त

गुन्नार मिर्डल (1957) ने विश्व के अधिकांश गैर–सोवियत राष्ट्रों की न्यून आय स्तर एवं अन्तर्राष्ट्रीय स्तर पर आय, पूँजी और निवेश की असमानता को रेखांकित किया। मिर्डल सैद्धान्तिक उपागम (स्वचालित आत्म–स्थिरीकरण) को असमानता की समस्या को पकड़ने के लिए अपर्याप्त मानते हैं। उनके मतानुसार, सामान्य दशा में, एक परिवर्तन प्रतिकारी परिवर्तन को उत्पन्न नहीं करता बजाय इसके कि सहायक परिवर्तनों को जो कि व्यवस्था को उसी दिशा में ले जाये जिस दिशा में प्रथम परिवर्तन ले गया, लेकिन त्वरित गति से वृत्ताकार एवं संचयी कार्योत्पादन के सिद्धान्त के आधार पर। ऐसे वृत्ताकार कार्योत्पादन के परिणामतः, एक सामाजिक प्रक्रिया त्वरित गति से अग्रसर होती है। एक सामाजिक प्रक्रिया को व्यवस्था में नये बहिर्जात परिवर्तनों को प्रस्तुत कर रोका जा सकता है। वे इसको अमेरिका की अफ्रीकन–अमेरिकन समस्या के उदाहरण से स्पष्ट करते हैं। दो कारकों जैसे, श्वेत पूर्वाग्रह जो कि अफ्रीकी–अमेरिकी के विरुद्ध भेदभाव और उनके निम्न जीवन स्तर एक दूसरे से जुड़े हैं। उनके निम्न जीवन स्तर को गोरों द्वारा भेदभाव करके दबाए रखा गया। दूसरी ओर, अफ्रीकी–अमेरिकी गरीबी, अज्ञान, अन्धविश्वास, गन्दी बस्तियों में निवास, अस्वास्थ्यकर स्थितियाँ, उनकी मानी हुई अस्वच्छ दिखावट, दुर्गन्ध, उपद्रवी आचरण, अस्थायी पारिवारिक सम्बन्ध एवं आपराधिक प्रवृत्ति उनके लिए गोरों में घृणा भरने तथा उत्प्रेरित करने का कार्य करते हैं। ये दोनों कारक आपस में एक–दूसरे के "कारण" हैं।

वह विकास में गैर–आर्थिक कारकों की भूमिका पर जोर देते हैं तथा बाजार शक्तियों की मुक्त खेल द्वारा लाए गए वृद्धि के प्रतिक्रिया प्रभाव को भी रेखांकित करते हैं। कुछ इलाकों एवं क्षेत्रों में श्रम, पूँजी, माल एवं सेवाओं के समूह शेष क्षेत्रों, अत्यधिक ग्रामीण, कम या ज्यादा तौर पर पीछे छोड़ देता है एवं क्षेत्रीय असमानता को बढ़ावा देता है। व्यावसायिक प्रतिष्ठानों, पूँजी एवं प्रतिभाशाली व्यक्तियों का क्षेत्र विशेष (वृद्धि–बिन्दुओं) पर आसपास के क्षेत्र (प्रतिक्रिया बिन्दुओं) की कीमत पर संकेन्द्रण आर्थिक विकास के स्तर को उस स्तर से निम्न करता है जो कि यह हो सकता था, यदि वृद्धि बिन्दु कभी न उभर होते।

प्रतिक्रिया प्रभाव के विपरीत यद्यपि कुछ आर्थिक विस्तारण केन्द्रों से अन्य क्षेत्रों के लिए विस्तारित संवेग का अपकेन्द्रीय 'फैलाव प्रभाव' होता है। आनुभविक साक्ष्य यह प्रदर्शित करते हैं कि प्रतिक्रिया प्रभाव को फैलाव प्रभाव द्वारा केवल विकास के उच्च स्तर पर ही तटस्थ किया जाता है। यही उन एक कारणों में से है, जिसके कारण त्वरित सतत विकास लगभग एक स्वतः प्रक्रिया हो जाती है, जब एक देश विकास के उच्च शिखर को प्राप्त कर लेता है। विकास के निम्न स्तरों में, फैलाव प्रभाव या तो बहुत ही कमजोर होते हैं अथवा वे प्रतिक्रिया प्रभाव को समाप्त करने के लिए पर्याप्त सुदृढ़ होते हैं एवं इन दोनों परिस्थितियों में परिणाम गरीबी एवं निष्क्रियता ही होता है।

इसी तरह से, अन्तर्राष्ट्रीय स्तर पर व्यापार, पूँजी संचालन एवं प्रवजन का विकासशील देशों पर मजबूत प्रभाव होता है। विकासशील देशों के उदाहरण आसानी से उद्धृत किए जा सकते हैं जिनकी संस्कृतियां बाहरी दुनिया के साथ व्यापारिक सम्पर्कों की स्थापना के फलस्वरूप भ्रष्ट हो गई। लेकिन सामान्य तौर से कहा जा सकता है कि

''प्रतिक्रिया प्रभाव'' एवं ''फैलाव प्रभाव'' सिद्धान्त भारतीय संदर्भ में भी उपयोगी हैं एवं ग्रामीण विकास परियोजनाओं के लिए आयोजना के दौरान विचार किया जाना चाहिए।

विकास का मानव पूँजी प्रतिमान

यह प्रतिमान आर्थिक एवं सामाजिक विकास की प्रक्रिया में मानव पूँजी निवेश की महत्ता पर जोर देता है। मानव पूँजी से हमारा तात्पर्य शिक्षा, प्रशिक्षण, स्वास्थ्य देखभाल एवं कुछ आध्यात्मिक विधियों यथा योग अथवा ध्यान के माध्यम से मानसिक एवं शारीरिक योग्यता को अर्जित करने से है। मानव पूँजी का अधिग्रहण बड़े पैमाने पर मानव प्रयास एवं धन में निवेश के माध्यम से होता है। इस तरह के प्रतिमानों में सरल एवं सर्वाधिक महत्त्वपूर्ण विद्यालयीन प्रतिमान है, जो कि आर्थिक विकास को शिक्षा से सम्बद्ध करता है। शास्त्रीय एवं नव–शास्त्रीय अर्थशास्त्रियों ने अपने सैद्धान्तिक विचारबन्धों में मानव संसाधनों की गुणवत्ता को स्पष्ट रूप से शामिल नहीं किया, जबकि श्रम को शारीरिक एवं मानसिक दोनों प्रयासों के रूप में शामिल किया गया था (एलेक्स 1983, 3–12)। यह थियोडोर शुल्ज़ ही (1964) थे जिन्होंने मानव पूँजी की अवधारणा को प्रस्तुत किया एवं आर्थिक विकास के एक महत्त्वपूर्ण निर्धारक के रूप में मानव पूँजी में निवेश को स्पष्ट रूप से माना। तत्पश्चात् कुछ अन्य विद्वानों ने मानव पूँजी के अर्थशास्त्र में रुचि ली, विशेषकर, शिक्षा के अर्थशास्त्र में और इस विषय पर कई सारे अध्ययन किए गए। यह प्रतिमान मानव क्षमता की समग्रता को मानता है और लोगों की भलाई के लिए दोहन करने की आवशकता पर जोर देता है। यह लोगों की संस्कृति, धर्म, सामाजिक मूल्यों एवं संरचनाओं का सम्मान करता है। यह प्रतिमान किसी अन्य प्रतिमान की तुलना में भारत जैसे देशों के लिए अधिक उपयुक्त है। ग्रामीण विकास के लिए मानव पूँजी दृष्टिकोण निम्न तीन अवधारणाओं पर आधारित है जिसकी विकास के शास्त्रीय सिद्धान्त में अवहेलना की गई है:

1. मानवीय शारीरिक एवं मानसिक क्षमताएँ आंशिक तौर पर वंशानुगत एवं आंशिक तौर पर अर्जित की जाती हैं तथा ये व्यक्ति से व्यक्ति में भिन्न होती हैं, जैसा कि शास्त्रीय मान्यताएं सजातीय श्रम शक्ति को नहीं मानते हैं।
2. मानव पूँजी विशेषकर ग्रामीण क्षेत्रों में, उत्पादकता पर सकारात्मक प्रभाव और अर्थव्यवस्था में नयी तकनीकी के प्रसार में कटौती के माध्यम से विकास में प्रत्यक्ष तौर पर योगदान करती है।
3. मानव संसाधन असीम एवं भारत सहित विश्व के सभी विकासशील देशों में बहुतायत में उपलब्ध है। यदि इन्हें ठीक तरह से विकसित एवं उपयोग में लिया जाए तो मानव संसाधन विकास के लिए सार्थक योगदान दे सकते हैं।

इस तरह, यह प्रतिमान भौतिक पूँजी निर्माण को मानव पूँजी निर्माण से तथा सभी तरह के विकास के लिए आधार के रूप में औद्योगिक विकास को ग्रामीण विकास से बदलने पर जोर देता है। यह प्रतिमान भारत जैसे अधिशेष श्रम वाले विकासशील देशों के लिए सर्वाधिक उपयुक्त है, जहाँ विकास के लिए उच्च क्षमता वाले अल्प विकसित मानव संसाधन बहुत मात्रा में है। इसके अतिरिक्त, मानव संसाधन नवीनीकरण योग्य होते है तथा इसी कारण असीम होते हैं। इसीलिए, विकास की प्रक्रिया में मानव पूँजी को समाप्त हो सकने वाली गैर–नवीनीकरण भौतिक पूँजी से प्रतिस्थापित किया जा सकता है एवं इस प्रकार, भौतिक पूँजी की अपर्याप्तता द्वारा थोपे गए विकास के अवरोधों को कम किया जा सकता है। यथार्थ में, तृतीयक (सेवा) क्षेत्र जो कि अभी भारत में सर्वाधिक वृद्धि वाला क्षेत्र है, के विकास के लिए रणनीतियों की सफलता के लिए कुशल, अनुभवी एवं परिवर्तनशील मानव संसाधन की आवश्यकता है। यह वह रास्ता है जिसे भारत सम्पूर्णतः सतत विकास को लाने के लिए अपना सकता है। सम्प्रति पोषण, स्वास्थ्य सुरक्षा, उचित शिक्षा, प्रशिक्षण और सशक्तिकरण के माध्यम से मानव संसाधन विकास, अब इस उद्देश्य के लिए संसाधनों के आवण्टन की दृष्टि से सर्वोच्च प्राथमिकता बनने योग्य है।

ग्रामीण विकास का गाँधीवादी प्रतिमान

मोहनदास करमचन्द गाँधी को लोकप्रिय रूप से महात्मा गाँधी के नाम से जाना जाता है। इन्होंने ब्रिटिश राज से भारतीय राजनीतिक स्वतन्त्रता के लिए भारतीय लोगों को संगठित एवं शांतिपूर्ण और अहिंसक तरीके से जीवन के सभी क्षेत्रों से एकजुट करने में अग्रणी भूमिका निभाई। इसीलिए, इन्हें सही तौर पर 'राष्ट्रपिता' कहा जाता है। भारत के ग्रामीण विकास को लेकर गाँधीजी का दृष्टिकोण व्यापक एवं लोक केन्द्रित था। इसकी जड़ें उनके सत्य के सिद्धान्त, अहिंसा एवं लोक कल्याण के दृढ़ विश्वास पर टिकी थीं। वे टॉल्सटॉय, रस्किन एवं गीता के उपदेशों से प्रभावित थे, वे सभी तरह के विकास के लिए आर्थिक अभिप्रायों के स्थान पर नैतिक एवं आध्यात्मिक मूल्यों पर अधिक जोर देते थे। गाँधीवादी प्रतिमान की कुछ महत्वपूर्ण विशेषताओं को निम्नानुसार प्रस्तुत किया गया है।

प्रतिमान में अंतर्निहित मूल्य एवं आधारिका

ग्रामीण विकास के लिए गाँधीवादी प्रतिमान निश्चित मूल्यों एवं वाक्यों पर आधारित है (बॉक्स 4.1)।

बॉक्स 4.1

विकास के गाँधीवादी प्रतिमान में अंतर्निहित आधारभूत मूल्य एवं आधारिका

1. *वास्तविक भारत इसके शहरों में नहीं, बल्कि इसके गाँवों में है।*
2. *गाँवों का पुनरुद्धार तभी सम्भव है जब ग्रामवासियों का और अधिक शोषण न हो। गाँधीजी के मत में, शहरवासियों द्वारा ग्रामवासियों का शोषण हिंसा थी।*
3. *सादा जीवन उच्च विचार, भौतिकवादी साधनों में स्वैच्छिक कटौती तथा जीवन में नैतिक एवं आध्यात्मिक मूल्यों का अनुसरण है।*
4. *श्रम का सम्मानः प्रत्येक व्यक्ति को अपने लिये रोटी को शारीरिक श्रम द्वारा अर्जित करना चाहिए एवं जो श्रम करता है, वह अपनी आजीविका अवश्य प्राप्त करता है।*
5. *स्वदेशी वस्तुओं, सेवाओं एवं संस्थाओं के उपयोग को प्राथमिकता देना।*
6. *साधन एवं साध्य के मध्य सन्तुलनः गाँधीजी विश्वास करते थे कि अहिंसा एवं सत्य को तब तक बनाये नहीं रखा जा सकता जब तक कि साध्य एवं साधन के मध्य सन्तुलन न हो।*

स्रोत (सिंह 1999: 86)।

प्रतिमान के प्रमुख अवयव

गाँधीवादी प्रतिमान के प्रमुख अवयव निम्नानुसार हैं –

आत्मनिर्भर ग्राम अर्थव्यवस्था

गाँधीजी की आत्मनिर्भरता की अवधारणा संकुचित नहीं थी, और न ही वह स्वार्थी अथवा अहंकार की थी। उन्होंने महसूस किया था कि ग्रामवासी केवल वही वस्तुएँ गाँव के बाहर से लाएँ, जिनका उत्पादन वे गाँव में नहीं कर सकते।

विकेन्द्रीकरण

गाँधीजी मानते थे कि समाज का प्रमुख लक्ष्य मानसिक एवं नैतिक विकास के साथ मानवीय खुशी होना चाहिए एवं इस उद्देश्य को राजनीतिक एवं आर्थिक शक्तियों के विकेन्द्रीकरण के माध्यम से प्राप्त किया जाना चाहिए।

खादी एवं ग्राम उद्योग

गाँधीजी के लिए, खादी, जीवन की आधारभूत आवश्यकताओं के उत्पादन एवं वितरण के विकेन्द्रीकरण तथा "सभी के लिए कार्य" को सुनिश्चित करने का उपकरण है। उन्होंने अन्य ग्राम उद्योगों यथा – हाथ चक्की, हाथ कुटाई, साबुन निर्माण, पेपर निर्माण, धातु निर्माण, खाद्य तेलों के बीजों की कुटाई, चर्मशोधन इत्यादि को बढ़ावा देने का समर्थन किया। उन्होंने शारीरिक श्रम के उपयोग की वकालत एवं मशीनों के प्रवेश का इस संशय के साथ विरोध किया कि वह मानव श्रम को विस्थापित कर देगा। लेकिन उन्होंने नयी तकनीक की भूमिका की भी प्रशंसा की यदि वे उचित, स्वदेशी एवं रोजगार और जीवन स्तर को प्रभावित न करे।

क्रियान्वयन रणनीति

गाँधीजी ने अपनी रणनीति के क्रियान्वयन के लिए निम्नलिखित संस्थागत संरचनाएँ एवं उपकरण जैसे– पंचायती राज, सहकारिता, न्यासिता एवं नयी तालीम (नयी शिक्षा) निर्धारित किए। इन सभी उपकरणों का संक्षिप्त विवेचन निम्न प्रकार हैं।

पंचायती राज

गाँधीजी ने यह कल्पना की थी कि भारत में प्रत्येक गाँव एक गणराज्य होगा, जहाँ ग्राम पंचायत के पास सुरक्षा सहित अन्य मामलों के प्रबन्धन की पूरी शक्ति होगी। वह यह आशा करते थे कि पंचायत ग्राम अर्थव्यवस्था के सुचारु संचालन के लिए आवश्यक विधायी, कार्यपालिकीय एवं न्यायिक कार्य भी करेगा। विभिन्न विकासात्मक गतिविधियों जैसे – शिक्षा, स्वास्थ्य एवं स्वच्छता को भी ग्राम पंचायत द्वारा किया जाएगा। यह अच्छा है कि गाँधीजी के विचारों के अनुपालन में 73वें संविधान संशोधन अधिनियम 1992 द्वारा पंचायती राज संस्थाओं को वैधानिक दर्जा प्रदान किया गया। और यह आशा की गई कि अब गाँधीजी के स्थानीय स्व–शासन का स्वप्न ग्राम पंचायतों के माध्यम से पूरा होगा।

सहकारिता

गाँधीजी ग्रामीण विकास के एक उपकरण के रूप में सहकारिता में एक महान् गुण देखते हैं। उन्होंने सहकारी कृषि को बढ़ावा देने के लिए कृषि के क्षेत्र में सहकारिता की विशेष भूमिका को सौंपा, जिससे भूमि के विखंडन को रोका जा सके। उन्होंने सहकारिता के अन्य प्रकारों जैसे– साख सहकारिता, बुनाई और कताई सहकारिता एवं दुग्ध सहकारिता की स्थापना की भी वकालत की। इस मामले में भी हम गाँधीजी की अपेक्षाओं के अनुरूप रहे हैं। भारत में आज सहकारी संस्थाओं का विश्व में सबसे बड़ा तन्त्र है, जो कि भारत की ग्रामीण अर्थव्यवस्था में एक महत्त्वपूर्ण स्थान रखता है। ऑपरेशन फ्लड कार्यक्रम एक जीता जागता उदाहरण है जो यह बताता है कि भारत में कृषि एवं ग्रामीण विकास को बढ़ावा देने के लिए सहकारिता क्या कर सकती है। इसलिए, यहाँ हमारे लिए आवश्यक हो जाता है कि हम गाँधीजी द्वारा समर्पित ग्रामीण विकास के लिए सहकारिता के मार्ग को स्वीकार करें।

न्यासिता

गाँधीजी न्यासिता को समाज की पूँजीवादी प्रणाली को एक समतावादी प्रणाली में रूपान्तरण का एक उपकरण मानते हैं। उनके अनुसार, सभी भूमि ईश्वर की है तात्पर्य समुदाय की है एवं इसीलिए उन्होंने इस बात की वकालत की कि भूमि एवं अन्य प्राकृतिक संसाधनों पर सामूहिक स्वामित्व होना चाहिए तथा इनका उपयोग समुदाय के कल्याण के लिए होना चाहिए। भू–स्वामी, भूमि एवं अन्य प्राकृतिक संसाधनों और पूँजीगत सम्पत्ति के मात्र न्यासी होने चाहिए।

उन्होंने न्यासिता के सिद्धान्त को एक अहिंसक पद्धति के रूप में देखा जो भू–स्वामियों को इस बात के लिए राजी करे कि वे अपनी भूमि स्वैच्छिक रूप से समुदाय के कल्याण के लिए दान करें एवं वर्ग संघर्ष को टालें।

नयी तालीम

गाँधीजी का आधुनिक शिक्षा में बिल्कुल भी विश्वास नहीं था, जो केवल साक्षरता एवं सूचनाओं के अर्जन पर जोर देती थी। उनके अनुसार, आधुनिक शिक्षा ''मस्तिष्क का भ्रष्ट आचरण'' थी। इसीलिए, उन्होंने शिक्षा एवं प्रशिक्षण की एक नयी यथोचित व्यवस्था विकसित की जिसे उन्होंने नयी तालीम कहा। उनका मानना था कि नयी तालीम बच्चों एवं वयस्कों में उनके शरीर, मस्तिष्क एवं आत्मा के सम्पूर्ण विकास के माध्यम से पूर्ण क्षमता को विकसित करने में मदद करेगी। वह नयी तालीम को आत्मनिर्भर एवं अभ्यास उन्मुख देखना चाहते थे। यह दुर्भाग्यपूर्ण है कि भारत अभी भी अपनी शिक्षा व्यवस्था को देश की आवश्यकता के अनुरूप नहीं बना पाया एवं इसी कारण अन्य देशों, जिन्होंने शिक्षण एवं प्रशिक्षण को उच्च प्राथमिकता प्रदान की, उनकी तुलना में यहाँ का मानव संसाधन अल्पविकसित एवं निम्न उत्पादक रहा है। यद्यपि, पूर्व की तुलना में पिछले कुछ समय से ''प्रारम्भिक शिक्षा के सार्वभौमिकरण'' एवं ''समग्र साक्षरता कार्यक्रम'' अधिक प्राथमिकता प्राप्त कर रही है जिसमें 'सभी के लिए शिक्षा' का राष्ट्रीय उद्देश्य प्राप्त करना शामिल है। इसी तरह, वर्तमान पारम्परिक शिक्षा व्यवस्था के विकल्प के रूप में हाई स्कूल (दसवीं कक्षा) के पश्चात् व्यावसायिक शिक्षा को अपनाया जा रहा है। यह दर्शाता है कि अब हमने गाँधीजी की नयी तालीम की प्रासंगिकता को महसूस किया है और हम अपनी पारम्परिक शिक्षा प्रणाली को धीरे–धीरे पुनर्संयोजित कर रहे हैं।

किसी अन्य विकास प्रतिमान की तरह गाँधीवादी प्रतिमान के भी समर्थक एवं विरोधी दोनों हैं। समर्थक यह तर्क देते हैं कि भारत में विद्यमान सामाजिक–सांस्कृतिक एवं आर्थिक दशाओं के लिए गाँधीवादी प्रतिमान आज भी प्रासंगिक है तथा न्यायसंगत और सतत ग्रामीण विकास को लाने के लिए यही एक मात्र उपलब्ध विकल्प है। वे यह भी दावा करते हैं कि पंचायती राज संस्थाएँ एवं सहकारिता आज भी उतनी ही प्रासंगिक हैं, जितनी वह गाँधीजी के समय में थीं तथा जिसे वर्तमान भारतीय सन्दर्भों में भी उचित शिक्षा की भूमिका को ज्यादा महत्व दिया जा सकता है। जबकि आलोचक तर्क देते हैं कि गाँधीजी के स्वदेशी का आदर्श, किसी की इच्छाओं में स्वैच्छिक कटौती, न्यासिता, आत्म निर्भर गाँव, एवं मशीन के स्थान पर मानव श्रम का उपयोग जैसी बातें वर्तमान समय में अप्रचलित सी दिखायी पड़ती है, विशेषकर जब भारत की नई आर्थिक नीति की विशेषता निजीकरण, उदारीकरण एवं वैश्वीकरण है। एक तथ्य के रूप में, वे आगे जोर देकर कहते हैं कि जवाहरलाल नेहरू के प्रभाव के अन्तर्गत आर्थिक वृद्धि उन्मुख विकास मार्ग को अपनाने तथा औद्योगिकीकरण के पाश्चात्य प्रतिमान का अनुसरण करके, भारत ने गाँधीवादी प्रतिमान को बहुत पीछे छोड़ दिया। वर्तमान में भारत में मुख्यधारा की सोच आलोचकों के तर्कों से मेल खाती है।

निष्कर्षतः, हम कह सकते हैं कि गाँधीजी चाहते थे कि भारत पूर्व की ओर यात्रा करे, परन्तु भारत ने पश्चिम की ओर यात्रा करने का निश्चय किया और हम जानते हैं – 'दो छोर कभी नहीं मिलते'। अब हम सम्भवतः गलत दिशा में बहुत आगे निकल गये हैं जहाँ से पुनः पीछे की ओर लौटना व्यवहारिक नहीं है। लेकिन, तब भी, असम्भव कुछ भी नहीं है तथा इसीलिए 'जहाँ चाह वहाँ राह' कहा गया है।

अन्य समाज विज्ञानों से विकास सिद्धान्त

विकास एक जटिल प्रक्रिया है जो कि आर्थिक एवं गैर–आर्थिक दोनों कारकों से प्रभावित होती है। शास्त्रीय विचारों के स्कूल ने विकास में गैर–आर्थिक कारकों की महत्ता को विधिवत स्वीकार किया था। जॉन स्टुअर्ट मिल के अनुसार आर्थिक विकास में गैर–आर्थिक कारकों जैसे – मान्यताएँ, विचारों की आदतें, प्रथाएँ एवं संस्थाएँ महत्त्वपूर्ण भूमिका निभाती हैं और उन्होंने अल्पविकसित देशों में तानाशाही एवं प्रगति विरोधी उनकी प्रथाओं, संस्थाओं एवं मान्यताओं को उनके पिछड़ेपन के लिए जिम्मेदार ठहराया।

बॉइके (1953) ने समाजशास्त्रीय द्वैतवाद के सन्दर्भ में अल्प विकास को समझाया है जिसको उन्होंने "एक अन्य प्रकार की देशज सामाजिक व्यवस्था के साथ एक आयातित सामाजिक व्यवस्था के संघर्ष के रूप में" परिभाषित किया। उनके विश्लेषण का आधार, बड़े पैमाने पर इण्डोनेशियाई अनुभव पर आधारित है, वह निष्कर्ष निकालते हैं कि पाश्चात्य विश्व, विकासशील देशों के लिए कुछ कर सकते हैं तो वह यह कि वह उन्हें अकेला छोड़ दे; पाश्चात्य तर्ज पर उन्हें विकसित करने का कोई भी प्रयास, उनकी अवनति एवं क्षय को और तेज कर सकता है। इस द्वैतवाद की स्वीकारोक्ति दो नीतिकारक निष्कर्षों की ओर जाता है – (अ) नियम के रूप में, सम्पूर्ण देश के लिए एक नीति सम्भव नहीं है; तथा (ब) समाज के एक वर्ग के लिए लाभदायक क्या है जो दूसरों के लिए हानिकारक भी हो सकता है। बॉइके के सिद्धान्त का मूल्यांकन यह स्पष्ट करता है कि द्वैतवाद के अस्तित्व के बारे में कोई भी प्रश्न नहीं हो सकता है, जैसा कि बॉइके मानते है कि इसकी व्याख्या समाज की प्रकृति में नहीं है लेकिन यह आर्थिक एवं तकनीकी दृष्टि में हैं। इस तथ्य से यह प्रमाणित होता है कि विकासशील देशों में पाश्चात्य तकनीकी एवं पूँजी सहायता के माध्यम से विकास को बढ़ावा देने के सभी प्रयास बेकार है।

उदाहरणार्थ, भारत में, हरित क्रान्ति को लाने के श्रेय का एक बड़ा हिस्सा संयुक्त राज्य अमेरिका की अंतर्राष्ट्रीय विकास अभिकरण (यूसेड) को जाता है जिसने 1960 के दशक में आधुनिक भूमि–अनुदान प्रकार के राज्य कृषि विश्वस्कूलों की स्थापना में भारत की आर्थिक एवं तकनीकी दोनों प्रकार से सहायता की, और उनके कृषि वैज्ञानिकों को अमेरिकी भूमि–अनुदान प्रकार के कृषि विश्वस्कूलों में प्रशिक्षण दिया। इसी प्रकार, भारत के दुग्ध उद्योग के आधुनिकीकरण से स्किम्ड दुग्ध पाउडर एवं मक्खन तेल में सर्वप्रथम, खाद्य एवं कृषि संगठन के विश्व खाद्य कार्यक्रम से तथा इसके बाद यूरोपीय आर्थिक समुदाय की खाद्य सहायता से बहुत लाभ हुआ है जिसका श्रेय ऑपरेशन फ्लड कार्यक्रम को जाता है।

बॉइके द्वारा उन्नत समाजशास्त्रीय द्वैतवाद के सिद्धान्त को कोई भी अस्वीकार कर सकता है तथा अब भी आर्थिक विकास में महत्वपूर्ण सामाजशास्त्रीय, सांस्कृतिक एवं मनोवैज्ञानिक कारकों को स्वीकार किया जाता है। दरअसल, कोई भी यह कह सकता है कि सभी अर्थशास्त्री जिन्होंने आर्थिक विकास में विशेषज्ञता हासिल की है, इन कारकों के आर्थिक कारकों के साथ परस्पर क्रिया के महत्व को मानते हैं। मेयर एवं बॉडविन (1957, 355) के शब्दों में, "विकास के लिए मनोवैज्ञानिक एवं सामाजिक आवश्यकताएँ, आर्थिक आवश्यकताओं के समान ही महत्त्वपूर्ण है। वे अपने स्वयं के अधिकारों में पूर्ण सोच विचार की पात्रता रखते हैं।" अपेक्षाकृत कुछ अर्थशास्त्री, हालांकि केवल वे जो विकास का एक व्यवस्थित सिद्धान्त देने के साहस का प्रयत्न करेगा, वही, महत्वपूर्ण समाजशास्त्रीय, सांस्कृतिक एवं मनोवैज्ञानिक कारकों को इसमें सम्मिलित करेगा। डेविड मेक्लैलेण्ड एवं एवरेट हेगेन, इनमें से कुछ उल्लेखनीय (हिगीन्स 1966, अध्याय 13) हैं।

मैकलेलैण्ड की "आवश्यकता की उपलब्धि प्रेरणा" (एन–एसीएच) सिद्धान्त, एन–एसीएच एवं आर्थिक विकास के मध्य सम्बन्ध स्थापित करना चाहता है। उनका सिद्धान्त दो प्रस्तावों पर निर्भर हैः (अ) कुछ उद्देश्यों जैसे कि – एन–एसीएच के औसत स्तर में समूह विभेद, आर्थिक वृद्धि की दर में अंतर का अनुमान लगाते हैं एवं (ब) कुछ अभिप्रायों के समुच्चय सफल व्यवसायिक उद्यमियों की तरह कार्य करने वाले व्यक्तियों को प्राथमिकता दे, जिन्होंने पिछले सभी आर्थिक विकास में प्रमुख भूमिका निभाई है। अपने अध्ययन एवं विश्लेषण के आधार पर उन्होंने निष्कर्ष निकाला कि यदि हम आर्थिक वृद्धि को बढ़ावा देना चाहते हैं तो सर्वप्रथम व्यक्तियों के मूल्यों एवं उद्देश्यों में बदलाव आवश्यक है। इसे, उनके अनुसारः (अ) प्रोत्साहन अथवा शिक्षा; (ब) सामाजिक व्यवस्था में परिवर्तन शुरू करना; एवं (स) प्रारम्भिक चारित्रिक प्रशिक्षण द्वारा किया जा सकता है। तीनों में, सभी विषमताओं के बावजूद तीसरे के सफल होने की सम्भावना अधिक है। इसके लिए, इस मार्ग में, मूल्यों को बहुत पहले से ही अन्तर्निर्मित किया जा सकता है। प्रारम्भिक चारित्रिक प्रशिक्षण, विशेष रूप से योग्य नर्सरी एवं प्राथमिक स्कूलों के शिक्षकों के एक दल द्वारा प्रदान किया जा सकता है जो इस उद्देश्य के लिए चुने गए हो।

इस प्रकार, मैकलेलैण्ड का विश्लेषण इस निष्कर्ष की ओर जाता है कि आर्थिक विकास में उड़ान भरने के लिए बड़ी संख्या में उद्यमिता प्रेरित मनोग्रंथि वाले विशेषकर उच्च एन–एसीएच वाले व्यक्तियों की आवश्यकता है तथा इस हेतु मनोवैज्ञानिक पूर्व–परिस्थियों को स्थापित करने के लिए एक लम्बी अवधि की आवश्यकता होती है।

प्रमुख बिन्दु

1. ग्रामीण विकास का कोई भी सार्वभौम रूप से स्वीकृत सिद्धान्त नहीं है जो ग्रामीण विकास की विद्यमान परिस्थितियों की व्याख्या एवं भविष्य की दिशा पर भविष्यवाणी कर सके। क्या हमारे पास उपकल्पनाओं एवं प्रस्तावों का ऐसा समूह है जो विकास के क्षेत्र में उच्च स्तर के सामान्यीकरण को स्थापित कर सकता है। इस हद तक ग्रामीण विकास, विकास का एक उपसमूह है, इसलिए, विकास की उपकल्पनाएँ ग्रामीण विकास पर भी लागू होती हैं।
2. वास्तव में, शास्त्रीय अर्थशास्त्रियों ने विकास अथवा ग्रामीण विकास पर अपना ध्यान केन्द्रित नहीं किया; वे शायद यह मानते थे कि आर्थिक वृद्धि स्वाभाविक रूप से विकास की ओर प्रवृत्त होगी। शास्त्रीय अर्थशास्त्रियों के तर्कों का रोचक तत्व वर्तुल अवधारणा थी, जिसे तकनीकी, निवेश एवं लाभ के अंतर्संबंधों द्वारा चित्रित किया गया था। वर्तुलता उनके इन अभिकथनों में निहित थी कि इसमें तकनीकी का स्तर निवेश के स्तर पर निर्भर करता है, निवेश लाभ पर निर्भर करता है, और लाभ तकनीकी के स्तर पर आंशिक रूप से निर्भर करता है।
3. 1950 के दशक में, विकास के बारे में चिंतन की दो भिन्न विचारधाराएँ अर्थात् पूँजीवादी एवं मार्क्सवादी दर्शन तथा उनके अनुरूप दो अलग–अलग सिद्धान्त पूँजीवादी दर्शन का आधुनिकीकरण सिद्धान्त तथा मार्क्सवादी दर्शन का निर्भरता सिद्धान्त उभर कर सामने आया।
4. आधुनिकीकरण सिद्धान्त का सार कम विकसित देशों के लिए विकास के माध्यम की तरह उनके वर्ग संरचना में किसी भी तरह का कोई बदलाव किए बगैर पाश्चात्य प्रौद्योगिकी एवं तार्किकता का हस्तान्तरण करना तथा एक प्रक्रिया के रूप में सभी सामाजिक एवं तकनीकी बाधाओं का उन्मूलन करना था।
5. संक्षेप में, आधुनिकीकरण सिद्धान्त ने "अमेरिकी जीवन पद्धति" को आधुनिकता के प्रतीक के रूप में प्रस्तुत किया। इसमें यह माना गया कि विकास को केवल कृषि के तकनीकी रूपान्तरण के साथ ही औद्योगिकीकरण एवं शहरीकरण के माध्यम से ही प्राप्त किया जा सकता है। यह कुछ उपयोगी अन्तर्दृष्टि प्रदान करता है, जैसे, कृषि उत्पादन की वृद्धि के लिए आधुनिक तकनीकी के उपयोग की अनिवार्यता तथा पारम्परिक सामन्ती संस्थाओं के स्थान पर लोकतान्त्रिक संस्थाओं के प्रतिस्थापन की आवश्यकता है जिससे अधिक वैज्ञानिक दृष्टिकोण की दिशा और धर्मनिरपेक्ष मूल्यों एवं मान्यताओं की ओर बढ़ा जा सके।
6. मार्क्सवादी दर्शन के निर्भरता सिद्धान्त की बौद्धिक नींव कार्ल मार्क्स एवं फ्रेडरिक एंजिल्स के विचारों में निहित थी, उनका मानना था कि आधुनिकीकरण सिद्धान्त के अनुरूप सामाजिक परिवर्तन की प्रक्रिया क्रमिक एवं विकासवादी नहीं थी। इसके बजाय, इसकी विशेषता समाज में वर्गों के मध्य हितों का टकराव अथवा दूसरे शब्दों में वर्ग संघर्ष थी। मार्क्सवादी वर्ग संघर्ष को सामाजिक परिवर्तन एवं विकास के इंजन के रूप में देखते है।
7. 1970 के दशक में निर्भरता सिद्धान्त बहुत ही लोकप्रिय था क्योंकि इसने विकासशील देशों में गरीबी एवं स्थिरता की समस्याओं को हल करने के ठोस प्रयासों के बावजूद एक प्रसंशनीय व्याख्या प्रदान की। यह सिद्धान्त ग्रामीण विकास के निर्धारकों की पहचान करते समय उपयोगी चेतावनी देता है कि हमें गम्भीरतापूर्वक इस बात का मूल्यांकन करना चाहिए कि कौन से अन्तर्राष्ट्रीय आर्थिक एवं राजनीतिक सम्बन्ध सामान्य तौर पर आर्थिक विकास विशेषकर ग्रामीण विकास के लिए लाभदायक एवं कौन से हानिकारक होंगे तथा ऐसी प्रतिकूलताओं को कम करने के लिए नीतिगत उपाय आरम्भ करना चाहिए।

8. रोजन्स्टेन–रोडान के 'विशाल दबाव' सिद्धान्त ने इसे बनाए रखा कि यहाँ संसाधनों का एक न्यूनतम स्तर है जिसे विकास कार्यक्रम के लिए समर्पित होना चाहिए, यदि इसे सफलता के लिए कोई अवसर चाहिए। एक देश में आत्म–निर्भर वृद्धि शुरू करना, जमीन से जहाज उड़ाने जैसा होता है। इसके लिए महत्वूपर्ण गति होती है जिसे प्राप्त करके ही जहाज को उड़ाया जा सकता है। इस सिद्धान्त की सबसे बड़ी आलोचना यह है कि 'विशाल दबाव' को प्राप्त करने के लिए संसाधनों की इतनी उच्च स्तर आवश्यकता होती है जिसे भारत जैसे विकासशील देश वहन नहीं कर सकते।
9. हार्वे लैबेन्स्टेन के ''महत्वपूर्ण न्यूनतम प्रयास सिद्धान्त'' का केन्द्रीय विचार यह है कि सतत पन्थनिरपेक्ष वृद्धि को अर्जित करने के लिए यह आवश्यक है कि विकास के प्रारम्भिक उत्तेजक एक कतिपय 'महत्वपूर्ण न्यूनतम आकार' का हो। लैबेन्स्टेन की अवधारणा रोजेन्स्टेन–रोडान के विशाल दबाव के सिद्धान्त की अपेक्षा इन अर्थों में यथार्थवादी है कि महत्वपूर्ण न्यनतम प्रयास को यथोचित समय एवं छोटे प्रयासों की श्रृंखला में तोड़कर, अर्थव्यवस्था को सतत विकास के पथ पर लाया जा सकता है। यह सिद्धान्त भारत में प्रचलित विकेन्द्रीकृत लोकतान्त्रिक आयोजना की अवधारणा के के अनुरूप है।
10. डब्ल्यू. आर्थर लेविस के श्रम की असीमित आपूर्ति के साथ आर्थिक विकास का प्रतिमान इस बात पर आधारित है कि कई विकासशील देशों में श्रम के विशाल भण्डार मौजूद है, जिनकी सीमांत उत्पादकता नगण्य, शून्य अथवा नकारात्मक भी है। जबकि पूँजीवादी क्षेत्र में श्रम की सीमांत उत्पादकता प्रचलित मजदूरी दरों से अधिक होती है, जिसका परिणाम पूँजीवादी अधिशेष के रूप में होता है, जिसका उपयोग पूँजी निर्माण में किया जा सकता है, जो कि आजीविका क्षेत्र में और अधिक लोगों के लिए रोजगार सम्भव कर सके एवं विकस की प्रक्रिया आरम्भ कर सके। यह प्रतिमान भारत जैसे अधिशेष श्रम वाले विकासशील देशों में विकास की प्रक्रिया को समझने के लिए अच्छा ढाँचा प्रदान करता है।
11. गुन्नार मिर्डल अपने 'फैलाव एवं प्रतिक्रिया प्रभाव' सिद्धान्त में इस बात पर जोर देते हैं कि किसी स्थान विशेष या क्षेत्रों में श्रम, पूँजी, वस्तु और सेवाओं का समूहीकरण शेष क्षेत्रों विशेषकर ग्रामीण, को पीछे की ओर छोड़ देता है और क्षेत्रीय असमानता को बढ़ावा देता है। आस–पास के क्षेत्रों (पिछड़े) की कीमत पर निश्चित स्थानों (वृद्धि बिन्दुओं) पर फर्मों, पूँजी, एवं प्रतिभावान व्यक्तियों का संकेन्द्रण, विकास के स्तर को उस स्तर से नीचे करता है, क्या होता यदि वृद्धि बिन्दु कभी भी उभरा नहीं होता। 'प्रतिक्रिया प्रभाव' के विपरीत यद्यपि यहाँ आर्थिक विस्तार केन्द्रों से अन्य क्षेत्रों की ओर विस्तारीय संवेग वाले निश्चित अपकेन्द्रीय 'फैलाव प्रभाव' होते है। आनुभविक प्रमाण यह दिखाते है कि केवल विकास के उच्च स्तर पर ही फैलाव प्रभावों द्वारा प्रतिक्रिया प्रभावों को उदासीन करते हैं।
12. मानव पूँजी प्रतिमान आर्थिक एवं सामाजिक विकास की प्रक्रिया में मानव पूँजी निवेश की महत्ता पर जोर देता है। मानव पूँजी से हमारा तात्पर्य शिक्षा, प्रशिक्षण, स्वास्थ्य एवं कुछ आध्यात्मिक विधियों यथा योग अथवा ध्यान के माध्यम से मानसिक एवं शारीरिक योग्यता को अर्जित करने से है। मानव पूँजी का अधिग्रहण प्रमुख रूप से मानव प्रयासों एवं धन में निवेश के माध्यम से होता है। इस तरह के प्रतिमानो में सर्वाधिक सरल एवं सर्वाधिक महत्त्वपूर्ण स्कूलीन प्रतिमान है जो कि आर्थिक विकास को शिक्षा से सम्बद्ध करता है। यह प्रतिमान भारत एवं अन्य विकासशील देशों के लिए प्रासंगिक है।
13. गाँधीवादी प्रतिमान व्यापक एवं लोककेन्द्रित है। इसकी जड़ें उनके सत्य के सिद्धान्त, अहिंसा एवं लोककल्याण के दृढ़ विश्वास पर टिकी हैं। इसमें सम्पूर्ण विकास के लिए आर्थिक अभिप्रायों के स्थान पर नैतिक एवं आध्यात्मिक मूल्यों पर अधिक जोर दिया गया। गाँधीवादी प्रतिमान के समर्थक यह तर्क देते हैं कि भारत में विद्यमान सामाजिक–सांस्कृतिक एवं आर्थिक दशाओं के लिए गाँधीवादी प्रतिमान आज भी प्रासंगिक है तथा न्यायसंगत और सतत ग्रामीण विकास को लाने के लिए यही एक मात्र

उपलब्ध विकल्प है। इसके जबकि आलोचक तर्क देते हैं कि गाँधीजी के स्वदेशी का आदर्श, किसी की इच्छाओं में स्वैच्छिक कटौती, न्यासिता, आत्म निर्भर गाँव, एवं मशीन के स्थान पर मानव श्रम का उपयोग जैसी बातें वर्तमान समय में अप्रचलित सी दिखायी पड़ती है। भारत की मुख्यधारा की सोच आलोचकों के तर्कों से मेल खाती है।

14. यहाँ समाज विज्ञानियों द्वारा कुछ अन्य प्रतिमान भी प्रस्तुत किये गये हैं जिसमें बॉइके का समाजशास्त्रीय द्वैतवाद के सन्दर्भ में अल्पविकास का विवरण सम्मिलित है, जिसको वह एक आयातित समाज व्यवस्था से एक अन्य शैली की स्वदेशी सामाजिक व्यवस्था से टकराहट के रूप में एवं मैक्लेलैण्ड के 'उपलब्धि' के लिए प्रेरणा आवश्यकता सिद्धान्त को परिभाषित करता है। मैक्लेलैण्ड का विश्लेषण इस निष्कर्ष की ओर प्रवृत्त होता है कि आर्थिक विकास में वृद्धि के लिए व्यक्तियों की एक बड़ी संख्या की आवश्यकता होती है जिनके पास उद्यमीय प्रेरक परिसर के साथ एक उच्च उपलब्धि के लिए प्रेरणा की आवश्यकता होती है एवं इसके लिए मनोवैज्ञानिक पूर्व शर्तों की स्थापना के लिए एक लम्बे समय की आवश्यकता होती है। इसमें बॉइके और मैक्लेलैण्ड प्रतिमान विकास में गैर–आर्थिक तत्वों की भूमिका हेतु अन्तर्दृष्टि प्रदान करने में उपयोगी होते हैं।

चर्चा के लिए प्रश्न

1. यदि असम्भव नहीं हो तो, 'विकास' का एक सार्वभौमिक स्वीकार्य सिद्धान्त होना क्यों कठिन है?
2. भारत के वर्तमान सन्दर्भ में विकास के आधुनिकीकरण सिद्धान्त की समालोचना लिखिए?
3. क्या भारत के लिए निर्भरता सिद्धान्त प्रासंगिक है? हाँ/नहीं। यदि हाँ, तो क्यों; यदि नहीं तो क्यों नहीं?
4. रोजेन्स्टेन रोडान के 'विशाल दबाव' सिद्धान्त एवं हार्वे लेबेन्स्टेन के 'महत्वपूर्ण न्यूनतम प्रयास' सिद्धान्त की तुलना एवं अन्तर कीजिए। इनमें से कौन भारत के लिए ज्यादा उपयुक्त है एवं क्यों?
5. आर्थर लेविस के आर्थिक विकास प्रतिमान की भारतीय सन्दर्भ में क्या सीमाएँ हैं?
6. गुन्नार मिर्डल द्वारा अपने सिद्धान्त में स्पष्ट किए गए विकास के 'फैलाव एवं प्रतिक्रिया प्रभाव' का उदाहरण सहित चित्रण कीजिए?
7. विकास के मानव पूँजी प्रतिमान और विकास के गाँधीवादी प्रतिमान में क्या समानताएँ हैं? भारत के वर्तमान सन्दर्भ में गाँधीवादी प्रतिमान की उपादेयता का आलोचनात्मक मूल्यांकन कीजिए?
8. 'समाजशास्त्रीय द्वैतवाद' से आपका क्या अभिप्राय है? किस तरह से इसका अस्तित्व विकास को प्रभावित करता है?
9. मैक्लेलैण्ड के 'उपलब्धि के लिए प्रेरणा आवश्यकता' सिद्धान्त की भारतीय सन्दर्भ में आलोचनात्मक टिप्पणी कीजिए।
10. क्या प्रधानमंत्री नरेन्द्र मोदी द्वारा प्रतिपादित भारत के विकास का मौजूदा दृष्टिकोण विकास के पूँजीवादी प्रतिमान के निकट है? यदि हाँ, तो क्यों; एवं नहीं तो क्यों नहीं?

अध्याय 5

ग्रामीण विकास के निर्धारक

अध्ययन परिणाम

इस अध्याय को पढ़ने के पश्चात् विद्यार्थी यह जानने में समर्थ होंगे –

- 'निर्गत में परिवर्तन' को विकास के लिए एक स्थानापन्न चर के रूप में क्यों समझा जाता है तथा इसकी क्या सीमाएँ हैं, की व्याख्या करना;
- सामान्य तौर पर भारत के विकास तथा विशिष्ट रूप में, कृषि विकास में भूमि एवं जल संसाधनों की भूमिका को स्पष्ट करना;
- मानव संसाधनों की प्रमुख विशेषताओं, जो कि 'विकास' को महत्त्वपूर्ण ढंग से प्रभावित करती हैं, पहचान करना;
- विभिन्न प्रकार की पूंजी और विकास में उनकी भूमिका को परिभाषित करना;
- भारत में कृषि विकास में नई कृषि तकनीकों की भूमिका को स्पष्ट करना; और
- विभिन्न तरह के संगठनों की पहचान करना तथा उनकी भारत के ग्रामीण विकास में भूमिका की जांच करना; ग्रामीण विकास एवं इसके निर्धारकों को मापने एवं परिमाणित करने में विभिन्न सैद्धान्तिक एवं प्राविधिकीय समस्याओं की व्याख्या करना, तथा उनके सम्बन्धों को कुछ आनुभविक अध्ययनों के आधार पर समझना।

परिचय

ग्रामीण विकास को प्रभावित करने वाले अथवा प्रतिकूल असर वाले कारक बहुत भिन्न होते हैं और ये समय के साथ एक दूसरे में विभिन्न तरीके से इस तरह जुड़ गए हैं कि इन महत्त्वपूर्ण चरों अथवा निर्धारकों की एक लघु संख्या को पृथक करना बहुत ही कठिन है। कई भौतिक, तकनीकी, आर्थिक, सामाजिक, सांस्कृतिक, संस्थागत, संगठनात्मक तथा राजनीतिक कारक हैं जो ग्रामीण विकास के स्तर एवं गति को प्रभावित करते हैं। ये कारक परिवार, गाँव, जिला, राज्य, राष्ट्र, विश्व आदि कई स्तरों पर कार्य करते हैं। इन कारकों को किस तरह से प्रबंधित किया जाता है, उस पर निर्भर करता है कि इनका अनुकूल और प्रतिकूल प्रभाव विकास पर पड़ सकता है। उदाहरण के लिए, यदि किसी देश का मानव संसाधन उचित पोषण, स्वास्थ्य देखभाल, शिक्षा एवं प्रशिक्षण के द्वारा उचित ढंग से विकसित नहीं किया गया है और उत्पादकता का उपयोग नहीं किया गया है तो ये संसाधन उत्तरदायित्व एवं विकास के लिए बाधक बनते हैं। लेकिन यदि वे उचित ढंग से विकसित एवं उपयोग किए जाते हैं तो ये बड़ी सम्पत्ति बनते हैं और विकास में योगदान करने वाले महत्त्वपूर्ण कारक होते हैं। ग्रामीण विकास के प्रबन्धकों के लिए इन लक्ष्यों को प्रभावी ढंग से और प्रभावी रूप से प्राप्त करने के लिए इन कारकों का उपयोग करने में सक्षम होने के लिए ग्रामीण विकास पर विविध निर्धारकों के प्रभाव की प्रकृति एवं परिमाण के बारे में ज्ञान आवश्यक है। यह अध्याय ग्रामीण विकास के प्रमुख निर्धारकों की पहचान करने और ग्रामीण विकास को बढ़ावा देने में उनकी भूमिका का मूल्याँकन करने के लिए समर्पित है। ग्रामीण विकास में बहुविध लक्ष्यों की विशिष्टता

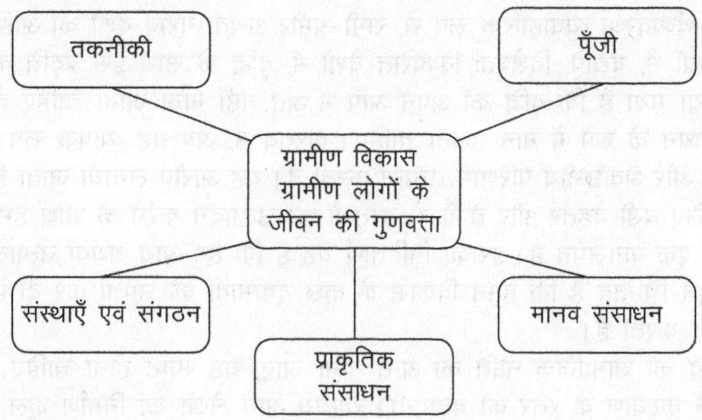

चित्र 5.1: *ग्रामीण विकास के निर्धारक*

स्रोतः लेखक

और जैसा कि अध्याय तीन में बताया गया है कि कोई एकल सूचकांक या संकेतक नहीं है जो ग्रामीण विकास की बहुविध प्रकृति को स्पष्ट कर सकता है। साथ ही, जब तक कि हम ग्रामीण विकास की परिघटना को माप नहीं लेते, तब तक हमारे लिए इसे प्रभावित करने वाले कारकों के मात्रात्मक प्रभाव के बारे में जानना असम्भव है।

ग्रामीण विकास के एकल संकेतक के अभाव में, हमें उत्पादन में परिवर्तन का उपयोग एक प्रतिनिधि मापक के रूप में करना चाहिए और मापकों के महत्त्वपूर्ण निर्धारकों के रूप में प्रतीत होने वाले इस मापक के महत्त्वपूर्ण सभी कारकों की चर्चा करनी चाहिए जो हमें दिखाई देते हैं। हमें यह मानना चाहिए कि उत्पादन में परिवर्तन, प्राकृतिक संसाधनों, रोजगार, पूँजी, तकनीकी तथा संस्थाओं और संगठनों के कार्यो में परिवर्तन है। इसे संकेत पद्धति से निम्नानुसार व्यक्त किया जा सकता है –

$$\Delta Y = f(\Delta R, \Delta N, \Delta K, \Delta T, \Delta O)$$

जहाँ Y = उत्पादन, R = प्राकृतिक संसाधन, N = रोजगार, K = पूँजी, T = तकनीकी, O = संस्थाओं एवं संगठनों के ढाँचे एवं डेल्टा (Δ) का तात्पर्य परिवर्तन से है।

इस समीकरण से स्पष्ट है कि उत्पादन में परिवर्तन, समीकरण के दाहिने ओर अर्थात् प्राकृतिक संसाधन, रोजगार, पूँजी, तकनीकी एवं संगठनात्मक और संस्थानात्मक ढाँचे (चित्र 5.1) पर प्रदर्शित होने वाले चरों में परिवर्तन का एक कृत्य है। इन चरों को आर्थिक वृद्धि अथवा उत्पादन में परिवर्तन के 'साधन चरों' के रूप में कहा जा सकता है। निश्चित ही, Y और साधन चरों के मध्य के सामयिक सम्बन्धों को निर्धारित करना आसान नहीं है। ये सभी एक साथ परिवर्तित होते हैं और एकल चर के योगदान को अलग करना मुश्किल होता है, लेकिन कुछ सांख्यिकीय साहचर्यों को निर्धारित करना सम्भव हैं और इसे कई अर्थशास्त्रियों द्वारा स्थापित भी किया गया है।

उत्पादन में परिवर्तन

उत्पादन के परिवर्तनों का मापन, समय के साथ, प्रायः जितना सोचा जाता है उस से ज्यादा जटिल होता है। इसके लिए, हमें एक लेखा प्रणाली की आवश्यकता होती है जो उत्पादन परिवर्तनों के संकेतक प्रदान कर सके। कई संकेतकों का उपयोग किया जा सकता है, लेकिन वे सभी कुछ निश्चित सीमाओं के अधीन होते हैं। उत्पादन परिवर्तनों के विशिष्ट संकेतकों की चर्चा करने से पूर्व, समग्र विकास को बढ़ावा देने के एक साधन के रूप में आर्थिक वृद्धि के बारे में कुछ अवलोकन प्रस्तुत किए जाएँगे।

एक उभरती हुई अर्थव्यवस्था व्यवहारिक रूप से, सभी अमीर अथवा गरीब देशों की आर्थिक नीति के लक्ष्यों में से एक है। हाल के वर्षों में, यद्यपि, विशेषतः विकसित देशों में, वृद्धि के साथ इस प्रवृत्ति को चुनौती दी गई है। अब यह रेखांकित किया गया है कि वृद्धि को अपने आप में अंत नहीं माना जाना चाहिए बल्कि इसे विकास को बढ़ावा देने के एक साधन के रूप में माना जाना चाहिए। वास्तव में, अब यह व्यापक रूप से माना जाता है कि आर्थिक वृद्धि वांछनीय और अवांछनीय परिणाम उत्पन्न करती है। यह आरोप लगाया जाता है कि हमारी वासनाओं को संतुष्ट करने के लिए बड़ी बेहतर और तेजी से वस्तुओं का उत्पादन करने के साथ हमारी यह प्रवृत्ति, ''वृद्धि उन्माद'' के प्रकार का एक पागलपन है। इसका निहितार्थ यह है कि हम आय अथवा उत्पाद के कुछ संकेतकों में बढ़ोतरी के बारे में इतने चिन्तित है कि हमने विकास के कुछ दुष्प्रभावों की उपेक्षा कर दी है जो लोगों के जीवन की गुणवत्ता को विकृत करती है।

इससे पूर्व कि वृद्धि को सामाजिक नीति का अन्त माना जाए, यह स्पष्ट होना चाहिए कि आर्थिक गतिविधि कम से कम मनुष्यों के कल्याण के स्तर को बढ़ाएगी। राष्ट्रीय आय लेखा का निर्माण कुल उत्पादन के संकेतकों को प्रदान करने के लिए अथवा वैकल्पिक रूप से, लेखा के दूसरी तरफ उत्पादन के कारकों के स्वामित्व हेतु कुल आय के लिए किया गया है। सकल घरेलू उत्पाद, शुद्ध घरेलू उत्पाद, सकल राष्ट्रीय उत्पाद, शुद्ध राष्ट्रीय उत्पाद, सकल राष्ट्रीय आय एवं शुद्ध राष्ट्रीय आय, व्यक्तिगत आय तथा व्यक्तिगत प्रयोज्य आय इनमें से कुछ संकेतक है।

यदि हमारे पास एक संकेतक हो जो हुई वृद्धि को दर्शाता है, तो संकेतक को वस्तु एवं सेवाओं जैसे– गेहूँ, दूध, घर, कपड़े, स्टील, हवाई जहाज, बैंक एवं बीमा के विपरीत अर्थपूर्ण भौतिक स्वरूप में संग्रहित करना चाहिए। राष्ट्रीय आय संकेतक को बाजार मूल्यों के आधार पर भौतिक इकाइयों को मौद्रिक मूल्यों से गुणा करके, उत्पादन की इन परिवर्तित भौतिक इकाइयों से प्राप्त किया जाता है। इस प्रकार, उत्पादन के मौद्रिक मूल्य तुलनात्मक एवं योजक होते हैं।

यह मूल्याँकन प्रक्रिया एक आधारभूत प्रश्न के लिए खुली है। क्या भार के रूप में, बाजार कीमतों का उपयोग कुल आय के लिए उत्पादन की सम्बन्धित इकाइयों के परिशुद्ध योगदान को दर्शाती है? इसका उत्तर ऐसा प्रतीत होता है कि यदि उत्पाद और कारक बाजार पूर्णतः प्रतिस्पर्धी हैं और उपभोग अथवा वस्तुओं की कीमत का उत्पादन दोनों में कोई बाहरी उपस्थित नहीं होती है तो वे ऐसा करते है। यदि किसी उत्पाद की माँग पूर्ण रूप से मूल्य सापेक्ष की तुलना में कम है, लेकिन उत्पाद के उत्पादन में वृद्धि के कारण निर्मित अतिरिक्त मूल्य, मूल्य के बजाय सीमान्त राजस्व से परिलक्षित होंगे क्योंकि जब उत्पादन बढ़ता है तब सभी इकाइयों की कीमत में कमी आएगी। इसके अतिरिक्त, यदि बाहरी वस्तुएँ उत्पाद के उपभोग में उपस्थित हैं तो, बाजार की माँग कीमत उपभोग किए गए उत्पाद के सामाजिक मूल्य को प्रतिबिम्बित नहीं करेगी। इसी तरह से, यदि बाहरी वस्तुएँ उत्पाद के उत्पादन में उपस्थित हैं तो, उत्पाद की आपूर्ति कीमत उत्पादन के कारकों की पूर्ण ''सामाजिक'' उत्पादकता को प्रतिबिम्बित नहीं करेगी। बाहरी वस्तुएँ सकारात्मक अथवा नकारात्मक भी हो सकती हैं, और जब उन्हें विद्यमान होने के लिए दिखाया जा सकता है अर्थात् मात्रा निर्धारित की जा सकती है, तब उनके महत्त्व को प्रतिबिम्बित करने के लिए मूल्याँकन समायोजन किया जा सकता है।

एक और भी अधिक गम्भीर समस्या पारम्परिक राष्ट्रीय आय के संकेतकों की सांख्यिकीय व्याप्ति से सम्बन्धित है। वास्तव में, ऐसी क्या आवश्यकता है जो उत्पादन के स्तर में सभी परिवर्तन को जान सकें। एक नियम के रूप में, आय लेखा उन वस्तुओं और सेवाओं को अच्छा क्षेत्र प्रदान कराती है, जो बाजार के माध्यम से गुजरती हैं, लेकिन कई ऐसे भी होते हैं जो इसमें सम्मिलित नहीं होते हैं। इसका तात्पर्य यह है कि सांख्यिकीय व्याप्ति अर्थव्यवस्था के जटिल होने के साथ ज्यादा व्यापक हो जाती है एवं बाजार का विस्तार अर्थव्यवस्था के अधिकाधिक क्षेत्रों में होने लगता है। यदि ऐसा है तो परिणामतः अपेक्षाकृत कम विकसित देश का वास्तविक उत्पादन एक विकसित देश के वास्तविक निर्गत आय लेखा की तुलना में सम्भवतः अधिक महत्त्व दिया जाता है।

अर्थशास्त्रियों एवं अन्य ने यह मान्यता प्रदान की है कि उत्पादन का एक सकल मापक जैसे– वास्तविक सकल राष्ट्रीय उत्पाद जिसे अर्थव्यवस्था के नाम से जाना जाता है, यह वृद्धि–उत्पादन तंत्र के कुल आकार का श्रेष्ठ संकेतक नहीं है। इसका कारण यह है कि पूँजी के संग्रह को बनाये रखने के लिए सकल उत्पादन की हिस्सेदारी

आवश्यक है जो कि अर्थव्यवस्था के उत्पादक आधार का हिस्सा है। 'सकल निवेश' नामक कुछ श्रेणियाँ पूँजी संग्रह में शुद्ध वृद्धि को संघटित करती है और इस प्रकार, इसे शुद्ध उत्पादन क्षमता के किसी भी माप में शामिल किया जाना चाहिए। लेकिन सकल निवेश का एक बड़ा हिस्सा प्रतिस्थापन पूँजी का है जिसे आय लेखे में 'पूँजी अवमूल्यन भत्ता' कहा जाता है। कुल उत्पाद में से पूँजी अवमूल्यन भत्ता कम करने पर शुद्ध उत्पाद प्राप्त होता है। हम यह तर्क कर सकते हैं कि वास्तविक शुद्ध राष्ट्रीय उत्पाद में यह परिवर्तन आर्थिक वृद्धि का सर्वश्रेष्ठ संकेतक है। लेकिन, जैसा कि अध्याय 3 में बताया गया है, वास्तविक शुद्ध राष्ट्रीय उत्पाद की तुलना में संयुक्त ग्रामीण विकास सूचकांक एवं मानव विकास सूचकांक ग्रामीण विकास के अधिक सर्वव्यापी मापक हैं। लेकिन, वास्तविक सकल राष्ट्रीय उत्पाद के विपरीत वर्ष प्रति वर्ष बाद भी अभी तक उनके अनुमान भारत में संस्थागत नहीं हुए हैं।

यद्यपि, हम इन्हें आय लेखों में नहीं माप सकते हैं, यह स्मरण रखना महत्त्वपूर्ण है कि उत्पादन के अन्य कारक निश्चित ही पूँजी अवमूल्यन भत्ते हेतु समान होते हैं। जब उत्पादन होता है तो श्रम कभी–कभी घट जाता है और एक निश्चित आधार पर मानव पूँजी भण्डार के रखरखाव के लिए प्रशिक्षण, विद्यालयीन शिक्षा, स्वास्थ्य एवं पोषक आहार में निवेश की आवश्यकता होती है। यदि, प्राकृतिक पर्यावरण से लिये गये संसाधनों में कमी होती है तो इसे इस स्तर तक पूँजी के साथ पूरी तरह से एक सदृश रूप में सकल उत्पादकता आँकड़ों से बाहर निकल जाना चाहिए। यह मुद्दा गुणवत्ता के साथ–साथ कारकों की मात्रा के समान भी उतना ही प्रासंगिक है। यदि, मानव पूँजी भण्डार एवं प्राकृतिक संसाधनों की गुणात्मकता में समय के साथ कमी होती है तो अर्थव्यवस्था की सुप्त उत्पादकता में कमी आती है और इन हानिकारक परिवर्तनों को व्यवस्था के शुद्ध उत्पाद से घटाया जाना चाहिए। असल में, यदि कारक भण्डार की गुणवत्ता में सुधार तकनीकी प्रगति एवं ज्ञान में वृद्धि के कारण होता है तो उत्पादन के लिए यह सुप्त क्षमता निश्चित अवधि में उत्पादित शुद्ध उत्पाद में जोड़ा जाना चाहिए।

सम्भवतः हमारे उत्पादकता लेखों की सबसे विनाशकारी सीमा वह तरीके हैं जिसमें हम नकारात्मक अन्तिम उत्पादों से निपटते हैं। ये उत्पादन के अन्तिम निर्गत हैं जो मनुष्यों में अयोग्यता का कारण है और आमतौर पर, प्राकृतिक पर्यावरण में गिरावट का कारण अपशिष्ट अवशेषों एवं पर्यावरणीय क्षरण के रूप में होता है। वे भीड़भाड़, प्रदूषण, अति जनसमूह एवं अपराध जैसे बाह्य गैर–अर्थव्यवस्थाओं का रूप लेते हैं। मानव कल्याण पर वृद्धि के प्रभावों का सही अनुमान लगाने से पहले, वृद्धि पर इन नकारात्मक प्रभावों को सकारात्मक प्रभावों से बाहर किया जाना चाहिए।

प्राकृतिक संसाधन

प्राकृतिक संसाधन से हमारा अभिप्राय किसी भी उत्पाद, वस्तु अथवा घटना से है जो कि व्यक्ति को उसके प्राकृतिक वातावरण में मिलती है एवं उसे वह किसी तरह से अपने लाभ के लिए उपयोग करता है। इस अर्थ में, प्रकृति द्वारा प्रदत्त संसाधनों में वायु, जलवायु, मृदा, जल, पौधे, पशु, खनिज अयस्क, खनिज तेल, कोयला, प्राकृतिक गैस, सौर विकिरण एवं कुछ सुख सुविधाएँ है जो पर्यटन के लिए उपयोग की जा सकती है, आदि है। समय के साथ–साथ विश्व के संसाधनों का स्वरूप भी बदलता रहता है, इसलिए नहीं कि प्रकृति की मूलभूत व्यवस्था में कोई बदलाव होता है बल्कि इसलिए कि संसाधन का निर्माण करने वाले परिवर्तनों के कारण होता है। प्राकृतिक संसाधनों को दो श्रेणियों में वर्गीकृत किया जा सकता है – गैर नवीनीकरण योग्य अथवा भण्डार संसाधन जैसे धातु अयस्क, खनिज तेल एवं कोयला भण्डार तथा नवीनीकरण योग्य अथवा प्रवाहमान संसाधन जैसे सौर विकिरण, पशु एवं पौधों की प्रजातियाँ और हवा। यह विभेद संसाधन विकास, संरक्षण एवं उपयोग की दृष्टि से नीतियों के लिए बहुत ही महत्त्वपूर्ण है।

ग्रामीण विकास की प्रक्रिया में प्राकृतिक संसाधन बहुत ही महत्त्वपूर्ण भूमिका निभाते हैं। मातृ प्रकृति हमें प्राकृतिक संसाधनों को बिना किसी मूल्य के प्रदान करती है और आर्थिक वृद्धि की प्रक्रिया में दो महत्त्वपूर्ण कार्य करती है अर्थात्, उत्पादन प्रक्रियाओं को आगत प्रदान करना तथा उत्पादन प्रक्रिया से उत्पन्न अपशिष्टों को

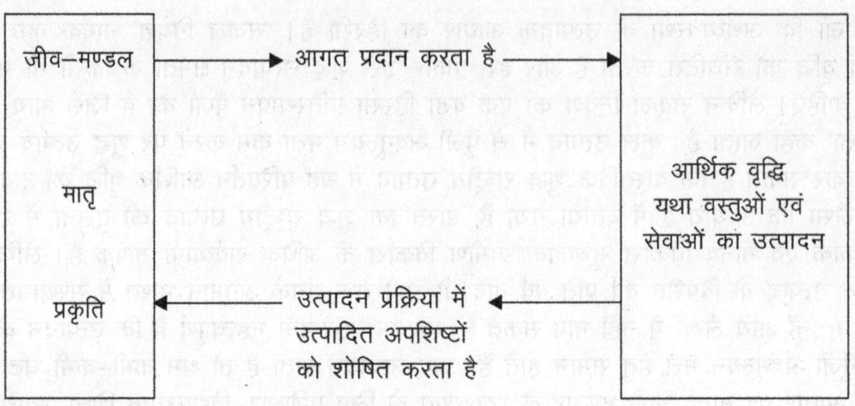

चित्र 5.2: *आर्थिक वृद्धि में मातृ प्रकृति/पर्यावरण की भूमिका*

स्रोतः लेखक

समावेशित करना (चित्र 5.2)। चूँकि पृथ्वी ग्रह निश्चित, बन्द एवं अप्रगतिशील है इसीलिए इन दोनों महत्त्वपूर्ण कार्यों की एक प्राकृतिक सीमा है, अर्थात् हमारे ग्रह के आगत प्रावधान एवं अपशिष्ट समावेशन दोनों की क्षमता सीमित है। इसका तात्पर्य यह है कि किसी भी प्राकृतिक संसाधनों का उपयोग करके वस्तुओं एवं सेवाओं के उत्पादन को हमेशा के लिए बढ़ाया नहीं जा सकता है, क्योंकि आर्थिक वृद्धि की पारिस्थितिकीय/प्राकृतिक सीमाएँ है इसलिए यह सतत नहीं रह सकता है। सतत विकास के लिए यह आवश्यक है कि हम आर्थिक वृद्धि की प्रक्रिया में अपने प्राकृतिक संसाधनों को बनाये रखें एवं पर्यावरण को अक्षुण्ण रखे और उनका उतना ही उपयोग करें, जिससे कि वह स्वाभाविक रूप से पुनःउत्पादित हो सकें। अर्थात् हमारा जीवन अपनी गति से चलता रहें और प्राकृतिक संसाधनों का भण्डार बना रहें और पर्यावरण भी अक्षुण्ण बना रहें। तथापि, हम यह जोड़ना चाहते है कि अब उपयुक्त तकनीक एवं प्रबन्धकीय हस्तक्षेपों से प्रकृति के उत्पादों को प्राकृतिक प्रवाहों/उत्पादन को बढ़ाना सम्भव है।

उदाहरणार्थ, मछली पकड़ना कृत्रिम पालन एवं प्रजनन के माध्यम से महत्त्वपूर्ण रूप से बढ़ाया जा सकता है; फसलों की पैदावार को संतुलित जैविक एवं अजैविक उर्वरकों, जैविक कीटनाशकों, एवं मृदा और जल के वैज्ञानिक प्रबन्धन के अनुप्रयोग से बढ़ाया जा सकता है; एवं वनों को तेजी से नवीनकृत किया जा सकता है और उनकी स्वाभाविक उत्पादकता उर्वरक एवं जल के अनुप्रयोग से बढ़ाई जा सकती है। इस प्रकार, जीवित प्राणियों के सन्दर्भ में, हमारे जीव मण्डल की वाहक क्षमता कुछ हद तक तकनीकी एवं प्रबन्धकीय हस्तक्षेपों के माध्यम से बढ़ायी जा सकती है। इसीलिए विकासवादी एवं तकनीकी विशेषज्ञों के कथन के विपरीत, आर्थिक वृद्धि की सीमाएँ हैं और पारिस्थितिकी विशेषज्ञ के कथन के विपरीत, सीमाएँ पूर्णतः कठोर नहीं हैं – वे शिथिल की जा सकती हैं। सतत विकास के समर्थकों ने इस सत्य को माना है कि तकनीकी विशेषज्ञों और पारिस्थितिकी विशेषज्ञों के प्रतिनिधित्व वाले दो चरमपंथी विचारों के मध्य बीच का रास्ता भी है।

प्राकृतिक संसाधनों एवं विकास के मध्य सम्बन्धों को तलाश करने की तीन प्रमुख उपकल्पनाएँ: (अ) नव–माल्थसवादी उपकल्पना; (ब) कोर्नुकॉपवादी उपकल्पना; एवं (स) पर्यावरणीय कुज्नेट्स वक्र उपकल्पना हैं। प्रमुखतः जीव विज्ञानी एवं पारिस्थितिकी विशेषज्ञ जैसे नव–माल्थसवादी उपकल्पना के समर्थकों का मानना है कि हमारे पृथ्वी ग्रह की संवाहक क्षमता सीमित है क्योंकि ग्रह सीमित, बन्द एवं अप्रगतिशील है। अन्य शब्दों में, यहाँ पर्यावरण के महत्त्वपूर्ण कार्यों की प्राकृतिक सीमा है अर्थात् हमारे ग्रह पृथ्वी पर आगत प्रावधानों एवं अपशिष्ट समावेशनीयता दोनों की क्षमता सीमित है।[1] दूसरे छोर पर, कोर्नुकॉपवादी उपकल्पना के समर्थक एक आशावादी दृष्टिकोण रखते हैं। उनमें से प्रमुखतः तकनीकी विशेषज्ञ, कृषि वैज्ञानिक एवं अर्थशास्त्री हैं। वे कहते हैं कि नव–माल्थसवादी स्कूल

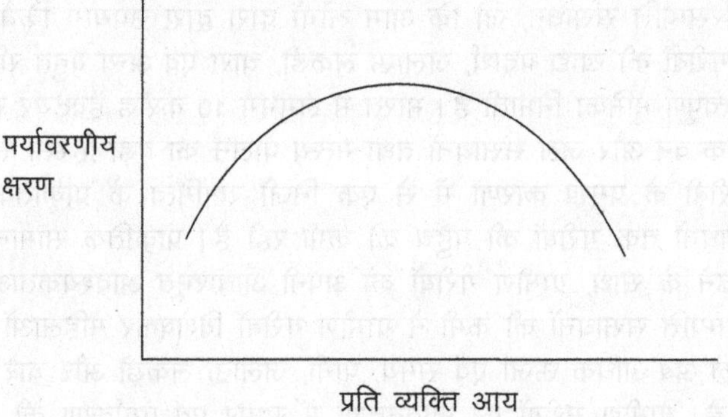

चित्र 5.3: *एक प्रारूपिक पर्यावरणीय कुज्नेट्स वक्र*

स्रोतः लेखक

के विचारकों द्वारा वर्णित समाजों के विनाश के भय का कोई साक्ष्य अथवा कारण दिखाई नहीं देता है। प्रतियोगी बाजारों द्वारा प्रदान किये जा रहे प्रोत्साहनों को धन्यवाद कि इन उद्यमियों द्वारा ऊर्जा एवं खनिजों के नए संसाधनों का अन्वेषण एवं विकास किया जा रहा है और साथ ही उन्होंने कई नवीन आविष्कारों एवं/अथवा अपशिष्टों के पुनर्चक्रण द्वारा कई पदार्थों के भण्डारण को बढ़ाया है। कृषि विज्ञानों के शोध ने भी अब इसे सम्भव बनाया है कि प्रकृति के उत्पादों को प्राकृतिक प्रवाह/उत्पादन को यथोचित तकनीकी एवं प्रबन्धन हस्तक्षेपों से बढ़ाया जा सकता है (सिंह एवं शिशोदिया 2007, 42–44)।

पर्यावरणीय कुज्नेट्स वक्र उपकल्पना यह प्रस्तावित करता है कि कुछ पर्यावरणीय क्षरण और प्रति व्यक्ति आय के कुछ संकेतकों द्वारा मापे गए पर्यावरण की गुणवत्ता के मध्य 'यू' आकार का विपरीत सम्बन्ध है, जो कि विकास का एक महत्त्वपूर्ण संकेतक है (चित्र 5.3)। इसका तात्पर्य यह है कि पर्यावरण में क्षरण आरम्भ में कम है, जब प्रति व्यक्ति आय कम होती है, तो यह प्रति व्यक्ति आय में बढ़ोतरी के साथ बढ़ जाती है और अंत में, प्रति व्यक्ति आय में और बढ़ोतरी के साथ इसमें गिरावट आती है। पर्यावरणीय कुज्नेट्स वक्र को साइमन कुज्नेट्स (1955) के नाम पर रखा गया है जिन्होंने इस उपकल्पना को प्रस्तावित किया था कि आय के वितरण और आय के स्तर में असमानता के मापन के मध्य के सम्बन्धों को 'यू' आकार के विपरीत वक्र द्वारा चित्रित किया जा सकता है। पर्यावरणीय कुज्नेट्स वक्र उपकल्पना को कई विद्वानों द्वारा व्याख्यायित किया गया है कि आर्थिक वृद्धि अन्ततः आर्थिक वृद्धि के प्रारम्भिक चरणों के प्रतिकूल पर्यावरणीय प्रभावों का निवारण करेगा और निरंतर वृद्धि से पर्यावरण की गुणवत्ता में और सुधार होगा। इस उपकल्पना की कई विद्वानों द्वारा आलोचना की गयी है (स्टर्न 1998, 173–196)। लेकिन कुल मिलाकर, सामान्य सहमति यह है कि यह समस्त नहीं बल्कि कुछ पर्यावरणीय संकेतकों को रखती है तथा अकेले आर्थिक वृद्धि, सभी पर्यावरणीय समस्याओं का समाधान नहीं कर सकती है। यह वायु और जल प्रदूषण के कुछ संकेतकों के लिए सर्वाधिक अनुरूप है (बार्बियर 1997, 357–58)।

भारत के महान् दार्शनिकों, विद्वानों एवं गुरुजनों की शिक्षा का अनुसरण करते हुए हम जीव विज्ञानियों तथा पारिस्थितिकीविदों एवं तकनीकीविदों और अर्थशास्त्रियों के दो चरमपंथियों के बीच एक मध्यमार्ग में विश्वास करते हैं। इसका तात्पर्य यह है कि वृद्धिवादी एवं तकनीकी विशेषज्ञों के विपरीत आर्थिक वृद्धि की सीमाएँ हैं एवं पारिस्थितिकीविदों के कथनों के विपरीत, इसकी सीमाएँ पूर्णतः कठोर नहीं हैं, इन्हें शिथिल किया जा सकता है। हम इस आशावादी दृष्टिकोण से निष्कर्ष निकालते हैं, जैसा कि साइमन एवं कॉन (1984) ने तर्क दिया था कि इक्कीसवीं शताब्दी एक युग का विकास करेगी जो तकनीकी उन्नति एवं नीतिगत नवाचारों के परिणामस्वरूप उच्च जीवन स्तर एवं पर्यावरण पर मानवीय प्रभावों को कम करेगी। यह दृष्टिकोण सतत विकास के अन्तर्निहित सिद्धान्तों के अनुरूप है।

भारत में, सामान्य परिसम्पत्ति संसाधन, जो कि आम लोगों द्वारा द्वारा उपयोग किये जाने वाले संसाधन हैं, ये ग्रामीण लोगों विशेषकर गरीबों की खाद्य पदार्थ, जलाऊ लकड़ी, चारा एवं अन्य बहुत सी आधारभूत आवश्यकताओं के साधन के रूप में महत्त्वपूर्ण भूमिका निभाती हैं। भारत में लगभग 10 करोड़ हैक्टेयर सामुदायिक भूमि, लगभग 3 करोड़ हैक्टेयर सामुदायिक वन और जल संसाधनों तथा मत्स्य पालन का बड़ा हिस्सा सामान्य परिसम्पत्ति संसाधन है। भारत में ग्रामीण गरीबी के प्रमुख कारणों में से एक निजी स्वामित्व के प्राकृतिक संसाधनों और प्राकृतिक सामान्य परिसम्पत्ति संसाधनों तक गरीबों की पहुँच की कमी रही है। प्राकृतिक सामान्य परिसम्पत्ति संसाधनों के वाणिज्यिक दोहन के बढ़ने के साथ, ग्रामीण गरीबों को अपनी आधारभूत आवश्यकताओं को पूरा करना मुश्किल लगता है। सामान्य परिसम्पत्ति संसाधनों की कमी ने ग्रामीण गरीबों विशेषकर महिलाओं की दुर्दशा और व्याकुलता को बढ़ाया की है, जिनको अब अधिक ऊर्जा एवं समय, पानी, जलाऊ लकड़ी और चारे को दूरस्थ स्थानों से लाने में व्यतीत करना पड़ता है। ग्रामीण गरीबों की जीवनदशा में सुधार एवं पर्यावरण की गुणवत्ता में सुधार के लिए प्राकृतिक सामान्य परिसम्पत्ति संसाधनों का पुनर्स्थापन एवं विवेकपूर्ण प्रबन्धन आवश्यक है (सिंह 1994, 16–20)।

आर्थिक विकास के किसी भी स्तर पर उपलब्ध घरेलू प्राकृतिक संसाधनों का उपयोग एक अर्थव्यवस्था का सुदृढ़ आधार बनता है। उपलब्ध प्राकृतिक संसाधनों की मात्रा और गुणवत्ता उनके प्रयोग की तीव्रता एवं दक्षता एक निश्चित सीमा तक एक राष्ट्र के आर्थिक विकास का स्तर एवं गति निर्धारित करता है। हालांकि, प्राकृतिक संसाधनों की कमी उच्च स्तर के आर्थिक विकास को अवरूद्ध नहीं करती जैसा कि डेनमार्क, स्विट्जरलैण्ड, इजरायल, हांगकांग एवं जापान के उदाहरणों से स्पष्ट है। इन देशों ने उपयुक्त तकनीकी, संस्थाओं एवं संगठनों द्वारा प्राकृतिक संसाधनों की कमी की क्षतिपूर्ति की है और उच्च स्तर तक मानव संसाधनों का विकास किया है। भारत अपेक्षाकृत प्राकृतिक संसाधनों के साथ सम्पन्न है, लेकिन वह अपने लोगों के लाभ के लिए उन्हें पूरी तरह विकसित और उपयोग करने में सक्षम नहीं कर पाया है। इसीलिए, भारत में कृषि एवं ग्रामीण विकास का स्तर निम्न है।

यह निर्विवाद रूप से सत्य है कि एक देश जितना अधिक गरीब है, उसकी आय का उतना अधिक प्रतिशत प्राकृतिक संसाधनों के मालिकों के पास जाता है एवं इसीलिए, अपने आर्थिक विकास के लिए प्राकृतिक संसाधनों का महत्त्व अधिक है। इसको आसानी से खाद्यान्न उत्पादन के मामले में प्रदर्शित किया जा सकता है। भारत में, कुल व्यक्तिगत आय (आय के प्रतिनिधि के रूप में) का लगभग 42 प्रतिशत खाद्य एवं पेय पदार्थों पर खर्च होता है। उत्पादन की कुल लागत का लगभग 30 प्रतिशत जमीन के मालिक को किराये के रूप में दिया जाता है। इस प्रकार, समुदाय की कुल आय का लगभग 13 प्रतिशत अकेले भूमि सेवाओं पर खर्च होता है। इसका तात्पर्य यह है कि भारत में धन सम्पदा भूमि के रूप में होता है। इस जमीन पर किनका स्वामित्व है इसमें जबरदस्त विभिन्नता है क्योंकि आर्थिक, राजनीतिक और सामाजिक विशेषाधिकार भी भू–स्वामित्व के साथ जुड़े हुए हैं। दूसरी तरफ, संयुक्त राज्य अमेरिका जैसे विकसित देशों में कुल आय का लगभग 10 प्रतिशत खाद्य पदार्थों पर खर्च होता है एवं खाद्यान्न के उत्पादन का लगभग 20 प्रतिशत भूमि के किराये में जाता है। इस प्रकार, समुदाय की कुल आय का 2 प्रतिशत से कुछ ऊपर भू–स्वामियों के पास जाता है। भू–स्वामित्व का भारत की अपेक्षा संयुक्त राज्य अमेरिका में बहुत ही कम आर्थिक एवं राजनीतिक महत्त्व है।

यह समान दृष्टिकोण, अन्य उत्पादों के उत्पादन के सन्दर्भ में प्रासंगिक है, जो मुख्य तौर पर प्राकृतिक संसाधनों पर निर्भर करते हैं। यदि, पूँजी बहुत कम है और श्रमिक अकुशल हो तो, भूमि एवं प्राकृतिक संसाधनों की भूमिका उत्पादन में बहुत महत्त्वपूर्ण होती है और उनका स्वामित्व एक महत्त्वपूर्ण सामाजिक विषय बन जाता है।

मानव संसाधन

मानव संसाधनों के उपयोग का आकार, गुणवत्ता एवं विस्तार विकास की प्रक्रिया में महत्त्वपूर्ण भूमिका निभाते हैं। रोजगार के मामले में उपयोगिता के स्तर को दीर्घावधि एवं अल्पावधि के दृष्टिकोण से सर्वश्रेष्ठ माना जाता है। दीर्घावधि में, रोजगार मुख्यतः जनसंख्या वृद्धि से सम्बन्धित है। भारत जैसे समाजों में रोजगार एवं जनसंख्या वृद्धि

के मध्य सामंजस्य बहुत जुड़ा होता है जहाँ व्यक्ति युवावस्था में ही श्रमशक्ति में प्रवेश करता है, जहाँ अधिकांश श्रम कृषि कार्यों में उपयोग किया जाता है और इसलिए, अर्द्धरोजगार की स्थिति में, इनका उपयोग होने की सम्भावना है। जब जनसंख्या वृद्धि की दर अधिक होगी, तब उत्पादन के अन्य कारकों के सापेक्ष उपयोग किए जाने वाले श्रम की मात्रा अधिक होगी।

यद्यपि, इस सम्बन्ध में महत्त्वपूर्ण बात यह है कि मनुष्य को पूरी तरह से उत्पादक बनने के लिए शिक्षित और प्रशिक्षित करने के लिए समय और निवेश की आवश्यकता होती है। यदि बच्चों के कार्य की अनिवार्यता के कारण समय को कम किया जाता है तो इसका परिणाम दीर्घावधि तक कम उत्पादकता की ओर प्रवृत्त होगा। दूसरी ओर, यदि कार्य को स्थगित किया जाता है और बच्चे विद्यालय जाते हैं तो सार्वजनिक संस्थाओं जैसे शैक्षणिक संस्थाओं पर भार बढ़ जाता है और प्रति व्यक्ति आय में अंकित शुद्ध खपत कम हो जाती है क्योंकि संसाधन, उपभोग के स्थान पर संस्थाओं के लिए प्रशिक्षण एवं रखरखाव पर जाते हैं। इस प्रकार, प्रति व्यक्ति आय अस्थायी रूप से कम हो जाती है, और जब तक कि लोग अंततः श्रम शक्ति में शामिल नहीं हो जाते, तो उस समय प्रति व्यक्ति आय बढ़ जाती है यदि श्रम पर्याप्त उत्पादक हो तो उस समय स्कूली शिक्षण एवं प्रशिक्षण में खर्च बढ़ जाता है।

दूसरी तरफ, अल्पावधि में, लोगों को काम करने के अधिक अवसर प्रदान करके रोजगार के अवसरों को बढ़ाया जा सकता है। इसे समुचित मजदूरी के प्रस्ताव से पूरा किया जा सकता है जो पूर्ववर्ती बेरोजगार श्रमिकों को श्रम शक्ति में आकर्षित करता है, और जहाँ प्रचुर मात्रा में नौकरियाँ है, वहाँ एक स्वस्थ आर्थिक वातावरण का निर्माण किया जा सकता है।

विकसित एवं विकासशील देशों में किए गए अनुसंधान से पता चलता है कि उत्पादन में वृद्धि के लिए, संख्या की तुलना में श्रम की गुणवत्ता अधिक महत्त्वपूर्ण है। अलग–अलग देशों के अनुभवों को देखने से एक स्पष्ट तस्वीर उभरती है। शिक्षित, तकनीकी रूप से प्रशिक्षित श्रम शक्ति वाला कोई भी देश गरीब नहीं है तथा मुख्य रूप से अशिक्षित एवं अप्रशिक्षित श्रम शक्ति वाला कोई भी देश अमीर नहीं है। सामान्यतया, प्राकृतिक संसाधनों की उपलब्धता की अपेक्षा श्रम शक्ति की गुणवत्ता आर्थिक विकास में बहुत अधिक महत्त्वपूर्ण है। जापान एक ऐसा देश है जहाँ कोई खनिज अथवा ऊर्जा संसाधन नहीं है, लेकिन वहाँ पर उच्च साक्षरता, प्रशिक्षित और कुशल कार्यशील जनसंख्या के कारण उच्च आर्थिक उत्पादकता है।

यह भी देखा गया है कि शिक्षण एवं प्रशिक्षण में किए गए निवेश का प्रतिफल बहुत ही उच्च आन्तरिक दरों पर आर्थिक निर्गत प्रस्तुत करती है। आधारभूत शिक्षा का प्रतिफल विशेष रूप से बहुत उच्च रहा है। स्कूली शिक्षा में प्रतिफल की दर अमीर देशों में 50 प्रतिशत के आस–पास हैं, प्रतिवर्ष किये गये निवेश के प्रतिफल की दर कई धनी देशों में प्रतिवर्ष 50 प्रतिशत के आस–पास है और भारत जैसे विकासशील देशों में, प्राथमिक शिक्षा प्रतिफल की दर इससे भी अधिक होती है। कोई भी गरीब देश जो विकसित होना चाहता है वह अपने दुर्लभ संसाधनों का उपयोग स्कूलों, तकनीकी शिक्षा, प्रशिक्षण एवं प्रबन्धन में करने से बेहतर नहीं कर सकता है।

यह ध्यान देना आवश्यक है कि विकास की प्रक्रिया में लोगों और उनका महत्त्व उनके मूल्य एवं व्यवहार, विकास के अनुरूप होने चाहिए। यदि विकास होता है तो सार्वजनिक और व्यक्तिगत दोनों आय बढ़ती है, यही जीवन का एक मुख्य उद्देश्य होना चाहिए। जिसके लिए लोगों में बढ़ते स्तरों पर प्राप्त करने, संग्रहीत करने अथवा उपभोग करने की अनिवार्य इच्छा होनी चाहिए। अन्यथा, व्यावहारिक रूप से विकास असम्भव है। इस बात से कोई इंकार नहीं कर सकता है कि यह वही इच्छा थी, जिसने पाश्चात्य तकनीकी, धन, वित्तीय मध्यस्थों, निजी सम्पत्ति और मुक्त अनुबन्ध एवं विनिमय के आधार पर एक आर्थिक संरचना का निर्माण किया। कुछ लोग तर्क देते हैं कि राजनीतिक स्वतन्त्रता अर्थात् सामाजिक गतिशीलता में वृद्धि हुई है जिसने विकास में योगदान दिया है, जो व्यक्तिगत तौर पर स्थापित लक्ष्यों के पदानुक्रम में आर्थिक विचारों के प्रभुत्व के कारण हुआ है।

भारत एक श्रम अधिशेष वाला देश है। 2011 की जनगणना के अनुसार, भारत की ग्रामीण जनसंख्या 83.31 करोड़ थी जो देश की जनसंख्या का 68.84 प्रतिशत था। कुल ग्रामीण जनसंख्या में 11.87 करोड़ कृषक एवं 14.43 करोड़ कृषि मजदूर थे। 2001–11 की अवधि के दौरान जनसंख्या की औसत वार्षिक घातीय वृद्धि दर 1.22 थी,

जो 1991–2001 के दशक में 1.7 प्रतिशत से कम थी। कौशल, शिक्षा, प्रशिक्षण, मूल्यों एवं व्यवहार के सन्दर्भ में ग्रामीण श्रम शक्ति की गुणवत्ता निम्न है। परिणामस्वरूप, 2014 के मानव विकास प्रतिवेदन के अनुसार, दुनिया के 187 देशों में मध्यम मानव विकास के साथ भारत 135वें स्थान पर है (जिसके आँकड़ें उपलब्ध थे)। यह भारत में मानव विकास की सही स्थिति को नहीं दर्शाता है।

जनगणना 2011 के अनुसार भारत में शहरी जनसंख्या की साक्षरता दर 84.90 प्रतिशत की तुलना में ग्रामीण जनसंख्या की साक्षरता दर 68.91 प्रतिशत थी। यहाँ साक्षरता दर और वास्तविक प्रति व्यक्ति सकल घरेलू उत्पाद के मध्य सकारात्मक सहसंबंध है। 43 विकासशील देशों के प्रतिदर्श में इन दोनों चरों के मध्य साधारण सहसंबंध 0.48 था। बहुत कम प्रति व्यक्ति पूँजी की उपलब्धता के साथ ग्रामीण श्रमशक्ति की कमजोर गुणवत्ता बहुत हद तक निम्न उत्पादकता को स्पष्ट करता है, इसीलिए, भारत के ग्रामीण क्षेत्र में प्रति व्यक्ति आय कम है।

पूँजी

विकसित पाश्चात्य देशों के अधिकांश विकास अर्थशास्त्री मानते हैं कि आर्थिक विकास का मूल उपकरण पूँजी है। हेरॉड–डोमर प्रतिमान चिंतन के इस स्कूल का एक विशिष्ट उदाहरण है। इस प्रतिमान में, आर्थिक वृद्धि की प्रक्रिया में पूँजी संचय महत्त्वपूर्ण भूमिका निभाती है क्योंकि आर्थिक वृद्धि की दर – बचत दर एवं निर्गत–पूँजी अनुपात के उत्पाद के रूप में व्यक्त किया जाता है। इसलिए, पूँजी निर्माण आर्थिक विकास की एक महत्त्वपूर्ण शर्त है। नई तकनीक यथा – अधिक उत्पादन वाले बीज, रासायनिक उर्वरक एवं कीटनाशक, ट्रैक्टर, संयुक्त फसल कटाई एवं खाद्य प्रसंस्करण संयंत्र, पूँजी में समाविष्ट हैं। पूँजीगत शेयरों में वृद्धि से श्रम की सीमान्त उत्पादकता में वृद्धि होती है जो बदले में, आमतौर पर, मजदूरी दरों को बढ़ाती है। पूँजी को कई तरह से वर्गीकृत किया जा सकता है। भूमि, मशीनरी, उपकरण, आधारभूत अधोसंरचना दीर्घकालिक पूँजी है और अन्य दीर्घकालिक पूँजी के रूपों में बीज, उर्वरक, ईंधन एवं अन्य कच्चे माल पूँजी के रूप में अस्तित्व में रहती है जिनका उत्पादन प्रक्रिया में वार्षिक स्तर पर उपयोग किया जाता है।

इसके अतिरिक्त, पूँजी को सार्वजनिक अथवा निजी स्वामित्व के आधार पर वर्गीकृत किया जा सकता है। निजी पूँजी का प्रबन्धन व्यक्तिगत उद्यमियों द्वारा किया जाता है और इसके उदाहरण दीर्घकालिक एवं परिचालित पूँजी में पहले से सूचीबद्ध होते हैं। दूसरी तरफ, सार्वजनिक पूँजी, सड़कें, स्कूलों, अस्पतालों, राष्ट्रीय सुरक्षा एवं विभिन्न सरकारी प्रतिष्ठानों जैसे बुनियादी ढाँचें में समाज का निवेश हैं। निश्चित रूप से, निजी पूँजी व्यक्तियों द्वारा कम उपभोग के अपने निर्णय द्वारा अर्जित की जाती है। दूसरी ओर, सार्वजनिक पूँजी, राजनीतिक प्रक्रियाओं के माध्यम से संयुक्त कार्यवाही द्वारा तैयार होती है, लेकिन यह भी इसलिए अस्तित्व में आ सकता है क्योंकि समाज इसके उपभोग से अधिक अर्जित करता है। ग्रामीण विकास को बढ़ावा देने के लिए निजी एवं सार्वजनिक पूँजी निवेश दोनों आवश्यक हैं। वर्तमान में, भारत में दोनों तरह के निवेश आवश्यकता से कम हैं, इसीलिए, ग्रामीण विकास का स्तर एवं गति प्रतिकूल रूप से प्रभावित हुआ है।

पूँजी निर्माण को अर्थव्यवस्था की श्रेष्ठता के सन्दर्भ में देखते हुए, पूँजीगत संसाधन निम्नलिखित दो तरीकों में से एक से अर्जित किए जा सकते हैं: घरेलू बचत और विदेशी सहायता द्वारा। अधिकतर देशों में, घरेलू बचत तीन स्रोतों से प्राप्त की जा सकती है। प्रथम, निजी व्यक्तियों से जो अपनी आय से कम उपभोग करते हैं, और अर्थव्यवस्था में निवेश के रूप में भिन्नता को उपलब्ध कराते हैं। अमीर देशों में, लोगों में बचत का कारण, अपने प्रयासों से विभिन्न प्रकार के आकस्मिकताओं के प्रति सुरक्षा प्राप्त कर लेते हैं, इस प्रकार बीमा की किश्त, सेवानिवृत्ति वार्षिकी, बैंक खाते इत्यादि बचत का रूप लेती है। चूँकि ये विकल्प स्वैच्छिक होते हैं, लोग बचत की प्रक्रिया में अपनी खुशहाली का ध्यान रखते है, इसीलिए इन्हें किसी भी तरह की हानि नहीं उठानी पड़ती है। दूसरी ओर, गरीब देशों में, बचत प्रायः कष्टकर होती है, क्योंकि अधिकांश लोग भुखमरी एवं बीमारी में जीवन–यापन करते हैं और उनकी पूरी आय केवल उपभोग के लिए आवश्यक होती हैं। परिणामतः, बचत सामान्यतः अल्प होती

तालिका: 5.1: भारत की सकल घरेलू उत्पाद के प्रतिशत के रूप में वर्तमान कीमतों पर सकल घरेलू बचत, 1950–51 से 2013–14 तक

वर्ष	*परिवार क्षेत्र*	*निजी व्यावसायिक क्षेत्र*	*सार्वजनिक क्षेत्र*	*कुल*
1950–51	6..5	0.9	2.1	9.5
1960–61	6.5	0.9	2.1	9.5
1970–71	9.5	1.4	3.4	14.3
1980–81	12.1	1.6	4.1	17.8
1990–91	18.5	2.6	1.8	22.9
2000–01	21.7	4.3	0.5	25.5
2005–06	23.5	7.5	2.4	33.4
2010–11	23.1	8.0	2.6	33.7
2013–14*	18.2	10.9	1.6	30.7

स्रोत: वित्त मंत्रालय, तालिका 1.6, पृ. ए14–16, सांख्यिकीय परिशिष्ट
नोट: * नई श्रेणी के अनुमान

है, लेकिन, भारत में देर से ही सही, सभी क्षेत्रों में घरेलू बचत बढ़ रही है। उदाहरणार्थ, तालिका 5.1 के अनुसार, 1950–51 में, सभी क्षेत्रों में वर्तमान कीमतों पर सकल बचत की औसत दर भारत के सकल घरेलू उत्पाद का मात्र 9.5 प्रतिशत थी जो बढ़कर 2000–01 में 25.5 प्रतिशत एवं 2013–14 में 30.7 प्रतिशत हो गई। इसी प्रकार, परिवार (निजी) क्षेत्र में सकल बचत की औसत दर 1950–51 में 6.5 प्रतिशत से 2013–14 में बढ़कर 18.2 प्रतिशत हो गई तथा सार्वजनिक क्षेत्र में 1950–51 में 2.1 प्रतिशत से 2010–11 में आंशिक रूप से बढ़कर 2.6 प्रतिशत हुई, लेकिन, 2013–14 में यह घटकर 1.6 प्रतिशत हो गई, शायद इसने एक नई श्रृंखला का आरम्भ किया है (भारत सरकार 2014, सांख्यिकीय परिशिष्ट तालिका 1.6)। यदि समाज को निजी निर्णयों से उपलब्ध बचत से अधिक की आवश्यकता है तो बचत को मुद्रास्फीति द्वारा अनिवार्य किया जाना चाहिए।

द्वितीय, बचत निगमों से अर्जित की जा सकती है, जो कि नियमानुसार विस्तारित होने की प्रक्रिया में, इनकी कुछ उपार्जनों को प्राप्त करता है एवं उसको पुनः अतिरिक्त पूँजी निर्माण के लिए व्यवसाय में लगाता है। अमीर देशों में, जहाँ निगम बहुतायत, बड़े एवं शक्तिशाली हैं वहाँ इस तरह की बचत एवं सहगामी पूँजी का निर्माण अत्यन्त महत्त्वपूर्ण है। भारत में, निजी व्यावसायिक व्यावसायिक क्षेत्र एवं सार्वजनिक क्षेत्र में सकल बचत की औसत दर बढ़ रही है लेकिन यह अभी भी बहुत कम है। उदाहरणार्थ, तालिका 5.1 के अनुसार, 1950–51 में यह निजी व्यावसायिक क्षेत्र में 0.9 प्रतिशत थी जो 2013–14 में बढ़कर 10.9 प्रतिशत हो गई।

तृतीय, सरकार करारोपण एवं मुद्रास्फीति के माध्यम से पूँजी निर्माण के उद्देश्यों के लिए संसाधनों को अर्जित कर सकती हैं। आय कर, सम्पत्ति कर, उत्पाद शुल्क, मूल्य–भारित कर सभी के अपने फायदे एवं नुकसान हैं। तथापि, करारोपण के विभिन्न रूपों के मूल्याँकन की अनुमति नहीं होगी।

मुद्रास्फीति भी एक प्रकार का करारोपण है। सरकार धन की आपूर्ति बढ़ाकर मुद्रास्फीति उत्पन्न करती है, जिससे वस्तु और सेवाओं की अतिरिक्त माँग उत्पन्न होती है। जिसके फलस्वरूप कीमत बढ़ जाती है और कीमतों के संयुक्त सूचकांक में औसत वृद्धि को मुद्रास्फीति के रूप में जाना जाता है। छपाई कारखानों को चलाकर अथवा प्रतिभूतियों को बेचकर धन को उत्पन्न किया जाता है, इससे सरकार वस्तु और सेवाओं को खरीदती है। यह एक तरह का पूँजी निवेश हो सकता है। मुद्रास्फीति वास्तव में नगद जमाओं पर करारोपण है, क्योंकि अर्थव्यवस्था में

उन व्यक्तियों और संगठनों द्वारा नगदी को दबाए रखने से उनकी क्रय शक्ति मुद्रास्फीति से कम हो रही है। इस प्रकार, नगद जमा करने वाले लोगों से (इस मामले में सरकार से है) धन का हस्तान्तरण उन लोगों को किया जाए जो धन के सृजन के माध्यम से संसाधनों को प्राप्त करते हैं। निश्चित रूप से, यह सम्भव है कि सरकारी उपयोग के लिए कोष बनाने के लिए मुद्रास्फीति की क्षमता एवं निष्पक्षता प्रभावों के मूल्याँकन के लिए करारोपण के अन्य रूपों का विश्लेषण किया जाना चाहिए। लेकिन, इसका विस्तारण इस अध्याय में सम्मिलित नहीं है।

निःसंदेह, बचत, पूँजी निर्माण की प्रक्रिया में एकमात्र अवरोध है। किसी भी तरह से अर्थव्यवस्था में सृजित बचत निवेशकों को उपलब्ध कराया जाना चाहिए, जो वास्तव में पूँजी निर्माण करते हैं। यदि निजी बचत को प्राथमिक विश्वास प्रदान किया जाता है तब एक संगठनात्मक आधार निवेशकों को सम्पत्ति के हस्तान्तरण के लिए उपलब्ध कराना ही चाहिए। अधिकांश देशों में, ये संगठन वाणिज्यिक बैंक, बचत एवं ऋण संस्थाएँ, बीमा कम्पनियाँ एवं साख सहकारी समितियाँ होती हैं। इसी तरह से, यदि सरकारी सम्पत्ति निवेश के लिए उपलब्ध है चाहे वे बाहरी सहायता, करारोपण अथवा धन सृजन से आये, निवेशकों को संसाधनों को हस्तान्तरित करने के लिए एक संस्थागत आधार होना ही चाहिए। कई देशों में (भारत सहित) ये केन्द्रीय बैंक, औद्योगिक और कृषि बैंक के रूप में आते हैं।

विदेशी सहायता का व्यापक उपयोग द्वितीय विश्व युद्ध के पश्चात् से ही अन्तर्राष्ट्रीय पूँजी को एक स्थान से दूसरे स्थान पर स्थानान्तरित करने के लिए किया जाता रहा है। यद्यपि, यह ध्यान दिया जाना चाहिए कि आज के बहुत से प्रगतिशील देशों ने अपनी विकास पूँजी, बाहरी संसाधनों से अर्जित किया है। संयुक्त राज्य अमेरिका एवं कनाडा ने विशेष रूप से इंग्लैण्ड से अपने विकास के आरम्भिक चरण में विदेशी पूँजी के रूप में विशाल सहायता प्राप्त की थी। यद्यपि उस समय एवं वर्तमान में बहुत बड़ा अन्तर है। विकास पूँजी का बड़ा हिस्सा जो निजी विदेशी स्रोतों से संयुक्त राज्य अमेरिका एवं कनाडा में गया उनके लिए ईंधन का कार्य किया। लाभ के अवसर असामान्य तौर पर उच्च थे, एवं इसने पूँजी को आकर्षित किया जो लाभ प्राप्त करने वाली थी। यह कहने की आवश्यकता नहीं है कि चूँकि पूँजी हस्तान्तरण स्वैच्छिक था, लेनदार एवं देनदार दोनों इससे लाभान्वित हुए।

आज भी बहुत सारी निजी पूँजी है जो विदेशों में जाती है। बड़े बहुराष्ट्रीय व्यावसायिक प्रतिष्ठानों ने अपनी शाखाएँ भारत सहित कई देशों में स्थापित कर रखी हैं। यद्यपि, विकास उद्देश्यों के लिए, बड़ी मात्रा में वित्तीय संसाधन अन्तर्राष्ट्रीय संगठनों जैसे विश्व बैंक, एशियाई विकास बैंक, अन्तर–अमेरिकी विकास बैंक एवं सरकारों को सरकारों से विदेशी सहायता के माध्यम से प्राप्त होती है। जहाँ तक, हस्तान्तरण पारस्परिक रूप से लाभकारी एवं स्वैच्छिक है, इसमें अनुदान प्रदान करने वाले और प्राप्त करने वाले दोनों लाभ अर्जित करने की स्थिति में होते हैं। चूँकि अन्तर्राष्ट्रीय पूँजी का बहुत बड़ा हिस्सा अनुदान अथवा निम्न दरों पर ऋण के रूप में उपलब्ध है, अतः, प्राप्तकर्ता इन कोषों के उपयोग में परियोजनाओं की आर्थिक व्यवहार्यता की ज्यादा चिन्ता नहीं करते हैं। यह दुर्लभ संसाधनों की एक तरह से बर्बादी है। अन्तर्राष्ट्रीय कोषों एवं निम्न–कीमत के ऋणों को उच्च कीमत के ऋणों की तरह दृढ़ता एवं मितव्ययिता से प्रशासित किया जाना चाहिए। इन कोषों के उपयोग की अर्थव्यवस्था में वास्तविक कीमत संसाधनों अथवा शर्तों में समान रूप से जो सर्वाधिक उत्पादक विकल्प के रूप में पूर्व उल्लिखित अवसर के उपयोग के लिए होती है। इन पूँजीगत निधियों का उपयोग उन कार्यों के लिए आवण्टित किये जाने चाहिये जहाँ वे सर्वाधिक उत्पादकता उत्पन्न करती हो। अर्थव्यवस्था में उनके उपयोग का निर्धारण करने के सन्दर्भ में नियोजन, विदेशी सहायता संसाधनों के साथ दृढ़ता और कठोरता होना चाहिए, जैसा कि घरेलू बचतों के माध्यम से संसाधनों को उत्पन्न किया जाता था।

भारत का ग्रामीण क्षेत्र पूँजी से वंचित है और यह शायद ग्रामीण विकास की सबसे गम्भीर बाधाओं में से एक है। ग्रामीण विकास में पूँजी निर्माण की दर एक उच्च स्तर के ग्रामीण विकास को प्राप्त करने के लिए अपेक्षित दर से कम रही है। इसके अतिरिक्त, इस क्षेत्र में उत्पन्न अधिक अधिशेष शहरी क्षेत्र में कई कारणों से छीन लिया गया है, जिसमें छोटी बचत करने के लिए संस्थागत व्यवस्था की कमी एवं छोटे बचतकर्त्ताओं को प्रोत्साहन प्रदान करना सम्मिलित हैं।

तकनीक

सभी संभावनाओं में, आर्थिक विकास के लिए तकनीकी प्रगति सर्वाधिक महत्त्वपूर्ण कारक है। कई मायनों में, यह विकास के लिए अनिवार्य शर्त है जो एक तरह से विकास ही है। उन्नत देशों के अध्ययन से स्पष्ट है कि प्राकृतिक संसाधनों, रोजगार एवं पूँजी में वृद्धि ने समय के साथ कम से कम डेढ़ गुना उत्पादन में वृद्धि को अंकित किया है। इस प्रकार, बड़े पैमाने पर वृद्धि, उत्पादन के कारकों में संख्यात्मक वृद्धि के स्थान पर गुणात्मक आधार पर होना चाहिए। संक्षेप में, यह वही तकनीकी उन्नति है जो उत्पादन की प्रक्रिया में सुधार करके, आगत का प्रति इकाई, उत्पादन में बढ़ोतरी करता है। यह ज्ञान एवं जानकारी में सुधार है; कौशल में सुधार है; यह बेहतर मशीनरी एवं उपकरणों का उपयोग है, जो उत्पादकता को बढ़ाने के लिए संघटित होता है।

विकास के कई अध्येताओं, विशेषकर, हयामी एवं रुट्टन (1970), शुल्ट्ज़ (1964) एवं रॉस्टोव (1960) ने विकास के लिए सिद्धान्त निर्माण किया है जिनके चिंतन का केन्द्र तकनीकी उन्नति है। शुल्ज़ ने यह तर्क दिया है कि परम्परागत से आधुनिक कृषि में संक्रमण अनिवार्य रूप से आधुनिक आगतों का उपयोग करने में से एक है जिसको तकनीकी दृष्टि से उन्नत रूप में परिभाषित किया जाता है। रॉस्टोव के विचार में, यदि एक बार परम्परागत जीवन की स्थैतिक दशा विचलित हो गई हो तो समाज इसके बाद के चरणों (अ) वृद्धि के लिए पूर्व शर्तों की स्थापना; (ब) प्रस्थान की स्थापना; (स) परिपक्वता की ओर चलना; तथा (द) जन उपभोग में प्रवेश करता है। वृद्धि के लिए पूर्व शर्तों की स्थापना के दौरान आधुनिक विज्ञान की अन्तर्दृष्टि नये उत्पादक कार्यों में बदलना शुरू हो जाती है। तकनीकी प्रगति को दर्शाने का यह एक अन्य तरीका है।

शुम्पीटर (1949) एक अर्थव्यवस्था के गतिशील विकास पर प्रभावों के दो वर्गों के बीच अंतर करते हैं, यथाः (अ) कारक की उपलब्धता में परिवर्तन के प्रभाव, जिनको वह ''वृद्धि'' घटक कहते हैं; एवं (ब) तकनीकी एवं सामाजिक परिवर्तनों के प्रभाव, जिसे वह ''विकास'' अथवा ''क्रमविकास'' के रूप में दर्शाते हैं। उनकी दृष्टि में, विकास में पाँच संयोजन शामिल हैं, जो इस प्रकार हैं–1. नई वस्तु का आरम्भ। 2. उत्पादन की नई प्रविधि का आरम्भ। 3. एक नए बाजार का खुलना। 4. कच्चे माल अथवा अर्द्धनिर्मित वस्तुओं की आपूर्ति के नए संसाधनों की प्राप्ति। 5. एक उद्योग का पुनर्गठन जैसे कि एकाधिकार की स्थिति का निर्माण अथवा एकाधिकार की स्थिति का नष्ट होना।

शुम्पीटर के आर्थिक विकास के प्रतिमान में, उद्यमी केन्द्र में है। यह प्रतिमान नए आविष्कार, नई वस्तुओं के उत्पादन के लिए परीक्षित तकनीकी सम्भावनाओं के उपयोग, नए तरीकों से पुरानी वस्तुओं के उत्पादन द्वारा उत्पादन के स्वरूप में क्रांतिकारी बदलाव करता है। उद्यमशील गतिविधियों के विकास के लिए, पूँजीवादी तार्किकता एवं बुर्जुवा संस्थाएँ महत्त्वपूर्ण पूर्वापेक्षाएँ है। शुम्पीटर ने उद्यमियों को उत्पादकीय संसाधन प्राप्त करने और नवाचार में सक्षम बनाने में एक साधन के रूप में साख की महत्त्वपूर्ण भूमिका माना है। उन्होंने व्यापारिक चक्र को उत्पन्न करने में नवीनता के महत्त्व पर जोर दिया। शुम्पीटर के मत में, प्रति व्यक्ति उत्पादन की दर में वृद्धि की कोई सीमा नहीं होती है।

निश्चित ही, यह महत्त्वपूर्ण प्रश्न है कि तकनीकी परिवर्तन के उच्च दर को कैसे प्रोत्साहित किया जाए। सर्वप्रथम, सामान्य आर्थिक वातावरण नवाचार एवं ज्ञान निर्माण के अनुरूप होना चाहिए। एक नियम के रूप में, यदि नवाचार व्यक्तियों को प्रोत्साहित करता है तो वे करेंगे ही। एक ऐसा देश, जहाँ बड़ी संख्या में शिक्षित और कुशल मध्यम वर्ग है वह आविष्कारों, वैज्ञानिकों और उद्यमियों की तकनीकी उन्नति को प्रोत्साहित करने के लिए लाभ के प्रयोजन पर निर्भर कर सकता है। यद्यपि, रूढ़िवादी पारम्परिक समाजों में, सार्वजिनिक संस्थाओं को बहुत बड़ी भूमिका निभानी चाहिए। शैक्षणिक संस्थाएँ सभी स्तरों पर महत्त्वपूर्ण होती हैं। यही स्थिति प्रयोग केन्द्रों एवं विस्तार सेवाओं की है। अमीर एवं गरीब दोनों देशों के आनुभविक अध्ययनों से यह पूर्णतया स्पष्ट है कि इन ज्ञान निर्माण संस्थाओं एवं गतिविधियों में सार्वजनिक निवेश के प्रतिफल की दर बहुत अधिक है। लम्बे समय तक, कोई भी देश इन संस्थाओं की उपेक्षा नहीं कर सकता जो तकनीकी परिवर्तन के उत्पादन एवं क्रियान्वयन में परिवर्तन के अभिकर्ता के रूप में कार्य करता है।

1965 से पहले, भारत में कृषि को लेकर दृष्टिकोण निराशाजनक था। लेकिन, 1965 के बाद की अवधि में आधुनिक आगतों जैसे– उच्च पैदावार की किस्में, रासायनिक उर्वरक, पौध संरक्षण उर्वरक एवं उन्नत कृषि यंत्र, साधन एवं उपकरण के उपयोग में उल्लेखनीय उछाल आया।

भारतीय अर्थशास्त्र परिषद् के 1970 के अपने अध्यक्षीय उद्‌बोधन में एम.एल. दान्तवाला (1970, 165–92) ने विविध आर्थिक, तकनीकी, संस्थागत एवं संगठनात्मक कारकों की समीक्षा की थी, जिन्हें तथाकथित तौर पर, भारतीय कृषि में ''तकनीकी प्रगति'' अथवा हरित क्रान्ति के लिए श्रेय दिया गया था। उन्होंने यह निष्कर्ष निकाला कि भूमि अधिकार/पट्टा, साख, विपणन, विस्तार सेवाएँ, शिक्षा, सापेक्षिक कीमतें, कर एवं राजकीय सहायता ये सभी नवीन तकनीकी की तुलना में कम महत्त्व के थे। उन्मूलन की प्रक्रिया द्वारा वे अपने इस निष्कर्ष पर पहुँचे कि तकनीक ही एकमात्र प्रमुख कारक था जो 1965 के पूर्व की निष्क्रियता एवं 1965 के बाद की हरित क्रान्ति के मध्य प्रासंगिक बदलाव लाया था। उन्होंने नयी तकनीकी के आरम्भ एवं विस्तारण में सहयोगी विभिन्न संगठनों एवं संस्थाओं जिसमें कृषि विश्वविद्यालय, विस्तारित शिक्षा सेवाएँ, साख, विपणन, आर्थिक सहायता आदि सम्मिलित हैं, को कोई महत्त्व नहीं दिया। यद्यपि, यह सत्य है कि नवीन एवं यथोचित–तकनीकी आर्थिक वृद्धि के लिए अनिवार्य शर्त है, लेकिन उपयुक्त संस्थाओं एवं संगठनों द्वारा असमर्थित नई तकनीक परम्परागत कृषि का रूपान्तरण नहीं कर सकती है। अब भारत में फसल उत्पादन के क्षेत्र में नवीनतम उपलब्ध नई तकनीक तक पहुँच है, लेकिन, अभी भी विकसित देशो की तुलना में इसकी औसत फसल की पैदावार बहुत कम है (विवरण के लिए, अध्याय 2 में तालिका 2.8 देखें)। ऐसे क्या कारक हैं जो इस विशाल उपज अन्तर को बता सकते हैं? निश्चित रूप से, नई तकनीकों का ज्ञान एवं प्राकृतिक संसाधन तो नहीं हो सकते। यह उपलब्ध नई तकनीक के उपयोग का स्तर और तीव्रता है जो आगत एवं निर्गत मूल्यों, साख, बाजार, राजकीय सहायता एवं भूमि सुधार के क्षेत्र में सरकारी नीतियों एवं कार्यक्रमों में शामिल सहायक संस्थाओं एवं संगठनों के कार्यों में इन विभेदों को स्पष्ट करती है। भारतीय कृषि में निम्न फसल की पैदावार के लिए उत्तरदायी प्रमुख कारणों में से एक उर्वरक के उपयोग का निम्न स्तर है। खाद्यान्न सुरक्षा सुनिश्चित करने हेतु पर्याप्त अन्न उगाने के लिए उर्वरकों का विवेकसम्मत उपयोग महत्त्वपूर्ण है। एशिया और प्रशान्त क्षेत्र में न्यूजीलैण्ड में उर्वरक उपयोग की दर सर्वाधिक लगभग 1.4 टन प्रति हैक्टेयर है, इसके बाद चीन में 450 किग्रा प्रति हैक्टेयर है। अन्य शीर्ष उपयोगकर्ता देशों कोरिया गणराज्य में 293 किग्रा प्रति हैक्टेयर, मलेशिया 282 किग्रा प्रति हैक्टेयर, बांग्लादेश 227 किग्रा प्रति हैक्टेयर, जापान 243 किग्रा प्रति हैक्टेयर, पाकिस्तान 194 किग्रा प्रति हैक्टेयर के साथ तथा भारत में मात्र 164 किग्रा प्रति हैक्टेयर है (खाद्य एवं कृषि संगठन 2014, 16)।

भारत में कृषि शिक्षा की प्रभावशाली अधोसंरचना मौजूद है तथा अनुसंधान के लिए 53 राज्य कृषि विश्वविद्यालय, एक केन्द्रीय कृषि विश्वविद्यालय, पाँच डीम्ड विश्वविद्यालय स्तर के संस्थान (जिनमें से चार भारतीय कृषि अनुसन्धान परिषद; भारतीय कृषि अनुसन्धान संस्थान, नई दिल्ली, भारतीय पशु–चिकित्सा अनुसंधान संस्थान, इज्जतनगर, राष्ट्रीय डेयरी अनुसंधान संस्थान, करनाल और पांचवा, इलाहाबाद कृषि संस्थान, इलाहाबाद), पाँच केन्द्रीय विश्वविद्यालयों में कृषि संकाय (बीएचयू वाराणसी, एएमयू अलीगढ़, विश्व भारती शांतिनिकेतन तथा नगालैण्ड विश्वविद्यालय, मेडजिफेमा) हैं।

इसके अतिरिक्त, 45 राष्ट्रीय/केन्द्रीय स्तर के शोध संस्थान, इन सभी की स्थापना भारतीय कृषि अनुसन्धान परिषद् द्वारा की गयी है, 17 राष्ट्रीय अनुसंधान केन्द्र, छः राष्ट्रीय कार्यालय, आठ क्षेत्रीय कृषि–आर्थिक अनुसंधान केन्द्र और कई सार्वजनिक और निजी संगठनों द्वारा स्थापित संस्थान, कृषि और ग्रामीण विकास के विषयों पर अनुसंधान और उनके समाधान को खोजने के लिए स्थापित किए गए हैं। भारतीय कृषि अनुसन्धान परिषद् एवं राज्य स्तरीय कृषि विश्वविद्यालय, दोनों ने भारत में हरित क्रान्ति को लाने में महत्त्वपूर्ण भूमिका निभाई है। अब आवश्यकता इस बात की है कि शोधकर्त्ताओं के अभिविन्यास को माँग आधारित, समस्या–निवारक एवं प्रयोग–उन्मुख अनुसन्धान की ओर परिवर्तित किया जाए। कृषि अनुसन्धान में सार्वजनिक एवं निजी निवेश को बढ़ाने की तत्काल आवश्यकता है।

जबकि, ग्रामीण विकास में नई तकनीकी की भूमिका का मूल्याँकन करते समय हमें इस बात की सावधानी रखनी चाहिए कि ऐसी तकनीक जो अनजाने में जीव मण्डल को गम्भीर खतरा पैदा कर सकती है, को अपनाना उपयुक्त नहीं है। विकासशील देशों में विद्यमान सामान्य आर्थिक और राजनीतिक पर्यावरण, पर्यावरणीय दृष्टि से घातक तकनीक का समर्थन और बढ़ावा देना चाहते हैं। उदाहरणार्थ, रासायनिक उर्वरकों का अंधाधुंध प्रयोग और नेफ्थॉल, डाई–सल्फॉनिक एसिड एवं इसके व्युत्पन्न जैसे रसायनों का उत्पन्न करने वाले उत्पादक वातावरण में मुक्त करते हैं जो नदियों, प्रवाह, भूमि एवं वायु को प्रदूषित करते हैं एवं मानव स्वास्थ्य के लिए खतरा बनते हैं, और प्रभावित लोगों में दीर्घायुता को कम करते हैं। भारत में लोग, विशेषकर गरीब, ऐसे खतरों से अधिक पीड़ित होते हैं क्योंकि उनके लिए न तो सम्पदा अधिकार होता है और न ही संरक्षण के लिए दायित्व कानून। अतएव, यह आवश्यक है कि नई तकनीक के व्यापक उपयोग किए जाने से पहले उसके पर्यावरणीय प्रभावों का सावधानीपूर्वक मूल्याँकन किया जाए।

संगठनात्मक एवं संस्थागत ढाँचा

जैसा कि पूर्व में उल्लेख किया गया है कि ग्रामीण विकास – प्राकृतिक संसाधन, मानव संसाधन (श्रम), पूँजी, तकनीकी एवं संस्थाएँ और संगठन जैसे कई कारकों से प्रभावित होता है। हालांकि, शास्त्रीय एवं नवशास्त्रीय अर्थशास्त्रियों ने प्राकृतिक संसाधनों, श्रम, तकनीकी एवं आर्थिक विकास में निवेश की भूमिका पर बल दिया, उन्होंने विकास की प्रक्रिया में संस्थाओं एवं संगठनों को कोई भी महत्त्वपूर्ण भूमिका नहीं सौंपी। उन्होंने अर्थव्यवस्था के संस्थागत ढाँचों को बहिर्जात माना और इसीलिए इसे वैज्ञानिक विश्लेषण से परे माना गया। एक तथ्य के रूप में, उन्होंने विकास की प्रक्रिया में सरकार की भूमिका को कम करने के लिए भी तर्क दिया और अहस्तक्षेप की नीति का समर्थन किया। यह तो संस्थागत अर्थशास्त्री एवं कार्ल मार्क्स थे जिन्होंने आर्थिक विकास की प्रक्रिया में संस्थाओं एवं संगठनों की भूमिका को महत्त्वपूर्ण माना।

'संगठन' एवं 'संस्था' शब्दों को प्रायः एक दूसरे के लिए उपयोग किया जाता है। शब्दों का उपयोग प्रायः विनिमय के रूप में होता रहा है। हम संगठनों को संस्थागत संरचना अथवा प्रबन्ध के व्यापक समूह के एक उपसमूह के रूप में देखते हैं। एक संगठन, दो अथवा दो से अधिक व्यक्तियों के समन्वित कार्य अथवा प्रयासों को सम्मिलित करता है। यह एक निश्चित संस्थागत व्यवस्था को प्रभावी बनाने के लिए बनाया गया है। एक आर्थिक संगठन का प्रमुख कार्य ऐसे संकेत प्रदान करना है जो बड़े समुदाय के हित में कार्य करने के लिए स्वहित आर्थिक अभिकर्ताओं/अधिकारियों को मार्गदर्शन करेगा। किसी भी राष्ट्र–राज्य का मुख्य कार्य संस्थागत व्यवस्थाओं का निर्माण करना है जो व्यक्तिगत आर्थित तत्त्वों को आवश्यक संकेत प्रदान करते हैं। बाजार ऐसे संकेतों को प्रदान करते हैं जहाँ तक वे निम्न कार्य सम्पादन लागत पर परिचालित होते हैं। गैर–बाजार तन्त्र जैसे कि सरकारी अभिकरण एवं गैर–सरकारी संगठन (सहकारी समिति सहित) भी ऐसे संकेत प्रदान कर सकते हैं।

संस्थाएँ एवं संगठन विकास के लिए महत्त्वपूर्ण उपादान हैं। वे कृषि एवं ग्रामीण विकास को कई अलग–अलग तरीकों से प्रभावित कर सकते हैं, जिसमें उत्पादन आगत एवं सेवाओं के प्रावधान, लेन–देन के लागत में कमी, ग्रामीण उत्पादकों की सौदेबाजी क्षमता को बढ़ाना, जिनके पास वे अपने उत्पाद बिक्री करते हैं और जिनसे वे उत्पादन आगत और सेवाएँ खरीदते हैं, निवेश एवं बचत को प्रवृत्त करना एवं दोनों को साथ लाना, ये सभी इसमें शामिल है। किसी भी समुदाय का आर्थिक जीवन संस्थाओं एवं संगठनों के वातावरण में स्थान प्राप्त करता है और वे बड़े पैमाने पर समुदाय की आर्थिक संरचना निर्धारित करते हैं और उन नियमों को निर्धारित करते है जिनमें आर्थिक खेल खेला जाता है। समय के साथ इन संस्थाओं एवं संगठनों में होने वाले परिवर्तन प्रभाव सम्भवतः आर्थिक उत्पादन एवं विकास पर स्पष्ट रूप से पड़ेगा। अक्सर, इन प्रभावों को अलग करना एवं मापना मुश्किल होता है क्योंकि संस्थाओं एवं संगठनों के परिवर्तन के मध्य और कृषि विकास के अन्य साधन चरों के मध्य परस्पर निर्भरता होती है।

ऐसे कई प्रकार के संगठन हैं जैसे – सार्वजनिक (सरकारी), एकल स्वामित्व साझेदारी, कम्पनी, सहकारी एवं धर्मार्थ न्यास, जो भारत में कृषकों की आवश्यकताओं को पूरा कर सकते हैं और वे कर भी रहे हैं। संवर्धित कृषिगत विकास के लिए उपयुक्त संगठन का स्वरूप, कृषकों के हितों के साथ पूर्ण रूप से परिचित होना चाहिए और संगठनात्मक और प्रचालन की दृष्टि से दोनों को अपनी आवश्यकताओं की पूर्ति हेतु पूरी तरह से उन्मुख होना चाहिए। भारत में कृषि एवं ग्रामीण विकास के क्षेत्र में एक महत्त्वपूर्ण संगठन अभी भी सरकार है, और निकट भविष्य में भी रहेगी। विकास को सरकार की एक विशिष्ट जिम्मेदारी के रूप में देखा जाता है। राजनीतिक नेतृत्व की इच्छाओं के लिए लोक नौकरशाही उत्तरदायी है जिनकी भूमिका काफी विस्तृत है। ग्रामीण जीवन की गुणवत्ता में सुधार लाने के प्रयास अत्यधिक रूप से सरकारी प्रशासन पर निर्भर है। संस्थागत स्तर पर, आर्थिक वृद्धि पर सम्पदा और अनुबन्ध के कानूनों का जबरदस्त प्रभाव होता है। यहाँ आवश्यक प्रश्न निम्नानुसार हैं:

1. एक व्यक्ति अपनी सम्पत्ति के साथ क्या कर सकता है?
2. दूसरे उसकी सम्पत्ति के साथ क्या कर सकते हैं?
3. किस तरह की आर्थिक गतिविधि में वो शामिल हो सकता है?

कुछ समाज जैसे कि जापान, निजी कम्पनियों को अनुमति देने में काफी उदार है, और व्यक्ति को बिना प्रतिबन्ध के कार्य करने देते हैं, जबकि, अन्य निजी लाभ को सीमित करने के लिए व्यापक सार्वजनिक हितों की सुरक्षा के नाम पर कई तरह के प्रतिबन्ध लगाते हैं। अन्य प्रश्न निजी व्यक्तियों के किस प्रकार के समझौते से सम्बन्धित है; और किस हद तक और इसी तरह के अन्य मसलों पर किस तरह के दावों एवं अनुबन्धों को लागू किया जा सकता है।

ये सभी प्रश्न व्यावसायिक गतिविधियों के सरकारी नियमन के प्रभाव से सम्बन्धित हैं और इनका प्रभाव आर्थिक वृद्धि पर पड़ता है। सरकार द्वारा विशिष्ट प्रकार की व्यावसायिक गतिविधियों को कैसे नियन्त्रित किया जाता है? कुछ गतिविधियों को हतोत्साहित एवं अन्य को प्रोत्साहित करने के लिए कर, शुल्क, अनुदान एवं अन्य शुल्क का उपयोग कैसे किया जाता है? आर्थिक वृद्धि की कीमत पर आय के वितरण को कर और उत्तराधिकार के कानूनों ने कैसे नियन्त्रित किया है। ये सभी बल एवं कारक आर्थिक उत्पादन के लिए प्रोत्साहनों को निर्धारित करते हैं और आर्थिक विकास के लिए अनुकूल सांस्थानिक और सांगठनिक वातावरण की तलाश में इनकी उपेक्षा नहीं की जानी चाहिए।

केवल एक ही संगठन है जो सैद्धान्तिक रूप से एक अच्छे ग्रामीण संगठन के मापदण्ड को सन्तुष्ट करता है वह है सहकारिता। संगठन के सहकारी स्वरूप को पूर्णतः समानता एवं समता के आधार पर उपभोक्ता संरक्षकों के आपसी हितों को प्रोत्साहित करने के लिए बनाया गया है। यह उनके द्वारा लोकतांत्रिक आधार पर नियंत्रित किया जाता है। यह ऋणदाता और उधारकर्ता के मध्य अथवा विक्रेता और खरीदार के मध्य हितों के संघर्ष का समाधान करता है और इनके लिए ऋणदाता और उधारकर्ता अथवा विक्रेता और खरीदार एक ही व्यक्ति है। इनका उद्देश्य केवल लाभ के लिए व्यापार करना नहीं है बल्कि सदस्यों की माँगों को पूरा करने के लिए है। यह एक स्थानीय संगठन है और स्थानीय सहभागिता प्रदान करता है। यह स्थानीय आवश्यकताओं के लिए उत्तरदायी है क्योंकि इसकी नीति का निर्धारण स्थानीय सदस्यों/प्रयोक्ताओं द्वारा लोकतान्त्रिक तरीके से तय की जाती है। यह व्यवसाय एवं लोकतन्त्र में ग्रामीण लोगों के लिए एक प्रशिक्षण स्थल के रूप में कार्य करता है।

भारत में आणन्द दुग्ध सहकारी प्रतिमान ने यह प्रमाणित किया है कि उपयुक्त संस्थानों एवं संगठनों के द्वारा कृषि और ग्रामीण विकास को प्रारम्भ एवं प्रोत्साहित किया जा सकता है।

सहकारिता के अतिरिक्त, कई तरह के अन्य औपचारिक एवं अनौपचारिक संघ हैं जो कृषि एवं ग्रामीण विकास के प्रोत्साहन के लिए अच्छा कार्य कर सकते हैं। उदाहरणार्थ, सद्गुरु जल एवं विकास फाउण्डेशन, दाहोद (गुजरात) आधारित एक गैर–सरकारी संगठन; सेवा, अहमदाबाद आधारित गैर–सरकारी संगठन; एवं 'प्रदान',

दिल्ली आधारित एक गैर–सरकारी संगठन– कृषि एवं ग्रामीण विकास की परियोजनाओं को संचालित करने के लिए जमीनी स्तर पर लोगों के संगठनों को बढ़ावा देती है।

गैर–सरकारी संस्थाओं की भूमिका लोगों को संगठित करने एवं तकनीकी सूचनाओं, प्रशिक्षण एवं कुछ हद तक वित्त उपलब्ध कराने में मदद करने की होती है। इसके अतिरिक्त, ये कई तृणमूल संस्थाओं को भी विभिन्न स्रोतों से वित्तीय सहायता पाने में मदद करते हैं। अधिकांश मामलों में, गैर–सरकारी संगठनों के तत्त्वावधान में किए गए कार्यक्रमों का प्रदर्शन, सरकारी कार्यक्रमों की अपेक्षा बेहतर रहा है। यद्यपि, इस कथन को सामान्यीकृत नहीं किया जा सकता, क्योंकि कई ऐसे गैर–सरकारी संगठन हैं जिनके पास आवश्यक तकनीकी एवं प्रबन्धकीय विशेषज्ञता एवं वित्तीय अनुशासन नहीं है जो कृषि एवं ग्रामीण विकास कार्यक्रमों को आरम्भ एवं उनकी सहायता कर सकें। भारतीय निगम एवं कम्पनियाँ कृषि विकास को बढ़ावा देने में एक महत्त्वपूर्ण भूमिका निभा सकती हैं। वास्तव में, बहुत सी प्रतिष्ठित कम्पनियाँ जैसे टाटा, मफतलाल, लार्सन एवं टुब्रो, हिन्दुस्तान यूनीलीवर और उद्योगों के संघ जैसे– भारतीय उद्योग संघ (सीआईआई) और वाणिज्य तथा उद्योग के भारतीय मण्डल का संघ (फिक्की) है जो कृषि और ग्रामीण विकास हेतु किये गये उल्लेखनीय कार्य के लिए न केवल भारतीय गैर–सरकारी संगठनों एवं सरकारी संगठनों बल्कि अन्तर्राष्ट्रीय दाताओं एवं विकास अभिकरणों से प्रशंसा हासिल कर चुके हैं। निगम कृषिगत क्षेत्र के लिए आधुनिक विज्ञान एवं तकनीकी, प्रबन्धन और विश्व बाजार के लाभों को ला सकते हैं एवं अब विशेषकर, उदारीकरण, विनियमन, निजीकरण और वैश्वीकरण के युग में कृषि विकास को बढ़ावा मिल सकता है।

ग्रामीण विकास एवं इसके निर्धारकों के मध्य सम्बन्ध

पूर्ववर्ती अनुभागों में की गई चर्चा से ग्रामीण विकास और विभिन्न निर्धारकों के मध्य सम्बन्धों का परिमाणन करना आसान नहीं है। एक तो, ग्रामीण विकास के स्वीकार्य मापन के लिए कोई भी ऐसे समय श्रृंखला आंकड़े उपलब्ध नहीं हैं और न ही निर्धारकों पर भी, जिनमें से कुछ का तो परिमाणन भी नहीं किया जा सकता है। द्वितीय, ये सभी निर्धारक एक साथ बदलते रहते हैं और परिष्कृत अर्थमितीय तकनीक के बिना एक निर्धारक के योगदान को अलग करना सम्भव नहीं है।

पूर्व में इसके लिए कुछ प्रयास किये गये हैं जिससे कि ग्रामीण विकास पर इन निर्धारकों के प्रभाव को मापा जा सके। उदाहरणार्थ, हयामी एवं रुट्टन (1970: 895–911) ने विकसित एवं विकासशील देशों के प्रतिनिधि समूहों के मध्य कृषि उत्पादन प्रति कामगार (कृषि विकास एवं प्रतिनिधि के रूप में) के विभेदों को समझाने का प्रयास किया एवं यह पाया कि (अ) संसाधन निधि (भूमि एवं पशुधन); (ब) तकनीकी (उर्वरक एवं मशीनरी); एवं (स) मानव पूँजी (सामान्य एवं तकनीकी शिक्षा), विभेदों के 95 प्रतिशत तक का लेखा जोखा रखते हैं। विकासशील देशों के लिए एक कृषि विकास रणनीति के लिए उनके विश्लेषण के निहितार्थ स्पष्ट हैं। विकसित एवं विकासशील देशों के मध्य में आधुनिक औद्योगिक आगत, शिक्षा एवं अनुसन्धान के उपयोग में अंतराल को बंद करने का प्रयास किया जाना चाहिए। कृषि अधिशेष पैदा करके इस अन्तर को समाप्त करने, कृषि की उत्पादकता की वृद्धि को बनाये रखने के लिए आवश्यक और अधिक राशि का उपयोग औद्योगिक विकास को वित्त प्रदान करने में ही होना चाहिए। भारत में भी प्रमुखतः कृषि क्षेत्र के उत्पादन एवं आय के क्षेत्र स्तर पर, भूमि, जल (सिंचाई), उर्वरक, श्रम एवं शक्ति के निर्धारण हेतु कई अध्ययन किए गए हैं। ये अध्ययन प्रकृति के बारे में मूल्यवान सूचनाएँ और कृषि आय पर विभिन्न निर्धारकों के प्रभाव के आकार को प्रस्तुत करते हैं। तथापि, ग्रामीण विकास के कुछ स्वीकार्य मापदण्ड तथा इसको प्रभावित करने वाले विभिन्न कारकों के मध्य के सम्बन्धों को निर्धारित करने के उद्देश्य से व्यष्टि अध्ययन की आवश्यकता है।

प्रमुख बिन्दु

1. कई भौतिक, तकनीकी, आर्थिक, सामाजिक, सांस्कृतिक, संस्थागत, संगठनात्मक तथा राजनीतिक कारक हैं जो ग्रामीण विकास के स्तर एवं गति को प्रभावित करते हैं। ये कारक परिवार, गाँव, जिला, राज्य, राष्ट्र, विश्व आदि कई स्तरों पर कार्य करते हैं। विकास पर प्रतिकूल एवं अनुकूल प्रभाव इन कारकों के प्रबन्धन पर निर्भर करता है। ग्रामीण विकास पर विविध निर्धारकों के प्रभाव की प्रकृति एवं परिमाण के बारे में ज्ञान ग्रामीण विकास के प्रबन्धकों के लिए आवश्यक है जिससे कि इन कारकों का उपयोग कुशलता एवं प्रभावकारिता से अपने उद्देश्यों की प्राप्ति में कर सकें।
2. ग्रामीण विकास के किसी भी एक संकेतक के अभाव में, हमें उत्पादन में परिवर्तन को एक प्रतिनिधि मानक के रूप में उपयोग करना चाहिए एवं मानक के महत्त्वपूर्ण निर्धारकों के रूप में उन सभी कारकों की चर्चा करना चाहिए जो हमें दिखाई देते हैं। यह माना जाना चाहिए कि उत्पादन में परिवर्तन, प्राकृतिक संसाधनों, रोजगार, पूँजी, तकनीकी तथा संस्थाएँ और संगठन सुशासन सहित कार्यों में परिवर्तन है।
3. उत्पादन के परिवर्तनों का मापन समय के साथ अत्यन्त कठिन हो जाता है। इसके लिए, हमें एक लेखा की व्यवस्था की आवश्यकता होती है जो उत्पादन के परिवर्तनों हेतु संकेतक प्रदान कर सकें। राष्ट्रीय आय लेखे कुल निर्गत का संकेतक प्रदान करता है। इनमें से कुछ संकेतक सकल राष्ट्रीय उत्पाद, शुद्ध राष्ट्रीय उत्पाद, राष्ट्रीय आय, व्यक्तिगत आय एवं व्यक्तिगत सुलभ आय है।
4. वस्तु और सेवाओं यथा गेहूँ, दूध, घर, कपड़े, लोहा, हवाई जहाज, बैंक एवं बीमा के विपरीत अर्थपूर्ण ढंग से भौतिक स्वरूप में पूर्णयोग की ओर प्रशस्त होगा। राष्ट्रीय आय सूचकांक का निष्पादन उत्पादन की भौतिक इकाइयों को आर्थिक मूल्यों में परिवर्तित करके भौतिक इकाइयों को बाजार मूल्यों के आधार पर गुणा करके लिया जाता है। इस प्रकार, उत्पादन का मौद्रिक मूल्य तुलनीय एवं योगात्मक है।
5. उत्पादन के समग्र मापक यथा वास्तविक सकल राष्ट्रीय उत्पाद, आर्थिक वृद्धि का अच्छा संकेतक नहीं है, क्योंकि उत्पादक रूप में पूँजी का संचय बनाए रखने के लिए सकल उत्पादन के भाग की आवश्यकता होती है। इस दृष्टि से, वास्तविक शुद्ध राष्ट्रीय उत्पाद आर्थिक वृद्धि का श्रेष्ठ संकेतक है। वास्तविक शुद्ध राष्ट्रीय उत्पाद की तुलना में संयुक्त ग्रामीण विकास सूचकांक एवं मानव विकास सूचकांक ग्रामीण विकास का अधिक सर्वव्यापी मापक हैं। लेकिन वास्तविक शुद्ध राष्ट्रीय उत्पाद के विपरीत वर्ष प्रति वर्ष इनके आकलन भारत में संस्थागत नहीं हुए हैं।
6. पर्यावरण सहित प्राकृतिक संसाधनों का उत्पादन अथवा आर्थिक वृद्धि पर महत्त्वपूर्ण प्रभाव पड़ता है। पर्यावरण– अथवा मातृ प्रकृति – आर्थिक वृद्धि की प्रक्रिया में दो महत्त्वपूर्ण कार्य करती है यथा – उत्पादन प्रक्रियाओं के लिए आगत प्रदान करना तथा उत्पादन की प्रक्रिया से उपजे अपशिष्टों को समावेशित करना। चूँकि पृथ्वी ग्रह निश्चित, बन्द एवं अप्रगतिशील है इसीलिए इन दोनों कार्यों की एक प्राकृतिक सीमा है। इसका तात्पर्य यह है कि आर्थिक वृद्धि हमेशा के लिए सतत नहीं हो सकती है।
7. सतत विकास के लिए आवश्यक है कि आर्थिक वृद्धि की प्रक्रिया में, हम अपने प्राकृतिक संसाधनों और पर्यावरण को बनाये रखे और उनका उपयोग/पैदावार उतनी मात्रा तक करें कि वह प्राकृतिक रूप से पुनःउत्पादित हो सकें। यद्यपि, समुचित तकनीकी एवं प्रबन्धकीय हस्तक्षेपों के माध्यम से प्रकृति के उत्पादों के प्रवाह/पैदावार को बढ़ाना अब सम्भव है।
8. प्राकृतिक संसाधनों की कमी उच्च स्तर के आर्थिक विकास को अवरूद्ध नहीं करती जैसा कि डेनमार्क, स्विट्जरलैण्ड, इजरायल, हांगकांग एवं जापान के उदाहरणों से स्पष्ट है। इन देशों ने उपयुक्त

तकनीकी, संस्थाओं एवं संगठनों द्वारा प्राकृतिक संसाधनों की कमी की क्षतिपूर्ति की है और उच्च स्तर तक मानव संसाधनों का विकास किया है। भारत अपेक्षाकृत प्राकृतिक संसाधनों के साथ सम्पन्न है, लेकिन वह अपने लोगों के लाभ के लिए उन्हें पूरी तरह विकसित और उपयोग करने में सक्षम नहीं कर पाया है। इसीलिए, भारत में कृषि एवं ग्रामीण विकास का स्तर निम्न है।

9. विकास की प्रक्रिया में मानव संसाधन महत्त्वपूर्ण भूमिका निभाते हैं। दुनिया के विकसित एवं विकासशील देशों में किए गए अनुसंधान से पता चलता है कि उत्पादन में वृद्धि के लिए, संख्या की तुलना में श्रम की गुणवत्ता अधिक महत्त्वपूर्ण है। इस तथ्य से यह स्पष्ट नही है कि शिक्षित, तकनीकी रूप से प्रशिक्षित श्रम शक्ति वाला कोई भी देश गरीब नहीं है तथा मुख्य रूप से अशिक्षित एवं अप्रशिक्षित श्रम शक्ति वाला कोई भी देश अमीर नहीं है। जापान एक ऐसा देश है जहाँ कोई खनिज अथवा ऊर्जा संसाधन नहीं है, लेकिन वहाँ पर उच्च साक्षरता, प्रशिक्षित और कुशल कार्यशील जनसंख्या के कारण उच्च आर्थिक उत्पादकता है।
10. शिक्षा, प्रशिक्षण एवं कौशल की दृष्टि से निम्न गुणवत्ता की ग्रामीण श्रमशक्ति प्रति व्यक्ति पूँजी की बहुत कम उपलब्धता के साथ, बहुत हद तक निम्न उत्पादकता को स्पष्ट करते हैं एवं इसीलिए भारत के ग्रामीण क्षेत्र में प्रति व्यक्ति आय कम है।
11. अधिकांश विकास अर्थशास्त्री पूँजी को आर्थिक विकास का मूल मानते हैं। इसलिए, पूँजी निर्माण आर्थिक विकास की एक महत्त्वपूर्ण शर्त है। नई तकनीक यथा – अधिक उत्पादन वाले बीज, रासायनिक उर्वरक एवं कीटनाशक, ट्रेक्टर, संयुक्त फसल कटाई एवं खाद्य प्रसंस्करण संयंत्र, पूँजी में समाविष्ट है। पूँजीगत शेयरों में वृद्धि से श्रम की सीमान्त उत्पादकता में वृद्धि होती है जो बदले में, आमतौर पर, मजदूरी दरों को बढ़ाती है।
12. पूँजी संसाधन घरेलू बचत/अथवा विदेशी सहायता से प्राप्त किये जा सकते हैं। करों एवं मुद्रास्फीति के माध्यम से सरकारें भी पूँजी निर्माण के लिए संसाधनों को अर्जित कर सकती हैं। भारत के ग्रामीण क्षेत्र पूँजी से वंचित है और सम्भवतः यह ग्रामीण विकास की सबसे बड़ी बाधाओं में से एक है।
13. ग्रामीण विकास में पूँजी निर्माण की दर एक उच्च स्तर के ग्रामीण विकास को प्राप्त करने के लिए अपेक्षित दर से कम रही है। इसके अतिरिक्त, इस क्षेत्र में उत्पन्न अधिक अधिशेष शहरी क्षेत्र में कई कारणों से छीन लिया गया है, जिसमें छोटी बचत करने के लिए संस्थागत व्यवस्था की कमी एवं छोटे बचतकर्ताओं को प्रोत्साहन प्रदान करना सम्मिलित हैं।
14. आर्थिक विकास के लिए तकनीकी प्रगति सर्वाधिक महत्त्वपूर्ण कारक है। कई मायनों में यह विकास के लिए अनिवार्य अनिवार्य शर्त है जो एक तरह से विकास ही है। विकसित देशों में किये गये अध्ययनों ने यह प्रदर्शित किया है कि प्राकृतिक संसाधनों, रोजगार एवं पूँजी में वृद्धि ने समय के साथ कम से कम डेढ़ गुना उत्पादन में वृद्धि को अंकित किया है। इस प्रकार, बड़े पैमाने पर वृद्धि, उत्पादन के कारकों में संख्यात्मक वृद्धि के स्थान पर गुणात्मक आधार पर होना चाहिए। विकास के कई विद्यार्थी उल्लेखनीय रूप से शुम्पीटर, शुल्ट्ज एवं रॉस्टोव ने विकास के लिए सिद्धान्त निर्माण किया है जिनके चिंतन का केन्द्र तकनीकी उन्नति है।
15. निश्चित ही, यह सर्वाधिक महत्त्वपूर्ण प्रश्न है कि तकनीकी परिवर्तन की उच्च दर को कैसे प्रोत्साहित किया जाए। यह सामान्य आर्थिक वातावरण के निर्माण के माध्यम से किया जा सकता है जो कि नवाचार एवं ज्ञान निर्माण के लिए अनुकूल हो। शैक्षणिक एवं शोध संस्थाएँ विकास के प्रत्येक स्तर पर महत्त्वपूर्ण होती हैं। भारत में, ग्रामीण क्षेत्र में नई तकनीकी के उपयोग का स्तर बहुत ही निम्न है जो बहुत हद तक ग्रामीण विकास के निम्न स्तर की व्याख्या करता है।

16. विकास के लिए संस्थाएँ एवं संगठन बहुत ही सहायक होती है। वे कृषि एवं ग्रामीण विकास को कई तरह से प्रभावित करती है जिसमें उत्पादन आगत एवं सेवाओं का प्रावधान, हस्तान्तरण कीमत में कटौती, ग्रामीण उत्पादकों की सौदेबाजी शक्ति में वृद्धि, निवेश एवं बचत को प्रभावित करना एवं इन दोनों को साथ लाना इत्यादि शामिल होता है।
17. ऐसे कई प्रकार के संगठन है जैसे– सार्वजनिक (सहकारी), एकल स्वामित्व, साझेदारी, कम्पनी, सहकारिता, धर्मार्थ न्यास, जो वास्तव में भारत के ग्रामीण लोगों की आवश्यकताओं की पूर्ति कर सकते हैं। कृषि विकास के प्रोत्साहन के लिए उपयुक्त प्रकार के संगठन को पूर्णतः लोगों के हितों के साथ पहचाना जाना चाहिए एवं पूर्णतः अभिविन्यासित होना चाहिए जिसमें संगठनात्मक एवं प्रचालनात्मक दोनों तरह से वह उनकी आवश्यकताओं की पूर्ति करे। भारत में, आणन्द प्रतिमान की सहकारिता ने यह प्रदर्शित किया है कि कौन सी संस्थाएँ एवं संगठन कृषि एवं ग्रामीण विकास को प्रारम्भ करने तथा प्रोत्साहित करने में उपयुक्त हो सकती है।
18. ग्रामीण विकास तथा इसको प्रभावित करने वाले विभिन्न कारकों के मध्य के सम्बन्धों का मापना आसान नहीं है। यह प्रमुखतः इसलिए है क्योंकि ग्रामीण विकास के लिए कोई विश्वसनीय समय श्रृंखला में आँकड़े अथवा कोई स्वीकार्य मापक उपलब्ध नहीं है। तथापि, पूर्व में कुछ प्रयास हुए है जिनमें हयामी एवं रुट्टन द्वारा निर्मित मापक सम्मिलित हैं जिन्होंने ग्रामीण विकास के कुछ निर्धारकों को मापने का प्रयास किया है। ग्रामीण विकास के कुछ स्वीकार्य मापकों एवं इसको प्रभावित करने वाले विभिन्न कारकों के मध्य के सम्बन्धों का निर्धारण करने के उद्देश्य से व्यष्टि स्तर पर अध्ययन की आवश्यकता है।

चर्चा के लिए प्रश्न

1. मानव संसाधनों का विकास पर अनुकूल एवं प्रतिकूल प्रभावों की चर्चा कीजिए?
2. वास्तविक शुद्ध राष्ट्रीय उत्पाद की ग्रामीण विकास के मापक के रूप में क्या सीमाएँ हैं?
3. कुप्रबंध के कारण भारत के अधिकांश प्राकृतिक संसाधन एवं पर्यावरण क्षरित एवं प्रदूषित हुए हैं। ऐसे उपाय सुझाइये जिससे कि उनकी पुनर्प्राप्ति हो सके एवं उन्हें अधिक उत्पादक बनाया जा सके जिससे वह यदि बेहतर न हो सकें, तो वर्तमान आर्थिक वृद्धि की दर पर सतत बने रहें।
4. भारत के मानव संसाधन विशेषकर ग्रामीण गरीबों के विकास और उचित उपयोग के लिए एक व्यवहारिक नीति को रेखांकित करें।
5. भारत के ग्रामीण क्षेत्र पूँजी से वंचित है और इस क्षेत्र में जो अधिशेष उत्पन्न होता है वह कई कारणों से शहरी क्षेत्रों में चला जाता है। इस प्रवृत्ति को उलटने के लिए सुझाव दीजिए।
6. भारत में अब नवीनतम कृषि तकनीकी तक पहुँच है, लेकिन इसकी फसल पैदावार अभी भी चीन, मेक्सिको, इस्रायल, जापान, अमेरिका एवं कनाडा जैसे देशों से बहुत कम है। ऐसा क्यों है विश्लेषित कीजिए?
7. ग्रामीण विकास को प्रोत्साहित करने के लिए एक संगठन के रूप में सहकारिता की उपयोगिता एवं कमजोरियों का वर्णन कीजिए।
8. ग्रामीण विकास एवं इसके निर्धारकों के मध्य सम्बन्धों को मापने में क्या समस्याएँ हैं?

नियत कार्य

एक अपेक्षाकृत विकसित राज्य, पंजाब और एक अपेक्षाकृत अल्पविकसित राज्य, छत्तीसगढ़ की तुलना करें और इस अध्याय में विकास के मुख्य निर्धारकों की इस सन्दर्भ में चर्चा करें और उन प्रमुख कारकों की पहचान करें जो पंजाब में विकास के उच्च स्तर की व्याख्या कर सकता है।

टिप्पणी

1. द क्लब ऑफ रोम रिपोर्ट, द लिमिट्स टू ग्रोथ (मिडोस एवं अन्य 1972), उदाहरणार्थ, यह अनुमान लगाया गया कि यदि जनसंख्या वृद्धि के वर्तमान तरीके एवं संसाधन उपभोग जारी रहते हैं तो विश्व अर्थव्यवस्था इक्कीसवीं शताब्दी के मध्य तक समाप्त हो जाएगी।

अध्याय 6

ग्रामीण विकास की नीतियाँ

अध्ययन परिणाम

इस अध्याय को पढ़ने के पश्चात् विद्यार्थी समर्थ होंगे:

- लोक नीति का विश्लेषण एवं 'नीति', 'कार्यक्रम' एवं 'परियोजना' के सम्प्रत्ययों के मध्य विभेद करने में;
- किस तरह से एक लोक नीति, यथा - ग्रामीण साख नीति, कृषक कर्जदार की स्वतन्त्रता को रोकता एवं बढ़ाता है, की व्याख्या करने में;
- हमें क्यों भारत में एक 'ग्रामीण विकास नीति' की आवश्यकता है, के प्रमुख कारणें की पहचान करने में;
- 'ग्रामीण विकास नीति' के प्रमुख लक्ष्य तथा उसके तार्किक आधार की व्याख्या करने में;
- 'नीति लक्ष्यों के पदसोपान' के सम्प्रत्यय की व्याख्या करने तथा कब और कैसे एक लक्ष्य, एक उच्च लक्ष्य को प्राप्त करने का माध्यम बन जाता है, को चित्रित करने;
- भारत के ग्रामीण विकास की प्रमुख नीतियों एवं उनकी विशेषताओं को जानने में; एवं
- ग्रामीण विकास पर वैश्वीकरण तथा उदारीकरण के प्रभावों का आलोचनात्मक मूल्याँकन करने में।

परिचय

वेबस्टर शब्दकोष 'नीति' को एक सुनिश्चित कार्यवाही की तरह व्याख्यायित करता है जिसमें विकल्पों का चयन (किसी सरकार, संस्थान, समूह अथवा व्यक्ति) होता है एवं दी गयी प्रस्थिति के प्रकाश में और सामान्यतः वर्तमान एवं भविष्य के निर्णयों से निर्धारित होती है। नीति शब्द का सामान्य सामाजिक एवं राजनीतिक उपयोग एक कार्यवाही की प्रक्रिया अथवा अभीष्ट कार्यवाही की प्रक्रिया है जिसे सम्भावित विकल्प एवं अनुसरण के लिए उन्मुख किया गया है। प्रतिपादन, प्रवर्तन एवं उपयोग की कार्यवाही की प्रक्रिया नीति कहलाती है। हम यहाँ ग्रामीण विकास की लोकनीतियों पर केन्द्रित रहेंगे, जिसमें हमारा आशय ग्रामीण विकास के कुछ उद्देश्यों के अनुसरण हेतु सरकारी कार्यवाही से है। सामान्य रूप से, ग्रामीण विकास में, कृषि विकास भी सम्मिलित होता है।

आरम्भ में यह महत्त्वपूर्ण है कि (अ) नीति; (ब) कार्यक्रम; एवं (स) परियोजना के मध्य के अन्तर को स्पष्ट किया जाये। नीति एक व्यापक शब्द एवं संकेत है जैसा कि पूर्व में उल्लेख किया गया है, अभीष्ट कार्यवाहियों का समूह/कार्यक्रम इसमें सम्मिलित होते हैं जो कि नीति के मुकाबले कार्यक्षेत्र की दृष्टि से छोटे होते हैं, लेकिन इस दृष्टि से ज्यादा स्पष्ट होते हैं कि क्या, कैसे, कब एवं किसके द्वारा किया जाना है। एक नीति को कार्यान्वित करने से पूर्व उसे कई कार्यक्रमों में बदलना होता है। एक परियोजना उद्देश्यों, स्थान, समय, कोष एवं क्रियान्वयन अभिकरण के सन्दर्भ में विशेषीकृत एवं विस्तृत शब्द है, एवं स्वयं को एक इकाई के रूप में नियोजन, वित्त एवं क्रियान्वयन के लिए प्रस्तुत करते हैं। एक कार्यक्रम में कई परियोजनाएँ सम्मिलित हो सकती हैं। एक ग्रामीण

विकास परियोजना को एक निवेश गतिविधि के रूप में निरूपित किया जा सकता है, जहाँ संसाधनों का विस्तारण एक बढ़े हुए समय के लिए लाभ की प्रत्याशा में सम्पत्ति निर्माण के लिए होता है।

यह अध्याय पहले लोकनीति के कुछ आधारभूत तत्वों को प्रस्तुत करता है, जिसमें लोकनीति के लिए अवधारणात्मक विचारबन्ध एवं तार्किक आधार सम्मिलित हैं। इसके पश्चात् भारत में ग्रामीण क्षेत्र से सम्बन्धित प्रमुख लोकनीतियों की समीक्षा की गई है। अन्त में संक्षेप में ग्रामीण विकास के लिए वैश्वीकरण के प्रमुख निहितार्थों की चर्चा की गई हैं। इस अध्याय का प्रमुख उद्देश्य विद्यार्थियों को लोक सिद्धान्त के आधारभूत तत्वों से परिचित करवाना तथा समय–समय पर भारत में आरम्भ की गयी ग्रामीण विकास नीतियों की प्रमुख विशेषताओं की जानकारी प्रदान करना है।

स्वतन्त्रता, नियन्त्रण एवं लोकनीति

लोकनीति सामाजिक नियन्त्रण का एक प्रकार है। एक किसान का राष्ट्रीयकृत बैंक से उत्पादन कर्ज स्वीकार करना एवं सरकार द्वारा अनुदान को इस ढंग से सीमित करना वह स्वतन्त्र रूप से उत्पादन बढ़ाने, आय एवं जीवन स्तर को बेहतर करने एवं उसकी वैयक्तिक प्रतिभा को आगे विकसित करने में उधार ली गयी वह राशि एवं अनुदान को खर्च कर सके। किसान स्वतन्त्रता एवं नियन्त्रण की दुविधाओं के साथ संघर्ष कर रहा है। एक व्यक्ति के रूप में, वह अपनी गरिमा एवं स्वतन्त्रता को ह्रदय में बनाये रखता है एवं सामाजिक व्यक्ति के रूप में उसे अनुशासन एवं नियन्त्रण की आवश्यकता को महसूस करना होता है। तथापि, अन्य कई दुविधाओं की तरह, यह भी आभासी सत्य ही है जो कि दो विकल्पों पर आधारित है जो सम्पूर्ण एवं परस्पर अनन्य से बने हैं। स्वतन्त्रता एवं नियन्त्रण परस्पर अनन्य विकल्प नहीं हैं: ये दो सिद्धान्त हैं जो कि संगत हो सकते हैं। यथार्थ में, कुछ कार्यों को सामाजिक नियन्त्रण से रोके रखने का मूल प्रयोजन अन्य कार्यों की स्वतन्त्रता को सुरक्षित रखना होता है।

'अनुज्ञा' एवं 'स्वतन्त्रता' के बीच का भेद महत्त्वपूर्ण होता है। यदि अनुज्ञा को अन्य को नुकसान पहुँचाने वाले स्व–परितोषण के रूप में परिभाषित किया जाता है एवं स्वतन्त्रता को अन्य को नुकसान न पहुँचाने वाली स्व–अभिव्यक्ति के रूप में रखा जाता है तब सामाजिक नियन्त्रण अनुज्ञा को सीमित करते हुए स्वतन्त्रता को प्रोत्साहित कर सकता है। इस परिप्रेक्ष्य से देखने पर स्वतन्त्रता एवं नियन्त्रण में कोई भी आवश्यक संघर्ष नहीं है। यथार्थ में, सामाजिक नियन्त्रण व्यक्तिगत स्वतन्त्रता को विस्तारित करने का कार्य कर सकता है। अतः वास्तविकता में समस्या यह नहीं है कि हम सामाजिक नियन्त्रण को कैसे टालें बल्कि यह इसलिए है कि हम किस तरह से सामाजिक नियन्त्रण को विशिष्ट बना सकें जिससे कि अनुज्ञा को नियन्त्रित रखा जा सके एवं समाज के वृहत्तर हित में स्वतन्त्रता को प्रोत्साहित किया जा सके।

ग्रामीण विकास नीति की आवश्यकता

अब हम साधारण से आगे बढ़ते हुए, लघुस्तरीय हथकरघा उद्योग एवं आत्मनिर्भर और जीविका निर्वाह कृषि की ओर जाते हुए आर्थिक क्षेत्र में सार्वजनिक नीति के लिए एक विशाल आवश्यकता विकसित करते हैं। एक उत्पादक एवं एक उपभोक्ता के रूप में व्यक्ति, अधिक से अधिक बाजार की सामान्य दशाओं पर, रोजगार पर, सम्पूर्ण राष्ट्र की उत्पादन एवं उत्पादक क्षमता एवं जिस तरह से लोगों के मध्य आय का वितरण हुआ है, निर्भर करता है; संक्षेप में, देश के आर्थिक कल्याण के ऊपर दृष्टिपात करें तो ग्रामीण क्षेत्र में सरकारी हस्तक्षेप का समर्थन करने वाले कुछ विशिष्ट कारण निम्नानुसार हैं।

'समाजवादी प्रतिमान समाज' की स्थापना के प्रति भारत की वचनबद्धता

भारत में 'समाजवादी प्रतिमान समाज' की स्थापना को चुना गया। इसका तात्पर्य यह है कि विकास की रेखा को निर्धारित करने का मापदण्ड निजी लाभ के बजाए सामाजिक लाभ के लिए होना चाहिए। विकास का तरीका और

सामाजिक–आर्थिक सम्बन्धों की संरचना को इस तरह से नियोजित किया जाना चाहिए कि वे न केवल राष्ट्रीय आय और रोजगार में उत्साहवर्धक वृद्धि के परिणाम दे सकें बल्कि उनसे आय एवं पूँजी में बेहतर समानता भी लायी जा सके (भारत सरकार 1961: 30)। लेकिन भारत का अनुभव यह रहा है कि विकास के लाभ का सभी के मध्य समान रूप से वितरण नहीं हुआ है। इसने गरीबी की समस्या को और गम्भीर कर दिया, जिसमें बढ़ती बेरोजगारी, कुपोषण, गन्दी बस्तियों में वृद्धि, वास्तविक मजदूरी में गिरावट एवं सीमान्त और लघु कृषकों की दरिद्रता सम्मिलित है। 68 वर्ष की स्वतन्त्रता के पश्चात् भी भारत में गरीबी एवं रोजगार की समस्याएँ विद्यमान हैं जो नियोजित विकास के प्रमुख उद्देश्य, लोगों के जीवन स्तर में सुधार को हानि पहुँचाती हैं। इस बात को स्वीकार किया गया कि वृद्धि की उच्च दर विकास के लाभों के समान वितरण को सुनिश्चित करने के लिए बनायी गयी, ऐसी नीतियों का विकल्प नहीं है। इसीलिए, एक ऐसी लोकनीति की आवश्यकता है जो सामाजिक निष्पक्षता अथवा सामाजिक न्याय के साथ वृद्धि सुनिश्चित करे।

कृषिगत उत्पादन, कीमतों एवं आय में तीव्र बदलाव

कृषि उत्पादन, प्रकृति से जैविक होने के कारण प्रकृति की अनिश्चितता के रहते गैर कृषि उत्पादनों से अधिक असुरक्षित होते हैं एवं इसी कारण से जलवायु विचलन जैसे – अनियमित वर्षा, बाढ़, ओलावृष्टि इत्यादि की तुलना में औद्योगिक उत्पादन से यह ज्यादा तीव्रता के साथ परिवर्तित होते है। कृषि उत्पादन एवं कृषि कीमतों में बदलाव के परिणामतः कृषि आय भारी बदलाव की ओर प्रवृत्त होती हैं। इसका कारण यह है कि अधिकांश कृषि उत्पादों की मांग स्थिर होती है जो 1.00 से कम मूल्य या वैकल्पिक रूप से आपूर्ति में परिवर्तनों के सन्दर्भ में कृषि उत्पाद की उच्च कीमतों में लचीलेपन के कारण होती है। इसका तात्पर्य, सामान्य शब्दों में, कृषि उत्पाद जैसे गेहूँ अथवा चावल की कीमत में एक प्रतिशत की वृद्धि, इसकी माँग में एक प्रतिशत से कम की कमी से जुड़ी होती है, इसी प्रकार कृषि उत्पाद की कीमतो में एक प्रतिशत की कमी माँग में एक प्रतिशत से कम की वृद्धि से जुड़ी होती है। अधिकांश कृषक छोटे स्तर के प्रचालक एवं गरीब होने के कारण कृषि उत्पादों एवं आय के बदलावों के परिणामों को सहन नहीं कर पाते हैं। उन्हें खुले बाजार एवं कृपणता प्रकृति के प्रतिकूल प्रभावों से कुछ सुरक्षा की आवश्यकता होती है। यह सुरक्षा केवल सरकार द्वारा समर्थन मूल्य, बीमा एवं साख नीति के माध्यम से प्रदान की जा सकती है।

ग्रामीण गरीबी की बढ़ती व्यापकता

जैसा कि हमने इस पुस्तक के अध्याय 2 में बताया है, ग्रामीण क्षेत्रों में गरीबी की व्यापकता शहरी क्षेत्रों की तुलना में अधिक है। रंगराजन विशेषज्ञ समूह की रिपोर्ट के अनुसार, 2011–12 में, ग्रामीण क्षेत्रों में गरीबी अनुपात 39.9 प्रतिशत और शहरी क्षेत्रों में 26.4 प्रतिशत था, एवं गरीबी के नीचे के लोगों की संख्या ग्रामीण क्षेत्रों में 26.05 करोड़ तथा शहरी क्षेत्रों में 10.25 करोड़ थी। यह तेन्दुलकर विशेषज्ञ समूह रिपोर्ट (भारत सरकार 2014, तालिका 4.7 पृ. 69, अध्याय 2 भी देखें) के अनुसार ग्रामीण एवं शहरी क्षेत्रों के लिए क्रमशः 21.67 करोड़ एवं 5.31 करोड़ के अनुमानों के विपरीत है। गरीबी में ग्रामीण एवं शहरी अंतर की औसत मासिक प्रति व्यक्ति खर्च से भी पुष्टि होती है। वर्ष 2011–12 में राष्ट्रीय प्रतिदर्श संगठन द्वारा परिवार व्यय सर्वेक्षण के अनुसार, शहरी से ग्रामीण प्रति व्यक्ति खपत का अनुपात 1999–2000 के 1.76 से बढ़कर 2011–12 में 2.00 हो गया, जो बताता है कि शहरी–ग्रामीण विभाजन विस्तारित हो रहा है। यदि अन्य आवश्यक सेवाओं की उपलब्धता के अंतर की तुलना तक इसे बढ़ाया जाता है तो यह खाई और अधिक गहरी हो जाती है।

इसी तरह से, ग्रामीण क्षेत्रों में औसत प्रति व्यक्ति आय शहरी क्षेत्रों से कम है। 1998–99 से 2003–04 तक कृषि क्षेत्र में प्रति व्यक्ति अनुपातिक वार्षिक आय 1993–94 की कीमतों पर रु. 11,496 थी जबकि इसके विपरीत गैर–कृषि क्षेत्र में यह रु. 59,961 थी (राधाकृष्ण 2008, 45)। इस प्रकार, भारत में विकास के भौतिक लाभ ग्रामीण

लोगों की अपेक्षा शहरी लोगों के लिए अधिक उदार रहे हैं। अन्य देशों के लिये भी यह सत्य है। ग्रामीण लोगों की अन्याय की यह दशा सरकारी हस्तक्षेप के लिए पर्याप्त कारण है जिसे समर्थन ग्रामीण आय तथा इसके वितरण को गरीबी उन्मूलन कार्यक्रमों के माध्यम से सम्भव बनाना चाहिए।

छोटे, बिखरे एवं असंगठित ग्रामीण उद्यम

अधिकांश ग्रामीण उद्यम छोटे, बिखरे तथा असंगठित होते हैं। इन विशेषताओं के कारण, इनके मालिकों के पास बहुत कम अथवा यथार्थ में कोई सौदेबाजी की शक्ति नहीं होती है, जिसे वे अपने उत्पाद बेचते हैं तथा जिनसे वे अपनी आपूर्ति खरीदते हैं। परिणामस्वरूप खरीदने एवं बेचने दोनों मोर्चों पर इनका शोषण होता है। अतः सरकारी नीतियों जिनका उद्देश्य अवसरों की समानता, ग्रामीण क्षेत्रों में लोगों एवं समूहों की सौदेबाजी क्षमता को शक्तिशाली बनाना एवं शक्तिशाली से कमजोर के शोषण को नियंत्रित करना है, में सुधार की आवश्यकताओं को बढ़ाते हैं।

ग्रामीण क्षेत्रों में अपर्याप्त एवं कमजोर आधारभूत अधोसंरचना

जहाँ तक आधारभूत अधोसंरचना की सुविधाओं एवं सेवाओं के प्रावधानों की स्थिति जैसे सड़क, पेयजल, विद्युत, विद्यालय, अस्पताल, पुलिस सुरक्षा, आवागमन एवं संचार का प्रश्न है, ग्रामीण क्षेत्र शहरी क्षेत्रों की अपेक्षा अभाव की स्थिति में होते हैं। ग्रामीण क्षेत्रों में न केवल ये लोक सुविधाएँ एवं सुख सुविधाएँ अपर्याप्त हैं अपितु ये बुरी तरह से अव्यवस्थित एवं निर्भर करने योग्य भी नहीं हैं। परिणामतः, गरीब ग्रामीण पीढ़ी दर पीढ़ी कमजोर शिक्षा, कमजोर स्वास्थ्य, बेरोजगारी एवं गरीबी के कारण श्रापित होते हैं। उनकी दशा में सुधार के लिए सघन सरकारी हस्तक्षेप की आवश्यकता होती है। यथार्थ में, सरकार ने राष्ट्रीय ग्रामीण स्वास्थ्य मिशन, न्यूनतम आवश्यकता कार्यक्रम, बीस सूत्रीय कार्यक्रम, भारत निर्माण कार्यक्रम एवं ग्रामीण क्षेत्रों में शहरी सुविधाएँ उपलब्ध कराने (पूरा) जैसे कार्यक्रमों को आरम्भ करके हस्तक्षेप किया है (विस्तार के लिए अध्याय 11 देखे)।

भारत की अर्थव्यवस्था में कृषि की प्रधानता की स्थिति

भारत की अर्थव्यवस्था में कृषि एकमात्र सबसे बड़ा क्षेत्र है। वर्ष 2013–14 में, कृषि एवं सम्बद्ध गतिविधियों ने भारत के सकल घरेलू उत्पाद का 2004–05 की कीमतों पर 14 प्रतिशत एवं वर्तमान कीमतों पर 18 प्रतिशत का योगदान किया।[1] यह जनसंख्या के लगभग दो–तिहाई भाग की आजीविका का मुख्य स्रोत भी है। कृषि एवं ग्रामीण विकास, यथार्थ में, राष्ट्रीय विकास के लिए सर्वाधिक आवश्यक है। अतएव, राष्ट्रीय विकास की अर्थपूर्ण रणनीति में कृषि एवं ग्रामीण विकास एक महत्त्वपूर्ण बड़ा घटक होना चाहिए।

ग्रामीण विकास की नीति के लक्ष्य

ग्रामीण विकास की नीतियों का निर्माण उन स्थितियों में सुधार करने से है जिनमें ग्रामीण लोग कार्य करते हैं एवं रहते हैं। नीतियों के लक्ष्य लोगों की इच्छाओं से नियन्त्रित होते हैं एवं इच्छित परिवर्तन लाने के लिए लोगों के अनुसार सरकार क्या कर सकती है एवं क्या किया जाना चाहिए, इससे नीतियों का परिमापन होता है, यह लोक नीति का सिद्धान्त है। परिवर्तनों की आवश्यकता तब महसूस होती है जब लोग जिस तरह से चीजें हो रही हैं उन्हें पसन्द नहीं करते हैं। लोक कार्यवाही के लिए दबाव तब बढ़ता है जब लोग महसूस करते हैं कि वे अकेले अपेक्षित समाधान नहीं ला सकते हैं। उनके मस्तिष्क में कुछ 'मानक' होते हैं, एक आदर्श परिस्थिति की कुछ कल्पना जिसके लिए वे प्रयासरत होते हैं। ये मानक नीति के लक्ष्य बन जाते हैं जो विशेषीकृत कार्यक्रमों के उद्देश्यों को निर्देशित करते हैं।

भारतीय संविधान में निहित 'राज्य के नीति निर्देशक तत्त्वों' से आर्थिक नीति के दो प्रमुख लक्ष्यों को प्राप्त करना सम्भव है: प्रथम, राष्ट्रीय आय को बढ़ाना; एवं द्वितीय, समाज के सदस्यों के मध्य राष्ट्रीय आय के वितरण को बेहतर बनाना। भारत की आर्थिक नीतियों में ये लक्ष्य दृष्टिगोचर होते रहे हैं जो कि पंचवर्षीय योजनाओं में निरूपित किये गए हैं। उपर्युक्त उद्देश्यों जो कि 'समानता के साथ विकास' को प्राप्त करने की कोशिश करते हैं को राज्य नीति के चार आयामों के सन्दर्भ में देखा जाना चाहिए: यथा 1. लोगों के जीवन की गुणवत्ता; 2. उत्पादक रोजगार का सृजन; 3. क्षेत्रीय सन्तुलन; एवं 4. आत्म–निर्भरता।

ये सभी उद्देश्य लाभप्रद प्रतीत होते हैं इसीलिए नीति निर्माताओं द्वारा इनका गम्भीर अनुसरण अपेक्षित है। तथापि, समाज के किसी भी उपयोग के लिए, इन उद्देश्यों को विशेष कार्यक्रमों और परियोजनाओं में परिवर्तित किया जाना चाहिए जिससे कि इसे विद्यमान दशाओं में संचालनीय किया जा सके। ग्रामीण विकास की कई नीतियाँ, विभिन्न लक्ष्यों, साधनों अथवा माध्यमों के विविध समूहों के जटिल संयोजन होते हैं एवं कई दशाओं के द्वारा सीमित होते हैं। ऐसी नीतियों को समझने के लिए हमें उन्हें कई कार्यक्रमों एवं परियोजनाओं में तोड़ना चाहिए। प्रत्येक कार्यक्रम के लिए एक बहुत ही सुविचारित उद्देश्य निर्दिष्ट किया जाना चाहिए जिसका कि विशिष्ट सरकारी अभिकरण अनुसरण करे। कार्यक्रम मापक तब उद्देश्यों की आपूर्ति हेतु पहचाने एवं निर्धारित किये जा सकते हैं एवं उस विशेष कार्यक्रम के बाहर की दशाओं को प्रभावित करने के लिए अनुकूलन करते हैं। ये दशाएँ प्रायः यह निर्धारित करने के लिए निर्णायक होती हैं कि कोई कार्यक्रम प्रशासनिक दृष्टि से उपयुक्त है अथवा नहीं।

नीति लक्ष्यों का अनुक्रम

नीति लक्ष्यों की विविधता को ध्यान में रखते हुए यह आवश्यक है कि इनके आपसी सम्बन्धों का अध्ययन किया जाए एवं देखा जाए कि वे लोकहित की ओर अभिमुख हों अथवा कम से कम उसके विरोध में न हों। विविध नीति लक्ष्यों एवं कार्यक्रम उद्देश्यों को एक सूचीस्तम्भ के रूप में संयोजित कर यह किया जा सकता है, जैसा कि चित्र 6.1 में दर्शाया गया है।

सूची स्तम्भ के नीति लक्ष्यों को उच्च से सामान्य की ओर निचले क्रम में सुनिश्चित मुद्दों के आधार पर संयोजित करने पर निम्नलिखित अनुक्रम प्रदर्शित होता है:

1. आर्थिक नीति का सर्वप्रमुख लक्ष्य सामान्य कल्याण को प्रोत्साहित करना होता है जिसमें आर्थिक कल्याण एवं सांस्कृतिक, सामाजिक और राजनीतिक कल्याण समाविष्ट होता है। इस सर्वप्रमुख लक्ष्य की पूर्ति दो प्रवर लक्ष्यों द्वारा होती है जो अधिकतम राष्ट्रीय आय एवं प्रवर लक्ष्य मिलकर एक साथ उच्च स्तर का अनुक्रम संस्थापित करते हैं।
2. अनुक्रम के उच्च स्तर से नीचे की ओर, सामान्यतया निचले स्तर पर लक्ष्यों की श्रृंखला विकसित की जाती है। ये लक्ष्य अर्थव्यवस्था के विभिन्न क्षेत्रों में विशिष्ट अव्यवस्थाओं के साथ काम करते हैं तथा इन्हें प्रमुख राष्ट्रीय नीति के केन्द्रीय लक्ष्यों के रूप में भी पुकारा जा सकता है। प्रत्येक केन्द्रीय लक्ष्य अभी भी कार्यक्षेत्र की दृष्टि से सामान्य तथा प्रकृति की दृष्टि से जटिल होते हैं; इन लक्ष्यों को आगे और अधिक विशिष्ट कार्यक्रम के उद्देश्यों में विभाजित किया जाना चाहिए जिसमें विभिन्न परिस्थितियाँ और लोगों, क्षेत्रों तथा वस्तुओं के विभिन्न समूहों के बारे में निर्देशित किया गया है।
3. अगले स्तर पर, हम विशिष्ट सरकारी कार्यक्रमों के उद्देश्यों को प्राप्त करते हैं जो अव्यवस्थाओं को ठीक करने अथवा लोगों के समूह द्वारा भोगे गए असन्तोष के मूल कारणों को हटाते हैं। कृषि नीति का केन्द्रीय लक्ष्य होता है, उदाहरणार्थ – विभिन्न कार्यक्रम उद्देश्यों को विभाजित करना जिसमें सिंचाई, मृदा संरक्षण एवं कृषि साख, विपणन, अनुसन्धान, शिक्षा और विस्तार सम्मिलित हैं।

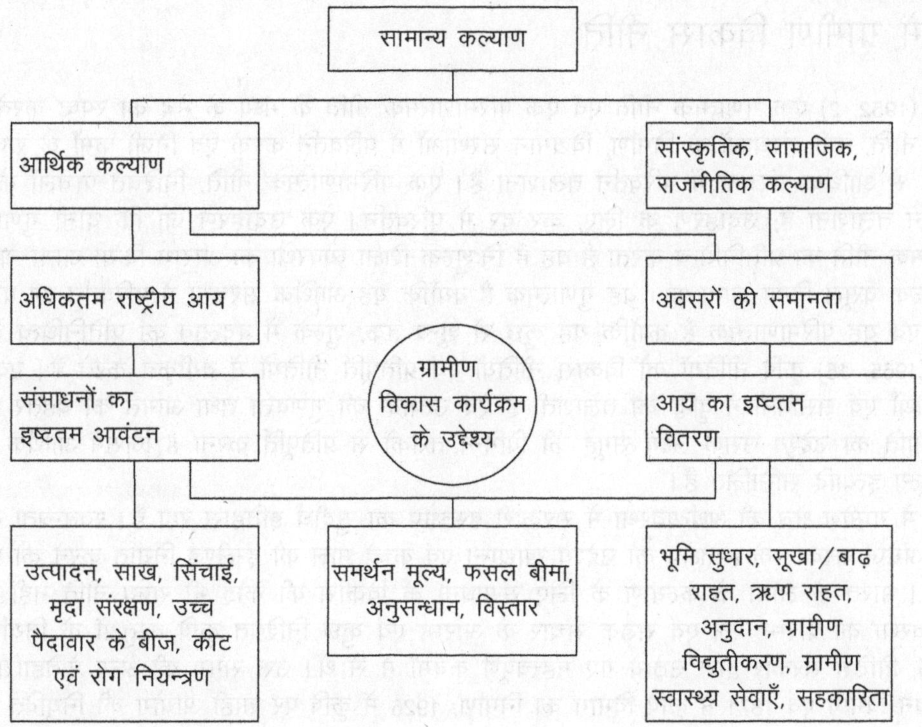

चित्र 6.1: *ग्रामीण विकास की नीति लक्ष्यों का अनुक्रम*

स्रोत: लेखक

4. इसके पश्चात् हम सबसे नीचे की ओर बढ़ते हैं, यह कार्यक्रम इकाई का सर्वाधिक महत्त्वपूर्ण स्तर होता है। जिसके कि उद्देश्य अपेक्षाकृत सरल एवं स्पष्ट होते हैं। ये विशिष्ट कृषि क्षेत्र की वस्तुओं का विशिष्ट कीमत पर समर्थन प्रदान कर रहे हैं जिसमें कृषकों के लिए कुछ मृदा–संरक्षण की तकनीकों का अनुसरण एवं बाँधों का विकास और सिंचाई व्यवस्था सम्मिलित है।

कार्यक्रमों के निर्माण की प्रविधि जिसमें उद्देश्य एवं उसके अर्थ को बहुत ही स्पष्ट परिभाषित किया गया है, नीतियों के अध्ययन के लिए अपरिहार्य है, लेकिन प्रविधि का प्रयोग सरल नहीं है। उद्देश्य साधन हो जाते हैं और साधन उद्देश्य, यह निर्भर करता है कि कोई इसे किस तरह से देखता है। उदाहरण के लिए ग्रामीण बेरोजगारी के उन्मूलन को लें। केन्द्रीय ग्रामीण विकास मन्त्रालय के दृष्टिकोणों से यह एक उद्देश्य है एवं इसको पूर्ण करने के लिए माध्यम के रूप में वित्त का बजट में निर्धारण, गैर सरकारी संस्थाओं को अनुदान, आय सृजन सम्पत्तियों की खरीदी के लिए संस्थागत साख एवं सहायता और हितग्राहियों को तकनीकी सलाह प्रस्तुत करना। योजना आयोग(अब नीति आयोग) की दृष्टि में, ग्रामीण गरीबी का उन्मूलन, आय वितरण की बेहतरी एवं समान अवसरों के निर्माण के माध्यम के रूप में है; ये उद्देश्य पुनः सामाजिक, सांस्कृतिक एवं आर्थिक कल्याण की बेहतरी के माध्यम हैं जो बदले में सामान्य कल्याण के सर्वप्रमुख लक्ष्य को प्राप्त करने का माध्यम है। इस तरह से, एक उद्देश्य अधिक विशिष्ट कार्यक्रम के सन्दर्भ में अधिक सामान्य कार्यवाही व्यवस्था के माध्यम के रूप में प्रकट होता है। माध्यम की उपयुक्तता के मूल्यॉंकन में, हम उद्देश्यों को स्वीकार्य रूप में लेते हैं; एक उद्देश्य की उपयुक्तता के मूल्यॉंकन के क्रम में हमें इसको उत्कृष्ट अन्त की पूर्ति की स्थिति के माध्यम के रूप में रखना चाहिए।

भारत में ग्रामीण विकास नीति

टीनबर्गन (1952, 2) एक गुणात्मक नीति एवं एक परिमाणात्मक नीति के मध्य के भेद को स्पष्ट करते हैं। एक गुणात्मक नीति, नयी संस्थाओं के निर्माण, विद्यमान संस्थाओं में परिवर्तन करके एवं निजी फर्मों के राष्ट्रीयकरण के माध्यम से आर्थिक संरचना में परिवर्तन तलाशना है। एक परिमाणात्मक नीति, निश्चित प्राचलों के परिमाण में परिवर्तन तलाशना है; उदाहरण के लिए, कर दर में परिवर्तन। एक उदाहरण जो कि दोनों गुणात्मक एवं परिमाणात्मक नीति का प्रतिनिधित्व करता है वह है निःशुल्क शिक्षा व्यवस्था का आरम्भ किया जाना, यदि पूर्व में शिक्षण शुल्क वसूल किया जाता था। यह गुणात्मक है क्योंकि यह आर्थिक संरचना में परिवर्तन का प्रतिनिधित्व करता है एवं यह परिमाणात्मक है क्योंकि यह कुछ से शून्य तक, शुल्क में बदलाव का प्रतिनिधित्व करता है।

हेडी (1965, 15) कृषि नीतियों को विकास नीतियों एवं प्रतिपूर्ति नीतियों में वर्गीकृत करते हैं। एक विकास नीति, पदार्थों एवं संसाधनों में वृद्धि को तलाशती है एवं उत्पादों की गुणवत्ता तथा आगत को बेहतर बनाती है, प्रतिपूर्ति नीति का उद्देश्य उसके लक्ष्य समूह की विभिन्न तरीकों से प्रतिपूर्ति करना है जिसमें आर्थिक सहायता, समर्थन मूल्य इत्यादि सम्मिलित हैं।

भारत में ग्रामीण क्षेत्र की अर्थव्यवस्था में सरकारी हस्तक्षेप का सुदीर्घ इतिहास रहा है। स्वतन्त्रता के पूर्व के समय में, अंग्रेज सरकार के हस्तक्षेप का उद्देश्य खाद्यान्न एवं कच्चे माल को इंग्लैण्ड निर्यात करने को प्रोत्साहित करना था। भारत के लोगों के कल्याण के लिए संसाधनों के विकास की कोई भी राज्य नीति नहीं थी। भूमि धारण व्यवस्था का प्रारम्भ, रेल एवं सड़क संचार के आरम्भ एवं कुछ निश्चित कृषि वस्तुओं के निर्यात व्यापार को बढ़ावा, ब्रिटिश सरकार द्वारा उठाये गए महत्त्वपूर्ण कदमों में से थे। उस समय की अन्य ऐतिहासिक घटना 1864 में वन विभाग एवं 1871 में कृषि विभाग का निर्माण, 1926 में कृषि पर शाही आयोग की नियुक्ति एवं 1929 में साम्राज्यिक (अब भारतीय) कृषि अनुसन्धान परिषद् की स्थापना थी। कृषि पर शाही आयोग के प्रतिवेदन को अक्टूबर 1928 में शिमला में भारत सरकार द्वारा संयोजित सम्मेलन में कृषि के भविष्य के विकास के आधार के रूप में स्वीकार किया गया। इस प्रतिवेदन ने अन्य चीजों के साथ गाँवों में न्यूनतम जीवन स्तर की महत्ता को प्रदान करना एवं अनुसन्धान, विस्तार के माध्यम से कृषि के आधुनिकीकरण और विभिन्न विभागों जो कृषि और सहकारी संस्थाओं के विकास में संलग्न हैं, के मध्य बेहतर समन्वय बनाने पर जोर दिया है। तथापि, वित्तीय संसाधनों के अभाव एवं भारी आर्थिक मन्दी (1929–30) के कारण कृषि पर शाही आयोग की सिफारिशों को क्रियान्वित नहीं किया जा सका। जनवरी 1946 में, भारत सरकार ने 'भारत में कृषि एवं खाद्यान्न नीति पर वक्तव्य' जारी किया, जिसमें अर्जित किये जाने वाले उद्देश्यों, किये जाने वाले उपायों एवं, केन्द्र एवं राज्यों की सम्बन्धित भूमिकाओं को स्पष्ट किया गया। वक्तव्य के अनुसार, अखिल भारतीय नीति लोगों के कल्याण को प्रोत्साहित एवं उनकी जीवन दशा में एक प्रगतिशील बेहतरी को सुरक्षित करना थी (भारत सरकार 1976: 127–136)।

अब हम कृषि एवं ग्रामीण विकास के क्षेत्र की राष्ट्रीय स्तर की प्रमुख लोकनीतियों की विशेषताओं की संक्षेप में चर्चा करेंगे।

राष्ट्रीय वन नीति

भारत विश्व के उन कुछ देशों में से है जिनकी 1894 से वन नीति है। स्वतन्त्रता के पश्चात्, राष्ट्रीय अर्थव्यवस्था में वनों की महत्ता को मान्यता प्रदान करते हुए भूमि के सर्वश्रेष्ठ उपयोग को सुरक्षित करने के लिए मई 1952 में एक नयी वन नीति को स्थापित किया गया। नयी नीति में मान्य किया गया कि कुल भौगोलिक क्षेत्र का एक तिहाई हिस्सा वन क्षेत्र के अन्तर्गत आना चाहिए एवं वन क्षेत्र को अविवेकपूर्ण ढंग से काश्तकारी के लिए उपयोग नहीं किया जाना चाहिए। राष्ट्रीय कृषि आयोग (1976) ने 1952 की वन नीति में और संशोधन अनुशंसित किये।

1988 में वन नीति को संशोधित किया गया। 1988 की संशोधित वन नीति के मुख्य घोषणापत्र में वनों की सुरक्षा, संरक्षण एवं विकास का प्रावधान था। संशोधित नीति की प्रमुख विशेषताएँ निम्नानुसार हैं –

1. देश के कुल भूमि क्षेत्र के कम से कम एक तिहाई क्षेत्र को वन अथवा वृक्ष आच्छादित आवरण के अन्दर लाना होगा।
2. उष्णकटिबन्धीय वर्षा/नम वनों की पूर्णतः सुरक्षा।
3. चरागाह एवं निष्कर्षण के लिए वन के उपयोग की सीमा का निर्धारण वनों की वहन करने की क्षमता के आधार पर होना चाहिए।
4. आदिवासियों/वनवासियों की सहभागिता को वनों के संरक्षण, नवीनीकरण एवं विकास हेतु प्रोत्साहित किया जाना चाहिए।
5. वन–आधारित उद्योगों को उनकी आवश्यकताओं की पूर्ति हेतु उनके अपने पौधारोपण से प्राप्त करना ही होगा अन्यथा रियायती दरों पर उद्योगों को वन उत्पाद की प्रथा बन्द हो जाएगी।

इन सिद्धान्तों की आवश्यकता यह सुनिश्चित करने के लिए हैं कि वर्तमान 7.5 करोड़ हेक्टेयर से 11 करोड़ हेक्टेयर (कुल भूमि का 33 प्रतिशत) तक वन क्षेत्र को बढ़ाया जा सके। संशोधित वन नीति में अर्थव्यवस्था के विविध क्षेत्रों के लिए कई निहितार्थ हैं जैसे – ऊर्जा, उद्योग एवं कृषि। विकास परियोजनाओं को अब सावधानीपूर्वक परखा जाता है जिससे कि यह सुनिश्चित किया जा सके कि पारिस्थितिकीय सन्तुलन नष्ट न हो। यह पारिस्थितिकी व्यवस्था पर उनके प्रभाव के मूल्याँकन के आधार पर किया जाता है।

वन अधिकार अधिनियम 2006

अर्वाचीन काल से, भारत के आदिवासी समुदायों के वनों के साथ एक अभिन्न एवं करीबी सम्बन्ध रहे हैं और वे आजीविका और अस्तित्व के लिए वनों पर निर्भर है। यह सम्बन्ध एक तरफा न होते हुए पारस्परिक रूप से लाभकारी थे। यद्यपि, अधिकारियों द्वारा इन अधिकारों को कदाचित ही स्वीकार किया गया और जमीन के वास्तविक स्वामित्व के अभाव में, पहले से ही अधिकारहीन स्थानीय निवासियों को इसका सामना करना पड़ता था। इसका प्रमुख रूप से कारण यह था कि भारतीय वन अधिनियम, 1927 ने सरकार को किसी क्षेत्र को आरक्षित वन, संरक्षित वन अथवा वन ग्राम घोषित करने का अधिकार दिया एवं वन्य जीवन (संरक्षण) अधिनियम, 1972 ने किसी भी क्षेत्र को 'संरिक्षत क्षेत्र' यथा राष्ट्रीय उद्यान, वन्य जीव अभ्यारण्य, बाघ संरक्षण अथवा सामुदायिक संरक्षण क्षेत्र के रूप में गठित करने की अनुमति देता है। इन कानूनों के तहत, वन अथवा संरक्षित क्षेत्र के रूप में घोषित स्थानों पर निवास करने वाले लोगों अथवा निर्भर रहने वाले लोगों के अधिकारों का निपटारा 'वन बन्दोबस्त अधिकारी' द्वारा किया जाता है। यह मौलिक रूप से उस अधिकारी को जमीन, लघु वनोपज एवं अन्य पर लोगों के अधिकार और इसी तरह के दावों की पूछताछ करने तथा दावें के वैध होने के मामले में मुआवजे के भुगतान को जारी रखने अथवा समाप्त करने की अनुमति देने के लिए आवश्यक है। इस स्थिति में सुधार लाने के लिए, संसद ने 18 दिसम्बर 2006 को अनुसूचित जनजाति एवं अन्य पारम्परिक वनवासी (वन अधिकारों की मान्यता) अधिनियम, 2006 पारित किया। वन अधिकार अधिनियम, 2006 पूर्ववर्ती नीतियों में बड़े बदलाव का इस अर्थ में प्रतिनिधित्व करता है कि यह भारत में औपनिवेशिक वन कानूनों को जारी रखने के परिणामस्वरूप दशकों से वंचित वनों में निवास करने वाले समुदायों के भूमि और अन्य संसाधनों के अधिकारों पर ध्यान केन्द्रित करता है। अधिनियम के समर्थकों का दावा है कि यह वनों में निवास करने वाले के लोगों के साथ हुए 'ऐतिहासिक अन्याय' को सम्बोधित करेगा, जिसमें संरक्षण को अधिक प्रभावी और अधिक पारदर्शी बनाने के प्रावधानों को सम्मिलित किया गया है। इस कानून की मांग के लिए लाखों लोगों ने सम्मिलित होकर व्यापक राष्ट्रीय प्रदर्शन

किया। यद्यपि, यह कानून भारत की अंग्रेजी प्रेस में काफी विवाद का विषय रहा। कानूनों के विरोधियों का दावा है कि इससे बड़े पैमाने पर वन विनाश हो जाएगा तथा इसे निरस्त किया जाना चाहिए। इसे पारित होने के एक वर्ष पश्चात् 31 दिसम्बर 2007 से यह अधिनियम प्रभावशील हुआ। इसके पश्चात् 1 जनवरी 2008 को, इस अधिनियम के प्रक्रियागत पहलुओं की पूर्ति हेतु जनजातीय मामलों के मंत्रालय द्वारा तैयार किए गए नियमों को अधिसूचित किया गया।

इस अधिसूचना के बाद इस अधिनियम के कार्यान्वयन के तरीके के बारे में कई शिकायतें हुई हैं। उदाहरण के लिए, सितम्बर 2010 में, नई दिल्ली स्थित विचार मंच सामाजिक विकास परिषद् द्वारा 'वन अधिकार अधिनियम के क्रियान्वयन पर एक संक्षिप्त रिपोर्ट' को जारी किया गया, जिसमें कहा गया है कि क्रियान्वयन की प्रक्रिया के दौरान इस कानून की सभी महत्वपूर्ण विशेषताएं उदासीन एवं तोड़फोड़ के संयोजन से कम हो गई है। वर्तमान परिस्थिति में, अधिकांश आदिवासी और अन्य पारम्परिक वनवासियों के अधिकारों से इंकार किया जा रहा है जो इस कानून के उद्देश्यों के विपरीत है। जब तक कि तत्काल उपचारात्मक कार्यवाही नहीं की जाती, आदिवासी एवं अन्य पारम्परिक वनवासियों के अधिकारों के साथ हुए ऐतिहासिक अन्याय को समाप्त करने के स्थान पर, इस अधिनियम में उन्हें निष्कासन और उनकी वनों तक प्रथागत पहुंच से इंकार करने के लिए और भी अधिक असुरक्षित बनाने का विपरीत परिणाम होगा। केन्द्रीय एवं राज्य सरकारों ने सक्रिय रूप से उन नीतियों को सक्रिय किया है जो अधिनियम की भावना एवं अर्थ का प्रत्यक्ष उल्लंघन है।

तथापि, पूर्व में, भारत की वन नीति वन संसाधनों के सतत उपयोग एवं प्रबन्धन को प्रोत्साहित करने की दृष्टि से अनुकूल नहीं है। यदि वन संसाधनों की कमी एवं उनकी कीमतों के मध्य की स्थिति को पुनर्स्थापित करना है तो वर्तमान नीति को भी बदले जाने की आवश्यकता है। आज हम वन संसाधनों की बढ़ती कमी का सामना कर रहे हैं, उन उत्पादों की कीमतें अवनीकरण को कम करने एवं पुनर्नवीनीकरण को विस्तारित करने के लिए बढ़ाया जाना चाहिए। वर्तमान में, न केवल कई वन उत्पादों एवं सेवाओं की बिल्कुल भी कीमत नहीं रखी गई है बल्कि इमारती लकड़ी जो कि अन्तर्राष्ट्रीय व्यापार योग्य वस्तु है को इसके वास्तविक मूल्य से अन्तर्निहित एवं प्रकट अनुदानों एवं संस्थागत असफलताओं के कारण नीचे रखा गया है। वन रियायतों का आमतौर पर संरक्षण एवं पुनर्वृक्षारोपण के लिए प्रोत्साहन प्रदान करने में अपर्याप्त योगदान होता है। गैर–इमारती लकड़ी की वस्तुओं एवं सेवाओं के मूल्यों के निर्धारण की असफलता का परिणाम अतिशय अवनीकरण, स्थानीय समुदायों के साथ संघर्ष, आर्थिक मूल्यों में हानि एवं पर्यावरणीय क्षति के रूप में होता है। इमारती लकड़ी के स्थानीय प्रसंस्करण को प्रोत्साहन प्रायः अकार्यक्षम प्लायवुड मील्स, अतिशेष क्षमता, बहुमूल्य उष्णकटिबंधीय कीमती लकड़ी का अपव्यय एवं सरकारी राजस्व में घाटे के रूप में होता है। पुनर्वृक्षारोपण के अनुदान प्रायः मूल्यवान प्राकृतिक जंगल के संरक्षण के नाम पर एक ही तरह के घटिया वृक्षारोपण के लिए अनुदान करने में हो जाता है जिसमें कि उष्णदेशीय कठोर लकड़ी एवं जैविक विविधता दोनों के मूल्यों की क्षति जुड़ी होती है।

इस बात की भी आवश्यकता है कि एक बेहतर वन संसाधन लेखांकन की व्यवस्था को अंगीकार किया जाये। विद्यमान वन संसाधन लेखांकन व्यवस्था में कई कमियाँ हैं। उदाहरणार्थ, यहाँ ईंधन की लकड़ी, घास एवं अन्य गैर–लकड़ी वन उत्पाद का निःशुल्क संग्रह, जंगल में पशुओं की निःशुल्क चराई का लाभ एवं एक सम्पूर्ण अमूर्त लाभों का समूह यथा मृदा एवं जल संरक्षण, सूक्ष्म जलवायु का संतुलन, कार्बन पर रोक, ऑक्सीजन का निर्गमन, विश्राम एवं अन्य का कोई लेखांकन नहीं है। इसी कारण से भारत के सकल घरेलू उत्पाद में वनीय क्षेत्र कुल मिलाकर कम महत्व की ओर प्रवृत्त हुआ है। इस तारतम्य में, एक वन संसाधन लेखांकन की नयी व्यवस्था को अंगीकार किये जाने की आवश्यकता है।[2]

इससे आगे, वन–आधारित उत्पादों की बढ़ती माँग की दृष्टि से, आज आवश्यकता है कि वनों की उत्पादकता को बढ़ाने पर और अधिक ध्यान दिया जाये एवं उनका वैज्ञानिक प्रबन्धन आधुनिक ढंग से हो। राष्ट्रीय वन नीति दो निर्णायक बिन्दुओं पर आधारित होनी चाहिए – वन आधारित उद्योग के कच्चे माल की आवश्यकता की आपूर्ति; एवं दूसरे, ग्रामीण समुदाय के लिए वन संरक्षणात्मक तथा पुनः सृजन क्रिया के लिए वनों और पर्यावरणीय सुविधाओं

के लिए सुरक्षात्मक और मनोरंजक कार्यों के लिए वर्तमान और भविष्य की मांगो को पूरा करना। सामाजिक वानिकी एवं पड़त भूमि के वनीकरण को उच्च प्राथमिकता प्राप्त होनी चाहिए।

जून 1990 में, केन्द्रीय पर्यावरण एवं वन मन्त्रालय ने सभी राज्यों एवं केन्द्रशासित प्रदेशों के वन विभागों को जारी दिशा निर्देशों में बिगड़े वनों की भूमि के पुनः सृजन के लिए भोगाधिकार साझेदारी आधार पर ग्रामीण समुदाय और स्वैच्छिक संगठनों को सम्मिलित करने के निर्देश दिए। मन्त्रालय के निर्देशों पर अधिकांश राज्य सरकारों ने सकारात्मक प्रतिक्रिया व्यक्त की एवं संयुक्त वन प्रबन्ध कार्यक्रम के नाम से जानी गयी योजना को आरम्भ किया। पर्यावरण एवं वन मन्त्रालय ने दसवीं पंचवर्षीय योजना (2002–07) के लिए एक नये कार्यक्रम, राष्ट्रीय वनीकरण कार्यक्रम को बनाने के लिए दिशा निर्देश जारी किये। ये दिशा निर्देश भारत सरकार के प्रायोजित वनीकरण कार्यक्रम के लिए वनों के विकास को सहभागी दृष्टिकोण के साथ प्रोत्साहित करने हेतु है। नवीं पंचवर्षीय योजना में क्रियाशील वनीकरण कार्यक्रम को राष्ट्रीय वनीकरण कार्यक्रम से मिला दिया गया जिससे कि समान उद्देश्यों के कार्यक्रमों की पुनरावृत्ति को टाला जा सके एवं क्रियान्वयन और वित्तीय तरीके में एकरूपता को सुनिश्चित किया जा सके। (संयुक्त वन प्रबन्धन एवं राष्ट्रीय वनीकरण कार्यक्रम के विस्तार के लिए अध्याय 11 देखें।) दसवीं पंचवर्षीय योजना ने देश में संयुक्त वन प्रबन्धन के लोकव्यापीकरण का प्रावधान किया गया।

भूमि सुधार नीति

प्रगतिशील ग्रामीण समाज का आधार रखने के लिए, यह आवश्यक है कि भूमि सम्बन्धी संरचना का पुनः क्रम बने। एक सुदृढ़ भूमि सुधार नीति, कृषि एवं ग्रामीण विकास में महत्त्वपूर्ण तरीके से योगदान कर सकती है एवं इसलिए वह उच्च प्राथमिकता की पात्रता रखती है। भूमि सुधार की नीति ऐसी होनी चाहिए कि वह भूमि के वैज्ञानिक, पोषणीय एवं सघन उपयोग को सुनिश्चित करे; उत्पादक रोजगार सृजित करें; भूमि के वितरण की विषमताओं को कम करे; भूमि में उत्पादकता बढ़ाने को प्रोत्साहित करे एवं सम्पदा सम्बन्ध और सामाजिक संरचना में ग्रामीण विकास की प्रक्रिया द्वारा भूस्वामियों एवं काश्तकारी की अधिकतम प्रतिभागिता को समर्थ करने के साथ परिवर्तनों को प्रवृत्त करे। भूमि सम्बन्धी संरचना किसान मालिकाना आधार पर होनी चाहिए, सहकारिता और संयुक्त कृषि व्यवस्था से मजबूत एवं सम्पूरक होनी चाहिए, एवं भूमि के अधिकतम उपयोग के लिए आवश्यक आपूर्ति और सेवाओं से समर्थित होनी चाहिए।

स्वतन्त्रता के पश्चात्, भारत सरकार ने प्रथम बार प्रथम पंचवर्षीय योजना में व्यापक भूमि सुधार नीति को बनाया। इस नीति के प्रमुख उद्देश्य कृषि के आधुनिकीकरण की बाधाओं को हटाना था जो कि पूर्व की कृषि संरचना की विरासत में स्वाभाविक रूप से अन्तर्निहित थी एवं कृषि अर्थव्यवस्था और ग्रामीण समाज की घोर असमानता कम करना था। इसने ऐसे कार्यक्रमों को उच्च प्राथमिकता प्रदान की जिससे कृषि उत्पादन में वृद्धि हुई, विविधता को प्रोत्साहित किया, आय एवं पूंजी के वितरण की विषमताओं को कम किया, शोषण को विलोपित किया एवं काश्तकारों और श्रमिकों को सुरक्षा प्रदान की। यह नीति इसके अवयवों की प्राथमिकताओं में आंशिक फेरबदल के साथ आगामी सभी पंचवर्षीय योजनाओं में लागू होती रही है। राज्य सरकारों द्वारा आवश्यक भूमि सुधार कानून को प्रभावशाली बनाया जा चुका है एवं अब ये कार्यरत हैं। नीतियों एवं इसके तहत बनाये गये कार्यक्रमों की समय–समय पर समीक्षा एवं मूल्याँकन किया जाता है। समीक्षाओं की एक सामान्य प्राप्ति यह है कि कार्यक्रमों का क्रियान्वयन शिथिल है। नीति के उद्देश्यों एवं क्रियान्वयन हेतु बनाये गए अनेक कानूनों के मध्य तथा कानून और उनके प्रवर्तन में कई स्पष्ट अन्तराल दिखाई देते हैं (सिंह 1997: 152–55)। अतः आवश्यकता है कि कार्यक्रम को पूर्व की अपेक्षा अधिक कड़ाई के साथ क्रियान्वित किया जाए। अधिकतम परिणामों के लिए, भूमि सुधार के कार्यक्रमों, बिखरी हुई भूमि के स्वामित्व का सम्मिलन, भूमि विकास, सिंचाई और जल निकासी तथा अतिरिक्त भूमि का अधिग्रहण और इसका वितरण, इनको यथोचित ढंग से एकीकृत एवं क्रियान्वित किया जाना चाहिए। अपरदित सामूहिक सम्पत्ति, भूमि संसाधनों एवं ग्रामीण जनता के वृहत्तर लाभ के लिए उनके उचित उपयोग पर विशेष ध्यान

आकृष्ट किया जाना चाहिए। राष्ट्रीय बंजर भूमि विकास बोर्ड की स्थापना के साथ यह आशा की जा सकती है कि भारत की 1000 लाख हेक्टेयर बंजर भूमि को ठीक तरह से विकसित एवं उपयोग में लाया जाएगा।

राष्ट्रीय कृषि नीति 2000 ने भूमि सुधार के लिए निम्नलिखित दृष्टिकोण को नियत किया –

1. उत्तर पश्चिमी राज्यों की तर्ज पर देश भर के जोत क्षेत्र का एकत्रीकरण करना।
2. भूमिहीन कृषकों एवं आरम्भिक शुरुआती पूँजी के साथ वाले बेरोजगार युवाओं के मध्य अधिशेष भूमि एवं बंजर भूमि का पुनर्वितरण करना।
3. काश्तकार एवं कृषि बटाईदार के अधिकारों को स्वीकार करने के लिए काश्तकारी सुधार करना।
4. निजी भूमि को कृषि एवं कृषि व्यापार के लिए पट्टे पर देने के कानूनी प्रावधान करके भूमि के आकार को बढ़ाकर पट्टे के बाजार को विकसित करना।
5. भू–अभिलेख, कम्प्यूटरीकरण एवं कृषकों को भूमि पासबुक जारी करने को बेहतर एवं अद्यतन करना।
6. भूमि में महिला के अधिकार को स्वीकृत करना।
7. ग्रामीण गरीब पंचायती राज संस्थाओं, स्वयंसेवी समूहों, सामाजिक कार्यकर्ताओं एवं सामुदायिक नेतृत्व की सहायता से भूमि सुधार क्रियान्वयन में बढ़–चढ़ कर भाग लेंगे।

भूमि अधिग्रहण नीति

भारत में भूमि अधिग्रहण उस प्रक्रिया से सन्दर्भित है जिसके द्वारा भारत में केन्द्र अथवा राज्य सरकार किसी निजी भूमि को औद्योगिकीकरण, बुनियादी अधोसंरचनात्मक विकास अथवा निजी भूमि में शहरीकरण के लिए अधिग्रहित करती है और प्रभावित भू–स्वामियों को मुआवजा एवं उनका पुनर्वास एवं पुनर्बसाहट करती है। व्यक्तिगत से सम्पत्ति लेने की शक्ति प्रतिष्ठित अधिकार क्षेत्र के सिद्धान्त में निहित है जिसमें कहा गया है कि शासक कुछ भी कर सकता है, यदि शासक के कार्य में सार्वजनिक हित सम्मिलित है। यह सिद्धान्त सार्वजनिक उपयोग के लिए निजी भूमि का अधिग्रहण करने के लिए शासक को अधिकार प्रदान करता है, बशर्ते उपयोग की सार्वजनिक प्रकृति को संदेह के परे प्रदर्शित किया जा सके। यह सिद्धान्त दो लैटिन सूक्तियों पर आधारित है, (अ) सलास पॉपुली सुप्रीम लैक्स (लोगों का कल्याण ही सबसे बड़ा कानून है) और (ब) नेसेसीतास पब्लीका मेजर एस्ट क्यूम (सार्वजनिक आश्यकता निजी आवश्यकता से बड़ी होती है)। आधुनिक भारत के इतिहास में, इस सिद्धान्त को दो बार चुनौती दी गई (मोटे तौर पर): एक बार जब भूमि सुधार प्रारम्भ हुआ था और दूसरी बार, जब बैंकों का राष्ट्रीयकरण हुआ। भारतीय संविधान मूल रूप से अनुच्छेद 19 और 31 के तहत सम्पत्ति (जिसमें भूमि भी सम्मिलित है) का अधिकार प्रदान करता है। अनुच्छेद 19 इस बात की गारंटी देता है कि सभी नागरिकों को सम्पत्ति के अधिग्रहण, रखने अथवा बेचने का अधिकार है। अनुच्छेद 31 में कहा गया है कि 'किसी भी व्यक्ति को कानून के अधिकार के द्वारा अपनी सम्पत्ति से वंचित नहीं किया जाएगा।' इसमें यह भी संकेत दिया गया है कि उस व्यक्ति को मुआवजे का भुगतान किया जाएगा जिसकी सम्पत्ति को सार्वजनिक उपयोग (प्रायः विस्तृत अर्थ के विषय में) के लिए ली गई है। 1978 में 44वें संवेधानिक संशोधन के माध्यम से मौलिक अधिकारों की सूची से सम्पत्ति के अधिकारों को विलोपित करते हुए अनुच्छेद 300 क के माध्यम से नए प्रावधान को प्रस्तावित किया गया, जिसमें यह प्रावधान किया गया कि 'किसी भी व्यक्ति को विधि के प्राधिकार के बिना उसकी सम्पत्ति से वंचित नहीं किया जाएगा।' संविधान का 44वाँ संशोधन 10 जून, 1979 को लागू हुआ। संविधान ने यह सुनिश्चित किया कि सम्पत्ति का अधिकार मौलिक अधिकार नहीं बल्कि एक संवैधानिक/कानूनी अधिकार/वैधानिक अधिकार के रूप में है और उल्लंघन की स्थिति में, पीड़ित व्यक्ति के पास उपलब्ध उपाय भारतीय संविधान के अनुच्छेद 226 के तहत उच्च न्यायालय के माध्यम से होता है न कि संविधान के अनुच्छेद 32 के तहत सर्वोच्च न्यायालय के माध्यम से। राज्य को ऐसी अधिग्रहित भूमि, भवन अथवा ढाँचे के लिए बाजार मूल्य से मुआवजे का भुगतान करना चाहिए (17वें संशोधन

अधिनियम, 1964 से संविधान में जोड़ा गया); यह पूर्ववर्ती न्यायालीय फैसलों में पाया जा सकता है जब सम्पत्ति का अधिकार मौलिक अधिकार था। विधायिका को यह सुनिश्चित करना चाहिए कि दिए जाने के रूप में निर्धारित किया जाने वाला मुआवजा क्या होना चाहिए, यह स्वामित्व वाले को उससे वंचित होने के बराबर होना चाहिए।

भारत में भूमि अधिग्रहण, "भूमि अधिग्रहण पुनर्वास और पुनर्बसाहट अधिनियम, 2013" द्वारा उचित मुआवजा और पारदर्शिता के अधिकार से परिचालित है, जो 1 जनवरी 2014 से लागू हुआ। 2013 तक, भारत में भूमि अधिग्रहण, 1894 के भूमि अधिग्रहण अधिनियम से शासित था। नरेन्द्र मोदी के नेतृत्व वाली राष्ट्रीय जनतांत्रिक गठबंधन सरकार ने 10 मार्च 2015 को लोकसभा में भूमि अधिग्रहण संशोधन विधेयक प्रस्तुत किया था। यह विधेयक 2013 के अधिनियम में संशोधन प्रस्तावित करता है। भूमि अधिग्रहण (संशोधन) विधेयक, एक अध्यादेश अथवा आपातकालीन कार्यकारी आदेश को अनुमोदित करने का प्रयास करता है जिसे 29 दिसम्बर 2014 को पारित किया गया था। विधेयक को भारत के प्रमुख विपक्षी दलों के कठोर प्रतिरोध का सामना करना पड़ा और इन्होंने प्रस्तावित संशोधनों को किसान विरोधी एवं गरीबों के खिलाफ बतलाया। प्रस्तावित संशोधनों ने परियोजनाओं की पाँच व्यापक श्रेणियों के तहत भूमि अधिग्रहण हेतु किसानों की मंजूरी की आवश्यकताओं को हटा दिया। यद्यपि, यह विधेयक 10 मार्च 2015 को लोकसभा में ध्वनि मत से पारित हुआ, यह राज्य सभा (ऊपरी सदन) में राजग सरकार के पास पर्याप्त बहुमत न होने के कारण प्रस्तावित संशोधनों के साथ प्रभावशील होने से रह गया। नतीजतन, 30 मई 2015 को भारत के राष्ट्रपति ने तीसरे समय संशोधन अध्यादेश को लागू किया। भारत सरकार ने प्रक्रिया को विनियमित करने के लिए अधिनियम के तहत भूमि अधिग्रहण, पुनर्वास और पुनर्बसाहट नियम, 2014 में उचित मुआवजा और पारदर्शिता के अधिकार को बनाया तथा अधिसूचित किया। विधेयक को राज्य सभा की चयन समिति को भेजा गया। लेकिन, इस बीच में, राजग सरकार ने कांग्रेस एवं अन्य विपक्षी दलों से समर्थित किसानों के एक वर्ग द्वारा जारी आंदोलन को ध्यान में रखते हुए, विधेयक को आगे न बढ़ाने का फैसला लिया।

विधेयक की मुख्य आलोचनाएँ निम्न थीः

- अधिनियम 2013 में 'सहमति' परिच्छेद यह परिभाषित करता है कि निजी–सार्वजनिक भागीदारी परियोजनाओं के लिए भूमि 70 प्रतिशत भूमि–स्वामियों के अनुमोदन से एवं निजी कम्पनियों के लिए 80 प्रतिशत के अनुमोदन से प्राप्त की जा सकती है। लेकिन, नरेन्द्र मोदी सरकार द्वारा प्रस्तावित संशोधनों में औद्योगिक गलियारों, निजी–सार्वजनिक साझेदारी की परियोजनाओं, ग्रामीण अधोसंरचना, किफायती आवास और रक्षा परियोजनाओं के लिए सहमति परिच्छेद को हटा दिया गया।
- अधिनयम 2013 यह कहता है कि पाँच वर्ष के लिए उपयोग में न लाई गई भूमि भू–स्वामी को वापस कर दी जानी चाहिए लेकिन राजग सरकार प्रस्तावित संशोधन द्वारा इसे पाँच वर्ष अथवा परियोजना की स्थापना के समय निर्दिष्ट किसी भी अवधि में बदलने का इरादा रखती है।
- अधिनियम 2013 निजी कम्पनियों को भूमि अधिग्रहण की अनुमति देता है लेकिन प्रस्तावित संशोधन किसी भी निजी संस्था को भूमि अधिग्रहण की अनुमति प्रदान करता है।
- प्रस्तावित संशोधन के अनुसार अगर किसी भी सरकारी अधिकारी ने कोई गलत काम किया तो उसके ऊपर कोई भी मुकदमा सरकार की स्वीकृति के बिना नहीं चलाया जा सकता।
- अधिनियम 2013 भूमि अधिग्रहण से पूर्व सामाजिक मूल्याँकन को अनिवार्य करता है, लेकिन राजग सरकार का प्रस्तावित विधेयक इसकी आवश्यकता को हटाता है।

भारत में 85 प्रतिशत से अधिक किसानों के पास 2 हैक्टेयर से कम भूमि है और ये सभी आर्थिक रूप से सक्षम नहीं है तथा गरीबी और गहरे कर्ज में है। उनके लिए कृषि एक घाटे वाला प्रस्ताव है तथा यह उन्हें निरन्तर गरीबी में रखता है। इसलिए वे उपयुक्त अवसर मिलने पर कृषि छोड़ना चाहेंगे। इसलिए, उनके लिए भूमि अधिग्रहण एक ही बार में कृषि एवं गरीबी से निकलने का अवसर देता है। अन्यथा, उन्हें कभी न कभी, साहूकारों, बैंकों अथवा अन्य लोगों के ऋण की अदायगी के लिए जमीन बेचने के लिए मजबूर होना पड़ेगा।

हमारे विचार से, भूमि अधिग्रहण विधेयक किसानों एवं राष्ट्र दोनों के हित में है। हमें यह समझ में नहीं आता है कि विपक्षी राजनीति दल इसे 'किसान विरोधी' क्यों कहते हैं।

राष्ट्रीय जल नीति

जल, कृषि एवं ग्रामीण विकास की गति एवं स्तर को प्रभावित करने वाला सर्वाधिक महत्त्वपूर्ण प्राकृतिक स्रोत है। इसीलिए जल संसाधनों का अधिकतम विकास एवं प्रभावशाली उपयोग महत्त्वपूर्ण सार्थकता रखता है। जैसा कि इस पुस्तक के अध्याय 2 में बताया गया है, 2011–12 में, भारत में लगभग 9.15 करोड़ हैक्टेयर सकल सिंचित क्षेत्र और 6.53 करोड़ हैक्टेयर शुद्ध सिंचित क्षेत्र था (कृषि मंत्रालय 2014अ, 304–05) एवं यह सिंचित क्षेत्र के मामले में विश्व में प्रथम स्थान पर रहा। देश की कुल कृषि योग्य भूमि का 47 प्रतिशत (1.4 करोड़ हैक्टेयर) भाग सिंचित है एवं कुल कृषि उत्पादन में सिंचित क्षेत्र का योगदान 55 प्रतिशत है। केन्द्रीय जल संसाधन मन्त्रालय देश में जल संसाधनों के विकास एवं नियमन हेतु नीतियों एवं कार्यक्रमों को बनाने के लिए जिम्मेदार है। सितम्बर 1987 में भारत की प्रथम राष्ट्रीय जल नीति घोषित की गई। इसमें इस बात पर जोर दिया गया कि 'जल एक प्रमुख प्राकृतिक संसाधन, मूलभूत मानवीय आवश्यकता और बहुमूल्य राष्ट्रीय धरोहर है। जल संसाधनों के नियोजन एवं विकास को राष्ट्रीय परिप्रेक्ष्य में विनियमित किये जाने की आवश्यकता है' (भारत सरकार 1987)। यह एक समेकित एवं बहुअनुशासनिक दृष्टिकोण की अनुशंसा परियोजनाओं के नियोजन, प्रतिपादन एवं क्रियान्वयन हेतु करती है जिसमें वह जल की माँग की आपूर्ति विभिन्न क्षेत्रों से पूर्ण कर सके एवं जहाँ तक सम्भव हो सके अनवरत बाढ़ एवं सूखे की महाविनाशकारी स्थिति से देश को स्वतन्त्र कर सके। राष्ट्रीय जल नीति 1987 के प्रमुख बिन्दु निम्नानुसार हैं:

- जल के कुशल उपयोग की आवश्यकता।
- सु–विचारित सूचना तन्त्र की आवश्यकता।
- पर्यावरण की गुणवत्ता एवं पारिस्थितिकीय सन्तुलन के संरक्षण की आवश्यकता।
- भू–जल क्षमता का वैज्ञानिक आधार पर आवर्ती पुनः मूल्याँकन जिसमें उपलब्ध जल की गुणवत्ता एवं दोहन की आर्थिक व्यवहार्यता को ध्यान में रखना।
- सतही जल एवं भू–जल का समेकित और समन्वित विकास एवं उसका संयुक्त उपयोग।
- जल बटवारें में समानता एवं सामाजिक न्याय को ध्यान में रखना।
- जल प्रबन्धन के विविध आयामों में कृषकों की भागीदारी विशेषतः जल उपभोक्ता संघों के माध्यम से जल वितरण एवं जल शुल्क का संग्रहण किया जाना।

एक नयी राष्ट्रीय जल नीति भारत सरकार द्वारा अप्रैल 2002 (भारत सरकार 2002सी) में घोषित की गयी। इसने भी प्रथम राष्ट्रीय जल नीति के समान सरोकार व्यक्त किए। नीति ने अन्य विषयों के साथ जल के प्रभावी उपयोग और पर्यावरण संरक्षण की गुणवत्ता और पारिस्थितिकी सन्तुलन के लिए आवश्यकता के रूप में चिन्हित किया। इस नीति ने 1987 की नीति का अधिक्रमण किया लेकिन इसने भी समान जरूरतें व्यक्त की। राष्ट्रीय जल नीति 1987 एवं राष्ट्रीय जल नीति 2002 बहुत स्पष्ट तौर पर अपने लक्ष्यों को नहीं बताती, न ही कोई कार्यकारी दिशा–निर्देश देती है जो कि यह बताये कि किस तरह से नीति पत्रक में बताये गए विभिन्न प्रावधान कार्य रूप में परिणत हो सकेंगे। इस दृष्टि से, हम यह कह सकते हैं कि नीति विचार बन्ध अप्रभावशाली हैं। हमारे विचार से, राष्ट्रीय जल नीति का मुख्य लक्ष्य सभी के लिए एवं हमेशा के लिए जल सुरक्षा को देश के सतही जल एवं भूजल स्रोतों के सामाजिक अनुकूलतम, पारिस्थितिकीय ठोस एवं पोषक तरीके से पुनः स्थापित करने, विकसित करने, सुरक्षित रखने एवं उपयोग करने के लिए होना चाहिए। इसके अतिरिक्त, नीति को कानूनी बैकअप मिलना चाहिए एवं इसके उद्देश्यों की प्राप्ति के लिए कार्यकारी दिशा निर्देश देना चाहिये। सरकार को यह भी स्वीकार करना ही चाहिए कि आधारभूत मानव अधिकार के रूप में जीवन निर्वाह के लिए जल तक पहुँच हो एवं इसको विकास लक्ष्यों में सम्मिलित किया जाना चाहिए तथा विकास कार्य के लिए इसको आरम्भिक बिन्दु के रूप में उपयोग किया जाना

चाहिए। न्यूनतम 40 लीटर पानी की आवश्यकता प्रति व्यक्ति प्रतिदिन, स्वास्थ्य एवं स्वच्छता की आवश्यकता के लिए होता है (जल आपूर्ति एवं स्वच्छता सहयोगी परिषद् 1999)।

राष्ट्रीय जल नीति 2012[3]

दो पूर्ववर्ती जल नीतियाँ 1987 एवं 2002 को 2012 में समीक्षित एवं अद्यतन किया गया। इस तथ्य को दृष्टिगत रखते हुए कि भारत में विश्व की जनसंख्या का 18 प्रतिशत एवं विश्व के जल संसाधनों का लगभग 4 प्रतिशत हिस्सा है, इस नीति ने यह सुझाव दिया कि देश की जल समस्याओं को सुलझाने के लिए समाधानों में से एक यहाँ की नदियों को पारिस्थितिक आवश्यकताओं को ध्यान में रखते हुए जोड़ना है। राष्ट्रीय जल नीति 2012 का मुख्य जोर पानी को एक आर्थिक वस्तु की तरह मानने से है, जिसके लिए इसके संरक्षण और कुशल उपयोग की आवश्यकता है। इस प्रावधान ने, जो पानी वितरण की सेवाओं के निजीकरण की अनुमति देने का इरादा रखता है, कि विभिन्न अभिकरणों द्वारा आलोचना की गई है। यह नीति 1987 और 2002 की राष्ट्रीय जल नीतियों में उल्लिखित जल आवंटन की प्राथमिकताओं से अपने को पृथक करती है। कई राज्यों की अस्वीकृति के बावजूद इस नीति को अपनाया गया।

राष्ट्रीय जल नीति 2012 के तहत प्रमुख प्रावधान (जल संसाधन मंत्रालय 2012):

1. डाटा बैंक एवं आंकड़ों के आधारों के नेटवर्क के साथ एक मानकीकृत राष्ट्रीय सूचना प्रणाली की स्थापना करना।
2. अधिकतम उपलब्धता प्रदान करने के लिए संसाधन नियोजन और पुनरावर्तन।
3. मानव बसाहट और पर्यावरण पर परियोजनाओं के प्रभावों का मूल्याँकन।
4. संग्रहण बांधों और जल संबंधित संरचनाओं की सुरक्षा के लिए दिशा निर्देशों का निर्धारण।
5. भूजल के दोहन का नियमन।
6. निम्नलिखित क्रम में जल आवंटन प्राथमिकताओं की स्थापना: पेयजल, सिंचाई, पनबिजली, नौपरिवहन एवं औद्योगिक और अन्य उपयोग।
7. छोटे एवं सीमान्त किसानों के हितों के सन्दर्भ में सतह के पानी एवं भूजल के लिए पानी की दरों को तर्कसंगत बनाना।
8. केन्द्र, राज्यों एवं स्थायी स्व–शासन के निकायों द्वारा विधायी और/अथवा कार्यकारी (या हस्तांतरित) शक्तियों के प्रयोग को संचालित करने वाले सामान्य सिद्धान्तों को एक व्यापक वक्तव्य के रूप में राष्ट्रीय संरचना कानून को विकसित करना।
9. जल उपभोक्ता संघों पर वैधानिक शक्तियों का अभिप्राय पानी के प्रभार के एक हिस्से को एकत्रित करने और बनाए रखने के लिए, उन्हें आवंटित की गई बड़ी मात्रा में पानी का प्रबंधन करना और उनके अधिकार क्षेत्र में वितरण प्रणाली को बनाए रखना। जल विनियामक प्राधिकरणों द्वारा तय की गई न्यूनतम नियत दर के अधीन जल उपभोक्ता संघों को दरों को तय करने की स्वतंत्रता दी जानी चाहिए।
10. विभिन्न उपयोगों के लिए पानी की कीमतों को तय करने के लिए प्रत्येक राज्य द्वारा एक स्वतंत्र जल विनियामक प्राधिकरण की स्थापना होना चाहिए।
11. किसानों एवं स्वैच्छिक संगठनों की भागीदारी की आवश्यकता पर जोर जिससे कि पानी की गुणत्ता में सुधार, पानी का क्षेत्रीकरण, पानी का संरक्षण, बाढ़ और सूखा प्रबंधन, क्षरण का नियंत्रण, आदि हो सके।

राष्ट्रीय जल बोर्ड, राष्ट्रीय जल संसाधन परिषद् द्वारा अनुमोदित राष्ट्रीय जल नीति के आधार पर कार्यवाही की योजना नियत करने के लिए तैयार है और नियमित रूप से, इसके कार्यान्वयन पर नजर रखेगा। यह भी उम्मीद है कि आधारभूत नीतियों एवं सिद्धान्तों को ध्यान में रखते हुए, एक एकीकृत राष्ट्रीय परिप्रेक्ष्य की नीति के अनुसार राज्य जल नीतियाँ तैयार/संशोधित की जाएगी। संक्षेप में, राष्ट्रीय जल नीति 2012 कई अन्य सामान्य बातों से भरी है लेकिन हमें यह डर है कि किस भी अन्य नीति की तरह, यह भी ढीली कार्यान्वयन प्रक्रिया से ग्रस्त न हो जाए।

कृषि मूल्य नीति

स्वतन्त्रता से पूर्व, भारत में कृषि मूल्य नीति का कोई आकार नहीं था। स्वतन्त्रता के पश्चात् प्रमुखतः उपभोक्ताओं के हितों का संरक्षण करने, खाद्यान्न को उचित मूल्यों पर उपलब्ध करवाने सरकार ने एक मूल्य नीति की शुरुआत की अर्थात् यह नीति उपभोक्तापरक थी। मूल्य नीति के लिए सन्दर्भ बिन्दु का विस्तृत खाका प्रथम बार कृषि मूल्य आयोग (कालान्तर में कृषि लागत एवं मूल्य पर आयोग के नाम से जाना गया) में सुनिश्चित किया गया, जो कि 1965 में सन्तुलित एवं एकीकृत मूल्य संरचना को विकसित करने के लिए बनाया गया था। आयोग को मूल्य नीति के निर्धारण के समय उत्पादक एवं उपभोक्ता दोनों के हितों का ध्यान रखने की आवश्यकता थी। इस नीति के खाके में 1980 और 1985 में समीक्षा एवं सुधार किये गए। भारत के नवीन विश्व व्यापार समझौते के हस्ताक्षरकर्ता बनने के बाद नवीनतम समीक्षा 1991 में की गई जिसमें प्रथम बार कृषि को भी सम्मिलित किया गया। कृषि क्षेत्र के लिए नवीन मूल्य नीति का लक्ष्य मूल्यों का उचित निर्धारण एवं आगतों पर आर्थिक सहायता को वापस लेना, सार्वजनिक वितरण प्रणाली को केवल गरीबों के लिए लक्षित करना, खाद्यान्न प्रबन्धन व्यवस्था का उन्मूलन करना तथा कृषि वस्तुओं के व्यापार का उदारीकरण करना है। मूल्य नीति के प्रमुख उद्देश्य निम्नानुसार हैं:

1. किसानों के लिए उनके उत्पादन में वृद्धि के लिए एवं उससे खाद्यान्न की उपलब्धता को बढ़ाने के लिए लाभकारी एवं अपेक्षाकृत स्थिर मूल्य वातावरण को सुनिश्चित करना;
2. खाद्यान्न के लिए लोगों की भौतिक एवं आर्थिक पहुँच को बेहतर करना; एवं
3. एक उत्पादन सवरूप विकसित करना जो कि अर्थव्यवस्था की समस्त आवश्यकताओं के क्रम में होता है।

इसके अंत में, प्रमुख कृषि उत्पादनों के लिए न्यूनतम समर्थन मूल्य प्रतिवर्ष घोषित किये जाते हैं, जो कि कृषि लागत एवं कीमत आयोग की अनुशंसाओं को ध्यान रखते हुए निर्धारित किया जाता है। न्यूनतम समर्थन मूल्य 1965 के बाद से ही कृषि मूल्य नीति का आधार है। कृषि लागत एवं कीमत आयोग द्वारा पिछले चार वर्षों में 2010–11 से 2013–14 तक की गई कीमतों की अनुशंसा को तालिका 6.1 में प्रस्तुत किया गया है।

प्रमुख फसलों के लिए कृषि सम्बन्धी आंकड़े की लागत एक नीतिगत कार्यक्रम के तहत एकत्रित की जाती है जिससे कि कृषि/उत्पादन की लागत का राज्य–वार एवं फसल–वार अनुमान न्यूनतम समर्थन मूल्य की अपनी अनुसंषा बनाते समय कृषि लागत एवं कीमत आयोग को उपलब्ध करायी जा सके। कृषि/उत्पादन की लागत में काम पर लगाया हुआ मानव श्रम, बैलों की शक्ति, मशीनों की शक्ति (किराए अथवा स्वामित्व दोनों) और पट्टे पर दिए गए नगद एवं सामग्री के खर्च के साथ किराए पर किए गए सभी खर्चों जिसमें बीज, उर्वरक, खनिज, पौध संरक्षण रसायनों, सिंचाई खर्च सहित पम्प सेट के संचालन के लिए डीजल अथवा बिजली की लागत एवं अन्य को भी इसमें ध्यान रखा जाता है। इसके अतिरिक्त, उत्पादन की लागत में परिवार के श्रम की मजदूरी का मूल्य और स्वामित्व वाली भूमि का किराया भी सम्मिलित है। लागत में कृषि मशीनरी, भवन परिवहन, बीमा शुल्क के लिए अवमूल्यन भी सम्मिलित है। उदाहरणार्थ, उत्पादन की लागत न केवल नकद और वस्तु में वास्तविक व्ययों को सम्मिलित करती है बल्कि भूमि और परिवार के श्रम सहित स्वामित्व वाली सम्पत्तियों का मूल्य भी लगाया जाता है। कृषि लागत एवं कीमत आयोग कीमत की अनुसंशा करते समय सभी महत्वपूर्ण कारकों को ध्यान में रखता है, जैसे:

- उत्पादन की लागत;
- आगत मूल्यों में परिवर्तन;
- आगत/निर्गत मूल्यों में समानता;
- बाजार मूल्यों की प्रवृत्तियाँ;
- अन्तर–फसल कीमत समानता;
- माँग एवं आपूर्ति स्थिति;
- औद्योगिक लागत संरचना पर प्रभाव;

तालिका 6.1: *फसल अनुसार वर्षवार न्यूनतम समर्थन मूल्य*

(रूपये प्रति क्विंटल)

जिंस	*2010–11*	*2011–12*	*2012–13*	*2013–14*
खरीफ फसल				
धान				
सामान्य	1,000	1,080	1,250	1,310
श्रेणी ए	1,030	1,110	1,280	1,345
वर्ण संकरित ज्वार	880	980	1,500	1,500
ज्वार मालदंडी	900	1000	1,520	1,520
बाजरा	880	980	1,175	1,250
मक्का	880	950	1,175	1,310
अरहर / तुवर	3,000	3,200	3,850	4300
मूंग	3,170	3,500	4,400	4,500
उड़द	2,900	3,300	4,300	4,300
कपास				
रेशा लम्बाई 24.5–25.5 मिमी	2,500	2,800	3,600	3,700
रेशा लम्बाई 29.5–30.5 मिमी	3,000	3,300	3,900	4,000
मूंगफली	2,300	2,700	3,700	4,000
तिल	2,900	3,400	4,200	4,500
रबी फलल				
गेंहू	1,120**	1,285	1,350	1,400
चना	2,100	2,800	3,000	3,100
सफेद सरसों एवं सरसों	1,850	2,500	3,000	3,050
अन्य फसल				
खोपरा	4,450	4,525	5,100	5,250
गन्ना	139	145	170	210

स्रोत: कृषि मंत्रालय (2014, तालिका 8.1, पृ. 244–45)

टिप्पणी: * खरीद एजेंसियों द्वारा दो माह की फसल / आने वाली अवधि के दौरान तुवर, उड़द और मूंग को रू. 500 प्रति क्विंटल के अतिरिक्त प्रोत्साहन की दर से दिया गया।

** न्यूनतम समर्थन मूल्य पर 50 रुपये प्रति क्विंटल की दर से अतिरिक्त प्रोत्साहन लाभांश देना।

@ शुद्ध और लाभकारी।

- सामान्य कीमत स्तर पर प्रभाव;
- जीवन यापन की कीमत पर प्रभाव;
- अन्तर्राष्ट्रीय बाजार मूल्य स्थिति; एवं
- किसानों द्वारा अदा की गयी एवं प्राप्त की गयी कीमतों में समानता (व्यापार की शर्तें)।

उपर्युक्त सभी अवयवों में, उत्पादन की लागत सर्वाधिक वास्तविक अवयव है तथा यह प्रचालन एवं निश्चित लागतों का ध्यान रखता है। सरकार विभिन्न सार्वजनिक एवं सहकारी अभिकरणों यथा भारतीय खाद्य निगम, भारतीय कपास निगम, भारतीय जूट निगम, भारतीय राष्ट्रीय कृषि सहकारी विपणन संघ मर्यादित एवं तम्बाकू बोर्ड के माध्यम से वस्तुओं के कीमत समर्थन कार्यक्रम द्वारा जिनके लिए न्यूनतम समर्थन मूल्य तय किया जाना है, प्रशासित करती है। ऐसी वस्तुएँ जो इस कार्यक्रम में सम्मिलित नहीं है, सरकार राज्यों के विशेषीकृत अनुरोध पर उनके लिए भी बाजार हस्तक्षेप कर विशेषीकृत मात्रा में आपसी सहमति की कीमत तय करती है। यदि इसमें कोई हानि होती है तो राज्य एवं केन्द्र द्वारा 50:50 के आधार पर वहन की जाती है। इस मूल्य नीति ने समृद्ध लाभांश प्रदान किये हैं। हाल ही के वर्षों में सरकार ने समर्थन मूल्यों में उल्लेखनीय वृद्धि की है। खाद्यान्न एवं निवेश आर्थिक सहायता का उपयोग कृषि मूल्य नीति में पूरक उपकरण की तरह किया गया है। इस सामान्य धारणा के विपरीत कि फसल समर्थन मूल्य से केवल कुछ क्षेत्रों के किसानों को केवल कुछ फसलों में आगत एवं खाद्यान्न आर्थिक सहायता में लाभ हुआ है, अब यह पूर्णतः स्थापित हो चुका है कि इन साधनों ने खाद्यान्न सुरक्षा एवं अर्थव्यवस्था की बढ़ती वृद्धि के उद्देश्यों की आपूर्ति में एक महत्वपूर्ण भूमिका निभाई है एवं समाज के सभी वर्गों को लाभ पहुँचाया है (आचार्य 1997: 26)।

वर्तमान में, न्यूनतम समर्थन मूल्य कार्यक्रम के अन्तर्गत 25 कृषि वस्तुओं को सम्मिलित किया गया है। इसके अतिरिक्त, कुछ अन्य वस्तुएँ यथा – प्याज, आलू, अदरक आदि बाजार निवेश योजना के तहत सम्मिलित हैं। भारतीय खाद्य निगम, जो कि चावल एवं गेहूँ की मूल्य समर्थन नीति के क्रियान्वयन का केन्द्रीय अभिकरण है, को मोटे अनाज के लिए समर्थन मूल्य का कार्य भी सौंपा गया। जहाँ तक गरीब वर्गों को लक्षित करने का सवाल है, 1992 में सार्वजनिक वितरण प्रणाली का पुनर्निर्माण करके वितरण के फैलाव को विशेषतः पहाड़ी एवं शुष्क क्षेत्रों के लोगों में भी कम कीमत पर खाद्यान्न के साथ आरम्भ किया गया।

ग्रामीण विकास के लिए यह महत्त्वपूर्ण है कि कृषि के अन्तर्गत कुल मिलाकर आगत एवं निर्गत सम्बन्ध तथा कृषि और अर्थव्यवस्था के अन्य क्षेत्रों में व्यापार की शर्तें भी ऐसी होना चाहिए कि वृद्धि ग्रामीण क्षेत्रों में प्रेरित हो। कृषि मूल्य नीति का सर्वप्रमुख लक्ष्य बाजार की विकृतियों को ठीक करना होना चाहिए जो कि सामान्य तौर पर सामाजिक दृष्टि से नुकसानदायक होती है। समान नीति का हिस्सा होते हुए, समर्थन मूल्य (बाजार मूल्य से अधिक) के माध्यम से उत्पादक के हितों को सुरक्षित किया जाना चाहिए जब बाजार मूल्यों में तेज गिरावट आती है एवं उपभोक्ताओं के हित विशेषतः वंचित वर्गों के लोगों के लिए खाद्यान्न के वितरण के माध्यम से तथा अन्य आधारभूत आवश्यकताओं को उचित मूल्य बाजार से कम कीमत पर उपलब्ध कराके, जब बाजार में कीमतें तेजी से बढ़ें, सुरक्षित किया जाना चाहिए। चूंकि न्यूनतम समर्थन मूल्य से यह अपेक्षित है कि वह आगत मूल्यों में परिवर्तन करेगा, आगत आर्थिक सहायता के बहुविस्तारित उपयोग को उत्पादन बढ़ाने के प्रोत्साहन हेतु छोटे एवं मध्यम किसानों एवं कठिन क्षेत्रों में कमोबेश टाला जाना चाहिए। बाद की अवस्था में, परिवहन आर्थिक सहायता ज्यादा युक्तिपूर्ण होगी।

राष्ट्रीय कृषि नीति 2000 यह प्रतिबद्धता दर्शाती है कि केन्द्रीय सरकार द्वारा महत्वपूर्ण कृषि उत्पादों के लिए न्यूनतम समर्थन मूल्य की घोषणा की नीति द्वारा कृषि उत्पादों को लाभकारी कीमतें प्रदान करने की जिम्मेदारी जारी रखी जायेगी। विभिन्न उत्पादों का समर्थन मूल्य निर्धारित करते समय देश की खाद्यान्न, पोषण एवं अन्य घरेलू और निर्यात आवश्यकताओं को ध्यान में रखा जाएगा। कृषि क्षेत्र में एक अनुकूल आर्थिक वातावरण सुनिश्चित करने तथा ग्रामीण एवं शहरी आय के बीच एक समान सन्तुलन लाने के लिए कीमत संरचना एवं व्यापार व्यवस्था की लगातार समीक्षा की जायेगी। कृषि मूल्य एवं कीमत पर आयोग द्वारा उत्पादन की कीमतों के अनुमान हेतु प्रयुक्त की गयी प्रविधि की समय–समय पर समीक्षा की जायेगी। आगत एवं निर्गत दोनों की कीमत संरचना की निगरानी किसानों को उच्च प्रतिफल सुनिश्चित करने एवं अर्थव्यवस्था में सभी तरफ लागत प्रभावशीलता लाने हेतु की जायेगी। घरेलू बाजार कीमतों को नजदीक से अनुश्रवित करना जिससे कि किसानों को आपात बिक्री से रोका जा सके। सरकार वायदा बाजार के कार्यक्षेत्र को व्यापक करना चाहती है जिससे कि उपभोक्ता कीमतों में

व्यापक उतार–चढ़ाव को एवं उनकी प्रतिरक्षा जोखिम को भी कम किया जा सके। प्रयास यह होगा कि भविष्य में सभी महत्वपूर्ण कृषि उत्पादों को वायदा व्यापार के अन्तर्गत सम्मिलित कर लिया जाएगा।

मूल्य समर्थन योजना

कृषि एवं सहकारिता विभाग द्वारा घोषित न्यूनतम समर्थन मूल्य पर राष्ट्रीय कृषि सहकारी विपणन संघ जो कि राष्ट्रीय एजेन्सी है तिलहन, दलहन एवं कपास की खरीद के लिए मूल्य समर्थन योजना का क्रियान्वयन करता है। जब कीमतें न्यूनतम समर्थन मूल्य से नीचे गिरती है तब राष्ट्रीय सहकारी कृषि विपणन संघ मर्यादित मूल्य समर्थन योजना के तहत तिलहन, दलहन एवं कपास की खरीद करता है। मूल्य समर्थन योजना के अन्तर्गत खरीदारी न्यूनतम समर्थन मूल्य के स्थिर अथवा इससे ऊपर होने तक जारी रहती है। यदि संघ द्वारा न्यूनतम समर्थन मूल्य के संचालन में किसी भी तरह का नुकसान होता है तो इसकी प्रतिपूर्ति केन्द्र सरकार द्वारा की जाती है। न्यूनतम समर्थन मूल्य के संचालन से अर्जित यदि कोई लाभ होता है तो वह केन्द्र सरकार में जमा किया जाता है।

मूल्य समर्थन योजना के तहत 2010–11 के दौरान, चार राज्यों तमिलनाडु (7,434 मीट्रिक टन), केरल (12,408 मीट्रिक टन), अंडमान एवं निकोबार द्वीप समूह (5,335 मीट्रिक टन) एवं कर्नाटक (3,086 मीट्रिक टन) की पिसाई करने योग्य खोपरे की खरीदारी की गई जिसकी कुल कीमत रू. 135 करोड़ थी।

कृषि विपणन नीति (आईडीएफसी 2013, 29–30 एवं भारतीय कृषि की दशा, 122–37)

कृषि विकास को बढ़ावा देने में कृषि विपण महत्वपूर्ण भूमिका निभाता है। यह प्रसंस्करण (प्रकार उपयोगिता), भंडारण (समय उपयोगिता) और परिवहन तथा वितरण (जगह उपयोगिता) के माध्यम से कृषि उत्पादों की गुणवत्ता को जोड़ता है। वस्तुतः फलों, सब्जियों, दूध, मांस और मछली जैसे खराब होने वाले उपज के मामले में उत्पाद के वास्तविक मूल्य से विपणन के माध्यम से जोड़ा जाने वाला मूल्य बहुत अधिक है। कृषि उत्पादन की बढ़ती प्रवृत्ति ने देश में बढ़ते हुए अधिशेष के लिए बाजारों को खोजने के मामले में कई चुनौतियों को प्रस्तुत किया है। चुनौतियाँ एवं अवसर जो कि उदारीकृत बाजार व्यवस्था मे वैश्विक बाजार व्यवस्था द्वारा प्रस्तुत की जाती है, उन्हें भी संबोधित किया जाना चाहिए। नए वैश्विक बाजार तक पहुंच के अवसरों से कृषि समुदाय के लाभ के लिए, देश में आंतरिक कृषि विपणन प्रणाली को एकीकृत एवं मजबूत किया जाना चाहिए। इसलिए कृषि विपणन सुधार एवं विपणन अधोसंरचना का सृजन सरकार के लिए प्रमुख सरोकार रहा है।

भारत में, ग्रामीण उत्पादक, विशेष रूप से सीमांत एवं छोटे किसान, अपने उत्पाद के विपणन में बहुत ही कठिनाई का सामना करते हैं। अत्यधिक गरीबी एवं ऋणग्रस्तता तथा कम धारक शक्ति की वजह उनके पास कम मात्रा में बिक्रीयोग्य अधिशेष होता है। परिणामतः उन्हें फसल के तुरंत बाद कम कीमतों पर स्थानीय बाजारों में अपने उत्पाद बेचने (संकट बिक्री) पड़ते हैं। जहां प्रचुर मात्रा में जल्दी खराब होने वाले कृषि उत्पादों का उत्पादन होता है, जैसे कि कुछ मौसमी फलों और सब्जियों को ऐसी कीमतों पर बेचते हैं, जिसमें उत्पादन की उनकी लागत भी नहीं निकल पाती और उनके उत्पादों का भारी नुकसान होता है और इससे लोग निराश हो जाते हैं। इन समस्याओं का उचित रूप से निर्णय लने के लिए केन्द्रीय एवं राज्य सरकारों ने समय–समय पर हस्तक्षेप किया है ताकि विभिन्न नीतियों और कार्यक्रमों को बाजार और विपणन में सुधार किया जा सकें।

राष्ट्रीय वन नीति और राष्ट्रीय जल नीति के विपरीत, ऐसी कोई राष्ट्रीय कृषि विपणन नीति नहीं है। हमारे पास क्या है – कृषि योजनाओं और विपणन को सुधारने के उद्देश्य से सरकारी योजनाओं का संकलन है। देश में कृषि एवं कृषि विपणन के विषय को केन्द्र एवं राज्य दोनो सरकारों द्वारा सम्बोधित किया जाता है। 1951 से प्रारम्भ होकर, विभिन्न पंचवर्षीय योजनाओं ने भौतिक बाजार, कृषि स्थान एवं गैर–कृषि स्थान पर संग्रहण की

संरचनाएं, मानकीकरण की सुविधाएं और श्रेणीकरण, सामान बांधने का काम, परिवहन आदि के लिए सुविधाओं के विकास पर जोर दिया गया। अधिकांश कृषि वस्तु बाजार आम तौर पर मांग एवं आपूर्ति के सामान्य प्रभाव के तहत कार्य करते हैं। आम तौर पर सरकार की भूमिका केवल उपभोक्ता वस्तुएँ, जन उपभोग के सामान और आवश्यक वस्तुओं के सम्बंध में उत्पादकों और उपभोक्ताओं के हितों की सुरक्षा तक सीमित है; और विनियमित बाजारों के तंत्र के माध्यम से देश में कृषि वस्तुओं के संगठित विपणन को बढ़ावा देना है।

पिछले कई दशकों में, निमायक एवं खरीददार दोनों रूप में किसानों की उचित कीमतों को पूरा करने के लिए, सीमित सफलता के साथ सरकार ने कई तरह से हस्तक्षेप किया है। 1950 के दशक के मध्य में राज्य सरकारों ने कृषि उत्पाद विपणन समितियों का गठन किया और इन समितियों के अधिकारियों की उपस्थिति में एक पारदर्शी खुली नीलामी से कुछ अधिसूचित कृषि उत्पादों को बेचने के लिए विनियमित बाजारों की स्थापना की। कृषि उत्पाद बाजारों के विनियम और प्रबंधन के लिए कानूनी एवं प्रशासनिक ढांचे को मुख्य रूप से 27 से अधिक विनियमित बाजारों के विधानों में सम्मिलित किया गया है जो भारत के विभिन्न राज्यों एवं केन्द्र शासित प्रदेश में प्रचलित है।

कृषि वस्तुओं की खरीद और ब्रिकी के लिए एक प्रभावशाली प्रणाली को प्राप्त करने के लिए अधिकांश राज्य सरकारों एवं केन्द्र शासित प्रदेशों ने कृषि उत्पाद बाजारों के विनियमन के लिए कई कानून लागू किये हैं। भौतिक बाजारों के एक तंत्र की स्थापना का आधारभूत उद्देश्य किसानों को उचित लाभ सुनिश्चित करने के लिए बाजार का माहौल बनाना है, जहां बाजार परम्पराओं को विनियमित करने और लेन–देन में पारदर्शिता प्राप्त करने में आपूर्ति एवं मांग ताकतों का उचित व्यवहार होता है। बढ़ते कृषि उत्पादन के साथ, देश में विनियमित बाजारों की संख्या भी बढ़ रही है। यद्यपि, 1950 के अंत में, देश में 286 विनियमित बाजार थे, जिनकी संख्या बढ़कर 2014 में 7,114 हो गई।

एक समय था, जब निजी व्यापार अविकसित और शोषक था, कृषि बाजारों ने इसमें कई कदाचारों को दूर करने में मदद की थी और किसानों के साफ–सुथरे सौदे सुनिश्चित किए। लेकिन, जैसा कि विनियमित बाजार पर्याप्त रूप से फैला नहीं था, ज्यादातर किसान उन तक पहुंच नहीं पाए और उनसे लाभान्वित नहीं हुए। इसके अतिरिक्त, समय के साथ, विनियमित बाजारों में उपलब्ध सुविधाएं अपर्याप्त हो गई और नीलामी अब पारदर्शी और निष्पक्ष नहीं रही। परिणामतः, अनौपचारिक निजी व्यापार कायम रहे और किसानों की आढ़तियों अथवा दलालों पर निर्भरता बनी रही, अपने उत्पाद को कम कीमतों पर बेचने पड़े। इसके अतिरिक्त, कृषि बाजारों में निजी निवेश को रोकने से, विनियमित बाजारों ने प्रतिस्पर्धा को दबा दिया और अप्रत्यक्ष रूप से राज्यों को विपणन एकाधिकार शक्ति का उपयोग करने में मदद की।

इसे ध्यान में रखते हुए, केन्द्र सरकार राज्य की एकाधिकार शक्ति को हटाने और कृषि विपणन में निजी क्षेत्र की भागीदारी की अनुमति देने के लिए आगे बढ़ी। इस प्रयोजन के लिए एक नया प्रतिमान "राज्य कृषि उत्पाद विपणन (विकास और नियमन) अधिनियम" संसद द्वारा 2003 में पारित किया गया। यह अधिनियम देश में कृषि बाजारों के प्रबंधन और विकास में सार्वजनिक निजी साझेदारी के प्रत्यक्ष बिक्री और प्रोत्साहन के लिए निजी बाजार/प्रांगण की स्थापना, प्रत्यक्ष खरीदी केन्द्र, उपभोक्ता/किसानों के बाजारों की स्थापना के लिए प्रदान करता है। यह प्याज, फलों, सब्जियों, फूलों जैसी वस्तुओं के लिए विशेष बाजारों के लिए अलग से विधान करता है। देश में अनुबंध खेती व्यवस्था को विनियमित और बढ़ावा देने के लिए विधायन में एक अलग अध्याय शामिल किया गया है। यह उत्पादक के साथ कृषि वस्तुओं के किसी भी लेनदेन में आयोग अभिकरण को निषेध प्रदान करता है। यह वैकल्पिक विपणन प्रणाली, अनुबंध खेती और प्रत्यक्ष विपणन और किसानों/उपभोक्ताओं के बाजारों को बढ़ावा देने के लिए वर्तमान कृषि उत्पाद बाजार समिति की भूमिका को फिर से परिभाषित करता है। यह विपणन से सम्बंधित क्षेत्रों में मानकीकरण, ग्रेडिंग, गुणवत्ता प्रमाणन, बाजार–सम्बद्ध विस्तार और किसानों तथा बाजार के अधिकारियों को प्रशिक्षण देने के लिए कृषि विपणन बोर्ड की भूमिका को फिर से परिभाषित करता है। कृषि उत्पाद के ग्रेडिंग, मानकीकरण और गुणवत्ता प्रमाणन को बढ़ावा देने के लिए राज्य कृषि उत्पाद विपणन मानकों के ब्यूरों के गठन के अधिनियम में भी प्रावधान किया गया है। इससे कृषि वस्तुओं के सम्बंध में गिरवी

वित्त पोषण, ई–ट्रेडिंग, प्रत्यक्ष खरीद, निर्यात, अग्रिम/भविष्य के व्यापार की सुविधा प्रदान करेगा, और माले–भाव योग्य भंडारण रसीद प्रणाली की शुरूआत होगी।

अधिकांश राज्यों और केन्द्र शासित प्रदेशों ने या तो पूरी तरह अथवा आंशिक रूप से इस प्रतिमान अधिनियम को अपनाया है। परिणामतः बड़ी राष्ट्रीय निजी कम्पनियों जैसे बल्लारपुर उद्योग, जेके पेपर और विम्को; तथा बहुराष्ट्रीय निगम जैसे कि कैडबरी, पेप्सिको, यूनीलीवर, कारगिल और आईटीसी ने किसानों के साथ अनुबंध खेती की व्यवस्था की है। लेकिन, कर्नाटक, तमिलनाडु और आन्ध्र प्रदेश को छोड़कर जहां निजी फर्म्स छोटे किसानों के साथ कृषि का कार्य करती है जिसमें सावधानीपूर्वक खेती की आवश्यकता होती है, अधिकांश निजी कम्पनियाँ बड़े और मध्यम किसानों के साथ काम करती हैं (योजना आयोग 2011; सिंह 2012)। अनुबंध खेती की कई आधारों पर आलोचना की गई है जिसमें मजबूत प्रतिबद्धता के बिना केवल किसानों के उत्पाद के एक हिस्से की खरीद लागू करने के योग्य समझौतों की कमी और जोखिम साझा करने के लिए प्रावधान सम्मिलित है (सिंह 2012)।

सार्वजनिक वितरण प्रणाली के लिए और रणनीतिक खाद्य सुरक्षा के प्रचुर भंडारण के लिए केन्द्रीय और राज्य सरकारें भी पर्याप्त खरीददार (मुख्यतः गेहूँ और चावल) है। भारतीय खाद्य निगम सबसे बड़ा खरीददार है और पारम्परिक तौर पर पंजाब, हरियाणा, पश्चिमी उत्तर प्रदेश जैसे गेहूँ के लिए और चावल के लिए आंध्र प्रदेश जैसे राज्यों में केन्द्रित है। 1997–98 में, केन्द्र सरकार ने राज्य सरकारों द्वारा 'गैर–पारम्परिक राज्यों' को न्यूनतम समर्थन मूल्य बढ़ाने और खरीद में दक्षता बढ़ाने के लिए विकेन्द्रीकृत खरीद को प्रोत्साहित किया।

किसानों को बाजार से जोड़ना

बुनियादी ढांचे के विकास और तकनीकी नवाचारों के द्वारा बाजारों से किसानों को जोड़ने के लिए राज्य एवं राष्ट्रीय स्तरों पर की गई कुछ पहलों को बॉक्स 6.1 में प्रस्तुत किया गया है।

बॉक्स 6.1

किसानों द्वारा प्रत्यक्ष विपणन के प्रकार

रायथु बाजार *बुनियादी सुविधाओं के साथ किसानों को अपने उत्पादों को सीधे उपभोक्ताओं को बेचने के लिए सक्षम बनाने की एक पहल है जिसमें यह सुनिश्चित होता है कि किसानों को बेहतर कीमतें मिलें और उपभोक्ताओं को ताजी सब्जियाँ और फल उचित मूल्य पर प्राप्त हो और इस प्रकार से कृषि विपणन के बुनियादी ढांचे के बहुत अधिक नियंत्रण को सम्बोधित किया जा सकें। दोनों उत्पादकों एवं उपभोक्ताओं को रायथु बाजार से लाभ हुआ है, इसलिए कि अन्य बाजारों के मुकाबले उपभोक्ताओं के रूपये में उत्पादकों का हिस्सा 15 से 40 प्रतिशत अधिक है और उपभोक्ताओं को पास के बाजारों में प्रचलित कीमतों की तुलना में 25–30 प्रतिशत कम कीमतों पर ताजी सब्जियाँ, फल और खाद्य पदार्थ मिलते हैं। आमतौर पर, एक रायथु बाजार 10 से 15 गावों को सम्मिलित करता है और कम से कम 250 किसानों सहित 10 समूहों (स्वयं सहायता समूहो), जो कि मंडल राजस्व अधिकारियों, वानिकी अधिकारियों एवं गांवों के कृषि विस्तार अधिकारियों से मिलकर एक दल द्वारा चयनित होते हैं, बाजारों में कार्य करते हैं। राज्य सड़क परिवहन निगम के साथ परामर्श करके रायथु बाजारों को माल के परिवहन के लिए पर्याप्त परिवहन सुविधा की व्यवस्था की जाती है। इसके अलावा, कीमतों और वस्तुओं के संचालन की ऑनलाइन जानकारी इंटरनेट पर प्रदान की जाती है। 2011 के अनुसार, 100 से अधिक रायथु बाजार 4500 किसानों और बड़ी संख्या में उपभोक्ताओं को लाभान्वित करने के लिए विद्यमान थे। विपणन की समस्याओं को सम्बोधित करने में रायथु बाजार एक महत्वपूर्ण भूमिका निभा सकते हैं और इस प्रकार, सम्पूर्ण देश में समान विपणन के बुनियादी ढांचे की सुविधा की एक स्पष्ट आवश्यकता है।*

शेतकारी बाजार उत्पादक (किसान) द्वारा उपभोक्ता को प्रत्यक्ष विपणन की एक अवधारणा है। बिचौलियों को दरकिनार करके, उत्पादन न्यूनतम देखभाल के साथ अच्छी स्थिति में पहुंचता है। इसके परिणामस्वरूप कम कीमत पर उपभोक्ता को किसान उत्पादक और अच्छी गुणवत्ता वाले उत्पाद के लिए बेहतर मूल्य की आपूर्ति होती है। उम्मीद की जा रही है कि छोटे किसान, थोड़ी मात्रा में नष्ट होने वाले फल और सब्जियों का उचित मूल्य प्राप्त कर सके और बाजार में वाणिज्यिक शोषण से बच सकें। 2002 में, महाराष्ट्र सरकार ने राज्य में शेतकारी बाजार स्थापित करने का निर्णय लिया और इस योजना के क्रियान्वयन के लिए महाराष्ट्र राज्य कृषि विपणन बोर्ड को प्रमुख एजेंसी के रूप में नियुक्त किया गया। शेतकारी बाजार सभी जिलों एवं प्रमुख तालुकाओं में स्थित है और सम्बंधित क्षेत्र की कृषि उत्पादन बाजार समितियों द्वारा प्रबंधित किए जाते हैं। किसानों द्वारा लाए गए उत्पादनों पर उपकर नहीं लगाया जाता है। स्थानीय समितियाँ कीमतों की निगरानी के लिए स्थापित की जाती है और इस जिम्मेदारी को आगे बढ़ाया जाता है। एक शेतकारी बाजार की स्थापना के लिए कृषि उत्पादन बाजार समितियों को एक लाख का ऋण अग्रिम दिया जाता है। 2011 के अनुसार, 33 कृषि उत्पादन बाजार समितियों को रू. 31.1 करोड़ स्वीकृत किए गए। राज्य में 12 शेतकारी बाजार कार्यरत है और 33 अतिरिक्त बाजार स्वीकृत किए गए हैं।

स्रोतः कृषि मंत्रालय (2011, बॉक्स 5.2, पृ. 133)

किसानों के बाजार/प्रत्यक्ष विपणन का प्रभाव

उत्पादक वर्ष के अलग–अलग समय पर अलग–अलग बाजार की दुकानें (आढ़तियाँ, स्थानीय व्यापारियों और किसानों के बाजार) का उपयोग करते हैं ताकि उनके उत्पादन के लिए सबसे अच्छी कीमत मिल सकें। किसानों के बाजार विशेष रूप से छोटे उत्पादकों के लिए फायदेमंद होते हैं, जिन्हें पारम्परिक बाजार प्रणाली में शुष्क मौसम के दौरान छोटी मात्रा में बिक्री करने में कठिनाई होती है। किसानों के बाजार ने उत्पादकों के व्यवहार को दो मुख्य तरीकों से प्रभावित किया हैः (अ) सब्जियों की एक विस्तृत विविधता को शामिल करने और उत्पादन में विविधता लाने के लिए, (ब) पूरे वर्ष पानी और भूमि संसाधनों के उपयोग को अधिकतम बढ़ाने में। किसानों के बाजारों ने उपभोक्ताओं की जरूरतों और प्राथमिकताओं के आधार पर आय, आहार की आदतों और स्थानीय जरूरतों की बेहतर समझ के माध्यम से उत्पादकता की विपणन रणनीतियों को अपनाया है। परिवर्तनों को अनुकूल करने के लिए उत्पादकों की क्षमता को प्रभावित करने वाले कारकों में साख एवं वित्तीय परिसम्पत्तियों तक पहुंच शामिल है, और व्यवस्था में संस्थागत सहायता सम्मिलित है। यह सुनिश्चित करने में महत्वपूर्ण कारक यह है कि किसानों ने पूरी तरह से किसानों की बाजार पहल से लाभ उठाया और इसे बेहतर तरीके से संबोधित किया जाना चाहिए। प्रत्यक्ष विपणन किसानों और संसाधकों तथा अन्य थोक खरीददारों को परिवहन लागत को कम करने और मूल्य प्राप्ति में काफी सुधार करने के लिए सक्षम बनाता है। यह बड़े पैमाने पर विपणन कम्पनियों को प्रोत्साहन देता है ताकि उत्पादक क्षेत्रों से सीधे उनकी खरीद को प्रभावित किया जा सकें।

बाजार अनुसंधान सूचना नेटवर्क

विपणन की जानकारी विपणन प्रणाली में सभी के लिए अत्यधिक महत्वपूर्ण है, किसान, व्यापारियों, संसाधक या उपभोक्ता सभी को विभिन्न प्रयोजनों के लिए बाजार की जानकारी की आवश्यकता है। देश में कृषि उत्पाद बाजार में प्रचलित कृषि वस्तुओं की कीमतों की जानकारी के प्रावधान के लिए, कृषि मंत्रालय ने मार्च 2000 में आईटीसी–आधारित विपणन अनुसंधान और सूचना नेटवर्क की केन्द्रीय क्षेत्र योजना शुरू की। यह मूल्य और बाजार से सम्बंधित जानकारी के संग्रह और प्रसार के लिए देश के महत्वपूर्ण थोक बाजारों के लिए इलेक्ट्रानिक संयोजकता प्रदान करता है। यह योजना वर्ष 2000–01 में लागू की गई थी और अब पूरे देश

में 3000 से अधिक बाजार केन्द्रीय पोर्टल से जुड़े हुए है।[4] इन बाजारों में 1900 से अधिक बाजारों से 300 से अधिक वस्तुओं एवं 2000 से अधिक किस्मों जिसमें लगभग प्रमुख कृषि एवं बागवानी उत्पाद सम्मिलित है, कि दैनिक कीमतें एवं आमद रिपोर्ट की जाती है। आगमन और कीमतों पर जानकारी 12 क्षेत्रीय भाषाओं में प्रसारित की जाती है।

मूल्य के अतिरिक्त, बाजार की अन्य कई जानकारियाँ पोर्टल पर भी उपलब्ध कराई जाती है, उदाहरणार्थ, वर्गीकरण नामपत्रक के स्वीकृत मानक, स्वच्छता और पादप–स्वच्छता की आवश्कता, भंडारगृह और भंडारण के भौतिक बुनियादी ढांचे, विपणन अहाते, देय फीस इत्यादि। भौगोलिक सूचना प्रणाली (जीआईएस) मंच पर कृषि बाजारों के राष्ट्रीय एटलस तैयार करने के प्रयास चल रहे हैं जो भंडारण, शीत भंडारण, बाजार और सम्बंधित बुनियादी ढांचें सहित देश के पूरे विपणन ढांचे की उपलब्धता को इंगित करेगा। इसी तरह से, महत्वपूर्ण वस्तुओं की फसल कटाई के बाद की आवश्यकताओं को पोर्टल पर डालने के वस्तु वर्णन को इंगित करते हैं।

इस परियोजना के प्रमुख हितधारक किसान, खरीददार कृषि उत्पादों के आढ़तिये, मीडिया के लोग, सरकारी मशीनरी, शिक्षाविद्, बाजार की मशीनरी, कृषि व्यवसाय सलाहकार इत्यादि है। पोर्टल पर उपलब्ध जानकारी सार्वजनिक प्रक्षेत्र में है और इस तक विश्व में कहीं से भी पहुंचा जा सकता है। पूरे देश के किसान एवं हितधारक इस जानकारी तक पहुँच रहे हैं और देख रहे हैं और कई अभिकरण पोर्टल की सामग्रियों का उपयोग बाजार की समझ को उत्पन्न करने तथा उचित निर्णय लेने में उन्हें समर्थन देने के लिए विभिन्न हितधारकों के लिए उपलब्ध कराती है। सूचना प्रौद्योगिकी विभाग द्वारा ग्रमीण क्षेत्रों में प्रस्तावित 1,00,000 आईटी कियोस्क को स्थापित करने के लिए तैयार सामग्री प्रदान करता है।

ग्रामीण गोदाम निर्माण योजना (ग्रामीण भंडारण योजना)

आधुनिक पर्याप्त और वहनीय विकेन्द्रीकृत भंडारण सुविधाएं और अन्य फसल कटाई के बाद के बुनियादी ढांचे किसानों, विशेष रूप से सीमांत और छोटे किसानों को धारण शक्ति प्रदान करने और उन्हें संगठित बाजारों से जोड़ने में महत्वपूर्ण भूमिका निभाते हैं। वर्तमान में देश में सीमित भंडारण क्षमता (108.75 मीट्रिक टन) है, जैसा कि तालिका 6.2 में देखा जा सकता है।

तालिका 6.2: *2011 में भारत में एजेंसी द्वारा भंडारण क्षमता निर्माण*

एजेंसी का नाम	*भंडारण क्षमता (10 लाख टन में)*
भारतीय खाद्य निगम	32.05
केन्द्रीय भंडारण निगम	10.07
राज्य भंडारण निगम	21.29
राज्य नागरिक आपूर्ति निगम/विभाग	11.30
कुल सार्वजनिक क्षेत्र	**74.71**
सहकारिता क्षेत्र	15.07
निजी क्षेत्र	18.97
कुल	**108.75**

स्रोत: स्टेट ऑफ इंडियन एग्रीकल्चर (2011, तालिका 5.3, पृ. 134)

अतिरिक्त भंडारण क्षमता बनाने के लिए सरकार ने ग्रामीण क्षेत्रों से सम्बद्ध सुविधाओं के साथ वैज्ञानिक भंडारण क्षमता के निर्माण के उद्देश्य से 1 अप्रैल 2011 को ग्रामीण भंडारण योजना का शुभारम्भ किया। यह किसानों की आवश्कताओं की कई तरह से जैसे कृषि उत्पाद का भण्डारण, प्रसंस्करणयुक्त कृषि उत्पाद, श्रेणीकरण को बढ़ावा देने, मानकीकरण और कृषि उत्पाद की गुणवत्ता नियंत्रण को पूरा करेगा जिससे बिक्री योग्यता में सुधार, प्रतिज्ञा वित्त पोषण तथा विपणन ऋण की सुविधा प्रदान करके फसल कटाई के तुरंत बाद बिक्री के संकट की रोकथाम होगी। इससे गोदामों में संग्रहित कृषि वस्तुओं के सम्बंध में गोदाम रसीदों की राष्ट्रीय प्रणाली की शुरूआत के लिए रास्ता तैयार करके देश में कृषि विपणन ढांचे को मजबूत किया जाएगा एवं यह देश में भंडारण ढांचे के विनिर्माण में निवेश करने के लिए निजी और सहकारी क्षेत्र को प्रोत्साहित करके कृषि क्षेत्र में गिरावट की प्रवृत्ति को उलटने में मदद करेगा। 11वीं योजना अवधि में कार्यान्वयन के लिए इस योजना को संशोधित किया गया था, जिसमें सभी श्रेणियों के किसानों, कृषि स्नातकों, सहकारी समितियों और केन्द्रीय भंडारागार निगम, राज्य भंडारागार निगम को परियोजना लागत का 25 प्रतिशत अनुदान का प्रावधान किया गया। अन्य सभी व्यक्तिगत श्रेणी की कम्पनियों और निगमों को परियोजना की लागत का 15 प्रतिशत अनुदान दिया जाता है। पूर्वोत्तर राज्यों और अन्य पहाड़ी क्षेत्रों तथा अजा/अजजा उद्यमियों और उनकी सहकारी समितियों तथा महिला किसानों के मामले में यह अनुदान 33.33 प्रतिशत है। योजना के आरम्भ 1 अप्रैल 2001 से लेकर 31 जुलाई 2012 तक नाबार्ड एवं सहकारी समितियों के विकास के लिए राष्ट्रीय परिषद् द्वारा सम्पूर्ण देश में 96605 बिलियन के अनुदान प्रदान करने के साथ 32897 मीट्रिक टन क्षमता वाले 28,744 गोदामों को मंजूरी दी गई थी। सरकार ने 20 अक्टूबर 2011 से, अतिरिक्त भंडारण क्षमता के निर्माण को बढ़ावा देने के लिए योजना के तहत लागत मानदंडों को संशोधित किया, विशेषकर उन क्षेत्रों में जहां अभी तक पूरी तरह से शुरूआत होना अभी शेष है।

कृषि विपणन के बुनियादी ढांचे, श्रेणीकरण और मानकीकरण के विकास/सुदृढ़ीकरण की योजना

यह योजना कृषि एवं सम्बंधित क्षेत्रों में बुनियादी ढांचा परियोजनाओं के तेजी से विकास को बढ़ावा देने के लिए एक सुधार–संयोजित निवेश योजना है जिसमें डेयरी, मांस, मत्स्य पालन और लघु वनोपज सम्मिलित है। यह केवल ऐसे राज्यों/केन्द्र शासित प्रदेशों में लागू होता है जो इस अधिनियम में सुधार को अपनाने के लिए प्रत्यक्ष विपणन और अनुबंध की खेती की अनुमति देता है और निजी तथा सहकारी क्षेत्रों में कृषि उत्पाद बाजारों को बनाए रखने की अनुज्ञा प्रदान करता है। यह योजना अक्टूबर 2004 में आरम्भ हुई थी। यह सहायता निजी उद्यमियों, सहकारी समितियों द्वारा सफाई, छंटाई, श्रेणीकरण, सुखाने और निलामी के प्लेटफार्म, मालघर जैसी परियोजनाओं के लिए राज्य अभिकरणों द्वारा बाजार के बुनियादी ढांचे, सम्पर्क और मूल्य वृद्धि के विकास के लिए सहायता प्रदान की जाती है। यह योजना साख–संयोजित एवं मांग आधारित है। इस योजना के तहत अनुदान नाबार्ड, राष्ट्रीय सहकारी विकास निगम और विपणन तथा निरीक्षण निदेशालय के माध्यम से जारी किया जाता है। स्वीकृत परियोजनाओं में संयुक्त कटाई, दूग्ध शीतलन इकाइयाँ, सूती जीनिंग और प्रसंस्करण इकाइयाँ, धान की पेराबाइलिंग इकाइयाँ, फलों की डिब्बाबन्दी, श्रेणीकरण एवं विपणन इकाईयाँ, फलों और सब्जियों के बाजार चौक, इत्यादि इसमें सम्मिलित होते हैं जो कृषि फसलों की कटाई के बाद कृषि उत्पादन के प्रबंधन/विपणन के दौरान किसानों को लाभ देती है। इस योजना के अंतर्गत 6214 परियोजनाओं के लिए 2011 तक 4.3954 अरब का अनुदान जारी किया गया था।

गोदामों के निर्माण में हुई प्रगति विभिन्न राज्यों में व्यापक रूप से भिन्न है। केवल पांच राज्य मध्यप्रदेश, आंध्र प्रदेश, पंजाब, महाराष्ट्र और हरियाणा में देश में स्वीकृत गोदामों की कुल क्षमता का 60 प्रतिशत से अधिक हिस्सा है। अन्य राज्यों जैसे कर्नाटक, उत्तर प्रदेश, पश्चिम बंगाल और गुजरात आगे आ रहे हैं जबकि गोवा, झारखंड,

केरल, उत्तराखंड, बिहार और उत्तर पूर्वी राज्यों में यह प्रगति बहुत कम हुई है। इस असंतुलन हेतु वापस लौटाने की दीर्घ अवधि एवं व्यवहार्यता के निम्न स्तर को जिम्मेदार ठहराया गया है। पूर्वोत्तर क्षेत्र में, सामुदायिक भूमि धारण के तरीके के कारण पार्श्व छोर पर साख संयोजित परियोजनाओं को साख सुविधाएं उपलब्ध कराने के लिए वित्तीय संस्थानों की अनिच्छा के कारण से भी प्रतिक्रिया की कमी हुई है, जो व्यक्तिगत उधारकर्ताओं के नाम पर भूमि आनुषंगिक की सुविधा नहीं देता है।

खुदरा तंत्र की प्रचालन व्यवस्था में निवेश की कमी रही है जिससे एक खंडित बाजार श्रृंखला प्रवृत्त होती हैं। राज्यों में निलामी मंचों, इलेक्ट्रॉनिक तौल कांटों, मूल्य प्रसार टर्मिनल और प्रदर्शन, भंडारण और संग्रहण सुविधाओं, सफाई, श्रेणीकरण, संवेष्टन की सुविधा, प्रसंस्करण और मूल्य वर्धन आदि जैसे बाजार के बुनियादी ढांचें की उपलब्धता में व्यापक विविधता है। यद्यपि, यह देखा गया है कि राज्यों द्वारा सुधार की पहलों के बावजूद, विपणन बुनियादी ढांचें के विकास के लिए परियोजनाओं को लेने के लिए निजी क्षेत्र से एक उदासीन प्रतिक्रिया प्राप्त हुई है। यह महसूस होता है कि यह मुख्य रूप से व्यवहार्यता के कारण है जो कि कृषि विपणन के बुनियादी ढांचें से जुड़ी परियोजनाओं की लंबी निर्माणपूर्व अवधि के कारण है। अकेले भारत सरकार के सीमित बजट के संसाधनों से पूरी तरह से इन परियोजनाओं की बहुत बड़ी निवेश आवश्यकताओं को पूर्ण करना संभव नहीं हो सकता है। इस कमी को दूर करने के लिए और निजी क्षेत्र के निवेश तथा तकनीकी–प्रबंधकीय क्षमता लाने के लिए, सरकार निजी–सरकारी सहयोग के माध्यम से इन परियोजनाओं के लिए एक विशेष सुविधा 'व्यवहार्यता अन्तर निधि' के माध्यम से बुनियादी सुविधाओं के विकास में सार्वजनिक निजी भागीदारी को प्रोत्साहित कर रही है। मुख्य रूप से, इस सुविधा का तात्पर्य है ऋण की वृद्धि से परियोजनाओं की पूंजीगत लागत को कम करना और अनुपूरक अनुदान राशि के माध्यम से निजी निवेश के लिए उन्हें सक्षम और आकर्षक बनाना।

ग्रामीण साख नीति

ग्रामीण साख बाजार में सरकारी हस्तक्षेप का लम्बा इतिहास रहा है। कृषकों को संस्थागत ऋण प्रदान करने की आवश्यकता को यथावत मान्यता प्रदान करते हुए उनको निजी साहूकारों एवं व्यापारियों के शोषण से मुक्ति तथा रक्षा करने हेतु भारत सरकार ने (अ) ऋण सुधार अधिनियम 1883 एवं (ब) कृषक ऋण अधिनियम 1884 के तहत कृषकों को ऋण प्रदान करना आरम्भ किया है। ऐसे ऋणों को तकावी ऋण कहा जाता है। 1883 का अधिनियम, भूमि में स्थायी सुधार के लिए दीर्घावधि ऋण का अधिकार प्रदान करता है। 1884 के अधिनियम के अन्तर्गत लघु एवं मध्यम अवधि के ऋण वर्तमान कृषि आवश्यकताओं की पूर्ति हेतु स्वीकृत किये जाते हैं, जैसे – बीज, उर्वरक, छोटे उपकरणों और औजारों की खरीदारी। तकावी ऋणों का इतिहास अपेक्षाकृत कमजोर रहा है। इसकी कुछ कमियों में अपर्याप्त राशि, ऋण की स्वीकृति में अनावश्यक देरी, पर्यवेक्षण की कमी, कमजोर उगाही तथा समन्वय का अभाव रहा है।

भारतीय रिजर्व बैंक एवं नाबार्ड दोनों ने भारत में ग्रामीण साख नीतियों को आकार प्रदान करने एवं संस्थागत साख से ग्रामीण अर्थव्यवस्था के निर्माण में महत्त्वपूर्ण भूमिका निभायी है। ग्रामीण साख नीति की कई समितियों द्वारा समय–समय पर समीक्षा की गयी है। भारत की ग्रामीण साख नीति के विकास के इतिहास में निम्नलिखित प्रमुख बिन्दु मील के पत्थर हैं–

1. सहकारी साख समितियाँ अधिनियम 1904।
2. अखिल भारतीय ग्रामीण साख सर्वेक्षण समिति (1954): त्रिस्तरीय साख संरचना एवं सहकारिता के समान हिस्से में राज्य की भागीदारी का आरम्भ।
3. अखिल भारतीय साख समीक्षा समिति (1969): ग्रामीण साख के क्षेत्र में वाणिज्यिक बैंकों के प्रवेश के साथ बहु–अभिकरण दृष्टिकोण।

4. 14 वाणिज्यिक बैंकों का राष्ट्रीयकरण, 1969।
5. नरीमन समिति 1971: प्राथमिकता क्षेत्र ऋण एवं अग्रणी बैंक योजना।
6. ब्याज दर अन्तरण योजना का आरम्भ, 1972।
7. नरसिह्मन समिति 1975: क्षेत्रीय ग्रामीण बैंकों की स्थापना।
8. कृषि एवं ग्रामीण विकास के लिए संस्थागत ऋण व्यवस्था की समीक्षा के लिए समिति, 1981: नाबार्ड की स्थापना 1982 में की गयी।
9. कृषि साख समीक्षा समिति 1989: एक नयी साख नीति बनायी गयी।
10. कृषि एवं ग्रामीण कर्ज राहत योजना 1990।
11. नरसिह्मन समिति 1991: वित्तीय क्षेत्र में सुधारों को आरम्भ किया गया।

सहकारी साख समितियाँ, भारत में स्थापित की गयी सभी तरह की सहकारिता में प्रथम थीं, जिनका उद्देश्य सरल शर्तों पर पर्याप्त ऋण उपलब्ध करवाना था, जिससे गरीब किसानों को साहूकारों के चंगुल से छुड़ाया जा सके। सहकारी साख ने किसानों को ऋण प्रदान करने में महत्त्वपूर्ण भूमिका निभायी एवं भारतीय ग्रामीण साख व्यवस्था में एक सार्थक स्थान अर्जित किया। 1999–2000 में ग्रामीण क्षेत्र में कुल संस्थागत साख आपूर्ति 40 प्रतिशत थी, तब से इस अंश में लगातार गिरावट आ रही है तथा यह 2013–14 में 17 प्रतिशत रह गई (कृषि मंत्रालय 2014, तालिका 14.9, पृ. 343)। इसके बावजूद, इनका प्रमुख उद्देश्य भी कमोबेश भारत में इनके 110 वर्ष से अधिक के अस्तित्व के पश्चात् भी अपूर्ण लगता है। इन्हें कई वित्तीय, संस्थागत, प्रबन्धकीय एवं कानूनी बाध्यताओं का सामना करना पड़ता है। इनकी संसाधनों को लामबन्द करने की सीमित योग्यता, वसूली का निम्न स्तर, कार्य सम्पादन की उच्च लागत, वसूली का निरन्तर निलम्बन, निम्न ब्याज दरों का संचालन, इनके व्यापारिक एवं प्रबन्धकीय मामलों में सरकारी नियन्त्रण एवं राजनीतिक हस्तक्षेप के कारण इनकी व्यवहार्यता एवं निरन्तरताता को भारी कीमत चुकानी पड़ी। इसके लिए आवश्यक है कि इन्हें इन बाध्यताओं से मुक्त किया जाए एवं सहकारिता साख संरचना को पर्याप्त व्यवहार्य, व्यवसायिक और सुदृढ़ बनाकर सुधारा जाए जिससे कि ये उदारीकरण एवं निजीकरण भी नयी आर्थिक नीति के द्वारा थोपी गयी चुनौतियों का सामना करने में पर्याप्त सक्षम हों। अन्यथा, सभी सहकारी साख समितियों को कभी न कभी समाप्त होना होगा।

वर्तमान साख नीति को पुनर्अभिविन्यसित किया जाना चाहिए जिससे कि जरूरतमन्द ग्रामीणों को आवश्यक वित्तीय सेवाओं का पैकेज दिया जाए ताकि वे नयी तकनीकी को अंगीकार करने में सक्षम हो सकें एवं फलस्वरूप उनकी आय एवं सामाजिक–आर्थिक दशा को बेहतर बनाया जा सके। ऋणों के पुनर्भुगतान में समय से अधिक लचीलेपन की भी आवश्यकता है। संक्षेप में, ग्रामीण साख संस्थाओं को निजी साहूकारों के आचरण की नकल करने का प्रयत्न करना चाहिए जो कि आज स्वतन्त्रता के 68 वर्षों पश्चात् भी लोकप्रिय हैं।

राष्ट्रीय कृषि नीति 2000 यह स्पष्ट करती है कि ग्रामीण एवं कृषि साख का सकारात्मक संस्थानीकरण किसानों को समय पर एवं पर्याप्त साख प्रदान करने के लिए जारी रहेगा। ग्रामीण साख संस्थाएँ बचत, निवेश एवं जोखिम प्रबन्धन को प्रोत्साहित करने के लिए लामबन्द होंगी। विशेष ध्यान इस बात पर दिया जाएगा कि प्राथमिक क्षेत्र के ऋण में विकृतियों की समाप्ति हो जो कृषि एवं ग्रामीण क्षेत्रों के लिए वाणिज्यिक बैंकों द्वारा दिये जाते है। संस्थागत एवं वित्तीय कमजोरियों को हटाने के लिए सहकारी समितियों का पुनर्निर्माण एवं कृषि ऋण की स्वीकृति एवं वितरण के लिए सरलीकृत प्रक्रिया विकसित करने हेतु विशेष उपाय किए जायेंगे। प्रयास यह होगा कि कृषि साख के भुगतान में वितरण समानता को सुनिश्चित किया जाए। गरीबी हटाने के लिए सूक्ष्म साख को एक प्रभावशाली उपकरण के रूप में प्रोत्साहित किया जाएगा। भारतीय ग्रामीण क्षेत्र के अनुकूल स्वयं सहायता समूहों तथा बैंक संयोजन व्यवस्था को पूरक तन्त्र के रूप में विकसित किया जाएगा जिससे ग्रामीण गरीबों को एक औपचारिक बैंकिंग व्यवस्था में लाया जा सके एवं परिणामतः बैंक की पहुँच और साख का प्रवाह गरीबों तक प्रभावशाली एवं सतत तरीके से बेहतर किया जा सके।

राष्ट्रीय कृषि नीति

भारत सरकार ने जुलाई 2000 में कृषि पर राष्ट्रीय नीति की घोषणा की। इसको भारत सरकार की नवीनतम राष्ट्रीय कृषि नीति की उद्‌घोषणा के रूप में स्वीकार किया जा सकता है। इस नीति को देश के प्राकृतिक स्रोतों – भूमि, जल एवं अनुवांशिक निधि के तकनीकी दृष्टि से सुदृढ़, आर्थिक दृष्टि से व्यवहार्य, पर्यावरणीय दृष्टि से गैर–अधोगति कारक एवं सामाजिक दृष्टि से स्वीकार्य उपयोग द्वारा कृषि के सतत विकास को प्रोत्साहित करने के लिए बनाया गया है। ऐसे उपाय किये जाना प्रस्तावित है जिससे जमीन पर जैविक दबाव बनाये रखने तथा कृषि भूमि का गैर–कृषि उपयोग में अविवेकी बदलाव पर नियन्त्रण लगाया जा सके। अनुपयोगी बंजर भूमि का उपयोग कृषि एवं वनीकरण के लिए होना चाहिए।

इस नीति का उद्देश्य यह प्राप्त करना होगा कि –

- कृषि क्षेत्र में वृद्धि दर प्रतिवर्ष 4 प्रतिशत से अधिक हो;
- वृद्धि जो कि हमारी मिट्टी, जल एवं जैव विविधता के संरक्षण एवं स्रोतों के प्रभावशाली उपयोग पर आधारित हो;
- समानता के साथ विकास, ऐसा विकास जो कि क्षेत्रों एवं कृषकों के मध्य फैला हो;
- वृद्धि जो कि माँग आधारित हो एवं जो कि घरेलू बाजार की आवश्यकताओं को पूर्ण करे तथा कृषि उत्पादों के निर्यात से लाभ को अधिकतम करे जो आर्थिक उदारीकरण एवं वैश्वीकरण की उभरती चुनौतियों का सामना करे; एवं
- वृद्धि जो कि सतत तकनीकी, पर्यावरण एवं अर्थवस्था पर आधारित हो।

राष्ट्रीय कृषि नीति की विशेषताओं को बॉक्स 6.2 में प्रस्तुत किया गया है एवं इसका संक्षिप्त विवेचन आगे किया गया है।

बॉक्स 6.2

राष्ट्रीय कृषि नीति 2000 की विशिष्टताएँ

1. *सतत कृषि*
2. *खाद्यान्न एवं पौषणिक सुरक्षा*
3. *पशुपालन एवं मत्स्य विकास*
4. *तकनीकी की उत्पत्ति एवं हस्तान्तरण*
5. *आगत प्रबन्धन*
6. *कृषि के लिए प्रोत्साहन*
7. *कृषि में निवेश*
8. *संस्थागत संरचना*
9. *जोखिम प्रबन्धन*
10. *प्रबन्धकीय सुधार*

स्रोतः भारत सरकार 2002

खाद्यान्न एवं पोषकीय सुरक्षा

उत्पादकता बढ़ाने एवं फसलों के उत्पादन के लिए विशिष्ट प्रयास किये जायेंगे जिससे कि जनांकिकीय दबाव के कारण खाद्यान्न के लिए बढ़ती माँग को ज्यों का त्यों पूरा किया जाये एवं विस्तारित होते कृषि आधारित उद्योग के लिए कच्चे माल की आपूर्ति हो सके। एक क्षेत्रीय आधार पर विविधतापूर्ण रणनीति को बढ़ाया जायेगा जिसमें

प्रत्येक क्षेत्र की पूर्ण वृद्धि क्षमता को देखते हुए कृषि अर्थव्यवस्था, मौसमी एवं पर्यावरणीय स्थितियों को ध्यान में रखा जायेगा।

पशुपालन एवं मत्स्य विकास

कृषि को वैविध्यपूर्ण करने, खाद्यान्न बॉस्केट में पशु प्रोटीन की उपलब्धता बढ़ाने के लिए और निर्यात योग्य अतिशेष को तैयार करने के लिए पशुपालन, मुर्गीपालन, दुग्ध उत्पादन, जलवानिकी के विकास को उच्च प्राथमिकता दी जायेगी। एक राष्ट्रीय पशुधन प्रजनन रणनीति को लाया जाएगा जो दूध, माँस, अण्डे एवं पशु उत्पादों की आवश्यकताओं की पूर्ति करेगी एवं मजबूत कामकाजी पशुओं की भूमिका को कृषि संचालनों एवं परिवहन के लिए ऊर्जा के स्रोत के रूप में बढ़ावा देना है।

तकनीकी का उत्पादन एवं हस्तान्तरण

कृषि एवं उद्यानिकी फसलों की उन्नत किस्मों, उद्यानिकी फसलें, पशुपालन की प्रजातियाँ एवं जल वानिकी, को नये स्थान विशेषीकृत एवं आर्थिक दृष्टि से व्यवहार्य रूप में विकसित करने को उच्च प्राथमिकता प्रदान की जाएगी, इसी के साथ संरक्षण एवं जीवाणु जीवद्रव्य और अन्य जैव विविधता स्रोतों का न्यायोचित उपयोग भी सुनिश्चित किया जाएगा। कृषि जलवायु विषयक क्षेत्रों की पहचान पर आधारित कृषि शोध के क्षेत्रीयकरण को उच्च प्राथमिकता प्रदान की जाएगी। सीमांत विज्ञानों का प्रयोग यथा जैव तकनीकी, सुदूर संवेदन तकनीकी, फसल कटाई की पूर्व एवं पश्चात् की तकनीकी, ऊर्जा बचत तकनीकी तथा पर्यावरण संरक्षण तकनीकी को राष्ट्रीय शोध व्यवस्था के साथ स्वामित्व सम्बन्धी शोध को प्रोत्साहित किया जायेगा। यह एक ऐसा प्रयास होगा कि इससे सुसंगठित, क्षमतावान एवं परिणाम–उन्मुख कृषि अनुसन्धान एवं शिक्षा व्यवस्था निर्मित होगी जो कि भारतीय कृषि में तकनीकी परिवर्तनों को आरम्भ करेगी। कृषि शिक्षा का उन्नयन एवं इसका अभिविन्यास शिक्षा मानकों की एकरूपता, महिला सशक्तिकरण, उपयोगकर्ता अभिविन्यास, व्यावसायीकरण एवं उत्तमता को बढ़ावा देना नयी नीति की विशिष्टता होगी।

आगत प्रबन्धन

सरकार का यह प्रयास होगा कि बीज, खाद, पौध संरक्षण रसायन, जैविक कीटनाशक, कृषि यान्त्रिकी एवं उचित दरों पर साख की गुणवत्तापूर्ण आपूर्ति को समय पर पर्याप्त ढंग से पूर्ण करे। मृदा परीक्षण एवं उर्वरकों तथा बीजों का गुणवत्ता परीक्षण सुनिश्चित किया जाएगा तथा अप्रामाणिक आगतों की आपूर्ति को नियन्त्रित किया जाएगा। उर्वरक के सन्तुलित एवं अधिकतम उपयोग के साथ जैविक खाद तथा जैविक उर्वरक पोषक के उपयोग को अधिकतम क्षमता के साथ प्रोत्साहित किया जाएगा।

कृषि के लिए प्रोत्साहन

सरकार का यह प्रयास होगा कि वह एक सकारात्मक आर्थिक वातावरण का निर्माण करे जिससे कि पूँजी निर्माण में वृद्धि हो तथा किसान के अपने निवेश में कृषि के लिए प्रोत्साहन वाले कार्यकाल में विकृति की समाप्ति हो, निर्माण क्षेत्र में व्यापार की शर्तों में बेहतरी हो एवं बाहरी और घरेलू बाजार में सुधार लाया जाये जिनके लिए घरेलू कर संरचना के युक्तिकरण में भी किया जाये। इससे निर्माण क्षेत्र की भाँति कृषि क्षेत्र में भी कई सन्दर्भों में अधिक से अधिक लाभ प्राप्त होंगे यथा – साख एवं अन्य आगतों की सहज उपलब्धता तथा कृषि आधारित व्यापार उद्योग के विकास के लिए आधारभूत अधोसंरचना का विकास, प्रभावशाली आपूर्ति व्यवस्था का विकास तथा कृषि उत्पादों की स्वतन्त्र आवाजाही।

कृषि में निवेश

कृषि क्षेत्र में पूँजी की कमी रहती आई है। कृषि में सार्वजनिक क्षेत्र के निवेश में गिरावट देखी जा चुकी है। कृषि और ग्रामीण विकास के लिए सहायक अधोसंरचना के विकास को गति प्रदान कर, विशेषतः ग्रामीण संयोजनीयता को आगे बढ़ाकर लोक निवेश के माध्यम से क्षेत्रगत असमानताओं को कम किया जा सकता है। आगत आर्थिक

सहायता सुधार को कीमत तथा संस्थागत सुधार के संयोजन की तरह आगे ले जाया जाएगा जिससे कि कृषि के लिए इन आगतों की कीमत को कम किया जा सके। स्रोत आवण्टन के तरीके की समीक्षा पुनः दिशा देने के दृष्टिकोण के साथ उपलब्ध स्रोतों को ग्रामीण क्षेत्र में संसाधन निर्माण के उपाय की सहायता की तरह करना होगी। कृषि में निजी क्षेत्र का निवेश विशेषतः कृषि अनुसन्धान, मानव संसाधन विकास, फसल कटाई के पश्चात् का प्रबन्धन एवं विपणन जैसे क्षेत्रों को प्रोत्साहित किया जाएगा।

संस्थागत संरचना

भारतीय कृषि की विशेषता यह है कि इसमें छोटे एवं सीमान्त कृषकों का प्राधान्य है। संस्थागत सुधारों को इस तरह से बढ़ाया जायेगा कि इनकी ऊर्जाओं को बेहतर उत्पादकता एवं उत्पादन की प्राप्ति के लिए दिशा दी जा सके। सुधारों में सम्मिलित होंगे यथा – उत्तर पश्चिमी राज्यों की तर्ज पर देश भर में जोतों का एकत्रीकरण किया जाएगा; निजी क्षेत्र की सहभागिता के माध्यम से अनुबन्ध कृषि एवं भूमि पट्टा व्यवस्था; कृषकों को समय पर एवं पर्याप्त साख प्रदान करने के लिए ग्रामीण एवं कृषि साख का प्रगतिशील संस्थानीकरण; सहकारी स्वरूप के उद्यम के प्रोत्साहन के लिए सक्रिय सहायता एवं व्यापक स्वायत्तता को सुनिश्चित करना तथा उनकी कार्यप्रणाली की बेहतरी के लिए उन्हें कार्यप्रचालन स्वतन्त्रता प्रदान करना; एवं विधिक और प्रचालनीय ढाँचे में इन उद्देश्यों की प्राप्ति के लिए यथोचित संशोधन व सशक्तिकरण करना।

जोखिम प्रबन्धन

तकनीकी एवं आर्थिक उन्नयन के बावजूद, किसानों की दशा प्राकृतिक आपदाओं और कीमत में उतार चढ़ाव के कारण अस्थिर बनी हुई है। राष्ट्रीय कृषि बीमा योजना सभी किसानों एवं सभी फसलों को सम्पूर्ण देश में सम्मिलित करते हुए जिससे कि प्राकृतिक आपदाओं के कारण उत्पन्न वित्तीय तनाव से किसानों को रोधी बनाने के अन्तर्निहित प्रावधान करने तथा कृषि को वित्तीय दृष्टि से व्यवहार्य बनाये जिससे कि इसे अधिक कृषक विशेष के लिए विशेषीकृत एवं प्रभावशाली बनाया जा सके। यह प्रयास होगा कि किसानों के लिए एक समेकित बीमा नीति प्रदान की जाए, जिसमें फसल की बुवाई से लेकर फसल कटाई के बाद की कार्यवाहियाँ जिसमें कृषि उत्पाद की कीमतों में बाजार के उतार–चढ़ाव को भी सम्मिलित किया जाये।

प्रबन्धकीय सुधार

इन नीति प्रवर्तनों के प्रभावशाली क्रियान्वयन के लिए केन्द्र एवं राज्य सरकारों द्वारा कृषि के प्रबन्धन में व्यापक सुधार की आवश्यकता होगी। केन्द्र सरकार राज्य सरकारों के प्रयासों को क्षेत्र स्तर पर विविध कार्य योजनाओं, फसल/क्षेत्र/लक्ष्य समूह विशेषीकृत हस्तक्षेपों को समाविष्ट करते हुए, राज्य के साथ पारस्परिक क्रिया के निर्माण एवं सहयोग की भावना के साथ क्रियान्वित करने के प्रयासों में पूरक की तरह होगी। केन्द्र सरकार योजनागत दृष्टिकोण से अलग होकर व्यष्टि–प्रबन्धन प्रणाली की ओर जायेगी एवं यह एक समर्थक की भूमिका, अभिव्यक्ति एवं सरलीकरण को ग्रहण करेगी जिससे राज्यों को उनके विस्तारित कृषि विकास की प्राप्ति की दिशा में सहायता होगी।

सहकारिता पर राष्ट्रीय नीति

भारत में सहकारिता आन्दोलन के प्रादुर्भाव को कृषि एवं सहायक क्षेत्रों में खोजा जाता है एवं यह मूल रूप से लोगों के अल्प स्रोतों को एकत्र करने की व्यवस्था की तरह विकसित होता है जिसमें अर्थव्यवस्था के पैमाने पर लाभ पहुँचाने की दृष्टि होती है। सहकारिता का संस्थानीकरण करने का प्रथम प्रयास सहकारी साख समिति अधिनियम 1904 को प्रभावशील बनाने से आरम्भ हुआ जिसको तदनन्तर में विस्तारित करते हुए अधिक व्यापक सहकारी समिति अधिनियम 1912 में बनाया गया। भारत शासन अधिनियम 1919 के तहत, सहकारिता का विषय

तत्कालीन प्रान्तों को हस्तान्तरित किया गया, जिसमें उन्हें अपने सहकारी कानून को लागू करने के लिए अधिकृत किया गया। भारत शासन अधिनियम 1935 के तहत सहकारिता प्रान्तों का विषय रहा। वर्तमान में, 'सहकारी समितियाँ' भारतीय संविधान की राज्य सूची में 32वें क्रम पर राज्य के विषय के रूप में अंकित है। अब राज्यों में राज्य सरकारों द्वारा लाया गया सहकारी समिति अधिनियम प्रभावशाली है। भारतीय संविधान की संघीय सूची के 44वें क्रम के अन्तर्गत सहकारी समितियों की कार्यवाहियों को प्रचलित करने के लिए जहाँ सदस्यता एक से अधिक प्रान्तों की है भारत सरकार ने बहु–इकाई सहकारी समितियाँ अधिनियम 1942 को लागू किया जो तदनन्तर में बहु–राज्य सहकारी समितियाँ अधिनियम 1984 से प्रतिस्थापित किया गया।

स्वतन्त्रता पूर्व के काल में, सरकार ने सहकारिता के प्रोत्साहन एवं विकास के लिए कोई सक्रिय भूमिका नहीं निभाई। स्वतन्त्रता के पश्चात्, सहकारिता के लिए योजनाबद्ध आर्थिक विकास के युग का सूत्रपात हुआ। सहकारिता को योजनाबद्ध आर्थिक विकास का एक पसन्दीदा उपकरण माना गया एवं यह राष्ट्रीय अर्थव्यवस्था का विशेषीकृत क्षेत्र बनकर उभरा। इसका विशेषतः उल्लेख प्रथम पंचवर्षीय योजना के दस्तावेज में मिलता है जिसमें योजना की सफलता का आकलन, अन्य चीजों के साथ इस हद तक किया जाना चाहिए कि इनका क्रियान्वयन सहकारी संगठनों द्वारा किया गया था। 1960 में सहकारिता के माध्यम से कृषि उत्पादन में वृद्धि के साथ ही ग्रामीण विकास को महत्त्व देते हुए जोड़ा गया। 1966–71 के दौरान, कृषि के क्षेत्र में एक महत्वपूर्ण विकास, नयी कृषि रणनीति हरित क्रान्ति के क्रियान्वयन का था, जिसका लक्ष्य खाद्यान्न में आत्म–निर्भरता अर्जित करना था। उच्च पैदावार तथा संकर किस्म के बीजों का आरम्भ तथा सिंचाई सुविधाओं के प्रावधानों हेतु उच्च व्यय का आवण्टन और कृषि आगतों के पर्याप्त अनुप्रयोग ने सहकारिता की भूमिका को कई गुना बढ़ा दिया। इस तरह से, हरित क्रान्ति ने सहकारी समितियों की गतिविधियों को एक बड़ा बढ़ावा दिया। हरित क्रान्ति के बाद कृषि उत्पादनों में वृद्धि तथा बढ़ती उत्पादकता ने आवश्यक रूप से कृषि उत्पाद में मूल्य जुड़ाव पर जोर दिया तथा विपणन और संग्रहण एवं अन्य सहायक क्षेत्रों में विकास को बढ़ाया। परिणामतः, दुग्ध, तेल बीज, शक्कर, कपास, कृषि प्रसंस्करण के क्षेत्रों में विशिष्ट सहकारी समितियों का गठन किया गया। कई वृहद् सहकारी समितियाँ उर्वरक उत्पादन तथा कृषि उत्पादन के विपणन के क्षेत्रों में उभर कर आई। अतएव सहकारिता की भूमिका, अब परम्परागत गतिविधियों तक सीमित नहीं रह गई एवं यह बढ़कर सार्वजनिक अथवा निजी क्षेत्र के नये आर्थिक उद्यमों तक विस्तारित हो गयी।

सहकारिता की भूमिका ने वैश्वीकरण और उदारीकरण के बदलते परिदृश्य में राष्ट्र की अर्थव्यवस्था में एक नये आयाम को प्राप्त किया। इन संस्थाओं की आन्तरिक एवं संरचनात्मक कमजोरियाँ जो कि उचित नीति के अभाव से जुड़ी हैं, के कारण उनके सकारात्मक प्रभाव विफल हो जाते हैं। देश में सहकारिता के विकास में विविध क्षेत्रीय असन्तुलन है। अपनी उपलब्धियों तथा अपनी असाधारण वृद्धि के बावजूद सहकारिता विभिन्न वित्तीय, संस्थागत एवं प्रबन्धकीय बाध्यताओं और समस्याओं से घिरी हुई है। इस दृष्टि से इनको पुनर्संरचित किये जाने की आवश्यकता है। इनकी नयी दिशा एवं नयी रणनीति की तलाश बदलते राष्ट्रीय एवं अन्तर्राष्ट्रीय वातावरण में अपनी उत्तरजीविता एवं वृद्धि के लिए है।

सहकारिता की स्पष्ट राष्ट्रीय नीति की अनिवार्य आवश्यकता है जिससे सतत् विकास और स्वस्थ एवं आत्मनिर्भर सहकारिता के विकास द्वारा सहकार के सिद्धान्तों के अनुरूप लोगों की आंचलिक/क्षेत्रीय आकांक्षाओं को प्राप्त किया जा सके। इस सन्दर्भ में, यह भी आवश्यक है कि ऐसे मुद्दो को सम्बोधित किया जाए जो कि इन संस्थाओं के लिए एक उचित विधिक एवं नीतिगत आधार को लाने में सहायक हो।

सहकारिता की उपर्युक्त वर्णित स्थिति के सन्दर्भ में, भारत सरकार ने अप्रैल 2002 में सहकारिता पर राष्ट्रीय नीति घोषित की। यह नीति भारत सरकार के ठोस प्रयासों का अभिन्न अंग है जो सहकारिता के लिए अनुकूल वातावरण को यथोचित नीति उपायों तथा विधि सहायता के माध्यम से उनको पुनर्जीवित करने के साथ बनाये रखती है। इस नीति की कुछ प्रमुख विशेषताओं को इस भाग में संक्षेप में वर्णित किया गया है। यह देश के लाखों

ग्रामीण गरीब उत्पादकों और उपभोक्ताओं के लिए अच्छे संकेत प्रदान करती है। यद्यपि, उनमें विश्वसनीयता प्रदान करने के लिए, भारत सरकार की प्रतिबद्धता को एक उपयुक्त केन्द्रीय सहकारी कानून के माध्यम से संस्थानीकरण किये जाने की आवश्यकता है। यह आशा की जाती है कि सरकार अपनी नयी नीति का क्रियान्वयन कार्यवाही की अपनी प्रतिबद्धता तक ईमानदारी तथा सम्मान के साथ लागू करेगी। ऐसी स्थिति में ही सरकार के अच्छे इरादे फलीभूत होंगे।

राष्ट्रीय नीति का प्रमुख उद्देश्य देश में सहकारिता के चौतरफा विकास को प्रशस्त करना है। इस नीति के तहत, सहकारिता को आवश्यक सहायता, प्रोत्साहन एवं समर्थन प्रदान किया जाएगा जिससे यह सुनिश्चित किया जा सके कि वे स्वायत्त, आत्मनिर्भर एवं लोकतान्त्रिक ढंग से प्रबन्धित संस्थाओं की तरह कार्य करे जिनकी जवाबदेही उनके सदस्यों के प्रति हो तथा वे राष्ट्रीय अर्थव्यवस्था में उल्लेखनीय ढंग से योगदान प्रदान करे विशेषतः उन क्षेत्रों में जिनमें जनसहभागिता तथा सामुदायिक प्रयासों की आवश्यकता हो। इन सभी तथ्यों की दृष्टि से यह तथ्य महत्वपूर्ण है कि देश की आबादी का एक बड़ा हिस्सा अभी भी गरीबी की रेखा के नीचे है एवं सहकारिता ही एकमात्र यथोचित माध्यम है जो इस वर्ग के लोगों को सहायता पहुँचाता है।

यह नीति अपने उद्देश्यों की प्राप्ति के लिए कई उपाय करती है जिसमें निम्नलिखित सम्मिलित है (भारत सरकार 2002 डी):

1. अन्तर्राष्ट्रीय सहकारी गठबन्धन कांग्रेस 1995 की घोषणा के रूप में निहित बुनियादी सहकारी मूल्यों और सिद्धान्तों पर आधारित सहकारिता की कार्यप्रणाली को सुनिश्चित करना।
2. सहकारी संरचना का पुनरूद्धार विशेषतः कृषि साख उपक्षेत्र में करना।
3. केन्द्र/राज्य सरकारों द्वारा समर्थन उपायों के प्रावधानों से क्षेत्रीय असन्तुलन में कमी लाना, विशेषतः उन अविकसित राज्यों/क्षेत्रों में जहाँ सहकारिता कमजोर है।
4. सहकारिता की शिक्षा एवं प्रशिक्षण का सुदृढ़ीकरण करना।
5. मानव संसाधन विकास के माध्यम से सहकारिता के प्रबन्धन का व्यवसायीकरण करना।
6. सहकारिता के प्रबन्धन में सदस्यों की अधिक से अधिक भागीदारी एवं उपयोगकर्ता सदस्यों की अवधारणा को बढ़ावा देना।
7. सहकारिता के स्वायत्त संगठनों की तरह कार्य करने को अनावश्यक रूप से प्रतिबन्धित करने तथा विनियमित करने वाले सहकारिता के कानूनों के ऐसे प्रावधानों को हटाना/संशोधित करना।

सरकार नीति के क्रियान्वयन के लिए एक समयबद्ध कार्य योजना तैयार करेगी तथा इसको राज्य सरकारों और संघीय/राष्ट्रीय स्तर के सहकारी संगठन सहित अन्य सम्बन्धित अभिकरण के पर्याप्त बजट समर्थन के सहयोग की पृष्ठभूमि के साथ क्रियान्वित किया जाएगा।

भारत सरकार की यह नीतिगत प्रतिबद्धता कि वह कुछ बातें करेगी तथा कुछ बातें नहीं करेगी, यह भी प्रशंसनीय है। लेकिन जैसा कि कहा जाता है, हलवे का स्वाद इसके खाने में है। अतः यह तो इस नीति का क्रियान्वयन एवं इसका सहकारिता पर प्रभाव और हितधारक यह निर्धारित करेंगे कि यह नीति कितनी अच्छी अथवा बुरी है। हम इस नीति के प्रभावशाली एवं सफल क्रियान्वयन और उद्देश्यों को अर्जित करने के लिए यह सुझाव देंगे कि – प्रथम, कार्यान्यवयन के लिए कार्यवाही हेतु समयबद्ध योजना तैयार करने के लिए एक समय सीमा निर्धारित की जाना चाहिए। द्वितीय, कुछ राष्ट्रीय स्तर के प्रतिष्ठित संस्थानों की पहचान करनी होगी तथा उन्हें 'नीति कार्यान्वयन अभिकरण' की तरह नामित करना होगा। उदाहरणार्थ, राष्ट्रीय डेयरी विकास बोर्ड को डेयरी सहकारिता के लिए नीति क्रियान्वयन अभिकरण के रूप में नामित किया जा सकता है, साख सहकारिता के लिए नाबार्ड तथा राष्ट्रीय सहकारी विकास निगम को सहकारिता के विपणन एवं प्रसंस्करण के लिए नामित किया जा सकता है।

मत्स्य विकास के लिए नीतियाँ

जब 2004 में मत्स्य प्रबन्धन (समुद्री) के लिए राष्ट्रीय नीति घोषित की गयी, उससे पहले भारत में कोई राष्ट्रीय मत्स्य नीति नहीं थी। तथापि, सरकार द्वारा देश में कई अनुसन्धान और विकास कार्यक्रमों के माध्यम से मत्स्य उत्पादन में वृद्धि करने का प्रयास किया गया। विशेषतः, भारत सरकार ने भारतीय कृषि अनुसन्धान परिषद् के तत्वावधान में कई मत्स्य अनुसन्धान संस्थान संस्थापित किये जिससे कि संयुक्त मत्स्य सुधार के लिए अनुसन्धान किया जा सके तथा प्रेरित प्रजनन तकनीकों तथा उनको अपनाने को बढ़ावा दिया जा सके। इसके अतिरिक्त, इसने एक राष्ट्रीय कार्यक्रम 1976 में विश्व बैंक के आरम्भिक सहयोग के साथ मत्स्य कृषक विकास अभिकरण के नाम से शुभारम्भ किया जिससे कि देश में मत्स्य पालन संस्कृति को बढ़ावा दिया जा सके। मत्स्य कृषक विकास अभिकरण ने इसके लिए मत्स्य कृषकों को तकनीकी, वित्तीय एवं विस्तार सेवाएँ प्रदान कीं जिससे गाँवों में साझा तालाब एवं पोखरों में मत्स्य पालन को आगे लाया जाये।

केन्द्रीय कृषि मन्त्रालय ने देश में गहरे समुद्र में मत्स्य पालन पर पिछले दशक में आवश्यक ध्यान दिया है। 1976 में घोषित किये गए विशिष्ट आर्थिक क्षेत्र में भारत द्वारा 200 समुद्री मील तक के क्षेत्र में समुद्र में समुद्री जीव संसाधनों का अन्वेषण, शोधन एवं उपयोग किया जायेगा, जो कि राष्ट्र के समक्ष फसल संसाधनों के एक ठोस मनोवैज्ञानिक आधार पर प्रबन्धन की चुनौतियों का सामना करने के लिए एक विशाल अवसर होगा। पिछले तीन दशक देश में समुद्री मत्स्य पालन में सरकार एवं निजी अभिकरणों की द्रुतगामी पहल के साक्ष्य है। यह महसूस करते हुए कि सबसे गहरे समुद्र के मत्स्य संसाधनों की पारम्परिक मछली पकड़ने की सीमा से परे एवं स्वदेशी कौशल से मछली पकड़ने की क्षमता को लाभकारी ढंग से उपयोग में लाया जा सकता है बशर्ते कि पर्याप्त आकार और क्षमताओं से परिष्कृत वाहिकाओं को मत्स्य पकड़ने में सम्मिलित किया जाए, भारत सरकार ने पूँजी के संघटन में सरलीकरण एवं 1981 की चार्टर नीति के मुद्दों को सम्बोधित करने की नैसर्गिक विशेषज्ञता को आगे बढ़ाया।

इस नीति के क्रियान्वयन के पाँच वर्ष पश्चात्, सरकार ने इस नीति के क्रियान्वयन में पायी गयी कमियों में सुधार करते हुए इसको देश के लिए अधिक लाभकारी बनाया। तदनुसार, 1986 में संशोधित राजपत्र नीति को घोषित किया गया। इस राजपत्र नीति ने भारत में आयात निर्माण के माध्यम से अथवा संयुक्त उद्यम द्वारा भारतीय कम्पनियों के माध्यम से वाहिकाओं का अधिग्रहण किया गया। इस चार्टर नीति के परिणामस्वरूप, 97 कम्पनियों को 311 विदेशी मछली पकड़ने वाली वाहिकाओं को संचालित करने की अनुमति प्रदान की गयी। देश में समुद्री मछली उत्पादन बढ़ाने के अलावा, इस नीति ने जहाजों के माध्यम से पकड़ी गयी मछलियों के निर्यात के माध्यम से अधिक विदेशी मुद्रा अर्जित की। ये सभी जहाज 100 प्रतिशत निर्यातोन्मुख इकाइयों के आधार पर प्रचालित थे। भारतीय कम्पनियों द्वारा पर्याप्त संख्या एवं प्रकार के जहाजों के अधिग्रहण के लिए शर्तें जिन्होंने एक छोटी सी अवधि में भारतीय गहरे समुद्र में मछली पकड़ने के बेड़े के विकास में सुविधा प्राप्त वाहिकाओं से मदद मिली।

भारतीय गहरे समुद्र में मछली पकड़ने के उद्योग की नींव रखने के पश्चात्, सरकार ने आगे पहल करते हुए 1991 में गहरे समुद्र में मछली पकड़ने की नीति का आधार रखा गया। इस नीति ने संयुक्त उपक्रमों को बढ़ावा देने की परिकल्पना की, साथ ही मछली पकड़ने एवं पट्टे पर देने के परीक्षण के अतिरिक्त 1986 की नीति के अन्तर्गत चार्टर्ड जहाजों के परिचालन की वैधता तक के लिए अनुमति प्रदान करती है। 1994 के आरम्भ से, गहरे समुद्र में मछली पकड़ने की नीति की विभिन्न मछुआरों के समूहों, सांसदों, विधायकों, मछली पकड़ने के यान्त्रिक पोत मालिकों, मत्स्य प्रसंस्करणकर्ता एवं हितधारकों द्वारा आलोचना की गयी। मछुआरों के समूहों ने भी यह कहते हुए आन्दोलन का सहारा लिया कि चार्टर के तहत बड़े जहाजों के परिचालन के संयुक्त उपक्रमों एवं पट्टा व्यवस्था से उनके क्षेत्र में अतिक्रमण किया जा रहा है। इन आन्दोलनों एवं आलोचनाओं के प्रत्युत्तर में भारत सरकार ने गहरे समुद्र में मछली पकड़ने की नीति की समीक्षा के लिए एक समिति गठित की। इस समिति ने 1996 में अपनी रिपोर्ट प्रस्तुत की। सरकार ने इस समिति की सभी 21 अनुशंसाओं को आंशिक संशोधन के साथ स्वीकार कर लिया। परिणामतः, सरकार ने मछली पकड़ने की सभी पूर्व नीतियों को

निरस्त कर दिया। यह भी निर्धारित किया गया कि सरकार की मछली पकड़ने की नीतियों को समय–समय पर संशोधित किया जाना चाहिए। तदनन्तर में, सरकार ने कुछ अन्य समितियों का गठन किया जिससे मछली पकड़ने की कला, समुद्री मछली पकड़ने के संसाधनों की स्थिति, विभिन्न हितधारक समूहों से सम्बन्धित विषय एवं अन्य विषय की उपलब्धता पर आगत को एकत्र किया जा सके, एवं प्रथम समुद्री मछली पकड़ने की नीति की 2004 में घोषणा की गयी। (भारत सरकार 2004सी)।

2004 की नीति ने पारम्परिक और तटीय मछुआरों की चिन्ताओं को सुलझाने के प्रयास के साथ अन्य हितधारकों के साथ गहरे समुद्र क्षेत्र के मसलों को सम्बोधित किया जिससे कि देश के क्षेत्रीय एवं अतिरिक्त क्षेत्रीय जल दोनों में समुद्री मछली का अनुकूल विकास हो सके। इस नीति का तार्किक आधार भारत सरकार द्वारा 2000 में लायी गयी राष्ट्रीय कृषि नीति में है। इस नीति के उद्देश्य निम्नानुसार हैं –

1. एक उत्तरदायी ढंग से देश के समुद्री मछली उत्पादन में सतत वृद्धि करना ताकि समुद्री खाद्य पदार्थों के निर्यात को एवं लोगों में प्रति व्यक्ति मछली प्रोटीन के सेवन को बढ़ाया जा सके;
2. शिल्पी मछुआरों की सामाजिक–आर्थिक सुरक्षा सुनिश्चित करना जिनकी आजीविका पूर्णतः इसी कार्य पर निर्भर करती है; एवं
3. पारिस्थितिकीय एकरूपता तथा जैव विविधता के लिए आवश्यक चिन्ता के साथ समुद्री मछली पकड़ने के विकास को सुनिश्चित करना।

मत्स्य संसाधन प्रबन्धन और पर्यावरण संरक्षण के सन्दर्भ में 2004 की नीति की कुछ मुख्य विशेषताएँ निम्नानुसार है –

संसाधन प्रबन्धन

50 मीटर गहरे क्षेत्र के भीतर जीवित संसाधनों के अति शोषण को ध्यान में रखते हुए यह नीति एक कड़ी मत्स्य प्रबन्धन प्रणाली को अपनाने का अनुबन्ध करती है। यह विशेष रूप से निम्नलिखित उपायों को प्रदान करती है –

1. भारत के तटीय राज्यों एवं केन्द्र शासित प्रदेशों में समुद्री मछली पकड़ने के विनियमन अधिनियम की समीक्षा यह सुनिश्चित करने के लिए होगी कि इन्होंने संसाधनों एवं मछली पकड़ने की कार्यवाहियों के प्रबन्धन के लिए पर्याप्त प्रावधान किये गए हैं, यदि आवश्यक हो तो एक नया आदर्श विधेयक समुद्री मछली के विकास एवं प्रबन्धन के लिए प्रस्तावित किया जा सकता है।
2. सभी विद्यमान नाव निर्माण के स्थान पंजीकृत होंगे तथा किसी भी नयी मछली पकड़ने की इकाई का निर्माण करने की अनुमति केवल लाइसेंस प्राप्त होने के पश्चात् ही दी जायेगी। मछली पकड़ने के लिए पोत निर्माण और पंजीकरण तथा प्रशिक्षण एवं प्रमाणीकरण व मछली पकड़ने के पोत कमियों पर नजर रखने वाले मानक निर्धारित किये जायेंगे तथा एक नये कानून के माध्यम से लागू किये जायेंगे।
3. एक 'बन्द मौसम' के शासनादेश की घोषणा दोनों तटों के लिए की जायेगी, जिसके लिए समयावधि का निर्धारण नामित प्राधिकारी करेंगे। ऐसे बन्द मौसम पड़ोसी राज्यों के लिए एक समान होना चाहिए जब तक कि भौगोलिक एवं जलवायु दशाएँ बदलाव न चाहें। इसे मछली पकड़ने एवं मछली पकड़ने के गियर के विभिन्न भागों में जाली के आकार के विनियमन से सभी प्रकार की विनाशकारी विधियों को एक सख्त प्रतिबन्ध द्वारा पूरक किया जायेगा। तथ्यों एवं आँकड़ों के आधार पर आश्वस्त हो जाने पर निर्दिष्ट प्राधिकारी किसी भी विधि को विनाशकारी घोषित करने के लिए सक्षम होंगे। जाल के नियमन के उल्लंघन पर दण्ड निर्धारित किया जायेगा।
4. निर्दिष्ट प्राधिकारी यदि आवश्यक होगा तो किसी भी क्षेत्र में विभिन्न वर्गों के लिए मछली पकड़ने की वाहिकाओं का कोटा निर्धारित करेंगे।

5. कानून के माध्यम से किशोर एवं गैर–लक्षित प्रजातियों को पकड़ने तथा एक बार पकड़ने के पश्चात् कम पसन्दीदा प्रजातियों को त्यागने को वर्जित किया जायेगा।
6. मछली पकड़ने की वाणिज्यिक नौकाओं पर प्रेक्षकों की नियुक्ति तथा निगरानी नियन्त्रण प्रणाली को प्रभावशाली ढंग से लागू करना सुनिश्चित किया जायेगा।
7. एक संसाधन वृद्धि कार्यक्रम को प्राथमिकता के आधार पर आरम्भ किया जायेगा। इसमें बीज उत्पादन के लिए जो कि समुद्र पशुपालन के लिए आवश्यक है यह इन स्थानों से अण्डों के संग्रहण केन्द्र पर अभिग्रहण को क्रियान्वित करेगी। इसके अतिरिक्त, खुले समुद्री पिंजरे की संस्कृति को वाणिज्यिक दृष्टि से महत्वपूर्ण प्रजातियों को पीछे करने अथवा मोटा करने के लिए प्रोत्साहित की जायेगी।

पर्यावरणीय सरोकार

चूँकि समुद्र अधिकाश अपशिष्ट – ठोस, तरल, रेडियोधर्मी या अन्य के लिए अन्तिम ठिकाना है इसलिए वे अधिक से अधिक प्रदूषित हो रहे हैं। यह जीवित संसाधनों के स्वास्थ्य एवं उत्पादकता पर प्रतिकूल रूप से प्रभाव डालते हैं। इस तरह की महासागरों पर प्रतिकूल प्रभाव डालने वाली मानवीय गतिविधियों को कम किया जाना चाहिए। इसके अतिरिक्त, दूषित पानी की मछली फसल की खपत से स्वास्थ्य खतरों के कारण भी विश्व के कई भागों में यह चिन्ता का विषय बना रहा है। पर्यावरणीय प्रदूषण के लिए जिम्मेदार प्राधिकरणों को कानून को ज्यादा सख्ती से लागू करने के लिए अनुरोध किया जायेगा जिससे कि मत्स्य पालन पर प्रदूषण के प्रभाव को न्यूनतम किया जा सके।

समुद्री पर्यावरण के प्रमुख हितधारक के रूप में मछुआरों को बढ़ते भूमि–आधारित प्रदूषण के बारे में संवेदनशील बनाया जाये। उन्हें मछली पकड़ने की पारिस्थितिकी अनुकूल विधियों के बारे में भी शिक्षित किये जाने की आवश्यकता है, जो कि कच्छ वनस्पति सहित समुद्री पारिस्थितिकी तन्त्र के लिए कम अशान्ति पैदा करेगी। उपभोक्ताओं को भी उपयोग की जाने वाली मछली जो भारी धातुओं और औद्योगिक प्रतिष्ठानों से अन्य खतरनाक रसायनों के निकलने के हानिकारक प्रभावों से संदूषित होती है संरक्षित किये जाने की आवश्यकता है। अतएव 2004 की नीति निम्नलिखित पहलुओं पर जोर देती है:

1. तटीय जल पर औद्योगिक रिसाव के प्रभाव को न्यून करने की दृष्टि से, केन्द्रीय एवं राज्य प्रदूषण नियन्त्रण बोर्डों को सामंजस्य के साथ कार्य करना होगा तथा समुद्र में रिसाव करने वाले सभी औद्योगिक प्रतिष्ठानों के लिए उपयुक्त विधान लागू करने पर विचार करना होगा। इस तरह के विधान में उत्प्रवाही रिसाव व्यवस्था के जोखिम विश्लेषण तथा महत्वपूर्ण बिन्दुओं को अनिवार्यतः सम्मिलित करने के लिए प्रदान किया जाना चाहिए।
2. कच्छ वनस्पति को लगाकर तटीय क्षेत्र संरक्षण को झींगों एवं मछली के लिए संवर्धन केन्द्र निर्माण की तरह एक भागीदारी केन्द्र के रूप में आरम्भ किया जायेगा जिसमें तटीय लोगों विशेषतः मछली पकड़ने वाले समुदाय की सक्रिय भागीदारी साथ में होगी।
3. तटीय विनिमयन अनुक्षेत्र अधिसूचना प्रत्येक क्षेत्र की स्थलाकृति को ध्यान में रखते हुए क्षेत्रो के वर्तमान अनुक्षेत्र वर्गीकरण की समीक्षा करेगी एवं यह सुनिश्चित करेगी कि उच्च ज्वार सीमा में कोई भी मानव गतिविधि जो कि तटीय पर्यावरण को नुकसान पहुँचा सकती है, उसकी अनुमति नहीं होगी।
4. यह नीति अन्य बातों के अलावा क्षेत्रीय मत्स्य पालन प्रबन्धन निकायों में भारत की भागीदारी प्रस्तुत करती है जो क्षेत्र के अन्य पड़ौसी देशों के मध्य अधिक से अधिक सहयोग को सुनिश्चित करती है।

अधोसंरचनात्मक विकास

समुद्री मत्स्य पालन के लिए बुनियादी ढाँचे का विकास अत्यन्त महत्व का है तथा इसके लिए एक एकीकृत दृष्टिकोण की आवश्यकता है। यह नीति ऐसी सुविधाओं का सृजन करती है यथा – घाट एवं उतराई केन्द्र, ईन्धन के लिए प्रावधान, जल एवं बर्फ तथा वाहिकाओं और गियर की मरम्मत। इस उद्देश्य के लिए, अगले 10 वर्षों

के लिए अधोसंरचना के विकास के लिए मास्टर प्लान बनाया जायेगा। इसके अतिरिक्त, केन्द्र एवं राज्यों द्वारा अधोसंरचनात्मक परियोजनाओं के वित्त पोषण की वर्तमान प्रणाली के विकल्प के रूप में निर्माण–संचालन–स्वामित्व तथा निर्माण–संचालन–हस्तान्तरण व्यवस्थाओं के माध्यम से लागत हिस्सेदारी की सम्भावना का पता लगाया जायेगा। सूचना प्रौद्योगिकी, समुद्री मत्स्य पालन के आँकड़े संग्रहण, मानव संसाधन विकास एवं समुद्री उत्पादों की पारिस्थितिकी नामकरण जैसे क्षेत्रों पर भी आवश्यक ध्यान आकृष्ट किया जाएगा।

2004 की नीति में यद्यपि कुछ कमियाँ हैं। उदाहरणार्थ, इसमें मत्स्य पालन क्षेत्र के लिए कोई भी स्पष्ट दीर्घकालिक दृष्टि नहीं है। इसी तरह से, यह किसी भी विशेष संगठनात्मक संरचना अथवा प्रबन्धन प्रणाली को इसकी नीति के क्रियान्वयन के लिए एवं इसकी प्रगति की निगरानी के लिए निर्दिष्ट नहीं करती हैं, और न ही इसमें वास्तविक विकेन्द्रीकृत अभिशासन एवं तृणमूल सशक्तिकरण के लिए सुसंगत दृष्टि है। यह भी कि, इस नीति के उद्देश्यों की प्राप्ति के लिए कोई विशिष्ट उपकरणों की पहचान नहीं की गयी है। अन्ततः यह भी कम महत्वपूर्ण नहीं है कि इस सम्पूर्ण नीति दस्तावेज में लैंगिक का कोई उल्लेख नहीं है। यह इस तथ्य के बावजूद है कि मछुआरों की महिलाएँ मछली के स्थानीय स्तर पर छटनी, प्रसंस्करण एवं विपणन में महत्वपूर्ण भूमिका निभाती हैं।

लेकिन इन कमियों के बावजूद हम यह कह सकते हैं कि 2004 की नीति मछली पकड़ने और समुद्री मत्स्य संसाधन प्रबन्धन के विनियमन की दिशा में एक अच्छा कदम है। लेकिन इस नीति को उचित उपकरणों का उपयोग करते हुए तथा सभी हितधारकों को सम्मिलित करते हुए विशेषतः मछुआरों तथा मछुआरों की महिलाओं को उनके प्रतिनिधियों एवं संगठनों के माध्यम से ईमानदारीपूर्वक लागू करने की आवश्यकता है।

कृषकों के लिए राष्ट्रीय नीति

कृषकों पर राष्ट्रीय आयोग द्वारा अनुशंसित कृषकों की राष्ट्रीय जिसमें 10 प्रमुख लक्ष्य है, उन्हें बाक्स 6.3 में संक्षेप में प्रस्तुत किया गया है। (भारत सरकार 2006डी):

बॉक्स 6.3

कृषकों के लिए राष्ट्रीय नीति के उद्देश्य

1. *कृषि की आर्थिक व्यवहार्यता में सुधार करते हुए यह सुनिश्चित करना कि किसानों को एक न्यूनतम शुद्ध आय प्राप्त हो तथा यह भी सुनिश्चित किया जाए कि कृषि में प्रगति का मापन आय में सुधार बढ़ोतरी के आधार पर किया जाए।*
2. *मानव एवं लैंगिक आयामों को सभी कृषि नीतियों एवं कार्यक्रमों में मुख्य धारा में लाना तथा सतत ग्रामीण जीविकोपार्जन के लिए स्पष्ट ध्यान देना।*
3. *भूमि सुधार के अधूरे एजेंडे को पूर्ण करना।*
4. *किसानों के लिए एक सामाजिक सुरक्षा प्रणाली तथा सहायता सेवा को आरम्भ एवं विकसित करना।*
5. *भूमि, जल, जैव विविधता एवं जलवायु संसाधन जो प्रमुख कृषि प्रणाली की उत्पादकता, लाभप्रदता एवं स्थायित्व की सतत प्रगति के लिए आवश्यक है को संरक्षण में आर्थिक हिस्सेदारी के माध्यम से बचाना एवं बेहतर करना।*
6. *ग्रामीण भारत में समुदाय केन्द्रित भोजन, पानी एवं ऊर्जा सुरक्षा प्रणाली को प्रोत्साहित करना तथा प्रत्येक बच्चे, औरत तथा आदमी के स्तर पर पोषण सुरक्षा को सुनिश्चित करना।*
7. *ऐसे उपाय प्रारम्भ करना जो युवाओं को कृषि की ओर तथा आर्थिक दृष्टि से पुरस्कृत दोनों तरह से आकृष्ट करने एवं बनाये रखने में मदद कर सकें, जिसमें छोटे तथा सीमान्त कृषकों को कृषि के*

उत्पादन एवं किसानी दोनों के बाद के चरणों में शक्ति एवं अर्थव्यवस्था के स्तर को प्रदान किया जाये।

8. *फसलों, कृषि, पशुओं, मछलियों, वन, पेड़ों की जैव सुरक्षा को किसान परिवारों के कार्य एवं आय सुरक्षा तथा राष्ट्र के स्वास्थ्य और व्यापार सुरक्षा दोनों को सुरक्षित रखने के लिए मजबूत करना।*
9. *प्रत्येक कृषि एवं गृह विज्ञान स्नातक को सक्षम बनाने के लिए कृषि पाठ्यचर्या तथा शिक्षा शास्त्र प्रविधि को पुनर्सरचित करना जिससे वे एक उद्यमी बनें एवं उनकी कृषि शिक्षा लैंगिक दृष्टि से संवेदनशील हो।*
10. *भारत को उत्पादन एवं सतत कृषि के लिए आवश्यक आगत की आपूर्ति तथा जैव प्रौद्योगिकी और सूचना एवं संचार प्रौद्योगिकी के माध्यम से उत्पाद प्रक्रियाओं के लिए वैश्विक बाह्यस्रोत केन्द्र बनाना।*

कृषकों के लिए राष्ट्रीय नीति द्वारा की गयी कई अनुशंसाएँ राष्ट्रीय कृषि नीति 2004 में सम्मिलित अनुशंसाओं के अनुरूप है। अब सर्वाधिक महत्वपूर्ण आवश्यकता यह है कि कृषि के राष्ट्रीय नीति तथा राष्ट्रीय कृषि नीति में सम्मिलित अनुशंसाओं का ईमानदारी पूर्वक क्रियान्वयन हो। लेकिन विद्यमान व्यवस्था में अपेक्षित प्रशासकीय एवं प्रबन्धकीय सुधार की अनुपस्थिति में, इन अनुशंसाओं के बेहतर क्रियान्वयन की भी बहुत कम ही उम्मीद है।

वैश्वीकरण एवं ग्रामीण विकास

अगस्त 1991 में भारत में नवीन आर्थिक नीति की शुरुआत के पश्चात् निजीकरण, अविनियमन एवं वैश्वीकरण की प्रक्रिया ने गति पकड़ी। ग्रामीण विकास के सांख्यिकीविद् प्रतिमान ने ग्रामीण विकास को प्रारम्भ करने, प्रोत्साहित करने एवं निर्देशित करने में राज्य की अतिमहत्त्वपूर्ण भूमिका को समाप्त करते हुए बाजार आधारित एवं मार्गदर्शी प्रतिमान के रूप में विशिष्टता को प्रस्तुत किया। यह एक बार पुनः इन दिनों चलन में है कि यह विश्वास किया जाए कि बाजार की शक्तियों एवं वैश्विक अर्थव्यवस्था में राष्ट्रीय अर्थव्यवस्थाओं की एकीकरण पर ज्यादा निर्भरता होगी, अर्थात् भूमण्डलीकरण आर्थिक वृद्धि की गति एवं स्तर को बढ़ाकर गरीबी एवं बेरोजगारी की समस्याओं को कम करेंगे। बाजार की शक्तियों में इस नवीन विश्वास ने अन्तर्राष्ट्रीय विकास नीतियों को विकास हेतु सहायता के उपकरण के बजाय उदार व्यापार के पक्ष में पुनअभिविन्यसित करने की ओर प्रवृत्त किया है, लेकिन इन सबके बावजूद, अधिकांश विकास विद्वानों एवं कार्यकर्ताओं के मध्य इस नये प्रतिमान की उपादेयता विकासशील देशों जैसे भारत के लिए एक परेशानी वाला सन्देह उत्पन्न करती है जहाँ बहुत बड़ी संख्या में लोग गरीबी की रेखा के नीचे जीवन–यापन करते हैं। अतएव वे बाजार की शक्तियों के प्रभाव क्षेत्र से बाहर हैं।

भारतीय कृषि अन्तर्राष्ट्रीय बाजार शक्तियों के प्रभाव से संरक्षित रही है, मुख्यतः जिसमें 800 कृषि वस्तुओं के आयात पर एक संख्यात्मक अवरोध व्यवस्था लागू है। अब जब भारत विश्व व्यापार संगठन का एक सदस्य है और व्यापार एवं शुल्क के सामान्य समझौते के उरुग्वे दौर का हस्ताक्षरकर्ता है, हमारे ऊपर यह दायित्व है कि हम गैर शुल्क के उपायों (संख्यात्मक बाध्यताएँ / नियतांश) को यथोचित स्तर के शुल्क से प्रतिस्थापित करें। परिणामस्वरूप, माल के आयात पर सभी मात्रात्मक नियंत्रण को दूर कर दिया गया है और गैर–कृषि वस्तुओं पर आयात शुल्क 1991–92 में 300 प्रतिशत से घटाकर 2006–07 में 125 प्रतिशत कर दिया गया। यहाँ यह आशंकाएँ हैं कि कृषि आयात के उदारीकरण से किसानों पर प्रभाव पड़ेगा और कृषि क्षेत्र में वृद्धि की सम्भावनाएँ दुर्बल होंगी। चाँद (1997, 1–6) द्वारा किये गए एक अध्ययन के अनुसार, कृषि वस्तुओं में अन्तर्राष्ट्रीय व्यापार के उदारीकरण के निम्नलिखित प्रमुख प्रभाव उत्पादक एवं उपभोक्ता पर हो सकते हैं:

1. अन्तर्राष्ट्रीय व्यापार पर संख्यात्मक बाध्यताओं को हटाने के लिए कृषि वस्तुओं एवं उत्पादन आगतों द्वारा आयात एवं निर्यात दोनों को प्रोत्साहित किया जाए। यह कृषि क्षेत्र में उच्च प्रतिस्पर्धात्मक लाभ के आधार पर व्यावसायीकरण और विशिष्टीकरण की गति को बढ़ायेगा। कृषि उत्पादन का निर्यात अभिविन्यास रासायनिक उर्वरक, कीटनाशक और सिंचाई जल की बढ़ी हुई मात्रा के उपयोग को अनिवार्य बना सकता है जो कि पर्यावरण की गुणवत्ता को प्रतिकूल रूप से प्रभावित करेगा, जब तक कि पर्याप्त सुरक्षा यथा – जैविक उर्वरक एवं जैविक कीटनाशक का उपयोग, जल की कमी वाले क्षेत्रों में भूमि जल के पुनर्भरण के प्रावधान एवं पानी की अधिकता एवं एकत्र होने वाले क्षेत्रों में निकासी की व्यवस्था के उपाय नहीं किये जाते।
2. कृषि वस्तुओं के अन्तर्राष्ट्रीय व्यापार का उदारीकरण निजी कम्पनियों एवं संगठनों के आयात व्यवसाय में प्रवेश के लिए मार्ग को प्रशस्त करेंगे, जिन पर वर्तमान में सरकारी संगठनों का एकाधिकार है जो कि कई वस्तुओं के आयात का एकमात्र अभिकरण है। कृषि उत्पादक एवं उपभोक्ता कीमतों में परिवर्तन से – उत्पादक उच्च कीमतों से एवं उपभोक्ता निम्न एवं/अथवा बेहतर गुणवत्ता – प्रतिस्पर्धा बढ़ने एवं परिणामतः बढ़ती क्षमता के कारण प्रभावित होंगे।
3. आयातकों को घरेलू उत्पादकों पर लाभ होगा यदि कृषि क्षेत्र आन्तरिक बाध्यताओं से मुक्त नहीं होता है। इससे आगे, सरकारी नियन्त्रण एवं हस्तक्षेप को इस क्षेत्र में कम किये जाने की आवश्यकता है जिससे कि प्रसंस्करण, विपणन और वितरण में निजी क्षेत्र की बेहतर भागीदारी को प्रोत्साहित किया जा सके।

किसी भी अन्य आर्थिक घटना की तरह, भूमण्डलीकरण मूल्यों के एक समूह पर आधारित है जैसे प्रतिस्पर्धात्मकता, सामर्थ्य, पूंजी संग्रहण और बाजार की शक्तियों की मुक्त गतिविधि। समाज के एक वैश्विक परिवार के रूप में वैश्विक दृष्टिकोण के बिना व्यापार एवं व्यवसाय का भूमण्डलीकरण सामाजिक तनावों एवं आर्थिक कलह को जन्म देगा और यही आज कई विकासशील देशों में हो रहा है, जिन्होंने कि संरचनात्मक समायोजन कार्यक्रम को अंगीकार किया है। भूमण्डलीकरण के प्रतिमान में, सहानुभूति, दयालुता, अनुकम्पा, विश्व भाईचारा, सहयोग एवं इसी तरह के अन्य मूल्यों के लिए कोई स्थान नहीं होता है। अन्तर्राष्ट्रीय स्तर पर पूंजी के अपेक्षाकृत सरल प्रवाह के कारण श्रम की अपेक्षा पूंजीवादी/शेयह समूह निवेशकों को भूमण्डलीकरण से सर्वाधिक लाभ होगा। यह गरीब एवं अमीर के बीच की आय एवं सम्पत्ति की विषमता की समस्या को और अधिक बढ़ायेगा। इससे आगे, भूमण डलीकरण भ्रष्टाचार, कालाधन एवं अन्य सामाजिक बुराइयों को भी संकट में लाएगा क्योंकि शेयर समूह निवेशक राजनेताओं और नौकरशाहों को घूस देकर अपनी तरफ करना चाहेंगे। इसके अतिरिक्त धनी एवं शक्तिशाली देश अपने राष्ट्रीय हितों अथवा उनके पूंजीवादी निवेशकों के निहित स्वार्थों के अनुकूल भूमण्डलीकरण के खेल के नियमों को परिभाषित एवं पुनः परिभाषित करते हैं। इससे हितों में टकराहट एवं वित्तीय अस्थायित्व बढ़ता है जो हाल ही में कई पूर्वी एशियाई देशों में अनुभव किया गया है।

यह स्पष्ट है कि भूमण्डलीकरण भारतीय समाज के केवल एक हिस्से के लिए अच्छा है – यह लोगों के शीर्षस्थ 10 प्रतिशत भाग के लिए हो सकता है। उन लोगों की संख्या जो खोने वाले हैं अथवा भूमण्डलीकरण से खो रहे हैं, बढ़ रही है, विशेषतः वे गरीब देश जो उत्तरी अमेरिका, यूरोप एवं प्रशान्त घेरे से बाहर हैं, लेकिन मसला यह नहीं है कि भूमण्डलीकरण खराब है अथवा अच्छा या चाहे वह अपरिहार्य हो। हमें यह समझना चाहिए कि भूमण्डलीकरण यहाँ है एवं हम भूमण्डलीकरण की प्रक्रिया के अपरिहार्य हिस्से हैं जो कि हमारी राजनीति एवं अर्थव्यवस्था में नये संकेन्द्रण एवं नयी पुनर्संरचना और पुनर्यन्त्रीकरण की माँग करती है। यह प्रश्न पूछे जा सकते हैं कि: हम इसके बारे में क्या कर सकते हैं? हम इससे कैसे लाभ उठा सकते हैं?

किसानों, कामगारों, महिलाओं एवं पर्यावरणविदों का भूमण्डलीकरण को लेकर विकसित एवं विकासशील देशों में वर्तमान विरोध बढ़ रहा है, आज अधिक से अधिक लोग भूमण्डलीकरण को प्रेरित करने एवं लाभ अर्जित करने की प्रतिस्पर्धा पर सवाल खड़े कर रहे हैं। संक्षेप में, वर्तमान मामलों की स्थिति यह संकेत प्रस्तुत करती है कि हम

विविधता की अवस्था को प्रतिबिम्बित करने के लिए वैश्विक अर्थव्यवस्था एवं राजनीतिक सम्बन्धों को पुनर्परिभाषित करने की प्रक्रिया एवं साथ में साझा चिन्ता एवं तनावों से गुजर रहे हैं। यदि यह प्रक्रिया तार्किक परिणति तक बढ़ायी जाती है तो यह उच्च्य स्तर के पाखण्ड का भण्डाफोड़ कर सकती है एवं एक नये राजनीतिक वातावरण का निर्माण करेगी जहाँ पारराष्ट्रीय वाणिज्यिक एवं वित्तीय संस्थाओं के शक्तिशाली प्रभुत्व को खोने वाले की सहयोगी कार्यवाही से चुनौती प्रदान की जा सकती है। व्यक्तिगत रूप से कार्य करते हुए, विकासशील देश भूमण्डलीकरण एवं पारराष्ट्रीय कम्पनियों के विध्वंस से उनके लोगों एवं प्राकृतिक संसाधनों की रक्षा करने में असमर्थ हैं जो कि जीवन–रक्षक उद्योगों पर अपना आधिपत्य स्थापित कर रही हैं। लेकिन सामूहिक सहयोगात्मक रूप से कार्य करते हुए, ये भूमण्डलीकरण द्वारा प्रस्तुत चुनौतियों का सामना कर सकते हैं एवं इसके द्वारा खोले गए अवसरों से लाभ प्राप्त कर सकते हैं। समान रूप से, एक देश के भीतर ग्रामीण उत्पाद सहकारी समितियाँ भूमण्डलीकरण के प्रतिकूल प्रभावों से छोटे एवं सीमान्त कृषकों की रक्षा कर सकती हैं एवं इससे लाभ के लिए भी समर्थ कर सकती हैं। आज ग्रामीण क्षेत्र में सर्वाधिक आवश्यकता ग्रामीण उत्पादकों एवं उनकी संस्थाओं को अनावश्यक सरकारी नियन्त्रण एवं पुराकालीन कानूनों से मुक्त करने की है।

कृषि पर विश्व व्यापार संगठन के समझौते के अनुसार आयात पर मात्रात्मक प्रतिबन्ध की समाप्ति के परिणामस्वरूप, विश्व बाजार में अनुचित मूल्य अस्थिरता एवं निर्यात को बढ़ावा देने के लिए उत्पादकों पर पड़ने वाले प्रतिकूल प्रभाव से संरक्षण के लिए वस्तुवार रणनीतियाँ एवं व्यवस्थाएँ बनाये जाने की आवश्यकता होगी। कीमत प्रतिर्स्पद्धा के सिवाय, विपणन के अन्य पहलू यथा गुणवत्ता, पसन्दगी, स्वास्थ्य एवं जैव सुरक्षा को बढ़ावा देना होगा। बागवानी उत्पाद एवं समुद्री उत्पाद के निर्यात को सर्वोच्च प्राथमिकता देना होगी। एक दोतरफा दीर्घकालिक कृषि उत्पादन और मूल्य संवर्धन की रणनीति, बाह्य वातावरण को जवाब देने के लिए उत्पादन प्रणाली को सक्षम करने, एवं देश में उत्पादित वस्तुओं की निर्यात माँग को बनाने के लिए, निर्यात उपार्जन से वृद्धिशील आय किसानों को प्रदान करने की दृष्टि से विकसित करना होगी। एक अनुकूल आर्थिक पर्यावरण एवं सहयोगात्मक सार्वजनिक प्रबन्धन प्रणाली कृषि निर्यात को बढ़ावा देने के लिए बनाना होगी। निर्यात एवं आयात दोनों पर पृथक–पृथक एक विशेष ध्यान दिया जायेगा जिससे कि भारतीय कृषि को विदेशी कीट एवं रोगों की पहुँच से सुरक्षित रखा जाये।

किसानों के हितों की रक्षा के सन्दर्भ में हटाये गए मात्रात्मक प्रतिबन्ध के पश्चात् अन्तर्राष्ट्रीय कीमतों पर सतत निगरानी रखे जाने तथा उचित शुल्क एवं अन्य सुरक्षा प्रदान करने की आवश्यकता है। कृषि में उपयोग होने वाली विनिर्मित वस्तुओं पर आयात शुल्क को युक्तिसंगत बनाने की आवश्यकता है। घरेलू कृषि बाजार को उदार बनाया जाये एवं किसानों की आय में वृद्धि करने का निरोध करने वाले सभी नियन्त्रणों एवं विनियमों की समीक्षा कर एवं उन्हें समाप्त किया जाये ताकि यह सुनिश्चित किया जा सके कि किसान उनके प्रयासों एवं निवेश के अनुरूप कीमतें प्राप्त कर सके। कृषि वस्तुओं की सम्पूर्ण देश में आवाजाही पर प्रतिबन्ध शनैः शनैः समाप्त किया जाये।

मुख्य बिन्दु

1. 'नीति' शब्द एक सुनिश्चित कार्यवाही को व्याख्यायित करता है जिसमें विकल्पों का चयन (किसी सरकार, संस्थान, समूह अथवा व्यक्ति द्वारा) होता है एवं दी गयी प्रस्थिति के प्रकाश में और सामान्यतः वर्तमान एवं भविष्य के निर्णयों से निर्धारित होता है। नीति शब्द का सामान्य सामाजिक एवं राजनीतिक उपयोग एक कार्यवाही की प्रक्रिया अथवा अभीष्ट कार्यवाही की प्रक्रिया है जिसे सम्भावित विकल्प एवं अनुसरण के लिए उन्मुख किया गया है। ग्रामीण विकास नीति में सरकार द्वारा ग्रामीण विकास के कुछ निश्चित लक्ष्यों की प्राप्ति के लिए की गयी कार्यवाही सम्मिलित होती है।

2. लोकनीति सामाजिक नियन्त्रण का एक प्रकार है। एक किसान का राष्ट्रीयकृत बैंक से उत्पादन कर्ज स्वीकार करना एवं सरकार द्वारा अनुदान को इस ढंग से सीमित करना कि वह स्वतन्त्र रूप से उत्पादन बढ़ाने, आय एवं जीवन स्तर को बेहतर करने एवं उसकी वैयक्तिक प्रतिभा को आगे विकसित करने में वह उधार ली गयी राशि एवं अनुदान को खर्च कर सके।
3. अब हम साधारण से आगे बढ़ते हुए, लघु हथकरघा उद्योग एवं आत्मनिर्भर और जीविका निर्वाह कृषि की ओर जाते हुए आर्थिक क्षेत्र में लोकनीति के लिए एक विशाल आवश्यकता विकसित करते हैं। एक उत्पादक एवं एक उपभोक्ता के रूप में व्यक्ति, अधिक से अधिक बाजार की सामान्य दशाओं पर, रोजगार पर, सम्पूर्ण राष्ट्र की उत्पादन एवं उत्पादक क्षमता एवं जिस तरह से लोगों के मध्य आय का वितरण हुआ है, पर निर्भर करता है।
4. ग्रामीण क्षेत्रों में सरकारी हस्तक्षेप का समर्थन कुछ विशिष्ट कारणों से होता है: भारत का 'समतावादी समाज' को बनाने की प्रतिबद्धता; कृषि उत्पाद कीमतों एवं आय में जबरदस्त उतार चढ़ाव; ग्रामीण गरीबी एवं आय असमानता; छोटे, छितरे हुए एवं असंगठित ग्रामीण उद्यम; एवं ग्रामीण क्षेत्रों में अपर्याप्त और कमजोर आधारभूत अधोसंरचना।
5. ग्रामीण विकास की नीतियों का निर्माण उन स्थितियों में सुधार करने से है जिनमें ग्रामीण लोग कार्य करते हैं एवं रहते हैं। नीतियों के लक्ष्य लोगों की इच्छाओं से नियन्त्रित होते हैं एवं इच्छित परिवर्तन लाने के लिए लोगों के अनुसार सरकार क्या कर सकती है एवं क्या किया जाना चाहिए, इससे नीतियों का परिमापन होता हैं, यह लोक नीति का सिद्धान्त है। परिवर्तनों की आवश्यकता तब महसूस होती है जब लोग जिस तरह से चीजें हो रही हैं उन्हें पसन्द नहीं करते हैं। लोक कार्यवाही के लिए दबाव तब बढ़ता है जब लोग महसूस करते हैं कि वे अकेले अपेक्षित समाधान नहीं ला सकते हैं। भारतीय संविधान में राज्य के नीति निर्देशक तत्त्वों से आर्थिक नीति के दो प्रमुख लक्ष्य निकाले जा सकते हैं: प्रथम, राष्ट्रीय आय को बढ़ाना; एवं द्वितीय, समाज के सदस्यों के मध्य राष्ट्रीय आय के वितरण को बेहतर बनाना। यह एवं अन्य लक्ष्य समय–समय पर निरूपित भारत की आर्थिक नीतियों में दृष्टिगोचर होते रहे हैं।
6. नीति लक्ष्यों की विविधता को ध्यान में रखते हुए यह आवश्यक है कि इनके आपसी सम्बन्धों का अध्ययन किया जाए एवं देखा जाए कि वे लोकहित की ओर अभिमुख हों अथवा कम से कम उसके विरोध में न हो। विविध नीति लक्ष्यों एवं कार्यक्रम उद्देश्यों को एक सूचीस्तम्भ के रूप में संयोजित कर यह किया जा सकता है। इस सूची स्तम्भ के शीर्ष पर आर्थिक नीति का प्रमुख लक्ष्य है। अगले स्तर पर हमारे विशेषीकृत सरकारी कार्यक्रम के उद्देश्य हैं; एवं सबसे निचले स्तर पर, कार्यक्रम इकाइयों के सर्वाधिक विशेषीकृत स्तर के अपेक्षाकृत सरल एवं स्पष्ट उद्देश्यों को सूचीबद्ध किया गया है।
7. भारत में ग्रामीण क्षेत्र की अर्थव्यवस्था में सरकारी हस्तक्षेप का सुदीर्घ इतिहास रहा है। स्वतन्त्रता के पूर्व के समय में, अंग्रेज सरकार के हस्तक्षेप का उद्देश्य खाद्यान्न एवं कच्चे माल को इंग्लैण्ड निर्यात करने को प्रोत्साहित करना था। भारत के लोगों के कल्याण के लिए संसाधनों के विकास की कोई भी राज्य नीति नहीं थी। भूमि धारण व्यवस्था के परिचय, रेल एवं सड़क संचार के आरम्भ एवं निश्चित कृषि वस्तुओं के निर्यात व्यापार में बढ़ावा, ब्रिटिश सरकार द्वारा उठाये गए महत्त्वपूर्ण कदमों में से थे।
8. जनवरी 1946 में, भारत सरकार ने 'भारत में कृषि एवं खाद्यान्न नीति पर वक्तव्य' जारी किया, जिसमें अर्जित किये जाने वाले उद्देश्यों, किये जाने वाले उपाय एवं केन्द्र एवं राज्यों की सम्बन्धित भूमिकाओं को स्पष्ट किया गया। वक्तव्य के अनुसार, अखिल भारतीय नीति लोगों के कल्याण को प्रोत्साहित करने एवं उनकी जीवन दशा में एक प्रगतिशील बेहतरी को सुरक्षित करने हेतु थी।
9. भारत की वर्ष 2000 के पूर्व तक ग्रामीण विकास के लिए एकीकृत राष्ट्रीय नीति नहीं थी, जब प्रथम राष्ट्रीय कृषि नीति घोषित की गयी। इससे पूर्व तक राष्ट्रीय वन नीति, कृषि मूल्य नीति, ग्रामीण साख

नीति, राष्ट्रीय जल नीति, भूमि सुधार नीति का कुछ समदर्शी एवं एक दूसरे से ठीक से समन्वय के साथ कृषि एवं ग्रामीण विकास कार्यक्रम का वर्गीकरण विद्यमान था। इसी तरह से, राष्ट्रीय कृषि नीति के प्रमुख उद्देश्यों में, तकनीकी दृष्टि से मजबूत, आर्थिक दृष्टि से व्यवहार्य, पर्यावरण की दृष्टि से गैर–अपरदित एवं सामाजिक दृष्टि से स्वीकार्य देश के प्राकृतिक स्रोतों का उपयोग – भूमि, जल तथा आनुवांशिक निधि सम्मिलित होती है – जो कृषि में सतत विकास को प्रोत्साहित करेंगे।

10. राष्ट्रीय कृषि नीति के अतिरिक्त, भारत में अब सहकारिता पर राष्ट्रीय नीति (2002), कृषकों पर राष्ट्रीय नीति (2006) एवं समुद्री मछली पकड़ने की नीति (2004) है। इन सभी नीतियों को बनाने का अन्ततोगत्वा उद्देश्य ग्रामीण लोगों के जीवन स्तर को बेहतर करना है। लेकिन भारत में लोक नीतियों की मंशा को वास्तविकता में अनुभव उनके ढीले एवं निस्तेज क्रियान्वयन के कारण नही किया जा सका।
11. अगस्त 1991 में, भारत सरकार ने नयी आर्थिक नीति लागू की, जिसको निजीकरण, अविनियमिकरण तथा वैश्वीकरण की तरह निरूपित किया गया। ग्रामीण विकास के सांख्यिकीविद् प्रतिमान जिसमें ग्रामीण विकास को आरम्भ करने, प्रोत्साहित करने एवं निर्देशित करने में राज्य की प्रमुख भूमिका होती है को सम्भवतया बन्द करते हुए बाजार आधारित एवं निर्देशित प्रतिमान की ओर अग्रसर होगा। इन दिनों एक बार पुनः यह बाजार की ताकतों पर ज्यादा निर्भरता का विश्वास चलन में आ रहा है एवं वैश्विक अर्थव्यवस्था को राष्ट्रीय अर्थव्यवस्था में समेकित करते हुए जिसमें भूमण्डलीकरण, गरीबी एवं बेरोजगारी की समस्याओं को आर्थिक वृद्धि की गति एवं स्तर को बढ़ाकर कम करेंगे।

चर्चा के लिए प्रश्न

1. क्या भारत को एक पृथक् ग्रामीण विकास नीति की आवश्यकता है? हाँ / नहीं। यदि हाँ तो क्यों; एवं यदि नहीं तो क्यों नहीं?
2. नीति लक्ष्यों के अनुक्रम की अवधारणा को उदाहरण सहित समझाइये।
3. भारत जैसे लोकतान्त्रिक देश में लोक नीति के लक्ष्यों एवं मापकों को किसे निर्धारित करना चाहिए एवं क्यों?
4. राष्ट्रीय कृषि नीति 2000 पर इसके उद्देश्यों तथा इसको प्राप्त करने के मापकों के सन्दर्भ में एक आलोचनात्मक टिप्पणी लिखिये।
5. भारत का ग्रामीण क्षेत्र लगातार क्यों अपेक्षाकृत पिछड़ा एवं अविकसित है, इस तथ्य के बावजूद कि पिछले 68 से अधिक वर्षों में सरकार द्वारा विभिन्न नीति एवं कार्यक्रम लागू किये गए एक निबन्ध लिखें।
6. किस तरह से भारत सरकार की वर्तमान आर्थिक नीति जिसमें निजीकरण, विनियमिकरण एवं वैश्वीकरण है, ग्रामीण लोगों विशेषकर सीमान्त एवं छोटे कृषकों तथा ग्रामीण शिल्पकारों को प्रभावित करती है।

टिप्पणियाँ

1. http://dacnet.nic.in/agstat 06-07.htm
2. वन अधिकार अधिनियम की नयी व्यवस्था के विवरण के लिए देखें सिंह एवं सिसोदिया (2007, अध्याय 10)।
3. http://wrmin.nic.in/writereaddata/NationalWaterPolicy/NWP2012Eng6495132651.pdf (Accessed on September 9, 2015).
4. http://agmarket.nic.in (Accessed on September 15, 2015).

अध्याय 7

सतत विकास के लिए रणनीतियाँ

अध्ययन परिणाम

इस अध्याय को पढ़ने के पश्चात् विद्यार्थी यह जानने में समर्थ होंगे –

- विकास के सन्दर्भ में 'रणनीति' शब्द को परिभाषित एवं व्याख्यायित करने में;
- सन्धारणीयता की अवधारणा को परिभाषित करने एवं मजबूत सन्धारणीयता तथा कमजोर सन्धारणीयता के बीच के अन्तर को स्पष्ट करने में;
- सतत विकास के शब्द को परिभाषित करना और समझाना कि इसे सार्वजनिक नीति का सर्वोच्च लक्ष्य क्यों होना चाहिए;
- गैर-सतत विकास के प्रमुख सूचकों की पहचान करने में;
- ग्रामीण विकास की पूर्व की प्रमुख रणनीतियों एवं उनके गुण और दोषों का वर्णन करने में; एवं
- सतत विकास के लिए आदर्श रणनीति के बुनियादी तत्त्वों का वर्णन करने में।

परिचय

निःशुल्क विश्वकोश, विकीपीडिया के अनुसार, एक रणनीति, कार्य करने की एक दीर्घकालिक योजना होती है जो अधिकांशतः विशेषीकृत लक्ष्यों को अर्जित करने के लिए संरचित की जाती है। रणनीति, युक्ति अथवा तत्काल कार्यवाही से इसकी प्रकृति के व्यापक स्तर पर पहले से विचार करने के कारणों के साथ पृथक् होती है एवं प्रायः व्यावहारिक तौर पर अभ्यास की जाती है। यह शब्द ग्रीक के स्ट्रेटेगोस से लिया गया है, जो दो शब्दों स्ट्रेटॉस (सेना) तथा एगो (प्राचीन यूनान के लिए 'आगे बढना') से बना है। स्ट्रेटेगोस को एथेनियन लोकतन्त्र के समय में एक सैन्य कमाण्डर की तरह उद्धृत किया गया। यह अध्याय सतत विकास के लिए रणनीतियों का विवेचन करता है।

सतत विकास हाल ही में अन्तर्राष्ट्रीय आर्थिक एवं राजनीतिक कार्ययोजना में सबसे ऊपर पहुँच गया है। पर्यावरण एवं विकास पर विश्व आयोग (1987) का प्रतिवेदन, 'हमारा साझा भविष्य', प्रथम महत्त्वपूर्ण अन्तर्राष्ट्रीय प्रयास था जिसने सतत विकास तथा पर्यावरण की समस्याओं के बीच सम्बन्धों की जटिलता के बारे में, आर्थिक विकास तथा गरीब एवं अमीर लोगों की जरूरत के बीच सम्बन्धों की जटिलता के बारे में नीति निर्माताओं की जागरूकता बढ़ाई। पर्यावरण एवं विकास पर विश्व आयोग की अनुशंसाओं का क्रियान्वयन करने के लिए एक अनुवर्ती कार्यवाही के रूप में रियो में जून 1992 में पर्यावरण एवं विकास पर संयुक्त राष्ट्र अधिवेशन सम्पन्न हुआ। इस अधिवेशन ने बिगड़ते पर्यावरण पर वैश्विक सरोकार एवं सतत विकास के लिए व्यवहार्य रणनीति की खोज के प्रति रुचि को भी बढ़ाया।

इस अध्याय में सर्वप्रथम सन्धारणीयता एवं सतत विकास की अवधारणाओं एवं *संपृक्तार्थों* को प्रस्तुत किया गया एवं इसके पश्चात् गैर–सतत विकास के कुछ संकेतकों को बताया गया। इसके बाद भारत की ग्रामीण विकास की रणनीति की आलोचनात्मक समीक्षा की गयी एवं अन्ततः सतत विकास की नयी रणनीति को प्रस्तुत किया गया है।

सन्धारणीयता एवं सतत विकास की अवधारणाएँ

सन्धारणीयता की अवधारणा की विशेषता में मूलतः एक प्रणाली, एक कार्यक्रम अथवा हमेशा के लिए अक्षुण्ण करने वाला एक संसाधन अन्तर्निहित होता है। इस अवधारणा ने 1980 में प्रथम बार विश्व संरक्षण रणनीति के सन्दर्भ में प्रकृति एवं प्राकृतिक संसाधनों के संरक्षण के लिए अन्तर्राष्ट्रीय संघ की विशिष्टता प्राप्त की। तत्पश्चात्, पर्यावरण एवं विकास पर विश्व आयोग अथवा ब्रन्ट्लेण्ड आयोग ने 1987 में अपने प्रतिवेदन 'हमारा साझा भविष्य' में सतत विकास के आधार के रूप में कृषि सन्धारणीयता की महत्त्वपूर्ण भूमिका पर जोर दिया (डब्ल्यू.सी.इ.डी. 1987)। वर्तमान में, सन्धारणीयता की दो विशिष्ट अवधारणाएँ प्रचलन में हैं। प्रथम सन्धारणीयता पर अर्थशास्त्रीय विश्वदृष्टि जो आर्थिक निर्गत, आय अथवा उपभोग की दीर्घकालिक स्थिरता से सम्बन्ध रखती है। द्वितीय, सन्धारणीयता की पारिस्थितिकी विज्ञानी एवं जीवविज्ञानी अवधारणा जो कि एक दिये गए भौगोलिक क्षेत्र में मानव जनसंख्या तथा जैव विविधता के संरक्षण का जीवनाधार सीमित प्रकृति संसाधनों के साथ जीवमण्डल के दीर्घकालिक संरक्षण से सम्बन्धित है (खाद्य एवं कृषि संगठन 1989, 65; बर्टेल्मस 1997, 326–27)। इसमें पूर्ववर्ती जो कि आर्थिक सन्धारणीयता है जो उत्पादन एवं उपभोग उन्मुख है एवं पश्चवर्ती जो कि पारिस्थितिकीय सन्धारणीयता है जो लोगों के जीवन आधार तथा जैव विविधता संरक्षण को इसके मुख्य बिन्दु के रूप में रखती है।

आर्थिक सन्धारणीयता, वस्तुओं एवं सेवाओं के उत्पादन में उपयोग होने वाली उत्पादित पूंजी एवं प्राकृतिक पूंजी (प्राकृतिक स्रोत एवं पर्यावरण) के रखरखाव/स्थिरता में अन्तर्निहित होती है। पारिस्थितिकीय सन्धारणीयता को लोगों की संख्या (सीमित) के अनुसार परिभाषित किया जा सकता है जो एक प्राकृतिक प्रणाली/क्षेत्र/जलग्रहण के द्वारा अनिश्चित समय के लिए अथवा निर्दिष्ट समय अवधि के लिए एक जीवन मापक के स्तर पर निर्भर करती है। प्रत्यक्षतः, संवाहक क्षमता अपेक्षित जीवन स्तर, प्रयोग में आने वाली उत्पादन तकनीकी के प्रकार, विश्लेषण का समय क्षितिज तथा अन्य क्षेत्रों/राष्ट्रों के साथ बाह्य व्यापार पर निर्भर करती है। इन सभी मापदण्डों/कारकों में विभिन्नता केवल वैश्विक स्तर को छोड़कर अवधारणा की अप्रयोज्यता दर्शाती है जो कि आदर्श स्थिति है।

जैसा कि हमने अध्याय एक में पूर्व में उल्लेख किया है कि पर्यावरण एवं विकास पर विश्व आयोग (1987, 43) ने सतत विकास को 'विकास जो कि भविष्य की पीढ़ियों के लिए उनकी आवश्यकताओं को पूर्ण करने की क्षमता में किसी भी तरह का समझौता किये बगैर वर्तमान की आवश्यकताओं की पूर्ति करे' के रूप में परिभाषित किया है। यह परिभाषा इस बात पर जोर देती है कि वर्तमान पीढ़ी द्वारा इस सम्पूर्ण ग्रह की प्राकृतिक संसाधन पूंजी को अक्षुण्ण बनाये रखते हुए भविष्य की पीढ़ियों के हितों की रक्षा के माध्यम से अन्तर–पीढ़ी समानता सुनिश्चित किये जाने की आवश्यकता है। इन मामलों में, यह सतत आजीविका की अवधारणा के बहुत ही समान है जिसमें कि हमारा आशय जीवन की मूलभूत आवश्यकताएँ यथा – भोजन, कपड़े, आवास, सुरक्षा, स्वतन्त्रता, दीर्घकालिक आधार पर आधारभूत शिक्षा एवं स्वास्थ्य तक वर्तमान एवं भविष्य दोनों पीढ़ियों की सुरक्षित पहुँच सुनिश्चित हो। सतत जीविकोपार्जन की अवधारणा को स्वतन्त्रता एवं गरिमा के साथ मानव अस्तित्व अथवा मानव विकास जिसको कि, हमारे विचार से, मानव जाति का सर्वोच्च लक्ष्य होना चाहिए, का पर्याय माना गया है। कुछ लोग इस पर विवाद करेंगे कि सतत जीविकोपार्जन (उत्तरजीविता) एक लक्ष्य के रूप में अधिक पर्यावरण के अनुकूल होता है तथा आर्थिक वृद्धि के लक्ष्य की अपेक्षा वैश्विक दृष्टि से अधिक स्वीकार्य होता है।

सतत विकास के लिए यह आवश्यक है कि आर्थिक वृद्धि की प्रक्रिया में, हम अपने प्राकृतिक संसाधनों एवं पर्यावरण को बनाये रखें एवं केवल उतनी ही मात्रा का उपयोग करें जिसको हम प्राकृतिक ढंग से पुनः प्राप्त कर सकें, इसलिए, हम प्राकृतिक स्रोतों एवं पर्यावरण के 'प्रवाह' में जीते हैं एवं 'संग्रह' अक्षुण्ण बनाये रखते हैं। यहाँ यह भी बताना चाहेंगे कि अब यह सम्भव है कि उपयुक्त तकनीकी एवं प्रबन्धन हस्तक्षेप के माध्यम से प्रकृति के उत्पादों का प्राकृतिक प्रवाह/उत्पाद बढ़ाया जा सकता है।

सन्धारणीयता के सन्दर्भ में दो प्रश्न महत्त्वपूर्ण हैं –

1. वर्तमान उपभोग तरीके को देखते हुए हमारे प्राकृतिक स्रोत कितने समय चलेंगे?
2. हम किस तरह से अपने प्राकृतिक स्रोतों एवं पर्यावरण का प्रबन्धन करें जिससे कि भावी पीढ़ी की भी वर्तमान पीढ़ी की तरह जीवन की गुणवत्ता तक पहुँच हो सके?

संसाधन दीर्घावधि का प्रथम प्रश्न वास्तव में एक भविष्यवाणी एवं लेखांकन हैः किस तरह से तकनीकी, पसन्द, जनसंख्या, प्राकृतिक पुनर्जनन पर्यावरणीय सामग्री के संग्रह पर प्रभाव डालती है जो कि एक वर्ष से अगले तक उपलब्ध हो जायेगा? इस तरह से, सन्धारणीयता के पीछे का नैतिक उद्देश्य भविष्य के लिए सरोकार से तथा उत्पादन एवं उपभोग की वर्तमान प्रवृत्ति से भविष्य की पीढ़ियों की खुशहाली के प्रति भय से उपजा है।

संसाधन कब तक चलेंगे? ऐसे प्रश्नों से नियोजकों एवं अर्थशास्त्रियों का लम्बा सरोकार रहा है जो इस बात को लेकर चिन्तित है कि कृषि भूमि, मछली एवं अन्य महत्त्वपूर्ण पर्यावरणीय सामग्री दुनिया से दूर हो रही है। कई तरह के सूचकांक जो कि यह मापने के लिए विकसित किये गए हैं कि संसाधनों का उपयोग सतत आधार पर होता रहे। इनके सबसे अधिक मौलिक स्वरूप में, ये सूचकांक सामान्य तौर पर संग्रहों को उपभोग दरों पर विभाजित करते हैं। अधिक विस्तृत सूचकांक इस तथ्य को ध्यान में लाते हैं कि पसन्द अथवा तकनीकी में बदलाव भविष्य की माँग को कम कर सकते हैं जबकि प्राकृतिक पुनर्जनन विशेषतः जैविक कारणों के लिए, बढ़ती माँग के साथ सामंजस्य बनाते हुए संग्रह को बढ़ा सकते हैं। सामान्य तौर पर, संसाधन सन्धारणीयता की अधिकांश भविष्यवाणियों में यथार्थता का अभाव होता है। स्पष्ट तौर पर, विश्वास के साथ यह कहने के पूर्व कि किस तरह से पर्यावरणीय गुणवत्ता एवं वस्तुएँ उपभोग–उन्मुख विश्व में गुजर–बसर करेंगे। माँग एवं तकनीकी की प्रवृत्तियों की बेहतर समझ आवश्यक है।

सन्धारणीयता के द्वितीय प्रश्न 'हम किस तरह से अपने संसाधनों का प्रबन्धन करते हैं' के लिए यह आवश्यक है कि हमारे मार्ग के लिए कुछ प्रबन्धन लक्ष्य होते हैं जिसमें संसाधनों को पीढ़ियों में वितरित किया जाता है। पेरेटो की इष्टतम अवधारणा, एक पीढ़ी के भीतर के कल्याण का विश्लेषण करने के लिए उपयोगी होती है, किन्तु जब हम भविष्य की पीढ़ियों की पसन्द, प्राथमिकताएँ अथवा तकनीकों के बारे में नहीं जानते हैं तो यह लागू नहीं होती है। उपभोक्ता, विशेषतः गरीब उपभोग करने में कल की अपेक्षा आज से ज्यादा प्राथमिकता से जुड़ने की ओर प्रवृत्त होते हैं। क्या हमें इस प्रवृत्ति की अनदेखी करना चाहिए जब हम सन्धारणीयता के बारे में सोचते हैं, अथवा क्या हमें भविष्य की खपत में छूट को समाज के समय के साथ सम्मिलित करना चाहिए, जब हम यह तय करते हैं कि सन्धारणीयता का प्रबन्धन कैसे हो? तकनीकी के क्षेत्र में अपेक्षित सुधार क्या है? क्या हमारे प्राकृतिक एवं पर्यावरणीय स्रोतों का अधिकांश हिस्सा भी वर्तमान पीढ़ी की कीमत पर भविष्य की पीढ़ियों को बेहतर बना सकता है?

सन्धारणीयता के द्वितीय प्रश्न 'हम' हमें 'कैसे प्रबन्धन करना चाहिए.....' का अर्थ है कि यहाँ सन्धारणीयता के लक्ष्यों के बारे में कुछ साझा दृष्टि है। तथापि, सन्धारणीयता के किसी एक मापक को लेकर कोई सार्वभौमिक स्वीकार्यता नहीं है। लेकिन फिर भी किसी भी प्रस्तावित स्रोत की सन्धारणीयता का समय के साथ सामान्य तौर पर सर्वाधिक उपयोग होने वाला मापक शुद्ध वर्तमान मूल्य को अधिकतम करना है, जैसा कि नवशास्त्रीय अर्थशास्त्रियों ने प्रस्तावित किया है (ग्राफ्टन एवं अन्य 2001, XXVI–IX)

तथापि, यह प्रश्न कि सन्धारणीयता एवं सतत विकास में आवश्यक रूप से यह विचार की यथा स्थिति को बनाये रखना, आर्थिक वृद्धि, पूंजी का पुनर्वितरण, पूंजी संग्रह का संरक्षण अथवा प्राकृतिक पूंजी का संरक्षण अभी

भी विवादास्पद है। इसका उत्तर अलग–अलग समाज के लिए अलग–अलग एवं समाज के भीतर आर्थिक विकास की अवस्था के साथ होगा। इस प्रश्न से सम्बन्धित 'कमजोर सन्धारणीयता' एवं 'मजबूत सन्धारणीयता' की धारणाएँ हैं। इसमें पूर्ववर्ती पूंजी के समेकित संग्रह के मूल्यों के रखरखाव को परिभाषित करता है। इसका तात्पर्य यह है कि प्राकृतिक पूंजी में उत्पादन और उपयोग के लिए मानव निर्मित पूंजी को स्थानापन्न कर सकते हैं जैसे आर्थिक वृद्धि को पर्यावरणीय गुणवत्ता में बेहतरी के साथ जोड़ा जा सकता है। 'कमजोर सन्धारणीयता' को और अधिक दृढ़ता से इस तरह से परिभाषित किया जा सकता है –

$$K + H + SC + N \geq X^*$$

जहाँ K मानव निर्मित पूंजी, H मानव पूंजी, SC सामाजिक पूंजी, N प्राकृतिक पूंजी एवं X^* मौद्रिक सन्दर्भों में व्यक्त की गयी सभी प्रकार की पूंजी के कुछ पूर्व निर्धारित आरम्भ स्तर हैं। इसका तात्पर्य यह है कि कमजोर सतत विकास की नीति के अन्तर्गत, प्राकृतिक स्रोत के संग्रह में कमी को मानव निर्मित पूंजी में निवेश से बेहतर किया जा सकता है। लेकिन यह ध्यान देना महत्त्वपूर्ण है कि एक तरह की पूंजी का दूसरी तरह की पूंजी में स्थानापन्न एक सीमा तक ही सम्भव है। इसका तात्पर्य यह है कि प्रत्येक तरह की पूंजी की एक निश्चित न्यूनतम मात्रा विकास के लिए आवश्यक होती है।

इसके विपरीत, 'मजबूत सन्धारणीयता' में प्राकृतिक एवं मानव निर्मित पूंजी अपने आप में पूर्ण होती है एवं उत्पादन अथवा उपभोग में यह एक दूसरे का स्थानापन्न नहीं कर सकती है। परिणामतः, आर्थिक वृद्धि जो कि प्राकृतिक संसाधनों का उपयोग करती है तथा अपशिष्टों को उत्पन्न करती है पर्यावरणीय अवनति को ही बढ़ाएगी। 'मजबूत सन्धारणीयता' की एक दृढ़ परिभाषा निम्नानुसार होगी:

$$K \geq K^*;\ H \geq H^*;\ SC \geq SC^*;\ and\ N \geq N^*$$

इस परिभाषा का तात्पर्य यह है कि प्रत्येक तरह के पूंजी संग्रह को उनके अपने कुछ न्यूनतम स्तर से ऊपर अपने तरीके से बनाये रखना चाहिए। डेली (1990) ने मजबूत सन्धारणीयता को प्राप्त करने एवं बनाये रखने के लिए निम्नलिखित तीन सिद्धान्तों को स्पष्ट किया –

1. अक्षय संसाधनों का दोहन संसाधनों के कुछ पूर्व निर्धारित संग्रह की वृद्धि दर के नीचे ही होना चाहिए।
2. जैसे अनवीकरणीय संसाधन कम होते हैं, नवीकरणीय विकल्प विकसित होना ही चाहिए जिससे कि समय के साथ वस्तुओं एवं सेवाओं के प्रवाह को बनाये रखा जा सके।
3. प्रदूषण उत्सर्जन पर्यावरण की अनुकूलन क्षमता तक सीमित होना चाहिए।

सन्धारणीयता का पैमाना भी एक महत्त्वपूर्ण कारक होता है जो संधारणीयता की नीति की सफलता को प्रभावित करता है। पैमाना स्थानीय से वैश्विक स्तर तक परिवर्तनशील होता है, तदनुसार, हम स्थानीय सन्धारणीयता एवं वैश्विक सन्धारणीयता के बारे में सोच सकते हैं। पैमाना समस्याओं के प्रकार को निर्धारित करता है जिससे कि उन्हें हम स्थानीय, राष्ट्रीय अथवा वैश्विक स्तर पर सम्बोधित कर सकें। उदाहरणार्थ, ग्लोबल वार्मिंग की समस्या अथवा ओजोन परत में कमी को केवल वैश्विक स्तर पर ही प्रभावशाली ढंग से सम्बोधित किया जा सकता है न कि स्थानीय स्तर पर। स्थानीय सन्धारणीयता एवं वैश्विक सन्धारणीयता के मध्य के अन्तर को 'कमजोर सन्धारणीयता' एवं 'मजबूत सन्धारणीयता' से जोड़ा जा सकता है। सन्धारणीयता, 'कमजोर सन्धारणीयता' एवं 'मजबूत सन्धारणीयता' पर किये गए अधिकांश विचार विमर्श प्रतिस्पर्धी प्रतिमानों के विचारों की तरह हैं। यद्यपि, यह स्वीकार करना ज्यादा उपयोगी है कि ये दोनों मापक विभिन्न समवर्ती सन्दर्भों में मान्य हो सकते हैं। वैश्विक सन्धारणीयता के लिए, यह आवश्यक है कि कुछ महत्त्वपूर्ण स्रोतों का संग्रह बनाये रखा जाए यथा – जैव विविधता, सतत विकास के लिए एक 'सुरक्षित न्यूनतम मानक' स्तर के ऊपर, मजबूत सन्धारणीयता के लिए शर्त होती है। लेकिन स्थानीय अर्थव्यवस्था, जबकि मजबूत वैश्विक सन्धारणीयता पर निर्भर करती है, अपने अक्षय स्रोतों को

खाली करके स्थानीय सन्धारणीयता को कमजोर कर सकती है, यथा मत्स्य अथवा वन, वैश्विक सन्धारणीयता को प्रतिकूल ढंग से प्रभावित किये बिना अपनी सामग्री को अच्छी तरह से बनाये रखें।

गैर–सतत विकास के कुछ संकेतक

निम्नलिखित सूचक एवं आँकड़े गैर–सन्धारणीयता उत्पादन, उपभोग तथा आर्थिक वृद्धि के वर्तमान तरीके का समर्थन करते हैं (विश्व संसाधन संस्थान 1992, xi; बर्टेल्मस 1997, 325)।

भू–क्षरण

पिछले 50 अथवा इसके अधिक वर्षों में, 1.2 खरब हैक्टेयर भूमि – जो कि भारत व चीन के सम्मिलित क्षेत्रफल से भी अधिक है, अपरदित हुई है एवं इसकी उत्पादकता घटी है (विश्व संसाधन संस्थान 1992: xi)। यह भी अनुमान लगाया गया है कि वर्ष 1972 से 500 खरब टन ऊपरी मिट्टी का नुकसान हुआ है (ब्राउन एवं अन्य 1993) एवं 50 लाख हैक्टेयर भूमि प्रति वर्ष बंजर होने से समाप्त हो रही है। यदि इस तरह के मानव–जनित नुकसान बने रहते हैं तो विश्व आबादी जो कि इक्कीसवीं शताब्दी के मध्य तक लगभग दो गुना होने वाली है, का भरण–पोषण एक दुष्कर कार्य होगा। भारत में, यह अनुमान लगाया गया है कि 2010–11 में कुल भूमि में 12.04 करोड़ हैक्टेयर अपरदित हुई थी। इनमें से, हवा और पानी के क्षरण से 9.487 करोड़ हैक्टैयर (79 प्रतिशत); अम्लीय मिट्टी से 1.793 करोड़ हैक्टेयर (15 प्रतिशत); क्षारीय मिट्टी से 0.37 करोड़ हैक्टेयर (3 प्रतिशत); लवणीय मिट्टी से 0.273 करोड़ हैक्टेयर (1.8 प्रतिशत); जलप्लावित से 0.091 करोड़ हैक्टेयर (1 प्रतिशत); एवं खनन और औद्योगिक अपशिष्ट से 0.026 करोड़ हैक्टेयर (0.20 प्रतिशत) भूमि प्रभावित हुई थी; देखें तालिका 7.1।

इस प्रकार, भारत के कुल भौगोलिक क्षेत्र का लगभग 27 प्रतिशत भूमि में अपरदन के विभिन्न रूपों से गुजर रहा है। इसके अतिरिक्त, कुल क्षेत्रफल का लगभग 25 प्रतिशत मरूस्थलीकरण से प्रभावित होता है (भारत सरकार, 2014, i)।

भू–क्षरण प्राकृतिक गुणों यथा – स्थान, पर्यावरण एवं भूमि के रासायनिक और भौतिक गुणों तथा साथ ही साथ मानव निर्मित परिस्थितियों दोनों के परिणामतः हो सकता है। इसके जो भी अन्तर्निहित कारण हों, भू–क्षरण का फसल उत्पादकता एवं पर्यावरण पर महत्त्वपूर्ण प्रतिकूल प्रभाव पड़ता है। जोशी एवं झा (1991) ने उत्तरप्रदेश

तालिका 7.1: *भारत में भू–क्षरण की सीमा: 2010–11*

क्र. सं.	*अपरदन के प्रकार*	*क्षेत्रफल करोड़ हैक्टेयर*	*कुल अपरदित भूमि का प्रतिशत*
1	हवा और पानी के क्षरण	9.487	79.00
2	अम्लीय मिट्टी	1.793	15.00
3	क्षारीय मिट्टी	0.37	3.00
4	लवणीय मिट्टी	0.273	1.80
5	जलप्लावित	0.091	1.00
6	खनन और औद्योगिक अपशिष्ट	0.026	0.20
7	सभी	120.40	100.00

स्रोत: भारत में भू–क्षरण एवं इसका प्रबंधन, कृषि मंत्रालय, भारत सरकार, नई दिल्ली, परिपत्र

के चार गाँवों के अध्ययन में यह पाया कि आठ वर्षों में फसल उत्पादकता में 50 प्रतिशत गिरावट सिंचाई व्यवस्था के माध्यम से आयी लवणता एवं पानी की रुकावट के कारण हुई थी।

भारत में भूमि संसाधन की चारित्रिक विशेषता यह है कि यहाँ साझाा उपयोग की भूमि का प्राबल्य है जो कि चिह्नित लोगों के समूह द्वारा सामूहिक रूप से उपयोग की जाती है। ये भूमि, इसके कानूनी स्वामित्व से पृथक् स्थानीय लोगों के लिए बिना किसी हस्तक्षेप के सुलभ होती है एवं इसका उपयोग बिना किसी नियम और विनियम के होता है। इस अर्थ में, इसको खुली पहुँच संसाधन कहा जा सकता है। हार्डीन (1968) के अनुसार सभी संसाधन यद्यपि भूलवश, 'सामान्यों की त्रासदी' से ग्रसित होते हैं। अधिकांश संसाधन अपरदित, नष्ट, पतनशील, अतिक्रमण युक्त एवं प्रदूषित होते हैं। इस तरह से, अपनी आधी से अधिक खराब जमीन पर भारत के लिए आने वाले दशकों में विद्यमान दरों पर खाद्यान्न उत्पादन की सन्धारणीयता की सम्भावना का परिदृश्य बहुत ही धुन्धला है।

जल संसाधनों में गिरावट एवं रिक्तीकरण

जल इस ग्रह पर सभी तरह के जीवन की उत्तरजीविता के लिए आवश्यक है। सिंचाई के लिए पानी की पर्याप्त एवं समय पर उपलब्धता कृषि उत्पादन को प्रभावित करने वाला महत्त्वपूर्ण कारक है एवं इससे खाद्यान्न सुरक्षा सुनिश्चित होती है। वैश्विक अक्षय जल संसाधन 41,022 घन किलोमीटर अनुमानित किये गए और 1998 में प्रति व्यक्ति पानी की उपलब्धता 6,918 घन मीटर थी जिसमें राष्ट्र से राष्ट्र के मध्य अन्तर है, जहाँ कुवैत के पास 11 घन मीटर की उपलब्धता थी वहीं आइलैण्ड में 6,06,498 घनमीटर थी (विश्व संसाधन संस्थान 1998: 305)। 2011 में भारत में प्रति व्यक्ति अक्षय ताजा पानी की अनुमानित उपलब्धता मात्र 1,184 घन मीटर (सेमी) प्रति वर्ष थी जिसकी तुलना में रूसी गणराज्य में 31,534 सेमी थी। बांग्लादेश में 8,252 सेमी, ऑस्ट्रेलिया में 74,863 सेंटीमीटर और 22,094 सेंटीमीटर थी (खाद्य एवं कृषि संगठन 2014, तालिका 5, पृ. 26)। जो समय के साथ घट रहा है और भविष्य में भी ऐसा जारी रहेगा। हालांकि, यह तस्वीर कुल राष्ट्रीय स्तर पर है, लेकिन भारत में होने वाली वार्षिक वर्षा में स्थानिक और वर्ष–दर–वर्ष के उतार–चढ़ाव के कारण पानी की उपलब्धता में महत्वपूर्ण क्षेत्रीय और अस्थायी विभिन्नता हैं, जो क्षेत्रीय एवं मौसमी कमी तथा अधिशेष की समस्याओं का कारण बनता है।

अधिक क्षेत्र को सिंचित में लाने, औद्योगिकीकरण एवं शहरीकरण में होती वृद्धि तथा बढ़ती मानव एवं पशु आबादी के कारण, जल संसाधनों पर जबरदस्त दबाव बढ़ा है, परिणामतः, विश्व के अधिकांश देशों में सतही जल एवं भूमि के अन्दर के जल दोनों संसाधनों में तेज गति से गिरावट एवं रिक्तीकरण हुआ है। कुछ लोग यह मानते हैं कि 21वीं शताब्दी में अन्तर्राष्ट्रीय एवं राष्ट्रीय दोनों स्तर पर किसी भी अन्य युद्ध की अपेक्षा जल युद्ध अधिक होंगे। यह प्रवृत्ति न केवल सतत विकास के लिए चुनौती प्रस्तुत करती है वरन् यह मानव उत्तरजीविता के लिए भी चुनौती है।

भारत में सतही एवं भूमि जल दोनों गिरावट एवं प्रदूषण की दृष्टि से गम्भीर अवस्था में हैं। जल संसाधनों में गिरावट उस स्तर तक पहुँच चुकी है जहाँ सरकारी एवं गैर–सरकारी अभिकरणों द्वारा यथोचित उपाय के माध्यम से तत्काल हस्तक्षेप निहायत ही जरूरी हैं। सतही जल लगभग पीने योग्य नहीं है। गंगा नदी, जिसको हिन्दू 'माँ गंगा' कहकर पूजते हैं वह भी इसका अपवाद नहीं है। यह कई स्थानों पर अत्यधिक प्रदूषित है और प्रदूषण को कम करने के उद्देश्य से गंगा एक्शन प्लान सहित कई परियोजनाएं विफल रही हैं।[1] राजग के नेतृत्व में नरेंद्र मोदी ने भारत के प्रधान मंत्री के रूप में निर्वाचित होने के बाद नदी की सफाई और प्रदूषण को नियंत्रित करने के लिए काम करने की पुष्टि की।[2] इसके बाद, इस उद्देश्य के लिए सरकार ने जुलाई 2014 में नमामि गंगा परियोजना को घोषित किया।

इसी तरह से, कई शुष्क एवं अर्ध–शुष्क क्षेत्रों में भूमि जल के अतिरिक्त दोहन के कारण रिक्तता आयी है एवं कृषि योग्य क्षेत्रों में उर्वरकों एवं कीटनाशकों के अवशेषों की लवणता के कारण गिरावट आयी है। परिणामतः, हाल के वर्षों में जल–जनित बीमारियों में उल्लेखनीय ढंग से वृद्धि हुई है।

इसके अतिरिक्त, कृषि, औद्योगिक एवं घरेलू उपयोग की बढ़ती माँग के संयोजन के साथ सतही एवं भूमि जल दोनों के कुप्रबन्धन ने देश के भूमि जल के क्षेत्र में गिरावट एवं रिक्तीकरण, सतही जल के स्रोतों का प्रदूषण

एवं शुष्क, अर्ध–शुष्क तथा कठोर चट्टानों के क्षेत्र में ताजे जल की तीव्र कमी जैसी कई समस्याओं को उत्पन्न किया। भूमि जल के स्तर में देश में कई स्थानों पर तेजी से गिरावट आयी है, जैसे उत्तरी गुजरात के मेहसाणा एवं पश्चिमी तमिलनाडु के कोयम्बटूर जिले में। यह अनुमान लगाया गया है कि मेहसाणा जिले में जल स्तर में प्रति वर्ष पाँच से आठ मीटर की गिरावट हो रही है एवं कोई 2,000 कुएँ प्रति वर्ष सूख रहे हैं (मॉन्च एवं कुमार 1997, 305)। गुजरात के तटीय क्षेत्रों में, अतिरिक्त दोहन ने भूमिजल स्रोत को रिक्त कर दिया है तथा ऐसे में निर्मित हुए निर्वात की पूर्ति समुद्री जल को लाकर की जा रही है जिसको की लवणता प्रवेश की घटना के रूप में देखा जाता है। यह अनुमान लगाया जाता है कि लवणता प्रवेश चिन्ताजनक दर से गुजरात के सौराष्ट्र तट के 1,100 किलोमीटर के 60 प्रतिशत भाग में आधे से एक किलोमीटर प्रतिवर्ष की दर से बढ़ रहा है (टाइम्स ऑफ इण्डिया 1998)। लवणता प्रवेश ने भूमिजल को घरेलू एवं कृषि उपयोग दोनों के लिए अनुपयुक्त कर दिया एवं कृषि उत्पादन को प्रतिकूल ढंग से प्रभावित किया। जल संसाधनों के उपयोग एवं प्रबन्धन की अधिकांश समस्याओं को स्पष्ट व्याख्यायित सम्पत्ति अधिकार एवं जल के उपयोग को विनियमित करने के यथोचित संस्थानों की कमी के रूप में पहचाना जा सकता है। अक्षय जल संसाधनों की सन्धारणीयता के नुकसान को बहाल करने के लिए सरकारी हस्तक्षेप यथोचित सम्पत्ति अधिकार ऐसे स्वरूप में निर्मित एवं प्रवर्तित करने, जल उपयोग को विनियमित करने, करारोपण, उपयोगकर्ता समूहों अथवा संघों का सहकारी प्रबन्धन करने की आवश्यकता है (सिंह 1998)।

वन संसाधनों में गिरावट एवं रिक्तीकरण

वन एक मूल्यवान अक्षय संसाधन है जो महत्त्वपूर्ण जीवनरक्षक प्रणाली प्रदान करता है एवं सतत विकास के लिए आवश्यक होता है। तेजी से बढ़ती जनसंख्या के साथ वन संसाधनों की माँग उत्तरोत्तर बढ़ी है। परिणामतः, वन संसाधनों की दर में इसके प्राकृतिक पुनर्जनन की दर की अपेक्षा गिरावट आई है। दुनिया का कुल वन क्षेत्र 4 अरब हैक्टेयर से अधिक है, जो दुनिया के कुल भौगोलिक क्षेत्र का लगभग 31 प्रतिशत है। यह औसत प्रति व्यक्ति 0.6 हेक्टेयर वन क्षेत्र के संगत है। दुनिया में वनों की कटाई की वर्तमान दर कम हो रही है, लेकिन यह अभी भी चिंताजनक रूप से अधिक है। 1900–2000 के दशकों में प्रति वर्ष 1.6 करोड़ हैक्टेयर प्रति वर्ष की तुलना में पिछले दशक (2000–10) में प्रत्येक वर्ष प्राकृतिक कारणों से लगभग 13 लाख वनों को अन्य उपयोगों में बदल दिया गया था अथवा खो दिया गया था (खाद्य एवं कृषि संगठन 2010, xiii)।

यद्यपि, विश्व में उष्णकटिबंधीय जंगलों के वनों की कटाई की सीमा के बारे में कोई आम सहमति नहीं है, पर्यावरणविद, भूस्खलन, कभी हरे–भरे रहे जंगलों के बंजर भूमि में बदलने, जिनमें अब सिर्फ ठूंठ बचे हैं और उष्णकटिबंधीय जंगलों के जल जाने की तरफ, चेतावनी भरे इशारे करते हैं। क्षेत्रीय स्तर पर, दक्षिण अमेरिका को 2000 और 2010 के बीच में सबसे अधिक लगभग 40 लाख हैक्टेयर प्रतिवर्ष वन का नुकसान सहना पड़ा – इसी का अनुसरण अफ्रीका द्वारा भी किया गया, जिसका नुकसान 34 लाख हैक्टेयर प्रतिवर्ष था। 1990 के दशक में, एशिया में प्रतिवर्ष 6 लाख हैक्टेयर वन का शुद्ध नुकसान हुआ था, जबकि 2000–10 की अवधि में पाया गया कि प्रति वर्ष 2 लाख हैक्टेयर से अधिक वनों के क्षेत्रफल में वृद्धि – मुख्य रूप से चीन द्वारा बड़े पैमाने पर वृक्षारोपण की वजह से और दक्षिण और दक्षिण पूर्व एशिया के कई देशों में शुद्ध हानि की निरंतर उच्च दर के बावजूद हुई (खाद्य एवं कृषि संगठन 2010, xvi)।

भारत में, अपनी आजीविका के लिए लाखों ग्रामीण वनों पर निर्भर होते हैं। इस दृष्टि से, वन उत्पादों की सन्धारणीयता का प्रवाह उनकी आजीविका को बनाये रखने के लिए आवश्यक है। लेकिन, पिछले तीन अथवा अधिक दशकों में, वन संसाधन पर बहुत अधिक जैविक एवं गैर–जैविक दबाव बढ़े हैं। ये अति–शोषण, गिरावट तथा अतिक्रमण के विषय होते हैं (सिंह 1994, 226)। यह अनुमान है कि कुल 360 लाख हैक्टेयर वन भूमि में अवनीकरण हुआ है एवं गिरावट आयी है (बंजर भूमि विकास के लिए समिति 1984)। इसके अतिरिक्त, वन भूमि का पर्याप्त हिस्सा भी गैर–वन उपयोग के लिए हस्तान्तरित किया गया है। परिणामतः, वन क्षेत्र, उत्पादकता एवं

उत्पादन में कमी आयी है एवं इनकी सन्धारणीयता की चुनौती उत्पन्न हुई है। बढ़ते भण्डार की मात्रा की दृष्टि से भारत के वनों में कम उत्पादकता इस तथ्य के साथ स्पष्ट होती है कि भारत में वर्ष 2000 में बढ़ते भण्डार की मात्रा मलेशिया के 119 सेमी तथा नेपाल के 100 सेमी के मुकाबले 43 सेमी प्रति हैक्टेयर थी (खाद्य एवं कृषि संगठन 2001)। ये सभी लाखों गरीबों, विशेषतः आदिवासियों के लिए उत्तरजीविता के लिए खतरा प्रस्तुत करती है जो कि अपने जीविकोपार्जन के लिए प्रमुखतः वनों पर निर्भर करते हैं।

ऊर्जा के परम्परागत स्रोतों में कमी

विश्व में परम्परागत स्रोतों से वाणिज्यिक ऊर्जा के उपभोग की दर बहुत तीव्र है, जो विश्व के आरक्षित जीवाश्म ईन्धन का रिक्तीकरण करते हैं। विश्व ऊर्जा आउटलुक 2014 के केंद्रीय परिदृश्य में, वैश्विक प्राथमिक ऊर्जा की मांग 2040 में 37 प्रतिशत अधिक होगी, जो वैश्विक ऊर्जा प्रणाली पर अधिक दबाव डालेगी। लेकिन यह दबाव अधिक होगा यदि इसका उपयोग दक्षतापूर्ण उपायों के साथ नहीं किया जाएगा, जो कि वैश्विक मांग वृद्धि को पीछे ढकेलने में महत्वपूर्ण भूमिका निभाते हैं। यह परिदृश्य दर्शाता है कि तीन जीवाश्म ईंधनों में से दो – कोयला और तेल के लिए वैश्विक मांग अनिवार्य रूप से 2040 तक ही हो पाएगी, यद्यपि, दोनों ईंधन के लिए, यह वैश्विक परिणाम, सभी देशों की बहुत सी भिन्न–भिन्न प्रवृत्तियों पर निर्भर करेगा। इसी समय, अक्षय ऊर्जा प्रौद्योगिकियों की लागत में कमी तथा राजकीय सहायता (2013 में 120 अरब अमरीकी डॉलर अनुमानित) से तेजी से स्थान मिलेगा। जबकि कोयला प्रचुर मात्रा में है और इसकी आपूर्ति अपेक्षाकृत सुरक्षित भी है, इसका भविष्य में उपयोग – दक्षता में सुधार, स्थानीय प्रदूषण से निपटने और कार्बन डाईऑक्साइड के उत्सर्जन को कम करने के उपायों से मजबूर है। 2040 में कोयला मांग 15 प्रतिशत अधिक होगी, लेकिन 2020 के दशक में वृद्धि धीमी हो जाएगी। क्षेत्रीय प्रवृत्ति अलग–अलग होगी, जहां चीन में यह सबसे अधिक, अमेरिका में एक तिहाई कमी लेकिन भारत में इसकी वृद्धि जारी रहेगी।

विश्व ऊर्जा आउटलुक 2014 को देखते हुए, परमाणु शक्ति पर गहनता से ध्यान केन्द्रित करते हुए, केंद्रीय परिदृश्य में 2040 हेतु 60 प्रतिशत की वृद्वि क्षमता को स्थापित करना, जिसको देखते हुए, केवल चार देशों (चीन, भारत, कोरिया और रूस) में अत्यधिक ध्यान केंद्रित किया गया। कुछ देशों के लिए ऊर्जा सुरक्षा को बढ़ाने में परमाणु शक्ति एक महत्वपूर्ण सामरिक भूमिका निभाती है। इससे 2040 तक वैश्विक ऊर्जा से संबंधित कार्बन डाईऑक्साइड के उत्सर्जन से चार साल तक बचा जा सकता है। यद्यपि, प्रतिस्पर्धी बाजारों में परमाणु शक्ति प्रमुख चुनौतियों का सामना करती है जहां महत्वपूर्ण बाज़ार और नियामकीय जोखिम होते हैं, और दुनिया भर में इसकी सार्वजनिक स्वीकृति का मुद्दा महत्वपूर्ण बना हुआ है। 2040 तक समाप्त होने के कारण कई देशों को लगभग 200 परमाणु रिएक्टरों के बारे में महत्वपूर्ण निर्णय करना चाहिए और स्थायी निपटान की सुविधा के अभाव में खर्च किए गए परमाणु ईंधन के बढ़ते संस्करणों को किस तरह से रोका जाना चाहिए।

एक महत्वपूर्ण 'तनाव का संकेत' – ऊर्जा से संबंधित कार्बन डाईऑक्साइड के उत्सर्जन (जिसमें 2040 तक पांचवें हिस्से में वृद्धि) में वृद्धि को रोकने के लिए शीघ्र रूप से ऊर्जा प्रणाली को बदलने में विफलता है और विश्व को 2 डिग्री सेल्सियस की एक दीर्घकालिक वैश्विक तापमान में वृद्धि के मार्ग की ओर ढकेल दिया है। केंद्रीय परिदृश्य में, 2015 में पेरिस में कॉप–21 की बैठक में एक व्यापक और महत्वाकांक्षी समझौते की आवश्यकता पर जोर दिया गया, जिसमें 2040 तक 2 डिग्री सेल्सियस जलवायु में कमी करने के लिए कार्बन बजट को स्वीकृति दी।

भारत में, विकसित देशों में प्रति व्यक्ति उपभोग की तुलना में बहुत कम वाणिज्यिक ऊर्जा की खपत होती है। उदाहरण के लिए, 2012 में, यह 18 गीगा जूल की तुलना में कनाडा में 248 और अमेरिका में 192 गीगा जूल प्रतिवर्ष थी (संयुक्त राष्ट्र 2012, 47–64)। लेकिन इसकी आबादी के बड़े आकार को देखते हुए, ऊर्जा उपभोग का यह स्तर तब तक सतत नहीं हो सकता, जब तक कि ऊर्जा के गैर–पारंपरिक स्रोतों को पूरी तरह से विकसित और उपयोग न किया जाए।

जैव विविधता की हानि

प्रजातियों की विविधता पारिस्थितिकी तन्त्र एवं सम्पूर्ण जीव मण्डल के सामान्य कामकाज के लिए आवश्यक है। जंगली प्रजातियों की आनुवांशिक सामग्री उन्नत फसल प्रजातियों, नयी दवाओं और उद्योग के लिए कच्चे माल के रूप में विश्व अर्थव्यवस्था के लिए अरबों रुपयों का योगदान करती हैं। लेकिन उपयोगिता के अतिरिक्त, वन्य प्राणियों के संरक्षण के लिए नैतिक, चारित्रिक, सांस्कृतिक, सौन्दर्य एवं विशुद्ध रूप से वैज्ञानिक कारण भी हैं।

विश्व स्तर पर जैव विविधता की मात्रा के सम्बन्ध में कोई विश्वसनीय अनुमान उपलब्ध नहीं हैं। 20 लाख से 10 करोड़ प्रजातियों के मध्य अनुमान लगाया जाता है लेकिन सर्वश्रेष्ठ अनुमान 1 करोड़ के आसपास है जिसमें से केवल 14 लाख को वास्तव में नाम दिया जा सका है। पृथ्वी ग्रह की जैविक विरासत खतरे की ओर बढ़ रही है। यह अनुमान है कि कुल प्रजातियों की एक चौथाई के विलुप्त हो जाने का खतरा है एवं 5,000 से 1,50,000 प्रजातियाँ प्रति वर्ष बायोमास में क्षति के कारण तथा विध्वंसकारी कृषि, वनों की कटाई, प्रदूषण एवं विनाशक तरीके से मछली पकड़ने एवं चरागाहों की प्रणालियों के कारण समाप्त हुई हैं (बर्टेलमस 1997, 325)। विश्व की अधिकांश जैव विविधता विकासशील देशों में पायी जाती है एवं यह अनुमान है कि प्राकृतिक पुनर्जनन की दर की तुलना में 50 से 100 गुना दर से लुप्त हो रही है (विश्व बैंक 1988, 26)। जैव विविधता के 25 'हॉटस्पॉट' में लगभग आधी दुनिया के वाहिकीय पौधों की प्रजातियां और स्तनपायी के एक तिहाई स्थानिक हैं, जिनमें से प्रत्येक में कम से कम 1,500 स्थानिक पौधों की प्रजातियां हैं। इन हॉटस्पॉटों में से किसी में भी अपने प्राचीन निवास स्थान के एक–तिहाई से अधिक नहीं बचे हैं। ऐतिहासिक रूप से, वे 12 प्रतिशत भूमि की सतह को आवरित करते हैं, लेकिन आज उनके अक्षुण्ण प्राकृतिक वास में केवल 1.4 प्रतिशत भूमि आवरित है। इस आवास के क्षति के परिणामस्वरूप, हम उम्मीद करते हैं कि कई हॉटस्पॉट स्थानिक या तो विलुप्त हो गए या विलुप्त होने के कगार पर है, क्योंकि वर्तमान में बहुत से प्राकृतिक वास विलुप्त होने के साथ–साथ समाप्ति की ओर है।

भारत समृद्ध जैव विविधता से सम्पन्न है। यह विश्व के 12 वृहद् विविधता के देशों में से एक आकलित होता है, जिसमें विश्व की जैव विविधता का 60 से 70 प्रतिशत हिस्सा आता है। भारत के पास विश्व के फूल पौधों की प्रजातियों का 6 प्रतिशत, विश्व के पक्षियों का 14 प्रतिशत, विश्व की पहचानी गयी पौध प्रजातियों का एक तिहाई हिस्सा जिनकी संख्या 45 हजार होगी तथा पशुओं की पहचानी गयी 81 हजार प्रजातियाँ है (विश्व बैंक 1996, 1)। भारत के प्राकृतिक संसाधन एवं जैव विविधता राष्ट्रीय एवं वैश्विक दोनों स्तर पर आर्थिक दृष्टि से महत्त्वपूर्ण हैं। विश्व के एक सबसे पुराने एवं सबसे बड़े कृषि देश के रूप में भारत के पास फसल प्रजातियों एवं किस्मों की प्रभावशाली विविधता है। फसल पौधों की कम से कम 166 प्रजातियाँ एवं खेती की फसलों की वन्य सम्बन्धी 320 प्रजातियाँ इस महाद्वीप में उत्पन्न हुई। भारत की सभी दवाइयों का लगभग 90 प्रतिशत पौध प्रजातियों से आता है, जिनमें से अधिकांश जंगल में उगाई जाती है। औषधीय पौधे एवं गैर इमारती वन उत्पाद जनजातीय आबादी के लिए विशेषतः आय एवं आजीविका के लिए एक महत्त्वपूर्ण साधन है। प्राकृतिक पारिस्थितिकी प्राकृतिक स्रोतों के विकास एवं प्रबन्धन को प्रबल तरीके से प्रभावित करती है जो कि न केवल कृषि के लिए वरन् औद्योगिक एवं नगरीय विकास के लिए भी महत्त्वपूर्ण है।

भारत में, वनों की कटाई के कारण जैव विविधता में जबर्दस्त नुकसान हुआ है। कई पौधे एवं पशु प्रजातियाँ विलुप्त होने की कगार पर हैं। यद्यपि 23 प्रजातियों के विलुप्त होने की पुष्टि हो चुकी है और यह सन्देह है कि इससे भी कई अधिक अज्ञात रूप से समाप्त हो चुकी है। यद्यपि अधिकांश मामलों में प्राकृतिक आवास में कमी, अत्यधिक कटाई एवं प्रदूषण जैव विविधता की क्षति के तत्काल कारणों में है, इस प्रक्रिया के अन्तर्निहित कारणों में कई सामाजिक–आर्थिक कारक होते हैं यथा – जनसंख्या दबाव, गरीबी, बेरोजगारी, अज्ञानता तथा समाज के सर्वाधिक अच्छे हित में सन्धारणीयता के आधार पर जैव विविधता एवं प्राकृतिक स्रोतों के उपयोग के लिए प्रोत्साहन की कमी। जब तक मानव एवं पशु जनसंख्या स्थानीय स्तर पर उपलब्ध प्राकृतिक स्रोतों एवं स्थानीय पर्यावरण की संवाहक क्षमता के भीतर थी न तो कोई पर्यावरणीय क्षति हुई न ही मानव कार्यवाही से जैव विविधता को

कोई हानि हुई। लेकिन जनसंख्या के बढ़ने के साथ स्थानीय अर्थव्यवस्था व्यापार के माध्यम से बाह्य अर्थव्यवस्था से समेकित हो गयी, तब प्राकृतिक स्रोतों में गिरावट तथा जैव विविधता में क्षति आरम्भ हुई। इसके साथ ही कई समुदाय अपनी आजीविका के लिए प्राकृतिक स्रोतों पर सीधे निर्भर होते हैं। वे बहुत ही गरीब एवं अबोध होते हैं, एवं उनके पास रोजगार के कोई वैकल्पिक अवसर नहीं होते हैं। इसी कारण से वे उपलब्ध प्राकृतिक स्रोतों के अति–दोहन एवं गिरावट के लिए विवश होते हैं, जो कि, बदले में न केवल उनकी अपनी उत्तरजीविता के लिए वरन् पारिस्थितिकीय सुरक्षा एवं अखण्डता के लिए एक बड़ा खतरा प्रस्तुत करता है। यह सही समय है जब भारत प्राकृतिक स्रोतों एवं जैव विविधता संरक्षण पर एक व्यावहारिक राष्ट्रीय नीति को स्वीकार करे जो आर्थिक एवं सामाजिक विकास नीतियों के साथ अग्रानुक्रम में हो।

जलवायु परिवर्तन

जलवायु परिवर्तन, मौसम के स्वरूप के सांख्यिकीय वितरण में एक बदलाव से है, जब यह परिवर्तन समय की विस्तारित अवधि (मतलब, दशकों से लाखों वर्षों) तक रहता है। जलवायु परिवर्तन औसत मौसमीय परिस्थितियों अथवा दीर्घ अवधि की औसत परिस्थितियों (जैसे, अधिक या कम प्रवृत्ति की मौसमीय घटनाएं) के मौसम में बदलाव के संदर्भ में हो सकता है। जलवायु परिवर्तन जैविक प्रक्रियाओं, पृथ्वी, प्लेट टेक्टोनिक्स और ज्वालामुखी विस्फोट से प्राप्त सौर विकिरण में भिन्नता जैसे कारकों के कारण होता है। हाल ही में, कुछ मानवीय गतिविधियों को जलवायु परिवर्तन के महत्वपूर्ण कारणों के रूप में पहचाना गया है, जिसे अक्सर "ग्लोबल वार्मिंग" कहा जाता है।

सम्पूर्ण विश्व में जलवायु में दृष्टिगोचर होने वाले परिवर्तन विशेषतः पिछले दो दशकों में दिखायी दिये हैं। महत्त्वपूर्ण परिवर्तनों में अम्लवर्षा, ग्लोबल वार्मिंग, ओज़ोन परत में क्षय/छिद्र एवं सूखे, बाढ़, चक्रवात तथा ओला–वृष्टि की बढ़ती घटनाएँ सम्मिलित होते हैं। जलवायु परिवर्तन पर अन्तर्सरकारी पैनल (आईपीसीसी 1995) के अनुसार ग्रीन हाउस गैस उत्सर्जन के वायुमण्डलीय जमाव से ग्लोबल वार्मिंग 1 से 3.5 डिग्री सेल्सियस तक बढ़ी है (बर्टेल्मस 1997, 325)। इसका आगे प्रमाण जलवायु परिवर्तन पर अन्तर्सरकारी पैनल की चौथी मूल्यांकन रिपोर्ट (2007) से मिला। विशेष चिन्ता का विषय जीवाश्म ईन्धन जो कि विश्व की 95 प्रतिशत वाणिज्यिक ऊर्जा की आपूर्ति करते हैं के दहन से कार्बन डाईऑक्साइड का उत्सर्जन होता है। ग्लोबल वार्मिंग की वैज्ञानिक समझ बढ़ रही है। 2014 में आईपीसीसी ने रिर्पोट दिया कि वैज्ञानिक 95 प्रतिशत से अधिक निश्चित है कि अधिकांश ग्लोबल वार्मिंग का कारण ग्रीनहाऊस गैसों के संकेन्द्रण और मानवीय (मानवजनित) गतिविधियाँ का बढ़ना है।[3] वर्तमान में कार्बन डाईऑक्साइड, मीथेन, नाइट्रस आक्साइड एवं अन्य ग्रीन हाउस गैसों का संकेन्द्रण स्तर पूर्व–औद्योगिक काल से बहुत ऊपर पहुँच चुका है।

यदि वैश्विक उत्सर्जन में वृद्धि इसी तरह बनी रहती है तो कार्बन डाईऑक्साइड का वायुमण्डलीय संकेन्द्रण पूर्व–औद्योगिक काल के सापेक्ष अगली सदी के मध्य तक दो गुना होने की सम्भावना है। ग्रीन हाउस गैसों का संग्रह विश्व की जलवायु तथा मानव जीवन की बेहतरी में उल्लेखनीय जोखिम प्रस्तुत करते हैं। इसके सम्भावित प्रभावों में समुद्र के स्तर में बढ़ोतरी, बाढ़ एवं सूखे की घटनाओं में बढ़ोतरी, कृषि उत्पादन में परिवर्तन, मानव स्वास्थ्य को बीमारियों के विस्तार एवं वृद्धि से खतरा, शुद्ध पेयजल की आपूर्ति की उपलब्धता में परिवर्तन एवं पारिस्थितिकी तन्त्र तथा जैव विविधिता में क्षति सम्मिलित है। इस समस्या का एक ओर परेशान करने वाला आयाम विश्व के कुल उत्सर्जन का बड़ा हिस्सा औद्योगिक एवं तेल–उत्पादक देश है। कार्बन डाई ऑक्साइड के वायुमण्डलीय संकेन्द्रण को स्थिर करने के लिए, उत्सर्जनों को वर्तमान स्तर से 60 प्रतिशत कम करना ही होगा। अमेरिका एवं अन्य 159 देशों द्वारा दिसम्बर 1997 में हस्ताक्षरित क्योटो समझौता औद्योगिक देशों द्वारा ग्रीन हाउस गैसों के उत्सर्जन को बाध्यकारी रूप से सीमित करता है। यह समझौता औद्योगिक देशों को एक दूसरे के साथ ग्रीन हाउस गैसों के उत्सर्जन का व्यापारिक अधिकार प्राप्त करने का अवसर प्रदान करती है।

तालिकाः 7.2 *विश्व के शीर्ष 10 कार्बन उत्सर्जक देश एवं उनकी जलवायु परिवर्तन प्रदर्शन सूचकांक रैंक*

देश	*वैश्विक कार्बन उत्सर्जन में हिस्सेदारी (प्रतिशत में)*	*जलवायु परिवर्तन प्रदर्शन सूचकांक रैंक*	
		2011	*2012*
इंग्लैण्ड	1.61	8	5
जर्मनी	2.59	7	6
भारत	5.47	10	23
कोरिया गणराज्य	1.78	34	41
जापान	3.77	38	43
संयुक्त राज्य अमेरिका	17.91	54.52	52
कनाडा	1.80	57	54
रूस	5.28	48	55
चीन	23.71	56	57
ईरान	1.84	52	60

स्रोत: जलवायु परिवर्तन प्रदर्शन सूचकांक 2012: परिणाम[5]

जलवायु परिवर्तन प्रदर्शन सूचकांक एक ऐसा उपकरण है जिसका उद्देश्य अंतर्राष्ट्रीय जलवायु राजनीति में पारदर्शिता को बढ़ाना है। इसका उद्देश्य उन देशों पर राजनीतिक और सामाजिक दबाव को बढ़ाना है, जो अभी तक, जलवायु संरक्षण पर महत्वाकांक्षी कार्यो को करने में विफल रहे हैं तथा साथ ही साथ बेहतर प्रचालित जलवायु नीतियों वाले देशों को सामने लाना हैं। मानक मानदंडों के आधार पर, 58 देशों के जलवायु संरक्षण प्रदर्शन के सूचकांक मूल्यांकन और उनकी तुलना एक साथ करने से स्पष्ट है कि ये 90 प्रतिशत से अधिक वैश्विक ऊर्जा से संबंधित कार्बन डाईऑक्साइड के उत्सर्जन के लिए उत्तरदायी हैं। मूल्यांकन का 80 प्रतिशत, उत्सर्जन की प्रवृत्ति और उत्सर्जन स्तर (उत्सर्जन प्रवृत्ति के लिए 50 प्रतिशत और उत्सर्जन स्तर के लिए 30 प्रतिशत) के उद्देश्य संकेतकों पर आधारित है। सूचकांक के परिणाम का 20 प्रतिशत, 200 से अधिक संबंधित देशों के विशेषज्ञों द्वारा राष्ट्रीय और अंतर्राष्ट्रीय जलवायु नीति के आकलन के आधार पर बनाया गया है। जलवायु परिवर्तन प्रदर्शन सूचकांक में उत्सर्जन प्रवृत्ति सबसे महत्वपूर्ण संकेतक है, क्योंकि यह कुल रैंकिंग में 50 प्रतिशत को निर्मित करता है। इसलिए, यदि कोई देश अपनी रैंकिंग में सुधार करना चाहता हैं, तो उसके लिए अपनी उत्सर्जन प्रवृत्ति को निम्न स्तर पर लाना महत्वपूर्ण है।[4] तालिका 7.2 में विश्व के शीर्ष 10 देशों के उत्सर्जन प्रसार एवं उनके जलवायु परिवर्तन प्रदर्शन सूचकांक रैंक को प्रस्तुत किया गया है। 10 सबसे बड़े कार्बन डाई आक्सॉइड उत्सर्जक देशों का खराब प्रदर्शन विशेष रूप से खतरनाक है। इन देशों की वैश्विक कार्बन डाईऑक्साइड उत्सर्जन में 60 प्रतिशत से अधिक की हिस्सेदारी है। भारत के मामले में भी, यह प्रवृत्ति खतरनाक है और नीति निर्माताओं के लिए इस पर तत्काल ध्यान देने की आवश्यकता है।

ओजोन परत का क्षरण

बढ़ते औद्योगिकीकरण एवं वन कटाई पृथ्वी के बनावट के रासायनिक संघटन को इस तरह से परिवर्तित कर रही है जिससे कि कृषि पारिस्थितिकीय सन्तुलन एवं मानव स्वास्थ्य के लिए खतरा उत्पन्न होता है। वायुमण्डलीय परिवर्तन में दो महत्त्वपूर्ण खतरे होते हैं: प्रथम, क्लोरोफ्लोरोकार्बन्स एवं अन्य सम्बन्धित योजकों के उपयोग एवं

उत्पादन से ओजोन क्षय एवं, द्वितीय, कार्बन डाईऑक्साइड एवं अन्य ग्रीन हाउस गैसों के संकेन्द्रण का प्रभाव परिणामतः ग्रीन हाउस पर होता है। ओजोन परत अथवा ओजोन कवच पृथ्वी के समताप मंडल के एक क्षेत्र को संदर्भित करता है जो सूर्य के पराबैंगनी विकिरणों के अधिकांश भाग को अवशोषित करता है। इसमें वायुमंडल के अन्य भागों के सापेक्ष ओजोन (O_3) की उच्च सांद्रता सम्मिलित है, यद्यपि, समताप मंडल में अन्य गैसों की तुलना में यह बहुत कम है। ओजोन परत में प्रति 10 लाख पर 10 से कम कण ओजोन के होते हैं, जबकि पृथ्वी के वायुमंडल में औसत ओजोन संकेन्द्रण लगभग 0.3 कण प्रति 10 लाख होते हैं। ओजोन परत मुख्य रूप से समताप मंडल के निचले हिस्से में पृथ्वी के ऊपर लगभग 20 से 30 किमी (12 से 19 मील) की ऊंचाई पर पाया जाता है, यद्यपि, इसकी मोटाई हर जगह मौसम और भौगोलिक रूप से अलग–अलग होता है। संयुक्त राष्ट्र महासभा ने 16 सितंबर को ओजोन परत के संरक्षण के लिए अंतरराष्ट्रीय दिवस के रूप में नामित किया। ओजान परत को स्वतंत्र उग्र उत्प्रेरकों जैसे नाइट्रिक आक्साइड, नाइट्रस आक्साइड, हाइड्रॉक्सिल, क्लोरीन अणु, और ब्रोमिन अणु द्वारा कमजोर/जर्जर किया जा सकता है। जबकि, इन सभी तत्वों के प्राकृतिक स्रोत है, क्लोरीन और ब्रोमिन की संकेन्द्रण में वृद्धि मानव निर्मित ऑर्गनहैलोजन यौगिकों विशेषकर, क्लोरोफ्लोरो कार्बन और ब्रोमोफ्लोरोकार्बन की बड़ी मात्रा में मुक्त होने के कारण हाल के दशकों में उभरा है। 2009 तक, नाइट्रस आक्साइड मानव गतिविधियों में सबसे बड़ा ओजोन क्षरण पदार्थ था।

ओज़ोन एक शक्तिशाली उपचायक है एवं यह सूर्य की अधिकांश हानिकारक पराबैंगनी किरणों को अवशोषित करते हैं। पराबैंगनी विकिरण त्वचा कैंसर एवं मोतियाबिन्द होने का कारण हो सकता है, यह समुद्री खाद्य शृंखला को बाधित तथा फसलों को हानि पहुँचा सकता है। हाल के माप यह संकेत देते हैं कि अण्टार्कटिका में सर्वाधिक उच्च ओज़ोन हानि 60 प्रतिशत के ऊपर पहुँच चुकी है तथा यह अनुमान है कि उत्तरी ध्रुव पर एक आर्कटिक ओज़ोन छेद हैं। केवल भूमध्यरेखीय क्षेत्रों में अब तक कोई महत्त्वपूर्ण ओज़ोन नुकसान दिखाई नहीं देता है (विश्व अनुसन्धान संस्थान 1992, 9)। 1970 के दशक के बाद से ही औसतन 4 प्रतिशत वैश्विक दर से ओजोन के स्तर में गिरावट हो रही है। उत्तरी और दक्षिणी ध्रुवों के आसपास पृथ्वी के सतह के लगभग 5 के लगभग में सबसे ज्यादा गिरावट देखी गई है जिसे ''ओजोन छिद्र'' के रूप में वर्णित किया गया है।

1993 में ओज़ोन परत सबसे कम स्तर 90 डॉबसन इकाई पर थी जिसमें पिछले वर्ष की अपेक्षा 15 प्रतिशत ज्यादा बड़ा छेद था (ब्राउन एवं अन्य 1993)। 2005 का ओज़ोन छेद अभी तक सर्वाधिक बड़ा था, यह 240 लाख वर्ग किलोमीटर में फैला था, जो लगभग उत्तरी अमेरिका के आकार के बराबर है। जबकि अण्टार्कटिका पर ओज़ोन छेद लगातार बड़ा होता जा रहा है, ऐसा प्रतीत होता है शेष ग्रह के चारों तरफ ओज़ोन परत की मरम्मत जारी है।[6] यह क्लोरोफ्लोरो कार्बन के उपयोग, प्रशीतक में प्रभामण्डल, रोधन तथा संवेष्टन के कारण होता है। भारत जैसे देश में, ओज़ोन के नुकसान की सीमा के बारे में विश्वसनीय जानकारी नहीं है।

सन्धारणीयता के नुकसान के ये सभी संकेतक परम्परागत आर्थिक नियोजन एवं नीति निर्माण में सख्त परिवर्तन के लिए मजबूर करते हैं। आम तौर पर, सन्धारणीयता के ऐसे खतरे के जवाब में, दो नये प्रतिमान उभर रहे हैं: **इकॉ–नॉमिक्स** (पॉस्टल 1990 द्वारा गढ़ा गया) एवं सतत विकास। इसमें पूर्ववर्ती का ध्यान पर्यावरणीय लागत को परम्परागत व्यष्टि एवं समष्टि अर्थशास्त्र में समाहित करना है एवं बाद वाला आर्थिक विकास के लिए आवश्यक प्रक्रियाओं में सामाजिक एवं पर्यावरण सम्बन्धी मानदण्डों के अनुपालन के साथ समर्थन करता है। **इकॉ–नॉमिक्स** को परम्परागत आर्थिक विश्लेषण में बाह्यता को समाहित करने के प्रयास के रूप में देखा जा सकता है जबकि वहीं पर इसको अन्तर–पीढ़ीगत समानता मापदण्ड की कसौटी को सम्मिलित करते हुए प्रति व्यक्ति उपभोग को दीर्घावधि तक रखरखाव के रूप में देखा गया है। इसका तात्पर्य सकल घरेलू उत्पाद में अधिकतम परिवर्तन करते हुए अधिक सतत विकास की ओर अवस्थित होने से है, जिसको पर्यावरण समायोजित सकल घरेलू उत्पाद की तरह परिभाषित किया जा सकता है। संयुक्त राष्ट्र के हाल के कई सम्मेलनों में इक्कीसवीं शताब्दी के कई लक्ष्यों को अंगीकार किया गया है। इनमें से एक लक्ष्यः 2005 तक सतत विकास के लिए राष्ट्रीय रणनीति का

क्रियान्वयन जिससे कि पर्यावरणीय स्रोतों के वर्तमान नुकसान को 2015 तक राष्ट्रीय एवं वैश्विक स्तर पर उलटा जा सके (विश्व बैंक 1998, 10)।

अब, हम भारत में पूर्व में अपनायी गयी विकास की महत्त्वपूर्ण रणनीतियों की समीक्षा करेंगे तथा इसके बाद सतत विकास के लिए नयी रणनीति के कुछ प्रमुख तत्त्वों को प्रस्तुत किया जायेगा।

भारत की ग्रामीण विकास रणनीतियों की आलोचनात्मक समीक्षा

भारत में स्वतन्त्रता के पश्चात् अपनायी गयी विभिन्न ग्रामीण विकास के कार्यक्रमों एवं नीतियों की समीक्षा, विकास की निम्नलिखित चार रणनीतियों को प्रकट करती है।[7]

समग्र सह साम्य उन्मुख रणनीति

भारत की पंचवर्षीय योजनाओं में कृषि एवं ग्रामीण विकास को उच्च प्राथमिकता प्रदान की गयी है। प्रथम पंचवर्षीय योजना में सामुदायिक विकास कार्यक्रम का प्रभुत्व था, जिससे कि राष्ट्र निर्माण एवं समानता के भारत के अधिभावी सरोकार परिलक्षित होते हैं। सामुदायिक विकास कार्यक्रम की अन्तर्निहित प्रमुख रणनीति में वृद्धि, कल्याण, समानता तथा सामुदायिक परिवर्तन के उद्देश्यों को एक साथ अर्जित करने के लिए समग्र ढंग से बनाया गया था। यह प्रतिमान गरीबी, बेरोजगारी एवं असमानता की मूलभूत समस्या को व्यापक लेकिन समेकित दृष्टि से लेता है एवं इन समस्याओं के भौतिक, आर्थिक, तकनीकी, सामाजिक, प्रेरक, संगठनात्मक एवं राजनीतिक आधार को सम्बोधित करने का प्रयास करता है। इस रणनीति के एकाधिक लक्ष्य सरकार के साथ विकास में सहभागिता के लिए समुदाय को संलग्न करते हुए क्षमता निर्माण करना है। इस दृष्टिकोण की अन्तर्निहित महत्त्वपूर्ण धारणा यह है कि सरकार सामाजिक शक्ति सम्बन्धों का पुनर्गठन कर सकती है एवं केन्द्रीयकृत नौकरशाही, सामुदायिक समूहों के साथ अधिकार साझा करना सीख सकती है। इस रणनीति के सफल क्रियान्वयन के लिए जटिल विकेन्द्रीकृत मैट्रिक्स संरचना की आवश्यकता होती है जिसमें ऊर्ध्वाधर एवं पार्श्व एकीकरण की स्थायी व्यवस्था के साथ, विशेषज्ञ और सामान्यीकृत कौशल, संस्थागत नेतृत्व, सामाजिक हस्तक्षेप क्षमता तथा व्यवस्था प्रबन्धन संयोजन हो (आइकिस 1983, अध्याय प्रथम)। सामुदायिक विकास कार्यक्रम के पश्चात् कुछ अन्य कार्यक्रम यथा – एग्राविका, राष्ट्रीय ग्रामीण रोजगार कार्यक्रम, ट्रायसेम को इस प्रतिमान के परिणामस्वरूप आरम्भ किया गया। लेकिन भारत में विद्यमान संगठनात्मक संरचना एवं अभिशासन व्यवस्था जिनके पास इस रणनीति के सफल क्रियान्वयन के लिए पूर्व में चर्चा की गयी शर्तों में से कई नहीं हैं, इसलिए रणनीति ने अपना यथेष्ठ परिणाम नहीं प्रदान किया।

वृद्धि–उन्मुख रणनीति

द्वितीय पंचवर्षीय योजना के मध्य तक, यह तेजी से स्पष्ट होता गया कि सामुदायिक विकास कार्यक्रम की जो भी सफलता थी, यदि कृषि उत्पादन को भारत की बढ़ती जनसंख्या की माँग से आगे रखना है तो एक नयी रणनीति की आवश्यकता होगी। 1957–58 में, भारत ने स्वतन्त्रता के पश्चात् के प्रथम खाद्यान्न संकट का सामना किया। इस संकट के प्रत्युत्तर में, एवं फोर्ड फाउण्डेशन प्रायोजित अमेरिकी कृषि उत्पादन विशेषज्ञों की अनुशंसाओं के आधार पर, एक नया कार्यक्रम सघन कृषि जिला कार्यक्रम बनाकर 1960–61 में देश के सात चयनित जिलों में लागू किया गया एवं इसे बाद में आठ अन्य जिलों में बढ़ाया गया।

सघन कृषि जिला सामुदायिक विकास कार्यक्रम से एक उल्लेखनीय प्रत्यन्तर था, जिसमें इसने सामुदायिक विकास कार्यक्रम की समानता की कसौटी के विपरीत एकाग्रता सिद्धान्त के संसाधनों को नियोजित किया।

इसका प्रमुख उद्देश्य कृषि क्षेत्र के स्तर पर पूरक आगतों तथा सेवाओं के उपयोग से कृषि उत्पादन में तीव्र वृद्धि अर्जित करना था। सघन कृषि जिला कार्यक्रम में कृषि नियोजन ने एक महत्त्वपूर्ण हिस्से का गठन किया। 1966 तक, संकेन्द्रण के आधारभूत सिद्धान्त एवं संसाधनों के प्रभावशाली उपयोग तथा बेहतर प्रबन्धन ने राष्ट्रीय महत्ता अर्जित की, एवं कई नए कृषि विकास कार्यक्रम यथा – सघन कृषि क्षेत्र कार्यक्रम, उच्च पैदावार किस्म कार्यक्रम एवं सघन पशु विकास कार्यक्रम को सघन कृषि जिला कार्यक्रम की तरह विकसित किया गया। ये सभी कार्यक्रम वृद्धि–उन्मुख थेः इन्होंने स्वयं को समानता के मुद्दों पर सम्बोधित नहीं किया। इन्होंने एक तरफ खाद्यान्न उत्पादन में तीव्र वृद्धि को अर्जित करने के लिए संकेन्द्रण सिद्धान्त की प्रभावशीलता को तथा दूसरी तरफ ग्रामीण गरीबी एवं आय असमानता की मूलभूत समस्या के समाधान के लिए वृद्धि उन्मुख रणनीति की असफलता को प्रदर्शित किया। इन कार्यक्रमों के साथ सबसे महत्त्वपूर्ण सबक जो सीखा गया वह था एक बढ़ती आर्थिक वृद्धि दर बिगड़ती गरीबी के खिलाफ कोई गारंटी नहीं है एवं गरीबी तथा बेरोजगारी की आधारभूत समस्याओं पर सामने से प्रत्यक्ष आक्रमण किया जाना अपेक्षित था।

कल्याण–उन्मुख रणनीति

यह सामान्य तौर पर ग्रामीण जनसंख्या एवं विशेषतः ग्रामीण गरीबों के कल्याण को वृहद् स्तरीय सामाजिक कार्यक्रम यथा– न्यूनतम आवश्यकता कार्यक्रम, मध्याह्न भोजन कार्यक्रम, राष्ट्रीय वृद्धावस्था पेंशन योजना एवं अन्य के माध्यम से बढ़ावा देने के लिए है। इस रणनीति में प्राथमिक साधन के रूप में सामग्री, सेवाओं एवं नागरिक सुविधाओं के निःशुल्क वितरण का उपयोग किया गया था। इस रणनीति की महत्त्वपूर्ण मान्याताएँ यह हैं कि लोग अपनी समस्याओं की पहचान एवं समाधान के लिए सक्षम नहीं हैं एवं सरकारी विशेषज्ञ उनकी आवश्यकताओं की पहचान कर सकते हैं तथा सरकार के साथ उपलब्ध प्रशासकीय एवं वित्तीय संसाधनों के साथ प्राप्त कर सकते हैं। कल्याण उन्मुख कार्यक्रम एक मिश्रित परिदृश्य प्रस्तुत करते हैं, गरीब लोग जहाँ कुछ कार्यक्रमों से उल्लेखनीय ढंग से लाभान्वित हुए वहीं कुछ क्षेत्रों में कुछ भी नहीं हुआ। इस रणनीति की निम्नलिखित तीन प्रमुख आलोचनाएँ हैं –

1. इसने निर्भरता को बढ़ाया है।
2. इसके लिए स्रोतों की आवश्यकता होती है जो कि सरकार के माध्यमों से परे है।
3. इसने कल्याण के लाभों की आपूर्ति के लिए जिम्मेदार लोगों के मध्य वृहद् स्तर पर भ्रष्टाचार के दरवाजे खोले हैं।

सहज एवं सहभागी रणनीति

इसका लक्ष्य ग्रामीण लोगों को स्वयं की मदद अपने संगठनों में सक्रिय सहभागिता एवं अन्य सहायक व्यवस्थाओं के माध्यम से सहायता करना है। इसका सरोकार लोगों द्वारा महसूस की गयी आवश्यकताओं को जैसी उनके द्वारा व्याख्यायित की जाए के अनुसार प्रतिक्रिया देना है। सरकार की भूमिका यह है कि ग्रामीणों को तकनीकी एवं स्रोत जो स्थानीय स्तर पर उपलब्ध नहीं है, उपलब्ध करवाकर उनके माध्यम से स्वयं सहायता प्रयासों को सुगम बनाना है। इस रणनीति की महत्त्वपूर्ण धारणा यह है कि ग्रामीण गरीब अपनी समस्याओं को स्वयं पहचानेंगे एवं हल करेंगे यदि उन्हें न्यूनतम सहायता प्रदान की जाती है अन्यथा उन्हें अपने साधन एवं पहल पर छोड़ दिया जाए। यह रणनीति, सामुदायिक सहभागिता में, परियोजना गतिविधियों के नियन्त्रण के प्राथमिक प्रदर्शन संकेतक होती हैं। भारत का ऑपरेशन फ्लड जो कि 1970 में 10 राज्यों में 18 दुग्धशालाओं से आरम्भ किया गया, इस रणनीति का एक अच्छा उदाहरण है। ऑपरेशन फ्लड का लक्ष्य आणन्द प्रतिमान की सहकारिता की त्रिस्तरीय

संरचना के माध्यम से भारत के डेयरी उद्योग को आधुनिक एवं विकसित करना था। कई स्वयंसेवी संस्थाएँ विकास के इस प्रतिमान का अनुसरण करती हैं।

निष्कर्षतः हम यह कह सकते हैं कि अब आवश्यकता है एक समेकित अथवा समग्र रणनीति की जो कि पूर्व की चारों रणनीतियों की सकारात्मक विशेषताओं को जोड़े एवं जो ईमानदारी के साथ यथोचित संगठनात्मक ढाँचे के निर्माण के माध्यम से कार्यान्वित हो।

ग्रामीण विकास के लिए एक नयी रणनीति के कुछ तत्त्व

ग्रामीण गरीबी एवं बेरोजगारी की समस्या के समाधान के लिए भारत में अपनायी गयी ग्रामीण विकास की रणनीतियों की असफलताओं को देखते हुए, हमारे लिए आवश्यक है कि ऐसी रणनीतियाँ बनायी जायें जो कि प्रायः वृद्धि एवं विकास की असतत प्रक्रियाओं से सतत विकास के मार्ग पर वर्तमान से आगे बढ़ने के लिए प्रवृत्त हो। इसके लिए सभी देशों की नीतियों में परिवर्तन उनके अपने विकास के लिए एवं उनके अन्य राष्ट्रों के विकास की सम्भावनाओं के प्रभावों के लिए आवश्यक होगा। सामान्य तौर पर, सतत विकास के लिए एक व्यावहारिक रणनीति के कुछ महत्त्वपूर्ण तत्त्व निम्नलिखित हैं (सिंह 1999):

सतत कृषि, खाद्य सुरक्षा एवं पारिस्थितिकी सुरक्षा

खाद्य सुरक्षा जो कि सतत कृषि पर निर्भर करती है, सतत आजीविका के लिए एक पूर्व शर्त है जो बदले में सतत विकास के अभिन्न अंग का गठन करती है। राष्ट्रीय स्तर पर खाद्यान्न सुरक्षा को एक देश में व्यक्तियों एवं परिवारों तक दीर्घ–कालीन आधार पर एक सक्रिय एवं स्वस्थ जीवन के लिए पर्याप्त मात्रा में खाद्यान्न की सुरक्षित पहुँच की व्यवस्था की तरह परिभाषित किया गया है। अब खाद्यान्न सुरक्षा की अवधारणा को विस्तारित किया गया है तथा सन्तुलित भोजन, सुरक्षित पेयजल, पर्यावरणीय स्वच्छता, प्राथमिक शिक्षा एवं बुनियादी स्वास्थ्य देखभाल तक सुरक्षित भौतिक एवं आर्थिक पहुँच इसे आजीविका सुरक्षा लक्ष्यार्थ के रूप में उपयोग किया जाता है (स्वामीनाथन 1996, 66)। खाद्यान्न सुरक्षा के तीन घटकों, यथा भौतिक उपलब्धता, आर्थिक पहुँच एवं सन्धारणीयता राष्ट्रीय तथा अन्तर्राष्ट्रीय दोनों स्तरों पर शान्ति एवं सामाजिक सद्भाव को बनाये रखने के लिए आवश्यक है। अतएव, यह तार्किक ढंग से कहना उचित होगा कि खाद्यान्न सुरक्षा के लिए शान्तिपूर्ण सतत विकास एक अनिवार्य शर्त है।

खाद्यान्न सुरक्षा प्राप्त करने के लिए, सतत कृषि उत्पादन व्यवस्था के प्रोत्साहन को उच्च प्राथमिकता देनी चाहिए। अपरदित होती मिट्टी, गिरते एवं प्रदूषित होते जलस्रोतों की कीमत पर कृषि उत्पादन में वृद्धि सतत कृषि के विपरीत है। कृषि में भूमि उपयोग भूमि की क्षमता के वैज्ञानिक मूल्यांकन पर आधारित होना चाहिए। साथ ही, मिट्टी की ऊपरी सतह, मत्स्य संग्रह एवं वन संसाधन में गिरावट इनके प्राकृतिक पुनर्जनन की दर से आगे नहीं बढ़ना चाहिए। विकसित एवं विकासशील देशों में, उत्पादकता में भविष्य की वृद्धि जल एवं कृषि रसायनों के बेहतर नियन्त्रित अनुप्रयोग एवं साथ ही कीटाणु नियन्त्रण के लिए कार्बनिक उर्वरकों एवं गैर–रासायनिक माध्यमों के अधिक से अधिक व्यापक उपयोग पर आधारित होना चाहिए।

सभी को खाद्य सुरक्षा सुनिश्चित करने के लिए, विशेषकर गरीबों को, संसद द्वारा 12 सितंबर, 2013 को राष्ट्रीय खाद्य सुरक्षा अधिनियम नामक एक विधान पारित किया गया। इस कानून का उद्देश्य भारत के 1.2 अरब लोगों के दो–तिहाई को राजकीय सहायता प्रदत्त अनाज उपलब्ध कराना है। इस अधिनियम के प्रावधानों के तहत, पात्र लाभार्थियों द्वारा प्रति माह प्रति पात्र व्यक्ति 5 किलोग्राम अनाजः चावल रू. 3 प्रति किग्रा, गेहूं रू. 2 प्रति किग्रा और मोटा अनाज (बाजरा) रू. 1 प्रति किग्रा खरीदा जा सकता है। इस अधिनियम को यदि सभी राज्य सरकारों द्वारा ईमानदारी से लागू किया जाए तो, गरीब लोगों की खाद्य सुरक्षा को सुनिश्चित किया जा सकता है।

प्राकृतिक संसाधनों एवं प्राकृतिक आपदाओं का न्यायसंगत प्रबन्धन

भूमि, जल, पौधे, पशु, वन, मत्स्य पालन और पर्यावरण के प्राकृतिक संसाधन पृथ्वी पर जीवन के आधारभूत समर्थन प्रणाली का गठन करते हैं। सतत विकास इस बात पर निर्भर करता है कि इस तरह के प्राकृतिक संसाधनों का उपयोग कैसे किया जाता है। भारत में, अधिकतर प्राकृतिक संसाधन, विशेष रूप से जिन्हें सामान्यतः रखा जाता है अथवा उपयोग किया जाता है, जो कि सामान्य एकत्रित संसाधन (सीपीआर) और खुली पहुँच संसाधन (ओएआर) अधिकतर अपरदित होते हैं और उनकी उत्पादकता भी बहुत कम है। हार्डीन (1968) के अनुसार, अधिकांश सामान्य एकत्रित संसाधन एवं सभी खुली पहुँच संसाधन 'सामान्यों की त्रासदी' है। यह अनुमान लगाया गया है कि लगभग 10 करोड़ हैक्टेयर जमीन भारत में सामान्य एकत्रित जमीन है एवं लगभग तीन करोड़ हैक्टेयर जंगल एवं जल और मत्स्य के विस्तृत स्रोत सामान्य एकत्रित संसाधन एवं खुली पहुँच संसाधन की श्रेणी के अन्तर्गत आते हैं (सिंह 1994, VII)।

सामान्य एकत्रित संसाधन एवं खुली पहुँच संसाधन की बहाली एवं बुद्धिमान प्रबन्धन, करोड़ों ग्रामीण की बेहतरी एवं उत्तरजीविता के लिए महत्त्वपूर्ण हैं जो इस पर निर्भर है। यदि पर्यावरण सहित प्राकृतिक स्रोतों के अपरदन की प्रक्रिया को उल्टा नहीं जाता है तो सतत विकास के लक्ष्य को अर्जित करना सम्भव नहीं होगा। सौभाग्य से, जैविक व्यवस्था होने से, भूमि, जल, वन एवं मत्स्य के सामान्य एकत्रित संसाधन गतिशील होते हैं तथा प्रबन्धन हस्तक्षेप के विषयाधीन होते हैं जो खाद्यान्न, जलाऊ लकड़ी, रेशे, इमारती लकड़ी एवं विभिन्न पर्यावरणीय सुविधाओं के रूप में सतत लाभ का संवहन प्रदान कर सकते हैं।

सामान्य एकत्रित संसाधनों का प्रबंधन संधारणीय उपज पर आधारित एक सावधानीपूर्वक मंचित की गयी नीतियों एवं प्रबन्धन अभ्यासों पर निर्भर करती है। कृषि अर्थशास्त्री, विशेषतः वे जो प्राकृतिक संसाधन अर्थशास्त्र में विशेषज्ञ होते हैं सामान्य एकत्रित संसाधन के उपयोग एवं प्रबन्धन के लिए सामाजिक अधिकतम रणनीतियों के विकास में तकनीकी एवं समाज वैज्ञानिकों के ऊपर एक विशिष्ट लाभदायक स्थिति में होते हैं। कई वैकल्पिक सम्पत्ति शासन अथवा प्रबन्धन व्यवस्थाएँ होती हैं जिनके अन्तर्गत प्राकृतिक स्रोतों को प्रबन्धित किया जाता है/किया जा सकता है। इसमें निजी, सहकारी/सामूहिक, कॉर्पोरेट एवं सार्वजनिक सम्पत्ति शासन सम्मिलित होते हैं (सिंह 1994, 49–70)। उचित सम्पत्ति अधिकारों को बनाने एवं लागू करना खुली पहुँच संसाधनों की त्रासदी को पलटकर उनकी उत्पादकता को बेहतर करने का एक उपकरण हो सकता है (सिंह 1997, 136–50)। कई मामलों में, सामान्य एकत्रित संसाधनों को बनाये रखने के लिए सहकारी प्रबन्धन एक भरोसेमन्द विकल्प के रूप में मिला है (सिंह एवं वल्लभ 1996, 16–18)। भारत के कई जलग्रहण विकास परियोजनाओं के अनुभव यह बताते हैं कि जलग्रहण दृष्टिकोण पुनर्जनन योग्य सामान्य एकत्रित संसाधनों के सतत उपयोग को सुनिश्चित कर सकता है (सिंह 1995)। आज हमारे लिए यह निर्धारित करना आवश्यक है कि कौन सा संसाधन न्यायोचित उपयोग में आयेगा तथा कौन–सी सम्पत्ति शासन के तहत तथा किन परिस्थितियों के तहत प्रबन्धित होगी तथा किस तरह से जलग्रहण दृष्टिकोण को भारत में ज्यादा व्यापक स्तर पर विशेषतः शुष्क क्षेत्रों में अंगीकार किया जा सकता है।

अनादिकाल से प्राकृतिक आपदाएँ भारत की अर्थव्यवस्था के लिए अभिशाप रही है। प्राचीन भारतीय साहित्य में, प्राकृतिक आपदाओं के सन्दर्भ आते हैं यथा लम्बा सूखा, चौकाने वाली बाढ़, ओले, तूफान, भू–स्खलन, चक्रवात एवं जंगल में आग। भारत का लगभग 60 प्रतिशत भू–भाग भूकम्प के लिए असुरक्षित है, 4 करोड़ हैक्टेयर से अधिक जमीन बाढ़ उन्मुख है,[8] कुल क्षेत्रफल का 8 प्रतिशत चक्रवात उन्मुख है तथा कुल क्षेत्रफल का लगभग 68 प्रतिशत सूखा प्रभावित है। 8,000 किमी लम्बा समुद्री तट गम्भीर चक्रवाती उत्पत्ति की ओर उन्मुख है। कुल क्षेत्रफल का लगभग 55 प्रतिशत क्षेत्र भूकम्पीय प्रक्षेत्र तीन एवं चार में आते हैं एवं भूकम्प के लिए असुरक्षित हैं। उपहिमालयन क्षेत्र एवं पश्चिमी घाट भू–स्खलन के लिए असुरक्षित हैं (कंवर 2001, 7; भारत सरकार 2004ए, 32)।

आर्थिक विकास असतत है यदि यह लोगों को प्राकृतिक एवं मानव निर्मित संकटों से असुरक्षा में वृद्धि करते हैं। एक सूखा किसानों को उनके जानवरों अथवा अन्य उत्पादक सामग्रियों जिनकी आवश्यकता उसको आने वाले वर्षों में सतत उत्पादन के लिए आवश्यक हो बेचने के लिए बाध्य कर सकता है। एक महामारी किसी भी फसल को बर्बाद कर सकती है एवं फसल उत्पादक को दिवालिया कर सकता है। इसी तरह से, फसल उत्पाद की कीमतों में गिरावट कृषि आय कम कर सकते हैं एवं इस प्रकार से यह किसानों द्वारा प्राकृतिक स्रोतों के अति–दोहन का कारण बनती है। पर्सेल एवं गुलाटी (1993) के अनुसार, कृषि वस्तुओं में घरेलू एवं बाहरी व्यापार का उदारीकरण उच्च अनाज मूल्यों के माध्यम से भारत के गरीबों की खाद्यान्न असुरक्षा की समस्या की गम्भीरता बढ़ा सकता है। प्रतिकूल प्रभावों को रोकने के लिए सार्वजनिक वितरण प्रणाली को बेहतर बनाना होगा तथा गरीबों के लिए ज्यादा प्रभावशाली सुरक्षा तन्त्र बनाना होगा।

निष्कर्षतः, हम यह कह सकते हैं कि एक विकास मार्ग जिसमें कम असुरक्षा के साथ वृद्धि का संयोजन, किसी अन्य से अधिक सतत हो सकता है।

अधिकतम विकास एवं मानव संसाधनों की उपयोगिता

मानव विकास कुल मिलाकर सामाजिक विकास के लिए साधन एवं साध्य दोनों है। विकास नीतियों एवं कार्यक्रमों का ध्यान लोगों की भलाई करना होता है। लोगों को स्वतन्त्रता एवं अवसर प्रदान करने चाहिए जिससे कि उनकी क्षमता विकसित की जा सके एवं सतत तथा समान विकास अर्जित करने के लिए योगदान करने हेतु शिक्षित, सशक्त एवं प्रेरित करना चाहिए। मानव संसाधन विकास की महत्त्वपूर्ण आवश्यकता न केवल तकनीकी ज्ञान एवं क्षमता को बढ़ाना है वरन् नए मूल्यों का सृजन करना भी है जिससे कि तेजी से बदलते सामाजिक, पर्यावरणीय एवं वैकासिक वास्तविकताओं के साथ व्यक्तियों एवं राष्ट्रों के मध्य सामंजस्य के लिए सहायता करना है। ज्ञान जो कि वैश्विक रूप से बाँटा जाए, ज्यादा आपसी समझ एवं वैश्विक संसाधनों को बराबरी से बाँटने की ज्यादा चाहत को सुनिश्चित करेगा। अधिक एवं बेहतर शिक्षा, स्वास्थ्य तथा अन्य सम्बन्धित सामाजिक सेवाओं को पहुँचाना सतत विकास के लिए किसी भी रणनीति का आवश्यक तत्त्व है। सभी को आधारभूत सेवाओं एवं सुविधाओं विशेषतः गरीबों को प्रदान करने के लिए वर्तमान प्राथमिकताओं में बदलाव करते हुए अधिक लोकवित्त की आवश्यकता है। हाल के अध्ययन के अनुसार, विकासशील देश अपने वर्तमान खर्च सकल घरेलू उत्पाद का 2 प्रतिशत से ज्यादा को उपयोगी रूप से मानव विकास की तरफ अनुप्रेषित कर सकती है। सैन्य खर्च में कटौती, रुकी हुई पूंजी का पलायन, भ्रष्टाचार को रोकने, घाटा करने वाले सार्वजनिक उद्यमों के निजीकरण के प्रयास, मानव विकास सहायता के लिए बड़ी मात्रा में धन को उपलब्ध करा सकते हैं (संयुक्त राष्ट्र विकास कार्यक्रम 1991, 5)।

विकास की सन्धारणीयता जनसंख्या वृद्धि की गतिशीलता से भी घनिष्टता से जुड़ी होती है। वर्ष 2150 तक भारत की आबादी के अनुमान कई वैकल्पिक परिदृश्यों के आधार पर किये गए हैं। कई विकल्पों में से, मध्यम प्रजननता परिदृश्य सबसे सम्भावित लगता है। इस परिदृश्य में प्रति महिला दो बच्चों के लगभग प्रजनन दर स्थिर होने की सम्भावना है। इस परिदृश्य के अन्तर्गत, भारत की आबादी का अनुमान 1995 में 92.9 करोड़ से, 2050 तक 153.3 करोड़, 2100 तक 161.7 करोड़ एवं 2150 तक 166.9 करोड़ होगा (संयुक्त राष्ट्र 1998, 187)।

भारत की जनसंख्या वृद्धि की वर्तमान (उच्च) दर को सीमित करने के लिए तत्काल कदम उठाये जाने की आवश्यकता है। अब विकल्प उस स्तर पर प्रभावित करेंगे जो कि जनसंख्या लगभग 125 करोड़ पर स्थिर करेगा। लेकिन यह कोई केवल जनांकिकीय मुद्दा नहीं है – लोगों को शिक्षा, प्रोत्साहन तथा सुविधाएँ प्रदान कर उन्हें विशेषतः महिलाओं के लिए, बुनियादी मानव अधिकारों का स्व–निर्धारण करते हुए अपने परिवारों के आकार का चयन करने की अनुमति सुनिश्चित करने का एक तरीका है।

मूल्यों एवं आदतों को जो कि सतत विकास के लिए लोगों के अनुकूल है बचपन के दिनों से अन्तर्निविष्ट करना सतत आजीविका बनाये रखने के लिए महत्त्वपूर्ण आवश्यकता है। भारत में आजीविका की वैदिक व्यवस्था इस अर्थ

में सतत थी कि इसने अन्य वस्तुओं के साथ मितव्ययिता तथा सद्भाव पर जोर दिया। ऋग्वेद की ऋचाओं में पृथ्वी देवता, इन्द्र देवता, सूर्य देवता, वायु देवता एवं अन्य की स्तुति है। गाँधीजी ने भी ऐसे मूल्यों एवं जीवन शैली की सराहना की है। ऐसी वैदिक प्रार्थनाएँ भी हैं जो देवताओं से खाद्यान्न, पशुधन, स्वास्थ्य एवं धन के उपहार माँगती है। इसका तात्पर्य यह है कि वैदिक युग में लोगों की प्रवृत्ति प्रकृति का आदर करना तथा जो भी प्राप्त हो उसे कृतज्ञता के साथ स्वीकार करना था। परन्तु, दुर्भाग्य से आज अधिकांश लोगों की प्रवृत्ति स्व–वृद्धि के लिए प्रकृति का दोहन कर इसकी उत्पादकता को अपरदित करना है। अधिकांश भारतीय, विशेषतः शहरी अभिजात्य पश्चिमी मूल्यों एवं जीवन–शैली का अनुसरण करते हैं एवं आडम्बरपूर्ण उपयोग में मग्न होते हैं, जो कि सतत नहीं है। सम्भवतः, वे वैदिक जीवन शैली को अपनायेंगे यदि कोई पश्चिम से इसकी सराहना करे।

बाजार की खामियों को दूर करना तथा सही कीमतें हासिल करना

एक अच्छी तरह से कार्यरत बाजार में, एक वस्तु अथवा सेवा की कीमत उपभोक्ता को इसके सीमान्त मूल्य एवं इसके उत्पादक की सीमान्त लागत दोनों में प्रदर्शित होती है। जहाँ तक निजी एवं सामाजिक मूल्यों तथा इन वस्तुओं और सेवाओं की लागत में कोई भिन्नता नहीं है, बाजार व्यवस्था द्वारा आर्थिक संसाधनों का सर्वाधिक प्रभावशाली आवण्टन लाया जाना प्रत्याशित है। तथापि, यह सत्य है कि कई परिस्थितियों में, कीमतों को विकृत किया जा सकता है एवं बाजार की अर्थव्यवस्था संसाधनों के क्षमतापूर्ण आवण्टन में असफल हो सकती है। बाजार की असफलता के सम्भावित संसाधन (अ) बाह्यता; (ब) अपूर्ण अथवा असमान सूचना; (स) सार्वजनिक अथवा सामूहिक वस्तु; एवं (द) अपूर्ण प्रतिद्वन्द्विता है। जब बाजार की असफलता घटित होती है, तब बाजार के प्रदर्शन तथा आर्थिक खुशहाली में बढ़ोतरी के लिए सरकारी हस्तक्षेप की आवश्यकता होती है। ऐसी परिस्थितियों में अर्थशास्त्री उपयोगी अन्तर्दृष्टि प्रदान कर सकते हैं कि किस तरह से लागत प्रभावी हो सके एवं किस तरह से इन हस्तक्षेपों की लागत एवं लाभों का वितरण किया जा सके जो बाजार के प्रदर्शन को बेहतर कर सके।

कृषि उत्पादन में वर्ष–दर–वर्ष तथा स्थान–दर–स्थान दर्शाये गए व्यापक उतार–चढ़ाव एवं बताये गए अतिरिक्त खाद्यान्न के लिए लोचहीन माँग खुले बाजार की ताकतें किसानों के हितों के संरक्षण के लिए निर्भर नहीं कर सकती है एवं भारत की खाद्यान्न सुरक्षा को प्राप्त करने एवं बनाये रखने में असमर्थ होती है। अतएव, सम्पूर्ण विश्व में कृषि बाजार तथा विपणन में सरकारी हस्तक्षेप को पूर्णतः वैधानिक माना गया है।

भारतीय किसानों को नवीन उदारीकृत विश्व व्यापार के पूर्ण लाभों को प्राप्त करने के लिए सक्षम बनाने हेतु, विद्यमान घरेलू बाजार तथा विपणन पद्धतियों की विभिन्न बाधाओं तथा कमियों को हटाया जाना आवश्यक है। खाद्यान्न की कमी के दौर में बाजार एवं विपणन को नियमित करने के लिए जो नीति उपकरण बनाये गए एवं उपयोग किये गए उनकी ठीक तरह से समीक्षा की आवश्यकता है तथा यदि वे आवश्यक न हों अथवा योग्य विपणन के मार्ग में अवरोध उत्पन्न करते हैं तो उन्हें हटाये जाने की आवश्यकता है। ऐसे उपकरणों में प्रशासित कीमतें, मिल संचालकों/प्रसंस्करण करने वाले से चावल एवं शक्कर का उद्ग्रहण अतिरिक्त संग्रह का रखरखाव, अन्तर्राज्यीय व्यापार एवं खाद्यान्न की आवाजाही पर पाबन्दी, खरीदी/बेचने पर कर, ग्रामीण विकास अधिभार, सरकार द्वारा एकतरफा संग्रहण, एवं अन्य सम्मिलित होते हैं।

कृषकों के संगठन, विशेषतः आणन्द प्रतिमान की उत्पादक सहकारिता, नयी विश्व व्यापार व्यवस्था के किसानों पर पड़ने वाले प्रतिकूल प्रभावों से किसानों की रक्षा करने में महत्त्वपूर्ण भूमिका निभा सकते हैं। द्वितीयक स्तर पर किसानों के उचित (सहकारिता) संगठनों के साथ कृषि उत्पाद के प्रसंस्करण एवं विपणन, उच्च मूल्य निर्यात–उन्मुख वस्तुओं, भारत में लघु स्तरीय जोत के आकार की बहुलता पर कोई बाधा नहीं होगी (व्यास 1998: 14)। राज्य कृषि विपणन बोर्ड, वायदा बोर्ड, भारतीय खाद्य निगम एवं राज्य तथा राष्ट्रीय कृषि सहकारिता विपणन संघ की भूमिका को भी निजीकरण, विनियमितिकरण एवं वैश्वीकरण के प्रकाश में पुनः परीक्षित किये जाने की आवश्यकता है।

भारत जैसे विकासशील देशों में, अधिकांश प्राकृतिक संसाधन एवं उनके उत्पाद बहुत ही निम्न आँके जाते हैं एवं जिससे ये संसाधनों के अति–दोहन एवं पारिस्थितिकीय अपरदन की ओर प्रवृत्त होते हैं। प्राकृतिक संसाधनों एवं उनके उत्पादों की यथार्थ कीमत आँकना तथा पर्यावरणीय सुविधाओं की कीमत को स्वीकारना अधिक सतत विकास को प्रोत्साहित करेगी।

विकास रणनीति में लैंगिक स्थिति को मुख्यधारा में लाना

इस तथ्य के बावजूद कि विकास तब तक सतत नहीं हो सकता जब तक कि इसकी जिम्मेदारी को संयुक्त रूप से महिला एवं पुरुष दोनों द्वारा नहीं बाँटा जाता, भारत सहित विश्व के विकसित एवं विकासशील दोनों देशों में विकास रणनीति में लैंगिक परिप्रेक्ष्य की सुस्पष्ट कमी रही है। एक लैंगिक परिप्रेक्ष्य पुरुषों एवं महिलाओं के बीच के सम्बन्ध पर एवं महिला तथा पुरुष दोनों के अपने सामाजिक एवं प्राकृतिक पर्यावरण के साथ सम्बन्ध पर जोर देते हैं। यह माना जाता है कि सतत विकास को प्रोत्साहित करने की परियोजनाओं की सफलता प्रमुखतः इस बात पर निर्भर करती है कि परियोजना प्ररचना, नियोजन, क्रियान्वयन एवं पर्यवेक्षण में किस हद तक महिलाओं एवं पुरुषों की भागीदारी है। भारत में, जहां महिलाएं कृषि में कुल रोजगार का लगभग 65 प्रतिशत का निर्माण करती हैं, यह सब महत्वपूर्ण है कि उन्हें नीति–निर्माण में मुख्य धारा में लाने की आवश्यकता है। पुरुषों के मुकाबले और कुछ अवसरों पर महिला किसानों की सामान्यतया उत्पादक संसाधनों पर कम पहुंच होती है। इस लैंगिक अंतराल को कम करने से खाद्य सुरक्षा के मामले में महत्वपूर्ण लाभ मिलेगा। खाद्य एवं कृषि संगठन के 2010–11 के राज्य खाद्य और कृषि प्रतिवेदन के अनुसार, ''यदि महिलाएं भी पुरुष उत्पादक संसाधनों के समान उपयोग करे, तो वे अपनी खेतों की पैदावार 20–30 प्रतिशत तक बढ़ा सकती हैं।'' ग्रामीण और कृषि विकास को बढ़ावा देने के लिए नीतियों का विकास करते समय, नीति निर्माताओं को इसे ध्यान में रखना होगा (खाद्य एवं कृषि संगठन 2014, 14)।

सतत विकास को एक लैंगिक संवेदनशील दृष्टिकोण से संस्थानीकृत करने के कई मार्ग हैं। प्रथम एवं सबसे महत्त्वपूर्ण आवश्यकता तो विकास परियोजनाओं में दोनों पुरुषों एवं महिलाओं के समान विकास की नीति होनी चाहिए। इससे आगे, महिलाओं को विभिन्न निर्णयों को लेने हेतु विशेषीकृत भूमिकाएँ, जिम्मेदारियाँ एवं अधिकार प्रदान किये जाने चाहिए न कि वे केवल परियोजना की बैठकों में सिर्फ भाग ले। इसके अतिरिक्त, यदि लैंगिक जागरूकता को बढ़ाना है तो विकास परियोजना दल, सम्पूर्णता में, लैंगिक मसलों पर संवेदनशील बनाया जाए। अन्तिमतः, यह भी स्पष्ट तौर पर विश्लेषित किया जाना चाहिए कि कौन से उद्देश्य अर्जित करना है, प्रत्येक उद्देश्य की प्राप्ति हेतु प्रयोग में लाये जाने वाले उपाय एवं विकास गुणवत्ता तथा प्रक्रिया–उन्मुख संकेतक परियोजना अपेक्षित उद्देश्यों की प्राप्ति में प्रगति की देखरेख करने हेतु विकसित की जाये।

एक अनुकूल अन्तर्राष्ट्रीय आर्थिक एवं राजनीतिक पर्यावरण का निर्माण

राष्ट्रों के मध्य आर्थिक, राजनीतिक एवं पारिस्थितिकीय सम्बन्ध तेजी से विकसित हुए हैं। इसने विकासशील देशों की असुरक्षा को, आर्थिक वृद्धि के बढ़ते अन्तर्राष्ट्रीय असमानता के प्रगतिगामी परिणामों को लेकर बढ़ायी है। अन्तर्राष्ट्रीय आर्थिक सम्बन्धों में विषमता असमानता बनाती है, जैसा कि विकासशील राष्ट्र सामान्य तौर पर प्रभावित होते हैं लेकिन वे अन्तर्राष्ट्रीय परिस्थितियों को प्रभावित करने में अक्षम होते हैं।

अन्तर्राष्ट्रीय आर्थिक सम्बन्ध भारत जैसे विकासशील देशों के लिए उनके पर्यावरण के प्रबन्धन के प्रयास में एक विशेष प्रकार की समस्या प्रस्तुत करते हैं, क्योंकि उनकी अर्थव्यवस्था में प्राकृतिक संसाधनों का निर्यात एक बड़ा कारक होता है। कुछ कच्चे माल का प्रसंस्करण, उदाहरणार्थ लुगदी एवं कागज, तेल एवं अलुमिना के ठोस पर्यावरणीय पार्श्व प्रभाव हो सकते हैं। औद्योगिक देश इस मामले में विकासशील देशों की अपेक्षा यह देखने में

ज्यादा सफल रहे हैं कि आयातित उत्पाद की कीमतों में पर्यावरणीय क्षति एवं उस क्षति के नियन्त्रण की लागत उसमें परिलक्षित होती है। इस तरह से, औद्योगिक देशों से आयात के मामले में ये लागत विकासशील देशों सहित आयात करने वाले देशों के उपभोक्ताओं द्वारा अदा की जाती है। लेकिन विकासशील देशों से आयात करने के मामले में, ऐसी लागतों को पूर्णतः घरेलू स्तर पर ही वहन किया जाता है, प्रमुखतः यह मानव स्वास्थ्य, सम्पदा एवं पारिस्थितिकी तन्त्र की लागत क्षति के रूप में होती है।

इन देशों में से अधिकांश द्वारा अक्षमता तथा प्रतिकूल कीमत प्रवृत्ति का सामना करते हुए सतत उत्पादन के लिए प्राकृतिक संसाधनों का प्रबन्धन असम्भव बन जाता है। कर्ज अदायगी के बढ़ते बोझ एवं नयी पूंजी के प्रवाह में गिरावट ऐसी शक्तियों को घनीभूत करती है जो पर्यावरणीय अवनति तथा संसाधन रिक्तीकरण की ओर प्रवृत्त होते हैं जो दीर्घ–कालीन विकास की कीमत पर होता है।

उदाहरण के लिए, मछली का अन्तर्राष्ट्रीय व्यापार, भारत में समुद्री मछली पकड़ने में रिक्तीकरण को रेखांकित करने वाला कारक है। आयात से प्राप्त होने वाले विदेशी विनिमय का उपार्जन कई उद्यमियों एवं निजी कम्पनियों को मछली पकड़ने के मशीनीकृत महाजालों के उपयोग को प्रोत्साहित करता है जो उनके पुनर्जनन से कम हो सकती है। यह अति–मछली पकड़ना न केवल प्रजातियों एवं जनांकिकी स्रोतों के नुकसान को बढ़ाता है वरन् उन गरीब लोगों के जीविकोपार्जन को भी नुकसान पहुँचाते हैं जो पूर्णतः मछली पकड़ने पर निर्भर करते हैं एवं ये समुद्र को भी प्रदूषित करते हैं (सिंह 1997, 61)। औद्योगिक देशों में संरक्षणवाद में वृद्धि निर्यात में वृद्धि को दबाती है तथा परम्परागत निर्यात में विविधीकरण को रोकती है। अन्तर्राष्ट्रीय मुद्रा कोष एवं विश्व बैंक द्वारा सम्पादित हाल के अध्ययन ने यह दर्शाया है कि औद्योगिक देशों में संरक्षणवाद विकासशील देशों को जो विकास सहायता प्राप्त करती है निर्यात आय में खोने में इसकी कीमत दोगुनी पड़ती है (स्टोल्टेनबर्ग 1989, 22)। एकिन्स (1991, 66–68) के अनुसार, वैश्विक व्यापार, सहायता, ऋण ये सभी विकासशील देशों के गरीबों के हितों के प्रतिकूल है। यह तो केवल विकसित एवं विकासशील देशों के अमीर होते हैं जो उत्तर के इन तीन शक्ति उपकरणों का लाभ उठाते हैं।

कई विकासशील देशों में वृद्धि के लिए बाह्य पूंजी के अन्तरप्रवाह की आवश्यकता होती है। यथोचित प्रवाह के बगैर, जीवन दशा में किसी भी प्रकार की बेहतरी की सम्भावनाएँ धुँधली होती हैं। लेकिन जैसा कि वस्तुएँ एवं पूंजी एक समेकित आर्थिक व्यवस्था के भीतर स्वतन्त्र प्रवाह करती है जो उच्चतम लघु–कालीन लाभ प्राप्त करती है, राष्ट्रीय सरकारें लोकहित में अर्थव्यवस्था को नियन्त्रित एवं प्रबन्धित करने की योग्यता खो देती है तथा वे विश्व बैंक, अन्तर्राष्ट्रीय मुद्रा कोष तथा अन्य वित्तीय संस्थाओं के हाथों की कठपुतली हो जाती है एवं उनके हितों में पोषण में सहायक होती है। निवेश वित्त को आकर्षित करने के लिए वे सस्ता श्रम, कमजोर पर्यावरणीय स्वास्थ्य तथा सुरक्षा स्तर, निम्न कर, सुविकसित अधोसंरचना एवं प्राकृतिक संसाधनों तक न्यूनतम प्रतिबन्धित पहुँच के प्रस्ताव देते हैं। इन सभी के परिणामतः उनके प्राकृतिक संसाधनों का रिक्तीकरण तथा उनके पर्यावरण का अपरदन तेज गति से होता है।

कुल विकास सहायता का एक बड़ा हिस्सा पर्यावरण एवं संसाधन क्षेत्र की उत्पादकता बढ़ाने के लिए निवेश में ले जाने की आवश्यकता होनी चाहिए। ऐसे प्रयासों में पुनर्वनीकरण एवं जलाऊ लकड़ी का विकास, जलग्रहण संरक्षण, मृदा संरक्षण, कृषि वानिकी, सिंचाई पयोजनाओं की पुनर्बसाहट, लघु–स्तरीय कृषि, निम्न लागत स्वच्छता उपाय तथा कुछ फसलों के ईन्धन के रूप में उपयोग हेतु संरक्षण सम्मिलित हैं। अनुभव यह दर्शाता है कि इस तरह के सबसे प्रभावी प्रयास अधिकतम तृणमूल सहभागिता के साथ छोटी परियोजनाएँ होती हैं। अतः सतत विकास के उद्देश्यों से प्रत्यक्ष जुड़े कार्यक्रम उच्च स्थानीय लागत, पूंजी लागत की सतत उच्च अनुपात एवं स्थानीय तकनीकी तथा विशेषज्ञता के बेहतर उपयोग के हो सकते हैं।

लघु काल में, भारत सहित अधिकांश विकासशील देशों के लिए, आर्थिक वृद्धि का नया युग प्रभावशाली एवं समन्वित आर्थिक प्रबन्धन, प्रमुख औद्योगिक देशों की प्ररचना फैलाव को प्रवृत्त करना, वास्तविक ब्याज दर को कम करना तथा संरक्षणवाद की सहायता को रोकने पर कब्जा करती है। दीर्घ काल में, उपभोग एवं उत्पादन के तरीकों से उच्च आर्थिक वृद्धि के सन्दर्भ में बड़े बदलाव लाना भी आवश्यक है।

प्रमुख बिन्दु

1. सतत विकास हाल ही में अन्तर्राष्ट्रीय आर्थिक एवं राजनीतिक कार्ययोजना में सबसे ऊपर तक पहुँच गया है। पर्यावरण एवं विकास पर विश्व आयोग, 1987 का प्रतिवेदन, 'हमारा साझा भविष्य', प्रथम महत्त्वपूर्ण अन्तर्राष्ट्रीय प्रयास था जिसने सतत विकास तथा पर्यावरण की समस्याओं के बीच सम्बन्धों की जटिलता के बारे में, आर्थिक विकास तथा गरीब एवं अमीर लोगों की जरूरत के बारे में नीति निर्माताओं की जागरूकता बढ़ाई। पर्यावरण एवं विकास पर विश्व आयोग की अनुशंसाओं का क्रियान्वयन करने के लिए संयुक्त राष्ट्र ने एक अनुवर्ती कार्यवाही करते हुए रियो में जून 1992 में पर्यावरण एवं विकास पर संयुक्त राष्ट्र अधिवेशन के रूप में सम्पन्न हुआ।
2. सन्धारणीयता की अवधारणा की विशेषता में मूलतः एक प्रणाली, एक कार्यक्रम अथवा हमेशा के लिए अक्षुण्ण करने वाला एक संसाधन अन्तर्निहित होता है। वर्तमान में, सन्धारणीयता की दो विशिष्ट अवधारणाओं का बोलबाला है। प्रथम सन्धारणीयता पर अर्थशास्त्रीय विश्वदृष्टि जो आर्थिक निर्गत, आय अथवा उपभोग की दीर्घकालिक स्थिरता से सम्बन्ध रखती है। द्वितीय, सन्धारणीयता की पारिस्थितिकी विज्ञानी एवं जीवविज्ञानी अवधारणा जीवमण्डल के दीर्घकालिक संरक्षण से सम्बन्धित है।
3. पर्यावरण एवं विकास पर विश्व आयोग ने सतत विकास को 'विकास जो कि भविष्य की पीढ़ियों को उनकी आवश्यकताओं को पूर्ण करने की क्षमता में किसी भी तरह का समझौता किये बगैर वर्तमान की आवश्यकताओं की पूर्ति करे' को परिभाषित करता है। यह परिभाषा इस बात पर जोर देती है कि वर्तमान पीढ़ी के लिए आवश्यकता प्राकृतिक संसाधन पूंजी के माध्यम से इस ग्रह को अक्षुण्ण बनाये रखते हुए भविष्य की पीढ़ियों (अन्तरपीढ़ीगत साम्य) के हितों की रक्षा वर्तमान पीढ़ी से अन्तर–पीढ़ी समानता तक सुनिश्चित किये जाने की है।
4. सन्धारणीयता, शब्द के सन्दर्भ में, 'कमजोर सन्धारणीयता' तथा 'मजबूत सन्धारणीयता' की दो धारणाएँ हैं। इसमें पूर्व वाली को पूंजी के कुल संग्रह की कीमत के रखरखाव के रूप में देखा जाता है। इसमें यह निहित है कि हम उत्पादन एवं उपभोग में प्राकृतिक पूंजी के लिए मानव–निर्मित पूंजी का स्थानापन्न कर सकते हैं यथा– आर्थिक वृद्धि को पर्यावरणीय गुणवत्ता में बेहतरी के साथ जोड़ा जा सकता है। इसके विपरीत, 'मजबूत सन्धारणीयता' यह स्वीकार करती है कि प्राकृतिक एवं मानव–निर्मित पूंजी पूरक है एवं इन्हें उत्पादन अथवा उपभोग के लिए एक दूसरे से स्थानापन्न नहीं किया जा सकता है।
5. उत्पादन, उपभोग एवं आर्थिक वृद्धि के वर्तमान तरीकों की गैर–सन्धारणीयता के कई संकेतक हैं। इनमें मृदा अपरदन, जल संसाधनों में गिरावट एवं रिक्तीकरण, वन संसाधनों की गिरावट तथा रिक्तीकरण, ऊर्जा के परम्परागत स्रोतों का रिक्तीकरण, जैव विविधता में हानि, जलवायु परिवर्तन एवं ओजोन परत का रिक्तीकरण सम्मिलित है।
6. स्वतन्त्रता के पश्चात् भारत में अपनाये गये विभिन्न ग्रामीण विकास कार्यक्रमों तथा योजनाओं की समीक्षा विकास की चार रणनीतियों को प्रकट करती है अर्थात्– समग्र एवं साम्य उन्मुख रणनीति, वृद्धि–उन्मुख रणनीति, कल्याण उन्मुख रणनीति एवं सुविधा तथा सहभागी रणनीति है। सामुदायिक विकास कार्यक्रम की अन्तर्निहित प्रमुख रणनीति समग्र थी जो समान रूप से वृद्धि, कल्याण, समानता एवं सामुदायिक सहभागिता के लक्ष्यों को लेकर बनायी गयी थी। वृद्धि उन्मुख रणनीति द्वारा सघन कृषि जिला कार्यक्रम उच्च पैदावार किस्म कार्यक्रम को, कल्याण उन्मुख रणनीति के सामाजिक कार्यक्रमों में न्यूनतम आवश्यकता कार्यक्रम, वृद्धावस्था पेंशन कार्यक्रम एवं सुविधा और सहभागी रणनीति में ऑपरेशन फ्लड कार्यक्रम स्वीकार किये गये।

7. सामान्य तौर पर, सतत विकास के लिए एक व्यावहारिक रणनीति के कुछ प्रमुख अवयव निम्नलिखित हैं– सन्धारणीयता कृषि, खाद्यान्न सुरक्षा तथा पारिस्थितिकीय सुरक्षा, प्राकृतिक स्रोतों तथा प्राकृतिक आपदाओं का विवेकपूर्ण प्रबन्धन; अधिकतम विकास और प्राकृतिक स्रोतों का उपयोग; गरीबी उन्मूलन तथा उच्च आर्थिक वृद्धि द्वारा असमानता; तकनीकी का पुनर्अभिविन्यास तथा जोखिम में कमी; अधिकतम उपयोग और ऊर्जा स्रोतों का प्रबन्धन; बाजार की कमियों को दूर करते हुए तथा सही कीमतें प्राप्त करना; विकास रणनीति में लैंगिकता को मुख्य धारा में लाना; तथा एक सौहार्दपूर्ण आर्थिक और राजनीतिक पर्यावरण का निर्माण करना।

चर्चा के लिए प्रश्न

1. भारत में क्या उत्पादन उपभोग तथा आर्थिक वृद्धि के वर्तमान तरीके सतत हैं? हाँ / नहीं। यदि हाँ, तो क्यों; यदि नहीं, तो क्यों नहीं?
2. सतत विकास की सर्वाधिक महत्त्वपूर्ण पूर्व शर्त क्या है?
3. भारतीय परिस्थितियों में दो धारणाओं 'कमजोर सन्धारणीयता' एवं 'मजबूत सन्धारणीयता' में कौन सी ज्यादा यथार्थवादी है एवं क्यों?
4. विकास की वृद्धि उन्मुख रणनीति पर एक आलोचना लिखिये।
5. विकास की समग्र रणनीति तथा सरलीकृत रणनीति की तुलना एवं विषमता स्पष्ट कीजिये।
6. इस अध्याय में, हमने गैर–सतत विकास के कई संकेतकों को चिह्नित किया है। सतत विकास के कुछ संकेतकों को सूचीबद्ध कीजिए।
7. इस अध्ययन में प्रस्तावित सतत विकास की नयी रणनीति की आलोचना लिखिए।

टिप्पणियाँ

1. ग्रीन मीडिया रिपोर्ट, 25 जनवरी 2006 के अनुसार, तीन लाख से ज्यादा साधु जो 14 जनवरी 2006 से आरम्भ हुए इलाहाबाद के महा मेले में एकत्र हुए थे, इलाहाबाद की गंगा नदी में उच्च स्तर के प्रदूषण के खिलाफ शिकायत करते हुए एक आन्दोलन को आरम्भ किया एवं सरकार से हस्तक्षेप की माँग करते हुए प्रदूषण को रोकने एवं गंगा के पानी को स्वच्छ करने को कहा।
2. https://en.wikipedia.org/wiki/Pollution_of_the_Ganges-cite_note-6 (Accessed on October 6, 2015).
3. https://en.wikipedia.org/wiki/Global_warming (Accessed on April 18, 2016).
4. http://germanwatch.org/klima/ccpi.pdf, pp. 5-8 (Accessed on September 1, 2015).
5. http://germanwatch.org/klima/ccpil2tm.pdf, Table (Accessed on September 2, 2015).
6. http://www.sciencedaily.com/releases/2006/05/060527093645.htm (Accessed on March, 2008).
7. ग्रामीण विकास की हाल की रणनीति के सामान्य सर्वेक्षण के आधार पर जो कि केन्द्रीय अमेरिकन सरकारों द्वारा अनुसरित की गयी, जॉन सी. इकीस ने तीन आधारभूत उपागमों की पहचान की यथा– वृद्धि, कल्याण तथा प्रभावनीय रणनीतियाँ। विस्तार के लिए देखे, जॉन सी. आईकीस (1983)।
8. भारत विश्व का सर्वाधिक बाढ़ प्रभावित देश है एवं बाढ़ से होने वाली वैश्विक मौतों में से एक–पंचमांश यहाँ होती हैं। बाढ़ के कारण प्रतिवर्ष 3 करोड़ से ज्यादा लोग विस्थापित होते हैं।

अध्याय 8

ग्रामीण विकास के नीति उपकरण

अध्ययन परिणाम

इस अध्याय को पढ़ने के पश्चात् विद्यार्थी यह जानने में समर्थ होंगे –

- 'नीति उपकरण' एवं 'नीति मापक' अवधारणाओं की व्याख्या एवं चित्रण करने में;
- नोबल प्रतिष्ठित विद्वान जेन टीन्बर्जेन द्वारा प्रतिपादित लोकनीति के अवधारणात्मक विचारबन्ध के अर्थ एवं अवयवों को जानने में;
- अवधारणात्मक विचारबन्ध के विभिन्न अवयवों के सम्बन्धों की पहचान करने में, जो सामाजिक कल्याण कार्य, नीति लक्ष्य एवं नीति उपकरण हैं;
- 'कार्यवाही व्यवस्था' को विकास प्रबन्धन के सन्दर्भ में व्याख्यायित करने तथा इसके अवयवों और उपयोगिता की पहचान करने; एवं
- विभिन्न तरह के नीति उपकरणों - 'लोक वित्त', 'पूँजी एवं साख', 'प्रत्यक्ष नियन्त्रण', 'विनिमय दर' एवं 'संस्थागत ढाँचे में परिवर्तन' का वर्णन करने तथा ऐसे प्रयोजन जिनके लिए इनका कब, कैसे एवं किसके द्वारा उपयोग होता है, को जानने में।

परिचय

एक उपकरण को कुछ इस तरह से परिभाषित किया गया है जो एक प्रबन्धक अथवा कर्ता के अपेक्षित प्रभाव को प्राप्त करने के क्रम में बदलाव अथवा हेरफेर कर सकता है। यह एक आर्थिक मात्रा हो सकती है जैसे ब्याज दर अथवा यह संस्थागत ढाँचे का हिस्सा हो सकता है जैसे बैंकों का राष्ट्रीयकरण। इस प्रकार एक उपकरण एक माध्यम है जिससे एक उद्देश्य का अनुसरण होता है। एक उपकरण का एक समय विशेष पर एक अथवा अधिक उद्देश्यों को प्रोत्साहित करने के लिए एक मापक की तरह उपयोग होता है, उदाहरणार्थ – किसी निश्चित दिन बैंक दर को बढ़ाने का निर्णय अथवा किसी वित्तीय वर्ष में आयकर को घटाना। एक मापक को हटाना, उदाहरण के लिए कीमत नियन्त्रण को हटाना भी एक मापक है। विभिन्न ग्रामीण विकास कार्यक्रमों के उद्देश्यों को प्राप्त करने के लिए क्या उपकरण उपयोग में लाए जा सकते हैं जिससे कि ये कार्यक्रम प्रभावशाली एवं सफल हों, इस बात का ज्ञान ग्रामीण विकास के नीति निर्माताओं एवं प्रबन्धकों के लिए आवश्यक है। यह अध्याय कुछ उपकरणों पर जो कि ग्रामीण विकास के नीति निर्माताओं, प्रशासकों एवं प्रबन्धकों द्वारा उनके उद्देश्यों की प्राप्ति के उपयोग किए जाएँ, के विचार विमर्श पर केन्द्रित है।

अवधारणात्मक संरचना

सम्भवतः, नीति उपकरण, लक्षित चर एवं सामाजिक कल्याण के आपसी सम्बन्धों को स्पष्ट करने एवं नीति विश्लेषण के लिए सर्वाधिक उपयोगी विचारबन्ध नोबल पुरस्कार विजेता जेन टीन्बर्जेन (1952, अध्याय 2) द्वारा प्रस्तुत किया गया है। इसको चित्र 8.1 में दर्शाया गया है।

नीति विश्लेषण के लिए विचारबन्ध के महत्त्वपूर्ण तत्त्वों में W, Y_i, Z_j एवं संरचनात्मक सम्बन्ध जो Z_j को Y_i से जोड़ते हैं, प्रमुख है। इसमें प्रत्येक तत्त्व के विस्तारण की आवश्यकता है।

सामाजिक कल्याण कार्य (*W*)

अर्थशास्त्री सामाजिक कल्याण कार्य को *W* कहते हैं। यह समाज द्वारा अर्जित की गयी स्वास्थ्यकर स्थितियों के स्तर को प्रतिबिम्बित करता है। जैसे समाज में समाविष्ट व्यक्तियों द्वारा सन्तुष्टि तक पहुँचने के समूह को यह प्रदर्शित करता है। 'उपयोगिता' अन्ततोगत्वा व्यक्तियों द्वारा 'उपभोग' की जाती है एवं कोई भी सामाजिक अथवा सामुदायिक कल्याण कार्य व्यक्तियों द्वारा स्वास्थ्यकर स्थितियों में स्वतन्त्र रूप से विद्यमान नहीं होता है। चूँकि कोई भी प्रविधि उपयोगिता अथवा स्वास्थ्यकर स्थितियों को मापने के लिए नहीं है, *W* पूर्णतः मनोवैज्ञानिक एवं व्यक्तिपरक है। तथापि यह एक उपयोगी परिकल्पना है क्योंकि यह सुझाव प्रस्तुत करती है कि सभी नीतियों एवं योजनाओं में अन्तिमतः लोगों का कल्याण सन्निहित होता है। इस पर महत्त्व देना उचित होगा कि

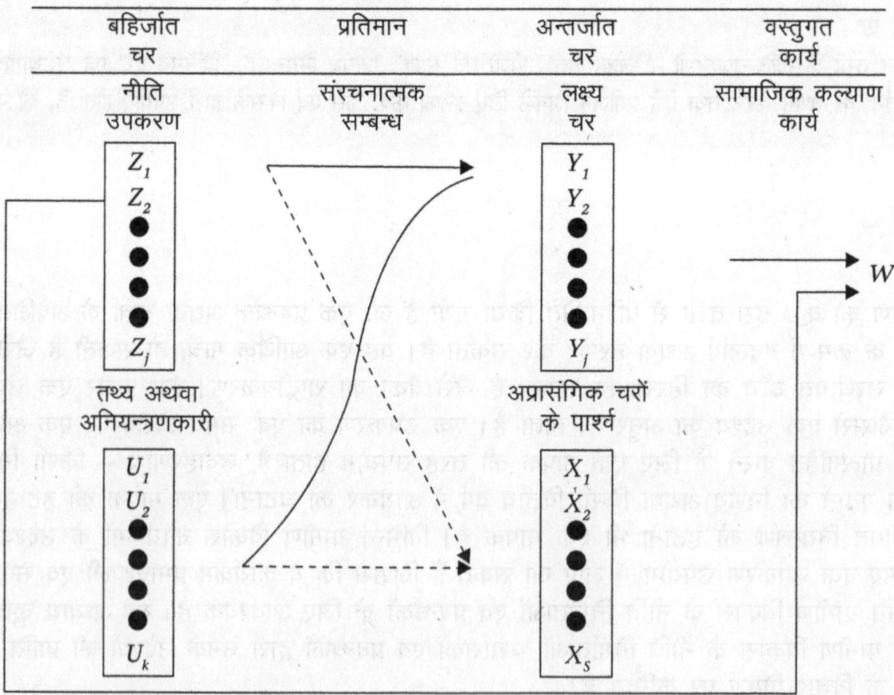

चित्र 8.1: *नीति विश्लेषण के लिए अवधारणात्मक विचारबन्ध*

स्रोतः टीन्बर्जेन (1952, अध्याय 2)

W विशुद्ध आर्थिक कारकों से अधिक का बना है। यथार्थ में, यहाँ तक कि समाज में वर्तमान आय का आकार एवं वितरण वास्तव में केवल उत्कृष्ट मानव सीमा के साधन हैं। W का संगठन स्वतन्त्रता, समानता, न्याय, अवसर एवं सुरक्षा के अन्तिम छोर की तरह है। अतः, सामाजिक, राजनीतिक एवं सांस्कृतिक कारकों के साथ आर्थिक कारकों को भी कल्याण की संकल्पना में सम्मिलित किया ही जाना चाहिए एवं इसका मूल्यांकन नीति विश्लेषण में होना चाहिए। एक लोकतान्त्रिक समाज में W को नीति निर्माताओं को दिया हुआ सर्वश्रेष्ठ विचार माना जाता है। W समाज का कल्याण कार्य है न की नीति निर्माता का। उसे समाज के निर्णायक मूल्यों के लिए बाहर की ओर स्वयं देखना चाहिएः लोगों के प्रतिनिधियों द्वारा लगायी गयी प्रतिमाएँ, संविधान जिसके द्वारा लोग शासित होते हैं, न्याय व्यवस्था के बारे में आदेश, इत्यादि। निश्चित रूप से, समाज के मूल्य क्या हैं इसका सुनिश्चित निर्धारण प्रायः एक कठिन समस्या होती है, जिसका कि समाधान नीति निर्माता सहभागिता करके अथवा अभिव्यक्ति देकर कर सकते हैं, लेकिन उसे सामाजिक मूल्य क्या होने चाहिए कि जिम्मेदारी की कल्पना नहीं करनी चाहिए।

नीति लक्ष्य (Y_i)

Y_i नीति के अभिव्यक्त लक्ष्य हैं। इनका परिणाम W के मूल्य से निकाला जाता है। एक उदाहरण इसको स्पष्ट करेगा। W का एक अवयव समाज के सदस्यों के अवसरों की पहुँच को उन्नत बना सकता है – लक्षित उद्देश्य प्रति व्यक्ति आय को प्रति वर्ष 5 प्रतिशत बढ़ाना, साक्षरता दर को 70 प्रतिशत तक बढ़ाना अथवा पोलियो का पूर्ण निर्मूलन करना हो सकता है। यह प्रत्यक्ष होना चाहिए कि W तथा Y_i अन्तर्सम्बन्धित हैं एवं इन दोनों के सम्बन्धों की परिशुद्ध प्रकृति अधिकतम सम्भावना तक स्पष्ट होनी चाहिए।

नीति निर्माता अच्छी तरह से Y_i को निर्धारित कर सकते हैं। एक लोकतान्त्रिक व्यवस्था में, लोगों द्वारा मतपत्र के माध्यम से नीति निर्माताओं द्वारा चयनित Y_i की तर्कसंगतता एवं साथ ही साथ लक्ष्यों को अर्जित किया गया है अथवा नहीं, इसको परखा जाता है। एक पर्याप्त मात्रा में विचार एवं देखभाल यथोचित लक्षित चरों के चयन के मामलों में दी जानी चाहिए।

यह विशेष रूप से महत्त्वपूर्ण है कि Y_i का ढाँचा इस तरह से बनाया जाए कि वह मूल्यांकन हेतु सक्षम हो। अस्पष्ट रूप से बताए गए लक्ष्यों से यह नहीं किया जा सकता है। इन लक्ष्यों में भिन्नता स्पष्ट है – (अ) आय बढ़ायी जानी चाहिए; एवं (ब) औसत वार्षिक प्रति व्यक्ति वास्तविक आय को 5 प्रतिशत बढ़ाया जाना चाहिए। प्रथम कथन सामान्य एवं अस्पष्ट है एवं सरलता से सूचित नहीं कर सकता। द्वितीय कथन विशिष्ट एवं संख्यात्मक है एवं सहर्ष मूल्यांकित किया जा सकता है।

नीति उपकरण (Z_j)

लक्षित उद्देश्यों को प्राप्त करने के उपलब्ध नीति उपकरण Z_j हैं। उदाहरणार्थ, श्रमबल (प्राप्त किया जाने वाला लक्ष्य) की बेरोजगारी में 5 प्रतिशत की कमी करने के लिए विभिन्न नीतियों (Z_j) का उपयोग किया जा सकता है। सरकार आर्थिक व्यवस्था में धन की मात्रा को बढ़ा सकती है, यह विश्वास करते हुए कि माल की अधिक माँग अन्ततोगत्वा बेरोजगारी को कम करेगी अथवा व्यापार में एक कर में कमी की जा सकती है, इस सिद्धान्त के अन्तर्गत कि पूँजी वृद्धि अधिक रोजगार का सृजन करेगी। नीतियों की बड़ी संख्या को देखकर यह निश्चयपूर्वक कहा जा सकता है कि ये लक्ष्य की पूर्ति में योगदान करती हैं। नीति विश्लेषण प्रमुखतः यह देखने के लिए संघटित हैं कि लक्षित उद्देश्यों को वैकल्पिक माध्यम से प्राप्त किया जाए। विज्ञान का बहुत बड़ा हिस्सा एवं अर्थशास्त्र का अधिकांश भाग इन कार्यों से सम्बन्धित होता है।

किसी भी अन्य वैज्ञानिक अध्ययन की तरह, नीति विश्लेषण को भी वैज्ञानिक पद्धति का उपयोग करना चाहिए। उपकल्पना, जो यह मानती है कि किस प्रकार से सैद्धान्तिक रूप से दिए गए लक्ष्य एक प्रदत्त नीति को प्रभावित

करते है, का निर्माण किया जाना चाहिए। प्रयोगीकरण एक प्रक्रिया है जो यह निर्धारित करती है कि यथार्थ में नीति अपेक्षानुसार कार्य करती है अथवा नहीं। वैज्ञानिक सैद्धान्तिक उपकल्पनाओं के समूह को एक प्रतिमान कहते हैं एवं यह नीति उपकरणों एवं लक्षित चरों के मध्य विश्लेषक सेतु कहलाते हैं। फिर भी तार्किक संगति एवं इन्द्रियानुभविक सत्यापन के लिए प्रतिमानों का परीक्षण होना चाहिए। सांख्यिकीय सम्बन्धों का एक समूह अवश्य स्थापित होना चाहिए जो Z_j से Y_i को प्राप्त करने की प्रक्रिया को प्रदर्शित करे एवं यह बताए कि यह प्रक्रिया कितनी कार्यकुशल है।

यह स्मरण किया जाना चाहिए कि जिस तरह से Y_i को समाज के निर्णायक मूल्य के रूप में निर्धारित किया जाता है, उसी तरह से Z_j का भी होता है। इस तरह से Z_j का मूल्यांकन राजनीतिक एवं नैतिक स्वीकार्यता के सन्दर्भ में किया जाना चाहिए, साथ ही साथ लक्ष्य तक पहुँचने की प्रभावशीलता भी हो। कुछ प्रकार की नीतियाँ समाज के एक वर्ग द्वारा स्वीकार्य एवं प्रोत्साहित की जाती हैं वहीं वह अन्य वर्गों के लिए अभिशाप होती हैं। सर्वाधिक लोकतान्त्रिक अथवा असर्वहारा समाज कभी भी ऐसी नीतियों जो कि व्यक्तियों के अधिकारों से गम्भीरता से समझौता करे, स्वीकृति प्रदान नहीं करेगा।

अनियन्त्रणीय कारक एवं अप्रासंगिक चर (U_k) एवं (X_s)

ऐसे कुछ कारक होते हैं जो लक्ष्यों को प्रभावित करते हैं एवं इनमें नीति के माध्यम से हेरफेर एवं प्रभावित नहीं किया जा सकता है। उपर्युक्त ढाँचे में, ये U_k है – एक उदाहरण जो मौसम का हो सकता है। कृषि उत्पादन का कोई भी लक्ष्य वर्षा अथवा पाला से प्रभावित हो साकता है, लेकिन अभी तक, मानव इन कारकों को नियन्त्रित करने में व्यापक स्तर पर अप्रभावशाली ही रहा। इनको सामान्य तौर पर अनियन्त्रणीय के रूप में ही किसी नीति विश्लेषण में समझना चाहिए, लेकिन तब भी इन्हें हमेशा मान्यता मिलनी चाहिए एवं इनका लेखा रखा जाना चाहिए।

अन्तिमतः, नीति के कुछ प्रभाव लक्ष्यों पर लागू नहीं होते हैं अथवा समाज के कल्याण कार्यों में प्रत्यक्षतः हस्तक्षेप नहीं करते हैं, लेकिन फिर भी इनकी निगरानी होना चाहिए क्योंकि ये सम्भाव्य रूप में महत्त्वपूर्ण होते हैं। ये उपर्युक्त ढाँचे में X_s हैं एवं इसे नीति का 'पार्श्व प्रभाव' कहा जाता है। ऊर्जा की एक नीति के उत्पादन को भाप के इंजिन से आन्तरिक ज्वलनशील इंजिन में परिवर्तन के पार्श्व प्रभाव होंगे जो कि अधिकांश परिस्थितियों के लिए महत्त्वपूर्ण नहीं होंगे। आन्तरिक ज्वलनशील इंजिन हवा में कई तरह के अदृश्य प्रदूषकों को उत्पन्न करते हैं जो कि कोई समस्या नहीं है जब तक कि वे एक निश्चित खतरनाक स्तर तक नहीं पहुँच जाते। इस तरह के पार्श्व प्रभावों पर निगरानी रखी जानी चाहिए लेकिन यह नीति के मूल्यांकन को प्रभावित नहीं करे जब तक कि वे उस समस्या अनुपात तक पहुँचें जिसमें कि वे Y_i की श्रेणी में परिवर्तित किए जा सकें।

नीतिगत ढाँचे के लिए, यह प्राथमिक तौर पर एक वर्गीकरण साधन है एवं क्या प्राप्त किया जा रहा है, के मूल्य को समझना चाहिए, पहुँचने के माध्यम की उपलब्धता में क्या प्राप्त किया जा रहा है एवं किस कीमत पर। इससे नीति निर्माताओं को चीजों को व्यवस्थित करने में सहायता होती है। अधिकांश नीति दस्तावेजों में, इस सरल विचारबन्ध को प्रचालनीय नहीं बनाया गया है अथवा इसका ठीक तरह से वर्णन नहीं किया गया है।

इस प्रतिमान को एक आर्थिक प्रतिमान अथवा गणितीय कार्यक्रम प्रतिमान के रूप में भी प्रदर्शित किया जा सकता है।

कार्यवाही प्रणाली

विकास प्रबन्धन के सन्दर्भ में, एक कार्यवाही व्यवस्था जिसमें चार अवयव सम्मिलित होते हैं, के बारे में सोचा जा सकता हैः प्रबन्धक/कर्त्ता, उद्देश्य, दशाएँ (भौतिक, तकनीकी, आर्थिक, सामाजिक और राजनीतिक) एवं माध्यम अथवा उपकरण। उनके सम्बन्धों को एक सामान्य आरेख द्वारा प्रदर्शित किया जा सकता है जैसा कि चित्र 8.2 में दर्शाया गया है (सिकेले 1954, 60)।

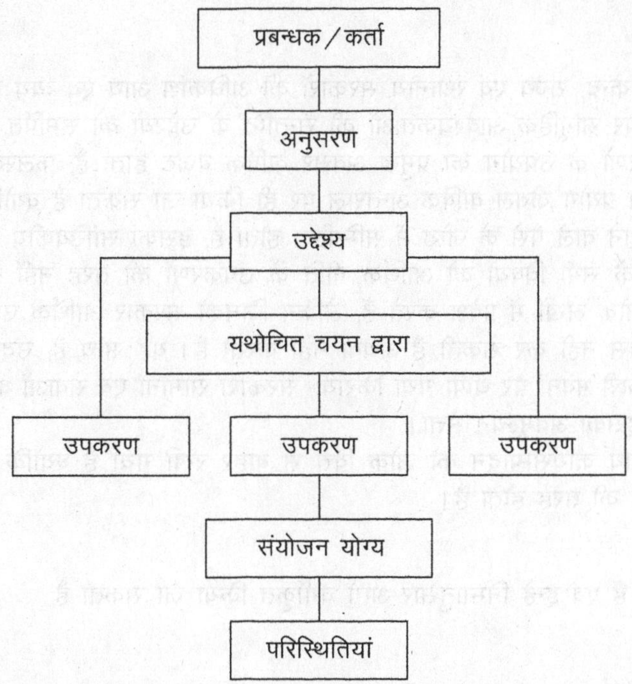

चित्र 8.2: *कार्यवाही व्यवस्था का आरेख*

स्रोतः सिकेले (1954, 60)

प्रबन्धक अथवा कर्त्ता किसी सार्वजनिक, निजी, सहकारी, निगम अथवा किसी अन्य सत्ता के कर्मचारी हो सकते हैं। किसी भी प्रदत्त व्यवस्था में किसी दिए हुए उद्देश्य अथवा उद्देश्यों के समूह के प्रति क्या माध्यम प्रयोग में लाया जाना चाहिए, इसका निर्णय प्रबन्धक करता है।

उद्देश्य वे होते हैं जिन्हें प्रबन्धक पूर्ण करना चाहता है। इन्हें स्पष्ट तौर पर प्रचालन के सन्दर्भों में व्याख्यायित किए जाने की आवश्यकता है। एक कार्यवाही व्यवस्था की दशा, वे सभी तकनीकी एवं संस्थागत परिस्थितियाँ होती हैं जो प्रबन्धक के नियन्त्रण से परे होती हैं, कम से कम किसी विशिष्ट कार्यक्रम के सन्दर्भ में जो सोच विचार के लिए हों। उपकरणों का परिस्थितियों के साथ अनुकूलन अथवा संगतता होनी ही चाहिए जिसमें कि कार्यक्रम संचालित हो।

उपकरण उद्देश्यों की प्राप्ति के लिए नीति मापक अथवा कार्यक्रम प्रावधानित नियोजित होते हैं। वहाँ प्रायः कई विविध उपकरण होते हैं जो एक निश्चित उद्देश्य की सम्भवतया पूर्ति कर सकते हैं। अर्थशास्त्र का ज्ञान विशेष तौर पर उपकरणों के बुद्धिमत्तापूर्ण चयन में उपयोगी होता है।

नीति उपकरण

एक उपकरण को पाँच संवर्गों में समूहित किया जा सकता है (किरस्चेन एवं अन्य 1964, अध्याय 13): 1. लोक वित्त, 2. पूँजी एवं साख, 3. विनिमय दर, 4. प्रत्यक्ष नियन्त्रण, तथा 5. संस्थागत ढाँचे में परिवर्तन। कुछ प्रमुख उपकरणों का संक्षिप्त विवरण अग्रानुसार है।

लोक वित्त

उपकरणों का यह समूह केन्द्र, राज्य एवं स्थानीय सरकारों की अधिकांश आय एवं व्यय को सम्मिलित करता है। सरकारी खर्च बड़े स्तर पर सामूहिक आवश्यकताओं की सन्तुष्टि के उद्देश्यों को समर्पित होते हैं।

लोक वित्त के उपकरणों के उपयोग का प्रमुख अवसर वार्षिक बजट होता है; फलस्वरूप इनमें से अधिकांश (सभी नहीं) उपकरणों का प्रयोग केवल वार्षिक अन्तराल पर ही किया जा सकता है क्योंकि ये उपकरण सरकारी लेखों में आने व बाहर जाने वाले पैसे के जोड़ में सम्मिलित होता है, इसका सांख्यिकीय लेखन परिशुद्ध होता है। सरकारी खर्च एवं आय के सभी विषयों को आर्थिक नीति के उपकरणों की तरह नहीं समझा जा सकता। वहाँ कुछ प्रवाह होते हैं जो लोक लेखों में प्रवेश करते हैं, लेकिन जिनको सरकार आर्थिक उद्देश्यों को प्राप्त करने के क्रम में परिवर्तन का प्रयास नहीं कर सकती है अथवा नहीं करती है। यह सत्य है, उदाहरणार्थ, लोक कर्ज पर चुकाया गया ब्याज, सरकारी भवनों पर थोपा गया किराया, सरकारी सामानों एवं सेवाओं को बेचना, इसकी सम्पत्ति से होने वाली आय एवं इसका अवमूल्यन भत्ता।

लोक उद्यमों के वित्तीय कार्यसम्पादन को लोक वित्त से बाहर रखा गया है क्योंकि सामान्य तौर पर, लोक उद्यमों का व्यवहार निजी की तरह होता है।

वर्गीकरण

इस वर्ग में 17 उपकरण हैं एवं इन्हें निम्नानुसार आगे वर्गीकृत किया जा सकता है:

दो सन्तुलन

1. वर्तमान सन्तुलन अथवा सरकारी शुद्ध बचत।
2. कुल सन्तुलन अथवा अन्य क्षेत्रों में सरकार के शुद्ध दावों में परिवर्तन।

सरकार आर्थिक नीति के उपकरणों के रूप में वर्तमान सन्तुलन एवं कुल सन्तुलन दोनों का उपयोग करती है। वे बारम्बार निर्धारित करते हैं कि वर्तमान अथवा कुल घाटे अथवा अधिशेष के आकार को बढ़ाया अथवा घटाया जाए एवं इससे आगे यह निर्धारित करते हैं कि कौन से विषयों के आय एवं व्यय को समायोजित करना है। इस अर्थ में, वर्तमान एवं कुल सन्तुलनों का उपयोग आय एवं व्यय के विषयों के उपयोग से पृथक् उपकरण है। सरकार जिस मात्रा तक वर्तमान एवं कुल सन्तुलनों का उपयोग कर सकती है इसकी सीमा इस तथ्य से है कि यह आसान नहीं है कि सरकारी खर्च को कम किया जाए। लोगों ने बजट वर्तमान अधिशेष एवं बजट वर्तमान घाटे दोनों विचारों का विरोध किया है।

आठ व्यय उपकरण

1. *सरकारी (सरकारी) निवेश:* यह व्यय उपकरणों में से सर्वाधिक शक्तिशाली है लेकिन अल्प समय में सरकारी निवेश में परिवर्तन हमेशा आसान नहीं होता है। थोड़े समय में, सरकारी हस्तक्षेप का प्रमुख स्वरूप लोक निवेश के लिए आरम्भ होने की तिथियों को आगे बढ़ाने अथवा स्थगित करना होता है। सरकारी निवेश दीर्घकालीन उद्देश्यों की प्राप्ति के लिए अच्छे होते हैं एवं यह भारत में ग्रामीण विकास का एक महत्त्वपूर्ण उपकरण है।

कृषि में वृद्धि की सततता के लिए पूँजी निर्माण के रूप में कृषि में निवेश आवश्यक है। यह कृषि विकास की गति एवं स्तर का महत्त्वपूर्ण निर्धारक है। सड़क, बाजार, परिवहन, बिजली उत्पादन, शीत भण्डारण, सिंचाई जैसी बुनियादी सुविधाओं के सृजन के लिए निवेश की आवश्यकता है। 1980 के उत्तरार्द्ध एवं 1990 के पूर्वार्द्ध के समय

तालिका 8.1: *भारत में 2004–05 की कीमतों पर कृषि एवं सहायक गतिविधियों में सार्वजनिक एवं निजी निवेश*

(रू. करोड़ में)

वर्ष	*सार्वजनिक निवेश*	*निजी निवेश*	*कुल निवेश*	*सकल घरेलू उत्पाद के प्रतिशत के रूप में कुल निवेश*
2004–05	16187 (0.5)*	5990.9 (1.8)	7609.6 (2.3)	2.3
2005–06	19940 (0.6)	6666.4 (1.9)	8660.4 (2.4)	2.4
2006–07	22987 (0.6)	69070.0 (1.8)	92057.0 (2.4)	2.4
2007–08	23257 (0.5)	82484.0 (1.9)	105741.0 (2.5)	2.5
2008–09	20572 (0.5)	106555.0 (2.4)	127127.0 (2.9)	2.9
2009–10	22693 (0.5)	110469.0 (2.3)	133162.0 (2.8)	2.8
2010–11	19854 (0.4)	112880.0 (2.1)	132734.0 (2.5)	2.5
2011–12	21184 (0.4)	135988.0 (2.4)	157172.0 (2.8)	2.8
2012–13	23886 (0.4)	138197.0 (2.3)	162083.0 (2.7)	2.7

स्रोत: कृषि मंत्रालय (2014अ, तालिका 3.6 सी, पृ. 56) ।[2]

टिप्पणी: * 2004–05 की कीमतों पर कुल सकल घरेलू उत्पाद के प्रतिशत के आंकड़े कोष्ठकों में हैं।

कृषि में सार्वजनिक क्षेत्र की पूँजी निर्माण में गिरती हिस्सेदारी पर चिन्ता व्यक्त की गयी। इस धारणा के साथ की वहाँ सार्वजनिक एवं निजी पूँजी निर्माण के मध्य उच्च सामंजस्य मौजूद है, यह विभिन्न अध्ययनों से स्पष्ट हुआ है कि पूर्व के क्षेत्र में गिरावट की प्रवृत्ति का प्रतिकूल प्रभाव इस क्षेत्र में सकल पूँजी निर्माण पर पड़ना सम्भावित है।

कुछ वर्षों में गिरावट की प्रवृत्ति के बाद, अब, कृषि में सार्वजनिक और निजी निवेश दोनों में वृद्धि हो रही है। उदाहरणार्थ, कृषि और सहायक गतिविधियों में सार्वजनिक निवेश वर्ष 2004–05 में 2004–05 की कीमतों पर रू. 1,16,187 अरब से बढ़कर 2012–13 में रू. 2,23,886 अरब हो गया और इसी अवधि में निजी निवेश 59,909 अरब से बढ़कर 21,38,197 अरब हो गया (तालिका 8.1)। यद्यपि, 2004–05 में सकल घरेलू उत्पाद में कुल निवेश का हिस्सा इस अवधि में 2.5 प्रतिशत के आसपास स्थिर रहा है। इसको केंद्रीय बजट 2015–16 में परिकल्पित कृषि क्षेत्र में 4 प्रतिशत प्रति वर्ष की लक्ष्य वृद्धि दर हासिल करने अथवा बढ़ाने की आवश्यकता है।

1995–96 में नाबार्ड के अन्तर्गत भारत सरकार द्वारा ग्रामीण अधोसंरचनात्मक विकास कोष (आरआईडीएफ) की स्थापना सही दिशा में एक स्वागत योग्य कदम था। इस निधि का उपयोग नाबार्ड के तकनीकी मार्गदर्शन और पर्यवेक्षण के अन्तर्गत आवश्यक अधोसंरचना के निर्माण के लिए किया जाता है। इसका आरंभिक कोष 1995–96 में आरआईडीएफ प्रथम के अन्तर्गत रू. 2000 करोड़ था। यह निधि राज्य सरकारों को ब्याज दर पर हिस्सेदारी में प्रतिवर्ष उधार देती है जो प्रचलित बैंक दर से 0.50 प्रतिशत अधिक होती है। इस कोष में सबसे अधिक हिस्सेदारी ग्रामीण सड़कों और सिंचाई परियोजनाओं में हुआ है जो क्रमशः लगभग 40 प्रतिशत और 39 प्रतिशत है। आरआईडीएफ राज्यों के ग्रामीण अधोसंरचनात्मक विकास के लिए लिए कोष का एक प्रमुख स्रोत है। 31 मार्च, 2015 तक आरआईडीएफ के माध्मय से संचित संसाधन रू. 2,17,500 करोड़ रुपये पहुंच गए। 2015–16 के संघीय बजट ने आरआईडीएफ XXI (नाबार्ड 2015, 31) के अन्तर्गत रू. 25,000 करोड़ आवंटन की घोषणा की।

2. *उद्यमों को आर्थिक सहायता एवं पूँजी का अन्तरण:* आर्थिक सहायता को हमेशा टैक्स के रूप में देखा जाता है, जो राजकोषीय नीति का एक उपकरण है। यह लैटिन शब्द ''सब्सिडियम'' से निकली है, सब्सिडी (आर्थिक सहायता) का शाब्दिक अर्थ है पीछे से सहायता करना। आर्थिक सहायता सामान्यतया, आर्थिक और सामाजिक विकास को बढ़ावा देने के उद्देश्य से आर्थिक क्षेत्र (अथवा संस्था, व्यवसाय या व्यक्तिगत) के लिए वित्तीय सहायता अथवा समर्थन का एक रूप है। 19वीं शताब्दी तक आर्थिक सहायता का स्वरूप कृषि के लिए समर्थन करना था। यह घरेलू खाद्यान्न उत्पादन की रक्षा करने के लिए दो विश्व युद्धों और महान आर्थिक मंदी के दौरान यूरोपीय संघ और संयुक्त राज्य अमेरिका में बड़े पैमाने पर विकसित किया गया था, लेकिन आज विश्व भर में महत्वपूर्ण बना हुआ है। आज, कृषि आर्थिक सहायता किसानों को उनकी आजीविका को बनाए रखने में सहायता प्रदान करने के आधार के स्प में बचाव की जाती है और इस अर्थ में इसे ग्रामीण विकास के एक उपकरण के रूप में उपयोग किया जाता है। वे सामाजिक रूप से वांछनीय मात्राओं और तरीकों से उन्हें उपयोग करने के लिए प्रोत्साहन द्वारा उत्पादन आगतों और सेवाओं के उपयोगकर्ताओं के व्यवहार को बदलने की कोशिश करते हैं। भारत और विश्व के अन्य देशों में कई प्रकार की आर्थिक सहायता का उपयोग किया जाता है। आर्थिक सहायता के प्रमुख प्रकारों में उत्पादन सब्सिडी, उपभोग (भोजन) सब्सिडी, निर्यात सब्सिडी, रोजगार सब्सिडी और कर सब्सिडी सम्मिलित है।

आर्थिक सहायता का उपयोग दो परिस्थितियों में हो सकता है। प्रथम, उपयोगकर्ता को सामाजिक रूप से अधिकतम इस्तेमाल के लिए निजी सीमांत लाभ सामाजिक लाभ से कम होता है, यह है, जब एक सकारात्मक बाह्यता विद्यमान होती है। द्वितीय, जब निजी अधिकतम स्तर के आगत का उपयोग करते हुए सीमान्त सामाजिक मूल्य, सीमान्त निजी मूल्य से अधिक होता है, यह है, जब एक नकारात्मक बाह्यता विद्यमान होती है। इन दोनों मामलों में, आर्थिक सहायता में बाह्यता की कमी सम्मिलित होती है – पूर्व वाले में, सीमान्त निजी लागत एवं सीमान्त सामाजिक लाभों को समेकित करके, और बाद वाले में, सीमांत निजी लागतों और सीमान्त सामाजिक लागत को समकारी करते हुए। जैसा कि करों के मामले में, आर्थिक सहायता के समेकित कल्याणकारी प्रभावों में भी प्रतिकार अभिप्रेत किया जा सकता है (सिंह 1994, 80–81)।

सैद्धान्तिक तौर पर आर्थिक सहायता उचित रूप से लचीली होती है एवं इनका उपयोग चुनिन्दा तौर पर किया जा सकता है और इन्हें किसी भी विशिष्ट आगत अथवा गतिविधि के प्रकार या एक विशिष्ट क्षेत्र को दिया जाता है। मुख्य उद्देश्य जिसकी की इस उपकरण द्वारा पूर्ति हो सकती है वह है, संरक्षा एवं प्राथमिकता जो कि किसी विशिष्ट क्षेत्र अथवा विशिष्ट आगत या गतिविधि के लिए होती है। उपकरण कई तरह के आकार ले सकता है, यथा – नए आगतों को उनकी कीमत पर आर्थिक सहायता प्रदान करके उपयोग को प्रोत्साहित करना, निवेश (ब्याज दरों पर आर्थिक सहायता प्रदान करके) अथवा निर्यात को बढ़ावा देना, ग्रामीण उद्योगों के उत्पादों की कीमतों को कम करके एवं इस तरह से उनकी बिक्री को बढ़ाने में सहायता करना। जब निवेश अथवा निर्यात पर आर्थिक सहायता लम्बे समय तक प्रदान की जाती है तब वे उद्देश्य के विस्तारण की पूर्ति करती है।

भारत में, आर्थिक सहायता कृषि एवं ग्रामीण विकास को बढ़ावा देने के लिए एक महत्त्वपूर्ण माध्यम बनती है। आर्थिक सहायता खाद्यान्न, नहर सिंचाई, कृषिगत उपयोग के लिए विद्युत, उर्वरक, विशिष्ट वर्ग के उधार लेने वालों को संस्थागत साख, गरीबी उन्मूलन तथा रोजगार कार्यक्रम यथा – एकीकृत ग्रामीण विकास कार्यक्रम, दस लाख कुओं की योजना एवं गंगा कल्याण योजना से गरीबों द्वारा विशिष्ट आय–सृजन की सम्पत्तियाँ खरीदना आदि सभी पर प्रदान की जाती है। तालिका 8.2 केन्द्रीय सरकार द्वारा व्यय किए गए आर्थिक सहायता के प्रमुख प्रकारों जैसे – खाद्य, उर्वरक, पेट्रोलियम तथा भारत में इस्तेमाल सभी प्रकार के आर्थिक सहायता को दर्शाता है। जैसा कि तालिका से स्पष्ट है कि 2002–03 से 2013–14 की अवधि के दौरान, सभी प्रकार की आर्थिक सहायता पर व्यय की मात्रा में लगातार वृद्धि हुई है, और इसी अवधि में कुल आर्थिक सहायता पर व्यय रू. 435.33 अरब से बढ़कर

तालिका 8.2: *जुलाई 2014 में भारत में केन्द्रीय सरकार द्वारा प्रमुख सब्सिडी पर कुल व्यय*

(रु. अरब)

वर्ष	*खाद्य*	*उर्वरक*	*पेट्रोलियम*	*ब्याज सब्सिडी*	*कुल सब्सिडी*	*वर्तमान कीमतों पर सकल घरेलू उत्पाद के प्रतिशत के रूप मे सब्सिडी*
2002–03	241.36	110.15	52.25	7.50	435.33	1.72
2005–06	230.77	184.60	26.83	21.77	475.22	1.29
2010–11	638.44	184.60	383.71	46.80	1734.20	2.22
2011–12	728.22	700.13	684.84	50.49	2,179.41	2.43
2012–13	850.00	656.13	968.80	72.70	2,570.79	2.54
2013–14 आरई	920.00	679.71	854.80	81.75	2,555.16	2.25
2014–15 बजट	1150.00	729.70	634.27	83.13	2,606.58	2.02

स्रोतः योजना आयोग (2014)। योजना आयोग के उपयोग के लिए संकलित डेटा–बुक।
टिप्पणीः आरईः संशोधित अनुमान

रू. 2,606.58 अरब हो गया। यहाँ पर तालिका में कृषिगत इस्तेमाल हेतु बिजली और सिंचाई जल पर व्यय आर्थिक सहायता की मात्रा को सम्मिलित नहीं किया गया है, क्योंकि इसके लिए आवश्यक जानकारी उपलब्ध नहीं हो पाई।

आर्थिक सहायता के कई प्रतिकूल प्लवन प्रभाव हो सकते हैं। प्रत्यक्ष रूप से, वे संसाधनों को अन्य वैध प्राथमिकताओं जैसे पर्यावरण संरक्षण, शिक्षा, स्वास्थ्य अथवा अधोसंरचनात्मक ढांचे से दूर करके सरकारों के लिए महंगे साबित होते हैं। अप्रत्यक्ष रूप से, वे पर्यावरणीय गिरावट का कारण बन सकते हैं, उदाहरणार्थ, प्रदूषण, परिदृश्य का नुकसान, भूमि की क्षति, और आपूर्ति का दुरूपयोग और अत्यधिक उपयोग। अधिक उपयोग वे कई लोगों जैसे गरीबों की कीमत पर कुछ अमीरों लोगों को लाभ देते हैं।

भारत में, उन लोगों द्वारा कृषि आर्थिक सहायता की आलोचना की जाती है जो अन्य देशों के साथ–साथ भारत में अन्य क्षेत्रों के महत्व के तर्क को नहीं समझते हैं। उदाहरणार्थ, ईईसी में कृषि आर्थिक सहायता 82 डॉलर प्रति हेक्टेयर, जापान में 35 डॉलर प्रति हेक्टेयर, संयुक्त राज्य अमेरिका में 32 डॉलर प्रति हेक्टेयर और चीन में 30 डॉलर प्रति हेक्टेयर की तुलना में भारत में मात्र 14 डॉलर प्रति हेक्टेयर है (सालुंखे और देशमुख 2012, 45)।

नयी आर्थिक नीति के आगमन से सरकार के ऊपर विश्व बैंक एवं अन्तर्राष्ट्रीय मुद्रा कोष का जबर्दस्त दबाव है एवं इसी तरह से भारतीय समाज के विशिष्ट वर्गों की तरफ से भी कि सभी प्रकार की आर्थिक सहायता को चरणों में समाप्त किया जाए। तथापि, सरकार इन सभी दबावों के बावजूद डटी हुई है क्योंकि ग्रामीण क्षेत्र से आर्थिक सहायता को हटा लेना किसी भी सरकार के लिए राजनीतिक दृष्टि से जोखिम भरा कदम होगा क्योंकि यह सबसे बड़ा वोट बैंक संघटित करता है एवं इसलिए ये राजनीतिक दलों के भविष्य का निर्धारण करते हैं। इसके अतिरिक्त, ग्रामीण क्षेत्रों में आर्थिक सहायता के लिए एक सुदृढ़ आर्थिक औचित्य भी है। प्रथम, ग्रामीण क्षेत्र के लोगों के जीवन के लिए आधारभूत आवश्यकताओं को उत्पादित एवं आपूर्ति करते हैं एवं इस तरह से यह खाद्यान्न सुरक्षा प्रदान करते है जिसके लिए कोई भी कीमत (आर्थिक सहायता) ज्यादा नहीं हो सकती। अर्थशास्त्र शब्दावली में कृषि सब्सिडी के सामाजिक लाभ उन किसानों को इससे प्राप्त निजी लाभ से कहीं अधिक है। द्वितीय,

इन्द्रियानुभविक अध्ययनों के माध्यम से यह स्थापित हो चुका है कि भारतीय कृषि शुद्ध कर है। इसका तात्पर्य कृषि उत्पाद की उत्पादक कीमतों एवं किसानों द्वारा अदा की गयी आगत कीमत को ध्यान में रखते हुए इसके समक्ष सदृश विश्व कीमतों को रखते हुए, कृषि क्षेत्र हमारे समाज से आर्थिक सहायता एवं अनुदान के सन्दर्भ में जितना प्राप्त करता है उससे अधिक देता है (गुलाटी 1989: ए57–ए65; गुलाटी एवं शर्मा 1992: ए 106–ए116)। तृतीय, भारतीय कृषि में आर्थिक सहायता का स्तर कई विकसित देशों जैसे – ईईसी, अमेरिका, कनाडा, जापान, चीन एवं अन्य से बहुत कम है। आर्थिक सहायता प्रदान की जाना चाहिए अथवा नहीं का शाश्वत नियम यह है कि आर्थिक सहायता के कारण राजस्व की अनुमानित हानि की तुलना आर्थिक सहायता से हितग्राहियों की अनुमानित प्राप्तियों का आधार होता है (उत्पादक अतिशेष तथा उपभोग अतिशेष दोनों के लाभ पर विचार)। यदि लाभ हानि से अधिक हो जाए, तब आर्थिक सहायता आर्थिक दृष्टि से जायज होती है। इस उपकरण की गम्भीर कमजोरी यह है कि एक बार प्रदत्त आर्थिक सहायता को वापस करना बहुत कठिन होता है। राजनीतिक दृष्टि से, किसी भी लोकप्रिय सरकार के लिए यह बहुत ही अवांछनीय होता है कि वह आर्थिक आधार पर किसी भी आर्थिक सहायता के उचित नहीं होने के बावजूद उसको वापस ले ले।

3. *परिवारों का अन्तरण:* कई विकसित देशों में सरकारें वृद्ध लोगों को पेंशन, अप्रमाणिक/निःशक्तजन की बीमारी खर्च, बेरोजगारी भत्ता एवं अन्य लाभ प्रदान करती है। ऐसे खर्चों का वित्तीय भार आंशिक रूप से सामाजिक सुरक्षा अभिकरणों द्वारा प्रदत्त अंशदान एवं आंशिक रूप से केन्द्र सरकार द्वारा अन्तरण से वहन किया जाता है। यद्यपि यह खर्च बहुत बड़ा होता है किन्तु आर्थिक नीति के उपकरण के तौर पर कोई महत्त्वपूर्ण मूल्य नहीं रखता है – निश्चित रूप से एक अल्पकालीन नीति के लिए तो नहीं। इसका प्रभाव मुख्यतः करदाताओं से निम्न वर्ग के समूहों को आय वितरण के अन्तरण तक सीमित होता है। भारत में, यह उपकरण अपेक्षाकृत कम महत्त्व का रहा है। तथापि, केन्द्र सरकार द्वारा इस दिशा में एक महत्त्वपूर्ण कदम उठाते हुए 15 अगस्त 1995 को एक राष्ट्रीय सामाजिक कल्याण कार्यक्रम आरम्भ किया गया। इस कार्यक्रम में तीन अवयव सम्मिलित हैं – वृद्धावस्था पेंशन योजना, राष्ट्रीय परिवार सहायता योजना एवं राष्ट्रीय मातृत्व सहायता योजना (एनएमबीएस) (एनएमबीएस; भारत सरकार 1997अ, 53–54)।

इस दिशा में एक अन्य महत्वपूर्ण पहल प्रधान मंत्री जनधन योजना थी, जिसे 26 जनवरी 2015 तक 10 करोड़ बैंक खातों के संशोधित लक्ष्य के साथ 28 अगस्त, 2014 को शुरू किया गया था। इस योजना में 3 जनवरी 2015 तक 10.639 करोड़ नए बैंक खातों के साथ रू. 83,69,055 करोड़ राशि जमा हुई थी। भुगतान समाधान वित्तीय समावेशन का एक महत्वपूर्ण अंग है, जिसके लिए 8 मई, 2014 के बाद से रुपे कार्ड के रूप में जाना जाने वाला एक नया कार्ड भुगतान योजना चल रही है। बैंकों को और आगे कहा गया है कि देश के सभी छह लाख गांवों में प्रति परिवार कम से कम एक आधारभूत बैंकिंग खाता प्रदान करके सार्वभौमिक कवरेज़ प्रदान किया जाए, साथ ही स्वदेशी रूपे डेबिट कार्ड में रू. 1,00,000 का अंतर्निहित दुर्घटना बीमा और रू. 30,000 का जीवन बीमा कवर हो। रूपे कार्ड अन्य डेबिट कार्ड के बराबर है। ये दोनों योजनाएं एक दूसरे की पूरक हैं और वित्तीय समावेश, बीमा प्रवेश और डिजिटलीकरण जैसे कई उद्देश्यों की उपलब्धि को सक्षम बनाती हैं।

4. जन धन योजना योजना के अगले चरण में, भारत के पूर्व प्रधान मंत्री अटल बिहारी वाजपेयी के नाम पर प्रधान मंत्री अटल पेंशन योजना (एपीवाइ) ग्रामीण और असंगठित क्षेत्र में कार्यरत लोगों को पेंशन योजना के परिधि के अन्तर्गत लाने के लागू किया गया था। इस योजना का मन्तव्य सभी भारतीयों को एक निश्चित पेंशन प्रदान करना है। यद्यपि, वृद्धावस्था में पेंशन प्राप्त करने के लिए, किसी को भी तदनुसार योगदान की आवश्यकता है। जितना अधिक योगदान कर सकते हैं, वृद्धावस्था में उतनी अधिक पेंशन मिलेगी। यह योजना वित्त मंत्रालय, भारत सरकार द्वारा समर्थित है। यह योजना अधिकतर असंगठित क्षेत्र के अन्तर्गत काम करने

वालो को सम्मिलित करेगी। कोई भी भारतीय जो 18 से 40 वर्ष आयु वर्ग का है वह अटल पेंशन योजना के अन्तर्गत अंशदान के लिए पात्र हैं। यद्यपि, सांविधिक सामाजिक सुरक्षा योजना का कोई भी सदस्य इस पेंशन योजना के लिए सरकार के अंशदान को पाने के लिए पात्र नहीं है। लेकिन उसे इस योजना के सभी सामान्य लाभ मिलेंगे।

5. *सरकारी भण्डारण परिवर्तनः* सरकारें कभी–कभी सीधे नियन्त्रण अथवा आर्थिक सहायता से भण्डारों को सामूहिक आवश्यकता एवं आपूर्ति की सुरक्षा की सन्तुष्टि के लिए बनाती हैं। उदाहरणार्थ – खाद्यान्नों, खनिजों, धातुओं, कोयला आदि के भण्डारों का अधिसंचयन। गेहूँ, चावल, शकर जिसका भारत में प्रमुख उपयोग है, के भण्डारों का अधिसंचयन करना। खाद्यान्न के भण्डारों में प्रतिरोधक भण्डार एवं प्रचालन भण्डार दोनों हैं। प्रतिरोधक भण्डार में आधार स्तर का भण्डार सम्मिलित होता है जो कि व्यवस्था से बाहर नहीं किया जा सकता है एवं प्रचालन भण्डार वे होते हैं जिनका उपयोग खाद्यान्न की उपलब्धता एवं कीमतों में उतार–चढ़ाव को कम करने एवं पुनर्संगठित सार्वजनिक वितरण प्रणाली के अन्तर्गत उचित मूल्य की दुकानों के माध्यम से गरीबों तक उचित मूल्य में खाद्यान्न को पहुँचाने के लिए होता है।
6. *वस्तु एवं सेवाओं की वर्तमान खरीदीः* यह उपकरण चयनित हो सकता है, उदाहरणार्थ, किसी क्षेत्र विशेष में अथवा किसी उपक्षेत्र में खरीदारी। खरीदारी को कीमत स्थिरता अथवा कुल रोजगार के उद्देश्य के साथ विलम्बित अथवा अग्रिम किया जा सकता है। कुछ सरकारें उनके आदेशों पर सकेन्द्रित करने का प्रयास करती हैं विशेषतः उनके सैनिक आदेश को जब आर्थिक गतिविधि की मन्दी का दौर होता है। भारत में केन्द्र एवं राज्य सरकारों के माल की वर्तमान खरीदी के कई उदाहरण मिलते हैं।
7. *मजदूरी एवं वेतनः* सरकारें आर्थिक नीति के प्रयोजनों के लिए उनके मजदूरी एवं वेतन के बिल को प्रभावित करने के प्रायः प्रयास नहीं करती हैं। सेवा के दौरान शिक्षा एवं प्रशिक्षण पर कुछ खर्च मजदूरों की गतिशीलता को अथवा आय वितरण को बढ़ाने का कार्य कर सकती हैं। सार्वजनिक एवं संगठित क्षेत्रों में मजदूरी एवं वेतन जीवन सूचकांक की कीमत से जुड़े होते हैं एवं इसलिए इनको समय–समय पर आय पर महँगाई के प्रभाव को तटस्थ करने के लिए संशोधित किया जाता है।
8. *शेष विश्व से अन्तरणः* भारत में यह उपकरण बहुत महत्त्वपूर्ण नहीं है। अन्तरण सामान्य तौर पर गरीब देशों एवं अन्तर्राष्ट्रीय संस्थानों जैसे – संयुक्त राष्ट्र विकास कार्यक्रम एवं अन्तर्राष्ट्रीय श्रम संगठन द्वारा सामान्य तौर पर निर्मित किए जाते हैं।

राजस्व के आठ उपकरण

1. *परिवारों की आय पर प्रत्यक्ष करः* इस बात पर साफ तौर पर कठिन सीमाएँ हैं कि किसी सरकार द्वारा शान्ति के समय में किस मात्रा तक व्यक्तिगत आय कर से राजस्व को बढ़ाया जा सकता है। प्रथम, यह कर मध्य एवं उच्च आय वर्ग में बहुत ही अलोकप्रिय है। द्वितीय, यह एक ऐसा कर है जिससे अक्सर बचा जाता है अथवा अपवंचन किया जाता है एवं जब यह उच्च दर में होता है तो इसके अपवंचन का प्रलोभन भी उच्च होता है। यद्यपि, प्रत्यक्ष कर आर्थिक नीति के लिए बहुत ही महत्त्वपूर्ण होते हैं क्योंकि ये प्रगतिशील हैं, ये आय का पुनर्वितरण करते हैं एवं अन्तर्निर्मित स्थिरक की तरह कार्य करते हैं: इनके प्रतिफल में आय से अधिक परिवर्तन होते हैं एवं इसलिए मन्दी के समय में माँग को उत्प्रेरित करते हैं एवं तेजी के समय को कम करते हैं, इस तरह से पूर्ण रोजगार एवं कीमत स्थिरता के उद्देश्यों की पूर्ति करते हैं। 'जितना कमाओ उतना दो' व्यवस्था के साथ, ऐसा कोई स्थिरता कार्यवाही के सामने समय के पिछड़ने वाला काम अस्तित्व में नहीं आता है। भारत में, कृषि से आय को मुख्यतः करारोपण से मुक्त रखा गया है क्योंकि (अ) 90 प्रतिशत कृषकों के पास उपलब्ध भू–स्वामित्व चार हैक्टैयर अथवा कम है जो कि आर्थिक

दृष्टि से व्यवहार्य नहीं होते हैं एवं उनकी आय, आयकर अधिनियम 1961 के अन्तर्गत आयकर से छूट की आय से बहुत नीचे होती है; (ब) कृषि आय का सही निर्धारण बहुत ही कठिन एवं खर्चीला है; एवं (स) कर के उगाहने की कीमत राजस्व के संग्रहण के सामने बहुत ही उच्च है।

2. *उद्यमियों की आय पर प्रत्यक्ष कर:* वितरित एवं अवितरित लाभों के बीच बिना किसी भेदभाव के साथ कम्पनियों के लाभ पर पूर्णतः करारोपण होता है। उनके अपने आपके विश्लेषकीय प्रभाव भी हैं, जैसा कि आर्थिक अस्थिर लाभ पूर्णतः राष्ट्रीय आय से ज्यादा अन्तर की ओर अग्रसर होता है। निवेश को विशेष अवमूल्यन भत्ते से प्रोत्साहित किया जा सकता है।
3. *आन्तरिक लेन–देन पर अप्रत्यक्ष कर:* ये आय उपकरण में सबसे बड़े हैं एवं इसके दो प्रमुख लाभ हैं – प्रथम, यह राजनीतिक दृष्टि से सुविधाजनक होता है क्योंकि इसका विस्तार निश्चित रूप से आयकर की अपेक्षा कम कष्टपूर्ण होता है। द्वितीय, इनको बहुत उच्च स्तर पर चयनकारी बनाया जा सकता है। इन करों से छोटा सा नुकसान यह है कि यह बेढंगे तरीके से अर्थव्यवस्था को प्रभावित करेगा यदि लोग इस परिवर्तन की अपेक्षा में यह सोचते हैं कि कर बढ़ेंगे, फलस्वरूप प्रत्याशित खरीदारी बेतहाशा बढ़ सकती है अथवा यदि वे यह सोचते हैं कि करों में गिरावट आएगी तो माँग में तेजी से गिरावट आ सकती है।
4. *सीमा शुल्क:* निर्यात शुल्क का उपयोग मुश्किल से ही होता है लेकिन आयात शुल्क का उपयोग सर्वत्र होता है। ये दोनों लचीले एवं चयनित हो सकते हैं, लेकिन अन्तर्राष्ट्रीय समझौतों एवं बदले के भय से विदेशी सरकारों द्वारा इनके उपयोग को सीमित ही किया जाता है। इन शुल्कों को लगाने का सामान्य तौर पर मुख्य उद्देश्य विशिष्ट उद्योगों एवं विशिष्ट सामग्रियों हेतु सुरक्षा होता है। भारत में, 1980 के अन्त तक कृषि सामग्री के आयात एवं निर्यात दोनों सिवाय चाय, कॉफी एवं मसालों के शुल्क (सीमा शुल्क) एवं गैर शुल्क अवरोधों के माध्यम से प्रतिबन्धित थे, लेकिन अब, नयी व्यापार नीति के तहत, ज्यादातर कृषि सामग्रियों पर आयात शुल्क बहुत ही कम कर दिया गया है अथवा पूर्णतः हटा दिया गया है।
5. *सामाजिक सुरक्षा अंशदान:* भारत में आर्थिक नीति के उपकरण के रूप में इन्हें शायद ही कभी उपयोग किया जाता है। ये आय वितरण पर प्रतिकूल प्रभाव डालते हैं जैसे कि गरीबों की तुलना में अमीरों को अधिक लाभ।
6. *सम्पत्ति पर कर:* इसमें सम्पत्ति पर कर, जमीन एवं मकानों पर पृथक् से कर सम्मिलित होते है एवं आय के वितरण के लिए एक उपकरण की तरह कार्य करते हैं।
7. *उत्तराधिकार शुल्क तथा विरासत कर:* इनका आय वितरण पर थोड़ा सा प्रभाव होता है।
8. *शेष विश्व से अन्तरण:* धनी देशों से गरीब देशों को दान, विकास के लिए महत्त्वपूर्ण सहायता होती है।

लोक वित्त के उपकरणों पर उपयोग की बाधाएँ

सार्वजनिक खर्च का प्रमुख उद्देश्य सामूहिक आवश्यकताओं को सन्तुष्ट करना होता है, एवं इसकी सीमा अन्य उद्देश्यों के लिए इसके काम में लिए जाने तक होती है। लोक वित्त के क्षेत्र में बनने वाली नीतियों पर राजनीतिक दबाव एवं दबाव समूहों का जबर्दस्त प्रभाव हो सकता है।

करारोपण सर्वाधिक उपयोग में आने वाला नीति उपकरण है। यह पिगोऊ (1962) थे जिन्होंने यह तर्क दिया कि करों एवं आर्थिक सहायता का उपयोग आर्थिक अभिकर्ताओं की ग्राह्यता को समावेशित करने के लिए किया जा सकता है। करारोपण व्यवस्था का तर्क प्रवेश की निजी लागत को बढ़ाना एवं/अथवा उस बिन्दु तक उपयोग (अथवा समान रूप से लाभ को कम) करना जहाँ से व्यक्तिगत कार्यवाही एक सामग्री के सामाजिक अधिकतम स्तर के उत्पादन का परिणाम देगी जिसका उत्पादन नकारात्मक बाह्यता (प्रदूषण) में संलग्न है।

चित्र 8.3 एक वस्तु X के लिए विशिष्ट आपूर्ति एवं माँग वक्र को दर्शाता है। यद्यपि इस मामले में, हमने एक आपूर्ति वक्र $S = MC_p$ को नाम दिया है क्योंकि यह सामग्री के उत्पादन के साथ जुड़ी हुई सीमान्त निजी कीमत का प्रतिनिधित्व करता है। खुले बाजार का साम्यावस्था निर्गत एवं कीमत क्रमशः Q_M एवं P_M होती है। अब यदि

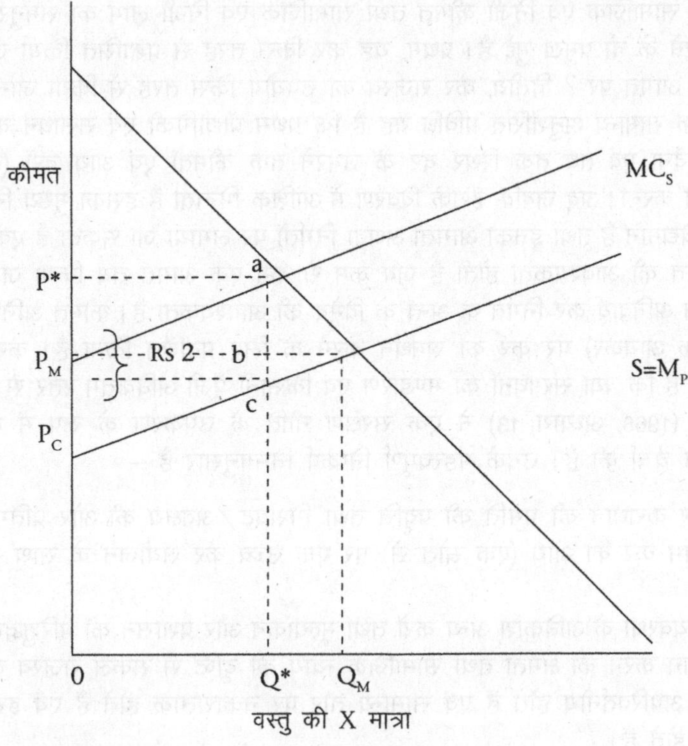

चित्र 8.3: *एक प्रदूषण कर का प्रभाव*

स्रोतः लेखक

मान लीजिए कि यहाँ नकारात्मक बाह्यता (प्रदूषण) है जो कि वस्तु X की प्रत्येक इकाई के उत्पादन के साथ सम्बद्ध है तब MC_P वक्र समाज के वस्तु की वास्तविक कीमत का प्रतिनिधित्व नहीं करेगा। यदि वस्तु उत्पादन की प्रत्येक इकाई तीसरे पक्ष पर रु. 2 की बाह्य कीमत थोपती है तब वास्तविक सीमान्त सामाजिक कीमत MC_S होगी।

प्रदूषण कर, निजी सीमान्त वक्र, MC_P, में बदलाव ऊपर की रु. 2 प्रत्येक बिन्दु पर MC_S के लिए होगा। Q′ वस्तु X के उत्पादन का सामाजिक इष्टतम स्तर है और P′ माँग वक्र और MC_S के बीच प्रतिच्छेदन की सामाजिक इष्टतम कीमत है। इस प्रकार, प्रदूषण की सामाजिक लागत को आत्मसात करते हुए, वस्तु X के प्रदूषण का वास्तवित निर्गत Q_M से Q* तक कम हुई जबकि उपभोक्ता द्वारा ली जाने वाली कीमत P_M से बढ़कर P* हुई, एवं उत्पादक द्वारा प्राप्त की जाने वाली कीमत P_M से घटकर P_C हो गयी। माँग एवं आपूर्ति के वक्रों की सापेक्ष प्रत्यास्थता पर निर्भर करते हुए, प्रदूषण कर के बोझ को दोनों उपभोक्ता एवं उत्पादक बाँटते हैं। हमारे उदाहरण में कुल कर ac में से उपभोक्ता ab का भुगतान करता है एवं उत्पादक bc का भुगतान करता है। इस तरह से, प्रदूषण कर दोनों उत्पादकों एवं उपभोक्ताओं के व्यवहार को प्रभावित करता है।

इस सन्दर्भ में यह महसूस करना महत्त्वपूर्ण है कि एक कर का समेकित प्रभाव प्रतिकूल साभिप्राय हो सकता है, यदि एक उद्योग की कम्पनियों के आकार पर जो नकारात्मक बाह्यता उदाहरणार्थ जल प्रदूषण उत्पन्न करती थी पर कोई प्रतिबन्ध नहीं लगाया गया। यह ऐसा इसलिए है क्योंकि यद्यपि प्रत्येक कम्पनी का प्रदूषण में योगदान कराधान के पश्चात् पहले की अपेक्षा कम होगा, यह सम्भावित है कि जल में रहने वाले के निस्सार को छोड़ने की तुलना में सभी कम्पनियाँ एक साथ ज्यादा प्रदूषण उत्पन्न करेंगी (ब्रोम्ले 1991: 62–63)।

यहाँ करारोपण को सामाजिक एवं निजी कीमत तथा सामाजिक एवं निजी लाभ का समनुरूप करने के उपकरण के रूप में उपयोग करने के दो प्रमुख मुद्दे हैं। प्रथम, यह कर किस तरह से प्रशासित किया जाना चाहिएः आय पर अथवा लाभ पर अथवा आगत पर ? द्वितीय, कर राजस्व का उपयोग किस तरह से किया जाना चाहिए? कर लगाने के लिए साहित्य में एक सामान्य अनुशंसित प्रविधि यह है कि प्रथम प्रौद्योगिकी एवं संसाधन की वृद्धि की वैकल्पिक विशेषताओं पर ध्यान देना एवं तब तक स्थिर दर के उभरने तक कीमतों एवं आय दरों (यदि कभी हो तो) के समायोजन का अध्ययन करना। अब जबकि इसके विवरण में आंशिक भिन्नता है इसका मुख्य निष्कर्ष इस मुद्दे पर यह है कि अधिकतम कर विद्यमान है तथा इनको आगतों अथवा निर्गतों पर लगाया जा सकता है एवं जबकि फसल कटाई में एक से अधिक आगत की आवश्यकता होती है जब कम से कम एक आगत तय किया जाता है, अधिकतम कर नीति को आगतों अथवा अनिवार्य कर निर्गत के अन्त के विभेद की आवश्यकता है। कीमत अनिश्चितता को एण्डरसन (1982) ने राजस्व (एक आयकर) पर कर का समर्थन करने के लिए प्रदर्शित किया है। कर नीति का एक अन्य महत्त्वपूर्ण निर्धारक यह है कि क्या संसाधनों का भण्डारण एवं किसानी पूँजी अधिकतम स्तर से ऊपर अथवा नीचे है।

सीरियसी–वॉनट्रप (1968, अध्याय 13) ने एक संरक्षण नीति के उपकरण के रूप में करारोपण के विभिन्न आयामों पर विस्तार से चर्चा की हैं। उनके महत्त्वपूर्ण निष्कर्ष निम्नानुसार हैं –

1. संरक्षण की ओर कराधान की प्रगति की प्रवृत्ति तथा गिरावट/अवक्षय की ओर प्रतिगमन;
2. निम्न–पूँजी–लाभ कर का आय (एक स्रोत से) पर एक उच्च कर संयोजन के साथ परिणामतः संरक्षण हो सकता है;
3. उपज कर अर्थव्यवस्था के अधिकांश अन्य करों तथा मूल्यांकन और प्रशासन की परिशुद्धता के मामले में बेहतर है लेकिन भुगतान करने की क्षमता तथा सामाजिक न्याय की दृष्टि से सकल राजस्व कर से न्यून है; एवं
4. अनुमानित कर अपरिवर्तनीय होते हैं एवं सामान्य तौर पर नकारात्मक होते हैं एवं इसी कारण से गिरावट की ओर प्रवृत्त होते हैं।

किसी भी कर को लगाया जाए अथवा नहीं का निर्धारण करने का शाश्वत नियम यह है कि राजस्व की अनुमानित हानि/करदाताओं की उपयोगिता एवं अन्य जो संसाधन का उपयोग, संसाधन वस्तु (उपभोक्ता अधिशेष में घाटा एवं उत्पादक अधिक में घाटा दोनों को ध्यान में रखते हुए) एवं कर प्राधिकरण का अनुमानित लाभ की तुलना पर होता है। यदि लाभ हानि से आगे निकल जाते हैं तब कर आर्थिक दृष्टि से उपयुक्त होती है। इस उपकरण की एक गम्भीर कमजोरी यह है कि यह राजनीतिक दृष्टि से नए कर, विशेषतः प्रत्यक्ष कर लगाने में बहुत ही असुविधाजनक होती है (सिंह 1994, 78–80)।

पूँजी एवं साख के उपकरण

इन उपकरणों के समूह में वे सम्मिलित हैं जो कि लोगों, कम्पनियों अथवा सरकारों से पैसा उधार लेने को और अधिक कठिन अथवा सरल बनाते हैं। बजटीय मापकों के विपरीत, जिनको कि खुले निर्णय, खुले में प्राप्ति के रूप में वर्णित किया जा सकता है, वित्तीय एवं साख नीति को रहस्य एवं रहस्यात्मकता बहुत हद तक घेरे रहती है। यह निश्चित तौर पर पता लगाना सर्वदा सम्भव नहीं है कि क्या किया जा रहा है।

सरकार एवं भारतीय रिजर्व बैंक इन संस्थाओं को प्राख्यायित करने के लिए जिम्मेदार है। इन उपकरणों की सूची को निम्नानुसार वर्गीकृत किया गया है:

सरकार की नयी उधारी एवं ऋण

1. विदेशी देनदारी
2. परिवारों एवं उद्यमों को देनदारी

3. विदेशों से लेनदारी
4. परिवारों एवं उद्यमों से लेनदारी

विद्यमान कर्ज में सरकारी कार्यवाही

1. अल्प–कालीन प्रतिभूतियों में खुले बाजार की कार्यवाही
2. अन्य खुले बाजार की कार्यवाहियाँ

ब्याज दर उपकरण

1. बैंक दर
2. अधिकतम दरों का वैधानिक आरोपण
3. कर्ज की सरकारी गारण्टी

बैंक द्वारा साख निर्माण पर कार्यवाही वाले उपकरण

1. सुरक्षित अनुपात (सांविधिक नगदी अनुपात एवं नगद सुरक्षित अनुपात)
2. अग्रिम पर संख्यात्मक पाबन्दियाँ
3. व्यक्तिगत ऋणों का अनुमोदन
4. अन्य दिशा निर्देश, सुझाव एवं प्रतिपादन

अन्य अभिकर्ताओं द्वारा उधार देने अथवा ऋण लेने पर कार्यवाही के उपकरण

1. स्थानीय अभिकरणों एवं राष्ट्रीयकृत उद्यमों से लेनदारी पर नियन्त्रण
2. नए निर्गमों (Issues) द्वारा निजी कम्पनियों की लेनदारी पर नियन्त्रण
3. किराया, खरीद लेनदेन का नियंत्रण
4. अन्य वित्तीय संस्थाओं पर नियन्त्रण

विनिमय दर के उपकरण

इस उपकरण की निम्नलिखित तीन प्रमुख विशेषताएँ हैं:

1. यह बहुत ही शक्तिशाली होता है तथा सम्बन्धित देश की अर्थव्यवस्था पर उल्लेखनीय प्रभाव डाल सकता है एवं उन देशों पर भी जहाँ से ये आयात निर्यात करते हैं।
2. इसमें एक जबर्दस्त भावनात्मक अन्तर्वस्तु होती है। एक देश की मुद्रा की विनिमय दर की कीमत सोने एवं विदेशी मुद्रा के सन्दर्भ में आँकी जाती है। इस कीमत में किसी तरह की गिरावट को राष्ट्रीय क्षति के रूप में देखा जाता है।
3. साथ ही इस गिरावट के साथ यह खतरा बनता है कि यह राष्ट्रीय मुद्रा में विश्वास को कम करने की दिशा में प्रवृत्त होगा। इसके अतिरिक्त, आय के वितरण में कीमतों की बढ़ोतरी एवं परिवर्तन की ओर बढ़ता है जो कि विशेषतः खतरनाक दिखाई देता है।

विनिमय दर एक एकल उपकरण है, न कि उपकरणों का समूह, लेकिन यहाँ विभिन्न तरह की विनिमय दरें हैं एवं परिणामतः इनमें विभिन्न तरह के परिवर्तन होते हैं। विनिमय दर एकल अथवा बहुल, निश्चित अथवा परिवर्तनीय हो सकती है।

विनिमय दर को परिवर्तित करने के निर्णय निश्चित रूप से राष्ट्रीय निर्णय होते हैं। लेकिन विदेशी एवं अन्तर्राष्ट्रीय प्रभाव भी प्रायः बहुत ही महत्त्वपूर्ण हो सकते हैं। अधिकांश देशों में, यह मंत्रिमण्डल का निर्णय होता है एवं विनिमय दर को परिवर्तित करने की जिम्मेदारी संयुक्त रूप से प्रधानमन्त्री एवं वित्तमन्त्री लेते हैं। वास्तविकता में संसद अवमूल्यन अथवा पुनर्मूल्यांकन के निर्णय से कभी भी सम्बन्धित नहीं होती है। अन्तर्राष्ट्रीय मुद्रा कोष के नियमों के अनुसार सभी सदस्य देशों को कोष से परामर्श लेना चाहिए एवं 10 प्रतिशत अथवा अधिक के सभी परिवर्तनों पर पूर्व स्वीकृति प्राप्त की जानी चाहिए।

विनिमय दरों में परिवर्तन निश्चित तौर पर पुनर्मूल्यांकन अथवा अवमूल्यन ही होता है। पुनर्मूल्यांकन के उद्देश्य कीमतें स्थिर करना एवं बहुत कम स्तर पर श्रम का अन्तर्राष्ट्रीय विभाजन होता है। मूल्य घटाने का तात्पर्य कभी–कभी उत्पादन में विस्तार एवं श्रम के अन्तर्राष्ट्रीय विभाजन के लिए भुगतान के सन्तुलन में सुधार करना होता है।

यदि देश में कुछ उपयोग में नहीं लायी गयी क्षमता है जिसका अवमूल्यन (जबकि देश जो कि इनके निर्यात को खरीदते हैं पूर्णतः नियोजित है) होता है, तब इसकी आपूर्ति की लचीलता इतनी पर्याप्त होगी कि वह इसके निर्यात की बढ़ी हुई माँग को पूर्ण कर सके। यदि एक देश के अवमूल्यन पूर्णतः नियोजित है, अवमूल्यन भुगतान के सन्तुलन को और बुरा कर सकता है। अवमूल्यन निर्यात को प्रेरित करता है एवं आयात को पीछे थामे रखता है। इसलिए इसका प्रयोग एक निम्न रोजगार वाले देश में रोजगार को बढ़ाने की प्रविधि के रूप में किया जा सकता है।

भारत के अधिकांश संसाधन आधारित उत्पाद का अन्तर्राष्ट्रीय स्तर पर व्यापार होता है अथवा व्यापार योग्य है (उदाहरणार्थ – चाय, कॉफी, मसाले, जूट, कपास, मछली, चावल, रबर) अथवा व्यापार योग्य वस्तुओं के स्थानापन्न होते हैं (उदाहरणार्थ – प्राकृतिक गैस, लिग्नाइट, पनबिजली) एक अतिरिक्त मूल्य विनिमय दर उनके रिक्तिकरण को गैर–व्यापार योग्य सामानों के मूल्यों को अपेक्षाकृत कम करके कम करेगी (उदाहरणार्थ – परिवहन, सेवाएँ एवं निर्माण)। एक अतिरिक्त मूल्य वाली विनिमय दर एवं निर्यात कर का समान प्रभाव होता है जिसमें वे संसाधन आधारित समुदायों के निर्यात को हतोत्साहित (एवं आयात को प्रोत्साहित) करते हैं, तथा घरेलू संसाधन पर दबाव को कम करते हैं। प्राथमिक वस्तुओं के बढ़ते निर्यात का पर्यावरण पर प्रतिकूल असर पड़ सकता है, यदि आगत एवं निर्गत की कीमतें इसमें पूर्णतः सम्मिलित होते हुए उपयोग होने वाले संसाधनों की वास्तविक कमी एवं पर्यावरण पर होने वाले खर्च में प्रतिबिम्बित होती हैं।

कतिपय फसलों पर निर्यात शुल्क में कमी यथा – बागवानी तथा बागान फसल, मिट्टी अपरदित करने वाली फसलों यथा – चावल एवं गन्ने तथा उच्च मूल्य वाली बारहमासी निर्यात फसलों यथा – फल, चाय, कॉफी एवं रबर सकारात्मक पर्यावरणीय प्रभावों के साथ अर्थव्यवस्था में विविधता लाने में मदद करता है। बारहमासी फसलों को बढ़ते प्रोत्साहन एवं इसी तरह से वार्षिक फसलों यथा कपास एवं चावल मामूली ढलानों पर मिट्टी की रक्षा करने में मदद कर सकते हैं लेकिन यह खड़ी अथवा कमजोर ढलानों पर प्राकृतिक वन आच्छादन का विकल्प नहीं है। भारत शुल्क सुधार का पर्यावरण सौम्य तकनीकों एवं मशीनों तथा उच्च प्रौद्योगिकी प्रदूषण के खिलाफ भेद करने के लिए आयात अथवा निर्माण के एक अवसर के रूप में उपयोग कर सकता है।

इसका उपकरण के रूप में उपयोग अन्तिम सहारे के तौर पर होना चाहिए जबकि अन्य सभी हथियार जिनका उपयोग समान उद्देश्यों के लिए होना था, असफल हो जाए। इस उपकरण के उपयोग को लेकर राजनीतिज्ञों के बीच, दबाव समूह के मध्य एवं लोगों के मध्य जबरदस्त विद्वेष है।

प्रत्यक्ष नियन्त्रण के उपकरण

प्रत्यक्ष नियन्त्रण आर्थिक नीति का शक्तिशाली उपकरण होता है। ये शीघ्रता से प्रभावी एवं चयनकारी हो सकते हैं। इनके शीघ्र प्रभाव के कारण इन उपकरणों का उपयोग संकटों, आपातकाल एवं युद्ध के समय के लिए होता है तथा लघुकालीन आर्थिक समस्याओं के साथ निपटने के लिए भी इसका उपयोग होता है। इसके परिणाम क्रमवर्धी एवं

साफतौर पर परिशुद्ध गणन योग्य होते हैं। सामान्य तौर पर, प्रत्यक्ष नियन्त्रण लघुकालीन की तुलना में वृहदकालीन समस्याओं के निदान में कम प्रभावशाली है। इस समूह के उपकरणों के तीन प्रमुख वर्गीकरण किए जा सकते हैं।

विदेशी व्यापार, विदेशी विनिमय एवं अप्रवास पर नियन्त्रण

1. निजी आयात पर नियन्त्रण
2. राज्य आयातित व्यापार
3. निजी निर्यात पर नियन्त्रण
4. विनिमय नियन्त्रण
5. अप्रवास का नियन्त्रण

कीमतों पर नियन्त्रण

1. सामानों एवं सेवाओं पर कीमत नियन्त्रण
2. किराया नियन्त्रण
3. लाभांश नियन्त्रण
4. मजदूरी पर नियन्त्रण

आन्तरिक अर्थव्यवस्था पर अन्य नियन्त्रण

1. निवेश का नियन्त्रण
2. कच्चे माल का आवण्टन
3. कार्यवाही का विनियमन
4. कार्यदशाओं का विनियमन
5. प्राकृतिक स्रोतों के दोहन का नियन्त्रण
6. उपभोक्ता वस्तुओं का नियन्त्रित वितरण
7. गुणवत्ता नियन्त्रण का मानक

प्रत्यक्ष नियन्त्रण सामान्य तौर पर सामान्य लोक सेवा विभाग द्वारा प्रशासित होता है। इस उद्देश्य के लिए कभी–कभी विशेष संस्थाओं को बनाया जाता है। अन्तर्राष्ट्रीय व्यापार के क्षेत्र में निर्णय अन्तर्राष्ट्रीय संस्थाओं एवं समझौतों के तन्त्र द्वारा लिए जाते हैं।

प्रत्यक्ष नियन्त्रण अल्प समय में आर्थिक गतिविधि को बनाए रखने में बहुत ही प्रभावशाली होता है, लेकिन इसे प्रेरित करने में बहुत कम प्रभावशाली होता है। व्यापारियों एवं उपभोक्ताओं को कुछ काम करने के नियन्त्रण से रोका जा सकता है, लेकिन प्रायः वास्तविक रूप से यह असम्भव होता है कि इसे सकारात्मक कार्यवाही की ओर ले जाने के लिए मजबूर किया जा सके।

प्रत्यक्ष नियन्त्रण का दीर्घकालीन अथवा संरचनात्मक समस्याओं की अपेक्षा लघुकालीन मामलों को निपटाने में कहीं ज्यादा उपयोग होता रहा है। नियन्त्रण एक सामान्य नियम के रूप में अन्तर्निहित बाजार की ताकतों को परिवर्तित नहीं करता है जो कि ऐसी परिस्थितियों को लाती हैं जिन्हें नियन्त्रण की आवश्यकता होती है। फलस्वरूप, लम्बे समय में दो चीजें हो सकती हैं – प्रथम, बाजार की ताकतें जो कि एक क्षेत्र में नियन्त्रण द्वारा पीछे रखी गयी हैं अन्य क्षेत्र में तोड़कर बाहर आ सकती हैं। द्वितीय, यदि यही दोनों उपभोक्ताओं एवं उत्पादकों के नियन्त्रण को टालने के हित में है तब जैसे–जैसे समय जाता है यह अपवंचन बहुत ही व्यापक फैलाव के साथ स्पष्ट होना सम्भावित हैः काला बाजार उछलेगा एवं प्रशासन बहुत ही महँगा हो जाएगा। तीसरा, एक सांस्कृतिक आयाम है। भारत जैसे समाज में, जहाँ कानून के लिए थोड़ा सम्मान है और जहाँ कानून को मानने के बजाय इसके उलट इसका उल्लंघन करना है,

इस प्रकार के हस्तक्षेप के लिए उन समाजों की तुलना में कम प्रभावी और अधिक महँगा हो सकता है, जहाँ कानून के प्रति सममान है। इन सभी कारणों से, कई उपायों से पृथक विनियामक उपकरणों का उपयोग कई मामलों ग्रामीण विकास के उद्देश्यों को प्राप्त करने की कम लागत वाली प्रविधि की असम्भाव्यता है। नियंत्रण एवं विनियम बाजार आधारित दृष्टिकोणों जैसे कि करों और उत्सर्जन शुल्कों के उपयोग के साथ प्रतिकलू रूप से तुलना करते हैं।

इस उपकरण के साथ, जैसा कि अन्य के साथ होता है इसमें मनोवैज्ञानिक जटिलताएँ होती हैं जिन्हें ध्यान में लाया जाना चाहिए। कोई भी पूर्व चेतावनी जो नियन्त्रित करे, थोपी जा सकती है जो उपभोक्ताओं के संग्रहण बढ़ाने का कारण बनेगी।

संस्थागत ढाँचे में परिवर्तन

उपकरण जिनका उल्लेख किया गया है, का उपयोग विद्यमान संस्थागत ढाँचे के अन्तर्गत होता है एवं इन उपकरणों में किए गए परिवर्तनों को परिमाणित किया जा सकता है। संस्थागत ढाँचे में परिवर्तन को आसानी से परिमाणन की ओर नहीं ले जाया जाता है एवं सामान्य तौर पर इसके लिए कानून में परिवर्तन की आवश्यकता होती है। चूँकि संस्थागत ढाँचे में परिवर्तन में समय लगता है, ये परिवर्तन सामान्यतया लघुकालीन उद्देश्यों को ध्यान में न रखते हुए दीर्घकालीन उद्देश्यों के लिए होते हैं, लेकिन ऐसे अवसर होते हैं जब संस्थागत ढाँचों में परिवर्तन लघुकालीन नीति के उपकरण के उपयोग हेतु सहज होते हैं। 1969 में 14 बड़े वाणिज्यिक बैंकों का राष्ट्रीयकरण इस उपकरण के उपयोग का श्रेष्ठ उदाहरण है।

इस उपकरण के समूह में तीन वर्ग निम्नानुसार हैं:

अन्य उपकरणों को सम्मिलित करते हुए संस्थागत परिवर्तन

1. परिवारों को अन्तरण की व्यवस्था में परिवर्तन (लोक वित्त),
2. उद्यमों को आर्थिक सहायता की व्यवस्था में परिवर्तन (लोक वित्त),
3. कर व्यवस्था में परिवर्तन (लोक वित्त),
4. साख व्यवस्था में परिवर्तन (मुद्रा एवं साख), एवं
5. प्रत्यक्ष नियन्त्रण की व्यवस्था में परिवर्तन (प्रत्यक्ष नियन्त्रण)

प्रत्यक्ष प्रभावित उत्पादन के संस्थागत परिवर्तन

1. कृषिगत भूमि सुधार,
2. प्रतियोगिता की दशाओं में परिवर्तन (एकाधिकार पर बाध्यताएँ),
3. प्रबन्धन में श्रमिकों के बढ़ते प्रभाव में परिवर्तन,
4. उद्योग में सार्वजनिक स्वामित्व के स्तर में परिवर्तन, एवं
5. राष्ट्रीय संस्थाओं का निर्माण

अन्तर्राष्ट्रीय ढाँचे में संस्थागत परिवर्तन

इसमें अन्तर्राष्ट्रीय संस्थाओं की स्थापना यथा – अन्तर्राष्ट्रीय मुद्रा कोष, संयुक्त राष्ट्र विकास कार्यक्रम, विश्व व्यापार संगठन एवं अन्य का निर्माण सम्मिलित है।

संस्थागत ढाँचे में परिवर्तन के उपयोग पर जो बाध्यताएँ हैं वे इस प्रकार हैं:

1. नए संस्थान की स्थापना अथवा संस्थागत ढाँचे में एक बड़ा बदलाव स्पष्ट तौर पर एक बड़ा नीतिगत कदम होता है जो कि विद्यमान उपकरण के उपयोग के स्थान पर अधिकतर विरोध का सामना करता है, एवं
2. चूँकि इस तरह के परिवर्तन नए कानूनों को सम्मिलित करते हैं, इन्हें संसदीय स्वीकृति के लिए लम्बी प्रक्रिया से गुजरना होता है।

भारत जैसे विकासशील देश में, संस्थागत परिवर्तन ग्रामीण विकास को प्रोत्साहित करने में सर्वाधिक महत्त्वपूर्ण उपकरण हैं। संस्थागत परिवर्तन, विशेषतः भूमि सुधार ने, चीन एवं ताईवान में कृषि विकास में महत्त्वपूर्ण योगदान दिया। भारत में, यद्यपि संस्थागत सुधार की प्रक्रिया को पचास के दशक के आरम्भ में शुरु किया गया था, यह पूर्ण नहीं हुई है एवं ग्रामीण विकास अभी भी उचित संस्थाओं एवं संगठनों के अभाव में दबा हुआ है।

नए बाजारों का सृजन, सम्पत्ति अधिकारों का सृजन एवं जनहित याचिकाएँ ये कुछ ऐसे नीति उपकरण हैं जो उत्पादन की तरफ के पर्यावरणीय नुकसानों को समावेशित करने में मदद कर सकते हैं क्योंकि सरकार एक ऐसे बाजार का निर्माण करती है जिसका उपयोग पर्यावरण को एक बेकार अभिगम अथवा प्रदूषण के मुद्दों को अनुमति प्रदान करने के लिए होता है। इन अधिकारों का कारोबार किया जा सकता है, जो कि, किसी भी अन्य वस्तु की तरह खरीदी एवं बेची जाती है। कारोबार योग्य प्रदूषण अनुमति बाजार निर्माण का अच्छा उदाहरण है, क्योंकि यह किसी कम्पनी को पर्यावरण को प्रदूषित करने के अधिकारों की खरीदी अथवा बिक्री की अनुमति प्रदान करता है जिसमें प्रदूषण की एक स्वीकार्य सीमा होती है। यह सुनिश्चित करता है कि एक विशिष्ट स्तर तक का प्रदूषण अथवा उत्सर्जन समाज को न्यूनतम लागत पर प्राप्त होगा।

सम्पत्ति के अधिकारों का सृजन एवं आवण्टन का उपयोग बाह्यता को समावेशित करने के लिए किया जा सकता है एवं इसका आर्थिक दक्षता की दृष्टि से किस समूह को (समूह बाह्यता पैदा करती है अथवा समूह बाह्यता से गुजर रहा होता है) अधिकार सौंपा जाता है, से कोई फर्क नहीं पड़ता है। आर्थिक दक्षता को अर्जित किया जाएगा जहाँ तक सम्पत्ति अधिकार पूर्णतः आवण्टित है एवं मुक्त व्यापार के सभी अधिकार पूर्णतः सम्भव हैं। इस उपकरण की महत्ता यह प्रदर्शित करने में है कि इससे कोई फर्क नहीं पड़ता कि किसका स्वामित्व एवं किससे शुरुआत है लेकिन प्रत्येक का स्वामित्व किसी के पास होना चाहिए। कारोबार अन्ततोगत्वा अपने उच्चतम मूल्य व्यवसाय से संसाधनों को स्थापित करेगा। भारत में, इस उपकरण का उपयोग सार्वजनिक एकत्रित[3] बंजर भूमि की गिरावट को रोकने में होता रहा है जिसमें निजी सम्पत्ति अधिकोश को बनाकर एवं उनको गरीब भूमिहीन परिवारों को प्रदान करके होता रहा है।[4]

भारत में बढ़ती न्यायिक सक्रियता धन्यवाद की पात्र है, जिसमें जनहित याचिका के उपकरण का बहुधा उपयोग आजकल पर्यावरणीय समस्याओं के निदान के लिए होता है। हमारे सम्मुख भारत के उच्चतम एवं उच्च न्यायालयों में कई मामले उदाहरण के रूप में है, स्वतः संज्ञान (सुओ मोटो) अथवा जनहित याचिकाओं के प्रत्युत्तर में प्रदूषित उद्योगों को शहर से बाहर पुनर्स्थापित करने, दिल्ली सहित कई शहरों में डीजल के स्थान पर बसों एवं रिक्शा के संचालन के लिए संघनित प्राकृतिक गैस का उपयोग एवं सम्बन्धित नगर पालिका/नगर निगमों द्वारा शहरों को कचरे के निपटान हेतु संस्थागत एकत्रीकरण से स्वच्छता के निर्णय पारित हुए हैं। उदाहरण के लिए हम उच्चतम न्यायालय द्वारा 1996 में लिए गए कुछ महत्त्वपूर्ण पर्यावरणीय निर्णयों का सार यहाँ प्रस्तुत कर रहे हैं (बॉक्स 8.1)।

बॉक्स 8.1

प्रदूषण की रोकथाम के लिए न्यायालय के आदेशों के कुछ उदाहरण

8 जुलाई 1996: *उच्चतम न्यायालय ने यह आदेश दिया कि 30 नवम्बर 1996 तक दिल्ली स्थित 168 उद्योगों को बन्द किया जाए एवं दिल्ली सरकार के मुख्य सचिव को यह निर्देशित किया कि ऐसे अधिकारियों के विरुद्ध जिम्मेदारी सुनिश्चित की जाए जिन्होंने कर्तव्य में लापरवाही बरती है।*

6 अगस्त 1996: *उच्चतम न्यायालय द्वारा प्रदूषण नियन्त्रण उपकरणों को स्थापित करने में असफल रहने के कारण हावड़ा (पश्चिम बंगाल) में 69 ढलाई घरों को बन्द करने के आदेश दिए।*

28 अगस्त 1996: *बैल्लोर नागरिक कल्याण मंच की याचिका के आधार पर उच्चतम न्यायालय ने तमिलनाडु के लगभग 700 चर्मशोधन केन्द्रों पर प्रत्येक पर रु. 10,000/– जुर्माना लगाया तथा उनसे पर्यावरण को*

प्रदूषित करने के बदले में मुआवजा देने को कहा गया, चर्मशोधन केन्द्रों को दिसम्बर से पहले प्रदूषण निवारण संयन्त्र लगाने को कहा गया।

9 अक्टूबर 1996: *उच्चतम न्यायालय ने दिल्ली के रहवासी क्षेत्र में प्रचालित 39,000 अवैधानिक औद्योगिक इकाइयों को बन्द करने का आदेश दिया।*

11 दिसम्बर 1996: *उच्चतम न्यायालय ने भारत की 6,000 कि.मी. के समुद्री रेखा के 500 मीटर के भीतर 31 मार्च 1997 तक जलीय वानिकी क्षेत्र को बन्द करने का आदेश दिया; इसने यह भी निर्देश दिया कि कर्मचारियों को उनके रोजगार के समाप्त होने के एवज में छह वर्ष का मुआवजा प्रदान किया जाए।*

19 दिसम्बर 1996: *उच्चतम न्यायालय ने पूर्व कलकत्ता में स्थित 550 चर्मशोधन केन्द्रों को 30 सितम्बर 1997 तक दूसरे स्थान पर ले जाने का आदेश दिया एवं एक पर्यावरण प्रदूषण कोष की स्थापना की जिसमें प्रत्येक इकाई ने जुर्माने के रूप में रु. 10,000 जमा कराए। इस पैसे का उपयोग प्रदूषणग्रस्त हुगली नदी को पुनर्स्थापित करने में किया जाए।*

स्रोतः सीएसई (2000, 161)

प्रमुख बिन्दु

1. एक उपकरण को कुछ इस तरह से परिभाषित किया है जो एक प्रबन्धक अथवा कर्ता के अपेक्षित प्रभाव को प्राप्त करने के क्रम में बदलाव अथवा हेरफेर कर सकते हैं। यह एक आर्थिक मात्रा हो सकती है जैसे ब्याज दर अथवा यह संस्थागत ढाँचे का हिस्सा हो सकता है जैसे बैंकों का राष्ट्रीयकरण। इस प्रकार, एक उपकरण, एक माध्यम है जिससे एक उद्देश्य का अनुसरण होता है। एक उपकरण का एक समय विशेष पर एक अथवा अधिक उद्देश्यों को प्रोत्साहित करने के लिए एक मापक की तरह उपयोग होता है, उदाहरणार्थ – किसी निश्चित दिन बैंक दर को बढ़ाने का निर्णय अथवा किसी वित्तीय वर्ष में आयकर को घटाना।
2. सर्वाधिक उपयोगी विचारबन्ध नीति उपकरण, लक्षित चर एवं सामाजिक कल्याण के आपसी सम्बन्धों को स्पष्ट करने के लिए एवं नीति विश्लेषण के लिए नोबल पुरस्कार विजेता जेन टीन्बर्जन ने प्रदान किया। यह प्रतिमान विभिन्न प्रयोजनों एवं उपकरण चरों से नीति के प्रमुख लक्ष्यों से सम्बन्धित होता है तथा नीति के विशेषीकृत प्रयोजनों/उद्देश्यों को अर्जित करने के लिए नीति निर्माता का तार्किक पसन्द करने में मदद करता है। अधिकांश नीति वक्तव्यों में यह साधारण विचारबंध प्रचालनीय अथवा विस्तारित नहीं किया गया है।
3. विकास प्रबन्धन के सन्दर्भ में, एक कार्यवाही व्यवस्था की कल्पना की जा सकती है जिसमें चार तत्त्व हों: प्रबन्धक/कर्ता, उद्देश्य, दशाएँ (भौतिक, तकनीकी, आर्थिक, सामाजिक एवं राजनीतिक) एवं माध्यम तथा उपकरण।
4. ग्रामीण विकास नीति के उद्देश्यों को प्रभावशाली ढंग से अर्जित करने के लिए, यह आवश्यक है कि नीति के प्रत्येक उद्देश्य के लिए यथोचित उपकरणों का एक समूह चिह्नित किया जाए एवं ऐसे चिह्नित उपकरणों का उच्चतम स्तर पर स्थापित किया जाए। यथोचित उपकरणों की पहचान एवं उनके उच्चतम स्तर का निर्धारण दोनों किसी अन्य की अपेक्षा लोक नीति विश्लेषण द्वारा बेहतर ढंग से की जाती है।
5. यथोचित उपकरणों की पसन्द सावधानीपूर्वक होना चाहिए, जिसमें विद्यमान सामाजिक–आर्थिक तथा राजनीतिक पर्यावरण को ध्यान में रखा जाए। कई मामलों में, उपकरणों का चयन ठीक से नहीं होता

है एवं उनके स्तर उनके अपेक्षित उद्देश्यों के अनुरूप नहीं होते है। इसका परिणाम मूल्यवान लोक संसाधनों के अपव्यय एवं उद्देश्यों की प्राप्ति में अनावश्यक विलम्ब में होता है।

6. एक उपकरण को निम्नलिखित पाँच संवर्गों में समूहित किया जा सकता है। (अ) लोक वित्त (ब) पूँजी एवं साख (स) विनिमय दर (द) प्रत्यक्ष नियन्त्रण (य) संस्थागत ढाँचे में परिवर्तन।
7. इन सभी तरह के उपकरणों में, आर्थिक सहायता, सार्वजनिक निवेश एवं कर जो कि ''लोक वित्त'' की श्रेणी में भारत में सामान्य तौर पर कृषि एवं ग्रामीण विकास कार्यक्रमों के उद्देश्यों की प्राप्ति के लिए होता है।
8. प्रत्यक्ष नियन्त्रण आर्थिक नीति का शक्तिशाली उपकरण होता है। ये बहुत शीघ्रता से प्रभाव को लेने वाले एवं चयनकारी हो सकते हैं। इनके शीघ्र प्रभाव के कारण, इन उपकरणों का उपयोग संकटों, आपातकाल एवं युद्ध के समय के लिए होता है तथा लघुकालीन आर्थिक समस्याओं के साथ निपटने के लिए भी इसका उपयोग होता है। जैसा की सामान्य नियम है, नियन्त्रण बाजार की ताकतों को परिवर्तित नहीं करती है, अधिकांश मामलों में, ये काले बाजार तथा भ्रष्टाचार की ओर प्रवृत्त होते है।
9. भारत जैसे विकासशील देश में, संस्थागत परिवर्तन ग्रामीण विकास को प्रोत्साहित करने में सर्वाधिक महत्त्वपूर्ण उपकरण हैं। संस्थागत परिवर्तन, विशेषतः भूमि सुधार ने, चीन एवं ताईवान में कृषि विकास में महत्त्वपूर्ण योगदान दिया। भारत में, यद्यपि संस्थागत सुधार की प्रक्रिया को पचास के दशक के आरम्भ में शुरु किया गया था, यह पूर्ण नहीं हुई है एवं ग्रामीण विकास अभी भी उचित संस्थाओं एवं संगठनों के अभाव में दबा हुआ है।
10. जनहित याचिका उपकरण का बहुधा उपयोग आजकल पर्यावरणीय समस्याओं के निदान के लिए होता है। हमारे सम्मुख भारत के उच्चतम एवं उच्च न्यायालयों में कई मामले के उदाहरण के रूप में है, जनहित याचिकाओं के प्रत्युत्तर में प्रदूषित उद्योगों को शहर से बाहर पुनर्स्थापित करने, दिल्ली सहित कई शहरों में डीजल के स्थान पर संघनित प्राकृतिक गैस का उपयोग बसों एवं रिक्शा के संचालन के लिए एवं सम्बन्धित नगर पालिका/नगर निगमों द्वारा शहरों को करे के निपटान हेतु संस्थागत एकत्रीकरण से स्वच्छता के निर्णय पारित हुए हैं।

चर्चा के लिए प्रश्न

1. एक उदाहरण देते हुए, उपकरण एवं मापक के मध्य में अन्तर को समझाइए।
2. टीन्बर्जेन की नीति अवधारणा पर एक आलोचना लिखिए। क्या इसकी अभिव्यक्ति किसी आर्थिक प्रतिमान अथवा गणितीय कार्यक्रम प्रतिमान के रूप में हो सकती है? हाँ/नहीं एवं कैसे?
3. विकास प्रबन्धन के सन्दर्भ में, एक कार्यवाही व्यवस्था के लिए क्या उचित है?
4. किन परिस्थितियों में 'संस्थागत ढाँचे में परिवर्तन' का उपयोग नीति मापक के रूप में वांछनीय है एवं क्यों? इसकी सीमाएँ क्या हैं?
5. भारत में 'प्रत्यक्ष नियन्त्रण' का एक नीति मापक के रूप में अच्छाई एवं बुराई का मूल्यांकन कीजिए?
6. कुछ उदाहरणों से बताइए कि जब भारत में 'लोक वित्त' का एक उपकरण के रूप में ग्रामीण विकास कार्यक्रमों के कुछ उद्देश्यो को अर्जित करने के लिए किया गया।
7. किन उद्देश्यों के लिए हम 'विनिमय दर' को उपकरण के रूप में उपयोग कर सकते हैं? इस उपकरण की सीमाएँ क्या हैं?

समनुदेशन

वर्तमान में भारत में उपयोग किए जाने वाले सभी प्रमुख नीतिगत उपकरणों की एक सूची तैयार करें और उनकी प्रभावशीलता की जांच करें।

टिप्पणियाँ

1. http://dacnet.nic.in/ends/agstate06-07.htm (Accessed on March 2008).
2. http://agricoop.nic.in/Agristatisticsnew.html (Accessed on May 24, 2015).
3. सार्वजनिक एकत्रित संसाधनों में, सम्पत्ति के अधिकारों को ठीक तरह से व्याख्यायित नहीं किया गया एवं इसलिए ये गिरावट, अतिक्रमण तथा दुरुपयोग के लिए असुरक्षित होते हैं।
4. विस्तार के लिए देखें, सिंह एवं सिसोदिया (2007): अध्याय 8, भाग 8.4.3।

अध्याय 9

साम्य–उन्मुख एवं वृद्धि–उन्मुख कार्यक्रम

अध्ययन परिणाम

इस अध्याय को पढ़ने के पश्चात् विद्यार्थी समर्थ होंगे

- साम्य एवं वृद्धि-उन्मुख ग्रामीण विकास कार्यक्रमों के विभिन्न सन्दर्भों एवं उनके प्रमुख उद्देश्यों का वर्णन करने में;
- विभिन्न साम्य-उन्मुख ग्रामीण विकास कार्यक्रमों यथा - सामुदायिक विकास कार्यक्रम, ट्रायसे, लघु कृषक, सीमान्त कृषक एवं कृषि श्रमिक परियोजनाओं की प्रमुख विशेषताओं एवं उनके अनुभवों से प्राप्त शिक्षा का वर्णन करने में; एवं
- विभिन्न वृद्धि-उन्मुख ग्रामीण विकास कार्यक्रमों यथा - सघन कृषि जिला कार्यक्रम, सघन पशु विकास परियोजनाएँ, उच्च पैदावार किस्म कार्यक्रम एवं ऑपरेशन फ्लड की प्रमुख विशेषताओं एवं उनके अनुभवों से प्राप्त सबक का वर्णन करने में।

परिचय

भारत में ग्रामीण विकास के लिए विविध दृष्टिकोणों के साथ प्रयोग करने का एक लम्बा इतिहास रहा है। यहाँ तक कि स्वतन्त्रता पूर्व के समय में ग्रामीण पुनर्निर्माण के बहुत से प्रयोग राष्ट्रवादी विचारकों और समाज सुधारकों द्वारा आरम्भ किये गये। इन प्रयोगों में जो जाने–पहचाने रहे हैं उनमें एफ.एल. ब्रायन का गुड़गाँव प्रयोग (1920), स्पेन्सर हैच का मार्थांडम प्रयोग (1921), रविन्द्रनाथ टैगोर का श्रीनिकेतन प्रयोग (1920), महात्मा गांधी का सेवाग्राम प्रयोग (1933), फिरका विकास योजना (1946) तथा एल्बर्ट मेयर का इटावा मार्गदर्शी परियोजना (1948) उल्लेखनीय हैं। समाज सुधारकों एवं मिशनरीज़ के इन प्रयोगों के अतिरिक्त सरकार के विभिन्न विभागों जैसे – कृषि, सहकारिता, सिंचाई, स्वास्थ्य, शिक्षा ने भी अपने अधिकार क्षेत्र में अपने तरीकों से ग्रामीण समस्याओं को सुलझाने का प्रयास किया।

1951–52 में प्रथम पंचवर्षीय योजना के आरम्भ से समय–समय पर सरकार ने कई कृषि एवं ग्रामीण विकास कार्यक्रमों को आरम्भ किया। यथाक्रम प्रस्तुति के लिए, हमने इन कार्यक्रमों को निम्नलिखित तीन वृहद् श्रेणियों में विभाजित किया है:

1. साम्य एवं वृद्धि–उन्मुख कार्यक्रम।
2. गरीबी एवं बेरोजगारी उन्मूलन कार्यक्रम।
3. प्राकृतिक संसाधन एवं अधोसंरचना विकास कार्यक्रम।

सीमित स्थान की उपलब्धता को दृष्टिगत रखते हुए, यह सम्भव नहीं है कि भारत में आरम्भ किये गये प्रत्येक ग्रामीण विकास कार्यक्रम का विस्तार से वर्णन प्रस्तुत किया जा सके, न ही यह विवरण समकालीन ग्रामीण विकास के विद्यार्थियों के लिए प्रासंगिक एवं रुचि का विषय है। हमारे विचार से, सभी महत्त्वपूर्ण कार्यक्रमों की प्रमुख

विशेषताओं एवं उनके अनुभवों से सीखे गये सबक को संक्षेप में प्रस्तुत करना पर्याप्त होगा। इस सिंहावलोकन का मुख्य उद्देश्य छात्रों को ऐतिहासिक परिप्रेक्ष्य में समय के साथ ग्रामीण विकास कार्यक्रमों के प्रसार की प्रक्रिया से परिचित कराना है। तदनुसार, हमने कार्यक्रमों की तीनों श्रेणियों हेतु पृथक्–पृथक् अध्याय रखा है। इस अध्याय में, हम कुछ प्रमुख ग्रामीण विकास कार्यक्रमों का संक्षिप्त विवरण प्रस्तुत कर रहे हैं जिनका कि लक्ष्य विकास के लाभों के वितरण में समानता तथा नयी तकनीकी के प्रयोग से बढ़ते उत्पादन के सन्दर्भ में वृद्धि को प्रोत्साहित करना था। इस अध्याय का प्रमुख उद्देश्य विद्यार्थियों को इन कार्यक्रमों की प्रकृति, रणनीति, उद्देश्य एवं विषयवस्तु के साथ इनके सबक को प्रस्तुत करना है।

साम्य–उन्मुख कार्यक्रम

इस श्रेणी में आने वाले प्रमुख कार्यक्रमों की मुख्य विशेषताओं की संक्षिप्त प्रस्तुति अग्रानुसार है।

सामुदायिक विकास कार्यक्रम

सामुदायिक विकास कार्यक्रम, समानता के प्रमुख संकेन्द्रित प्रोत्साहन के साथ कृषिगत ग्रामीण विकास के लिए प्रथम वृहद्स्तरीय, सुनियोजित एवं संगठित प्रयास था। इसको अक्टूबर 1952 में आरम्भ किया गया। अब हम इसकी कुछ प्रमुख विशेषताओं का संक्षेप में वर्णन करेंगे।

उत्पत्ति

1943 में बंगाल के अकाल के सम्बन्ध में प्रारम्भ 'अधिक अन्न उपजाओ' अभियान, खाद्यान्न को बढ़ाने के लिए भारत का पहला सांगठनिक प्रयास था। इस अभियान के मुख्यतः दो आयाम थे। प्रथम, उत्पादन योग्य भूमि जिसका उपयोग नहीं किया जा रहा था जों पड़त भूमि के रूप में थी, उसे कृषि भूमि के अन्तर्गत लाना और द्वितीय, किसानों की रुचि को फसल की प्रति हेक्टेयर पैदावार बढ़ाने के लिए प्रोत्साहित करना था। 1948 में, 'अधिक अन्न उपजाओ' अभियान की समीक्षा ठाकुर दास समिति द्वारा की गयी, एवं इस समिति की अनुशंसाओं का अनुसरण करते हुए इस अभियान को 1950–51 में पुनः पुनर्विन्यसित किया गया। अगले वर्ष 'अधिक अन्न उपजाओ' अभियान को प्रथम पंचवर्षीय योजना का हिस्सा बनाया गया। 1952 में, भारत सरकार द्वारा सर वी.टी. कृष्णमाचारी के नेतृत्व में 'अधिक अन्न उपजाओ' अभियान के मूल्यांकन हेतु जाँच समिति बनाई। इस समिति ने अपने मूल्यांकन में कई महत्वपूर्ण बातों का उल्लेख किया, जिनमें (अ) ग्रामीण जीवन के सभी आयाम अन्तर्सम्बन्धित हैं एवं इसके व्यक्तिगत आयामों को एकांकी रूप से देखकर कोई भी स्थायी परिणाम अर्जित नहीं किया जा सकता एवं (ब) यह अभियान केवल कुछ लोगों अर्थात जनसंख्या के एक छोटे से भाग को ही प्रभावित कर पाया। यह व्यापक स्तर पर उत्साह को नहीं बढ़ा पाया अथवा यह किसी भी अर्थ में एक राष्ट्रीय कार्यक्रम नहीं बन पाया। इस मूल्यांकन समिति ने 'अधिक अन्न उपजाओ' अभियान की भविष्य की नीति के लिये कई अनुशंसाएँ प्रदान की। इनमें से एक अनुशंसा यह थी कि ग्रामीण कार्य के लिए एक ऐसा विस्तार अभिकरण बनाया जाना चाहिए जो कि प्रत्येक किसान तक पहुँचे एवं ग्रामीण जीवन के समन्वित विकास हेतु मदद करे। इसी पृष्ठभूमि और अनुभवों से सामुदायिक विकास कार्यक्रम का जन्म हुआ।

आधारभूत प्रस्तावना

जिन आधारभूत बातों को दृष्टिगत रखते हुए 1952 में राष्ट्रीय सामुदायिक विकास कार्यक्रम बनाया गया उन्हें बाक्स 9.1 में प्रस्तुत किया गया है। (एन्समिंगर 1968, 3): सामुदायिक विकास कार्यक्रम के प्रारम्भ के पीछे महत्वपूर्ण शक्तियों में से एक शक्ति कार्यक्रम के प्रति प्रधानमन्त्री जवाहर लाल नेहरू का विशेष लगाव था। नेहरू का यह मानना था कि भारत का सबसे अविकसित संसाधन वह जनता है जो 6 लाख गांवों में निवास करती है। पं. नेहरू

बॉक्स 9.1

सामुदायिक विकास कार्यक्रम की आधारभूत प्रस्तावना

1 *ग्रामीण समुदाय का सम्पूर्ण विकास लोगों की प्रभावशाली भागीदारी के द्वारा ही सम्भव हो सकता है, जो कि तकनीकी और अन्य आवश्यक सेवाओं के समन्वय से समर्थित हो जो इस तरह की पहलकदमी एवं स्वयं सहायता के माध्यम से प्राप्त करने के लिए आवश्यक हो। इसके लिये आवश्यक संस्थानिक संरचना और सेवाएँ प्रदान करने के लिए सर्वप्रथम आधारभूत लोकतान्त्रिक संस्थाओं जैसे मुख्य रूप से पंचायत राज, सहकारी समितियाँ तथा ग्रामीण स्कूलों पर प्रारम्भिक ध्यान दिया गया।*

2 *ग्रामीण विकास की समस्याओं को वृहत्तर दृष्टिकोण से देखा जाना चाहिए एवं उन समस्याओं को सुलझाने के प्रयास भी बहुआयामी होने चाहिए।*

स्रोतः एन्समिंगर (1968, 3)

ने सामुदायिक विकास कार्यक्रम को ग्रामीण लोगों को नव भारत के निर्माण में सम्मिलित करने के मार्ग के रूप में देखा। उनकी कल्पना थी कि उनके स्वयं सहायता अभिविन्यासित कार्यक्रमों में सम्मिलित होने से व्यक्तियों एवं लोक संस्थाओं का विकास परिलक्षित होगा – दोनों आवश्यक अवयवों से एक सर्वाधिक स्पष्ट उल्लिखित उद्देश्यों की ओर ले जाने वाला भारत बनाना जिससे कि वह व्यवहार्य लोकतन्त्र के रूप में विकसित हो सके।

उद्देश्य

सामुदायिक विकास कार्यक्रम का केन्द्रीय लक्ष्य ग्रामीण क्षेत्र के भौतिक एवं मानवीय संसाधनों का पूर्ण विकास सुनिश्चित करना और स्थानीय नेतृत्व तथा स्व–अभिशासन की संस्थाओं का विकास करना और ग्रामीण जनता के जीवन स्तर को ऊपर उठाना था। इस उद्देश्य को प्राप्त करने के लिए खाद्यान्न एवं कृषि उत्पादों में प्राकृतिक संसाधन विकास के कार्यक्रम का सशक्तिकरण करके तीव्र वृद्धि करना जैसे – लघु सिंचाई एवं मृदा संरक्षण, कृषि में आगत आपूर्ति व्यवस्था को प्रभावपूर्ण बनाकर एवं किसानों के लिए कृषि विस्तार की सेवाएँ प्रदान करना। प्रथम पंचवर्षीय योजना में सामुदायिक विकास कार्यक्रम की प्रधानता थी। जिससे कि राष्ट्र निर्माण एवं समानता भारत के अधिभावी महत्व परिलक्षित होते हैं। इस तरह से, सामुदायिक विकास कार्यक्रम की अन्तर्निहित रणनीति समग्र एवं साम्य–उन्मुख थी।

विस्तार

2 अक्टूबर 1952 को औपचारिक रूप से सामुदायिक विकास कार्यक्रम का शुभारम्भ हुआ। प्रारम्भ में सामुदायिक विकास कार्यक्रम में 55 परियोजनाएँ देश के विभिन्न भागों में प्रारम्भ की गयीं। इसके पश्चात् राज्य विधानसभा के सदस्यों एवं संसद सदस्यों की लोकप्रिय माँगों को देखते हुए 6 माह के दौरान 110 क्षेत्रों को इन परियोजनाओं के अन्तर्गत मूल 55 परियोजनाओं के साथ जोड़ा जाना था। 1953 में एक नयी किन्तु कुछ कम महत्वाकांक्षी योजना राष्ट्रीय विस्तार सेवा के नाम से प्रारम्भ की गई। जहाँ सामुदायिक विकास कार्यक्रम में सभी क्षेत्रों में सघन विकास को लिया गया, वहीं राष्ट्रीय विस्तार सेवा कार्यक्रम को मुख्यतः आवश्यक आधारभूत कार्मिक और थोड़ा सा वित्त प्रदान करने के लिए बनाया गया जिससे कि लोग स्व–सहायता के आधार पर विकासात्मक गतिविधियाँ आवश्यक रूप से प्रारम्भ कर सकें। कालान्तर में राष्ट्रीय विस्तार सेवा कार्यक्रम के विकासखण्डों को सामुदायिक विकास कार्यक्रम के विकासखण्डों में परिवर्तित कर दिया गया। 1 अप्रैल 1969 से सामुदायिक विकास कार्यक्रम को केन्द्र से राज्य क्षेत्र को हस्तांतरित कर दिया गया।

सामुदायिक विकास कार्यक्रम को राजनीतिक दबाव के कारण विस्तारित करना पड़ा तथा जल्द ही 4 करोड़ ग्रामीण व्यक्तियों को जो भारत के चारों कोनों में बसे हुए थे, को समाहित करते हुए यह एक राष्ट्रीय कार्यक्रम बन

गया। तदनन्तर में, दोनों कार्यक्रमों में असामान्य दर से विस्तारण के कारण इनके आगतों में विरलता तो आनी ही थी। आज सामुदायिक विकास कार्यक्रम भारत के सभी ग्रामीण क्षेत्रों को समाहित किये हुए है।

गतिविधियाँ

ग्रामीण सामुदायिक विकास कार्यक्रम के अन्तर्गत निम्नलिखित गतिविधियों को विभिन्न अवस्थाओं (उपलब्ध वित्त की सीमा रहते हुए) में प्रत्येक विकासखण्ड की विशेषीकृत परिस्थिति के सुझावों के अनुरूप हाथ में लिया गया। सामुदायिक विकास कार्यक्रम में कुल 46 गतिविधियों को लिया गया, जिन्हें आठ वृहत्त भागों में बाँटा गया है (एन्समिंगर 1972):

1. कृषि एवं उससे सम्बन्धित विषय (18)
2. संचार (3)
3. शिक्षा (3)
4. स्वास्थ्य (6)
5. प्रशिक्षण (5)
6. समाज कल्याण (5)
7. पूरक रोजगार (4)
8. आवास (2)

इस प्रकार, भारत में सामुदायिक विकास कार्यक्रम अभी तक प्रारम्भ किये गए कार्यक्रमों में से सम्भवतः सर्वाधिक व्यापक कार्यक्रम था।

संगठनात्मक संरचना

सामुदायिक विकास कार्यक्रम भारत सरकार एवं विभिन्न राज्य सरकारों द्वारा एक दूसरे के सहयोग से लागू तथा क्रियान्वित किया गया। इस कार्य के लिए तकनीकी समन्वय कार्यक्रम समझौते के अन्तर्गत एक संस्थागत संरचना को ध्यान में रखते हुए भारत सरकार एवं संयुक्त राज्य अमेरिका दोनों के मध्य 5 जनवरी 1952 को समझौता हुआ। भारत सरकार द्वारा राष्ट्रीय स्तर पर प्रधानमन्त्री की अध्यक्षता में एक केन्द्रीय समिति बनाई गई, जिसमें सदस्य के रूप में योजना आयोग के सदस्यगण और कृषि एवं खाद्य मन्त्री सम्मिलित थे। समिति का कार्य प्रमुख नीतियों को बनाना एवं स्वीकृत परियोजनाओं को सामान्य पर्यवेक्षण प्रदान करना था। भारत सरकार के सभी राष्ट्र निर्मात्री मन्त्रालयों को सामुदायिक परियोजना प्रशासन के माध्यम से कार्यक्रम के साथ जुड़ने के लिए निर्देशित किया गया, जिसका कि निर्माण इस विशिष्ट उद्देश्य के लिए किया गया था। राष्ट्रीय स्तर पर सामुदायिक विकास कार्यक्रम के संगठन में कई परिवर्तन समय के साथ किये गये। अब देश में सामुदायिक विकास कार्यक्रम सहित सभी केन्द्र पोषित ग्रामीण विकास कार्यक्रमों का प्रशासकीय मन्त्रालय ग्रामीण विकास मन्त्रालय है।

राज्य स्तर पर सामुदायिक विकास कार्यक्रम के क्रियान्वयन के लिये प्रत्येक राज्य में मुख्यमन्त्री की अध्यक्षता में राज्य विकास समिति बनायी गयी जिसकी जिम्मेदारी थी कि राज्य के भीतर कार्यक्रम को निर्देशित एवं संयोजित करे। इस उद्देश्य के लिये कई राज्यों में राज्य योजना आयोग या राज्य योजना मण्डल का गठन किया गया। यह कार्यक्रम राज्य सरकार के ग्रामीण विकास विभाग के अन्तर्गत आता है।

जिला स्तर पर जिला विकास अधिकारी सामुदायिक विकास कार्यक्रम के लिए उत्तरदायी था। अब, 73वें संविधान संशोधन के पश्चात, जिलों में कार्यक्रमों के क्रियान्वयन का उत्तरदायित्व सांविधिक जिला परिषदों को दिया गया है। जिला परिषद की अध्यक्षता चयनित अशासकीय प्रतिनिधि द्वारा की जाती है तथा जिला विकास अधिकारी जिला परिषद का मुख्य कार्यपालन अधिकारी होता है। यद्यपि, अलग–अलग राज्यों में जिला स्तर पर सामुदायिक विकास कार्यक्रम की संस्थागत संरचना में भिन्नता है। विकासखण्ड स्तर पर सामुदायिक विकास

कार्यक्रमों के क्रियान्वयन के प्रबन्ध के लिए एक सांविधिक विकासखण्ड परिषद् या समिति अथवा पंचायत समिति निर्वाचित गैर आधिकारिक की अध्यक्षता में स्थापित की गयी। विकासखण्ड अधिकारी को कार्यपालक सचिव बनाया गया जो विकासखण्ड के अन्दर कार्यक्रम के क्रियान्वयन के लिये जिम्मेदार होता है।

ग्रामों के समूह के भीतर ग्राम स्तर पर ग्रामस्तरीय कार्यकर्ता अथवा ग्रामसेवक और ग्रामसेविका विकासात्मक गतिविधियों के क्रियान्वयन के जिम्मेदार होते थे। ये सभी ग्रामस्तरीय कार्यकर्ता विकासखण्ड अधिकारी की सलाह व नियन्त्रण में कार्य करते थे। पंचायत राज व्यवस्था की सभी राज्यों में स्थापना के पश्चात अब सभी विकासात्मक गतिविधियों के क्रियान्वयन व संचालन की जिम्मेदारी ग्राम पंचायत की है जिसकी अध्यक्षता निर्वाचित अशासकीय प्रतिनिधि करता है तथा ग्रामस्तरीय कार्यकर्ता की भूमिका सचिव की होती है।

वित्तपोषण

सामुदायिक विकास कार्यक्रम को एक प्रकार से लोगों के स्वयं सहायता कार्यक्रम के रूप में बनाकर, नियोजित कर प्रारम्भ किया गया। इस कार्यक्रम के क्रियान्वयन के लिये संसद ने इस शर्त के साथ वार्षिक वित्त निर्धारित किया कि इस वित्त को उसी वित्तीय वर्ष में व्यय करना होगा अन्यथा व्यय नहीं हुई राशि पुनः शासकीय खजाने में जमा करनी होगी। प्रारम्भ में, सामुदायिक विकास कार्यक्रम के संचालन के लिये आर्थिक एवं तकनीकी सहायता अमेरिकी सरकार द्वारा 5 जनवरी 1952 में हुए तकनीकी सहयोग समझौते के तहत् दी गई थी। सामुदायिक विकास कार्यक्रम के क्रियान्वयन में आने वाले स्थानीय खर्च के लिए वित्त केन्द्र सरकार, राज्य सरकार के साथ–साथ लोगों से भी प्राप्त किया गया। भारत के लिए तकनीकी सहयोग प्रशासन ने केन्द्र एवं राज्य दोनों स्तरों पर सामुदायिक विकास कार्यक्रम को तकनीकी सहायता प्रदान की। केन्द्रीय स्तर पर, तकनीकी सहयोग प्रशासन के निदेशक की सेवाएँ केन्द्रीय समिति को उपलब्ध करवायी गयी।

मूल्यांकन एवं सीखे गये सबक

बहुत सारे सर्वेक्षणों और अध्ययनों ने सामुदायिक विकास कार्यक्रम की वास्तविक उपलब्धि को उत्तम बीज का वितरण, रासायनिक उर्वरकों का उपयोग, पौध संरक्षण रसायन, उन्नत कृषि यन्त्रों एवं साधनों, सड़कों का निर्माण, कुएँ, सिंचाई, नहरों, प्राथमिक स्वास्थ्य केन्द्रों की स्थापना, ग्रामीण दवाखानों तथा बालवाड़ी इत्यादि के सन्दर्भ में स्पष्ट किया। इन अध्ययनों के आधार पर, यह कहना सही होगा कि सामुदायिक विकास कार्यक्रम ने भारत में प्रथम बार ग्रामीण विकास तन्त्र एवं अधोसंरचना के निर्माण की दिशा में महत्वपूर्ण योगदान दिया तथा उत्पादन आधारित भारत की ग्रामीण अर्थव्यवस्था को विकसित एवं विस्तारित करने में सहयोग दिया। साथ ही सामुदायिक विकास कार्यक्रम ने बहुत अधिक सीमा तक ग्रामीण विकास के समानता के मापदण्डों को भी पूर्ण किया।

तथापि, सामुदायिक विकास कार्यक्रम कृषि उत्पादन में अपेक्षित वृद्धि लाने में असफल रहा। इस असफलता का प्रमुख कारण सामुदायिक विकास कार्यक्रम का विस्तृत प्रसार था। जिसके कारण यह कृषि उत्पादन वृद्धि पर पर्याप्त एवं प्रत्यक्ष जोर नहीं दे पाया। सामुदायिक विकास कार्यक्रम के वित्तीय, भौतिक एवं प्रशासनिक संसाधन सम्पूर्ण राष्ट्र के ग्रामीण क्षेत्रों में एक समान किन्तु इतने अत्यल्प फैले हुए थे कि ये कृषि उत्पादन एवं ग्रामीण गरीबी पर कोई विशेष प्रभाव नहीं डाल पाये। दूसरे शब्दों में, यह कहा जा सकता है कि भारतीय कृषि की निम्न उत्पादकता की सतत समस्या से बचने के लिए कृषि उत्पादन को समर्पित आवश्यक न्यूनतम संसाधन की कमी रही है।

लघु कृषक विकास अभिकरण

अखिल भारतीय ग्रामीण साख समीक्षा समिति (1969) के प्रतिवेदन ने एक ऐसे अभिकरण की स्थापना की संस्तुति की जो उन लघु कृषकों को सहायता करे जो हरित क्रान्ति के लाभों से वंचित रह गये थे। तदनुसार, चतुर्थ योजना में विकास की प्रक्रिया एवं इसके लाभ में हिस्सेदारी के लिए लघु कृषकों की भागीदारी को सक्षम बनाने

के लिए विशेष बल दिया। इन उद्देश्यों की प्राप्ति के लिए योजना आयोग ने एक परियोजना की शुरुआत की जिसका नाम, लघु कृषक विकास अभिकरण योजना रखा गया जिसको 1970–71 में स्वीकृत किया गया, लेकिन इसका वास्तविक क्रियान्वयन 1971–72 में प्रारम्भ हो सका। इस अभिकरण का उद्देश्य लघु कृषकों की व्यवहार्यता को सुनिश्चित करना था। इस अभिकरण की परियोजनाओं को जिला स्तर पर क्रियान्वित करने के लिए सोसायटी रजिस्ट्रीकरण अधिनियम 1860 के तहत एक स्वायत्त अभिकरण को पंजीबद्ध किया गया। इसने लघु कृषकों की पहचान करने, उनकी समस्याओं का पहचानने एवं विभिन्न विकास संगठनों से सहायता के लिए आगत प्राप्त करने में उत्प्रेरक का कार्य किया।

अभिकरण केन्द्रीय निधि से 100 प्रतिशत सहायता के साथ 1978–79 तक एक केन्द्रीय क्षेत्र की योजना थी। 1979–80 से यह केन्द्र एवं राज्य सरकारों का एक संयुक्त उपक्रम बन गया जिसमें दोनों ने 50:50 के अनुपात में योजना की लागत का भार वहन किया।

सीमान्त कृषक एवं कृषि श्रमिक योजना

लघु कृषक विकास अभिकरण की तरह, सीमान्त कृषक एवं कृषि श्रमिक योजना को भी अखिल भारतीय कृषि साख समीक्षा समिति (1969) की अनुशंसाओं का अनुसरण करते हुए 1970–71 में आरम्भ किया गया। इसका उद्देश्य सीमान्त कृषकों (2.5 एकड़ से कम के भू–स्वामित्व वाले कृषक) एवं कृषि श्रमिकों को सहायता करना था जिससे कि वे अपनी उत्पादकता एवं आय दोनों में विभिन्न तरह की गतिविधियों जैसे – फसल कृषि (बहु–फसल सहित), नवीन आगतों के उपयोग में वृद्धि, सिंचाई जल तकनीकी, लघु सिंचाई, पशुपालन, मुर्गी पालन एवं मत्स्य पालन के माध्यम से सुधार कर सकें। पाँचवी पंचवर्षीय योजना के दौरान कृषि पर राष्ट्रीय आयोग की अनुशंसा के अनुरूप, लघु कृषक विकास अभिकरण तथा सीमान्त कृषक एवं कृषि श्रमिक योजना को सम्मिलित करते हुए एक संयुक्त योजना, छोटे कृषक, सीमान्त कृषक एवं कृषि श्रमिक परियोजना बनायी गयी। जिला ग्रामीण विकास अभिकरण अन्य ग्रामीण विकास कार्यक्रमों की तरह ही जिले में दोनों योजनाओं के क्रियान्वयन के लिए उत्तरदायी था।

योजना आयोग द्वारा सम्पन्न एक अध्ययन में यह अनुभव किया गया कि कुछ परियोजना क्षेत्रों के चयन में यथोचित सावधानी नहीं बरती गयी, बहुत कम ध्यान कृषि श्रमिकों की पहचान करने में दिया गया एवं प्रतिभागियों की पहचान की प्रगति कुल मिलाकर अधिकांश परियोजना क्षेत्रों में धीमी रही है। हितग्राहियों की अनुपयुक्त पहचान एवं सत्यापन के परिणामतः, इन कार्यक्रमों के लाभ इन दोनों परियोजनाओं में लगभग 9 प्रतिशत अयोग्य लोगों को प्राप्त हो गये (भारत सरकार 1975)।

वृद्धि–उन्मुख कार्यक्रम

द्वितीय पंचवर्षीय योजना के मध्य तक यह तीव्रता से स्पष्ट हो गया कि सामुदायिक विकास कार्यक्रम की जो भी सफलता है, यदि भारत की बढ़ती आबादी की माँग से कृषि उत्पादन को आगे रखना है तो एक नये दृष्टिकोण की आवश्यकता होगी। 1957–58 में, भारत ने स्वतन्त्रता के पश्चात् प्रथम बार खाद्यान्न संकट का सामना किया। इस संकट के प्रत्युत्तर में एवं फोर्ड फाउण्डेशन प्रायोजित अमेरिकी कृषि उत्पादन विशेषज्ञों के दल की अनुशंसाओं के आधार पर एक नवीन कार्यक्रम सघन कृषि जिला कार्यक्रम के नाम से जिसे लोकप्रिय रूप से राहत योजना के नाम से जाना गया, 1960–61 में बनाया एवं देश में लागू किया गया। सघन कृषि जिला कार्यक्रम में अन्तर्निहित सिद्धान्तों पर आधारित, निम्नलिखित कार्यक्रमों को बनाया एवं परिचालित किया गया। ये सभी कार्यक्रम वृद्धि–उन्मुख थे; इन्होंने अपने आप समानता के मुद्दों को सम्बोधित नहीं किया। कार्यक्रम इस प्रकार हैं – 1. सघन पशु विकास कार्यक्रम, 2. हरित क्रान्ति अथवा उच्च पैदावार किस्म कार्यक्रम, 3. अखिल भारतीय समन्वित परियोजना

एवं तकनीकी मिशन, 4. ऑपरेशन फ्लड कार्यक्रम, 5. मत्स्य क्षेत्र विकास अभिकरण। प्रत्येक वृद्धि–उन्मुख कार्यक्रम का संक्षिप्त विवरण अग्रानुसार है।

सघन कृषि विकास कार्यक्रम

यह सामुदायिक विकास कार्यक्रम के दृष्टिकोण से महत्वपूर्ण रूप से प्रत्यन्तरित है तथा सामुदायिक विकास कार्यक्रम के समानता के मानदण्ड के विपरीत संसाधनों के विस्तार पर केन्द्रित कार्यक्रम है। क्षेत्र स्तर पर आगतों एवं सेवाओं (समग्र दृष्टिकोण) का पूरक उपयोग करते हुए कृषि उत्पादन में तीव्र वृद्धि के प्रमुख उद्देश्य को अर्जित करना था। कृषि नियोजन को सघन जिला कृषि कार्यक्रम का मुख्य भाग बनाया गया।

उद्देश्य

इसके तात्कालिक उद्देश्य सघन जिला कृषि कार्यक्रम द्वारा वित्तीय, तकनीकी, विस्तार एवं प्रशासनिक संसाधनों के संकेन्द्रण के माध्यम से कृषि उत्पादन में त्वरित बढ़ोतरी करना था। दीर्घकालिक रूप से इसका उद्देश्य उत्पादन में स्वअर्जित स्थान प्राप्त करना था, तथा मानवीय एवं भौतिक परिवर्तनों की प्रक्रिया में परिवर्तन को उत्प्रेरित करके उत्पादन की क्षमता को बढ़ाना था। साथ ही कार्यक्रम ने अन्य क्षेत्रों में भी इस तरह के सघन कृषि उत्पादन कार्यक्रमों के विस्तार हेतु अपेक्षित संभावनाओं को भी स्पष्ट किया।

क्षेत्र

राज्य सरकारों ने निम्न सात जिलों को सघन जिला कृषि कार्यक्रम के लिये चयनित कियाः तंजावुर (तमिलनाडु), दक्षिण गोदावरी (आन्ध्र प्रदेश), शाहाबाद (बिहार), रायपुर (मध्यप्रदेश), अलीगढ़ (उत्तरप्रदेश), लुधियाना (पंजाब) एवं पाली (राजस्थान)। भारत सरकार ने जून, 1960 में इन सात जिलों में कार्यक्रम के क्रियान्वयन की स्वीकृति प्रदान की। इन सात जिलों को 140 सामुदायिक विकासखण्डों में 14308 ग्रामों सहित सीमांकित किया गया तथा कुल फसल क्षेत्र 45 लाख हैक्टेयर था। भारत सरकार के सुझाव के अनुरूप, राज्य सरकारों द्वारा आठ और जिलों का चयन इस कार्यक्रम के क्रियान्वयन हेतु किया गया।

गतिविधियाँ

सघन जिला कृषि कार्यक्रम के क्रियान्वयन हेतु चयनित जिलों में, उत्पादन में बढ़ोत्तरी हेतु आवश्यक सभी तत्वों को एक साथ प्रदान किया गया। सघन जिला कृषि कार्यक्रम के अन्तर्गत ली गयी गतिविधियों को बॉक्स 9.2 में प्रस्तुत किया गया है।

बॉक्स 9.2

भारत में सघन जिला कृषि कार्यक्रम की गतिविधियाँ

1. *उत्पादन योजना के आधार पर मजबूत सहकारी संस्थाओं द्वारा पर्याप्त एवं शीघ्र ऋण की आपूर्ति।*
2. *सहकारिता के माध्यम से उत्पादन हेतु आवश्यक वस्तुओं जैसे – उर्वरक, कीटनाशक, उपकरणों आदि की पर्याप्त एवं समय पर आपूर्ति।*
3. *सहकारिता के माध्यम से विपणन एवं अन्य सेवाओं की व्यवस्था ताकि कृषक विपणन योग्य अधिशेष का लाभप्रद मूल्य प्राप्त कर सके।*
4. *आपूर्ति जैसे बीज, उर्वरक, उपकरण एवं कीटनाशक तथा कृषि उत्पादनों हेतु पर्याप्त भण्डारण सुविधाएं ताकि कृषकों को आपूर्ति एवं अपने उत्पादों के विपणन के लिये अधिक दूर तक नहीं जाना पड़े।*

5. *सघन शैक्षिक प्रयास, विशेषकर फसलों के प्रदर्शन के द्वारा जिससे कि उन्नत कृषिगत पद्धतियों से संबंधित जानकारी प्रदान की जा सके।*
6. *आपूर्ति एवं कर्मचारियों की गतिशीलता सुनिश्चित करने हेतु परिवहन व्यवस्था को मजबूत करना।*
7. *बढ़े हुए उत्पादन हेतु ग्राम नियोजन एवं ग्राम संस्थाओं जैसे सहकारिता एवं पचायतों आदि को मजबूत करना।*
8. *प्रारम्भ से पूर्ण होने तक कार्यक्रम का विश्लेषण एवं मूल्यांकन।*
9. *कृषिगत उपकरणों हेतु कार्यशालाओं की स्थापना, बीज एवं मृदा परीक्षण प्रयोगशाला तथा उत्पादन पर सीधे प्रभाव डालने वाले स्थानीय कार्यों का क्रियान्वयन।*

स्रोतः सिंह (1999, 171–172)

संगठन एवं प्रशासन

केन्द्र स्तर पर विशेष रूप से इस कार्यक्रम के पर्यवेक्षण के लिये एक तन्त्र बनाया गया, राज्य स्तर पर कार्यक्रम के निर्देशन के लिए उपलब्ध तन्त्र को मजबूत किया गया एवं परियोजना अधिकारी के रूप में जिला अधिकारी को पदांकित किया तथा जिला स्तर पर कार्यक्रम प्रशासन के लिए उसे उत्तरदायी बनाया गया। विकासखण्ड स्तर पर सामुदायिक विकास कार्यक्रम के सामान्य कार्मिकों को अतिरिक्त कर्मचारी देकर मजबूत किया गया। कार्यक्रम के तीव्र एवं शीघ्रता से प्रभाव के लिये, जिला कलेक्टरों एवं परियोजना अधिकारियों को पर्याप्त वित्तीय एवं प्रशासनिक अधिकार प्रत्यायोजित किये गये थे। इन अधिकारों की समय–समय पर समीक्षा की गयी एवं जहाँ भी आवश्यक हुआ, अतिरिक्त अधिकार कार्यक्रम की आवश्यकता को पूर्ण करने के लिये प्रदत्त किये गये।

क्रियान्वयन रणनीति

सघन जिला कृषि कार्यक्रम के क्रियान्वयन में दो चरण सम्मिलित थे। प्रथम चरण जिसे कि प्रारम्भिक चरण कहा जा सकता है जिसके अन्तर्गत् निम्न गतिविधियाँ हाथ में ली गयीं:

1. जिले में कार्यक्रम के क्रियान्वयन हेतु क्षेत्रों का चयन।
2. कृषकों एवं गैर–आधिकारिक संस्थाओं जैसे पंचायतों एवं सहकारी संस्थाओं के मध्य सामान्य जागरूकता उत्पन्न करना एवं उनकी सहभागिता सुनिश्चित करना।
3. चयनित कार्यक्षेत्रों में सहकारी संस्थाओं को मजबूत करना।
4. अतिरिक्त कर्मचारियों का चयन, नियुक्ति एवं पदस्थापना।
5. कर्मचारियों को प्रशिक्षण।
6. संसाधन एवं उत्पादन मानदण्ड सर्वेक्षण का आयोजन।
7. आवश्यक आपूर्ति का आकलन।
8. भण्डार गृहों का निर्माण अथवा किराये पर लेना ताकि कृषकों की आपूर्ति तक पहुँच आसान हो।
9. परिवहन व्यवस्था को मजबूत करना।

ये प्रारंभिक उपाय थे जिनके पूर्ण होने पर ही कार्यक्रम को द्वितीय चरण, परिचालन एवं क्रियान्वयन में प्रवेश करना था। इस चरण में जो गतिविधियाँ थीं वे इस प्रकार थी –

1. खेत एवं ग्राम उत्पादन योजनाएँ बनाना एवं उनका अनुश्रवण;
2. उत्पादन योजनाओं पर आधारित ऋण की पर्याप्त एवं त्वरित आपूर्ति;
3. सहकारिता के माध्यम से उत्पादन हेतु आवश्यक वस्तुओं जैसे – उर्वरक, कीटनाशक, उपकरणों आदि की पर्याप्त एवं समय पर आपूर्ति;

4. प्रदर्शन एवं सृजनात्मक सूचना माध्यमों के द्वारा जानकारी एवं विस्तार गतिविधियों में तीव्रता;
5. सहकारिता के माध्यम से विपणन एवं अन्य सेवाओं की व्यवस्था; एवं
6. कार्यक्रम का विश्लेषण एवं मूल्यांकन।

कृषि क्षेत्र नियोजन सघन जिला कृषि कार्यक्रम का मुख्य भाग था। उत्पादन संसाधनों के नियोजित उपयोग, वैज्ञानिक ज्ञान का प्रयोग और प्रबंधन क्षमता कौशल ने कृषिगत उत्पादन एवं उत्पादकता में वृद्धि के लिए मुख्य कार्यप्रणाली तैयार की। कृषि नियोजन प्रारूप जो कि प्रत्येक भौगोलिक रूप से समान क्षेत्र की कृषि आवश्यकताओं को ध्यान में रखते हुए विकसित किया गया, ने निम्नलिखित आधारभूत तत्त्वों पर जोर दियाः

1. संसाधनों की सूची।
2. वर्तमान भूमि उपयोग एवं फसल व्यवस्था।
3. अपनायी जाने वाली उन्नत उत्पादन पद्धतियाँ।
4. नगद से खरीदी जाने वाली उत्पादन आपूर्ति।
5. उत्पादन ऋण उन्नत पद्धतियों के कारण होने वाले अतिरिक्त उत्पादन के साथ बंधा हुआ होना चाहिए न कि भौतिक प्रतिभूति से।
6. सभी उद्यमों से अपेक्षित शुद्ध प्रतिलाभ।
7. पुनर्भुगतान योजना।
8. एक ऋण आवेदन जो कि उत्पादन आवश्यकता को ऋण आवश्यकता से सम्बद्ध करे।

सघन कृषि जिला कार्यक्रम के अन्तर्गत कृषि नियोजन समग्र रूप से वास्तविक संख्या में कृषकों द्वारा सामान्य एवं उन्नत प्रणालियों यथा – उन्नत बीज, उर्वरक, एवं पौध संरक्षण मापक, के उपयोग को प्राप्त करने में प्रभावी रहा। इस कार्यक्रम की कालावधि में प्रथम सात जिलों ने उल्लेखनीय प्रगति की।

प्रशिक्षण

सघन जिला कृषि कार्यक्रम के अन्तर्गत जिला एवं राज्य स्तर के कर्मचारियों के लिये राष्ट्रीय, क्षेत्रीय एवं जिला स्तर पर प्रशिक्षण सम्मेलन आयोजित किये गये। ग्रामस्तर कार्यकर्त्ताओं एवं कृषकों के लिये विकासखण्ड स्तरीय प्रशिक्षण शिविर भी आयोजित किये गये। सहकारी एवं विपणन संस्थाओं के पदाधिकारियों हेतु विशेष प्रकार के प्रशिक्षण कार्यक्रम आयोजित किये गये। केन्द्र एवं राज्य स्तर के कर्मचारियों एवं फोर्ड फाउण्डेशन ने समान रूप से इस कार्यक्रम में सहायता प्रदान की। इन प्रशिक्षण सम्मेलनों का उद्‌देश्य प्रतिभागियों के सामर्थ्य को सुनिश्चित क्षेत्रों में बढ़ाना था।

वित्तपोषण

सघन जिला कृषि कार्यक्रम प्रथम सात जिलों में फोर्ड फाउण्डेशन के वित्तीय सहयोग से आरम्भ किया गया था। कार्यक्रम में सम्मिलित विभिन्न पक्षों जैसे भारत सरकार, सहभागी राज्य सरकारें एवं फोर्ड फाउण्डेशन के वित्तीय दायित्व स्थापित करने हेतु एक सहमति ज्ञापन पत्र (मेमोरेण्डम ऑफ एग्रीमेंट) फोर्ड फाउण्डेशन एवं भारत सरकार के मध्य 18 जून, 1960 को हस्ताक्षरित किया गया।

कार्यक्रम में किसानों को उत्पादन के लिये आवश्यक साधनों को खरीदने हेतु समर्थ बनाने के लिये लघु अवधि एवं मध्यम अवधि ऋणों का प्रावधान भी किया गया था जिससे कि उनकी आवश्यकताएँ जैसे बैलों की खरीदी, लघु सिंचाई कार्यों के लिए निर्माण एवं मरम्मत, उपकरण एवं औजारों की खरीदी, भूमि विकास के उपाय आदि पूर्ण हो सके। अल्प अवधि ऋण मुख्य रूप से सहकारी संस्थाओं द्वारा रिजर्व बैंक की सहायता से और मध्यम अवधि ऋण अंशतः सहकारी संस्थाओं द्वारा तथा अंशतः सरकार द्वारा उपलब्ध कराये गये थे। वित्तीय सहायता के अतिरिक्त, फोर्ड फाउण्डेशन द्वारा विषयवस्तु विशेषज्ञों एवं परामर्शदाताओं के दल के माध्यम से तकनीकी सहायता भी उपलब्ध करायी गयी। यह परामर्शदाता नयी दिल्ली में रहते थे एवं केन्द्र एवं राज्य सरकारों को कार्यक्रम के नियोजन, क्रियान्वयन एवं मूल्यांकन में सहायता करते थे। फोर्ड फाउण्डेशन के अतिरिक्त, संयुक्त राष्ट्र अन्तर्राष्ट्रीय

विकास संस्था के तकनीकी सहयोग मिशन द्वारा भी तकनीकी विशेषज्ञ उपलब्ध कराये गये। इन विशेषज्ञों को सघन जिला कृषि कार्यक्रम के जिलों में नियुक्त किया गया जो कि जिला कर्मचारियों को क्षेत्रीय समस्याओं के अध्ययन एवं उनके विश्लेषण तथा समस्याओं को हल करने में सहायता करते थे।

मूल्यांकन

सघन जिला कृषि कार्यक्रम के विभिन्न पक्षों को सम्मिलित करके एक बड़ी संख्या में समस्याजन्य विश्लेषणात्मक अध्ययन विशेषकर कृषि विश्वविद्यालयों एवं कृषि–आर्थिक शोध संस्थानों में कार्यरत विद्वानों द्वारा संचालित किये गये। इसके अतिरिक्त, सघन जिला कृषि कार्यक्रम के कार्य निष्पादन की समीक्षा समय–समय पर निर्धारण एवं मूल्यांकन हेतु विशेषज्ञ समिति द्वारा की गयी जो कि खाद्य एवं कृषि मंत्रालय, भारत सरकार द्वारा जून, 1961 में इस उद्देश्य के लिये बनायी गयी थी। सघन जिला कृषि कार्यक्रम के प्रारम्भिक वर्ष 1960 से 1967–1968 की समयावधि को लेकर सम्पन्न चतुर्थ मूल्यांकन में निर्धारण एवं मूल्यांकन समिति ने कार्यक्रम के आठ वर्षों के अनुभवों के आधार पर कई महत्वपूर्ण एवं उपयोगी बातों की पहचान की। समिति का निष्कर्ष था (भारत सरकार 1968, v):

> कार्यक्रम सामान्यतः अपने लक्ष्य में सफल रहा जिसके लिये इसे स्थापित किया गया था। इसने यह दिखा दिया कि पुराने दृष्टिकोण के बजाय जहाँ प्रभावी सुनियोजित एवं उन्नत तकनीकी उपलब्ध थी, वहाँ कृषिगत उत्पादनों में तेजी से बढ़ोत्तरी हुई है तथा इसकी पहुंच बड़े, मध्यम एवं लघु कृषकों के विस्तृत समूह तक हुई है।

सघन जिला कृषि कार्यक्रम की एक महत्वपूर्ण कमी समानता के पक्ष की उपेक्षा थी। जिलों के मध्य एवं जिलों के भीतर आय के वितरण में असमानता को बढाने के लिये इसकी आलोचना की गयी। यद्यपि, सघन जिला कृषि कार्यक्रम, अलीगढ़ पर सिंह (1973) द्वारा संपादित अध्ययन से यह प्रदर्शित होता है कि लघु एवं सीमान्त कृषकों की उन्नत बीज, उर्वरक, संस्थागत ऋण एवं सुनिश्चित सिंचाई तक आसान पहुँच के कारण आय वितरण में असमानता की मात्रा 1963–64 से 1968–1969 के मध्य कम हुई है।

सबक

अधिकतम उत्पादन संभावना वाले क्षेत्रों पर संसाधनों का संकेन्द्रण करके कृषि उत्पादन में तीव्र वृद्धि प्राप्त की जा सकती है। दूसरे शब्दों में, यदि कुशलता कार्यक्रम का मुख्य आधार है तो मुख्य पैदावार पर संकेन्द्रण आवश्यक परिणाम देगा। 1966 से, संकेन्द्रण की मूल अवधारणा एवं प्रभावी उपयोग तथा संसाधनों के बेहतर प्रबन्धन ने राष्ट्रीय स्वीकृति प्राप्त की एवं इस आधार पर कई नये कृषि विकास कार्यक्रम बनाये एवं लागू किये। एक तरफ विकास–उन्मुख कार्यक्रमों ने खाद्यान्न उत्पादन की तीव्र वृद्धि को अर्जित करने के सिद्धान्त के संकेन्द्रण की प्रभावशीलता को एवं वहीं दूसरी तरफ, आय की असमानता को प्रदर्शित किया। इन कार्यक्रमों से अनुभव के साथ सबसे महत्त्वपूर्ण सबक बढ़ती आर्थिक वृद्धि थी जो अवनति की ओर जा रही गरीबी के विरुद्ध कोई गारण्टी नहीं थी एवं गरीबी तथा बेरोजगारी की मूल समस्या पर प्रत्यक्ष रूप से सामने से वार करने की आवश्यकता थी।

सघन पशु विकास परियोजनाएँ

पशुओं की गुणवत्ता को बेहतर करने के लिए भारत में प्रथम व्यवस्थित प्रयास प्रथम पंचवर्षीय योजना के दौरान मुख्य ग्राम योजना के माध्यम से किया गया था। यह कार्यक्रम 1965 में सघन पशु विकास परियोजना के आरम्भ के साथ मजबूत हुआ। इन परियोजनाओं का सृजन पशु मालिकों को बेहतर पद्धतियों का पैकेज प्रदान करना था एवं एक लाख प्रजनन योग्य उम्र की गायों एवं भैंसों के सघन विस्तार के माध्यम से दुग्ध उत्पादन में उल्लेखनीय प्रभाव को अर्जित करने के लिए ध्यान देना था। यह परियोजना उन चयनित क्षेत्रों में स्थापित की गयी थी जो कि पशु विकास कार्यक्रमों के अनुकूल अच्छी क्षमता एवं दशाएँ लिये हुए थे। इस परियोजना में त्रिस्तरीय संरचना थी जिसमें

परियोजनाएँ – क्षेत्रीय पशु विकासखण्ड (चार प्रति परियोजना) एवं संग्रहणकर्ता केन्द्र (प्रति खण्ड 25) प्रत्येक 1000 पशुओं की देखरेख के लिए – इन्हें इस तरह से उतरते क्रम में पिरामिड की तरह बनाया गया था।

इन परियोजनाओं से एक छोटी अवधि में किसी शानदार परिणाम की उम्मीद नहीं की जा सकती थी। तथापि, कार्यक्रम के पाँच वर्ष के क्रियान्वयन के पश्चात् 1970–71 में योजना आयोग के कृषि विभाग के दृष्टान्त पर कार्यक्रम मूल्यांकन संगठन द्वारा एक मूल्यांकन अध्ययन हाथ में लिया गया, जिसका दृष्टिकोण आवश्यक सुधारात्मक सुझाव प्रस्तुत करना था। इस अध्ययन के कुछ महत्त्वपूर्ण आगत अग्रानुसार है –

1. कई राज्यों में बड़ी संख्या में पशु मालिकों ने उल्लेख किया कि विदेशी नस्ल के नर बच्चे विभिन्न कृषि कार्यों के लिए कम उपयुक्त पाये गये।
2. अधिकांश चयनित क्षेत्रों में, यह पाया गया कि कृत्रिम गर्भाधान ने बढ़ता हुआ प्रोत्साहन अर्जित किया लेकिन इसकी अनुवर्ती कार्यवाही इस सन्दर्भ में सन्तुष्टिकारक नहीं रही है।
3. छोटी जोत एवं अपर्याप्त सिंचाई सुविधाओं जैसी सीमाओं के बावजूद, खाद्यान्न एवं चारा विकास के कार्यक्रम ने सन्तुष्टिदायक परिणाम दिया।
4. नियमित टीकाकरण ने संक्रमित बीमारियों एवं महामारियों की घटनाओं को कम किया है।
5. विपणन के लिए, दुग्ध सहकारी समितियाँ कई परियोजनाओं में बनायी गयीं लेकिन इनमें से कई अप्रभावशाली थीं।

सबक

इन सघन पशु विकास परियोजनाओं के अनुभवों से निम्नलिखित सबक निकाले जा सकते हैं –

1. प्रजनन को प्रोत्साहित करने के लिए, पशु मालिकों को पशु की प्रजाति एवं गुणवत्ता के बारे में शिक्षित किया जाना चाहिए।
2. सभी परियोजना क्षेत्रों में नियमित गर्भधारण एवं बाँझपन शिविर आयोजित किये जाने चाहिये जिसमें सभी स्तरों के कार्यकर्ताओं द्वारा भाग लेना चाहिए। कृषि कार्यों की आवश्यकताओं की पूर्ति हेतु बहुतायत में अच्छी नस्ल के पशुओं की उपलब्धता सुनिश्चित करनी चाहिए।

हरित क्रान्ति / उच्च उपज किस्मों का कार्यक्रम

'हरित क्रान्ति' शब्द का प्रयोग भारत सहित विश्व भर में कृषि के त्वरित रूपान्तरण के लिए किया गया है जो कि 1940 से 1960 के मध्य कृषि उत्पादन में उल्लेखनीय वृद्धि के रूप में हुआ है।[1] हरित क्रान्ति मुख्यतः कुछ फसलों के उच्च उपज किस्म के बीजों के व्यापक स्तर पर उपयोग से सम्भव हो पायी, इसे भारत में उच्च उपज किस्मों के कार्यक्रम के नाम से भी जाना जाता है।

रॉकफेलर फाउण्डेशन ने 1959 में एक अनौपचारिक अन्तर्राष्ट्रीय शोध संस्थान के माध्यम से मेक्सिको में हरित क्रान्ति की प्रक्रिया को आरम्भ करने में महत्वपूर्ण भूमिका निभाई थी। जिसका 1963 में औपचारिक रूप से नाम अन्तर्राष्ट्रीय मक्का एवं गेहूँ उन्नति केन्द्र रखा गया। भारत वह दूसरा देश है जहाँ हरित क्रान्ति का फैलाव हुआ। भारत में हरित क्रान्ति को लाने में फोर्ड फाउण्डेशन की उल्लेखनीय भूमिका रही। फाउण्डेशन तथा भारत सरकार ने अन्तर्राष्ट्रीय मक्का एवं गेहूँ उन्नति केन्द्र से बड़ी मात्रा में गेहूँ के बीज को आयात करने के लिए साथ मिलकर काम किया। इसके पश्चात् भारत ने स्वयं का हरित क्रान्ति कार्यक्रम पौध प्रजनन, सिंचाई विकास एवं कृषि रसायनों के वित्त पोषण पर आरम्भ किया। रॉकफेलर फाउण्डेशन एवं फोर्ड फाउण्डेशन ने संयुक्त रूप से 1960 में फिलीपींस में अन्तर्राष्ट्रीय चावल अनुसन्धान संस्थान स्थापित किया। चावल की उच्च उपज की किस्म को इण्डोनेशिया, पाकिस्तान, श्रीलंका, अन्य गैर–सोवियत देशों लैटिन अमेरिका, एशिया एवं उत्तरी अफ्रीका में फैलाया गया।

भारत में, 1965 के पश्चात् गेहूँ, चावल एवं मक्का की उच्च उपज किस्मों के बीजों के आरम्भ से एवं उर्वरक तथा सिंचाई के उपयोग में बढ़ोतरी से हरित क्रान्ति लायी गयी थी। यह भारत को खाद्यान्न में आत्मनिर्भर बनाने के लिए आवश्यक खाद्यान्न उत्पादन में त्वरित एवं उल्लेखनीय वृद्धि की ओर प्रवृत्त हुआ। भारत में उपयोग किये गये गेहूँ, चावल एवं मक्का की उच्च उपज किस्में मेक्सिको एवं फिलीपींस में विकसित की गयीं थी। उच्च उपज किस्मों में से गेहूँ ने सर्वश्रेष्ठ परिणाम दिये। इसमें गरीबों का अतिरिक्त भोजन, मोटा अनाज एवं प्रोटीन का प्रमुख स्रोत दलहन पिछड़ गये। परिणामतः इनकी प्रति व्यक्ति उपलब्धता कम हो गयी। उच्च उपज किस्म कार्यक्रम के अन्तर्गत कुल क्षेत्रफल 1960 में बहुत कम नौ लाख हैक्टेयर था। उसके पश्चात् से इसमें प्रभावशाली वृद्धि दर्ज की गयी, 1970 में लगभग 154 लाख हैक्टेयर, 1980 में 431 लाख हैक्टेयर एवं 1990 में 639 लाख हैक्टेयर तक। इस कार्यक्रम के फलस्वरूप खाद्यान्न मुख्यतः गेहूँ एवं चावल के उत्पादन में उल्लेखनीय वृद्धि हुई। 1980 के उत्तरार्द्ध में वृद्धि दर में तेजी से गिरावट आयी, यद्यपि इसका कारण अतिरिक्त उपयुक्त जमीन का उपलब्ध नहीं होना था।

भारत में हरित क्रान्ति के प्रमुख लाभ 1965 एवं 1980 के मध्य प्रमुखतः उत्तरी एवं उत्तर–पश्चिमी भारत में अनुभव किये गये। इस कार्यक्रम के फलस्वरूप खाद्यान्न प्रमुखतः गेहूँ एवं चावल के उत्पादन में उल्लेखनीय वृद्धि हुई। 1980 के दशक में खाद्यान्न पैदावार में लगातार बढ़ोतरी होती रही, लेकिन 1965 एवं 1980 के बीच के वर्षों के नाटकीय परिवर्तनों को दोहराया नहीं जा सका। 1980 तक, गेहूँ के बोये जाने वाले कुल क्षेत्र का लगभग 75 प्रतिशत उच्च उपज किस्म के साथ किया जाने वाला था। चावल के लिए, तुलनीय आँकड़ा 45 प्रतिशत था। 1980 में, उच्च उपज किस्म का क्षेत्र बढ़ता गया, लेकिन कुल मिलाकर वृद्धि की दर धीमी रही। आठवीं पंचवर्षीय योजना का उद्देश्य सम्पूर्ण देश को उच्च उपज किस्मों की उपलब्धता सुनिश्चित करना तथा अन्य फसलों के ओर अधिक उत्पादक उपभेदों को विकसित करना था।

भारतीय हरित क्रान्ति ने वृहद् अन्तर–क्षेत्रीय एवं अन्तर–राज्यीय विभेदों को पैदा किया। यह कार्यक्रम केवल सुनिश्चित पानी की उपलब्धता, इसको नियन्त्रित करने के साधन, उर्वरक के अधिक उपयोग एवं पर्याप्त कृषि साख के क्षेत्रों में लागू किया गया। ये आगत पंजाब, हरियाणा एवं पश्चिमी उत्तरप्रदेश के क्षेत्रों में आसानी से उपलब्ध थे। इस तरह से, इन राज्यों में अधिकांशतः उपज मे वृद्धि हुई। अन्य राज्यों में यथा आन्ध्र प्रदेश और तमिलनाडु जहाँ इस तरह के आगत सुनिश्चित नहीं थे, परिणाम सीमित अथवा नगण्य रहे, फलस्वरूप राज्यों के भीतर ही फसल उपज में उल्लेखनीय विभिन्नता पायी गयी। हरित क्रान्ति ने भारत में असमानता को भी बढ़ायाः ऐसे राज्यों में जहाँ सबसे अधिक पैदावार बढ़ी उच्च आर्थिक वृद्धि एवं गरीबी की सघनता कम होती दिखीं एवं अन्य राज्यों में जहाँ निम्न आर्थिक वृद्धि थी गरीबी की सघनता में बहुत कम परिवर्तन हुआ।

इस वृहद् स्तर की क्रान्ति से कुछ समस्याओं का उत्पन्न होना सुनिश्चित था। आलोचकों ने यह आरोप लगाया कि हरित क्रान्ति का परिणाम पर्यावरणीय अवनति एवं आय असमानता, सम्पत्ति के असमान वितरण एवं निरपेक्ष गरीबी में वृद्धि के रूप में हुआ है। इनमें से कुछ आलोचनाएँ स्वीकार्य हैं एवं उन्हें अभी भी सम्बोधित किये जाने की आवश्यकता है। लेकिन आज ऐसी प्रवृत्ति है कि समस्या को अधिक प्रकट किया जाता है एवं उपयुक्त प्रतिकारी वास्तविक स्थिति की उपेक्षा की जाती हैः भूखमरी एवं गरीबी की मात्रा इस समान जनसंख्या वृद्धि के साथ एवं हरित क्रान्ति की उपज वृद्धि के बगैर क्या होती?[2]

ऑपरेशन फ्लड

ऑपरेशन फ्लड दुनिया का सबसे बड़ा दुग्ध विकास कार्यक्रम है। इसको भारत में 'श्वेत क्रान्ति' का अग्रदूत माना जाता है। इसको राष्ट्रीय डेयरी विकास बोर्ड ने 1970 में संरचित एवं प्रारम्भ किया जो तब एक गैर–सरकारी संगठन था लेकिन अब यह एक सांविधिक निगमित निकाय है। डॉ. वर्गीस कुरियन जिन्हें 'श्वेत क्रान्ति के जनक' के रूप में जाना जाता है; डॉ. माइकेल हाल्स, सलाहकार, खाद्य एवं कृषि संगठन एवं राष्ट्रीय डेयरी बोर्ड ने ऑपरेशन फ्लड की संकल्पना बनाने, ढाँचा तैयार करने तथा इसको आरम्भ करने में महती भूमिका निभायी। ऑपरेशन

फ्लड का उद्देश्य आणन्द प्रतिमान की डेयरी सहकारिता को स्थापित करते हुए भारत के 10 चयनित राज्यों में 18 दुग्धशालाओं से ग्रामीण दुग्ध उत्पादकों की सहायता कर उनके माध्यम से ग्रामीण क्षेत्रों से उत्पादित दुग्ध की वास्तविक रूप से बाढ़ लाना था। ऑपरेशन फ्लड के पीछे आधारभूत दर्शन यह था कि ग्रामीण दुग्धशालाओं में दुग्ध उत्पादन को कार्यक्षम माध्यम एवं ग्रामीण उत्पादित दुग्ध को एक तैयार बाजार प्रदान करके ही प्रोत्साहित किया जा सकता था। दुग्ध उत्पादन, प्राप्ति, प्रसंस्करण एवं विपणन के संगठनों को आणन्द प्रतिमान की सहकारिता पर स्थापित किया जाना था, इसने एक संगठनात्मक संरचना के रूप में लघु–स्तरीय एवं बिखरे हुए दुग्ध उत्पादकों के लिए उपयुक्तता को श्रेयस्कर साबित किया। ऑपरेशन फ्लड तीन चरणों – प्रथम, द्वितीय एवं तृतीय में क्रियान्वित किया गया। ऑपरेशन फ्लड – प्रथम का उद्घाटन 1 जुलाई 1970 में नये बनाये गये भारतीय डेयरी निगम द्वारा किया गया। यह निगम पूर्णतः भारत सरकार के स्वामित्व में था तथा विशिष्ट तौर पर ऑपरेशन फ्लड के 'वित्तीय एवं प्रोत्साहन' विषय को सम्बोधित करने के लिए बनाया गया था। मूल रूप से, ऑपरेशन फ्लड–प्रथम को पाँच वर्षों में पूर्ण होना था, लेकिन इसको 31 मार्च 1981 तक बढ़ाना पड़ा। समवर्ती रूप में, 2 अक्टूबर 1979 को ऑपरेशन फ्लड–द्वितीय आरम्भ किया गया। यह 31 मार्च 1985 को पूर्ण हुआ। ऑपरेशन फ्लड–तृतीय 1 अप्रैल 1985 को आरम्भ किया गया एवं यह 31 मार्च 1996 को पूर्ण हुआ। 1 अप्रैल 1996 से, ऑपरेशन फ्लड–चतुर्थ कुछ ऐसे चयनित संघों में जारी है जो वर्तमान में वित्तीय दृष्टि से व्यवहार्य है लेकिन निजी व्यापार की प्रतिस्पर्धा की चुनौती से असुरक्षित है अथवा ऐसे जो अभी कमजोर हैं तथा उनमें बदलाव किया जा सकता है।

जैसा कि पूर्व में बताया गया है, ऑपरेशन फ्लड कार्यक्रम को भारत की चयनित दुग्धशालाओं में आणन्द प्रतिमान की डेयरी सहकारिता की तर्ज पर दोहराना था। आणन्द प्रतिमान में त्रिस्तरीय संगठनात्मक संरचना है जिसमें ग्राम स्तर पर दुग्ध उत्पादक सहकारिता, जिला स्तर पर सहकारी दुग्ध उत्पादक संघ एवं राज्य स्तर पर सहकारी दुग्ध उत्पादक महासंघ सम्मिलित होते हैं। यह संरचना राज्य की सभी डेयरी विकास की गतिविधियों के क्षैतिज एवं ऊर्ध्वाधर एकीकरण की अनुमति प्रदान करता है, एवं यह महसूस करना सम्भव बनाता है कि आधुनिक तकनीकी के उपयोग से दुग्ध की खरीदारी, प्रसंस्करण एवं विपणन की अर्थव्यवस्था के स्तर को बेहतर किया जाये। आणन्द प्रतिमान ने अपने क्षेत्र में डेयरी विकास के लिए अपनी नीतियों एवं कार्यक्रमों का निर्माण एवं क्रियान्वयन किया एवं उनके क्रियान्वयन के लिए व्यावसायिक प्रबन्धक एवं तकनीकीविद् रखे। सरकार की भूमिका सहकारिता को उनके कार्यक्रमों को क्रियान्वित करने में वित्तीय दृष्टि से सहायता तक सीमित होती है। सरकारी कोष जो डेयरी विकास के लिए होते हैं सहकारिता के व्यवस्थापन में होते हैं।

ऑपरेशन फ्लड गैर–सरकारी पहल का जीता जागता उदाहरण है जिसने सरकार–पोषित कार्यक्रमों की तुलना में ज्यादा कुशलतापूर्वक एवं प्रभावशाली ढंग से लोक–केन्द्रित कार्यक्रम को सफलतापूर्वक प्रोत्साहित किया। ऑपरेशन फ्लड डेयरी वस्तुओं अर्थात् मलाई रहित दूध एवं मक्खन के रूप में विदेशी सहायता के उपयोग का अद्वितीय उदाहरण है जो देश में उत्पादन, प्रसंस्करण एवं वितरण सुविधाओं को बनाने, विस्तारित करने एवं आधुनिक बनाने के लिए इस तरह से थी जिसमें अन्ततोगत्वा विदेशी सहायता पर निर्भरता समाप्त हो गयी। इससे यह पता चलता है कि खाद्यान्न सहायता आवश्यक नहीं है कि घरेलू कीमतों के इतने नीचे के स्तर तक आ आये जिससे कि घरेलू उत्पादकों को अधिक उत्पादित करने की पहल को ही समाप्त कर दे। ऑपरेशन फ्लड ने भारत में दुग्ध उत्पादन को 1968–69 के 210 लाख टन के उत्पादन से बढ़ाकर 2013–14 में लगभग 1380 लाख टन तक कर दिया। ऑपरेशन फ्लड के अन्तर्गत स्थापित की गयी डेयरी सहकारिता की संख्या भारत में वर्ष 2013–14 के अन्त तक बढ़कर 1,62,186 तक हो गयी एवं दुग्ध उत्पादकों की सदस्य संख्या 154.6 लाख हो गयी (राष्ट्रीय डेयरी विकास बोर्ड 2014, 62–63)। 2013–14 में, डेयरी सहकारी समितियों ने 125 लाख टन दूध की खरीद की, जो कि पिछले वर्ष 122 लाख टन थी, और सहकारी समितियों द्वारा तरल दूध विपणन 110 लाख टन था, जो कि पिछले वर्ष 104 लाख टन था। अब, एक और महत्वाकांक्षी डेयरी विकास, राष्ट्रीय डेयरी योजना चरणः 1 (एनडीपी–1) राष्ट्रीय डेयरी विकास बोर्ड द्वारा कार्यान्वयन एजेन्सियों के माध्यम से क्रियान्वित किया जा रहा है।

एनडीपी–1 केन्द्रीय योजना है जिसे 2011–12 से 2018–19 तक सात वर्ष की अवधि में लागू किया जाएगा। इसे लगभग रू. 22.42 अरब के कुल निवेश के साथ लागू किया जायेगा। इसके मुख्य उद्देश्य हैः (अ) दुधारू पशुओं की उत्पादकता बढ़ाने में मदद करना और दूध की बढ़ती मांग को पूरा करने के लिए दुग्ध उत्पादन में वृद्धि करना और (ब) ग्रामीण दुग्ध उत्पादकों को संगठित दूध प्रसंस्करण क्षेत्र में अधिक से अधिक पहुँच प्रदान करने में सहायता करने के लिए। यह परियोजना 14 प्रमुख दुग्ध उत्पादक राज्यों पर ध्यान केन्द्रित करने के लिए वैज्ञानिक रूप से योजनाबद्ध बहुराज्यीय पहल है। एनडीपी–1 को वैज्ञानिक और व्यवस्थित प्रक्रियाओं में रखा जायेगा जो लम्बे समय में भारत को दूध उत्पादन करने वाले पशुओं की आनुवंशिकी को सुसंगत तरीके से सुधारने के रास्ते पर मजबूती से बनाये रखेंगे। यह देश के दुर्लभ प्राकृतिक संसाधनों के विवेकपूर्ण उपयोग को सक्षम करेगा; मीथेन उत्सर्जन को कम करने में सहायक, दूध की गुणवत्ता में सुधार, डेयरी के वृद्धि के लिए एक सक्षम माहौल प्रदान करने के लिए नियामक और नीतिगत उपायों को प्रदान करने में मदद; और अन्ततः, छोटे दुग्ध उत्पादकों को लाभ देगा जो दुग्ध उत्पादन प्रणाली के आधार है (एनडीडीबी 2014, 46–47)।

ऑपरेशन फ्लड कार्यक्रम धन्यवाद का पात्र है जिससे भारत दुनिया का सबसे अधिक दूध उत्पादन करने वाला देश बना हुआ है। ऑपरेशन फ्लड के मूल्यांकन अध्ययन से पता चलता है कि इस कार्यक्रम ने ग्रामीण दुग्ध उत्पादकों विशेषतकर सीमान्त तथा छोटे कृषकों एवं भूमिहीन श्रमिकों की आय में उल्लेखनीय सुधार किया है (सिंह 1999अ, 218–222)।

प्रौद्योगिकी मिशन

सातवीं पंचवर्षीय योजना में अनुसन्धान को और सघन करने तथा कुछ बाधाओं एवं विवशताओं को हटाते हुए तकनीकी अंगीकरण को प्रोत्साहन प्रदान करने के लिए तिलहन, दलहन, मक्का एवं कपास पर तकनीकी मिशन आरम्भ किया गया। तिलहनों पर प्रौद्योगिकी मिशन ने तिलहन उत्पादन के क्षेत्र में बड़ी सफलता अर्जित की है। 1998–99 के दौरान, भारत में प्रथम बार 252 लाख टन तिलहन का रिकार्ड उत्पादन प्राप्त किया गया था। चूँकि तिलहन फसलें मुख्य रूप से देश में वर्षा आधारित क्षेत्रों में उगाई जाती हैं, इनका उत्पादन व्यापक रूप से वर्षा में उतार–चढ़ाव पर निर्भर करता है। 2013–14 में देश में सभी तिलहनों का उत्पादन 328.8 लाख टन था और कपास 1990–91 में 98.4 लाख गांठ से बढ़कर 2013–14 में 325.9 लाख गांठे हो गई (कृषि मंत्रालय 2014, 103–104, 118–119)।

तिलहन उत्पादन में अर्जित की गयी सफलता के मद्देनजर दलहनों को भी 1990 में प्रौद्योगिकी मिशन के दायरे में लाया गया। इस मिशन में जोड़े जाने के पश्चात् दलहनों के उत्पादन में वृद्धि हुई है। 2005–06 में, भारत में दलहनों का अनुमानित उत्पादन 134.0 लाख टन था, जो 2013–14 में बढ़कर 192.7 लाख टन हो गया (कृषि मंत्रालय 2014, 91–92)। मिशन के अतिरिक्त, देश में एक राष्ट्रीय दलहन विकास परियोजना (एनपीडीपी) भी क्रियान्वित हो रही है। मक्का की बहुमुखी उपयोगिता को ध्यान में रखते हुए 1995 में इसे प्रौद्योगिकी मिशन में सम्मिलित किया गया था तथा इसके खाद्यान्न, पशु चारा तथा औद्योगिक कच्चे माल के रूप में इसका महत्व है। मक्के के उत्पादन में वृद्धि के लिए, आठवीं पंचवर्षीय योजना के दौरान त्वरित मक्का विकास कार्यक्रम बनाया गया था। परिणामस्वरूप, देश में मक्का का उत्पादन 1990–91 में लगभग 89.6 लाख टन से बढ़कर 2013–14 में 243.5 लाख टन हो गया (कृषि मंत्रालय 2014, 88–89)।

अगस्त 1988 में डेयरी विकास प्रौद्योगिकी मिशन का गठन भारत सरकार द्वारा डेयरी विकास के लिए ऑपरेशन फ्लड के अन्तर्गत लिये गए प्रयासों को पूरकता एवं सहायता प्रदान करने के लिए किया गया था। इस मिशन के प्रमुख उद्देश्य ऑपरेशन फ्लड के तहत स्थापित की गयी उपलब्ध आगत, संसाधन एवं अधोसंरचनात्मक सुविधाओं का अधिकतम उपयोग करना था। ऑपरेशन संयोजन कार्यक्रम के तहत, जो कि इस मिशन के तत्त्वावधान में 14 राज्यों के 171 जिलों में लागू किया गया, जिला स्तरीय समन्वय समिति द्वारा

एकीकृत जिला वार्षिक योजना बनायी गयी। इन योजनाओं को राज्य सरकारों, डेयरी सहकारिता एवं सम्बन्धित गैर–सरकारी संगठनों के साथ डेयरी विकास के उपलब्ध संसाधनों को ध्यान में रखते हुए तैयार किया गया (एनडीडीबी 1997, 34)।

वर्ष 2005–06 में केन्द्र पोषित कार्यक्रम के रूप में एक राष्ट्रीय उद्यानिकी मिशन शुरू किया गया था, जो क्षेत्र आधारित विभाजित रणनीतियों के आधार पर उद्यानिकी क्षेत्र के समग्र विकास को प्रोत्साहित करने के लिए था। इस योजना को 2014–15 के दौरान एकीकृत बागवानी विकास मिशन (एमआईडीएच) के एक भाग के रूप में सम्मिलित किया गया है। वर्तमान में, भारत विश्व में फलों और सब्जियों का दूसरा सबसे बड़ा उत्पादक देश है। मिशन में फल, सब्जियां, जड़ एवं कन्द फसलें, मशरूम, मसाले, फूल सुगन्धित पौधे, नारियल, काजू, कोको और बांस सम्मिलित है। जबकि, भारत सरकार उत्तर पूर्व और हिमालयी राज्यों को छोड़कर सभी राज्यों के विकास कार्यक्रमों के लिए कुल परिव्यय का 85 प्रतिशत योगदान करती है, जबकि 15 प्रतिशत हिस्सेदारी राज्य सरकारों द्वारा प्रदान की जाती है। उत्तर–पूर्वी और हिमालयी राज्यों के मामले में, भारत सरकार का योगदान 100 प्रतिशत है। मिशन द्वारा निम्नलिखित रणनीतियों को अपनाया गया है:[4]

1. उत्पादकों को सुनिश्चित लाभ देने के लिए उत्पादन, फसलोपरान्त प्रबन्धन, प्रसंस्करण एवं विपणन के लिए शुरू से अन्त तक समग्र दृष्टिकोण सुनिश्चित करना।
2. उत्पादन, फसलोपरान्त प्रबन्धन तथा प्रसंस्करण हेतु अनुसन्धान एवं विकास की तकनीकों को प्रोत्साहन।
3. क्षेत्रफल, कार्यक्षेत्र एवं उत्पादकता में वृद्धि हेतु (अ) परम्परागत फसलों से विविधीकरण एवं (ब) किसानों को उच्च तकनीक बागवानी कृषि एवं परिशुद्ध कृषि हेतु उपयुक्त तकनीकी का विस्तार करना।
4. बागवानी विकास हेतु वर्तमान और नियोजित कार्यक्रमों में समन्वय स्थापित करने के लिए अभिसरण।
5. पारम्परिक तकनीकी ज्ञान और आधुनिक वैज्ञानिक ज्ञान के सहज मिश्रण के माध्यम से प्रौद्योगिकियों को बढ़ावा देना, विकसित और प्रसारित करना।
6. कुशल और अकुशल तथा विशेष रूप से बेरोजगार युवाओं के लिए रोजगार सृजन के अवसर पैदा करना।

एक अन्य मिशन, राष्ट्रीय सतत कृषि मिशन (एनएमएसए) जलवायु परिवर्तन पर राष्ट्रीय एक्शन योजना के आठ मिशनों में से एक है।[5] इस मिशन दस्तावेज को सिद्वांत रूप में 23 सितम्बर 2010 को जलवायु परिवर्तन पर प्रधानमंत्री परिषद (पीएमसीसीसी) द्वारा अनुमोदित किया गया था। यह मिशन खाद्य सुरक्षा को सुनिश्चित करने, आजीविका के अवसरों को बेहतर बनाने, राष्ट्रीय स्तर पर आर्थिक स्थिरता में योगदान देने के लिए उपयुक्त अनुकूलन और शमन रणनीतियों को तैयार करके जलवायु परिवर्तन से जुड़े जोखिमों के संदर्भ में सतत कृषि के संबंध में मुद्दों को हल करने के लिए प्रयास करता है।

इसलिए, यह मिशन, फसलों और पशुपालन के क्षेत्र में उपयुक्त अनुकूलन और शमन उपायों के माध्यम से भारतीय कृषि को जलवायु–लचीला उत्पादन प्रणाली में बदलने की कोशिश करता है। ये हस्तक्षेप अनुसंधान एवं विकास गतिविधियों, बेहतर तकनीक एवं सर्वोत्तम कार्यप्रणाली को अपनाने, भौतिक एवं वित्तीय अवसंरचना, एवं संस्थागत ढांचे के निर्माण तथा सूचना तक पहुंच बनाने और क्षमता निर्माण को बढ़ावा देने में किया जायेगा। जबकि, शुष्क–भूमि कृषि को बढ़ावा देने के लिए उपयुक्त शुष्क एवं कीट प्रतिरोधी फसल किस्मों के विकास और संस्थागत समर्थन की पर्याप्तता सुनिश्चित करने के जरिए मुख्य महत्व प्राप्त होगा, यह मिशन पशुधन और मत्स्य पालन के प्रबंधन के साथ कृषि प्रणालियों को एकीकृत करने के लिए वर्षा वाले क्षेत्रों में अपना विस्तार करने से कृषि उत्पादन सतत रूप से बढ़ रहा है।

यह मिशन कार्यक्रम कार्यवाही (पीओए) को लागू करके सतत कृषि परिचालन को बढ़ावा देने के लिए 10 प्रमुख आयामों की पहचान करता है जो चार कार्यात्मक क्षेत्रों, अर्थात् अनुसंधान एवं विकास, प्रौद्योगिकी, उत्पादन एवं परिचालन, और बुनियादी ढांचे एवं क्षमता निर्माण के माध्यम से अनुकूलन और शमन उपाय दोनों को सम्मिलित

करते हैं। जबकि आधुनिक प्रौद्योगिकी और अनुसंधान कृषि उत्पादन की स्थिरता को बढ़ावा देने में एक महत्वपूर्ण भूमिका निभाने के लिए जारी रहेगा, यह मिशन आनुवंशिक संसाधनों के यथावत् संरक्षण के लिए पारंपरिक ज्ञान और कृषि विरासत का उपयोग करने की आवश्यकता को भी स्वीकार करता है। मिशन के परिचालन के लिए विस्तृत दिशा निर्देश 2014 में भारत सरकार के कृषि मंत्रालय, (कृषि मंत्रालय 2014सी) द्वारा जारी किए गए थे। राज्य स्तर पर एक मिशन मोड में राष्ट्रीय सतत कृषि मिशन को क्रियान्वित करने की पूरी जिम्मेदारी राज्य कृषि विभाग की होगी।

राष्ट्रीय पशुधन मिशन (एनएलएम) मिशन की श्रृंखला में नवीनतम है। इसे पशुपालन, डेयरी और मत्स्य विभाग, वित्तीय वर्ष 2014–15 में पशुधन उत्पादन प्रणालियों में मात्रात्मक और गुणात्मक सुधार सुनिश्चित करने और सभी हितधारकों की क्षमता निर्माण सुनिश्चित करने के मुख्य उद्देश्य के साथ शुरू किया गया था। मिशन में निम्नलिखित चार उप–मिशन हैं:[6]

पशुधन विकास उप–मिशन

इस उप–मिशन में ऐसी गतिविधियाँ सम्मिलित है, जो समग्र दृष्टिकोण के साथ, मवेशियों और भैंसों के अतिरिक्त मुर्गीपालन सहित पशुधन प्रजातियों के सम्पूर्ण विकास के लिए चिंताओं को संबोधित करते हैं। उप–मिशन के जोखिम प्रबंधन के घटक, अन्य प्रमुख और छोटे पशुओं के साथ–साथ पशुओं और भैंसों को भी आवरित करेंगे।

पूर्वोत्तर क्षेत्र में सुअर विकास उप मिशन

यह उप–मिशन, अनुसंधान और विकास संगठनों के सहयोगियों की उपयुक्त हस्तक्षेप के माध्यम से संगठित करने का प्रयास करेगा, क्योंकि पूर्वोत्तर क्षेत्र में सुअरों के समग्र विकास के लिए यह आवश्यक है, जिसमें आनुवांशिक सुधार, स्वास्थ्य सुरक्षा और बाद के परिचालन सम्मिलित हैं।

दाना और चारा विकास उप–मिशन

यह उप–मिशन पशुधन और चारा संसाधनों की कमी की समस्याओं को हल करने के लिए निर्मित किया गया है, इसे पशुधन क्षेत्र आगे बढ़ाने के लिए यह भारत के लिए एक प्रतिस्पर्धी उद्यम बनाने और निर्यात क्षमता का दोहन करने के लिए बनाया गया है। यह विशेष रूप से चारा और उत्पादकता दोनों के उत्पादन को बढ़ाने पर ध्यान केंद्रित करेगी और कृषि और जलवायु दोनों क्षेत्रों में विशिष्ट और उचित प्रौद्योगिकी के माध्यम से कार्य करेगी।

कौशल विकास, प्रौद्योगिकी हस्तांतरण और विस्तार पर उप–मिशन

वर्तमान में, पशुधन गतिविधियों के लिए क्षेत्रीय स्तर पर विस्तार मशीनरी पर्याप्त रूप से मजबूत नहीं है। नतीजतन, किसान अनुसंधान संस्थानों द्वारा विकसित प्रौद्योगिकियों को अपनाने में सक्षम नहीं हैं। नई तकनीकों और प्रथाओं को अपनाने के लिए हितधारकों के बीच संबंधों की आवश्यकता है। यह उप–मिशन किसानों, शोधकर्ताओं और विस्तार श्रमिकों के साथ सहयोग में अग्रणी क्षेत्रीय प्रदर्शनों सहित प्रौद्योगिकियों को विकसित करने, अपनाने या अनुकूलित करने के लिए एक मंच उपलब्ध कराएगा, और इसी तरह इसे मौजूदा व्यवस्थाओं के जरिए प्राप्त करना संभव नहीं है।

मत्स्य विकास कार्यक्रम

जैसा कि अध्याय 2 में बताया गया है, भारत के सामाजिक–आर्थिक विकास में मत्स्य पालन क्षेत्र का एक महत्वपूर्ण स्थान है। मत्स्य क्षेत्र ने 2013–14 में, वर्तमान मूल्यों के उत्पादन लागत पर भारत के सकल घरेलू उत्पाद का 1.35 प्रतिशत और 2004–05 की कीमतों पर 0.80 प्रतिशत का योगदान दिया (कृषि मंत्रालय 2014ए, तालिका 2.6

बी और 2.6 सी)। यह सस्ते एवं पौष्टिक भोजन का स्रोत है एवं यह विदेशी मुद्रा अर्जित करने का एक महत्त्वपूर्ण साधन है। 2013–14 में, भारत से निर्यात की गई मछली तथा मत्स्य उत्पादों का मूल्य रू. 306.27 अरब (डालर 506.2 करोड़) था (कृषि मंत्रालय 2014ए, तालिका 7.3 (ए), पृ. ए 94)। इसके अतिरिक्त, यह देश में 40.56 लाख से अधिक मछुआरों और महिलाओं के लिए आजीविका में पूरी तरह या आंशिक रूप से लगे हुए हैं, अथवा इस क्षेत्र से संबंधित सहायक गतिविधियों में संलग्न है का प्रमुख स्रोत है। इसके अतिरिक्त, यह देश में लगभग 1.1 करोड़ लोगों की आजीविका के लिए एक प्रमुख स्रोत के रूप में माना जाता है, जो पूरी तरह अथवा आंशिक रूप से लगे हुए हैं अथवा इस क्षेत्र से संबंधित सहायक गतिविधियों में संलग्न है। यह अनुमानित है कि अगले पांच सालों में अकेला मत्स्य क्षेत्र 10 लाख नौकरियों को प्रदान कर सकता है।

भारत अब विश्व का तीसरा सबसे बड़ा मछली उत्पादक तथा दूसरा सबसे बड़ा अन्तर्देशीय मछली उत्पादन करने वाला देश है। इसकी तट रेखा 8,118 किमी और महाद्वीपीय विस्तार 530,000 वर्ग किमी है। देश में मत्स्य उत्पादन, पिछले दो दशकों में 5.5 से 5.8 प्रतिशत प्रतिवर्ष के मध्य जबरदस्त वृद्धि दर्ज की गयी जो कि सम्पूर्ण कृषि क्षेत्र से भी ज्यादा है। मत्स्य उत्पादन को महत्त्वपूर्ण ढंग से बढ़ाया जा सकता है यदि देश के समुद्री एवं अन्तर्देशीय मस्त्य स्रोतों का न्यायोचित विकास, संरक्षण एवं उत्पादन, उचित वैज्ञानिक तकनीकी एवं संरक्षणात्मक उपाय अपनाये जाये।

अन्य सामान्य एकत्रित संसाधनों की तरह, भारत में मत्स्य पालन भी हार्डिन (1968) के अनुसार ''आम लोगों की त्रासदी'' से ग्रस्त है। 2014 में, भारत में 1,99,141 मछली पकड़ने के विशाल बेड़े में 52,982 पारंपरिक (गैर–मोटर चालित) नौकाएं, 73,410 मोटर चालित नौकाएं और 72,749 यंत्रचालित नौकाएं सम्मिलित थी (कृषि मंत्रालय 2014, 128)। परिणामस्वरूप, समुद्री मछली पकड़ने वाले बहुत अधिक हैं और समय के साथ मछली पकड़ने में गिरावट आ रही है। पर्यावरण का हिस्सा होने के कारण, ये उसको प्रभावित करते हैं तथा उससे प्रभावित होते हैं। समुद्री मछली के प्रबन्धन के लिए 2004 में प्रथम राष्ट्रीय नीति घोषित की गयी, इससे पूर्व तक भारत में कोई राष्ट्रीय मत्स्य नीति नहीं थी। तथापि, भारत सरकार ने कई अनुसन्धान एवं विकास कार्यक्रमों के माध्यम से मत्स्य उत्पादन को बढ़ाया था। विशेषीकृत तौर पर, भारत सरकार ने भारतीय कृषि अनुसन्धान परिषद् के तत्त्वावधान में कई मत्स्य अनुसन्धान संस्थान, मिश्रित मत्स्य संस्कृति को विकसित करने तथा प्रेरित प्रजनन तकनीकी और उनके अंगीकरण को प्रोत्साहित करने के लिए स्थापित किये। इसके अतिरिक्त, एक राष्ट्रीय स्तर का कार्यक्रम, 1976 में मत्स्य कृषक विकास अभिकरण देश में जलीय संस्कृति के प्रोत्साहन के लिए विश्व बैंक की सहायता से आरम्भ किया। इस अभिकरण ने मत्स्य कृषकों को गाँवों के सार्वजनिक तालाबों एवं कुओं में मत्स्य संस्कृति को विकसित करने के लिए तकनीकी, वित्तीय एवं विस्तार सहायता प्रदान की। परिणामतः, अभिकरण–समर्थित तालाबों एवं कुओं में मत्स्य उत्पादन का राष्ट्रीय अनुपात 1974–75 में 50 किलो/हैक्टेयर प्रति वर्ष से बढ़कर 1994–95 में लगभग 2,135 किलो/हैक्टेयर हो गया एवं उत्पादन की यह प्रगतिशील प्रवृत्ति आज भी जारी है (कतीहा 2006, 19) भारत सरकार के अतिरिक्त, राज्य मत्स्य विभागों ने भी अन्तर्राज्यीय मत्स्यपालन संस्कृति को विकसित करने के लिए गाँवों के सार्वजनिक जलस्रोतों में गरीब मछुआरों को मत्स्यपालन संस्कृति को बढ़ाने के लिए वित्तीय अनुदान एवं आर्थिक सहायता के प्रावधान किये गये।

कृषि मन्त्रालय (भारत सरकार) ने भी देश में गहरे समुद्र में मत्स्य पालन को विकसित करने के लिए पिछले दशक में पर्याप्त ध्यान दिया है। 1976 में विशिष्ट आर्थिक क्षेत्र की घोषणा ने भारत के 200 नॉटीकल मील के समुद्री क्षेत्र में समुद्री जीव संसाधनों के अन्वेषण, उपयोग एवं लाभ उठाने को मददगार बनाया उसके द्वारा राष्ट्र को संसाधनों का उपयोग करने तथा मजबूत वैज्ञानिक आधार पर उनका प्रबन्धन करने के लिए असीम अवसरों एवं चुनौतियों को प्रदान किया गया। पिछले तीन दशकों में देश में समुद्री मत्स्य पालन के क्षेत्र में सरकारी एवं निजी अभिकरणों की त्वरित पहल को देखा गया है। यह महसूस करते हुए कि अधिकांश गहरे समुद्रों के मत्स्य स्रोत परम्परागत मछली पकड़ने की सीमा तथा मछली पकड़ने की नैसर्गिक शिल्प की क्षमता के बाहर है, का

लाभकारी ढंग से दोहन केवल तभी किया जा सकता है, जब मत्स्य पकड़ने में पर्याप्त आकार एवं क्षमता के उन्नत एवं परिष्कृत जहाज सम्मिलित किये जाएँ। इस विषय को सम्बोधित करने के लिए 1981 की चार्टर नीति में पूँजी को जुटाने तथा नैसर्गिक विशेषज्ञता को सुगम करने के लिए भारत सरकार ने कदम उठाये।

पाँच वर्ष कार्य करने के पश्चात् इस नीति के समाप्त होने पर सरकार ने इसको सुधारते हुए इनके प्रचालन के दौरान महसूस की गयी कमियों को दूर करते हुए इसको अधिक लाभकारी बनाया। तदनुसार 1986 में एक पुनरीक्षित चार्टर नीति घोषित की गयी। इस चार्टर नीति में भारतीय कम्पनियों द्वारा आयात/भारत में निर्माण अथवा संयुक्त तत्त्वावधान में जहाजों के अधिग्रहण का उल्लेख किया गया। चार्टर नीति के फलस्वरूप, 97 कम्पनियों को 311 मछली पकड़ने के विदेशी जहाजों के प्रचालन की अनुमति प्रदान की गयी। देश में मत्स्य उत्पादन में वृद्धि के अतिरिक्त, इस नीति से इन जहाजों से पकड़ी गयी मछली के निर्यात के माध्यम से विदेशी मुद्रा की आवक में वृद्धि सुगम होगी। ये सभी जहाज शतप्रतिशत निर्यातोन्मुख इकाइयों के आधार पर प्रचालित थे। भारतीय कम्पनियों द्वारा पर्याप्त प्रकार एवं संख्या में जहाजों के अधिग्रहण के लिए शर्तों में चार्टर्ड जहाजों ने भारतीय गहरे समुद्र में मछली पकड़ने के बेड़े के विकास में मदद की। भारतीय गहरे समुद्र की मछली पकड़ने के उद्योग की आधारशिला रखने के साथ, सरकार ने 1991 में आगे बढ़ते हुए गहरे समुद्र की मछली पकड़ने की नीति के माध्यम से इस पहल को व्यापक किया। इस नीति ने मछली पकड़ने का परीक्षण एवं पट्टे देने के लिए संयुक्त उपक्रमों को प्रोत्साहित करने की परिकल्पना रखी, इसके अतिरिक्त 1986 की नीति के तहत प्रचलित जहाजों को उनके अनुज्ञा पत्रों के मान्यता समाप्त होने तक चलाने की अनुमति प्रदान की। भारत सरकार ने 2004 में प्रथम समुद्री मछली पकड़ने की नीति घोषित की (भारत सरकार 2004सी)।[7]

2004 की नीति परम्परागत एवं समुद्रतटीय मछुआरों को गहरे समुद्र क्षेत्र के अन्य सभी हितधारकों के साथ सम्बोधित किया जिससे प्रादेशिक एवं गैर प्रादेशिक दोनों पानी की समुद्री मछली को पकड़ने के विकास को एकरूपता से अर्जित किया जाये। देश में इस नीति का तार्किक आधार भारत सरकार की 2000 की राष्ट्रीय कृषि नीति की घोषणा में संजोया गया था।

प्रमुख बिन्दु

1. भारत में ग्रामीण विकास के लिए विविध दृष्टिकोणों के साथ प्रयोग करने का एक लम्बा इतिहास रहा है। 1951–52 में प्रथम पंचवर्षीय योजना के आरम्भ से समय–समय पर सरकार ने कई कृषि एवं ग्रामीण विकास कार्यक्रमों को आरम्भ किया। सुव्यवस्थित प्रस्तुति के लिए, हमने इन कार्यक्रमों को निम्नलिखित तीन वृहद् श्रेणियों में विभाजित किया हैः साम्य एवं वृद्धि–उन्मुख कार्यक्रम। गरीबी एवं बेरोजगारी उन्मूलन कार्यक्रम, प्राकृतिक संसाधन एवं अधोसंरचना विकास कार्यक्रम।
2. सामुदायिक विकास कार्यक्रम कृषि ग्रामीण विकास में समानता के प्रमुख संकेन्द्रित प्रोत्साहन के लिए प्रथम वृहद्स्तरीय, सुनियोजित एवं संघटित प्रयास था। इसको अक्टूबर 1952 में आरम्भ किया गया। सामुदायिक विकास कार्यक्रम का केन्द्रीय लक्ष्य ग्रामीण क्षेत्र के भौतिक एवं मानवीय संसाधनों का पूर्ण विकास सुनिश्चित करना और स्थानीय नेतृत्व तथा स्व–अभिशासन की संस्थाओं का विकास करना था उठाया जा सके ताकि ग्रामीण लोगों के जीवन स्तर को ऊपर उठाना था। इसने कृषि एवं ग्रामीण सामुदायिक विकास कार्यक्रमों की आधारशिला रखी।
3. सामुदायिक विकास कार्यक्रम के वित्तीय, भौतिक एवं प्रशासकीय संसाधन का समान किन्तु अत्यल्प फैलाव, सभी ग्रामीण क्षेत्रों में कृषि उत्पादन एवं ग्रामीण गरीबी पर ठोस प्रभाव पैदा करने के लिए

हुआ। अन्य शब्दों में, कृषि उत्पादन को समर्पित संसाधन भारतीय कृषि की निम्न उत्पादकता की सतत समस्या से बचने की 'महत्वपूर्ण न्यूनतम' आवश्यकता से भी कम पड़ गये। यद्यपि, सामुदायिक विकास कार्यक्रम समानता के उद्देश्यों की प्राप्ति में सफल रहे।

4. लघु कृषक विकास अभिकरण योजना तथा सीमान्त कृषक एवं कृषि श्रमिक योजना दो अन्य साम्य–उन्मुख कार्यक्रम थे। ये दोनों 1970–71 में आरम्भ किये गये, यह अखिल भारतीय ग्रामीण साख समीक्षा समिति (1969) की अनुशंसा पर आधारित थे। पाँचवी पंचवर्षीय योजना के दौरान, दोनों योजनाओं को मिलाते हुए एक संयुक्त योजना लघु कृषक, सीमान्त कृषक एवं कृषि श्रमिक परियोजना बनायी गयी। ये कार्यक्रम अपने उद्देश्यों को अर्जित करने में सफल नहीं हो सके क्योंकि उनके हितग्राहियों की पहचान अनुपयुक्त की गयी।
5. प्रथम वृद्धि–उन्मुख कार्यक्रम भारत में 1957–58 के खाद्यान्न संकट के फलस्वरूप आरम्भ किया गया जो प्रमुखतः सामुदायिक विकास कार्यक्रम के कृषि उत्पादन को तेजी से एवं उल्लेखनीय रूप से बढ़ाने की असफलता के परिणामतः हुआ, यह सघन कृषि जिला कार्यक्रम था। यह 1960–61 में देश के चयनित सात जिलों में प्रारम्भ किया गया तथा बाद में इसे आठ अन्य जिलों में विस्तारित किया गया। इस कार्यक्रम ने सामुदायिक विकास कार्यक्रम के समानता के सिद्धान्त के विपरीत संकेन्द्रण सिद्धान्त का अनुपालन किया। इसका उद्देश्य कृषि उत्पादन में चयनित क्षेत्रों में उत्पादन आगतों तथा सेवाओं के पूर्ण समूह के सघनीकरण द्वारा तीव्र वृद्धि को अर्जित करना था। यह बहुत हद तक अपने उद्देश्यों की प्राप्ति में सफल रही।
6. सघन कृषि जिला कार्यक्रम की सफलता के आधार पर, कई अन्य कार्यक्रम यथा– सघन पशु विकास कार्यक्रम, हरित क्रान्ति अथवा उच्च पैदावार किस्म कार्यक्रम; प्रौद्योगिकी मिशन; ऑपरेशन फ्लड एवं मत्स्य विकास अभिकरण को संकेन्द्रण सिद्धान्त पर निर्मित किये गये। ये सभी कार्यक्रम कृषि उत्पादन की तीव्र वृद्धि की ओर प्रवृत्त हुए लेकिन इसने विकास के लाभों के वितरण में अन्तर क्षेत्रीय तथा क्षेत्रगत असमानताओं को बढ़ाया।

चर्चा के लिए प्रश्न

1. ग्रामीण विकास के लिए साम्य–आधारित दृष्टिकोण तथा वृद्धि–आधारित दृष्टिकोण की तुलना एवं विषमता बताइये। भारत की वर्तमान परिस्थितियों में कौन सा दृष्टिकोण ज्यादा उपयुक्त है एवं क्यों?
2. कृषि उत्पादन में उल्लेखनीय वृद्धि अर्जित करने में सामुदायिक विकास कार्यक्रम की असफलता के प्रमुख कारण क्या थे?
3. सघन कृषि जिला कार्यक्रम के साथ प्रमुख सबक के अनुभव क्या थे एवं उनको किस हद तक अन्य कार्यक्रमों में दोहराया गया?
4. उच्च पैदावार किस्म कार्यक्रम ने भारत को खाद्यान्न में आत्मनिर्भर बनाया लेकिन इसकी समाज वैज्ञानिकों ने कई आधारों पर आलोचना की। इस कार्यक्रम की प्रमुख आलोचनाएँ क्या हैं?
5. भारत में, वर्तमान में लगभग एक दर्जन ग्रामीण विकास कार्यक्रम प्रचालित है। इनमें से कुछ के परस्पर विरोधी उद्देश्य है। यह ग्रामीणों के भीतर कई तरह की भ्रान्तियाँ पैदा करते हैं। हम क्यों ग्रामीण विकास के लिए एक ऐसा व्यापक कार्यक्रम नहीं ला सकते हैं जिसमें ग्रामीण जीवन के सभी आयामों को रखा जाये जैसा कि सामुदायिक विकास कार्यक्रम में रखा गया था।

समनुदेशन

भारत में चल रहे विभिन्न प्रौद्योगिकी मिशनों की आलोचना लिखें, जिसमें यह ध्यान केन्द्रित करना है कि वे कैसे पूर्व कृषि विकास कार्यक्रमों से अलग हैं अथवा वे मात्र ''नई बोतल में पुरानी शराब'' है।

टिप्पणियाँ

1. 'हरित क्रान्ति' का सर्वप्रथम उपयोग 1968 में अमेरिकी सहायता के निदेशक विलियम गोड द्वारा किया गया, उन्होंने नयी तकनीकी के फैलाव को समझा तथा कहा, "कृषि के क्षेत्र में ये तथा अन्य विकास नयी क्रान्ति को बनाने में समाविष्ट होते हैं। यह सोवियत की तरह हिंसक लाल क्रान्ति नहीं है और न ही ईरान के शाह की तरह श्वेत क्रान्ति। मैं इसे हरित क्रान्ति कहता हूँ।" (http://en.wikipedia.org/wiki/Green-Revolution)
2. उत्तर प्रदेश सरकार ने नैनीताल जिले में अपने तराई कृषि क्षेत्र के लगभग 6,500 हेक्टेयर भूमि (तब उत्तर प्रदेश में, लेकिन अब उत्तराखंड में) को पंत नगर में एक नए विश्वविद्यालय को स्थापित करने के लिए अनुदान दिया था, जिसका नाम उत्तर प्रदेश के पहले मुख्यमंत्री गोविंद बल्लभ पंत के नाम पर रखा गया था। इस पुस्तक के वरिष्ठ लेखक, कटार सिंह, पंत नगर विश्वविद्यालय में कृषि अर्थशास्त्र विभाग में एक सहायक प्रोफेसर थे और उन्होंने देखा कि पंत नगर में बौने गेहूं बढ़ रहे हैं।
3. http://www.ifpri.org/pubs/ib/ib11.pdf (Accessed on March 2008).
4. http://nhm.m.lri/Archive/midh(English).pdf (Accessed on April 18, 2016).
5. जलवायु परिवर्तन पर आठ राष्ट्रीय मिशन हैं: राष्ट्रीय सौर मिशन; ऊर्जा क्षमता में वृद्धि के लिए राष्ट्रीय मिशन; सतत आवास पर राष्ट्रीय मिशन; राष्ट्रीय जल मिशन; हिमालय पारिस्थितिकी तंत्र को बनाए रखने के लिए राष्ट्रीय मिशन; हरित भारत के लिए राष्ट्रीय मिशन; सतत कृषि के लिए राष्ट्रीय मिशन; और जलवायु परिवर्तन पर सामरिक ज्ञान आधारित राष्ट्रीय मिशन।
6. http://dand.nic.inidand/division/national-livestock-mission.aspx (Accessed on October 3, 2015).
7. इस नीति की कुछ प्रमुख विशेषताओं को इसी पुस्तक के अध्याय 6 में प्रस्तुत किया गया है।

अध्याय 10

गरीबी एवं बेरोजगारी उन्मूलन कार्यक्रम

अध्ययन परिणाम

इस अध्याय को पढ़ने के पश्चात् विद्यार्थी यह जानने में समर्थ होंगे –

- **भारत में ग्रामीण गरीबी और बेरोजगारी को समाप्त करने के लिए आरम्भ किये गये विविध कार्यक्रमों की व्याख्या;**
- **भारत में गरीबी का वर्तमान परिदृश्य और उसकी प्रवृत्ति का वर्णन;**
- **भारत में बेरोजगारी का वर्तमान परिदृश्य और उसकी प्रवृत्ति का वर्णन;**
- **राष्ट्रीय ग्रामीण आजीविका मिशन (आजीविका) की उत्पत्ति और मुख्य विशेषताओं का वर्णन;**
- **मनरेगा की उत्पत्ति और मुख्य विशेषताओं तथा बेरोजगारी के उन्मूलन के लिए तैयार की गई योजना का वर्णन; एवं**
- **भारत के प्रमुख समाज कल्याण उन्मुख कार्यक्रमों में उनके उद्देश्यों तथा लक्षित समूहों को शामिल करते हुए उनकी व्याख्या।**

परिचय

भारत में गरीबी और बेरोजगारी लम्बे समय से एक अभिशाप के रूप में व्याप्त रही हैं। इनमें सुधार, योजना काल के प्रारम्भ 1951–52 से ही भारत के विकास कार्यक्रमों का महत्त्वपूर्ण लक्ष्य रहा है एवं नियोजन प्रक्रिया गरीबों की आवश्यकताओं के प्रति संवेदनशील रही है। तदनुसार भारत सरकार ने गरीबी और बेरोजगारी उन्मूलन के लिए समय–समय पर विभिन्न कार्यक्रमों को प्रारम्भ किया और गरीबों के समुचित जीवनयापन के अवसर के रूप में रोजगार और लोक सेवाओं का सृजन किया। गरीबी और बेरोजगारी अन्तर्सम्बन्धित समस्याएँ हैं एवं दो–तरफा सम्बन्ध रखती हैं अर्थात् एक, दूसरे का कारण और प्रभाव दोनों होता है। भारत में गरीबी एक आर्थिक घटना मात्र नहीं है बल्कि एक सामाजिक प्रक्रिया भी है। यद्यपि, गरीबी बहुविध वंचन से होती है किन्तु इसके मापन को मुख्यतः आर्थिक वंचन (आय/उपभोग खर्च) के रूप में देखा गया है। नवीन साहित्य बहुआयामी गरीबी और गरीबों में व्याप्त सभी असमानताओं पर प्रकाश डालते हैं। इसने आय गरीबी से इतर जाकर मानव विकास संकेतकों एवं सम्पूर्ण कल्याण के माध्यम से देखने की आवश्यकता को भी रेखांकित किया। चूंकि गरीबी एवं बेरोजगारी के निर्धारक अन्तर्सम्बन्धित हैं, अतः इन दोनों समस्याओं को सम्बोधित करने के लिए एक व्यापक दृष्टिकोण की आवश्यकता है।

गरीबी उन्मूलन की योजनाएँ एवं कार्यक्रम पिछले एक लम्बे समय से चल रहे हैं। इन कार्यक्रमों और योजनाओं को समय के साथ संशोधित, परिवर्द्धित, विस्तारित एवं बेहतर किया गया है। ग्रामीण विकास ने अब विभिन्न लक्षित कार्यक्मों को चार वृहत भागों में वर्गीकृत किया है – (अ) ग्रामीण गरीबी उन्मूलन कार्यक्रम; (ब) ग्रामीण मजदूरी रोजगार कार्यक्रम; (स) ग्रामीण सम्पर्क कार्यकम; एवं (द) समाज कल्याण उन्मुख कार्यक्रम।

केन्द्र द्वारा वित्त पोषित कई योजनाएँ इन सभी चारों संवर्गों से सम्बन्धित है। केन्द्र द्वारा वित्त पोषित योजनाएँ केन्द्र द्वारा निर्मित, ग्रामीण विकास मन्त्रालय द्वारा संचालित किन्तु राज्य सरकारों द्वारा क्रियान्वित की जाती हैं

जिनकी कुल लागत में 25 प्रतिशत की हिस्सेदारी होती है। इसके अतिरिक्त कुछ राज्य सरकारों की उनकी अपनी योजनाएँ भी होती हैं। इन कार्यक्रमों का बाहुल्य जमीनी स्तर पर बहुआयामी गरीबी एवं क्षेत्रीय विषमताओं में आपूर्ति व्यवस्था को प्रभावी बनाने के समर्थन के सन्दर्भ में रही है। यहाँ यह भी मान्यता है कि इन योजनाओं को बन्द करना समस्याग्रस्त होता है क्योंकि यदि यह व्यय निष्प्रभावी हो तो भी प्रतिकूल प्रचार और राजनीतिक परिणाम इसको समाप्त करने में जुड़ा होता है। इसलिए, अब देश में कई योजनाएं चल रही हैं, जो गरीबी और बेरोजगारी की समस्याओं को हल करने के लिए तैयार हैं।

अध्याय 3 में, हमने भारत में गरीबी की व्यापकता का अनुमान लगाने और देश में गरीबी का नवीनतम अनुमान लगाने के लिए कई तरीकों को प्रस्तुत किया है। इस अध्याय में, सबसे पहले वर्तमान गरीबी के परिदृश्य और प्रवृत्तियों, उसके बाद तत्कालीन बेरोजगारी की स्थिति और प्रवृत्तियों को प्रस्तुत किया गया हैं और अंत में, भारत में वर्तमान में चल रहे दो प्रमुख गरीबी और बेरोजगारी उन्मूलन कार्यक्रमों जैसे– राष्ट्रीय ग्रामीण आजीविका मिशन (एनआरएलएम/आजीविका), और मनरेगा तथा इसके तहत तैयार की गई योजनाओं की मुख्य विशेषताओं का परीक्षण किया गया है। इस अध्याय का मुख्य उद्देश्य गरीबी और बेरोजगारी की स्थिति के बारे में छात्रों की जागरुकता बढ़ाने तथा उन समस्याओं को समय–समय पर हल करने के लिए सरकार द्वारा किये गए प्रयासों और उससे सबक लेना है।

वर्तमान गरीबी परिदृश्य और प्रवृत्तियाँ

भारत में गरीबी की व्यापकता एवं उसकी प्रवृत्तियों के अनुमान लगाने के कई प्रयास किये जा चुके हैं। ये अनुमान यद्यपि, तुलनीय नहीं हैं क्योंकि गरीबी रेखा को निर्धारित करने के लिए प्रयुक्त प्रविधि तथा निदर्शन के आधार में असमानता है। तथापि, कुल मिलाकर, हम यह कह सकते हैं कि पूर्व में भारत में गरीबी की रेखा के नीचे जीवन यापन करने वालों का अनुपात समय के साथ एवं राज्य से राज्य में घटता–बढ़ता रहा है लेकिन कुल मिलाकर इसका रुझान नीचे की ओर रहा है। हम लोग निम्नलिखित तीन चरणों में गरीबी के विस्तार एवं उनकी प्रवृत्ति को मोटे तौर पर मूल्यांकित कर सकते हैं (मुथालगु 2007, 4)।

प्रथम चरण: 1950 से 1970 के मध्य तक

गरीबी के विस्तार की कोई स्पष्ट प्रवृत्ति नहीं दिखती है। 1951 में, भारत की ग्रामीण जनसंख्या का 47 प्रतिशत गरीबी रेखा के नीचे था। 1954–55 में यह बढ़कर 64 प्रतिशत हो गया, उसके बाद 1960–61 में यह घटकर 45 प्रतिशत हुआ, किन्तु 1977–78 में पुनः यह बढ़कर 51 प्रतिशत हो गया।

द्वितीय चरण: 1970 के मध्य से 1990 तक

1970 के मध्य से और 1980 के दशक की समाप्ति के बीच के समय में गरीबी में महत्त्वपूर्ण रूप से गिरावट आयी। 1971–78 एवं 1986–87 के बीच गरीबी में गिरावट ज्यादा स्पष्ट थी जिसमें यह 51 प्रतिशत से घटकर 39 प्रतिशत हो गई थी। 1989–90 तक यह आगे घटकर 34 प्रतिशत रह गई। शहरी गरीबी 1971–78 में 41 प्रतिशत थी, जो 1986–87 में घटकर 34 प्रतिशत रह गई तथा 1989–90 में और घटकर 33 प्रतिशत हो गई।

तृतीय चरण: 1991 के पश्चात् का कालखण्ड

यह उत्तर–आर्थिक सुधार का समय प्रगति एव विफलता दोनों का साक्ष्य रहा है। ग्रामीण गरीबी 1989–90 में 34 प्रतिशत से बढ़कर 1992 में 43 प्रतिशत हो गई और उसके पश्चात् 1993–94 में यह पुनः घटकर 37 प्रतिशत

हो गई। शहरी गरीबी 1989–90 में 34.4 प्रतिशत थी जो 1992 में 33.7 प्रतिशत हो गई एवं 1993–94 में घटकर 31 प्रतिशत हो गई।

55वें दौर (1999–2000) में एनएसएस आँकड़ों के संग्रह में प्रविधिकीय बदलाव के कारण गरीबी में पूर्व और पश्चात् सुधार काल की तुलना में समस्याओं का सामना करना पड़ रहा है। गरीबी की दर में यह प्रवृत्ति इस बात पर निर्भर करती है कि क्या हम राष्ट्रीय प्रतिदर्श सर्वेक्षण के 55वें और 56वें दौर को शामिल अथवा बाहर करते हैं। दोनों दौर का अपवर्जन 1990–98 के दौरान गरीबी में रहने वाले ग्रामीण जनसंख्या के प्रतिशत में गिरावट की दर में उल्लेखनीय कमी को दर्शाता है, लेकिन समावेशी प्रवृत्ति 1990–2001 के दौरान गिरावट की दर में कुछ सुधार को दर्शाता है।

तेंदुलकर विशेषज्ञ समूह पद्धति के आधार पर 2011–12 के लिए योजना आयोग की मौजूदा आधिकारिक गरीबी रेखा के अनुसार राष्ट्रीय प्रतिदर्श सर्वेक्षण संगठन के मिश्रित सन्दर्भ अवधि (एमआरपी) उपभोग वितरण से निकाली गई है जो सम्पूर्ण भारत में ग्रामीण और शहरी जनसंख्या के लिए प्रति व्यक्ति प्रतिमाह क्रमशः रू. 816 एवं रू. 1000 है। रंगराजन विशेषज्ञ समूह द्वारा संशोधित मिश्रित सन्दर्भ अवधि (एमएमआरपी) के आधार पर अनुमानित गरीबी रेखाएँ ग्रामीण भारत के लिए 19 प्रतिशत और शहरी भारत के 41 प्रतिशत से अधिक है। वास्तविक सन्दर्भ अवधि में अन्तर का कारण, केवल वर्तमान आधिकारिक गरीबी रेखा और रंगराजन विशेषज्ञ समूह द्वारा प्रस्तावित के बीच में कुल अन्तर (ग्रामीण भारत के लिए रू. 156 और शहरी भारत में रू. 407) का एक भाग ही वास्तविक है।

रंगराजन विशेषज्ञ समूह की रिपोर्ट के अनुसार, 2011–12 में, ग्रामीण क्षेत्रों में गरीबी अनुपात 39.9 प्रतिशत और शहरी क्षेत्रों में 26.4 प्रतिशत था और ग्रामीण क्षेत्रों में 26.05 करोड़ तथा शहरी क्षेत्रों में 10.25 करोड़ लोग गरीबी रेखा से नीचे थे। यह तेन्दुलकर विशेषज्ञ समूह रिपोर्ट के ग्रामीण और शहरी क्षेत्रों के लिए क्रमशः 21.67 करोड़ और 5.31 करोड़ के अनुमान के विपरीत है (योजना आयोग 2014, तालिका 4.7, पृ. 69)

निःसंदेह, भारत ने आय गरीबी को कम करने में कुछ प्रगति की है। फिर भी, 2011–12 में, भारत में 36.3 करोड़ व्यक्ति (29.5 प्रतिशत) गरीबी रेखा से नीचे जीवनयापन कर रहे थे (विवरण के लिए, तालिका 3.15 देखें)। अत्यंत गरीबों की अधिकांश संख्या दूरस्थ एवं दुर्गम क्षेत्रों में निवास करती है। गरीबी उन्मूलन की समस्या पहले की तुलना में कहीं अधिक कठिन होने जा रही है, क्योंकि जो लोग कुछ समय के लिए अस्थायी रूप से गरीबी रेखा के पार कर चुके थे लेकिन वापस गरीबी रेखा के नीचे आ गये और अब वे अत्यंत गरीबों के रूप में रह रहे हैं।

वर्तमान ग्रामीण रोजगार परिदृश्य एवं प्रवृत्तियाँ

विकासशील अर्थव्यवस्था में, रोजगार और गरीबी के मध्य संबंध सर्वाधिक विवादास्पद मुद्दा है, विशेषतः जिसमें अर्थव्यवस्था की सामान्य विकास दर के साथ उनके सम्बन्धों को देखा जाये। यदि वृद्धि के लाभों के वितरण में भारी असमानता हो तो यह आवश्यक नहीं है कि सकल घरेलू उत्पाद के विकास में उच्च दर से वृद्धि गरीबी को कम कर सके। रोजगार, आय और जीविकोपार्जन का साधन है और साथ ही लोगों के जीवन यापन की समग्र परिस्थिति को प्रतिबिम्बित करता है। दसवीं पंचवर्षीय योजना के दृष्टिकोण पत्र में यह बताया गया है कि गरीबी को समाप्त करने के लिए यह आवश्यक है कि विद्यमान एवं साथ ही सम्भावित अतिरिक्त श्रम शक्ति के लिए लाभदायक उच्च गुणवत्ता का रोजगार सृजित किया जाये। रोजगार में वृद्धि को सामान्य तौर पर परिवार की आय में वृद्धि के साथ देखा जाता है अतः इसका गरीबी के स्तर से प्रत्यक्ष सम्बन्ध है। जैसा कि अधिकांश ग्रामीण परिवार प्राथमिक तौर पर ऐसे व्यवसायों में संलग्न हैं जिन्होंने 1990 में आर्थिक सुधारों की प्रक्रिया के सूत्रपात के साथ, उत्पादन में उल्लेखनीय बढ़ोतरी को अनुभव नहीं किया है, इस समूह की गरीबी की स्थिति में

सुधार, तात्कालिक भविष्य में, अतिरिक्त रोजगार सृजन के माध्यम से ही आना चाहिए। अतएव, यह व्यापक तौर पर स्वीकार्य है कि पर्याप्त रोजगार अवसरों का सृजन किसी भी देश की विकास रणनीति का एक महत्त्वपूर्ण उद्देश्य होना चाहिए।

एनएसएसओ के अखिल भारतीय रोजगार एवं बेरोजगारी सर्वेक्षण राष्ट्रीय एवं राज्य स्तर पर श्रम बाजार आँकड़ों के प्राथमिक स्रोत हैं। इन सर्वेक्षणों से उत्पन्न राष्ट्रीय और राज्य/संघ शासित क्षेत्रों के स्तर पर श्रम शक्ति के संकेतक, विभिन्न सरकारी संगठनों के नियोजन और नीति निर्माण की प्रकिया के लिए आवश्यक महत्वपूर्ण जानकारी उपलब्ध कराते हैं तथा यह अन्य उपयोगकर्ताओं/शोधकर्ताओं के लिए भी उपयोगी हैं। रोजगार और बेरोजगारी पर एनएसएस सर्वेक्षण, परिवारों के बड़े प्रतिदर्श के साथ प्रति पाँच वर्ष में आयोजित किए जाते हैं। 2015 में, एनएसएसओ द्वारा रोजगार और बेरोजगारी पर ऐसे नौ व्यापक सर्वेक्षण किए गए जो 27वें दौर (अक्टूबर 1972 से सितंबर 1973) से प्रारम्भ होकर 68वें दौर (जुलाई 2011–जून 2012) के सर्वेक्षण तक चला। एनएसएसओ दौर प्रति पाँच वर्ष में होता है तथा इसीलिए देश में रोजगार/बेरोजगारी की स्थिति के बारे में सूचना पांच वर्ष के अंतराल के बाद ही उपलब्ध होती है। दो अवधियों के बीच के आँकड़े उपलब्ध कराने के लिए, श्रम ब्यूरो वार्षिक आधार पर रोजगार–बेरोजगार परिवार सर्वेक्षण कराता है तथा 2009 से, भारत में चुनिंदा क्षेत्रों में रोजगार पर आर्थिक वृद्धि/मंदी के प्रभावों पर त्रैमासिक सर्वेक्षण रिपोर्ट भी ला रहा है। जुलाई 2014 में किए गए रोजगार पर नवीनतम त्रैमासिक सर्वेक्षण के परिणाम ने पहले सर्वेक्षण की तुलना में रोजगार में 35 लाख तक वृद्धि दर्शायी।

रोजगार के अनुमान

एनएसएसओ आँकड़ों के अनुसार, 1999–2000 से 2004–05 के बीच, सामान्य स्थिति (यूएस) के आधार पर रोजगार 39.80 करोड़ में 5.99 करोड़ बढ़कर 45.79 करोड़ की तुलना में श्रमशक्ति 40.70 करोड़ में 6.2 करोड़ व्यक्ति बढ़कर 46.90 करोड़ हो गई। 2004–05 से 2009–10 के दौरान धीमी प्रगति की अवधि के बाद, 2009–10 से 2011–12 के दौरान रोजगार सृजन बढ़ा है, जिसमें श्रमशक्ति में 1.39 करोड़ व्यक्ति सम्मिलित हुए, लेकिन श्रमशक्ति में वृद्धि के साथ इसका कोई तालमेल नहीं है (1.49 करोड़ व्यक्ति; तालिका 10.1)। रोजगार में वर्तमान दैनिक स्थिति (सीडीएस), संयुक्त वार्षिक वृद्धि दर (सीएजीआर) के आधार पर, इसी अवधि के लिए श्रम शक्ति

तालिका 10.1: *भारत में रोजगार एवं बेरोजगारी का परिदृश्य*

पद्धति	*1999–2000*	*2004–05*	*2009–10*	*2011–12*
श्रम शक्ति की संख्या (करोड़ में)				
यूएस*	40.70	46.90	46.88	48.37
सीडीएस**	36.33	21.72	42.89	44.04
कार्यरत व्यक्ति एवं श्रम दिवस (करोड़ में)				
यूएस*	39.80	45.79	45.90	47.29
सीडीएस**	33.69	38.28	40.08	41.57

स्रोतः वित्त मंत्रालय (2015, तालिका 9.1, पृ. 135)

टिप्पणीः यूएस* (सामान्य स्थिति) (मुख्य+सहायक) व्यक्तियों की संख्या के मुकाबले रोजगार के अवसर
सीडीएस** कार्यरत श्रम दिवसों के मुकाबले रोजगार अवसर

क्रमशः 2.8 प्रतिशत और 0.8 प्रतिशत की तुलना में 1.2 प्रतिशत और 2.6 प्रतिशत थी। रोजगार की सीएजीआर 1999–2000 से 2004–2005 दौरान 2.8 प्रतिशत से घटकर 2004–05 से 2011–12 के दौरान 0.5 प्रतिशत हो गई और इसी अवधि के श्रमशक्ति क्रमशः 2.9 प्रतिशत और 0.4 प्रतिशत हो गई।

तालिका 10.2 और 10.3 में क्रमशः भारत के ग्रामीण क्षेत्रों और शहरी क्षेत्रों के लिए एनएसएसओ के 55वें और 61वें दौर के अनुसार बेरोजगारी दर को दर्शाया गया है। जैसा कि तालिका से स्पष्ट है कि पुरुषों और महिलाओं दोनों के लिए शहरी क्षेत्रों की तुलना में ग्रामीण क्षेत्रों में बेरोजगारी दर कम थी। ग्रामीण क्षेत्रों में, पुरुषों की बेरोजगारी दर महिलाओं की तुलना में अधिक थी, जो 61वें दौर में सीडीएस के अनुरूप थी। लेकिन शहरी क्षेत्रों में स्थिति इसके विपरीत थी।

हाल ही में, रोजगार के स्वरूप में संरचनात्मक बदलाव हुए है। पहली बार, कुल रोजगार में प्राथमिक क्षेत्र की हिस्सेदारी आधे से नीचे गिरी है (वर्ष 2004–05 में 58.5 प्रतिशत से घटकर 2011–12 में 48.9 प्रतिशत), जबकि द्वितीयक और तृतीयक क्षेत्रों में रोजगार 2004–05 में क्रमशः 18.1 प्रतिशत और 23.4 प्रतिशत थी जो 2011–12 में बढ़कर क्रमशः 24.3 प्रतिशत और 26.8 प्रतिशत हो गई। कुल रोजगार में 52.2 प्रतिशत हिस्सेदारी के साथ स्वरोजगार ने अपना प्रभुत्व बनाए रखा है। क्या यह महत्वपूर्ण है कि कम आय उत्पन्न करने वाली गतिविधियों में शामिल श्रमिकों की हिस्सेदारी सार्थक है। ग्रामीण कार्यशक्ति के रोजगार में कृषि क्षेत्र का योगदान 1977–78 के 83 प्रतिशत से घटकर 1999–2000 में 63 प्रतिशत हो गया है। 1977–99 के दौरान कृषि क्षेत्र में कार्यशक्ति की वार्षिक वृद्धि दर

तालिका 10.2: *ग्रामीण भारत में राष्ट्रीय प्रतिदर्श सर्वेक्षण संगठन के 55वें एवं 61वें दौर के अनुसार बेरोजगारी दर (प्रतिशत में)*

	ग्रामीण					
	पुरुष			*महिला*		
एनएसएसओ चरण	*यूपीएस*	*सीडब्ल्यूएस*	*सीडीएस*	*यूपीएस*	*सीडब्ल्यूएस*	*सीडीएस*
55वाँ (1999–2000)	2.1	3.9	7.2	1.5	3.7	7.0
61वाँ (2004–05)	4.4	3.8	8.0	3.1	4.2	8.7

स्रोतः भारत सरकार (2007बी)

टिप्पणीः *यूपीएसः* सामान्यतया मुख्य स्थिति; सीडब्ल्यूएसः वर्तमान साप्ताहिक स्थिति; सीडीएसः वर्तमान दैनिक स्थिति

तालिका 10.3: *शहरी भारत में राष्ट्रीय प्रतिदर्श सर्वेक्षण संगठन के 55वें एवं 61वें दौर के अनुसार बेरोजगारी दर (प्रतिशत में)*

	शहरी					
	पुरुष			*महिला*		
एनएसएसओ चरण	*यूपीएस*	*सीडब्ल्यूएस*	*सीडीएस*	*यूपीएस*	*सीडब्ल्यूएस*	*सीडीएस*
55वाँ (1999–2000)	4.8	5.6	7.3	7.1	7.3	9.4
61वाँ (2004–05)	4.4	5.2	7.5	9.1	9.0	11.6

स्रोतः भारत सरकार (2007बी)

टिप्पणीः *यूपीएसः* सामान्यतया मुख्य स्थिति; सीडब्ल्यूएसः वर्तमान साप्ताहिक स्थिति; सीडीएसः वर्तमान दैनिक स्थिति

1 प्रतिशत थी, जबकि 1977–88 के दौरान गैर–कृषिगत व्यवसाय में यही स्थिति 4.3 प्रतिशत और 1987–2000 के दौरान 2 प्रतिशत थी। विकसित कृषिगत राज्यों में, ग्रामीण क्षेत्रों में गैर–कृषिगत परिवार, गैर–कृषिगत व्यवसायों पर पूरी तरह से ध्यान केंद्रित करने के लिए धीरे–धीरे खेती करना छोड़ रहे हैं। अब कुछ अर्ध–शुष्क क्षेत्रों में रोजगार का विविधीकरण भी हो रहा है, जिसमें ताड़ी निकालने वाले और चरवाहे आकस्मिक कृषि श्रम से पुनः अपने पारंपरिक व्यवसायों में लौट आये हैं। ग्रामीण गैर–कृषि क्षेत्र का विस्तार ग्रामीण अर्थव्यवस्था में बढ़ते व्यावसायीकरण से प्रभावित हुआ है। वास्तव में, यह विकास का सामान्य स्वरूप है और यह प्रक्रिया भारत में बहुत धीमी गति से हो रही है।

ग्रामीण क्षेत्रों विशेषकर महिलाओं में निम्न रोजगार की वृद्धि चिंता का विषय है। यद्यपि, ग्रामीण पुरुषों की रोजगार, महिलाओं की तुलना में स्थिति थोड़ी अच्छी है, जो दीर्घावधि से निम्न और स्थिर वृद्धि को दर्शाती है। इस तरह की प्रवृत्ति ग्रामीण क्षेत्रों में आजीविका के लिए विविधिकरण कृषि से गैर–कृषिगत गतिविधियों में होती है। मनरेगा के अंतर्गत उत्पादकीय रोजगार के निर्माण में सुधार के लिए, सहभागी ग्रामीण मूल्यांकन तकनीक का उपयोग करके चयनित 2,500 पिछड़े विकासखण्डों में वित्तीय वर्ष 2015–16 के लिए श्रम बजट तैयार करके सघन एवं सहभागी आयोजना अनुप्रयोग (आईपीपीई) शुरू किया गया। इसको सुनिश्चित करने के लिए कृषिगत एवं संबद्ध गतिविधियों पर जोर दिया गया है जो भूमि, जल एवं पेड़ों के विकास के माध्यम से कृषि और संबद्ध गतिविधियों से जुड़ी उत्पादकीय परिसम्पत्तियों के निर्माण के लिए एक जिले में कार्य के कुल लागत का 60 प्रतिशत होगा।

भारत में गुणवत्तापूर्ण रोजगार निर्माण की गति के लिए एक बड़ी बाधा कुल रोजगार में विनिर्माण क्षेत्र की कम भागीदारी है। यद्यपि, एनएसएसओ के 68वें दौर (2011–12) के आँकड़ों के अनुसार, विनिर्माण क्षेत्र में रोजगार वृद्धि 2009–10 में 11 प्रतिशत से बढ़कर 2011–12 में 12.6 प्रतिशत हो गई। यह महत्वपूर्ण है कि राष्ट्रीय विनिर्माण नीति 2011 ने 2022 तक 10 करोड़ नौकरियों को निर्मित करने का लक्ष्य रखा है। रोजगार सृजन के परिप्रेक्ष्य से सूक्ष्म, लघु एवं मध्यम उद्योग में वृद्धि को बढ़ावा देना महत्वपूर्ण है जिसे भारत में विकास एजेंडे के प्रमुख प्रवर्तक के रूप में मान्यता दी गई है। यद्यपि, 2004–05 और 2011–12 के मध्य कुल अनौपचारिक रोजगार वृद्धि 95 लाख से 43.57 करोड़ हो गई, जिसमें यह महत्वपूर्ण है अनौपचारिक असंगठित क्षेत्र के रोजगार 58 लाख से घटकर 39.09 करोड़ रह गया, जिससे अनौपचारिक संगठित क्षेत्र में रोजगार 1.52 करोड़ की वृद्धि हो गई। फलस्वरूप, असंगठित क्षेत्र की हिस्सेदारी 87 प्रतिशत से घटकर 82.7 प्रतिशत हो गई (तालिका 10.4)।

रोजगार के संयोजन (स्व–रोजगार, नियमित वेतनभोगी रोजगार और आकस्मिक रोजगार) भी बदलते रहते हैं। जबकि स्व–रोजगार में गिरावट तथा आकस्मिक रोजगार में वृद्धि हो रही है। ग्रामीण श्रमशक्ति में स्व–रोजगार की हिस्सेदारी 1977–78 में 63 प्रतिशत से घटकर 1999–2000 में 56 प्रतिशत हो गई, जबकि आकस्मिक श्रम का अनुपात 30 प्रतिशत से बढ़कर 37 प्रतिशत हो गया। इसी अवधि के दौरान, नियमित रोजगार में 7.7 प्रतिशत से 6.7 प्रतिशत की मामूली गिरावट आई है।

तालिका 10.4: *2004–05 एवं 2011–12 में संगठित एवं असंगठित क्षेत्रों में औपचारिक एवं अनौपचारिक रोजगार का हिस्सा (प्रतिशत में)*

क्षेत्र	*संगठित*	*असंगठित*	*कुल*
औपचारिक	45.4 (52)	0.4 (03)	8.1 (7.3)
अनौपचारिक	54.6 (48)	99.6 (99.7)	91.6 (92.7)
योग	17.3 (13)	82.7 (87)	100.00

स्रोतः वित्त मंत्रालय (2015, तालिका 9.12, पृ. 136)

राष्ट्रीय प्रतिदर्श सर्वेक्षण संगठन के 68वें दौर के कुछ मुख्य अंशों को निम्नानुसार प्रस्तुत किया गया है (एनएसएसओ 2015, मुख्य अंशः i–iii):

- ग्रामीण भारत में, 2011–12 में, आय के प्रमुख स्रोत के रूप में स्व–रोजगार वाले परिवारों का अनुपात ''अन्य'' श्रेणी (58.4 प्रतिशत) में सबसे अधिक था, इसके बाद अन्य पिछड़े वर्ग (52.9 प्रतिशत), अनुसूचित जनजाति (49.5 प्रतिशत) और अनुसूचित जाति (33.7 प्रतिशत) का था।
- ग्रामीण भारत में, आय के प्रमुख स्रोत के रूप में आकस्मिक श्रम वाले परिवारों का अनुपात अन्य पिछड़े वर्ग (32.1 प्रतिशत) एवं ''अन्य'' (21 प्रतिशत) की तुलना में अनुसूचित जाति (52.6 प्रतिशत) और अनुसूचित जनजाति (लगभग 38.3 प्रतिशत) में अधिक था।
- शहरी भारत में, आय के प्रमुख स्रोत के रूप में आकस्मिक श्रम वाले परिवारों का अनुपात अन्य पिछड़े वर्ग (14.3 प्रतिशत) एवं ''अन्य'' (5.9 प्रतिशत) की तुलना में अनुसूचित जाति और अनुसूचित जनजाति (क्रमशः 20.5 प्रतिशत और 18 प्रतिशत) में अधिक था।
- ग्रामीण भारत में, प्रमुख स्रोत के रूप में नियमित मजदूरी / वेतन पाने वाले परिवारों का अनुपात ''अन्य'' श्रेणी (13.3 प्रतिशत) में सबसे अधिक था, इसके बाद अन्य पिछड़े वर्ग (9 प्रतिशत), अनुसूचित जाति (8.5 प्रतिशत) और अनुसूचित जनजाति (6.3 प्रतिशत) का था।
- शहरी भारत में, प्रमुख स्रोत के रूप में नियमित मजदूरी / वेतन पाने वाले परिवारों का अनुपात अनुसूचित जनजाति (46.5 प्रतिशत) में सबसे अधिक था, इसके बाद ''अन्य'' श्रेणी (44.5 प्रतिशत), अनुसूचित जाति (44 प्रतिशत) और अन्य पिछड़े वर्ग (37.6 प्रतिशत) का था।
- ग्रामीण क्षेत्रों में लगभग 38.4 प्रतिशत परिवार मनरेगा जॉबकार्ड धारी थे।
- मनरेगा जॉबकार्ड धारी में अन्य पिछड़े और अन्य श्रेणी के परिवारों की तुलना में अनुसूचित जनजाति और अनुसूचित जाति से संबंधित परिवारों का अनुपात उच्च थाः अन्य पिछड़े वर्ग के 34.2 प्रतिशत परिवार तथा ''अन्य'' श्रेणी के 27.1 प्रतिशत परिवारों की तुलना में अनुसूचित जनजाति के 57.2 प्रतिशत परिवार तथा अनुसूचित जाति के 50 प्रतिशत परिवार मनरेगा जॉबकार्ड धारी थे।

गरीबी और बेरोजगारी उन्मूलन कार्यक्रम

1960 के उत्तरार्द्ध में ग्रामीण गरीबी और बेरोजगारी की समस्याओं पर वृद्धि–उन्मुख रणनीति के किसी भी तरह प्रभाव डालने में असफलता ने 1960 के उत्तरार्द्ध में इसको पुनर्परीक्षण की ओर प्रवृत्त किया। वृद्धि–उन्मुख कार्यक्रमों के लाभों का एक ही क्षेत्र के अमीर तथा गरीब परिवारों के बीच में अनुचित वितरण को 1970 के आरम्भ में आधिकारिक रूप से स्वीकार किया गया था और समस्याओं को समाप्त करने के लिए कार्यक्रमों के रूप में कई सुधार कार्य किये गये। हम यहाँ पर गरीबी और बेरोजगारी दूर करने के मुख्य उद्देश्य हेतु सरकार द्वारा चलाये गये प्रमुख कार्यक्रमों की चर्चा करेंगे।

सार्वजनिक वितरण प्रणाली

सार्वजनिक वितरण प्रणाली सभी कार्यक्रमों में सम्भवतः सबसे पुरानी योजना है जो भारत में विशेष रूप से गरीबों के लिए खाद्यान्न सुरक्षा को सुनिश्चित करने हेतु बनायी गई थी। यह सम्भवतः विश्व की सबसे बड़ी खाद्य वितरण प्रणाली है जिसमें 4,35,000 उचित मूल्य की दुकानों के माध्यम से प्रतिवर्ष 15,000 करोड़ से अधिक मूल्यों की उपयोगी वस्तुओं को वितरित किया जाता है। सार्वजनिक वितरण प्रणाली का मूल उद्देश्य लोगों को उचित मूल्य पर आवश्यक वस्तुओं को उपलब्ध कराना है जिससे उन्हें मुद्रास्फीति के विरुद्ध सुरक्षा प्राप्त हो सके।

सार्वजनिक वितरण प्रणाली द्वितीय विश्व युद्ध के समय से भारत की खाद्य नीति का महत्त्वपूर्ण हिस्सा रही है, जब बड़े शहरों जैसे मुम्बई और कोलकाता में वैधानिक रूप से नियन्त्रित वितरण व्यवस्था लागू की गई थी। स्वतन्त्रता के बाद भी, भारत सरकार ने इस व्यवस्था को बनाये रखा, यद्यपि शासकीय हस्तक्षेप की प्रकृति एवं सीमा समय–समय पर परिवर्तित होती रही है, जो खाद्यान्न उत्पादन और मूल्य वृद्धि में उतार–चढ़ाव पर निर्भर रही है। प्रथम पंचवर्षीय योजना में उन शहरों और नगरों जहाँ की जनसंख्या 5000 से अधिक तथा देश के उन क्षेत्रों में जहाँ पहले से खाद्यान्न संकट है, नियन्त्रित खाद्यान्न वितरण व्यवस्था लागू की गई। दूसरी पंचवर्षीय योजना में सार्वजनिक वितरण प्रणाली में खाद्यान्नों के साथ–साथ अन्य आवश्यक वस्तुओं को भी सम्मिलित किया गया। तीसरी पंचवर्षीय योजना में कीमत स्थिरीकरण सुनिश्चित करने के लिए, खरीद एवं वितरण प्रणाली विकसित की गई। चौथी पंचवर्षीय योजना में सार्वजनिक वितरण प्रणाली को देश के सभी ग्रामीण क्षेत्रों में विस्तारित किया गया तथा सहकारी दुकानों की सहायता से अन्य उपभोग वस्तुओं का वितरण भी प्रारम्भ कर दिया गया। पाँचवी पंचवर्षीय योजना में सार्वजनिक वितरण प्रणाली गरीबों पर केन्द्रित थी। छठी पंचवर्षीय योजना में वंचित समूहों को खाद्यान्न वितरण पर जोर दिया गया। सातवीं पंचवर्षीय योजना में सार्वजनिक वितरण प्रणाली को न्यूनतम आवश्यकता कार्यक्रम में सम्मिलित किया गया। आठवीं पंचवर्षीय योजना में सार्वजनिक वितरण प्रणाली को ग्रामीण और वंचित क्षेत्रों में घनीभूत करने पर जोर दिया गया और बहुत सी नयी उचित मूल्य की दुकानों की स्थापना के माध्यम से अधोसंरचना को मजबूत किया गया। नवीं पंचवर्षीय योजना में खाद्य सुरक्षा प्रणाली को और व्यापक करते हुए इसमें पोषक सुरक्षा को सम्मिलित किया गया। यह प्रणाली दसवीं पंचवर्षीय योजना में भी जारी रही और निरन्तर चल रही है।

कुछ कमियों को दूर करने की दृष्टि से 1992 में सार्वजनिक वितरण प्रणाली में सुधार किया गया एवं इस सुधरी प्रणाली को देश के विभिन्न क्षेत्रों जैसे जनजातीय, सूखाग्रस्त, पहाड़ी, सूखा सम्भावित और अन्य दूरस्थ स्थित क्षेत्रों में शुरु किया गया। सार्वजनिक वितरण प्रणाली सुधार का मुख्य उद्देश्य क्षेत्र दृष्टिकोण के माध्यम से इसकी पहुँच को बढ़ाना था और इस प्रणाली से चोरी एवं कदाचार को बाहर करना था। जून 1997 में, गरीबी उन्मूलन के लिए नयी रणनीति के रूप में लक्षित सार्वजनिक वितरण को लागू किया गया। दसवीं पंचवर्षीय योजना में क्रियान्वयन रणनीति की एक महत्वपूर्ण विशेषता के रूप में लक्षित सार्वजनिक वितरण प्रणाली की आपूर्ति व्यवस्था में पंचायत राज संस्थाओं को महत्त्वपूर्ण भूमिका प्रदान की गई थी। सभी लोगों विशेषकर गरीबों की खाद्य सुरक्षा सुनिश्चित करने के लिए संसद द्वारा 12 सितम्बर 2013 को राष्ट्रीय खाद्य सुरक्षा अधिनियम के नाम से एक कानून पास किया गया था। इस कानून का लक्ष्य सार्वजनिक वितरण प्रणाली के माध्यम से भारत के 1.2 अरब लोगों के लगभग दो तिहाई लोगों को शासकीय सहायता प्राप्त खाद्यान्न प्रदान करना है। इस अधिनियम के अन्तर्गत पात्र हितग्राही प्रति पात्र व्यक्ति प्रतिमाह 5 किग्रा अनाज निम्न कीमतों पर पात्र करने का हकदार है: चावल रू. 3 प्रति किग्रा; गेहूँ रू. 2 प्रति किग्रा; और मोटा अनाज (ज्वार) रू. 1 प्रति किग्रा। यह अधिनियम, यदि सभी राज्य सरकारों द्वारा ईमानदारीपूर्वक लागू किया जाए तो गरीब लोगों की खाद्य सुरक्षा को सुनिश्चित किया जा सकता है।

सार्वजनिक वितरण प्रणाली के प्रभाव का अध्ययन करने के लिए विभिन्न प्रयास किये गये हैं। गुलाटी (1989) ने पाया कि गरीबों और कुपोषितों के पोषण स्तर पर सार्वजनिक वितरण प्रणाली का सकारात्मक प्रभाव पड़ा है। योजना आयोग द्वारा 1995 में सम्पादित अध्ययन में सार्वजनिक वितरण प्रणाली के क्रियान्वयन में अनेक कमियों की पहचान की गई और उनमें सुधार की बात की गई जो इस प्रकार से है – (अ) अत्यधिक मात्रा में जाली राशन कार्ड का विस्तारण; (ब) अपर्याप्त भण्डार व्यवस्था; (स) अप्रभावशाली सतर्कता समितियाँ; एवं (द) सभी पात्र परिवारों को राशन कार्ड जारी करने में असफल रहना (जेना 1998, 915)।

सार्वजनिक वितरण प्रणाली की इस आधार पर भी आलोचना की गई है कि बड़े पैमाने पर खाद्यान्नों की उचित मूल्य की दुकानों से काला बाजारी की जा रही है। इकोनॉमिक्स टाइम्स (17 सितम्बर, 2007) की एक रिपोर्ट के

बॉक्स 10.1

भारत में सार्वजनिक वितरण प्रणाली के खाद्यान्नों का वृहद स्तर पर पथान्तरण

प्रत्येक वर्ष भारत के गरीबों के लिए आवंटित 53.3 प्रतिशत गेहूँ एवं 39 प्रतिशत चावल की बेईमानी द्वारा निकासी की जाती है। 11 राज्यों और केन्द्रशासित प्रदेशों के अपवाद को छोड़कर सार्वजनिक वितरण प्रणाली के खाद्यान्नों का देश में सभी जगहों पर वृहद स्तर पर पथान्तरण होता है। प्रणाली में विद्यमान भ्रष्टाचार और अकुशलता के कारण 2004–05, 2005–06 व 2006–07 के तीन वर्षो में सार्वजनिक वितरण प्रणाली के 31,000 करोड़ मूल्य के गेहूँ एवं चावल की अवैध तरीके से निकासी की गई। सबसे खराब स्थिति उत्तर–पूर्वी राज्यों की रही है। उदाहरणस्वरूप, उत्तर–पूर्व के आठ राज्यों में से छह राज्यों यथा– सिक्किम, मेघालय, मणिपुर, मिजोरम, नागालैण्ड और असम में सार्वजनिक वितरण प्रणाली के शत प्रतिशत गेहूँ की अवैध निकासी की गई। उत्तर–पूर्व राज्यों में राजनीतिक एवं पुलिस की समस्याओं को व्यापक रूप से पथान्तरण के लिए दोषी माना जाता है जो अन्य राज्यों के लिए भी कोई बहाना नहीं होगा। राजकोष को नुकसान पहुँचाने की दृष्टि से सबसे खराब स्थिति उत्तर प्रदेश की, उसके बाद पश्चिम बंगाल, मध्य प्रदेश, असम, राजस्थान और महाराष्ट्र की रही है। अभी तक सार्वजनिक वितरण प्रणाली में व्यापक रूप से मौजूद चोरी की जानकारी दशकों से है लेकिन कमियों में कोई सुधार नही हुआ। इस समस्या का एकमात्र समाधान सुशासन है।

स्रोतः इकोनॉमिक्स टाइम्स (2007)

अनुसार, सार्वजनिक वितरण प्रणाली से 31,000 करोड़ मूल्य के गेहूँ और चावल की पिछले तीन वर्षो में 2004–05 से 2006–07 में अवैध रूप से निकासी की गई (बॉक्स 10.1)।

ग्रामीण गरीबी उन्मूलन कार्यक्रम

2006 में राष्ट्रीय ग्रामीण आजीविका मिशन (एनआरएलएम) नामक एक व्यापक कार्यक्रम शुरू किया गया, इसके पूर्व तक भारत में कई केंद्र प्रायोजित ग्रामीण गरीबी उन्मूलन कार्यक्रम संचालित थे, इन सभी को इसमें सम्मिलित कर दिया गया। एनआरएलएम में सम्मिलित प्रमुख ग्रामीण गरीबी उन्मूलन की प्रमुख विशेषताओं को परिशिष्ट 10.1 में प्रस्तुत किया गया है। यहां पर एनआरएलएम की मुख्य विशेषताओं को प्रस्तुत किया गया है।

आजीविका– राष्ट्रीय ग्रामीण आजीविका मिशन

आजीविका की उत्पत्ति

राष्ट्रीय स्तर पर, ग्रामीण विकास मंत्रालय, भारत सरकार, ग्रामीण गरीब परिवारों पर प्रत्यक्ष रूप से लक्षित ग्रामीण गरीबी उन्मूलन कार्यक्रमों के क्रियान्वयन की आयोजना, निर्माण और निरीक्षण करने के लिए उत्तरदायी होता है। वर्ष 1980 में एकीकृत ग्रामीण विकास कार्यक्रम (आईआरडीपी) ग्रामीण विकास मंत्रालय का एक प्रमुख कार्यक्रम था जिसमें परिसंपत्तियों के सृजन, कौशल विकास और स्व–रोजगार के लिए सीधे गरीब परिवारों को लक्षित किया जाता था, जिसमें कई अन्य कार्यक्रम शामिल थे यथा ट्राइसेम, ग्रामीण क्षेत्रों में महिला एवं बाल विकास (ड्वाकरा), ग्रामीण कारीगरों के लिए उन्नत उपकरणों की आपूर्ति (एसआईटीआरए), जीकेवाई और 10 लाख कुँआ योजना। इन कार्यक्रमों की बहुलता के कारण, जिन्हें स्वयं में अलग कार्यक्रम के रूप में देखा जाता

था, इन कार्यक्रमों के मध्य वांछित संबंध प्रभावी तरीके से स्थापित नहीं किए गए थे। सतत आय उत्सर्जन के किसी मूल मुद्दे पर ध्यान केंद्रित करने के तुलना में वे वैयक्तिक कार्यक्रम के लक्ष्यों को प्राप्त करने के लिए अधिक चिंतित थे।

योजना आयोग ने 1997 में प्रोफेसर एस.आर. हाशिम की अध्यक्षता में प्रमुख केन्द्र प्रायोजित गरीबी उन्मूलन एवं रोजगार सृजन कार्यक्रमों की समीक्षा और इसे युक्तिसंगत बनाने के लिए एक समिति गठित की थी। इस समिति ने बेहतर सुधार के लिए एकीकृत ग्रामीण विकास कार्यक्रम के साथ संबद्ध सभी कार्यक्रमों के एकीकरण की सिफारिश की। इस रिपोर्ट को आधार बनाकर गरीबी उन्मूलन हेतु वैयक्तिक लाभार्थी दृष्टिकोण के स्थान पर समूह आधारित दृष्टिकोण अपनाया गया था। योजना आयोग की सिफारिशों के आधार पर, ट्राइसेम, एसआईटीआरए, जीकेवाई, (ड्वाकरा) एवं 10 लाख कुँआ योजना को एकल स्व–रोजगार कार्यक्रम, अर्थात् स्वर्ण जयंती ग्राम स्वरोजगार योजना (एसजीएसवाई) में जोड़ा गया, जिसे राज्यों द्वारा क्रियान्वित किया जाना था और जो अप्रैल 1999 से प्रभावी हो गया। एसजीएसवाई का उददेश्य ग्रामीण गरीबों की पारिवारिक आय में सुधार लाना था, साथ ही साथ, स्थानीय आवश्यकताओं और संसाधनों के अनुरूप तृणमूल स्तर पर गरीबों के संस्थानों के निर्माण में लचीलापन प्रदान करना था। इस पुनर्गठन का उद्देश्य सूक्ष्म उद्योगों के विकास, जो जमीन से जुड़े और अन्यथा दोनों के माध्यम से सतत आय उत्सर्जन प्रदान करना था। एसजीएसवाई पूर्व के कार्यक्रमों जैसे– एग्राविका, ट्राइसेम के वैयक्तिक–उन्मुख दृष्टिकोण से आगे, जो सहायता के एक इकाई के रूप में ग्रामीण गरीबी रेखा (बीपीएल) नीचे के परिवारों को स्वयं सहायता समूहों के साथ समूह आधारित दृष्टिकोण में बदलता है। एसजीएसवाई कार्यनीति का आधार यह था कि गरीबों को संगठित किये जाने और उनकी क्षमताओं को व्यवस्थित बनाये जाने की आवश्यकता है जिससे वे स्वरोजगार के अवसर प्राप्त कर सकें। यह पुनर्गठन इस कार्यक्रम के विभिन्न घटकों जैसे गरीबों की क्षमता निर्माण, ऋण उपलब्धता, तकनीकी/उन्नयन, विपणन और अधोसंरचना के विकास के मध्य प्रभावी तालमेल को स्थापित करने में सहायता मिल सके।

समसामयिक मूल्यांकन, अध्ययनों तथा राष्ट्रीय ग्रामीण विकास संस्थान, हैदराबाद, बैंकर्स ग्रामीण विकास संस्थान, लखनऊ, सेन्टर फॉर मैनेजमेंट डेवलपमेंट, तिरूवंतपुरम्, 11वीं योजना के लिए योजना आयोग द्वारा निर्मित संचालित समितियों के प्रतिवेदनों तथा एसजीएसवाई से जुड़े ऋण संबंधी मुद्दों पर ग्रामीण विकास मंत्रालय द्वारा अप्रैल 2008 में बनाई गई प्रोफेसर राधाकृष्ण समिति के प्रतिवेदनों के माध्यम से एसजीएसवाई का निष्पादन किया गया था। इस प्रकार, प्रोफेसर राधाकृष्ण समिति के सिफारिशों के आधार पर, एसजीएसवाई को एनआरएलएम के रूप में पुनर्गठित किया गया, जिसे बाद में पूरे देश में एक मिशन मोड में क्रियान्वित करने के लिए ''आजीविका'' का नाम दिया गया। इस कार्यक्रम को औपचारिक रूप से 3 जून 2011 को शुरू किया गया था।

पूर्व गरीबी उन्मूलन कार्यक्रमों से सबक

आंध्र प्रदेश, केरल और तमिलनाडु में राज्यव्यापी आजीविका परियोजनाओं के दो दशक के लंबे कार्य तथा देश में विस्तारित गैर सरकारी संगठनों के कार्य से एनआरएलएम के लिए प्रमुख सबक निम्नानुसार है:

1. राज्य स्तर से जिला और उप–जिला स्तर तक एक संवेदनशील समर्थित संरचना की आवश्यकता है। संवेदनशील समर्थन संरचना का उत्तरदायित्व सामाजिक गतिशीलता और गरीबों, विशेषकर, महिलाओं के लिए शक्तिशाली तृणमूल संस्थानों का निर्माण है।
2. संवेदनशील समर्थन संरचना की मुख्य भूमिका स्वयं सहायता समूह, ग्राम और विकासखंड (उप–विकासखंड) स्तर पर गरीब महिलाओं की शक्तिशाली संस्थाओं का निर्माण और पोषण करना है। ये संस्थान गरीबी की इस यात्रा के दौरान एक गरीब परिवार को लगातार पालन पोषण शिक्षण सहायता प्रदान करते हैं।
3. नितांत गरीबी से बाहर आने के लिए गरीब परिवारों के लिए छः से आठ वर्षों की अवधि के लिए अपने स्वयं का संगठनों के पोषण और मजबूत समर्थन अत्यंत महत्वपूर्ण है।

4. गरीब स्वयं सहायता समूह के संस्थानों के माध्यम से समन्वय विकसित करने के लिए ग्रामीण महिलाओं के गरीब परिवारों को सस्ती दरों पर बार–बार वित्त की मात्रा की आवश्यकता होती है, इस तरह से छः से आठ वर्षों के दौरान उनकी पहुंच कम से कम रू. 1,00,000 तक हो।
5. जब एक गांव में सभी गरीब स्वयं सहायता समूह में संगठित हो जाते हैं और ग्राम स्तर पर सभी स्वयं सहायता समूह एक साथ आकर एक संघ का निर्माण करते है तब अपने सदस्यों को समर्थन प्रदान करने से वैयक्तिक स्वयं सहायता समूहों की शक्ति बढ़ जाती है।
6. विकासखंड अथवा उप–विकासखंड स्तर पर दूसरे चरण में ग्राम महासंघों के महासंघ को चल रहे सरकारी कार्यक्रमों के साथ आवश्यक समन्वय प्रदान करना तथा राज्य आजीविका मिशनों की उप–खंड स्तर संरचना के साथ तालमेल करना होगा।
7. आजीविका के विभिन्न प्रकार को निर्मित करके गरीबों की आजीविका जोखिमों को दूर करने की आवश्यकता है। इससे उन्हें किसी विशिष्ट आजीविका के संकटों से बचने में जीवनयापन हेतु सक्षम बनाती है।
8. गरीब सदमों से बेहद असुरक्षित होते हैं तथा उन्हें सुरक्षा जाल की आवश्यकता होती है और उन्हें अपने संगठनों की जरूरत होती है ताकि वे विभिन्न सरकारी कार्यक्रमों यथा– मनरेगा, सामाजिक सहायता कार्यक्रम, सार्वजनिक वितरण प्रणाली आदि के तहत अपनी सुरक्षा जरूरतों को पूर्ण कर सकें।

यह भी देखा गया था कि विभिन्न राज्य, संस्था निर्माण के मामले में प्रगति के विभिन्न चरणों में हैं और इसलिए राज्य–विशेष रणनीति की आवश्यकता होती है। सामान्य केन्द्रित दिशानिर्देश/रणनीति सभी राज्यों की आवश्यकताओं को पूरा नहीं करेंगे। इसलिए प्रत्येक राज्य की वैयक्तिक विशिष्ट आवश्यकताओं की पूर्ति के लिए अलग–अलग अथवा राज्य विशेष की रणनीति को विकसित करने की आवश्यकता है। आजीविका में पूर्व कार्यक्रमों के क्रियान्वयन प्राथमिक रूप से एसजीएसवाई की सफलताओं और विफलताओं से तथा ग्रामीण आजीविका क्षेत्र में विभिन्न राज्यों की पहल से सीखकर इसमें समाविष्ट किया है तथा तदनुसार, कार्यक्रम को लागू करने में दृष्टिकोण और रणनीतियों को अपनाया।

राष्ट्रीय ग्रामीण आजीविका मिशन की अवधारणा

एनआरएलएम में स्वप्रबंधित स्वयं सहायता समूहों के माध्यम से देश में लगभग 600 जिलों, 6,000 विकासखंड, 2,50,000 ग्राम पंचायत तथा 6,00,000 गांवों के 7 करोड़ ग्रामीण गरीब परिवारों को एक एजेंडा के रूप में सम्मिलित किया है तथा 8–10 वर्षों की अवधि के लिए संघीय संस्थाओं और सामूहिक आजीविका के लिए समर्थन किया है।[1] आजीविका गतिविधियों में व्यापक विविधताओं के प्रति सचेतता के कारण, एनआरएलएम तीन स्तम्भों पर काम करता है– गरीबों की विद्यमान आजीविका विकल्प को सुधारना तथा विस्तार करना; बाहर के रोजगार बाजार के लिए कौशल निर्माण; और स्व–रोजगार एवं उद्यमशीलता का पोषण करना। गरीबों की आजीविका के निर्माण, सहायता और सततता को बनाए रखने के लिए, एनआरएलएम गरीबों की स्वाभाविक क्षमताओं का उपयोग करता है, और उनको तेजी से बदलती बाहरी दुनिया से निपटने के लिए क्षमताओं (सूचना, ज्ञान, कौशल, उपकरण, वित्त और समूहीकरण) के साथ जोड़ता है। ये समर्पित समर्थन संरचनाएं गरीबों की संस्थागत प्लेटफार्मों के निर्माण को और मजबूत बनाती है। ये प्लेटफार्म उनके मानवीय और सामाजिक पूंजी के समर्थन के साथ, अपने सदस्यों के लिए विभिन्न प्रकार की आजीविका सेवाएं प्रदान करते हैं। इन सेवाओं में वित्तीय एवं पूंजीगत सेवाएं, उत्पादन एवं उत्पादकता बढ़ाने की सेवाएं जिसमें तकनीकी, ज्ञान, कौशल और आगत, बाजार संबंध इत्यादि सम्मिलित है। इच्छुक ग्रामीण बीपीएल युवाओं को रोजगार अवसरों के साथ परामर्श और योग्यता मिलान करने के पश्चात् कौशल विकास की पेशकश की जाएगी और उन्हें उन रोजगार में रखा जाएगा जो लाभकारी है। स्व–रोजगार एवं उद्यम–उन्मुख गरीबों को कौशल और वित्तीय सुविधाएं प्रदान की जाएंगी तथा मांग के अनुसार उत्पादों और सेवाओं के लिए सूक्ष्म उद्यमता की स्थापना और वृद्धि के लिए पोषित किया जाएगा।

राष्ट्रीय ग्रामीण आजीविका मिशन की रणनीति

एनआरएलएम का क्रियान्वयन मिशन मोड में किया जा रहा है। यह सक्षम बनाता है:

अ) यह वर्तमान आवंटन आधारित रणनीति से एक मांग आधारित रणनीति में बदला जाएगा जिससे राज्य अपनी आजीविका–आधारित गरीबी उन्मूलन कार्य योजनाएं बना सकें;

ब) लक्ष्य, परिणामों को समय पर हासिल किए जाने पर ध्यान केन्द्रित किया जाएगा;

स) सतत क्षमता निर्माण, अपेक्षित कौशल प्रशिक्षण दिया जाएगा और संगठित क्षेत्रों सहित आजीविका क्षेत्रों के साथ गरीबों का तालमेल बिठाया जाएगा; और

द) गरीबी आगतों की लक्षित निगरानी। एनआरएलएम, मांग आधारित रणनीति का अनुसरण करता है, जो राज्यों को अपनी आजीविका–आधारित परिप्रेक्ष्य योजनाओं और गरीबी कम करने के लिए वार्षिक कार्य योजना को विकसित करने में लचीलापन प्रदान करती है। समग्र योजनाओं में अंतर गरीबी अनुपात पर आधारित राज्य के लिए आवंटन के भीतर होगी।

मांग–आधारित रणनीति के दूसरे आयाम से तात्पर्य है कि इसका अंतिम उद्देश्य यह है कि कार्यवाही के तहत गरीब तृणमूल स्तर पर सहभागी आयोजना के माध्यम से, अपनी योजनाओं का क्रियान्वयन और अपनी अनुभवों एवं समीक्षाओं के आधार पर अन्य योजनाओं का निर्माण करेंगे। योजनाओं को केवल मांग आधारित ही नहीं रखना होगा, उसे गतिशील भी होना होगा। एनआरएलएम प्रक्रियाओं की पुनरावृत्ति प्रकृति को स्वीकृति एवं महत्व देता है। आजीविका चरणबद्ध क्रियान्वयन दृष्टिकोण तथा सघन विकासखंड रणनीति का समर्थन करता है: सघन विकासखंड आजीविका क्रियान्वयन के पहले चरण में राज्य ग्रामीण आजीविका मिशन (एसएलएमएम) द्वारा पहचाने जाने वाला एक विकासखंड (उप जिला इकाई) है जो अत्यंत गरीब को लक्षित कर गरीबों के भागीदारीपूर्ण निर्धारण (पीआईपी) की श्रेष्ठ कार्य प्रणाली और प्रक्रिया को प्रदर्शित करता है और वित्तीय और आर्थिक समावेशन, तीन वर्षों में गरीबों के संस्थागत मंच को निर्मित कर आजीविका में वृद्धि करेगी। एक बार जब इन चयनित विकासखंडों में सघन कार्य पूर्ण हो जाए तो यह व्यवस्थित रूप से अन्य विकासखंडों हेतु अजीविका जनादेश को बढ़ाने और प्रत्युत्तर के लिए गरीबों को सामाजिक पूंजी प्रदान करता है। यह दृष्टिकोण बड़े पैमाने पर प्रमाणित अवधारणा के रूप में कार्य करता है। इसके अतिरिक्त, सघन विकासखंड परियोजना कर्मचारियों तथा स्वयं सहायता समूहों के सदस्यों के लिए ध्यान मग्न करने और प्रशिक्षण स्थल के रूप में भी कार्य करते हैं।

निगरानी, मूल्यांकन एवं सबक

आजीविका प्रक्रिया–सघन है और इसीलिए यह विभिन्न स्तरों पर, लगातार प्राप्त की गई गुणात्मक और मात्रात्मक प्रगति की समीक्षा और मूल्यांकन से सीख लेगा। एक मजबूत सूचना प्रौद्योगिकी आधारित निगरानी, मूल्यांकन और शिक्षा (एमईएल) प्रणाली सभी स्तरों पर सीखने और सतत सुधार को आसान बनाएगी और अवगत निर्णय निर्माण को समर्थन देगी।

निगरानी की मशीनरी

आजीविका की निगरानी के लिए निम्नलिखित मशीनरी को रखा जाएगा:

(i) संस्थागत स्व–निगरानी, प्रक्रियाओं की आंतरिक लेखा परीक्षा और स्थानीय सामाजिक अंकेक्षण सहित गरीब के संस्थानों में जवाबदेही देना;

(ii) प्रबंधन सूचना प्रणाली (एमआईएस) आधारित आगत–निर्गत निगरानी जिसमें परिणाम संरचना/रूपरेखा आधारित एमआईएस; निवेश/आगतों से जुड़े मील के पत्थर; वेब आधारित एमआईएस; विभिन्न स्तरों पर वास्तविक समयबद्ध आगत–निर्गत निगरानी; और सहायक आंकड़ों के साथ एमआईएस;

(iii) डिजिटल ग्रिड के लिए समर्पित सूचना, संचार एवं प्रौद्योगिकी (आईसीटी) ढाँचाँ जिसमें गरीबों के राष्ट्रीय डाटाबेस, उनकी संस्थाएँ, और कौशल विकास (रोजगार/स्व–रोजगार), राष्ट्रीय आजीविका पोर्टल, संचार/ज्ञान प्रसार चैनल, विषयगत ई–समूह आदि शामिल हैं;
(iv) विभिन्न स्तरों पर आंतरिक समीक्षा मशीनरी;
(v) बाह्य सामाजिक अंकेक्षण, सार्वजनिक व्यय ट्रैकिंग और सामुदायिक स्कोर कार्ड;
(vi) प्रभाव का आकलनः राज्य स्तर पर आधारभूत आकलन तथा मुख्य परिणाम संकेतकों पर प्रगति के बाह्य अंतरिम प्रभाव मूल्यांकन के अध्ययन; आवधिक अंतराल पर पैनल अध्ययन के माध्यम से परिवार स्तर पर स्वतंत्र राष्ट्रीय मूल्यांकन (प्रतिदर्श जिला स्तर तक मात्रात्मक आकलन को समर्थ बनाने के लिए पर्याप्त होगा); और आवधिक विषयगत राष्ट्रीय मूल्यांकन दुग्ध संघों के साथ साझेदारी के माध्यम से गरीबों को लाभान्वित करना; और
(vii) एसआरएलएम वार्षिक प्रतिवेदन तथा आजीविका वार्षिक प्रतिवेदन।

कोष ट्रैकिंग प्रणाली

आजीविका ने पारदर्शिता, दक्षता और उत्तरदायित्व को सुनिश्चित करने के लिए राज्य ग्रामीण आजीविका मिशन पर एक व्यापक वित्तीय प्रबंधन प्रणाली को स्थापित किया है। आजीविका एक सूचना प्रौद्योगिकी आधारित कोष ट्रैकिंग प्रणाली की स्थापना करेगा तथा गरीबों की संस्थाओं एवं समर्थित संरचनाओं से ई–लेखे जोखे को बढ़ावा देगा।

आजीविका वेबसाइट

आजीविका की द्विभाषी वेबसाइट[2] है और 2012 में इसका एक प्रतीक चिह्न लांच किया गया था। यह वेबसाइट एनआरएलएम लाभार्थियों के लिए एक ज्ञान केंद्र के रूप में कार्य करेगी, जहां दिशा–निर्देश और नीतिगत दस्तावेज, वार्षिक कार्य योजना, एसपीआईपी, अनुमोदन और संचार नियमित आधार पर पोस्ट किए जाते हैं।

अनुदान का स्वरूप

आजीविका एक केंद्र–प्रायोजित योजना है और इस कार्यक्रम का वित्तपोषण केंद्र और राज्यों के बीच 75:25 के अनुपात (सिक्किम सहित उत्तर पूर्वी राज्यों के मामले में 90:10 के अनुपात में; तथा केन्द्र शासित प्रदेशों में केंद्र से पूर्ण योगदान) में हिस्सेदारी है। राज्यों के लिए निर्धारित केंद्रीय आवंटन राज्यों में गरीबी की दर को दृष्टिगत रखते हुए वितरित किया जाता है।

राष्ट्रीय ग्रामीण आजीविका परियोजना के घटक

भारत सरकार ने एनआरएलएम के अन्तर्गत राष्ट्रीय ग्रामीण आजीविका परियोजना को क्रियान्वित करने के लिए अंतर्राष्ट्रीय विकास संघ (आईडीए) से 50 करोड़ अमरीकी डॉलर का ऋण लिया है। एनआरएलपी को 13 सर्वाधिक पिछड़े राज्यों के 107 जिलों, 422 विकासखंडों जिसमें देश के 90 प्रतिशत ग्रामीण गरीब रहते हैं, में क्रियान्वित किया जा रहा है (ग्रामीण विकास मंत्रालय, 2014, वार्षिक प्रतिवेदन 2014–15, पृ. 25–26)। इन घटकों में विस्तृत गतिविधियों का उद्देश्य एनआरएलएम हेतु भारत सरकार द्वारा आवंटित सभी संसाधनों की प्रभावी उपयोगिता के लिए समर्थ वातावरण का निर्माण करना है। घटक ब इस अपवाद के साथ मात्र 12 लक्षित राज्यों में क्रियान्वित होगा और शेष घटक पूरे देश में सर्वत्र एनआरएलएम को बिना किसी बाधा के समर्थ बनाने हेतु राष्ट्रीय स्तर पर समर्थन प्रदान करेगा।

घटक अः संस्थात्मक एवं मानव क्षमता विकास

इस घटक का उद्देश्य ग्रामीण विकास मंत्रालय की भूमिका को ग्रामीण आजीविका को बढ़ावा देने के क्षेत्र में उच्च गुणवत्ता वाले तकनीकी सहायता के प्रदाता के रूप में बदलना है। यह घटक मुख्य रूप से कर्मचारियों का

वित्तपोषण, तकनीकी सहायता परामर्श और प्रशिक्षण एवं संबंधित पाठ्यक्रम सामग्री प्रदान करेगा। इस घटक के अंतर्गत समर्थन सभी राज्यों के लिए होगा।

घटक ब: राज्य आजीविका समर्थन

इस घटक का उद्देश्य राज्य से लेकर विकासखंड स्तर तक एनआरएलएम गतिविधियों के क्रियान्वयन के लिए आवश्यक संस्थागत संरचना और मशीनरी की स्थापना में राज्य सरकारों को समर्थन देना है, जिसमें ग्रामीण गरीबों के संस्थानों के निर्माण का समर्थन भी शामिल है।

घटक स: नवाचार और भागीदारी समर्थन

इस घटक का उद्देश्य ग्रामीण गरीबों की आजीविका की जरूरतों को पूरा करने के लिए देश भर से नए विचारों को पहचानने, उनका पोषण और समर्थन करने के लिए एक संस्थागत मशीनरी का निर्माण करना है। इस घटक के अंतर्गत समर्थन सभी राज्यों के लिए होगा।

घटक द: परियोजना क्रियान्वयन समर्थन

इस घटक का उद्देश्य राष्ट्रीय स्तर पर प्रभावी परियोजना प्रबंधन के लिए राष्ट्रीय मिशन प्रबंधन इकाई को मजबूत करना है जो प्रस्तावित परियोजना और एनआरएलएम के समन्वय और प्रबंधन के लिए मुख्य प्रणाली और प्रक्रियाओं को विकसित करेगा।

2014–15 के दौरान राष्ट्रीय ग्रामीण आजीविका मिशन की प्रगति

दिसंबर 2014 तक, गोवा को छोड़कर सभी राज्य एनआरएलएम को लागू कर चुके हैं, अर्थात् सभी राज्यों ने एक संस्था/कंपनी के रूप में राज्य ग्रामीण आजीविका मिशन (एसआरएलएम) की स्थापना की है, और इस हेतु मुख्य कार्यकारी अधिकारी (सीईओ) और कोर टीम को नियुक्ति किया है और कार्य योजना को तैयार कर चुके हैं। संघ शासित प्रदेशों में, पुडुचेरी एनआरएलएम को लागू कर चुका है। गोवा और शेष संघ शासित प्रदेशों (चंडीगढ़ और दिल्ली को छोड़कर) वित्त वर्ष 2014–15 में इसे लागू करने की उम्मीद है (ग्रामीण विकास मंत्रालय, 2014, वार्षिक प्रतिवेदन 2013–14, पृ. 29)।

दिसंबर 2014 के अंत तक, एनआरएलएम का क्रियान्वयन 28 राज्यों (गोवा को छोड़कर) और संघ शासित पुडुचेरी में हो गया था। जनवरी 2015 तक, 316 जिलों के 2125 सघन विकासखंडों में 20.9 लाख स्वयं सहायता समूहों को बढ़ावा दिया गया है। इस नवनिर्मित संस्था को शक्तिशाली बनाने के लिए स्वयं सहायता समूहों/संघों के लिए रू. 4308.99 करोड़ की सामुदायिक निवेश निधि प्रदान की गई है (ग्रामीण विकास मंत्रालय, 2015, वार्षिक प्रतिवेदन 2014–15, परिशिष्ट X पृ. 254)।

मजदूरी–रोजगार सृजन योजना

मजदूरी–रोजगार कार्यक्रम संकट पूर्ण समय, जिसमें सूखा तथा बाढ़ की स्थिति सम्मिलित है, में गरीबी को कम करने तथा निर्विघ्न उपभोग को प्रदान करने के लिए बहुत ही महत्त्वपूर्ण उपकरण है। इन्हे दोनों सुरक्षा तन्त्रों संरक्षात्मक (आय हस्तान्तरण द्वारा) तथा संवर्धन/उन्नति (अधोसंरचनात्मक विकास द्वारा) अनुभूत किया जाता है।

ग्रामीण कार्य कार्यक्रम सरकार का पहला प्रमुख हस्तक्षेप था जिसे अभाव के समय में बेरोजगारों को रोजगार देने के लिए लक्षित किया गया। यह कार्यक्रम 1971 में आरम्भ किया गया। तथापि, इसके सीमित क्षेत्र के कारण तथा इसकी अनेक संगठनात्मक और प्रशासनिक कमियों से यह बेरोजगारी की समस्या में कोई सार्थक प्रभाव नहीं

बना पाया। ग्रामीण कार्य कार्यक्रम को कई विशेष रोजगार कार्यक्रम की श्रृंखला ने अनुसरित किया। इस श्रृंखला के प्रमुख कार्यक्रम इस प्रकार से थे:

1. अप्रैल 1971 में ग्रामीण रोजगार की क्रैश योजना आरम्भ की गई।
2. गैर–आयोजना कार्यक्रम के अन्तर्गत अप्रैल 1971 में काम के बदले अनाज कार्यक्रम को आरम्भ किया गया।
3. अप्रैल 1989 में जवाहर रोजगार योजना को आरम्भ किया गया।
4. सम्पूर्ण ग्रामीण रोजगार योजना को 2001 में आरम्भ किया गया।
5. सुनिश्चित रोजगार योजना को 2 अक्टूबर 1993 से आरम्भ किया गया।
6. राष्ट्रीय काम के बदले अनाज कार्यक्रम 2005–06 में आरम्भ किया गया।

2006 में महात्मा गांधी राष्ट्रीय ग्रामीण रोजगार गारण्टी अधिनियम के शुरूआत के बाद, इससे पहले के ग्रामीण रोजगार कार्यक्रमों को इसमें शामिल किया गया था।

महात्मा गांधी राष्ट्रीय ग्रामीण रोजगार गारण्टी अधिनियम (मनरेगा) और ग्रामीण मजदूरी रोजगार कार्यक्रमों का औचित्य

देश के ग्रामीण क्षेत्रों में अधिकांश गरीब मुख्य रूप से अकुशल श्रम के माध्यम से मजदूरी करके अपनी आय को अर्जित करते हैं। वे अक्सर जीवन–निर्वाह की सीमा रेखा पर होते हैं और क्षणिक से दीर्घकालीन गरीबी की ओर प्रवृत्त होने की संभावना के लिए भेद्य होते हैं, अपर्याप्त श्रम की मांग की स्थिति में अथवा अप्रत्याशित संकटों का सामना करना पड़ता है जो प्राकृतिक आपदा या सामान्य रूप से बीमार जैसी स्थिति में हो सकता है जो उनके रोजगार के अवसरों पर प्रतिकूल प्रभाव डालते हैं।

गरीबी और बेरोजगारी के संदर्भ में, मजदूरी रोजगार कार्यक्रम अकुशल दिहाड़ी मजदूरों को सार्वजनिक कार्यों पर अल्प–कालिक रोजगार जैसे– सिंचाई के आधारभूत ढांचे, पुनर्निर्माण मिट्टी संरक्षण, सड़क निर्माण आदि प्रदान करते हैं। ये कार्यक्रम संकटपूर्ण समय के दौरान गरीब परिवारों हेतु आय हस्तांतरण प्रदान करता है और खासकर मंद कृषि मौसम अथवा वर्षों के दौरान उपभोग को आसान करने में सक्षम बनाता है। इन कार्यक्रमों के अंतर्गत बनायी गयी स्थायी परिसम्पत्तियों में सतत आजीविका को पैदा करने की क्षमता होती है।

ग्रामीण मजदूरी रोजगार कार्यक्रम का इतिहास

ग्रामीण क्षेत्रों में विद्यमान आजीविका स्रोतों को पूरक करने के लिए एक मशीनरी को विकसित करने की आवश्यकता भारत में विकास योजना के प्रारंभ में ही स्वीकार की गई थी। सरकार ने मजदूरी रोजगार कार्यक्रमों को क्रियान्वित किया है, जो न्यूनतम मजदूरी दर के सार्वजनिक कार्यों पर मजदूरी–रोजगार की पेशकश करते हैं। मजदूरी रोजगार कार्यक्रम अत्यंत गरीबों के लिए ग्रामीण मानवशक्ति कार्यक्रम (आरएमपी, 1960–61), ग्रामीण रोजगार के लिए क्रैश योजना (सीआरएसई, 1971–72) के रूप में पायलट परियोजना के रूप में तथा सूखा ग्रस्त क्षेत्र कार्यक्रम, ग्रामीण कार्य कार्यक्रम (आरडब्ल्यूपी, 1972), लघु कृषक विकास अभिकरण (एसएफडीए), सीमांत कृषक एवं कषि मजदूर योजना के रूप में शुरू किये गए थे। इन प्रयोगों को 1977 की मजदूरी रोजगार कार्यक्रम को समाप्त करके कार्य के बदले अनाज कार्यक्रम में बदल दिया गया। 1980 के दशक में, इन कार्यक्रमों को राष्ट्रीय ग्रामीण रोजगार कार्यक्रम (एनआरईपी) और ग्रामीण भूमिहीन रोजगार गारंटी कार्यक्रम (आरएलईजीपी), जवाहर रोजगार योजना (जेआरवाई 1993–94) और रोजगार आश्वासन योजना (ईएएस) के रूप में सुव्यवस्थित किया गया। 1999–2000 से जवाहर रोजगार योजना (जेआरआई) को जवाहर ग्राम समृद्धि योजना (जेजीएसवाई) में मिला दिया गया और इसे ग्रामीण अधोसंरचनात्मक कार्यक्रम बना दिया गया। यह कार्यक्रम वर्ष 2001–02 के दौरान सम्पूर्ण ग्रामीण रोजगार योजना एवं 2005 में राष्ट्रीय काम के बदले अनाज कार्यक्रम में मिला दिये गए।

केन्द्रीय सहायता के साथ राज्य सरकारों द्वारा शुरू किया गया यह मजदूरी–रोजगार कार्यक्रम स्व–लक्षित थी और इसका उद्देश्य आजीविका सुरक्षा को बढ़ाना था, विशेषकर वे लोग जिनकी निर्भरता आकस्मिक दैनिक श्रम पर थी। राज्य स्तर पर, महाराष्ट्र सरकार ने मजदूरी की मांग करने वालों के लिए महाराष्ट्र रोजगार गारंटी योजना और महाराष्ट्र रोजगार गारंटी अधिनियम, 1977 का निर्माण किया था।

इन कार्यक्रमों के अनुभव के आधार पर, ग्रामीण क्षेत्रों में आजीविका सुरक्षा के प्रति प्रतिबद्धता को मजबूत करने के लिए 2005 में महात्मा गांधी राष्ट्रीय ग्रामीण रोजगार गारंटी अधिनियम (मनरेगा) को लागू किया गया था। यह रोजगार गारंटी अधिनियम कई मायनों में बहुत महत्वपूर्ण कानून है। पहली बार, ग्रामीण समुदायों को सिर्फ एक विकास कार्यक्रम ही नहीं दिया गया है, बल्कि अधिकारों की एक व्यवस्था भी दी गई है। मनरेगा एक कानूनी गारंटी देता है, जिसका उपयोग लोग मजदूरी रोजगार की अपनी पात्रता को सुरक्षित रखने में कर सकते हैं। यह सरकार को लोगों के लिए इस रोजगार उपलब्धता के निर्माण के लिए उत्तरदायी बनाता है। यह मजदूरों की मांग के आधार पर गरीबों के हाथों में कानूनी उपकरण है।

मनरेगा की मुख्य विशेषताएं

महात्मा गांधी राष्ट्रीय ग्रामीण रोजगार गारण्टी अधिनियम 5 सितम्बर 2005 को वैधानिक ढांचे और अधिकार आधारित अवधारणा के साथ अधिसूचित किया गया था। इसका लक्ष्य प्रत्येक ग्रामीण परिवार के वयस्क सदस्य जो अकुशल शारीरिक कार्य करना चाहते हैं को एक वित्तीय वर्ष में 100 दिन का सुनिश्चित रोजगार प्रदान करके, आजीविका सुरक्षा में बढ़ोतरी करना है। 2 फरवरी 2006 को यह अधिनियम प्रथम चरण में 200 जिलों में लागू किया किया गया था और बाद के चरणों में सभी ग्रामीण जिलों में इसका विस्तार किया गया था। वित्तीय वर्ष 2013–14 के दौरान, इस योजना ने रू. 3867.2 करोड़ के कुल व्यय पर 2.202 करोड़ रोजगार के श्रम दिवसों का सृजन कर लगभग 4.791 करोड़ ग्रामीण परिवारों को रोजगार प्रदान किया (ग्रामीण विकास मंत्रालय, 2015, वार्षिक प्रतिवेदन 2014–15, पृ. 250–251)। 2006–07 में औसत मजदूरी दर प्रतिदिन रू. 65 से बढ़कर 2011–12 में लगभग रू. 115 हो गई।

इस योजना के तहत महिला कार्यशक्ति की 33 प्रतिशत की सहभागिता वैधानिक न्यूनतम आवश्यकता को पार कर गई है और यह प्रवृत्ति राष्ट्रीय स्तर पर सहभागिता दर में बढ़ोतरी को दर्शाती है। प्रारम्भ से ही, प्रत्येक वर्ष, महिला सहभागिता लगभग 48 प्रतिशत रही है। मनरेगा, अंतर्राष्ट्रीय स्तर पर पहला कानून है, जो अभूतपूर्व पैमाने पर मजदूरी रोजगार की गारंटी देता है। इस अधिनियम का प्राथमिक उद्देश्य ग्रामीण क्षेत्रों में मजदूरी रोजगार की मांग को पूरा करना है। इस अधिनियम के अंतर्गत अत्यंत गरीबी के कारणों जैसे सूखा, अवनीकरण और भूमि अपरदन की पहचान करके कार्यों को करना है जिससे रोजगार सृजन सतत हो। यह अधिनियम स्थानीय शासन निकायों अर्थात् पंचायती राज संस्थाओं को एक महत्वपूर्ण भूमिका देती है, जो लोकतंत्र के विकेन्द्रीकरण और गहन प्रक्रिया को मजबूत करने के लिए एक महत्वपूर्ण साधन है।

मनरेगा की प्रमुख उपलब्धियां

इस कार्यक्रम के कार्यान्वयन के पिछले छह वर्षों में इसकी प्रमुख उपलब्धियों को बॉक्स 10.2 में प्रस्तुत किया गया है।

अधिनियम की मुख्य विशेषताएं निम्नानुसार हैः

1. अधिकार आधारित संरचनाः एक ग्रामीण परिवार के वयस्क सदस्यों हेतु अकुशल मजदूरी कार्य करने को तैयार है,
2. समयबद्ध गारंटीः रोजगार के लिए 15 दिन का प्रावधान, न ही तो बेरोजगारी भत्ता देना होगा,
3. वास्तविक मांग के आधार पर, प्रति परिवार को एक वित्तीय वर्ष में 100 दिन तक रोजगार,
4. श्रम आधारित कार्यः ग्राम पंचायत में अनुमानित कार्य के लिए 60:40 के अनुपात में मजदूरी और सामग्री के उपयोग की अनुमति तथा ठेकेदार/मशीनों का प्रयोग नहीं,

बॉक्स 10.2

2006 से दिसंबर, 2013 तक मनरेगा की प्रमुख उपलब्धियाँ

1. *2006 में इसकी शुरूआत से ही, ग्रामीण परिवारों को मजदूरी के वेतन के रूप लगभग रू. 1290 अरब प्रत्यक्ष रूप से वितरित किये गए।*
2. *रोजगार के 1348 करोड़ श्रम दिवस सृजित किये गए।*
3. *औसत रूप से, वर्ष 2008 के पश्चात्, प्रत्येक वर्ष 5 करोड़ परिवारों को रोजगार प्रदान किया गया।*
4. *कुल सृजित श्रम दिवसों में 51 प्रतिशत अनुसूचित जाति और अनुसूचित जनजाति के हैं।*
5. *कुल सृजित श्रम दिवसों में 47 प्रतिशत महिलाएं हैं। यह अधिनियम द्वारा जरूरी 33 प्रतिशत की आवश्यकता से अधिक है।*
6. *इस कार्यक्रम की शुरूआत से ही, इस अधिनियम के अंतर्गत 1.46 करोड़ कार्य किये गए हैं।*
7. *इस योजना के आरम्भ से ही, राज्य स्तर की विविधता के साथ, प्रति श्रम दिवस औसत मजदूरी दर 81 प्रतिशत बढ़ गई है। अब अधिसूचित मजदूरी दर हरियाणा में रू. 191 तथा बिहार और झारखंड में रू. 122 हो गई है।*

स्रोतः ग्रामीण विकास मंत्रालय (2013) वार्षिक रिपोर्ट 2012–13, अध्याय 2, पृ. 14

5. विकेंद्रीकृत आयोजना,
6. ग्रामसभा की अनुसंशा के आधार पर कार्य,
7. क्रियान्वयन के लिए ग्राम पंचायत द्वारा कम से कम 50 प्रतिशत कार्य करना,
8. आयोजना, क्रियान्वयन और निगरानी में पंचायतीराज संस्थाओं की प्रमुख भूमिका,
9. कार्य स्थल पर सुविधाएंः कार्य स्थल पर शिशु गृह, पेयजल, प्राथमिक चिकित्सा और शेड की व्यवस्था देना,
10. महिला सशक्तिकरणः मणिपुर में मनरेगा के अंतर्गत कम से कम एक तिहाई लाभार्थियों के लिए महिला सुरक्षा कवच तैयार होनी चाहिए,
11. पारदर्शिता और उत्तरदायित्वः दीवार लेखन, नागरिक सूचना बोर्ड और एमआईएस और सामाजिक अंकेक्षण के माध्यम से स्पष्ट प्रकटीकरण,
12. निधि की व्यवस्थाः 100 प्रतिशत की अकुशल मजदूरी लागत और 75 प्रतिशत की कुशल, अर्द्धकुशल और सामग्री लागत का वहन केन्द्र सरकार द्वारा और 25 प्रतिशत की कुशल, अर्द्धकुशल और सामग्री लागत का योगदान राज्यों द्वारा किया जाता है। इसके अतिरिक्त, इस अधिनियम के प्रभावी क्रियान्वयन के लिए 6 प्रतिशत के प्रशासनिक व्यय का वहन केन्द्र द्वारा किया जाता है, और
13. गरीबों का वित्तीय समावेशनः संस्थागत खातों के माध्यम से मजदूरी भुगतान प्रणाली को सार्वभौमिक बनाने के लिए, सभी राज्यों से पोस्ट ऑफिस और बैंक खातों के माध्यम से मजदूरी का भुगतान करने की अनुशंसा की गई है।

मनरेगा की समवर्ती निगरानी और मूल्यांकन

ग्रामीण विकास मंत्रालय द्वारा एक समवर्ती मूल्यांकन कार्यालय (सीईओ) के द्वारा ऐसी व्यवस्था की स्थापना की गई है, जो मनरेगा सहित मंत्रालय की योजनाओं के कार्यान्वयन के दौरान वास्तविक समय में संरचना और क्रियान्वयन में कमजोरियों की पहचान के लिए मूल्यांकन करेगी और सरकार को इस कार्यक्रम के मध्य में सुधार के लिए सक्षम बनाएगी। समवर्ती मूल्यांकन, योजनाओं के मूल्यांकन के लिए किए जा रहे वार्षिक अध्ययनों की वर्तमान पद्धति में

बॉक्स 10.3

मनरेगा के प्रभाव के बारे में मुख्य निष्कर्ष

1. *मनरेगा आय के एक पूरक स्रोत के रूप में महत्वपूर्ण है और इसकी आय का उपयोग ग्रामीण परिवारों द्वारा अपने स्वयं के उद्यम को शुरू करने के लिए किया जा रहा है।*
2. *मनरेगा के कारण ग्रामीण परिवारों की मासिक प्रति व्यक्ति उपभोग व्यय में उल्लेखनीय वृद्धि हुई है।*
3. *मनरेगा स्वलक्षित कार्यक्रम के रूप में सफल रहा है, जिसमें सीमांत समूहों में सम्मिलित अनुसूचित जाति और अनुसूचित जनजाति की भागीदारी अधिक है। अनुसूचित जाति और अनुसूचित जनजाति दोनों के मामले में, कुल जनसंख्या में इनकी भागीदारी सबसे अधिक है।*
4. *मनरेगा ने पारंपरिक लैंगिक मजदूरी विशेषकर, सार्वजनिक कार्यों के क्षेत्र में भेदभाव को कम कर दिया है, और इसका महिलाओं के सामाजिक–आर्थिक स्थिति पर सकारात्मक प्रभाव पड़ा है।*
5. *मनरेगा अपने अंतर्वस्तु दृष्टिकोण से सार्वजनिक निवेश का अनुकूलन करने के उद्देश्य से विभिन्न कार्यक्रमों के साथ अभिसरण का अवसर खोलता है।*
6. *मनरेगा के कार्यों को ''हरित'' और ''शिष्ट'' के रूप में परिभाषित किया गया है, यह योजना श्रमिकों के अधिकारों और कानूनी अधिकारों को सुनिश्चित करके, बेहतर कार्य करने की स्थिति का निर्माण करता है, जो सामाजिक सुरक्षा और रोजगार प्रदान करती है तथा पर्यावरण की दृष्टि से सतत कार्य है, जो पारिस्थितिकी तंत्र और जैव विविधता को पुनर्उत्पादित करता है।*
7. *आर्थिक वृद्धि और अन्य कारणों से किए गए पलायन की तुलना में विपत्ति के समय पलायन को कम करने में मनरेगा का अधिक प्रत्यक्ष और सकारात्मक प्रभाव पड़ा है।*

स्रोतः ग्रामीण विकास मंत्रालय (2013, अध्याय 2, पृ. 11–18)

एक परिवर्तन को प्रदर्शित करेगी। इसके अतिरिक्त, मंत्रालय के कार्यक्रमों के कार्यान्वयन की प्रभावी निगरानी के लिए महत्वपूर्ण साधन के रूप में कार्य करने के लिए राज्य और जिला स्तर पर सतर्कता और निगरानी समितियों का गठन किया गया है। कार्यक्रम दक्षता को सुधारने के लिए मंत्रालय, सूचना, संचार प्रौद्योगिकी (आईसीटी) के उपयोग का मजबूत समर्थत करता है जो प्रक्रियाओं को सरल बनाने के साथ–साथ सार्वजनिक अधिकार क्षेत्र में सूचनाओं को रखता है।

यह योजना के सकारात्मक प्रभाव और साथ ही इसकी बाधाओं दोनों की वस्तुनिष्ठ संक्षेपिका प्रदान करती है। बॉक्स 10.3 में इस समीक्षा के मुख्य निष्कर्ष प्रस्तुत किए गए हैं।

सामाजिक कल्याण–उन्मुख कार्यक्रम

भारत के संविधान में अभिव्यक्त राज्य नीति के निर्देशक सिद्धान्तों ने राज्य को इसके साधनों के अन्तर्गत कई कल्याणकारी उपाय करने के लिए कहा। विशेषकर, भारत के संविधान के अनुच्छेद 41 ने राज्य को अपने नागरिकों को बेरोजगारी, वृद्धावस्था, बीमारी और विकलांगता और अपनी आर्थिक क्षमता और विकास की सीमा के भीतर अवांछित इच्छा के अन्य मामलों में सार्वजनिक सहायता प्रदान करने का निर्देश दिया है। इन महान सिद्धान्तों के अनुसार, 15 अगस्त 1995 को भारत सरकार ने 1995–96 के केंद्रीय बजट में राष्ट्रीय सामाजिक सहायता कार्यक्रम शामिल किया था।

राष्ट्रीय सामाजिक सहायता कार्यक्रम (एनएसएपी) में राष्ट्रीय वृद्धावस्था पेंशन योजना (एनओएपीएस), राष्ट्रीय परिवार लाभ योजना (एनएफबीएस) और राष्ट्रीय मातृत्व लाभ योजना (एनएमबीएस) शामिल थी। इस कार्यक्रम

को वृद्धावस्था, मुख्य आय सृजक की मृत्यु वाले गरीबी रेखा से नीचे के परिवारों तथा मातृत्व के लिए सामाजिक सहायता लाभ प्रदान करने के लिए किया गया था। इन कार्यक्रमों का लक्ष्य लाभ के अतिरिक्त न्यूनतम राष्ट्रीय मानकों को सुनिश्चित करना था जिसे राज्य तब प्रदान कर रहे थे अथवा भविष्य में प्रदान करेंगे। एनएमबीएस को 2001–02 से प्रभावी स्वास्थ्य और परिवार कल्याण मंत्रालय में स्थानांतरित कर दिया गया था और इसमें जननी सुरक्षा योजना को शामिल किया गया था। 1 अप्रैल, 2000 को अन्नपूर्णा योजना के रूप में एक नई योजना की शुरूआत की गई। इस योजना का लक्ष्य उन वरिष्ठ नागरिकों को जो पात्र है लेकिन राष्ट्रीय वृद्धावस्था पेंशन योजना के अंतर्गत अभी भी शामिल नही है की आवश्यकता को पूर्ण करने के लिए खाद्य सुरक्षा प्रदान करना है। अन्नपूर्णा योजना के अंतर्गत, लाभार्थी को प्रति माह 16 किलोग्राम अनाज निःशुल्क प्रदान किया जाता है। फरवरी 2009 में राष्ट्रीय सामाजिक सहायता कार्यक्रम के अन्तर्गत दो नई योजनाएं जैसे, इंदिरा गांधी राष्ट्रीय विधवा पेंशन योजना (आईजीएनडब्ल्यूपीएस) और इंदिरा गांधी राष्ट्रीय विकलांगता पेंशन योजना (आईजीडीपीएस) की शुरूआत की गईं।

राष्ट्रीय सामाजिक सहायता कार्यक्रम का क्रियान्वयन

2002–03 में, राष्ट्रीय सामाजिक सहायता कार्यक्रम और अन्नपूर्णा योजना को केंद्र–प्रायोजित योजना से राज्य योजना में स्थानांतरित किया गया था। राष्ट्रीय सामाजिक सहायता कार्यक्रम और अन्नपूर्णा के लिए निधि को योजना आयोग द्वारा आवंटित किया जाता है जिसे ग्रामीण विकास मंत्रालय की अनुसंशा के आधार पर राष्ट्रीय सामाजिक सहायता कार्यक्रम के अंतर्गत सभी योजनाओं के लिए संयुक्त रूप में वित्त मंत्रालय द्वारा अतिरिक्त केन्द्रीय सहायता के रूप में जारी किया जाता है। राष्ट्रीय सामाजिक सहायता कार्यक्रम मुख्य रूप से राज्यों के समाज कल्याण विभागों द्वारा क्रियान्वित हो रहा है। कुछ राज्यों में यह ग्रामीण विकास विभागों द्वारा और कुछ अन्य में महिला एवं बाल विकास विभाग द्वारा क्रियान्वित हो रहा है।

इंदिरा गांधी राष्ट्रीय वृद्धावस्था पेंशन योजना

भारत सरकार ने 13 सितंबर 2007 को भारत सरकार द्वारा निर्धारित मानदंडों के अनुसार 65 वर्ष या अधिक आयु वाले और गरीबी रेखा के नीचे के परिवार से संबंधित व्यक्तियों के लिए वृद्धावस्था पेंशन पात्रता मानदंड में संशोधन किया गया। इस संशोधन के साथ, राष्ट्रीय वृद्धावस्था पेंशन योजना (एनओएपीएस) का नाम इंदिरा गांधी राष्ट्रीय वृद्धावस्था पेंशन योजना (आईजीएनओएपीएस) के रूप में बदल दिया गया। पात्रता मानदंडों में संशोधन के अनुरूप दिसंबर 2012 तक गरीबी रेखा से नीचे रहने वाले सभी लोगों को इसमें शामिल किया गया, जिसमें इंदिरा गांधी राष्ट्रीय वृद्धावस्था पेंशन योजना (आईजीएनओएपीएस) के अंतर्गत लाभार्थियों की संख्या 2.23 करोड़ हो गई। 1 अप्रैल, 2011 से प्रभावी, इंदिरा गांधी राष्ट्रीय वृद्धावस्था पेंशन योजना के अंतर्गत, वृद्धावस्था पेंशन की पात्रता 65 वर्ष से घटाकर 60 वर्ष कर दी गई और 80 वर्ष या उससे अधिक उम्र के लोगों के लिए पेंशन की राशि रू. 200 से बढ़ाकर रू. 500 प्रतिमाह कर दी गई।

इंदिरा गांधी राष्ट्रीय विधवा पेंशन योजना

फरवरी 2009 में, भारत सरकार द्वारा 40–64 वर्ष के आयु वर्ग में गरीबी रेखा से नीचे विधवाओं के लिए इस योजना को मंजूरी दी। लाभार्थी के लिए पेंशन की राशि रू. 200 प्रतिमाह नियत की गई। इंदिरा गांधी राष्ट्रीय वृद्धावस्था पेंशन योजना के अंतर्गत आयु सीमा को कम करने के परिणामस्वरूप, इंदिरा गांधी राष्ट्रीय विधवा पेंशन योजना के अंतर्गत ऊपरी आयु सीमा को 64 साल से घटाकर 59 वर्ष कर दिया गया है। 1 अक्टूबर, 2012 से प्रभावी, इंदिरा गांधी राष्ट्रीय विधवा पेंशन योजना के अंतर्गत पेंशन की राशि को बढ़ाकर रू. 300 किया गया और ऊपरी आयु सीमा 79 वर्ष तक के लिए बढ़ा दी गई। इस प्रकार, इंदिरा गांधी राष्ट्रीय विधवा पेंशन योजना भारत सरकार द्वारा निर्धारित मानदंडों के अनुसार गरीबी रेखा से नीचे रहने वाले परिवारों से संबंधित 40–79 वर्ष की आयु वर्ग की विधवाओं के लिए लागू है। 1 दिसंबर 2012 तक, इस योजना के अंतर्गत 42 लाख लाभार्थियों को शामिल किया गया था।

इंदिरा गांधी राष्ट्रीय विकलांगता पेंशन योजना (आईजीडीपीएस)

फरवरी 2009 में, भारत सरकार द्वारा 18–64 वर्ष के आयु वर्ग के बीच गंभीर अथवा कई तरह से विकलांग गरीबी रेखा से नीचे के व्यक्तियों के लिए इंदिरा गांधी राष्ट्रीय विकलांगता पेंशन योजना के अंतर्गत इस पेंशन योजना को मंजूरी दी गई थी। लाभार्थी के लिए पेंशन की राशि रू. 200 प्रतिमाह नियत की गई।

इंदिरा गांधी राष्ट्रीय वृद्धावस्था पेंशन योजना के अंतर्गत आयु सीमा को कम करने के परिणामस्वरूप, इंदिरा गांधी राष्ट्रीय विकलांगता पेंशन योजना के अंतर्गत ऊपरी आयु सीमा को 64 साल से घटाकर 59 वर्ष कर दिया गया है।

1 अक्टूबर, 2012 से प्रभावी, इंदिरा गांधी राष्ट्रीय विकलांगता पेंशन योजना के अंतर्गत पेंशन की राशि को बढ़ाकर रू. 300 किया गया और ऊपरी आयु सीमा 79 वर्ष तक के लिए बढ़ा दी गई। इस प्रकार, इंदिरा गांधी राष्ट्रीय विकलांगता पेंशन योजना भारत सरकार द्वारा निर्धारित मानदंडों के अनुसार गरीबी रेखा से नीचे रहने वाले परिवारों से संबंधित 18–79 वर्ष की आयु वर्ग के बीच गंभीर अथवा 78 प्रकारों से विकलांग व्यक्तियों के लिए लागू है। दिसंबर 2012 तक, इस योजना के अंतर्गत 8,00,000 लाभार्थियों को शामिल किया गया था।

राष्ट्रीय परिवार लाभ योजना (एनएफबीएस)

प्रारंभ में, इस योजना के अंतर्गत शोक संतप्त परिवारों को प्राकृतिक कारणों से मृत्यु के मामले में रू. 5,000 और ''कमाने वाले मुखिया'' के आकस्मिक मृत्यु के मामले में रू. 10,000 अनुदान प्रदान किया जाता था। इस योजना में कमाने वाला मुखिया चाहे पुरुष हो अथवा महिला, उस परिवार के सदस्य होने चाहिए, जिनकी परिवार की कुल आय में सबसे अधिक हिस्सेदारी होती है। इस योजना के अंतर्गत अनुदान प्राप्त करने के लिए उन परिवारों को पात्र बनाया, जिनका कमाने वाले मुखिया पुरूष अथवा महिला 18 से 64 वर्ष आयु वर्ग में थे जो कि 18 वर्ष से अधिक और 65 वर्ष से कम आयु के थे। 1998 में, राष्ट्रीय परिवार लाभ योजना के अंतर्गत लाभार्थी की राशि प्राकृतिक कारणों और आकस्मिक कारणों से मौत की स्थिति में रू. 10,000 तक बढ गई थी। 18 अक्टूबर, 2012 से प्रभावी, राष्ट्रीय परिवार लाभ योजना के अंतर्गत, सहायता की राशि बढ़ाकर रू. 20,000 और कमाने वाले मुखिया की मृत्यु की उच्च आयु सीमा को घटाकर 59 वर्ष कर दिया गया। इस प्रकार, राष्ट्रीय परिवार लाभ योजना 18–59 वर्ष आयु वर्ग के कमाने वाले मुखिया की मृत्यु के मामले में लागू है। दिसंबर 2012 तक, इस योजना के अंतर्गत 2,91,000 गरीबी रेखा से नीचे के परिवारों को लाभ हुआ था।

आम आदमी बीमा योजना (एएबीवाई)

आम आदमी बीमा योजना की शुरूआत 2 अक्टूबर, 2007 को हुई थी। इस योजना के अंतर्गत, देश में ग्रामीण भूमिहीन परिवारों के मुखिया को प्राकृतिक मृत्यु के साथ ही आकस्मिक मृत्यु और आंशिक/स्थायी विकलांगता के खिलाफ बीमा प्रदान किया गया है। यह 18 से 59 वर्ष की आयु के बीच के लोगों की जीवन और विकलांगता को समाविष्ट करता है, जिसमें ग्रामीण भूमिहीन परिवारों में शामिल गरीबी रेखा से नीचे और सीमांत रूप से ऊपर 47 पेशेवर/व्यावसायिक समूहों की पहचान की गई। यह योजना सभी राष्ट्रीय स्वास्थ्य बीमा योजना के लाभार्थियों के लिए भी उपलब्ध है। यह दुर्घटना से मृत्यु और दुर्घटना से स्थायी विकलांगता के मामले में रू. 75000 तथा दुर्घटना से आंशिक स्थायी विकलांगता के मामले में रू. 37,500 और आवधिक समय से पूर्व किसी सदस्य की मौत के मामले में रू. 30,000 की भरपाई करती है। इस योजना के अंतर्गत प्रीमियम का शुल्क प्रति सदस्य रू. 200 वार्षिक है, जिसका 50 प्रतिशत योगदान केन्द्र सरकार द्वारा और शेष भाग राज्य सरकार द्वारा किया जाता है। यह अधिकतम 2 बच्चों के लिए रू. 100 प्रति माह प्रति बालक छात्रवृत्ति का एक अतिरिक्त लाभ भी प्रदान करता है।

राष्ट्रीय स्वास्थ्य बीमा योजना

राष्ट्रीय स्वास्थ्य बीमा योजना को औपचारिक रूप से 2 अक्टूबर 2007 को आरम्भ किया गया। इस योजना के अन्तर्गत असंगठित क्षेत्रों में कार्यरत सभी श्रमिक जो गरीबी रेखा से नीचे आते हैं, उनके परिवारों को शामिल किया जाता है। इस योजना द्वारा स्मार्ट कार्ड का प्रावधान किया गया जिससे कि लाभार्थियों को स्वास्थ्य के लिए

बिना भुगतान के लेनदेन के स्वास्थ्य सुविधा प्राप्त करने का अधिकार देता है। कुल बीमित राशि प्रति परिवार वार्षिक रु. 30000 है जिसमें भारत सरकार की 75 प्रतिशत भागीदारी है तथा निर्धारित वार्षिक शुल्क रु. 750 तथा अधिकतम रु. 565 प्रति परिवार है, जबकि राज्य सरकारों से आशा की जाती है कि वह 25 प्रतिशत वार्षिक शुल्क और अन्य संयोजन शुल्कों में हिस्सेदारी करें। स्मार्ट कार्ड की लागत को केन्द्र सरकार द्वारा वहन किया जाता है।

प्रधानमंत्री जन धन योजना[3]

प्रधान मंत्री नरेंद्र मोदी द्वारा 28 अगस्त 2014 को प्रधान मंत्री जनधन योजना (पीएमजेडीवाई) की शुरुआत की गई। उन्होंने इस योजना की घोषणा 15 अगस्त, 2014 को अपने पहले स्वतंत्रता दिवस भाषण में की थी। तत्पश्चात् वित्त मंत्री अरुण जेटली ने 2015–16 के अपने संघीय बजट भाषण में इस योजना के बारे में घोषणा की थी। प्रधानमंत्री जनधन योजना का मुख्य उद्देश्य भारत के सभी नागरिकों, विशेषकर वित्तीय रूप से बहिष्कृत वर्गों, जो कि, कमजोर वर्गों और कम आय वाले समूहों को आसान तरीके से वित्तीय सेवाएं जैसे, बैंक बचत/जमा खातों, प्रेषण सेवाओं, साख, बीमा, पेंशन की व्यापक पहुंच सुनिश्चित करना है। यह योजना वित्तीय सेवा विभाग, वित्त मंत्रालय, भारत सरकार द्वारा प्रशासित है।

अक्टूबर 2015 तक रू. 280.124 अरब (4.2 अरब अमेरिकी डॉलर) के कुल शेष के साथ 19.60 करोड़ खातों को खोला गया। इस योजना के उद्घाटन के दिन 1.5 करोड़ बैंक खाते खोले गए, जो कि गिनीज विश्व रिकॉर्ड है। इस योजना के तहत कुल खोले गए खातों में 19.55 करोड़ खाते ग्रामीण खाते थे। यह योजना छह महीने के पश्चात् रू. 5,000 की ओवरड्राफ्ट सुविधा और रूपे डेबिट कार्ड के साथ जुड़ी रू. 100,000 की दुर्घटना बीमा कवर और रूपे किसान कार्ड के साथ ''बैंकिंग सुविधाओं तक सार्वभौमिक पहुंच'' प्रदान करने के लक्ष्य के साथ शुरू की गई थी। अगले चरण में, इसमें माइक्रो बीमा और पेंशन भी जोड़ दी जाएगी।

इस योजना के अंतर्गतः

1. खाताधारकों को रुपे डेबिट कार्ड के साथ शून्य–शेष बैंक खाता प्रदान किया जाएगा, इसके अतिरिक्त इसमें रू. 1,00,000 का आकस्मिक बीमा कवर भी होगा।
2. जनवरी 26, 2015 तक खोले गए खातों को रू. 1,00,000 के दुर्घटना दावे के साथ रू. 30,000 का जीवन बीमा (एलआईसी द्वारा) भी दिया जाएगा।
3. बैंक खाते खुलने के छह माह पश्चात्, खाताधारक बैंक से रू. 5,000 तक का ओवरड्राफ्ट प्राप्त कर सकता है।
4. नेशनल पेमेंट्स कॉरपोरेशन ऑफ इंडिया (एनपीसीआई) द्वारा शुरू की गई नई तकनीक के द्वारा एक सामान्य फोन से एक व्यक्ति धन का ट्रांसफर कर सकता है, शेष की जांच कर सकता है, जो पहले केवल स्मार्ट फोन तक सीमित थी।
5. गरीबों के लिए मोबाइल बैंकिंग, राष्ट्रीय एकीकृत यूएसएसडी प्लेटफॉर्म (एनयूपी) के माध्यम से उपलब्ध होगी, जिसके लिए सभी बैंक और मोबाइल कंपनियां एक साथ जुड़ेंगी।

इस योजना की मतदाताओं को खुश करने के प्रयास के रूप में बैंकिंग क्षेत्र के कई विशेषज्ञों द्वारा आलोचना की गई है, तथा इसने सार्वजनिक क्षेत्र के बैंकों पर अनावश्यक कार्य का बोझ बना दिया है। विपक्षी पार्टी कांग्रेस द्वारा यह आरोप लगाया गया कि प्रधानमंत्री नरेंद्र मोदी संयुक्त प्रगतिशील गठबंधन सरकार द्वारा शुरू किये गए वित्तीय समावेशन योजना का श्रेय लेने की कोशिश कर रहे है, और इस नई योजना में कुछ भी नया नहीं था। विशेषज्ञों के अनुसार, प्रधान मंत्री द्वारा प्रस्तुत प्रलोभन जैसे शून्य शेष राशि, निःशुल्क बीमा और ओवरड्राफ्ट सुविधा दोहराव का परिणाम होगा। कई व्यक्तियों के पास पहले से ही बैंक खाते हैं, हो सकता है कि उन्होंने बीमा कवर और ओवरड्राफ्ट सुविधाओं के लालच में फिर से नए खातों को बनवाया हो। इस योजना के अनुसार, बहुत कम लोग

पांच साल की वैधता के साथ रू. 30,000 का जीवन बीमा प्राप्त करने के लिए पात्र हैं। हालांकि, इस ''रहस्य'' स्थिति को योजना के टीवी विज्ञापनों में दिखाया नहीं गया था। ओवरड्राफ्ट सुविधा के दावे को पूरी तरह से बैंकों के विवेक पर छोड़ा गया है। सरकारी सूचना के अनुसार, केवल उन लोगों को ओवरड्राफ्ट की सुविधा मिलेगी जिनके लेनदेन का रिकॉर्ड संतोषजनक हो। इसकी अधिक संभावना नहीं है कि बहुत सारे लोग इस सुविधा को प्राप्त करेंगे, क्योंकि, बैंक संभावित गैर–उत्पादकीय संपत्तियों से बचेंगे। दुर्घटना बीमे का दावा भी एक अविद्यमान योजना साबित हुआ है क्योंकि कार्डधारकों को ऐसे किसी भी दुर्घटना बीमे का कोई कानूनी पत्र नहीं मिला है।

अटल पेंशन योजना (एपीवाई)

भारत सरकार कामकाजी गरीबों की वृद्धावस्था आय सुरक्षा को लेकर चिंतित है और उन्हें राष्ट्रीय पेंशन प्रणाली (एनपीएस) में शामिल होने के लिए प्रोत्साहित करने पर केंद्रित है। असंगठित क्षेत्र में श्रमिकों के बीच दीर्घायु जोखिमों को देखते हुए तथा असंगठित क्षेत्र में श्रमिकों जो 2011–12 के एनएसएसओ सर्वेक्षण के 66वें दौर के अनुसार 47.29 करोड़ की कुल श्रम शक्ति का 88 प्रतिशत हैं, को अपनी सेवानिवृत्ति के लिए स्वैच्छिक रूप से बचाने के लिए प्रोत्साहित करना था, जबकि इनके लिए कोई औपचारिक पेंशन प्रावधान नहीं है, सरकार द्वारा 2010–11 में स्वावलंबन योजना शुरू की गई थी। यद्यपि, स्वावलंबन योजना के अंतर्गत बीमाकृत आवृत्ति 60 के बाद की उम्र में पेंशन लाभों की स्पष्टता की कमी के कारण यह मुख्यतः अपर्याप्त है।

वित्त मंत्री ने 2015–16 के लिए अपने बजट भाषण में अटल पेंशन योजना (एपीवाई)[4] नामक एक नई पहल की घोषणा की है। अटल पेंशन योजना असंगठित क्षेत्र में सभी नागरिकों पर केंद्रित होगी, जो पेंशन निधि नियामक एवं विकास प्राधिकरण (पीएफआरडीए) द्वारा प्रशासित राष्ट्रीय पेंशन प्रणाली (एनपीएस) में शामिल होते हैं और जो किसी भी सांविधिक सामाजिक सुरक्षा योजना के सदस्य नहीं हैं। अटल पेंशन योजना के अंतर्गत, अभिदाता को उनके योगदान के आधार पर रू. 1,000 प्रति माह, रू. 2,000 प्रति माह, रू. 3,000 प्रति माह, रू. 4,000 प्रति माह, रू. 5,000 प्रति माह, की निश्चित पेंशन 60 वर्ष की आयु में प्राप्त होगी, जो अटल पेंशन योजना में शामिल होने की आयु पर अलग–अलग होगी। अटल पेंशन योजना में शामिल होने की न्यूनतम आयु 18 वर्ष और अधिकतम आयु 40 वर्ष है। इस प्रकार, अटल पेंशन योजना के अंतर्गत अभिदाता द्वारा अंशदान की न्यूनतम अवधि 20 वर्ष या उससे अधिक होगी। निश्चित पेंशन का लाभ सरकार द्वारा सुनिश्चित किया जाएगा। केंद्र सरकार 31 दिसम्बर 2015 से पहले राष्ट्रीय पेंशन योजना में शामिल और जो करदाता नही है के प्रत्येक पात्र अभिदाता खातों में 5 वर्ष के लिए, जो कि 2015–16 से 2019–20 तक है, ग्राहक के योगदान का 50 प्रतिशत अथवा प्रतिवर्ष रू. 1,000, जो भी कम हो, का सह–अंशदान करेगी। अटल पेंशन योजना 1 जून 2015 से प्रभावी अधिनियम के साथ कार्यात्मक बन गया है। स्वावलम्बन योजना के मौजूदा सदस्य स्वतः अटल पेंशन योजना में स्थानांतरित हो जाएंगे, जब तक कि वे स्वयं बाहर न हों।

अटल पेंशन योजना का लाभः इससे अभिदाता को रू. 1000 से रू. 5000 के मध्य नियत पेंशन मिलेगी यदि वह इसमें 18 वर्ष से 40 वर्ष के आयु वर्ग के बीच में शामिल हो और अंशदान करे। इसमें अंशदान का स्तर लगातार अलग–अलग होता है और यदि ग्राहक इसमें पहले जुड़ता है तो कम और बाद में जुड़ता है तो अधिक होगा।

अटल पेंशन योजना की पात्रताः अटल पेंशन योजना उन सभी बैंक खाता धारियों के लिए खुली है जो किसी भी सांविधिक सामाजिक सुरक्षा योजना के सदस्य नहीं है।

शामिल होने की आयु और अंशदान अवधिः अटल पेंशन योजना से शामिल होने की न्यूनतम आयु 18 वर्ष तथा अधिकतम आयु 40 वर्ष है। इस प्रकार, अटल पेंशन योजना के अंतर्गत अभिदाता द्वारा अंशदान की न्यूनतम अवधि 20 वर्ष या अधिक होगी।

अटल पेंशन योजना का केन्द्र बिन्दुः मुख्यतः असंगठित क्षेत्र के मजदूरों के लिए लक्षित।

नामांकन और ग्राहक भुगतान प्रक्रियाः पात्र श्रेणी के अंतर्गत सभी बैंक खाता धारक खातों में ऑटो–डेबिट सुविधा के साथ अटल पेंशन योजना में शामिल हो सकते हैं जिससे अंशदान संग्रह शुल्क में कटौती हो सकती है।

नामांकन अभिकरणः स्वावलंबन योजना के अंतर्गत उपस्थिति के सभी बिंदुओं (सेवा प्रदाता) और समूहकों को राष्ट्रीय पेंशन प्रणाली की संरचना के माध्यम से ग्राहकों का नामांकन करेंगे।

अटल पेंशन योजना का संचालनात्मक ढांचाः यह भारत सरकार की योजना है जो पेंशन निधि नियामक एवं विकास प्राधिकरण द्वारा प्रशासित है। अटल पेंशन योजना के अंतर्गत अभिदाता के नामांकन के लिए राष्ट्रीय पेंशन योजना का संस्थागत ढांचा इस्तेमाल किया जाएगा।

अटल पेंशन योजना का वित्तपोषणः सरकार (अ) अभिदाता के लिए निश्चित पेंशन गारंटी प्रदान करेगी; (ब) सदस्य अंशदान का 50 प्रतिशत या प्रति वर्ष रू. 1,000, जो भी कम हो, पात्र अभिदाता का सह–अंशदान देगी; और (स) बैंकों को प्रोत्साहन सहित प्रचार और विकास गतिविधियों के लिए प्रतिपूर्ति भी देगी।

गरीबी उन्मूलन कार्यक्रमों की प्रभावशीलता लक्षित गरीबों में गरीबी कम करने में मिलीजुली रहा है तथा कुछ राज्यों में गरीबी कम करने में यह प्रयास सफल तथा अन्य राज्यों में असफल रहे हैं। प्रभावशीलता में अंतर प्रमुखतः कार्यक्षमता अथवा अन्य रूप में क्रियान्वयन तन्त्र की पृथकता के कारण होता है। जो कि आपूर्ति व्यवस्था, पंचायती राज संस्थाओं की शक्ति, लोगों के समुदाय आधारित संगठनों की उपलब्धता अथवा अनुपलब्धता एवं प्रचालनीय दृष्टिकोणों में नवाचार एवं नवोन्मेष और जमीनी स्थितियों के साथ संस्थागत व्यवस्था का सामंजस्य होता है। उत्तरी भारत के विकासखण्ड जहाँ गरीबी ज्यादा है एवं वहाँ आर्थिक वृद्धि की दृष्टि से सामान्य तौर पर कुछ खास नहीं हुआ है, गरीबी उन्मूलन कार्यक्रमों का क्रियान्वयन कमजोर रहा है। दूसरी ओर, आन्ध्रप्रदेश एवं केरल गरीबी उन्मूलन प्रयासों में बहुत ही प्रभावशाली संस्थागत प्रतिमान स्थापित करने में सफल रहे हैं (भारत सरकार 2006बी)।

मुख्य बिन्दु

1. भारत में गरीबी और बेरोजगारी लम्बे समय से एक अभिशाप के रूप में व्याप्त रहे हैं। इनमें कमी योजना काल के प्रारम्भ से भारत के विकास योजना का महत्त्वपूर्ण लक्ष्य रहा है। तद्नुसार, भारत सरकार ने गरीबी और बेरोजगारी उन्मूलन के लिए समय–समय पर विभिन्न कार्यक्रमों को प्रारम्भ किया।
2. गरीबी उन्मूलन की योजनाएँ एवं कार्यक्रम पिछले एक लम्बे समय से चल रही है। इन कार्यक्रमों और योजनाओं को समय के साथ संशोधित, परिवर्द्धित, विस्तारित एवं बेहतर किया गया है। लक्षित कार्यक्रम चार व्यापक संवर्गों के अन्तर्गत आते हैं – (अ) गरीबी उन्मूलन कार्यक्रम, अब आजीविका में शामिल; (ब) मजदूरी रोजगार कार्यक्रम अब मनेरगा योजना में शामिल; (स) सार्वजनिक वितरण प्रणाली; और (द) अन्य समाज कल्याण उन्मुख कार्यक्रम जैसे राष्ट्रीय सामाजिक सहायता कार्यक्रम एवं आम आदमी बीमा योजना।
3. भारत में गरीबी के विस्तार एवं उनकी प्रवृत्तियों के अनुमान लगाने हेतु कई प्रयास किये जा चुके हैं। ये अनुमान यद्यपि, तुलनीय नहीं हैं क्योंकि गरीबी रेखा को निर्धारित करने के लिए प्रयुक्त प्रविधि तथा निदर्शन के आधार में असमानता है।
4. 2011–12 के लिए मौजूदा आधिकारिक योजना आयोग के अनुसार गरीबी रेखा तेंदुलकर विशेषज्ञ समूह पद्धति के आधार पर राष्ट्रीय प्रतिदर्श सर्वेक्षण संगठन के मिश्रित सन्दर्भ अवधि (एमआरपी) उपभोग वितरण से निकाली गई है जो सम्पूर्ण भारत में ग्रामीण और शहरी जनसंख्या के लिए प्रति व्यक्ति प्रतिमाह क्रमशः रू. 816 एवं रू. 1000 है। रंगराजन विशेषज्ञ समूह द्वारा संशोधित मिश्रित सन्दर्भ अवधि (एमएमआरपी) के आधार पर अनुमानित गरीबी रेखाएँ ग्रामीण भारत के लिए 19 प्रतिशत और शहरी भारत के 41 प्रतिशत से अधिक है।

5. रंगराजन विशेषज्ञ समूह की रिपोर्ट के अनुसार, 2011–12 में, ग्रामीण क्षेत्रों में गरीबी अनुपात 39.9 प्रतिशत और शहरी क्षेत्रों में 26.4 प्रतिशत था और ग्रामीण क्षेत्रों में 26.05 करोड़ तथा शहरी क्षेत्रों में 10.25 करोड़ लोग गरीबी रेखा से नीचे थे। यह तेन्दुलकर विशेषज्ञ समूह रिपोर्ट के अनुसार ग्रामीण और शहरी क्षेत्रों के लिए क्रमशः 21.67 करोड़ और 5.31 करोड़ अनुमान के विपरीत है।
6. एनएसएसओ के अखिल भारतीय रोजगार एवं बेरोजगारी सर्वेक्षण राष्ट्रीय एवं राज्य स्तर पर श्रम बाजार आँकड़ों के प्राथमिक स्रोत हैं। रोजगार और बेरोजगारी पर एनएसएस सर्वेक्षण, परिवारों के बड़े प्रतिदर्श के साथ प्रति पाँच वर्ष में आयोजित किए जाते हैं। 2015 में, एनएसएसओ द्वारा रोजगार और बेरोजगारी पर ऐसे नौ व्यापक सर्वेक्षण किए गए।
7. एनएसएसओ आँकड़ों के अनुसार, 1999–2000 से 2004–05 के बीच, सामान्य स्थिति (यूएस) के आधार पर रोजगार 39.80 करोड़ में 5.99 करोड़ बढ़कर 45.79 करोड़ की तुलना में श्रमशक्ति 40.70 करोड़ में 6.2 करोड़ व्यक्ति बढ़कर 46.90 करोड़ हो गया। 2004–05 से 2009–10 के दौरान धीमी प्रगति की अवधि के बाद, 2009–10 से 2011–12 के दौरान रोजगार सृजन बढ़ा है, जिसमें श्रमशक्ति में 1.39 करोड़ व्यक्ति सम्मिलित हुए, लेकिन श्रमशक्ति में वृद्धि के साथ इसका कोई तालमेल नहीं है (1.49 करोड़ व्यक्ति)।
8. एनएसएसओ के 55वें और 61वें दौर के अनुसार भारत के ग्रामीण क्षेत्रों और शहरी क्षेत्रों में बेरोजगारी दर क्रमशः पुरुषों और महिलाओं दोनों के लिए शहरी क्षेत्रों की तुलना में ग्रामीण क्षेत्रों में कम थी। ग्रामीण क्षेत्रों में, पुरुषों की बेरोजगारी दर महिलाओं की तुलना में अधिक थी।
9. हाल ही में, रोजगार के स्वरूप में संरचनात्मक बदलाव हुए है। पहली बार, कुल रोजगार में प्राथमिक क्षेत्र की हिस्सेदारी आधे से नीचे गिरी है (वर्ष 2004–05 में 58.5 प्रतिशत से घटकर 2011–12 में 48.9 प्रतिशत), जबकि द्वितीयक और तृतीयक क्षेत्रों में रोजगार 2004–05 में क्रमशः 18.1 प्रतिशत और 23.4 प्रतिशत थी जो 2011–12 में बढ़कर क्रमशः 24.3 प्रतिशत और 26.8 प्रतिशत हो गई। कुल रोजगार में 52.2 प्रतिशत हिस्सेदारी के साथ स्वरोजगार ने अपना प्रभुत्व बनाए रखा है।
10. भारत में गुणवत्तापूर्ण रोजगार सृजन की गति के लिए एक बड़ी बाधा कुल रोजगार में विनिर्माण क्षेत्र की कम भागीदारी है। यद्यपि, एनएसएसओ के 68वें दौर (2011–12) के आँकड़ों के अनुसार, विनिर्माण क्षेत्र में रोजगार वृद्धि 2009–10 में 11 प्रतिशत से बढ़कर 2011–12 में 12.6 प्रतिशत हो गई। यह महत्वपूर्ण है कि राष्ट्रीय विनिर्माण नीति 2011 ने 2022 तक 10 करोड़ नौकरियों को निर्मित करने का लक्ष्य रखा है। रोजगार सृजन के परिप्रेक्ष्य से सूक्ष्म, लघु एवं मध्यम उद्योग की वृद्धि को बढ़ावा देना महत्वपूर्ण है।
11. गरीबी उन्मूलन कार्यक्रमों का मुख्य लक्ष्य कमजोर वर्गों की सहायता, स्वरोजगार और मजदूरी रोजगार के माध्यम से उनकी आय को बढ़ाना था, जिससे वे गरीबी एवं पिछड़ेपन की समस्याओं का प्रत्यक्ष रूप से सामना कर सकें।
12. सार्वजनिक वितरण प्रणाली सभी कार्यक्रमों में सम्भवतः सबसे पुरानी योजना है जो भारत में विशेष रूप से गरीबों के लिए खाद्यान्न सुरक्षा को सुरक्षित करने हेतु बनायी गई थी। यह सम्भवतः विश्व की सबसे बड़ी खाद्य वितरण प्रणाली है सार्वजनिक वितरण प्रणाली का मूल उद्देश्य लोगों को उचित मूल्य पर आवश्यक वस्तुओं को उपलब्ध कराना है जिससे उन्हें मुद्रास्फीति के विरुद्ध सुरक्षा प्राप्त हो सके। सभी लोगों विशेषकर गरीबों की खाद्य सुरक्षा सुनिश्चित करने के लिए संसद द्वारा 12 सितम्बर 2013 को राष्ट्रीय खाद्य सुरक्षा अधिनियम के नाम से एक विधायन पास किया गया था। इस कानून का लक्ष्य सार्वजनिक वितरण प्रणाली के माध्यम से भारत के 1.2 अरब लोगों के लगभग दो तिहाई लोगों को खाद्यान्न सहायता प्रदान करना है।

13. सार्वजनिक वितरण प्रणाली के प्रभाव का अध्ययन करने के लिए विभिन्न प्रयास किये गये हैं। गुलाटी (1989) ने पाया कि गरीबों और कुपोषितों के पोषण स्तर पर सार्वजनिक वितरण प्रणाली का सकारात्मक प्रभाव पड़ा है। योजना आयोग द्वारा 1995 में सम्पादित अध्ययन में सार्वजनिक वितरण प्रणाली के क्रियान्वयन में अनेक कमियों की पहचान की गई। बड़े पैमाने पर खाद्यान्नों की उचित मूल्य की दुकानों से काला बाजारी को लेकर सार्वजनिक वितरण प्रणाली की आलोचना की जाती है।
14. अब एकीकृत ग्रामीण विकास कार्यक्रम और स्वर्णजयंती ग्राम स्वरोजगार योजना सहित सभी स्वरोजगार कार्यक्रमों को राष्ट्रीय ग्रामीण आजीविका मिशन (एनआरएलएम) अथवा आजीविका में शामिल कर लिया गया है जो जून 2011 में प्रारम्भ हुआ था। एनआरएलएम ने पूर्ववर्ती कार्यक्रमों के क्रियान्वयन प्रमुखतः एसजीएसवाई की सफलताओं और विफलताओं तथा ग्रामीण आजीविका क्षेत्र में प्रमुख राज्यों की पहल से सीख ली है।
15. एनआरएलएम तीन स्तम्भों पर काम करता है– गरीबों की विद्यमान आजीविका विकल्प को सुधारना तथा विस्तार करना; बाहर के रोजगार बाजार के लिए कौशल निर्माण; और स्व–रोजगार एवं उद्यमशीलता का पोषण करना। एनआरएलएम का क्रियान्वयन मिशन मोड में किया जाता है। यह सुविधा वर्तमान आवंटन आधारित रणनीति से एक मांग आधारित रणनीति में बदलेगी, राज्यों को अपनी आजीविका–आधारित गरीबी उन्मूलन कार्य योजनाओं को बनाने में सक्षम करेगी। यह लक्ष्य, परिणामों को समय पर हासिल किए जाने पर ध्यान केन्द्रित करेगी।
16. देश के ग्रामीण क्षेत्रों में अधिकांश गरीब मुख्य रूप से मजदूरी पर अकुशल श्रम के माध्यम से कमाते हैं। वे अक्सर निर्वाह के निम्न जीवन स्तर पर होते हैं और क्षणिक रूप से अत्यंत गरीबी से डूबने की संभावना अधिक होती है। गरीबी और बेरोजगारी के संदर्भ में मजदूर रोजगार कार्यक्रम अकुशल श्रमिकों को सार्वजनिक कार्यों जैसे कि सिंचाई की अधोसंरचना, पुनर्निर्माण, भूसंरक्षण और सड़क निर्माण आदि पर अल्पकालिक रोजगार प्रदान करते हैं। केन्द्रीय और राज्य सरकारों द्वारा समय–समय पर कई मजदूरी–आय कार्यक्रम शुरू किये है।
17. अब सभी केंद्र–प्रायोजित मजदूरी–आय कार्यक्रमों को मनरेगा में शामिल किया गया है, जिसको कानूनी ढांचे और अधिकार आधारित दृष्टिकोण से 5 सितंबर, 2005 को अधिसूचित किया गया था। इसका लक्ष्य प्रत्येक ग्रामीण परिवार के वयस्क सदस्यों को अकुशल आकस्मिक कार्य के लिए एक वित्तीय वर्ष में कम से कम 100 दिन के मजदूरी की गारंटी प्रदान करके आजीविका की सुरक्षा को बढ़ाना है। 2 फरवरी, 2006 को इस अधिनियम के प्रथम चरण में 200 जिलों को शामिल किया गया और बाद के चरणों में देश के सभी ग्रामीण जिलों तक इसे विस्तारित कर दिया गया।
18. 2006 में इसकी शुरूआत से ही, ग्रामीण परिवारों को मजदूरी के भुगतान के रूप में लगभग रू. 1290 अरब प्रत्यक्ष रूप से वितरित किये गए थे, रोजगार के 1348 करोड़ श्रम दिवस सृजित किये गए हैं, औसत रूप से, वर्ष 2008 के पश्चात्, प्रत्येक वर्ष 5 करोड़ परिवारों को रोजगार प्रदान किया गया है। कुल सृजित श्रम दिवसों में 51 प्रतिशत अनुसूचित जाति और अनुसूचित जनजाति के हैं और कुल सृजित श्रम दिवसों में 47 प्रतिशत महिलाएं हैं।
19. मनरेगा योजना के 130 से अधिक मूल्यांकन अध्ययनों के एक संकलन से पता चला कि, अन्य बातों के साथ–साथ मनरेगा आय के एक पूरक स्रोत के रूप में महत्वपूर्ण है और इसकी आय का उपयोग ग्रामीण परिवारों द्वारा अपने स्वयं के उद्यम को शुरू करने के लिए किया गया था, जिसने ग्रामीण परिवारों की मासिक प्रति व्यक्ति उपभोग व्यय में उल्लेखनीय वृद्धि का कारण बना दिया है, मनरेगा अपने अंतर्वस्तु दृष्टिकोण से सार्वजनिक निवेश का अनुकूलन करने के उद्देश्य से विभिन्न कार्यक्रमों के साथ अभिसरण

का अवसर खोलता है, आर्थिक वृद्धि और अन्य कारणों से किए गए पलायन की तुलना में विपत्ति के समय पलायन को कम करने में मनरेगा का अधिक प्रत्यक्ष और सकारात्मक प्रभाव पड़ा है।

20. स्वरोजगार एवं मजदूरी रोजगार कार्यक्रमों के अतिरिक्त कई समाज कल्याण उन्मुख कार्यक्रम भी देश में शुरू किये गए हैं। जिसमें राष्ट्रीय सामाजिक सहायता कार्यक्रम, आम आदमी बीमा योजना, राष्ट्रीय स्वास्थ्य बीमा योजना, प्रधानमंत्री जनधन योजना एवं अटल पेंशन योजना सम्मिलित है।

चर्चा के लिए प्रश्न

1. गरीबी एवं बेरोजगारी अन्तर्सम्बन्धित समस्याएँ हैं एवं इनके दो–तरफा सम्बन्ध हैं, जो एक दूसरे का कारण एवं प्रभाव दोनों हो सकता है, इसको उदाहरण सहित स्पष्ट करें।
2. भारत में वर्तमान गरीबी एवं बेरोजगारी की स्थिति के बारे में एक आलोचनात्मक लेख लिखिए।
3. योजना काल के आरम्भ से समय–समय पर भारत में आरम्भ की गई गरीबी एवं बेरोजगारी की अनेकानेक समस्याओं के बावजूद, क्यों ये दो समस्याएँ अभी भी अनिर्णीत हैं?
4. सार्वजनिक वितरण प्रणाली की वर्तमान क्रियान्विति पर एक आलोचना लिखिये एवं इसके उद्देश्यों की प्राप्ति के लिए बेहतर क्रियान्वयन हेतु उपाय सुझाएँ।
5. भारत में गरीबी की समस्या के समाधान के एक साधन के रूप में आजीविका पर एक आलोचना लिखिये।
6. महात्मा गांधी राष्ट्रीय रोजगार गारण्टी योजना की गरीबी एवं बेरोजगारी की समस्या उन्मूलन के उपकरण के रूप में क्या समस्याएँ एवं सम्भावनाएँ हैं?

परिशिष्ट 10.1

एनआरएलएम से पूर्व गरीबी उन्मूलन कार्यक्रम

एकीकृत ग्रामीण विकास कार्यक्रम (एग्राविका)

एग्राविका सबसे महत्त्वपूर्ण कार्यक्रम था जो स्वरोजगार कार्यक्रम की श्रेणी में आता था। एग्राविका देश के सभी विकासखण्डों में चलने वाला एकमात्र सबसे बड़ा गरीबी उन्मूलन कार्यक्रम था। इसको 1978–79 में देश के चयनित 2,300 विकासखण्डों में आरम्भ किया गया तथा इसे बढ़ाकर 2 अक्टूबर 1980 से देश के सभी विकासखण्डों में आरम्भ किया गया। इसका उद्देश्य ग्रामीण गरीबों को आय सृजन करने वाली परिसम्पत्तियाँ और स्वरोजगार के अवसर प्रदान करना था, जिससे कि उनको गरीबी की रेखा से ऊपर सदैव के लिए उठाया जा सके। एग्राविका, यथार्थ में, ग्रामीण गरीबों के पक्ष में परिसम्पत्तियों के पुनर्वितरण तथा रोजगार के अवसरों को प्राप्त करने का प्रयत्न था जिससे आय असमानता को कम किया जा सके। यह एक केन्द्रीय वित्त पोषित कार्यक्रम था जो केन्द्र एवं राज्य के मध्य 50:50 के अनुपात के आधार पर वित्त पोषित होता था। एग्राविका हितग्राहियों को व्यवहार्य विनियोजनीय परियोजनाओं के माध्यम से सहायता प्रदान की जाती था जो कि आंशिक रूप से वित्तीय अनुदान एवं आंशिक रूप से बैंक ऋण से प्राप्त होती था। वित्तीय अनुदान विभिन्न दरों पर 25 प्रतिशत से 50 प्रतिशत के कार्यक्रम की लागत मूल्य पर प्रदान किया जाता था जो कि सूखा प्रभावित क्षेत्र कार्यक्रम में रु. 5,000 एवं गैर सूखा प्रभावित क्षेत्र कार्यक्रम में रु. 4,000, अनुसूचित जाति/अनुसूचित जनजाति अथवा विकलांग हितग्राहियों के लिए यह सीमा रु. 6,000 की अधिकतम सीमा में थे।

एग्राविका का क्रियान्वयन जिला स्तर पर जिला ग्रामीण विकास अभिकरण नामक एक स्वायत्त प्राधिकरण की स्थापना से किया गया। राष्ट्रीय स्तर पर ग्रामीण क्षेत्र एवं रोजगार मन्त्रालय के ग्रामीण रोजगार एवं गरीबी उन्मूलन

विभाग को एग्राविका के केन्द्रीय अंशदान जारी करने, नीति निर्माण, सम्पूर्ण निर्देशन, मार्गदर्शन, संयोजन, देखरेख एवं मूल्यांकन की जिम्मेदारी सौंपी गई।

ग्रामीण विकास मन्त्रालय ने एग्राविका के कार्यक्रम की प्रभावशाली देखरेख के लिए सतत मूल्यांकन एवं प्रभाव मूल्यांकन अध्ययन प्रदान किये। राज्य सरकारों को यह परामर्श दिया गया कि वे समय समय पर मूल्यांकन अध्ययन करवाये जिससे कि कार्यक्रम के प्रभाव का पता लगाया जा सके एवं यह मापा जा सके कि किस स्तर तक हितग्राहियों को कार्यक्रम के अन्तर्गत किये गये निवेश से प्रत्यक्ष अतिरिक्त आय एवं रोजगार का सृजन हुआ। राज्य सरकारें अपनी मूल्यांकन मशीनरी का उपयोग जहाँ कहीं भी यह व्यवहार्य हो सतत मूल्यांकन एवं प्रभाव अध्ययनों हेतु कर सकते थे अथवा इस कार्य को चयनित अकादमिक/अनुसन्धान संस्थाएँ जिनकी इस क्षेत्र में विशेषज्ञता हो, सौंप सकते थे।

एग्राविका के मूल्यांकन के लिए अखिल भारतीय स्तर के कई अध्ययन नाबार्ड, भारतीय रिजर्व बैंक, योजना आयोग के कार्यक्रम मूल्यांकन संगठन तथा वित्तीय प्रबन्धन एवं अकादमिक संस्थानों द्वारा सम्पन्न किये गये। भारतीय संसद की लोकलेखा समिति ने एग्राविका को पुनर्आकार प्रदान करने के लिए अपने प्रतिवेदन में कुछ सुझाव प्रस्तुत किये। लोकलेखा समिति के प्रतिवेदन ने एग्राविका की प्रमुख कमियों पर निम्नलिखित बिन्दु प्रस्तुत किये (हिरवे 1988):

1. प्रति व्यक्ति निवेश (ऋण एवं अनुदान) इतना कम था कि वह हितग्राही की आय को इस स्तर पर नहीं ला सकता जहाँ से वह परिवार गरीबी रेखा से ऊपर आ सके,
2. विभिन्न आय सृजन की गतिविधियों के लिए अधोसंरचना की अपर्याप्तता,
3. जिला ग्रामीण विकास अभिकरण के शासी निकाय में सम्बन्धित अभिकरणों का अपर्याप्त प्रतिनिधित्व, एवं
4. कार्यक्रम में जनसहभागिता की अनुपस्थिति।

एग्राविका के अन्तर्गत दिये जाने वाले अनुदान को लेकर राजनीतिज्ञों का ध्यान आकर्षित हुआ है क्योंकि वे इन अनुदानों को अपने वर्तमान या सम्भावित समर्थकों की तरफ मोड़ देना चाहते थे। इसकी वजह से कर्ज की पुनर्वापसी की दर में कमी हुई थी, चूंकि लाभान्वितों का समूह यह जानता था कि उनको राजनीतिक सहयोग प्राप्त था। इसका अर्थ यह भी था कि लाभान्वितों का बड़ा हिस्सा 'गरीबी रेखा से नीचे' रहने वाला नहीं था।

निम्न स्तर के कर्मचारियों पर अनाचार व्यापक स्तर पर था। कुछ क्षेत्रों के सर्वेक्षण यह इंगित करता था कि बैंक अधिकारियों द्वारा अनौपचारिक शुल्क के रूप में 10 प्रतिशत की कटौती की जाती थी। अन्य स्थानों में, कई तरीके जैसे त्वरित धन देने के लिए आर्थिक सहायता के 20 प्रतिशत भाग को शुल्क रूप में लिया जाता था। कुछ क्षेत्रों में अन्य प्रकार का भ्रष्टाचार प्रचलन में था जिसमें अधिकारी और स्थानीय मध्यस्थ के बीच साँठ–गाँठ से लाभान्वितों से कुछ रुपये लेकर उनको इस बात की अनुमति देते थे कि वे सम्पत्ति की लागत से ज्यादा कीमत को बीजक में दर्ज कर सकें तथा इस लूट को स्थानीय अधिकारी के साथ बाँट लेते थे। यह प्रचलन नियमों के विरुद्ध था, जिसमें विशेषीकृत सम्पत्ति को मध्यस्थता द्वारा न देकर, आपूर्तिकर्ता अनुमोदन द्वारा करवाया जाये।

स्वरोजगार के लिए ग्रामीण युवाओं को प्रशिक्षण (ट्रायसेम)

1979 में एक विशेष योजना ट्रायसेम का निर्माण किया गया, जिसका मुख्य उद्देश्य ग्रामीण युवाओं में बेरोजगारी में कमी करना था। ट्रायसेम, एग्राविका का अनिवार्य हिस्सा था एवं आयु–समूह 18–35 वर्ष के ग्रामीण युवाओं को आवश्यक दक्षताओं से वेष्ठित करने से सन्दर्भित था जिससे कि वे स्वरोजगार की ओर प्रेरित हो सके। गरीबी रेखा के नीचे का कोई भी ग्रामीण युवक इसके लिए चयन की पात्रता रखता था किन्तु अनुसूचित जाति, अनुसूचित जनजाति और महिला उम्मीदवारों को इसके चयन में प्राथमिकता दी जाती थी। ट्रायसेम प्रशिक्षण सुस्पष्ट ढंग से व्यापार पर केन्द्रित थी जिससे उत्पाद क्षमता माँग होती थी तथा यह सतत एग्राविका परियोजनाओं की ओर प्रवृत्त हो सकता थी।

ट्रायसेम के एक मूल्यांकन अध्ययन में जिसमें 6,686 लाभार्थियों को प्रतिचयन में सम्मिलित किया गया से निम्नलिखित निष्कर्ष निकले – कुल लाभार्थियों में से 54 प्रतिशत महिलाएँ शामिल थी, जो ट्रायसेम लाभार्थियों में मानक के अनुरूप निर्धारित संख्या 40 प्रतिशत से अधिक है। जाति के आधार पर विभाजन देखने से यह पता चलता था कि कुल लाभार्थियों में 32 प्रतिशत अनुसूचित जाति से तथा 21 प्रतिशत अनुसूचित जनजाति से सम्बन्धित थे (जबकि कार्यक्रम के मापदण्ड के अनुरूप कुल लाभार्थियों में 50 प्रतिशत ही अनुसूचित जाति अथवा जनजाति से सम्बन्धित होना चाहिए)। ट्रायसेम के अन्तर्गत प्रशिक्षण के उपरान्त लाभार्थियों के रोजगार स्तर में 20 प्रतिशत की वृद्धि हुई थी। लगभग 15 प्रतिशत ने अपने स्वयं के रोजगार आरम्भ करने का साहस दिखाया। केवल 26 प्रतिशत लोगों ने कुछ राजकीय सहायता/छूट प्राप्त की। 80 प्रतिशत से अधिक ट्रायसेम लाभार्थी प्रशिक्षण की गुणवत्ता तथा प्रशिक्षण के दौरान दी गई वृत्ति से सन्तुष्ट थे।

ग्रामीण क्षेत्रों में महिला एवं बाल विकास (ड्वाकरा)

ग्रामीण क्षेत्रों में महिला एवं बाल विकास कार्यक्रम 1982 में शुरु किया गया जो एग्राविका का एक भाग था। इसका लक्ष्य गरीबी रेखा से नीचे जीवन यापन कर रही ग्रामीण महिलाओं को सतत आय सृजन गतिविधियों के माध्यम से स्वरोजगार से संगठित करते हुए सशक्त करना था। यह अपनी तरह का पहला कार्यक्रम था जो विशेष रूप से ग्रामीण महिला के जीवन के स्तर को सुधारने पर केन्द्रित था। ड्वाकरा की एक बेजोड़ विशेषता अन्य एग्राविका के अवयवों के विपरीत यह थी कि यह आय में सुधार के साथ स्वास्थ्य सुविधाओं, शिक्षा, सुरक्षित पेयजल, स्वच्छता, पोषण आदि पर भी ध्यान देती थी। इस प्रकार से, इसका एकमात्र लक्ष्य आर्थिक विकास में प्रोत्साहन देना नहीं था बल्कि सामाजिक विकास भी प्रशस्त करना था। इस कार्यक्रम की अन्य महत्त्वपूर्ण विशेषता यह थी कि इसने समूह क्रियाकलापों पर जोर दिया। यह सोचा गया था कि दीर्घकाल में, महिला सशक्तिकरण एक आन्दोलन पर निर्भर करता है जो जागरूकता तथा आत्मनिर्भरता को बढ़ावा दे।

ड्वाकरा के मूल्यांकन अध्ययन से यह पता लगा कि इसका रोजगार और समूह क्रियाकलापों पर प्रत्यक्ष और सार्थक प्रभाव रहा था। 93 प्रतिशत महिला हितग्राहियों ने कहा कि ड्वाकरा ने उनके भीतर एक स्वरोजगार की चाहत जगायी जबकि 89 प्रतिशत महिला हितग्राहियों का मानना था कि ड्वाकरा ने उनकी आय में वृद्धि की थी। ड्वाकरा का बचत, आर्थिक स्थिति एवं सामाजिक प्रतिष्ठा पर दृश्य प्रभाव होता था लेकिन इसका स्वास्थ्य, स्वच्छता, पेयजल एवं बच्चों की शिक्षा जो कि सामान्यतः सामुदायिक सेवाओं पर इसका प्रभाव कम रहा।

स्वर्णजयन्ती ग्राम स्वरोजगार योजना

एग्राविका के साथ उसके सहायक कार्यक्रमों को जोड़ कर तथा पुनः संरचित कर अप्रैल 1999 में स्वर्णजयन्ती ग्राम स्वरोजगार योजना के नाम से एकल स्वरोजगार कार्यक्रम आरम्भ किया गया। स्वर्णजयन्ती ग्राम स्वरोजगार योजना का मूल उद्देश्य बैंक ऋण और सरकारी अनुदान के माध्यम से आय सर्जक परिसम्पत्तियाँ उपलब्ध कराकर सहायता प्राप्त ग्रामीण परिवारों को गरीबी रेखा से ऊपर लाना था। इस कार्यक्रम के मध्य में गरीबी को कम करने के लिए सामाजिक लामबन्दी की प्रक्रिया के माध्यम से तृणमूल स्तर पर गरीबों के लिए संगठनों की स्थापना की गई थी। स्वर्णजयन्ती ग्राम स्वरोजगार योजना का दृष्टिकोण महिला स्वयं सहायता समूह पर आधारित थी जो महिला सशक्तिकरण के लिए वित्तीय माध्यमों और साधनों का कार्य करते थे। ऐसे संगठनों के निर्माण में गैरसरकारी संस्थाओं से मदद की अपेक्षा थी। एग्राविका की तुलना में इस कार्यक्रम में समुदाय को सम्मिलित करने पर ज्यादा जोर दिया गया।

इस कार्यक्रम को समग्र स्व–शासित कार्यक्रम की तरह सोचा गया, जिसमें ग्रामीण गरीबों के स्वरोजगार के समस्त पहलू जैसे – स्वयं सहायता समूहों में गरीबों को संगठित करना, उनकी क्षमता निर्माण करना, मूल गतिविधियों का चयन करना, क्रियाकलाप समूहों की आयोजना, अधोसंरचना निर्माण और तकनीकी तथा बाजार को सहयोग सम्मिलित था। इस कार्यक्रम का लक्ष्य गरीबों के कौशल और प्रत्येक क्षेत्र की कार्यक्षमता के आधार पर ग्रामीण क्षेत्रों में बड़ी संख्या में लघु उद्यमों की स्थापना करना था। स्वर्णजयन्ती ग्राम स्वरोजगार योजना के अन्तर्गत

सहायता सरकार द्वारा आर्थिक अनुदान के रूप में बैंकों के द्वारा ऋण के रूप में दी जाती थी। स्वर्णजयन्ती ग्राम स्वरोजगार योजना में ऋण एक महत्त्वपूर्ण घटक है तथा आर्थिक सहायता एक गौण तथा प्रारम्भ करने वाला कारक था। इसलिए, एग्राविका की तुलना में स्वर्णजयन्ती ग्राम स्वरोजगार योजना में बैंकों की व्यापक भागीदारी की परिकल्पना की गई थी जिनमें परियोजना प्रतिवेदन के नियोजन की तैयारी क्रियाशील समूहों के पहचान, स्वयं सहायता समूहों की कार्य की पसन्दगी, व्यक्तिगत लाभार्थियों का चयन तथा ऋण की वसूली सहित ऋण के बाद की निगरानी सम्मिलित होती थी। इस कार्यक्रम के प्रभावी क्रियान्वयन के लिए जिला ग्रामीण विकास अभिकरण, राज्य सरकारों के अनुक्रम विभागों, बैंकों, गैर सरकारी संस्थाओं और पंचायत राज संस्थाओं को आवश्यक रूप से एक दूसरे के साथ जोड़ा गया था। इस कार्यक्रम में कमजोर समूहों के लिए सुरक्षा उपाय अन्तर्निहित है। अतः, स्वर्णजयन्ती ग्राम स्वरोजगार योजना का मुख्य सिद्धान्त अग्रानुसार था– (अ) मुख्य गतिविधियाँ, (ब) समूह दृष्टिकोण, (स) समूह पद्धति। इसमें प्रथम गतिविधियों की संख्या को कम करता है; द्वितीय, यह कुछ समीपस्थ अथवा चयनित गाँवों के भौगोलिक फैलाव तक संकुचित रहता है तथा तृतीय यह बड़ी संख्या में व्यक्तिगत लोगों से सीमित संख्या के समूहों के उपभोक्ताओं तक सीमित होती है। इन सभी से यह अपेक्षित है कि यह अनुसरण के दबाव को कम करेगी तथा पश्चगामी एवं अग्रगामी संयोजन प्रदान करने के लिए प्रशिक्षण एवं शिक्षा प्रदान करेगें।

योजना के क्रियान्वयन को केन्द्र एवं राज्यों के बीच 75:25 के अनुपात में वित्त पोषण के आधार पर किया जाता है। स्वयं सहायता समूहों की संख्या में बहुत तीव्र गति से वृद्धि हो रही है, अप्रैल 1999 से लेकर दिसम्बर 2007 तक 27.37 लाख समूहों का निर्माण हुआ तथा कुल 19,340.32 करोड़ रुपये के कुल परिव्यय के साथ 93.21 लाख स्वरोजगारियों को सहायता प्राप्त हुई।

2006–07 में कुल निवेश (ऋण सह अनुदान) में 3850 करोड़ रुपये अपेक्षित थे। यह निवेश सहायता प्राप्त प्रति परिवार के लिए लगभग 25,000 रुपये है। मूल्यांकन अध्ययनों से यह पता चलता है कि केवल एक चौथाई सहायता प्राप्त परिवार ही गरीबी रेखा के स्तर को पार कर सके हैं। केन्द्र और राज्य सरकारों द्वारा वर्ष 2006–07 में स्वर्णजयन्ती ग्राम स्वरोजगार योजना के लिए 1466 करोड़ रुपये (अनुदान के लिए 66 प्रतिशत, आवर्ती कोष के लिए 12 प्रतिशत, अधोसंरचना के लिए 12 प्रतिशत आदि) निर्धारित किया गया था।

आन्ध्र प्रदेश, केरल और तमिलनाडु में स्वयं सहायता समूहों का सकारात्मक एवं सार्थक प्रभाव रहा है जबकि अत्यधिक गरीब राज्यों यथा बिहार, उड़ीसा और उत्तरप्रदेश में इनकी उपस्थिति नहीं के बराबर रही है। इनके कमजोर प्रदर्शन के अधिकांश उत्तरदायी कारणों की सम्बद्धता आपूर्ति व्यवस्था से रही है। इन नियोजन एवं क्रियान्वयन प्रक्रियाओं में तदर्थवाद, आपूर्ति व्यवस्था की अपर्याप्त पहुँच, गरीबों के ऋण वितरण को लेकर बैंकों का नकारात्मक रवैया एवं जीविकोपार्जन मुद्दों की जटिलता की समझ एवं प्रोत्साहन की कमी है। समूह दृष्टिकोण कई राज्यों में गैर–आरम्भिक रही है। जिला ग्रामीण विकास अभिकरण तथा राज्य सरकार के अनुक्रम विभाग हितग्राहियों को गैर–ऋण आगत प्रदान करने में असफल रहे हैं। इन सबसे ऊपर, कार्यक्रम में एक लैंगिक दृष्टिकोण का निर्माण स्पष्टतः अनुपस्थित रहा है।

परिशिष्ट 10.2

मनरेगा से पूर्व मजदूरी रोजगार योजनाएँ

कार्य के बदले अनाज योजना

यह योजना अस्थायी रूप से रोजगार के लिए मजदूरी के रूप में अनाज प्रदान करने की योजना थी। इसका उद्देश्य प्राकृतिक संकटों जैसे सूखा और बाढ़ से प्रभावित ग्रामीण लोगों को रोजगार और खाद्य सुरक्षा को सुनिश्चित करना था। एक नया कार्यक्रम राष्ट्रीय काम के बदले अनाज योजना नवम्बर 2004 में 150 अत्यधिक पिछड़े जिलों में आरम्भ की गई। यह शत प्रतिशत केन्द्र प्रायोजित कार्यक्रम था। इसका लक्ष्य आवश्यकता आधारित आर्थिक,

सामाजिक और सामुदायिक सम्पत्तियों के सृजन से सम्पूरक मजदूरी रोजगार सृजित करना तथा खाद्य सुरक्षा को प्रदान करना था।

जवाहर रोजगार योजना

जवाहर रोजगार योजना पंचायती राज संस्थाओं के माध्यम से देश के सभी गाँवों में क्रियान्वित होने वाला सबसे बड़ा मजदूरी रोजगार कार्यक्रम था। जवाहर रोजगार योजना को अप्रैल 1989 में आरम्भ किया गया, इसको मजदूरी रोजगार कार्यक्रम के अन्तर्गत चल रहे दो कार्यक्रयों यथा – राष्ट्रीय ग्रामीण रोजगार कार्यक्रम तथा ग्रामीण भूमिहीन रोजगार गारंटी कार्यक्रम को मिलाकर आरम्भ किया गया। जवाहर रोजगार योजना का प्रमुख उद्देश्य कृषि मौसम के खाली समय में ग्रामीण क्षेत्रों के बेरोजगार एवं अल्प रोजगार वाले लोगों को अतिरिक्त लाभ अर्जित करने वाला रोजगार प्रदान करना था। जवाहर रोजगार योजना गरीबी की रेखा के नीचे जीवन यापन करने वाले लोगों पर लक्षित था। इस कार्यक्रम का व्यय केन्द्र एवं राज्य सरकारों के मध्य 80:20 के अनुपात में बाँटा गया।

जवाहर रोजगार योजना ने विद्यालयों, भवनों, सड़कों एवं अन्य अधोसंरचनात्मक सुविधाओं के रूप में स्थायी प्रकृति की परिसम्पत्तियों के निर्माण में योगदान दिया। तथापि, यह महसूस किया गया कि वह स्थिति आ चुकी है जब ग्रामीण अधोसंरचनात्मक विकास को नियोजित तरीके से करना होगा। इसी को ध्यान में रखते हुए जवाहर रोजगार योजना को 1999 में पुनः संरचित करते हुए जवाहर ग्राम समृद्धि योजना से नामकरण किया गया। इस योजना की प्रमुख विशेषताएँ अग्रानुसार थी:

1. ग्रामीण अधोसंरचना का निर्माण;
2. इस योजना का सम्पूर्ण क्रियान्वयन ग्राम पंचायत द्वारा;
3. जिला ग्रामीण विकास अभिकरण/जिला पंचायत द्वारा वित्त का ग्राम पंचायतों को सीधा हस्तान्तरण;
4. वार्षिक कार्य योजना के निर्माण का सम्पूर्ण प्राधिकार ग्राम पंचायतों में निहित करते हुए ग्रामसभा की सहमति के साथ इसका क्रियान्वयन;
5. योजनाओं की स्वीकृति हेतु ग्रामसभा का सशक्तिकरण;
6. मजदूरी–रोजगार गरीबी की रेखा के नीचे वाले परिवारों तक सीमित;
7. रोजगार के 30 प्रतिशत अवसर महिलाओं के लिए आरक्षित;
8. पंचायतों को प्रशासकीय शक्ति का प्रत्यायोजन जिससे कि माँग–आधारित ग्रामीण अधोसंरचना में मजदूरी–सामग्री का 60:40 अनुपात में समायोजन;
9. सामाजिक अंकेक्षण की जिम्मेदारी के लिए ग्रामसभाओं का अनुमोदन; एवं
10. जिला ग्रामीण विकास अभिकरण/जिला परिषद् समस्त निर्देशन, अधीक्षण एवं पर्यवेक्षण तथा आवर्ती सूचना की जिम्मेदारी के लिए अधिकृत।

सम्पूर्ण ग्रामीण रोजगार योजना

2001 में एक नयी योजना सम्पूर्ण ग्रामीण रोजगार योजना के नाम से आरम्भ की गई। इसमें सुनिश्चित रोजगार योजना, काम के बदले अनाज योजना और जवाहर ग्राम समृद्धि योजना की मुख्य विशेषताओं को समाहित करते हुए इसे बनाया गया। सम्पूर्ण ग्रामीण रोजगार योजना का मुख्य उद्देश्य पूर्ववत चल रहे रोजगार कार्यक्रमों की तरह, ग्रामीण क्षेत्रों में मजदूरी रोजगार प्रदान करना तथा आर्थिक परिसम्पत्तियों का सृजन करना है। इस योजना के अन्तर्गत, मजदूरी का भुगतान नगद और खाद्यान्न दोनों रूप में किया जाता है। इस योजना का क्रियान्वयन पंचायत राज संस्थाओं के माध्यम से होता है। इस योजना के अध्ययन से पता चलता है कि इसके माध्यम से प्रतिवर्ष प्रति लाभार्थी को केवल 29 दिन का रोजगार मिला है। सम्पूर्ण ग्रामीण रोजगार योजना की प्रमुख कमी मशीनों का अव्यवस्थित उपयोग, मजदूरी के कम भुगतान तथा खाद्यान्नों का अन्यत्र उपयोग था (भारत सरकार 2006ब)

रोजगार आश्वासन योजना

रोजगार आश्वासन योजना 2 अक्टूबर 1993 से आरम्भ की गई थी। इस योजना ने ग्रामीण गरीबों को प्रतिवर्ष 100 दिन का आश्वस्त रोजगार विशेषतः अभाव के समय के लिए सुनिश्चित किया। इसने स्थायी परिसम्पत्तियों के निर्माण के लिए सामग्री भी प्रदान की जो वृहद मात्रा में स्व–लक्षित थी यह समझते हुए कि केवल सर्वाधिक गरीब ही मूल न्यूनतम मजदूरी पर कार्य करने को स्वीकारेंगे। इस योजना में भुगतान के लिए खाद्यान्न का उपयोग न्यूनतम है एवं इसके नियम ठेकेदारों एवं बिचौलियों की संलग्नता को निषिद्ध करते हैं। लेकिन इस प्रावधान की व्यापक अवहेलना की गई एवं इसमें झूठे उपस्थिति पत्रक एवं अन्य अनियमितताएँ जुड़ी रहीं। कुछ अनुमान यह सुझाते हैं कि प्रशासकों एवं ठेकेदारों द्वारा की गई व्यापक धान्धलियों के कारण केवल 25 प्रतिशत राशि ही हकदार हितग्राहियों तक पहुँच पायी एवं शेष 75 प्रतिशत विभिन्न तरह के गलत माध्यमों से अदृश्य हो गई।

राष्ट्रीय काम के बदले अनाज योजना

भारत में आर्थिक वृद्धि में अन्तर्क्षेत्रीय असमानता को दूर करने एवं विकास के लिए ग्रामीण गरीबी और बेरोजगारी की चिरकालिक समस्याओं के उन्मूलन को दृष्टिगत रखते हुए योजना आयोग ने 2004–05 में एक नया कार्यक्रम राष्ट्रीय काम के बदले अनाज कार्यक्रम का निर्माण और आरम्भ किया। इसके लिए भारत में 150 अत्यधिक पिछड़े जिलों की पहचान की गई, जो गरीबी के अनुपात के आधार पर, अनुसूचित जाति / जनजाति जनसंख्या के अनुपात, प्रति श्रमिक कृषि उपज तथा कृषि मजदूरी पर आधारित थे। अधिकांश चिह्नित जिले अनुसूचित जनजाति बहुल जिले थे। राष्ट्रीय काम के बदले अनाज कार्यक्रम का मुख्य उद्देश्य आवश्यकता आधारित आर्थिक, सामाजिक और सामुदायिक सम्पत्तियों का निर्माण कर सम्पूरक मजदूरी रोजगार सृजित करना तथा खाद्य सुरक्षा प्रदान करना था। इसको अतिरिक्त स्रोत के माध्यम से अर्जित किया जाना था जो सम्पूर्ण ग्रामीण रोजगार योजना के देश के चयनित जिलों के लिए उपलब्ध वित्त के अतिरिक्त था। यह शत प्रतिशत केन्द्र प्रायोजित योजना थी। इसके लिए पाँच वर्षीय परिप्रेक्ष्य योजना प्रत्येक 150 जिलों के लिए बनायी गई।

ग्रामीण रोजगार की क्रैश योजना

1970 के प्रारम्भ में गरीबी पर प्रत्यक्ष आक्रमण करने के लिए एक योजनागत रणनीति पर जोर देते हुए, 1971 में ग्रामीण रोजगार की क्रैश योजना शुरु की गई जिसमें इस योजना से ग्रामीण क्षेत्रों में बेरोजगारी की वर्तमान दशा तथा कम रोजगार स्थिति में अतिरिक्त ग्रामीण कार्यों के माध्यम से जोड़ने से अतिरिक्त रोजगार सृजित करना था। रोजगार सृजन के सिवाय, इस योजना का अन्य उद्देश्य, ग्रामीण क्षेत्रों में स्थायी प्रकृति की लघु सिंचाई, भूमि विकास, सड़कें, वनीकरण, विद्यालय भवन और अन्य टिकाऊ परिसम्पत्तियों को सृजित करना था।

टिप्पणियाँ

1. http://aajeevika.gov.in/content/welcome-national-rural-livelihoods-mission-nr1m. (Accessed on October 5, 2015).
2. http://www.aajeevika.gov.in/ (Accessed on October 5, 2015).
3. योजना के विस्तार के लिए देखें, विवरणिका, प्रधानमंत्री जनधन योजना, वित्तीय सेवा विभाग, वित्त मंत्रालय, भारत सरकार (www.financialservices.gov.in).
4. https://data.gov.inicatalog/physical-and-financial-Progress-under-pardhan-mantri-gram-sadak-yojna-pmgsy-swamajayanti (Accessed on October 8, 2015); http://rural.nicin/netruralkuralisites/downloads/annual-report/Annual_Report_2014_ 15_English.pdf MoRD Annual Report 2014-15 (Accessed on October 8, 2015).

अध्याय 11

प्राकृतिक संसाधन एवं अधोसंरचनात्मक विकास कार्यक्रम

अध्ययन परिणाम

इस अध्याय को पढ़ने के पश्चात् विद्यार्थी यह जानने में समर्थ होंगे –

- भारत में समय-समय पर आरम्भ किये गये विविध प्राकृतिक संसाधन आधारित और अधोसंरचनात्मक विकास कार्यक्रमों को स्पष्ट करना;
- ग्रामीण विकास में प्राकृतिक संसाधनों और अधोसंरचना की भूमिका को पहचानना;
- प्रमुख प्राकृतिक संसाधन आधारित कार्यक्रमों जैसे - सूखा प्रभावित क्षेत्र कार्यक्रम, मरु विकास कार्यक्रम, समन्वित बंजर भूमि विकास कार्यक्रम, वर्षा प्रभावित क्षेत्रों के लिए राष्ट्रीय वाटरशेड विकास कार्यक्रम आदि की मुख्य विशेषताओं का वर्णन;
- राष्ट्रीय फसल बीमा कार्यक्रम और प्रायोगिक मौसम आधारित फसल बीमा योजना के मूल आधारों की उनकी विशेषताओं के साथ व्याख्या; एवं
- भारत में वर्तमान अधोसंरचना विकास कार्यक्रम जैसे इंदिरा आवास योजना (आईएवाय), प्रधानमंत्री ग्राम सड़क योजना (पीएमजीएसवाई), पुरा तथा आरआईडीएफ एवं राष्ट्रीय ग्रामीण स्वास्थ्य मिशन की मुख्य विशेषताओं का वर्णन।

परिचय

जैसा कि हमने अध्याय 5 में उल्लेख किया था, भूमि, जल, वन, खनिज, वायु और सौर विकिरण के प्राकृतिक संसाधन ग्रामीण विकास की प्रक्रिया में बहुत ही महत्त्वपूर्ण भूमिका निभाते हैं। प्रकृति माता से प्राकृतिक संसाधन निःशुल्क प्राप्त होते हैं जो आर्थिक वृद्धि की प्रक्रिया हेतु दो महत्त्वपूर्ण कार्य करते हैं, यथा उत्पादन प्रक्रिया को आगत प्रदान करना और उत्पादन प्रक्रिया में जनित अपशिष्टों को समाविष्ट करना। इसी तरह से, आधारभूत अधोसंरचना[1] जैसे सड़क, विद्यालय, स्वास्थ्य केन्द्र, बाजार, बिजली, जल आपूर्ति संरचना तथा परिवहन के साधन और संचार विकास की प्रक्रिया में महत्त्वपूर्ण भूमिका निभाते हैं जिनके द्वारा तकनीकी के शीघ्र फैलाव से बाजार और संस्थागत ऋणों तक ग्रामीणों की पहुँच बढ़ी है। कई शोध अध्ययनों से पता चला है कि आधारभूत अधोसंरचना में निवेश की औसत प्रतिफल की दर विशेषतः ग्रामीण सड़कों और सिंचाई सुविधाओं में सबसे ज्यादा हुई है। गरीबी के विस्तार को कम करने में बेहतर अधोसंरचनात्मक सुधार सहायक हुआ है; यहाँ पर गरीबी और अधोसंरचनात्मक विकास सूचकांक के मध्य में, विपरीत सम्बन्ध है (फेन, हजेल एवं हक 1998; सतीश 2007, 2–50)। प्राकृतिक संसाधनों के साथ, अधोसंरचना भारत की अर्थव्यवस्था का उत्पादन आधार स्थापित करती है। शहरी क्षेत्रों में प्रदत्त आधारभूत अधोसंरचना की तुलना में भारत के ग्रामीण क्षेत्र बहुत ही नुकसान में

रहे हैं। ग्रामीण विकास के लिए भारत के ग्रामीण क्षेत्रों में पर्याप्त, विश्वसनीय और अच्छे स्तर की अधोसंरचना के प्रावधान ग्रामीण विकास की पूर्वापेक्षा है। भारत सरकार देश के ग्रामीण क्षेत्रों में आधारभूत अधोसंरचना के प्रावधान की आवश्यकता को स्वीकार करती है तथा समय–समय पर इन उद्देश्यों के लिए बहुत से कार्यक्रम प्रारम्भ किये गये हैं। वृद्धि उन्मुख कार्यक्रम जैसे सघन जिला कृषि विकास कार्यक्रम एवं उच्च पैदावार किस्म कार्यक्रम, के लाभों के समृद्ध एवं पिछड़े क्षेत्रों के बीच असमान वितरण को 1970 के प्रारम्भ में आधिकारिक रूप से स्वीकार किया गया था। भारत के पिछड़े क्षेत्र प्राकृतिक संसाधनों एवं बुनियादी अधोसंरचना के मामले में अत्यन्त गरीब हैं, इसलिए सुधारात्मक कदम उठाते हुए कई क्षेत्र विशेष/प्राकृतिक संसाधन आधारित एवं अधोसंरचनात्मक विकास कार्यक्रम इन क्षेत्रों में प्रारम्भ किये गये।

इस अध्याय के प्रारम्भ में कुछ मुख्य प्राकृतिक संसाधन आधारित विकास कार्यक्रमों का विवरण प्रस्तुत किया जायेगा तत्पश्चात् भारत में समय–समय पर प्रारम्भ किये गये विभिन्न अधोसंरचनात्मक विकास कार्यक्रम की महत्त्वपूर्ण विशेषताओं को प्रस्तुत किया गया है। इस अध्याय का मुख्य उद्देश्य विद्यार्थियों को इन कार्यक्रमों की प्रमुख विशेषताओं, इनकी प्रभावशीलता तथा इन कार्यक्रमों के अनुभव से सीखे गये सबकों से परिचित कराना है।

प्राकृतिक संसाधन–आधारित कार्यक्रम

इस श्रेणी में आने वाले प्रमुख कार्यक्रमों का संक्षिप्त वर्णन अग्रानुसार है।

सूखा प्रभावित क्षेत्र कार्यक्रम (डीपीएपी)

सूखा प्रभावित क्षेत्रों में अभावग्रस्तता के प्रभाव को कम करने के लिए ग्रामीण निर्माण कार्यों एवं रोजगार सृजन के निष्पादन पर केन्द्रित एक ग्रामीण निर्माण कार्य कार्यक्रम 1970–71 में आरम्भ किया गया। तदनन्तर में, यह महसूस किया गया कि केवल ग्रामीण निर्माण कार्य कार्यक्रम इन लक्ष्यों की प्राप्ति में सहायता नहीं कर पाएगा। कार्यक्रम को एक क्षेत्र विकास दृष्टिकोण के आधार पर पुनर्विन्यसित किया जाना था एवं चतुर्थ पंचवर्षीय योजना के मध्यकाल मूल्यांकन के समय सूखा–प्रभावित क्षेत्र कार्यक्रम के रूप में पुनर्निर्दिष्ट किया गया। यह कार्यक्रम केवल उन्हीं क्षेत्रों तक सीमित था जो मूलतः ग्रामीण निर्माण कार्य कार्यक्रम हेतु लिये गये थे। इस कार्यक्रम के आधारभूत उद्देश्य निम्नानुसार हैं:

1. सूखे के प्रभाव की गम्भीरता को कम करना;
2. लोगों, विशेषतः समाज के कमजोर वर्गों की आय में स्थिरता लाना; एवं
3. पारिस्थितिकीय सन्तुलन को बहाल करना।

इस कार्यक्रम को संस्थापित करने वाले कुछ प्रमुख अवयव हैं:

1. जल संसाधनों का विकास एवं प्रबन्धन;
2. मृदा एवं आर्द्रता संरक्षण;
3. वनीकरण;
4. फसलीय पद्धति एवं चरागाह विकास की पुनर्संरचना;
5. कृषि–आर्थिक पद्धतियों में परिवर्तन;
6. पशुधन एवं दुग्ध विकास; तथा
7. छोटे कृषकों, सीमान्त कृषकों एवं कृषि श्रमिकों का विकास।

चतुर्थ पंचवर्षीय योजना के दौरान, सूखा प्रभावित क्षेत्र कार्यक्रम केन्द्र से शत–प्रतिशत वित्तीय सहायता प्राप्त केन्द्रीय क्षेत्र की योजना थी। पाँचवी योजना एवं इसके आगे यह योजना केन्द्र एवं राज्य के बीच वित्त के 50:50 अनुपात के आधार पर प्रचालित की गयी। छठी योजना में ग्रामीण विकास हेतु अपनायी गयी नयी रणनीति के अन्तर्गत सूखा प्रभावित क्षेत्र कार्यक्रम का एकीकृत ग्रामीण विकास कार्यक्रम के साथ विलय कर दिया गया। भारत के 16 राज्यों में 183 ऐसे जिले हैं जिन्हें सूखाग्रस्त जिलों के रूप में वर्गीकृत किया गया है। ये सभी इस कार्यक्रम के अन्तर्गत आते हैं। यह कार्यक्रम अब ग्रामीण विकास मन्त्रालय के अन्तर्गत भूमि संसाधन विभाग के साथ आते हैं। सी.एच. हनुमंथाराव की अध्यक्षता में भारत सरकार ने एक तकनीकी समिति बनाई जिसने अन्य बातों के प्रशासनिक अधिकार क्षेत्र में डीपीएपी के क्रियान्वयन तथा प्रभाव का अध्ययन किया और इसकी प्रभावशीलता को बेहतर करने के लिए कुछ अनुशंसाएँ की।

डीपीएपी को 16 राज्यों के 195 जिलों के 972 विकासखंडों में क्रियान्वित किया गया। मार्च 1999 तक, इसकी निधि में केन्द्र और राज्य सरकारों के बीच में 50:50 के अनुपात में हिस्सेदारी थी। यद्यपि, 1 अप्रैल 1999 से प्रभावशील, केंद्र और राज्य सरकार के बीच इसका वित्तपोषण 75:25 की हिस्सेदारी के आधार पर की गई थी। इस कार्यक्रम के अंतर्गत लगभग 500 हैक्टेयर आकार के परियोजनाओं की स्वीकृति दी गई थी। 1 अप्रैल, 2001 से प्रभावशील, एकसमान उपचार लागत मानक के रूप में रू. 6,000 प्रति हेक्टेयर तय किया गया। ये मानक 2000–2001 के दौरान और बाद की स्वीकृत परियोजनाओं पर लागू किए गए हैं।

1995–96 और 2006–07 के मध्य, 137.2 लाख हैक्टेयर क्षेत्र को शामिल कर 27,439 परियोजनाओं की स्वीकृति दी गई थी। 11वीं योजना से आगे, किसी नई डीपीएपी परियोजनाओं को स्वीकृति नहीं दी गई थी। 31 मार्च 2014 तक, 136.7 लाख हैक्टेयर क्षेत्र में शामिल कुल 27,344 परियोजनाएं पूर्ण/बंद हो गई थी और रू. 4276.84 करोड़ जारी किए गए थे। 2013–14 के दौरान, 31 मार्च, 2014 तक 380 परियोजनाएं पूरी हो चुकी थी और संबंधित राज्यों को रू. 17.57 करोड़ की राशि जारी की गई थी (ग्रामीण विकास मंत्रालय 2014, 167)।

मरु विकास कार्यक्रम (डीडीपी)

मरु विकास कार्यक्रम को 1977–78 में राजस्थान, गुजरात एवं हरियाणा के गर्म मरुस्थल एवं जम्मू और कश्मीर तथा हिमाचल प्रदेश के शीत मरुस्थल में केन्द्र की शत प्रतिशत वित्तीय सहायता के साथ केन्द्रीय क्षेत्र की योजना के रूप में प्रारम्भ किया गया। इसके बाद, 1 अप्रैल, 1999 से प्रभावी, 1 अप्रैल 1999 को या उसके बाद स्वीकृत वाटरशेड परियोजनाओं के लिए 75:25 के अनुपात (केंद्र हिस्सेदारीः राज्य हिस्सेदारी) के आधार पर इस कार्यक्रम का वित्त पोषण किया जा रहा है। इस कार्यक्रम के क्रियान्वयन के लिए निधि सीधे जिला ग्रामीण विकास एजेंसी/जिला परिषद को जारी की जाती है।

मरु विकास कार्यक्रम का उद्देश्य फसलों, मनुष्यों एवं पशुधन पर सूखे के प्रतिकूल प्रभाव को कम करना है जिसके लिए मरु क्षेत्रों का आगे मरुस्थलीकरण नियन्त्रित करना एवं स्थानीय रहवासियों की आय एवं रोजगार के अवसर बढ़ाने के लिए स्थानीय संसाधनों की उत्पादकता को बढ़ाना है। इस कार्यक्रम के उद्देश्यों की प्राप्ति हेतु अनुपालन में लायी गयी रणनीति में जलग्रहण आधारों को क्षेत्र विशेष में विकसित करना सम्मिलित है।

मरु विकास कार्यक्रम में अपनायी गयी गतिविधियों में वनीकरण, जल संग्रहण, ग्रामीण विद्युतीकरण एवं पशु पालन सम्मिलित है। गर्म, रेतीले मरु क्षेत्रों में, बालू के टीले के स्थिरीकरण एवं आश्रय क्षेत्र सुरक्षा को अन्य गतिविधियों की अपेक्षा ज्यादा महत्ता दी गयी। कार्यक्रम की कमियों को पहचानने की दृष्टि से एवं कार्यक्रम के अन्तर्गत अन्य क्षेत्रों को सम्मिलित करने के लिए राज्य सरकारों के आग्रह पर विचार करने के लिए 1993 में भारत सरकार के ग्रामीण क्षेत्र एवं रोजगार मन्त्रालय ने सी.एच. हनुमन्था राव की अध्यक्षता में सूखा प्रभावित क्षेत्र कार्यक्रम एवं मरु विकास कार्यक्रम पर एक तकनीकी समिति संस्थापित की। समिति की अनुशंसाओं के आधार पर कार्यक्रम के अन्तर्गत नये जिले/विकासखण्ड लाये गये एवं इन दोनों कार्यक्रमों के अन्तर्गत जलग्रहण विकास

हेतु अक्टूबर 1994 में नये दिशा निर्देश जारी किये गये एवं उन्हें 1995–96 से प्रभावशील बनाया गया। समिति ने कार्यक्रम के अनुपालन को कमजोर पाया। कमजोर प्रदर्शन के पीछे चिह्नित प्रमुख कारणों में, जलग्रहण दृष्टिकोण को अपनाने में कार्यान्वयन प्राधिकरणों की असफलता, कार्यक्रम के नियोजन एवं क्रियान्वयन में लोक सहभागिता की कमी, वित्त की अपर्याप्तता, कुशल कार्मिकों की अनुपलब्धता को माना गया (भारत सरकार 1997ए, 42–43)। यह कार्यक्रम अब ग्रामीण विकास मन्त्रालय के अन्तर्गत भूमि संसाधन विभाग के प्रशासनिक क्षेत्राधिकार में आता है।

यह सात राज्यों अर्थात्, आंध्र प्रदेश, गुजरात, हरियाणा, हिमाचल प्रदेश, जम्मू और कश्मीर, कर्नाटक और राजस्थान के 40 जिलों के 235 विकासखण्डों में क्रियान्वित हो रहा है। 31 मार्च, 2014 तक, 67.11 लाख हैक्टेयर क्षेत्र को शामिल करते हुए कुल 13,421 परियोजनाओं को पूरा किया जा चुका है और 2026 परियोजनाओं को बंद किया जा चुका है। 31 मार्च, 2014 तक, रू. 31,55.76 करोड़ की राशि जारी की जा चुकी थी (ग्रामीण विकास मंत्रालय 2014, 168)।

समन्वित बंजर भूमि विकास कार्यक्रम (आईडब्ल्यूडीपी)[2]

समन्वित बंजर भूमि विकास कार्यक्रम की उत्पत्ति

भारत में बंजर भूमि के विशाल क्षेत्र हैं जिनको सामान्य तौर पर अपरदित भूमि कहा जाता है जिसको उचित लागत तथा प्रयास से वानस्पतिक आवरण के अन्दर लाया जा सकता है। भारत में बंजर भूमि की सीमा के आकस्मिक अनुमान 7.5 करोड़ हैक्टेयर से 20 करोड़ हैक्टेयर के बीच परिवर्तनशील है (बलूनी एवं सिंह 2003, 1)। अध्याय 2 में बताए अनुसार, भारत का कुल भौगोलिक क्षेत्रफल लगभग 32.9 करोड़ हैक्टेयर है, जिसमें से 2010–11 में लगभग 12.04 करोड़ हैक्टेयर अपरदित हो गई थी, जो देश के कुल भौगोलिक क्षेत्रफल का लगभग 27 प्रतिशत है। भारत को अपनी अपरदित भूमि को सुधारने एवं इसे उत्पादक बनाने की आवश्यकता है, जिससे तेजी से बढ़ती आबादी की विस्तारित होती माँग तथा बढ़ते प्रभाव को अर्जित किया जा सके।

भारत में सम्प्रति समन्वित बंजर भूमि विकास कार्यक्रम सहित कई बंजर भूमि विकास परियोजनाएँ प्रक्रिया में हैं। यह कार्यक्रम राष्ट्रीय बंजर भूमि विकास बोर्ड के तत्त्वावधान में 1989–90 से क्रियान्वित हो रहे हैं, जो कि पर्यावरण एवं वन मन्त्रालय के तहत 1985 में स्थापित किया गया था। जुलाई 1992 से यह बोर्ड तथा इसके द्वारा वित्त पोषित कार्यक्रम, बंजर भूमि विभाग (अब भूमि संसाधन विभाग), ग्रामीण विकास मन्त्रालय के प्रशासकीय नियन्त्रण में प्रचालित हो रहे हैं। 1 अप्रैल, 1995 से आईडब्ल्यूडीपी वाटरशेड आधार पर क्रियान्वित हो रही है। आईडब्ल्यूडीपी के अंतर्गत, परियोजनाएं ऐसे दिशानिर्देशों का पालन करती हैं जो विशेष परियोजनाओं की स्वीकृति के वर्ष में प्रचलन में थी, जैसे, वाटरशेड विकास के लिए दिशा–निर्देश (1 अप्रैल, 1995 से 31 मार्च 2000) वाटरशेड विकास के लिए संशोधित दिशानिर्देश (1 अप्रैल 2000 से 31 मार्च 2003), और हरियाली दिशानिर्देश (1 अप्रैल, 2003 से 31 मार्च 2008)। विभाग ने 26 फरवरी, 2009 से प्रभावी, एकीकृत वाटरशेड प्रबंधन कार्यक्रम (आईडब्ल्यूएमपी) नामक एक संशोधित कार्यक्रम में, विभाग के अन्य वाटरशेड कार्यक्रमों जैसे डीडीपी और डीपीएपी के साथ इस कार्यक्रम को समेकित किया है।

समन्वित बंजर भूमि विकास कार्यक्रम का उद्देश्य

इस कार्यक्रम का उद्देश्य गांव के सूक्ष्म वाटरशेड योजनाओं के आधार पर बंजर भूमि/अपरदित भूमि का एकीकृत विकास करना है। अधिक विशेष रूप से, कार्यक्रम के मुख्य उद्देश्य इस प्रकार हैं:

- भूमि की क्षमता, स्थल की स्थिति और स्थानीय आवश्यकताओं को ध्यान में रखते हुए वाटरशेड आधार पर बंजर भूमि/अपरदित भूमि का विकास करना।
- कार्यक्रम क्षेत्रों में रहने वाले गरीब और वंचित वर्गों की सामाजिक–आर्थिक स्थितियों में सुधार तथा समग्र आर्थिक विकास को बढ़ावा देना।

- प्राकृतिक संसाधनों जैसे– भूमि, पानी एवं वानस्पतिक आवरण के विकास एवं संरक्षण के द्वारा पारिस्थितिक संतुलन बहाल करना।
- वाटरशेड में प्राकृतिक संसाधनों की क्षमता के विकास एवं निर्मित सम्पत्ति के प्रचालन एवं रखरखाव हेतु ग्रामीण समुदायों को सतत सामुदायिक कार्यवाही हेतु प्रोत्साहित करना।
- रोजगार सृजन, गरीबी उन्मूलन, समुदाय सशक्तिकरण एवं मानव एवं अन्य आर्थिक संसाधनों का विकास।

कार्य क्षेत्र

इस कार्यक्रम के अंतर्गत डीडीपी और डीपीएपी द्वारा शामिल नहीं किए गए विकासखंडों में परियोजनाएं स्वीकृति की गई हैं। अब तक, इस कार्यक्रम के अंतर्गत परियोजनाएं देश के 470 जिलों में क्रियान्वित की गई हैं।

अनुदान का स्वरूप

31 मार्च, 2000 से पहले, इस कार्यक्रम के अंतर्गत वाटरशेड विकास परियोजनाएं प्रति हेक्टेयर रू. 4,000 के लागत मानक पर स्वीकृत की गई थी। इन्हें पूर्णतया केंद्र सरकार द्वारा अनुदानित किया गया था। 4 जनवरी 2000 से स्वीकृत परियोजनाओं के लिए लागत मानकों को संशोधित करते हुए रू. 6,000 प्रति हेक्टेयर किया गया। परियोजनाओं के अनुदान में हिस्सेदारी केंद्र और राज्यों के बीच क्रमशः रू. 5,500 प्रति हेक्टेयर और रू. 500 प्रति हेक्टेयर के अनुपात में की जाती है। यद्यपि, 31 मार्च 2000 तक स्वीकृत पुरानी परियोजनाओं को पूरी तरह से केंद्र सरकार द्वारा अनुदानित किया जा रहा है।

भौतिक और वित्तीय प्रगति

1995–96 से 2006–07 तक, 107.22 लाख हैक्टेयर क्षेत्र में 1,877 आईडब्ल्यूडीपी परियोजनाएं स्वीकृत की गई और मार्च 31, 2014 तक रू. 4549.35 करोड़ जारी किए जा चुके थे। चल रही परियोजनाओं को पूरा करने के लिए, 2007–08 में आईडब्ल्यूडीपी के अंतर्गत, कोई नई परियोजना स्वीकृत नहीं की गई। जैसा कि विभाग ने 26 फरवरी, 2009 से आईडब्ल्यूएमपी नामक एकल संशोधित कार्यक्रम में आईडब्ल्यूडीपी, डीडीपी, और डीपीएपी को एकीकृत किया है, 2009–10 से आईडब्ल्यूएमपी के तहत, नई वाटरशेड परियोजनाएं स्वीकृत की गई। 31 मार्च, 2014 तक, 72.2 लाख हैक्टेयर क्षेत्र में शामिल कुल 1,227 परियोजनाएं पूरी की जा चुकी थी, जिसमें से 63 परियोजनाएं 2013–14 के दौरान पूरी हुई थी। आईडब्ल्यूडीपी के अंतर्गत, 2013–14 के दौरान, राज्यों को रू. 36.38 करोड़ की राशि जारी की गई थी।

समेकित वाटरशेड प्रबंधन कार्यक्रम (आईडब्ल्यूएमपी)[3]

आईडब्ल्यूएमपी की मुख्य विशेषताएं इस प्रकार हैः

1. आईडब्ल्यूएमपी के अंतर्गत आरंभ कार्यकलाप तीन चरणों में विभाजित हैं। तैयारी चरण (1 से 2 वर्ष) में मुख्यतः विस्तृत परियोजना रिपोर्ट तैयार करना, आरंभिक चरण के कार्यकलाप तथा संस्थागत और क्षमता निर्माण शामिल है। वाटरशेड कार्य चरण (2 से 3 वर्ष) में वाटरशेड विकास कार्य, सम्पत्तिहीन व्यक्तियों के लिए आजीविका कार्यकलाप तथा उत्पादन प्रणाली एवं सूक्ष्म उद्यम शामिल हैं। समेकन और समापन चरण (1 से 2 वर्ष) में विभिन्न कार्यों का समेकन और उन्हें पूरा करना शामिल है।
2. आईडब्ल्यूएमपी के लिए लागत मानदण्ड पहाड़ी एवं दुर्गम क्षेत्रों के लिए रू. 15000 प्रति हैक्टेयर और अन्य क्षेत्रों के लिए रू. 12000 प्रति हैक्टेयर तथा एकीकृत कार्य योजना (आईएपी) जिलों में आईडब्ल्यूएमपी परियोजनाओं हेतु रू. 15000 प्रति हैक्टेयर है। इस योजना के अंतर्गत केन्द्र और राज्यों के बीच 90:10 के अनुपात में वित्तपोषण का प्रावधान है। आईडब्ल्यूएमपी के अंतर्गत परियोजनाएं वर्षा सिंचित/अवक्रमित

क्षेत्रों जहां सुनिश्चित सिंचाई की सुविधा नहीं है, में लगभग 5000 हैक्टेयर क्षेत्र के बीच माइक्रो वाटरशेडों के समूह में आरंभ की जाती है। केन्द्र, राज्य तथा जिला स्तरों पर सक्षम संस्था भी उपलब्ध कराई जाती है। विस्तृत परियोजना रिपोर्ट (डीपीआर) तैयार करने के लिए 1 प्रतिशत एवं संस्थागत एवं क्षमता निर्माण के लिए 5 प्रतिशत का विशेष प्रावधान करके कार्यक्रम में पूर्ण सावधानी से आयोजना तथा क्षमता निर्माण पर जोर दिया गया है। 1999–2000 में वाटरशेड विकास निधि की स्थापना रू. 2000 करोड़ के शुरुआती कोष के साथ हुई थी जिसमें भारत सरकार तथा नाबार्ड ने समान रूप से योगदान दिया था। यह कोष ग्रामीण अधोसंरचनात्मक विकास निधि के अंतर्गत वर्षों से ब्याज अंतर से संवर्धित किया गया था और यह ब्याज इस निधि के अप्रयुक्त भाग पर अर्जित किया गया था। 31 मार्च 2015 तक, कुल कोष रू. 1084.94 करोड़ रहा।

3. आईडब्ल्यूएमपी के क्रियान्वयन हेतु संस्थागत संरचना
   - **मंत्रालय स्तरः** योजना आयोग, राष्ट्रीय वर्षा सिंचित क्षेत्र प्राधिकरण (एनआरएए), संबंधित मंत्रालयों/विभागों/संस्थाओं और संगठन जिसमें आईडब्ल्यूएमपी के संचालन में सम्मिलित गैर–सरकारी संगठनों के सदस्यों के साथ सचिव (भूमि संसाधन) की अध्यक्षता में भूमि संसाधन विभाग में राष्ट्रीय स्तर पर एक संचालन समिति का गठन किया गया है।
   - **राज्य स्तरः** राज्य में आईडब्ल्यूएमपी के क्रियान्वयन के लिए एक समर्पित संस्था के रूप में व्यावसायिक सहायता के साथ एक राज्य स्तरीय नोडल एजेंसी (एसएलएनए) गठित की गई है।
   - **जिला स्तरः** जिले में आईडब्ल्यूएमपी परियोजनाओं का पर्यवेक्षण और समन्वय करने के लिए वाटरशेड प्रकोष्ठ सह डेटा केन्द्र (डब्ल्यूसीडीसी) जिला स्तरीय संस्था है। डब्ल्यूसीडीसी में राज्य सरकारों की सुविधा के अनुसार सभी कार्यक्रम जिलों में डीआरडीए/जिला परिषद/जिला स्तरीय क्रियान्वयन एजेंसी/विभाग स्थापित किए गए हैं।
   - **परियोजना स्तरः** आईडब्ल्यूएमपी के अंतर्गत परियोजना का पर्यवेक्षण परियोजना क्रियान्वयन एजेंसियों द्वारा की जाती है। वाटरशेड विकास परियोजना के लिए समान मार्गदर्शी सिद्धांत, 2008 (2011 में संशोधित) के प्रावधान अनुसार आईडब्ल्यूएमपी परियोजना को तकनीकी सहायता प्रदान करने के लिए सरकार और गैर–सरकारी संगठन पीआईए के रूप में कार्य कर सकती है। प्रत्येक पीआईए में कम से कम 4 सदस्यों का एक वाटरशेड विकास दल (डब्ल्यूडीटी) होगा।
   - **ग्राम स्तरः** क्षेत्र स्तर पर परियोजना के क्रियान्वयन के लिए वाटरशेड समिति (डब्ल्यूसी) ग्राम सभा द्वारा गठित की जाती है। इसमें कम से कम 10 सदस्य होते हैं, जिसमें से आधे सदस्य स्वयं सहायता समूह एवं प्रयोक्ता समूहों के प्रतिनिधि, अजा/अजजा समुदाय, महिलाएं और भूमिहीन व्यक्ति होंगे। वाटरशेड समिति में डब्ल्यूडीटी का भी एक प्रतिनिधि होता है।
4. आईडब्ल्यूएमपी के अंतर्गत राज्यों के लिए लक्षित क्षेत्र के आवंटन हेतु मानदंड तय किया गया है। भूमि संसाधन विभाग के शासनादेश तथा इसकी वाटरशेड योजनाओं को ध्यान रखते हुए, राज्यों के बीच लक्षित क्षेत्र के आवंटन के लिए निम्नलिखित मानदंडों को अपनाया जाता है।
   - देश में कुल डीपीएपी/डीडीपी क्षेत्र के प्रतिशत के रूप में चिह्नित किए गए डीपीएपी/डीडीपी क्षेत्र।
   - देश में उपचार योग्य कुल बंजर भूमि की प्रतिशत के रूप में राज्य में उपचार योग्य कुल बंजर भूमि।
   - देश में अजा/अजजा की कुल जनसंख्या के प्रतिशत के रूप में राज्य में अजा/अजजा की कुल जनसंख्या।
   - देश में कुल कृषि योग्य क्षेत्र की तुलना में राज्य में वर्षा सिंचित क्षेत्र का प्रतिशत।
   - पूर्वोत्तर राज्यों को 10 प्रतिशत का अनिवार्य आवंटन।

समेकित वाटरशेड प्रबंधन कार्यक्रम के अंतर्गत प्रगति

आईडब्ल्यूएमपी के क्रियान्वयन पर निगरानी रखने के लिए सभी 28 राज्यों में राज्य स्तरीय नोडल एजेंसी (एसएलएनए) अधिसूचित की गई है। 2009–10 से 2013–14 तक राज्य और जिला स्तरीय संस्थाओं की स्थापना/कार्मिकों की नियुक्ति करने के लिए संस्थागत सहायता के तहत 27 राज्यों को कुल रू. 148.02 करोड़ की सहायता जारी की गई है। 2013–14 के दौरान, रू. 39.67 करोड़ की केन्द्रीय निधियां जारी की गई है।

आईडब्ल्यूएमपी के अंतर्गत, 11वीं पंचवर्षीय योजना के लिए 2.265 करोड़ हैक्टेयर क्षेत्र को शामिल करने का लक्ष्य रखा गया था। इस पृष्ठभूमि में, 27 राज्यों की राज्य स्तरीय नोडल एजेंसी द्वारा कुल 2.4213 करोड़ हैक्टेयर (5,087 परियोजनाओं) की स्वीकृति प्रदान की गई थी। आईडब्ल्यूएमपी के अंतर्गत, वर्ष 2013–14 के लिए नई परियोजनाओं हेतु स्वीकृति प्रदान करने का लक्ष्य 50 लाख हैक्टेयर रखा। एसएलएनए द्वारा कुल 1051 परियोजनाओं का मूल्यांकन किया गया है/उनके लिए स्वीकृति प्रदान की गई है जिनमें 50.51 लाख हैक्टेयर क्षेत्र शामिल थे तथा 2013–14 के दौरान कुल रू. 2162.8 करोड़ की राशि जारी की गई थी। 2013–14 के अनुसार, आईडब्ल्यूएमपी के अंतर्गत स्वीकृत परियोजनाओं के लिए केन्द्रीय हिस्से के रूप में कुल रू. 8747.55 करोड़ की राशि जारी की गई थी।

वाटरशेड कार्यक्रम के अंतर्गत पहल

आईडब्ल्यूएमपी के समर्थन में विश्व बैंक सहायता प्राप्त राष्ट्रीय वाटरशेड प्रबंधन परियोजना ''नीरांचल'' के क्रियान्वयन हेतु भूमि संसाधन विभाग ने एक प्रस्ताव दिया है। इस कार्यक्रम का उद्देश्य तकनीकी सहायता के माध्यम से आईडब्ल्यूएमपी की सहायता करना है ताकि चयनित स्थलों में बढ़ते हुए संरक्षण परिणामों और समुदायों की कृषि उपज में सुधार किया जा सके तथा प्रतिभागी परियोजना राज्यों में व्यापक आईडब्ल्यूएमपी में अधिक प्रभावी प्रक्रियाओं तथा प्रौद्योगिकियों को अपनाया जा सके।

नीरांचल मुख्यतः निम्नलिखित समस्याओं का हल करने के लिए निर्मित किया गया हैः

- भारत में प्रचलित वाटरशेड प्रबंधन में संस्थागत परिवर्तन लाने के लिए,
- यह ऐसी प्रणाली का निर्माण करता है जो यह सुनिश्चित करता है कि वाटरशेड कार्यक्रम बेहतर ध्यान केन्द्रित करे और इससे अच्छा परिणाम निकले,
- ''नीरांचल'' के पश्चात् भी, कार्यक्रम क्षेत्रों में प्रचलित उन्नत वाटरशेड प्रबंधन की संधारणीयता के लिए रणनीतियों को तैयार करना।

यह परियोजना चार घटकों के माध्यम से क्रियान्वित की जाएगीः

घटक 1: केन्द्रीय संस्थागत तथा क्षमता निर्माण,
घटक 2: राष्ट्रीय नवोन्मेष सहायता,
घटक 3: प्रतिभागी राज्यों में आईडब्ल्यूएमपी क्रियान्वयन हेतु सहायता, और
घटक 4: परियोजना प्रबंधन एवं समन्वयन।

यह परियोजना आठ राज्यों आंध्र प्रदेश, छत्तीसगढ़, गुजरात, झारखंड, मध्य प्रदेश, महाराष्ट्र, ओडिशा एवं राजस्थान में क्रियान्वित की जाएगी जिसमें कुल आईडब्ल्यूएमपी क्षेत्र का लगभग 60 प्रतिशत शामिल है। इस परियोजना का कुल परिव्यय रू. 2142 करोड़ (प्रत्येक एक डालर पर रू. 60 की विनिमय दर पर 357 मिलियन यूएस डालर) है तथा इसमें भारत सरकार एवं विश्व बैंक के बीच में लागत हिस्सेदारी 50:50 के अनुपात में है। इस परियोजना की अवधि 2014–15 से 2019–20 तक छः वर्ष की है।

समवर्ती निगरानी एवं मूल्यांकन

भूमि संसाधन विभाग ने समेकित वाटरशेड प्रबंधन कार्यक्रम (आईडब्ल्यूएमपी) परियोजना के समवर्ती निगरानी एवं मूल्यांकन के लिए नई पहल की है। इस संबंध में कई राज्यों द्वारा पहले ही स्वतंत्र मूल्यांकन एजेंसियां चयनित हैं। राज्यों को यह सलाह दी गई कि सामाजिक गतिशीलता एवं क्षमता निर्माण में स्वैच्छिक संगठनों को भी शामिल करें।

संयुक्त वन प्रबन्धन (जेएफएम) और राष्ट्रीय वनीकरण कार्यक्रम (एनएपी)

1976 में भारत में पहली बार राष्ट्रीय कृषि आयोग ने देश में कम हो रहे वन एवं गैर वन क्षेत्रों में वन आवरण की वृद्धि के लिए पौधारोपण करने की अनुशंसा की। तदनुरूप, भारत सरकार ने 1970 और 1980 के दौरान व्यापक पैमाने पर कृषि वानिकी सहित सामाजिक वानिकी कार्यक्रम के द्वारा निजी और सामुदायिक जमीनों पर वनीकरण कार्यक्रम आरम्भ किये। राष्ट्रीय वन नीति (1988) ने वन संरक्षण एवं प्रबन्धन में जनसहभागिता की भूमिका पर जोर दिया। पश्चिम बंगाल के अरारबारी अनुभव में स्थानीय लोगों की वनों के संरक्षण और प्रबन्धन में भागीदारी ने संयुक्त वन प्रबन्धन की एक नयी अवधारणा प्रस्तुत की, जिसमें वनों का सह–प्रबन्धन स्थानीय लोगों तथा वन विभाग द्वारा किया गया, इनमें अधिकांश मामलों में स्थानीय गैर सरकारी संगठनों की मध्यस्थता रही है। राष्ट्रीय वन नीति 1988 के अनुसरण एवं अरारबारी अनुभव के आधार पर भारत सरकार ने समय–समय पर संयुक्त वन प्रबन्धन पर आदेश और मार्गदर्शन प्रदान किये। प्रथम नीति निर्देशक के रूप में पर्यावरण और वन मन्त्रालय, भारत सरकार द्वारा 1 जून 1990 को संयुक्त वन प्रबन्धन का परिपत्र जारी किया गया, जिसमें घट रहे वनों के पुनः विकास में ग्रामीण समुदायों और स्वयंसेवी संस्थाओं को सम्मिलित करने की बात कही। तद्नुरूप, राज्य सरकारों ने भी अपने संयुक्त वन प्रबन्धन के प्रस्ताव पारित किये। पर्यावरण और वन मन्त्रालय ने दसवीं पंचवर्षीय योजना (2002–07) के लिए एक नया कार्यक्रम राष्ट्रीय वनीकरण कार्यक्रम बनाने के लिए नये प्रचालनीय दिशा निर्देश बनाये। ये दिशा निर्देश भारत सरकार प्रायोजित वनीकरण योजनाओं के विकास के लिए सहभागी दृष्टिकोण को प्रोत्साहित करते हैं। नवीं पंचवर्षीय योजना के दौरान प्रचालित वनीकरण योजनाओं को नये राष्ट्रीय वनीकरण कार्यक्रम में सम्मिलित कर लिया गया जिससे कि 'सामान्य उद्देश्य की विविध योजनाओं की पुनरावृत्ति से बचना' तथा 'वित्तीय प्रतिमानों और क्रियान्वयन तन्त्र में एकरूपता' को सुनिश्चित किया जा सके।

इन दिशा निर्देशों के माध्यम से विनियमित किया गया है कि सभी नवीन केन्द्र पोषित वनीकरण कार्यक्रम द्विस्तरीय ढाँचे के माध्यम से क्रियान्वित होंगे जिसमें वन प्रखण्ड के स्तर पर वन विकास अभिकरण तथा ग्राम स्तर पर संयुक्त वन प्रबन्धन समितियाँ सम्मिलित होंगी जिससे कि समुदाय की नियोजन एवं क्रियान्वयन में बेहतर भागीदारी हो सके। वन विकास अभिकरण एक नया संस्थागत ढाँचा है जो कि सोसायटी पंजीकरण अधिनियम 1860 के अन्तर्गत पंजीकृत है, जो क्षेत्रीय वन्यजीव वन संभाग स्तर पर स्थापित है। संयुक्त वन प्रबन्धन समितियों के अतिरिक्त पूर्व से ही जमीनी स्तर पर विद्यमान विभिन्न नामों वाली ग्रामीण संस्थाएँ क्रियान्वयन अभिकरण होंगी। वन विकास अभिकरण, संयुक्त वन प्रबन्धन समितियों के साथ अनुज्ञा पत्र पर हस्ताक्षर करके साथ में कार्य करेंगे। एक तरफ, जहाँ वन विकास अभिकरण विद्यमान संयुक्त वन प्रबन्धन समितियों को मजबूत करेगी वहीं दूसरी तरफ वे नयी संयुक्त वन प्रबन्धन समितियाँ बनायेंगी। संक्षेप में, राष्ट्रीय वनीकरण कार्यक्रम का उद्देश्य देश की सभी वनीकरण परियोजनाओं में संयुक्त वन प्रबन्धन को एक ''केन्द्रीय एकीकृत भाग'' बनाना है। अब हम राष्ट्रीय वनीकरण कार्यक्रम की प्रमुख विशेषताओं को प्रस्तुत करेंगे (पर्यावरण एवं वन मंत्रालय 2015, 138–144)। राष्ट्रीय वनीकरण कार्यक्रम, पर्यावरण, वन एवं जलवायु परिवर्तन मंत्रालय, भारत सरकार में राष्ट्रीय वनीकरण और पर्यावरण विकास बोर्ड (एनएईबी) की एक प्रमुख वनीकरण योजना है। इस योजना को 2000–02 में आरम्भ किया गया, इसके कार्यान्वयन के पिछले आठ वर्षों में इस योजना ने सम्पूर्ण भारत में अपना प्रसार कर लिया तथा द्वि–स्तरीय संस्थागत संरचना से वन प्रभाग स्तर पर वन विकास एजेंसी तथा ग्राम स्तर

पर संयुक्त वन प्रबंधन समिति के माध्यम से देश के 28 राज्यों द्वारा क्रियान्वित किया गया था। वर्ष 2010–11 से, वन विकास एजेंसी हेतु निधि के प्रवाह को सुचारू बनाने के लिए राज्य स्तर पर राज्य वन विकास एजेंसी का गठन किया गया। यह कार्यक्रम अब त्रि–स्तरीय प्रणाली, राज्य स्तर पर राज्य वन विकास एजेंसी, जिला/ वन प्रभाग स्तर पर वन विकास एजेंसी और ग्राम स्तर पर संयुक्त वन प्रबंधन समिति के माध्यम से क्रियान्वित की जा रही है। प्रवेश बिन्दु गतिविधियों के तहत, सामुदायिक परिसंपत्तियों को ''देखभाल और हिस्सेदारी'' अवधारणा के साथ निर्मित किया जाता है।

इस योजना के उद्देश्य निम्न प्रकार है:

1. लोगों की सक्रिय भागीदारी के माध्यम से प्राकृतिक संसाधनों का बचाव एवं संरक्षण,
2. भू–क्षरण, निर्वनीकरण, और जैव विविधता के नुकसान की जांच,
3. पारिस्थितिकीय पुनर्स्थापना, पर्यावरण संरक्षण और पर्यावरणीय विकास,
4. ग्राम स्तर के लोगों के संगठन को शामिल करके सतत रूप से गांवों में और आसपास के प्राकृतिक संसाधनों का प्रबंधन किया जा सकता है,
5. लोगों की सामान्य भलाई के लिए उत्पादकता, औचित्यता और संधारणीयता के व्यापक उद्देश्यों की पूर्ति,
6. वन क्षेत्रों और उसके आसपास रहने वाले लोगों के जीवन और आत्मनिर्भरता की गुणवत्ता में सुधार, और
7. ग्रामीण लोगों की रोजगार क्षमता में सुधार के लिए क्षमता विन्यास और कौशल वृद्धि करना।

उपलब्धियां

- एनएपी योजना की स्थापना के बाद से 20.9 लाख हैक्टेयर क्षेत्र में उपचार हेतु रू. 3513.81 करोड़ के खर्च पर देश में 28 राज्य वन विकास एजेंसी परियोजनाओं का संचालन किया गया है।
- 31 दिसंबर, 2014 तक के वर्ष के दौरान, एनएपी योजना के तहत रू. 212.47 करोड़ 2015 के मानसून में वनीकरण के लिए 73,435 हेक्टेयर के अग्रिम क्षेत्र को मंजूरी दी गई थी।

योजना के अंतर्गत नई पहल

योजना के कार्यान्वयन में तेजी लाने और कार्यान्वयन के गुणात्मक पहलुओं में सुधार के लिए मंत्रालय द्वारा कई पहल की गई है। इसमें शामिल है:

- वन विकास एजेंसी परियोजना के प्रसंस्करण के संबंध में राज्य वन विभागों को अधिक जिम्मेदारी के द्वारा विकेन्द्रीकरण को बढ़ावा देने हेतु एनएपी योजना के दिशा निर्देशों में व्यापक संशोधन किए गए हैं, जिसमें ग्राम पंचायतों को संयुक्त वन प्रबंधन समितियों के साथ अधिक जैविक संबंधों को जोड़ना, संयुक्त वन प्रबंधन समिति के क्षेत्र के दीर्घावधि के माध्यम से संयुक्त वन प्रबंधन समितियों के निर्वाचित सदस्यों की सुरक्षा में बढ़ोतरी, वन विभाग के विशेषकर अग्रिम पंक्ति के कर्मचारियों में क्षमता निर्माण, और संयुक्त वन प्रबंधन समितियों के सदस्यों को विशेष रूप से स्थानीय प्रबंधन और प्रशासनिक उत्तरदायित्व देना।
- सामान्यत तौर पर, महिलाएँ, राष्ट्रीय वनीकरण एवं पर्यावरण विकास बोर्ड द्वारा सभी हस्तक्षेपों में सबसे बड़ा लाभार्थी समूह है। इसके अतिरिक्त संसाधनों के उपयोगकर्ता और श्रम शक्ति में उनकी भागीदारी को देखते हुए महिलाओं के सशक्तिकरण को सुनिश्चित करने के लिए वन विकास एजेंसी में उनकी भागीदारी को 50 प्रतिशत तक बढ़ाने हेतु राज्यों से अनुरोध किया जा रहा है। इसी तरह, एनएपी योजना के संशोधित दिशानिर्देशों में भी संयुक्त वन प्रबंधन समितियों में 50 प्रतिशत महिलाएँ आवश्यक है। यह परिणाम प्राप्त करने की शर्तों में महिला सदस्यों हेतु एनएपी योजना के लाभ की निगरानी हेतु प्रस्तावित है। तदनुसार, एनएपी योजना के अंतर्गत एफडीए परियोजनाओं की प्रगति रिपोर्ट के प्रारूप को संशोधित किया गया है।

- एनएपी के तहत प्रस्ताव तैयार करते समय, राज्यों को सलाह दी गई है कि वे ग्राम स्तर पर वन विकास एजेंसी और संयुक्त वन प्रबंधन में अनुसूचित जाति/अनुसूचित जनजाति को पर्याप्त प्रतिनिधित्व दें। एफडीए से प्राप्त जानकारी से वनीकरण कार्यक्रम में अनुसूचित जाति/अनुसूचित जनजाति की व्यापक भागीदारी का पता चलता है, और परियोजना क्षेत्रों में रोजगार के सृजन में वृद्धि हुई है।
- सिक्किम सहित पूर्वोत्तर राज्यों के विकास के लिए समुचित जोर दिया गया है। पूर्वोत्तर में *झूम* क्षेत्रों को विशेष प्राथमिकता दी गई है। बोर्ड झूम भूमि में क्षरण की समस्या से निपटने के लिए राज्य के प्रयासों को समर्थन देने के लिए नई पहल और नई प्रौद्योगिकियों का भी समर्थन करता है। एक एल्उर ट्री आधारित झूम पुनर्वास परियोजना भी कार्यान्वित की जा रही है और यदि उपयुक्त पाया गया तो, आने वाले वर्षों में इसे बढ़ाया जाएगा। इस तथ्य को ध्यान में रखते हुए कि पूर्वोत्तर में अधिकांश वन भूमि, कुलों और समुदायों के स्वामित्व में है, एनएपी के अंतर्गत इस भूमि पर प्रस्तावित परियोजनाओं के समर्थन पर पर्याप्त जोर दिया जाएगा।
- एनएइबी[4] की एक वेबसाइट शुरू की गई है और वेबसाइट पर अनुमोदनों से संबंधित जानकारी प्रदान की जा रही है। एसएफडीए/एफडीए को संयुक्त वन प्रबंधन समिति के सामान्य निकाय में अनुमोदित कार्यों पर चर्चा करने की आवश्यकता है।

वर्षा सिंचित क्षेत्रों के लिए राष्ट्रीय वाटरशेड विकास कार्यक्रम (एनडब्ल्यूडीपीआरए)[5]

परिचय

देश में खेती की कुल 14.03 लाख हैक्टेयर का लगभग 57 प्रतिशत वर्षा सिंचित क्षेत्र है। उत्पादकता का निम्न स्तर और आगतों का निम्न उपयोग, वर्षा सिंचित कृषि की विशेषता है। वर्षा में परिवर्तनशीलता के परिणाम पैदावार में व्यापक विविधता और अस्थिरता है। अधिकांश ग्रामीण गरीब वर्षा सिंचित क्षेत्रों में रहते हैं। इसलिए, भारत सरकार वाटरशेड विकास दृष्टिकोण के माध्यम से वर्षा सिंचित क्षेत्रों के समग्र और सतत विकास को उच्च प्राथमिकता देती है। 1990–91 में एनडब्ल्यूडीपीआर योजना एकीकृत वाटरशेड प्रबंधन और सतत कृषि प्रणाली की दोहरी अवधारणाओं के आधार पर 25 राज्यों और दो केन्द्र शासित प्रदेशों में शुरू की गई थी।

एनडब्ल्यूडीपीआरए, बेहतर फसल प्रबंधन प्रौद्योगिकी के माध्यम से कृषि योग्य भूमि के अतिरिक्त सुधार के साथ डीपीएपी, डीडीपी, और आईडब्ल्यूडीपी की विशेषताओं को साथ जोड़ती है। नौवीं पंचवर्षीय योजना के दौरान, यह योजना तीन नवगठित राज्यों उत्तरांचल, झारखण्ड और छत्तीसगढ़ तक बढ़ा दी गई थी। एनडब्ल्यूडीपीआर योजना को 2000–2001 से वृहत् कृषि प्रबंधन योजना (एमएमए) में शामिल कर लिया गया है। वर्तमान में यह योजना केन्द्र प्रायोजित एमएमए योजना के कार्यक्रम के रूप में 28 राज्यों और 2 केंद्रशासित प्रदेशों में क्रियान्वित की जा रही है। इसकी निधि अनुमोदित वार्षिक कार्य योजना के आधार पर राज्यों को जारी की जाती है। इस योजना को वर्तमान में राष्ट्रीय वर्षा सिंचित क्षेत्र प्राधिकरण (एनआरएए) द्वारा जारी किए गए वाटरशेड विकास परियोजनाओं के लिए सामान्य दिशानिर्देशों के आधार पर कार्यान्वित किया जा रहा है।

उद्देश्य

इस योजना का मुख्य उद्देश्य इस प्रकार है:

- प्राकृतिक संसाधनों का संरक्षण, विकास और सतत प्रबंधन,
- सतत तरीके से कृषि उत्पादन और उत्पादकता में वृद्धि,
- पेड़ों, झाड़ियों और घासों के उचित मिश्रण के माध्यम से इन क्षेत्रों में हरियाली द्वारा क्षरित और कमजोर वर्षायुक्त पारिस्थितिकी तंत्र में पारिस्थितिक संतुलन की बहाली,

- सिंचित और वर्षायुक्त क्षेत्रों के बीच क्षेत्रीय असमानता में कमी, और
- भूमिहीन सहित ग्रामीण समुदाय के लिए निरंतर रोजगार अवसरों का सृजन।

वित्तपोषण का स्वरूप

एनडब्ल्यूडीपीआरए कार्यक्रम के वित्तपोषण का तरीका एमएमए के वित्तपोषण स्वरूप के अनुसार लागू होता है, जो केन्द्र और राज्य सरकार के 90:10 के अनुपात में होता है। उत्तर पूर्वी राज्यों के लिए, यह 100 प्रतिशत अनुदानित है।

एनडब्ल्यूडीपीआरए के मुख्य घटक

इसके मुख्य घटकों में शामिल हैं:

तैयारी चरण:

- प्रवेश बिंदु गतिविधियाँ
- संस्थान और क्षमता निर्माण
- विस्तृत परियोजना प्रतिवेदन (डीपीआर)

वाटरशेड कार्य चरण:

- वाटरशेड विकास कार्य
- संपत्तिहीन व्यक्तियों के लिए आजीविका गतिविधियां
- उत्पादन प्रणाली और लघु उद्यम

समेकन चरण

एनडब्ल्यूडीपीआरए की प्रगति

प्रमुख उपलब्धियां

वास्तविक और दूरस्थ संवेदन तकनीक दोनों के माध्यम से वाटरशेड कार्यकलापों को प्रभाव मूल्यांकन अध्ययन में दर्शाया गया है, जो इस प्रकार है:

- भूजल पुनर्भरण में वृद्धि,
- कुओं और जल निकायों की संख्या में वृद्धि,
- फसल सघनता में वृद्धि,
- फसल स्वरूप में परिवर्तन, और
- फसलों की उच्च पैदावार और मिट्टी क्षरण में कमी।

राष्ट्रीय फसल बीमा कार्यक्रम (एनसीआईपी)[6]

परिचय और उत्पत्ति

कृषि में सम्मिलित जोखिमों को ध्यान में रखते हुए और विभिन्न जोखिमों के विरुद्ध कृषि समुदाय को सुरक्षित करने के लिए, कृषि मंत्रालय ने 1985 में एक फसल बीमा योजना की शुरुआत की और इसके बाद हितधारकों, राज्यों, कृषि समुदाय, और अन्य से प्राप्त अनुभवों एवं विचारों के आधार पर, समय–समय पर पूर्व योजनाओं में सुधार लाया। राष्ट्रीय कृषि बीमा योजना, 1999 में किसानों, फसलों और जोखिमों के मामले को शामिल कर शुरू की गई थी। फसल बीमा योजनाओं को किसानों के अधिक अनुकूल बनाने के लिए, पूरे देश में 2013–14 के रबी मौसम में पूर्ण कार्यान्वयन के लिए कुछ सुधारों के साथ संशोधित राष्ट्रीय कृषि बीमा योजना (एमएनएआईएस),

डब्ल्यूबीसीआईएस, और नारियल पाम बीमा योजना (सीपीआईएस) की पूर्व पायलट योजनाओं को सम्मिलित करके एक पुनर्संरचित केंद्रीय क्षेत्र योजना जैसे ''राष्ट्रीय फसल बीमा कार्यक्रम'' को मंजूरी दी गई। 2013–14 के रबी मौसम से राष्ट्रीय फसल बीमा कार्यक्रम को लागू करने के बाद एनएआईएस को बंद करना था। हालांकि, राज्यों के विरोध के कारण इसे 2013–14 और 2014–15 के दौरान जारी रखा गया है। यह योजना राज्य सरकारों के लिए वैकल्पिक है और वे योजनाओं के प्रावधानों के अनुसार फसलों और क्षेत्रों को सूचित कर सकते हैं। इस योजना के अंतर्गत घटकों को ''क्षेत्रीय दृष्टिकोण पद्धति'' पर क्रियान्वित किया जा रहा है, जहां संशोधित राष्ट्रीय कृषि बीमा योजना के तहत अधिसूचित क्षेत्रों के पैदावार और डब्ल्यूबीसीआईएस के तहत अधिसूचित संदर्भित स्वचालित मौसम स्टेशनों (एडब्ल्यूएस) के मौसम के आंकड़ों को व्यापक आपदाओं के लिए दावे का मूल्यांकन/भुगतान के लिए एक इकाई के रूप में लिया जाता है। हालांकि, एमएनएआईएस और डब्ल्यूबीसीआईएस (जैसे एड ऑन/इंडेक्स प्लस कवरेज) के तहत स्थानीय खेतों में जैसे ओलावृष्टि और भूस्खलन जैसे कारणों से व्यक्तिगत खेतों में होने वाले नुकसान के आधार पर भी दावों का भुगतान किया जा रहा है। इन योजनाओं के निवेश/कवरेज से देश में कुल भूखंडों की लगभग 30 प्रतिशत किसानों तक पहुंच हो गई है।

बारहवीं पंचवर्षीय योजना के अंतिम वर्ष (2016–17) तक एनसीआईपी के तहत किसानों के कवरेज को एमएनएआईएस, डब्ल्यूबीसीआईएस और सीपीआईएस के एनसीआईपी के घटक योजनाओं में किए गए सुधारों/परिवर्तनों के कारण 50 प्रतिशत होने का अनुमान लगाया गया है। एनसीआईपी की प्रमुख विशेषताएं नीचे सूचीबद्ध हैं:

- कर्जदार किसानों के लिए इसका क्रियान्वयन अनिवार्य किया गया है,
- एमएनआईआईएस के तहत 70 प्रतिशत, 80 प्रतिशत और 90 प्रतिशत के तीन स्तर के बजाय 80 प्रतिशत और 90 प्रतिशत के दो क्षतिपूर्ति स्तर उपलब्ध होंगे,
- डब्ल्यूबीसीआईएस के तहत, ओलावृष्टि, मूसलाधार बारिश और इत्यादि के खतरों के कारण नुकसान की भरपाई के लिए बागवानी फसलों के लिए ऐड–ऑन/इंडेक्स प्लस उत्पादों का प्रावधान,
- डब्ल्यूबीसीआईएस के सफल कार्यान्वयन के लिए, निजी सार्वजनिक भागीदारी के मॉडल के माध्यम से देश में 5000 एडब्ल्यूएस की स्थापना की जाएगी,
- सीसीई के माध्यम से पूरक पैदावार मूल्यांकन के लिए आधुनिक तकनीक जैसे रिमोट सेंसिंग टेक्नोलॉजी (आरएसटी)/उपग्रह मानचित्रों का प्रायोगिक उपयोग,
- सीपीआईएस के तहत किसानों द्वारा कम से कम 10 स्वस्थ ताड़ के पेड़ों की बीमा पात्रता की स्थिति को कम करके पांच ताड़ के पेड़ कर कर दी गई है।

31 दिसंबर, 2014 तक फसल बीमा के लिए विभिन्न योजनाओं के तहत भारत सरकार द्वारा जारी कुल धनराशि रू. 17,204.98 करोड़ थी (कृषि मंत्रालय 2015, 81)।

मौसम आधारित फसल बीमा योजना (डब्ल्यूबीसीआईएस)

फसल बीमा के तहत और अधिक किसानों को लाने और एनएआईएस के तहत दावों के निपटारे में देरी संबंधित कमी दूर करने के लिए, प्रयोग के तौर पर, 2007–08 के केंद्रीय बजट में डब्ल्यूबीसीआईएस घोषित की गई और इसे प्रायोगिक आधार पर 20 राज्यों में कार्यान्वयन की मंजूरी दी गई। डब्ल्यूबीसीआईएस को 2013–14 के रबी मौसम से एनसीआईपी के पूर्ण घटक योजना के रूप में क्रियान्वित किया गया है। डब्ल्यूबीसीआईएस का प्रयोजन प्रतिकूल मौसमीय घटनाओं जैसे कम और अधिक वर्षा, उच्च या निम्न तापमान, आर्द्रता इत्यादि जो प्रतिकूल रूप से फसल उत्पादन को प्रभावित करने वाला समझा जाता है, से किसानों को बीमा सुरक्षा प्रदान करना है। डब्ल्यूबीसीआईएस के तहत, प्रीमियम के बीमांकिक दरों का शुल्क लिया जाता है। हालांकि, योजना को किसानों

तलिका 11.1: *भारत में मौसम आधारित फसल बीमा योजना की प्रगति (खरीफ 2007 से रबी 2013–14 तक)*

बीमीत किसानों की संख्या (करोड़ में)	*बीमांकित क्षेत्र करोड़ हैक्टेयर*	*बीमांकित राशि करोड़ (रू.)*	*सकल प्रीमियम करोड़ (रू.)*	*दावे करोड़ (रू.)*	*लाभार्थी किसानों की संख्या (करोड़)*
5.21	68.737	92462.923	8465.21	5714.791	3.136

स्रोतः ग्रामीण विकास मंत्रालय (2015, 85)।

के लिए सस्ती बनाने, सरकार द्वारा प्रीमियम का 50 प्रतिशत अनुदान दिया जाता है जिसे केंद्र और संबंधित राज्य द्वारा 50:50 के आधार पर साझा किया जाता है। प्रीमियम की बीमांकिक दर खरीफ के दौरान 10 प्रतिशत और रबी के दौरान खाद्य फसलों और तिलहनों के लिए 8 प्रतिशत की सीमा होती है। वार्षिक वाणिज्यिक/बागवानी फसलों के लिए, प्रीमियम की बीमांकिक दर 12 प्रतिशत है। ऋणी और गैर–ऋणी दोनों प्रकार के किसानों को उनके भूमि आकार के बावजूद डब्ल्यूबीसीआईएस के अंतर्गत शामिल किया जाता है। एनएआईएस की तरह, ऋणी किसानों को अधिसूचित फसलों के लिए अधिसूचित क्षेत्र में अनिवार्य आधार पर शामिल किया जाता है जबकि गैर–ऋणी किसानों के लिए यह योजना स्वैच्छिक है। इसके अलावा, किसानों को प्रतिस्पर्धी सेवा प्रदान करने भारतीय कृषि बीमा कम्पनी (एआईसी) लिमिटेड के अतिरिक्त, इसके क्रियान्वयन में निजी बीमा कंपनियां भी शामिल हैं।

31 दिसंबर, 2014 तक, तालिका 11.1 में डब्ल्यूबीसीआईएस की उपलब्धियां प्रस्तुत की गई हैं। जैसा कि तालिका से स्पष्ट है कि रबी 2013–14 में इस योजना के अंतर्गत 5.210 करोड़ किसानों को शामिल किया गया था और जहां यह योजना चल रही है, इससे 18 चययित राज्यों में 3.136 करोड़ किसानों को लाभ हुआ। 68.737 करोड़ हैक्टेयर क्षेत्र का बीमा किया गया और बीमा राशि रू. 925 अरब से अधिक थी।

अधोसंरचनात्मक विकास कार्यक्रम

पर्याप्त भौतिक और सामाजिक बुनियादी ढांचे की उपस्थिति कृषि और ग्रामीण विकास को समर्थन देने तथा कृषि उत्पादों के लिए प्रभावी अग्रिम एवं पार्श्व कड़ी को सुविधाजनक बनाने की एक प्रमुख आवश्यकता है। इस संदर्भ में, भारत सरकार ने समय–समय पर कई बुनियादी ढांचा विकास कार्यक्रमों को शुरू किया है और ग्रामीण बुनियादी ढांचे के सृजन हेतु निधि और समर्थन के लिए दूरदर्शी पहल की है। भारत में चल रहे वर्तमान प्रमुख कार्यक्रमों का संक्षिप्त विवरण इस प्रकार है।

इन्दिरा आवास योजना (आईएवाय)

परिचय एवं उत्पत्ति

सामान्यतौर पर मकान को एक आधारभूत मानव अधिकार के रूप में सार्वभौमिक रूप से स्वीकार किया गया है। यह सुनिश्चित करना सरकार की जिम्मेदारी है कि प्रत्येक नागरिक के पास रहने और कार्य हेतु एक भयरहित, सुरक्षित, और स्वस्थ स्थान हो तथा वह गरिमापूर्ण जीवन जी सकें। दूसरे शब्दों में, ग्रामीण क्षेत्रों में पर्याप्त आवास का अधिकार सुनिश्चित करके, जीवन की गुणवत्ता और वृद्धि के अवसर को बढ़ाने की आवश्यकता है। ग्रामीण परिवारों की बड़ी संख्या, विशेषकर, कमजोर की कम आय के कारण अच्छे आवास और नागरिक सुविधाओं तक पहुंचने में असमर्थ हैं। पूर्ण कमी, भीड़भाड़, और अप्रचलन के अतिरिक्त प्राकृतिक आपदाओं जैसे बाढ़, चक्रवात और भूकंप के कारण क्षति के साथ–साथ हिंसा की घटनाओं ने भी आवास की कमी की समस्या में वृद्धि की है।

सरकार के गरीबी उन्मूलन प्रयास के एक भाग के रूप में गरीबों के लिए विशेष रूप से ग्रामीण आवास की आवश्यकता को पूरा करना तथा आवास की कमी से निपटना एक महत्वपूर्ण कार्य है। ग्रामीण क्षेत्रों में गरीबी रेखा से नीचे जीवनयापन करने वाले परिवारों को आवास प्रदान करने के लिए इंदिरा आवास योजना (आईएवाय) ग्रामीण विकास मंत्रालय की एक प्रमुख योजना है। आईएवाय के अंतर्गत, प्रारम्भ से 2013–14 के अंत तक, रू. 1055.18 अरब के व्यय के साथ 3.2 करोड़ मकानों का निर्माण किया गया है।

योजना का विकास

वर्ष 1985–86 में ग्रामीण भूमिहीन रोजगार गारंटी कार्यक्रम की उप–योजना के रूप में इंदिरा आवास योजना शुरू की गई। इसके बाद, इंदिरा आवास योजना अप्रैल 1989 में शुरू हुई जवाहर रोजगार योजना (जेआरवाई) की उप–योजना बन गई। कुल जेआरवाई निधियों का छः प्रतिशत हिस्सा आईएवाय के कार्यान्वयन के लिए आवंटित किया गया था। शुरूआती वर्षों में आवास योजना अनुसूचित जाति एवं अनुसूचित जनजाति के परिवारों तथा बीपीएल श्रेणी के मुक्त कराए गए बंधुआ मजदूरों के परिवारों की जरूरतों को पूरा करती थी।

वर्ष 1993–94 से ग्रामीण क्षेत्रों में गैर–अनुसूचित जाति/जनजाति परिवारों को शामिल करने के लिए आईएवाय के दायरे को बढ़ाया गया। 01 जनवरी 1996 से आईएवाय को जेआरवाई से अलग करके इसे एक स्वतंत्र योजना बना दिया गया। अब यह कार्यक्रम ग्रामीण विकास मंत्रालय का एक महत्वपूर्ण कार्यक्रम है, जो गरीब परिवारों को अपने मकान के पते का गौरव प्रदान करके अन्य ग्रामीण विकास योजनाओं का लाभ प्राप्त करने में उनकी सहायता करने की ग्रामीण गरीबी उन्मूलन की व्यापक रणनीति के तहत चलाया जा रहा है।

इंदिरा आवास योजना की मुख्य विशेषताएं (ग्रामीण विकास मंत्रालय 2014, 66–70)

आईएवाय के घटक इस प्रकार हैः (अ) नए मकान के निर्माण के लिए सहायता; (ब) कच्चे या जीर्ण–शीर्ण मकान का उन्नयन; और (स) आवास स्थल का प्रावधान।

राज्यों/संघ शासित प्रदेशों को तथा राज्यों/संघ शासित प्रदेशों से जिलों, विकासखण्ड एवं जहाँ राज्य चाहे वहाँ ग्राम पंचायत तक आईएवाय धनराशि के आवंटन का मानदण्ड गरीबी की रेखा की जनसंख्या में से प्रत्येक वर्ग जो कि अनुसूचित जाति, जनजाति, अल्पसंख्यक एवं अन्य वर्ग के आवासहीन लोगों के चयन के आधार पर हो सकता है। मंत्रालय राज्यों/संघ शासित क्षेत्रों हेतु निधियों का वार्षिक आवंटन नवीनतम जनगणना आंकड़ों के आधार पर 75 प्रतिशत महत्व आवासीय कमी और 25 प्रतिशत महत्व गरीबी रेखा से नीचे वाले लोगों के लिए किया जाता है।

राष्ट्रीय स्तर पर, 60 प्रतिशत निधियां ग्रामीण विकास मंत्रालय द्वारा निर्धारित किए गए अजा और अजजा के बीच अनुपात के आधार पर अजा और अजजा के लिए निर्धारित की जाती है जो कि लक्ष्यों में प्रतिबिंबित होती है। वर्ष 2011–12 से एक अलग बजट शीर्ष के अंतर्गत आईएवाय के तहत किए गए कुल आवंटन का 60 प्रतिशत अजा और अजजा हेतु अलग कर दी जाती है। इसके साथ ही, 15 प्रतिशत निधियां अल्पसंख्यक समुदाय के लिए अलग कर दिया जाता है। राज्यों को यह भी सुनिश्चित करना चाहिए कि आईएवाय के कम से कम तीन 3 प्रतिशत लाभार्थी विकलांग हों। यह निर्धारित की गई केवल न्यूनतम सीमा है जिसे राज्यों द्वारा पूरा करना चाहिए, यदि वे चाहे तो, इन श्रेणियों के तहत और लक्ष्य को इसमें जोड़ सकते हैं।

01 अप्रैल 2013 से प्रभावी, इंदिरा आवास योजना के अंतर्गत बीपीएल परिवारों को मैदानी क्षेत्रों में नए मकानों के लिए निर्माण के लिए रू. 70,000 और नक्सल प्रभावित जिलों सहित पर्वतीय/दुर्गम क्षेत्रों में रू. 75,000 का अनुदान दिया जाता है। इसके साथ ही, आईएवाय निधियों का उपयोग कच्चे मकानों के उन्नयन के लिए भी किया जा सकता है, जिसके लिए प्रति मकान रू. 15,000 का अनुदान दिया जाता है। भूमिहीन गरीबों को आवास स्थलों की खरीद के लिए रू. 20,000 की सहायता दी जाती है। 1 मार्च 2013 से प्रभावी, प्रशासनिक व्यय के लिए आवंटित की गई 4 प्रतिशत निधियों के उपयोग का प्रावधान किया गया है।

आईएवाय की निधियों को केन्द्र एवं राज्यों के बीच (पूर्वोत्तर राज्यों और सिक्किम के अतिरिक्त) क्रमशः 75:25 के अनुपात में दिया जाता है। पूर्वोत्तर राज्यों और सिक्किम के मामले में 90:10 के अनुपात में दिया जाता है। संघ शासित क्षेत्रों के मामले में संपूर्ण आईएवाय निधियां केन्द्र सरकार प्रदान करती है। आवास स्थल उपलब्ध कराने की लागत 50:50 के अनुपात में भारत सरकार और राज्य सरकारों द्वारा वहन की जाती है। संघ शासित क्षेत्रों में पूरी लागत भारत सरकार वहन करती है। कुल बजट के 95 प्रतिशत का उपयोग नए मकानों के निर्माण, मकानों के उन्नयन तथा आवास स्थलों के प्रावधान और प्रशासनिक खर्चों की पूर्ति से संबंधित घटकों के लिए किया जा सकता है। शेष 5 प्रतिशत आरक्षित निधि के रूप में केन्द्रीय स्तर पर रखा जाता है जो विशेष परियोजनाओं के लिए होता है, जो निम्न में से प्रस्तावित की जा सकती हैः

- प्राकृतिक आपदाओं और कानून व्यवस्था से जुड़ी समस्याओं से प्रभावित बीपीएल परिवारों का पुनर्वास,
- अभावग्रस्त जनजातीय समूहों, वन अधिकार अधिनियम के लाभार्थियों, बंधुआ मजदूरों के परिवारों और मैला ढोने वालों के परिवारों का व्यवस्थापन,
- व्यवसायों के कारण बीमारियों से प्रभावित व्यक्तियों का पुनर्वास, और
- पर्यावरणीय अनुकूल, उपयुक्त और स्थानीय रूप से संगत प्रौद्योगिकी से निरूपित मकान का निर्माण।

जारी की गई निधियों में से 4 प्रतिशत का उपयोग प्रशासनिक व्ययों की पूर्ति के लिए किया जा सकता है और इन निधियों में से 0.5 प्रतिशत निधियां राज्य स्तर पर रखी जा सकती है तथा शेष निधियों का वितरण जिलों को करना होता है। प्रशासनिक व्यय का उपयोग किया जा सकता हैः

- आईईसी गतिविधियों, एमआईएस मूल्यांकन अध्ययनों
- सामाजिक अंकेक्षण
- क्षमता निर्माण पहलों
- प्रौद्योगिकी प्रदर्शन

प्रशासनिक व्यय की निधियों में भी केन्द्र और राज्य सरकारें उसी अनुपात में योगदान करेगी, जो कार्यक्रम संबंधी व्यय पर लागू है।

मकान का निर्माण कार्य लाभार्थी को स्वयं करना चाहिए। आईएवाय के अंतर्गत मकानों के निर्माण में किसी भी ठेकेदार को नहीं लगाना चाहिए। लेकिन निर्माण कार्य के पर्यवेक्षण की जिम्मेदारी संभालने में अक्षम तथा सहायता के लिए लिखित आवेदन देने वाले 60 वर्ष से अधिक आयु के अत्यंत वृद्ध व्यक्तियों और विकलांगों के मामले में निर्माण कार्य सरकारी एजेंसियों से कराया जा सकता है। सरकारी विभाग या एजेंसियां लाभार्थियों की सुविधा के लिए तकनीकी सहायता दे सकती हैं और सामग्री की समन्वित आपूर्ति की व्यवस्था कर सकती है।

राज्य उपयुक्त डिजाइन, प्रौद्योगिकी और सामग्री को अपनाने में सहायता सेवाएं प्रदान करने के लिए प्रतिष्ठित सीएसओ, संस्थाओं और एजेंसियों को मान्यता प्रदान कर सकते हैं।

उपलब्धियां

भारत निर्माण

इंदिरा आवास योजना गरीबी रेखा से नीचे के परिवारों के लिए पर्याप्त, सस्ता और टिकाऊ घर उपलब्ध कराने के लिए लागू की गई, जो ग्रामीण क्षेत्रों में ऐसे गरीब और सीमांत परिवार विशेषकर अनुसूचित जनजाति, अनुसूचित जाति और अल्पसंख्यक परिवारों के साथ–साथ उन परिवारों को जो मानव निर्मित अथवा प्राकृतिक आपदाओं के कारण बेघर हो गए हैं, की तत्काल जरूरतों को पूरा करती है। ग्रामीण निवास भारत निर्माण का एक घटक है, जिसे 2005 में ग्रामीण बुनियादी ढांचे के लिए एक समयबद्ध कार्य योजना के रूप में आरम्भ

किया गया। भारत निर्माण के प्रथम चरण में, आईएवाय (2005–2009 की अवधि में) के तहत 60 लाख मकान बनाने थे। इसके विपरीत, 71.8 लाख मकानों के निर्माण पर रू. 21,720.49 करोड़ व्यय किए गए थे।

भारत निर्माण (2009–14) के द्वितीय चरण में आईएवाय के अंतर्गत 1.2 करोड़ मकानों का लक्ष्य तय किया गया था। इस लक्ष्य के विपरीत, 1.2131 करोड़ मकानों के निर्माण पर रू. 62,042.25 करोड़ व्यय किया गया।

नई पहले

आईएवाय के संशोधित दिशानिर्देश योजना को लचीला बनाने 1 अप्रैल, 2013 से प्रभावी हुए। दिशा निर्देशों को अंतिम रूप देने से पहले राज्यों और विशेषज्ञों से परामर्श किया गया। प्रमुख नई पहले इस प्रकार हैं:

अ) कमजोर श्रेणियों को प्राथमिकताः पात्र बीपीएल परिवारों में सबसे कमजोर श्रेणियों को शामिल करने को सुनिश्चित करने के लिए प्राथमिकता दी जानी चाहिए:

- मैला ढोने वाले और बंधुआ मजदूरों के परिवार
- एकल लड़की वाला परिवार
- शारीरिक और मानसिक रूप से विकलांग व्यक्तियों
- किन्नर
- विधवाएं/कार्यवाही में मृत रक्षा/अर्द्धसैनिक/पुलिस के परिजन (यदि बीपीएल नहीं हो तो भी)
- ऐसे परिवार जिनका एक सदस्य कुष्ठ रोग या कैंसर से पीड़ित हो
- एचवाईवी पीड़ित के साथ रहने वाले लोग

आ) सामाजिक अंकेक्षणः कार्यान्वयन में सार्वजनिक जवाबदेही सुनिश्चित करने के लिए, ग्राम पंचायत में हर साल कम से कम एक सामाजिक अंकेक्षण कराने के संबंध में राज्य को निर्देश दिया गया है। सामाजिक अंकेक्षण के समूहों तथा मुख्य व्यक्तियों को चयन, निर्माण, पूर्णता, समयसीमा और भुगतान की मात्रा, सहायता सेवाएं प्रदान करने, शिकायत निवारण, और इत्यादि के बारे में कार्यविधि और प्रक्रियाओं की जांच के लिए प्रशिक्षित किया जाना चाहिए। इस संबंध में विस्तृत निर्देश जारी किए गए हैं।

इ) विशेष परियोजनाएंः पात्र परिवारों की विशेष आवश्यकताओं को पूरा करने के लिए विशेष परियोजनाओं के प्रावधानों को निम्नलिखित श्रेणियों में सम्मिलित कर लिया गया है:

- अंतर्राष्ट्रीय सीमाओं के कारण स्थानांतरित होने के लिए मजबूर परिवारों
- एफआरए के तहत लाभार्थी परिवार
- तकनीकी निरूपण से निर्मित मकान
- प्राकृतिक आपदाओं और कानून एवं व्यवस्था की समस्या से प्रभावित परिवार
- विशिष्ट कमजोर जनजातीय समूह से सम्बंधित परिवार
- व्यावसायिक रोगों या महामारी से प्रभावित व्यक्ति/परिवार

मंत्रालय स्तर पर एक उच्चस्तरीय समिति का गठन किया गया है, जो अन्य कार्यों में प्रत्येक वर्ष राज्य सरकार द्वारा प्रस्तुत विशेष परियोजनाओं की स्वीकृति देगी। इन परियोजनाओं के अनुदान के लिए केंद्र स्तर पर हर वर्ष इंदिरा आवास योजना आवंटन का पांच प्रतिशत रखा जाएगा।

ई) कठिन क्षेत्रों की पहचान में लचीलापनः वर्तमान में पूर्वोत्तर राज्यों, हिमाचल प्रदेश, जम्मू और कश्मीर, उत्तराखंड और सभी 82 वामपंथी उग्रवाद से पीड़ित जिलों की पहचान कठिन एवं पहाड़ी क्षेत्रों के रूप में की जाती है। इन राज्यों/जिलों में आईएवाय आवास की स्वीकृति की पात्रता प्रति आवास रू. 75,000 है। नए दिशानिर्देशों में, राज्यों को ऐसे कठिन क्षेत्रों की पहचान करने के प्रावधान हैं, जहां सामग्री की

कम उपलब्धता, निम्न सम्पर्क और प्रतिकूल भू–जलवायु परिस्थितियों के कारण, निर्माण लागत अधिक है। इसके लिए, ग्राम पंचायत को एक इकाई के रूप में माना जाएगा, और राज्य समुचित औचित्यता के साथ प्रस्तावों को मंत्रालय में अधिकार प्राप्त समिति के एक बार में अनुमोदन के लिए प्रस्तुत कर सकते हैं।

उ) उपयुक्त भवन निर्माण तकनीकीः राज्यों को स्थानीय सामग्री के उपयोग पर ध्यान केंद्रित करते हुए उपयुक्त भवन निर्माण तकनीकी की लगातार पहचान करनी चाहिए। डिजाइन विकल्पों को विकसित करते समय भू–जलवायु कारकों और सामाजिक–सांस्कृतिक मुद्दों की भी पहचान करनी चाहिए। विकल्पों जैसे पूर्वनिर्मित संरचनाओं, निर्माण सामग्री के पुनः उपयोग और पुनरावृत्ति, और उचित दर पर निर्माण सामग्री की आपूर्ति की सुविधा का पता लगाया जाना चाहिए और इसे लाभार्थियों की सुविधा के लिए अपनाया जाना चाहिए। घने क्षेत्रों में, जहां जमीन की कीमत अधिक है, बहु–मंजिला आवास के निर्माण करने की अनुमति दी जानी चाहिए, लेकिन यह तीन मंजिलों से अधिक नहीं होना चाहिए।

ऊ)अभिसरणः एक आवास मात्र निवास स्थान नहीं है, बल्कि ग्रामीण परिवार के लिए एक सामाजिक–आर्थिक परिसंपत्ति है। ग्रामीण आवास की व्यापक रणनीति सुरक्षित पेयजल, स्वच्छता, बिजली, अधोसंरचना जैसे सड़क, स्कूलों, इत्यादि के लिए समुचित प्रावधानों के साथ पर्यावरणीय रूप से सुरक्षित क्षेत्रों के विकास को समर्थन देना है। एक कार्य योजना के साथ अभिसरण पहल की निगरानी करने के लिए एक राज्य स्तरीय तंत्र का सुझाव दिया गया है। आईएवाय लाभार्थियों को मनरेगा, राजीव गांधी ग्रामीण विद्युतीकरण योजना, आरएसबीवाई, आम आदमी बीमा योजना, राष्ट्रीय सामाजिक सहायता कार्यक्रम जैसी योजनाओं के माध्यम से सेवाएं प्रदान की जानी चाहिए। इसको व्यक्तिगत पारिवारिक शौचालय (आईएचएचएल) के निर्माण के लिए निर्मल भारत अभियान (एनबीए) के साथ अभिसरण को अनिवार्य बनाया गया है तथा इसके क्रियान्वयन के लिए पेयजल एवं स्वच्छता मंत्रालय के साथ संयुक्त निर्देश दिए गए हैं।

ल)क्षमता निर्माणः क्रियान्वयन की गुणवत्ता को मजबूत करने के लिए राज्यों के पास निम्नलिखित तत्वों के साथ एक व्यापक क्षमता निर्माण की योजना होनी चाहिएः

- जिला स्तर के अधिकारियों और कार्यकारियों का प्रशिक्षण
- अग्रणी व्यवस्था के स्तर पर कार्यकारियों का प्रशिक्षण
- मिस्त्री, विस्तार कार्यकर्ताओं का प्रशिक्षण
- स्वयं सहायता समूहों, सीआरपी, पंचायत अधिकारियों का प्रशिक्षण
- गुणवत्तापूर्ण निगरानी का प्रशिक्षण
- निधि का सुगम प्रवाह

संशोधित दिशानिर्देश, दो किस्तों में निधि के सुगम प्रवाह को सक्षम बनाता है। पहली किस्त, उन जिलों को छोड़कर, जिन्होंने पिछले वर्ष में दूसरी किश्त प्राप्त नहीं की है, सभी राज्यों/केन्द्र शासित प्रदेशों को स्वचालित रूप से जारी की जाएगी। दूसरी किश्त, उन जिलों के लिए होगी, जिन्होंने कुल उपलब्ध निधि का कम से कम 60 प्रतिशत उपयोग किया है और पहले जारी की गई शर्तों को पूरा किया है। प्रस्तावों को जमा करने के लिए एक परीक्षण सूची और प्रारूप प्रदान किया गया है। यह माना गया है कि जैसे ही केन्द्र का हिस्सा प्राप्त हो राज्य का हिस्सा जारी किया जाना चाहिए ताकि वितरण नियमित हो। राज्य आईएवाय लाभार्थियों हेतु जारी करने के लिए किश्तों की संख्या तय कर सकता है, हालांकि, इन दिशा–निर्देशों में सुझावात्मक तरीका दिया गया है।

व) आवाससाफ्ट के माध्यम से आईटी आधारित निगरानी और क्रियान्वयनः आवाससाफ्ट कार्य प्रगति पर आधारित ऐसी प्रबंधन सूचना प्रणाली (एमआईएस) है जो लक्ष्य निर्धारण और निधि प्रबंधन प्रतिमानों से क्रियान्वयन प्रक्रिया का ब्यौरा दर्शाने तैयार की गई है। लाभार्थी प्रबंधन प्रतिमान में लाभार्थी और उसके

लिए सहायता राशि की स्वीकृति की स्थिति का ब्यौरा दर्शाया गया है। इस प्रणाली से तैयार होने वाला तात्कालिक प्रतिवेदन प्रगति की निगरानी और सूचना का उपयोगी साधन है। इसे जुलाई 2010 में शुरू किया गया था। प्रतिवेदन सार्वजनिक किए जाते हैं, ताकि सभी नागरिकों को अपने क्षेत्र में इस योजना की प्रगति की जानकारी मिल सके। इस प्रणाली में शिकायतें दर्ज करने और उन पर की गई कार्यवाही की स्थिति दर्शाने ऑनलाइन शिकायत निपटान प्लेटफार्म भी है। इस साफ्टवेयर में लाभार्थियों से सम्बंधित समस्त संगत आंकड़ें दर्शाये गए हैं, जिसमें लाभार्थियों की श्रेणी, आधार संख्या इत्यादि शामिल है। विभिन्न चरणों में निर्माणाधीन मकानों के फोटोग्राफ अपलोड करने का प्रावधान है।

प्रधानमन्त्री ग्राम सड़क योजना (पीएमजीएसवाई)[7]

योजना का इतिहास एवं विकास

ग्रामीण सम्पर्क ग्रामीण लोगों के सामाजिक–आर्थिक विकास का महत्वपूर्ण घटक है, क्योंकि यह शिक्षा, स्वास्थ्य, विपणन आदि जैसी सुविधाएं देता है। देश में ग्रामीण सड़क नेटवर्क का असमान विकास हुआ है। कुछ राज्यों ने शत प्रतिशत सड़क संपर्क सुविधा उपलब्ध करवाई जबकि कुछ अन्य राज्यों के पास इस पर खर्च करने के लिए पर्याप्त वित्तीय संसाधन नहीं थे जिसके कारण ग्रामीण सड़क संपर्क कार्य कम हुआ। मौजूदा ग्रामीण सड़कों के रख–रखाव, उन्नयन एवं नवीकरण के लिए अपर्याप्त निधियों की भी समस्या थी। इस संदर्भ में, नेटवर्क संबंधी दृष्टिकोण और सुनिश्चित रखरखाव के साथ स्थायी संपर्क सुविधा उपलब्ध कराना आवश्यक हो गया है।

1951 में, भारत के पास लगभग 4,00,000 किमी. का उपयोगी सड़क नेटवर्क था। गांवों में सड़क संपर्क सुविधा खराब थी, क्योंकि मात्र 20 प्रतिशत गांवों में बारहमासी सड़कें थीं। बीते वर्षों के दौरान, सड़कों के विकास के लिए कई दीर्घकालीन 20 वर्षीय योजनाएँ भारतीय सड़क कांग्रेस के संरक्षण के अंतर्गत बनाई गई थी। इन्होंने केन्द्र एवं राज्य सरकारों के लिए अपनी उत्तरोत्तर पंचवर्षीय योजनाएं बनाने हेतु संपूर्ण संदर्भ मानदंड के रूप में कार्य किया है। पांचवी पंचवर्षीय योजना के आरम्भ में वर्ष 1974 में ग्रामीण सड़कों के विकास पर अधिक जोर दिया गया, जब इसे न्यूनतम आवश्यकता कार्यक्रम का हिस्सा बनाया गया। 1996 में, इसे आधारभूत न्यूनतम सेवाएँ (बीएमएस) कार्यक्रम के साथ मिला दिया गया। केन्द्र और राज्य सरकारों के अनेक रोजगार सृजन और गरीबी उन्मूलन कार्यक्रमों के अंतर्गत भी ग्रामीण सड़क निर्माण कार्य शुरू किए गए। विगत वर्षों के दौरान राज्य और केन्द्र स्तरों पर विभिन्न कार्यक्रमों के माध्यम से किए गए प्रयासों के बावजूद नई सदी की शुरूआत तक भी लगभग 40 प्रतिशत गांवों को बारहमासी सड़कों से नहीं जोड़ा जा सका था। भारत सरकार द्वारा इस दिशा में एक प्रमुख पहल के रूप में गरीबी उन्मूलन रणनीति के भाग के रूप में 25 दिसम्बर 2000 को पीएमजीएसवाई की शुरूआत की जो कि संविधान की राज्य सूची के अंतर्गत ग्रामीण सड़क के माध्यम से राज्यों को केन्द्र प्रायोजित योजना से सहायता करती है। प्रधानमंत्री ग्राम सड़क योजना का प्राथमिक उद्देश्य मैदानी क्षेत्रों में कोर नेटवर्क के अनुसार 500 (जनगणना 2001 के अनुसार) और इससे अधिक आबादी वाली सड़क से न जुड़ी पात्र बसाहटों को बारहमासी सड़क (आवश्यक पुलियाओं और पूरे वर्ष यातायात के लिए खुली रहने वाली आर–पार निकासी संरचनाओं वाली) सुविधा उपलब्ध कराना है। ''विशेष श्रेणी के राज्यों'' (पूर्वोत्तर, सिक्किम, हिमाचल प्रदेश, जम्मू एवं कश्मीर और उत्तराखंड), मरूभूमि वाले क्षेत्रों, जनजातीय (अनुसूची 5) क्षेत्रों और गृह मंत्रालय/योजना आयोग द्वारा यथानिर्धारित 88 चयनित जनजातीय एवं पिछड़े जिलों के संबंध में इसका उद्देश्य कोर नेटवर्क के अनुसार सड़क से न जुड़ी 250 (जनगणना 2001) और इससे अधिक आबादी वाली पात्र बसाहटों को सड़क से जोड़ना है। इस कार्यक्रम के अंतर्गत सभी पात्र बसाहटों के लिए एकल बारहमासी सड़क संपर्क की परिकल्पना की गई है। वामपंथी उग्रवाद से अधिक प्रभावित विकासखण्डों (गृह मंत्रालय द्वारा निर्धारित) में 100 से 249 व्यक्तियों की आबादी वाली बसाहटों को सड़क से जोड़ने के लिए अतिरिक्त छूट भी दी गई है।

प्रधानमन्त्री ग्राम सड़क योजना की मुख्य विशेषताएं

1. **विकेन्द्रीकृत आयोजनाः** इस कार्यक्रम में ग्रामीण सड़कों के लिए विकेन्द्रीकृत नेटवर्क आयोजना का प्रतिमान लागू किया गया है। देश के सभी जिलों के लिए जिला ग्रामीण सड़क योजनाएं (डीआरआरपी) तैयार की गई है और इन्हीं जिला ग्रामीण सड़क योजनाओं से कोर नेटवर्क तैयार किया गया है ताकि प्रत्येक बसाहट को पीएमजीएसवाई के अंतर्गत कम से कम एक बारहमासी संपर्क उपलब्ध करायी जा सके। इस आयोजना प्रक्रिया में त्रि–स्तरीय पंचायती राज संस्थाओं की पूरी भागीदारी रही है।
2. **मानक एवं विनिर्देशः** भारतीय सड़क कांग्रेस द्वारा ग्रामीण सड़कों के ज्यामितीय मानकों, डिजाइन, निर्माण और रखरखाव के विषय में एक नियमावली प्रकाशित की। इसके बाद, भारतीय सड़क कांग्रेस ने कुछ नियमावली तैयार एवं प्रकाशित की है जो कम लागत वाली ग्रामीण सड़कों के डिजाइन तैयार करने में उपयोग की जाएंगी।
3. **विस्तृत परियोजना रिपोर्ट एंव समीक्षाः** इस कार्यक्रम के अंतर्गत सड़क की गुणवत्ता सुनिश्चित करने के महत्वपूर्ण उपाय के रूप में समुचित सर्वेक्षण और पर्याप्त अन्वेषणों की शर्त जोड़ी है। विस्तृत परियोजना प्रतिवेदन परियोजना की स्वीकृति की पूर्वापेक्षा है। परियोजना का समुचित डिजाइन और तैयारी सुनिश्चित करने के लिए देश की 60 से अधिक प्रतिष्ठित अभियांत्रिकी एवं प्रौद्योगिकी संस्थाएं परियोजना प्रस्तावों की स्वतंत्र संवीक्षा करती है, जिसे राज्य तकनीकी एजेंसी का नाम दिया गया है।
4. **संस्थागत प्रबंधनः** केन्द्रीय स्तर पर इस कार्यक्रम के क्रियान्वयन के लिए ग्रामीण विकास मंत्रालय नोडल मंत्रालय है। केन्द्रीय स्तर पर कार्यक्रम के कार्यान्वयन के लिए तकनीकी और प्रबंधकीय सहायता प्रदान करने के लिए राष्ट्रीय ग्रामीण सड़क विकास एजेंसी (एनआरआरडीए) गठित की गई है। राज्य सरकारों ने राज्य नोडल विभाग निर्धारित किए हैं और राज्य स्तर पर कार्यान्वयन के लिए राज्य ग्रामीण सड़क विकास एजेंसियां (एसआरआरडीए) गठित की गई हैं।
5. **अधिप्राप्ति प्रक्रियाः** पीएमजीएसवाई के अंतर्गत निर्माण कार्य के ठेके देने के लिए सर्वोत्तम राष्ट्रीय एवं अंतर्राष्ट्रीय पद्धतियों के आधार पर मानक बोली दस्तावेज (एसबीडी) तैयार किया गया है। इस कार्यक्रम के अंतर्गत सभी निर्माण कार्यों की अधिप्राप्ति प्रक्रिया मानक बोली दस्तावेज के आधार पर चलायी जाती है। पारदर्शिता सुनिश्चित करने और इलेक्टॉनिक टेंडरिंग के विभिन्न लाभ प्राप्त करने के लिए कार्यक्रम के अंतर्गत निर्माण के ठेके देने के लिए बोली की संपूर्ण प्रक्रिया ई–अधिप्राप्ति के माध्यम से संचालित की जाती है।
6. **गुणवत्ता आश्वासनः** गुणवत्ता इस कार्यक्रम का सार है। इसलिए पीएमजीएसवाई के अंतर्गत त्रि–स्तरीय गुणवत्ता प्रबंधन तंत्र बनाया गया है।
7. **रखरखावः** इस कार्यक्रम के अंतर्गत निर्मित सड़क परिसम्पत्तियों का स्थायित्व सुनिश्चित करने के लिए इस कार्यक्रम के अंतर्गत प्रत्येक ठेके के निर्माण कार्य संपन्न होने के बाद उसी ठेकेदार द्वारा भुगतान के आधार पर 5 वर्ष के नियमित रखरखाव के साथ–साथ दोष सुधार की जिम्मेदारी का प्रावधान है।
8. **ऑनलाइन निगरानी, प्रबंधन एवं लेखांकन प्रणालीः** कार्यक्रम क्रियान्वयन के विभिन्न पहलुओं में पूर्ण पारदर्शिता के मद्देनजर इस कार्यक्रम के लिए वेब आधारित ऑनलाइन निगरानी, प्रबंधन और लेखांकन प्रणाली (ओएमएमएएस) तैयार की गई है।
9. **प्रकिया नियमावली और कार्यक्रम निगरानीः** पीएमजीएसवाई कार्यक्रम के अंतर्गत सभी प्रक्रियाएं ''प्रक्रिया नियमावली'' में व्यवस्थित तरीके से निर्धारित की गई हैं, जिसे 2005 में प्रकाशित किया गया। इस नियमावली में संस्थागत संरचना, आयोजना, डिजाइन, परियोजना निर्माण, अधिप्राप्ति, लक्ष्य और उपलब्धियां सहित सभी प्रक्रियाओं के ब्यौरे उपलब्ध है।

निधियों की आवश्कता

पीएमजीएसवाई के अंतर्गत सड़कों के उन्नयन की परियोजनाओं सहित स्वीकृत परियोजनाओं की कुल लागत रू. 1851.190 अरब है। स्वीकृत कार्यों को पूरा करने के लिए 12 वीं पंचवर्षीय योजना (2010–11 की कीमत पर)

के दौरान अपेक्षित और अभी तक स्वीकृत की जाने वाली शुद्ध निधियों को योजना आयोग द्वारा अनुमानित किया गया है। तदनुसार, 12वीं पंचवर्षीय योजना (2012–17) की अवधि के लिए रू. 1050 अरब का आवंटन किया गया है। इस कार्यक्रम के लिए निधियों के मौजूदा स्रोत संबंधी विवरण हैं–

- रू. 0.75/लीटर की दर से हाई स्पीड डीजल (एचएसडी) पर उपकर
- बजटीय सहायता
- एशियाई विकास बैंक
- विश्व बैंक ऋण
- नाबार्ड ऋण

भारत निर्माण के एक घटक के रूप में प्रधानमंत्री ग्राम सड़क योजना की प्रगति

भारत सरकार ने ''ग्रामीण सड़कों'' को ''भारत निर्माण'' के छः घटकों में से एक घटक बनाया है जिसमें मैदानी क्षेत्रों में 1000 एवं इससे अधिक जनसंख्या (जनगणना 2001 के अनुसार) और पर्वतीय अथवा जनजातीय क्षेत्रों (अनुसूची 5) में 500 एवं इससे अधिक आबादी वाली सड़कों से न जुड़ी, सभी पात्र बसाहटों को बारहमासी सड़क सम्पर्क उपलब्ध कराने का लक्ष्य निर्धारित किया गया है।

सड़कों से जोड़े जाने के लिए लक्षित 63,940 बसाहटों में से कुल 51,253 बसाहटें मार्च 2014 तक सड़कों से जोड़ी गई है तथा 62,876 बसाहटों के लिए सड़क निर्माण के कार्य स्वीकृत किए गए हैं।

ग्रामीण क्षेत्रों में शहरी सुविधाओं का प्रावधान (पुरा)[8]

ग्रामीण क्षेत्रों में आजीविका अवसरों, आधुनिक सुविधाओं और बेहतर जीवन जीने के साधनों की कमी के कारण ग्रामीण लोग शहरी क्षेत्रों की ओर पलायन कर रहे हैं। ग्रामीण और शहरी क्षेत्रों के बीच उपलब्ध आधारभूत संरचना में व्यापक अंतर है। इन समस्याओं का समाधान करने के लिए, भारत के भूवपूर्व राष्ट्रपति डॉ. ए.पी.जे. अब्दुल कलाम ने ग्रामीण क्षेत्रों में शहरी सुविधाओं का प्रावधान (पुरा) के लिए एक महा मिशन शुरू करके ग्रामीण भारत के परिवर्तन की परिकल्पना को दर्शाया है। 10वीं पंचवर्षीय योजना के दौरान 2004–05 से बसमथ (महाराष्ट्र), भरथना (उत्तर प्रदेश), गोहपुर (असम), कुजंगा (ओडिशा), मोतीपुर (बिहार), रायदुर्ग (आंध्र प्रदेश), और शाहपुरा (राजस्थान) में सात प्रायोगिक परियोजनाएं कार्यान्वित की गई। इन सात राज्यों में सात समूहों का चयन किया गया, जिसके लिए प्रति समूह के लिए रू. 4–5 करोड़ का बजट था। प्रायोगिक चरण के क्रियान्वयन के वांछित परिणाम प्राप्त नहीं हुए क्योंकि इसे निम्न कई समस्याओं का सामना करना पड़ा (योजना आयोग 2013, 311–13)।

- प्रायोगिक परियोजनाओं में विस्तृत कार्य योजना नहीं थी और इसमें निजी क्षेत्र की भागीदारी सीमित थी।
- प्रायोगिक परियोजना मुख्य रूप से अधोसंरचना–उन्मुख थी, जिनमें आर्थिक गतिविधियों के क्रियान्वयन पर सीमित ध्यान दिया गया था।
- समूहों के चयन के लिए मानदंड उस क्षेत्र के लिए वृद्धि क्षमता पर विचार नहीं करता है।
- राज्य सरकार स्तर पर किसी प्रकार का प्रभुत्व नहीं था और पूरे कार्यान्वयन में उपयुक्त संस्थागत संरचना के साथ समर्पित पेशेवर समर्थन की कमी थी।
- ग्रामीण विकास या अन्य विभागों की अन्य योजनाओं के साथ कोई सम्मिलन नहीं थी।

प्रायोगिक परियोजना के अनुभवों और राज्य सरकारों के अधिकारियों के साथ परामर्श के दौरान प्राप्त प्रतिपुष्टि/टिप्पणियों के आधार पर 11वीं पंचवर्षीय में पुरा को पुनर्गठित कर शुरू किया गया जिसको सार्वजनिक निजी भागीदारी (पीपीपी) के माध्यम से एक ग्राम पंचायत और निजी क्षेत्र के मध्य साझेदारी से मांग–आधारित कार्यक्रम में बदल दिया गया। सार्वजनिक निजी भागीदारी (पीपीपी) फ्रेमवर्क के माध्यम से एक ग्राम पंचायत (या ग्राम

तालिका 11.2: *पुरा के अंतर्गत प्रस्तावित सुविधाओं और आर्थिक कार्यकलापों की विस्तृत सूची*

ग्रामीण विकास मंत्रालय की योजनाओं के अंतर्गत प्रदान की जाने वाली सुविधाएं (अनिवार्य कार्यकलाप)	*ग्रामीण विकास मंत्रालय से बाहर की योजनाओं के अंतर्गत प्रदान की जाने वाली सुविधाएं*	*सहायक परियोजनाएं*
• जल एवं नालियों • ग्रामीण गलियों का निर्माण एवं रखरखाव • जल निकास • ठोस अपशिष्ट प्रबंधन • कौशल विकास • आर्थिक कार्यकलापों का विकास	• ग्रामीण गलियों में रोषनी की व्यवस्था • दूरसंचार • विद्युत इत्यादि	• ग्रामीण पर्यटन • समेकित ग्रामीण केन्द्र, ग्रामीण बाजार • कृषि–सामान्य सेवा केन्द्र, • वेयरहाऊसिंग, इत्यादि • ग्रामीण अर्थव्यवस्था आधारित कोई अन्य परियोजना

स्रोतः ग्रामीण विकास मंत्रालय (2014) वार्षिक प्रतिवेदन 2013–14, पृ. 76

पंचायतों का समूह) में संभावित वृद्धि केन्द्र के चारों ओर सघन क्षेत्रों के व्यापक और तीव्र विकास का प्रस्ताव पुनर्गठित योजना में किया गया है ताकि ग्रामीण क्षेत्रों में जीवन की गुणवत्ता सुधारने के लिए आजीविका अवसरों और शहरी सुविधाएं उपलब्ध कराई जा सकें। योजना का कार्यान्वयन प्रायोगिक आधार पर किया जा रहा है। पुरा के अंतर्गत प्रदान की जाने वाली प्रस्तावित सुविधाओं और आर्थिक कार्यकलापों की विस्तृत सूची तालिका 11.2 में प्रदशित की गई है। ग्रामीण विकास मंत्रालय/अन्य मंत्रालयों द्वारा संचालित पुरा योजना को पुरा परियोजनाओं के पूंजीगत व्यय (कापेक्स) प्रावधान में मिला दिया गया है। प्रत्येक निर्धारित योजनाओं का दिशा–निर्देशों के अंतर्गत कार्यान्वयन किया जाएगा। यह उम्मीद की जाती है कि निर्माता अनिवार्य मूलभूत सुविधाओं को वित्तपोषित करने के लिए स्वयं ही कुछ पूंजी का निवेश करेंगे। इसके अतिरिक्त, परियोजना लागत का अधिकतम 35 प्रतिशत तक पूंजीगत अनुदान या रू. 42 करोड़ जो भी कम हो, निजी निर्माता को प्रदान किए जाते हैं। इस योजना के अंतर्गत निजी निर्माता 10 वर्षों की अवधि में पंचायत क्षेत्र में नामित अधोसंरचना और सुविधाएं सृजित करने और उनका प्रबंधन करने के लिए जिम्मेदार होगा।

अनुदानकर्ता के रूप में ग्राम पंचायत तथा रियायत प्राप्तकर्ता के रूप में निजी क्षेत्र के निर्माता के मध्य एक रियायत समझौते पर हस्ताक्षर किए जाएंगे। इसमें न्यूनतम सेवा स्तर के मानकों, कार्य निष्पादन गारंटी, इत्यादि से संबंधित विवरण शामिल होंगे। राज्य सहायता के संबंध में ग्रामीण विकास मंत्रालय, राज्य सरकार और निजी क्षेत्र के निर्माता के मध्य राज्य सहायता अनुबंध पर भी हस्ताक्षर किए जाएंगे। वित्तीय वर्ष 2014 के अंत तक, पुरा प्रायोगिक परियोजना (पुरा 1.0) का प्रथम चरण पांच राज्यों केरल, आंध्र प्रदेश, उत्तराखंड, राजस्थान और महाराष्ट्र में चल रहा है। पुरा प्रायोगिक परियोजना (पुरा 2.0) के द्वितीय चरण के लिए 47 निजी क्षेत्र की संस्थाएं योग्य पाई गई और प्रस्ताव के लिए अनुरोध (आरएफपी) योग्य संस्थाओं को जारी किया गया।

ग्रामीण अधोसंरचना विकास निधि[9]

नाबार्ड ने 1995–96 में आरआईडीएफ नाम से एक विशेष निधि की स्थापना की। वाणिज्यिक बैंकों द्वारा प्राथमिक क्षेत्र को ऋण देने के अनिवार्य हिस्से में कमी के कारण इस निधि को बढ़ाया जाता है। यद्यपि, यह निधि शुरूआत में अधूरी सिंचाई, बाढ़ संरक्षण और वाटरशेड प्रबंधन परियोजनाओं पर ध्यान केंद्रित करती थी, लेकिन बाद के

वर्षों में ग्रामीण अधोसंरचना के लिए अनुदान के माध्यम से अधिक व्यापक हो गया। आरआईडीएफ में अब ग्रामीण अधोसंरचना के विकास से संबंधित 34 गतिविधियां सम्मिलित है। इसकी स्थापना से ही, प्रत्येक केन्द्रीय बजट में आवंटन के साथ, ही आरआईडीएफ राज्य सरकारों के लिए वित्त के एक प्रमुख और लोकप्रिय स्रोत के रूप में विकसित हुआ है। पिछले दो दशकों में नाबार्ड और राज्य सरकारों के बीच में दीर्घावधि की भागीदारी मजबूत हुई है। लगभग 20 वर्षों से आरआईडीएफ के प्रबंधन के अपने अनुभव के साथ, नाबार्ड ने ग्रामीण अधोसंरचना से संबंधित मामलों में महत्वपूर्ण अंतर्दृष्टि प्राप्त की है। अप्रत्यक्ष परिणाम के रूप में, नाबार्ड ने अनुदान में आंतरिक क्षमताओं को विकसित किया है और ग्रामीण अधोसंरचना के निर्माण की सुविधा को प्रदान किया है और इसके साथ–साथ अन्य कई पहलों के माध्यम से इस क्षेत्र में अपने योगदान का विस्तार किया है। केंद्रीय बजट 2014–15 में आरआईडीएफ की श्रृंखला 20 को रू. 25000 करोड़ की राशि आवंटित की गई थी। पिछले दो वित्तीय वर्षों में इसकी वृद्धि 25 प्रतिशत है। आरआईडीएफ 1 के तहत रू. 20 अरब के प्रारंभिक आवंटन से, आरआईडीएफ के माध्यम से संचयी संसाधन रू. 2175 अरब तक पहुंच गए, जिसमें श्रृंखला 20 भी शामिल है।

राष्ट्रीय ग्रामीण स्वास्थ्य मिशन (एनआरएचएम)[10]

ग्रामीण स्वास्थ्य अधोसंरचना ग्रामीण विकास का एक महत्वपूर्ण निर्धारक है। स्वास्थ्य प्रणाली की पर्याप्तता और विश्वसनीयता के संदर्भ में, भारत में ग्रामीण क्षेत्र, शहरी क्षेत्रों की तुलना में अभाव की स्थिति में हैं। ग्रामीण क्षेत्रों में स्वास्थ्य अधोसंरचना को त्रि–स्तरीय प्रणाली के रूप में विकसित किया गया है, जो तालिका 11.3 में प्रस्तुत जनसंख्या मानकों पर आधारित है।

प्राथमिक स्वास्थ्य केन्द्र, समुदाय एवं चिकित्सा अधिकारी के बीच प्रथम संपर्क बिंदु हैं। मातृ एवं बाल स्वास्थ्य, परिवार कल्याण, पोषण, प्रतिरक्षण, दस्त नियंत्रण, और संचारी रोग कार्यक्रमों के नियंत्रण के संबंध में व्यवहार में बदलाव लाने तथा सेवाओं को प्रदान करने के लिए उप–केंद्रों को पारस्परिक संचार से संबंधित कार्य सौंपा गया है। प्रत्येक उप केंद्र, कम से कम एक सहायक नर्स मिडवाइफ (एएनएम)/महिला स्वास्थ्य कार्यकर्ता और एक पुरूष स्वास्थ्य कार्यकर्ता द्वारा संचालित किया जाना किया जाना आवश्यक है। 31 मार्च, 2015 तक, देश में 1,53,655 उप–केंद्र कार्यरत थे।

प्राथमिक स्वास्थ्य केन्द्र ग्रामिक समुदाय और चिकित्सा अधिकारी के बीच पहला संपर्क बिंदु है। पीएचसी को स्वास्थ्य के निवारक और प्रबोधक पहलुओं पर जोर देने के साथ–साथ ग्रामीण जनसंख्या के लिए एक एकीकृत रोगनिवारक और निरोधी स्वास्थ्य प्रदान करना उल्लेखित किया गया था। पीएचसी की स्थापना और अनुरक्षित एमएनपी/बीएमएस कार्यक्रम के तहत राज्य सरकारों द्वारा की जाती है। न्यूनतम आवश्यकता के अनुसार,

तालिका 11.3: *भारत के ग्रामीण क्षेत्रों में स्वास्थ्य सुविधाओं के सृजन के लिए जनसंख्या मानक*

स्वास्थ्य सुविधाओं के प्रकार	*जनसंख्या मानक*	
	मैदानी क्षेत्रों के लिए	*जनजातीय/पहाड़ी/अन्य दूरस्थ क्षेत्रों के लिए*
उप–केन्द्र	5,000	3,000
प्राथमिक स्वास्थ्य केन्द्र (पीएचसी)	30,000	20,000
सामुदायिक स्वास्थ्य केन्द्र (सीएचसी)	1,20,000	80,000

एक पीएचसी को चलाने के लिए एक चिकित्सा अधिकारी और सहायता के लिए 14 पराचिकित्सक और अन्य कर्मचारी आवश्यक है। एनआरएचएम के तहत, अनुबंध के आधार पर, पीएचसी पर दो अतिरिक्त परिचारिकाओं के लिए प्रावधान है। यह छह उप केंद्रों के लिए एक निर्दिष्ट इकाई के रूप में कार्य करता है और रोगियों के लिए चार–छह बिस्तर का प्रावधान करता हैं। पीएचसी की गतिविधियों में रोग निवारक, रोग निरोधक, उन्नायक, और परिवार कल्याण सेवाएं शामिल हैं। 31 मार्च, 2015 तक, देश में 25,308 प्राथमिक स्वास्थ्य केन्द्र कार्यरत थे। एमएनपी/बीएमएस कार्यक्रम के अंतर्गत राज्य सरकार द्वारा सामुदायिक स्वास्थ्य केंद्र (सीएचसी) की स्थापना और अनुरक्षण किया जाता है। न्यूनतम मानदंडों के अनुसार, एक सीएचसी को चार चिकित्सकीय विशेषज्ञों, अर्थात, सर्जन, फिजिशियन, स्त्री रोग विशेषज्ञ और बाल रोग विशेषज्ञ एवं सहायता के लिए 21 अर्द्धचिकित्सकीय और अन्य कर्मचारियों (आईपीएचएस मानदंडों के लिए परिशिष्ट–1 देखें) द्वारा चलाया जाता है। इसमें 30 बिस्तरों के साथ एक ओटी, एक्सरे, प्रसव कक्ष और प्रयोगशाला सुविधाएं है। यह चार पीएचसी के लिए एक निर्दिष्ट केन्द्र के रूप में कार्य करता है और प्रसूति संबंधी देखभाल और विशेषज्ञ परामर्श सुविधाएं प्रदान करता है। 31 मार्च, 2015 तक देश में 5,396 सीएचसी कार्यरत थे।

एनआरएचएम को 12 अप्रैल, 2005 को शुरू किया गया, ताकि ग्रामीण जनसंख्या विशेषकर, वंचित समूहों को सुलभ, न्यायसंगत, सस्ती और गुणवत्ता वाली स्वास्थ्य सुरक्षा उपलब्ध कराई जा सके। एनआरएचएम के तहत, सशक्त कार्यवाही समूह (ईएजी) राज्यों के साथ–साथ पूर्वोत्तर राज्यों, जम्मू–कश्मीर और हिमाचल प्रदेश पर विशेष ध्यान दिया गया है। मिशन का जोर सभी स्तरों पर अंतर–क्षेत्रीय अभिसरण के साथ पूर्णतया कार्यकारी, समुदायिक स्वामित्व, विकेन्द्रीकृत स्वास्थ्य वितरण प्रणाली स्थापित करना है ताकि स्वास्थ्य के विभिन्न निर्धारकों जैसे जल, स्वच्छता, शिक्षा, पोषण, और सामाजिक और लैंगिक समानता पर एक साथ कार्यवाही को सुनिश्चित किया जा सके। खंडित स्वास्थ्य क्षेत्र में संस्थागत एकीकरण से सभी स्वास्थ्य सुविधाओं के लिए आईपीएचएस के विपरीत परिणामों पर, ध्यान देने की उम्मीद थी। एनआरएचएम शुरूआत में 18 राज्यों की स्वास्थ्य आवश्यकताओं पर ध्यान केंद्रित किया था, जिनकी पहचान कमजोर सार्वजनिक स्वास्थ्य संकेतक के रूप में की गई।

एनआरएचएम की मुख्य विशेषताएं

अपने लक्ष्यों को प्राप्त करने मिशन सार्वजनिक स्वास्थ्य वितरण प्रणाली को पूरी तरह कार्यात्मक और जवाबदेह बनाने पर बल देता है जिससे समुदाय, मानव संसाधन प्रबंधन, समुदाय की भागीदारी, विकेन्द्रीकरण, कठोर निगरानी और मानकों के विरूद्ध मूल्यांकन, स्वास्थ्य और सम्बंधित कार्यक्रमों के अभिसरण के लिए गाँव के स्तर से ऊपर तक, नवाचार, लचीले वित्तपोषण और स्वास्थय अवरोधकों में सुधार के लिए भी हस्तक्षेप करता है।

संस्थागत संरचना

राष्ट्रीय स्तर पर, केंद्रीय मंत्री स्वास्थ्य और परिवार कल्याण (एफडब्ल्यू) की अध्यक्षता में एक मिशन संचालन समूह (एमएसजी) और केंद्रीय सचिव स्वास्थ्य और परिवार कल्याण की अध्यक्षता वाली एक अधिकारिता कार्यक्रम समिति (ईपीसी) है। ईपीसी, एमएसजी के समग्र मार्गदर्शन के तहत मिशन को क्रियान्वित करेगा।

राज्य स्तर पर, यह मिशन राज्य के मुख्यमंत्री की अध्यक्षता में राज्य स्वास्थ्य मिशन के समग्र मार्गदर्शन के तहत कार्य करेगा। मिशन के तहत कार्य राज्य स्वास्थ्य और परिवार कल्याण समिति के माध्यम से किया जाएगा।

एनआरएचएम का लक्ष्य स्वास्थ्य प्रणाली के वास्तुशिल्प को सुधारने के लिए इसके आवंटन और बढ़ावा देने वाली नीतियों को प्रोत्साहित करके प्रभावी रूप से सक्षम बनाना है जो देश में सार्वजनिक स्वास्थ्य प्रबंधन और सेवा वितरण को मजबूत करती है। इसमें निम्नलिखित मुख्य घटक हैं:

- प्रत्येक गांव में महिला स्वास्थ्य कार्यकर्ता का प्रावधान;
- पंचायत के ग्राम स्वास्थ्य, स्वच्छता और पोषण समिति (वीएचएस और एनसी) की अध्यक्षता वाली एक स्थानीय टीम के माध्यम से एक ग्राम स्वास्थ्य योजना तैयार करना;

- प्रभावी रोग निवारक के लिए ग्रामीण अस्पताल को मजबूत बनाना और भारतीय सार्वजनिक स्वास्थ्य मानकों (आईपीएचएस) के माध्यम से समुदाय की जवाबदेही बनाना; और
- शीर्ष स्वास्थ्य और परिवार कल्याण कार्यक्रमों का एकीकरण, निधि और अधोसंरचना का अधिकतम उपयोग तथा प्राथमिक स्वास्थ्य आपूर्ति को मजबूत करना।

एनआरएचएम स्थानीय स्वास्थ्य परंपराओं और मुख्यधारा की आयुर्वेद, योग और प्राकृतिक इलाज, यूनानी, सिद्धा और होम्योपैथी (आयुष) को सार्वजनिक स्वास्थ्य प्रणाली में पुनर्जीवित करने का प्रयत्न करता है। इसका उद्देश्य स्वास्थ्य के लिए जिला योजना के माध्यम से स्वास्थ्य के निर्धारकों जैसे, स्वच्छता और सफाई, पोषण और सुरक्षित पेयजल संबंधी मामलों का प्रभावी एकीकरण करना है। यह स्वास्थ्य के जिला प्रबंधन के लिए कार्यक्रमों के विकेन्द्रीकरण का प्रयास करता है और अंतर–राज्य और अंतर–जिला असमानताओं विशेषकर, 18 उच्च केन्द्रित राज्यों में, जिसमें सार्वजनिक स्वास्थ्य अधोसंरचना की आवश्यकताएं सम्मिलित हैं, की पहचान करता है। यह ग्रामीण लोगों, विशेषकर, गरीब महिलाओं और बच्चों को न्यायसंगत, सस्ती, जवाबदेह और प्रभावी प्राथमिक स्वास्थ्य सुरक्षा तक पहुंच सुधारने का प्रयास करता है।

प्रमुख बिन्दु

1. प्राकृतिक स्रोत एवं अधोसंरचना भारत की अर्थव्यवस्था में उत्पादन आधार बनाते हैं तथा विकास की प्रक्रिया में एक महत्त्वपूर्ण भूमिका निभाते हैं। भारत के ग्रामीण क्षेत्र आधारभूत अधोसंरचना के प्रावधान के सन्दर्भ में शहरी क्षेत्रों की अपेक्षा विशेष असुविधा की स्थिति में होते हैं।
2. भारत के पिछड़े क्षेत्र प्राकृतिक स्रोतों की स्थायी निधि एवं साथ ही आधारभूत अधोसंरचना में बहुत ही कमजोर होते हैं, ऐसे क्षेत्रों में समय–समय पर कई क्षेत्र विशेषीकृत प्राकृतिक स्रोतों पर आधारित एवं अधोसंरचना विकास कार्यक्रमों को सुधारात्मक उपायों के रूप में लागू किया गया है।
3. प्रमुख प्राकृतिक स्रोतों के विकास कार्यक्रम जो पिछड़े एवं पर्यावरणीय दृष्टि से अधिक कमजोर क्षेत्रों में आरम्भ किये गये जिसमें सूखा–प्रभावित क्षेत्र कार्यक्रम, मरु विकास समेकित वाटरशेड विकास राष्ट्रीय वनीकरण और वर्षा प्रभावित क्षेत्रों में राष्ट्रीय वाटरशेड विकास कार्यक्रम शामिल है।
4. जलवायु असामान्यता के प्रतिकूल प्रभावों यथा – सूखा एवं बाढ़ के खिलाफ किसानों को बचाने के लिए दो कार्यक्रम – राष्ट्रीय कृषि बीमा योजना तथा मौसम आधारित फसल बीमा योजना प्रायोगिक तौर पर आरम्भ किए गये। अब इन दोनों योजनाओं के साथ–साथ अन्य कृषि बीमा योजनाओं को राष्ट्रीय फसल बीमा योजना में शामिल कर लिया गया है, जो अब पूरे देश में चल रही हैं। मौसम आधारित कृषि बीमा योजना को प्रायोगिक आधार पर कर्नाटक में आरम्भ किया गया एवं अब इसे 2013–14 के रबी मौसम से 18 चयनित राज्यों में एनसीआईपी के एक स्वतंत्र योजना के रूप में क्रियान्वित किया जा रहा है।
5. भारत में वर्तमान में चल रहे प्रमुख अधोसंरचनात्मक विकास कार्यक्रम इन्दिरा आवास योजना एवं प्रधानमन्त्री ग्राम सड़क योजना, पुरा तथा एनआरएचएम है। नाबार्ड के तहत ग्रामीण अधोसंरचना विकास कोष का सृजन ग्रामीण अधोसंरचना में सुधार के लिए सरकारी प्रयासों में प्रमुख रूप से उल्लेखनीय था।
6. अधिकांश प्राकृतिक स्रोतों एवं अधोसंरचनात्मक विकास कार्यक्रमों के प्रभाव एवं परिणामशीलता के लिए कोई भी सघन मूल्यांकन अध्ययन उपलब्ध नहीं है। तथापि, सी.एच. हनुमन्था राव की अध्यक्षता में सूखा प्रभावित क्षेत्र कार्यक्रम एवं मरु विकास कार्यक्रम पर तकनीकी समिति ने इन कार्यक्रमों की समीक्षा की। इस समिति ने इन कार्यक्रमों के प्रदर्शन को कमजोर पाया। कमजोर प्रदर्शन के पीछे समिति ने जिन प्रमुख कारणों को चिह्नित किया उनमें कार्यक्रम के नियोजन एवं क्रियान्वयन में जनभागीदारी की कमी वित्त की अपर्याप्तता एवं प्रशिक्षित कार्मिकों की अनुपलब्धता थी।

चर्चा के लिए प्रश्न

1. प्राकृतिक स्रोतों विशेषतः भूमि, जल एवं वन की ग्रामीण विकास प्रक्रिया में भूमिका की उदाहरण सहित व्याख्या कीजिए।
2. ग्रामीण विकास की प्रक्रिया में विद्युत शक्ति एवं ग्रामीण सड़कों की भूमिका को उदाहरण सहित समझाइये।
3. चर्चा कीजिए कि किस तरह से गरीबी की व्यापकता को बेहतर ग्रामीण अधोसंरचना से कम किया जा सकता है। (संकेतः इस अध्याय में उद्धरित पी. सतीश के आलेख को देखें)।
4. सूखा प्रभावित क्षेत्र कार्यक्रम तथा मरु विकास कार्यक्रम की आलोचना कीजिए।
5. अधोसंरचनात्मक विकास के लिए सार्वजनिक निजी भागीदारी (पीपीपी) दृष्टिकोण पर एक आलोचना लिखिए।

टिप्पणियाँ

1. अधोसंरचना एक अम्ब्रेला शब्द है जिसको विकास अर्थशास्त्रियों द्वारा सामाजिक उपरिव्यय पूंजी (एसओसी) के रूप में कई गतिविधियों को समाहित करने के लिए उद्धरित किया जाता है।
2. इस भाग का अधिकांश हिस्सा ग्रामीण विकास मंत्रालय 2014: 168–169 पर आधारित है।
3. इस भाग का अधिकांश हिस्सा ग्रामीण विकास मंत्रालय 2014: 170–169 पर आधारित है।
4. http://naeb.nic.in (Accessed on April 18, 2016).
5. http://agricoop.nic.in/dacdivision/NWDPRA8410.pdf (Accessed on December 3, 2015).
6. इस भाग का अधिकांश हिस्सा ग्रामीण विकास मंत्रालय 2015: 80–86 पर आधारित है।
7. इस भाग का अधिकांश हिस्सा (ग्रामीण विकास मंत्रालय 2014, अध्याय 5: पृ. 27–48) पर आधारित है। www.rural.nic.in
8. इस भाग का अधिकांश हिस्सा (ग्रामीण विकास मंत्रालय 2014, वार्षिक प्रतिवेदन 2013–14: 76–77) पर आधारित है।
9. इस भाग को नाबार्ड 2015, वार्षिक प्रतिवेदन 2014–15, 141–42 से लिया गया है।
10. यह अधिकांशतया भारत में ग्रामीण स्वास्थ्य देखभाल प्रणाली, स्वास्थ्य एवं परिवार कल्याण मंत्रालय, भारत सरकार, नई दिल्ली पर आधारित है। (http://nrhm.gov.in)

अध्याय 12

ग्रामीण विकास के लिये नियोजन

अध्ययन परिणाम

इस अध्याय को पढ़ने के पश्चात् विद्यार्थी यह जानने में समर्थ होंगे –

- 'योजना एवं 'नियोजन' शब्द को परिभाषित करने एवं उसके औचित्य को स्पष्ट करने में;
- सूक्ष्म, मध्यम एवं वृहत् स्तर पर नियोजन की कार्यप्रणाली को स्पष्ट करने में;
- भारत जैसे देश के लिये विकेन्द्रीकृत नियोजन क्यों आवश्यक है, यह स्पष्ट करने में;
- कृषि के विशेष सन्दर्भ में सूक्ष्म नियोजन के प्रमुख चरणों को सूचीबद्ध करने में;
- भारत में अनुसरित विकासखण्ड एवं जिला स्तर नियोजन के लिये प्रविधि को स्पष्ट करने में तथा;
- एक आदर्श विकास परियोजना के मुख्य अवयवों को सूचीबद्ध करने में।

परिचय

योजना किसी कार्यवाही के लिये एक प्रारूप अथवा ब्लूप्रिंट होती है। यह एक पूर्व निर्धारित लक्ष्य अथवा लक्ष्यों के समूह तक सामान्य परिस्थितियों में एक पूर्व निर्धारित अवधि में योजनाकारों के पास उपलब्ध साधनों के माध्यम से पहुँचने का एक सटीक तरीका होती है। नियोजन एक योजना तैयार करने की एक प्रक्रिया है। विकास नियोजन प्रक्रिया के रूप में आर्थिक एवं सामाजिक लागत तथा लाभों की मीमांसा के आधार पर निवेश में अन्य विकास सम्भावनाओं के विकल्पों में से तार्किक व्यवस्था के अनुप्रयोग में सम्मिलित होना है। मात्रात्मक नियोजन प्रतिमान के सन्दर्भ में, नियोजन को वैकल्पिक निवेश गतिविधियों के इष्ट्तम मिश्रण के निर्धारण की प्रक्रिया के रूप में परिभाषित किया जा सकता है जिससे कि दी गयी सीमा में उद्देश्य कार्यों को अधिकतम किया जा सके, नियोजन को हम किसी भी तरह से परिभाषित करें, यह भविष्य में विशिष्ट उद्देश्यों को प्राप्त करने के लिये सुनियोजित, सचेतन एवं सतत् प्रयासों के रूप में होता हैं।

प्रत्येक देश में, कुछ विकास हमेशा स्वाभाविक रूप से होते है (स्वायत्त विकास), किन्तु यह देश में रहने के एक वांछित सामाजिक स्तर को बनाये रखने के लिये पर्याप्त नहीं हो सकते है। इसलिये लगभग सभी देशों में आर्थिक व्यवस्था में कुछ प्रकार के सरकारी हस्तक्षेप विकास की उच्च दर (प्रेरित विकास) को प्रारंभ करने एवं बनाये रखने के लिये आवश्यक होते हैं। इन दिनों, वस्तुतः सभी देशों की सरकारें एक तरह से या किसी अन्य तरह से, छोटी अथवा बड़ी मात्रा में नियोजन में और अपनी आर्थिक गतिविधियों को विनियमित करने में लगी हुई हैं। तथापि, नियोजन का विकास में सकारात्मक योगदान तभी हो सकता है तथा इसके माध्यम से उद्देश्यों को और अधिक तेजी से एवं कुशलता से प्राप्त किया जा सकता है, यदि विकास प्राकृतिक शक्तियों का अनुसरण करे। नियोजन विकास में सरकार द्वारा दुर्लभ संसाधनों के प्रत्यक्ष प्रावधान एवं आवंटन, निजी क्षेत्र में संसाधनों के

विनियमन, सार्वजनिक एवं निजी कार्यवाही में समन्वय और बाजार की शक्तियों के परिचालन के माध्यम से निजी संसाधनों के उपयोग का मार्गदर्शन में प्रमुखतः योगदान कर सकता है।

नियोजन के स्तर एवं कार्य

नियोजन में समस्या की पहचान की जा सकती है एवं इसलिये राष्ट्रीय एवं राज्य स्तर पर (वृहत् स्तर), उत्पादन की अलग–अलग इकाइयों के स्तर पर (सूक्ष्म स्तर) एवं मध्यवर्ती स्तर पर नियोजन किया जा सकता है। राष्ट्रीय एवं राज्य स्तर पर नियोजन के कार्य में मुख्यतः विकास प्रयास के लक्ष्यों को परिभाषित करना; जनसंख्या वृद्धि का अनुमान, महत्वपूर्ण वस्तुओं एवं सेवाओं की माँग और आपूर्ति; पैसा एवं कौशल के आवश्यक घरेलू एवं विदेशी संसाधनों का आकलन एवं जुटाना; तथा उन्हें विशिष्ट उपयोग के लिये अर्थव्यवस्था के विभिन्न क्षेत्रों जो कि राष्ट्रीय लक्ष्यों को प्राप्त करने में अपना वृहत्तम योगदान करने वाले हों, को आवंटित करना। वृहत् नियोजन आवश्यक है जो कि उच्च समेकित आंकड़ों पर आधारित है और व्यापक महत्व का होता है। जिला एवं विकास खण्ड स्तर पर नियोजन को मध्यम स्तर (मध्यवर्ती) का नियोजन माना जा सकता है। मध्यवर्ती नियोजन का मुख्य कार्य वृहत् स्तर की योजना को संबंधित जिले एवं विकास खण्ड की विशिष्ट विशेषताओं एवं आवश्यकताओं को ध्यान में रखते हुए ठोस एवं क्रियाशील कार्यक्रमों तथा परियोजनाओं में परिवर्तित करना है।

सूक्ष्म स्तर पर नियोजन उत्पादन की बुनियादी इकाई के स्तर पर नियोजन से सन्दर्भित होता है जो कि एक खेत, एक कारखाना, एक घरेलू उद्योग अथवा अन्य कोई उत्पादन/सेवा इकाई हो सकता हैं। सूक्ष्म स्तर का नियोजन उत्पादन, उपभोग, साख एवं विपणन से संबधित प्रश्नों, क्या, कितना, कब और कहाँ से संबंधित है।

ग्रामीण विकास नियोजन के सन्दर्भ में सूक्ष्म स्तरीय नियोजन की निम्नलिखित भूमिका हैः

1. कृषकों (या अन्य कोई ग्रामीण उत्पादकों) की उत्पादन निवेश एवं आपूर्ति के लिये भावी जरूरतों को बताना ताकि एक उपयुक्त आपूर्ति योजना तैयार की जा सके।
2. ग्रामीण व्यावसायिक इकाइयों के पुनर्गठन के लिये सबसे अच्छे विकल्प का निर्धारण करना ताकि सार्वजनिक सेवाओं एवं सुविधाओं का पूरी तरह उपयोग हो सके।
3. ग्रामीण विकास परियोजनाओं का निर्माण एवं मूल्यांकन करने हेतु बुनियादी जानकारी प्रस्तुत करना।
4. प्रौद्योगिकी, कीमतों, सार्वजनिक कार्यक्रमों एवं ग्रामीण उत्पादन की नीतियों, आय एवं रोजगार में परिवर्तन के प्रभावों को प्रस्तुत करने में सहायता करना।
5. ग्रामीण विकास विस्तार कार्यकर्त्ता को ग्रामीण उत्पादकों के साथ प्रभावी संबंध स्थापित करने तथा उन्हें कृषि की वैज्ञानिक विधियों में शिक्षित करने में सहायता प्रदान करना।

यदि सूक्ष्म स्तरीय नियोजन भारत की ग्रामीण अर्थव्यवस्था के आधुनिकीकरण में एक प्रभावी भूमिका निभा रहा है तो उसे विकास नियोजन के एक अभिन्न अंग के रूप माना जाना चाहिए। सूक्ष्म नियोजन अपने आप में राष्ट्रीय विकास योजनाएँ एवं नीतियों के निर्माण एवं क्रियान्वयन में अधिक उपयोगी नहीं है। सूक्ष्म नियोजन उर्ध्व अथवा लम्ब रूप में क्षेत्रीय/क्षेत्र योजनाकारों के माध्यम से राष्ट्रीय योजनाओं के साथ एकीकृत किया जाना चाहिए। वह सूक्ष्म एवं वृहत् स्तर नियोजन प्रणालियों का मध्यवर्ती स्तर है एवं उसका कार्य समग्र नियोजन की जानकारी एवं क्षेत्र के सूक्ष्म विवरण से परिचय पर निर्भर करते हुए उन दोनों का मिलान होना चाहिए। यह उसका कार्य है कि वह वृहत् एवं सूक्ष्म स्तर के नियोजन का संश्लेषण इस तरह से करे कि राष्ट्रीय/राज्य स्तर पर जो वांछनीय है उसे व्यक्तिगत उत्पादक एवं उपभोक्ता के लिये सार्थक एवं व्यवहार्य बनाये।

क्षैतिज एकीकरण विशिष्ट स्थानिक ढाँचे के साथ विभिन्न क्षेत्रों – कृषि, उद्योग एवं सेवाओं के बीच अन्तर क्षेत्रीय समन्वय को अंगीकार करता है। सूक्ष्म नियोजन उत्पादन आगत की आपूर्ति हेतु योजना से क्षैतिज रूप से और साख, विपणन, अधोसंरचनात्मक विकास एवं क्षेत्र के औद्योगिक विकास के लिये एकीकृत होना चाहिए।

विकास नियोजन के लिये भारत का दृष्टिकोण राष्ट्रीय लक्ष्यों एवं प्राथमिकताओं पर बल देते हुए वृहत् अभिविन्यस्त रहा है। राष्ट्रीय योजनाकारों को वास्तविकता में नहीं पता है कि उनके लक्ष्यों को वास्तविकता में अर्जित किया जा सकता है तथा उन्हें अर्जित करने में क्या लगता है। और उप राष्ट्रीय स्तर के योजनाकारों को वास्तविकता में यह नहीं पता कि समग्र देश की कुल आगत् आवश्यकताओं और कुल उत्पाद पर उनकी योजनाओं का क्या प्रभाव है? इसलिये सफल एवं कारगर नियोजन के लिये यह आवश्यक है कि वृहत् एवं सूक्ष्म स्तर पर योजनाएँ कुछ मध्यवर्ती स्तर (प्रदेश/क्षेत्र) पर सुसंगत होना चाहिए। संक्षेप में, विकास नियोजन को प्रभावी बनाने के लिये हमें एक द्विआयामी दृष्टिकोण का पालन करना होगा, समन्वित तरीके से एक साथ तृणमूल स्तर से उपर की ओर एवं राष्ट्रीय स्तर से नीचे की ओर कार्य करना होगा।

शब्द 'क्षेत्र नियोजन' आजकल अत्यधिक चलन में है तथा यह व्यापक रूप से विकासशील एवं विकसित दोनों देशों में सराहा गया है। यह कई अलग–अलग तरीकों और विभिन्न सन्दर्भों में उपयोग किया गया है। हम क्षेत्र नियोजन शब्द का उपयोग एक क्षेत्र, आमतौर पर आर्थिक रूप से पिछड़े और पारिस्थितिकीय दृष्टि से नाजुक क्षेत्र के समग्र विकास के लिये राष्ट्रीय विकास योजना द्वारा निर्धारित व्यापक रूपरेखा के भीतर नियोजन के लिये कर सकते हैं। संक्षेप में, हम इस शब्द से तात्पर्य एक अर्थव्यवस्था के समग्र विकास के लिये एक बहुस्तरीय एवं विकेन्द्रीकृत नियोजन दृष्टिकोण से निकाल सकते हैं।

ग्रामीण विकास विभिन्न तकनीकी, आर्थिक, सामाजिक एवं संस्थागत कारकों के बीच अंतःक्रिया का अंतिम परिणाम है। उदाहरण के लिये, एक व्यक्ति के खेत में कुल उत्पादन बढ़ाने के लिये, यह आवश्यक है कि स्थानीय पारिस्थितिकीय एवं सामाजिक–आर्थिक स्थितियों के अनुकूल नयी तकनीकी को अपनाया जाये, किसानों को उसके प्रयोग के बारे शिक्षित एवं प्रशिक्षित किया जाये, पर्याप्त संसाधनों को उचित समय एवं स्थान पर उपलब्ध कराया जाये एवं आपूर्ति तथा विपणन के लिये सेवा सुविधाओं के लिये आवश्यक अधोसंरचना तैयार की जाये। अंततोगत्वा, फिर भी उत्पादक की इन उपायों के प्रति प्रतिक्रिया ही विकास नियोजन की सफलता अथवा असफलता को निर्धारित करती है। विकास नियोजन के क्षेत्र दृष्टिकोण में लोगों की भूमिका, उनकी क्षमता एवं उनके अभिप्रेरण पर बल दिया जाता है। इसके अतिरिक्त, यह सम्पूर्णात्मक दृष्टिकोण है, इस अर्थ में कि यह विकास प्रक्रिया को प्रभावित करने वाले कारकों के महत्व को निर्धारित करता है।

विकास नियोजन में क्षेत्र दृष्टिकोण, भारत में राष्ट्रीय नियोजन के निम्नलिखित मुख्य उद्देश्यों की प्राप्ति में योगदान दे सकते है:

1. पिछड़े क्षेत्र के विकास को गति देना।
2. विकास एवं संवृद्धि में अन्तरक्षेत्रीय असमानताओं को कम करना।
3. कृषि एवं अर्थव्यवस्था के अन्य क्षेत्रों के सन्दर्भ में राष्ट्रीय नियोजन को विसमूहन प्रदान करना।
4. नियोजन एवं क्रियान्वयन के विभिन्न स्तरों पर समन्वय एवं एकीकरण को सहज करना।
5. समग्र क्षेत्र विकास नियोजन के साथ कृषि एवं ग्रामीण विकास को समन्वित करना।
6. विकास परियोजनाओं को तैयार करने एवं क्रियान्वयन की प्रक्रियाओं में लोगों की व्यापक भागीदारी को बढ़ावा देना।

योजना का विकेन्द्रीकरण

भारत के विभिन्न क्षेत्रों की विभिन्न कृषि–जलवायु, तकनीकी–आर्थिक एवं सामाजिक–सांस्कृतिक कारकों को दृष्टिगत रखते हुए राष्ट्रीय नियोजन प्रभावी एवं यथार्थवादी होना चाहिए तथा उप राष्ट्रीय/उप प्रदेश स्तर तक विकेन्द्रीकृत होना चाहिए। विकास एवं नियोजन का विकेन्द्रीकरण अथवा क्षेत्रीकरण एक लोकतंत्र के लिये तार्किक कदम है। यह एक आंदोलन है जो कि नियोजन की प्रक्रिया एवं क्रियान्वयन में लोगों की व्यापक भागीदारी की

अनुमति देता है तथा राष्ट्रीय धारणा से अलग क्षेत्रीय एवं प्रादेशिक विशेषताओं के कारण राष्ट्रीय तथा उपराष्ट्रीय योजनाओं के बीच उत्पन्न विसंगतियों को कम करता है।

विकेन्द्रीकरण की आवश्यकता को मान्यता चतुर्थ पंचवर्षीय योजना में प्राप्त हुई तथा यह राज्य, क्षेत्र एवं जिला स्तर तक नियोजन के विस्तार की दिशा में एक सामान्य शुरूआत थी। सितम्बर, 1969 में योजना आयोग ने राज्य सरकारों को जिला योजनाएं किस तरह से तैयार की जाये, इस पर विस्तृत दिशा निर्देश जारी किये। पाँचवी पंचवर्षीय योजना में, विकास नियोजन में विशेष रूप से पिछड़े क्षेत्रों में क्षेत्र/प्रादेशिक दृष्टिकोण पर विशेष जोर दिया गया। नवम्बर, 1977 में योजना आयोग ने विकास खण्ड स्तर पर नियोजन हेतु दिशा–निर्देश तैयार करने के लिये एम. एल. दांतवाला की अध्यक्षता में एक कार्य दल नियुक्त किया। दल ने अपना प्रतिवेदन 1978 में प्रस्तुत किया जिसमें जिला स्तर पर नियोजन समूह को मजबूत करने तथा विकास खण्ड योजना को जिला योजना के साथ समेकित करने पर बल दिया। 1979 में केन्द्रीय ग्रामीण विकास विभाग ने एकीकृत ग्रामीण विकास कार्यक्रम के नियोजन एवं क्रियान्वयन के लिये एक विवरणिका तैयार की।

राज्य सरकारों एवं अन्य संगठनों द्वारा इस पर पूर्ण रूप से कुछ प्रयास विकास खण्ड स्तर पर योजना तैयार करने हेतु किये गये। इन सभी प्रयासों का संज्ञान लेते हुए दिसम्बर, 1979 में योजना आयोग ने 'विकास खण्ड स्तर पर नियोजन हेतु दिशा–निर्देश' जारी किये। इन दिशा निर्देशों में विकास खण्ड स्तरीय नियोजन के कुछ व्यापक एवं आवश्यक पहलुओं को संबोधित किया गया तथा यह स्पष्ट किया गया कि केन्द्रीय ग्रामीण विकास मंत्रालय एवं राज्य सरकारों द्वारा समय–समय आवश्यकता पड़ने पर इन दिशा–निर्दशों को और अधिक विस्तारित किया जायेगा।

1980 में, केन्द्रीय ग्रामीण पुनर्निर्माण मंत्रालय (अब ग्रामीण विकास मंत्रालय) ने एकीकृत ग्रामीण विकास कार्यक्रम पर एक नियमावली तैयार की जिसमें अन्य बातों के साथ–साथ परिवार, गांव एवं विकास खण्ड योजना तैयार करने के लिये प्रक्रिया एवं प्रारूप भी सम्मिलित था (भारत सरकार, 1980)। एकीकृत ग्रामीण विकास कार्यक्रम के लिये विकास खण्ड एवं जिला स्तर पर योजनाएँ, योजना आयोग के 'विकास खण्ड स्तरीय नियोजन के लिये दिशा–निर्देश' के आधार पर तैयार की जा रही थी। अप्रैल, 1982 में केन्द्रीय ग्रामीण विकास मंत्रालय द्वारा योजना आयोग, राज्य सरकारों एवं ग्रामीण विकास में संलग्न अन्य संगठनों के परामर्श से "एकीकृत ग्रामीण विकास कार्यक्रम के लिये विकासखण्ड स्तरीय योजना हेतु प्रक्रियात्मक दिशा–निर्देश" जारी किये गये। यह दिशा निर्देश एक सन्दर्भ के व्यापक ढाँचे के रूप में है जिससे कि वे जो कि एकीकृत ग्रामीण विकास कार्यक्रम के क्रियान्वयन में संलग्न हैं, स्थानीय रूप से उपयुक्त एवं पूर्ण कार्यक्रम तथा कार्य योजना बनाने में समर्थ हो सके। दिशा निर्देशों में पंचवर्षीय विकास रूपरेखा अथवा भावी योजना और प्रत्येक विकासखण्ड के लिये वार्षिक कार्य योजना तैयार करने हेतु निर्देश भी अलिखित है।

प्राथमिक, माध्यमिक एवं तृतीयक क्षेत्रों में विकास की संभावनाओं पर आधारित खण्ड स्तरीय भावी योजना को जिला स्तर पर एकीकृत होना था। एकीकृत ग्रामीण विकास खण्ड योजना को अन्य विभागों के विकास कार्यक्रमों के साथ एकीकृत होकर अंततः उसको विस्तृत खण्ड विकास योजना का घटक बनना था। एक पंचवर्षीय साख योजना एवं एक वार्षिक साख योजना भी प्रत्येक खण्ड के लिये तैयार होना थी और उसे एकीकृत ग्रामीण विकास खण्ड योजना का भाग बनना था। पंचवर्षीय भावी योजना, खण्ड साख योजना, समूह योजना एवं परिवार योजना को तैयार करने की प्रक्रिया एवं प्रारूप को दिशा निर्देशों में उल्लिखित किया गया था। किन्तु दुर्भाग्यवश, खण्ड एवं जिला स्तर पर नियम पुस्तिका के आधार पर कोई भी विस्तृत एकीकृत योजना आवश्यक अमले और विशेषज्ञता की कमी के रहते विकसित नहीं की गयी। फिर भी, खण्ड एवं जिला स्तर पर पंचवर्षीय ऋण योजना अधिकांश राज्यों में तैयार की गयी। बाद में योजना आयोग, भारत सरकार के स्थान पर चयनित गैर–सरकारी संगठनों द्वारा देश के अत्यन्त पिछड़े 150 जिलों के लिये विस्तृत पंचवर्षीय योजना नये काम के बदले अनाज कार्यक्रम के अन्तर्गत् तैयार की गयी थी। फिर भी, अंततः हम कह सकते है कि भारत में राज्य स्तर से नीचे अब तक नियोजन का कोई सार्थक विकेन्द्रीकरण नहीं हुआ है।

सूक्ष्म स्तरीय नियोजन के लिये प्रविधि

सूक्ष्म नियोजन दो अनिवार्य चरणों मूल्यांकन एवं विधि की प्रक्रिया है। प्रथम चरण में प्राकृतिक एवं मानव संसाधनों, संस्थाओं, और क्षेत्र में उपलब्ध अधोसंरचनात्मक सुविधाओं एवं सेवाओं के मूल्यांकन के लिये; खेतों सहित व्यक्तिगत ग्रामीण उद्यमों के संगठन एवं प्रबंधन तथा उनकी प्रमुख बाधाओं और खामियों के संबंध में निकट दृष्टि प्राप्त करने एवं उन पर मुख्य अवरोधों तथा रोजगार एवं आय के नये अवसरों की पहचान करने के लिये, स्थानीय परिस्थितियों का प्रारंभिक सर्वेक्षण होता है। दूसरे चरण में प्रतिनिधित्व प्रकार एवं आकार के ग्रामीण उद्यमों के समूह के लिये बेहतर सूक्ष्म योजना को कार्यान्वित करना है।

एक सफल एवं प्रभावी सूक्ष्म नियोजन के लिये अन्तर्विषयक दृष्टिकोण आवश्यक होता है। तकनीकी कृषि वैज्ञानिक – कृषि विज्ञानी, उद्यान विज्ञानी एवं कृषि अभियंता तथा समाज विज्ञानियों को – क्षेत्र में उत्पादन एवं आय में वृद्धि की प्रमुख संभावनाओं, प्रमुख अवरोधों की पहचान करने; अवरोधों के उन्मूलन के लिये उपयुक्त अनुसंधान एवं कार्य योजना तैयार करने, क्षमता का दोहन करने एवं सीमित पैमाने पर वास्तविक परिस्थितियों के तहत इन कार्यक्रमों के परीक्षण हेतु एक साथ कार्य करना चाहिए।

एक सुदृढ़ सूक्ष्म नियोजन कार्यक्रम के मुख्य अवयव को विशेष रूप से कृषि उप क्षेत्र के सन्दर्भ में इस प्रकार विस्तारित किया जा सकता है।

कृषि नियोजन एवं कार्यक्रम

कार्यक्रम के इस घटक को लागू करने के लिये पहला आवश्यक कदम देश के प्रमुख कृषि क्षेत्रों की पहचान करना एवं उन्हें चिह्नित करना है। विभिन्न कृषिगत नियोजन की आवश्यकताओं को पूर्ण करने के लिये दो प्रकार के क्षेत्रों की पहचान की जा सकती है। पहला, फसल क्षेत्र जो कि प्रमुख फसलों के केन्द्रीय उत्पादन नियोजन के लिये उपयुक्त होगा। दूसरा, कृषि जलवायु क्षेत्र/प्रान्त जो कि जिला, प्रदेश अथवा केन्द्र द्वारा समग्र कृषि नियोजन हेतु उपयोग होगा।

भारत में विभिन्न मानदंडों के आधार पर क्षेत्रों को चिन्हित करने के कई प्रयास पूर्व में किए गये। इनमें से एक अत्यधिक व्यापक कार्य देश का कृषि–जलवायु संबंधी वर्गीकरण है जो कि योजना आयोग की कृषि–जलवायु संबंधी क्षेत्रीय नियोजन इकाई द्वारा किया गया था। इकाई ने संतुलित एवं टिकाऊ कृषिगत एवं ग्रामीण विकास हेतु कृषि–जलवायु संबंधी क्षेत्रीय नियोजन दृष्टिकोण को अपनाने की अनुशंसा की। कृषि–जलवायु संबंधी क्षेत्रीय नियोजन दृष्टिकोण भूमि एवं जल संसाधनों के विकेन्द्रीकृत तथा सहभागी नियोजन के द्वारा अनुकूलतम उपयोग पर आधारित है, जो कि संविधान के 73वें एवं 74वें संशोधन द्वारा सुगम किया गया है। कृषि–जलवायु संबंधी क्षेत्रीय नियोजन परियोजना योजना आयोग द्वारा 1988 में प्रारम्भ की गयी थी। परियोजना ने उच्च गुणवत्ता की शोध आधारित जानकारी बड़ी मात्रा में सृजित की जो कि कृषिगत नियोजन के लिये उपयोगी थी (बसु एवं गुहा 1996; बसु एवं कश्यप 1996)। अन्य अच्छे कदमों की तरह, कृषि–जलवायु संबंधी क्षेत्रीय नियोजन दृष्टिकोण संस्थापित नहीं किया जा सका और समग्र राष्ट्रीय एवं क्षेत्रीय विकास नियोजन का एकीकृत भाग नहीं बन सका।

प्रत्येक कृषि–जलवायु क्षेत्र से सर्वाधिक महत्वपूर्ण खेतों के प्रकारों (मिटटी, खेत के आकार इत्यादि के सन्दर्भ में) के प्रतिनिधित्व पर आधारित 50 से 100 विशिष्ट खेतों का निदर्शन हेतु चयन किया जाये। चयनित किसानों के सहयोग से एक कृषि व्यवसाय का सर्वेक्षण किया जाये जिसके द्वारा आगत–निर्गत गुणांक, संसाधानों की उपलब्धता एवं पूर्व निधारित गतिविधियों के प्रकार एवं स्तर के बारे में जानकारी एकत्र की जाये। कृषि वैज्ञानिक के साथ सहयोग उन्नत फसलों की किस्मों एवं उर्वरकों के प्रति उनकी उपज प्रतिक्रया की जानकारी हेतु; पशु विज्ञानी के साथ सहयोग दुधारू पशुओं की उच्च उपज नस्लों एवं उचित आहार प्रणाली की जानकारी के लिये तथा कृषि इंजीनियरों के साथ सहयोग विभिन्न क्षेत्र कार्यवाही और परिवहन के लिए ट्रेक्टर और मशीनों के उपयोग

की तकनीकी की व्यवहार्यता की जानकारी के लिये आवश्यक है। यह जानकारी कृषकों के खेतों पर प्रदर्शन एवं नमूना परीक्षण के आधार पर उत्पन्न की जा सकती है। इन तकनीकी आंकड़ों एवं प्रतिदर्श कृषकों से प्राप्त आंकड़ों के आधार पर एक वैकल्पिक खेत योजनाएँ विभिन्न फसलों एवं पशुओं की विस्तारित श्रेणी के संयोजन बनायी जा सकती है। रैखिक क्रमादेशन सूक्ष्म स्तरीय नियोजन के लिए सामान्यतः सर्वाधिक प्रयोग किया जाने वाला उपकरण है। इस तकनीक का उपयोग निम्न के निर्धारण के लिये किया जा सकता है:

1. तकनीकी के स्तर, संसाधनों की उपलब्धता एवं आगत तथा निर्गत मूल्यों के बारे में भिन्न धारणाओं के अन्तर्गत् फसल एवं दुधारू पशुओं की गतिविधियों का सर्वाधिक लाभदायक संयोजन;
2. कृषकों के स्थायी संसाधनों से प्राप्त लाभों को बढ़ाने के लिये आवश्यक बाह्य वित्तपोषण की इष्टतम राशि;
3. उत्पादन की अल्प व्यय प्रविधि एवं तकनीक, उन मामलों में प्रयोग हेतु जहाँ वैकल्पिक तकनीकी उपलब्ध है;
4. प्रतिमान में विभिन्न आर्थिक कारकों के लिये अपनाये गये मूल्यों में भिन्नता के लिये कृषि योजना की संवेदनशीलता को सम्मिलित करना; एवं
5. अल्प संसाधनो/आगतों की कल्पित कीमतें, जो कि यह निर्देशित करेंगी कि किस तरह का निवेश किया जाए।

प्रमुख कृषि क्षेत्रों एवं राष्ट्र के लिये खेत योजना से प्राप्त आगत एवं निर्गत को एकत्र कर उनका मूल्यांकन राष्ट्रीय उत्पादन आवश्यकताओं एवं विभिन्न आगत आवश्यकताओं तथा सुविधाओं की आपूर्ति की संभावनाओं के सन्दर्भ में किया जाता है। अधिक विस्तृत विवरण की आवश्यकता नहीं है केवल कुछ चयनित प्रमुख उत्पाद एवं आगत वस्तुओं के ही वर्णन की आवश्यकता है।

स्थानीय कृषि योजनाओं एवं राष्ट्रीय उत्पादन लक्ष्यों में सामंजस्य

कृषि क्षेत्र प्रबंधन विशेषज्ञ द्वारा एक निश्चित क्षेत्र के लिये कृषि योजनाओं के समूह के सन्दर्भ को लिए बगैर कृषि योजनाएं तैयार की जाती है जिसका विभिन्न कृषि क्षेत्रों एवं सम्पूर्ण देश के सकल आगत एवं आवश्यक सकल आपूर्ति पर क्या प्रभाव रहेगा। दूसरी तरफ समष्टि अर्थशास्त्री पूर्व उत्पादन रिकार्ड, भविष्य की माँग, पोषणिक आवश्यकता, आवश्यक विदेशी मुद्रा आदि के आधार पर उत्पादन लक्ष्यों के समुच्चय बनाते है जिसमें से कोई भी विशेष रूप से कृषि संसाधनों एवं देश के विभिन्न कृषि क्षेत्रों की संभावित उत्पादन क्षमता पर आधारित नहीं होता है। इसलिये, राष्ट्रीय योजनाकार वास्तव में नहीं जानते कि उनके उत्पादन लक्ष्यों को कैसे प्रभावी ढंग से प्राप्त किया जा सकता है अथवा उन्हें प्राप्त करने के लिये क्या करना होगा। खेत प्रबंधन शोधकर्त्ता वस्तविकता में यह नहीं जानते है कि खेती की प्रविधियों में विशेष सुधार की एक श्रृंखला और उद्यम के संयोजन के अंगीकरण का विभिन्न उत्पादों के सकल निर्गत, आगतों की सकल आवश्यकताओं, कुल माँग एवं आपूर्ति पर तथा देश की आयात–निर्यात स्थिति पर क्या प्रभाव होता है।

स्थानीय कृषि योजना एवं राष्ट्रीय उत्पादन लक्ष्य में सामंजस्य हेतु राष्ट्रीय उत्पादन लक्ष्य को प्रमुख कृषि क्षेत्रों के आधार पर विभाजित कर उसकी तुलना कृषि क्षेत्रों एवं पूरे देश की सकल कृषि योजना से करने की आवश्यकता होती है। राष्ट्रीय योजना के लक्ष्यों एवं राष्ट्रीय उत्पादन के बीच प्रमुख विसंगतियों (अलग–अलग कृषि उत्पादों के लिये कृषि योजना से एकत्रित) को राष्ट्रीय आवश्यकताओं एवं स्थानीय उत्पादन व्यवहार्यता दोनों दृष्टि से स्वीकार्य विकल्प के द्वारा अनुकूल किया जा सकता है। इसी प्रकार कृषि योजनाओं से व्युत्पन्न कुल आगत आवश्यकताओं का मूल्यांकन राष्ट्रीय आपूर्ति संभावनाओं, वित्तीय व्यवहार्यता एवं विदेशी मुद्रा के परिप्रेक्ष्य में कर सकते हैं। परिवहन, विपणन, भण्डारण एवं प्रसंस्करण की सुविधाओं के लिये अधोसंरचनात्क निवेश की आवश्यकता है क्योंकि इसी से विभिन्न क्षेत्रों में खेतों में उपलब्ध आगतों की आपूर्ति की जाती है, और बाजार तंत्र के माध्यम से बढ़े हुए उत्पाद को कुशलता से चलाया जाता है।

बाह्य पर्यावरणीय दशाओं में सुधार

बाह्य सामाजिक–आर्थिक एवं संस्थागत दशाओं में परिवर्तन जो वांछनीय कृषि योजना को अपनाने तथा उसे क्रियान्वित करने के कृषकों के प्रोत्साहन को प्रभावित करती हैं, को प्रत्येक कृषि क्षेत्र में खोजा जाना चाहिए। हमें उन बाहरी कारकों को पहचानना होगा जो कृषि उत्पादन योजना के क्रियान्वयन में बाधक हैं, और विशेष प्रोत्साहन की ओर संकेत करना होगा जिससे की कृषक अपनी उत्पादन क्षमता में सुधार कर सके। इन कारकों में प्रचलित काश्तकारी व्यवस्था, लागत–मूल्य संबंध, विपणन सुविधाएँ, खेत स्तर पर आगतों की उपलब्धता, विस्तार एवं अन्य शासकीय सुविधाओं की प्रकृति और उनकी प्रभावशीलता, सहकारिता इत्यादि निर्णायक महत्व के हैं।

सूक्ष्म स्तर पर नियोजन की प्रविधि जिसे पूर्व में स्पष्ट किया गया है, एक आदर्श प्रविधि है। व्यवहार में भारत में इस प्रविधि का प्रयोग नहीं होता है केवल उन मामलों को छोड़कर जहाँ कुछ कृषि नियोजन में विषेषज्ञता रखने वाले प्रतिष्ठित शोध संस्थान अथवा कृषि क्षेत्र नियोजन और प्रबंधन में प्रशिक्षित कृषि अर्थशास्त्री सूक्ष्म योजना बनाने में सम्मिलित हैं। आदर्श प्रविधि को नहीं अपनाने के पीछे प्रमुख कारण खण्ड एवं जिला स्तर पर आवश्यक विशेषज्ञता का अभाव होना है।

खण्ड एवं जिला स्तर पर नियोजन हेतु प्रविधि

विकास नियोजन के पिछले लगभग सभी प्रयास उप–राष्ट्रीय स्तर पर नियोजन एवं क्रियान्वयन में उचित प्रविधि के अभाव को प्रदर्शित करते हैं। इस तथ्य को ध्यान में रखते हुए जैसा कि इस अध्याय के भाग 'नियोजन का विकेन्द्रीकरण' में उल्लेख किया गया है, इस क्रम में विकास खण्ड स्तर पर नियोजन के लिये विस्तृत दिशा निर्देश तैयार करने हेतु योजना आयोग ने 1977 में एम. एल. दांतवाला की अध्यक्षता में एक कार्य दल गठित किया। दांतवाला कार्य दल ने अपने प्रतिवेदन में उल्लेख किया कि जिला स्तर पर नियोजन में तकनीकी कौशल को सम्मिलित करने के अभी तक कोई गंभीर प्रयास नहीं हुए हैं उन राज्यों में भी जहाँ पर कि जिला नियोजन मशीनरी भी है। कार्यदल ने विकास खण्ड एवं जिला स्तर पर नियोजन हेतु निम्नलिखित दिशा–निर्देशों की अनुशंसा की (भारत सरकार 1978बी, 4):

1. विकास के वर्तमान स्तर का आकलन करने, भविष्य की विकास की संभावनाओं तथा विकास में बाधाओं की पहचान करने के लिये संसाधन सूची तैयार करना एवं उसका विश्लेषण करना।
2. क्षेत्र के लिये विभिन्न कार्यक्रमों की प्राथमिकता निर्धारिण तथा एक उत्प्रेरक कार्यक्रम की पहचान करना।
3. विकास के लिये कार्यक्रम एवं परियोजनाएँ तैयार करना तथा एक एकीकृत ढाँचे के अन्दर उनके स्थानिक एवं सामयिक संयोजन को स्थापित करना।
4. मानवशक्ति संसाधनों के पूर्ण उपयोग हेतु योजना बनाना।
5. विभिन्न स्रोतों से वित्तीय संसाधनों की उपलब्धता का आकलन करना एवं उन्हे जुटाना जैसे जिला बजट, बैंकिग प्रणाली एवं निजी क्षेत्र।
6. निगरानी एवं समवर्ती मूल्यांकन का प्रबंध करना अथवा विकास योजनाओं का समानांतर लेखा परीक्षण और अनुभव के प्रकाश में समय–समय पर उसमें संशोधन करना।

निःसंदेह दिशा–निर्देशों नियोजन समूह की कार्यप्रणाली के क्षेत्र को परिभाषित करते हैं, लेकिन विभिन्न परियोजनाओं के निर्माण, मूल्यांकन एवं एकीकरण की वास्तविक यांत्रिकी के संबंध में ये योजनाकारों की थोड़ी ही मदद करते हैं। योजनाकार को एक रूपरेखा की आवश्यकता है जो कि उसको आंकड़ों के संकलन एवं प्रक्रियाकरण तथा विभिन्न परियोजनाओं के इष्टतम अनुपात में निर्माण, श्रेणीकरण एवं संयोजन, दिए गये तकनीकी आर्थिक एवं संस्थागत विवशताओं के समूह एवं चयन मापदण्डों के तहत होती है। अब हम एक ढाँचे की रूपरेखा बनाने का विनम्र प्रयास करेंगे। नियोजन रूपरेखा में अनके अवयव होते हैं, जिनका कि वर्णन नीचे किया गया है:

नियोजन के लिये व्यवहार्य क्षेत्रों का निरूपण

यह ग्रामीण विकास नियोजन प्रक्रिया का प्रथम तार्किक कदम है। नियोजन के लिये क्षेत्रों की पहचान एवं निरूपण करते समय कई कारकों जैसे – संगतता, आर्थिक गतिविधियों का स्थान, स्वपोषित संवृद्धि के लिये पर्याप्त संसाधन आधार और विकास कार्यक्रमों की प्रकृति आदि को ध्यान में रखना आवश्यक है।

एक उपयुक्त मूल नियोजन इकाई का प्रश्न अब भी विवादास्पद है। परन्तु ऐसा लगता है कि सामुदायिक विकास खण्ड को स्थानीय नियोजन के लिये प्राथमिक इकाई के रूप में स्वीकार किया गया है। लेकिन खण्ड स्तरीय योजना का निर्माण जिला स्तरीय योजना की रूपरेखा के अन्तर्गत किया जाता है जोकि राज्य योजना में समायोजित होती है तथा जो राष्ट्रीय योजना के एक भाग को बनाती है। दूसरी ओर, मूल नियोजन इकाई के रूप में जिले के प्रयोग के समर्थन के पीछे प्रमुख आधार यह है कि समय रेखा क्षेत्र और उत्पादन आंकड़े जिले से छोटी इकाई के लिये प्रकाशित रूप में नहीं है।

भारत में वर्तमान स्थितियों में, विकास खण्ड क्षेत्र विकास कार्यक्रमों के नियोजन एवं कार्यान्वयन के लिये सुविधाजनक प्रशासनिक इकाई हो सकता है साथ ही विकासखण्ड के सूक्ष्म जलग्रहण/कमान क्षेत्र के आधार पर निरूपित गाँवों का समूह सूक्ष्म स्तरीय नियोजन के लिये अंतिमतः इकाई के रूप में हो सकता है। एकीकृत नियोजन के लिये जो रूपरेखा इस अध्याय में उल्लिखित की गयी है वह बहुस्तरीय नियोजन की अवधारणा के साथ ग्रामों के समूह (उपक्षेत्रों) के सूक्ष्म स्तरीय नियोजन की अंतिमतः इकाई के आधार पर की गयी है।

योजना उद्देश्यों का निरूपण एवं मात्रा निर्धारण

यह क्षेत्र नियोजन की प्रक्रिया में दूसरा कदम है। क्षेत्र योजना के लिये निर्धारित लक्ष्यों में क्षेत्र में रहने वाले लोगों की सामूहिक आवश्यकताओं का प्रतिनिधित्व होना चाहिए तथा ये यथार्थवादी एवं क्रियाशील होना चाहिए। सुनियोजित विकास के पिछले अनुभवों से यह पूरी तरह स्पष्ट हो चुका है कि एक योजना के प्रमुख उद्देश्यों को केवल संवृद्धि के विशिष्ट लक्ष्यों के सन्दर्भ में तैयार करना अब अधिक उपयुक्त नहीं है। योजनाकाल के दौरान प्राप्त की गई आय एवं उत्पादन में वृद्धि की दर कम महत्व रखती है यदि इसका परिणाम गरीबी और बेरोजगारी की निकृष्टतम दशा में कमी आना नहीं है। आवश्यक बिन्दु यह है वृद्धि की उच्च दर नहीं होना इस बात की गारण्टी नहीं है कि यह गरीबी एवं बेरोजगारी की स्थिति को और अधिक निकृष्टतम कर देगी। कितना, कितनी तेजी से तथा कैसे एवं क्या उत्पादन किया गया है, समान रूप से महत्वपूर्ण है। इसको दृष्टिगत् रखते हुए हम खण्ड एवं जिला स्तर पर नियोजन के उद्देश्यों के रूप में निम्न को निर्दिष्ट कर सकते हैंः

1. ग्रामीण क्षेत्रों में कृषि एवं उससे सम्बद्ध गतिविधियों में किफायती तकनीकों एवं प्रविधियों के प्रयोग द्वारा उत्पादन को अधिकतम करना।
2. बेरोजगारी एवं महत्वपूर्ण अल्प रोजगार का उन्मूलन करना।
3. आबादी के अत्यधिक गरीब वर्गों के जीवन स्तर में पर्याप्त सुधार करना।
4. राज्य द्वारा कुछ बुनियादी सुविधाओं जैसे पीने के पानी, प्राथमिक शिक्षा, प्रौढ़ साक्षरता, स्वास्थ्य सुरक्षा, ग्रामीण सड़कें और भूमिहीनों के लिये ग्रामीण आवास के प्रावधान करना।

लक्ष्य समूहों की पहचान

योजना के उद्देश्यों को प्राप्त करने के लिये एक विस्तृत एवं समन्वित क्षेत्र योजना सम्पूर्ण ग्रामीण आबादी को सम्मिलित करते हुए बनायी जाती है। नियोजन के लिये लक्षित आबादी को मोटे तौर पर चार श्रेणियों में वर्गीकृत किया जा सकता हैः 1. आर्थिक दृष्टि से व्यवहार्य आकार की जमीन रखने वाले परिवार, 2. आर्थिक दृष्टि से अव्यवहार्य आकार की जमीन रखने वाले परिवार, 3. भूमिहीन कृषि मज़दूर, 4. ग्रामीण शिल्पकार।

प्रथम श्रेणी में आने वाली आबादी को तकनीकी सहायता एवं मार्गदर्शन की आवश्यकता होती है साथ ही क्षेत्र के लिये उपयुक्त नयी कृषि तकनीक को अपनाने हेतु आगतों की आपूर्ति एवं संस्थागत वित्त की भी आवश्यकता होती है। यदि इस श्रेणी में आने वाले कृषक नयी कृषि तकनीकी को अपनाते हैं तो कृषि उत्पादन में काफी हद तक वृद्धि होगी और अधिक रोजगार के अवसर उत्पन्न होंगे जोकि ग्रामीण बेरोजगारों के एक महत्वपूर्ण भाग को अवशोषित कर सकेंगे।

दूसरी श्रेणी के परिवारों के लिये उच्च कीमत एवं श्रम आधारित फसलों की पहचान करने एवं उनके उत्पाद तथा विपणन को सहज करने की आवश्यकता है। फसल उत्पादन के अतिरिक्त आय बढ़ाने के लिये कुछ पूरक एवं अनुपूरक उद्यमों जैसे डेयरी, मुर्गी पालन, मधुमक्खी पालन, मत्स्य पालन, रेशम उत्पादन आदि को भी खेती के साथ प्रारम्भ करना जरूरी है।

भूमिहीन खेतिहर मज़दूर एवं ग्रामीण कारीगरों के लिये लघु एवं कुटीर उद्योगों एवं ग्रामीण शिल्प के एक समूह की पहचान एवं उनकी तकनीकी एवं आर्थिक व्यवहार्यता तथा सामाजिक स्वीकार्यता के सन्दर्भ में मूल्यांकन करने की आवश्यकता है। ग्रामीण शिल्प एवं उद्योगों में परम्परागत् कौशल उन्नयन, प्रशिक्षण सह उत्पादन केन्द्र की श्रृंखला की स्थापना, कच्चे माल एवं ऋण की आपूर्ति और आगत के विपणन हेतु संस्थागत व्यवस्था हेतु एक बड़े पैमाने पर कार्यक्रम की आवश्यकता है।

योजना के प्रथम दो वर्षों में लक्ष्य आबादी की प्रथम श्रेणी को योजना से बाहर कर सकते हैं तथा विकास के लिये उपलब्ध संसाधनों को न्यूनतम तीन स्तरों की आबादी के जीवन स्तर में सुधार हेतु समर्पित कर सकते हैं।

संसाधनों का मूल्यांकन एवं विकास पर बाधाओं की पहचान

लक्ष्य समूहों की पहचान के पश्चात् क्षेत्र नियोजन की प्रक्रिया में अगला चरण है – क्षेत्र में उपलब्ध प्राकृतिक, मानव एवं कृत्रिम रूप से निर्मित संसाधनों की गुणवत्ता एवं मात्रा तथा योजना के क्रियान्वयन के लिये क्षेत्र के बाहर से संसाधनों की उपलब्धता की संभावना का मूल्यांकन करना। संसाधनों के मूल्यांकन की प्रक्रिया से क्षेत्र में आगे विकास पर बाधाओं की पहचान आसान हो जायेगी। संसाधन मूल्यांकन एक अन्तर्विषयक प्रयास है जिसके लिये मौसम विज्ञानी, जल विज्ञानी, पादप विज्ञानी, पशु विज्ञानी, मृदा विज्ञानी, कृषि अभियंता एवं समाज वैज्ञानिकों की आवश्यकता होती है। तकनीकी वैज्ञानिक पर्यावरणीय गुणों (भूमि, जल, पौधे, मछली, पशुओं और खनिज संसाधनों) और उनके दोहन की उपलब्ध तकनीकों का मूल्यांकन करते हैं जबकि समाज वैज्ञानिक मानव संसाधनों, संस्थाओं एवं संगठनों का मूल्यांकन करते हैं। मूल्यांकन के अंत में परिणामस्वरूप जैव–भौतिकीय एवं सामाजिक–आर्थिक रूप में संसाधनों की विस्तृत सूची प्राप्त होती है। एक प्रारूप का प्रयोग संसाधन मूल्यांकन अभ्यास एवं संसाधनों की सूची तैयार करने को आसान कर देता है।

संसाधन सूची तैयार करने के लिये आवश्यक अधिकांश जानकारी सामान्यतः विभिन्न शासकीय विभागों, अन्य सार्वजनिक एवं निजी संस्थाओं तथा संगठनों के पास उपलब्ध रहती है। कुछ जानकारी जैसे निर्गत उपयोग, उपज दर, आय एवं व्यय का स्वरूप तथा रोजगार का स्रोत एवं संरचना को लक्षित जनसंख्या के प्रतिनिधित्व प्रतिदर्श से नये सिरे से एकत्र करने की आवश्कता होगी। तथ्य संकलन के पूर्व प्रारंभिक योजना प्रारूप तैयार करने से सही प्रकार की जानकारी एकत्र करने में मदद मिलेगी। क्षेत्र नियोजन के उद्देश्यों की प्राप्ति में मुख्य अवरोधों की पहचान हेतु संसाधन सूची को विश्लेषित करना चाहिए। बाधाओं में कुछ तकनीकी, अन्य आर्थिक एवं संस्थागत, कुछ अभी भी अन्य सामाजिक एवं सांस्कृतिक प्रकृति की हो सकती है। बाधाओं की पहचान लोगों, क्षेत्र के नेताओं, विस्तार कार्यकर्त्ताओं एवं कार्यक्रम प्रशासकों से सीधे सम्पर्क के द्वारा भी की जा सकती है। योजना अवधि में ही क्षेत्र में पूर्व से उपलब्ध संसाधन, तकनीक एवं संस्थागत संरचना के द्वारा कुछ बाधाओं को हटाया या कम किया जा सकता है।

दूसरी तरफ, कुछ बाधाएँ ऐसी भी हो सकती है जिन्हें हटाने के लिये प्रस्तावित योजना अवधि से अधिक लम्बे समय की आवश्यकता हो सकती है। उनके उन्मूलन के लिये मूल और/अथवा अनुप्रयुक्त अनुसंधान और/अथवा

नयी संस्थागत् संरचना की आवश्यकता होगी जो कि प्रस्तावित योजना अवधि के दौरान व्यवहार्य नहीं थी। उनकी पहचान के पश्चात् अवरोधों को (अ) उनके महत्व, उनकी उपस्थिति से लोगों को हुई आर्थिक हानि के सन्दर्भ में (ब) अपेक्षाकृत आसानी से जिसके साथ उन्हें योजनाकाल के भीतर हटा सके, के अनुसार सूचीबद्ध किया जाना चाहिए।

विकास परियोजनाओं की पहचान एवं चयन

क्षेत्र नियोजन की प्रक्रिया में अगला चरण तकनीकी रूप से संभव सभी गतिविधियों/उद्यमों जो कि इस क्षेत्र में किये जा सकते हैं, की सूची तैयार करना है। यह एक बार पुनः अन्तर्विषयक प्रयास है। संसाधन मूल्यांकन से प्राप्त ज्ञान क्षेत्र के लिये उपयुक्त (कृषि तकनीकी) गतिविधियों की पहचान में सहायक सिद्ध हो सकता है। गतिविधि में जो इस क्षेत्र में पहले से प्रचलित है तथा समान परिस्थितियों में अन्य कहीं भी सफल हो को भी सम्मिलित किया जा सकता है। निम्नलिखित चार मानदण्ड ऐसी परियोजनाओं की पहचान करने में उपयुक्त हो सकते हैं:

1. गतिविधियाँ तकनीकी एवं संगठनातमक रूप से व्यावहारिक होना चाहिए।
2. गतिविधियों का प्रत्यक्ष या अप्रत्यक्ष रूप से योजना के उद्देश्यों हेतु योगदान होना चाहिए।
3. गतिविधियाँ कानूनी तौर पर स्वीकृति योग्य हो।
4. गतिविधियाँ कुल मिलाकर सामाजिक दृष्टि से स्वीकार्य होनी चाहिए।

एक क्षेत्र में परियोजनाओं के चयन के लिये मानदण्ड क्षेत्र में रहने वाले लोगों के मूल्यों एवं प्राथमिकताओं के द्वारा तय होना चाहिए। सामान्यतया, चार मानदण्डों – कुशलता, समानता, रोजगार एवं निरन्तरता – का उपयोग प्रारम्भ में पहचानी गयी उचित परियोजनाओं में से चयन करने में किया जा सकता है।

विकास परियोजनाओं का निर्माण

योजना में सम्मिलित करने के लिये विभिन्न परियोजनाओं की पहचान एवं चयन के पश्चात् अगला चरण चयनित गतिविधियों के लिये विस्तृत परियोजनाओं का निर्माण है। प्रत्येक परियोजना में निम्नलिखित स्पष्ट होना चाहिए:

1. परियोजना का शीर्षक
2. परियोजना के लिये औचित्य
3. परियोजना की अवधि
4. परियोजना के उद्देश्य
5. परियोजना का स्थान
6. सम्मिलित किये जाने वाले लक्षित समूह
7. अपनायी जाने वाली तकनीक का विस्तृत विवरण
8. लागत–लाभ गणना
9. सफलता के संकेतक
    - प्रमुख उत्पादों के उत्पादन में वृद्धि
    - आय में वृद्धि
    - वृद्धिशील रोजगार
    - परियोजना के लाभों का लक्ष्य समूहों के बीच वितरण
    - पर्यावरण एवं पारिस्थितिकी पर प्रभाव
    - सामाजिक स्वीकार्यता
    - संधारणीयता

10. वित्तपोषण की रणनीति
    - कुल वित्तीय परिव्यय की आवश्यकता
    - लक्षित समूहों से उपलब्ध होने वाली संभावित राशि
    - अन्य चल रही शासकीय परियोजनाओ से उपलब्ध होने वाली संभावित राशि
    - विभिन्न संस्थागत् स्रोतों से उपलब्ध होने वाली संभावित राशि
    - नये आवंटन से प्राप्त होने वाली शेष राशि

11. अन्य परियोजनाओं के साथ संयोजन
12. क्रियान्वयनः संगठनात्मक संरचना, कर्मचारीगण, वित्त का प्रवाह, कार्य अनुसूची
13. आगतों की आपूर्ति एवं निर्गतों के उपयोग की व्यवस्था
14. अनुश्रवण, प्रतिपुष्टि, नियंत्रण एवं मूल्यांकन के लिये व्यवस्था
15. पूर्वानुमानित बाहयता और विरोध एवं उनके समाधान की प्रक्रिया

यह महत्वपूर्ण है कि प्रत्येक विशिष्ट प्रक्रिया अथवा गतिविधि के लिये एक अलग परियोजना तैयार की जाना चाहिए। उदाहरण के लिये, यदि गेहूँ को तीन अलग–अलग तरीकों से उत्पादित किया जाये – (अ) उन्नत आगत एवं प्रणालियों के एक पूर्ण पैकेज को अपनाकर; (ब) नाइट्रोजन, फास्फोरस एवं पोटाश (एनपीके) की अनुशंसित मात्रा की 50 प्रतिशत मात्रा और समस्त अन्य उन्नत प्रणालियों के साथ और (स) बिना किसी उर्वरक एवं बिना किसी उन्नत प्रणाली के, तो इनके लिये तीन अलग–अलग परियोजनाएँ तैयार करना होगी। इसी प्रकार कुटीर उद्योग के लिये दो अलग–अलग पैमानों को लिया जाता है तो दो अलग–अलग परियोजनाएँ तैयार करना होगी।

परियोजना निर्माण का कार्य उच्च तकनीकी प्रकृति का है और इसे यथेष्टापूर्वक अन्तर्विषयक विशेषज्ञों के दल द्वारा ही किया जा सकता है। परियोजना निर्माण में विशेषज्ञता आमतौर पर उप–राज्य स्तर पर उपलब्ध नहीं है इसलिये नियोजन का यह निर्णायक पक्ष कुल मिलाकर उपेक्षित ही रहता है। परियोजना निर्माण एवं मूल्यांकन के क्षेत्र में नियोजन कर्मिकों की प्रत्येक स्तर पर क्षमता को बढ़ाना होगा। यह विशेष सेवारत प्रशिक्षण कार्यक्रमों के द्वारा किया जा सकता है।

विकास परियोजनाओं के इष्टतम् मिश्रण का निर्धारण

विस्तृत परियोजनाओं के तैयार होने के पश्चात् क्षेत्र नियोजन की प्रक्रिया में अगला चरण है विभिन्न परियोजनाओं के इष्टतम् मिश्रण अथवा संयोजन का निर्धारण जिससे कि क्षेत्र योजना के उद्देश्यों को दी गयी शर्तों एवं संसाधन उपलब्धता तथा तकनीकी, आर्थिक, संस्थागत एवं सामाजिक अवरोधों के साथ प्राप्त किया जा सके। सूक्ष्म एवं वृहत् दोनों स्तरों पर नियोजन के लिये आज बड़ी संख्या में तकनीकें उपलब्ध हैं। लेकिन समस्त नियोजन तकनीकों में से रैखिक प्रोग्रामिंग अब तक का सबसे सशक्त एवं लचीला उपकरण है जो कि नियोजन के लिये उपयोग किया जा सकता है। यह तकनीक निम्न में सहायता करती हैः

1. पंचवर्षीय आवर्ती योजना के प्रारूप में वार्षिक पुनर्नियोजन करने में;
2. योजना उद्देश्यों पर अनुमानित संसाधनों की उपलब्धता, कीमतों एवं शासन की नीतियों में परिवर्तन के प्रभाव का सूक्ष्मग्राही परीक्षण करने में;
3. योजना के उद्देश्यों को प्राप्त करने में आवश्यक बाह्य वित्तपोषण की राशि का अनुमान लगाने में;
4. योजना के परिणामस्वरूप उत्पन्न होने वाले श्रम रोजगार की मात्रा का अनुमान लगाने में; एवं
5. रैखिक प्रोग्रामिंग समाधान से उत्पन्न कल्पित कीमतों के आधार पर निवेश नियोजन में।

एक बहुअवधि रैखिक क्रमानुदेशन प्रतिमान एक क्षेत्र, एक खण्ड, एक जिले अथवा एक जलग्रहण के लिये विभिन्न गतिविधियों/परियोजनाओं के इष्टतम् मिश्रण के निर्धारण हेतु उपयोग किया जा सकता है। प्रतिमान आवश्यक रूप से रैखिक क्रमानुदेशन ढांचे में लचीले गुणांक की विशेषता के साथ तथाकथित पुनरावर्ती रैखिक क्रमानुदेशन की तरह इसमें उचित गतिक समीकरण जोड़कर, निर्मित किया गया है। यह गतिक समीकरण कृषि उत्पादन की गतिक संरचना एवं उत्पादकों की नवाचारों के प्रति मनोवैज्ञानिक एवं सतर्क अनुक्रिया को प्रतिबिंबित करता है। प्रतिमान की औपचारिक संरचना गणितीय रूप में इस प्रकार प्रस्तुत की जा सकती है –

1. अधिकतम $Z(t) = \sum_{j=1}^{n} C_j(t)X_j(t)$ $(j = 1,..., n \text{ and } t = 1, ..., 5$

   प्रतिबंधों के विषयाधीन

   (i) $\sum_{j=1}^{n} a_{ij}(t)X_j(t) \le b_i(t), (i = 1, ..., m)$

   (ii) $\sum_{j=1}^{n} a_{ij}(t)X_j(t) = b_i(t), (i = m+1, ..., p)$

   (iii) $\sum_{j=1}^{n} a_{ij}(t)X_j(t) \ge b_i(t), (i = p+1, ..., r)$

   (iv) $X_j(t) \le (1 + \bar{\beta}_j)X_j(t-1)$

   (v) $X_j(t) \ge (1 - \underline{\beta}_j)X_j(t-1)$

   (vi) $\sum_{j=1}^{n} X_j(t) \le (1 + \bar{\alpha}) \sum_{j=1}^{n} X_j(t-1)$

   (vii) $\sum_{j=1}^{n} X_j(t) \ge (1 + \underline{\alpha}) \sum_{j=1}^{n} X_j(t-1)$

   (viii) $X_j(t) \ge 0$

उपरोक्त समीकरणों में,
$Z(t)$ = वर्ष (t) में परिवर्तनीय लागत पर लाभ रूपये में;
$C_j(t)$ = वर्ष (t) में परिवर्तनीय लागत पर j गतिविधि के लिये प्रति इकाई लाभ रूपये में;
$X_j(t)$ = वर्ष (t) में j गतिविधि की इकाईयां;
$a_{ij}(t)$ = j गतिविधि की i अवरोध के लिये आवश्यकता $(a > 0)$ अथवा योगदान $(a < 0)$;
$b_i(t)$ = आपूर्ति का i अवरोध स्तर – समीकरण (2) में संसाधन क्षमता, समीकरण (3) में लेखा शेष, समीकरण (4) से पूर्ण होने वाली आवश्यकता;
$\bar{\beta}$ = गतिविधि के सन्दर्भ में उच्च लचीलापन गुणांक;
$\underline{\beta}_j$ = गतिविधि के सन्दर्भ में निम्न लचीलापन गुणांक;
$\bar{\alpha}$ = संबंधित गतिविधियों के समूह के सन्दर्भ में उच्च लचीलापन गुणांक;
$\underline{\alpha}$ = संबंधित गतिविधियों के समूह के सन्दर्भ में निम्न लचीलापन गुणांक;

इस प्रतिमान का उपयोग एक छोटे जलग्रहण के लिये पंचवर्षीय कृषि विकास योजना बनाने के लिये पहले के उत्तर प्रदेश राज्य (अब उत्तराखण्ड) के पहाड़ी इलाकों में इस पुस्तक के वरिष्ठ लेखक के निर्देशन में किया

जाता रहा है। इस प्रतिमान का उद्देश्य जलग्रहण क्षेत्र के लिए विभिन्न बाधाओं के अधीन कार्य परिवर्तनीय लागत पर सकल लाभ को अधिकतम करना था। प्रतिमान में 72 गतिविधियाँ एवं 47 अवरोध सम्मिलित हैं। अंत में, हम कह सकते है कि सूक्ष्म एवं वृहत् स्तर पर बहुअवधि एकीकृत विकास योजनाओं के निर्माण के लिये यह प्रतिमान सशक्त एवं अत्यधिक लचीला उपकरण है।

आशा है जिला स्तर पर कम्प्यूटर के प्रयोग प्रारंभ होने से परिवार, समूह, खण्ड एवं जिला योजनाओं को तैयार करने में आसानी होगी। तथापि एक कम्प्यूटर प्रशिक्षित एवं अनुभवी ग्रामीण विकास योजनाकारों का विकल्प नहीं हो सकता, जो वर्तमान में भारत में एक दुर्लभ संसाधन है।

नियोजन के लिए संस्थागत संरचना

राष्ट्रीय स्तर पर, 1 जनवरी 2015 तक प्रधानमंत्री नरेन्द्र मोदी की अगुवाई में भारत सरकार ने नीति आयोग नामक एक संस्था के निर्माण करने की घोषणा की, योजना आयोग[1] अन्य बातों के अतिरिक्त, भारत की पंचवर्षीय योजनाओं के निर्माण के लिए, उनके मध्य–अवधि के मूल्यांकन और विभिन्न केन्द्र प्रायोजित योजनाओं और राज्य सरकारों को संसाधनों का आवंटन करने के लिए उत्तरदायी था। योजना आयोग ने अपने अस्तित्व के दौरान 12 पंचवर्षीय योजनाएँ तैयार की। अब अपने नए अवतार में, नीति आयोग, आर्थिक नीति–निर्माण में राज्य सरकारों की भागीदारी एवं सहभागिता को बढ़ावा देने वाला है, योजना आयोग के 'अधोगामी' निर्णय लेने के परम्परा के विपरित योजना बनाने के लिए एक 'उर्ध्वगामी' दृष्टिकोण को अपनाया जाएगा। नीति आयोग भारत के राज्यों एवं केन्द्र शासित प्रदेशों के आर्थिक हितों का प्रतिनिधित्व करने का अवसर प्रदान करेगा। नीति आयोग राज्यों को अपने साथ लेकर एक विचार मंच अथवा फोरम की तरह कार्य करेगा और कार्यक्रमों को क्रियान्वित करेगा। यह अप्रचलित योजना आयोग के विपरीत है जिसमें विभिन्न राज्यों के अनुरोधों पर असंतोष करते हुए पंच–वर्षीय योजनाएँ आरोपित तथा संसाधनों को आवंटित किया गया था।

नीति आयोग में निम्नलिखित सम्मिलित हैं:

1. अध्यक्ष के रूप में भारत के प्रधानमंत्री
2. शासी परिषद में सभी राज्यों एवं विधायिकाओं वाले केन्द्र शासित प्रदेशों के मुख्यमंत्री तथा अन्य केन्द्र शासित प्रदेशों के उप–राज्यपाल होंगे।
3. एक से अधिक राज्य अथवा क्षेत्र को प्रभावित करने वाले विशिष्ट मुद्दों और आकस्मिकताओं को संबोधित करने के लिए एक निर्दिष्ट कार्यकाल के लिए क्षेत्रीय परिषदों का गठन किया जाएगा। क्षेत्रीय परिषदों को प्रधानमंत्री द्वारा बुलाया जाएगा और यह उस क्षेत्र में राज्यों के मुख्यमंत्रियों और केन्द्र शासित प्रदेशों के उप–राज्यपालों से मिलकर बनेगी। इसकी अध्यक्षता नीति आयोग के अध्यक्ष अथवा उनके नामांकित व्यक्ति द्वारा की जाएगी।
4. प्रधानमंत्री द्वारा मनोनीत विशेष आमंत्रित लोगों के रूप में कार्यक्षेत्र ज्ञान वाले विशेषज्ञ, जानकार और पेशेवर लोग।
5. पूर्णकालिक संगठनात्मक ढाँचे (अध्यक्ष के रूप में प्रधानमंत्री के अलावा) में सम्मिलित हैं:
   - उपाध्यक्ष–अरविन्द पनगढ़िया।
   - तीन पूर्णकालिक सदस्य–अर्थशास्त्री विवेक देवराय, डीआरडीओ के पूर्व प्रमुख वी.के. सारस्वत और कृषि विशेषज्ञ रमेश चन्द्र।
   - अंशकालिक सदस्य–प्रमुख विश्वविद्यालयों अनुसंधान संगठनों और अन्य सम्बंधित संस्थाओं में से अधिकतम दो व्यक्ति पदेन क्षमता में। अंशकालिक सदस्य चक्रानुक्रम के आधार पर होंगे।

- पदेन सदस्य–प्रधानमंत्री द्वारा नामित किए जाने वाले केन्द्रीय मंत्रिपरिषद् के अधिकतम चार सदस्य।
- मुख्य कार्यकारी अधिकारी–भारत सरकार के सचिव स्तर के अधिकारी को एक निश्चित कार्यकाल के लिए प्रधानमंत्री द्वारा नियुक्त किया जाना है। सुश्री सिंधुश्री खुल्लर को मुख्य कार्यकारी अधिकारी के रूप में नियुक्त किया गया है।
- सचिवालय आवश्यकतानुसार।

(उपर्युक्त तथ्य वर्ष 2016 में प्रकाशित इस पुस्तक के अंग्रेजी के चतुर्थ संस्करण पर आधारित हैं।)

राज्य स्तर पर, राज्य सरकारों ने राज्य पंचवर्षीय योजनाओं को तैयार करने के लिए राज्य योजना आयोग अथवा राज्य योजना बोर्ड का गठन किया गया है। मुख्यमंत्री के नेतृत्व में एक राज्य योजना आयोग राज्य के भीतर विकास कार्यक्रमों के निर्देशन और समन्वय के लिए जिम्मेदार है।

जिला स्तर पर, 73वें संविधान संशोधन के पश्चात्, जिला परिषदें जिले के विकास कार्यक्रमों की योजना और कार्यान्वयन के लिए जिम्मेदार है। जिला परिषद् की अध्यक्षता एक निर्वाचित जनप्रतिनिधि द्वारा की जाती है और जिला विकास अधिकारी जिला परिषद् का मुख्य कार्यकारी अधिकारी होता है। यद्यपि, जिला स्तर पर, एक निर्वाचित जनप्रतिनिधि द्वारा सांविधिक विकास खण्ड समिति अथवा परिषद् विकास खण्ड पंचायत समिति, विकासखण्ड में विकास कार्यक्रमों की देखरेख करती है। विकास खण्ड अधिकारी, विकास खण्ड समिति का सचिव होता है और विभिन्न विकास कार्यक्रमों के क्रियान्वयन के लिए जिम्मेदार होता है।

ग्राम स्तर पर, गाँवों के एक समूह के भीतर विकास कार्यक्रमों को क्रियान्वित करने के लिए ग्राम स्तरीय कार्यकर्ता अथवा ग्राम सेवक एवं ग्राम सेविकाएँ जिम्मेदार है। ग्राम स्तरीय कार्यकर्ता विकास खण्ड अधिकारी की सलाह एवं नियंत्रण के तहत कार्य करते हैं। अब सभी राज्यों में पंचायती राज की स्थापना के साथ, एक ग्राम अथवा ग्राम पंचायत, जिसका निर्वाचित जनप्रतिनिधि अपने अधिकार क्षेत्र में कार्यक्रम को लागू करने के लिए जिम्मेदार होता है। पंचायत में नियुक्त ग्राम स्तरीय कार्यकर्ता इसके सचिव के रूप में कार्य करता है।

पूर्ववर्ती पैरा में वर्णित संगठनात्मक ढाँचा सामुदायिक विकास कार्यक्रम के तहत अस्तित्व में आया और विकसित हुआ, जिसे अक्टूबर 1952 में देश में आरम्भ किया गया था।

मुख्य बिन्दु

1. योजना किसी कार्यवाही के लिये एक प्रारूप अथवा ब्लूप्रिंट होता है। यह एक पूर्व निर्धारित लक्ष्य अथवा लक्ष्यों के समूह तक सामान्य परिस्थितियों में एक पूर्व निर्धारित अवधि में योजनाकारों के पास उपलब्ध साधनों के माध्यम से पहुँचने का एक सटीक तरीका होता है। नियोजन एक योजना तैयार करने की प्रक्रिया है। विकास नियोजन एक प्रक्रिया के रूप में आर्थिक एवं सामाजिक कीमतों तथा लाभों की मीमांसा के आधार पर निवेश में अन्य विकास सम्भावनाओं के विकल्पों में से तार्किक व्यवस्था के अनुप्रयोग में सम्मिलित होना है।
2. इन दिनों, वस्तुतः सभी देशों की सरकारें एक तरह से या किसी अन्य तरह से, छोटी अथवा बड़ी मात्रा में नियोजन में और अपनी आर्थिक गतिविधियों को विनियमित करने में लगे हुए हैं। तथापि, नियोजन का विकास में सकारात्मक योगदान तभी हो सकता है तथा इसके माध्यम से उद्देश्यों को और अधिक तेजी से एवं कुशलता से प्राप्त किया जा सकता है, यदि विकास प्राकृतिक शक्तियों का अनुसरण करे।
3. नियोजन विकास में विशेषकर, सरकार द्वारा दुर्लभ संसाधनों के प्रत्यक्ष प्रावधान एवं आवंटन, निजी क्षेत्र में संसाधनों के आवंटन के निर्णयों का विनियमन एवं निर्देशन, सार्वजनिक एवं निजी कार्यवाही में

समन्वय और बाजार की शक्तियों के परिचालन के माध्यम से निजी संसाधनों के उपयोग के मार्गदर्शन में प्रमुखतः योगदान कर सकता है।

4. नियोजन में समस्या की पहचान की जा सकती है एवं इसलिये राष्ट्रीय एवं राज्य स्तर पर (वृहत् स्तर), उत्पादन की अलग–अलग इकाईयों के स्तर पर (सूक्ष्म स्तर) एवं मध्यवर्ती स्तर पर नियोजन किया जा सकता है।
5. यदि सूक्ष्म स्तरीय नियोजन भारत की ग्रामीण अर्थव्यवस्था के आधुनिकीकरण में एक प्रभावी भूमिका निभा रहा है तो उसे विकास नियोजन के एक अभिन्न अंग के रूप माना जाना चाहिए। विकास नियोजन के लिये भारत का दृष्टिकोण राष्ट्रीय लक्ष्यों एवं प्राथमिकताओं पर बल देते हुए स्थूल अभिविन्यस्त रहा है। इसलिये सफल एवं कारगर नियोजन के लिये यह आवश्यक है कि वृहत् एवं सूक्ष्म स्तर पर योजनाएँ कुछ मध्यवर्ती स्तर (प्रदेश/क्षेत्र) पर सुसंगत होना चाहिए।
6. भारत के विभिन्न क्षेत्रों के विभिन्न कृषि–जलवायु, तकनीकी–आर्थिक एवं सामाजिक–सांस्कृतिक कारकों को दृष्टिगत रखते हुए राष्ट्रीय नियोजन प्रभावी एवं यथार्थवादी होना चाहिए तथा उप राष्ट्रीय/उप प्रदेश स्तर तक विकेन्द्रीकृत होना चाहिए। विकास एवं नियोजन का विकेन्द्रीकरण अथवा क्षेत्रीकरण एक लोकतंत्र के लिये तार्किक कदम है। फिर भी, हम कह सकते है कि भारत में राज्य स्तर से नीचे अब तक नियोजन का कोई सार्थक विकेन्द्रीकरण नहीं हुआ है।
7. सूक्ष्म नियोजन दो अनिवार्य चरणों मूल्यांकन एवं विधि की प्रक्रिया है। प्रथम चरण में प्राकृतिक एवं मानव संसाधनों, संस्थाओं, और क्षेत्र में उपलब्ध अधोसंरचनात्मक सुविधाओं एवं सेवाओं के मूल्यांकन के लिये; खेतों सहित व्यक्तिगत ग्रामीण उद्यमों के संगठन एवं प्रबंधन तथा उनकी प्रमुख बाधाओं और खामियों के संबंध में निकट दृष्टि प्राप्त करने एवं उन पर मुख्य अवरोधों तथा रोजगार एवं आय के नये अवसरों की पहचान करने के लिये, स्थानीय परिस्थितियों का प्रारंभिक सर्वेक्षण होता है। दूसरे चरण में प्रतिनिधित्व प्रकार एवं आकार के ग्रामीण उद्यमों के समूह के लिये बेहतर सूक्ष्म योजना को कार्यान्वित करना है।
8. कृषि उप क्षेत्र में एक अच्छे सूक्ष्म नियोजन कार्यक्रम के मुख्य अवयव हैं – (अ) कृषि नियोजन एवं कार्यक्रम; (ब) स्थानीय खेत योजनाओं एवं राष्ट्रीय उत्पादन लक्ष्यों में सामंजस्य; एवं (स) अवरोधों के उन्मूलन द्वारा बाह्य पर्यावरणीय दशाओं में सुधार।
9. एक अच्छी नियोजन रूपरेखा में अनेक अवयव होते हैं, जैसें (अ) नियोजन के लिये व्यवहार्य क्षेत्रों का निरूपण; (ब) योजना उद्देश्यों का निरूपण एवं मात्रा निर्धारण;(स) लक्ष्य समूहों की पहचान; (द) संसाधनों का मूल्यांकन एवं विकास पर बाधाओं की पहचान; (इ) विकास परियोजनाओं की पहचान एवं चयन;(फ) विकास परियोजनाओं का निर्माण; एवं (ग) विकास परियोजनाओं के इष्टतम् मिश्रण का निर्धारण।
10. सूक्ष्म एवं वृहत् दोनों स्तरों पर नियोजन के लिये आज कई मात्रात्मक तकनीकें उपलब्ध हैं। लेकिन समस्त नियोजन तकनीकों में से रैखिक प्रोग्रामिंग अब तक का सबसे सशक्त एवं लचीला उपकरण है जो कि नियोजन के लिये उपयोग किया जा सकता है।
11. राष्ट्रीय स्तर पर, 1 जनवरी 2015 तक प्रधानमंत्री नरेन्द्र मोदी की अगुवाई में भारत सरकार ने नीति आयोग नामक एक संस्था के निर्माण करने की घोषणा की, योजना आयोग[1] अन्य बातों के अतिरिक्त, भारत की पंचवर्षीय योजनाओं के निर्माण के लिए, उनके मध्य–अवधि के मूल्यांकन और विभिन्न केन्द्र प्रायोजित योजनाओं और राज्य सरकारों को संसाधनों का आवंटन करने के लिए उत्तरदायी था। योजना आयोग ने अपने अस्तित्व के दौरान 12 पंचवर्षीय योजनाएँ तैयार की। अब अपने नए अवतार में, नीति आयोग, आर्थिक नीति–निर्माण में राज्य सरकारों की भागीदारी एवं सहभागिता को बढ़ावा देने वाला है, योजना आयोग के 'अधोगामी' निर्णय लेने के परम्परा के विपरित योजना बनाने के लिए एक 'उर्ध्वगामी' दृष्टिकोण को अपनाया जाएगा।

चर्चा के लिए प्रश्न

1. भारत में ग्रामीण विकास नियोजन की समस्याओं एवं संभावनाओं की चर्चा कीजिए।
2. अमेरिका एवं जापान सहित विश्व के अधिकांश विकसित देश पंचवर्षीय योजनाएं तैयार नहीं करते जैसे कि भारत में की जाती है, इसके बावजूद वे विकसित हैं, क्यों?
3. सूक्ष्म योजना एवं वृहत् योजना का एकीकरण क्यों आवश्यक है? एवं एकीकरण में क्या समस्याएँ हैं?
4. भारत में नियोजन का विकेन्द्रीकरण क्यों आवश्यक है अब तक नियोजन का सार्थक विकेन्द्रीकरण क्यो नहीं हो पाया है?
5. एक आदर्श विकास परियोजना के मुख्य अवयव कौन–कौन से है? किसी भी विकास परियोजना का चयन करे, जिसका कि आप एक आदर्श परियोजना के रूप में मूल्यांकन कर सकते हैं।
6. अपने पुस्तकालय अथवा अन्य कहीं उपलब्ध एक जिला स्तरीय योजना का चयन करें एवं इसका आदर्श नियोजन प्रारूप के सन्दर्भ में मूल्यांकन करें।
7. योजना आयोग के स्थान पर नीति आयोग के निर्माण के पक्ष एवं विपक्ष का परीक्षण कीजिए?

टिप्पणी

1. भारत के प्रथम प्रधानमंत्री जवाहर लाल नेहरू, जो कि जोसेफ स्टालिन के सोवियत संघ के औद्योगिकीकरण के प्रशंसक थे, ने भारत की कृषि प्रधान अर्थव्यवस्था के विकास पथ का मैप तैयार करने के लिए एक आयोग की स्थापना एवं उसकी अध्यक्षता की।

अध्याय 13

ग्रामीण विकास के लिए संयोजन

अध्ययन परिणाम

इस अध्याय को पढ़ने के पश्चात् विद्यार्थी यह जानने में समर्थ होंगे –

- ''संगठन'' शब्द की व्याख्या करते हुए ग्रामीण विकास में संगठनों की भूमिका का मूल्यांकन करना;
- विभिन्न संगठनात्मक प्रतिमानों की व्याख्या करते हुए भारतीय सन्दर्भ में उनकी उपादेयता को स्पष्ट करना;
- एक यथोचित संगठन की प्ररचना के लिए कुछ महत्त्वपूर्ण मापदण्डों को सूचीबद्ध करना; तथा
- ग्रामीण विकास को बढ़ावा देने में सरकारी संगठनों, पंचायती राज संस्थाओं, सहकारिता एवं स्वयंसेवी संगठनों/गैर सरकारी संगठनों, और निगमों की उपयुक्तता का आलोचनात्मक मूल्यांकन करना।

परिचय

''ग्रामीण विकास के लिए संयोजन'' से हमारा तात्पर्यः (अ) यथोचित संगठनात्मक संरचना का प्रारूप बनाना; (ब) संगठन के भीतर वांछित मानव व्यवहार को बढ़ावा देना; (स) एक कार्यक्रम के ग्राहकों का सुनियोजन, इस तरह से करना कि संगठन एवं/अथवा निमित्त कार्यक्रम से अधिकतम सम्भव क्षमता तक दर्शाये गये लक्ष्यों को अर्जित किया जाये।

'संगठन' शब्द ग्रीक शब्द ऑर्गेनॉन से लिया गया है जिसका तात्पर्य एक उपकरण अथवा साधन होता है। एक संगठन को एक उद्देश्य को प्राप्त करने के लिए दो अथवा अधिक लोगों के संयोजित कार्य की तरह सोचा जा सकता है। प्रबन्धन के सन्दर्भ में, हम संगठन को एक साकार एवं वास्तविक अस्तित्व के रूप में अवधारित कर सकते हैं, जिसमें मानव, मशीन एवं भौतिक संसाधन समाविष्ट होते हैं जो कि एक विशिष्ट तरीके से संगठित एवं अन्तर्सम्बंधित होते हैं। एक संगठन का प्रमुख उद्देश्य कुछ परिवर्तन करना है जैसे सामग्री, मानव, सूचना में यह बदलाव इस तरह से हो कि वह मूल्य जोड़े एवं संगठन को बनाये रखने तथा समृद्ध करने को स्वीकृति दे।

''संगठन'' शब्द का प्रयोग किसी भी सरकार, सरकारी उप–विभाग अथवा प्राधिकरण, निगम, न्यास, सम्पदा, साझेदारी, सहकारी अथवा संघ के लिए भी उद्धृत किया जाता है। इस अर्थ में, यह संगठनों के विभिन्न रूपों की ओर संकेत करता है। एक संगठन एक संस्था बन जाता है जब उसके अस्तित्व एवं विकास के लिए कोई भी अपरिहार्य न रह जाए, तब वह अपने कर्मचारियों का ध्यान किये बिना चाहे वह उसे छोड़े या उससे जुड़े, वह स्वपोषित हो जाता है।

एक संगठनात्मक संरचना को लक्ष्यों, कार्यों, संसाधनों, सम्बन्धों, पारितोषिक एवं दण्ड व्यवस्था, संचार व्यवस्था, प्राधिकरण व्यवस्था आदि से बनी हो, की तरह सोचा जा सकता है। संरचना का सकल प्रभाव व्यवहारिक तरीकों का विशेषीकृत समूह होता है। अतएव कोई भी संरचनात्मक परिवर्तन मूलतः व्यवहारिक परिवर्तन को सम्मिलित करता है। मानवों में, यद्यपि व्यवहार, प्रवृत्तियों के साथ सम्यक् होना चाहिए। जब कभी असंगतता अथवा विसंगतता होती है, तब अप्रिय तनाव उत्पन्न होते हैं जिन्हें कि व्यक्ति निराकृत करना चाहता है। जब तक वह उसका व्यवहार नहीं बदलता है (क्योंकि वह संरचना को नहीं छोड़ सकता है), वह अपनी प्रवृत्तियों में संगतता को प्राप्त करने के लिए परिवर्तन करता है।

कार्यक्रम ग्राहकों के सुनियोजन का तार्किक आधार संगठनों के 'सहभागी प्रतिमान' पर आधारित होता है। इस प्रतिमान के प्रस्तावकों के अनुसार, 'संगठन का कुल मिलाकर उद्देश्य संगठन के सदस्यों की आवश्यकताओं तथा इच्छाओं के मध्य सन्तोषजनक एकीकरण अर्जित करना होता है एवं कार्यरूप में इससे सम्बन्धित लोग अंशदान, आपूर्तिकर्ता, उपभोक्ता (कार्यक्रम हितग्राही) होते हैं' (लोर्च एवं लॉरेन्स 1972, 12)।

एक संगठन विभिन्न तरह के कार्यों को निष्पादित करता है। कुछ महत्वपूर्ण संस्थागत प्रकार्यों को बॉक्स 13.1 में प्रदर्शित किया गया है:

बॉक्स 13.1

एक संगठन के कार्य

1. *अपेक्षित कार्यवाहियों की पुनरावृत्ति स्थापित करने के लिए नियमों एवं प्रक्रियाओं को बनाना।*
2. *यह सुनिश्चित करना कि अपेक्षित कार्यवाही एक व्यवस्थित तरीके के अनुरूप होगी एवं यह संयोजित होगी।*
3. *संगठन के सदस्यों के व्यवहार को पूर्वानुमेय बनाना।*
4. *सूचनाओं को संग्रहित करना तथा उनके अस्तित्व की अवधि में सीखना।*
5. *इसके लोगों की एक स्वतन्त्र पहचान स्थापित करना और इसके माध्यम से इसके अस्तित्व को सदस्यों के छोड़ने के बावजूद भी सुनिश्चित करना।*
6. *अंशदाताओं एवं दावेदारों के लिए पारितोषिक निर्धारित करना।*

स्रोतः सिंह 1999: 263

एक संगठन के बारे में सूचना को समझने तथा व्याख्यायित करने के लिए, एक प्रबन्धन को निम्नलिखित तीन अवयवी रणनीतियाँ अपनानी चाहिए:

1. *घटनाओं का मापनः* एक संगठन का वैयक्तिक अध्ययन।
2. *संस्थाओं का मापनः* दो मापकों के मध्य सह–सम्बन्ध का निर्धारण।
3. *कारणीय सम्बंध का मापनः* प्रयोगात्मक प्रक्रिया का उपयोग करते हुए कारणात्मक चरों की पहचान।

यह अध्याय प्रारम्भ में कुछ संस्थागत प्रतिमानों को संक्षेप में प्रस्तुत करता है एवं उसके पश्चात् ग्रामीण विकास के लिए उपयुक्त संगठन के प्रारूपण के लिए मापदण्डों को सूचीबद्ध करता है एवं अन्त में ग्रामीण विकास के लिए विभिन्न तरह के संगठनों की उपयुक्तता की आलोचनात्मक समीक्षा करता है।

संगठनात्मक प्रतिमान का विमार्ग

जिस तरह से कोई व्यक्ति अन्य क्षेत्रों में समस्याओं का समाधान करते हैं, उसी तरह ग्रामीण विकास प्रबन्धक जो संगठनात्मक मुद्दों से सम्बन्धित हैं, के लिए विश्लेषणात्मक उपकरण तथा प्रतिमान की आवश्यकता होती है, जो उसके द्वारा अभिमुख की गयी समस्याओं का वह विश्लेषण कर सके एवं उस समस्या का समाधान निकाल सके। जब एक प्रबन्धक एक संगठन का निर्माण करना चाहता है अथवा जब वह विद्यमान संगठन के लिए परिवर्तन निर्धारित करता है, उसके मस्तिष्क में एक सैद्धान्तिक प्रतिमान होता है जो कि पुनः संगठित संरचना सदृश होना चाहिए। एक प्रबन्धक ज्यादा प्रभावशाली हो सकता है यदि वह उपयोग किये जाने वाले संगठनात्मक प्रतिमान को लेकर सुस्पष्ट हो।

यहाँ हम ग्रामीण विकास के लिए संभावित उपयुक्त प्रमुख संगठनात्मक प्रतिमानों की मुख्य लक्षणों की चर्चा करेंगे। गोल्डनर (1959, 404–6) ने दो तरह के संगठनात्मक प्रतिमानों को व्याख्यायित किया है।

तर्कसंगत प्रतिमान

तर्कसंगत प्रतिमान में, संगठन एक तार्किक आधार पर सोचा गया उपकरण अथवा समूह लक्ष्यों की अनुभूति का माध्यम समझा जाता है। यह माना जाता है कि निर्णय, परिस्थिति के तर्कसंगत सर्वेक्षण के आधार पर एवं एक कानूनी ढाँचे के अच्छी तरह से प्राप्त ज्ञान अभिविन्यास के साथ लिए जाते हैं। मूलतः, यह प्रतिमान 'यान्त्रिकीय' होता है, जिसमें विधिक संरचना अथवा 'ब्लूप्रिंट' तरीके पर सुस्पष्ट ध्यान केन्द्रित होता है जिसमें कि समूह लक्ष्य को महसूस करते हुए निरीक्षण एवं तार्किक आधार पर हेरफेर किया जा सकता है। व्यक्तिगत संगठनात्मक तत्वों को सफल एवं नियोजित संशोधन के लिए विषयाधीन किया जा सकता है एवं सम्पूर्ण संगठन को योजनाओं और लक्ष्यों की सुस्पष्ट पुष्टि के साथ लाया जा सकता है। इस प्रतिमान का बहुतायत उपयोग प्रबन्धकों द्वारा संगठनात्मक प्रचना के मुद्दों के विश्लेषण में किया जाता है।

प्राकृतिक व्यवस्था प्रतिमान

यह प्रतिमान, संगठन को प्राकृतिक समष्टि की तरह अथवा समूह लक्ष्यों के अहसास की ओर अभिविन्यासित व्यवस्था की तरह होता है। इसके अवयवों को अन्तर्निर्भर एवं उभरती संस्थाओं की तरह देखा जाता है जिसको कि सम्पूर्ण व्यवस्था की विविध आवश्यकताओं के सन्दर्भ में समझा जा सकता है। संगठन बने रहने के लिए प्रयत्नशील रहता है एवं इसके लक्ष्यों को अर्जित कर लेने के बावजूद साम्यावस्था को बनाये रखता है एवं इस तरह से यह अपनी पृथक आवश्यकताओं, जिसको कि सन्तुष्ट किया जाना होता है के साथ स्वयं में अन्त की ओर जाता है। संगठनात्मक स्वरूपों में परिवर्तन को संचयी, अनियोजित, अनुकूलक जवाबों के परिणामों की तरह लिया जाता है जो कि सम्पूर्ण व्यवस्था की साम्यावस्था के लिए चुनौती होती है। एक संगठन को अवयवी ढंग से बढ़ते हुए देखा जाता है जो कि अपने प्राकृतिक इतिहास के साथ अपनी ही कीमत पर परिवर्द्धित होता है।

बकले (1967, 36–41) ने यान्त्रिकीय तर्कसंगत प्रतिमान एवं जैविकीय प्राकृतिक व्यवस्था प्रतिमान की आलोचना की तथा एक वैकल्पिक आधुनिक व्यवस्था सिद्धान्त प्रस्तुत किया जो कि वह महसूस करते हैं कि संगठनात्मक व्यवस्था की अवलोकित कार्यवाही के साथ ज्यादा संगत है। उन्होंने यह रेखांकित किया कि संगठन यान्त्रिकीय अथवा जैविकीय व्यवस्था के स्थान पर और अधिक सामाजिक–सांस्कृतिक व्यवस्था की तरह होना चाहिए। कई प्रबन्धकों के लिए, तर्कसंगत एवं प्राकृतिक व्यवस्था प्रतिमान दोनों अनुपयुक्त प्रतीत होते हैं। तब भी यदि सभी नहीं तो अधिकांश प्रबन्धक स्पष्ट तौर पर अथवा अनुमान से किसी एक पर, विशेष रूप

से तर्कसंगत प्रतिमान पर एवं कभी–कभी दोनों के संकलक मिश्रण पर भरोसा करते हैं, जब वे संगठनात्मक रचना के मुद्दों के बारे में सोचते हैं।

यह समझने के लिए कि ये दो प्रतिमान क्यों सर्वाधिक उपयोग में आते हैं, यह सहायक होगा यदि हम ''शास्त्रीय'' एवं ''सहभागी'' प्रतिमानों के बारे में एक सामान्य समझ विकसित करें जिसका कि स्पष्ट सम्बन्ध गोल्डनर के ''तर्कसंगत एवं प्राकृतिक व्यवस्था'' द्विभाजन के साथ होता है तथा 'सामाजिक तकनीकी' और 'संज्ञानात्मक' प्रतिमानों जिसके कि संगठनात्मक घटनावृत की जटिलता को अधिक पकड़ा जाता है।

शास्त्रीय प्रतिमान

यह प्रतिमान प्रमुखतः प्रबन्धन एवं कर्मचारियों के मध्य के सम्बन्धों पर केन्द्रित होता है। कर्मचारियों को उपकरण की तरह देखा जाता है जो कि केवल आर्थिक प्रोत्साहनों से प्रेरित होता है एवं संगठनात्मक उद्देश्यों को आगे बढ़ाने के लिए रहते हैं। प्रबन्धक, दूसरी तरफ तर्कसंगत, सर्वज्ञ एवं विशिष्ट व्यक्तिगत विशेषता यथा दयालुता एवं निष्पक्षता रखते हैं। तथापि, इन विशेषताओं के बावजूद, प्रबन्धक की भूमिका यह स्पष्ट करती है कि वह कर्मचारियों के साथ कठोर होना चाहिए। प्रतिमान के ''आर्थिक व्यक्ति'' दृष्टिकोण के रूप में होने के कारण कर्मचारियों को दिए जाने वाले पारितोषिक एवं दण्ड की प्रकृति आर्थिक होनी चाहिए। एक चतुर शास्त्रीय प्रबन्धक अपने अधीनस्थों को विस्तृत निर्देश प्रदान करेगा। तब, प्रतिमान के अनुसार, उसे जरूर यह नापना अथवा मूल्यांकन करना चाहिए कि कर्मचारियों द्वारा क्या किया गया एवं उसके कर्मचारियों को उनके कार्य सम्पादन के लिए पुरस्कृत अथवा दण्डित किया जाना चाहिए। इस प्रतिमान का सार यह है कि सही व्यक्ति को सही कार्य में लगाया जाए। यह अनुरूपता व्यक्तिगत विशेषताओं यथा भौतिक शक्ति, शारीरिक दक्षता अथवा विशेषीकृत शिल्प कौशल से निर्धारित होनी चाहिए।

शास्त्रीय संगठनात्मक प्रतिमान सूची स्तम्भ के सदृश होती है। इस संरचना के भीतर, दोनों नियन्त्रण की कड़ी तथा संचार के माध्यम ऊर्ध्वाकार होते हैं। नियन्त्रण की ऊर्ध्वाकार कड़ी यह अनुबन्ध करती है कि संगठन के प्रत्येक व्यक्ति का केवल एक वरिष्ठ अथवा प्रबन्धकर्ता होना चाहिए। इसी तरह से, प्रत्येक व्यक्ति को उसको हस्तान्तरित प्राधिकार होना चाहिए, जो कि उसकी जिम्मेदारी के समान हो।

सहभागी प्रतिमान

जबकि शास्त्रीय प्रतिमान पेशेवर लोगों के अनुभव के विश्लेषण से प्राप्त किया गया, सहभागी प्रतिमान व्यवहारवादी वैज्ञानिकों के कार्यों से प्राप्त किया गया। इस प्रतिमान के प्रस्तावकों के अनुसार, एक संगठन में व्यक्ति विकास की बहुविध प्रक्रिया में सम्बद्ध है। इस गतिशील विकास की प्रक्रिया के भीतर व्यक्ति को परिपक्वता की प्रक्रिया के माध्यम से चलायमान की तरह देखा जाता है। जब वह परिपक्व होता है, व्यक्ति की आवश्यकताएँ, लक्ष्य एवं अपेक्षाएँ एक विशेषीकृत दिशा में मुड़ने की ओर प्रवृत्त होती हैं। इसमें व्यक्ति अपेक्षाकृत स्वतन्त्रता की स्थिति को प्राप्त करता है जिसमें कि उसके अपने भविष्य के बारे मे स्व–निर्धारण का एक स्तर होता है। वह अधिक गहराई, स्थायी एवं जटिल हितों को प्राप्त करना आरम्भ कर देता है, जिसको कि चुनौती प्रदान की जा सकती है एवं वह संगठन के भीतर उसके व्यवाहारिक प्रभाव को अधिक गहराई से भी प्राप्त करता है।

सहभागी सिद्धान्तकारों के अनुसार, संगठन का कुल मिलाकर उद्देश्य संगठन के सदस्यों और व्यक्ति जो क्रियात्मक रूप से इससे सम्बन्धित हैं कि आवश्यकताओं एवं इच्छाओं के मध्य सन्तोषजनक एकीकरण अर्जित करना होता है, जैसे उपभोक्ता, अंशदाता तथा आपूर्तिकर्ता। यह माना जाता है कि प्रबन्धन इसके मानव स्रोतों की सम्भावित क्षमताओं का पूर्ण उपयोग तभी कर सकते हैं जब प्रत्येक व्यक्ति संगठन के एक अथवा अधिक प्रभावशाली कार्यशील कार्य समूहों का सदस्य हो, इस तरह से कुल मिलाकर संगठनात्मक प्रयास में सहभागिता

करेंगे। इससे आगे, यह आवश्यक है कि यह समूह उच्च स्तर की वफादारी, प्रभावशाली कौशल तथा उच्च प्रदर्शन के लक्ष्य रखे। इस प्रतिमान के अनुसार, वे संगठन जो सबसे अच्दा प्रदर्शन करते हैं जो संगठन व्यक्ति को सहयोग के लिए प्रेरित करते हैं न कि प्रतिस्पर्धा के लिए। इस सहयोग को अर्जित करने के लिए, समूह का अगुआ जवाबदेह होता है एवं उसे समूह के प्रदर्शन के लिए अन्तिम जिम्मेदारी को स्वीकार करना ही होगा। तथापि, समूह प्रदर्शन के लिए अगुआ की जिम्मेदारी के बावजूद, उसको ऐसे समूह निर्णयों को स्वीकार करना ही होगा जिनके साथ वह सहमत न हो, यदि वह महसूस करता है कि वह समूह के निर्णयों की उपेक्षा करके समूह वफादारी को प्रतिकूल ढंग से प्रभावित कर सकता है।

सामाजिक–तकनीकी प्रतिमान

यह प्रतिमान संगठन को एक व्यवस्था के रूप में इसके पर्यावरण के साथ परस्पर क्रिया के रूप में देखते हैं – एक व्यवस्था जिसमें कि व्यवहार मानव, तकनीकी, सामाजिक एवं संगठनात्मक आगतों से प्रमाणित होता है। ये सभी चर अंतर्निर्भर होते हैं जिससे कि एक में परिवर्तन दूसरे को प्रभावित करता है।

इस प्रतिमान में, संगठन को एक खुली व्यवस्था के रूप में देखा जाता है जिसमें स्रोतों का हस्तान्तरण इसके पर्यावरण के साथ आगत–रूपान्तरण–निर्गत प्रक्रिया के रूप में होता है। उद्यम कच्चा माल, ऊर्जा, मानव शक्ति लेता है तथा इसको निर्गत के रूप में माल एवं सेवाओं में रूपान्तरित करता है। एक संगठन की क्षमता इसके पर्यावरणीय निर्धारकों, इसकी सफलता असफलता की सन्तुष्टि एवं अनुकूलन के लिए होती है जो कि इसके प्राथमिक कार्य जिसके लिए यह बना होता है, पूर्ण करना होता है।

इस प्रतिमान में, संगठन को 'औपचारिक संगठन' एवं 'अनौपचारिक संगठन' से मिलकर बना हुआ देखा जाता है एवं इन दोनों अवयवों में अधिकतम सामंजस्य अपेक्षित होता है। इस प्रतिमान की प्रमुख ताकत संगठनात्मक जीवन की जटिल वास्तविकताओं का क्रमबद्ध उपचार करना है जिसके द्वारा संगठन के व्यवहार के विविध कारणों को पहचानने की स्वीकृति प्राप्त होती है। यह प्रतिमान कार्य के विभाजन तथा संगठन के प्राथमिक कार्यों के 'अनुरूप' होने के बारे में सोचने के लिए बहुत ही उपयोगी होता है। इसकी सीमा यह है कि इसका उपयोग रूपरेखा उपकरण के रूप में बिना अभ्यास एवं औपचारिक प्रशिक्षण के कठिन होता है (लोर्च एवं लॉरेन्स 1972, 22)।

संज्ञानात्मक प्रतिमान

इस प्रतिमान को ''निर्णय निर्माण के व्यवहारवादी सिद्धान्त'' के रूप में भी जाना जाता है। जटिल संगठनों के विश्लेषण के लिए यह दृष्टिकोण हरबर्ट सिमोन, जेम्स मार्च एवं उनके सहयोगियों ने कार्नेगी तकनीकी संस्थान में विकसित किया था, प्रमुखतः निर्णय प्रक्रिया के संख्यात्मक प्रतिमान का निर्माण करने में सहायता के लिए (मार्च एवं सिमोन 1958)। उनका प्रतिमान यह अनुमान लगाता है कि कीमत एवं निर्गत पर निर्णय प्रबन्धकों के समूह द्वारा लिये जाते हैं जिनका कि लक्ष्य प्रायः एक दूसरे से विरोध का होता है एवं इनके पास बहुत ही अपूर्ण जानकारी होती है बजाय एक व्यक्तिगत उद्यमी के, जिसके पास पूर्ण जानकारी होती है, ऐसा व्यवसाय के आर्थिक सिद्धान्त के तहत माना जाता है। उनके अभिमत के अनुसार, संगठन उनकी निर्णय प्रक्रियाओं की प्रकृति के द्वारा लाभ को अधिकतम करने के स्थान पर सन्तुष्टि की ओर प्रवृत्त होते हैं। वे संगठनात्मक निर्णय प्रक्रिया को विकास की वैकल्पिक दिशा एवं इन विकल्पों में चयन के निष्पादन के चारों ओर निर्माण करते हैं एवं यह उपलब्ध सूचना के आधार पर एवं पर्यावरण द्वारा थोपी गयी बाधाओं के अन्तर्गत एवं साथ ही परिस्थिति के संरचनात्मक आयामों पर आधारित होता है।

यद्यपि संज्ञानात्मक प्रतिमान बहुत ज्यादा जटिल प्रतीत हो सकता है, यह जटिल संगठनों की कार्य पद्धति में कई तरह से उपयोगी अन्तर्दृष्टि प्रदान करता है। एक विश्लेषणात्मक दृष्टिकोण के रूप में, यह हमें संगठन को

''प्रक्रिया'' के रूप में देखने की ओर प्रवृत्त करता है जो कि संरचना की अन्तःक्रिया, मानव संज्ञानात्मक यंत्रावली एवं ऐसे निर्णयों की प्रकृति के लिए ही जाना जाता है। इस अर्थ में, यह एक गत्यात्मक प्रतिमान है जो कि विभिन्न दशाओं के तहत संगठनात्मक व्यवस्थाओं के विकास एवं अनुकूलन पर जोर देता है।

नये प्रतिमान के लिए खोज

पूर्व के भाग में समीक्षित प्रतिमान भारत एवं अन्य विकासशील देशों में ग्रामीण विकास के लिए यथोचित संगठनात्मक संरचनाओं के अभिकल्पन हेतु ज्यादा सहायक नहीं हैं। ये मूलतः इस कारण से है क्योंकि ये सभी प्रतिमान पश्चिमी अनुभवों पर आधारित है जो कि प्रारम्भ से ही अपेक्षाकृत सरल एवं सु–व्यवस्थित संगठनात्मक गतिविधियों तक सीमित थे, जबकि राज्य के कार्य आवश्यक रूप से विनियमन एवं रखरखाव के थे। ऐसी परिस्थितियों में, एक प्रशासकीय सिद्धान्त को विकसित करना सरल था जो कि विश्लेषण के लिए दोनों आगमनात्मक एवं निगमनात्मक व्यवस्थाओं के माध्यम से विभिन्न संगठनात्मक मसलों पर सक्षम हो। इतना होने के पश्चात्, यह भी सम्भव था कि विभिन्न कार्यो को करने के लिए एक प्रचालन व्यवस्था की रचना भी सम्भव है।

भारत जैसे विकासशील देश में मिश्रित अर्थव्यवस्था के साथ एक विकास संगठन के व्यवहार अथवा गतिविधियों में एक समान तरीके का अनुपालन करना कठिन होता है। कृषि, सामुदायिक विकास, स्वास्थ्य, परिवार नियोजन एवं समाज कल्याण के कई अन्य क्षेत्रों में, यह वस्तुतः असम्भव है कि सामाजिक, आर्थिक, राजनीतिक एवं प्रशासकीय संगठनों के लिए स्पष्ट भूमिकाओं को स्थापित किया जा सके। ऐसी परिस्थितियों में यह सम्भव नहीं है कि व्यावहारिक तरीकों को पहचाना जाए जो कि बदले जाना है अथवा वह प्रविधि जिससे उन्हें बदला जा सके, न ही यह एक प्रशासनिक संरचना की रचना करने को सम्भव बना पाये जो कि किसी भी तरह के प्रभावशाली कार्यकरण सम्बन्धों में दोनों परिवर्तन अभिकर्ता एवं ग्राहकी व्यवस्था में परिवर्तन ला सके। परिणामतः ग्रामीण विकास में संलग्न विभिन्न संगठन एक दूसरे को प्रभावित करते हैं, जिससे प्रचालन में बड़ी दुविधाएँ उत्पन्न होती हैं एवं प्रक्रिया में स्रोतों का अपव्यय होता है।

फिर भी, संगठनात्मक प्रतिमान, अपने अनुप्रयोगों में असीमित परियोजनाओं के लिए उल्लेखनीय उद्देश्य प्रदान करते हैं जैसे उर्वरक उत्पादन, ऊर्जा निर्माण, सिंचाई इत्यादि। इन परियोजनाओं में, कार्य, गतिविधियों एवं प्रकार्यों जिनको की सम्पादित किया जाना है को स्पष्टतः सुनिश्चित ढंग से मापा एवं चिह्नित किया जा सकता है, सरलता से यह निर्दिष्ट करने के लिए जो कि संगठनात्मक ढंग से इसे अर्जित करने के लिए क्या किया जाना चाहिए। तथापि, जब यह प्रचलित कार्यक्रम को विकीर्ण करने आता है यथा – कृषि एवं ग्रामीण विकास कार्यक्रम जहाँ लक्ष्यों में हस्तक्षेप विभिन्न ताकतों के माध्यम से किया गया है एवं जिनको सरलता से व्याख्यायित नहीं किया जा सकता है, ऐसे में प्रभावशाली क्रियान्वयन एवं प्रबन्धन से यथोचित संगठनात्मक संरचना को विकसित किया जाना सम्भव नहीं है। अतएव, ग्रामीण विकास के लिए उचित संगठनात्मक रचना एवं संरचना की तलाश जारी है।

कई व्यक्ति एवं संस्थाएँ विकास के नये प्रतिमानों की तलाश में हैं जो संरचनाओं पर आधारित हो, जो कौशल, पोषकीय, समानता, सम्पन्नता एवं सहभागिता की कसौटी पर खरे उतरे। टॉफलर (1980, 368), अन्यों के साथ, सतत सामाजिक विकास, संसाधन का लाभ उठाने पर आधारित होना चाहिए जो कि अतुलनीय – रचनात्मक कल्पना की सूचना एवं मानव क्षमता हो। सामाजिक संस्थाओं की संरचनाओं की रचना इस स्रोत की क्षमता के पूर्ण लाभों को प्राप्त करने की मंशा के साथ होना चाहिए। यह आधार न केवल सतत एवं समान भौतिक सम्पन्नता के लिए है वरन् मानव की गैर–भौतिक अभिवृद्धि के लिए भी है।

बर्गर एवं न्यूहॉस (1977, 2–3) मध्यवर्ती मानव संस्थानों की भूमिका को मजबूत करने के लिए नीति कार्यवाही का सुझाव देते हैं यथा – परिवार, पड़ोसी, स्वप्रबन्धित कार्य समूह, स्वयंसेवी संस्थाएँ इत्यादि, जो कि व्यक्तियों एवं वृहद–संरचनाओं (सरकार, नौकरशाही, विशाल निगमों इत्यादि) के मध्य मध्यस्थता की भूमिका का निर्वहन

करते हैं, जिसमें व्यक्तिगत सहायता के स्रोत एवं मान्यता प्रदान करने में एवं स्थानीय स्तर की समस्याओं के लिए समाधान सुगम करना तथा सृजनात्मक नवप्रवर्तन करना होता है।

कॉर्टेन (1981, 610) निश्चयपूर्वक कहते हैं कि:

> उत्तर, समाज की वृहद संरचनाओं को समाप्त करने में नहीं है चूंकि वे किसी भी आधुनिक समाज की कार्यवाही के आधार होते हैं। बल्कि यह इसको उल्लेखनीय रूप से परिवर्द्धित करने पर आधारित होती है, केन्द्रीय नियंत्रण में ढीलापन एवं प्रतिपुष्टि व्यवस्था की मजबूती पर होती है जो स्व–निर्देशन की क्षमता तथा स्थानीय स्तर पर प्रत्यक्ष भागीदारी का वृहद समाज की सम्पन्नता के साथ बढ़ाती है। यह आवश्यक होगा कि नौकरशाही संगठनों के प्राथमिक स्वरूपों से अधिक आगे जाना होगा, जो कि स्थानीय कार्यवाही के लिए केवल नियन्त्रण अथवा स्थानापन्न करे, जिससे स्थानीय सृजनात्मक स्थानीय स्व–सहायता कार्य तथा स्व–नियन्त्रण के लिए उल्लेखनीय रूप से अधिक परिष्कृत हो। यद्यपि अधिकांश स्थानीय स्तर पर समाधान पर ज्यादा निर्भर रहते हैं जिसे नौकरशाही की कार्यवाही के लिए एक स्थानापन्न कार्यवाही की तरह वैश्विक समस्या में देखा जाता है। यह कभी भी इतना सरल नहीं होता है उसके दमघोंटू नियन्त्रणकारी शक्तियों को आसानी से खारिज किया जा सके अथवा उनके विशाल स्रोतों तक आवश्यक स्तर की पहुँच को प्रभावशाली ढंग से समस्या समाधान के लिए अर्जित किया जा सके।

नौकरशाही पर अध्ययन की श्रृंखला के परिचय में लिट्रेल (1980, 263) ने यह निष्कर्ष निकाला कि:

> यद्यपि कई महत्वपूर्ण समस्याओं का आज हम सामना करते हैं, उनमें से अधिकांश समस्याओं एवं उनके समाधान के प्रस्ताव नौकरशाही संगठनों में व्याख्यायित तथा स्पष्ट होते हैं। हमारी नौकरशाही को समझने एवं परिवर्धित करने की क्षमता वर्तमान दशक में बहुत हद तक हमारी समस्याओं के समाधान की क्षमता निर्धारित करेगी एवं इस तरह से आने वाले दशकों में आकार ग्रहण करेगी।

एक यथोचित संगठन की अभिकल्पना के लिए मानक

जबकि ग्रामीण विकास के लिए संगठनात्मक संरचना राज्य से राज्य के मध्य अलग–अलग होती है, राज्य द्वारा गैर सरकारी संस्थाओं तथा पंचायती राज संस्थाओं को कृषि तथा ग्रामीण विकास के लिए सौंपे गये कार्यों पर यह निर्भर करती है। एक आदर्श ग्रामीण विकास संगठन को निम्नलिखित मानकों को सन्तुष्ट करना चाहिए, जिसे बॉक्स 13.2 में प्रदर्शित किया गया है:

बॉक्स 13.2

एक उचित संगठन की अभिकल्पना के लिए मापदण्ड

1. *इसमें व्यष्टि नियोजन एवं समष्टि नियोजन का प्रभावशाली समन्वय होना चाहिए यथा, नियोजन का उर्ध्वाधर एकीकरण।*
2. *इसमें अन्तर–क्षेत्रीय योजनाओं, कार्यक्रमों तथा परियोजनाओं का निरूपण एवं उनमें क्षैतिज एकीकरण होना चाहिए।*
3. *इसके लिए नियोजन एवं क्रियान्वयन के मध्य एक गत्यात्मक सम्बन्ध को बनाये रखने की क्रियाविधि होना चाहिए।*

4. *आपूर्ति व्यवस्था को लक्षित समूह तक विकास कार्यक्रमों के लाभों को पहुँचाने की स्थिति में होना चाहिए एवं यह निहित स्वार्थों को रोकने के लिए पर्याप्त मजबूत होना चाहिए जो कि पूर्व में इन लाभों को गरीबों तक पहुँचाने की राह में बाधा बनकर खड़े रहे हों।*
5. *इसमें उच्च श्रेणी की तकनीकी एवं व्यावसायिक दक्षता होना चाहिए।*
6. *इसे योजनाकारों एवं लोगों के मध्यम प्रत्यक्ष एवं लगातार सम्बन्धों को तथा विकास, नियोजन एवं क्रियान्वयन की प्रक्रिया में लोगों की अर्थपूर्ण भागीदारी के लिए देखरेख करना चाहिए।*
7. *इसे नियन्त्रण, सन्तुलन एवं सुधारात्मकता के लिए प्रदान करना चाहिए जिससे कमजोर वर्गों के लक्ष्य समूह उनके लिए बनाये गये लाभों से वंचित न रह सकें।*
8. *यह अपने ग्राहकों की आवश्यकताओं को लेकर संवेदनशील होना चाहिए एवं इसके बाह्य पर्यावरण में परिवर्तनों के अनुकूल होना चाहिए।*
9. *इसे अपने लक्ष्य समूह/ग्राहों की सहभागिता को इनकी नीतियों की प्रभावशीलता बनाने के लिए प्रदान की जाना चाहिए।*
10. *यह वित्तीय दृष्टि से व्यवहार्य एवं पोषकीय होना चाहिए।*

स्रोत: सिंह (1999, 270)

अब हम भारत के ग्रामीण विकास में संलग्न विभिन्न तरह के संगठनों की प्रमुख विशेषताओं की संक्षेप में व्याख्या करेंगे एवं उनकी प्रयोजन के लिए उपयुक्तता की आलोचनात्मक समीक्षा करेंगे।

सरकारी संगठन

भारत सहित, सभी विकासशील देशों में कृषि एवं ग्रामीण विकास के क्षेत्र में सरकार एक महत्वपूर्ण संगठन थी, है एवं रहेगी। इन सभी देशों में विकास को सरकार की विशेषीकृत जिम्मेदारी के रूप में देखा जाता है। इसमें लोक–नौकरशाही की भूमिका के लिए दूरगामी निहितार्थ होते हैं जो कि राज्य की बाहु होते हैं जिसकी जिम्मेदारी राजनीतिक नेताओं की इच्छाओं की पूर्ति की होती है। इनमें से अधिकांश देशों में ग्रामीण लोगों के जीवन की गुणवत्ता में सुधार लाने के प्रयासों की निर्भरता बहुत अधिक सरकारी प्रशासन एवं नौकरशाहों पर निर्भर करती है। बॉयर के अनुसार (1991, 190–191), आर्थिक विकास लोगों के संसाधनों के जबरदस्ती संगठन, लोगों की प्रवृत्तियाँ एवं व्यवहार का जबरदस्ती आधुनिकीकरण, राज्य पोषित वृहद स्तर पर औद्योगीकरण अथवा राजनीतिक स्वतन्त्रता की प्राप्ति का परिणाम नहीं होता है। यह लाखों लोगों की व्यक्तिगत स्वैच्छिक प्रतिक्रिया का परिणाम है जिसमें अवसरों को ऊपर उठाना अथवा विस्तारित करना होता है जिन्हें कि बाजार के संचालन द्वारा प्रारंभिक रूप से उनकों ध्यान में रखकर होता है। सरकार की इस प्रक्रिया को निभाने की भूमिका सीमित ही है एवं लोक वित्त से भारी खर्च नहीं किया जाना है। सरकार की प्राथमिक भूमिका एक संस्थागत व्यवस्था का निर्माण करना एवं उसको पोषण करना होना चाहिए जो कि आर्थिक अभिकर्ताओं को जो वो करना चाहते हैं करने के लिए आवश्यक प्रोत्साहन तथा सुविधाएँ प्रदान करते हैं एवं जो कि लचीली होती है और सामाजिक एवं आर्थिक परिस्थितियों में परिवर्तन के अनुकूलनीय होती है। इसके अतिरिक्त, सरकार को बहुस्पर्धी अर्थव्यवस्था के अभिकर्ता की गतिविधियों के संयोजन के लिए तन्त्र की स्थापना भी करना चाहिए एवं मानव व्यवहार में अनिश्चितता को हटाने अथवा आश्वासन की समस्या का समाधान जो कि उत्कृष्ट बन्दी की दुविधा[1] के लक्षण बताते हैं। अधिक स्पष्ट रूप में, सरकारी संगठनों, संस्थाओं के प्रमुख कार्यों को निम्नलिखित स्तरों पर देखा जा सकता है:

1. नीति निर्माण में मदद करना;
2. विविध आर्थिक अभिकर्ताओं की कार्यवाहियों में सामंजस्य तथा कार्यक्रम कार्यान्विति का संयोजन;
3. सामूहिक कार्यवाही तथा स्व–नियमन के लिए प्रोत्साहन प्रदान करना;
4. नियमन तथा पुलिस व्यवस्था को प्रवर्तित करना;
5. संघर्षों का निराकरण तथा मध्यस्थता प्रदान करना;
6. तकनीकी सहायता प्रदान करना।

स्वतन्त्रता के पश्चात् प्रशासकीय व्यवस्था में कुछ परिवर्तन प्रभावी हुए जिन्हें विकास की आवश्यकताओं को प्राप्त करने के लिए पुनर्विन्यासित करने की दृष्टि के साथ करना था। राष्ट्र निर्माण के विभाग – कृषि, ग्रामीण विकास, शिक्षा तथा स्वास्थ्य में उल्लेखनीय विस्तारण हुआ। नवीन विकास अभिकरण तथा निगमों की स्थापना की गयी। जिला ग्रामीण विकास प्रशासन की केन्द्रीय इकाई होता है एवं जिला कलेक्टर की बहुत सी जिम्मेदारियों में से एक विकास गतिविधि होती है। उनकी सर्वप्रमुख जिम्मेदारी कानून और व्यवस्था को बनाये रखने की है एवं आने वाले भविष्य में भी बनी रहेगी। वह इस जिम्मेदारी के साथ इतने ज्यादा व्यस्त होते हैं कि उनके लिए विकास की जिम्मेदारी के साथ न्याय कर पाना सम्भव नहीं होता है। इस कार्य के लिए जिला कलेक्टर को जिला विकास अधिकारी पर बहुत बड़े स्तर तक निर्भर रहना पड़ता है लेकिन चूँकि सभी प्राधिकार कलेक्टर में निहित होते हैं, जिला विकास अधिकारी द्वितीयक स्तर की भूमिका ही निभाते हैं तथा वह अपेक्षित की प्राप्ति में असमर्थ होते हैं। इससे आगे पदसोपान में जिला विकास अधिकारी, जिला कलेक्टर से नीचे होते हैं तथा आवश्यक नेतृत्व प्रदान करने तथा सहयोग प्राप्त करने में असमर्थ होते हैं एवं अन्य विभागों के अधिकारियों से पर्याप्त आगत की प्राप्ति में भी असमर्थता होती है जो कि समन्वित विकास के लिए महत्वपूर्ण होता है।

अनैतिक मूल्य व्यवस्था के कारण तथा उच्च ज्वलनशील सामाजिक–सांस्कृतिक वातावरण जिसे हम परिचालित करते हैं, कानून एवं व्यवस्था की स्थिति में समय के साथ अवनति हुई, जिससे जिला दण्डाधिकारी को अधिक ध्यान देने की आवश्यकता बढ़ी, परिणामतः विकास गतिविधियों पर गुणात्मक तथा संख्यात्मक दोनों दृष्टि से ध्यान कम हुआ। परिणाम यह हुआ कि विकास के लक्ष्य मृग–मरीचिका हो गये। इस मामले का एक अन्य पक्ष भी है। एक मशीनरी जिसके पास कानून एवं व्यवस्था की जिम्मेदारी होती है वे विकास की जिम्मेदारी को पर्याप्त ढंग से नहीं सम्भाल पाते हैं। कानून एवं व्यवस्था की जिम्मेदारी के कुशल निर्वहन हेतु आवश्यक गुण ऐसे है जो विकासात्मक जिम्मेदारी में बाधा डालते हैं। विकासात्मक कार्यों के लिए, उसे ग्रहणशील, खुले दिमाग वाला अभिव्यक्तिशील समानुभूतियुक्त होना चाहिए एवं ऐसी क्षमता होना चाहिए जिससे वह गहरे एवं वास्तविक और चिर–स्थायी समाधान के लिए जा सके। वर्तमान के विशेषज्ञता के समय में यह कैसे अपेक्षित किया जा सकता है कि वह एक साथ ऐसी विविध जिम्मेदारियों, जिनमें विरोधाभासी कौशल की आवश्यकता होती है, साथ–साथ सम्भालने में दक्ष हो सके?

अतएव यह कोई आश्चर्यजनक नहीं है कि छः दशकों के विकास नियोजन के बावजूद, ग्रामीण प्रशासन अभी भी गम्भीर त्रुटिपूर्ण प्रतीत होता है। यह सामान्य तौर पर समय पर/त्वरित दक्षता से एवं समान रूप से सेवाएँ पहुँचाने में, आपूर्ति में निष्फल दिखाई देता है। इस निष्फलता का आंशिक कारण अपर्याप्त स्रोत, आंशिक कारण अभिजन पूर्वाग्रह तथा आंशिक कारण समन्वय का अभाव है। एवं सामान्य तौर पर ग्रामीण प्रशासन लोकप्रिय सहभागिता प्राप्त करने में असफल होते हैं। परम्परागत अभिवृत्तियों ने स्थानीय संस्थाओं के साथ संयोग को अथवा लोगों के साथ एक वास्तविक सहभागिता को रोका है।

प्रबन्धकीय परिप्रेक्ष्य में हमारे समय की केन्द्रीय चुनौती नौकरशाही संगठनों को समझने और अभिनव शिक्षण की क्षमता निर्माण द्वारा परिवर्द्धित करने की है जिससे वे उनके उद्देश्यों तथा कार्यवाहियों के तरीकों में एक आधारभूत अभिविन्यास की ओर प्रवृत्त हो सके। इसको ही नौकरशाही पुनर्अभिविन्यास कहा जाता है। अब हमें ग्रामीण विकास संगठनों के लिए प्रचालनीय निर्देश की अविलम्ब आवश्यकता है जिसको कि नौकरशाही पुनर्अभिविन्यास की नवीन

रणनीति द्वारा क्रियान्वित किया जा सकता है। दुर्भाग्यवश, एक विकास अभिकर्ता को वर्तमान में बहुत कम जानते हैं कि उसे नौकरशाही पुनर्अभिविन्यास के लिए क्या और कैसे करना चाहिए।

कॉरटेन (1981, 610) ने यह सुझाव दिया कि नौकरशाही पुनर्अभिविन्यास को प्राथमिकता परियोजनाओं के प्रबन्धन के ऊपर व्यवस्थाओं के प्रबन्धन, अनुपालन के ऊपर नवाचार एवं औपचारिक नियोजन तथा मूल्यांकन प्रविधियों के स्थान पर सतत स्व–प्रबोधन एवं शीघ्र स्व–संशोधन के लिए प्रविधियों को दिया जाना चाहिए। इनकी प्राप्ति के लिए, वह सामाजिक शिक्षण समूह का निर्माण तथा व्यवस्था के भीतर तन्त्र बनाने का सुझाव देते हैं तथा उनका संयोजन ऐसे व्यक्तियों के साथ करना जिनकी यथोचित कार्यवाही को लेकर प्रतिबद्धता हो एवं उन्हें आपसी सहयोग तथा प्रचालनीय प्रविधि प्रदान करना जिसकी कि आवश्यकता अच्छे निश्चयों को प्रभावशाली कार्यवाही में बदलने की हो।

जीसस (1984) ने एशियाई प्रबन्ध संस्थान के कार्यवाही शोध की गतिविधियों के माध्यम से इसके ग्रामीण विकास प्रबन्धन कार्यक्रम दल ने तीन अभिकरणों के नौकरशाही पुनर्अभिविन्यास के साथ एक अवधारणात्मक विचारबन्ध बनाने का प्रयास किया जो नौकरशाही पुनर्अभिविन्यास की प्रक्रिया को अभिग्रहित कर सके। उसके विचारबन्ध की प्रमुख विशेषताओं को बॉक्स 13.3 में प्रदर्शित किया गया है:

बॉक्स 13.3

नौकरशाही पुनर्अभिविन्यास के लिए एक अवधारणात्मक विचारबन्ध

1. *नौकरशाही पुनर्अभिविन्यास अभिकरण के निर्णय को इसके उद्देश्यों में आधारभूत परिवर्तन का प्रारम्भ करने के लिए अथवा इसकी रणनीति में एक आमूल–चूल परिवर्तन मानता है। केवल शक्तिशाली उपस्थिति अथवा बाहरी वातावरण से नजदीकी दबाव नौकरशाही को उनके स्थापित तरीकों से हटा सकती है।*
2. *एक बार नयी रणनीति की पहचान एवं स्वीकृति होती है, नौकरशाही पुनर्अभिविन्यास प्रक्रिया को प्रारम्भ किया जा सकता है। अभिकरण के उच्च प्रबन्धन का अभिगमन किसी भी नौकरशाही पुनर्अभिविन्यास के प्रारम्भ होने एवं उन्नत होने के किसी भी प्रयास की पूर्व शर्त होती है।*
3. *नौकरशाही पुनर्अभिविन्यास एक लम्बा समय लेता है, सम्भवतया यह कार्यपालक जो प्रक्रिया को आरम्भ करता है, के कार्यकाल से लम्बा होता है। इसका परिदृश्य से प्रस्थान, अपरिहार्य रूप से नौकरशाही पुनर्अभिविन्यास में नतीजतन कुछ टूटन पैदा करेगा।*
4. *नौकरशाही पुनर्अभिविन्यास की प्रक्रिया की सतर्कता एवं सततता के लिए यह आवश्यक तौर पर महत्वपूर्ण है कि बाहरी वित्त के कुछ स्रोत यथा प्रतिष्ठान अथवा अन्तरर्ष्ट्रीय विकास अभिकरण नौकरशाही पुनर्अभिविन्यास को लेने वाले अभिकरण के साथ जुड़े होने चाहिए। जैसा कि परिवर्तन के लिए प्रोत्साहन के साथ नौकरशाही पुनर्अभिविन्यास को लाने के लिए स्रोत बाहर के अभिकरण से आना चाहिए।*
5. *प्राधिकरण के कर्मचारियों का प्रशिक्षण नौकरशाही पुनर्अभिविन्यास की प्रक्रिया में युक्तिसंगत मजबूत प्रथम चरण है। एक प्रशिक्षण कार्यक्रम न केवल कौशल विकसित करने के काम में आ सकता है वरन् परिवर्तन की प्रक्रिया को प्रारम्भ करने अथवा बनाये रखने के लिए भी काम कर सकता है।*
6. *एक प्रबन्धक जो अपने कर्मचारियों से एक निश्चित व्यवहार तरीके का लक्ष्य रखते हैं को संगठन के भीतर ही परिवर्तित होती संरचनाओं को केन्द्रित करना होता है बजाय लागों की प्रवृत्तियों के। लेकिन यह निश्चय सरकारी अर्थात् सार्वजनिक क्षेत्र के संगठन के स्थान पर निजी उद्यमों के लिए ज्यादा मजबूती से होता है। सार्वजनिक क्षेत्र के प्रबन्धक उनके लोगों के विचारों को परिवर्तित करने के लिए उच्च अधिमूल्य को रखकर समझाते हैं। हर कोई प्रवृत्ति में परिवर्तन की अपील पर प्रतिक्रिया नहीं देगा, लेकिन यह आवश्यक भी नहीं है कि सभी दें। कुछ उत्साही पक्ष समर्थक व्यापक प्रभाव ला सकते हैं।*

स्रोत: कारटेन (1981, 610)

पंचायती राज संस्थाएँ

यह गान्धीजी थे जिन्होंने ग्रामीण विकास एवं स्थानीय स्तर पर लोकतन्त्र को आगे बढ़ाने एवं पोषित करने के लिए ग्राम पंचायत को एक महत्वपूर्ण उपकरण के रूप में महसूस किया। उन्होंने यह निश्चयपूर्वक कहा कि जब तक पंचायतों को पर्याप्त अधिकार प्रदान नहीं किये जाते गाँवों में वास्तविक स्वराज नहीं लाया जा सकता। भारतीय संविधान के अनुच्छेद 40 के पैरा चार को उनके आग्रह पर जोड़ा गया। यह अनुच्छेद बताता है कि 'राज्यों को ग्राम पंचायतों को संगठित करने के लिए कदम उठाना चाहिए तथा उन्हें ऐसी शक्तियों एवं प्राधिकारों से वेष्ठित करना चाहिए जो कि उनके स्व–शासन की इकाई के रूप में कार्य करने के लिए आवश्यक हो।' जनवरी 1957 में, भारत सरकार ने सामुदायिक विकास कार्यक्रम की कार्यप्रणाली के अध्ययन करने तथा इसका सबसे बेहतर रखरखाव एवं क्रियान्वयन कैसे हो इस हेतु सुझाव प्रस्तुत करने के लिए बलवन्तराय मेहता की अध्यक्षता में एक समिति का गठन किया। इस समिति ने एक त्रिस्तरीय स्थानीय स्वशासन की व्यवस्था का सुझाव दिया जिसका जवाहरलाल नेहरू ने नामकरण 'पंचायती राज' किया।

स्थानीय अथवा ग्राम स्तर पर ग्राम पंचायतें, मध्य अथवा विकासखण्ड स्तर पर पंचायत समिति एवं सर्वोच्च अथवा जिला स्तर पर जिला परिषद् का निर्माण किया जाना था। इन नयी संस्थाओं के पास विविध प्रकार की शक्तियाँ एवं पर्याप्त वित्त होना था। इस समिति ने दो प्रमुख निर्देशात्मक आशाएँ प्रदान कीः (अ) इसमें यह तर्क दिया गया कि विकास कार्यक्रमों के प्रभावी क्रियान्वयन के लिए प्रशासकीय विकेन्द्रीकरण होना चाहिए एवं (ब) प्रशासकीय विकेन्द्रीकृत व्यवस्था निर्वाचित संस्थाओं के अधीन होना चाहिए। पंचायती राज संस्थाओं की त्रिस्तरीय संरचना को राष्ट्रीय विकास परिषद् द्वारा जनवरी 1958 में मेहता समिति की अनुशंसा के आधार पर अस्तित्व में लाया गया। राष्ट्रीय विकास परिषद् ने जिला एवं विकासखण्ड स्तर पर लोकतान्त्रिक संस्थाओं के आरम्भ करने के पीछे के उद्देश्यों को समर्थन प्रदान किया तथा यह सुझाव दिया कि प्रत्येक राज्य को अपने राज्य की परिस्थितियों के अनुकूल इस संरचना को बनाना चाहिए।

पंचायती राज की इस नयी व्यवस्था को सर्वप्रथम राजस्थान एवं आन्ध्रप्रदेश द्वारा 1959 में अंगीकार किया गया, अतः तब से पंचायती राज संस्थाएँ भारत में अस्तित्व में हैं। तथापि, अन्तर्राज्यीय स्तर पर संरचनात्मक तरीकों, कार्यकाल तथा जिम्मेदारियों की दृष्टि से उनमें भिन्नता थी। पंचायती राज संस्थाओं को संवैधानिक दर्जा प्रदान करने के दृष्टिकोण के साथ तथा एकरूपता लाने के लिए, भारतीय संसद ने दिसम्बर 1992 में 73वाँ संविधान संशोधन अधिनियम, 1992 पारित किया। यह अधिनियम 24 अप्रैल 1993 से प्रभावशाली हुआ। यह पंचायतों को नागालैण्ड, मेघालय तथा मिजोरम के जनजातीय क्षेत्रों एवं कुछ अन्य अनुसूचित क्षेत्रों को छोड़कर सभी राज्यों एवं केन्द्रशासित प्रदेशों में स्वशासन की इकाइयों के रूप में स्थापित करने का प्रावधान करता है। तत्पश्चात्, दिसम्बर 1996 में, 73वें संविधान संशोधन को जनजातीय एवं अन्य अनुसूचित क्षेत्रों में संसद के एक अधिनियम द्वारा विस्तारित किया गया। सभी स्तरों की पंचायतों को पर्याप्त शक्तियाँ तथा जिम्मेदारियाँ दी गयीं जिससे कि वे संविधान की ग्यारहवीं अनुसूची में उल्लिखित विषयों के अनुरूप आर्थिक विकास एवं समाजिक न्याय के लिए योजनाओं को बनाकर क्रियान्वित कर सकें। महत्वपूर्ण रूप से, 73वें संविधान संशोधन में ग्राम सभा के गठन का प्रावधान नहीं है लेकिन इसको राज्य विधानों द्वारा शक्तियों एवं कार्यों से विनिर्दिष्ट किया जाना है। तथापि, विस्तारित अधिनियम में ग्राम सभाओं का गठन अनिवार्य है।

73वें संविधान संशोधन अधिनियम, 1992 की प्रमुख विशेषताएँ अग्रानुसार हैं:

1. ग्रामसभा को पंचायती राज व्यवस्था के आधार के रूप में देखा गया है। इसको राज्य विधानों द्वारा निर्दिष्ट कार्यों एवं शक्तियों का उपयोग करना चाहिए।
2. पंचायतें तीन स्तरों पर होंगी, ग्राम स्तर, मध्य स्तर तथा जिला स्तर पर। केवल वे राज्य जिनकी जनसंख्या 20 लाख से अधिक नहीं है, के पास मध्य स्तर की पंचायत को गठित नहीं करने की स्वतन्त्रता होगी।

3. पंचायतों के सभी स्तरों के स्थानों को इस उद्देश्य से बनाये गये निर्वाचन क्षेत्रों से प्रत्यक्ष चुनाव द्वारा भरे जायेंगे। इसके अतिरिक्त, राज्य विधान के प्रावधानानुसार पदेन सदस्य भी होंगे।
4. पंचायत के प्रत्येक स्तर पर अनुसूचित जाति एवं अनुसूचित जनजाति के लिए उस पंचायत क्षेत्र में उनकी जनसंख्या के अनुपात में स्थान आरक्षित होंगे एवं कुल स्थानों के एक तिहाई स्थान महिलाओं के लिए सभी स्तरों पर आरक्षित होंगे। पंचायतों में प्रत्येक स्तर पर अध्यक्ष के पद भी अजा/अजजा के लिए उनकी जनसंख्या के अनुपात में आरक्षित होंगे एवं इसी तरह से सभी स्तरों के अध्यक्षों के एक तिहाई स्थान महिलाओं के लिए आरक्षित होंगे।
5. पंचायतों का कार्यकाल पाँच वर्ष का होगा तथा पंचायत चुनाव की प्रक्रिया कार्यकाल समाप्त होने के पूर्व कर ली जाना चाहिए; यदि पंचायत इसके पूर्व विघटित होती है तो ऐसी स्थिति में विघटन के छः माह के भीतर चुनाव पूर्ण होना चाहिए।
6. प्रत्येक राज्य में एक राज्य वित्त आयोग का गठन होना चाहिए जो कि राज्यों एवं पंचायतों के मध्य वित्तीय स्रोतों के वितरण एवं हस्तान्तरण को शासित करने के सिद्धान्त तय करेगा।
7. एक राज्य निर्वाचन आयोग होगा जिसके पास निर्वाचन नामावली बनाने तथा पंचायत चुनाव करवाने के लिए अधीक्षण, निर्देशन एवं नियन्त्रण प्राप्त होगा।
8. संविधान में ग्यारहवीं अनुसूची जोड़ी गयी है जिसमें उल्लिखित 29 विषयों/कार्यों को पंचायतों को सौंपा जा सकता है।

संवैधानिक प्रावधानों के क्रियान्वयन की प्रगति की समीक्षा के लिए तथा राज्यों को इस सन्दर्भ में निर्देशन एवं परामर्श देने के लिए केन्द्र सरकार ने राज्यों के पंचायत मन्त्रियों की एक राष्ट्रीय समिति बनायी है।

जबकि पंचायती राज संस्थाओं को एक तरफ ग्रामीण समुदाय में तनाव, उपद्रव एवं दलीय राजनीति को बढ़ाने वाले माना गया वहीं दूसरी तरफ इसको लोगों की सहभागिता प्राप्त करने की एकमात्र उम्मीद माना गया जो कि किसी भी लोकतान्त्रिक व्यवस्था की आत्मा होती है। वर्ष 1959 में पंचायती राज का आरम्भ अपने आप में प्रशासकीय सुधार की एक बड़ी ऐतिहासिक घटना है, यद्यपि इस व्यवस्था को अधिकांश राज्यों द्वारा प्रमुखतः नौकरशाही के मतवैभिन्नय के कारण विश्वसनीय ढंग से लागू नहीं किया गया। परिणामतः, सफलता से अधिक असफलता प्राप्त हुई। 73वें संविधान संशोधन अधिनियम 1992 के क्रियान्वयन के पश्चात् यह आशा की जाती है कि पंचायती राज संस्थाएँ उनके समक्ष उपस्थित चुनौतियों एवं समस्याओं सामना करने हेतु मजबूत एवं अधिक गतिशील होंगी। इनकी भविष्य में सफलता राज्य सरकारों द्वारा ग्रामीण विकास के कार्यों के हस्तान्तरण के स्तर तथा उनको वित्तीय तथा प्रशासकीय शक्तियों के प्रत्यायोजन पर निर्भर करेगी। यदि 3 अगस्त 1997 को मुख्यमन्त्रियों एवं पंचायती राज मन्त्रियों के सम्मेलन के विचार विमर्श का आधार बनते हैं तो पंचायती राज संरचना को पूर्णतः क्रियाशील होने में लम्बा समय लगेगा। सम्मेलन में व्यक्त की गयी महत्वपूर्ण चिन्ता पंचायती राज संस्थाओं को शक्तियों, कार्यों एवं जिम्मेदारियों का धीमा हस्तान्तरण था। सम्मेलन में यह सुझाव प्रदान किया गया कि अधिकारों के हस्तान्तरण की प्रक्रिया दिसम्बर 1997 तक पूर्ण हो जाये, लेकिन यह दिखाई देता है कि अधिकांश राज्यों द्वारा ऐसा नहीं किया गया है। इसी तरह से, जिला ग्रामीण विकास अभिकरणों को पंचायती राज संस्थाओं हेतु पुनर्संरचित नहीं किया गया, जिससे कि वे प्रभावशाली एवं कार्यक्षम ढंग से अपने नियत कार्यों को कर सकें।

यद्यपि, पंचायती राज संस्थाओं को प्रदान किए गये संवैधानिक दर्जे के प्रभाव की समीक्षा करना जल्दबाजी होगी, जवाहर रोजगार योजना के प्रथम समवर्ती मूल्यांकन सर्वेक्षण के प्रतिवेदन जिसने देश के 448 जिलों को सम्मिलित किया, ने निर्वाचित ग्राम पंचायतों एवं उनको नेतृत्व करने वाले लोगों के कुछ आयामों पर कुछ प्रकाश डाला। यह मूल्यांकन जनवरी 1992 से दिसम्बर 1992 तक एक वर्ष की अवधि में हुआ। यह सर्वेक्षण 73वें संविधान संशोधन अधिनियम के क्रियाशील होने के पूर्व किया गया था। इस सर्वेक्षण के प्रमुख आगत निम्नानुसार हैं:

पश्चिमी बंगाल में, 89 प्रतिशत ग्राम प्रमुख भूमिहीन तथा सीमान्त कृषक थे जबकि महाराष्ट्र, पंजाब एवं आन्ध्र प्रदेश जैसे राज्यों में 25 प्रतिशत प्रधान बड़े कृषक थे जिनके पास कम से कम 10 हेक्टेयर जमीन थी। जैसा कि सोचा गया था, बहुसंख्यक पंचायत प्रधान (77 प्रतिशत) ऊँची जातियों से थे उनमें से केवल 7 प्रतिशत अनुसूचित जाति एवं अन्य 15 प्रतिशत अनुसूचित जनजाति से थे। निदर्शित पंचायतों में लगभग 3 प्रतिशत ही महिला प्रमुख थीं जिनमें से 41 प्रतिशत अनुसूचित जाति से थीं। पंचायत प्रधान में से, 13 प्रतिशत स्नातक थीं, लगभग 24 प्रतिशत की शिक्षा प्राथमिक स्तर तक थी एवं 7 प्रतिशत अशिक्षित थे। पंचायत की बैठकों में विचार विमर्श का स्तर बहुत ही सतही था। सर्वे के 12 माह के समय के दौरान, 39 प्रतिशत निदर्शित पंचायतों की एक भी बैठक नहीं हुई (गंगराड़े 1997, 755–56)। उड़ीसा में किये गये एक अध्ययन में, यह देखा गया कि महिलाओं का पंचायत की राजनीति में प्रवेश उनके परिवार के सदस्यों के प्रबोधन से अथवा ग्रामीण समुदाय अथवा राजनीतिक दलों के दबाव के कारण हुआ। यद्यपि, जो महिलाएँ अनिच्छा से राजनीति में प्रविष्ट हुईं उन्होंने अपने दृष्टिकोण, उत्साह, राजनीतिक सजगता तथा अपनी भूमिका और जिम्मेदारियों को लेकर सजगता में ज्यादा परिपक्वता दर्शायी (पाण्डा 1997, 663)। पंचायतों एवं उनके निर्वाचित प्रमुखों के इन लक्षणों को देखते हुए, निर्वाचित प्रतिनिधियों को शिक्षा एवं प्रशिक्षण के माध्यम से क्षमता निर्माण करने की आवश्यकता है। यह तब ज्यादा आवश्यक है जब निर्वाचित प्रतिनिधि को विविध प्रकार की प्रशासकीय एवं वित्तीय कार्यों को करने की अपेक्षा की जाती है, इसी तरह से नौकरशाही की उभयपक्षीय प्रवृत्ति एवं राज्य के नेताओं की शक्ति के बँटवारे को लेकर अनिच्छा होती है।

सहकारिता

यदि कृषि एवं ग्रामीण विकास के लक्ष्यों को प्राप्त किया जाना है तब यह आवश्यक होगा कि लोगों को एक संस्थागत संरचना के साथ संगठित किया जाये जिससे कि उन्हें राष्ट्रीय आर्थिक एवं सामाजिक व्यवस्थाओं तक प्रवेश प्राप्त हो सके। लोगों को संगठित करना एक राजनीतिक कृत्य है क्योंकि यह समुदाय के भीतर शक्ति के वितरण को निर्णय करने वाले लोगों की संख्या को बढ़ाकर परिवर्तित करता है। सहकारिता गाँवों को संगठित करने का एक संस्थागत स्वरूप है। एक सहकारिता को सामान्य तौर पर सामाजिक–आर्थिक संगठन की तरह देखा जाता है जो कि इसके सदस्यों के दोनों सामाजिक एवं आर्थिक उद्देश्यों को पूर्ण कर सकती है एवं इसके सदस्यों के हित वास्तविकता में इसके हृदय में होते हैं। सहकार के तीन आयाम – आर्थिक, सामाजिक एवं नैतिक होते हैं जो कि इसकी सफलता के लिए समान रूप से महत्वपूर्ण होते हैं। सहकार का आदर्श वाक्य 'प्रत्येक सभी के लिए तथा सभी प्रत्येक के लिए' वफादारी, विश्वास, निष्ठा एवं साहचर्य को प्रकट करता है। सहकारिता सदस्यों का सदस्यों के लिए सदस्यों द्वारा निपुण एक लोकतांत्रिक संस्थान होता है एवं यह निर्णय निर्माण की व्यवस्था में 'एक सदस्य, एक वोट' पर आधारित होता है।

सहकारिता अपने ही कुछ मूल्यों एवं सिद्धान्तों पर आधारित होती है जो कि इसको अन्य संगठनों से पृथक् करती है। 23 सितम्बर 1995 को मेनचेस्टर में आयोजित अन्तर्राष्ट्रीय सहकारिता गठबंधन कांग्रेस ने निम्नलिखित सात सिद्धान्तों को स्वीकार किया:

1. स्वैच्छिक एवं खुली सदस्यता;
2. लोकतान्त्रिक सदस्य नियन्त्रण;
3. सदस्यों की आर्थिक सहभागिता तथा पूँजी भागीदारी पर न्यूनतम रुचि;
4. स्वायत्तता एवं स्वतन्त्रता;
5. सहकारी शिक्षा, प्रशिक्षण तथा सूचना के प्रावधान;
6. सहकारिता के बीच सहकार; एवं
7. समुदाय के लिए सरोकार।

सहकारिता एक व्यावसायिक संगठन की तरह से अन्य प्रकार के संगठनों से कई मायनों में समान होती है तथा कई अन्य मामलों में विभेद भी रखती है। समानता का क्षेत्र भूमिकाओं एवं कार्यों में है एवं असमानताएँ भूमिकाओं एवं कार्यों को निष्पादित करने के तरीकों में हैं। सहकारिता को सिद्धान्तों एवं सहकार के मूल्यों पर दैनन्दिनी कार्यों में प्रतिबिम्बित होना अपेक्षित होता है जो कि अन्य बातों के साथ–साथ समानता, समता एवं आपसी स्व–सहायता पर जोर देती है।

किसी भी अन्य व्यावसायिक संगठन की तरह, सहकारिता से अपने प्रचालन में कार्यक्षमता एवं लाभप्रदता की अपेक्षा की जाती है। लेकिन निजी एवं सार्वजनिक क्षेत्रों के अन्य व्यापार संगठनों से अलग, सहकारिता सामाजिक संगठन तथा एक व्यापार उद्यम दोनों हैं एवं इसी कारण से इसके दोहरे उद्देश्य हैं: यह सामाजिक के साथ–साथ आर्थिक कार्यों को भी करती है। एक सहकारिता प्रबन्धन को न केवल आर्थिक आयामों के साथ ही सन्दर्भित होना चाहिए वरन् उसे संगठन के सामाजिक उत्तरदायित्वों से भी सरोकार रखना चाहिए।

सहकारिता को अन्य तरह के संगठनों की अपेक्षा लोगों को अपनी गतिविधियों में जोड़ने, लोगों के संसाधनों को एकत्र करने में तथा उनके उद्देश्यों को प्राप्त करने के लिए राजनीतिक शक्ति, लोकतांत्रिक प्रक्रिया से स्थानीय नेतृत्व की पहचान तथा खरीद, प्रसंस्करण और विपणन कार्य तथा विकास के लाभों का समनुरूप वितरण सम्भव करने में उत्पादन उर्ध्वाकार एवं क्षैतिज एकीकरण तुलनात्मक दृष्टि से लाभकारी स्थिति मे होता है। एवं विकास के लाभों का समनुरूप वितरण सम्भव करने में ये सभी लाभ सहकारिता की व्यापार संगठनों की तुलना में प्रतिस्पर्द्धी स्थिति को बेहतर करने में सहायता कर सकते हैं।

सहकारी संगठन का आर्थिक औचित्य अपने सदस्यों के लिए आधुनिक तकनीक एवं अर्थव्यवस्था के स्तर के लाभों को सुनिश्चित करने के प्रयासों में होता है। एक सहकारी संगठन जो यह नहीं चाहता है अथवा इन दोनों लाभों को बनाये नहीं रख सकता दुर्भाग्य से असफल होना ही है। सैद्धान्तिक रूप से, सहकारिता के अतिरिक्त कोई भी बेहतर संगठनात्मक संरचना सामाजिक एवं आर्थिक विकास के दोहरे लक्ष्यों को अर्जित करने के लिए नहीं है लेकिन इसमें अन्तिम सफलता अर्जित की गयी प्रचालन क्षमता के स्तर पर निर्भर करती है (डल्फर 1974)।

सहकारी प्रबन्धन एवं अन्य संगठनों के प्रबन्धन में सर्वप्रमुख अन्तर यह है कि सहकारिता में अपनी समस्याओं के समाधान तथा निर्णय निर्माण के लिए अपने निदेशकों, सदस्यों तथा महत्वपूर्ण पदों के कर्मचारियों को सम्मिलित किया जाता है। यह कोई छोटा कार्य नहीं है। प्रबन्धक परम्परागत प्रबन्धकीय विद्यालयों से प्रशिक्षित होते हैं, जब इनका सामना किसी कठिन परिस्थिति से होता है तो वे स्वयं सोचकर इसका समाधान निकालते हैं। यही वे प्रबन्धकीय कार्यक्रमों से सीखे होते हैं। सहकारिता सिद्धान्त को एक अलग प्रतिसाद की आवश्यकता होती है। सहकारिता प्रबन्धकों से यह अपेक्षा की जाती है कि वे सदस्यों एवं कर्मचारियों से समस्या को बाहर निकालेंगे एवं इसके लिए समाधान के विकास में वे विभिन्न हित समूहों को सम्मिलित करेंगे।

भारत की ग्रामीण अर्थव्यवस्था में सहकारिता उनकी सम्मिलित जनसंख्या तथा उनके साख सहित कुल कृषि आगत की आपूर्ति में भाग के संदर्भ में एक महत्वपूर्ण स्थान रखती है। भारत दुनिया में सहकारिता के सबसे बड़े नेटवर्क का दावा कर सकता है। भारत में, 2009–10 में, सभी प्रकार की 610 हजार सहकारी समितियां थीं, जिनकी कुल सदस्यता 2493.67 लाख और कार्यशील पूंजी 27,295.766 अरब की थी। इन्होंने भारत के 98 प्रतिशत गांवों और देश के कुल 67 प्रतिशत ग्रामीण परिवारों को इसमें जोड़ा तथा ग्रामीण क्षेत्रों में दिए गए कुल ऋण का 19 प्रतिशत, उर्वरक वितरण की कुल मात्रा का 36 प्रतिशत, उर्वरक उत्पादन की कुल मात्रा का 26.3 प्रतिशत, कुल चीनी उत्पादन का 39.7 प्रतिशत और देश में उत्पादित ब्रांडेड खाद्य तेल का 49 प्रतिशत भी इसमें शामिल है (एनसीयूआई 2012, 32–34)[2]।

सभी तरह की सहकारिता में, आणन्द प्रतिमान की सहकारिता समाज के साथ अपने सदस्यों को सर्वाधिक सफलतापूर्वक सेवा करती रही है। गुजरात के खेड़ा जिले में दुग्ध उत्पादक संघ मर्यादित की छत्रछाया में सहकारिता का विकास एवं वृद्धि हुई जिसे लोकप्रिय रूप से अमूल के नाम से जाना गया, इसकी क्षमता की पहचान सहकारिता के डेयरी विकास के उपकरण के रूप में 1950 एवं 1960 के दौरान हुई। तत्कालीन प्रधानमन्त्री लालबहादुर शास्त्री को

आणन्द प्रतिमान की उपयुक्तता के बारे में बताया गया एवं भारत सरकार को वी. कुरियन की अध्यक्षता में एक संगठन स्थापित करने को कहा जो भारत में आणन्द तरीके की सहकारिता को दोहराने के लिए बनायी गयी। परिणामतः 1965 में राष्ट्रीय डेयरी विकास बोर्ड की स्थापना की गयी जिसका मुख्यालय आणन्द में रखा गया। राष्ट्रीय डेयरी विकास बोर्ड ने आणन्द तरीके की सहकारिता को दोहराने के लिए ऑपरेशन फ्लड की रचना की। ऑपरेशन फ्लड सम्भवतः विश्व का क्षेत्रफल, आकार एवं दीर्घायु होने की दृष्टि से सबसे बड़ा डेयरी विकास कार्यक्रम है। इसने भारत को विश्व का सबसे बड़ा दुग्ध उत्पादक एवं कुछ दुग्ध उत्पादों का निर्यातक बनाने में सक्षम बनाया।

भारत की ग्रामीण अर्थव्यवस्था में इसके अपरिहार्य महत्व के बावजूद, अधिकांश ग्रामीण सहकारिता इसके अकुशल प्रबन्धन के कारण वित्तीय दृष्टि से व्यवहार्य नहीं होती है। सहकारिता का प्रबन्धन व्यावसायिक प्रबन्धकों के माध्यम से किये जाने की आवश्यकता है, यदि इन्हें भारत की नयी आर्थिक नीति से बने रहना तथा बढ़ने के लिए जाग्रत रहना है तो इसको विनियमन, लाइसेंस हटाने, निजीकरण और वैश्वीकरण की विशेषताएँ रखनी होंगी। कृषि व्यवसाय सहकारिता के प्रबन्धन में व्यावसायिकता में कई बाधाएँ अड़चन डालती हैं यथा ऐसे व्यावसायिक प्रबन्धकों की कमी जिनके पास सहकारी प्रबन्धन के लिए मूल्य एवं लोकाचार हों, अच्छे नेतृत्व का अभाव, कार्य निष्पादन आधारित, पारितोषिक व्यवस्था की कमी, एवं आन्तरिक कार्य संस्कृति तथा पर्यावरण जो कि प्रबन्धन की व्यावसायिकता के लिए अनुकूल नहीं है।

स्वयंसेवी संस्था/गैर–सरकारी संगठन

स्वयंसेवी कार्यवाही उतनी ही पुरानी है जितना कि समाज का अपना उद्भव है। इसका उद्भव विशुद्धतः मानव प्रेम अथवा परोपकार से हुआ एवं यह उत्प्रेरण इतिहास के साथ प्रयासों में बना रहा। यहाँ तक कि 1885 में भारतीय राष्ट्रीय कांग्रेस की स्थापना एलन ऑक्टेवियन ह्यूम के स्वयंसेवी प्रयासों से हुई जिन्हें इसका 'पिता एवं निर्माता' कहा जाता है। कलकत्ता विश्वविद्यालय के स्नातकों को सम्बोधित करते हुए 1883 में एक खुले पत्र में ह्यूम ने शिक्षित युवाओं को आह्वान करते हुए कहा (महेश्वरी 1985: 560–61) –

> आप मिट्टी के नमक है। और यदि आप अभिजनों में से आत्म बलिदान के लिए पर्याप्त शक्ति के साथ देश के लिए पर्याप्त प्यार एवं गर्व, आरम्भ करने के लिए पर्याप्त वास्तविक तथा निःस्वार्थ रूप से देशभक्ति के लिए, 50 पुरूष नहीं मिल सकते हैं तथा यदि आवश्यक हो तो अपना शेष जीवन राष्ट्र लिए समर्पित नहीं कर सकते हैं तो फिर भारत के लिए किसी भी तरह की उम्मीद नहीं की जा सकती है। इसके पुत्र विदेशी शासकों के हाथ में विनम्र एवं असहाय उपकरण बने रहेंगे, उनके लिए जो भी स्वयं को स्वतन्त्र कर सके आक्रमण करना होगा।

ग्रामीण विकास के लिए स्वयंसेवी संस्थाओं की भूमिका पर जोर देते हुए, विकासखण्ड स्तरीय नियोजन के कार्यसमूह (1978) (वैष्णव तथा सुन्दरम 1978; भारत सरकार 1978ब, 45) के विचार के अनुसार:

> देश की सामाजिक एवं आर्थिक समस्या इतनी विशाल एवं विविध प्रकार की होती है कि सरकारी प्रशासकीय तन्त्र अकेला उसको नहीं सम्भाल सकता। आत्म–निर्भर समाज की स्थापना सरकार पर लोगों की निर्भरता की शनैः–शनैः कमी को इंगित करता है। अनादि काल से, स्वयंसेवी संस्थाओं ने हमारे देश में लोगों के कल्याण को प्रोत्साहित करने में अपनी महत्वपूर्ण भूमिका अदा की है..... जिला स्तर के नियोजन दल को अपने क्षेत्र में योजना तैयार करते समय स्वयंसेवी संस्थाओं से सक्रिय सहायता एवं परामर्श प्राप्त करना चाहिए एवं कुछ क्षेत्रगत योजनाओं के क्रियान्वयन की जिम्मेदारी भी उन्हें सौंपी जाना चाहिए जिसमें उनकी पर्याप्त विशेषज्ञता एवं अनुभव हो।

स्वयंसेवी संस्थाएँ एवं गैरसरकारी संगठन ग्रामीण विकास में बहुत ही महत्वपूर्ण भूमिका निभा सकते हैं एवं यथार्थ में कुछ निभाते भी हैं। वे ग्रामीण जनता को ग्रामीण विकास के लिए अर्थपूर्ण नियोजन हेतु उत्साहित कर सकते हैं, एवं इसके क्रियान्वयन में भी भाग ले सकते हैं। अभी देश में कुछ ही स्वयंसेवी संस्थाएँ हैं जिनके पास ग्रामीण विकास परियोजनाओं को लेने के लिए आवश्यक तकनीकी एवं प्रबन्धकीय स्रोत हैं एवं उनको सफलतापूर्ण प्रबन्धित करने की क्षमता है। उदाहरणार्थ, भारतीय कृषि औद्योगिक प्रतिष्ठान (बायफ), उर्लीकंचन (महाराष्ट्र) ने पशुपालन के क्षेत्र में उच्च तकनीकी दक्षता अर्जित की है एवं यह देश के विभिन्न क्षेत्रों में कई परियोजनाओं का क्रियान्वयन कर रहे हैं। इसी तरह से, सद्‌गुरु जल एवं विकास प्रतिष्ठान, दाहोद (गुजरात) राष्ट्रीय एवं अन्तर्राष्ट्रीय स्तर पर प्राकृतिक स्रोत प्रबन्धन के क्षेत्र विशेषतः देश के गरीब जनजातीय क्षेत्रों के जल स्रोतों के विकास के क्षेत्र में विशेषज्ञता के लिए जाना जाता है। मैसूर पुनर्वास एवं विकास अभिकरण, बैंगलोर ने सिंचाई, जलग्रहण प्रबन्धन, बंजर भूमि विकास तथा बन्धुआ मजदूरों को छुड़ाने के क्षेत्र में काम के लिए विशेषज्ञता हासिल की एवं इन क्षेत्रों में देश के दक्षिणी राज्यों में इनकी कई योजनाएँ परिचालित हैं। इसके अतिरिक्त, कई गैर–सरकारी संगठन हैं जो ग्रामीण विकास के क्षेत्र में अच्छा कार्य कर रहे हैं। आज आवश्यकता है ग्रामीण विकास के क्षेत्र में किये जा रहे वास्तविक स्वयंसेवी प्रयासों को सरकारी सहायता प्रदान करने की।

राष्ट्रीय स्तर पर, लोक कार्यक्रम एवं ग्रामीण प्रौद्योगिकी विकास परिषद् (कपार्ट) ग्रामीण विकास में स्वयंसेवी कार्यवाही को प्रोत्साहित करने के लिए जिम्मेदार केन्द्रीय अभिकरण है। कापार्ट को 1 सितम्बर 1986 को सोसायटी पंजीकरण अधिनियम 1860 के तहत पंजीबद्ध करवाया गया जिसका मुख्यालय नयी दिल्ली में रखा गया। अपने उद्देश्यों के परिपालन में कापार्ट स्वयंसेवी संस्थाओं/गैर–सरकारी संगठनों को निम्नलिखित कार्यक्रम के लिए वित्तीय सहायता उपलब्ध कराता है:

1. ग्रामीण विकास में स्वयंसेवी कार्यवाही को प्रोत्साहित करना
2. ग्रामीण क्षेत्रों में महिला एवं बाल विकास
3. ग्रामीण जल आपूर्ति कार्यक्रम का विस्तारण
4. केन्द्रीय ग्रामीण स्वच्छता कार्यक्रम
5. गरीबी उन्मूलन कार्यक्रम के हितग्राहियों का संगठन
6. मनरेगा और एनआरएलएम
7. ग्रामीण तकनीकी कार्यक्रम का उन्नयन
8. पंचायती राज
9. विकलांग लोगों का पुनर्वास

इसके लिए वित्त प्रमुखतः केन्द्रीय ग्रामीण विकास मन्त्रालय से अनुदान के रूप में प्राप्त होता है। परिषद् अन्य केन्द्रीय एवं राज्य सरकार के विभागों से अनुदान प्राप्त कर सकता है। दान और अन्य स्रोतों से योगदान स्वीकार कर सकता है। कापार्ट ने छः क्षेत्रीय समन्वय समितियाँ – जयपुर, अहमदाबाद, हैदराबाद, भुवनेश्वर, गुवाहाटी तथा लखनऊ में अपने कार्यकरण को विकेन्द्रीकृत करने के लिए बनायी है। इन समितियों को पाँच लाख अथवा इससे कम के बजट की परियोजनाओं को स्वीकृत करने तथा इनका पर्यवेक्षण करने का अधिदेश प्राप्त होता है।

1990 के दशक में गैर–सरकारी संगठनों द्वारा विकास विस्तार के प्रयास आरम्भ किये गये। यह अभिजनों के लिए सन्दर्भ का विषय नहीं है। अब, विकास कार्यवाही को आम लोगों द्वारा वैकल्पिक जीविका पसन्द के रूप में देखा जाता है। सामाजिक दृष्टि से अर्थपूर्ण गतिविधियों को पूर्णकालिक व्यवसाय के रूप में हाथ में लेने का विचार गैर–सरकारी संगठनों के साथ कार्य करने वाले लोगों से अधिसंख्यक के लिए यह सिद्धान्त अलग करने वाला नहीं है। तथापि, वैचारिक तीव्रता अथवा सम्पूर्ण समाज में राष्ट्रीयता की भावना समय के साथ धीरे–धीरे क्षीण होती जा रही है।

सरकार की ओर से वृहद स्तरीय सहायता ने भी विकास हस्तक्षेपों को नित्य आवश्यक बताया है। इसको इस तथ्य के साथ भी प्रोत्साहित किया गया कि कई आम लोग जो कि नवोन्मेषक नहीं हैं सामग्री एवं सेवाओं की आपूर्ति में संलग्न होते हैं जिनको कि राज्य अथवा बाजार की संस्थाओं द्वारा पर्याप्त रूप से तैयार नहीं किया गया है।

अधिकांश नये संगठन जो अब आ रहे हैं वे आम लोगों द्वारा बढ़ाये गये हैं। वे उच्च स्तर पर प्रशिक्षित अथवा उच्च क्षमता के कार्मिकों को आकर्षित नहीं करते हैं। अधिकांश पुराने, बड़े संगठन जिन्होंने नवाचार के दौर में कुछ उत्कृष्ट प्रतिभाओं को आकर्षित किया जो कि शीर्ष पर संतृप्त हैं (छोटे समूह के साथ, यदि एक नहीं तो, कार्यों के नियन्त्रण में विकास नवाचारों) अथवा एक सीमा तक नित्य कार्यों को जो कि सक्षम युवाओं के लिए आकर्षक बने रहने के लिए स्थगित रहता है। तथापि, उदारीकृत बाजार अर्थव्यवस्था अब प्रतिभावान युवाओं को कुछ वर्षों पूर्व की तुलना के विकास कार्यवाही से अधिक आकर्षक अवसर प्रदान करती है।

गैर सरकारी संगठनों के कार्यकर्ताओं की प्रथम पीढ़ी की अभिलाषाएँ एवं अभिप्रेरणाएँ गैर सरकारी नेतृत्व की एक दशक पूर्व से पूर्णतः भिन्न है। व्यक्तिगत आवश्यकताओं के कई मानक (परितोषण, जवाबदेही तथा पारदर्शिता) उच्च सामाजिक उत्प्रेरणा के लोगों के साथ घूमती है। वर्तमान सन्दर्भ में इन मानकों में परिवर्तन की आवश्यकता है जिसमें लोगों की अभिलाषाओं एवं अभिप्रेरणाओं का समूह भिन्न होगा।

विकास के वित्तीय पोषक अभिकरणों को पुनर्केन्द्रित करने के साथ उनका ध्यान छोटे संगठनों की सहायता, छोटे गैर सरकारी संगठनों को उत्साहित करने में होता है। इसमें वित्तीय अभिकरणों के लिए भी आवश्यक किया गया कि वे पूर्व की अपेक्षा ज्यादा अग्रसक्रिय भूमिका निभाएँ। इनमें से कई अब स्रोत केन्द्र की भूमिका निभा रहे हैं जो कार्यक्रमों के नियोजन एवं क्रियान्वयन में योगदान कर रहे हैं तथा गैर सरकारी संगठन के दलों का क्षमता निर्माण करते हैं।

विकास हस्तक्षेप की पहचानी हुई प्रक्रियाएँ विकास प्रक्रियाओं की बढ़ती समझ के साथ अधिक जटिल होती जा रही है। यद्यपि 1950 में विकास प्रयासों का संकेन्द्रण सेवाओं की आपूर्ति पर था, 1960 तक आते–आते, विकास कार्यकर्ताओं ने तकनीकी के हस्तान्तरण की बात आरम्भ कर दी। 1970 में यह पहचाना गया कि तकनीकी हस्तान्तरण अपर्याप्त है यदि क्षमता निर्माण के साथ इसे सहारा नहीं दिया गया। 1980 में, प्रयास बहुविध अथवा व्यापक सेवा समूह पर संकेन्द्रित रहे जिनको प्रशिक्षण के साथ–साथ तकनीकी हस्तांतरण, साख एवं बाजार संयोजन का सहारा दिया गया। लेकिन 1990 में, यह पहचाना गया कि विकास आगत जिनको कि पर्यावरण अनुकूल आचरण से सतत होता है, जिसमें इससे भी अधिक होना ही है। एक गैर सरकारी संगठन की योग्यता को विकास सेवाओं की उच्च गुणवत्तापूर्ण आपूर्ति के लिए राज्य मशीनरी द्वारा भी स्वीकार किया गया है। इसी ने इन संगठनों से स्पष्ट तौर पर उच्च अपेक्षाओं की ओर प्रवृत्त किया है।

लेकिन अब अधिकांश गैर सरकारी संगठन निम्न गुणवत्ता की मानवशक्ति के साथ और अधिक जटिल कार्यों को सम्बोधित कर रहे हैं। इससे इन संगठनों द्वारा प्रदत्त की जा रही सेवाओं की गुणवत्ता पर गम्भीर प्रभाव हो सकते हैं। यद्यपि इन विकास दलों के क्षमता निर्माण को लेकर विभिन्न सहायक अभिकरणों द्वारा उल्लेखनीय जोर दिया जाता है, मानव संसाधन के विकास को बहुसंख्य संगठनों द्वारा एक अन्य कार्य के रूप में देखा जाता है। इससे आगे, अधिकांश गैर सरकारी संगठनों का नेतृत्व एक ही व्यक्ति करता है, अधिकांशतः उनके संस्थापक एवं उनकी कार्यवाही तथा प्रबन्धन में व्यावसायिकता का अभाव होता है जो सार्वजनिक धन के दुरुपयोग की ओर प्रवृत्त होता है।

कॉर्पोरेशन एवं ग्रामीण विकास

कॉर्पोरेशन भारत के ग्रामीण विकास में संस्थानों की स्थापना एवं/अथवा सहायता के माध्यम से उल्लेखनीय योगदान कर सकते हैं जो कॉर्पोरेट स्रोतों, नयी तकनीकों, आधुनिक प्रबन्धन को ला सके तथा ग्रामीण विकास की

समस्याओं को देखने की विशेषज्ञता लिये हुए हो। यहाँ कम से कम चार निम्नलिखित कारण हैं जो यह बताते हैं कि क्यों ग्रामीण विकास के लिए कॉर्पोरेशन का योगदान अपेक्षित है (रेमण्ड 1996):

1. *दोनों के लिए लाभ:* ग्रामीण विकास में कॉर्पोरेशन को जोड़ना एक उत्कृष्ट विजयी रणनीति है। कॉर्पोरेशन ग्रामीण समुदाय के प्रति अपनी प्रतिबद्धता को प्रदर्शित करके अर्जित करते हैं जिससे कि वे अच्छे कॉर्पोरेट नागरिक के रूप मे अपनी छवि को निर्मित कर सके। यह इनकी छवि को बाजार के स्थानों पर बेहतर करती है तथा उनकी वाणिज्यिक सफलता में योगदान करती हैं। ग्रामीण लोग नये विशेषज्ञों तथा स्रोतों से लाभान्वित होते हैं जिनका उपयोग कॉर्पोरेशन द्वारा उनकी समस्याओं के समाधान तथा उनकी महसूस की गयी आवश्यकताओं को पूर्ण करने में होता है। सरकार जीतती है क्योंकि कॉर्पोरेशन ग्रामीण विकास के लिए उपलब्ध समिति लोक संसाधनों को पूरक करते हैं।
2. *मजबूत लोकतन्त्र:* ग्रामीण विकास में व्यावसायिक घरानों की सहभागिता तथा गैर लाभकारी संस्थानों यथा – धर्मार्थ न्यासों, समाजों द्वारा संस्थागत बहुलतावाद का उत्थान तथा जनता की नीति निर्माण प्रक्रिया में भागीदारी को बढ़ाया है। वास्तव में, स्वायत्त निजी संस्थान राजनीतिक परिवर्तन और आर्थिक संकट के समय में लोकतान्त्रिक प्रक्रिया के स्थायित्व को सुनिश्चित करने के लिए महत्वपूर्ण है।
3. *धारणीयता:* सरकार से वित्त पोषित ग्रामीण विकास कार्यक्रम नीति एवं बजट आवण्टन में परिवर्तन को लेकर अतिसंवेदनशील होते हैं। निजी कॉर्पोरेशन एवं उनके कार्यपालकों का जुड़ाव जो कि राजनीतिक परिवर्तन से प्रभावित नहीं होते हैं वे ग्रामीण विकास में धारणीय परियोजनाओं की मदद कर सकते हैं। धारणीयता उपलब्ध वित्त के साथ संस्थानों की प्रतिबद्धता तथा उनके दीर्घकालीन कार्मिकों दोनों पर निर्भर करती है। सरकारी कर्मचारियों की ग्रामीण विकास को लेकर प्रतिबद्धता उनके संगत भाग के निजी क्षेत्र के विकास संगठनों की तुलना में प्रायः अल्पकालीन होती है। आप कितने आणन्द के कुरियन तथा जल एवं विकास प्रतिष्ठान दाहोद के जगावत सरकारी संगठनों में ढूँढ सकते हैं?
4. *आर्थिक सुधार में अवरोध:* जब आर्थिक सुधार ग्रामीण लोगों के लिए कोई भी वास्तविक लाभ लाने में असफल होते हैं, ग्रामीण मतदाता ऐसी राजनीतिक पार्टी को जिसने ऐसे सुधार आरम्भ किये सत्ता से बाहर कर सकती है। उर्वरक, सिंचाई जल, विद्युत के लिए आर्थिक सहायता में कटौती तथा सामाजिक कल्याण कार्यक्रमों को वापस लेने के आर्थिक सुधार चुनावी समर्थन को नष्ट कर सकते हैं। यदि नीति निर्माता सुधार की प्रक्रिया को धीमी करके प्रतिक्रिया देते हैं तो परिणामतः निवेश तथा आर्थिक वृद्धि की दर में कमी आ सकती है। इसके विपरीत सफल आर्थिक सुधार निजी कॉर्पोरेशन तथा उद्यमों को अधिक बलशाली बनाता है और तब कॉर्पोरेट स्वैच्छिकता कमजोर एवं गरीब लोगों को वृद्धि तथा समृद्धि की आपूर्ति करती है।

भारत में, सरकार कॉर्पोरेट क्षेत्र को ग्रामीण विकास के उद्देश्य के लिए योगदान करने के लिए कई प्रोत्साहन प्रदान करती है। वित्तीय अधिनियम 1978 के माध्यम से, दो नये अनुभाग 35 सीसी तथा 35 सीसीए आयकर अधिनियम 1961 में जोड़े गये। ये अनुभाग कॉर्पोरेशन एवं सहकारिता को ग्रामीण विकास की गतिविधियाँ हाथ में लेने के लिए आर्थिक प्रोत्साहन प्रदान करते हैं जो प्रत्यक्ष के साथ–साथ अप्रत्यक्ष स्तर पर प्रत्यक्ष करों के केन्द्रीय बोर्ड द्वारा अधिसूचित तथा निर्धारित प्राधिकारी द्वारा अनुमोदित ग्रामीण विकास अधिकरण के माध्यम से ऐसी गतिविधियों को प्रोत्साहित करते हैं। ये अनुभाग शर्त लगाते हैं कि ग्रामीण विकास की गतिविधियों पर एक कॉर्पोरेशन अथवा एक सहकारिता द्वारा किया जाने वाले खर्च को सामान्य खर्च की तरह माना जायेगा एवं यह कर योग्य लाभ को जोड़ते समय करदाता (दानकर्ता) की आय से काटा जायेगा। 1983 के वित्तीय अधिनियम ने अनुभाग 35 सीसीए में संशोधन करते हुए कृषि विकास के लिए राष्ट्रीय निधि का निर्माण करने के लिए प्रावधान किया जो कि ग्रामीण विकास कार्यों को लेने के लिए स्वयंसेवी संगठनों को वित्तीय सहायता प्रदान करता है। तथापि, अनुभाग 35 सीसी को बनाये रखा गया एवं निजी कम्पनियों तथा व्यावसायिक घरानों को प्रत्यक्षतः छूट का लाभ मिल सके।

सौभाग्य से भारत का कॉर्पोरेट क्षेत्र, अपनी शक्तिशाली आर्थिक स्थिति के साथ, देश के नीति नियोजकों को प्रभावित करने की क्षमता रखते हैं। यद्यपि, अधिकांश व्यावसायिक घराने पूर्व में अपने व्यापार तक सीमित रहे एवं अपने लाभ को अधिकतम करने में लगे रहे। तथापि, कुछ व्यावसायिक घराने समुदाय की समस्याओं को सम्बोधित करने का प्रयास करते रहे हैं। यह हालांकि किसी भी तरह से पर्याप्त नहीं है। जब भारत की जनसंख्या का अधिकांश भाग जीवित रहने के लिए संघर्षरत हो, तब कॉर्पोरेशन कैसे अपनी आँखें मूँद कर तथा अपनी प्रगति और समृद्धि के लिए योजना बना सकते हैं? कॉर्पोरेट क्षेत्र समृद्धि की ओर नहीं बढ़ सकता जब तक कि आर्थिक स्थिति एवं आम व्यक्ति का जीवन बेहतर नहीं हो जाता।

सरकारी संगठनों तथा गैर सरकारी संगठनों दोनों द्वारा क्रियान्वित सभी कार्यक्रमों में सफलता के लिए अच्छा प्रबन्धन महत्वपूर्ण आगत है। यहाँ कॉर्पोरेट क्षेत्र महत्वपूर्ण भूमिका निभा सकता है। प्रबन्धकीय कौशल का व्यावसायिक घरानों से ग्रामीण विकास के लिए प्रभारी अधिकरणों को हस्तान्तरण प्राकृतिक स्रोतों की उत्पादकता को सरलता से बढ़ा सकता है।

प्रबन्धकीय अनुभव के साथ व्यावसायिक घराने ग्रामीण लोगों को प्रत्यक्ष सहायता कर सकते हैं अथवा स्थानीय स्वयंसेवी संगठनों के माध्यम से रोजगार सृजित करने एवं जीवन स्तर बेहतर करने में सहायता कर सकते हैं। कुछ महत्वपूर्ण क्षेत्र जहाँ उद्योग ग्रामीण क्षेत्रों में विकास के लिए सहायता कर सकते हैं निम्नानुसार हैं:

1. अनुदान एवं ऋण के रूप में वित्तीय सहायता को एकत्र करना जिसको विभिन्न आय तथा रोजगार सृजन की गतिविधियों में निवेशित किया जाये।
2. उत्पादकों को औद्योगिक कच्चे माल के रूप में प्रत्यक्ष अधिप्राप्ति अथवा उनके कर्मचारियों के उपयोग के लिए इस प्रक्रिया में विभिन्न स्तरों से बिचौलिये हटाये जा सकते हैं।
3. ग्रामीण विकास से सम्बद्ध क्षेत्रीय कार्यकर्ताओं एवं ग्रामीण नेतृत्व में प्रबन्धकीय कौशल लाना जिससे कि उनका परियोजना प्रबन्धन कौशल को बेहतर किया जा सके।

प्रारम्भ में, एक व्यावसायिक घराना उन गाँवों में कार्य आरम्भ कर सकता है जहाँ उसका संयत्र स्थापित है। सड़क निर्माण, हेण्डपम्प लगाकर, प्राथमिक विद्यालय आरम्भ करके तथा एक स्वास्थ्य केन्द्र खोलकर एक व्यावसायिक प्रतिष्ठान न सिर्फ सद्भावना अर्जित कर सकता है वरन् यह लोगों के साथ अच्छे सम्बन्धों को स्थापित करने में भी मदद कर सकता है।

तत्पश्चात् व्यावसायिक प्रतिष्ठान समीपस्थ क्षेत्रों में भी अपने कार्य को फैला सकता है। टाटा स्टील द्वारा प्रस्तुत एक उदाहरण अनुकरणीय है जिसमें जमशेदपुर बिहार (अब झारखण्ड) के ग्रामीण क्षेत्रों में ग्रामीण विकास कार्य आरम्भ किये। परिणामतः, कम्पनी ने हितग्राहियों के साथ–साथ सरकार की भी सद्भावना अर्जित की।

सरकार के साथ निजी क्षेत्र भी हाथ मिला सकते हैं यथा ग्रामीण क्षेत्रों के विकास के लिए खादी एवं ग्रामोद्योग आयोग तथा कापार्ट है। ये अधिकरण न केवल सस्ता वित्त उपलब्ध कराते हैं वरन् इनका विस्तृत तन्त्र नये प्रवेशकों के लिए उपयोगी साबित हो सकता है।

इतना कहने के पश्चात्, हम कुछ प्रमुख बिन्दुओं को विशिष्टता के साथ दर्शाना चाहेंगे। प्रथम, व्यावसायिक प्रतिष्ठान ग्रामीण विकास की गतिविधियों को लेने के लिए स्वतःस्फूर्त आगे नहीं आते; इस क्षेत्र में इनको लाने के लिए लोक नीति को अनुकूल कानूनी तथा नीति वातावरण का निर्माण करना चाहिए। करों में रियायत तथा अन्य प्रोत्साहन ग्रामीण विकास के प्रयासों के लिए निर्णायक होते हैं। द्वितीय, व्यावसायिक प्रतिष्ठान एवं समुदाय दोनों की अनुभूत आवश्यकताओं को पहचानने में तथा कार्यक्रमों को बनाने में जो कि दोनों के लिए हितकारी हो में सहयोगी होना चाहिए। तृतीय, सामाजिक अभिविन्यास वाले व्यावसायिक प्रतिष्ठान जिनके पास अच्छी साख है तथा प्रत्यक्ष अनुभव है उन्हें नेतृत्व प्रदान करने की आवश्यकता तथा अन्य इच्छुक व्यावसायिक प्रतिष्ठानों एवं उद्यमों को सलाह प्रदान करना होगी। सुप्रबन्धित गैर लाभकारी ग्रामीण विकास संगठनों की स्थापना में मदद

करना ही चाहिए। भारत सरकार अब निजी व्यावसायिक प्रतिष्ठानों को कई ग्रामीण विकास क्षेत्रों में भाग लेने के लिए प्रोत्साहित करती है जिसमें सार्वजनिक निजी सहयोग व्यवस्था के माध्यम से आधारभूत अधोसंरचना का निर्माण सम्मिलित है।

प्रमुख बिन्दु

1. "ग्रामीण विकास के लिए संयोजन" से हमारा तात्पर्य (अ) यथोचित संगठनात्मक संरचना का निर्माण करना; (ब) संगठन के भीतर अपेक्षित मानव व्यवहार को संवाहित करना एवं (स) एक कार्यक्रम के ग्राहकों को सुनियोजित करना यथा – एक विचाराधीन संगठन एवं/अथवा कार्यक्रम के उल्लिखित लक्ष्य अधिक सम्भव निपुणता से अर्जित हो।
2. "संगठन" शब्द का उपयोग किसी सरकारी अथवा सरकारी उपविभाग या अभिकरण, कॉर्पोरेशन, न्यास, सम्पदा, भागीदारी, सहकारिता अथवा संघ के लिए उपयोग होता है। इस अर्थ में, यह विभिन्न तरह के संगठनों को बतलाता है। एक संगठन एक संस्था बन जाती है जब उसके बने रहने तथा विकास के लिए कोई भी व्यक्ति अत्यावश्यक नहीं है, वह है, जब वह स्वधारणीय हो, चाहे उसका कोई भी कर्मचारी छोड़ दे अथवा नया जुड़ जाये।
3. एक संगठन विभिन्न तरह के कार्य करता है। इन कार्यों के सम्पादन में असफलता ऊर्जा एवं स्रोत के अपव्यय, ज्ञान के संग्रह की असमर्थता, अस्तित्व के लिए कुछ लोगों की उपस्थिति पर निर्भरता एवं इसके सदस्यों द्वारा योगदान के लिए प्रोत्साहन प्रदान करने में असफलता के रूप में हो सकती है।
4. यहाँ पश्चिमी देशों में संगठनात्मक प्रतिमान विकसित हैं जो संगठनों की रचना एवं प्रबन्धन में प्रबन्धकों को सहायता एवं निर्देशन करते हैं। महत्वपूर्ण प्रतिमानों में तर्कसंगत प्रतिमान, प्राकृतिक वयवस्था प्रतिमान, शास्त्रीय प्रतिमान, सहभागी प्रतिमान, सामाजिक– तकनीकी प्रतिमान, एवं संज्ञानात्मक प्रतिमान। इन सभी प्रतिमानों की उपादेयता भारतीय सन्दर्भो में बहुत ही सीमित है क्योंकि यहाँ कि अर्थव्यवस्था मिश्रित है तथा सामाजिक–आर्थिक परिस्थितियाँ बहुत ही विषम हैं। इस दृष्टि से, भारतीय सन्दर्भ में कोई भी एक प्रतिमान उचित नहीं है।
5. भारत में, ग्रामीण क्षेत्रों में कई तरह के संगठन एक साथ होते हैं। सभी संगठनों में, सरकार ग्रामीण विकास का सर्वाधिक महत्वपूर्ण कर्त्ता रहा है एवं भविष्य में भी रहेगा। तथापि, यह अकेले ग्रामीण विकास के क्षेत्र की समस्याओं का प्रभावशाली निदान नहीं कर सकती है। पंचायती राज संस्थाएँ, सहकारिता, स्वयंसेवी संगठन एवं निजी कम्पनी और कॉर्पोरेशन विकास की प्रक्रिया में सरकार की गतिविधियों एवं कार्यों को पूरक तथा सम्पूरक कर सकते हैं एवं यथार्थ में अधिकांश करते भी हैं।
6. सरकार की भूमिका अन्य अधिकरणों की भूमिका को परिभाषित करने तथा समन्वय करने के लिए होना चाहिए एवं आवश्यक हो तो उनकी गतिविधियों का नियमन करना तथा ऐसी अधोसंरचनात्मक सुविधाएँ और सेवाएँ प्रदान करना जो अन्य अधिकरणों द्वारा प्रदत्त नहीं की जा सकती है। इन सबसे ऊपर, सरकार को एक संस्थागत ढाँचे के भीतर ग्रामीण गरीबों को संगठित करने हेतु मदद करना चाहिए जिससे कि वे राष्ट्र की आर्थिक एवं राजनीतिक व्यवस्थाओं में पहुँच प्रदान कर सके।
7. पंचायती राज संस्थाएँ स्थानीय स्व–शासन के लक्ष्य को अर्जित करने में मदद कर सकते हैं जिससे कि गाँधीजी के स्वराज के स्वप्न को अनुभूत किया जा सके। सहकारिता जिनका की स्वामित्व एवं

नियन्त्रण उनके सदस्यों के पास होता है एवं व्यावसायिक दृष्टि से प्रबन्धित है उत्पादक से उपभोक्ता की कीमत में उचित भाग के लिए आश्वस्त कर सकता है एवं उपभोक्ता को उचित मूल्य पर गुणवत्ता पूर्ण उत्पाद की आपूर्ति कर सकती है। गैर–सरकारी संगठनों के पास अन्य प्रकार के संगठनों की अपेक्षा ग्रामीण लोगों को शिक्षित एवं प्रशिक्षित करने के लिए एक विशिष्ट अनुकूल परिस्थिति होती है, ग्रामीण विकास कार्यक्रमों में उनकी सहभागिता को सूचीबद्ध करने एवं उनके साथ नजदीक से काम करने के लिए।

8. संस्थानों की स्थापना एवं/अथवा सहायता के माध्यम से कार्पोरेशन ग्रामीण विकास में उल्लेखनीय योगदान कर सकती है जो कि ग्रामीण विकास की समस्याओं को सहन करने के लिए कॉर्पोरेट स्रोत, नयी तकनीकी, आधुनिक प्रबन्ध और विशेषज्ञता को लाती है।

चर्चा के लिए प्रश्न

1. एक संगठन एवं एक संस्था में विभेद कीजिये, उदाहरण सहित। भारतीय सन्दर्भ में कौन बेहतर है एवं क्यों?
2. अध्याय में प्रस्तुत सैद्धान्तिक संगठनात्मक प्रतिमानों के आधार पर तथा विभिन्न दर्शनग्राही दृष्टिकोण के आधार पर भारत में ग्रामीण विकास के लिए एक आदर्श संगठनात्मक प्रतिमान की प्रमुख विशेषताओं की रूपरेखा बनाएँ।
3. निम्नलिखित संगठन बनाम ग्रामीण विकास के लिए आदर्श संगठन पर एक संक्षिप्त आलोचनात्मक टिप्पणी लिखें –

   (अ) एक संगठन के रूप में सरकार
   (ब) पंचायती राज संस्थाएँ
   (स) सहकारिता
   (द) गैर सरकारी संगठन/स्वयंसेवी संगठन
   (ई) निजी कम्पनी/कॉर्पोरेशन

टिप्पणियाँ

1. शास्त्रीय बन्दी की दुविधा के विस्तार के लिए देखें सिंह एवं शिशोदिया (2007, 100–02)।
2. http://ncui.coop/profile.html (Accessed on April 11, 2016)

अध्याय 14

ग्रामीण विकास का वित्त पोषण

अध्ययन परिणाम

इस अध्याय को पढ़ने के पश्चात् विद्यार्थी यह जानने में समर्थ होंगे –

- **ग्रामीण विकास के लिए वित्त के प्रमुख स्रोतों तथा पूँजी की आवश्यकता के प्रयोजन को सूचीबद्ध करना;**
- **ग्रामीण विकास परियोजनाओं के वित्त पोषण हेतु विभिन्न घरेलू संस्थागत स्रोतों को सूचीबद्ध करना तथा उनकी भूमिका का आलोचनात्मक मूल्याँकन करना;**
- **ग्रामीण विकास परियोजनाओं के वित्त पोषण के लिए गैर-संस्थागत अभिकरणों की भूमिका की व्याख्या करना;**
- **ग्रामीण विकास परियोजनाओं के लिए वित्त के एकत्रीकरण में घाटे की वित्त व्यवस्था किस तरह से मदद कर सकती है का विश्लेषण करना; एवं**
- **ग्रामीण विकास के लिए वित्त के विदेशी स्रोतों की भूमिका विशेषतः ऋणों, अनुदानों तथा प्रत्यक्ष विदेशी निवेश का आलोचनात्मक मूल्याँकन करना।**

परिचय

कृषि एवं ग्रामीण विकास के लिए अत्यन्त ज्यादा पूँजी की आवश्यकता होती है। पूँजी की आवश्यकता न केवल कृषिगत निवेश में विभिन्न कृषिगत आगत तथा सेवाओं को प्रदान करने हेतु उत्पादन उपकरण को बेहतर बनाने के लिए होती है वरन् सहयोगी अधोसंरचनात्मक सुविधाओं की विस्तृत तैयारी के लिए भी होती है यथा – ऊर्जा, सड़क, परिवहन, संचार, बाजार, भण्डारण, गोदाम, शिक्षा, प्रशिक्षण, शोध एवं विस्तार। गैर–कृषिगत नौकरियों के सृजन में कारखानों एवं उनकी कार्यक्षम मशीनरी तथा उपकरण के प्रावधान के लिए भी पूँजी की आवश्यकता होती है। भारत में कृषि एवं ग्रामीण विकास हेतु आवश्यक पूँजी के लिए कोई भी सुनिश्चित अनुमान उपलब्ध नहीं है। लेकिन जिस राशि की आवश्यकता है वह कई हजार करोड़ रुपयों में है। ग्रामीण विकास परियोजनाओं में निवेश के लिए वित्त दो प्रमुख स्रोतों से आते हैं: घरेलू एवं विदेशी। इससे आगे प्रत्येक श्रेणी में, यहाँ संस्थागत एवं गैर–संस्थागत स्रोत हैं (चित्र 14.1)। घरेलू संस्थागत स्रोतों में सरकार, लोक उद्यम सहित सरकारी उपक्रम, भारतीय रिजर्व बैंक, नाबार्ड, सहकारी बैंक, वाणिज्यिक बैंक, क्षेत्रीय ग्रामीण बैंक, धर्मार्थ लोक न्यास कोष, प्रतिष्ठान एवं निजी कम्पनी और निगम सम्मिलित होते हैं। गैर–संस्थागत स्रोतों में परिवार, साहूकार, व्यापारी, मित्र एवं रिश्तेदार सम्मिलित होते हैं। विदेशी संस्थागत स्रोतों में विदेशी सरकारें, विकास संगठन, विश्व बैंक, एशियाई विकास बैंक, अन्तर्राष्ट्रीय मुद्रा कोष, विदेशी बैंक, बहुराष्ट्रीय निगम इत्यादि सम्मिलित होते हैं। विदेशी गैर–संस्थागत स्रोतों में अनिवासी भारतीय एवं विदेशी नागरिक सम्मिलित होते हैं।

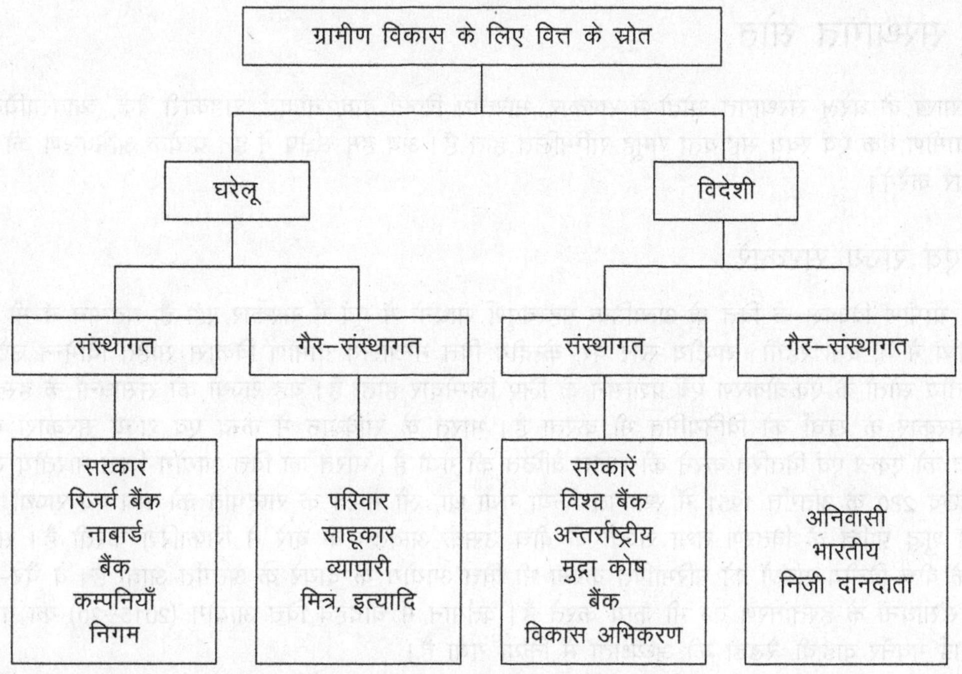

चित्र 14.1: *ग्रामीण विकास के लिए वित्त के स्रोत*

भारत जैसे देश में, जो कि गरीब एवं राष्ट्रवादी दोनो है, न तो वर्तमान उपभोग से त्याग और न ही विदेशी सहायता एवं निवेश पर उच्च निर्भरता की लोकप्रियता राजनीतिक नेतृत्व एवं निर्वाचकों के साथ है जो इसको वित्तीय विकास का एक माध्यम माने। तथापि, विकास के एक कष्ट साध्य मार्ग का अनुसरण करने के सिवाय, सरकार के लिए यहाँ कोई अन्य विकल्प नहीं है। एक निश्चित मात्रा में राष्ट्रीय त्याग के बगैर आर्थिक विकास सम्भव नहीं होगा। यह लाभ निम्नलिखित एक, अधिक अथवा सभी रूपों में हो सकता है:

1. ज्यादा मेहनत एवं अधिक प्रभावशीलता से कार्य करना।
2. सार्वजनिक एवं निजी विकास निवेश को वित्त प्रदान करने के लिए स्वेच्छा से बचत।
3. विकास निवेश के वित्त पोषण के लिए उच्च करों का भुगतान।
4. मुद्रास्फीति पर नियन्त्रण, चाहे उसके लिए लोगों के साथ किसी भी स्तर पर ज्यादती करना पड़े (घाटे की अर्थव्यवस्था)।
5. विदेशी निवेश को बढ़ावा देना, चाहे उसके लिए राष्ट्रीय व्यापारियों को कितने भी अल्पकालिक त्याग करना पड़े।
6. विदेशी सहायता को स्वीकारना, जिसमें इस तरह की सहायता की प्राप्ति के लिए कोई भी शर्त के रूप में प्रतिबद्धता की आवश्यकता हो।
7. व्यापार की क्षेत्रगत शर्तों में परिवर्तन।

सामान्य अर्थों में कठोर एवं बेहतर श्रम 'वित्त' नहीं है एवं यह जीवन स्तर को भी बहुत हद तक ऊपर नहीं उठाता है जब तक कि यह पूँजी निर्माण से सम्बद्ध न हो। अतएव, सरकार वित्तीय विकास के छह अन्य स्रोतों पर निर्भर रहती है।

इस अध्याय में, हम संक्षेप में, ग्रामीण विकास के लिए वित्त के घरेलू एवं विदेशी स्रोतों पर विचार करेंगे एवं भारतीय सन्दर्भ में उनकी उपयुक्तता की समीक्षा करेंगे।

घरेलू संस्थागत स्रोत

ग्रामीण साख के घरेलू संस्थागत स्रोतों में सरकार, भारतीय रिजर्व बैंक, नाबार्ड, सहकारी बैंक, व्यावसायिक बैंक, क्षेत्रीय ग्रामीण बैंक एवं स्वयं सहायता समूह सम्मिलित होते हैं। अब हम संक्षेप में इन प्रत्येक अभिकरण की भूमिका पर विचार करेंगे।

केन्द्र एवं राज्य सरकारें

भारत में ग्रामीण विकास के वित्त के अत्यधिक महत्त्वपूर्ण साधनों में पूर्व में सरकार रही है, वर्तमान में भी है तथा यह भविष्य में भी बनी रहेगी। राष्ट्रीय स्तर पर, केन्द्रीय वित्त मन्त्रालय ग्रामीण विकास सहित विभिन्न उद्देश्यों के लिए वित्तीय स्रोतों के एकत्रीकरण एवं प्रशासन के लिए जिम्मेदार होता है। यह राज्यों को संसाधनों के हस्तान्तरण सहित सरकार के खर्चों को विनियमित भी करता है। भारत के संविधान में केन्द्र एवं राज्य सरकारों के मध्य लोकवित्त को एकत्र एवं वितरित करने की शक्ति वेष्ठित की गयी है। भारत का वित्त आयोग जिसे भारतीय संविधान के अनुच्छेद 280 के अंतर्गत 1951 में स्थापित किया गया था, जो भारत के राष्ट्रपति को संघ एवं राज्यों के बीच करों की शुद्ध प्राप्ति के वितरण तथा राज्यों के बीच उसके आवंटन के बारे में सिफारिश करती है। संघ और राज्यों के बीच वित्तीय संबंधों को परिभाषित करना भी वित्त आयोग के दायरे के अंतर्गत आता है। वे गैर–योजना राजस्व संसाधनों के हस्तांतरण का भी कार्य करते हैं। वर्तमान में चौदहवें वित्त आयोग (2015–20) का गठन पूर्व आरबीआई गवर्नर वाई.वी. रेड्डी की अध्यक्षता में किया गया है।

केन्द्र एवं राज्यों के लिए राजस्व के संसाधन, कमोबेश, परस्पर अनन्य होते हैं, यदि कर एवं शुल्क की हिस्सेदारी में इन दोनों से बाहर कर दी जाए। संविधान के अनुसारः (अ) किसी भी विधि के अधिकार के सिवाय कोई भी कर लगाया अथवा एकत्रित नहीं किया जा सकता है; (ब) संविधान में प्रदत्त तरीके के अतिरिक्त लोक वित्त से कोई भी खर्च नहीं किया जा सकता है; एवं (स) कार्यकारी प्राधिकारियों को केन्द्र के मामले में संसद एवं राज्यों के मामलों में राज्य विधानों की स्वीकृति के आधार पर ही सार्वजनिक राशि को खर्च करना चाहिए।

केन्द्र की सभी प्राप्तियों एवं वितरणों को दो पृथक् मदों में रखा जाता है यथा– भारत की संचित निधि एवं भारत का लोक लेखा। सभी राजस्व प्राप्तियाँ, ऋण उगाही, केन्द्र द्वारा ऋण के पुनर्भुगतान के रूप में प्राप्त धनराशियाँ मिलकर संचित निधि बनाते हैं। इस निधि से किसी भी तरह की धनराशि की निकासी संसद के अधिनियम के प्राधिकार के सिवाय नहीं हो सकती है। अन्य सभी प्राप्तियाँ, जमाएँ, सेवा कोष एवं विप्रेषण भारत के लोक लेखे में जाते हैं एवं इनमें से वितरण संसद के मत के विषयाधीन नहीं होते हैं। वार्षिक विनियोजन अधिनियम में नहीं दर्शायी गयी आकल्पित आवश्यकताओं की प्राप्ति के लिए, संविधान की धारा 267(1) के तहत भारत के आकस्मिकता निधि की स्थापना की गयी है। भारतीय संविधान प्रत्येक राज्य में एक संचित निधि, एक लोक लेखा एवं एक आकस्मिकता निधि की स्थापना के लिए प्रावधान करता है।

संघीय कर राजस्व के प्रमुख स्रोतें में सीमा शुल्क, केन्द्रीय उत्पाद शुल्क, कॉर्पोरेट एवं आय कर होते हैं। गैर–कर राजस्व प्रमुखतः ब्याज प्राप्तियाँ हैं जिसमें रेलवे एवं दूरसंचार मन्त्रालयों द्वारा प्रदत्त ब्याज को समाहित करते हुए, लाभांश एवं लाभ प्रमुखतः सम्मिलित होते हैं। राज्यों में राजस्व की प्रमुख मदों में सम्बन्धित राज्य सरकारों द्वारा लगाये कर एवं शुल्क, केन्द्र द्वारा लगाये गये करों का एक हिस्सा एवं केन्द्र से प्राप्त अनुदान होता है। सम्पत्ति कर, चुंगी एवं सीमा कर स्थानीय वित्त के प्रमुख आधार होते हैं। भारत में केन्द्र से राज्यों को संसाधनों का हस्तान्तरण संघीय वित्त व्यवस्था की प्रमुख विशेषता है। इनके करों एवं शुल्कों के अतिरिक्त राज्य सरकारें वैधानिक एवं अन्य अनुदान प्राप्त करती हैं, साथ ही प्रमुख विकासीय एवं गैर–विकासीय उद्देश्यों के लिए ऋण प्राप्त करते हैं। केन्द्र की सभी प्रत्याशित प्राप्तियों एवं व्ययों के आगामी वर्ष का अनुमान संसद के सम्मुख रखा जाता है। यह केन्द्रीय बजट के रूप में भी जाना जाता है एवं इसमें भारत के भीतर एवं बाहर के केन्द्रीय सरकार के पिछले वर्ष के, उस

वर्ष जिसमें यह विवरण तैयार किया जाता है, और इसको साथ ही आगामी वर्ष अथवा 'बजट वर्ष' जैसा कि जाना जाता है, सभी प्रकार के लेन–देन सम्मिलित होते हैं। सरकारी वित्त निवेश, अनुदान, सहायता एवं ऋण के रूप में उपलब्ध कराया जाता है। आवण्टन वार्षिक बजट प्रक्रिया के माध्यम से होता है। पंचवर्षीय योजनाओं में कृषि एवं सहायक गतिविधियाँ, ग्रामीण विकास और विशेष क्षेत्र कार्यक्रम सहित पर कुल सार्वजनिक (सरकारी) क्षेत्र योजना आवण्टन एवं खर्च को तालिका 14.1 में प्रस्तुत किया गया है। जैसा कि तालिका में दर्शाया गया है, योजना काल के आरम्भ (1951–52) से ग्यारहवीं पंचवर्षीय योजना (2007–2012) तक सार्वजनिक क्षेत्र में कृषि तथा ग्रामीण विकास पर कुल खर्च वर्तमान कीमतों पर रु. 3,58,276.700 अरब था। सार्वजनिक क्षेत्र में कुल योजनागत खर्च के प्रतिशत के रूप में कृषि एवं ग्रामीण विकास की हिस्सेदारी क्रमशः 11 से 17 प्रतिशत था जबकि सम्पूर्ण अवधि का औसत 15 प्रतिशत था। ग्यारहवीं पंचवर्षीय योजना में, कृषि एवं ग्रामीण विकास पर कुल परिव्यय वर्तमान कीमतों पर रु. 3,58,276.700 अरब था जो कि कुल सार्वजनिक क्षेत्र परिव्यय का 13.7 प्रतिशत था।

तालिका 14.1: *भारत की पंचवर्षीय योजनाओं में कृषि एवं सहायक गतिविधियों पर सार्वजनिक क्षेत्र में परिव्यय एवं व्यय*

पंचवर्षीय योजना	*कृषि एवं ग्रामीण विकास* (रू. अरब)*		*कुल (रू. अरब)*		*कृषि एवं ग्रामीण विकास का हिस्सा (प्रतिशत)*	
	योजना परिव्यय	*वास्तविक व्यय*	*योजना परिव्यय*	*वास्तविक व्यय*	*योजना परिव्यय*	*वास्तविक व्यय*
प्रथम योजना (1951–56)	3.540	2.900	23.780	19.600	14.9	14.8
द्वितीय योजना (1956–61)	5.100	5.490	45.000	46.720	11.3	11.7
तृतीय योजना (1961–66)	10.860	10.890	75.000	85.770	14.5	12.7
वार्षिक योजनाएँ (1966–69)	10.370	11.070	66.650	66.250	15.6	16.7
चतुर्थ योजना (1969–74)	27.280	23.200	159.020	157.790	17.1	14.7
पाँचवी योजना (1974–79)	47.660	48.650	393.220	394.260	12.1	12.3
वार्षिक योजना (1979–80)	18.150	19.960	126.010	121.760	14.4	16.1
छठी योजना (1980–85)	125.390	152.010	975.000	1,092.920	12.9	13.9
सातवीं योजना (1985–90)	222.330	315.090	1,800.000	2,187.300	12.3	14.4
वार्षिक योजना (1990–91)	91.420	85.420	647.170	583.690	14.1	14.6

(तालिका 14.1 जारी)

(तालिका 14.1 जारी)

पंचवर्षीय योजना	कृषि एवं ग्रामीण विकास* (रू. अरब) योजना परिव्यय	कृषि एवं ग्रामीण विकास* (रू. अरब) वास्तविक व्यय	कुल (रू. अरब) योजना परिव्यय	कुल (रू. अरब) वास्तविक व्यय	कृषि एवं ग्रामीण विकास का हिस्सा (प्रतिशत) योजना परिव्यय	कृषि एवं ग्रामीण विकास का हिस्सा (प्रतिशत) वास्तविक व्यय
वार्षिक योजना (1991–92)	100.580	90.600	723.170	64.750	13.9	14.0
आठवीं योजना (1992–97)	636.42	232.510	4,341.000	1,609.330	14.7	14.4
नवीं योजना (1997–2002)	1,209.97	1,187.610	8,592.000	7,927.400	14.1	15.0
दसवीं योजना (2002–07)	2,017.400	1,376.650	15,256.390	उपलब्ध नहीं	13.2	उपलब्ध नहीं
11वीं योजना (2007–12)	4,637.79 (2006–07 की कीमतों पर)	4,919.950 (वर्तमान कीमतों पर)	3,644.718 (2006–07 की कीमतों पर)	3,58,276.700 (वर्तमान कीमतों पर)	12.7	13.7
बारहवीं योजना (2012–17)	9,011.070 (वर्तमान कीमतों पर)	उपलब्ध नहीं	7,669.807 (वर्तमान कीमतों पर)	उपलब्ध नहीं	11.7	उपलब्ध नहीं

स्रोतः भारत सरकार (2007ए, 2008बी)[1,2] वित्त मंत्रालय (2015, 11वीं एवं 12वीं योजना के लिए ए46–ए47)

टिप्पणीः इसमें कृषि, पशुपालन एवं दुग्ध, अनुसन्धान तथा शिक्षण, वानिकी और वन्य जीवन, वृक्षारोपण, कृषि विपणन एवं ग्रामीण गोदाम, खाद्यान्न संग्रहण तथा भण्डारण, ग्रामीण विकास, सहकारिता तथा विशेष क्षेत्र कार्यक्रम सम्मिलित हैं।

भारत में, सम्भवतया सरकार ग्रामीण साख का सबसे पुराना संस्थागत संसाधन है। सरकार किसानों को निम्नलिखित आधार पर ऋण के रूप में वित्तीय सहायता प्रदान करती हैः (अ) 1883 के ऋण सुधार अधिनियम एवं (ब) 1884 का कृषक ऋण अधिनियम। यह ऋण तकावी ऋण के रूप में जाने जाते हैं। 1883 का अधिनियम सरकार के तालुका/तहसील स्तर के अधिकारी को दीर्घकालिक अनुदान के लिए प्राधिकृत करती है जो जमीन की स्थायी बेहतरी यथा – कुओं का निर्माण, भू–समतलीकरण, बाढ़ अथवा अपरदन से भूमि का संरक्षण एवं इसी तरह के कार्य करती है। ये ऋण सामान्य तौर पर 25 वर्ष से अधिक वर्षों तक बढ़ाये जाते हैं जिसमें निम्न ब्याज दर पर प्रतिभूति के लिए सम्पत्ति को गिरवी रखा जाता है।

1884 के अधिनियम के तहत, सरकार द्वारा वर्तमान कृषि आवश्यकताओं यथा– बीज, खाद एवं छोटे उपकरण तथा यन्त्र की खरीदारी के लिए निम्न एवं मध्यम अवधि के ऋण स्वीकृत किये जाते हैं। ऐसे ऋण छह माह से एक वर्ष के समय में पुनर्भुगतान योग्य होते हैं अधिकतर फसल के बाद इन ऋणों पर ब्याज दर वाणिज्यिक बैंकों एवं सहकारिता द्वारा ली जाने वाली ब्याज दरों से कम होती है।

तकावी ऋण का इतिहास कमजोर रहा है। इसकी कुछ कमियों में अपर्याप्त राशि, ऋण की स्वीकृति में अनावश्यक विलम्ब, पर्यवेक्षण की कमी कमजोर वसूली एवं समन्वय का अभाव है। सहकारी साख संस्थाओं, वाणिज्यिक बैंकों एवं क्षेत्रीय ग्रामीण बैंकों की ग्रामीण साख में तेजी से बढ़ती भूमिका की दृष्टि से, समय के साथ तकावी ऋणों की सापेक्षिक महत्ता कम होती गयी।

ग्रामीण विकास के राष्ट्रीय प्रयासों में व्यक्तियों, कॉर्पोरेट एवं गैर–कॉर्पोरेट निकायों की भागीदारी को बढ़ाने की दृष्टि से, फरवरी 1984 में केन्द्रीय ग्रामीण विकास मन्त्रालय ने ग्रामीण विकास के लिए एक राष्ट्रीय कोष स्थापित किया था। इस कोष का प्रबन्धन प्रधानमन्त्री की अध्यक्षता में एक समिति द्वारा किया जाता है। इस कोष को सभी श्रेणियों के करदाताओं द्वारा दिया गया दान कर योग्य आय के निर्धारण के समय आयकर अधिनियम 1961 की धारा 35 सीसीए तथा 80 सीसीए के तहत घटाया जाता है। इस कोष के तहत गतिविधियों का क्रियान्वयन एक क्रियान्वयन अभिकरण के माध्यम से होता है, जिसका वैधानिक स्तर

1. आयकर अधिनियम 1961 के तहत पंजीकृत एक प्रतिसंहरणीय लोक धर्मार्थ न्यास;
2. सोसायटी पंजीकरण अधिनियम 1860 के तहत पंजीकृत एक समिति अथवा भारत के किसी भी भाग में इसके सम्यक पारित किसी भी कानून के तहत हो;
3. कम्पनी अधिनियम 1956 की धारा 25 के तहत सम्मिलित की गयी कम्पनी; एवं
4. एक केन्द्रीय / राज्य विधान द्वारा ग्रामीण क्षेत्रों में विकास से संबंधित स्थापित कार्पोरेशन। दानदाता, दान देते समय अपनी प्राथमिकता के क्षेत्र अथवा निवास स्थान एवं ग्रामीण विकास कार्यक्रम जिसके लिए दान का उपयोग किया जाना है कि अनुशंसा कर सकते हैं, यह भी कि यह कार्यक्रम किस क्रियान्वयन अभिकरण के माध्यम से प्रारम्भ कर क्रियान्वित किया जायेगा। दानदाता की यदि कोई अनुशंसाएँ हैं तो उन पर सरकार / वित्त की प्रबन्ध समिति द्वारा जहाँ तक सम्भव हो उचित महत्व दिया जाता है।

भारतीय रिजर्व बैंक

भारतीय रिजर्व बैंक की स्थापना 1 अप्रैल 1935 को भारतीय रिजर्व बैंक अधिनियम, 1934 के तहत की गयी तथा 1 जनवरी 1949 को इसका राष्ट्रीयकरण किया गया। एक रुपये के सिक्के तथा उसके सहायक सिक्के एवं रुपये को छोड़कर भारतीय रिजर्व बैंक भारत में मुद्रा जारी करने वाला एकमात्र अधिकृत प्राधिकरण है। केन्द्रीय सरकार के अभिकर्ता के रूप में, रिजर्व बैंक सरकार द्वारा जारी एक रुपये के नोट तथा सिक्के एवं छोटे सिक्के के वितरण की जिम्मेदारी लेता है। रिजर्व बैंक केन्द्र सरकार, राज्य सरकारों, वाणिज्यिक बैंकों, राज्य सहकारी बैंकों एवं कुछ वित्तीय संस्थाओं के लिए बैंकर की तरह कार्य करता है। यह मौद्रिक नीति बनाने एवं प्रशासित करने का कार्य करता है जिसमें कीमतों के स्थायित्व की दृष्टि के साथ, जबकि साख के उचित फैलाव के माध्यम से वास्तविक क्षेत्र में उच्च उत्पादन को प्रोत्साहित करते हैं। रिजर्व बैंक रुपये के विनिमय मूल्य की स्थिरता को बनाये रखने में महत्त्वपूर्ण भूमिका निभाता है तथा अन्तर्राष्ट्रीय मुद्रा कोष में भारत के प्रतिनिधि की तरह सरकार के अभिकर्ता के रूप में कार्य करता है। रिजर्व बैंक कई तरह के विकासात्मक एवं प्रोत्साहक कार्य भी करता है।

ग्रामीण साख के सन्दर्भ में रिजर्व बैंक एक अग्रणी केन्द्रीय बैंक है। इसकी स्थापना के कानूनी अधिनियम एवं आगामी संशोधनों द्वारा इसको ग्रामीण साख की उपलब्धता को विस्तारित करने की जिम्मेदारी सौंपी गयी है। बैंक ने इस जिम्मेदारी को 1947 तक अनिच्छा से निभाया, जबकि स्वतन्त्रता के पश्चात् इस जिम्मेदारी को प्रबलित किया गया तथा बैंक के लिए यह एक प्रमुख जिम्मेदारी बन गयी। ग्रामीण साख के सन्दर्भ में रिजर्व बैंक की गतिविधियों को प्रमुखतः तीन श्रेणियों में बाँटा जा सकता है: (अ) वित्तीय कार्य; (ब) प्रोत्साहक, सलाहकार एवं समन्वयक; तथा (स) नियामक कार्य। प्रथम श्रेणी राष्ट्रीय कृषि साख कोष से राज्य सरकारों को दीर्घकालिक ऋण के प्रावधानों को इसमें सम्मिलित किया जाता है जिससे कि वे सहकारी साख संस्थाओं की पूँजी के हिस्से में योगदान, राज्य सहकारी बैंकों की साख सहकारिता को मौसमी फसल ऋण (अल्पकालिक) के पुनर्वित्त का प्रावधान, राष्ट्रीय कृषि (स्थिरीकरण) कोष से राज्य सहकारी बैंकों को मध्यकालिक ऋण स्वीकृत करना जिससे कि वे सूखे अथवा बाढ़ की स्थिति में भारतीय रिजर्व बैंक के अल्पकालिक ऋण तथा नाबार्ड के मध्यम एवं दीर्घकालिक ऋण का पुनर्भुगतान कर सके। इसके प्रोत्साहन एवं समन्वयकारी कार्य में पंचवर्षीय योजनाओं के तहत सहकारी

साख के लिए कार्यक्रमों को बनाना एवं केन्द्र और राज्य सरकारों को सहायता करना एवं सहकारी साख संस्थाओं को उनके विभिन्न साख कार्यक्रमों को क्रियान्वित करने में आने वाली समस्याओं से निपटना सम्मिलित होता है। विनियामक कार्यों में साख सीमाओं का निर्धारण तथा विभिन्न प्रयोजनों के लिए साख नियामक और वाणिज्यिक एवं सहकारी बैंकों द्वारा अग्रिम के नियन्त्रण सम्मिलित होते हैं।

यद्यपि कृषि क्षेत्र में साख का प्रवाह 1991–92 के रु. 11,202 करोड़ से 2010–11 में रु. 46,829.1 करोड़ तथा 2014–15 में रू. 84,064.3 करोड़ तक बढ़ गया, भारतीय रिजर्व बैंक यह मानता है कि कृषि में निवेश विशेषतः कृषि में गैर–कृषि निवेश ने कृषि क्षेत्र की साख प्रवाह को प्रोत्साहित करने की माँग के साथ सम्यक नहीं बना पाया है।

राष्ट्रीय कृषि एवं ग्रामीण विकास बैंक (नाबार्ड)

भारत में ग्रामीण साख के विकास के इतिहास में जुलाई 1982 में कृषि पुनर्वित्त एवं विकास कॉर्पोरेशन, भारतीय रिजर्व बैंक के कृषि साख विभाग तथा भारतीय रिजर्व बैंक के ग्रामीण साख एवं नियोजन प्रकोष्ठ को मिलाते हुए नाबार्ड की स्थापना की गयी। नाबार्ड की पूँजी का 50 प्रतिशत अंश भारतीय रिजर्व बैंक का है एवं शेष भारत सरकार द्वारा दिया जाता है। 31 मार्च 2015 तक नाबार्ड का कुल कोष रु. 2858.090 अरब था, जो किसी भी मानक से बहुत बड़ी राशि है (नाबार्ड 2015, xiii)। नाबार्ड के कोष के प्रमुख स्रोत एवं उपयोग को तालिका 14.2 में प्रस्तुत किया गया है। नाबार्ड की निधियों में प्रमुख स्रोत राष्ट्रीय ग्रामीण साख (दीर्घावधि प्रचालन) निधि और राष्ट्रीय ग्रामीण साख (स्थिरीकरण) निधि होते हैं जिन्हें स्थापना के समय से ही भारतीय रिजर्व बैंक द्वारा बांड्स और ऋण पत्र, संरक्षित एवं अधिशेष, ग्रामीण अधोसंरचनात्मक विकास निधि जमा, लघु अवधि सहकारिता ग्रामीण साख निधि, तथा भारतीय रिजर्व बैंक, भारत सरकार एवं बाजार से उधारी से मिलकर बनते हैं। भारत सरकार विश्व बैंक एवं अन्य बाह्य अभिकरणों द्वारा विभिन्न साख परियोजनाओं के तहत प्राप्त वित्त को भी नाबार्ड को प्रदान करता है। ऋण और अग्रिम के अंतर्गत दिखाई गई अधिकांश धनराशि इस निधि का सबसे महत्वपूर्ण उपयोग है।

तालिका 14.2: *31 मार्च 2015 तक नाबार्ड कोष के स्रोत एवं इस निधि का उपयोग*

स्रोत	*मूल्य (रू. करोड़)*	*उपयोग*	*मूल्य (रू. करोड़)*
पूंजी	5,000	नकद एवं बैंक बैलेस	12,961
संरक्षित एवं अधिशेष	19,601	उधार और ऋण देने के उत्तरदायित्व का निर्वहन	165
		निवेश	
राष्ट्रीय ग्रामीण साख निधि (दीर्घावधि प्रचालन)	14,485	ए) भारत सरकार की प्रतिभूतियाँ	3,099
राष्ट्रीय ग्रामीण साख निधि (स्थिरीकरण)	1,585	बी) एडीएफसी इक्विटी	131
जमाएँ	301	सी) एएफसी इक्विटी	1
बांड्स एवं ऋण पत्र	34,007	डी) सिडबी इक्विटी	48
भारत सरकार से उधार	20	ई) एआईसीआई लिमि.	60
जेएनएन सोलर मिशन* से उधार	36	एफ) एनसीडीईएक्स लिमि., यूसीएक्स और एमसीएक्स लिमि.	34
विदेशी मुद्रा ऋण	727	जी) नैबकान्स	5

(तालिका 14.2 जारी)

(तालिका 14.2 जारी)

स्रोत	*मूल्य (रू. करोड़)*	*उपयोग*	*मूल्य (रू. करोड़)*
वाणिज्यिक पत्र	2,898	एच) बायोटेक वेंचर निधि	96
सीबीएलओ**	5,281	आई) ट्रेजरी निधि	5,346
आवधिक ऋण	515	जे) वाणिज्यिक पत्र	975
ग्रामीण अधोसंरचनात्मक विकास निधि जमाएँ	89,603	के) गैर–परिवर्तनीय बांड्स	150
अल्पावधि सहकारी ग्रामीण साख पुनर्वित्त निधि@	60,000	एल) अन्य संस्थाओं की इक्विटी हिस्सेदारी	62
अल्पावधि ग्रामीण क्षेत्रीय बैंक साख पुनर्वित्त निधि	30,000	एम) अग्रिम के रूप में ऋण पत्र	6,469
वेयरहाऊस अधोसंरचनात्मक निधि	1,550	एन) जमाओं का प्रमाणपत्र	4,161
दीर्घ अवधि ग्रामीण साख निधि	5,000	ओ) म्यूचुअल फंड	600
		ऋण एवं अग्रिम	
अन्य दायित्व	9,409	ए) उत्पादन एवं बाजार साख	88,711
अन्य निधि	5,710	बी) मध्यावधि ऋण में उत्पादन साख का रूपान्तरण	0
		सी) मध्यावधि एवं दीर्घावधि परियोजना ऋण	61,917
		डी) वेयरहाऊस अधोसंरचनात्मक निधि के अंतर्गत ऋण	1,154
		ई) दीर्घावधि गैर परियोजना ऋण	59
		एफ) अन्य ऋण	10,505
		जी) ग्रामीण अधोसंरचनात्मक विकास कोष ऋण	83,545
		एच) सह वित्त (कुल प्रावधान)	10
		अचल सम्पत्तियाँ	325
		अन्य सम्पत्तियाँ	522
कुल	2,85,809	कुल	2,85,809

स्रोत: नाबार्ड (2015, xiii)

टिप्पणी: * जेएनएन सोलर मिशनः जवाहर लाल नेहरू सोलर मिशन

** सीबीएलओ: संपार्श्विकीकृत उधार लेन–देन संबंधी दायित्व

नाबार्ड के प्रमुख कार्यों में सहकारी बैंकों एवं क्षेत्रीय ग्रामीण बैंकों को पुनर्वित्त (लघु, मध्यम एवं दीर्घकालिक), वाणिज्यिक बैंकों को मियादी ऋण (मध्य एवं दीर्घ) के विरुद्ध पुनर्वित्त, विशिष्ट मामलों के लिए लघुकालिक सहायता एवं देश की सभी कृषि एवं ग्रामीण ऋण गतिविधियों के लिए सम्पूर्ण नीति नियोजन, समन्वय तथा निगरानी सम्मिलित होते हैं। इसके अतिरिक्त, यह ग्रामीण साख विषयक प्रशिक्षण, अनुसन्धान एवं परामर्श का दायित्व भी निभाता है।

नाबार्ड की स्थापना का प्रमुख उद्देश्य कृषि, लघु उद्योग, खादी एवं ग्रामोद्योग, हस्तशिल्प एवं अन्य ग्रामीण शिल्प तथा ग्रामीण क्षेत्रों की सहायक गतिविधियों के प्रोत्साहन के लिए बैंक के माध्यम से संस्थागत वित्त उपलब्ध कराना था। नाबार्ड वाणिज्यिक बैंकों, राज्य सहकारी बैंकों, राज्य भूमि विकास बैंकों, (जो अब राज्य सहकारी कृषि एवं ग्रामीण विकास बैंक के रूप में जाने जाते हैं) एवं क्षेत्रीय ग्रामीण बैंक को पुनर्वित्त की सुविधा प्रदान करती है जो विशेषीकृत बैंक योग्य परियोजनाओं के लिए लघु, मध्यम एवं दीर्घकालिक अग्रिम ऋणों को करने के लिए सक्षम बनाते हैं। वाणिज्यिक बैंक और राज्य भूमि विकास बैंक केवल आवधिक (मध्यम एवं दीर्घ) ऋण को सहायता करते हैं। नाबार्ड द्वारा राज्य सरकारों को भी वित्तीय सहायता प्रदान की जाती है जिससे वे सहकारी साख संस्थाओं की पूँजी की हिस्सेदारी में योगदान के लिए सक्षम बन सके। वित्तीय वर्ष 1995–96 से, नाबार्ड ने प्रत्यक्ष वित्त पोषण के क्षेत्र में प्रवेश किया है। प्रारम्भ में, इसने केवल बड़ी उच्च तकनीकी की परियोजनाओं में ही वित्तीय सहायता प्रदान की। हमेशा से ही नाबार्ड का मुख्य एजेंडा सतत आधार पर कृषि का विकास रहा है। इस लक्ष्य के अनुपालन में, इसमें कई तरह की पहल की है जैसे– वाटरशेड आधारित कार्यक्रमों, आजीविका आधारित कार्यक्रमों, प्राकृतिक संसाधन प्रबंधन कार्यक्रमों, कृषि प्रौद्योगिकी के हस्तांतरण, जनजातीय किसानों के विकास, जलवायु परिवर्तन के विरूद्ध कृषि के लचीलेपन में वृद्धि और उत्पादक संगठनों का संवर्धन एवं वित्तपोषण।

अब तक, कृषि क्षेत्र ग्रामीण विकास का प्रमुख केन्द्र बिन्दु रहा है। गैर–कृषि क्षेत्र ने कालान्तर में ग्रामीण क्षेत्र में रोजगार सृजन के लिए क्षमता की दृष्टि से महत्त्व को अर्जित किया। नाबार्ड द्वारा कृषि क्षेत्र के लिए साख से सम्बन्धित विभिन्न संसाधनों के साथ गैर–कृषि क्षेत्र से सम्बन्धित नयी पहल को उद्घाटित किया। औपचारिक साख संस्थाओं के नेटवर्क के उल्लेखनीय विस्तारण के बावजूद यह जनसंख्या के कुछ हिस्सों तक नहीं पहुँच पाया है। बैंक ने साख आपूर्ति के नवाचारों का सक्रियता से समर्थन किया जिससे इन हिस्सों तक साख की पहुँच का विस्तारण हो।

नाबार्ड का कार्य केन्द्र सरकार के विभिन्न अभिकरणों के नजदीकी सहयोग के साथ विभिन्न प्राथमिकताओं की योजनाओं को पुनर्वित्त प्रदान करना है यथा– जलग्रहण विकास एवं प्रबन्धन, शुष्क भूमि कृषि, वेयर हाऊस एवं गोदाम, बंजर भूमि विकास, वानिकी, जलीय कृषि, एग्राविका एवं अन्य गरीबी उन्मूलन कार्यक्रम। इसके अतिरिक्त, इसने ग्रामीण साख की आपूर्ति में संरचना तथा प्रविधि में कुछ नवाचार किये हैं। इसके नवीन कार्यक्रमों में विकास स्वयंसेवक वाहिनी कार्यक्रम, स्वयंसेवी एवं गैर–सरकारी संस्थाओं को प्रोत्साहन अनुदान, सहकारी विकास कोष की स्थापना, एक ग्रामीण अधोसंरचना विकास निधि की स्थापना, गैर–कृषि क्षेत्र के लिए प्रोत्साहक योजनाओं एवं ग्रामीण स्वास्थ्य सेवाओं को वित्त पोषण सम्मिलित है।

हाल के दिनों में, भारतीय अर्थव्यवस्था ने विशेष रूप से सामान्य और बैंकिंग सेवाओं में तेजी से प्रगति की है। हालांकि, जनसंख्या का एक बड़ा भाग, विशेषकर वंचित समूहों जैसे कमजोर वर्गों और कम आय वाले समूह अभी भी वित्तीय क्षेत्र द्वारा प्रदान किए जा रहे सबसे बुनियादी अवसरों और सेवाओं से बाहर है। वित्तीय समावेशन की समस्याओं को हल करने के लिए, भारत सरकार ने सी रंगराजन की अध्यक्षता में वित्तीय समावेशन पर एक समिति का गठन किया। इस समिति ने 4 जनवरी, 2008 को अपना अंतिम प्रतिवेदन संघीय वित्त मंत्री को सौंप दिया। इस समिति ने अन्य बातों के अलावा, दो निधियों– वित्तीय समावेशन निधि (एफआईएफ) और वित्तीय समावेशन तकनीकी निधि (एफआईटीएफ) की स्थापना की अनुसंशा की।

रंगराजन समिति की अनुसंशा के आधार पर, भारत सरकार ने दो निधियों अर्थात् वित्तीय समावेशन के विकास और बढ़ावा देने के प्रयासों के लागत को पूरा करने के लिए वित्तीय समावेषन निधि और वित्तीय समावेशन के लिए तकनीकी अपनाने की लागत को पूरा करने के लिए वित्तीय समावेषन तकनीकी निधि का गठन किया है। नाबार्ड में इन दोनों निधियों की स्थापना किया गया है, जो वित्तीय समावेशन विभाग (एफआईडी) के साथ नोडल विभाग के रूप में वित्तीय समावेशन पहल की समन्वयकारी एजेंसी है। प्रत्येक निधि में कुल राशि 2500 करोड़ है, जिसमें प्रारम्भ में भारत सरकार, आरबीआई, और नाबार्ड द्वारा 40:40:20 के अनुपात में हिस्सेदारी की गई है। निधि के

उपयोग के आधार पर, अधिकतम पांच वर्षों की अवधि में चरणबद्ध तरीके से धन का योगदान करना था। यद्यपि, भारतीय रिजर्व बैंक ने अब यह निर्णय लिया है कि 1 अप्रैल 2012 से प्रभावी, वित्तीय समावेशन निधि हेतु जमा, ग्रामीण अधोसंरचनात्मक विकास निधि और अल्पावधि सहकारी ग्रामीण साख के तहत बैंकों द्वारा जमा राशि के संबंध में 0.5 प्रतिशत से अधिक में नाबार्ड हेतु सम्बंधित मार्जिन को उपलब्ध कराया जाएगा और वित्तीय समावेशन तकनीकी निधि के लिए निधि, वित्तीय समावेशन निधि, आरबीआई और भारत सरकार से हस्तांतरण के माध्यम से होगा। यह भी निर्णय लिया था कि वित्तीय समावेशन निधि और वित्तीय समावेशन तकनीकी निधि को इस तरह के अतिरिक्त राशि के साथ प्रबंधित किया जा सकता है तथा उनके द्वारा इसमें कोई योगदान नहीं होगा।[4] आरबीआई ने 15 अक्टूबर, 2015 को बैंकिंग सेवाओं की पहुँच के विस्तार के लिए ''विकास और प्रचार गतिविधियों'' को बढ़ावा देने के लिए दोनों निधियों का विलय कर रू. 2000 करोड़ के कोष के साथ एक नए वित्तीय समावेषन निधि के निर्माण की घोषणा की। 2014–15 के लिए केंद्रीय बजट को पेश करते हुए केंद्रीय वित्त मंत्री ने घोषणा की कि नाबार्ड के उत्पादक संगठन विकास निधि (पीओडीएफ) को पूरा करने के लिए अगले दो वर्षों में 2,000 किसान उत्पादक संगठनों (एफपीओ) के निर्माण के लिए रू. 200 अरब के एक ''उत्पादक संगठन विकास और उत्थान निकाय'' निधि का उपयोग किया जाएगा। इस घोषणा के अनुसरण में, भारत सरकार ने नाबार्ड में रू. 200 अरब का एक ''उत्पादक संगठन विकास और उत्थान निकाय (उत्पाद) निधि'' का निर्माण किया है। इस निधि का उद्देश्य उभरते किसान उत्पादक संगठनों की प्रारंभिक आवश्यकताओं को पूरा करना है, जो बाद में वित्तपोषण संस्थानों से साख के समर्थन के साथ नए व्यापार के अवसरों का लाभ उठाने में सक्षम होगा। यह निधि परिचालन में होने से वित्त वर्ष 2014–15 के दौरान 835 एफपीओ को मंजूरी दी गई।

सहकारिता साख संस्थाएँ

सहकारी समिति अधिनियम 1904 को अंगीकार करने के साथ ग्रामीण वित्त के क्षेत्र में सहकारी साख समितियों ने प्रवेश किया। तब से, देश के ग्रामीण लोगों के वृहत्तर हितों में सहकारी आन्दोलन के संकल्पित पोषण हेतु सरकार द्वारा प्रयास किया गया। सहकारी साख समितियों को किसानों को ग्रामीण साख प्रदान करने के लिए श्रेष्ठ संस्थाओं के रूप में स्वीकार किया गया क्योंकि ये समृद्ध कृषि साख के सभी महत्त्वपूर्ण मानदण्डों को सन्तुष्ट करती है।

साख सहकारिता से साख की अन्य संसाधनों की तुलना में कई लाभ होते हैं। प्रथम, इनकी स्थिति ग्रामीण क्षेत्रों में है जहाँ उधारकर्ता रहते हैं, जिससे उनके ग्राहकों से उनकी नजदीकी होती है। द्वितीय, इनके पास किसी भी अन्य वित्तीय संस्था के मुकाबले अपने सदस्यों के चरित्र एवं योग्यता का अधिक गहन ज्ञान होता है। तृतीय, ये साख के उपयोग की आसानी से निगरानी कर सकती है जिससे कि इसका उपयोग उत्पादक उद्देश्यों के लिए हो। चतुर्थ, सहकारी संस्थाओं द्वारा प्रदत्त साख का सस्ता होना अपरिहार्य है क्योंकि इसकी प्रशासकीय लागत तथा वित्त की कीमत कम होती है। पंचमः, साख सहकारिता द्वारा प्रदत्त साख न तो बहुत कठोर होती है एवं न ही बहुत लचीली होती है; यह सुरक्षित भी होती है, यह सहायता करती है तथा उधारकर्ता के स्थायित्व एवं उत्पादक क्षमता को प्रभावित नहीं करती है।

इन सकारात्मक आयामों के बावजूद, सहकारिता साख निम्नलिखित कमजोरियों से ग्रस्त हैः

1. सहकारी साख की प्रवृत्ति प्रमुखतः बड़े किसानों की ओर प्रवाहित होती रही है। छोटे एवं सीमान्त कृषक वर्तमान आगत एवं व्यवहार्य निवेश दोनों में सहकारी साख तक पहुँच में असमर्थ होते हैं।
2. भारत में सहकारी साख का अनुभव यह प्रदर्शित करता है कि कालान्तर में बेहतरी के बावजूद, किसानों की कुल उधारी में सहकारी साख के अनुपात में पिछले कुछ वर्षों में गिरावट आयी है।
3. सहकारी साख के उत्पादन की आवश्यकता का अभिविन्यास कमोबेश अपर्याप्त ही रहा है।

4. सहकारी साख व्यवस्था राजनीतिक हस्तक्षेप एवं कठोर नौकरशाही नियन्त्रण के कारण कमजोर होती है।
5. प्राथमिक कृषि साख समितियों की बड़ी संख्या (65 प्रतिशत से अधिक) न तो व्यवहार्य न ही सशक्त रूप से व्यवहार्य है एवं इनको निश्चित रूप से उत्पादन–अभिविन्यासित साख वितरण के लिए अपर्याप्त एवं असन्तुष्ट संस्थाओं के रूप में देखा जाना चाहिए।
6. सहकारी साख अक्सर मुस्तैदी, पर्याप्तता एवं निर्भरता के मानकों पर कमतर रहती है। ऐसा कई कारणों से होता है, जिसमें संसाधनों की कमी, योग्यता की कमी, समय साध्य एवं जटिल प्रक्रियाओं, कमजोर प्रबन्धन एवं कार्यकारी प्रविधियों में निपुणता सम्मिलित होती है।
7. सहकारी साख के जिम्मेदार पदाधिकारियों एवं अभिकर्ताओं एवं कृषि कार्यक्रमों के अन्तर्गत आपूर्ति और विस्तार के लिए जिम्मेदार के मध्य समन्वय सामान्य तौर पर अपर्याप्त होता है।

देश में सहकारी साख व्यवस्था लघु–कालिक एवं दीर्घ–कालिक साख संरचनाओं से मिलकर बनती है। 2010–11 में, लघु–कालिक सहकारी साख संरचना में 31 राज्य सहकारी बैंक, 371 जिला केन्द्रीय सहकारी बैंक एवं 93,413 से अधिक प्राथमिक कृषि साख समितियाँ जिसमें वृहत्तर आदिवासी बहुउद्देश्यीय समितियाँ एवं किसान सेवा समितियाँ सम्मिलित होती हैं, से मिलकर बनती हैं, जो क्रमशः शीर्ष, मध्यम तथा जमीनी स्तर पर होती हैं (एनसीयूआई 2012, पृ. 36–43)।

2010–11 में, देश में दीर्घ–कालिक सहकारी साख संरचना में 19 राज्य सहकारिता कृषि एवं ग्रामीण विकास बैंक (एससीएआरडीबी), जिन्हें मूलतः भूमि बन्धक बैंक/भूमि विकास बैंक के नाम से जाना जाता है, जिसकी आठ राज्यों में एक संघीय/मिश्रित संरचना तथा 11 राज्यों में एकांगी संरचना है जो 2,610 इकाइयों (जिसमें 701 प्राथमिक सहकारी कृषि एवं ग्रामीण विकास बैंक सम्मिलित हैं) के माध्यम से प्रचालित होते हैं। आन्ध्र प्रदेश में, एक एकीकृत संरचना है, जहाँ लघु–कालिक संरचना की इकाइयाँ 'एकल खिड़की' द्वारा साख आपूर्ति व्यवस्था के अन्तर्गत सभी प्रकार की कृषि साख प्रदान करती है। उत्तर–पूर्वी क्षेत्र में, केवल तीन राज्यों द्वारा दीर्घ–कालिक संरचना प्रस्तुत की जाती है।

जहाँ तक कृषि साख के जमीनी स्तर पर प्रवाह का सन्दर्भ है, सहकारी बैंकों का हिस्सा समय के साथ कम हो रहा है। 2002–03 में, यह लगभग 34 प्रतिशत था, जो वर्ष 2010–11 तक 17 प्रतिशत हो गया था और उसके बाद से उस स्तर के आसपास स्थिर रहा है, जबकि वाणिज्यिक बैंकों का हिस्सा 2002–03 में 57 प्रतिशत से वर्ष 2010–11 में बढ़कर 74 प्रतिशत हो गया है, लेकिन 2014–15 में मामूली गिरावट के साथ यह 71 प्रतिशत हो गया। 2014–15 के दौरान, भारत के सभी बैंकों ने रू. 800 अरब के लक्ष्य के विपरीत कृषि क्षेत्र को रू. 8,406.43 अरब (अनंतिम) का ऋण दिया। वाणिज्यिक बैंक, सहकारी बैंक और क्षेत्रीय ग्रामीण बैंक ने क्रमशः रू. 5,996. 91 अरब (अनंतिम), रू. 1,384.69 अरब और रू. 1,024.83 अरब वितरित किए (तालिका 14.3)। सहकारी साख समितियाँ एवं सहकारी बैंक कई आन्तरिक एवं बाह्य समस्याओं से गुजरते हैं। सहकारी बैंकों का काफी बड़ा

तालिका 14.3: *भारत में अभिकरणों द्वारा कृषि एवं सहायक गतिविधियों को संस्थागत साख का प्रवाह*

(रु. अरब में)

अभिकरण	*2010–11*	*2011–12*	*2012–13*	*2013–14*	*2014–15 पी*
वाणिज्यिक बैंक	3458.77 (74)	3686.16 (72)	4324.91 (71)	5090.05 (71)	5996.91 (71)
क्षेत्रीय ग्रामीण बैंक	442.93 (9)	544.50 (11)	636.81 (11)	826.52 (12)	1024.83 (12)
सहकारी बैंक	781.21 (17)	879.63 (17)	1112.03 (18)	1199.64 (17)	138.69 (17)
कुल	4682.91 (100)	5110.29 (100)	6073.75 (100)	7116.21 (100)	8406.43 (100)

स्रोतः नाबार्ड (2015, तालिका 1.8, पृ. 18)

हिस्सा वित्तीय रूप से व्यवहार्य नहीं है, 2010–11 में, 41 प्रतिशत प्राथमिक कृषि साख समितियाँ हानि में थीं, तथा एससीबी शाखाओं, डीसीबी शाखाओं और एससीएडीबी के अनुपात में क्रमशः 17 प्रतिशत, 36 प्रतिशत और 74 प्रतिशत की हानि हुई थी (एनसीयूआई 2012, 37–43)। 31 मार्च, 2014 तक, एससीबी, डीसीबी, एससीएडीबी और पीसीएआरडीबी की सकल संचित हानि क्रमशः रू. 7,03.92 करोड़, रू. 3868 करोड़, रू. 24,11.2 करोड़ और रू. 51,12.07 करोड़ (नाबार्ड 2015, 81) थी। सहकारी बैंकों में वर्तमान में कोई भी औपचारिक अभिशासन की व्यवस्था नहीं है। परिणामतः, कई सहकारी बैंक राजनीतिक संरक्षण, अनैतिक वित्तीय आचरण तथा कुल मिलाकर कुप्रबन्धन के बड़े केन्द्र बन चुके हैं, कई मामलों में, यह व्यक्तिगत राजनीतिक एवं अन्य पदाधिकारियों की निजी जागीर बन चुके हैं, जो सार्वजनिक धन पर अपने को बनाए हुए हैं। पिछले 15 वर्षों अथवा इससे अधिक में, एक दर्जन से अधिक सहकारी बैंकों को धोखा दिया गया है। वित्तीय परिदृश्य पर, सहकारी बैंकों, राजनीतिज्ञों एवं घोटालेबाजों ने मिलकर एक विध्वंसकारक असामाजिक गठजोड़ को बनाया है, जिसका कारण कु–अभिशासन रहा है (लॉ 2002, 46)। फलस्वरूप, अधिकांश सहकारी साख समितियाँ एवं बैंक वित्तीय दृष्टि से व्यवहार्य नहीं हैं।

इन सभी को ध्यान में रखते हुए, इस बात की आवश्यकता है कि सहकारी बैंकों में प्रभावशाली कॉर्पोरेट अभिशासन को लाया जाये। सहकारी क्षेत्र में अभिशासन की बेहतरी के लिए हाल ही में भारतीय रिजर्व बैंक ने कुछ कदम उठाये हैं (भारतीय रिजर्व बैंक 2000)। जनवरी 2006 में, भारत सरकार ने रु. 13,596 करोड़ की वित्तीय सहायता के साथ लघु अवधि ग्रामीण सहकारी साख संरचना के उत्तरजीविता के लिए पैकेज की घोषणा की। नाबार्ड को इस उद्देश्य के लिए क्रियान्वयन अभिकरण नामित किया गया। क्रियान्वयन प्रक्रिया को सुगम बनाने के लिए नाबार्ड में एक सहकारिता पुनरुत्थान एवं सुधार विभाग को बनाया गया है। राज्यों को नाबार्ड के साथ एक समझौता ज्ञापन हस्ताक्षर करना है जिसमें पुनरुत्थान पैकेज में दर्शाये गये विधिक संस्थागत एवं अन्य सुधारों को क्रियान्वित करने की प्रतिज्ञा करनी है।

वाणिज्यिक बैंक

2012–13 में भारत में वाणिज्यिक बैंकिंग प्रणाली में 26 सार्वजनिक क्षेत्र के बैंक, 13 पुराने निजी क्षेत्र के बैंक, सात नए निजी क्षेत्र के बैंक और 43 विदेशी बैंकों सहित कुल 89 बैंक सम्मिलित थे (आरबीआई 2013, 1–8)। कुल मिलाकर, भारत के सभी 89 वाणिज्यिक बैंकों की कुल 92,114 शाखाएँ है। जुलाई 1969 में, 14 बड़े वाणिज्यिक बैंकों का राष्ट्रीयकरण किया गया तथा 1980 में छः अन्य को भी इसमें जोड़ा गया। अब ग्रामीण लोगों को साख प्रदान करने हेतु 26 सार्वजनिक क्षेत्र के बैंकों को अधिदेश प्राप्त है। इसके अतिरिक्त, देश में 246 निजी वाणिज्यिक बैंक प्रचालित हैं। ये वाणिज्यिक बैंक लघु, मध्यम एवं दीर्घ–कालिक ऋण विभिन्न कृषि एवं ग्रामीण विकास गतिविधियों के लिए प्रदान करते हैं। 1969 में राष्ट्रीयकरण के पूर्व तक प्रमुख वाणिज्यिक बैंकों की आधिकारिक नीति सहकारिता व्यवस्था को प्रोत्साहन देना था क्यों कि यह कृषि के लिए संस्थागत साख के लिए सर्वाधिक उपयुक्त माध्यम था। राष्ट्रीयकरण से पूर्व तक वाणिज्यिक बैंकों का ग्रामीण साख में अंश लगभग नगण्य था: 1951–52 में 0.9 प्रतिशत तथा 1961–62 में 0.6 प्रतिशत। राष्ट्रीयकरण के बाद भी कृषि ऋण को पूर्णतः आगे बढ़ाने को लेकर थोड़ी हिचक थी; राष्ट्रीयकरण के चार वर्ष पश्चात्, 1973–74 में, इनकी ग्रामीण साख में कुल हिस्सेदारी केवल 5 प्रतिशत थी। तथापि, 1990 के मध्य तक, कृषि उधारी में इनकी सहभागिता में उल्लेखनीय वृद्धि हुई। भारत में सभी वाणिज्यिक बैंकों की शाखाओं की कुल संख्या 2006 में 69,616 थी जो कि बढ़कर 2012–13 में 92,114 हो गई, एवं उनकी प्रत्यक्ष कृषि अग्रिम में हिस्सेदारी जुलाई 1969 में बैंक साख की 1.3 प्रतिशत से मार्च 2014–15 में 69 प्रतिशत हो गयी। आने वाले वर्षों में, भारतीय बैंकिंग व्यवस्था को बढ़ती राष्ट्रीय बचत दर में रणनीतिक भूमिका निभाना है, जिसमें उच्च प्राथमिकता के निवेश को वित्त प्रदान करने के लिए उपलब्ध बचत को दिशा प्रदान करना, कार्यशील पूँजी के रूप में साख की पर्याप्त आपूर्ति के माध्यम से कृषि एवं उद्योग दोनों की उपलब्ध क्षमता का बेहतर उपयोग करना तथा अब तक के उपेक्षित क्षेत्रों एवं जनसंख्या समूहों की साख

आवश्यकताओं पर विशेष जोर देते हुए एवं जैसे गरीबी–उन्मूलन कार्यक्रमों को वित्त प्रदान कर सामाजिक न्याय के ध्येय को प्रोत्साहित करना है।

क्षेत्रीय ग्रामीण बैंक

भारत सरकार ने केन्द्रीय वित्त मन्त्रालय द्वारा एम. नरसिम्हन की अध्यक्षता में गठित कार्य समूह की अनुशंसा के परिणामस्वरूप क्षेत्रीय ग्रामीण बैंक की स्थापना को जुलाई 1975 में स्वीकार किया। भारत सरकार द्वारा 26 सितम्बर 1975 को क्षेत्रीय ग्रामीण बैंक अध्यादेश की घोषणा के फलस्वरूप 2 अक्टूबर 1975 को प्रथम पाँच क्षेत्रीय ग्रामीण बैंक की स्थापना की गई। यह अध्यादेश, क्षेत्रीय ग्रामीण बैंक अधिनियम, 1976 द्वारा अनुवर्ती रूप में प्रतिस्थापित किया गया था। 2015 में, आरआरबी का निर्गत और प्रदत्त शेयर पूंजी 1,197 करोड़, शेयर पूंजी जमा 6,173 करोड़, आरक्षित 18,462 करोड़ और जमा 2,71,329 करोड़ थी (नाबार्ड 2015, 91)। हिस्सेदारी पूंजी भारत सरकार, प्रायोजक बैंक एवं सम्बन्धित राज्य सरकार के मध्य 50:35:15 के अनुपात में रखी गयी है। प्रत्येक क्षेत्रीय ग्रामीण बैंक का प्रबन्धन शीर्ष निदेशक मण्डल में निहित अध्यक्ष द्वारा किया जाता है (प्रायः प्रायोजित बैंक का अधिकारी और भारत सरकार द्वारा नियुक्त)।

आरम्भ में, क्षेत्रीय ग्रामीण बैंक को ग्रामीण समुदाय के वंचित समूहों में समाविष्ट छोटे और सीमान्त कृषक, कृषि श्रमिक, शिल्पी और छोटे व्यापारियों की साख आवश्यकताओं को पूरा करने के लिए आज्ञापत्र दिया गया। इस आज्ञापत्र को विस्तारित करते हुए उन सभी उधारी लेने वाले अलक्षित समूहों को भी सम्मिलित करने के लिए इसे दिसम्बर 1993 से प्रभावी बनाया। क्षेत्रीय ग्रामीण बैंक का उद्देश्य सहकारी बैंकों (व्यावसायिक अन्तर्दृष्टि) और सहकारिता के लाभों (ग्रामवासियों के साथ अच्छे सम्बन्ध) को कम लागत से ''छोटे लोगों की बैंक'' से जोड़ना था। क्षेत्रीय ग्रामीण बैंकों की कीमत कम रखने के लिए सक्षम बनाने हेतु उन्होंने अपने कर्मचारियों के वेतन एवं भत्ते सम्बन्धित राज्य सरकार के जिला स्तरीय कर्मचारियों के समतुल्य रखा। सांविधिक तरलता अनुपात को वाणिज्यिक बैंकों की तुलना में निचले स्तर पर तय किया गया एवं नाबार्ड तथा प्रायोजक बैंकों को निर्धारित सीमा तक निम्न कीमत पर पुनर्वित्त प्रदान करने के लिए अनुमति प्रदान की।

क्षेत्रीय ग्रामीण बैंक विविध ग्रामीण विकास गतिविधियों जिसमें, फसल उत्पादन में सम्मिलित, ट्रैक्टरों की खरीदारी, छोटे गाँव में उद्योगों की स्थापना, ग्राम शिल्प, विविध शिल्पी क्रियाओं, खुदरा व्यापार, उपभोक्ता वस्तुओं, गृह निर्माण, छोटी बसों की खरीदारी आदि सम्मिलित है, के लिए कम, मध्यम और लम्बी अवधि के लिए ऋण देते हैं। कुल मात्रा में उनकी हिस्सेदारी वर्ष 2010–11 में कृषि और ग्रामीण विकास गतिविधियों के लिए 9 प्रतिशत थी, जो 2014–15 में बढ़कर 12 प्रतिशत हो गया।

क्षेत्रीय ग्रामीण बैंकों की स्थापना एक नये राज्य प्रयोजित, ग्रामीण अनुकूल, क्षेत्र आधार पर कम लागत के बैंक, सहकारिता, संस्कृति और केन्द्रीय बैंक के अन्तर्दृष्टि व्यापार ग्रामीण क्षेत्रों विशेषकर समाज के वंचित समूहों से सम्बन्धित लोगों में साख सुविधा प्रदान करने के लिए की गयी थी। यह कहना उचित होगा कि क्षेत्रीय ग्रामीण बैंक दूरस्थ ग्रामीण क्षेत्रों से बैंकिंग सेवा में फैलाव, ग्रामीण बचत के जुटाने, संस्थागत साख के माध्यम से ग्रामीण गरीबों के लिए ज्यादा अवसर खोलने तथा रोजगार के अवसर बढ़ाने में सफल रहे हैं। तथापि, इनके केवल चिह्नित समूह के उधारकर्ताओं को वित्त प्रदान करने के आदेश, साथ में प्रशासित ब्याज दर संरचना, कमजोर वसूली कार्य, निम्न स्तर की प्रचालनीय क्षमता के फलस्वरूप क्षेत्रीय ग्रामीण बैंक घाटा उठाने लगे एवं इसी कारण से ये अपनी आर्थिक व्यवहार्यता प्रारम्भ से ही खोने लगे (देशपाण्डे एवं अन्य 1996: 22–23)।

वर्तमान एवं सतत वित्तीय व्यवहार्यता को अर्जित करने की दृष्टि से क्षेत्रीय ग्रामीण बैंक को सक्षम बनाने के साथ, पूँजी के समावेश से क्षेत्रीय ग्रामीण बैंक के सुधार हेतु कई नीतिगत उपाय आरम्भ किये गये। विकास कार्य योजना की अवधारणा को नाबार्ड द्वारा आरम्भ किया गया तथा प्रदर्शन दायित्वों/प्रतिबद्धताओं को सुनिश्चित

करने के लिए समझौता ज्ञापन क्षेत्रीय ग्रामीण बैंकों एवं प्रायोजक बैंकों के मध्य हस्ताक्षर किया गया। आरम्भ में, 49 क्षेत्रीय ग्रामीण बैंक एवं तदनन्तर में 53 बैंक पुनर्निर्माण के लिए क्रमशः 1994–95 एवं 1995–96 में क्रमशः चयनित किये गये। इस उद्देश्य के लिए रु. 747.14 करोड़ की कुल वित्तीय सहायता प्रदान की गई। 1996–97 के दौरान, 36 क्षेत्रीय ग्रामीण बैंक अतिरिक्त चयनित किये गये, एवं केन्द्रीय सरकार द्वारा इनकी वित्तीय स्थिति को सुदृढ़ करने के लिए रु. 149.77 करोड़ प्रदान किये गये। 1996–97 में कुल मिलाकर रु. 50.23 करोड़ की सहायता का दूसरा अंश 16 क्षेत्रीय ग्रामीण बैंकों को और प्रदान किया गया। इतनी ही राशि का योगदान प्रायोजक बैंक एवं राज्य सरकारों द्वारा किये जाने की आवश्यकता है। केन्द्रीय सरकार द्वारा 1997–98 के बजट में रु. 270 करोड़ एवं 1998–99 के बजट में रु. 265 करोड़ के प्रावधान किये गये जिसने कि क्षेत्रीय ग्रामीण बैंक के पुनर्निवेशन एवं पुनर्पूंजीकरण की प्रक्रिया को आगे बढ़ाया। नाबार्ड के निर्देशन में उठाये गये प्रयासों के परिणामतः सभी आयामों में क्षेत्रीय ग्रामीण बैंकों के प्रदर्शन में उल्लेखनीय बेहतरी देखी गयी (नाबार्ड 1997, 47)।

2010 में ''जोखिम भारित आस्तियों की तुलना में पूंजी अनुपात (सीआरएआर) हेतु पूंजी में सुधार के लिए क्षेत्रीय ग्रामीण बैंकों के पुनर्पूंजीकरण'' पर गठित के.सी. चक्रवर्ती समिति द्वारा की गई समीक्षा के अनुसार, 82 क्षेत्रीय ग्रामीण बैंकों में से 42 सीआरएआर को 9 के वांछित स्तर तक लाने में सक्षम थे। समिति की अनुसंशा के अनुरूप, भारत सरकार ने अन्य अंशधारकों के साथ, शेष 40 आरआरबी के पुनर्पूंजीकरण का निर्णय लिया, जिसमें 50:35:15 (भारत सरकारः प्रायोजक बैंकः राज्य सरकार) के अनुपात में रू. 2200 करोड़ का निवेश किया। 31 मार्च, 2015 तक, 20 राज्यों के 38 आरआरबी को रू. 2076.5 करोड़ की एक संचयी राशि जारी की गई। जारी राशि में, भारत सरकार का योगदान रू. 1038.24 करोड़, प्रायोजक बैंक का योगदान रू. 7,26.78 करोड़ और राज्य सरकारों का योगदान रू. 3,11.49 करोड़ था (नाबार्ड 2015, 91–92)।

2001 में आरबीआइ ने ''बैंकिंग प्रणाली से कृषि और संबंधित गतिविधियों को साख के प्रवाह'' पर वी.एस. व्यास की अध्यक्षता में एक समिति गठित की, जिसने ग्रामीण साख प्रणाली में आरआरबी की प्रासंगिकता और इसे व्यवहार्य बनाने के विकल्पों की जांच की। इस प्रकार, समेकन प्रक्रिया, वर्ष 2005 में वी.एस. व्यास समिति के अनुसंशा के एक प्रशाखा के रूप में शुरू की गई। 2005 में एकीकरण के पहले चरण में राज्य में प्रायोजक बैंकवार तथा 2012 में दूसरे चरण में राज्य में प्रायोजक बैंक के रूप में शुरू किया गया था। इस प्रक्रिया को बेहतर बुनियादी ढांचा, कम्प्यूटरीकरण, अनुभवी कार्य शक्ति, सामान्य प्रचार और विपणन प्रयासों, और इत्यादि को बेहतर ग्राहक सेवा प्रदान करने के लिए शुरू किया गया था। क्षेत्रीय ग्रामीण बैंकों के एकीकरण से प्रचालन के व्यापक क्षेत्र, उच्च मूल्यों के लिए बढ़ी हुई आसान साख सीमा और विविध बैंकिंग गतिविधियों जैसे लाभ भी हुए हैं।

मार्च 2015 में, उनके एकीकरण के पश्चात्, देश में 56 क्षेत्रीण ग्रामीण बैंक थे, जिनमें 26 राज्यों और संघ शासित क्षेत्र पुडुचेरी के 644 अधिसूचित जिलों में 20,059 शाखाएँ थीं। परिणामस्वरूप, 2014–15 के अंत तक आरआरबी की जमाराशि बढ़कर रू. 27,13,29.0 करोड़ हो गई, जिसमें पिछले वर्ष की तुलना में 13.29 प्रतिशत की वृद्धि दर्ज की गई। 31 मार्च 2015 तक, आरआरबी के बकाया कुल ऋण और अग्रिम में रू. 1,84,843 करोड़ का सुधार हुआ–अंतर बैंकिंग भागीदारी प्रमाण पत्र (आईबीपीसी) को छोड़कर–पिछले वर्ष में लगभग 15.9 प्रतिशत की वृद्धि दर्ज की गई थी। वर्ष 2014–15 के दौरान, 56 क्षेत्रीय ग्रामीण बैंकों का जो आंकड़ा उपलब्ध है, इनमें से 51 ने कुल रू. 2,958 करोड़ के सकल लाभ कमाया था वहीं 2013–14 में 57 क्षेत्रीय ग्रामीण बैंकों ने रू. 2,694 करोड़ का सकल लाभ कमाया था। 2013–14 के दौरान आरआरबी को किसी तरह की हानि नहीं हुई, जबकि पांच से अधिक प्रतिवेदनों के अनुसार 2014–15 में कुल रू. 1,77 करोड़ की हानि दर्ज की गई। इस प्रकार, आरआरबी का शुद्ध लाभ मार्च 2015 के अंत तक मामूली रूप से बढ़कर रू. 2781 करोड़ हो गया। आरआरबी का अनुपात, जो स्थायी रूप से व्यवहार्य होते हैं, जैसा कि अर्जित लाभ और संचित हानि नहीं होते हुए भी मार्च 31, 2014 के 86 प्रतिशत (57 में से 49) से घटकर यह 31 मार्च, 2015 में 84 प्रतिशत (56 में से 47) हो गई (नाबार्ड 2015, 90)।

स्वयं सहायता समूह

स्वयं सहायता समूह व्यक्तिगत सदस्यों का एक छोटा समूह होता है जो स्वेच्छा से एकत्र होकर और सामान्य उद्देश्यों को पाने के लिए संस्था का निर्माण करते हैं। अधिकांश मामलों में, स्वयं सहायता समूह एक ही गाँव, समुदाय अथवा पड़ोसी के द्वारा एक दूसरे को जानने वाले लोगों द्वारा बनाया जाता है, इस तरह से, स्वयं सहायता समूहों में 10 से 25 के बीच सदस्यों के साथ छोटी समूह में, समरूप तथा उनमें समूह से पूर्व ही कुछ सामाजिक बन्धन होते हैं। स्वयं सहायता समूहों का प्रयोजन सार्वजनिक साझा संसाधन होता है जैसे सिंचाई सुविधाओं और सामुदायिक जमीन पर पौधारोपण करना जो कुछ आधारभूत सुविधाओं यथा विद्यालय, स्वास्थ्य केन्द्र आदि प्रदान करना है। सूक्ष्म वित्त के सन्दर्भ में स्वयं सहायता समूहों को बचत और साख के परिप्रेक्ष्य में गठित किया जाता है। नाबार्ड ने भारतीय रिजर्व बैंक चयनित बैंकों और गैर सरकारी संगठनों के परामर्श से फरवरी 1992 में "बैंकों को स्वयं सहायता समूहों के साथ जोड़ने की" मार्गदर्शी परियोजना की शुरुआत की। इस परियोजना का मुख्य उद्देश्य ग्रामीण गरीबों को संस्थागत साख से जोड़ने के लिए अभिनव भागीदारी और आत्मनिर्भर साख आपूर्ति व्यवस्था को विकसित करना था। इस व्यवस्था का उद्देश्य ग्रामीण साख व्यवस्था की भूमिका को पूरकता और सम्पूरकता प्रदान करना है। परियोजना के अन्तर्गत, बैंक द्वारा स्वयं सहायता समूहों को सरलीकृत प्रक्रिया जिसमें कि न्यूनतम दस्तावेजीकरण की आवश्यकता होती है, से साख प्रदान करना है।

स्वयं सहायता समूह–बैंक सम्बन्ध कार्यक्रम के अन्तर्गत, व्यापक रूप से तीन सम्बन्धित प्रतिमान उभरते हैं: (अ) स्वयं सहायता समूहों की स्थापना और वित्त पोषण बैंक द्वारा; (ब) स्वयं सेवी संगठनों सहित अन्य अभिकरणों द्वारा स्वयं सहायता समूहों की स्थापना, लेकिन प्रत्यक्ष रूप से बैंक द्वारा वित्त पोषित; और (स) वित्तीय मध्यस्थों का उपयोग कर बैंकों द्वारा वित्त पोषित स्वयं सहायता समूह। स्वयं सहायता समूह–बैंक सम्बन्ध कार्यक्रम (एसएचजी–बीएलपी) का काफी हद तक विस्तार किया है जिसे 1992 में पहली बार एक मार्गदर्शी परियोजना के रूप में शुरू किया गया था। 31 मार्च, 2014 तक 74.3 लाख से अधिक बचत खातों को एसएचजी से जोड़ते हुए, 9.7 करोड़ गरीब परिवारों को इसमें सम्मिलित किया गया। बैंकों के साथ इन एसएचजी का कुल बचत रू. 9,897.42 करोड़ था। इस कार्यक्रम के अंतर्गत एसएचजी साख से जुड़ी संख्या 42 लाख थी।

इस कार्यक्रम को इस दृष्टिकोण से विस्तारित किया जा रहा है कि संसाधनों से वंचित राज्यों के सभी पात्र गरीब ग्रामीण परिवारों स्वयं सहायता समूह सदस्यों को आजीविका अवसरों को प्रदान करने तथा उन क्षेत्रों को सम्मिलित करना जो अभी तक पहुँच में नहीं है। क्षमता निर्माण और सीखने की प्रक्रिया में समर्थ जैसे उपायों के माध्यम से निष्क्रिय एसएचजी को पुनर्जीवित करने और कार्यात्मक समूह को विघटित होने से रोकने के प्रयास किए जा रहे हैं। एनआरएलएम के साथ अंतर्निहित समन्वय में, गैर–सरकारी संगठनों को सम्मिलित करके समूहों के निर्माण और पोषण का प्रयास किया जा रहा है तथा एसएचजी को बढ़ावा देने और उनका संवर्धन करने के लिए उपयुक्त रूप से एक सामुदायिक समर्थन प्रणाली प्रोत्साहित की जा रही है।

2014–15 के दौरान, नाबार्ड ने विभिन्न सूक्ष्म वित्त से संबंधित गतिविधियों पर वित्तीय समावेशन निधि और महिला स्व–सहायता समूह (डब्ल्यूएसएचजी) विकास कोष से रू. 41 करोड़ की राशि व्यय की। इनमें एसएचजी के गठन और जोड़ने, हितधारकों के प्रशिक्षण और क्षमता निर्माण, आजीविका को बढ़ावा देने, दस्तावेजीकरण, जागरूकता निर्माण ओर नवोन्मेषों की शुरूआत सम्मिलित है (नाबार्ड 2015, 123–25)।

नाबार्ड गैर सरकारी संस्थाओं की वृहद् संख्या से जुड़ा हुआ है। ये गैर–सरकारी संगठन बैंकों के साथ जुड़े स्वयं सहायता समूहों के प्रभाव के बढ़ोतरी या तो संवाहक अथवा संवाहक तथा वित्तीय मध्यस्थता दोनों प्रदान करते हैं। गैर सरकारी संगठन/स्वयं सहायता समूह की सहभागिता बढ़ाकर ग्रामीण गरीबों की ऋण तक पहुँच में सुधार का विस्तार करने के लिए, नाबार्ड के प्रबन्ध निदेशक की अध्यक्षता में भारतीय रिजर्व बैंक ने नवम्बर 1994 में एक कार्य समूह का गठन किया। कार्य समूह की अनुशंसा के आधार पर बैंक स्वयं सहायता समूह से विचार विमर्श के पश्चात् प्राथमिक क्षेत्र के सामान्य व्यापारिक क्रियाओं में ऋण प्रदान करना तथा उनके

अधिकारियों को मूल्य संरचना के भाग पर प्रशिक्षण देना सुझाया गया। एक अनुवर्ती उपाय के रूप में नाबार्ड द्वारा प्रत्येक राज्य के लिए साख आपूर्ति नवाचार पर एक राज्य स्तरीय समीक्षा एवं समन्वय समिति बनायी गयी जिसमें भारतीय रिजर्व बैंक, बैंक, प्रतिष्ठित गैर–सरकारी संगठन, कुछ राज्य सरकार के विभाग के साथ बैंकों के क्षेत्रीय कार्यालय के प्रभारी अधिकारी अध्यक्ष–सह–समन्वयक के रूप में सम्मिलित होते हैं। ये समितियाँ विभिन्न साख आपूर्ति नवाचारों को बेहतर करते हुए ग्रामीण गरीबों तक साख की पहुँच की प्रगति की समय–समय पर समीक्षा करती हैं।

गैर–संस्थात्मक अभिकरणों की भूमिका

कृषकों और अन्य ग्रामीण लोगों को पेशेवर साहूकार, कृषक साहूकार, भू–स्वामी, व्यापारी, दलाल अभिकर्ता और मित्र एवं सगे सम्बन्धियों से होने वाली ऋण आपूर्ति गैर संस्थात्मक अभिकरण के रूप में सम्मिलित होते हैं। परम्परागत रूप से, ये अभिकरण ग्रामवासियों की ऋण आवश्यकताओं की पूर्ति करने में महत्त्वपूर्ण भूमिका निभाते रहे हैं। उनके द्वारा प्राप्त ऋण के अधिकांश भाग का उपयोग परिवार उपभोग पर व्यय और सामाजिक तथा धार्मिक समारोहों पर और बहुत कम, कुछ उत्पादन क्रियाओं पर किया जाता था और आज भी किया जा रहा है। इनकी ब्याज दरें बहुत ऊँची होती थी जो सामान्यतः प्रति वर्ष 24 से 60 प्रतिशत तक होती थीं। ऋणग्रस्तता का अनुपात बहुत ज्यादा था और अधिकांश ग्रामीण गरीब लोग "कर्ज में जन्म लेते हैं और कर्ज में ही रहते हैं और कर्ज में ही मर जाते हैं"। तालिका 14.4 में 1951 से 2013 की अवधि के दौरान, भारत में कुल ग्रामीण ऋण अग्रिम में गैर–संस्थागत स्रोतों के हिस्सेदारी के अनुमान प्रस्तुत किए गए है। जैसा कि तालिका से स्पष्ट है कि 1951–81 की अवधि में भारत में कुल ग्रामीण साख प्रदान करने के अनुपात में गैर–संस्थागत स्रोतों की हिस्सेदारी में तेजी से कमी आई थी, जो 1951 में 93 प्रतिशत थी, लेकिन 2001 में तेजी से घटकर यह लगभग 36 प्रतिशत रह गई। यद्यपि, 1991 से 2013 की अवधि के दौरान यह प्रवृत्ति उलट गई और उनकी हिस्सेदारी 1991 में 36 प्रतिशत से बढ़कर 2013 में 43.9 प्रतिशत हो गई।

यद्यपि 1951 से 2001 की अवधि में कुल ग्रामीण साख प्रदान करने में गैर–संस्थात्मक स्रोतों की हिस्सेदारी में कमी का कारण कुछ हद तक संस्थागत स्रोतों से प्रतियोगिता और कुछ हद तक, स्वन्त्रता के बाद विविध कृषि सुधारों के क्रियान्वयन से, जो अभी भी निरन्तर जारी है। यद्यपि इसके विरुद्ध की गयी आलोचना के बावजूद, ये संसाधन महत्त्वपूर्ण सेवा को उपलब्ध कराते हैं जो कि किसी अन्य वैकल्पिक स्रोतों से उपलब्ध नहीं है एवं जिसके लिए ये यथोचित रूप में पुरस्कृत होते रहे हैं।

तालिका 14.4: *भारत में कुल ग्रामीण साख प्रदान करने में गैर–संस्थात्मक स्रोतों की हिस्सेदारी*

स्रोत	*1951*	*1961*	*1971*	*1981*	*1991*	*2002*	*2013*
साहूकार	69.7	68.8	36.9	16.9	15.7	29.6	33.2
संबंधी, मित्र, आदि	14.2	6.9	13.8	9.0	6.7	7.1	8.5
व्यापारी एवं सूदखोर	5.5	7.7	8.7	3.0	7.1	2.6	0.1
भू स्वामी	1.5	0.9	8.6	4.0	4.0	1.0	0.7
अन्य	1.9	8.9	2.8	4.9	2.5	2.6	1.4
सभी	92.8	85.2	70.8	38.8	36.0	42.9	43.9

स्रोतः होडा एवं टेरवे (2015, तालिका 1 (ए), पृ. 6)

घाटे की वित्त व्यवस्था अथवा नियन्त्रित मुद्रास्फीति

कुछ अर्थशास्त्रियों ने सुझाया है कि विकासशील देशों में वित्तीय विकास का सबसे सरल तरीका धन का मुद्रण अथवा बैंकिंग व्यवस्था से उधार है, संक्षिप्त में इसे घाटे की वित्त व्यवस्था अथवा नियन्त्रित मुद्रास्फीति भी कह सकते हैं। इस रीति में, कीमतों में वृद्धि से जनसंख्या को बचाने के लिए वस्तुओं और सेवाओं के उपभोग की मात्रा में कमी की आवश्यकता होगी, जिसे बनाए रखा जा सकता है।

जैसा कि हम अध्याय 5 में उल्लेख कर चुके हैं, मुद्रास्फीति भी एक तरह का करारोपण ही है। यह वास्तव में नगद जमा पर कर होता है, चूँकि अर्थव्यवस्था में ये व्यक्तिगत एवं संगठन जो नगद जमा रखते हैं जिससे मुद्रास्फीति के कारण ये अपनी क्रय क्षमता में कमी देखते हैं। यहाँ इस प्रकार से नगद शेष के रूप में जो धन के हस्तान्तरण से पैसे रखते हैं, को धन सृजन के माध्यम से संसाधनों (इस मामले में सरकार से) को प्राप्त कर सकते हैं। सरकार ग्रामीण विकास कार्यक्रमों सहित खर्च के लिए भारी वित्त उधार लेती है। भारत सरकार के रुपये की उधारी एवं साथ ही उधारी में कमी पर ब्याज की अदायगी मुद्रास्फीति के कारण होती है। यदि मुद्रास्फीति में तीन प्रतिशत की वृद्धि होती है, तब वास्तविक सन्दर्भों में, उधारी एवं ब्याज की कीमत तीन प्रतिशत घट जाती है, जो कि बहुत बड़ी राशि होती है। इस तरह से, मुद्रास्फीति एक तरह से उन पर एक अदृश्य कर है जिनसे सरकार उधार लेती है, इस अर्थ में यह इनकी पूँजी की कीमत तथा उनके ब्याज भुगतान को धीरे–धीरे नष्ट करती है। अतः मुद्रास्फीति कर करोड़ों लोगों को प्रभावित करता है इस पर भी बहुत कम लोग इसको समझ पाते हैं। अधिकांश लोग अपने निवेश एवं आय को बिना मुद्रास्फीति के साथ समायोजित किये मूल्याँकित करते हैं। इसी को अर्थशास्त्र में मौद्रिक भ्रम कहते हैं। अतएव, मुद्रास्फीति प्रत्यक्ष करों की अपेक्षा राजनीतिक दृष्टि से लोगों पर कर लगाने का ज्यादा आसान तरीका है। ब्रोनफेनब्रेनर (1966, 465–66) के अनुसार, यहाँ दो रास्ते हैं जिसमें कि मुद्रास्फीति को लाभदायक साबित किया जा सकता है। प्रथम, यह प्राधिकारियों को मजदूरी के प्रकारों और पूंजीगत वस्तुओं के सापेक्ष मूल्यों को बढ़ाने की अनुमति दे सकता है जो अर्थव्यवस्था के अन्य क्षेत्रों पर बिना किसी मजदूरी और कीमतों में कमी के विकास परियोजनाओं के लिए जरूरी हो, जो कि अन्यथा आवश्यक होगी। यह उपकरण (जिसे द्वितीय विश्व युद्ध के पहले दो वर्षों में कनाडाई सरकार द्वारा जानबूझकर उपयोग किया गया था) संसाधनों के पुनर्वितरण की अनुमति देता है, अपेक्षाकृत पीड़ारहित तरीके से है। द्वितीय, प्रोफेसर ब्रोन्फेनब्रेनर का तर्क ज्यादा महत्वपूर्ण है कि, पैसा भ्रम है।

एक धीमी मुद्रास्फीति अथवा फिर तीव्र, अपने आरम्भिक दौर में, श्रमिकों को वास्तविक आय के लिए अधिक तीव्रता से कार्य करने को प्रेरित करती है, यह आय अधिक नहीं है और उनके पिछले स्तर से कम भी हो सकती है। कुछ सीमा तक, भूमि एवं पूंजी के मालिकों को भी उनकी सम्पत्ति को रखकर अधिक गहनता से उसी तरीके से गहनता से कार्य करने के लिए प्रेरित किया जा सकता है जब सम्पत्ति आय में वृद्धि हो। इस तरह से, न्यायोचित मुद्रास्फीति आगत में बढ़ोतरी के रूप में प्रतिफलित होती है, यदि वह उचित ढंग से आवण्टित होती है, तो विकास को महत्त्वपूर्ण ढंग से बढ़ा सकती है। साथ ही अनिवार्य बचत पूँजीगत वस्तुओं से उपभोक्ता वस्तुओं के लिए माँग के पुनर्आवण्टन करने में मदद करता है। एक निश्चित सीमा के बाहर, यद्यपि, और आगे मुद्रास्फीति से आगत कम हो जाएगी, आंशिक तौर पर क्योंकि निवेश सूची के एकत्रीकरण के अनुमान से परिवर्तित हो जाता है एवं आंशिक तौर पर क्योंकि उत्पादन के विभिन्न कारकों की आपूर्ति वक्र पीछे की ओर मुड़ते हैं जैसे ही उच्च आय तक पहुँचते हैं, श्रमिक अधिक आय से अधिक आराम पसन्द करते हैं, निवेशक अधिक आय से अधिक सुरक्षा एवं तरलता पसन्द करते हैं।

लेकिन हम यह रेखांकित करना चाहेंगे कि भारत जैसे विकासशील देश के लिए नियन्त्रित मुद्रास्फीति एक गम्भीर चुनौती हो सकती है जो कि अभी भी सूचीकरण से सट्टेबाजी के आधार पर निवेशकों की ओर से प्रवृत्त होती है, बजाय इसके कि उत्पादक उद्यमों की स्थापना अथवा विस्तारण करने में। लगातार बढ़ती कीमत स्तर इस प्रवृत्ति को और उग्र बनाती है, जिसमें अनुमान को कमोबेश लाभदायक बनाया जाता है। इसके अतिरिक्त, निर्यात उद्योग, जिसकी कीमतें विश्व बाजार से तय होती है, बढ़ती कीमतों का लगातार सामना करते हैं एवं इस तरह से, यह लगातार अलाभकारी हो जाते हैं, जिसमें यह एक ओर भुगतान सन्तुलन की कठिनाइयों में बढ़ोतरी

की ओर प्रवृत्त होती है एवं दूसरी तरफ निर्यात अनुदान की बढ़ती माँग की ओर प्रवृत्त होती है। मुद्रास्फीति के इन सम्भावित प्रतिकूल प्रभावों की दृष्टि से, भारत सरकार एवं भारतीय रिजर्व बैंक मुद्रास्फीति की दर पर एक कड़ी दृष्टि रखते हैं एवं जब भी निर्धारित सीमा से मुद्रास्फीति बाहर होती है यथोचित सुधारात्मक उपाय किये जाते हैं।

इस उम्मीद में नियमित बजट की मुद्रास्फीतिय (घाटा) वित्त पोषण की बढ़ती कीमत दर विकास परियोजनाओं में निजी निवेश को प्रोत्साहन प्रदान करेगी, के सफल होने की संभावना नहीं है। तथापि, यदि सरकार वृहद स्तर पर विकास कार्यक्रम को चलाती है तो यह मानते हुए कि घाटे के वित्त पोषण का स्तर स्वयं मुद्रास्फीति में है और कर नीति, मौद्रिक नीति एवं प्रत्यक्ष नियन्त्रण आय में बढ़ोतरी कर देता है तत्पश्चात् हल्की मुद्रास्फीति का आर्थिक विकास पर सकारात्मक प्रभाव पड़ सकता है। 2013–14 के लिए भारत में चालू खाते के राजकोषीय घाटे की सीमा 45 अरब डॉलर होने का अनुमान था, जो कि पिछले वित्त वर्ष की 88 अरब डॉलर के घाटे से कम है। 2015–16 के केंद्रीय बजट के अनुसार, सकल घरेलू उत्पाद के 3 प्रतिशत के राजकोषीय घाटे के लक्ष्य को दो वर्षों के बजाय अगले तीन वर्षों में हासिल किया जाना है। कर का आधिक्य कम होने के बावजूद, 2014–15 में 4.1 प्रतिशत का लक्ष्य प्राप्त किया किया गया था।

कोष के विदेशी स्रोत

जैसा कि हमने इस अध्याय में उल्लेख किया है ग्रामीण विकास के लिए कोष के विदेशी स्रोत में कई संस्थात्मक और गैर–संस्थात्मक अभिकरण सम्मिलित होते हैं। यह कोष अनुदान, ऋण और निवेश के रूप में दिये जाते हैं। तालिका 14.5 में सूचीबद्ध प्रमुख विदेशी विकास अभिकरण/दाता हैं जो ग्रामीण विकास और अन्य उद्देश्यों के लिए सहायता प्रदान करते हैं। इसके अतिरिक्त, चार प्रमुख अन्तर्राष्ट्रीय गैर सरकारी संगठन यथा – आगा खान

तालिका 14.5: *भारत को विकास सहायता के बाह्य स्रोत*

	द्विपक्षीय साझेदार		*बहुपक्षीय साझेदार*
1	कनाडा/कनाडा अन्तर्राष्ट्रीय विकास अनुसन्धान अभिकरण (सीडा)	1	एशियाई विकास बैंक
2	कनाडा/अन्तर्राष्ट्रीय विकास अनुसंधान केन्द्र	2	यूरोपीय संघ
3	डेनमार्क	3	खाद्य एवं कृषि संगठन
4	फ्रांस	4	कृषि विकास के लिए अन्तर्राष्ट्रीय निधि
5	जर्मनी	5	अन्तर्राष्ट्रीय श्रम संगठन
6	जापान/जापान अन्तर्राष्ट्रीय सहयोग प्राधिकरण	6	संयुक्त राष्ट्र अन्तर्राष्ट्रीय बाल आपात निधि
7	जापान/विदेशी आर्थिक सहयोग निधि	7	महिलाओं के लिए संयुक्त राष्ट्र विकास निधि
8	नीदरलैण्ड्स	8	संयुक्त राष्ट्र विकास कार्यक्रम
9	न्यूजीलैण्ड	9	संयुक्त राष्ट्र औद्योगिक विकास संगठन
10	नार्वे	10	संयुक्त राष्ट्र जनसंख्या कोष
11	स्वीडन	11	विश्व खाद्यान्न कार्यक्रम
12	स्विट्जरलैण्ड	12	विश्व स्वास्थ्य संगठन
13	यूनाइटेड किंगडम (यूके)	13	पुनर्निर्माण एवं विकास के लिए अन्तर्राष्ट्रीय बैंक/विश्व बैंक

स्रोतः यूएनडीपी (1996ए)

फाउण्डेशन, केयर इण्डिया, फोर्ड फाउण्डेशन, नई दिल्ली और सेव द चिल्ड्रेन फंड (यूके) विविध ग्रामीण विकास परियोजनाओं के लिए भारत को उल्लेखनीय सहायता प्रदान करते हैं।

अब हम संक्षेप में ग्रामीण विकास में विदेशी निवेश और विदेशी सहायता की भूमिका पर चर्चा करेंगे।

विदेशी निवेश की भूमिका

विकासशील देशों में गतिशील आर्थिक विकास को प्रोत्साहित करने के लिए विदेशी निवेश लगभग अपरिहार्य है। यह इसलिए है क्योंकि इनमें से अधिकांश इन प्रयोजनों के लिए आवश्यक अतिरिक्त पूँजी संसाधनों को बढ़ा नहीं पाये हैं। यदि एक विकासशील देश आर्थिक विकास को लाने के लिए केवल स्वयं के संसाधनों पर निर्भर रहना चाहता है, इसके लिए उसको दशकों तक इन्तजार करना पड़ेगा। यहाँ तक कि अगर कोई देश सौभाग्यशाली है जो घरेलू बचत और करों से अपनी कुल पूँजी आवश्यकता को पाने में समर्थ है तब भी उसको विदेशी विनिमय में समस्या का सामना करना पड़ सकता है। विकास के लिए कुल परिव्यय के बढ़ने के साथ विदेशी विनिमय की आवश्यकता भी बढ़ती है।

भारत में, विदेशी विनिमय मुख्यतया आधुनिक तकनीकी, भारी मशीनरी और उपकरण, उर्वरकों, लड़ाकू विमानों, जीवाश्म ईंधन, दलहनों, गेहूँ, खाद्य तेल, आदि को आयात करने के लिए आवश्यक होता है। विकास के लिए आवश्यक विदेशी विनिमय को (अ) अन्य वस्तुओं एवं सेवाओं के आयात को सीमित करके; (ब) निर्यात बढ़ाकर; (स) विदेशियों से ऋण एवं अनुदान प्राप्त कर अर्जित किया जा सकता है। आयात घटाना, अपने आप में मुद्रास्फीतिय होता है, यह वस्तुओं की उपलब्धता को कम करता है तथा जो अन्य तरीकों नगद को जारी करता है। अतएव, चूंकि एक कठोर आयात नीति एक निर्धन विकासशील देश के लिए अच्छी है, लेकिन यह अपने विकास के वित्त पोषण हेतु कोई रामबाण औषधि प्रदान नहीं करती है।

आयात बढ़ाने की नीति के विरोध में कोई भी तर्क नहीं हो सकता है। तथापि, वित्तीय विकास में आयात के विस्तारण की भूमिका में चार अवलोकन किये जा सकते हैं। प्रथम, निर्यात की मात्रा बहुत हद तक विश्व बाजार की परिस्थितियों पर निर्भर करती है, जिस पर विकासशील देश का व्यक्तिगत रूप से बहुत कम नियन्त्रण होता है। द्वितीय, निर्यात बढ़ाने के उपाय को अधिकांश भाग पर संचालित करने के स्थान पर धीमी गति से संचालित कर रहे हैं। तृतीय, एक निर्यात अधिशेष, जो आयात में कटौती से कम नहीं है, जिसमें नुकसान सम्मिलित है, एक निर्यात अधिशेष का तात्पर्य वापसी में प्राप्त वस्तुओं से अधिक वस्तुओं को विदेश भेजना है। अन्तिम, एक निर्यात अधिशेष अपने आप में मुद्रास्फीतिय होता है; यह वस्तुओं एवं सेवाओं की आपूर्ति को कम करता है एवं पैसे की आपूर्ति को बढ़ाता है। यह घर पर बचत/कर को बढ़ाने के लिए विकल्प नहीं है।

विकासशील देशों के लिए आवश्यक विदेशी विनिमय प्राप्त करने के लिए तीसरा विकल्प विदेशियों–विदेशी निजी निवेशकों, विदेशी सरकारों अथवा अन्तर्राष्ट्रीय प्राधिकरणों से ऋण प्राप्त करना होता है। एक विकासशील देश के लिए अपनी अतिरिक्त आवश्यकताओं को इन तीनों स्रोतों से प्राप्त करना बेहतर होता है, बजाय किसी एक से प्राप्त करने से। कुछ विकास परियोजनाओं को अधिक आसानी से संगठित एवं अधिक दक्षता से प्रबंधित किया जा सकता है यदि इसको एक विदेशी निजी निवेशक की सहायता के साथ निजी उद्यमी आधार पर चलाया जाए। अन्य विकास परियोजनाएँ जो कि देश के लिए बहुत अधिक फायदेमंद है लेकिन यह किसी भी निजी निवेशक को आकर्षित नहीं करते हैं, इन्हें सरकारी माध्यम से बेहतर सम्भाला जाए, जो किसी द्विपक्षीय अथवा बहुपक्षीय आधार पर विश्व बैंक जैसे अंतर्राष्ट्रीय प्राधिकरणों द्वारा हो सकता है।

विकासशील देशों में कई लोग अभी भी यह विश्वास करते हैं कि उनकी भूमि पर विदेशी पूँजी की वृहद बाढ़ आने का इन्तजार कर रही है यदि इसके दरवाजे खोल दिये जाएँ। यह सत्य से बहुत परे है। पूँजी के लिए विकसित एवं विकासशील देशों के मध्य एक जबर्दस्त प्रतिद्वन्द्विता है। इससे आगे, सम्भावित निवेशक यह

सुनिश्चित कर लेना चाहता है कि प्राप्तकर्ता देशों में विदेशी निवेश के लिए वातावरण कैसा है। बॉक्स 14.1 में हमने उन तत्त्वों को सूचीबद्ध किया है जो निवेश की दृष्टि में उचित वातावरण का निर्माण करते हैं (एशिया एवं सुदूर पूर्व के लिए आर्थिक आयोग 1950, 4–5)।

बॉक्स 14.1

विदेशी निवेश के लिये अनुकूल वातावरण हेतु अनिवार्य तत्व

1. राजनीतिक स्थिरता एवं बाह्य आक्रमण से स्वतन्त्रता
2. जीवन एवं सम्पत्ति की सुरक्षा
3. लाभ अर्जित करने हेतु अवसरों की उपलब्धता
4. एक विदेशी उद्यम के अनिवार्य अधिग्रहण की स्थिति में उचित मुआवजे एवं भेजे गये धन का मूल देश को तत्काल भुगतान
5. लाभ, लाभांश एवं उस पर ब्याज के प्रेषण की सुविधाएँ
6. विदेशी तकनीकी एवं प्रशासनिक कर्मियों के प्रवास एवं रोजगार के लिये सुविधाएँ
7. एक कराधान की प्रणाली जो कि निजी उद्यमियों पर दबाने वाला बोझ नहीं थोपें
8. दोहरे कराधान से मुक्ति
9. कष्टप्रद नियंत्रण की अनुपस्थिति
10. नियंत्रण के प्रशासन में विदेशियों का गैर–भेदभावपूर्ण व्यवहार
11. राज्य के स्वामित्व वाले उद्यमों के निजी पूंजी के साथ प्रतियोगिता की अनुपस्थिति
12. विदेशी निवेशकों के साथ मित्रता की सामान्य भावना

स्रोतः एशिया एवं सुदूर पूर्व के लिये आर्थिक आयोग (1950, 4–5)

यह असम्भव है कि अत्यधिक अनुकूल विदेशी निवेश से संबंधित कानूनों द्वारा भारत सहित विकासशील देशों की आवश्यकताओं को पूर्ण करने के लिये एक बड़े भाग के रूप में निजी पूंजी के पर्याप्त प्रवाह को प्रोत्साहन मिले। फिर भी भारत में आर्थिक विकास के वित्त पोषण के लिये विदेशी निवेश की ठोस भूमिका है। प्रत्यक्ष विदेशी निवेश में समय के साथ वृद्धि हुई है, इसके लिये भारत की नयी आर्थिक नीति के तहत मुख्य रूप से भारत की अर्थव्यवस्था को खोलने के लिये धन्यवाद।

विदेशी सहायता की भूमिका

विकास के लिये तथाकथित सहायता, तथाकथित दानदाताओं द्वारा तथाकथित प्राप्तकर्त्ताओं को प्रदान की जाती है। कदाचित् यह उचित होगा कि ''सहायता'' को अधिक विकसित राष्ट्रों द्वारा विकासशील राष्ट्रों के आर्थिक, राजनीतिक, सैन्य एवं सामाजिक क्षेत्रों में सीधे अथवा अन्तर्राष्ट्रीय संस्थाओं के माध्यम से भागीदारी के रूप में देख सकते हैं।

दानदाता विदेशी सरकारें, निगम, व्यक्तिगत, अन्तर्राष्ट्रीय संस्थाएँ अथवा निजी संस्थापन हो सकते हैं। ''सहायता'' वास्तविक कार्यकर्त्ता अथवा केवल सलाहकार के रूप में सेवारत वस्तुओं, मशीनों एवं उपकरणों के रूप में ज्ञान, तकनीकी एवं व्यवस्था को देने में प्रयासरत लोग हो सकते हैं। यह चीजें उपहार, ऋण अथवा निवेश हो सकती हैं। ऋण एवं निवेश के अन्तर्गत् अधिकांश सहायता होती है।

दानदाताओं की सहायता नीतियों के उद्देश्य क्या हैं? यह मुख्यतः आर्थिक एवं राजनीतिक मानवतावाद की दिखावट के साथ एक मिश्रित झोला है। मानव स्वभाव एवं आचरण का एक सर्वाधिक सामान्य तथ्य यह है कि 'यह मानने की प्रवृत्ति कि चीजें जो समाज में जुड़ी हुई हैं, हम जानते हैं कि वह अन्य सभी समाजों में भी आवश्यक रूप से जुड़ी होगी'।

विकासशील राष्ट्रों में विदेशी निवेश पर संयुक्त राष्ट्र पैनल ने फरवरी, 1969 में एम्सटर्डम में आयोजित अपनी बैठक में, विकासशील देशों को विदेशी पूंजी के प्रवाह में बड़े पैमाने पर वृद्धि का आह्वान किया ताकि प्रति व्यक्ति वृद्धि की उचित दर प्रदान कर सके (अन्तर्राष्ट्रीय विकास के लिए समिति, 1969)। ये निष्कर्ष, यद्यपि गलत हो सकते हैं–कम अथवा ज्यादा स्वेच्छा से–कई विकासशील देशो द्वारा स्वीकार किये गये हैं, परिणामस्वरूप भारी शर्तों के साथ न केवल विदेशी सरकारों और अन्तर्राष्ट्रीय संस्थाओं पर वरन् निजी निवेशकों पर, जिन्होंने कि निर्यात के लिये वस्तुओं के उत्पादन हेतु खनिज, वन एवं भूमि संसाधनों के दोहन के विशेषाधिकार और विद्युत शक्ति उत्पादन, संचार एवं परिवहन सुविधाएँ तथा औद्योगिक संयत्र के विशेषाधिकार प्राप्त किये है। इस तरह दानदाताओं ने कच्चे माल को प्राप्त कर एवं भारी लाभ बनाकर अपने निर्यात को आगे बढ़ाया। यह कार्य दानदाताओं एवं प्राप्तकर्त्ताओं दोनों के राष्ट्रीय हित में माना गया। दानदाताओं के लिये जो अच्छा है वह प्राप्कर्त्ताओं के लिये भी अच्छा होना चाहिए। राष्ट्रीय हित की इस अवधारणा में आगे और यह माना गया है कि सभी राष्ट्र के लोगों के अच्छे जीवन स्तर की प्राप्ति दूसरे देशों के लोगों के साथ उनकी अर्थव्यवस्था के एकीकरण की दिशा में हैं ताकि वे दुनिया के बाजार एवं संसाधनों तक अपनी पहुँच/उपयोग को अधिकतम कर सकें।

विकसित देशों की सरकारें अपने विदेशी ऋण एवं अपने नागरिकों के निवेश की रक्षा करने के लिये प्राप्तकर्त्ता देश के सैन्य बलों एवं पुलिस बलों को सशक्त कर सरकार को सत्ता में बनाये रखने में सहायता करती हैं। यह व्यवस्था, बड़े भू–मालिकों, सैन्य, औद्योगिक एवं खनन हितों, व्यापारियों एवं सरकारी नौकरशाही के हाथों में देश का मजबूत नियन्त्रण छोड़ देती है। कोई भी परिवर्तन–सामाजिक, राजनीतिक अथवा आर्थिक – जिससे कि इस सत्ता सरंचना को विध्वंस किये जाने की आशंका हो उससे तदनुसार निपटा जाये। कोई भी सरकार जो सत्ता में आने पर महत्वपूर्ण सुधारों का प्रयास करती है उसे परिदृश्य से दूर करने के लिये हमेशा एक सैन्य तख्ता पलट होता है।

दानदाता एवं प्राप्तकर्त्ता देशों के प्रमुख शक्ति समूहों के बीच हितों के व्यवहार के परिणामस्वरूप, मूल सहायता एवं देशी संसाधनों का उपयोग विलासिता होटल, अपार्टमेण्ट एवं कार्यालय भवनों के निर्माण और विलासिता की उपभोक्ता वस्तुओं एवं सेवाओं के उत्पादन के लिये और साथ ही पूँजीगत उद्योगों की स्थापना के लिये संसाधनों को प्राप्त करने के लिये किया जाता है। कृषि में, समृद्ध भूस्वामी चावल एवं गेहूँ की अधिक उपज वाली किस्मों से लाभ प्राप्त करने में आगे हैं। तथापि, विदेशी सहायता ने भारत की अर्थव्यवस्था के कृषि क्षेत्र सहित कुछ क्षेत्रों की वर्तमान एवं संभावित प्रगति में काफी योगदान दिया है (बाक्स 14.2)। अधिकांश अधोसंरचनात्मक परियोजनाओं जैसे – सड़कों, बाँधों, विद्युत शक्ति उत्पादन एवं संचारण सुविधाएँ और कुछ शिक्षा कार्यक्रमों जैसे चिकित्सा, अभियांत्रिकी और प्रौद्योगिकी, कृषि, व्यवसाय प्रबंधन एवं लोक प्रशासन विद्यालय की वृद्धि ने और अधिक आर्थिक एवं सामाजिक प्रगति की नींव को प्रशस्त किया है।

बॉक्स 14.2

आपरेशन फ्लड कार्यक्रम का वित्त पोषण

भारत का ऑपरेशन फ्लड विश्व का सबसे बड़ा डेयरी विकास कार्यक्रम था। वित्त पोषण की एक उत्तम प्रविधि कार्यक्रम के प्रथम चरण के वित्त पोषण के लिये अपनायी गयी थी। इसका वित्त पोषण संयुक्त राष्ट्र के खाद्य एवं कृषि संगठन की संस्था विश्व खाद्य कार्यक्रम द्वारा भारत को दान किये गये 1,26,000 टन मलाईरहित दूध पावडर तथा 42000 टन मक्खन के विक्रय से प्राप्त निधि से किया गया था। ऑपरेशन

फ्लड के लिये 1970 में प्रारंभिक आवंटन 95.40 करोड़ रूपये पाँच वर्ष की अवधि, 1970–71 से 1974–75 तक के लिये किया गया था। बाद में यह संशोधित कर रु. 116.40 करोड़ हो गया। कार्यक्रम की स्थापना से 31 मार्च 1981 तक दान में प्राप्त डेयरी वस्तुओं के विक्रय से 114.68 करोड़ रूपये की राशि प्राप्त हुई तथा इसी अवधि के दौरान वास्तविक वितरण 116.55 करोड़ रूपये था। दान की वस्तुएँ भारतीय डेयरी निगम द्वारा भारत सरकार की ओर से प्राप्त एवं विक्रय की गयी, जो कि इस कार्यक्रम की वित्त पोषण संस्था थी। भारतीय डेयरी निगम द्वारा 30 प्रतिशत अनुदान एवं 70 प्रतिशत ऋण के रूप में राशि का वितरण सहभागी राज्य सरकारों द्वारा नामांकित क्रियान्वयन संस्थाओं को किया गया। सहायता के माध्यम से वित्त पोषण की यह प्रविधि इस अर्थ में नवीन थी कि डेयरी वस्तुओं के विक्रय से लाभ का उपयोग भारत के डेयरी उद्योग के आधुनिकीकरण के लिये आवश्यक अधोसंरचना को तैयार करने में निवेश हेतु किया गया, और दान में प्राप्त डेयरी वस्तुओं का उपयोग दुग्ध की घरेलू कीमतों को एक स्तर तक स्थिर करने के लिये इस तरह से किया गया कि यह उपभोक्ता के लिये अनुकूल एवं उत्पादक के लिये अपने दुग्ध उत्पादन को बढ़ाने के लिये प्रोत्साहन के रूप में पर्याप्त लाभकारी हो। ऑपरेशन फ्लड ने न केवल भारत को दुग्ध उत्पादन में आत्मनिर्भर बनने में सक्षम बनाया अपितु कुछ डेयरी उत्पादों के निर्यात हेतु योग्य भी बनाया।

स्रोतः सिंह (1999, 209–210)

तथापि, निस्संदेह विदेशी सहायता के प्रमुख पक्षों ने लघु कृषकों के लिये उपयुक्त उन्नत प्रौद्योगिकी की आवश्यकता के साथ प्रभावी तरीके से निपटने तथा तेजी से बढ़ रही ग्रामीण श्रम शक्ति के लिये गैर कृषि रोजगार के अवसरों को सृजित करने के लिये छोटी आशा प्रदान की है। अब तक सहायता सरकारों को सत्ता में बनाये रखने के लिये उत्तरदायी रही है, जो कि सार्थक भू–अधिकार सुधारों को लाने, अथवा एक कर प्रणाली की रचना जो कि स्वास्थ्य एवं शिक्षा कार्यक्रमों को वास्तविक पर्याप्त समर्थन प्रदान करें, अथवा ग्रामीण क्षेत्रों के संबंध में पर्याप्त रोजगार अवसरों को सृजित करने की जिम्मेदारी स्वीकारने आदि को अनिच्छुक रहते है, तब ऐसी सहायता ग्रामीण विकास के लिये प्रतिकूल होगी।

सहायता ने अब तक शहरी क्षेत्रों में पूँजी प्रधान उद्योगों के विस्तार पर जोर देने में योगदान दिया है, और खाद्य पैदावार एवं निर्यात् उत्पादों के वृद्धि कार्यक्रमों में बड़े भूस्वामियों को प्राथमिकता प्रदान की है, इसने समृद्धि के द्वीप बनाने का कार्य किया है, जबकि अभी भी अधिकांश लोग परम्परागत् प्रौद्योगिकी के साथ जीवन–यापन के स्तर पर ही निर्वाह कर रहे हैं। इस प्रकृति की दोहरी समाज व्यवस्था के साथ कोई देश या तो कृषि अथवा उद्योग में उसकी तकनीकी क्षमता के साधन को सुनिश्चित करने के लिये घरेलू उपभोग आधार तैयार नहीं कर सकता। वह अपने मानव संसाधनों का एक बड़ा हिस्सा अप्रयुक्त छोड़ देता है।

निर्यात के लिये उत्पादन के बढ़ते दबाव के कारण कृषि क्षेत्र में संसाधनों के आवण्टन का स्वरूप बिगड़ गया है फलस्वरूप उत्पादन में निर्यात् मूल्यों की परवाह किये बिना वृद्धि हुई है। व्यापार की शर्तें प्राप्तकर्ता के लिए खराब हुई हैं जबकि अनिवार्य निर्यात के लिए अभी भी अधिक उत्पादन हो रहा है। अधिक से अधिक संसाधन, जो कि घरेलू खपत के लिये उत्पादन के लिए उपयोग किये जा सकते हैं, को निर्यात के लिये उत्पादित करने के लिए आवंटित किया जाना चाहिए, क्योंकि उधार एवं लाभ सेवाओं की आवश्यकताओं को बढ़ाना है। निर्यात योग्य उत्पादो के उत्पादन के लिये खाद्य उत्पादनों की बलि दी जा सकती है। वर्तमान भू–अधिकार व्यवस्था को सुरक्षित रखा जाना चाहिए क्योंकि वे सबसे अधिक प्रभावी रूप से निर्यात के अतिरिक्त उत्पादन करते रहेंगे। जब तक विकासशील राष्ट्रों में विदेशी सहायता की अवधारणा एवं दिशा तथा लक्ष्यों को प्राप्त करने की रणनीति में शक्तिशाली परिवर्तन नहीं आते हैं, कृषक परिवारों के रहने के स्तर में अधिक सुधार नहीं होगा।

यह विचार करना पेचीदा होगा कि यदि औपनिवेशिक एवं सामन्ती पृष्ठभूमि के इन गरीब देशों को बाहरी हस्तक्षेप के बिना उनके अपने समाजों के विकास के उत्तरदायित्व के लिये वृहत उपाय करने के लिये अनुमति दी जाये तो क्या होगा अथवा यथार्थ में क्या अब भी यह हो सकता है यदि वे अपने आप पर भरोसा करें।

ऋण और निवेश बहुत कम मात्रा तथा बाहरी स्रोतों से तकनीशियनों की बहुत कम संख्या इन देशों की राष्ट्रीय हितों की सर्वश्रेष्ठ सेवा करेंगे। विकास में ''सहायता'' के योगदान की चर्चा करते हुए माइकसेल (1968) ने निष्कर्ष निकाला है कि

> एक सामान्य प्रस्ताव के रूप में विदेशी पूँजी अथवा सहायता, विकास के लिये न तो आवश्यक है और न ही पर्याप्त शर्त है.... कुल मिलाकर, वे देश जो संतोषजनक प्रगति नहीं कर रहे हैं, अपनी प्रति व्यक्ति आय के प्रति बेपरवाह हैं, अपने स्वयं के संसाधनों से संभावित प्रतिलाभ का अहसास करने में विफल रहे हैं। इन संसाधनों को जुटाने, अनुकूल बनाने और पुनर्आवण्टन के लिये तथा आधुनिक अर्थव्यवस्था के प्रचालन हेतु मानव संसाधनों के प्रशिक्षण सहित क्या नीतियाँ एवं कार्यक्रम होना चाहिए।

विदेशी सहायता जो कि एक विकासशील देश के लिये आवश्यक है, और अब भी आवश्यक है वह इस प्रकार होना चाहिए कि वह उसके नागरिकों को उसके स्वयं के संसाधनों का उपयोग करने में समर्थ बनाये, अपने स्वयं के द्वारा और अपने लिये अपनी पूँजी को बढ़ाये और अपनी अर्थव्यस्था का प्रचालन करे, यद्यपि यह एक पर्याप्त समय तक चलने वाली एक उत्तरोत्तर प्रक्रिया है।

तालिका 14.6 में 1980–81 से 2014–15 के चयनित वर्षों में भारत को ऋण एवं अनुदान के रूप में विदेशी सहायता के प्रवाह आंकड़े प्रस्तुत किए गये हैं। जैसा कि तालिका में प्रदर्शित किया गया है, समय के साथ ऋण एवं अनुदान दोनों राशि बढ़ रही है, विदेशी ऋण की मात्रा 1980–81 में रू. 3,771.2 करोड़ से बढ़कर 2014–15 में रू. 20,748.8 करोड़ रूपये हो गयी, लेकिन इसी समय में विदेशी अनुदान राशि रू. 75.8 करोड़ से घटकर रू. 42.1 करोड़ हो गई। यद्यपि, यह उल्लेखनीय है कि अधिकांश विदेशी सहायता ऋण के रूप में होती है जो कि 2010–11 में कुल विदेशी सहायता का लगभग 90 प्रतिशत और 2014–15 (अनतिम) में लगभग 100 प्रतिशत है।

विदेशी ऋण एवं अनुदान के अतिरिक्त, प्रत्यक्ष विदेशी निवेश भी विकास परियोजनाओं के वित्तपोषण का मुख्य स्रोत है। विदेशी कंपनियों ने भारत में सस्ते श्रम और अनुकूल कारोबारी माहौल के फायदे हासिल करने के लिए

तालिका 14.6: *भारत में ऋण एवं अनुदान के रूप में विदेशी सहायता का अन्तर्प्रवाह (रू. करोड़ में)*

वर्ष	*ऋण*	*अनुदान*	*कुल*
1980–81	3,771.20	75.80	3,847.00
1990–91	7,601.30	522.10	8,123.40
1995–96	10,833.20	1,330.00	12,163.20
2000–01	17,184.10	940.60	18,124.70
2005–2006	17,309.10	1,68.80	18,937.90
2010–11	35,895.10	1,536.50	37,431.60
2014–15 पी	20,748.80	42.10	20,790.90

स्रोतः वित्त मंत्रालय (2015, ए113)
टिप्पणीः पीः अनंतिम

निवेश किया है। 1991 के आर्थिक संकट के मद्देनजर भारत में आर्थिक उदारीकरण शुरू हुआ और तब से भारत में लगातार प्रत्यक्ष विदेशी निवेश बढ़ रहा है। 2015 के प्रथम छमाही में, चीन और अमेरिका के क्रमशः 28 अरब डॉलर और 27 अरब डॉलर की तुलना में भारत ने 31 अरब डालर का निवेश आकर्षित किया। प्रत्यक्ष विदेशी निवेश प्रवाह को बढ़ाने के लिए भारत सरकार द्वारा प्रत्यक्ष विदेशी निवेश नीति में संशोधन किया गया है। 2014 में, सरकार ने बीमा क्षेत्र में विदेशी निवेश की ऊपरी सीमा 26 प्रतिशत से बढ़ाकर 49 प्रतिशत कर दी। इसके साथ ही सितंबर 2014 में, ''मेक इन इंडिया'' पहल की शुरुआत की, जिसके तहत 25 क्षेत्रों के लिए प्रत्यक्ष विदेशी निवेश नीति को उदार बनाया गया। अप्रैल 2015 तक, भारत में 25 सितंबर, 2014 को ''मेक इन इंडिया'' पहल की शुरूआत के बाद प्रत्यक्ष विदेशी निवेश का प्रवाह 48 प्रतिशत तक बढ़ गया। 2013 में भारत प्रत्यक्ष विदेशी निवेश प्रवाह के मामले में विश्व में 15वें स्थान पर था, जो 2014 एवं 2015 में 9वें पायदान पर पहुँचकर भारत ने प्रत्यक्ष विदेशी निवेश के लिए उच्च गंतव्य स्थान प्राप्त किया। 2014–15 के दौरान, भारत ने अपना अधिकांश प्रत्यक्ष विदेशी निवेश मॉरीशस, सिंगापुर, नीदरलैंड्स, जापान और अमेरिका से प्राप्त किया। भारत के सकल घरेलू उत्पाद का लगभग 10 प्रतिशत निर्माण गतिविधि पर आधारित है। भारत सरकार 2012–2017 से बुनियादी ढांचे पर 1 खरब डॉलर का निवेश करने की योजना बना रही है। इस 1 खरब डालर का लगभग 40 प्रतिशत निजी क्षेत्र द्वारा वित्त पोषित किया जाना है। अब शहरों और कस्बों के लिए निर्माण क्षेत्र में स्वतः मार्ग के तहत 100 प्रतिशत प्रत्यक्ष विदेशी निवेश की अनुमति है।[5]

सभी स्रोतों से भारत के कुल बकाया विदेशी कर्ज के अनुमान को तालिका 14.7 में प्रस्तुत किया गया है। जैसा कि तालिका में दिखाया गया है, यह समय के साथ बढ़ रहा है।

1991 में, यह लगभग रु. 959.97 अरब अनुमानित किया गया था जो कि 2005 में बढ़कर रु. 3,531.30 अरब और 2014 में रु. 28,085.68 अरब हो गया। यह प्रवृत्ति दर्शाती है कि हमें अभी अपनी आत्म–निर्भरता के घोषित लक्ष्य तक पहुँचने के लिए लम्बे मार्ग को तय करना है। अन्य महत्त्वपूर्ण अवलोकन जो हम इस सन्दर्भ में बताना चाहते हैं वह यह है कि विदेशी कर्ज का बड़ा हिस्सा बहुपक्षीय संसाधनों एवं वाणिज्यिक उधारी का है।

तालिका 14.7: *चयनित वर्षों के मार्च अन्त में भारत का प्रदत्त विदेशी कर्ज (रु. अरब में)*

ऋण का स्रोत		*1991*	*2000*	*2005*	*2010*	*2012*	*2014क्यूई*
1	बहुपक्षीय	403.86	1,371.32	138.92	1,934.36	2,570.89	3,286.92
2	द्विपक्षीय	22.3.78	79.28	74.17	101.98	137.09	143.85
3	आईएमएफ	51.32	1.43	0	272.64	315.28	363.40
4	निर्यात साख	83.74	29.56	21.80	760.11	971.17	949.05
5	वाणिज्यिक उधारी	19.727	869.63	1,182.43	3,192.21	6,146.23	9,941.75
6	अप्रवासी भारतीयों का जमा (एक वर्ष से अधिक)	उपलब्ध नहीं	उपलब्ध नहीं	1,432.67	2,170.62	2,998.40	6,694.33
7	रूपयों पर कर्ज	उपलब्ध नहीं	उपलब्ध नहीं	100.71	74.80	69.22	89.44
8	कुल दीर्घावधि कर्ज	उपलब्ध नहीं	उपलब्ध नहीं	5,087.87	9,424.50	1,4442.05	22,763.41
9	कुल लघु अवधि कर्ज	उपलब्ध नहीं	उपलब्ध नहीं	775.28	2,361.88	3,999.620	5,322.27
10	कुल	959.97	333.080	3,531.30	5,863.05	11,786.38	28,085.68

स्रोतः भारत सरकार (2007ए)[6], वित्त मंत्रालय (2015, ए125–26)

प्रमुख बिन्दु

1. कृषि एवं ग्रामीण विकास के लिए अत्यन्त पूँजी की आवश्यकता होती है। पूँजी की आवश्यकता न केवल कृषिगत निवेश एवं विभिन्न कृषिगत आगत तथा सेवाओं को प्रदान करने हेतु उत्पादन उपकरण को बेहतर बनाने के लिए होती है।
2. ग्रामीण विकास परियोजनाओं में निवेश के लिए वित्त दो प्रमुख स्रोतों से आते हैं – घरेलू एवं विदेशी। इससे आगे प्रत्येक श्रेणी में, यहाँ संस्थागत एवं गैर–संस्थागत स्रोत हैं। घरेलू संस्थागत स्रोतों में सरकार, लोक उद्यम सहित सरकारी उपक्रम, भारतीय रिजर्व बैंक, नाबार्ड, सहकारी बैंक, वाणिज्यिक बैंक, क्षेत्रीय ग्रामीण बैंक एवं निजी कम्पनी और निगम सम्मिलित होते हैं। गैर–संस्थागत स्रोतों में परिवार, साहूकार, व्यापारी, मित्र एवं रिश्तेदार सम्मिलित होते हैं।
3. विदेशी संस्थागत स्रोतों में विदेशी सरकारें, विकास संगठन, विश्व बैंक, एशियाई विकास बैंक, अन्तर्राष्ट्रीय मुद्रा कोष, विदेशी बैंक, बहुराष्ट्रीय निगम इत्यादि सम्मिलित होते हैं। विदेशी गैर–संस्थागत स्रोतों में अनिवासी भारतीय एवं विदेशी नागरिक सम्मिलित होते हैं।
4. भारत में ग्रामीण विकास के वित्त के लिए अत्यधिक महत्त्वपूर्ण साधनों में पूर्व में सरकार रही है, वर्तमान में भी है तथा यह भविष्य में भी बनी रहेगी। सरकारी वित्त निवेश, अनुदान, सहायता एवं ऋण के रूप में उपलब्ध कराया जाता है। आवण्टन वार्षिक बजट प्रक्रिया के माध्यम से होता है। योजना काल के आरम्भ (1951–52) से ग्यारहवीं पंचवर्षीय योजना (2007–2012) तक सार्वजनिक क्षेत्र में कृषि तथा ग्रामीण विकास पर कुल खर्च वर्तमान कीमतों पर रु. 3,58,276.70 अरब था। सार्वजनिक क्षेत्र में कुल योजनागत खर्च के प्रतिशत के रूप में कृषि एवं ग्रामीण विकास की हिस्सेदारी क्रमशः 11 से 17 प्रतिशत थी उस पूरी अवधि में कुल औसत 15 प्रतिशत था। ग्यारहवीं पंचवर्षीय योजना में, कृषि एवं ग्रामीण विकास पर कुल परिव्यय वर्तमान कीमतों पर रु. 3,58,276.700 अरब था जो कि कुल सार्वजनिक क्षेत्र परिव्यय का 13.7 प्रतिशत था।
5. ग्रामीण साख के सन्दर्भ में रिजर्व बैंक एक अग्रणी केन्द्रीय बैंक है। इसके कानून को आधारभूत अधिनियम एवं आगामी संशोधन को ग्रामीण साख की उपलब्धता को विस्तारित करने की जिम्मेदारी सौंपी गयी है। बैंक ने इस जिम्मेदारी को 1947 तक अनिच्छा से निभाया, जबकि स्वतन्त्रता के पश्चात् इस जिम्मेदारी को प्रबलित किया गया तथा बैंक के लिए यह एक प्रमुख जिम्मेदारी बन गयी।
6. भारत में ग्रामीण साख के विकास के इतिहास में जुलाई 1982 में कृषि पुनर्वित्त एवं विकास कॉर्पोरेशन, भारतीय रिजर्व बैंक के कृषि साख विभाग तथा भारतीय रिजर्व बैंक के ग्रामीण साख एवं नियोजन प्रकोष्ठ को मिलाते हुए नाबार्ड की स्थापना की गयी। नाबार्ड के प्रमुख कार्यों में सहकारी बैंकों एवं क्षेत्रीय ग्रामीण बैंकों, वाणिज्यिक बैंकों से मियादी ऋण से पुनर्वित्त सुविधाओं का प्रावधान तथा देश की सभी कृषि एवं ग्रामीण ऋण गतिविधियों के लिए सम्पूर्ण नीति, नियोजन, समन्वय तथा निगरानी सम्मिलित होते हैं। इसके अतिरिक्त, यह ग्रामीण साख विषयक प्रशिक्षण, अनुसन्धान एवं परामर्श का दायित्व भी निभाता है।
7. यद्यपि भारतीय रिजर्व बैंक और नाबार्ड दोनों सहकारी बैंकों, वाणिज्यिक बैंकों तथा क्षेत्रीय ग्रामीण बैंकों के माध्यम से ग्रामीण गरीबों को सस्ती दर पर साख उपलब्ध कराने में महत्त्वपूर्ण भूमिका निभा रहे हैं जो अभी तक ग्रामीण गरीबों की आवश्यकताओं को पूरा नहीं कर पायी है।
8. सहकारी समिति अधिनियम 1904 को अंगीकार करने के साथ ग्रामीण वित्त के क्षेत्र में सहकारी साख समितियों ने प्रवेश किया तब से, देश के ग्रामीण लोगों के वृहत्तर हितों में सहकारी आन्दोलन के

पोषण हेतु सरकार द्वारा विचार करने का प्रयास किया गया। साख सहकारिता को किसानों को ग्रामीण साख प्रदान करने के लिए श्रेष्ठ संस्थाओं के रूप में स्वीकार किया गया क्योंकि ये समृद्ध कृषि साख के सभी महत्त्वपूर्ण मानदण्डों को सन्तुष्ट करती है। ये साख के अन्य सभी संसाधनों में लाभकारी हैं।

9. 2002–03 में, समय–समय पर सहकारी बैंकों की हिस्सेदारी में गिरावट आ रही है, जिसमें 2010–11 तक 17 प्रतिशत की गिरावट आ गई है और तब से वह उस स्तर के आस–पास स्थिर है।
10. सहकारी साख समितियों एवं सहकारी बैंक कई आन्तरिक एवं बाह्य समस्याओं से गुजरती है। सहकारी बैंकों में वर्तमान में कोई भी औपचारिक अभिशासन की व्यवस्था नहीं है। परिणामतः, कई सहकारी बैंक राजनीतिक संरक्षण अनैतिक वित्तीय आचरण तथा कुल मिलाकर कुप्रबन्धन के स्थान बन चुके हैं। अधिकांश सहकारी साख समितियाँ और बैंक वित्तीय रूप से व्यवहार्य नहीं हैं।
11. वाणिज्यिक बैंक अब राष्ट्रीय बचत दर को बढ़ाने में, उपलब्ध बचत को उच्च प्राथमिकता के निवेश में सुग्राही बनाने, कृषि एवं उद्योग में कार्यशील पूँजी के रूप में साख की पर्याप्त आपूर्ति के माध्यम से उपलब्ध क्षमताओं के माध्यम से इसका बेहतर उपयोग करने में रणनीतिक भूमिका निभा रहे हैं। ये गरीबी उन्मूलन कार्यक्रमों को भी वित्त प्रदान करते हैं। जुलाई 1969 में, 14 बड़े वाणिज्यिक बैंकों का राष्ट्रीयकरण किया गया तथा 1980 में अन्य छः का किया गया। इनके राष्ट्रीयकरण के पूर्व, वाणिज्यिक बैंकों का ग्रामीण साख में अंशदान बहुत न्यून थाः 1951–52 में 0.9 प्रतिशत तथा 1961–62 में 0.6 प्रतिशत।
12. 1990 के मध्य तक, कृषि उधारी में वाणिज्यिक बैंकों की सहभागिता में उल्लेखनीय वृद्धि हुई। सभी वाणिज्यिक बैंकों की भारत में कुल संख्या 2006 में 69,616 थी एवं उनकी प्रत्यक्ष कृषि अग्रिम में हिस्सेदारी जुलाई 1969 में बैंक साख की 1.3 प्रतिशत थी जो मार्च 2014–15 में 69 प्रतिशत हो गयी।
13. भारत सरकार ने ग्रामीण बैंकों पर कार्य समूह की अनुशंसा के परिणामस्वरूप क्षेत्रीय ग्रामीण बैंक की स्थापना की। आरम्भ में क्षेत्रीय ग्रामीण बैंक को ग्रामीण समुदाय के वंचित समूहों में समाविष्ट छोटे और सीमान्त कृषक, कृषि श्रमिक, शिल्पी और छोटे व्यापारियों की साख आवश्यकताओं को पूरा करने के लिए आज्ञापत्र दिया गया। इस आज्ञापत्र को विस्तारित करते हुए सभी उधारी लेने वाले अलक्षित समूहों को भी सम्मिलित करने के लिए इसे दिसम्बर 1993 से प्रभावी बनाया। इसका उद्देश्य सहकारी बैंकों (व्यावसायिक अन्तर्दृष्टि) और सहकारिता के लाभों (ग्रामवासियों के साथ अच्छे सम्बन्ध) को कम लागत से 'छोटे लोगों की बैंक' से जोड़ना था।
14. अधिकांश क्षेत्रीय ग्रामीण बैंक प्रारम्भ से ही नुकसान उठा रहे हैं एवं अपनी वित्तीय व्यवहार्यता खो रहे हैं। इसके बहुत से कारणों में केवल लक्षित समूहों को वित्तीय उधार देने का आज्ञापत्र, प्रशासित संयुक्त ब्याज दर संरचना, खराब वसूली प्रदर्शन, प्रतिष्ठान लागतों का बढ़ना और प्रचालन क्षमता का निम्न स्तर सम्मिलित रहे हैं। मार्च 2015 में, उनके एकीकरण के पश्चात्, देश में 56 क्षेत्रीण ग्रामीण बैंक थे, जिनमें 26 राज्यों और संघ शासित क्षेत्र पुडुचेरी सहित 644 अधिसूचित जिलों में 20,059 शाखाएँ थीं। इनके प्रदर्शन में जरा सा सुधार नाबार्ड द्वारा सुधार उपाय जिसमें उनका एकीकरण है के लाने के पश्चात् हुआ था।
15. स्वयं सहायता समूह सूक्ष्म वित्त के महत्त्वपूर्ण संसाधन के रूप में सामने आए। इसका निर्माण बचत और साख की विषयवस्तु पर हुआ है। फरवरी 1992, नाबार्ड ने भारतीय रिजर्व बैंक की सलाह अनुसार चयनित बैंकों और गैर सरकारी संगठनों को बैंकों को स्वयं सहायता समूहों के साथ जोड़कर मार्गदर्शी परियोजना की शुरुआत की। इस परियोजना का मुख्य उद्देश्य ग्रामीण गरीबों को संस्थागत से जोड़ने के

लिए नवाचार भागीदारी और आत्म निर्भर साख व्यवस्था को विकसित करना था जिससे कि संस्थागत साख की ग्रामीण गरीबों तक पहुँच को बेहतर बनाया जा सके।

16. स्वयं सहायता समूह–बैंक सम्बन्ध कार्यक्रम (एसएचजी–बीएलपी) का काफी हद तक विस्तार किया है जिसे 1992 में पहली बार एक मार्गदर्शी परियोजना के रूप में शुरू किया गया था। 31 मार्च, 2014 तक 74.3 लाख से अधिक बचत खातों को एसएचजी से जोड़ते हुए, 9.7 करोड़ गरीब परिवारों को इसमें सम्मिलित किया गया। बैंकों के साथ इन एसएचजी का कुल बचत रू. 9,897.42 करोड़ था। इस कार्यक्रम के अंतर्गत साख से जुड़ी एसएचजी की संख्या 42 लाख थी।

17. कृषकों और अन्य ग्रामीण लोगों को व्यावसायिक साहूकार, कृषक साहूकार, भू–स्वामी, व्यापारी, दलाल, अभिकर्ता और मित्र एवं सगे सम्बन्धियों से होने वाली ऋण आपूर्ति गैर संस्थात्मक अभिकरण के रूप में सम्मिलित होती है। परम्परागत रूप से, ये अभिकरण ग्रामवासियों की ऋण आवश्यकताओं की पूर्ति करने में महत्त्वपूर्ण भूमिका निभाते रहे हैं। यद्यपि, 1951–81 की अवधि में भारत में कुल ग्रामीण साख प्रदान करने के अनुपात में गैर–संस्थागत स्रोतों की हिस्सेदारी में तेजी से कमी आई थी, जो 1951 में 93 प्रतिशत थी, लेकिन 2001 में तेजी से घटकर यह लगभग 36 प्रतिशत रह गई। 1991 से 2013 की अवधि के दौरान यह प्रवृत्ति उलट गई और उनकी हिस्सेदारी 1991 में 36 प्रतिशत से बढ़कर 2013 में 43.9 प्रतिशत हो गई।

18. विकासशील देशों में वित्तीय विकास का एक तरीका घाटे की वित्त व्यवस्था अथवा नियन्त्रित मुद्रास्फीति है। यह तर्क दिया जाता है कि मुद्रास्फीति के कारण, कीमतों में वृद्धि से जनसंख्या को बचाने के लिए वस्तुओं और सेवाओं के उपभोग की मात्रा में कमी की आवश्यकता होगी। इस उम्मीद में नियमित बजट का मुद्रास्फीतिय (घाटा) वित्त पोषण कि बढ़ती कीमत दर विकास परियोजनाओं में निजी निवेश को प्रोत्साहन प्रदान करेगी, सफल होने की संभावना नहीं है। तथापि, यदि सरकार वृहद स्तर पर विकास कार्यक्रम को चलाती है तो यह मानते हुए कि घाटे के वित्त पोषण का स्तर स्वयं मुद्रास्फीति में है और कर नीति, मौद्रिक नीति एवं प्रत्यक्ष नियन्त्रण आय में बढ़ोतरी कर देता है तत्पश्चात् हल्की मुद्रास्फीति का आर्थिक विकास पर सकारात्मक प्रभाव पड़ सकता है।

19. विकासशील देशों में कई लोग अभी भी यह विश्वास करते हैं कि उनकी भूमि पर विदेशी पूँजी की वृहद प्रवाह आने का इन्तजार कर रही है यदि इसके दरवाजे खोल दिये जाएँ। यह सत्य से बहुत परे है। पूँजी के लिए विकसित एवं विकासशील देशों के मध्य एक जबर्दस्त प्रतिद्वंद्विता है। इससे आगे, सम्भावित निवेशक यह सुनिश्चित कर लेना चाहता है कि प्राप्तकर्ता देशों में विदेशी निवेश के लिए वातावरण कैसा है।

20. समय के साथ ऋण एवं अनुदान दोनों राशि बढ़ रही है, विदेशी ऋण की मात्रा 1980–81 में रू. 3,771.2 करोड़ से बढ़कर 2014–15 में रू. 20,748.8 करोड़ रूपये हो गयी, लेकिन इसी समय में विदेशी अनुदान राशि रू. 75.8 करोड़ से घटकर रू. 42.1 करोड़ हो गई। विदेशी सहायता जो कि एक विकासशील देश के लिए आवश्यक है, और अब भी आवश्यक है वह इस प्रकार होना चाहिए कि वह उसके नागरिकों को उसके स्वयं के संसाधनों का उपयोग करने में समर्थ बनाए, अपने स्वयं के द्वारा और अपने लिए अपनी पूंजी को बढ़ाए और अपनी अर्थव्यवस्था का प्रचालन करे, यद्यपि यह एक पर्याप्त समय तक चलने वाली एक उत्तरोत्तर प्रक्रिया है। विदेशी सहायता के इस प्रारूप के उपयोग का आदर्श रूप ऑपरेशन फ्लड कार्यक्रम है।

21. विदेशी ऋण एवं अनुदान के अतिरिक्त, प्रत्यक्ष विदेशी निवेश भी विकास परियोजनाओं के वित्तपोषण का मुख्य स्रोत है। 1990 के दशक में आर्थिक उदारीकरण के पश्चात् भारत में लगातार प्रत्यक्ष विदेशी

निवेश बढ़ रहा है। 2015 के प्रथम छमाही में, चीन और अमेरिका के क्रमशः 28 अरब डॉलर और 27 अरब डॉलर की तुलना में भारत ने 31 अरब डालर के निवेश को आकर्षित किया। प्रत्यक्ष विदेशी निवेश प्रवाह को बढ़ाने के लिए भारत सरकार द्वारा प्रत्यक्ष विदेशी निवेश नीति में संशोधन किया गया है। अप्रैल 2015 तक, भारत में 25 सितंबर, 2014 को ''मेक इन इंडिया'' पहल की शुरूआत के बाद प्रत्यक्ष विदेशी निवेश का प्रवाह 48 प्रतिशत तक बढ़ गया। 2013 में भारत प्रत्यक्ष विदेशी निवेश प्रवाह के मामले में विश्व में 15वें स्थान पर था, जो 2014 एवं 2015 में 9वें पायदान पर पहुँचकर भारत ने प्रत्यक्ष विदेशी निवेश के लिए उच्च गंतव्य स्थान प्राप्त किया।

22. तकनीकी सहायता, बाहरी सहायता का सबसे अधिक उत्पादक रूप है। विकसित से विकासशील देश में ज्ञान, कुशलता और उपयोगी जानकारी का हस्तान्तरण श्रमिकों की उत्पादकता, तथा भूमि निर्माण एवं लाभदायक पूंजी को स्थायी रूप से बढ़ा सकते हैं। भारत के अनुभव से यह स्पष्ट है कि संयुक्त राज्य अन्तर्राष्ट्रीय विकास अभिकरण, रॉकफेलर फाउण्डेशन तथा फोर्ड फाउण्डेशन द्वारा तकनीकी तथा वित्तीय सहायता के साथ अनुदानित आधार पर विश्वविद्यालयों को स्थापित किया गया।
23. भारत की विदेशी कर्ज की धनराशि समय के साथ बढ़ रही है। 1991 में, यह लगभग रू. 959.97 अरब अनुमानित किया गया था जो 2005 में बढ़कर रु. 3,53,1.30 अरब और 2014 में रु. 28,085.68 अरब हो गया। यह प्रवृत्ति दर्शाती है कि हमें अभी अपनी आत्म–निर्भरता के घोषित लक्ष्य तक पहुँचने के लिए लम्बे मार्ग को तय करना है।

चर्चा के लिए प्रश्न

1. भारत के ग्रामीण क्षेत्र पूंजी के अभाव तथा परिणामस्वरूप निम्न संसाधन उत्पादकता, निम्न आय तथा गरीबी के उच्च अनुपात एवं बेरोजगारी से ग्रस्त है। ग्रामीण क्षेत्रों में वित्त के प्रवाह को बढ़ाने के लिए एक रणनीति की रूपरेखा बनाए।
2. चर्चा कीजिए कि ग्रामीण विका सके लिए वित्त की उपलब्धता में सरकार को मुद्रास्फीति किस तरह से मदद कर सकती है।
3. ग्रामीण क्षेत्रों में साख प्रवाह को बढ़ाने में भारतीय रिजर्व बैंक तथा राष्ट्रीय कृषि और ग्रामीण विकास बैंक (नाबार्ड) की भूमिका की तुलना तथा अंतर करिए।
4. सहकारी साख समितियाँ ग्रामीण लोगों की साख आवश्यकताओं के लिए उपयुक्त संस्थानात्मक संरचना है। लेकिन भारत के इनके साथ हमारा अनुभव यह बताता है कि ये अपने प्रयोजन उद्देश्य को प्राप्त करने में असफल रहे हैं। इसके कारणों पर चर्चा कीजिए।
5. चर्चा कीजिए क्षेत्रीय ग्रामीण बैंक, वाणिज्यिक बैंकों के कम लागत के विकल्प क्यों नहीं बन पाए हैं?
6. स्वयं सहायता समूहों के साथ–साथ सहकारी साख समितियों की सामर्थ्य तथा कमजोरी क्या है?
7. ग्रामीण क्षेत्रों में कुछ क्षेत्रों/परियोजनाओं की पहचान करे जहाँ विदेशी निवेश बहुत उपयोगी रहा है तथा क्यों?
8. ग्रामीण क्षेत्रों में अत्यधिक विदेशी निवेश को भारत सरकार किस तरह से आकर्षित कर सकती है?
9. भारत में ग्रामीण विकास के वित्त पोषण के माध्यम के रूप में विदेशी सहायता की लाभ एवं हानि की चर्चा कीजिए।

टिप्पणियाँ

1. http://dacnet.nic.in/eands/agStat06-07.htm (Accessed in March 2008).
2. http://www.indiabudget.nic.in/es2007-08 (Accessed in March 2008).
3. वित्तीय समावेशन पर समिति ने वित्तीय समावेशन को इस तरह से व्याख्यायित किया है *''एक ऐसी प्रक्रिया जिसमें वित्तीय सेवाओं की पहुँच को सुनिश्चित करना और समय पर तथा पर्याप्त साख को कमजोर वर्गों और कम आय वाले समूहों के लिए एक सस्ती कीमत पर उपलब्ध करेगा।''*
4. https://www.nabard.org/english/FinancialInclusion2.aspx
5. https://en.wikipedia.org/wild/Foreign_direct_investment_in_India (Accessed on December 27, 2015).
6. http://www.indiabudget.nic.in/es2006-07 (Accessed on March 2008).

अध्याय 15

क्रियान्वयन, अनुश्रवण एवं मूल्यांकन

अध्ययन परिणाम

इस अध्याय को पढ़ने के पश्चात् विद्यार्थी यह जानने में समर्थ होंगे –

- ''परियोजना नियोजन'', ''परियोजना अनुश्रवण'' एवं ''परियोजना मूल्यांकन'' को परिभाषित करने में;
- परियोजना नियोजन के प्रमुख अवयवों का वर्णन करने में;
- परियोजना नियंत्रण क्यों आवश्यक है, यह स्पष्ट करने में;
- ग्रामीण विकास नियोजन में 'एकीकरण एवं समन्वय' की भूमिका को स्पष्ट करने में;
- क्रियान्वयन में लोगों की सहभागिता क्यों आवश्यक है, यह स्पष्ट करने में;
- ग्रामीण विकास परियोजना के सन्दर्भ में परियोजना अनुश्रवण की मुख्य प्रक्रियाओं की व्याख्या करने में;
- ''पूर्ववर्ती मूल्यांकन'', ''समवर्ती मूल्यांकन'' एवं ''उत्तरवर्ती मूल्यांकन'' के मध्य विभेद करने एवं उनको परिभाषित करने में; तथा,
- परियोजना मूल्यांकन के ''साथ और बिना'' तथा ''पूर्व एवं पश्चात्'' दृष्टिकोण, उसके गुण एवं अवगुण तथा उनके उपयोग को स्पष्ट करने में।

परिचय

क्रियान्वयन, अनुश्रवण एवं मूल्यांकन सभी को परियोजना प्रबंधन के कार्य के अन्तर्गत् सम्मिलित किया जाता है। क्रियान्वयन को एक प्रक्रिया के रूप में माना जा सकता है जिसमें पूर्व निर्धारित गतिविधियों के समूह को सुनिश्चित स्थापित उद्देश्यों को प्राप्त करने के दृष्टिकोण से सुनियोजित तरीके से किया जाता है। जैसा कि हमने अध्याय 12 में उल्लेख किया है कि, एक कार्यक्रम आमतौर पर सुपरिभाषित परियोजनाओं की एक श्रृंखला के माध्यम से क्रियान्वित किया जाता है। इसका अर्थ है कि एक कार्यक्रम में कई परियोजनाएँ सम्मिलित होती है, जिसका क्रियान्वयन अंततः उसके निष्पादन द्वारा पूर्ण होता है। एक योजना का कार्यक्षेत्र अभी भी इस अर्थ में व्यापक है कि इसमें आमतौर पर कई कार्यक्रम समाविष्ट होते हैं। इसलिये इसके क्रियान्वयन के लिये एक योजना को कई कार्यक्रमों में तोड़ना होता है, इनमें से प्रत्येक कई परियोजनाओ में बँटी होती है। एक कार्यक्रम की अपेक्षा, एक परियोजना विशेष रूप से क्या, कौन, कब और कैसे इन प्रश्नों से संबंधित होती है।

अनुश्रवण परियोजना की प्रगति के साथ–साथ उसके लक्ष्य एवं समय पर नजर रखने की एक प्रक्रिया है। अनुश्रवण का मुख्य उद्देश्य यह पता लगाना है कि योजना/लक्ष्य से वास्तविक भौतिक एवं वित्तीय उपलब्धियों

में कोई विचलन तो नहीं है और परियोजना प्राधिकारी को समय पर आवश्यक सुधारात्मक कदम उठाने में मदद करना है। एक परियोजना के मूल्यांकन का सम्बंध उसके प्रभावों के आकलन से है।

भारत में और अन्य विकासशील देशों में कृषि एवं ग्रामीण विकास कार्यक्रमों की असफलता का बड़ी मात्रा में आकलन उनकी कठिनाइयाँ जो कि प्रभावी क्रियान्वयन में बाधक थी, से पता लगाया जा सकता है। स्पष्ट है कि, एक कार्यक्रम उसके क्रियान्वयन से बेहतर नहीं है। दिवंगत प्रधानमंत्री जवाहरलाल नेहरू जो कि नियोजन की समस्याओं पर असाधारण पकड़ रखते थे, ने क्रियान्वयन के महत्व पर बल देते हुए एक तीक्ष्ण टिप्पणी की थी कि, 'हम योजना आयोग एवं अन्य संबंधित नियोजन में अधिक अनुभवी एवं अधिक विशेषज्ञ हो गये हैं। लेकिन वास्तविक प्रश्न नियोजन का नहीं है अपितु योजना के क्रियान्वयन का है। ... मुझे अंदेशा है कि हम नियोजन के मुकाबले क्रियान्वयन में पूर्णतः विशेषज्ञ नहीं है (वॉटरस्टोन 1970, 403 में उद्धृत)। यह कथन विशिष्ट है क्योंकि यह मानता है कि योजना क्रियान्वयन की समस्याएँ अधिक कठिन है बजाय योजना निर्माण के। लेकिन कथन यह भी अर्थ रखता है कि नियोजन एवं क्रियान्वयन दो भिन्न एवं असम्बन्धित प्रक्रियाएँ हैं। तथ्यात्मक रूप से वे निहायत अन्र्तसम्बंधित हैं और उन्हें समग्र रूप में एकीकृत माना जाना चाहिए। योजनाकार अपने आप को केवल यह कह कर सीमित नहीं कर सकते की क्या प्राप्त किया जाना चाहिए बिना यह बताये कि कैसे एवं किसके द्वारा। प्रत्येक लक्ष्य विशेष रूप से उसको प्राप्त करने के उपायो एवं नीतियों सहित होना चाहिए, अन्यथा वह केवल एक पूर्वानुमान अथवा प्रक्षेपण बनकर रह जाता है। अनुश्रवण एक परियोजना के प्रभावी एवं सरल क्रियान्वयन का महत्वपूर्ण साधन है। समवर्ती मूल्यांकन कार्यान्वयन संस्था को परियोजना के मध्य में सुधार करने में सहायक होते है और इस तरह से वे अपने सकारात्मक प्रभावों को बढ़ा एवं नकारात्मक (अनपेक्षित) प्रभावों को न्यून कर सकते हैं। इसलिये अनुश्रवण एवं मूल्यांकन दोनों ही ग्रामीण विकास परियोजनाओं की सफलता के लिये आवश्यक है।

नियोजन काल के आरम्भ से ही बड़े पैमाने पर ग्रामीण विकास कार्यक्रमों में निवेश किया गया है और निकट भविष्य में भी होता रहेगा। नियोजन में कई खामियों के अतिरिक्त कार्यक्रमों के क्रियान्वयन, अनुश्रवण एवं मूल्यांकन में अनगिनत प्रक्रियात्मक समस्याएँ रही है। इसने कार्यक्रमों की कार्यक्षमता एवं प्रभाव को प्रतिकूल रूप से प्रभावित किया है। नीति निर्माताओं, क्रियान्वयन संस्थाओं एवं सभी लाभार्थियों को लगातार सतर्कता तथा बारीकी से ग्रामीण विकास परियोजनाओं के क्रियान्वयन की निगरानी करनी होगी। यह परियोजना की रूपरेखा में ही निर्मित अनुश्रवण की उचित व्यवस्था के माध्यम से किया जा सकता है। प्रभावी अनुश्रवण संसाधनों के अपव्यय को कम कर सकता है तथा परियोजना के उद्देश्यों को अधिक प्रभावी एवं कुशलतापूर्वक ढंग से प्राप्त करने में सहायक हो सकता है। प्रतिशत प्रगति तकनीक उपागम सामान्यतः एक परियोजना की प्रगति के आकलन के लिये उपयोग में लाया जाता है। इस उपागम में भौतिक कार्य पूर्णता का प्रतिशत एवं परियोजना परिव्यय खर्च के प्रतिशत का उपयोग परियोजना की प्रगति की समीक्षा के लिये किया जाता है। अनुश्रवण के लिये सहायक के रूप में (अ) नेटवर्क विश्लेषण; (ब) उद्देश्य उन्मुख परियोजना नियोजन; (स) मुख्य अनुसूची एवं (द) प्रबंधन सारांश प्रतिवेदन, को भी सम्मिलित किया जाता है (गोपालकृष्णन एवं रामामूर्ति 1993, 332–337)।

यह अध्याय ग्रामीण विकास कार्यक्रमों के क्रियान्वयन, अनुश्रवण एवं मूल्यांकन की प्रविधियों एवं प्रक्रियाओं के विस्तार एवं उन पर चर्चा पर केन्द्रित है।

परियोजना क्रियान्वयन

हम क्रियान्वयन को दो अलग–अलग दृष्टिकोणों में बाँट सकते है – पारम्परिक (ब्लूप्रिंट) दृष्टिकोण एवं खुला (लोक केन्द्रित) दृष्टिकोण। पारम्परिक दृष्टिकोण की विशेषता नियोजन एवं विकास को यांत्रिक दृष्टि से देखने की है जिसमें क्रियान्वयन केवल शक्तिशाली (दानदाताओं, योजनाकारों, राजनेताओं) लोगों का साधन है। जिसमें कर्मचारी विभिन्न प्रकार से मशीन के चक्रदंत के रूप में अथवा परेशानी के रूप में देखा जाता है किन्तु वह

आवश्यक कच्चा माल है। परियोजना के लाभार्थियों को ग्राहकों (जिन्हें कि विचार बेचा जाता है) अथवा कर्मचारियों (जिन्हें कि निर्देशित किया जायेगा) के रूप में देखा जाता है।

दूसरी ओर, खुले दृष्टिकोण में लोगों को प्रोत्साहक और कार्यकर्ता के रूप में मानकर महत्वपूर्ण बनाने के प्रयास किये जाते हैं बजाय उन्हें योजनाकार अथवा ग्राहक के रूप में। यह मान्यता है कि क्रियान्वयन अभिप्राय के संप्रेषण के बारे में हैं और इसका संबंध शक्ति एवं प्रभाव से है। क्रियान्वयन और अधिक महत्वपूर्ण हो जाता है जब इसे योजनाकारों एवं ग्राहकों दोनों के परस्पर लाभ के लिये शिक्षा के रूप में देखा जाता है। यह अभी भी चीजों के होने का माध्यम है, लेकिन यह इससे भी सम्बन्धित है कि अपेक्षित तथा अनपेक्षित परिणाम जो भी प्राप्त हों चीजें किस तरह से होती हैं। परिणामस्वरूप, यह नियोजन प्रक्रिया का अभिन्न अंग बन जाता है तथा प्रक्रिया के तकनीकी, वित्तीय एवं आर्थिक पक्षों को प्रभावित करता है।

ग्रामीण विकास के सन्दर्भ में, एक ऐसे दृष्टिकोण की आवश्यकता है जो निर्भरता को घटाने एवं आत्मनिर्भरता को बढ़ाने में सहायता तथा प्रोत्साहित करे और खुला दृष्टिकोण इसके अनुकूल है। दूसरी तरफ, पारम्परिक दृष्टिकोण, निर्भरता एवं अलगाव की भावना पैदा कर सकते हैं बजाय इसको कम करने के। लेकिन अभी भी यह क्रियान्वयन के लिये प्रमुख दृष्टिकोण है एवं बहुतायत में ग्रामीण विकास संस्थाओं द्वारा इसका प्रयोग किया जाता है। खुला दृष्टिकोण व्यवाहारिक एवं लचीला है तथा यह सीखने और अनुभव से अपनाने के लिये अनुकूल है। यह एक प्रमुख स्रोत पर बहुत अधिक अवलम्बित है जो कि परम्परागत दृष्टिकोण द्वारा नजरअंदाज कर दिया गया है वह है लोगों की स्वयं निर्भरता, उनकी प्रेरणा, अनुभव एवं सामान्य समझ। इसके अतिरिक्त खुला दृष्टिकोण यह भी संकेत करता है कि क्रियान्वयन को राजनीति से अलग नहीं किया जा सकता है। क्रियान्वयन के बारे में विशुद्ध रूप से वित्त के अधिग्रहण, व्यय का नियोजन, आगत का अधिग्रहण, बज़ट नियंत्रण एवं प्रबंधन की अन्य यांत्रिकी के सन्दर्भ में विचार करें तो बुनियादी मुद्दों को भूल जाते हैं। क्रियान्वयन का सम्बंध कार्यवाही से है – कौन बनायेगा, कौन करेगा, यह क्यों और किसने किया, अधिकार किसके पास है और कार्यवाही के लिये अधिकारों को सुनियोजित कैसे किया जायेगा।

अब हम क्रियान्वयन की प्रक्रिया के मुख्य अवयवों की चर्चा करेंगे।

क्रियान्वयन के लिए नियोजन

योजना क्रियान्वयन के लिए कुछ नियोजन अपेक्षित होता है। एक योजना के क्रियान्वयन के लिये कम से कम यह विनिर्दिष्ट करना चाहिए कि – क्या करना है, कौन करेगा, कब होगा और कैसे होगा। प्रारम्भ में, योजना को कई परियोजनाओं में विभाजित करना चाहिए तथा प्रत्येक परियोजना के लिये एक क्रियान्वयन प्रणाली विकसित करना चाहिए। स्पष्टतया प्रत्येक परियोजना के लिये एक अनूठी क्रियान्वयन प्रणाली आवश्यक होगी जो इसकी विशिष्ट आवश्यकताओं और लक्षणों के अनुकूल हो। सार्वभौमिक रूप से प्रयोग में आने वाली क्रियान्वयन व्यवस्था विकसित करना संभव नहीं है। लेकिन क्रियान्वयन व्यवस्था हेतु एक व्यापक ढाँचा निम्नानुसार स्पष्ट किया जा सकता है (कोहली 1979, 13–17)।

भौतिक कार्य के लिए योजना

भौतिक कार्य के लिए योजना में निम्नलिखित को सम्मिलित किया जाना चाहिएः

1. आपूर्ति, उपकरण और औजार/सामग्री, श्रमिक, अधिकार, साख, प्रबंधकीय एवं तकनीकी कर्मचारियों की आवश्यकता का अनुमान।
2. कर्मचारियो की भर्ती, अभिविन्यास एवं पदस्थापना।
3. सर्वेक्षण, अध्ययन, अन्वेषण एवं प्रतिवेदन।

4. आपूर्ति, उपकरण एवं औजार, साख आदि का प्रबंध/अधिप्राप्ति करना।
5. लक्षित लाभार्थियों के उत्पाद के विपणन की व्यवस्था करना।
6. आपूर्ति, उपकरण, साख आदि का आवण्टन एवं वितरण करना।
7. भौतिक कार्य।
8. विभिन्न स्तरों एवं चरणों पर निर्णय–निर्माण तथा प्रशासनिक प्रक्रियाओं के निष्पादन के लिये व्यवस्था करना।

यें सभी गतिविधियाँ उनके अनुक्रम सहित स्पष्ट रूप से परिभाषित एवं अन्योन्याश्रित होना चाहिए।

समय योजना

सर्वप्रथम, योजना के अनुसार उपलब्ध कर्मचारी एवं अन्य संसाधनो के आधार पर प्रत्येक गतिविधि के लिये आवश्यक समय निर्धारित करना चाहिए, साथ ही प्रत्येक वस्तु के प्रारम्भ होने तथा समाप्त होने की तिथियाँ भी। तकनीक जैसे– बार चार्टस्, फ्लो चार्ट्स, कार्यक्रम मूल्यांकन एवं पुनरीक्षण तकनीक एवं क्रिटिकल पथ प्रविधि का प्रयोग परियोजना के समय योजना विकसित करने के लिये करना चाहिए (गोपालकृष्णन् एवं राममूर्ति, 1993 अध्याय 5 एवं 6)। मात्रा एवं प्रतिमान के सन्दर्भ में प्रत्येक समय अवधि में आवश्यकता की उपलब्धता के साथ मेल के संबंध में ध्यान रखा जाना चाहिए।

आगत संसाधन नियोजन

आगत संसाधन नियोजन के अन्तर्गत निम्नलिखित को सम्मिलित किया जाना चाहिए:

1. दुर्लभ संसाधनों की पहचान जो कि विस्तृत नियोजन एवं उपलब्धता के साथ मिलान हेतु आवश्यक है।
2. प्रत्येक आगत संवर्ग हेतु कुल आवश्यकता का निर्धारण।
3. समय योजना तैयार करते समय कुल आवश्यकता का कालावधिनुसार अवयवों में विच्छेद।
4. प्रत्येक समयावधि के लिये आगतों की सम्भावित उपलब्धता की वास्तविक पूर्वानुमान एवं इन पूर्वानुमान में अन्तर्निहित अनुमानों का ब्यौरा।
5. प्रत्येक अवधि के लिये आवश्यकताओं की उपलब्धताओं के साथ तुलना।
6. जब भी आवश्यकता हो समय योजना को नये सिरे से बनाना जिससे कि संशोधित आवश्यकता उपलब्धता के अनुरूप हो सके।

समय योजना एवं आगत संसाधन योजना को एकीकृत करने के पश्चात्, परिणामी क्रियान्वयन योजना को यथार्थवादी अथवा क्रियान्वयन योग्य कहा जा सकता है, जो इस पर निर्भर करता है कि भविष्य की स्थितियों का पूर्वानुमान कैसे किया जा सकता है।

उपकरण आदेश नियोजन

उपकरणों एवं अन्य वस्तुओं जो कि क्रय की जानी है कि पृथक सूची तैयार की जानी चाहिए उनके अनुसार क्रय आदेश देना चाहिए। क्रय योजना एवं क्रियान्वयन योजना में तालमेल होना चाहिए।

परियोजना संगठन

क्रियान्वयन योजना तैयार करने एवं परियोजना को निष्पादित करने, दोनों के लिये एक उचित परियोजना संगठन विकसित किया जाना चाहिए, विभिन्न कार्यों के लिए जिम्मेदारियों को स्पष्ट रूप से निर्दिष्ट किया जाना चाहिए

और वैज्ञानिक उपकरणों का उचित प्रयोग सुनिश्चित किया जाना चाहिए। महत्वपूर्ण स्थानों को पर्याप्त कुशल एवं अनुभवी लोगों द्वारा समय पर भरा जाना महत्वपूर्ण है। मूल्यांकन एवं प्रबंधन सूचना प्रणाली जो कि क्रियान्वयन एवं आवश्यक प्रतिवेदन प्रारूप को विकसित करने के लिये आवश्यक हो, उसको भी बताना चाहिए।

अन्तर्सम्बन्धों का निर्माण

यह अन्तर्सम्बंधित परियोजनाओं जैसे – पुलों एवं सड़कों, सिंचाई एवं फसल विकास परियोजना, उत्पादन, प्रसंस्करण एवं विपणन परियोजना, शक्ति एवं उद्योग आदि को समय पर पूर्ण करने एवं परियोजना से पूर्ण लाभ प्राप्त करने के लिए आवश्यक है। अन्य परियोजनाओं के साथ अग्रगामी एवं पश्चगामी दोनों सम्पर्क निर्मित एवं सशक्त किये जाने चाहिए।

राबर्ट चैम्बर्स एवं उनके सहकर्मियों ने विचारों के विभिन्न स्रोतों से ग्रामीण विकास कार्यक्रमों एवं परियोजनाओं के क्रियान्वयन के कार्यक्रम एवं नियंत्रण हेतु एक प्रणाली विकसित की। इसे कार्यक्रम एवं क्रियान्वयन प्रणाली कहा जाता है। इस प्रणाली को प्रायोगिक तौर पर केन्या के विशेष ग्रामीण विकास कार्यक्रमों में परीक्षण किया गया। इस व्यवस्था में निम्नलिखित तीन मुख्य अवयव है (चैम्बर्स 1974, अध्याय 2):

1. एक क्रमानुनेशन अभ्यास, जो कि विशेष ग्रामीण विकास कार्यक्रमों में वार्षिक तथा वित्तीय वर्ष के पहले या बाद में होना था। यह एक बैठक थी जिसमें क्रियान्वयन से संबधितों द्वारा भाग लिया गया, जहाँ वे संयुक्त एवं स्वतंत्र रूप से एक वर्ष के लिये चरणबद्ध कार्यक्रम बना सकते हैं।
2. एक प्रबन्धन बैठक, जो कि विशेष ग्रामीण विकास कार्यक्रमों में मासिक होती थी। इस बैठक में सीधे क्रियान्वयन से सम्बंधित लोगों ने भाग लिया तथा चरणबद्ध कार्यक्रम के मुकाबले प्रगति की समीक्षा की गयी, बाधाओं की पहचान की गयी एवं सुधारात्मक कार्यवाही पर सहमति व्यक्त की गयी।
3. एक कार्यवाही प्रतिवेदन, जो कि विशेष ग्रामीण विकास कार्यक्रम में मासिक प्रबंधन प्रविवेदन के रूप में वर्णित है, जिसमें की गयी प्रगति एवं समस्याओं की संक्षिप्त सारांशिका, जो कार्यवाही के लिये जिम्मेदार है उनके नाम सहित शीघ्रता से एवं समान रूप से शासन के विभिन्न स्तरों पर संबंधितों को भेजी जाती है।

इस व्यवस्था में समाविष्ट मुख्य नियम इस प्रकार हैं –

1. क्रियान्वयन के लिए उत्तरदायी सभी लोगों का प्रक्रिया द्वारा संयुक्त कार्यक्रम।.
2. कर्मचारियों द्वारा उनके अपने कार्यों के लक्ष्यों का निर्धारण।
3. खराब कार्य के विरुद्ध उत्तरदायी को दण्ड देना।
4. कृश और कार्यात्मक प्रतिवेदन।
5. कार्यान्वयन से, बाधा अथवा विलंब के बिन्दु तक सीधे संचार।
6. संयमी रूप से उपयोग की गई कार्यात्मक बैठकें।
7. सरलता में जटिलता।

इन सिद्धान्तों का उपयोग, भारत और अन्य विकासशील देशों में अन्य स्थितियों के लिए अन्य कार्यान्वयन एवं प्रबन्धन प्रणालियों के लिए किया जा सकता है। ग्रामीण विकास कार्यक्रम के क्रियान्वयन में बहुत से कारक यथा तकनीकी, आर्थिक, वित्तीय, वाणिज्यिक, सामाजिक, सांस्कृतिक और संस्थात्मक–संगठनात्मक कारक असर डाल सकते हैं। इन कारकों की प्रकृति एवं उनके प्रभाव के विस्तार का ज्ञान ग्रामीण विकास प्रबन्धकों के लिए आवश्यक है जिससे कि कार्यक्रमों का क्रियान्वयन एवं प्रबन्धन कुशलतापूर्वक एवं प्रभावी रूप से करने में समर्थ हो सके। इसी तरह का ज्ञान ग्रामीण विकास नीति निर्माताओं और योजनाकारों के लिए भी आवश्यक है, ताकि ग्रामीण विकास के लिए यथार्थवादी

नीतियों एवं योजनाओं को तैयार किया जा सके। विकास नीति निर्माताओं एवं प्रशासकों दोनों को कुछ या सभी कारकों के बारे में ज्ञान की कमी या अपर्याप्तता काफी हद तक भारत के विकास कार्यक्रमों की विफलता स्पष्ट करते हैं।

परियोजना नियन्त्रण

प्रबन्धन और नियन्त्रण की क्रियाएँ आपस में सम्बन्धित हैं क्योंकि सामान्यतः उनके लिए अलग से परिभाषा नहीं है। निश्चित तौर पर, प्रायः इस शब्द का उपयोग विनिमेय है। फिर भी हम उनको पृथक् रूप से समझना चाहेंगे यद्यपि उनके कार्य जुड़े हुए हों। नियन्त्रण बदलती परिस्थितियों विशेषकर परियोजना से बाहर की स्थितियों जैसे बाजार, आगत एवं उत्पाद मूल्य, शासन की नीतियों में परिवर्तन आदि परियोजना के संचालन को बनाये रखने से सम्बन्धित है।

व्यवहार में, ग्रामीण विकास परियोजना के नियन्त्रण का कार्य अक्सर वित्तीय जवाबदेही, धोखाधड़ी का निवारण तथा परियोजना गतिविधियों की जाँच तक ही रहा है जो कि एक केन्द्रीकृत, कठोर और गैर प्रेरित संरचना की ओर जाता है। यह पूर्वाधिकार कार्यरत मन्त्रालयों के दृष्टिकोण को दर्शाती है – जो व्यय कर रही है – तथा वह व्यवसाय संस्था भी नहीं है। स्पष्टतः परियोजना नियन्त्रण, परियोजना प्रबन्धन की लागत में प्रमुख प्रक्रिया के रूप में दिखायी देती है तथा यह निरन्तर परियोजना परिचालन के अवलोकन की अपरिवर्तनीयता को दर्शाता है। ग्रामीण विकास परियोजनाएँ शायद ही कभी स्थिर परिस्थितियों में प्रचालित होती हैं और इसलिए परियोजना प्रबन्धन में परियोजना प्रचालन में परिवर्तन के समायोजन की क्षमता होना चाहिए।

प्रबन्धन संरचना और नियन्त्रण की प्रविधि, परियोजना की मूल भौतिक तकनीकी, सामाजिक और आर्थिक विशिष्टताओं के साथ निकटता से जुड़ी होनी चाहिए। परियोजना परिचालन के प्रारम्भिक चरण में सशक्त तकनीक और प्रशासनिक नियन्त्रण सम्भवतः लाभदायक हैं लेकिन समय के साथ नीति निर्माण के विकेन्द्रीकरण तथा कृषकों की बेहतर भागीदारी से सम्भवतः लाभ में बढ़ोतरी आ सकती है।

परियोजना प्रबन्धन का प्रदर्शन मात्र परियोजना के प्रकार एवं आकार अनुसार उपयुक्त कर्मचारी संरचना पर निर्भर नहीं करता है बल्कि कर्मचारी की गुणवत्ता पर भी निर्भर करता है तथा यह परियोजना प्रबन्धन के सभी स्तरों को सन्दर्भित करता है। विकासशील देशों के सामान्य लक्षण उच्च गुणवत्ता एवं स्वप्रेरित मानव शक्ति की कमी है, लेकिन यह ग्रामीण क्षेत्रों में विशेष रूप से चिह्नित किया गया है, जहाँ परियोजना प्रायः पृथक् तथा अनाकर्षक स्थिति में कुछ समय तक रहती है जो कि लोगों को उस पर कार्य करने के प्रति आकर्षित करने में कठिनाई उत्पन्न करती है। सम्भवतः यह भी महत्वपूर्ण तथ्य है कि परियोजना कर्मचारियों की मजदूरी तथा वेतन और साथ ही शहरी सुविधाओं की पहुँच भी अन्य क्षेत्रों की तुलना में प्रायः अनाकर्षक तथा अपर्याप्त है।

एकीकरण तथा समन्वय

ग्रामीण विकास की बहुअनुशासनिक प्रकृति के साथ विविध कृषि तथा ग्रामीण विकास कार्यक्रम के क्रियान्वयन में विभिन्न परस्पर प्रायः विरोधाभासी उद्देश्यों के साथ सरकारी तथा गैर सरकारी अभिकरणों के बहुत से लोग जुड़े हैं, अनुकूल परिणाम के लिए क्षेत्रों में विविध विकास कार्यक्रमों के परिचालन में एकीकरण और समन्वय पूर्णतया आवश्यक है। भारत में वर्तमान में प्रमुख विकास कार्यक्रमों में आवश्यक एकीकरण और समन्वय की अनुपस्थिति है फलतः अनावश्यक, अतिव्यापन, दोहराव और दुर्लभ संसाधनों का अपव्यय होता है। प्रमुख विकास अभिकरणों में एकीकरण और समन्वय की कमी का मुख्य कारण भारत का संविधान 1992 में 73वें संशोधन तक, आयोजना के सन्दर्भ में राज्य तथा जिला और अन्य निचले स्तरों के बीच सम्बन्धों को परिभाषित नहीं करता था।

73वें संशोधन के पूर्व के पंचायत राज संस्थाओं के अनुभव की समीक्षा से स्पष्ट होता है कि वह राजनीतिक तथा प्रशासनिक व्यवस्था के अपेक्षित एकीकरण को पूरा करने में सफल नहीं हो पायी तथा विकास आयोजनाओं

तथा कार्यक्रमों में लोगों की सहभागिता को नहीं जोड़ पायी। जिला तथा तहसील/तालुका के विकास प्रशासन के सामने क्षैतिज तथा ऊर्ध्वाधर समन्वय और राजनीतिक तथा प्रशासनिक व्यवस्था के एकीकरण की जुड़वा समस्या सामने आती है। इस समस्या के समाधान की दिशा में सभी प्रशासनिक परिचालन को एक ही अभिकरण के प्रभावी नियन्त्रण के साथ लाने के लिए जिला स्तर पर आवश्यक रूप से जिला परिषद् और जिला ग्रामीण विकास अभिकरण के कार्यों का एकीकरण कर एकीकृत प्रशासनिक संरचना विकसित करें।

जिलाधीश अथवा कुछ अन्य सामान्य अधिकारियों को संयुक्त सांगठनिक संरचना के सम्पूर्ण समन्वयक की भूमिका प्राप्त होनी चाहिए, जिसको पर्याप्त शक्ति तथा उचित परिभाषित क्रियाओं के साथ प्रशासनिक प्रक्रिया में स्थानीय लोगों की संस्थाओं को मजबूत करने का अधिकार होना चाहिए तथा जो न्यायाधिकार के अन्तर्गत क्रियात्मक परिचालन पर नीति निर्णय को लागू कर सकें। अध्याय 13 के बॉक्स 13.2 में आदर्श ग्रामीण विकास संगठन का खाका बनाने के लिए कुछ मानदंडों को प्रस्तुत किया गया है।

क्रियान्वयन में जनसहभागिता

राष्ट्रीय स्तर पर किसी भी ग्रामीण विकास कार्यक्रम का क्रियान्वयन उनके लाभार्थियों के सक्रिय तथा व्यापक भागीदारी के बिना सम्भव नहीं है। इसी कारण से एक ग्रामीण विकास परियोजना प्राधिकरण को प्रभावशाली होते हुए, यह जाने कि किस तरह से परियोजना के लाभार्थी स्वयं को इस प्रयास में सहभागी बनाये एवं किस तरह से लोगों की निष्क्रियता को व्यक्तिगत पहल से समाप्त किया जाए। दूसरे शब्दों में, परियोजना प्राधिकारी में सार्वजनिक हस्तक्षेप और निजी पहल के मध्य में उपयुक्त सन्तुलन को बनाये रखने की सामर्थ्य होनी चाहिए; विकास के अग्रिम चरण के बाद वाला विकास के प्रारम्भिक चरण के पूर्व वाले से महत्वपूर्ण होगा।

परियोजना प्राधिकारी का यह कार्य है कि स्थानीय आबादी में सक्रिय तत्वों को खोजे, उनकी रुचि को जाग्रत करे तथा उनकी पहल को सुग्राही बनाये। सक्रिय तत्त्व को शिक्षित मध्य वर्ग, ग्रामीण नेता, राजनीतिक दल अथवा अन्य समूहों में ढूँढा जा सकता है। इनकी सफलतापूर्वक सक्रियता के लिए जनसंख्या तथा उनके रिवाजों और परम्पराओं के बारे में प्रथम जानकारी की आवश्यकता होती है एवं जो कि सामान्यतः प्रत्यक्ष नियम और सिद्धान्तों की अपेक्षा बोधगम्यता और अन्तर्ज्ञान पर ज्यादा आधारित होती है।

ग्रामीण विकास परियोजना में भागीदारी में बहुत से भिन्न कारक लोगों को सहभागी बनाने में प्रेरक अथवा सहभागिता में अड़चन लाते हैं। अतः, परियोजना क्रियान्वयन के लिए यह आवश्यक है कि ऐसे कारकों को खोजा जाए जो स्थानीय लोगों को परियोजना में भागीदारी के लिए प्रेरित करे तथा प्राथमिक ज्ञान के आधार पर एक ऐसी नीति का निर्माण करें जो उनकी भागीदारी को प्राप्त कर सकें। भारत के पूर्व प्रयासों की समीक्षा से स्पष्ट होता है कि योजना निर्माण और क्रियान्वयन की प्रक्रिया में सम्मिलित लोगों में पंचायत राज संस्थाओं के माध्यम से आयोजना और प्रशासनिक प्रक्रियाओं के विकेन्द्रीकरण से अपेक्षित परिणाम की सफलता नहीं लायी जा सकी। 73वें संविधान संशोधन अधिनियम, 1992 के क्रियान्वयन के पश्चात्, ग्रामीण विकास परियोजना की आयोजना तथा क्रियान्वयन में लोगों की भागीदारी में सुधार की अपेक्षा थी। परन्तु अनुभव से ज्ञात होता है कि इसमें कोई सार्थक सुधार नहीं हुआ। ग्रामीण गरीबों की भागीदारी विविध कारणों से नीति निर्माण प्रक्रिया में सम्मिलित नहीं पाती है जो उनको प्रभावित करती है।

कुछ क्षेत्रों में, कुछ स्वयंसेवी संस्थाएँ इन विकास परियोजनाओं के क्रियान्वयन में स्थानीय लोगों की सहभागिता को जोड़ने में सफल हुई हैं। लेकिन यह ऐसा ज्यादा इसलिए सम्भव हुआ है कि इनके पास चमत्कारी नेतृत्व है तथा इसलिए नहीं कि इनके पास संस्थागत नवाचार है जिनकी कि वृहद् स्तर पर देश भर में पुनरावृत्ति की जा सके। सहकारी संरचना के आनन्द प्रतिमान से आभास होता है कि इसमें ग्रामीण विकास परियोजना में लोगों की भागीदारी सुनिश्चित करने के लिए समुचित उपकरण उपलब्ध हैं। ऑपरेशन फ्लड कार्यक्रम के अन्तर्गत प्रचुर मात्रा में यह प्रदर्शित किया गया है, जिसको अध्याय 9 में वर्णित किया गया है।

विट्ज (1971, अध्याय 9) ने प्रमुख विकास परियोजनाओं के अनुभव को परिष्कृत कर, विकास परियोजना में लोगों की भागीदारी को सम्मिलित करने के लिए सामान्य नियम बनाये जो इस प्रकार है:

1. परियोजना कर्मचारी और परियोजना हितग्राही के मध्य समानता के आधार पर मानव सम्बन्धों का सृजन एवं उनका संस्थानीकरण करना।
2. परियोजना हितग्राही की परम्परा और रीति–रिवाज को जानना।
3. प्रगतिशील कार्यक्रमों का परिचय तथा सम्मिलित परिवर्तन को आत्मसात कर लक्षित जनसंख्या की क्षमता को अपनाकर उनको समर्थ बनाना।
4. स्थानीय नेताओं के मध्य में से स्वयं को भागीदार बनाना।
5. परियोजना कर्मचारी और स्थानीय लोगों दोनों में नेतृत्व विकास को प्रोत्साहित करना तथा बढ़ाना देना।

परियोजना अनुश्रवण

अनुश्रवण निम्न उद्देश्यों को पूरा करने के लिए होता है:

1. परियोजना के चयन, प्रदर्शन और लागत प्रभावशीलता में सुधार के लिए आवश्यक सूचना प्रदान करना।
2. परियोजना से सम्बद्ध वित्तपोषित अभिकरणों और स्थानीय स्तर के अभिकरणों के लिए आवश्यक सूचना प्रदान करना।
3. विभिन्न स्तरों तथा परियोजना के साथ सम्बद्ध अभिकरणों के मध्य सूचना के प्रभावी, ऊर्ध्वाधर और क्षैतिज प्रवाह को सुनिश्चित करना।

परियोजना संचालन के प्रमुख अवयव इस प्रकार हैं:

1. परियोजना प्रगति प्रतिवेदन
   (i) संक्षेपिका,
   (ii) भौतिक क्रियान्वयन की प्रगति से लक्ष्यों की तुलना,
   (iii) वित्तीय अनुपालना से लक्ष्यों की तुलना, एवं
   (iv) प्रमुख निवेश और सेवाओं का प्रदर्शन।
2. विशेष अन्वेषण अध्ययन
3. परियोजना समापन प्रतिवेदन
4. परियोजना की सततता

व्यवहारतः प्रत्येक प्रमुख कृषि और ग्रामीण विकास कार्यक्रम भौतिक और वित्तीय दोनों लक्ष्यों की उपलब्धियों तथा लक्षित समूहों के वास्तविक लाभ के अनुश्रवण प्रदान करते हैं। प्रायः इसके हितग्राहियों पर कार्यक्रम के प्रभावी मूल्यांकन के लिए अनुश्रवण हेतु परिवार आधारित दृष्टिकोण का उपयोग किया जाता है। उदाहरणस्वरूप, एकीकृत ग्रामीण विकास कार्यक्रम लाभार्थी परिवारों की आय में वृद्धि के लिए निगरानी प्रदान करता है तथा लाभार्थियों के चयन के लिए परिवार सर्वेक्षण संचालन के समय निर्धारित आधारभूत आय के साथ तुलना करता है। इस उद्देश्य के लिए, प्रत्येक लाभार्थी परिवार को अनुश्रवण–सह–परिचयपत्र जारी किये जाते हैं।

प्रबन्धकीय परिप्रेक्ष्य से, यह आवश्यक है कि नियन्त्रण के लिए आवश्यक सूचना तथा नियन्त्रण के अतिरिक्त अन्य उद्देश्यों के लिए आवश्यक सूचना के मध्य में विभेद हो। अतः प्रबन्धन को दो प्रकार के प्रतिवेदन की आवश्यकता होती है – नियन्त्रण प्रतिवेदन और सूचना प्रतिवेदन। नियन्त्रण के उद्देश्य के लिए, वास्तविक प्रदर्शन

की आयोजना प्रदर्शन के साथ प्रभावी तुलना तथा नियोजित प्रदर्शन से विचलन यदि कोई हो तो उसके कारण आवश्यक है। अतः नियन्त्रण प्रतिवेदन बहुत संक्षिप्त और परिशुद्ध होना चाहिए। सूचना प्रतिवेदन प्रबन्धन को यह बताता है कि संगठन में क्या चल रहा है। ऐसे प्रतिवेदन किसी कार्यवाही के लिए जा भी सकते हैं और नहीं भी।

अनुश्रवण या नियन्त्रित प्रतिवेदन का प्रारूप और आवृत्ति संगठन/कार्यक्रम की प्रकृति, आकार, जटिलता एवं संरचना पर निर्भर करती है जिसका की अनुश्रवण और नियन्त्रण किया जाना है। लेकिन, सामान्यतया, अनुश्रवण व्यवस्था सम्बन्धित संगठन के उत्तरदायित्व केन्द्रों के साथ जुड़ी होनी चाहिए। एक उत्तरदायित्व केन्द्र साधारणतया शीर्ष संगठन में एक इकाई अथवा एक उपव्यवस्था के उत्तरदायी प्रबन्धक के नेतृत्व में होना चाहिए, जो अपनी इकाई द्वारा किये गये कार्य के लिए उत्तरदायी हो। उत्तरदायित्व केन्द्र के प्रबन्धक को आयोजना, नीति–निर्माण, नियन्त्रण और उपचार क्रियाओं की अपनी आवश्यकताओं के लिए प्रासंगिक सूचनाएँ प्रदान की जानी चाहिए। अतः प्रत्येक उत्तरदायित्व केन्द्र के लिए प्रासंगिक सूचना की पहचान करना चाहिए एवं उसके अनुसार नियन्त्रित प्रतिवेदन के प्रारूप की संरचना होनी चाहिए।

केन्द्रीय ग्रामीण विकास मन्त्रालय, देश के सम्पूर्ण ग्रामीण क्षेत्रों में क्रियान्वित किये जा रहे कार्यक्रमों के अनुश्रवण तथा मूल्यांकन पर विशेष जोर देता है। ग्रामीण विकास कार्यक्रमों के लिए निधियों के आवंटन में बढ़ोतरी को देखते हुए, जमीनी स्तर पर कुशल वितरण के लिए कार्यक्रमों की प्रभावी निगरानी को महत्वपूर्ण माना जाता है।

इसे सुनिश्चित करने के लिए, मन्त्रालय ने अपने कार्यक्रमों के अनुश्रवण और मूल्यांकन के लिए एक व्यापक प्रणाली को विकसित की है। विभिनन स्तरों पर प्रभावी निगरानी के लिए कार्यक्रमों के उपयुक्त प्रदर्शन संकेतक विकसित किए गए है जिससे कि अन्तवर्ती सुधारों के लिए चेतावनी संकेतक को अच्छी तरह से पहले से ही जाना जा सके।

मंत्रालय द्वारा अपनाई गई अनुश्रवण एवं मूल्याँकन के महत्वपूर्ण साधन निम्नानुसार है:

(i) केन्द्रीय मंत्रियों द्वारा समीक्षा
(ii) वेब–आधारित प्रबंधन सूचना प्रणाली (एमआईएस)
(iii) उपयोगिता प्रमाण पत्र/अंकेक्षण प्रतिवेदन
(iv) कार्य–निष्पादन समीक्षा समिति और क्षेत्रीय समीक्षा
(v) समवर्ती मूल्याँकन/त्वरित मूल्याँकन
(vi) वेब–आधारित निगरानी
(vii) सतर्कता एवं निगरानी समितियां
(viii) राष्ट्रीय स्तर के अनुश्रवक
(ix) क्षेत्रीय अधिकारी योजना

राज्य स्तर पर ग्रामीण विकास कार्यक्रम के अनुश्रवण का उत्तरदायित्व ग्रामीण विकास कार्यक्रम के लिए राज्य स्तरीय समन्वय समिति पर होता है।

केन्द्रीय ग्रामीण विकास मन्त्रालय का प्रतिनिधि भी सामान्य तौर पर राज्य स्तरीय समन्वय समिति की बैठक में भागीदारी के लिए आमन्त्रित किया जाता है। विभिन्न कार्यक्रमों की प्रगति की समय–समय पर समीक्षा राज्यों के मुख्यमन्त्रियों के साथ राज्य सरकारों से सम्बन्धित संसद सदस्य, विधानसभा सदस्य और वरिष्ठ अधिकारी करते हैं।

उपर्युक्त पूर्व में दर्शायी गयी अनुश्रवण प्रक्रिया के अतिरिक्त, संसद की स्थायी समितियाँ, तथा संसद की लोक लेखा समिति और परामर्शदात्री समितियाँ भी आवधिक अन्तराल में विभिन्न ग्रामीण विकास कार्यक्रमों के क्रियान्वयन का जायजा लेती है। कार्यक्रम के क्रियान्वयन में कमियों/खामियों का अवलोकन स्थानीय सांसद द्वारा किया जाता है एवं जहाँ कहीं भी आवश्यक हो कार्यक्रम की बेहतरी के लिए त्वरित सुधारात्मक उपाय किये जाते हैं।

सरकारी अभिकरणों के अतिरिक्त, अन्य संगठनों यथा वित्तीय अभिकरण/दाता तथा गैर सरकारी संगठन द्वारा उनकी समर्थित परियोजना के अनुश्रवण की पहल की जाती है। सामान्यतया यह उनकी ओर से बाहरी अभिकरण/सलाहकार द्वारा की जाती है।

परियोजना मूल्यांकन

मूल्यांकन से हमारा तात्पर्य आकलन से है। हम तीन प्रकार के मूल्यांकन के मध्य में विभेद देखते हैं जैसे, पूर्व मूल्यांकन, समवर्ती मूल्यांकन तथा पश्चात् मूल्यांकन। पूर्व मूल्यांकन में, परियोजना का मूल्यांकन क्रियान्वयन से पूर्व; समवर्ती मूल्यांकन में, मूल्यांकन परियोजना के क्रियान्वयन के दौरान; पश्चात् मूल्यांकन में, परियोजना समापन के बाद मूल्यांकन होता है। यह भाग समवर्ती और पश्चात् मूल्यांकन तक सीमित है।

मूल्यांकन के उद्देश्य

पश्चात् मूल्यांकन का प्रमुख उद्देश्य यह होता है कि क्या एवं किस सीमा तक कोई कार्यक्रम अपने उद्देश्यों को प्राप्त करने में सफल रहा है एवं किस कीमत पर, यह पता लगाना कि अच्छे एवं बुरे प्रदर्शन का प्रमुख कारण क्या रहा है एवं उससे सीखे गये सबक को सामने लाना। मूल्यांकन का द्वितीयक उद्देश्य उपयुक्त उपायों से सुझाव देकर कार्यक्रम के परिपालन में सुधार करना हो सकता है। समवर्ती मूल्यांकन का मुख्य उद्देश्य यह पता लगाना कि क्या कार्यक्रम योजनानुसार चल रहा है (और यदि नहीं, तों क्यों) तथा इसके क्या प्रभाव हैं।

प्राविधिकीय मुद्दे

ग्रामीण विकास कार्यक्रम का मूल्यांकन बहुत सी अवधारणात्मक और आनुभविक समस्याओ के साथ अनुभूत होते हैं। प्रथम, यहाँ अवधारणात्मक समस्या ग्रामीण विकास का समग्र सूचकांक तैयार करने में है जो कि इसकी बहुआयामी प्रकृति को पकड़ सके। तब, सभी कार्यक्रमों में हस्तक्षेप समस्याओं को ज्ञात करना तथा प्रत्यक्ष और/अथवा अप्रत्यक्ष रूप से उपायों को खोजकर ग्रामीण विकास को प्रोत्साहित करना तथा कार्यक्रम की विषय के समय पर समाप्ति पर प्रारम्भ के अन्त में तथा कार्यक्रम के दौरान मूल्य का अभिलेखन और मूल्यांकन करना। ये समस्याएँ इस तथ्य से और भी जटिल हो जाती हैं कि करणीय चर अथवा विकास के निर्धारक एक साथ परिवर्तित होते हैं, इनमें से किसी एक के प्रभाव को पृथक् करना एवं उसका मापन कठिन है। यह कठिन है – एवं यदि सम्भव भी है, संसाधनों में असाधारण – यादृच्छिक प्रतिदर्श नियन्त्रण, उपचार, प्रभाव के मापक तथा आरोपण के मापक के साथ अध्ययन की शास्त्रीय प्रयोगात्मक प्ररचना कार्यक्रम के परिगणन के लिए होती है। यह भी है कि प्रभाव के धीमे फैलाव को देखते हुए, ग्रामीण विकास के प्रभाव का अवलोकन एवं पहचान करने में लम्बा समय लगता है।

लक्ष्य निर्धारित करना एक महत्त्वपूर्ण प्रबन्धकीय उपकरण होता है, जो कि ग्रामीण विकास कार्यक्रम के प्रदर्शन को सामान्य तौर पर नियन्त्रित एवं बेहतर करने के लिए उपयोग होता है एवं मूल्यांकन हमेशा लक्ष्यों के विरुद्ध उपलब्धियों के मापन के लिए है। इस तरह का मूल्यांकन निर्गत को अर्जित करने की तरफ की गतिविधि, प्रयास के पूर्वाग्रह के लिए उत्तरदायी होता है जो कि मात्रात्मक एवं मापनात्मक की उपेक्षा से अधिक महत्त्वपूर्ण हो सकता है लेकिन जो मात्रा एवं मापन में ज्यादा आसान होते हैं। उदाहरणार्थ, एग्राविका का अन्ततोगत्वा उद्देश्य गरीबी का उन्मूलन है जबकि इसके प्रदर्शन का मूल्यांकन इसके भौतिक एवं वित्तीय लक्ष्यों को अर्जित करने की शर्त पर होता है। यह प्रमुखतः ऐसा इसलिए है क्योंकि गरीबी के परिमाणन में परिवर्तन का अनुश्रवण भौतिक (सम्मिलित किये गये हितग्राहियों की संख्या) एवं वित्तीय (अनुदान की राशि तथा ऋण वितरण) लक्ष्यों को पूर्ण करने में प्राप्त की गयी प्रगति की अपेक्षा ज्यादा कठिन होता है। अतः यह महत्त्वपूर्ण है कि कार्यक्रमों के प्रशासक एवं मूल्यांकनकर्ता मूल्यांकन मापदण्ड के चयन में सावधानी रखे तथा यह देखें कि कार्यक्रम मापक, उपलक्ष्य एवं मुख्य लक्ष्य के मध्य कारणात्मक संबंध है।

ग्रामीण विकास परियोजनाएँ एवं उनके निर्गत को निम्नलिखित प्रकार की लम्बी कारणात्मक श्रृंखला के रूप में देखा जा सकता है।

आगत एवं गतिविधियाँ $\rightarrow$ उत्पादन लक्ष्य $\rightarrow$ उत्पाद (निर्गत) $\rightarrow$ उप–लक्ष्य $\rightarrow$ प्रमुख लक्ष्य

एक मूल्यांकन व्यवस्था को श्रृंखला के साथ बिन्दु को चयनित करना होता है जिनका पर्यवेक्षण एवं मापन किया जा सकता है। मूल्यांकन श्रृंखला के साथ किसी अथवा सभी बिन्दुओं पर किया जा सकता है।

ग्रामीण विकास कार्यक्रमों का सामान्यतया एकाधिक प्रभाव होता है, इनमें से केवल कुछ ही साधारणतया किसी मूल्यांकन योजना में निर्दिष्ट होते हैं। जबकि कुछ प्रभावों का अनुमान लगाया जा सकता है, अन्य अप्रत्याशित अथवा फैलाव के ऊपर हो सकते हैं। अप्रत्याशित प्रभावों में कुछ नुकसानदायक एवं कुछ लाभदायक हो सकते हैं। उदाहरणार्थ, एक अच्छी नस्ल के दुधारु पशुओं की कमी एवं परिणामतः उनकी कीमतों में बढ़ोतरी का एग्राविका के तहत चयनित हितग्राही को दुधारू पशुओं के प्रावधान का अप्रत्याशित नुकसानदायक प्रभाव पड़ सकता है, एवं हितग्राहियों की प्रबन्धकीय क्षमता को बढ़ाने में इसी कार्यक्रम के अप्रत्याशित लाभकारी प्रभाव हो सकते हैं। जब तक कि एक मूल्यांकन रचना परिवर्तन के लिए खुली नहीं है एवं जब तक कि मूल्यांकन के साथ सततता से परिप्रेक्ष्य एवं खुले प्रकार का अनुसन्धान नहीं किया जाता है, महत्त्वपूर्ण अप्रत्याशित प्रभावों को छोड़ना पड़ सकता है।

मूल्यांकन भी राजनीतिक असुरक्षा और दबाव की चपेट में है। बाह्य मूल्यांकन तीन कारणों अथवा उनके संयोजन के लिए सामान्य तौर पर करवाया जाता है: अर्द्ध–न्यायिक हो; समर्थित हो; अथवा प्रदर्शन की बेहतरी हो। परिणामतः, मूल्यांकनकर्ता को जासूस, एक अन्वेषक अथवा एक दुश्मन की तरह देखा जा सकता है; लेकिन यह बहुत ही स्वाभाविक है कि वह व्यवस्था में सहयोजित होंगे। सहयोजित मूल्यांकनकर्ता अपने मेजबान को समाप्त न करते हुए चापलूस सदृश होते हैं एवं इसमें यह खतरा होता है कि निरन्तर रोजगार अथवा अन्य नौकरी के अवसर को प्राप्त करने हेतु इनके प्रतिवेदन आलोचना में मौन एवं प्रशंसा में अति भव्य हो जायेंगे।

बाह्य मूल्यांकन के अतिरिक्त, विभागों/संगठनों के भीतर क्रियान्वयन के साथ अर्जित अनुभव के माध्यम से, व्यक्तिगत प्रभाव के माध्यम से तथा आन्तरिक सूचना प्रणाली से प्रतिक्रिया के माध्यम से बहुत सा अनौपचारिक एवं अलग–अलग मूल्यांकन होता है। एक बाह्य मूल्यांकनकर्ता संगठन में पूर्व से ही प्रचालित मूल्यांकन प्रणाली एवं प्रतिवेदन की जाँच कर उसको बेहतर करने का प्रयास करके तथा सुधारात्मक कार्यवाही के साथ तथा भविष्य के संसाधन आवण्टन के साथ जोड़कर बहुत बड़ा योगदान कर सकता है।

मूल्यांकन के लिए मानदण्ड

एक कार्यक्रम के मूल्यांकन के लिए मानक कार्यक्रम के प्रमुख लक्ष्यों से सम्बन्धित तथा प्रचालनीय होना चाहिए। उदाहरणार्थ, एकीकृत ग्रामीण विकास कार्यक्रम के मूल्यांकन के लिए एक सामान्य कसौटी सतत आधार पर लोगों के समूह को गरीबी रेखा से ऊपर लाना हो सकता है। इस कसौटी को प्रचालनीय बनाने के लिए हमें प्रत्येक राज्य, जिला अथवा सभी उपखण्डों के लिए भी गरीबी रेखा को परिभाषित करने के लिए पृथक् रूप से अनेक आधार पर वार्षिक मूल्यों तथा इसका आधार वर्ष पर पुनर्निर्धारण करना, जिससे कि मुद्रास्फीति का प्रभाव निष्क्रिय रहे। यह होने के पश्चात् अगला कार्य एक ऐसी व्यवस्था का विकास करना है जिससे कि प्रत्येक वर्ष प्रत्येक लाभार्थी परिवार के लिए प्रतिव्यक्ति वार्षिक आय का ज्ञान एवं निर्धारण हो सके। इस प्रकार हम शायद प्रत्येक वर्ष के अन्त तक यह देख सकें कि कितने ग्रामीण परिवारों को सहायता से गरीबी रेखा से ऊपर लाया जा सका है।

क्षेत्र विशेष की गरीबी रेखा का निर्धारण, उसे अद्यतन करना और प्रत्येक हितग्राही परिवार के लिए प्रतिव्यक्ति आय का मूल्यांकन कठिन कार्य है, जिसके लिए विशेषज्ञता एवं संसाधन की आवश्यकता होती है जो कि वर्तमान

में जिला एवं विकासखण्ड स्तर पर देश में कहीं भी उपलब्ध नहीं है। जब तक अपेक्षित संसाधन एवं विशेषज्ञता उपलब्धता करायी जाये तब तक अपेक्षित भौतिक एवं वित्तीय लक्ष्यों के सन्दर्भ में प्रगति को बताने की वर्तमान व्यवस्था से अच्छी व्यवस्था नहीं है। विश्वविद्यालय एवं शोध संस्थान कुछ विकासखण्डों एवं जिलों में गरीबी रेखा के निर्धारण, उसे अद्यतन करने एवं प्रति व्यक्ति आय के मूल्यांकन में मदद कर सकते हैं, किन्तु कार्य का मुख्य बोझ स्वयं कार्यक्रम को ही वहन करना होगा। 2011–12 के लिए विद्यमान योजना आयोग की आधिकारिक गरीबी रेखा तेंदुलकर विशेषज्ञ समूह पद्धति पर और राष्ट्रीय नमूना प्रतिदर्श सर्वेक्षण संगठन के 68वें दौर में एकत्रित किए गए मिश्रित स्मरण अवधि के निजी उपभोग से व्यय के वितरण के आंकड़ों पर आधारित है (विवरण के लिए अध्याय 3 और 10 देखें)।

मूल्यांकन के लिए दृष्टिकोण

अधिकांश मूल्यांकन अध्ययनों में 'पूर्व और पश्चात्' अथवा 'साथ और रहित' दोनों में से एक दृष्टिकोण का उपयोग कार्यक्रम के प्रभाव को मापने एवं जानने के लिए किया गया है। आदर्शतः ये दोनों दृष्टिकोण साथ में उपयोग किये जाने चाहिए। पूर्व और पश्चात् दृष्टिकोण पूर्व कार्यक्रमों के संचित प्रभावों को प्रभावित कार्यक्रम से शुद्ध करता है तथा साथ और रहित दृष्टिकोण विकास की प्राकृतिक प्रक्रिया के प्रभाव तथा साथ ही अध्ययन क्षेत्र में चल रहे अन्य विकास कार्यक्रमों के प्रभाव को दूर करता है। लेकिन पूर्व एवं पश्चात् दृष्टिकोण का उपयोग केवल तभी किया जा सकता है जबकि आधारभूत आँकड़े उस कार्यक्रम को आरम्भ करने के पूर्ववर्ती वर्ष के उपलब्ध हों।

एकीकृत ग्रामीण विकास कार्यक्रम के अन्तर्गत, कार्यक्रम के लिए चयनित सभी गाँवों में आधारभूत परिवार सर्वेक्षण किया गया था और योग्य लाभार्थियों की आय को निर्धारित किया गया। यह मानते हुए कि यह सूचना खण्ड मुख्यालय पर आसानी से उपलब्ध है, कोई भी इन दोनों दृष्टिकोणों से एकीकृत ग्रामीण विकास कार्यक्रम के प्रभाव का मूल्यांकन कर सकता है। साथ और रहित दृष्टिकोण के लिए, परिवार जो कि कार्यक्रम के अन्तर्गत सहायता हेतु पात्र है किन्तु कार्यक्रम के सीमित लक्ष्य के कारण उन्हें बाहर रखा गया है वे नियन्त्रित समूह (कार्यक्रम रहित) एवं हितग्राही परियोजना समूह (कार्यक्रम सहित) बनायेंगे।

साथ और रहित प्रविधि में, कार्यक्रम से होने वाले लाभ एवं लागत की पहचान एवं मूल्य जानने का प्रयास किया जाता है तथा उसकी तुलना कार्यक्रम रहित स्थितियों में लाभ एवं लागत से की जाती है। इनमें सम्बंधी अन्तर शुद्ध लाभ है जो कार्यक्रम के कारण है। यदि केवल पूर्व एवं पश्चात् प्रविधि का उपयोग किया जाये तो यह आय, रोजगार एवं अन्य प्रदर्शक संकेतकों में परिवर्तन को दिखाने में असफल रहता है, जो कि कार्यक्रम के बिना स्वायत्त रूप से हो सकते हैं। जिससे कि कार्यक्रम के लाभ मिथ्यापूर्ण अनुमान की ओर प्रवृत्त होते है।

सामान्यतया कहा जाता है कि, जब मूल्यांकन का संचालन किया जाता है तब कार्यक्रम को तीन परिस्थितियों में किसी न किसी एक का सामना करना पड़ता है (गिटिंगर 1982, 47–50):

1. एक स्थिति में जब बिना कार्यक्रम के निर्गत अथवा आय या कोई अन्य प्रदर्शक संकेतक बढ़ता है, किन्तु धीमी दर से, जैसे 5 प्रतिशत प्रतिवर्ष। कार्यक्रम के साथ, यह वृद्धि दर बढ़ती है जैसे 10 प्रतिशत प्रतिवर्ष की वृद्धि दर से। अतः यह प्रभावी वृद्धि 10 − 5 = 5 प्रतिशत प्रतिवर्ष है। इस स्थिति को चित्र 15.1 में दर्शाया गया है। इस प्रकार की स्थिति भारत में ऑपरेशन फ्लड–प्रथम आरम्भ होने के पूर्व डेयरी क्षेत्र में थी।
2. इस स्थिति में प्राकृतिक रूप से निर्गत में कमी आती है, जैसे 5 प्रतिशत प्रतिवर्ष की दर से, किन्तु कार्यक्रम के साथ निर्गत में कमी को रोका एवं सामान्य स्तर पर स्थिर किया जा सकता है। इस अवस्था में कार्यक्रम से लाभ निर्गत में कमी/नुकसान की रोकथाम है। कृषि में, इस प्रकार की स्थिति, सूखाग्रस्त, बाढ़ तथा चक्रवाती क्षेत्रों में पायी जाती है। यह स्थिति चित्र 15.2 में प्रदर्शित है।

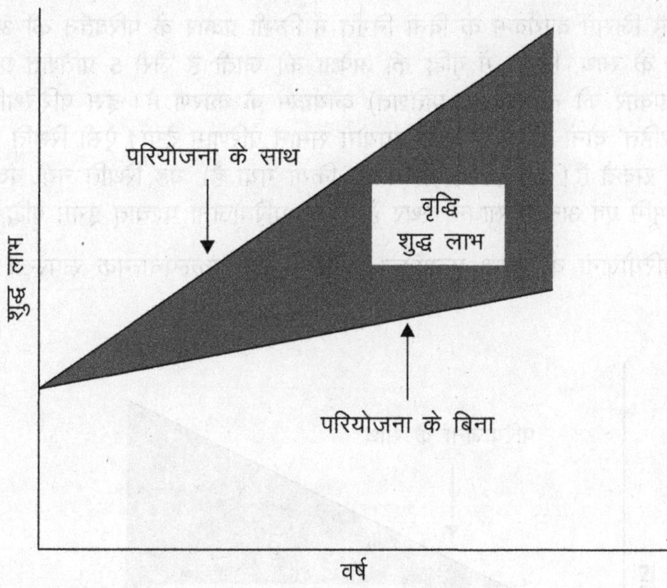

चित्र 15.1: *ऑपरेशन फ्लड जैसे कार्यक्रम के प्रभाव मूल्यांकन की यान्त्रिकी*

स्रोतः गिटिंगर (1982)

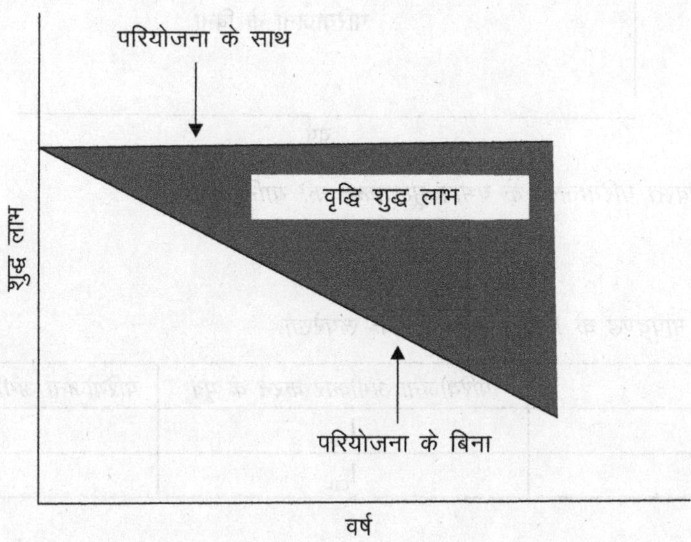

चित्र 15.2: *बाढ़ नियन्त्रण परियोजना के प्रभाव मूल्यांकन की यान्त्रिकी*

स्रोतः गिटिंगर (1982)

3. यह वह स्थिति है जिसमें कार्यक्रम के बिना निर्गत में किसी प्रकार के परिवर्तन की अपेक्षा नहीं की जाती है, लेकिन कार्यक्रम के साथ, निर्गत में वृद्धि की अपेक्षा की जाती है जैसे 5 प्रतिशत प्रतिवर्ष की दर से। इस स्थिति में सभी प्रकार की बढ़ोतरी (5 प्रतिशत) कार्यक्रम के कारण है। इस परिस्थिति में, 'पूर्व एवं पश्चात्' तथा 'साथ एवं रहित' दोनो दृष्टिकोणों का उपयोग समान परिणाम देगा। ऐसी स्थिति में किसी भी एक प्रविधि का उपयोग कर सकते हैं। (चित्र 15.3 में चित्रित किया गया है), यह स्थिति नयी बंदोबस्त परियोजना में हो सकती है जहाँ भूमि एवं अन्य संसाधन स्थिर हैं, किन्तु परियोजना पश्चात् इनमें वृद्धि प्रारम्भ हो सकती है।

तालिका 15.1 में परियोजना के प्रभाव मूल्यॉंकन के लिए एक संकल्पनात्मक रूपरेखा का उपयोग किया जा सकता है।

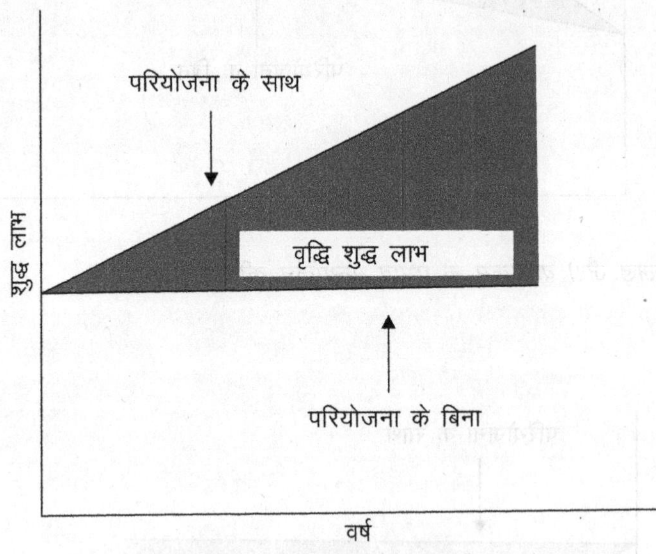

चित्र 15.3: *भूमि बन्दोबस्त परियोजना के प्रभाव मूल्यांकन की यान्त्रिकी*

स्रोतः गिटिंगर (1982)

तालिका 15.1: *प्रभावी मापदण्ड के लिए अवधारणात्मक रूपरेखा*

समूह का प्रकार	*परियोजना अंगीकार करने के पूर्व*	*परियोजना अंगीकार करने के पश्चात्*
हितग्राही	I_{PB}	I_{PA}
गैर हितग्राही	I_{CB}	I_{CA}

स्रोतः लेखक

टिप्पणीः 1. I_{PB} = परियोजना प्रारम्भ होने के पूर्व हितग्राही समूह के लिए चयनित प्रभावी सूचकांक का स्तर

2. I_{PA} = परियोजना की समाप्ति या जारी रहने के दौरान हितग्राही समूहों के लिए चयनित सूचकांक का स्तर

3. I_{CB} = परियोजना प्रारम्भ होने के पूर्व गैर हितग्राही समूहों के लिए चयनित प्रभावी सूचकांक का स्तर; और

4. I_{CA} = परियोजना की समाप्ति या जारी रहने के दौरान गैर हितग्राही समूहों के लिए चयनित प्रभावी सूचकांक का स्तर।

परियोजना का शुद्ध प्रभाव इस प्रकार हैः

$$\text{शुद्ध प्रभाव} = (I_{PA} - I_{PB}) - (I_{CA} - I_{CB})$$

अथवा वैकल्पिक रूप से,

$$\text{शुद्ध प्रभाव} = (I_{CA} - I_{PB}) - (I_{PB} - I_{CB})$$

$(I_{PA}-I_{PB})$ परियोजना की अवधि के दौरान परियोजना एवं गैर–परियोजना गतिविधियों के कारण प्रभाव संकेतक स्तर के समग्र प्रभाव का आकलन करता है एवं $(I_{CA}-I_{CB})$ केवल गैर–परियोजना गतिविधियों के कारण प्रभाव संकेतक के स्तर में परिवर्तन को दर्शाता है।

मूल्यांकन के उपयोग

मूल्यांकन अध्ययन के परिणाम का उपयोग नीति निर्माता, योजनाकार, प्रशासक, कार्यान्वयक, बैंकर, शोध अध्येताओं और कार्यक्रम के साथ प्रत्यक्ष या अप्रत्यक्ष रूप से जुड़े अन्य अभिकरणों द्वारा प्रतिपुष्टि के रूप में किया जाना चाहिए। मूल्यांकन नीति निर्माता तथा कार्यान्वयक को ग्रामीण विकास कार्यक्रम के नियोजन तथा क्रियान्वयन के 'ब्लूप्रिंट दृष्टिकोण' की अपर्याप्तताओं के बारे में सचेत करता है। इसका के किसी भी उपयोग के लिए मूल्यांकन का परिणाम साधारण तथा गैर तकनीकी भाषा में प्रस्तुत होना चाहिए तथा इसको समय पर सम्भावित उपयोगकर्ताओं को उपलब्ध कराना चाहिए।

मूल्यांकन अध्ययन से प्राप्त सबकों और अच्छे तथा खराब प्रदर्शन के लिए जिम्मेदार कारकों की कार्यक्रम योजनाकार, प्रशासक दोनों और साथ ही हितग्राहियों के साथ भी चर्चा की जानी चाहिए।

कोई भी व्यवस्थित किन्तु साधारण प्रक्रिया जो परियोजना के मूल्यांकन के लिए आवश्यक कर्मचारियों जो कि कार्यरत हैं उनकी जागरूकता तथा उनकी समस्याओं के स्तर जिसमें से कुछ का समाधान किया जा सकता है का उल्लेख लाभदायक होगा। आजीविका के सन्दर्भ में, इसका यह अर्थ है कि सहायक परियोजना अधिकारी, विस्तार अधिकारी तथा अन्य ग्रामीण स्तर कर्मचारी को उनकी गतिविधियों के कुछ साधारण लेकिन व्यवस्थित मूल्यांकन के लिए प्रोत्साहित किया जाना चाहिए, तथा उनके निष्कर्षों को उपखण्ड तथा जिला स्तर पर वार्षिक कर्मचारी अधिवेशन में प्रस्तुत किया जाना चाहिए। निःसंदेह, वैज्ञानिक मूल्यांकन के संचालन में कुछ कार्य करने का कहने से पूर्व कुछ प्रशिक्षण प्रदान करना आवश्यक होगा।

अन्ततः, हम यह दृढ़ सावधानी रखना चाहते हैं कि यह समाज वैज्ञानिकों से बहुत कुछ पूछ रहा है, चाहे वह विश्वविद्यालय में हो अथवा सरकार में, कार्यक्रम की अनुशंसाओं को करने के लिए जिसमें कि क्रियान्वयन के संगठनात्मक तथा प्रबन्धकीय आयामों के मूल्यांकन की आवश्यकता होती है, चाहे वह वह प्रबन्धन में भी प्रशिक्षित नहीं हो अथवा सन्दर्भित प्रबन्धकीय अनुभव भी नहीं हो। यह शायद एक कारण है जिसके कारण समाज वैज्ञानिक जो प्रबन्धन में प्रशिक्षित/अनुभवी नहीं है द्वारा बनाये गये कई प्रस्ताव क्रियान्वित नहीं होते हैं। अनुशंसाओं को बेहतर क्रियान्वयन योग्य करने के अवसरों का एक तरीका मूल्यांकनकर्ताओं के मध्य वार्तालाप एवं विचारों के आदान प्रदान को प्राथमिकता प्रदान करना है एवं प्रबन्धक का सामना करना जिसके द्वारा उसका क्रियान्वयन किया जाना है (चैम्बर्स 1974, 124)।

ग्रामीण विकास में ज्ञान प्रबंधन

> *"सफल संगठन वे हैं जो लगातार नए ज्ञान का निर्माण करते हैं, जो इसे पूरे संगठन में व्यापक रूप से प्रसारित करते हैं और इसमें तेजी से नई प्रौद्योगिकियों और उत्पादों को सम्मिलित करते हैं"*
>
> —इकुजिरो नोनाका, ज्ञान प्रबंधन के अग्र–दूत

जैसा कि अब तक हम जानते हैं, ग्रामीण विकास को बढ़ावा देने के लिए विकास योजनाओं के रूप में भारत के पास सरकारी और गैर–सरकारी हस्तक्षेप का लंबा इतिहास रहा है।

1951–52 में प्रथम पंचवर्षीय योजना के शुरूआत के बाद से, केन्द्रीय और राज्य सरकारों ने समय–समय पर कई कृषि और ग्रामीण विकास कार्यक्रमों को आरम्भ किया है। केन्द्र प्रायोजित योजनाओं के अतिरिक्त, समय–समय पर राज्य सरकारों द्वारा भी बड़ी संख्या में ग्रामीण विकास योजनाएँ शुरू की गई है। उदाहरणार्थ, गुजरात में वर्तमान में लगभग 38 ग्रामीण एवं कृषिगत विकास योजनाएं चल रही हैं।[1]

नियोजन काल की शुरुआत के बाद से ही कृषि और ग्रामीण विकास योजनाओं का प्रसार हुआ है, परिणामस्वरूप, सत्ता में आने के बाद हर राजनीतिक दल की आकांक्षा ''हर पहल को बदलने'' अथवा ''नई बोतल में पुरानी शराब डालने'' की तथा पूर्व कार्यक्रमों के क्रियान्वयन से प्राप्त अनुभव और ज्ञान का उपयोग करने में विफलता रही है। पांचवीं योजना के अंत तक केन्द्र प्रायोजित योजनाओं की संख्या 190 थी, जो नौवीं योजना के अंत में बढ़कर 360 तक हो गई। राष्ट्रीय विकास परिषद ने केन्द्र प्रायोजित योजनाओं की संख्या को कम करने की आवश्यकता पर जोर दिया है। परिणामस्वरूप, समय के साथ केन्द्र प्रायोजित योजनाओं की कुल संख्या में धीरे–धीरे कमी होती गई। इसके साथ ही, आमतौर पर, एक समीक्षा के बाद एक प्रतिमान के रूप में प्रत्येक योजना के अंत में योजनाओं की संख्या में कमी की गई है। उदाहरणार्थ, ग्यारहवीं योजना में, योजनाओं की संख्या ग्यारहवीं योजना की शुरुआत में 2005–06 में 155 से घटकर 2007–08 में 99 हो गई लेकिन बाद में 2011–12 में बढ़कर 147 हो गई (चतुर्वेदी 2011)।

पिछले 65 वर्षों या उससे अधिक समय से भारत में ग्रामीण विकास योजनाओं की शुरुआत तथा उन योजनाओं पर अरबों रुपये खर्च करने के बावजूद, ग्रामीण लोगों के गुणवत्तापूर्ण जीवन में वांछित स्तर तक भी सुधार नहीं हुआ है। इस बात का प्रमाण है कि 2010–11 में भारत में लगभग 27 करोड़ लोग (भारत की कुल जनसंख्या का लगभग 22 प्रतिशत) गरीब थे, जो कि विश्व में सबसे अधिक है। इसी तरह, भारत में विश्व के सबसे अधिक अशिक्षित एवं बेरोजगार लोगों की संख्या है।

यद्यपि, इस तरह की खराब स्थिति के लिए कई कारक जिम्मेदार हैं तथा स्थिति में सुधार के लिए कई दृष्टिकोणों और रणनीतियों का उपयोग किया गया है, लेकिन ज्ञान प्रबंधन हमें इस कमी का एक कारण बताती है कि अधिकांश ग्रामीण विकास योजनाओं को न तो लागत–प्रभावी तरीके से निर्मित किया गया है और न ही प्रभावी रूप से क्रियान्वित किया गया है। उदाहरणार्थ, सार्वजनिक वितरण योजना, द्वितीय विश्व युद्ध के बाद भारत में प्रारम्भ हुआ सबसे पुराना कार्यक्रम है, जिसकी समय–समय पर भारत सरकार द्वारा गठित कई समितियों द्वारा समीक्षा और मूल्यांकन किया गया है। इसे कई बार संशोधित और सुधारा गया है लेकिन फिर भी इसकी रचना और क्रियान्वयन में कई कमियां हैं, जिनमें भारतीय खाद्य निगम के गोदामों से उचित मूल्य की दुकानों तक अनाज के पारगमन में व्यापक पैमाने पर रिसाव एवं कई अन्य रूपों में भ्रष्ट तरीकों का उपयोग होता है। इन कमियों को अभी तक दूर नहीं किया गया है और परिणामस्वरूप अभी भी यह योजना बहुत सी कमियों से ग्रस्त है। शायद इसके अनुभवों का सबक भी, इसके नवीनतम अवतारों के निर्माण और क्रियान्वित करने में पूरी तरह से समाविष्ट नहीं किए गए हैं। इसके अतिरिक्त, विभिन्न ग्रामीण और कृषि विकास योजनाओं के क्रियान्वयन में एक और बड़ी कमी है, विभिन्न योजनाओं के उद्देश्यों और लाभार्थियों का अतिव्यापीकरण, तथा परिणामस्वरूप, यह भ्रम की स्थिति रहती है कि लक्षित समूहों के रूप में इन योजनाओं में से किस योजना का लाभ किसे और कैसे दे। इसे देखते हुए, ज्ञान प्रबंधन, ग्रामीण विकास योजनाओं की दक्षता और प्रभावशीलता में सुधार के लिए सबसे अधिक लागत–प्रभावी उपकरण हो सकता है।

1990 के दशक में ज्ञान प्रबंधन मुख्यधारा के प्रबंधन क्षेत्र में प्रवृत्त हुआ। इसमें संगठन के भीतर से प्राप्त अंतर्दृष्टि और अनुभवों को अपनाने के लिए प्रयुक्त कई रणनीतियों और प्रथाओं की पहचान, सृजन, प्रतिनिधित्व, वितरण सम्मिलित होते हैं। एक प्रक्रिया अथवा प्रथा के रूप में ज्ञान की इस तरह की अंतर्दृष्टि और अनुभव या तो व्यक्ति में समाविष्ट होता है या संगठन में समाविष्ट होता है।

ज्ञान प्रबंधन का प्रयास आम तौर पर संगठनात्मक उद्देश्यों पर केंद्रित होता है जैसे कि बेहतर निष्पादन, प्रतिस्पर्धात्मक लाभ, नवोन्मेष, सीखे सबक को साझा करना, एकीकरण और संगठन का निरंतर सुधार। ज्ञान प्रबंधन का प्रयास संगठनात्मक शिक्षा के साथ अतिव्याप्त होता है, और शायद एक रणनीतिक सम्पत्ति के रूप में ज्ञान के प्रबंधन पर अधिक ध्यान देने और एक उम्मीद के रूप में ज्ञान को साझा करने पर केंद्रित करने से यह प्रतिष्ठित हो सकता है।

ज्ञान प्रबंधन के प्रयास में आम तौर पर नौकरी के दौरान औपचारिक उद्यमिता, चर्चा मंच, निगमित पुस्तकालयों, पेशेवर प्रशिक्षण, और परामर्श कार्यक्रम सम्मिलित हैं। हाल ही में, कंप्यूटर के बढ़ते उपयोग के साथ–साथ तकनीकी के विशिष्ट अनुकूलन जैसे, ज्ञान के आधार, विशेषज्ञ प्रणाली, ज्ञान भंडार, समूह निर्णय समर्थन प्रणाली और इंट्रानेट ज्ञान प्रबंधन का महत्वपूर्ण उपकरण बन गया है।

एक संगठन में ज्ञान के प्रबंधन के लिए एक व्यवस्थित दृष्टिकोण अपनाने के मुख्य लाभ इस प्रकार हैः

1. सूचना और ज्ञान की अधिक प्रभावशाली प्रक्रिया से लाभ, जिनमें सम्मिलित हैं
   - सूचना की तीव्रगति से पुनर्प्राप्ति
   - दोहराव को कम करना जैसे, ''सत्य का एक संस्करण''
   - व्यस्त पेशेवरों के समय की बचत करना अथवा निस्तारण करना
   - यह जानना कि कौन क्या जानता है और कौन क्या कर रहा है
   - सूचना की बेहतर गुणवत्ता
   - नवीनतम सोच और नवीनतम ज्ञान तक पहुंच,

जो परिणामस्वरूप मार्गदर्शन करती हैः

2. आंतरिक संगठनात्मक लाभ, जिनके माध्यम से दक्षता और प्रभावशीलता सम्मिलित हैः
   - अच्छे और सर्वोत्तम कार्यप्रणाली को साझा करना
   - नए उत्पादों के लिए तेज समय का बाजार
   - अपशिष्टों में कमी करना तथा उन्हें पुनः कार्य में लाना
   - जोखिम का बेहतर प्रबंधन
   - विशेषज्ञों के छोड़ने या सेवानिवृत्त से पहले ज्ञान का अवधारण
   - लोगों के समय और सूचना की प्रक्रिया दोनों में लागत बचत,

जो परिणामस्वरूप मार्गदर्शन करती हैः

3. बाह्य ग्राहकों और हितधारकों हेतु लाभ सहितः
   - बेहतर ग्राहक सेवा और संतुष्टि
   - असुविधाजनक और नई समस्याओं का तेजी से समाधान
   - विभिन्न स्थानों पर ग्राहक सेवाओं में अधिक से अधिक स्थिरता
   - ग्राहकों की आवश्यकताओं के साथ अत्यधिक जुड़ी हुई उत्पाद और सेवा की उन्नत गुणवत्ता
   - रूपयों का बेहतर मूल्य
   - बढ़ी हुई प्रतिष्ठा और बाजार छवि

ज्ञान को तीन चरणों में प्राप्त किया जा सकता हैः ज्ञान प्रबंधन से संबंधित गतिविधियों के पूर्व, दौरान अथवा पश्चात्। विभिन्न संगठनों ने ज्ञान के विविध प्रोत्साहनों को प्राप्त करने का प्रयास किया है, जिसमें अनिवार्य रूप से सामग्री निर्माण को प्रस्तुत करना तथा निष्पादन उपाय योजनाओं में पुरस्कार समाविष्ट करना है। इस क्षेत्र में प्रोत्साहन कार्य करता है या नहीं इस बारे में बहुत से विवाद है, जिन पर कोई आम सहमति नहीं बन पाई है।

ज्ञान प्रबंधन हेतु एक रणनीति सक्रिय रूप से प्रबंधित ज्ञान (प्रेरणा रणनीति) को समाविष्ट करती है। ऐसे उदाहरणों में, व्यक्ति ज्ञान भंडार के साझेदारी के रूप में अपने ज्ञान को स्पष्ट रूप से एक सांकेतिक शब्दों में बदलने का प्रयास करते हैं जैसे कि एक आंकड़ा संचय (डॉटाबेस), जो ज्ञान को पुनः प्राप्त करने के साथ ही इन्हें अन्य व्यक्तियों हेतु भंडार के लिए प्रदान किया है। इसे आमतौर पर ज्ञान प्रबंधन के संहिताकरण दृष्टिकोण के रूप में जाना जाता है।

ज्ञान प्रबंधन हेतु एक अन्य रणनीति में, व्यक्ति को तदर्थ आधार (प्रभाव रणनीति) पर एक विशिष्ट विषय से जुड़े विशेषज्ञों को ज्ञान निर्माण के लिए अनुरोध करना सम्मिलित है। ऐसे उदाहरणों में, विशेषज्ञ व्यक्ति, विशिष्ट व्यक्ति अथवा इस हेतु आवश्यक लोगों को अपनी अंतर्दृष्टि प्रदान कर सकता है। अथवा लोगों को इसकी जरूरत है। इसे आमतौर पर ज्ञान प्रबंधन के व्यक्तिगत दृष्टिकोण के रूप में जाना जाता है।

संगठनों के लिए अन्य ज्ञान प्रबंधन रणनीतियों और उपकरणों में सम्मिलित हैः

- पुरस्कार (ज्ञान को साझा करने के लिए प्रेरित करने के साधन के रूप में)
- कहानी कहना (निहित ज्ञान को स्थानांतरित करने के साधन के रूप में)
- प्रतिकूल–परियोजना शिक्षा
- समीक्षा के पश्चात् कार्यवाही
- ज्ञान का चित्रण (सभी के द्वारा एक प्राप्त संगठन में ज्ञान भंडार का चित्रण)
- विशेषज्ञ निर्देशिकाएं (ज्ञान का अन्वेषण करने वालों को विशेषज्ञों तक पहुंचने में सक्षम बनाना)
- श्रेष्ठ कार्य का स्थानान्तरण
- ज्ञान मेले
- योग्यता प्रबंधन (व्यवस्थित मूल्यांकन तथा व्यक्तिगत संगठन सदस्यों की क्षमता का नियोजन)
- सामीप्य और स्थापत्य (ज्ञान को साझा करने के लिए कर्मचारियों की शारीरिक स्थिति या तो सहयोगी अथवा विरोधी हो सकती है)
- गुरु–शिष्य सम्बंध
- सहयोगी तकनीक, जैसे ग्रुपवेयर
- ज्ञान भंडार (डेटाबेस, बुकमार्क इंजन, आदि)
- बौद्धिक पूंजी को मापना और प्रतिवेदिन करना (कंपनियों के लिए ज्ञान देने का स्पष्ट तरीका)
- सामाजिक सॉफ्टवेयर (विकी, सामाजिक बुकमार्क, ब्लॉग, आदि)।
- अंतर–परियोजना ज्ञान हस्तांतरण

एक संगठन में ज्ञान प्रबंधन प्रणाली की स्थापना का उद्देश्य अपने कर्मचारियों को संगठन के तथ्यों का दस्तावेज आधार, सूचना के स्रोत, और समाधान के लिए पहुंच बनाने में समर्थ करना है। उदाहरणार्थ, ज्ञान प्रबंधन प्रणाली, व्यवस्था के निर्माण को उचित बताने वाला एक सामान्य दावा कुछ इस तरह हो सकता हैः एक परियोजना प्रबंधक को पता होता है कि कौन से कारक परियोजना के बेहतर क्रियान्वयन में बाधक है अथवा कौन से उसमें सहायक है। संगठन में इस सूचना को साझा करने से भविष्य में इसी तरह की परियोजनाओं का अधिक प्रभावी निर्माण एवं अधिक प्रभावी क्रियान्वयन हो सकता है।

आपके संगठन में ज्ञान प्रबंधन कार्यक्रम को संस्थागत बनाने पर विचार करने के लिए यहां कुछ दिशानिर्देश दिए गये हैं:

- अपने संगठन और अपनी रणनीति को ज्ञान आधारित करने के लिए पुनर्विचार शुरू करें: ज्ञान कैसे योगदान करता है? आपका महत्वपूर्ण ज्ञान कौन सा है? यदि आप सुनिश्चित नहीं हैं, तो ज्ञान की संपरीक्षा करें।

- अपनी संगठनात्मक रणनीति से सीधे ज्ञान लक्ष्यों का एक समूह विकसित करना। ज्ञान क्षेत्रों पर ध्यान केंद्रित करना, जो आपके संगठनात्मक लक्ष्यों को प्राप्त करने में प्रत्यक्ष रूप से योगदान करें।
- जैसा कि आप ज्ञान प्रबंधन को मार्गदर्शी पायलट आधार पर संस्थागत बनाना चाहते हैं, कुछ सरल अच्छी तरह से समझने वाली योजनाओं के साथ शुरूआत करें।
- चयनित योजनाओं से मापक संकेतक के सामान्य और संतुलित समूह का विकास करना। अच्छे संकेतक, सरल और समझने योग्य, विश्वसनीय, प्रासंगिक, मापन योग्य, वस्तुनिष्ठ तथा नियंत्रणीय होते हैं।
- संचार गतिविधियों के पूर्ण स्वरूप का उपयोग करके कर्मचारियों और हितधारकों के साथ व्यापक रूप से व्यस्त रहना। लेकिन सुनिश्चित करें कि यह वार्तालाप दोतरफा हो।
- वर्ष–दर–वर्ष के लिए आवश्यक अनुकूल अधिगम अभ्यास के रूप में सम्पूर्ण प्रक्रिया को अपनाना।

ग्रामीण विकास में ज्ञान प्रबंधन का संस्थाकरण, प्रशासनिक तंत्र में बिना किसी बड़े बदलाव और बिना अत्यधिक खर्च से आसानी से सम्पन्न किया जा सकता है। ग्रामीण विकास मंत्रालय में, चल रही योजनाओं के निगरानी और मूल्यांकन के लिए यह एक पूर्ण कार्यक्रम है। इस योजना के अंतर्गत, एक ज्ञान प्रबंधन अधिकारी नियुक्त किया जा सकता है अथवा उपसचिव/निदेशक स्तर के मौजूदा अधिकारी की देखरेख में योजनाओं के पश्चात् इस अतिरिक्त जिम्मेदारी को सौंपा जा सकता है। इसमें शामिल कार्य ज्यादा तकनीकी नहीं है और इसलिए बिना किसी विशेष प्रशिक्षण के मंत्रालय के अधिकारी द्वारा आसानी से संभाला जा सकता है। अब, विकसित देशों में जहां संगठनों की बहुत अधिक संख्या है, जो ज्ञान प्रबंधकों को नियुक्त करते हैं और ज्ञान प्रबंधन, प्रबंधन पाठ्यक्रमों में एक महत्वपूर्ण विशेषज्ञ क्षेत्र के रूप में उभर रहा है।

भारत में भी, कुछ संगठन, जिनमें अधिकतर सूचना प्रौद्योगिकी और कॉरपोरेट क्षेत्र, अब ज्ञान प्रबंधन को अपने संगठन की दक्षता में सुधार के लिए एक उपकरण के रूप में उपयोग कर रहे हैं। ज्ञान प्रबंधन के महत्व को पहचानने के लिए, भारत सरकार द्वारा जून 2005 में सैम पित्रोदा की अध्यक्षता में राष्ट्रीय ज्ञान प्रबंधन आयोग (एनकेसी) का गठन किया गया था ताकि भारत के ज्ञान से संबंधित और अन्य संस्थानों के सुधार के लिए एक रूपरेखा तैयार किया जा सके। इसके संदर्भ में कृषि और उद्योग में ज्ञान अनुप्रयोगों को बढ़ावा देना था। जिसकी समयावधि 2 अक्टूबर 2005 से 2 अक्टूबर 2008 तक तीन वर्ष तक थी, जिसे 31 मार्च 2009 तक बढ़ा दिया गया था। इन वर्षों में राष्ट्रीय ज्ञान आयोग ने प्रधान मंत्री को एक पत्र के रूप में 27 क्षेत्रों पर केंद्रित अनुसंशाएं सौंपी थीं। इन अनुसंशाओं को व्यापक रूप से तीन संकलनों में रखा गया: ''राष्ट्र प्रतिवेदन 2006'' और ''राष्ट प्रतिवेदन 2007'' साथ ही साथ ''ज्ञान समाज की ओर'' जो शिक्षा अनुसंशाओं का संकलन है। राष्ट्रीय ज्ञान आयोग के अंतिम प्रतिवेदन में आयोग द्वारा अपने कार्यकाल के तीन वर्षों में प्रस्तुत सभी अनुसंशाओं के सम्पूर्ण विषय वस्तु को सम्मिलित किया है। इसमें अनुसंशाओं पर आगे की कार्यवाही को भी शामिल किया गया है। राष्ट्रीय ज्ञान आयोग यह मानता है कि भारतीय कृषि के सामने आने वाली चुनौतियों को केवल उपायों के व्यापक पैकेज के माध्यम से ही हल किया जा सकता है जिनमें उन्नत ज्ञान के सृजन और अनुप्रयोग पर बल दिया गया है। राष्ट्रीय ज्ञान आयोग ने कृषि तकनीक प्रबंधन अभिकरण (एटीएमए) के पुनर्गठन की अनुसंशा की है ताकि यह अधिक विकेंद्रीकृत, सहभागी और स्थानीय रूप से उत्तरदायी हो, और कृषि विस्तारण आपूर्ति में निजी पक्षों की भूमिका में वृद्धि कर सके। इसमें विशेषकर ग्रामीण क्षेत्रों में सामान्य लोगों के लोक कल्याण को बढ़ाने के लिए ज्ञान अनुप्रयोगों पर ध्यान केंद्रित किया गया है। राष्ट्रीय ज्ञान आयोग द्वारा दिए गये नीतिगत सुझावों के सफल क्रियान्वयन के लिए केंद्र और राज्य सरकारों द्वारा कई कदम उठाए जा रहे हैं। ग्यारहवीं पंचवर्षीय योजना में राष्ट्रीय ज्ञान आयोग के दृष्टिकोण के प्रति सरकार की प्रतिबद्धता परिलक्षित होती है जहां योजना के व्यापक रूपों को तैयार करने में राष्ट्रीय ज्ञान आयोग के आगतों को शामिल किया गया है।[2]

प्रमुख बिन्दु

1. क्रियान्वयन, अनुश्रवण एवं मूल्यांकन सभी को परियोजना प्रबंधन के कार्य के अन्तर्गत् सम्मिलित किया जाता है। क्रियान्वयन को एक प्रक्रिया के रूप में माना जा सकता है जिसमें पूर्व निर्धारित गतिविधियों के समूह को सुनिश्चित स्थापित उद्देश्यों को प्राप्त करने के दृष्टिकोण से सुनियोजित तरीके से किया जाता है। अनुश्रवण परियोजना की प्रगति के साथ–साथ उसके लक्ष्य एवं समय पर नजर रखने की एक प्रक्रिया है। एक परियोजना के मूल्यांकन का सम्बंध परियोजनाओं के प्रभावों के आकलन से है।
2. नियोजन काल के आरम्भ से ही बड़े पैमाने पर ग्रामीण विकास कार्यक्रमों में निवेश किया गया है और निकट भविष्य में भी होता रहेगा। नियोजन में कई खामियों के अतिरिक्त कार्यक्रमों के क्रियान्वयन, अनुश्रवण एवं मूल्यांकन तथा ज्ञान प्रबंधन कार्यक्रम में अनगिनत प्रक्रियात्मक समस्याएँ रही है। इसने कार्यक्रमों की कार्यक्षमता एवं प्रभाव को प्रतिकूल रूप से प्रभावित किया है।
3. क्रियान्वयन के दो अलग–अलग दृष्टिकोण है – पारम्परिक (ब्लूप्रिंट) दृष्टिकोण एवं खुला (लोक केन्द्रित) दृष्टिकोण। पहले वाले की विशेषता नियोजन एवं विकास को यांत्रिक दृष्टि से देखने की है जिसमें क्रियान्वयन केवल शक्तिशाली (दानदाताओं, योजनाकारों, राजनेताओं) लोगों का साधन है जबकि बाद वाले में क्रियान्वयन की पूरी प्रक्रिया में लोगों को केन्द्र में रखा जाता है।
4. योजना क्रियान्वयन के लिए कुछ नियोजन अपेक्षित होता है। एक योजना के क्रियान्वयन के लिये कम से कम यह विनिर्दिष्ट करना चाहिए कि – क्या करना है, कौन करेगा, कब होगा और कैसे होगा। प्रारम्भ में, योजना को कई परियोजनाओं में विभाजित करना चाहिए तथा प्रत्येक परियोजना के लिये एक क्रियान्वयन प्रणाली विकसित करना चाहिए।
5. क्रियान्वयन योजना तैयार करने एवं परियोजना को निष्पादित करने, दोनों के लिये एक उचित परियोजना संगठन विकसित किया जाना चाहिए, विभिन्न कार्यों के लिए जिम्मेदारियों को स्पष्ट रूप से निर्दिष्ट किया जाना चाहिए और वैज्ञानिक उपकरणों का उचित प्रयोग सुनिश्चित किया जाना चाहिए। महत्वपूर्ण स्थानों को पर्याप्त कुशल एवं अनुभवी लोगों द्वारा समय पर भरा जाना महत्वपूर्ण है।
6. अन्तर्सम्बन्धों का निर्माण अन्तर्सम्बंधित परियोजनाओं जैसे – पुलों एवं सड़कों, सिंचाई एवं फसल विकास परियोजना, उत्पादन, प्रसंस्करण एवं विपणन परियोजना, शक्ति एवं उद्योग आदि को समय पर पूर्ण करने एवं परियोजना से पूर्ण लाभ प्राप्त करने के लिए आवश्यक है। अन्य परियोजनाओं के साथ अग्रगामी एवं पश्चगामी दोनों सम्पर्क निर्मित एवं सशक्त किये जाने चाहिए।
7. ग्रामीण विकास की बहुअनुशासनिक प्रकृति के साथ विविध कृषि तथा ग्रामीण विकास कार्यक्रम के क्रियान्वयन में विभिन्न परस्पर विरोधाभासी उद्देश्यों के साथ सरकारी तथा गैर सरकारी अभिकरणों के बहुत से लोग जुड़े हैं, अनुकूल परिणाम के लिए क्षेत्रों में विविध विकास कार्यक्रमों के परिचालन में एकीकरण और समन्वय पूर्णतया आवश्यक है।
8. केन्द्रीय ग्रामीण विकास मन्त्रालय, देश के सम्पूर्ण ग्रामीण क्षेत्रों में क्रियान्वित किये जा रहे कार्यक्रमों के अनुश्रवण तथा मूल्यांकन पर विशेष जोर देता है। इसे सुनिश्चित करने के लिए, मन्त्रालय ने अपने कार्यक्रमों के अनुश्रवण और मूल्यांकन के लिए एक व्यापक प्रणाली को विकसित की है। विभिन्न स्तरों पर प्रभावी निगरानी के लिए कार्यक्रमों के उपयुक्त प्रदर्शन संकेतक विकसित किए गए है जिससे कि अन्तर्वर्ती सुधारों के लिए चेतावनी संकेतक को अच्छी तरह से पहले से ही जाना जा सके।
9. राष्ट्रीय स्तर पर किसी भी ग्रामीण विकास कार्यक्रम का क्रियान्वयन उनके लाभार्थियों के सक्रिय तथा व्यापक भागीदारी के बिना सम्भव नहीं है। इसी कारण से एक ग्रामीण विकास परियोजना प्राधिकरण,

को प्रभावशाली होते हुए, यह जाने कि किस तरह से परियोजना के लाभार्थी स्वयं को इस प्रयास में सहभागी बनाये एवं किस तरह से लोगों की निष्क्रियता को व्यक्तिगत पहल से प्रोत्साहित किया जाय।

10. हम तीन प्रकार के मूल्यांकन के मध्य में विभेद कर सकते हैं जैसे, पूर्व मूल्यांकन, समवर्ती मूल्यांकन तथा पश्चात् मूल्यांकन। पूर्व मूल्यांकन में, परियोजना का मूल्यांकन क्रियान्वयन से पूर्व; समवर्ती मूल्यांकन में, मूल्यांकन परियोजना के क्रियान्वयन के दौरान; पश्चात् मूल्यांकन में, परियोजना समापन के बाद मूल्यांकन होता है। समवर्ती मूल्यांकन तथा पश्चात् मूल्यांकन दोनों ग्रामीण विकास कार्यक्रमों के प्रभावी एवं कुशल क्रियान्वयन के लिये आवश्यक है।
11. सामान्यतः मूल्यांकन के लिये दो दृष्टिकोणों का प्रयोग किया जाता है – 'पूर्व और पश्चात्' तथा 'साथ और रहित'। आदर्शतः दोनों दृष्टिकोण का उपयोग परियोजना के ग्राहकों एवं अन्य लोगों पर प्रभाव को मापने के लिये किया जाना चाहिए।
12. एक बाह्य मूल्यांकनकर्ता संगठन में पूर्व से ही प्रचालित मूल्यांकन प्रणाली एवं प्रतिवेदन की जाँच कर बेहतर करने का प्रयास करके तथा उपचारात्मक कार्यवाही के साथ जोड़कर बहुत बड़ा योगदान कर सकता है।
13. एक आंतरिक मूल्यांकन, जो कि व्यक्तिगत प्रभाव तथा आन्तरिक सूचना प्रणाली से प्रतिपुष्टि पर आधारित होता है, भी अधिक महत्वपूर्ण हो सकता है, यदि इसे वस्तुनिष्ठ तरीके से किया जाये एवं रचनात्मक तरीके से उपयोग किया जाये। आंतरिक मूल्यांकन का उपयोग एक जासूसी तंत्र के रूप में नहीं किया जाना चाहिए और न ही आंतरिक मूल्यांकनकर्त्ता को शक्ति केन्द्र चलाने वाला बनने देना चाहिए।
14. मूल्यांकन अध्ययन के परिणाम का उपयोग नीति निर्माता, योजनाकार, प्रशासक, कार्यान्वयक, बैंकर, शोध अध्येताओं और कार्यक्रम के साथ प्रत्यक्ष या अप्रत्यक्ष रूप से जुड़े अन्य अभिकरणों द्वारा प्रतिपुष्टि के रूप में किया जाना चाहिए।
15. इसका कोई भी उपयोग, मूल्यांकन का परिणाम साधारण तथा गैर तकनीकी भाषा में प्रस्तुत होना चाहिए तथा इसको समय पर सम्भावित उपयोगकर्ताओं को उपलब्ध कराना चाहिए।
16. 1990 के दशक में ज्ञान प्रबंधन मुख्यधारा के प्रबंधन क्षेत्र में प्रवृत्त हुआ। इसमें एक में प्रयुक्त कई रणनीतियों और प्रथाओं की पहचान, सृजन, प्रतिनिधित्व, वितरण सम्मिलित होते हैं तथा संगठन के भीतर से प्राप्त अंतर्दृष्टि और अनुभवों को अपनाने में सक्षम बनाते हैं। एक प्रक्रिया अथवा प्रथा के रूप में ज्ञान का इस तरह का अंतर्दृष्टि और अनुभव या तो व्यक्ति में समाविष्ट होता है या संगठन में समाविष्ट होता है।
17. ज्ञान प्रबंधन की कमी का एक कारण यह है कि अधिकांश ग्रामीण विकास योजनाओं को न तो लागत–प्रभावी तरीके से निर्मित किया गया है और न ही प्रभावी रूप से क्रियान्वित किया गया है। ज्ञान प्रबंधन, ग्रामीण विकास योजनाओं की दक्षता और प्रभावशीलता में सुधार के लिए सबसे अधिक लागत–प्रभावी उपकरण हो सकता है।

चर्चा के लिए प्रश्न

1. भारत में अधिकांश ग्रामीण विकास परियोजनाएँ प्रमुख रूप से ढीले क्रियान्वयन के कारण अपने उद्देश्यों को कुशलतापूर्वक प्राप्त करने में विफल रही है। ग्रामीण विकास कार्यक्रमों में सुधार हेतु रणनीति की रूपरेखा बनाये।
2. ग्रामीण विकास परियोजनाओं के क्रियान्वयन की प्रक्रिया में लोगों/हितधारकों को सम्मिलित करने के क्या लाभ है।

3. शासकीय अधिकारीगण ग्रामीण विकास परियोजनाओं के क्रियान्वयन में लोगों को सम्मिलित करने के खिलाफ क्यों हैं।
4. अनुश्रवण एवं मूल्यांकन के मध्य विभेदों को एक उदाहरण के माध्यम से स्पष्ट कीजिए।
5. मूल्यांकन के 'साथ एवं रहित' तथा 'पूर्व एवं पश्चात्' दृष्टिकोण में से कौन सा भारत के लिए अनुकूल है एवं क्यों।
6. बाह्य मूल्यांकन एवं आंतरिक मूल्यांकन के गुण एवं दोष क्या है।
7. चर्चा कीजिए कि कैसे ज्ञान प्रबंधन, परियोजना प्रबंधन का एकीकृत भाग हो सकता है।

टिप्पणियाँ

1. डॉ. एच.एस. शिलेन्द्र, प्रोफेसर, ग्रामीण प्रबंधन संस्थान, आणन्द के साथ व्यक्तिगत वार्तालाप।
2. http://knowledgecommissionarchive.nic.in/reports/report09.asp (Accessed on January 5, 2016).

संदर्भ ग्रंथसूची

Acharya, S.S. 1997. "Agricultural Price Policy and Development: Some Facts and Emerging Issues." *Indian Journal of Agricultural Economics*, 52 (1): 1–47.

Adelman, Irma and C.T. Morris. 1967. *Society, Politics and Economic Development*. Baltimore, MD: Johns Hopkins University Press.

Agrawal, A.N. and S.P. Singh, eds. 1975. *The Economics of Under Development*. New Delhi: Oxford University Press.

Aiyar, Anklesaria S. Swaminathan. 1995. "Encouraging News About Poverty." *The Economic Times*, 14 December.

Alavi, Hamza and Teodar Shanin, eds. 1982. *Introduction to the Sociology of "Developing Societies."* London: Macmillan.

Alderman, Harold, George Merges and Roger Slade. 1987. "Cooperatives and the Commercialization of Milk Production in India: A Literature Review." IFPRI Working Paper on Commercialization of Agriculture and Nutrition, No. 2, Washington, D.C.

Alex, Alexander V. 1983. *Human Capital Approach to Economic Development*. New Delhi: Metropolitan.

Alvares, Claude. 1985. *Another Revolution Fails*. New Delhi: Ajanta Publications.

Anderson, Terry L. 1982. "The New Resource Economics: Old Ideas and New Applications." *American Journal of Agricultural Economics*, 64: 928–34.

Anonymous. 1968. *Webster's Dictionary*, Third New International Edition, Springfield, MA: G. & C. Merriam Co.

———. 1978. "Mahatma Gandhi on Rural Development." *Indian Farming*, (October–November).

———. 2007. "Poverty in India." *Kurukshetra*, 55 (4): 44.

Ansoff, Igor H., Roger P. Declerck and Robert L. Hayes, eds. 1976. *From Strategic Planning to Strategic Management*. London: John Wiley and Sons.

Atkinson, Anthony B. 1970. "On the Measurement of Equality." *Journal of Economic Theory*, 2 (February): 253–54.

———. 1987. "On the Measurement of Poverty." *Econometrica*, 55: 749–64.

Balooni, Kulbhushan and Katar Singh. 2003. "Institutional Financing of Wastelands Afforestation in India: Some Issues and Options." *Natural Resources Forum*, 27.

Bandyopadhyay, D. 1988. "Direct Intervention Programmes for Poverty Alleviation: An Appraisal." *Economic and Political Weekly*, 25 June: A77–88.

Barbier, Edward B. 1997. "Introduction." *Environment and Development Economics*, Special issue on Environmental Kuznets Curve, 2 (4): 357–67.

Barnett, T. 1988. *Sociology and Development*. London: Hutchinson.

Bartelmus, Peter. 1997. "Whither Economics? From Optimality to Sustainability." *Environment and Development Economics*, 2 (3): 323–45.

Basu, D.N. and G.S. Guha. 1996. *Agro-Climatic Regional Planning in India, Vol. I: Concepts and Application*. New Delhi: Concept Publishing Co.

Basu, D.N. and S.P. Kashyap. 1996. *Agro-Climatic Regional Planning in India, Vol. II: Themes and Cases*. New Delhi: Concept Publishing Co.

Bauer, Peter. 1991. *The Development Frontier*. Cambridge: Harvard University Press.

Berger, Peter L. and Richard John Neuhaus. 1977. *To Empower People: The Role of Mediating Structures in Public Policy*. Washington, D.C.: American Enterprise Institute for Public Policy Research.

Boeke, J.H. 1953. *Economics and Economic Policy of Dual Societies as Exemplified by Indonesia*. New York: Institute of Pacific Relations.

Bromley, D.W. 1991. *Environment and Economy: Property Rights and Public Policy*. Oxford: Basil Blackwell.

Bronfenbrenner, Martin. 1966. "The High Cost of Economic Development." *Land Economics*, August 1953: 209–18 quoted in Benjamin Higgins: *Economic Development: Principles, Problems and Policies*. Allahabad: Central Book Depot.

Brown, Lester R., Alan Durning, Christopher Flavin, Hilary French, Jodi Jacobson, Nicholas Lenssen, Marcia Lowe, Sandra Postel, Michael Renner, Linda Starke, Pater Weber and John Young. 1993. *State of the World 1993*. London and New York: W.W. Norton.

Bryant, Coralee and Louise G. White. 1980. *Managing Rural Development: Peasant Participation in Rural Development*. New Hartford, CT: Kumarian Press.

Buckley, Walter. 1967. *Sociology and Modern Systems Theory*. Englewood Cliffs, NJ: Prentice Hall, Inc.

Chaturvedi, B.K. 2011. *Report of the Committee on Restructuring of Centrally Sponsored Schemes (CSS)* New Delhi: Planning Commission, GOI.

CSO (Central Statistical Organisation). 2004. *National Accounts Statistics*. New Delhi: Central Statistical Organization, Ministry of Statistics and Programme Implementation, Government of India.

———. 2006. *National Accounts Statistics*. New Delhi: Central Statistical Organisation. Ministry of Statistics and Programme Implementation, Government of India.

———. 2008. *National Accounts Statistics*. New Delhi: Central Statistical Organisation. Ministry of Statistics and Programme Implementation, Government of India.

CSE (Centre for Science and Environment). 2001. *Down to Earth: Survival Primer, Society for Environmental Communications*, Centre for Science and Environment, New Delhi.

CMIE (Centre for Monitoring Indian Economy). 1997. *Approach Paper to Ninth Five Year Plan*. Mumbai: Centre for Monitoring Indian Economy, February.

Ciriacy-Wantrup, S.V. 1968. *Resource Conservation: Economics and Policies*, 3rd ed. Berkeley: Division of Agricultural Sciences, University of California.

Chambers, Robert. 1974. *Managing Rural Development, Ideas and Experience From East Africa*. Uppsala: Scandinavian Institute of African Studies.

———. 1983. *Rural Development: Putting the Last First*. London: Longman.

———. 1987. "Sustainable Rural Livelihoods: A Strategy for People, Environment and Development," Commissioned Study No. 7, Institute of Development Studies at the University of Sussex, Brighton, England.

Chand, Ramesh. 1997. "Import Liberalisation and Indian Agriculture: The Challenge and Strategy." Policy Paper No. 6, New Delhi: National Centre for Agricultural Economics and Policy Research.

Cochrane, Willard W. 1969. *The World Food Problem: A Guardedly Optimistic View*. New York: Thomas Y. Crowell Company Inc.

Daly, Herman E. 1990. "Toward Some Operational Principles of Sustainable Development," *Ecological Economics*, 2: 1–6.

Dandekar, V.M. 1972. "Effectiveness in Agricultural Planning," *Teaching Forum: Development Processes and Planning*, 19 July. New York: The Agricultural Development Council.

Dandekar, V.M. and Nilakanth Rath. 1971. *Poverty in India*. Pune: Indian School of Political Economy.

Dantwala, M.L. 1970. "From Stagnation to Growth," *Indian Economic Journal*, 18, (October–December): 165–92.

Dasgupta, A.K. 1978. "Plan Priorities: Some Basic Issue," *Yojana*, 12 (26 January): 16–18.

Desai, D.K. 1983. *Management in Rural Development*. New Delhi: Oxford and IBH.

Deshpande, D.V., M.K. Mudgal and K.K. Gupta. 1996. "Regional Rural Banks at Cross Roads." Working Paper No. 9, Bankers Institute of Rural Development, Lucknow.

Doornbos, Martin and Liana Gertsch. 1994. "Sustainability, Technology and Corporate Interest: Resource Strategies in India's Modern Dairy Sector," *Journal of Development Studies*, 30 (3): 918.

Doornbos, Martin Pietrvan Stuijvenberg and Piet Terhal. 1987. "Operation Flood: Impact and Issues," *Food Policy*, 12 (4): 376–83.

Doornbos, Martin, Frank van Dorsten, Manoshi Mitra and Piet Terhal. 1990. *Dairy Aid and Development: India's Operation Flood*, Indo-Dutch Studies on Development Alternatives, 3. New Delhi/Newbury Park, CA/London: SAGE Publications.

Dorner, Peter. 1973. "Institutions as Aids to Development." Paper presented at the 15th International Conference of Agricultural Economists, Sao Paulo, Brazil, 19–30 August.

Dulfer, E. 1974. "Operational Efficiency of Agricultural Cooperatives in Developing Countries. "Development Paper No. 96, Food and Agriculture Organisation, United Nations Organisation, Rome.

Dunn, Edgar S. 1971. *Economic and Social Development: A Process of Social Learning*. Baltimore: The Johns Hopkins University Press.

ECAFE (Economic Commission for Asia and the Far East). 1950. *Foreign Investment Laws and Regulations in the ECAFE Region.* Bangkok: United Nations Economic Commission for Asia and the Far East, Committee on Industry and Trade.

Ekaus, Richard S. and Kirit S. Parikh. 1968. *Planning for Growth: Multi-sectoral, Intertemporal Models Applied to India.* Cambridge, MA: The MIT Press.

Ekins, Paul. 1991. "A Strategy for Global Environmental Sustainability," *Development*, 2.

Ensminger, Douglas. 1968. *An Evolving Strategy for India's Agricultural Development.* New Delhi: The Ford Foundation.

———. 1972. *Rural India in Transition.* New Delhi: All-India Panchayat Parishad.

Fan, Shenggen, Peter, B.R. Hazell and T. Haque. 1998. "Role of Infrastructure in Production Growth and Poverty Reduction in Indian Rainfed Agriculture." Project report submitted to the Indian Council of Agricultural Research (ICAR), New Delhi; the World Bank, Washington; and the International Food Policy Research Institute, Washington.

FAO (Food and Agriculture Organisation). 1989. *The State of Food and Agriculture 1989*, FAO Agriculture Series No. 22. Rome: Food and Agriculture Organisation.

———. 1996. *Production Year Book, 1995, Vol. 49.* Rome: Food and Agriculture Organisation, United Nations Organisation.

———. 2001. *Global Forest Resources Assessment 2000: Main Report.* FAO Forestry Paper No. 140, Food and Agriculture Organisation, Rome.

———. 2010. *Global Forest Resources Assessment 2010—Main Report.* FAO Forestry Paper No. 163, Food and Agriculture Organization of the United Nations, Rome.

———. 2014. FAO Statistical Yearbook 2014, Asia and the Pacific, Bangkok: Food and Agriculture, Food and Agriculture Organization of the United Nations, Regional Office for Asia and the Pacific, (www.fao.org/3/a-i3590e (Accessed on April 17, 2015).

——— 2015. *AQUASTAT.* Available at: http://www.fao.org/nr/water/aquastat/data/query/results.html (Accessed on August 18, 2015).

FSI (Forest Survey of India). 2001. *State of Forest Report 2001.* Dehradun: Forest Survey of India, Government of India.

———. 2013. *State of Forest Report 2013*, Dehradun: Forest Survey of India. Government of India. Available at: www.fsi.nic.in/forestcover_2013. (Accessed on October 12, 2015).

Foster, John. 1984. "On Economic Poverty: A Survey of Aggregate Measures," *Advances in Econometrics*, 3: 215–51.

Foster, John, Joel Greer and Erick Thorbecke. 1984. "A Class of Decomposable Poverty Measures," *Econometrica*, 52: 761–66.

Fox, Karl A., Jati K. Sengupta and Erik Thorbecke. 1966. *The Theory of Quantitative Economic Policy with Applications to Economic Growth and Stabilization.* Amsterdam: North Holland Publishing Company.

Fei, John C.H. and Gustav Ranis. 1964. *Development of the Labour Surplus Economy: Theory and Policy.* Homewood, IL: Richard D. Irwin for the Economic Growth Centre, Yale University.

Gaikwad, V.R., Gunvant M. Desai, Paul Mampilly and V.S. Vyas. 1977. *Development of Intensive Agriculture: Lessons from IADP.* Ahmedabad: Centre for Management in Agriculture, Indian Institute of Management.

Gangrade, K.D. 1997. "Power to Powerless: A Silent Revolution through Panchayat Raj System," *Journal of Rural Development*, 6 (4): 755–56.

Ghosh, A. 1968. *Planning, Programming, and Input-Output Models: Selected Papers on Indian Planning.* Cambridge: Cambridge University Press.

George, Shanti. 1987. "Stemming Operation Flood: Towards an Alternative Dairy Policy for India," *Economic and Political Weekly*, 26 September.

———. 1988. "Cooperatives and Indian Dairy Policy: More Anand than Pattern." In *Who Shares? Cooperatives and Rural Development*, edited by D.W. Attwood and B.S. Baviskar. New Delhi: Oxford University Press.

Gibbons, David. 1997. "Targetting the Poor and Covering Costs." Paper presented at the Micro-Credit Summit and communicated to the author via e-mail by Robert Gailey, Research Director, Micro-Credit Summit Secretariat, under the auspices of the "Poverty Discussion Group" programme.

Gittinger, J. Price. 1982. *Economic Analysis of Agricultural Projects*, 2nd ed. Baltimore: The Johns Hopkins University Press.

GoI (Government of India). 1961. *Towards a Self Reliant Economy: India's Third Plan, 1961–66.* New Delhi: Planning Commission, Government of India.

———. 1963. *Intensive Agricultural District Programme: Report (1961–63)*. New Delhi: Expert Committee on Assessment and Evaluation, Ministry of Food and Agriculture, GoI.
———. 1968. *Modernising Indian Agriculture (1960–68)*, vol. 1. New Delhi: Expert Committee on Assessment and Evaluation, Ministry of Food and Agriculture, C. D. and Cooperation, GoI.
———. 1975. *Report on Evaluation Study of Small Farmers, Marginal Farmers and Agricultural Labourers Project, 1974–75*, Chapter 6. New Delhi: Planning Commission, GoI.
GoI (Government of India). 1976. *Report of the National Commission on Agriculture 1976, Part II: Policy and Strategy.* New Delhi: Ministry of Agriculture and Irrigation, GoI.
———. 1977. *Report of the Review Committee on Pilot Intensive Rural Employment Project (PIREP)*, 11–19. New Delhi: Ministry of Irrigation and Agriculture, GoI.
———. 1978a. *Report of the Finance Commission.* New Delhi: GoI.
———. 1978b. *Report of the Working Group on Block Level Planning (1978)*. New Delhi: Planning Commission, GoI.
———. 1979. *Study of CSRE 1971–74.* New Delhi: Planning Commission, GoI.
———. 1980. *Manual on Integrated Rural Development Programme.* New Delhi: Ministry of Rural Reconstruction, GoI.
———. 1984. *Report of the Evaluation Committee on Operation Flood II.* New Delhi: Department of Agriculture and Cooperation, Ministry of Agriculture, GoI.
———. 1987. *National Water Policy 1987.* New Delhi: Department of Agriculture and Cooperation, Ministry of Agriculture, GoI.
———. 1988. *National Forest Policy 1988.* New Delhi: Ministry of Environment and Forests, GoI.
———. 1997a. *Annual Report 1996–97.* New Delhi: Ministry of Rural Areas and Employment, GoI.
———. 1997b. *Economic Survey 1996–97.* New Delhi: Ministry of Finance, Government of India.
———. 1997c. *Agricultural Statistics at a Glance.* New Delhi: Directorate of Economics and Statistics, Department of Agriculture and Cooperation, Ministry of Agriculture, GoI.
———. 1998a. *India 1998.* New Delhi: Ministry of Information and Broadcasting, Publications Division, GoI.
———. 1998b. *Economic Survey 1997–98.* New Delhi: Ministry of Finance, GoI.
———. 1999. "Integrated Water Resources Development: A Plan for Action." Report of the National Commission for Integrated Water Resources Development, Vol. I. New Delhi: Ministry of Water Resources, GoI.
———. 2000. *The National Policy on Agriculture.* Department of Agriculture and Cooperation. New Delhi: Ministry of Agriculture, GoI.
———. 2002a. *Annual Report 2001–02.* New Delhi: Department of Rural Development, Ministry of Rural Development, GoI.
———. 2002b. *Tenth Five Year Plan (2002–07), Volume III: State Plans, Trends, Concerns and Strategies.* New Delhi: Planning Commission, GoI.
———. 2002c. *National Water Policy 2002.* New Delhi: Ministry of Water Resources, GoI.
———. 2002d. *National Policy on Cooperatives.* New Delhi: Department of Agriculture and Cooperation, Ministry of Agriculture, GoI.
———. 2004a. *Agricultural Statistics at a Glance 2004.* New Delhi: Department of Agriculture and Cooperation, GoI.
———. 2004b. *Marine Fishing Policy 2004.* New Delhi: Department of Animal Husbandry and Dairying, Ministry of Agriculture, GoI.
———. 2005a. *Seventeenth Livestock Census, 2003.* Department of Animal Husbandry and Dairying, Ministry of Agriculture, GoI, New Delhi. Available at: http://dahd.nic.in/Census.htm. (Accessed on March 2008).
———. 2005b. *National Rural Employment Guarantee Act 2005.* New Delhi: Ministry of Rural Development, GoI.
———. 2006a. *Agricultural Statistics at a Glance 2006.* New Delhi: Ministry of Agriculture, Department of Agriculture and Cooperation, GoI. Available at: http://dacnet.nic.in/eands/agStat06-07htm. (Accessed on March 2008).
———. 2006b. *Report of the XI Plan Working Group on Poverty Elimination Programmes*, New Delhi: Planning Commission (Rural Development Division), GoI.

———. 2006d. *Serving Farmers and Saving Farmers*. Fifth and Final Report, National Commission on Farmers, New Delhi: Ministry of Agriculture, GoI.
———. 2007a. *Agricultural Statistics at a Glance 2006*. New Delhi: Department of Agriculture and Cooperation, GoI.
———. 2007b. *Union Budget and Economic Survey*. New Delhi: Ministry of Finance, GoI.
———. 2012. *National Water Policy 2012*. New Delhi: MoWR, Government of India.
———. 2014. Elucidation of the *Fifth National Report*, submitted to United Nations Convention to Combat Desertification (UNCCD), New Delhi: Secretariat 2012, Ministry of Environment and Forest, GoI.
Gopalakrishnan, P. and V.E. Ramamoorthy. 1993. *Text Book of Project Management*. New Delhi: Macmillan India Ltd.
Gould, Julius and W.L. Kolb. 1967. *A Dictionary of Social Sciences*, 4th Printing. UNRS. Co. Paris: UNESCO.
Gouldner, Alvin. 1959. "Organisational Analysis." In *Sociology Today*, edited by Robert K. Merton, 400–28. New York: Basic Books Inc.
Grafton, R. Quentin, Linwood H. Pendelton and Harry W. Nelson. 2001. *A Dictionary of Environmental Economics, Science, and Policy*. Cheltenham, UK: Edward Elgar.
Gran, Guy. 1983. *Development by People: Citizens Construction of a Just World*. New York: Praeger.
Gulati, Ashok. 1989. "Input Subsidies in Indian Agriculture: A State-wise Analysis," *Economic and Political Weekly*, 24 (25, June): A57–65.
Gulati, Ashok and A.N. Sharma. 1992. "Subsidising Agriculture: A Cross Country View," *Economic and Political Weekly*, 27 (39, September): A106–11.
Gupta, K.R. 1976. *Economics of Development and Planning*. New Delhi: Atma Ram and Sons.
Gupta, S.P. 1995. "Economic Reform and its Impact on Poor," *Economic and Political Weekly*, 3 June: 1295–1313. Mumbai: Halite.
Graham. 1968. *The Economics of Agricultural Policy*. Oxford: Basil.
Haque, M.S. 1997. "Development of India's Wastelands through Institutional Credit: A 15-Year Plan." In *Advances in Wastelands Development*, edited by T.K. Sarkar, R.C. Vaish, V. Verma and S.P. Gawande. New Delhi: Soil Conservation Society of India.
Hardin, G. 1968. "The Tragedy of the Commons," *Science*, 162: 1143–1248.
Harold, Alderman, George Mergos and Roger Slade. 1987. "Cooperatives and the Commercialisation of Milk Production in India: A Literature Review," IFPRI Working Paper on Commercialization of Agriculture and Nutrition No. 2, Washington DC.
Hayami, Yujiro and V.W. Ruttan. 1970. "Agricultural Productivity Differences among Countries," *The American Economic Review*, 60 (5, December): 895–911.
———. 1971. *Agricultural Development: An International Perspective*. Baltimore: The Johns Hopkins University Press.
Heady, Earl O. 1965. *Agricultural Policy Under Economic Development*. Ames (Iowa): Iowa State University Press.
Hickman, Bert G., ed. 1965. *Quantitative Economic Policy*. Washington: The Brookings Institution.
Higgins, Benjamin. 1966. *Economic Development: Principles, Problems and Policies*. Allahabad: Central Book Depot.
Hirway, Indira. 1988. "Reshaping IRDP: Some Issues," *Economic and Political Weekly*, 25 June: A89–95.
Hoda, Anwarul and Prerna Terway. 2015. "Credit Policy for Agriculture in India—An Evaluation," Working Paper No. 302, June 2015. New Delhi: Indian Council for Research on International Economic Relations.
Honadle, George and Rudi Klauss, eds. 1979. *International Development Administration: Implementation Analysis for Development Projects*. New York: Praeger Publishers.
Hunter, Guy. 1970. *The Administration of Agricultural Development: Lessons from India*. London: Oxford University Press.
Ickis, John C. 1983. "Structural Response to New Rural Development Strategies." In *Bureaucracy and the Poor: Closing the Gap*, edited by David C. Korten and Felipe B. Alfonso, 4–33. West Hartford, CT: Kumarian Press.
ICAR and NAAS. 2010. *Degraded and Wastelands of India: Status and Spatial Distribution*. New Delhi: Indian Council of Agricultural Research and National Academy of Agricultural Sciences.
IDC. 1982. *Eleventh Annual Report, 1980–81*. Vadodara: Indian Dairy Corporation.

IDFC. 2013. India Rural Development Report 2012/13. New Delhi: Infrastructure Development Finance Company (IDFC) Rural Development Network, 2013

Jena, A.C. 1998. "PDS: An Overview of Policies and Programme Implementation," In *Fifty Years of Rural Development: Retrospect and Prospect*, Vol. II. edited by R.C. Choudhury and S. Rajakutty. Hyderabad: National Institute of Rural Development.

Jesus, Ed C. De. 1984. "Learning about Bureaucratic Reorientation." Paper presented at the 4th International Conference of Management Institutes Working Group on Social Development Management, Ahmedabad, 23–27 January.

Johnston, Bruce F. and William C. Clark. 1982. *Redesigning Rural Development: A Strategic Perspective.* Baltimore: The Johns Hopkins University Press.

Joshi, P.K. and D. Jha. 1991. "Farm Level Effects of Soil Degradation in Sharda Sahayak Irrigation Project." Working Paper on Future Growth in Indian Agriculture. Washington, D.C.: Central Soil Salinity Research Institute, Indian Council of Agricultural Research, and the International Food Policy Research Institute.

Kakwani, N.C. and N. Poddar. 1976. "Efficiency Estimation of the Lorenz Curve and Associated Inequality Measures From Grouped Observations," *Econometrica*. 44 (1): 137–48.

Kanwar, Rakesh. 2001. "Disaster Management," *The Administrator*, XLIV (December): 96–110.

Katiha, Pradeep K. 2006. "The Status of and Prospects for Inland Aquaculture and Culture-based Fisheries in India." Unpublished paper included in the *Compendium of Abstracts: Water and Equity*, presented at the 5th IWMI-Tata Annual Partners Meet, Institute of Rural Management, Anand, 8–10 March.

Khera, S.S. 1977. *Government in Business*. New Delhi: National Publishing House.

Kirschen, E.S., J. Bernard, H. Besters, F. Blackaby, O. Eckstein, J. Faaland, F. Hartog, L.L. Morissons and E. Tosco. 1964. *Economic Policy in Our Time*. I. Amsterdam: North Holland Publishing Company.

Kohli, Uddesh. 1979. "Implementation Planning," *Yojana*, 23 (11, June): 13–17.

Korten, David C., ed. 1980. "Community, Organisation and Rural Development: A Learning, Process Approach," *Public Administration Review*, 40 (5) (September–October): 480–511.

———. 1981. "The Management of Social Transformation," *Public Administration Review*, November–December: 610.

Korten, David C. and Felipe B. Alfonso, eds. 1983. *Bureaucracy and the Poor: Closing the Gap*. West Hartford, CT: Kumarian Press.

Korten, David C. and Rudi Klauss, eds. 1984. *People Centred Development*. West Hartford, CT: Kumarian Press.

Krishnaji, N. 1997. "Human Poverty Index: A Critique," *Economic and Political Weekly*, 30 August: 2202–05.

Kumar, Nalini. 1997. "Operation Flood: Literature Review and Reconciliation," Occasional Publication No. 13. Anand: Institute of Rural Management.

Kumar, Pradeep and S.P. Pal. 1998. "Delivery Makes the Difference," *The Economic Times*, 16 May.

Kundu, Amitabh. 1980. *Measurement of Urban Process: A Study in Regionalisation*. Mumbai: Popular Prakashan.

Kurien, V. 1978. "Food Aid in the Form of Dairy Products." Speech delivered at the 20th International Dairy Congress, Paris, 26–30 June. Anand: National Dairy Development Board.

———. 1992. "Food Aid for Dairy Development," *Dairy India 1992*, 4th Annual ed. New Delhi.

Kuznets, Simon. 1955. "Economic Growth and Income Inequality," *American Economic Review*, 49: 1–28.

Law, Vivek. 2002. "Banking on Fraud," *India Today*, June 10.

Leibenstein, Harvey. 1957. *Economic Backwardness and Economic Growth*. New York: John Wiley.

Lewis, W. Arthur. 1954. "Economic Development with Unlimited Supplies of Labour," *The Manchester School*, 22 May: 139–92.

———. 1955. *The Theory of Economic Growth*. London: George Allen & Unwin Ltd.

Littrell, W. Boyd. 1980. "Bureaucracy in the Eighties: Introduction," *The Journal of Applied Behavioural Science*, 16 (3, July–September): 560–61.

Lorsch, Jay W. and Paul R. Lawrence. 1972. *Organisation Planning: Cases and Concepts*. Homewood, IL: Richard D. Irwin Inc.

Mathur, Ashok. 2005. "Rural Development: Indices and Linkages." In *India: Rural Development Report-Rural Institutions, 2005, by* National Institute of Rural Development (NIRD). Hyderabad: National Institute of Rural Development, Ministry of Rural Development, Government of India.

MIT (Massachusetts Institute of Technology). 1957. *The Objectives of United States Economic Assistance Programmes*. Washington: MIT, Centre for International Studies.

Macy, Joanna. 1983. *Dharma and Development: Religion as Resource in the Sarvodaya Self-Help Movement*. West Hartford, CT: Kumarian Press.

Maheshwari, Shriram. 1987. "Voluntary Action in Rural Development in India," *Indian Journal of Public Administration*,33 (3) (July–September): 560–61.

March, James G. and Herbert A. Simon. 1958. *Organizations*. New York: John Wiley and Sons Inc.

Mascarenhas, R.C. 1988. *A Strategy for Rural Development: Dairy Cooperatives in India*. New Delhi: SAGE Publications.

McKay, John. 1990. "The Development Model," *Development Journal of the Society for International Development*, 33 (3/4): 55.

Meadows, Donella H., Dennis L. Meadows, Jørgen Randers and William W. Behrens III. 1972. *The Limits to Growth*. New York: Universe Books.

Mehta, Shiv R. 1984. *Rural Development Policies and Programmes*. New Delhi: SAGE Publications.

Meier, Gerald M. 1976. *Leading Issues in Economic Development*, 3rd ed. New York: Oxford University Press.

Meier, Gerald M. and R.E. Baldwin. 1957. *Economic Development: Theory, History, and Policy*. New York: Wiley.

Mellor, John W. 1966. *The Economics of Agricultural Development*. Ithaca: Cornell University Press.

Mergos, George and Roger Slade. 1987. "Dairy Development and Milk Cooperatives: The Effect of a Dairy Project in India." Discussion Paper No. 15, Washington DC: World Bank.

Mikesell, Raymond F. 1968. *The Economics of Foreign Aid*. Chicago: Aldine Publishing Company.

Minhas, B.S. 1974. *Planning and the Poor*. New Delhi: S. Chand and Company Limited.

Minhas, B.S., L.R. Jain and S.D. Tendulkar. 1991. "Declining Incidence of Poverty into the 1980s: Evidence vs Artefacts," *Economic and Political Weekly*, July.

Mishra, S.N. and Ramesh Chand. 1995. "Private and Public Capital Formation in Indian Agriculture: Comments on Complementarity Hypothesis and Others," *Economic and Political Weekly*, 30 (24): A64–79.

MoA (Ministry of Agriculture), Government of India. 2010. *National Mission on Sustainable Agriculture.*, New Delhi: Department of Agriculture and Cooperation, MoA, GoI.

———. 2012. *All India Report on Number and Area of Operational Holdings*. New Delhi: Agriculture Census Division, Department of Agriculture and Cooperation, MoA, GoI.

———. 2013. *State of India's Agriculture 2011–12*. New Delhi: Department of Agriculture and Cooperation, MoA, GoI.

———. 2014a. *Agricultural Statistics at a Glance 2014*. New Delhi: Department of Agriculture and Cooperation, MoA, GoI. Available at: (http://agricoop.nic.in/Agristatisticsnew.html (Accessed on April 12, 2015).

———. 2014b. *Basic Animal Husbandry and Fisheries Statistics 2014*. New Delhi: Department of Animal Husbandry, Dairying and Fisheries, MoA, GoI. Available at: http://dahd.nic.in/dahd/default.aspx (Accessed on April 12, 2015).

———. 2014c. *National Mission on Sustainable Agriculture, Operational Guidelines*. New Delhi: Department of Agriculture and Cooperation, MoA, GoI.

———. 2015. *Annual Report 2014-15*. New Delhi: Ministry of Agriculture and Farmer Welfare, GoI.

———. n.d. *Land Degradation and its Management in India*. New Delhi: MoA, GoI, Mimeo. Available at: http://www.moef.nic.in/sites/default/files/Session%20I%20MoA.pdf (Accessed on May 20, 2015).

MoEF (Ministry of Environment, Forests and Climate Change), Government of India. 2015. *Annual Report 2014–15*. New Delhi: MoEF, GoI.

MoF (Ministry of Finance), Government of India. 2008. *Union Budget and Economic Survey*. New Delhi: MoF, GoI.

———. 2015. *Economic Survey 2014–15*. New Delhi: MoF, Department of Economic Affairs, GoI.

MoRD (Ministry of Rural Development). Government of India. 2013a. *Annual Report 2012–13*. New Delhi: GoI.

———. 2013b. *Wastelands Atlas of India 2011*. New Delhi: Department of Land Resources, MoRD, GoI. Available at: www.dolr.nic.in/wasteland2010/dolr/India.pdf (Accessed on April 12, 2015).

Moench, Marcus and Dinesh Kumar. 1997. "Distinction between Efficiency and Sustainability: The Role of Energy Prices in Groundwater Management," in *The Challenge of the Balance: Environmental*

Economics in India, Proceedings of a National Environment and Economics Meeting, edited by Anil Agarwal. New Delhi: Centre for Science and Environment.

Morgan, Theodore and George W. Betz, eds. 1970. *Economic Development: Readings in Theory and Practice*. Belmont, CA: Wadsworth Publishing Company Inc.

Moris, Jone. 1981. *Managing Induced Rural Development*. Bloomington, IN: Indiana University, International Development Institute.

Morris, David and Michelle B. McAlpin. 1982. *Measuring the Condition of India's Poor: The Physical Quality of Life Index*. New Delhi: Promilla and Company Publishers.

Mosher, A.T. 1966. *Getting Agriculture Moving*. New York: Frederick A. Praeger Inc.

———. 1976. *Thinking About Rural Development*. New York: Agricultural Development Council.

Murdick, Robert G. and Joel E. Ross. 1971. *Information Systems for Modern Management*, 2nd ed. New Delhi: Prentice-Hall of India Pvt. Ltd.

Muthalagu, K. 2007. "Poverty Eradication in India under Anti-poverty Programmes: Some Observations," *Kurukshetra*, 56 (2): 4.

Myrdal, Gunnar. 1957. *Economic Theory and Under-developed Regions*. Mumbai: Vora and Co. Publishers Pvt. Ltd.

NABARD (National Bank for Agricultural and Rural Development). 1997. *Annual Report 1996–97*. Mumbai: NABARD.

———. 2007. *Annual Report 2006–07*. Mumbai: NABARD.

———. 2015. *Annual Report 2014-15*. Mumbai: NABARD. Available at: https://www.nabard.org/Publication/NABARD_AR_2014_15_ENGLISH.pdf (Accessed on September 10, 2015).

NDDB (National Dairy Development Board). 1997. *Annual Report 1996–97*. Anand: NDDB.

———. 2007. *Annual Report 2006–07*. Anand: NDDB.

———. 2014. Annual Report 2013-14. Anand: NDDB.

NIRD (National Institute of Rural Development). 1996. *Rural Development Statistics 1994–95*. Hyderabad: NIRD.

———. 2005. *India Rural Development Report 2005–06*. Hyderabad: NIRD.

NSSO (National Sample Survey Office), 2005. *Situation Assessment of Farmers Survey: Indebtedness of Farmer Households*, Report No. 498, NSS 9th Round, January-December 2003. New Delhi: NSSO, Ministry of Statistics and Programme Implementation, Government of India.

———. 2006. *61st Round Report, July 2004-June 2005*, Report No. 508 (61/1.0/1), NSSO. New Delhi: NSSO, Ministry of Statistics and Programme Implementation, GoI.

———. 2014. *Drinking Water, Sanitation, Hygiene and Housing Condition in India, (JULY 2012 – DECEMBER 2012)*, NSS Report No. 556 (69/1.2/1), New Delhi: NSSO, Ministry of Statistics and Programme Implementation, Government of India. Available at: http://mospi.nic.in/Mospi_New/upload/nss_rep_556_14aug14.pdf (Accessed on March 14, 2016).

———. 2015. *Employment and Unemployment Situation Among Social Groups in India, NSS 68th Round*, NSS Report No. 563 (68/10/4). New Delhi: NSSO, Ministry of Statistics and Programme Implementation, GoI.

———. 2015. *Energy Statistics 2015*. New Delhi: Central Statistics Office, National Statistical Organisation, Ministry of Statistics and Plan Implementation, GoI. Available at: www.mospi.gov.in (Accessed on March 14, 2016).

NCUI (National Cooperative Union of India). 2012. *Indian Cooperative Movement: A Statistical Profile–2012*. New Delhi: NCUI.

Owens, Edgar and Robert Shaw. 1972. *Development Reconsidered*. New Delhi: Oxford and IBH Publishing Company.

Pal, Suresh and Alka Singh. 1997. "Agricultural Research and Extension in India: Institutional Structure and Investments." Policy Paper No. 7. New Delhi: National Centre for Agricultural Economics and Policy Research.

Panda, Snehlata. 1997. "Political Empowerment of Women: A Case of Orissa," *Journal of Rural Development*, 6 (4): 663.

Patel, Amrita. 1996. "Operation Flood: The Next Step," *Dairy India 1997*. New Delhi.

Paul, Samuel. 1982. *Managing Development Programs: The Lessons of Success*. Boulder, CO: Westview Press.

Pearce, D.W. and R.K. Turner. 1990. *Economics of Natural Resources and the Environment*. Hemel Hempstead and London: Harvester Wheatsheaf.

Pigou, A.C. (1920) 1962. *The Economics of Welfare.* Reprint, London: The English Language Book Society and Macmillan.

Planning Commission, Government of India. 2011. *Report of the Twelfth Plan Working Group on Disadvantaged Farmers including Women.* New Delhi: GoI.

———. 2013. *Twelfth Five Year Plan,* 2012-17, Vol. II, 311–13, New Delhi: SAGE Publications.

———. 2014a. *Data-book compiled for Use of Planning Commission.* New Delhi: GoI. Available at: http://planningcommission.gov.in (Accessed on May 24, 2015).

———. 2014b. *Report of the (Rangarajan) Expert Group to Review the Methodology for Measurement of Poverty.* New Delhi: GoI.

Postel, Sandra. 1990. "Toward a New Economics," *World-Watch,* September–October: 20–28.

Prasad, Brahmanand. 1968. "Foreign Technology and India's Economic Development," *International Development Review,* 10 (June): 18–20. Washington: Society for International Development.

Pursell, G. and Ashok Gulati. 1993. "Liberalizing Indian Agriculture: An Agenda for Reform." Policy Research Working Papers, Working Paper Series No. 1172, International Economic Department. Washington: The World Bank.

Radhakrishna, R., ed. 2008. *India Development Report 2008.* Mumbai: Indira Gandhi Institute of Development Research and New Delhi: Oxford University Press.

Radhakrishna, R. and Shovan Ray, eds. 2005. *Handbook of Poverty: Perspectives, Policies and Programmes.* New Delhi: Oxford University Press.

Ramakrishnaiah, D. 1980. "Area Development Planning for Agriculture in Naurar Watershed, Almora (U.P): A Multi- period Programming Approach." Unpublished Ph.D. Thesis: G. B. Pant University of Agriculture and Technology, Pantnagar, Uttarakhand. 90–131.

Ranis, Gustav and John C.H. Fei. 1970. "A Theory of Economic Development." In *Economic Development: Readings in Theory and Practice,* edited by Theodore Morgan and George W. Betz. Belmont, CA: Wadsworth Publishing Company Inc.

Rath, Nilakanth. 1985. "Garibi Hatao: Can IRDP Do It?," T.A. Pai Memorial Lecture-2. Manipal, January 17, 1985. Also in *Economic and Political Weekly,* 20 (6) 9 February: 20–21.

———. 1989. "Agricultural Growth and Investment in India," *Journal of Indian School of Political Economy,* 1 (1). 64–83

Raymond, Susan. 1996. "Corporate Voluntarism: Private Support for Social Policy," *Economic Reform Today,* 4. Washington: Centre for International Private Enterprise.

RBI (Reserve Bank of India). 2000. *Report of the High Power Committee on Urban Cooperative Banks,* RBI Bulletin, January. Mumbai: RBI.

———. 2013. *A Profile of Banks 2012–13.* Fort, Mumbai: Reserve Bank of India.

Rosenstein-Rodan, P.N. 1970. "Notes on the Theory of the "Big Plush." In *Economic Development: Readings in Theory and Practice,* edited by Theodore Morgan and George W. Betz. Belmont, CA: Wadsworth Publishing Company Inc.

Rostow. 1960. *The Stages of Economic Growth: A Non-Communist Manifesto.* London: Cambridge University Press.

Salunkhe, Harshal A. and B.B. Deshmush. 2012. "The overview of Government subsidies to agriculture sector in India." *IOSR Journal of Agriculture and Veterinary Science* (IOSR-JAVS), 1 (5, November–December): 43–47.

Satish, P. 2007. "Rural Infrastructure and Growth: An Overview," *Indian Journal of Agricultural Economics,* 62 (1): 32–51

Schickele, Rainer. 1954. *Agricultural Policy: Farm Programmes and National Welfare.* Lincoln: University of Nebraska Press.

Schultz, W. Theodore. 1964. *Transforming Traditional Agriculture.* Ludhiana: Lyall Book Depot.

Schumpeter. 1949. "Economic Theory and Entrepreneurial History',. In *Change and the Entrepreneur–Postulates and Patterns for Entrepreneurial History* edited by Centre for Research in Entrepreneurial History, 63–84, Harvard University, Cambridge, MA: Harvard University Press.

Seers, Dudley. 1969. "The Meaning of Development." Paper presented at the Eleventh World Conference of the Society for International Development, November 14–17, New Delhi.

Sehgal, J. and I.P. Abrol. 1994. *Soil Degradation in India: Status and Impact.* New Delhi: Oxford and IBH.

Sen, A.K. 1976. "Poverty: An Ordinal Approach to Measurement,/" *Econometrica,* 44: 219–31.

Shah, Dilip R. 1992. *Dairy Cooperativization: An Instrument of Social Change.* New Delhi and Jaipur: Rawat Publications.

Sharma, Miriam and Urmila Vanjani. 1993. "When More Means Less: Assessing the Impact of Dairy Development on the Lives and Health of Women in Rural Rajasthan (India)," *Social Science Medicine*, 37: 11.

Shetty, S.L. 1990. "Investment in Agriculture: Brief Review of Recent Trends," *Economic and Political Weekly*, 25 (7 and 8). 389–98

SID (Society for International Development). 1969. *United Nations Panel on Flow of Foreign Capital to Developing Countries.* Washington DC: Society for International Development.

Simon, Julian L. and Herman Kahn. 1984. *The Resourceful Earth: A Response to Global 2000.* New York: Basil Blackwell.

Singh, Hoshiar, ed. 1985. *Rural Development in India: Evaluative Studies in Policies and Programmes.* Jaipur: Printwell Publishers.

Singh, Katar. 1973. "The Impact of New Agricultural Technology on Farm Income Distribution in the Aligarh District of Uttar Pradesh," *Indian Journal of Agricultural Economics*, 28 (2, April–June): 4.

———. 1994. *Managing Common Pool Resources: Principles and Case Studies.* Delhi: Oxford University Press.

———. 1995. "The Watershed Management Approach to Sustainability of Renewable Common Pool Natural Resources: Lessons of India's Experience." Research Paper No. 14, Institute of Rural Management, Anand.

———. 1997. "Property Rights and Tenures in Natural Resources." In *Natural Resource Economics: Theory and Application in India,* edited by John Kerr, Dinesh K. Marothia, Katar Singh, C. Ramasamy and William R. Bentley, 131–59. New Delhi: Oxford and IBH Co.

———. 1998. "Cooperative Property Rights as an Instrument of Managing Groundwater." In *Groundwater Law: The Growing Debate,* edited by Marcus Moench. Ahmedabad: Vikram Sarabhai Centre for Development Interaction-VIKSAT, and Nehru Foundation for Development.

———. 1999. *Rural Development: Principles, Policies and Management,* 2nd ed. New Delhi: SAGE Publications.

———. 2009. *Rural Development: Principles, Policies and Management,* 3rd ed. New Delhi: SAGE Publications.

Singh, Katar and Anil Shishodia. 1992. "Irrigation Management in India: Need for Reforms," *Indian Economic Panorama.* 2 (1): 39–41.

———. 2007. *Environmental Economics: Theory and Applications.* New Delhi: SAGE Publications.

Singh, Katar and J. Acharya. 1986. "The Impact of the Madhya Pradesh Dairy Development Project," Research Report. Anand: Institute of Rural Management.

Singh, Katar and V. Mukunda Das. 1982. "Impact of Operation Flood at the Village Level," IRMA Research Report No. I. Anand: Institute of Rural Management.

Singh, Katar and Vishwa Ballabh, eds. 1996. *Cooperative Management of Natural Resources.* New Delhi: SAGE Publications.

Singh, Katar, P. Durgaprasad and K. Vengama Raju. 1985. "Impact of Milch Animals Programme of IRDP in Sabarkantha District, Gujarat," Research Report. Anand: Institute of Rural Management.

Singh, Sukhpal, 2012. "New Markets for Smallholders in India: Exclusion, Policy and Mechanisms," *Economic and Political Weekly,* 47 (52): 95–105.

SPWD (Society for Promotion of Wastelands Development). 1984. *Society for Promotion of Wastelands Development.* Monograph. New Delhi: Society for Promotion of Wastelands Development.

Somjee, Geeta and A.H. Somjee. 1989. *Reaching Out to the Poor: The Unfinished Rural Revolution.* London: Macmillan.

Stern, David I. 1998. "Progress on the Environmental Kuznets Curve?," *Environment and Development Economics*, 3 (2): 173–96.

Stoltenberg, Thorvald. 1989. "Devising World Policy Options for Sustainable Development," *Development,* 1.

Swaminathan, M.S. 1996. "Science and Technology for Sustainable Food Security," *Indian Journal of Agricultural Economics*, 51 (1 and 2): 60–75.

Times of India. 1997. "Ground Realities: Soil Degradation." *The Times of India,* 25 August.

———. 1998. "Alarming Rise in Salinity." *The Times of India,* 22 May.

Tinbergen, Jan. 1952. *On the Theory of Economic Policy.* Amsterdam: North Holland Publishing Company.

———. 1966. *Economic Policy: Principles and Design.* Amsterdam: North Holland Publishing Company.

———. 1968. *Central Planning.* New Haven, CT: Yale University Press.

Todaro, Michael P. 1977. *Economic Development in the Third World.* London: Longman.

———. 1995. *Economic Development,* 5th ed. New York and London: Longman.

Toffler, Alvin. 1980. *The Third Wave.* New York: William Morrow and Company Inc.

UN (United Nations). 1992. *Energy Statistics Year Book,* quoted in Katar Singh. 1999. "Sustainable Development: Some Reflections," *Indian Journal of Agricultural Economics*, 54 (1).

———. 1998. *Framework Convention on Climate Change*. New York: United Nations Organisation.

———. 2012. *United Nations Energy Statistics Yearbook: Total Final Consumption*, Table 3, 47–64. New York: United Nations Organization.

UN/FAO (United Nations/Food and Agriculture Organization). 1972. *Interim Evaluation Report of the Inter-Agency (FAO/WFP 1972) Mission on Operation Flood (India-618)*. New Delhi: UN/FAO.

———. 1976. Detailed Report of the Second UN/FAO World Food Programme Evaluation Mission on Operation Flood (India-WFP-618). New Delhi: UN/FAO.

UN/FAO World Food Programme. 1981. "Milk Marketing and Dairy Development," (Operation Flood-I), Terminal Evaluation Report on Project India 618, prepared by an inter-agency mission which visited India from 9 February to 8 March 1981. New Delhi: UN/FAO.

UNDP (United Nations Development Programme). 1990. *Human Development Report 1990*. New York: Oxford University Press.

———. 1991. *Human Development Report 1991*. New York: Oxford University Press.

———. 1994. *Human Development Report 1994*. New York. Oxford University Press.

———. 1996a. *Human Development Report 1996*. New York: Oxford University Press.

———. 1996b. *India's External Development Partners; Profiles of Cooperation Programmes*. New Delhi: UNDP.

UNDP (United Nations Development Programme). 1997. *Human Development Report 1997*. New York: Oxford University Press.

———. 2003. *Human Development Report 2003*. New York: Oxford University Press.

———. 2008. *Human Development Reports-2007/2008 Report-Indicators*. New York: Oxford University Press.

———. 2014. *Human Development Report 2014*. Available at: http://hdr.undp.org/sites/default/files/hdr14-report-en-1.pdf (Accessed on 10 March 2016).

Uphoff, Norman T., ed. 1983. *Rural Development and Local Organisations in Asia-3: South East Asia*. New Delhi: Macmillan India Limited.

Uphoff, Norman T. and Milton J. Esman. 1983. *Local Organisation for Rural Development: Analysis of Asian Experience*. Ithaca, NY: Cornell University, and Rural Development Committee, Centre for International Studies.

Vaishnav, P.H. and K.V. Sundaram. 1978. "Integrating Development Administration at the Area Level," a note incorporated in the *Report of the Working Group on Block Level Planning*. New Delhi: Planning Commission, Government of India.

Vyas, V.S. 1998. *Agricultural Trade Policy and Export Strategy*, Presidential Address, XII Annual Conference on Agricultural Marketing, Institute of Development Studies, Jaipur.

Waterston, Albert. 1965. *Development Planning: Lessons of Experience*. Baltimore: The Johns Hopkins University Press.

———. 1970. "A Hard Look at Development Planning." In *Economic Development, Readings in Theory and Practice,* edited by Theodore Morgan and George W. Betz, 400–7. Belmont (California): Wadsworth Publishing Company Inc.

WSSCC (Water Supply and Sanitation Collaborative Council). 1999. "Vision 21: Water for People in the 21st Century." Paper presented at the 25th Water Engineering Development Centre (WEDC) Conference, "Integrated Development for Water Supply and Sanitation," Addis Ababa, Ethiopia, 18–22 May.

WCED (World Commission on Environment and Developments). 1987. *Our Common Future. Report of World Commission on Environment and Development*. New Delhi: Oxford University Press.

Weitz, Raanan. 1971. *From Peasant to Farmer: A Revolutionary Strategy for Development*. New York: Columbia University Press.

WFP (World Food Programme). 1981. *UN/FAO World Food Programme Terminal Evaluation Report on Project India 618–'Milk Marketing and Dairy Development' (Operation Flood I)*. Rome: World Food Programme, FAO.

Wharton Jr, Clifton, R. 1970. "Stages in Agricultural Development," In *Economic Development: Readings in Theory and Practice,* edited by Theodore Morgan and George W. Betz, 166–70. Belmont (California): Wadsworth Publishing Company Inc.

World Bank. 1988. *India: Wasteland Development Review*. Washington, DC: World Bank.

———. 1996. *Staff Appraisal Report: India Eco development Project*. Report No. 14914–IN, South Asia Department II, Agriculture and Water Division. Washington, DC: The World Bank.

———. 1997. *World Bank Development Report 1997*. New Delhi: Oxford University Press.

WRI (World Resources Institute). 1992. *World Resources 1992–93: A Report by the World Resources Institute*. Oxford: Oxford University Press.

———. 1998. *World Resources 1998–99: A Guide to Global Environment*. Oxford: The World Resources Institute, Oxford University Press.

Yotopoulos, Pan A. and J.B. Nugent. 1976. *Economics of Development: Empirical Investigation*. New York: Harper and Row Publishers.

Some Important Web Links

Ministry of Agriculture (MoA)
http://www.agricoop.nic.in

Agricultural Marketing Board (Agmarknet)
http://agmarknet.dac.gov.in/

Ministry of Environment, Forest and Climate Change (MoEF)
http://www.envfor.nic.in

Ministry of Finance (MoF)
http://www.finmin.nic.in/

Ministry of Statistics and Plan Implementation (MoSPI)
http://www.mospi.gov.in

Ministry of Rural Development (MoRD)
http://rural.nic.in/netrural/rural/index.aspx
http://www.rural.nic.in/sites/programmes-schemes.asp RD Schemes

National Bank for Agriculture and Rural Development (NABARD)
https://www.nabard.org/

National Dairy Development Board (NDDB)
http://www.nddb.coop

National Cooperative Union of India (NCUI)
http://www.ncui.coop/pdf/National-Cooperative-Union-of-India.pdf

National Horticulture Mission: (http://nhm.nic.in/Archive/midh(English).pdf)

National Institute of Rural Development (NIRD)
http://www.nird.org.in/Rural%20Development%20Statistics%202011-12

Niti Aayog
http://www.niti.gov.in

Planning Commission of India (erstwhile- archived)
http://planningcommissionarchive.nic.in/ Archived http://planningcommission.gov.in/data/datatable/index.php?data=RBI)data

Reserve Bank of India (RBI)
https://www.rbi.org.in/